中国环保执法年鉴

LAW ENFORCEMENT YEARBOOK OF CHINA ENVIROMENT PROTECTION

2008 — 2009

中国环保执法年鉴编委会 编

图书在版编目（CIP）数据

中国环保执法年鉴. 2008～2009／杨朝飞主编.—北京：长城出版社，2010.3
ISBN 978-7-5483-0016-8

I. 中… Ⅱ.杨… Ⅲ.环境保护－行政执法－中国－2008～2009－年鉴 Ⅳ.D922.684-54

中国版本图书馆CIP数据核字（2010）第033932号

中国环保执法年鉴（2008~2009）

著　　者：杨朝飞 主编
责任编辑：王兔元
装帧设计：高航　张晶
出版发行：长城出版社
地　　址：北京甘家口三里河路40号
邮　　编：100037
电　　话：（010）66817982　66817587
开　　本：1/16（889×1194mm）
字　　数：1050千字
印　　张：42印张
彩页插页：7印张
印　　刷：北京百川恒益商务印刷技术有限公司
版　　次：2010年3月第一版
印　　次：2010年3月第一次印刷
印　　数：5000册

标准书号：ISBN 978-7-5483-0016-8/Z·907
定　　价：480元

编辑说明

《中国环保执法年鉴》以科学发展观为指导，以记录环保执法工作历程、服务经济建设、加强理论探索、推动我国环保事业发展为宗旨，富有与时俱进的鲜明特色，对进一步推进环保依法行政工作具有指导意义。

《中国环保执法年鉴》是由国家环境保护部政策法规司杨朝飞同志任主编，出版2008-2009年卷。本年鉴具有很强的权威性、指导性、资料性和保存价值。本年鉴系统、全面、集中地反映了我国2008—2009年环保执法的基本概况。

本年鉴由重要文献篇、重要会议活动篇、环保法律法规篇（部分）、地方环保执法概况篇、环保统计资料篇、环保公报篇、环保大事纪篇等七个部分构成。

本年鉴采用文章、条目、统计表格等体例分类排列，栏目下设类目和条目。各类目和条目在字号、字体及编排上有所区别，以便读者查阅。

为了便于环保系统以外人员的了解及后人的查阅，特添加了编委会成员的现任职务。

为了更全面、真实的反映环保执法工作前线的工作业绩，在全国各省、直辖市、自治区聘请了“《中国环保执法年鉴》特邀编委”，以加大年鉴编纂的工作力度及权威性。

本年鉴采用的稿件均由各级环保相关部门提供，香港特别行政区、澳门特别行政区和台湾省的资料暂略。

本年鉴编纂过程中得到了各级环保行政管理部门及有关企业事业单位的大力支持，在此谨致谢意！由于年鉴涉及的资料浩繁，加之编辑人员的水平所限，缺点和错误难免存在，敬请广大读者批评指正。

中国环保执法年鉴编辑部

2009年12月9日

《中国环保执法年鉴》编委会

中国环保执法年鉴工作人员

主　　编：杨朝飞

执行主编：郑晓晨

工作联系：李漪涟

编　　辑：王　鑫　　刘向宏　　刘书风　　付一鸣
陈　杨　　杨彦龙　　徐　征　　李清晨
杨志峰　　张　镇　　宋　楠

特约编辑：宿国军　　东北环境保护督察中心
杨永岗　　华东环境保护督察中心
谭正华　　华南环境保护督察中心
张常林　　西北环境保护督察中心
罗　云　　西南环境保护督察中心
相华林　　北京市环保局法制处
王湘国　　青海省环境保护厅政策法规处
李恩泽　　华润电力（锦州）有限公司

责任编辑：王兔元

彩页设计：高　航

封面设计：高　航

总 策 划：李宪谦

执行单位：北京环科国源环境信息技术研究院

中国环保执法年鉴成员单位及拟稿单位
资料提供单位

编委成员单位及拟稿单位：

各省、自治区、直辖市环境保护厅（局）

国家环境保护部相关司局

环境保护部各督察中心

资料提供单位：

中国中煤能源集团有限公司

华能玉环电厂

阜新矿业（集团）有限责任公司

盈信（苍梧）造纸有限公司

中环联合（北京）认证中心有限公司

许昌禹龙发电有限责任公司

藁城市水处理中心

河北省邢台市环境保护局

香港公开大学科技学院

山东博汇纸业股份有限公司

招金矿业股份有限公司

英博雪津啤酒有限公司

河北省秦皇岛市环境保护局

安徽氯碱化工集团有限责任公司

乐斯化学有限公司

河北新化股份有限公司

金洲集团有限公司

德州中联大坝水泥有限公司

信阳金龙水泥有限责任公司

国电青山热电有限公司

彬县煤炭有限责任公司

河南省同力水泥股份有限公司

长春生物制品研究所

山东鲁抗医药股份有限公司

纳雍发电总厂

杭州市环境保护局

三浦威特园区建设发展有限公司

帕克环保技术（上海）有限公司

贵州盘南煤炭开发有限责任公司

上海金桥（集团）有限公司

湖南骏泰浆纸有限责任公司

优艺亚太（北京）有限公司

北京国电龙源环保工程有限公司

北京燕山石化公司

三星中国投资有限公司

河南兴业天成环保有限公司

西安泰德实业有限公司

昌黎县淀粉有限公司

山西潞安集团司马煤业有限公司

秭归三金硅业有限公司

山西晋能集团有限公司

伊川电力集团总公司

山西铭石煤层气利用股份有限公司

无锡荣成纸业有限公司

广州越秀水泥集团有限公司

阳谷祥光铜业有限公司

中国石油化工股份有限公司天津分公司

四川省安县银河建化（集团）有限公司

会理县昆鹏铜业有限责任公司

昆山钞票纸厂

香港中华煤气有限公司

中国石油安全环保技术研究院

四川亚东水泥有限公司
浙江省环境工程有限公司
神华鄂尔多斯煤制油分公司
中国石油化工股份有限公司洛阳分公司
鲁洲生物科技（山东）有限公司北京分公司
云南润凯淀粉有限公司
长春市环境保护局
山西大同煤矿集团公司燕子山矿
深圳市万山红环保实业有限公司
平顶山煤业（集团）天成实业分公司
微山县环境保护局
成都华西工业气体有限公司
广西鱼峰水泥股份有限公司
义煤集团水泥有限责任公司
北京市崇文区环境保护局
广州珠江电力有限公司
吉林经济技术开发区管理委员会
西安奥辉纸业集团公司
中国石化股份公司湖北化肥分公司
曲靖市宣威宇恒水泥有限公司
申能股份有限公司
新疆青松建材化工（集团）股份有限公司
内蒙古蒙牛乳业（集团）股份有限公司
上海浦东新区白龙港污水处理厂
西藏玉龙铜业股份有限公司
唐山港集团股份有限公司
京东方科技集团股份有限公司

重点单位：

牡丹江东北高新化工有限公司
日照钢铁控股有限公司
靖远第二发电有限公司
迁安市高新技术产业园区
新疆阜康能源开发有限公司
北方联合电力有限责任公司
高州市金墩纸业有限公司
唐山城市排水有限公司
中国凌志环保有限公司
山东万众节能工程技术有限公司
浙江梦娜袜业股份有限公司
济南庚辰钢铁有限公司
大唐贵州发耳发电有限公司
青藏铁路公司
云南永保特种水泥股份有限公司
桐乡市屠甸污水处理有限公司

特邀编委

信阳金龙水泥有限责任公司

Xinyang Golden Dragon Cement Co., Ltd.

董 事 长　张小根

“金龙方兴起，竞争接踵来。抖擞精神冷对，永远不言败。商场如同战场，残酷变化莫测，稳坐钓鱼台。胸中装全局，放眼看未来。集团化，大跨越，快推进。抢在时间前面，阔步朝前迈。天时地利人和，更有员工拼搏，胜券手中握。金龙要腾飞，处处奏凯歌。”

董事长张小根填词并书写 《水调歌头 保护大自然》

二十一世纪
环保大如天
关系人类生
存切不可等
闲冰川逐年
消融地球日
趋变暖灾害
频繁环境
遭破坏江河
被污染天要
蓝水要清气
要鲜人类共
同责任保护
大自然爱物
综合利用经
济循环发展
开发新能源
功绩在当代
福祉造万年
水调歌头
保护大自然
戊子年张小根词书

河北新化股份有限公司

Hebei Xinhua Co., Ltd.

特邀编委

刘文志：公司党委书记　董事长　总经理

1944 年 12 月出生，中共党员，中专文化，高级工程师；1970 年在新乐化肥厂参加工作，历任班长、值班长、车间主任、生产科长、副厂长；

一九八四年：到新乐市水泥厂任厂长，党支部书记；

一九八六年：调回化肥厂任厂长、党委书记；

一九九五年：任董事长、总经理、党委书记至今。

刘文志同志具有较强的责任感和使命感，不仅是科技兴厂的带头人，而且是当家理才的好手，在他当企业一把手十几年的时间里，新上项目十几个，年年取得较好的经济效益。

刘文志同志十分重视环境保护工作，始终坚持发展与环境治理同步进行，受到了有关部门的嘉奖，先后被评为河北省劳动模范、石家庄市劳动模范、全国小氮肥行业先进工作者、化工部“全国化工行业环境保护先进工作者”、河北省“首届企业家创业奖”、石家庄市“首届企业家创业奖”、石家庄市首届“有突出贡献的企业家”等荣誉称号，也为企业带来了众多荣誉，近年来，公司先后被评为“国家二级企业”、河北省“质量效益型企业”、河北省“明星企业”、“文明企业”、2004 年度跨入“中国化工 500 强”行列名列第 178 名，被中国企业联合会评为“中国优秀企业”、经中国市场名优产品调查中心综合评估确认为“中国市场最具竞争力名牌企业 100 强”。为公司的发展和振兴中国化工作出了突出贡献。

河北新化股份有限公司

Hebei Xinhua Co., Ltd.

协办单位

公司大门

公司环境

河北新化股份有限公司公司是1994年6月由原新乐市化肥厂改制的国家控股的股份制企业，始建于1970年，占地面积52万平方米，现有职工1860人。是以煤、棉短绒、玉米为原料，生产农用碳酸氢铵和化工及食品、医药用精细化工产品的大型二档企业。

2007年实现工业总产值54614万元，销售收入56849万元，利润7626万元，利税11729万元。2008年1至9月份实现工业总产值45571.5万元，销售收入51024.8万元，利润1875.3万元，利税4761.7万元。

近年来，公司先后荣获"国家二级企业"、"中国优秀企业"、"中国化工企业500强"、"中国化工行业经济效益500强"、"中国化工化学肥料制造业100强企业"、"中国市场最具竞争力名牌企业100强"，河北省"质量效益型企业"、河北省"明星企业"、"文明企业"、河北省"石油化工行业节能工作先进单位"、石家庄市"百强企业"、"工业50强企业"等荣誉称号。

河北新化股份有限公司，认真贯彻"减量化、再利用、资源化"的原则，高度重视资源节约和环境保护，坚持把发展循环经济和促进节能减排作为突破口和重中之重，优化经济结构，转变发展方式，积极探索资源消耗低、环境污染少、发展速度快、质量效益好的发展道路，实现了又好又快发展。

一、废气回收，综合利用。造气建有大型废气燃烧炉及余热回收装置、汽轮发电机组一套。改造5000m3和1000m3煤气柜各一台，合成施放气集中回收，经提取氨和氢气后的余气回收至气柜，造气放空气、回收的合成施放气通过燃烧炉燃烧产生蒸汽带动汽轮发电机组，发电后的余汽供造气使用。合成氨岗位设置废热锅炉，建膜分离提氢装置两套，利用废气提氢供年产15万吨双氧水使用，双氧水生产能力成为华北最大的生产装置。经济效益和社会及环境效益良好。

二、为减少废水的排放，实现水循环利用，全厂实行两水闭路循环、碳化闭路水循环、造气水循环、发电水循环、双氧水水循环，公司现共有10套闭路水循环设施，三座双曲线凉水塔，目前全厂重复水利用率达99.3%以上，即节约了水费，也减少了地下水资源的开采。

三、为了达到各排污口排放合格，在全厂总排口建造了废水处理站，选用SBR生物处理工艺，利用微生物和氧化分解、硝化、反硝化的作用，将废水中的有机物转化为无机物，对废水进行治理，减少废水中的污染物含量。在公司污水处理站排放总口安装了COD在线监测仪，与上级环保部门联网，做到了废水排放指标的随时监控。

四、变废为宝，废物利用。公司年消耗白煤在20万吨左右，产生炉渣约45000吨，渣有一定的含炭量，将造气炉渣与烟煤按一定的比例进行混合燃烧，产生蒸汽先经汽轮机发电后，再供生产用汽。淘汰了耗能相对较高的链条锅炉，全部采用循环流化床锅炉，为节约能源、进一步发展循环经济打下了坚实的基础。

五、为实现节能减排目标，对合成氨联产甲醇装置进行技术改造，以高压醇烷化装置淘汰了铜洗净化工艺，使合成氨系统压力降低，电耗下降，双甲新工艺代替传统铜洗，节约了电解铜、冰醋酸、液氨。为净化环境，利用废气开发新产品，对脱碳再生气进行了回收利用，生产液体CO2，取得了较好的经济效益和社会效益。

公司将进一步努力，始终坚持发展与环境治理同步进行，进一步加大投入，加强治理，完善治理措施，提高治理标准，努力打造绿色环保企业，铸就生态魅力新化，为改善生态环境，造福社会作出贡献。

化肥厂

DA ZAO "GUO ZHEN" PIN PAI 打造"国珍"品牌

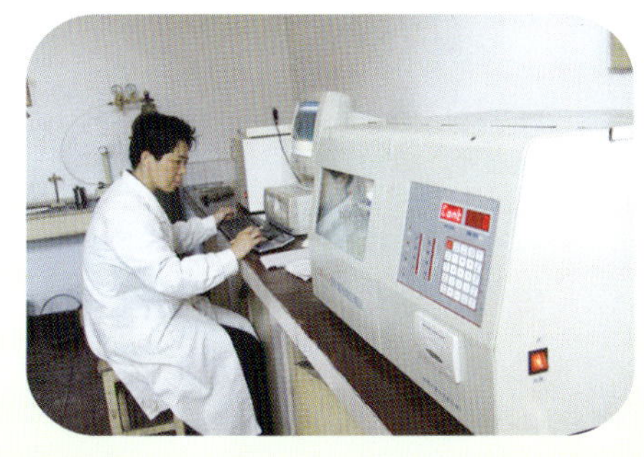

现代化
质量检测
技术

工业甲醇　河北省免检产品　河北省名牌产品

执行标准:GB/338—92　生产能力:10万吨/年

工业甲胺　河北省名牌产品

执行标准:HG/T 2971--1999　生产能力:1万吨/年

液　氨　执行标准:GB536--88

生产能力:8万吨

河北省名牌产品
河北省免检产品

河北省优质产品

执行标准:GB 1616—2003

生产能力:15万吨/年

(浓度27.5%的10万吨

浓度35%的5万吨)

过氧化氢

执行标准:Q/84XH05—2004

生产能力:0.2万吨/年

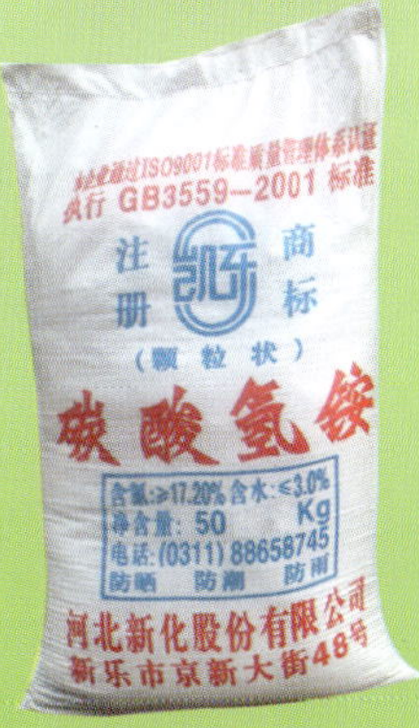

年产24万吨

年产0.2万吨

年产0.5万吨

精制棉

年产0.3万吨

河北新化股份有限公司
Hebei Xinhua Co., Ltd.

节能减排 构建和谐

加强环境治理，造福人类社会是新化整个发展过程中一贯坚持的原则。为节约能源，减少“三废”污染，降低生产成本，走循环经济的道路，公司投资近亿元进行了节水节煤节电技术改造及污水治理工程建设。兴建了闭路水循环工程，改造了余热回收装置，新上了余热发电站、循环硫化床锅炉以及污水治理项目。使生产中的废气、废渣、废水得到了重复利用，有效合理地利用地下水资源，使污水实现了达标排放。

余热回收

凉水塔

12000千瓦发电机组

静电除尘装置

污水治理

130吨锅炉

水循环

开发新产品

甲胺生产车间

1992年11月被列为国家星火计划项目合成氨联产甲胺在我公司生产。通过职工的改革创新，该装置的年生产能力已达到1万余吨。

纤维素生产车间一角

1997年3月购买飞星化工公司，开发了以原有精制棉为原料的石油级、食品级等高档次CMC系列产品。

L－乳酸发酵岗位

双氧水生产车间

2000年4月开发了以玉米为原料的L－－乳酸新产品。

2002年5月2万吨双氧水项目投产运行。经扩建改造年生产能力已达到15万吨，成为黄河以北最大生产装置。

铁路开通时的情景

2004年10月收购本市燃料公司的产权，2005年8月重新开通铁路运输专用线。

河南信阳金龙水泥有限责任公司

HENAN XINYANG JINLONG SHUINI YOUXIAN ZEREN GONGSI

金龙水泥有限责任公司董事长　张小根

金龙水泥有限责任公司

信阳金龙水泥有限责任公司在创建初期，面对水泥产业结构调整，资源重组，市场竞争激烈的情况，以创新的理念、强烈的社会责任感和顽强的拼搏精神，用短短的 7 年时间，把金龙公司创办成为一个拥有资产超亿元、年产值近 3 亿元、年利税近 3000 万元的资源综合利用、发展循环经济的豫南龙头企业。

观念决定思路，思路决定出路，管理决定效益，人才决定成败。没有创新的思维，就没有发展的动力；没有科学的决策，就没有正确的方向和大胆果敢的行动，就没有企业的兴旺发达。

01 年以前，平桥电厂、华豫电厂的粉煤灰渣、信阳恒达磷化公司的磷石膏堆积如山，无法利用，占用土地，污染环境，不但成为平桥区一大污染源，而且运输和堆放这些废渣也成为这几个企业的沉重负担。面对这种情况，作为刚刚从确山水泥厂内退下来并在水泥行业滚打了大半辈子的我看得很清楚。当时梦想着能在信阳建一个年产 10 万吨的水泥粉磨站，把这些工业废渣利用起来造福社会，也符合资源综合利用、循环经济和可持续发展的国家产业政策。于是，在家人的支持下，拿着用房产证抵押贷到的 4 万元钱来到信阳，又找亲朋好友四处借贷、与人合股，于 2001 年率先在信阳市平桥区组建了信阳金龙水泥有限责任公司，项目为年产 30 万吨的水泥粉磨站，并注册了“保生”水泥商标品牌。该项目是当时信阳市工业产品结构调整的一个重点项目，是充分利用粉煤灰渣等固体废弃物和优质旋窑熟料生产旋窑水泥的民营企业，填补了当时信阳地区没有旋窑水泥的空白。

该项目从 2001 年 7 月份开工建设，2002 年 6 月份建成投产，至 2008 年 10 月底累计生产水泥 320 万吨，利用各种固体废弃物 95 万吨，产值 7 亿元，创利税 6000 万元，安排下岗职工 300 余人。水泥销售网点遍布信阳八县两区，辐射鄂皖，一大批国家、省、市等重点工程都争相购买、使用金龙水泥。几年来经过不断的技术改造和扩建，目前该公司年水泥生产能力 100 万吨以上，可实现产值 2.8 亿元，利税 3000 万元，年利用固体废弃物 35 万吨，为平桥电厂、华豫电厂解决了粉煤灰渣等固体废弃物排放的难题，一举成为信阳发展循环经济的龙头企业。

随着社会对水泥及其制品需求的增加，“保生”水泥品牌社会知名度的提高和市场占有份额的增加，年产 30 吨水泥已远远满足不了市场的需求。为增强企业竞争实力，提升抗风险能力和占领市场的能力，2004 年经董事会决定对一期工程进行技术改造。自筹资金 800 万元，新增辊压机一台。该系统为目前国内最先进的联合粉磨工艺，工艺先进，效益明显，2004 年 11 月份竣工投产后，形成了 40 万吨年生产能力。2005 年又投资 5000 万元扩建了一条年产 70 万吨的水泥生产线，2006 年 5 月建成投产后，目前年生产能力达到 100 万吨以上，公司总资产增至 1.35 亿元，公司发展的硬件初具规模，综合实力水平大大提高。

河南信阳金龙水泥有限责任公司

HENAN XINYANG JINLONG SHUINI YOUXIAN ZEREN GONGSI

公司从一开始运作，就制定了技术创新的战略发展思路，先后与合肥水泥设计院、武汉水泥设计院、武汉工业大学等科研单位和大专院校建立了长期的合作关系，同时还引进了各类专业技术人才充实到生产技术部门。2006 年通过了 ISO9001 质量管理体系认证，并先后荣获“河南省优质产品”、“河南省资源综合利用企业”、“河南省 2007 年行业最具影响力企业”，同时本人也荣获“2007 年河南行业最具影响力的企业家”荣誉称号。

为了进一步加大工业废渣的综合利用力度，并配合处理华豫电厂二期工程完工后所产生的大量粉煤灰、炉底渣，我公司计划再上一条年产一百万吨的水泥生产线，新建一座年产 40 万立方混凝土搅拌站。实现年产水泥 200 万吨，年消化粉煤灰、炉底渣 65 万吨，有效利用资源，保护生态环境，壮大公司综合竞争实力。

如今，金龙水泥公司已被全国业内人士广泛关注。金龙公司的崛起，国家资源综合利用及发展循环经济政策起到了关键性的作用。同时，金龙水泥公司还充分利用各种优势发展壮大企业。政策优势：该项目符合国家资源综合利用及发展循环经济政策，产品符合国家的产业政策和环保要求，符合国家“在有石灰石资源的地方建日产 5000 吨以上新型干法熟料生产线和在水泥销售地建大型粉磨站”的投资方向。市场优势：信阳地区每年的水泥需求量在 700 万吨以上，再加上国家宏观产业结构调整，对立窑水泥实行关停淘汰政策，信阳及周边地区的水泥市场出现供不应求现象，有较大的市场空间。工业废渣优势：金龙公司与华豫电厂、平桥电厂仅一墙之隔，通过管道、汽运等方式可直接将两个电厂的粉煤灰、炉底渣输送到厂，供应极为方便，且价格便宜。仅华豫电厂每年有 60 万吨粉煤灰需要处理，平桥电厂每年有 20 万吨粉煤灰、炉底渣可供给金龙公司用于生产水泥。既废物利用，又保护了环境，又降低了生产成本。免税优势：财政部、国家税务总局【2001】198 号文件规定：对生产过程中掺兑固体废弃物比例在 30%以上的水泥产品实行增值税即征即退政策。目前，我公司生产的产品全部为资源综合利用产品，“保生”牌水泥掺兑固体废弃物比例超过 30%，有河南省发改委颁发的《资源综合利用认定证书》，可享受增值税即征即退资源综合利用税收优惠政策，不但为企业降低了生产成本，而且增强了企业发展的活力。用电优势：该公司与平桥电厂建立了长期稳定的战略合作伙伴关系，生产用电全部由平桥电厂直接供应，用电价格便宜有保障，且不受用电负荷的影响，从而为企业提供了坚强的动力保障。铁路专用线的优势：公司自备铁路专用线一条，连接京广、宁西两大铁路干线，载货火车可直接进入厂区货场，进出货物十分方便。在大批量、远距离采购原料和输出产品时，采用铁路运输可克服公路运输路途远、费用高、损耗大的弊端，最大限度的降低原料和产品运输成本。散装水泥优势：随着高层建筑的增多和各地相继建起的混凝土搅拌站，散装水泥需求量随之逐渐增加。由于公司购进的熟料都是大型新型干法水泥生产线生产的，质量稳定性能好。工厂位于信阳市区，公路、铁路四通八达，生产的水泥可用散装车运送到施工现场直接使用。即方便了客户，又节约包装费，降低了成本，还可以降低库存容量。机制优势：机制是决定一个企业发展的重要因素。金龙公司不但具有民营企业的机制优势，而且是一个机制灵活，决策迅速、上下通达、管理有序，充满了勃勃生机的现代化民营企业。

企业文化是企业精神的精髓，而企业精神又是企业家人格魅力的化身。本人有上海同济大学建材系水泥专业的知识特长，同时还是河南省工业经济联合会副理事长、河南省中小企业协会副会长和河南省发改委资源综合利用协会副会长、中国秘书科学联盟副主席、中国建筑材料企业管理协会常务理事、2007 河南行业最具影响力企业家。本人做的贡献很小，但政府与社会给了我充分肯定和很高评价，我认为还要不断提高个人创新的综合素质和企业技术及管理理论水平。以诚信为本，

河南信阳金龙水泥有限责任公司

HENAN XINYANG JINLONG SHUINI YOUXIAN ZEREN GONGSI

服务用户，善待员工，奉献社会为宗旨，形成金龙水泥公司独特的企业精神和文化理念，从而产生更大的社会影响力。

金龙水泥公司非常注重企业文化建设，企业的成功首先归功于国家的优惠政策，归功于信阳市委、市政府、平桥区委、区政府和各职能部门的大力支持，归功于社会各界朋友的鼎力相助，归功于员工的团结拼搏。至于我个人的能力不足为道，企业的组建和发展顺应了时代发展的潮流，企业的财富取之于社会，所以企业一定要回报于社会。基于这种认识，我积极响应国家号召，伸出援助之手，献出一片爱心，融入光彩事业。经常参加公益活动，捐助希望工程、支助文化体育事业、茶文化节等。2004 年～ 2008 年金龙水泥公司各种捐赠和社会支助共计 300 多万元。通过参与和开展这些社会活动，增强了企业与国家政策之间的和谐，增强了企业与当地政府之间的和谐，增强了企业与政府管理部门之间的和谐，增强了管理人员与员工之间的和谐，从而营造出一个良好的企业文化氛围。

金龙水泥公司通过大胆探索，在家族式企业的母体上，成功地嫁接了现代企业管理制度。公司建立健全了各种规章制度和生产技术质量管理体系，管理科学、奖罚严明，上至董事长、总经理，下至生产一线工人，人人有指标，层层相制约，形成了一个责权利明确的产供销管理体系，使公司成为一个组织精细、操作规范、运转有序、监督执行有力的有机整体。

金龙的崛起，金龙的腾飞，是顽强的拼搏结出的丰硕之果。我先后被评为平桥区“优秀共产党员”，并荣任平桥区政协常委。连续 4 年被平桥镇评为“纳税大户”，连续 2 年被评为“信阳市优秀

河南信阳金龙水泥有限责任公司

HENAN XINYANG JINLONG SHUINI YOUXIAN ZEREN GONGSI

民营企业家”，并被信阳市及平桥区授予“劳动模范”荣誉称号。公司壮大了，实力雄厚了，但仍要保持艰苦朴素的本色，我对自己抠门，但是对提高职工待遇，改善职工生活却舍得花钱。不惜重金诚聘懂技术、会管理的行家能手担任公司总经理，高薪聘请六个高级工程师组成公司领导班子，从而形成了强有力的决策和驾驭企业的能力。不但为职工们办理养老保险、医疗保险、工伤保险，还为他们建起了职工活动中心、篮球场、食堂、澡堂，并定期给职工免费体检。

2008年除夕之夜，我满怀激情，欣然命笔，又填词一阕，《水调歌头．金龙赋》（三）“金龙已腾飞，豪气冲九天。全员参与管理，人人干劲欢。经济实力剧增，社会声望倍添，世人刮目看。携手奔小康，和谐同构建。大平台，高起点，新观念。管理科学创新，优势更突显。抓住废物利用，咬定循环经济，方向不偏离。紧跟新时代，唱响主旋律。”这首词不仅反映出我在企业走出艰难困境，并取得快速健康发展后的喜悦心情，更展示了一种面对挑战的创新意识。我认为企业虽然抢占了信阳地区水泥市场的制高点，但在水泥市场异常激烈的竞争中，如何保持，如何巩固，如何发展，还要不断谋求新的发展思路。2008年底金龙水泥公司将组建集水泥、墙材、建筑、房地产为一体的信阳金龙建材工业集团，力争在“十一五”年末产值达到10个亿，利税超亿元，成为豫南地区乃至全国的一个发展循环经济及资源综合利用的明星企业集团。

神华鄂尔多斯煤制油分公司

Shen Huan E Er Duo Si Mei Zhi You Fen Gong Si

神华鄂尔多斯煤制油分公司是中国神华煤制油化工有限公司全资子公司，隶属于神华集团，位于素有世界煤都之称的内蒙古鄂尔多斯市伊金霍洛旗境内。神华煤直接液化项目是全世界首套煤直接液化商业示范工程。该项的目建设，对掌握煤炭液化制油的工业化技术，保障我国能源供应安全，具有重要意义。国家对神华煤液化项目给予了极大的关注和支持。胡锦涛总书记、吴邦国委员长和温家宝总理先后视察了煤液化工程现场并分别发表了重要讲话。

神华鄂尔多斯煤制油分公司 总经理 张继明

神华鄂尔多斯煤制油分公司发扬“艰苦奋斗，开拓务实，追求卓越”的企业精神，以国家能源安全为己任，牢牢掌握煤直接液化核心技术，践行历史赋予神华煤制油的重任，确保替代石油战略的实现。

自煤直接液化项目开工以来，煤制油分公司严格遵守国家环保法律法规，全面落实项目环评报告书中的各项清洁生产工艺、污染排放控制及治理措施。以建设环境和谐的绿色煤化工企业、实现清洁生产和可持续发展为最终目标，努力做好建设项目的环保“三同时”工作。煤直接液化项目先期工程（一条生产线）设计环保设施投资为64700万元，占项目总投资额的5.05%。

煤制油分公司十分重视节约水资源，采取先进的节水技术和措施以达到预期的节水目的：一是提高废水利用率，将经处理后符合回用要求的废水全部回用；二是提高循环水的浓缩倍数降低补充新鲜水的使用量。污水处理场先期总设计规模为743 m3/h，正常情况下污水总回用量达到463吨/时，占全厂总废水产生量的95.9%。为最大程度地提高水重复利用率，含盐污水处理工艺采用“膜+GE蒸发+结晶工艺”，该工艺中的关键设备蒸发器为目前世界最为先进的工业废水蒸发和浓缩设备。经此工艺处理后的净化水送水处理站作补充用水，盐卤则送渣场蒸发塘，实现全厂污水的零排放。公司为确保废气排放达标，采用了酸性气硫磺回收、锅炉烟气脱硫和各种尾气（烟气）的高效除尘、火炬回收等先进的工艺措施，使工程废气污染物排放量降至最低，同时符合环保排放标准和控制指标。公司对产生各种工业（危险）废渣分别建有既符合环保要求又先进可靠的处理、处置和综合利用设施。煤液化装置产生的废油灰渣，含较高热值，全部送到自备电厂做锅炉燃料利用；自备电站锅炉飞灰送到水泥厂进行综合利用；煤制氢气化灰渣属一般工业废物，全部进行了填埋处理；对生产中产生的各种废催化剂分别进行了回收再生和无害化填埋、处置，消除了废催化剂对土壤环境的污染。

神华鄂尔多斯煤制油分公司
Shen Huan E Er Duo Si Mei Zhi You Fen Gong Si

生产装置一角

污水处理场一角

神华煤直接液化项目第一条生产线于2008年12月30日下午2：40投煤并打通全流程，一次试车成功并生产出合格的目标产品。在煤液化及全厂装置试运期间，装置单元各种污水、废气和废渣排放都得到有效控制和处理，配套的各环保装置经受了考验，达到了设计要求的净化效果，实现了达标排放，达到了环评要求。

为提升企业的环保水平，公司也十分重视环保管理工作。公司现已设置独立的环保管理机构，配备了充足的环保管理人员。同时，公司近两年建立了较为完善的质量安全环境健康管理体系，落实了各岗位和各级人员的环保职责，制订并施行了环保工作奖惩考核细则。

煤液化项目打通全流程并实现稳定运行之后，公司的环保目标是：环保“三同时”设施全部运行并达到设计要求；各种外排污染物排放达标并不断消减吨产品排放量；实现废水的“零”排放；工程产生的各种固体废物得到妥善处置和综合利用。污染物排放总量符合地方环境主管部门下达的控制指标。不发生环境污染事故。实现煤制油的清洁生产和可持续发展。

污水汽提及脱硫装置

中国三星 绿色经营

Green Management　Green Product　Green Workplace　Green Communities

CEO Message

"营造人类与自然相和谐的亲环境企业"

中国三星认为人类幸福和保护地球环境是人类21世纪的主要课题。

企业在巨变的经营环境中创造优秀的经营成果，扩大企业价值是无可厚非的，但是同时保护地球环境和履行相关社会责任也是应尽的义务，即使已经得到社会各界人士的喜爱，也还要巩固和加强环境保护工作，使企业持续发展，成为"通过优质的产品和服务贡献人类社会的企业"，营造人类与自然和谐的21世纪。

中国三星在这样的启迪下，于2008年3月将环境、安全、健康作为企业经营活动的核心理念，为了实现这个理念，开展了"绿色经营"活动。中国三星的全体员工将共同努力开展全球环境安全经营，开发亲环境的产品，通过不断改善，最大程度地降低对环境的影响，构建最安全、最和谐的工厂，与社区一同实现绿色经营。

今后中国三星将以"自然和生命比任何东西都宝贵"的绿色经营哲学为基础，积极开展地球环境保护活动，与社会成员互帮互爱的社会公益活动，以及开展共同富强和分享经营实践的活动。同时，努力成为对环境和社会负责任的企业。

谢谢！

朴根熙

中国三星
CHINA SAMSUNG

中国三星对外开展着很多绿色经营活动，
以后将以尊重生命和绿色经营的经营哲学为基础，开发亲环境的产品和服务，
打造安全、和谐的工厂，开展社区公益活动，保护人类的未来环境。

【绿色经营】

绿色经营包括：
经营（Management）
产品（Product）
工厂（Workplace）
社区绿色化（Communities）
4个部分。

绿色经营发布仪式
('08.3)

08年 北京奥运会
亲环境体验馆 开馆

经营的绿色化
- 构建环境安全 Global Standard
- 运营绿色经营委员会
- 绿色经营组织运营

■经营的绿色化
(Greening of Management)
积极响应中国政府环境安全政策，建立了亲环境体验馆，在全体生产企业中构建了环境安全 Global Standard System，建立了绿色经营委员会，严格遵守相关法规，运营绿色营营网站。

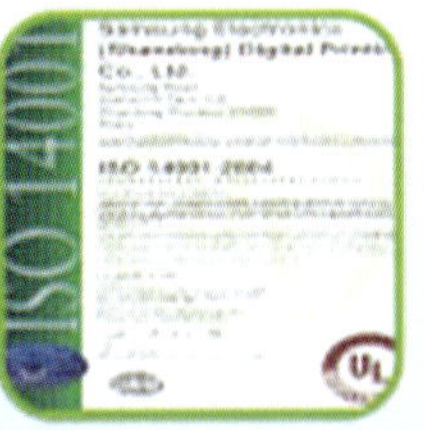

全体生产企业构建环境安全 Global Standard

中国三星
绿色经营网站

产品的绿色化
- 推进 Eco-Design，LCA
- 开发亲环境产品
- 树立有害物质对应体系

■产品的绿色化
(Greening of Product)
为了开发对环境影响最小的亲环境产品，在产品开发的最初阶段就进行 Eco-Design 评价，构建有害物质管理体系，利用亲环境的原料开发新的产品，获得中国亲环境认证及能源标志，实施绿色协作厂家认证制度，建立有害物质实验室，公开产品的环境信息，建立全方位的责任制体系。

利用玉米粉制作的
亲环境手机

无水银(Hg)灯的
亲环境 TV

工厂的绿色化
- 导入无污染生产技术
- 减少污染物质的排放量
- 成为无公害，无事故工厂

■工厂的绿色化
(Greening of Workplace)
引进高端污水处理设备，将污水处理转化成生活用水并利用净化后的水养鱼，构建垃圾分类处理体系，开展减少剩饭等活动。打造亲环境工厂，安装安全防护设备，定期进行教育、检查，努力营造安全，和谐的工厂。

引进高端污水处理设施

用净化的污水养鱼

地区社会的绿色化
- 营造 一公司一山川
- 扩大推广绿色化环境地区
- 开展地区社会环保宣传活动

■地区社会的绿色化
(Greening of Communities)
中国三星全体企业积极开展地区环境保护活动，如：“一公司一山川”清整活动；支援协作厂家进行环境安全培训；与学校合作开展“保护环境写作大赛”；火灾预防教育；发放环保购物袋；提供分类处理垃圾桶；植树护林；以及无车日等。

开展“环保绘画摄影比赛”

“一公司一山川”
环境保护活动

秦皇岛市环境保护局

Qin Huang Dao Shi Huan Jing Bao Hu Ju

秦皇岛市环境保护局在市委、市政府的正确领导下，我们坚持以党的十七大精神为指导,认真落实科学发展观，紧紧围绕污染减排、奥运环境质量保障、生态市建设三大重点开展工作，集中力量，精心谋划，攻坚克难，狠抓落实，圆满地完成了各项任务。城市环境综合整治定量考核为全省第一名，奥运空气质量保障工作被国家环境保护部评为先进集体。

党组书记、局长：杨学功

杨学功同志自2007年4月任秦皇岛市环境保护局党组书记、局长。两年来，带领全体干部职工，紧紧围绕污染减排、奥运环境质量保障、生态市建设三大重点开展工作，取得了突出成绩。城市环境综合整治定量考核连年为全省第一名，环保目标考核工作连年被省政府授予优秀市称号，奥运空气质量保障工作被国家环境保护部评为先进集体。

——**全面完成污染减排任务**。2008年，我市大力推进污染减排工作，在2007年的基础上,全年减排化学需氧量2400吨，比上年度削减10.5%；减排二氧化硫5937吨，比上年度削减9.07%。两项主要污染物均完成省政府下达的减排任务,“双三十”减排示范工程全面完成。

——**城市环境质量进一步改善**。城市空气环境质量二级和优于二级标准以上天数为352天，全省最优。青龙河全程以及洋河、石河、戴河、汤河中上游河段水质良好，桃林口、洋河、石河水库三个主要饮用水源地水质达标率均保持在100%以上。近岸海域水质稳定达到环境功能分区要求，各海水浴场水质优于国家标准。

——**奥运环境保障工作任务圆满完成**。按照省委、省政府统一部署以及《秦皇岛市迎奥运空气质量保障实施方案》要求，全市上下以高度的政治责任感，以超常的工作措施和严格的工作标准，不折不扣地推进各项任务措施的落实，认真兑现了奥运空气质量保障承诺，保障了我市作为奥运足球分赛场的各项工作的顺利进行，圆满完成了奥运环境保障任务。8月1日至8月17日，一级天数为11天，二级天数为6天，没有出现三级天数。

——**认真抓好生态市建设工作**。一是《秦皇岛生态市建设规划》已经市人大常委会审议通过，昌黎县、抚宁县、青龙满族自治县和北戴河区的生态建设规划已经通过省局组织的专家评审。二是扎实开展环保模范城、环境优美城镇、生态示范区、环境友好企业、绿色单位等创建活动。制定《秦皇岛生态市2008年工作要点》，开展生态环境保护“双十”工程，10个村开展农村环保小康建设试点，10个镇开展省级环境优美城镇创建工作，2个完成创建工作待验收。“五绿”创建工作取得积极成果，3个社区、6所学校被评为省级绿色单位。三是开展清洁生产审核工作，对国家、省控重点企业进行清洁生产审核培训，25家企业完成清洁生产审核任务。四是积极开展生态环境监察工作，全面开展试点工作。加大对饮用水源地、自然保护区、旅游区及重点资源开发建设项目的生态环境监管力度。注重抓好秸秆禁烧和综合

大气环境监测

监测人员对大气进行环境监测。奥运期间获有效监测数据近2万个，出具各类报告30余期，圆满完成暑期和奥运会期间繁重的监测任务。我市连续6年空气质量二级及二级以上的天数超过350天，奥运空气质量保障工作被国家环境保护部评为先进集体。

反恐演习

2008年在奥林匹克大道公园成功举办了核与辐射反恐应急演习，强化我市环保部门应急反应能力，全省11个地市200余人现场观摩。

利用，相关部门积极配合，辖区内未出现大面积秸秆焚烧现象。全市绿化覆盖率达到45.5%，人均公共绿地面积13.5平方米。

——**扎实开展了环保专项行动**。重点开展了以后督查、污水处理厂、垃圾填埋场专项检查、重点流域环境问题整治、化工企业污染防治措施排查、尾矿库专项整治等为主要内容的专项行动和专项执法检查。全市共出动执法人员4900余人次，检查企业 2569家。取缔、关闭38个尾矿库，关停饮用水源上游尾矿库2家，后督查52家企业，对5家企业下达停产治理，查处26家违法企业。扎实做好环境信访工作，切实维护社会稳定。开展环境信访大接访活动，1-12月份共受理各类环境信访案件1308件，限时办结率100%。办理“两会”提案 28件。没有因环境问题引发群众集体上访，维护了社会稳定。

爆破水泥厂

2008年6月底，全部关闭了石门寨地区16家小水泥企业，拆除立窑23座、旋窑2座，其中石门寨第四水泥厂、北刁水泥厂、电力水泥厂整体拆除，削减二氧化硫3629吨。

申能股份有限公司
Shenergy Company Ltd.

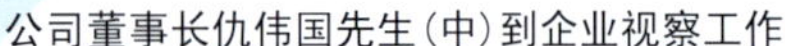
公司董事长仇伟国先生（中）到企业视察工作

公司总经理徐国宝先生（中）到企业视察工作

申能股份有限公司由申能电力开发公司改制设立，1993年4月，公司股票在上海证券交易所上市，系全国电力能源行业第一家上市公司，主要从事电力、石油天然气的投资建设和经营管理。

公司节能降耗情况介绍

节能降耗一直是公司的重点工作。公司通过一系列节能减排项目的创新研究，努力打造出经济环保的发电企业。

公司下属主要发电企业均使用高参数、低能耗的大型发电机组，符合国家节能降耗的产业政策。上海外高桥第三发电有限责任公司的2台100万千瓦燃煤发电机组采用的是国内最先进超超临界技术。上海外高桥第二发电有限责任公司拥有2台90万千瓦进口超临界火力发电机组，各项能耗指标均处于国内领先地位。2008年全公司发电企业平均供电煤耗更是创下了306克/千瓦时（含机组脱硫）的新低，较2007年供电煤耗下降了6克/千瓦时。

上海外高桥第二发电有限责任公司2006年供电煤耗达到了306.9克/千瓦时，被“中电联”评为当年全国超临界机组供电煤耗最佳单位。在此基础上通过节能降耗措施的逐步落实，国家能源环保政策的推进以及置换发电的实施，2007年供电煤耗达到299.6克/千瓦时。该公司积极响应国家节能减排的号召，2台机组脱硫装置先后于2008年和2009年投运，在脱硫系统投运导致厂用电率增加的情况下，通过加强科技和改造投入，优化运行方式，继续保持全国超临界机组中供电煤耗最低。

上海外高桥第三发电有限责任公司两台100万千瓦国产超超临界燃煤发电机组，是缓解上海“十一五”期间电力供需矛盾和实现节能减排目标的关键项目。技术人员开展了一系列创新工作，借鉴国内外同类型机组特点，通过实施 “1000MW超超临界机组系统综合优化”、“带炉水循环泵直流锅炉的邻汽加热锅炉的启动方法”等主要创新项目，对机组主要参数和系统进行优化，使机组经济性和自动化水平均处于国内领先地位。两台机组投产后实际运行供电煤耗为287克/千瓦时，处于国际领先水平。两台机组荣获上海国际节能减排博览会金奖。

积极创建节能环保企业

积极承担社会责任，深化污染治理力度，全面推进电厂脱硫改造工程，实现经济社会又好又快发展。

上海外高桥第三发电有限责任公司汽轮发电机组

公司积极响应市政府号召，加快脱硫改造工程建设，提前完成脱硫工程建设任务，创建节约环保企业。公司所属上海申能星火热电有限责任公司成为上海市首家完成全部机组脱硫改造工程的电厂。公司所属上海吴泾第二发电有限责任公司60万千瓦燃煤发电机组是上海市政府颁布《关于上海市“十一五”期间燃煤电厂脱硫工程实施方案》后的第一台完成脱硫改造工程建设的大型机组。

2008年公司系统发电企业完成全部机组脱硫工程和一台百万千瓦机组的脱硝工程建设任务。脱硫工程全部建成后，脱硫效率和投运率都超过90%以上，为2008年上海市二氧化硫减排任务的完成作出了重要贡献。

展望未来，公司正进入新一轮快速发展的阶段，公司将坚持科学发展观，抓住上海市能源需求快速发展的有利形势，推进节能减排工作，为上海经济和社会可持续发展做更大的贡献。

上海外高桥第二发电有限公司全貌

纳雍发电总厂

Na Yong Fa Dian Zong Chang

国家环保总局、国家环保监测总站、省环保局及省环保监测站专家检查验收小组，对纳电一厂新建工程环境保护“三同时”进行现场检查及验收

国家环保总局过孝民司长等会同省环保局及毕节地区、纳雍县环保局对纳电二厂4×300MW新建工程的环保设施建设和运行情况进行现场检查

纳雍发电总厂是贵州省委、省政府抢抓“西电东送”历史机遇，肩负“黔电送粤”重任的大型火电厂，属中电投贵州金元集团股份有限公司的全资企业。该厂位于贵州省毕节地区纳雍县阳长镇境内，于2000年8月25日组建，2001年11月25日正式开工建设，总厂分为一厂、二厂，分别为4×300MW火力发电机组，总装机容量240万千瓦，总投资84亿元，2006年12月19日总厂8台机组全部建成投产。目前是贵州和西南地区最大的火力发电厂之一。

几年来，该厂在“创业、创新、创效”企业精神的引领下，全体职工认真努力开展工作，抓安全生产、强化燃煤管理和成本控制，高度重视环境保护工作，坚持“高、严、细、实”的工作思路，自2003年3月首台机组投产到2008年底，已累计完成发电量479亿千瓦时，实现总产值114.6亿元，上缴各项税金大约12亿元，有力地拉动了地方经济的快速发展。

纳雍发电总厂在自身建设发展的基础上，始终坚持把社会责任和企业利益有机结合，认真搞好节能降耗和环境保护工作，力争做到对资源的消耗最少，对环境的影响最小，以实现企业的健康、持续、快速发展。为做好环境保护工作，化害为利、综合利用，确保严格执行“谁污染，谁治理”及“三同时”制度，纳雍发电总厂在省、地、县各级环保部门的支持协助下，按照国家有关环保政策和法律法规，积极配合各级环境保护行政主管部门依法进行的环保监督管理，积极探索、推行环境保护各项制度和措施，将环境保护工作落到实处。

夯实基础，强化节能减排管理。一是建立组织机构。成立了由厂长任组长的环境保护领导小组，并根据人员变化情况，及时对领导小组成员进行调整；建立了三级环境保护网络，负责环保设施的日常运行、维护管理和环保监督检查；同时还成立了内部环境监测站，负责一、二厂环境保护日常监测，根据监测结果的变化情况，及时研究对策，对环保设施予以检修和改造。二是规范制度建设，明确职责。制定了《纳雍发电总厂脱硫设施运行管理办法》、《烟气在线监测系统运行、维护管理规定》、《纳雍发电总厂环境保护管理制度》、《纳雍发电总厂除尘、除灰系统管理规定》、《纳雍发电总厂环境污染事故应急预案》、《纳雍发电总厂缺陷管理办法》等环保设施运行、维护管理制度，明确各部门工作内容及职责分工。三是加强监督检查与考核。根据环保工作需要，成立了相应的监督、检查、考核管理和环保监测质量管理体系，将环保设备管理纳入主设备管理，按设备性质划分到设备责任分场，做到专人管理。并把环保工作纳入日常生产过程管理，做到有章可循、有责可问、责有所担。

依靠科技，加快节能技改取得实效。针对电厂二氧化硫、烟尘、废水等主要污染物，投入了脱硫、除灰除尘、废水处理、灰场等环保设施，共发生设备及设施投资费用12.24亿元（其中脱硫工程总投资近8亿元），占工程总投资的12%。一是脱硫技改取得成效。根据贵州省“十一五”二氧化硫总量削减目标责任书要求,中电投贵州金元集团股份有限公司就该厂一厂减排工作与省政府签订了二氧化硫总量削减目标责任书。2007年7月，该厂委托省环科院对一厂四台机组的烟气脱硫工程进行了环境保护评价，同年11月省环保局批复同意该项工程开工。目前该工程已于2009年6月底完工并通过环保验收。该厂二厂脱硫工程随主体工程同步进行，2007年8月30日至9月11日期间，国家环保总局委托贵州省环境监测中心站对二厂环保设施(含脱硫工程)进行了“三同时”验收监测，脱硫效率均在95%以上，脱硫后的除尘效率均达到99.9%。水处理设施和噪声均达到国家标准要求。2007年11月二厂通过了由国家环保总局组织的环保“三同时”验收；二是污水系统改造实现零排放。该厂一向节约用水，并不断对污水处理系统进行改造，优化完善水处理系统，提高水的重复利用率，实现了工业废水全部处理回用，达到了废水零排放目标。具体做法是：实施了灰渣水系统和生活污水处理系统改造，大大减少了工业水用水量，并最终实现了除灰除渣系统的废水零排放；三是加强除灰除尘系统改造，降低粉尘。2007年该厂将一、二厂原灰库库顶静电除尘器（共10台）全部更换为布袋式除尘器，除尘效果良好；同时采用耐磨材料减少了除灰管道的磨损造成的漏灰、处理了电除尘灰斗下灰不畅及输灰单元堵塞引起电场跳闸等故障，大大降低了周边扬尘。

美化周边环境，构建和谐纳电。为实现建设“花园式工厂”的目标，该厂采取严格的水土流失防治措施，为减少水土流失，在厂区及生活区空闲地、周边进行绿化，提高森林覆盖率，保持水土，美化环境。一、二厂共完成绿化面积26.8万平方米，绿化率28%，绿化费用近600万元。并与当地阳长镇联合治理运灰公路扬尘，共同控制污染，取得良好成效。建立综合性运动场，不定期与当地政府部门举行小型运动会，为职工及当地群众提供了休闲运动场所。同时，坚持“以工促农、以城带乡、工业反哺农业，城市带动农村”方针，积极与当地政府部门沟通协商，相继实施了一系列厂地合作项目，积极促进地方建设、厂地和谐建设，开展“送温暖”活动和“万个支部结对，万名党员帮扶”活动，从2005年至2008年，该厂已投入140万元的资金用于周边村寨的和谐建设，取得了明显的效果，融洽了厂地关系，促进企业与社会的“双赢”。

纳雍发电总厂将继续以中电投集团“奉献绿色能源，服务社会公众”企业精神为指导，按照中电投集团提出的“三步走”战略，向规模和管理要效益，在企业可持续发展的同时，更多的关注地方社会的发展，为纳雍的经济腾飞和繁荣富强做出更多的贡献，为构建和谐纳电，创造绿色电力企业而努力。（纳雍发电总厂办公室供稿）

吉林经济技术开发区

Ji Lin Jing Ji Ji Shu Kai Fa Qu

吉林经济技术开发区管委会主任 党工委书记 郑国学

吉林经开区百亿元项目集中开工仪式

吉林经济技术开发区1998年底建区，是中国东北地区唯一的国家级专利产业化试点基地，通过了ISO14001环境管理体系和ISO9001质量管理体系认证。行政辖区89平方公里，规划面积20.5平方公里，常住人口6.8万人，现有各类企业348户，其中规模以上工业企业70多户。

便捷的对外交通

吉林经济技术开发区地处东北交通主干线的枢纽。东北地区铁路主干线长图铁路贯区而过，区内有九站和新九站两个铁路中间站，设有日编组作业量4000辆的铁路编组站，工业区内还兴建了企业铁路专用线，铁路运输十分便捷；距省会城市长春85公里，东北高速公路网主干线的长珲高速公路在开发区有出口；距长春龙嘉国际机场只有60公里，空中交通十分方便；规划建设之中的松花江吉林港就选址在吉林经开区内。

完善的基础设施及公用配套设施

经过十年的开发建设，吉林经济技术开发区已经形成了良好的基础设施环境，具备了生产生活条件。环江公路和珲春北街把经开区与吉林市城区连为一体，规划区近20平方公里范围内的道路、供水、雨排水、污排水、供电、通讯等“七通一平”城市基础设施基本完成。自来水日供水能力达到了8万吨；现有2座大型一次变电站和一座二次变电站；通过整合区内松花江热电、燃料乙醇公司和吉林化纤公司的公用工程，使现有供热、供汽等设施能够满足入区企业的需要，工业净水厂已建成使用，污水厂正在建设之中；照明、绿化工程基本完成，形成了良好的外部形象。

科学的发展规划和产业导向

按照清华大学、北京城市规划设计院、吉林大学编制的《吉林经济技术开发区总体规划》和《吉林经济技术开发区发展战略》，吉林经开区以建设现代化生态工业新城为目标，依托现有资源和产业优势，重点发展精细化工、生物化工、特种纤维、轻工纺织和品牌食品等主导产业。在产业发展导向上，重点发展具有行业拉动能力的出口加工工业、高新技术产业、替代进口产品的加工业以及服务、金融、物流为重点的第三产业。

吉林燃料乙醇公司质检中心

穿越吉林经开的长珲高速公路

高效率的行政管理服务体系

吉林经济技术开发区管理委员会是吉林市政府的派出机构，在项目审批等方面享受省级管理权限。投资服务中心政务大厅设有立项审批、规划建设、土地环保、安全、技监、公安消防、工商、税务、银行等服务窗口，可为客商提供“一条龙”式服务。凡是开发区职权范围内的事当日就可办结，需到上级部门报批的事项由专人负责，实行“代办制”；企业建成投产后，开发区对企业生产经营提供全方位跟踪服务。

蓬勃发展的区内企业

国家“十五”重点工程吉林燃料乙醇公司，已经达到年产60万吨的生产能力，成为亚洲最大的燃料乙醇生产基地，产业链条中的乙酸乙酯、精制玉米油、二氧化碳综合利用等项目发展潜力巨大；吉林化纤集团15万吨差别化腈纶项目、吉林龙谷集团科技玉米产业经济示范园项目、吉林博大生化玉米制乙烯项目、吉林正业生物制品有限公司动物疫苗项目、吉林康乃尔化工公司苯胺项目、吉林怡达化工公司醇醚脂项目、吉林娃哈哈食品公司奶粉项目、吉林奥克化工公司环氧乙氧基化系列项目等都具有较强的拉动作用，市场前景好，发展潜力大，为开发区当前和将来一段时期的发展奠定了坚实的产业基础。

吉林经开-化纤集团生产车间

食品工业园内的吉林娃哈哈食品公司

中国石油集团安全环保技术研究院

China Petroleum Group, Safety and Environmental Protection Institute of Technology

中国石油集团安全环保技术研究院
院长、党委书记：覃国军

中国石油天然气集团公司廖永远副总经理和刘振武副总工程师为安全环保技术研究院成立揭牌

中国石油集团安全环保技术研究院揭牌仪式

中国石油集团安全环保技术研究院于 2007 年 11 月 16 日成立，为中国石油集团公司直属科研机构，独立法人，按分公司管理。

中国石油集团安全环保技术研究院的发展定位是“一部三中心”。即：中国石油天然气集团公司、中国石油天然气股份有限公司安全环保战略决策的参谋部、安全环保技术研究中心、HSE 信息中心和安全环保技术服务中心。主要承担安全环保政策法规、战略规划和标准规范研究；HSE 管理体系研究；专项治理工程技术论证和重大项目安全环保技术评估；重大新建和并购项目 HSE 体系技术支持；应急技术研究，为应急管理和事故调查分析提供技术支持；开展基础、超前、共性和重大安全环保技术攻关、应用技术研究和新技术推广；HSE 信息管理、对外交流与服务；HSE 评价、审核、认证、咨询等技术服务。

中国石油天然气集团公司、中国石油天然气股份有限公司有 16 个安全、环保、职业健康机构设在中国石油安全环保技术研究院。这些机构是：中国石油天然气集团公司环境监测总站、环境影响评价中心、劳动安全卫生预评价中心、环境工程技术中心、HSE 审核中心、石化安全技术研究所、静电监测中心、劳动安全卫生信息中心；中国石油天然气股份有限公司环境监测总站、环境影响评价中心、安全评价中心、职业病防治工作中心、安全技术研究所、静电监测中心、安保基金自然灾害与事故理赔现场核查专家组秘书处、劳动安全卫生信息中心。因此，中国石油安全环保技术研究院还需要履行以上 16 个机构被赋予的关于安全、环保、职业健康的监督、检测、评价、考核的职能职责。

中国石油集团安全环保技术研究院还承担了国家环境标准化 TC207/SC4 分委会秘书处、石油工业环境专业标准化工作组秘书处、国家油气田清洁生产标准化委员会秘书处、中国石油学会石油环保专业委员会秘书处、中国石油天然气股份有限公司健康安全环境标准化直属工作组等安全环保标准化机构的工作任务。

组织机构

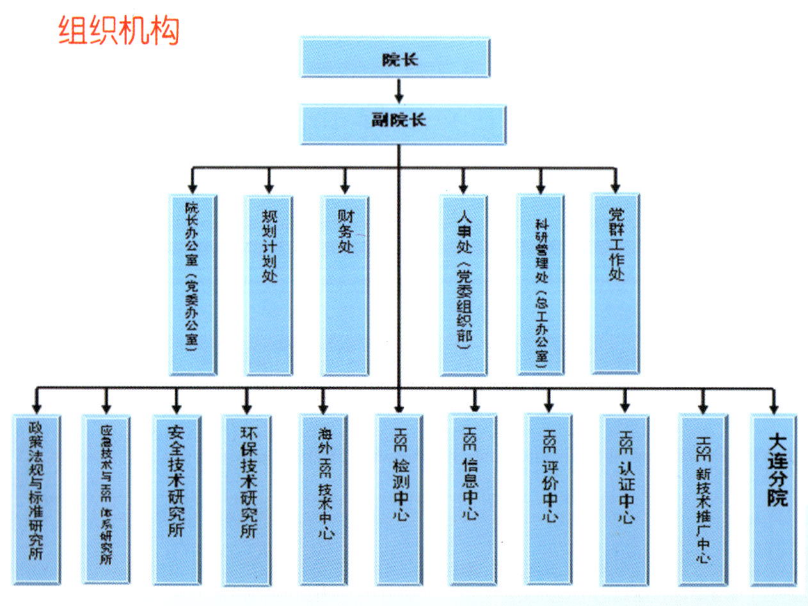

中国石油集团安全环保技术研究院中层领导干部任职宣布大会

中国石油集团安全环保技术研究院 2008 年上半年工作总结表彰大会

中国石油集团安全环保技术研究院

China Petroleum Group, Safety and Environmental Protection Institute of Technology

中国石油天然气集团公司王宜林副总经理一行莅临我院检查指导工作

中国石油天然气集团公司廖永远副总经理一行莅临我院检查指导工作

办公大楼一角

技术资质

中国石油安全环保技术研究院拥有 13 个国家级资质。分别是国家环境污染防治专项工程设计证书（废水、废气、固废甲级）、建设项目环境影响评价资质证书（甲级）、安全评价机构资质证书（甲级）、建设项目职业病危害评价（职业卫生）、中华人民共和国计量认证合格证书、中国实验室国家认可委员会认可证书、静电监测计量认证、职业安全健康管理体系认证机构国家认证、ISO14000 环境管理体系认证、ISO9000 质量管理体系认证、石油天然气工业 HSE 审核认证等。

经营范围

中国石油集团安全环保技术研究院主营业务范围包括：安全、环保、职业卫生、节能技术研究；健康、安全与环境的应急技术研究；健康、安全与环境的信息服务；健康、安全与环境的技术评估；健康、安全与环境的技术培训；健康、安全与环境的检测和监测；健康、安全与环境工程设计和承包；安全、环保、节能设备的研制与销售；安全、环境影响、职业卫生评价；清洁生产审核与审计；健康、安全与环境技术推广；油田化学药剂的研制；技术开发、技术咨询、技术转让、技术服务。

工作思路和发展目标

中国石油集团安全环保技术研究院将按照中国石油天然气集团公司赋予“一部三中心”的定位和八项主要职责，紧紧围绕中国石油建设综合性国际能源公司的发展战略，坚持“做硬资质、做强支持、做专研究、做好服务”的基本工作方针，坚持“远近结合、虚实结合、冷热结合、上下结合”的科研工作基本要求，建设好安全环保技术支持、技术研究和技术服务三个平台，实现在石油安全环保技术领域拥有“一流人才、一流设备、一流管理和一流成果”，努力实现把中国石油集团安全环保技术研究院建成“国内第一、国际一流”的石油安全环保技术研究机构的发展目标，为中国石油建立安全环保长效机制提供强有力的技术支持和技术保障。

中国石油集团安全环保技术研究院与大连石化公司交接仪式

中国石油集团安全环保技术研究院2008年度工作会议

地址：北京市海淀区志新西路 8 号
邮编：100083
电话：（010）82379615
传真：（010）82379999

合理利用资源 创建绿色矿山

Heli liyong ziyuan Chuangjian lvse kuangshan

招金矿业股份有限公司办公大楼

公司在香港成功上市

招金矿业股份有限公司地处中国金都——山东省招远市，是中国领先的黄金生产商和全国同行业最大的黄金冶炼商之一，拥有从勘探、开采、加工到冶炼为一体的完整的专业化黄金产业链。公司技术领先，管理先进，实力雄厚，是香港 H 股上市公司（股票代码：HK1818）。目前公司在招远市境内有 6 座黄金矿山，在新疆、甘肃、云南、四川等全国主要产金区域拥有 16 家生产矿山和探矿企业。

多年以来，招金矿业股份有限公司认真落实科学发展观，始终坚持“合理利用资源，创建绿色矿山”的环保发展理念，积极推行清洁生产、节能减排和资源综合利用，逐步走出了一条科技含量高、经济效益好、资源消耗低、环境污染少的可持续发展之路。

一、领导重视，目标明确，管理规范。

公司成立了以总裁为主任的环保工作委员会，每年召开的第一个会议是安全环保会议，发的第一个文件也是安全环保文件。每年年初，公司还与各分（子）公司、各部室直至车间、班组、岗位层层签订《安全环保责任状》，纵到底，横到边，并将方针目标纳入各级生产经济责任制考核之中，实行月检查、月考核制度，形成了一级抓一级，一级保一级的安全环保工作格局，为安全环保工作思想到位、责任到位、制度到位、措施到位、考核到位奠定了基础。坚持每月召开一次安全环保工作例会，及时分析情况，解决问题，纠正不足，保证了各级安全环保责任制的有效落实和方针目标的顺利实现。

公司建立并运行了 ISO14001 国际环境管理体系，坚持“恪守环境法规、预防环境污染、倡导节能降废、合理利用资源、注重持续改进、创建绿色矿山”的环境方针，明确了“污染物达标排放、杜绝重大环境污染事故、矿石贫化率不高于 8.7%、采矿损失率不高于 7.65%、复垦绿化率不低于 70%、选矿回收率不低于 95%、吨矿耗电不高于 24kwh、可利用废物回收率 90% 以上”环境保护目标，规范了环境因素识别、应急准备与响应、管理评审控制等 17 项环保工作程序，使公司的环境保护工作与国际先进管理模式接轨，走上了制度化、规范化、程序化的轨道。

公司始终坚持环境治理与环境宣传一起抓，通过环境宣传教育，提高全员环境保护意识，从而促进环境治理及其他工作的开展。每年 3 月 12 日的植树节和 6 月 5 日世界环境日，公司及各矿都利用各种媒体和形式宣传国家环保方面的法律、法规及环保知识，并结合矿区实际，开展我爱矿山、保护矿区环境等活动，对矿区环保工作开展起到了很大的促进作用。

二、源头治理，过程控制，整改到位。

公司对新、改、扩建项目严格执行环境影响评价和“三同时”制度，对建设项目进行全面审查，

先进的环境监测

湿法冶炼工艺

科学论证，杜绝污染严重的项目上马。目前，公司所有新、改、扩建项目的“三同时”执行率达到了 100%，有效控制了新污染源的产生。

公司非常重视生产过程中“三废”治理工作。在废水治理方面，公司研究开发了尾砂充填技术，选矿尾矿一部分用于井下充填，一部分在尾矿库经尾砂渗水塔、沉淀池、过滤池沉淀过滤后全部返回生产工艺循环使用；氰化废水经过污水处理系统处理，也全部返回工艺流程，实现了含氰废水零排放，不但减少了新水补充，防止了环境污染，而且进一步回收了废水当中的金、银等有价金属，提高了企业的经济效益。在废气治理方面，公司实施了冶炼酸烟治理项目，烟气经过处理后，最终氮氧化物的排放浓度在 200ppm 以下，低于国家最新规定的 240ppm 的排放标准。该工艺的另一个显著特点是在中和氮氧化物的同时，对烟气中的金、银等贵金属进行综合回收，年可多回收黄金 2.5 公斤、白银 10 公斤，具有非常明显的经济效益和社会效益。在废固治理方面，公司井下采掘的所有毛石全部直接在井下用于充填；选矿废渣在尾矿库脱水后，经过覆土造田再种植树木，成为一道绿草茵茵、林茂粮丰、碧水蓝天、环境优美的风景线；氰化废渣全部销往化工厂，用于制酸。公司重视环境监测工作，投入巨资建立了一流的环境监测中心，对生产工艺的全流程进行在线监测。同时按照“主动监测、动态监控和持续改进”的原则，充分发挥公司总部、分（子）公司、车间、班组四级环保管理网络的监控功能，深入开展多层次、高密度的现场环保督察，进一步强化了体系运行动态控制平台。

三、注重创新，持续改进，措施得力。

公司在环境保护工作中，注重创新，坚持持续改进，做到“四个结合”，促进了环保工作的开展。

一是把环境保护工作与科技创新相结合。

二是把环境保护工作与节能减排相结合。

三是把环境保护工作与资源综合利用相结合。

四是把环境保护工作与清洁生产相结合。

公司认真贯彻落实《中华人民共和国清洁生产促进法》和《清洁生产审核办法》，大力推行清洁生产，进行源头控制，科学调整原料结构，积极利用再生资源，加大技术创新，达到资源和能源的最佳利用。

矿区绿化

邢台市环境保护局

XINGTAISHI HUANJING BAOHUJU

邢台市环保局党组书记、局长柳金钟

省环保局局长姬振海到邢台指导环保工作

2008 年度，邢台市环保局坚持以科学发展观为指导，以改善环境质量、保护人民群众身体健康为目标，切实加大污染减排工作力度，全力实施环境综合整治，强化环境监管，严格环境执法，扎实推进环保基础建设，全市环境保护工作成效显著。邢台市环保局被环保部评为 2008 年度宣传工作先进单位。今年 3 月，市环保局被省人事厅、省环保厅评为全省环保系统先进集体，被省七部门评为五年环保专项行动先进集体，市环保监测站被评为省级文明单位。2008 年 6 月，局长柳金钟被环保部、监察部等七部委评为“环保专项行动先进个人”。环境保护部 2008 年 10 月 9 日发布的《2007 年全国城市环境管理与综合整治年度报告》，对全国各省、自治区所辖城市“城考”结果进行了排名，邢台市在全省 11 个地级市中排名第三，比上年晋升四位。

[污染减排取得新突破] 实施了以燃煤电厂烟气脱硫为主、城镇污水处理厂建设为重点、重点企业深度治理三大工程。完成了省“双三十”减排项目 33 个。按照市政府统一部署，退役小火电机组、淘汰钢铁企业烧结机、取缔拆除水泥机立窑。加大了电力、造纸、玻璃、水泥、钢铁等落后产能的淘汰力度。全年全市共拆除水泥机立窑 44 座。在项目审批上严批重管，控制增量。对没有总量指标来源或者超总量排污的地区和项目单位，暂停审批新增污染物排放总量的建设项目。采取行政审查和专家技术评估相结合的办法，共审批建设项目 272 家，项目总投资 281.02 亿元，其中环保投资 15.51 亿元，占总投资的 5.5 %。对不符合国家产业政策和环保要求的 29 个项目进行了拒批。强化了建设项目“试生产”和限期验收工作，对省批的 137 个建设项目建立了“三同时”动态管理档案，对申请试运行的 42 家企业，否决了 9 家。对 128 个新建项目进行了环保竣工验收。严格按照区域总量和排放浓度双控制要求发放排污许可证，要求所有工业企业持证排污。

目前，市环保局已发放排污许可证 115 个。根据河北省环保厅对全省 11 个设区市 2008 年污染减排指标完成情况通报结果，我市污染减排工作再创佳绩，两项主要污染物均超额完成了“十一五”污染减排中期目标，综合位次名列全省前茅。其中，化学需氧量纯削减 4660 吨，削减率为 9.41%，完成年度目标的 144.79%，完成“十一五”目标进度的 50.25%，位列全省第四；二氧化硫纯削减 1.35 万吨，削减率为 9.15%，完成年度目标的 166%，完成“十一五”目标进度的 90.94%，位列全省第二。

邢台市环保局领导班子成员

邢台市环境保护局
XINGTAISHI HUANJING BAOHUJU

邢台市委书记姜德果视察环保工作

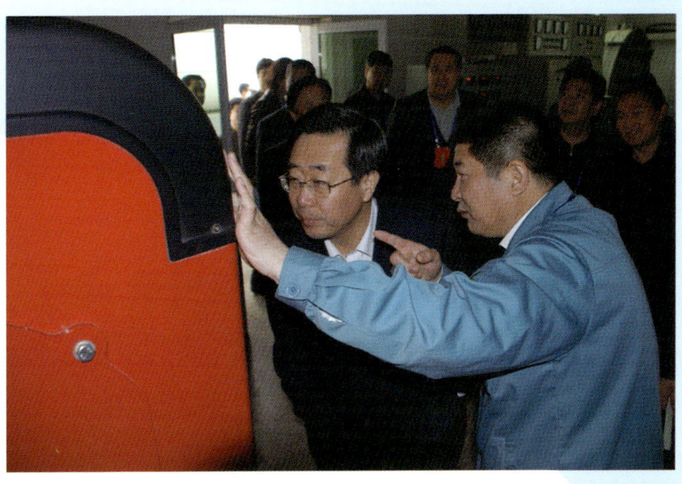
邢台市市长刘大群视察环保工作

[子牙河流域水质明显改善] 深化水污染企业治理力度，加强对重点污染源环境监管，为保障奥运环境安全，2008 年市政府对 29 家水污染严重的企业实行停产治理。严格执行子牙河跨县（市、区）断面水质目标考核制度，实行生态补偿机制。

[环保执法力度和监管能力得到加强] 开展环保专项行动，严厉查处各类违法行为，今年共出动人员 3580 余人次，检查企业 2094 余家次，立案 535 起，行政处罚 468.52 万元。环保后督察专项行动取得阶段成效。去年以来，共办理国家、省转举报件 206 起。实行重点监控企业环保监督员制度。环境应急能力建设得到加强。2008 年，新购置环境执法车辆 20 台，提高了环境执法能力；开展了辐射安全监管执法专项检查，收缴了 57 枚废放射源，集中送到省放射废物库；投资 17 万元购置了国际领先的辐射监测设备，确保了奥运期间辐射环境安全。在线监测能力取得明显突破，全市 66 家国控、省控重点企业除了已取缔、破产和不具备安装条件的 26 家企业外，40 家企业安装在线监测装置 68 台（套），全部与省、市环保监控中心实现联网。此外还建成了 3 座水质自动监测站，对企业的偷排超排起到了较好的监督作用。

[全市环境保护宣传工作再上新台阶] 为提高社会各界关心、支持、参与环境保护工作的热情，形成环保工作的强大合力。市环保局广泛开展了环境保护的宣传教育工作，在《中国环境报》、《河北日报》、《河北经济日报》和《邢台日报》刊登专版，宣传我市的环境保护工作和环境保护法律法规。在市电视台开办了《环保在线》和《环保前线》两个固定栏目，围绕污染减排、市区大气环境治理、子牙河流域水污染防治等内容播放 88 期。今年以来，全市环保系统共在新闻媒体刊发稿件 2053 篇，其中国家级 102 篇，受到环保部的表扬。

邢台市拆除兴泰发电厂冷却塔

邢台市达活泉

创建环境友好型企业　打造生态示范型矿井

CHUANGJIAN HUANJING YOUHAOXING QIYE　DAZHAO SHENGTAI SHIFANXING KUANGJING

总经理 王建强

党委书记 冯忠华

司马煤业公司是山西潞安集团公司的子公司，是潞安集团全体职工共同入股的股份制矿井、是潞安集团新世纪第一个投产、第一个见成效的矿井。矿井年生产能力 300 万吨，现有职工 1800 余人，主采 3# 煤层，是优质的炼焦配煤和优质的动力用煤，配套建设有相应年入洗能力的选煤厂。

在企业快速发展的过程中，公司严格按照党的十七大提出的建设“生态文明”的要求，落实科学发展观，根据司马煤业公司处于典型的平原农田耕作区的地质地貌特征，从保护区域环境、促进地企和谐发展的思路出发，明确提出了“绿色开采、生态和谐”的发展理念。绿色开采，包括：1）煤矿“三废”的治理和综合利用；2）矿区绿化美化；3）塌陷区综合治理；生态和谐，就是通过绿色开采，推动资源开发与生态环境保护的协调发展，实现城市与煤田、环境与景观、生产与生活的共同和谐。在这种理念的指引下，公司立足全过程清洁生产，全面落实《环境影响评价报告》和《水土保持方案》的要求，取得了优异的成绩。在海河流域首家通过了国家水利部对水土保持设施的专项验收，先后获得了山西省“水土保持先进集体”、山西省首批批重点企业环境行为评价“绿色等级企业”、山西省“生态示范矿井”、山西省“绿化先进单位”、“厂（矿）绿化先进集体”和“中华环境友好型企业”等荣誉称号。

一、“三废”治理情况：

一是废水治理：司马煤业公司产生的主要污水来源为井下生产废水、生活污水、煤泥水和锅炉房洗渣废水。矿井水处理站采用混凝、调节沉淀、过滤的处理工艺，污泥处理在国内首家采用离心机脱水处理方式，保证了矿井水处理水质全面达标，处理后中水复用井下生产洒水、地面防尘洒水、绿化、消防等，回用率为 50.6%，剩余部分用于附近村庄农田灌溉。工业场地生活污水经工业场地管网收集后汇入生活污水处理站，采用 HDOMF 充氧生物膜污水处理装置二级生化处理，生活污水经处理后供选煤厂洗煤用水，回用率为 48.2%，剩余部分达标排放。选煤厂煤泥水经浓缩机、净化浓缩机、压滤机压滤后，实现了煤泥水不外排，达到国家煤泥水一级闭路循环标准要求。

二是粉尘防治：在井下原煤生产过程中，综采工作面、掘进工作面、皮带运输系统都安装有自动喷雾装置，有效地防止了煤尘扩散，原煤升井后通过横亘在主井、选煤厂和圆筒仓之间的皮带走廊直接进入 3 个万吨原煤仓，随后经皮带输送到坑口选煤厂，洗选后直接进入 4 个万吨产品仓，通过铁路装车进行销售，地面所有运煤皮带全部采用彩板封闭，生产过程中原煤不外露。此外，公司采用麻石旋流板水膜除尘器、扁布袋除尘器、喷雾除尘和路面洒水等措施，有效防

矿区全景

义煤集团水泥有限责任公司

Yimei jituan shuini youxian zeren gongsi

授予：义马煤业集团水泥有限责任公司
信用最佳单位
中国信用管理协会
二00三年九月

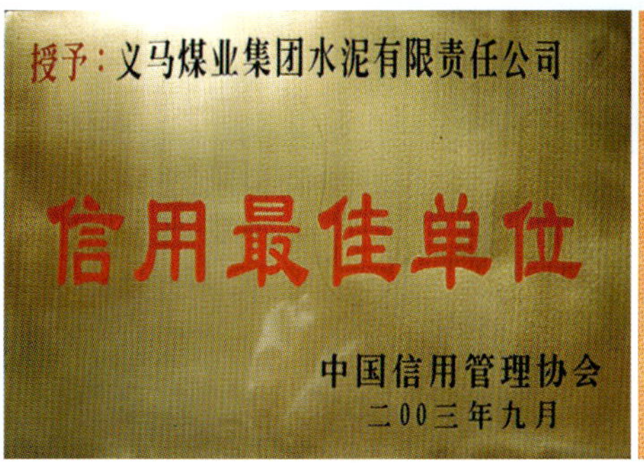

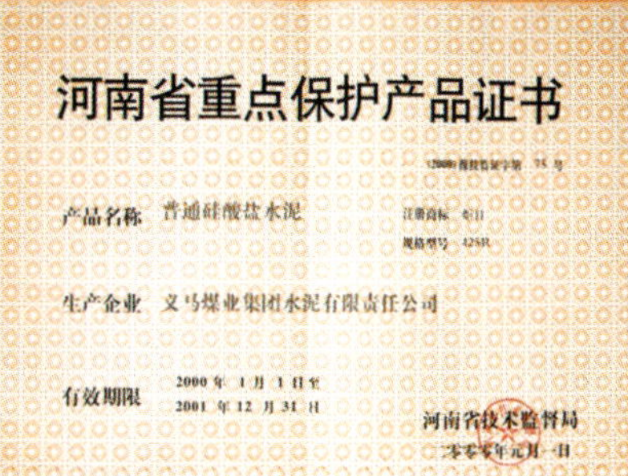

河南省重点保护产品证书
产品名称 普通硅酸盐水泥
生产企业 义马煤业集团水泥有限责任公司
有效期限 2000年1月1日至 2001年12月31日
河南省技术监督局

授予：义马煤业集团水泥有限公司
河南省优秀化验室
河南省建筑材料工业协会
二00七年五月

建明星企业

产品质量国家免检
（2007年－2010年）
中华人民共和国
国家质量监督检验检疫总局

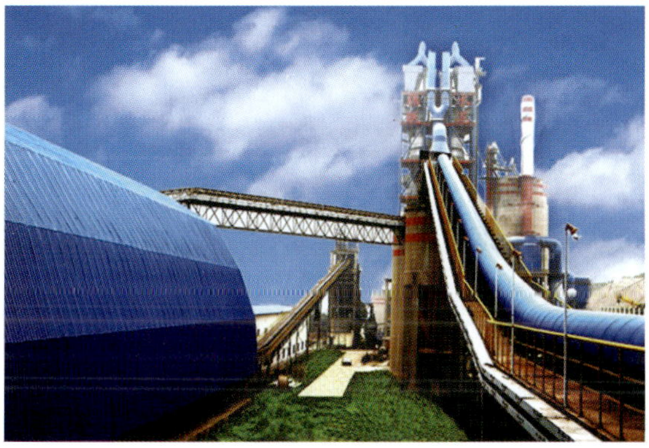

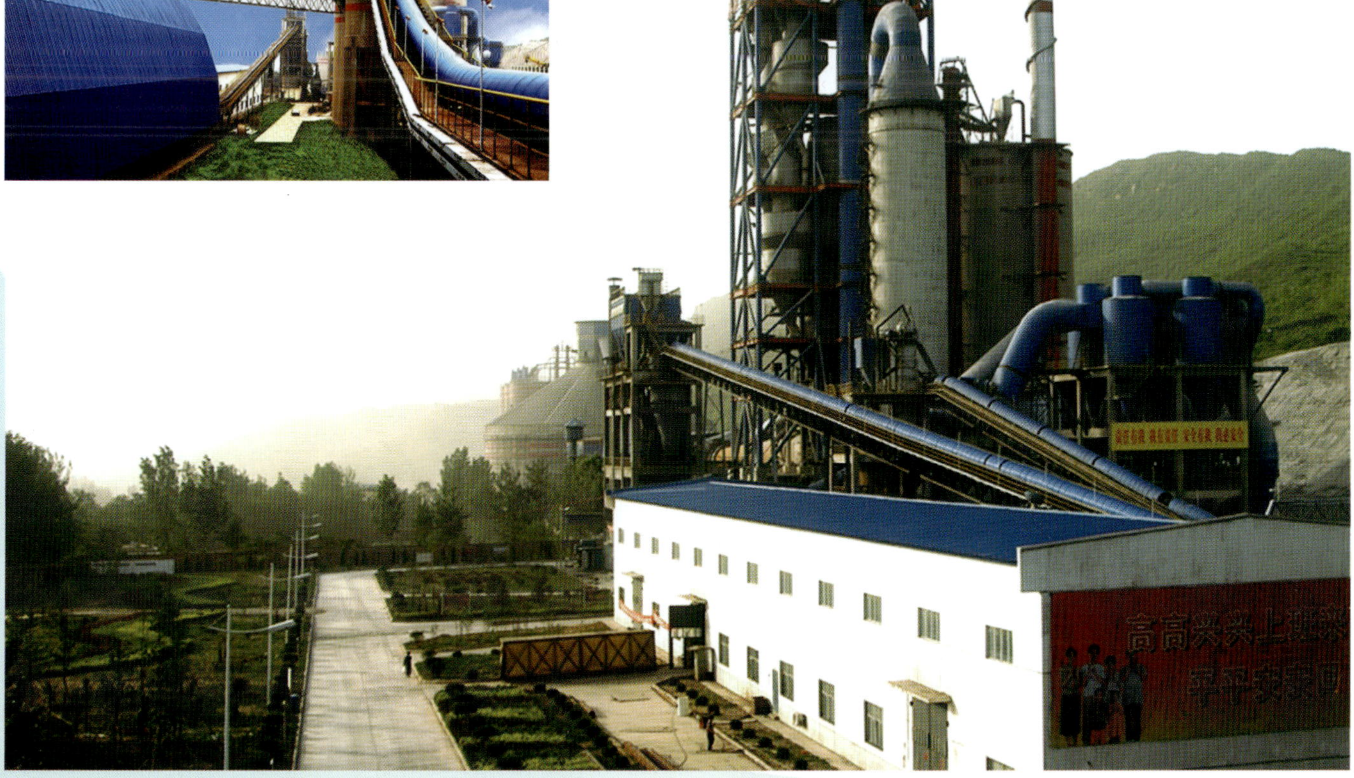

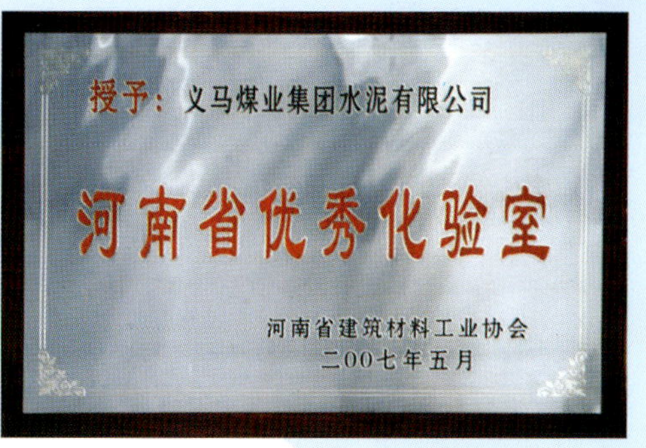

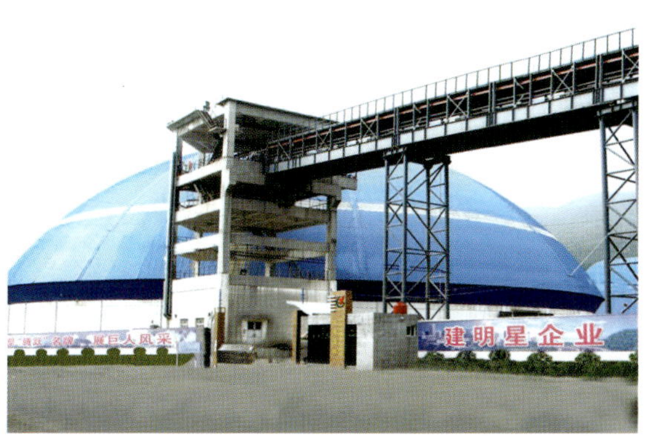

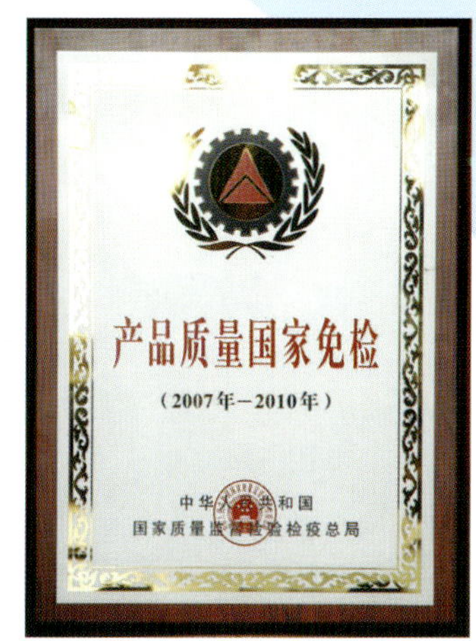

厂区景美如画

京东方科技集团股份有限公司

随着全球能源形势的紧张和各国对环保问题的日益重视，显示产品的环保节能首当其冲。作为中国大陆液晶显示产业领军者，京东方科技集团股份有限公司不仅承担起振兴中国大陆平板显示产业的重任，而且致力于绿色环保产品的研发和制造，建造全面节能的“绿色工厂”。

专业部门　推进环保事业

为切实履行环境责任，2004年京东方成立了环境安全委员会。2006年成立了总经理直属的技安环保部，来负责公司环境、安全及职业卫生管理业务的推进。同时为了更好地推进各专项业务，公司还成立了节能领导小组和工作小组，清洁生产领导小组和工作小组。

在环保标准方面，京东方通过了ISO14001环境管理体系。同时，主要的Monitor产品均满足国家一等级能效标准，如19W产品，在功耗一定的条件下，满足一等级能效产品的亮度可提升近10%。另外，8.9英寸-15.6英寸笔记本用液晶面板均采用LED背光源，实现了低功耗。此外，京东方产品还满足最新的TCO5.0显示标准，该标准在环境等方面的要求更加严格。与此同时，所有产品均满足RoHS及REACH标准，不含铅、砷等有害物质，实现无卤化。

绿色产品　为环境而设计

京东方始终致力于低碳产品的研发和制造，其全面节能技术和绿色产品充分体现了京东方“为环境而设计”的高度社会责任感。

作为我国自主研发成果最多、投入力度最大的高科技公司之一，京东方独有的AFFS广视角技术(全球液晶面板两大技术标准之一，也是俗称的“硬屏”技术)克服了常规IPS技术透光效率低的问题，在宽视角的前提下，实现高透过率。与其他液晶宽视角技术相比，AFFS技术能提供更宽的视角(在上、下、左、右四个角度都能达到180度)、更高的透过率、更高的亮度和对比度、更低功耗，因此能够提供更为逼真的图像效果的同时，也更具环保优势。

还有京东方自主研发的GOA技术，减少了Gate驱动IC的使用量，在降低功耗的同时，降低了产品的成本，转入量产后可为公司节约可观的费用；32英寸、47英寸大尺寸TV技术开发，采用了无汞的、低功耗的LED背光源。同时，区域亮度控制技术使功耗更低，更加符合节能环保的要求；COG技术，则直接将各驱动IC芯片焊接在玻璃基板上，缩小了印刷电路板(PCB)的面积，降低了成本，降低了能源消耗。

通过这些持续不断的技术创新，京东方研制开发了一系列“绿色产品”：减少液晶显示屏主要能耗部件CCFL(冷阴极射线管)背光源的数量(由原有4根CCFL减少为2根)，同时采取缩小驱动电路及驱动芯片等研发技术，既保证了显示产品亮度、对比度、响应速度等性能不受影响又达到了能耗降低、绿色环保、成本节省及设计简化的目的。而32英寸、47英寸大尺寸液晶电视的技术开发，则采用了无汞的、低功耗的LED背光源。

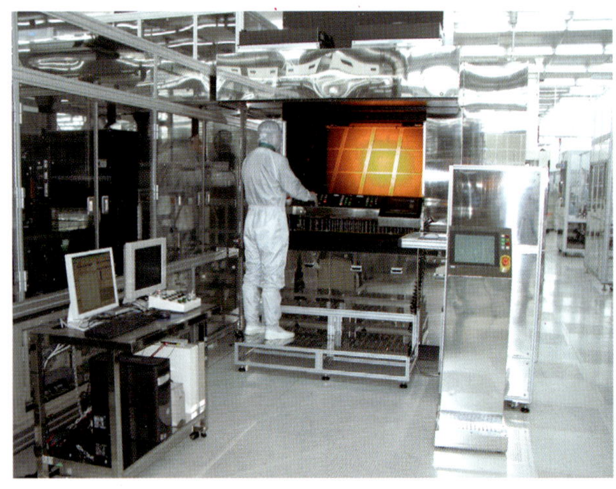

京东方第5代TFT-LCD生产线

京东方科技集团股份有限公司

绿色工厂 对社会负责任

京东方认真贯彻落实国家节能减排工作会议精神，采用先进的生产工艺和管理模式，在资源综合利用和环境保护方面做了大量的工作，并取得一定的成效。

京东方主动采取措施减碳节能，为减缓全球气候变化做出贡献。京东方积极开展温室气体减排工作，并通过CDM(清洁发展机制)对公司主要温室气体进行减量处理，减排温室气体95%以上。 此外，大力推进清洁生产，积极开展“我为节能减排作贡献”的竞赛活动，以节约材料消耗、减少污染排放为核心，仅京东方光电一家下属公司的节水方案就有40项之多，涉及废水回收、废气治理、噪声控制、固体废物及废液处置等。

特别值得一提的是，京东方8.5代线建设以“高起点、高技术含量”为前提，从产品开发、设计到制造工艺流程以及工程建设均采用先进合理的技术方案，着力打造“绿色工厂”典范。如再生水利用方面，通过增加预处理系统、有机废水回收系统等，将有效降低新鲜水使用量和废水排放量，使8.5代线用水量达到行业内领先水平。此外，8.5代线拟采用屋面太阳能发电系统，太阳能系统初始装机量约5MW，约占8.5代线总用电量的2.5%。该项目技术工艺流程设计、设备选型合理，绿色环保。

在过去的一年，京东方奋力开拓，提高产线规模和经济效益，而且始终致力于低碳产品的研发和制造，做具有社会责任的企业公民。面向未来，将京东方将继续坚定不移地推动TFT-LCD事业的进一步发展，加大对TFT-LCD关键性、前瞻性的产品技术、工艺技术、关键材料和装备技术等领域的自主创新研发力度，择机推出更高世代线建设计划和下一代显示技术产品，打造具有全球业内领先的自主技术创新能力，增强企业核心竞争力，向显示领域世界领先企业的目标迈进。

京东方第8.5代TFT-LCD生产线鸟瞰图

京东方厂区外景

京东方科技集团股份有限公司简介

京东方科技集团股份有限公司创立于1993年4月（京东方A：000725；京东方B：200725），是一家显示产品与解决方案的供应商。截至2009年9月30日，公司注册资本为82.8亿元，净资产170亿元，总资产260亿元，员工人数12，084人。

目前，京东方拥有一条月产能为10万片玻璃基板的第5代TFT-LCD生产线（北京）、一条月产能为9万片玻璃基板的第8.5代TFT-LCD生产线（北京）(建设中)、一条月产能为3万片玻璃基板的第4.5代TFT-LCD生产线（成都）、一条月产能为9万片玻璃基板的第6代TFT-LCD生产线（合肥）(建设中)。在北京、四川成都、安徽合肥、河北固安、江苏苏州、福建厦门拥有6个制造基地，营销和服务体系覆盖欧、美、亚等全球主要地区。

北京国电龙源环保工程有限公司

Beijing guodian longyuan huanbao gongcheng youxian gongsi

大同发电公司二、三期脱硫特许经营交接仪式

泰州 2×1000MW 脱硫总体布置

北京国电龙源环保工程有限公司成立于 1993 年 5 月，隶属于中国国电集团国电科技环保集团有限公司，是国内最早从事电力环境污染治理的企业，是全国环保产业骨干企业。目前主要承接大型火电厂燃煤机组烟气脱硫工程、脱硝工程、布袋除尘、海水淡化、水处理、干排渣、垃圾焚烧等业务。公司注册资本为 3 亿元人民币。

我公司是国内最早从事电力环境污染治理的企业，拥有环境工程设计甲级资质；环保工程专业承包壹级资质；质量、职业健康安全、环境管理体系认证证书；工程咨询甲级资质等。

公司成立 16 年以来，先后承担了大型火电厂燃煤机组烟气脱硫工程、脱硝工程、布袋除尘、干排渣等业务。公司拥有自主知识产权的石灰石石膏湿法脱硫技术，并处于国内领先水平。其中，拥有国际百万机组容量的海水脱硫装置，国内在建工程的市场占有率达到 100%。在国家发改委举办的脱硫产业登记活动中，按照已投运的脱硫工程容量大小和签订合同的脱硫工程容量大小排序，公司连续四年均获得两项排名第一。截止到目前，我公司累计投运的脱硫工程容量 46800MW；累计签订合同的脱硫工程容量 89600MW。

2003 年底公司引进了先进的选择性催化还原脱氮（SCR）技术。SCR 技术是当今世界上氮氧化物控制的主流技术。截至目前，公司已投运和正在承担的脱氮项目共 14 个，总装机容量达到 16280MW。2007 年 11 月公司引进了日本触媒化成公司先进的催化剂生产技术和设备，并于 2008 年底建成投产。今年 5 月 23 日，公司“SCR 蜂窝式催化剂”产品技术通过了由中国电力企业联合会组织的产品技术鉴定，打破了该技术长期被欧美日发达国家所垄断的局面，为降低烟气脱硝成本打下了坚实基础。

围绕把公司“建成国内领先国际具有一定知名度和影响力的环保企业”的目标，公司将继续发扬“求真务实、开拓创新、追求卓越”的企业精神，不断加强技术开发和创新，抓住机遇，稳步发展，竭诚为用户提供优质环保技术服务。为中国环保事业做出应有的贡献。

谏壁电厂 9、10 号炉烟气脱硫工程项目后评估评审会

北京市崇文区环境保护局

Bei Jing Shi Chong Wen Qu Huan Jing Bao Hu Ju

北京市崇文区环境保护局是崇文区政府对全区环保工作进行统一监督管理的行政主管部门。在以局长鲍亚范同志为核心的领导班子的带领下，致力于保护和改善生活环境与生态环境，为崇文区的环境提升作出了自己的贡献。

崇文区环保局局长　鲍亚范

近年来，崇文区的空气质量不断提升，2008年的二级以上天数达到267天，占全年总天数的73%，与07年同期同比提高了4.6%。超额完成北京市2008年257天的目标10天。

2008年,崇文区争取市级财政支持3500万，同时区财政核准了4000万的区财政配套资金，完成了前门鲜鱼口文化保护区3136户的煤改天然气工程。是全市煤改电工程支持比例最大、也是最早落实的。煤改气工程不仅为首都的蓝天计划做出了贡献，而且还方便了群众生活，提高了群众的生活质量，消除了煤气中毒的隐患，一举数得，赢得了前门百姓的拥护和称赞。

2008年开展了历史上第一次污染源普查，崇文区具有一定规模的污染源单位871个，其中工业源39个，生活源832个。为了加强噪声监控，我区增加了对噪声源的普查。全面、系统、准确地掌握全区废水、废气、固体废物、噪声、辐射等各类污染源的基本情况，建立了污染源信息数据库，为奥运期间污染源的针对性管理奠定了坚实基础，为今后污染源监控工作提供了依据。我区此项工作的进度和质量在全市处于前列。

龙潭湖水质改善工程现已全面完成。工程包括湖底清淤防渗、布设生态基区、种植水生植物、曝气过滤截污、近抽远排循环、整治美化湖岸等，使龙潭湖水质明显改善。龙潭湖水质改善工程是载入崇文史册的历史工程，是营造区域和谐优美环境的亮点工程，是为百姓办实事的利民工程，为提升崇文区的城市形象和品质做出了巨大贡献。北京电视台对治理工程进行了报道。

在改善城市环境的各个阶段，全局上下大力弘扬“艰苦奋斗、敢为人先、团结奉献、追求卓越”的崇文精神，内强素质，外树形象，建设一流公务员队伍，争创一流工作业绩，为把崇文区建设成为现代化都市文化休闲区而努力奋斗！

六·五世界环境日

2009年“六五”世界环境日，崇文区环保局在天坛公园东门开展“减少污染 行动起来”世界环境日宣传活动。崇文区区委常委、副区长刘云斋、北京市环保局党组成员周新华参加了活动。鲍亚范局长倡导群众树立良好的环保意识，采用绿色生活方式。

煤改气的通气仪式

2008年11月，完成了前门草厂地区煤改清洁能源改造任务，解决了涉及到居民生活的供暖、做饭、洗澡问题，极大的改善了生活条件，提高了居民的生活质量。区委常委副区长刘云斋主持了通气仪式，鲍亚范局长陪同崇文区区长牛青山、北京市环保局副总工程师陈添参加了仪式。

社区送锦旗

2009年8月21日，为了促进“魅力社区”的建设，为李村社区中小学生举办了环保科普知识讲座，宣传了日常生活中要做到的环保行为规范。随后，李村社区居民送来锦旗，感谢区环保局的环保宣传能够做到“科学发展为先导，绿色生活进社区”。

深圳市万山红环保实业有限公司

Shen Zhen Shi Wan Shan Hong Huan Bao Shi Ye You Xian Gong Si

深圳市万山红环保实业有限公司成立于1996.11.27日，注册资金500万元，是从事环境工程设计、施工、运营和环保设备制造的专业化公司。

公司取得了国家建设部颁发的“国家乙级设计资质”，国家环保总局颁发的“环保设施运营资格证”，广东省环保局颁发的水、声、气的环保专项设计资质证书，以及深圳市环保局颁发的废水、噪声甲级和废气乙级的“环保工程设计证书”。公司设有专业实验室、设备加工厂，配备了齐全的从设计、制造、施工到调试运营一整套实施环节的高、中级工程技术人员。其中座落于观澜粤海门工业区的专用加工厂占地面积3000M2。

多年来，在污水治理方面，本公司承接过印染、电镀、屠宰、线路板、食品、造纸、皮革、木业等多种污染行业的废水治理工程，工程质量可靠，全部一次验收合格;在噪声治理方面，成功地完成了近千套柴油发电机、冷却塔、空压机及机械设备的噪声治理工程;在废气治理方面，对于供热锅炉、电镀及线路板行业酸雾废气的中和除硫脱氮、化工、喷漆、饮食、宾馆行业的废气等，积累了丰富的经验，贮备了很成熟的技术，能保证治理后稳定达标。

公司以科技为本，以人为本，重视现代科技的应用和人才引进，与多间大学、科研机构、设计院建立了紧密的合作关系。成立至今，以技术领先、质量第一、服务优良、信誉至上为宗旨，竭诚为环保事业多作一点贡献，服务社会，造福子孙!

公司业务:

公司的主要业务包括：各种工业废水、生活废水、工业废气、粉尘、噪声环保治理工程的设计、施工；中水回用、回用水深度处理、纯水超纯水制取；环保设备的制造、环保设施的运营维护；提供环保咨询以及代办相关的环保手续等各项服务。

废水处理

公司承接各类废水处理，包括：电镀、酸碱、食品、纺织印染、制药、油墨、化工、造纸、木业、线路板、皮革、屠宰、冶炼、医院废水，生活废水中水回用等。

废气处理

公司承接各类废气处理，包括：喷漆、注塑、酸雾、锅炉、油烟、含硫、含氮氧化物、发电机

噪声处理

公司承接各类机械加工设备噪声处理，包括：发电机、空压机、冷却塔，空调机、泵房、机房等

其他

环保系列项目的技术咨询、设计、服务

各种环保设备的制作、安装、销售，机电设备的安装、调试

环保工程的运营调试及维护

环保设备材料、药剂销售

企业文化:

以人为本，科技为根；真诚服务社会，质量造福子孙!

目 录
Contents

重要文献

重大会议、活动

环保相关政策法规

各地环保执法概况

环境统计资料

环境公报

环保大事记

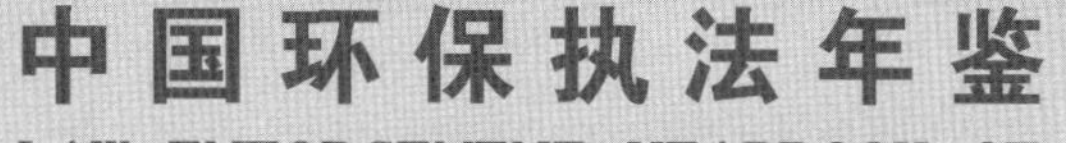

中国环保执法年鉴

LAW ENFORCEMENT YEARBOOK OF CHINA ENVIROMENT PROTECTION

2008 — 2009

重要文献

领导讲话

在中央人口资源环境工作会议上的讲话

胡锦涛

刚才，几位同志作了很好的发言。这些发言告诉我们，要做好人口资源环境工作，难度不小。但只要我们思想重视，加强领导，依法办事，持之以恒，扎实工作，就一定能收到明显成效。

当前，我国改革发展正处于关键时期。要实现全面建设小康社会的奋斗目标，开创中国特色社会主义事业新局面，必须坚持贯彻“三个代表”重要思想和十六大精神，牢固树立和认真落实以人为本，全面、协调、可持续的发展观，切实抓好发展这个党执政兴国的第一要务。新形势新任务对做好人口资源环境工作提出了新的要求。下面，我讲三点意见。

一、深刻认识科学发展观对做好人口资源环境工作的重要指导意义

经验表明，一个国家坚持什么样的发展观，对这个国家的发展会产生重大影响，不同的发展观往往会导致不同的发展结果。坚持以人为本，全面、协调、可持续的发展观，是我们以邓小平理论和“三个代表”重要思想为指导，从新世纪新阶段党和国家事业发展全局出发提出的重大战略思想。科学发展观总结了二十多年来我国改革开放和现代化建设的成功经验，吸取了世界上其他国家在发展进程中的经验教训，概括了战胜非典疫情给我们的重要启示，揭示了经济社会发展的客观规律，反映了我们党对发展问题的新认识。全党同志都要从贯彻“三个代表”重要思想和十六大精神的战略高度，从确保实现全面建设小康社会宏伟目标的战略高度，深刻认识树立和落实科学发展观的重大意义，坚定不移地树立和落实科学发展观，更好地完成新世纪新阶段我们肩负的历史任务。

要树立和落实科学发展观，首先必须全面准确地把握科学发展观的深刻内涵和基本要求。坚持以人为本，就是要以实现人的全面发展为目标，从人民群众的根本利益出发谋发展、促发展，不断满足人民群众日益增长的物质文化需要，切实保障人民群众的经济、政治和文化权益，让发展的成果惠及全体人民。全面发展，就是要以经济建设为中心，全面推进经济、政治、文化建设，实现经济发展和社会全面进步。协调发展，就是要统筹城乡发展、统筹区域发展、统筹经济社会发展、统筹人与自然和谐发展、统筹国内发展和对外开放，推进生产力和生产关系、经济基础和上层建筑相协调，推进经济、政治、文化建设的各个环节、各个方面相协调。可持续发展，就是要促进人与自然的和谐，实现经济发展和人口、资源、环境相协调，坚持走生产发展、生活富裕、生态良好的文明发展道路，保证一代接一代地永续发展。树立和落实科学发展观，要注意把握好以下几个问题。

第一，树立和落实科学发展观，必须始终坚持以经济建设为中心，聚精会神搞建设，一心一意谋发展。科学发展观，是用来指导发展的，不能离开发展这个主题，离开了发展这个主题就没有意义了。发展首先要抓好经济发展。我国正处于并将长期处于社会主义初级阶段，在国际综合国力竞争日益激烈的形势下，坚持以经济建设为中心，紧紧抓住和切实用好重要战略机遇期，大力解放和发展社会生产力，对我们这样一个发展中大国加快实现现代化具有重大战略意义。只有坚持以经济建设为中心，不断增强综合国力，才能为抓好发展这个党执政兴国的第一要务、为全面协调发展打下坚实的物质基础。只有坚持以经济建设为中心，不断增强综合国力，才能更好地解决前进道路上的矛盾和问题，胜利实现全面建设小康社会和社会主义现代化的宏伟目标。因此，全党全国都要增强促进发展的紧迫感，在任何时候任何情况下都紧紧扭住经济建设这个中心不放松，充分调动和切实保护广大干部群众加快发展的积极性，坚定不移地推动经济持续快速协调健康发展。

第二，树立和落实科学发展观，必须在经济发展的基础上，推动社会全面进步和人的全面发展，促进社会主义物质文明、政治文明、精神文明协调发展。经济发展、政治发展、文化发展和人的全面发展是相互联系、相互影响的，没有政治发展、文化发展和人的全面发展的不断推进，单纯追求经济发展，不仅经济发展难以持续，而且最终经济发展也难以搞上去。要坚持抓好经济建设这个中心，同时又要切实防止片面性和单打一，全面推进社会主义物质文明、政治文明、精神文明建设，防止出现因发展不平衡而制约发展的局面。

第三，树立和落实科学发展观，必须着力提高经济增长的质量和效益，努力实现速度和结构、质量、效益相统一，经济发展和人口、资源、环境相协调，不断保护和增强发展的可持续性。经济发展需要数量的增长，但不能把

经济发展简单地等同于数量的增长。要充分运用我国的体制资源、人力资源、自然资源、资本资源、技术资源以及国外资源等方面的有利条件和有利因素，推动经济发展不断迈上新台阶。同时，发展又必须是可持续的，这样我们才能保证实现我国发展的长期奋斗目标。这就要求我们在推进发展中充分考虑资源和环境的承受力，统筹考虑当前发展和未来发展的需要，既积极实现当前发展的目标，又为未来的发展创造有利条件，积极发展循环经济，实现自然生态系统和社会经济系统的良性循环，为子孙后代留下充足的发展条件和发展空间。

第四，树立和落实科学发展观，必须坚持理论和实际相结合，因地制宜、因时制宜地把科学发展观的要求贯穿于各方面的工作。科学发展观揭示的是发展的普遍规律，对全国都有重要的指导意义，各地区各部门都要认真贯彻落实。同时，又要充分考虑地区之间、部门之间的发展差异和不同情况，坚持一切从实际出发，根据实际条件和发展需要有重点、有步骤地采取措施，不能强求一律，搞齐步走、一刀切。关键是要结合自己的实际情况来落实科学发展观，注重解决自身发展中存在的突出矛盾和问题，更快更好地推动各项事业发展。

各级党委、政府和领导干部都要自觉地树立和落实科学发展观和正确的政绩观，坚持按照科学规律来谋划发展大计。凡是符合科学发展观的事情就全力以赴地去做，不符合的就毫不迟疑地去改，真正使促进发展的各项工作都经得起历史和人民的检验。

坚持用科学发展观来指导人口资源环境工作，要注意把握好以下几点。一是要牢固树立以人为本的观念。人口资源环境工作，都是涉及人民群众切身利益的工作，一定要把最广大人民的根本利益作为出发点和落脚点。要着眼于充分调动人民群众的积极性、主动性和创造性，着眼于满足人民群众的需要和促进人的全面发展，着眼于提高人民群众的生活质量和健康素质，切实为人民群众创造良好的生产生活环境，为中华民族的长远发展创造良好的条件。二是要牢固树立节约资源的观念。自然资源只有节约才能持久利用。要在全社会树立节约资源的观念，培育人人节约资源的社会风尚。要在资源开采、加工、运输、消费等环节建立全过程和全面节约的管理制度，建立资源节约型国民经济体系和资源节约型社会，逐步形成有利于节约资源和保护环境的产业结构和消费方式，依靠科技进步推进资源利用方式的根本转变，不断提高资源利用的经济、社会和生态效益，坚决遏制浪费资源、破坏资源的现象，实现资源的永续利用。三是要牢固树立保护环境的观念。良好的生态环境是社会生产力持续发展和人们生存质量不断提高的重要基础。要彻底改变以牺牲环境、破坏资源为代价的粗放型增长方式，不能以牺牲环境为代价去换取一时的经济增长，不能以眼前发展损害长远利益，不能用局部发展损害全局利益。要在全社会营造爱护环境、保护环境、建设环境的良好风气，增强全民族的环境保护意识。四是要牢固树立人与自然相和谐的观念。自然界是包括人类在内的一切生物的摇篮，是人类赖以生存和发展的基本条件。保护自然就是保护人类，建设自然就是造福人类。要倍加爱护和保护自然，尊重自然规律。对自然界不能只讲索取不讲投入、只讲利用不讲建设。发展经济要充分考虑自然的承载能力和承受能力，坚决禁止过度性放牧、掠夺性采矿、毁灭性砍伐等掠夺自然、破坏自然的做法。要研究绿色国民经济核算方法，探索将发展过程中的资源消耗、环境损失和环境效益纳入经济发展水平的评价体系，建立和维护人与自然相对平衡的关系。

二、按照科学发展观的要求，进一步做好人口资源环境工作

做好人口资源环境工作，是树立和落实科学发展观的必然要求和重要内容。经过多年的不懈努力，我国人口资源环境工作取得了很大成就。人口过快增长的势头得到有效控制，二〇〇三年自然增长率下降到千分之六点零一，妇女总和生育率稳定在更替水平以下，建立计划生育利益导向机制和实行奖励扶持政策的工作取得新进展。资源保护和开发管理得到加强，破坏资源、乱占滥采滥用资源的现象得到初步遏制，耕地保护、矿产资源调查评价、国土资源市场建设和整治等取得进展。环境保护和生态建设得到加强，重点流域、区域环境治理不断推进，污染物排放总量得到一定控制，退耕还林还草、天然林保护等生态环境保护和建设工程逐步展开，循环经济和生态省建设开始起步，人民群众环境保护意识明显增强。重点水利工程建设进展顺利，大江大河大湖治理等重点水利工程建设和水资源调控能力得到加强。这些重要成就，为进一步做好人口资源环境工作打下了良好基础。

同时，我国人口资源环境工作仍面临着诸多问题和挑战。尽管人口出生率保持在较低水平，但由于基数大，未来几十年人口总量仍将持续增加，劳动就业的压力越来越大。提高人口素质的任务十分艰巨，人口老龄化问题日益突出。资源紧缺的矛盾日益突出，一些关系国计民生的矿产资源特别是石油严重短缺。一些地方乱批滥占滥用耕地和乱采滥挖矿产资源的现象依然存在。生态环境总体恶化的趋势尚未根本扭转，环境治理的任务依然相当艰巨。大江大河防洪体系尚不完善，农村水利基础设施比较薄弱。水资源供需矛盾十分尖锐，已成为影响经济社会发展和人民生活的一个突出制约因素。必须清醒地看到，我国人口多、资源人均占有量少的国情不会改变，非再生性资源储量和可用量不断减少的趋势不会改变，资源环境对经济增长制约作用越来越大，人民群众对生态环境质量的要求也必然越来越高。从长远看，经济发展和人口资源环境的矛

盾会越来越突出，可持续发展的压力会越来越大。对这些突出矛盾和问题，我们务必高度重视，按照树立和落实科学发展观的要求，始终把控制人口、节约资源、保护环境放在重要战略位置，把工作抓得紧而又紧、做得实而又实。

当前和今后一个时期，人口资源环境工作的任务依然艰巨繁重。我们要坚持以邓小平理论和“三个代表”重要思想为指导，把握全局，突出重点，全面推进，着眼于加快解决关系人民群众切身利益的人口资源环境问题，力求每年都有新的进展。

人口和计划生育工作要集中力量抓好三件大事。一是要加强人口发展战略研究，制定人口中长期发展规划。要在稳定低生育水平的基础上，认真研究解决人口发展的突出矛盾和问题，研究人口和经济发展、社会进步、资源利用、环境保护之间的关系，提出科学的预测和应对方案。建立适应科学发展观要求的指标体系，建立国家人口和发展综合决策支持系统。各地区也要制定区域性人口发展规划。二是要创新计划生育工作的思路和机制，建立健全对农村部分计划生育家庭奖励扶助制度。由于目前农村生产力水平还比较低，社会保障能力脆弱，部分群众想生男孩、多生孩子的愿望还比较强烈。做好这些群众的工作，除了要靠宣传、教育和引导外，还必须创新计划生育工作的思路和机制，把开展深入细致的思想工作同解决群众的实际困难有机结合起来，对农村计划生育家庭提供奖励扶助。要积极探索建立同经济发展水平相适应、有利于计划生育的农村社会保障体系，重点对农村独生子女和双女家庭进行奖励，对因独生子女伤残、死亡和计划生育手术并发症造成的困难家庭进行扶助。继续组织好西部地区“少生快富”工程试点工作，加大支持力度，不断扩大试点范围。三是要高度重视出生人口性别比升高的问题，开展必要的专项治理活动。第五次全国人口普查的数据表明，我国出生人口性别比持续升高。人口性别比是有其内在规律的，长期失调将会造成社会问题。要加大宣传力度，深入开展“关爱女孩行动”，倡导男女平等、少生优生的社会新风。完善政策体系，解除生育女孩家庭的后顾之忧。加强责任制，把人口数量指标和性别比的指标统一起来考核，力争经过三至五年的努力，使出生人口性别比升高的势头得到遏制。

国土资源工作要突出以下几个重点。一是要落实最严格的耕地保护制度，坚决遏制乱占耕地现象。要认真组织实施全国基本农田保护大检查。继续治理整顿土地市场秩序，坚决纠正违规擅自设立开发区和盲目扩大开发区的现象。深入推进省以下国土资源管理体制改革和征地制度改革。搞好新一轮土地利用规划的修编工作，充分发挥土地利用规划和供应政策在宏观调控中的作用。二是要加强国土资源调查评价工作。要调动中央和地方两个积极性，切实加强公益性地质调查工作，不断提高成果质量和服务水平。继续开展矿产资源管理秩序专项治理整顿，对我国优势矿产资源实行更加严格的保护措施，坚决制止乱采滥挖、竞相压价出口初级产品，尽快建立综合协调机制，实施有效管理。加大重要矿产资源勘探开发力度，增加接续资源。开发海洋是推动我国经济社会发展的一项战略任务。要加强海洋调查评价和规划，全面推进海域使用管理，加强海洋环境保护，促进海洋开发和经济发展。要加大测绘统一监管力度，加强基础测绘工作，全面提升我国测绘保障服务能力。三是要进一步加强地质灾害防治工作。我国是一个地质环境脆弱、地质灾害多发的国家。地质灾害防治事关人民群众的生命财产安全，事关重大建设项目的成败。要在全面防治的基础上，重点组织实施三峡库区地质灾害防治三期规划，全面落实汛期地质灾害防治的各项制度和措施，进一步提高监测预报和应急反应能力，最大限度地减少人员伤亡和财产损失。

环境保护工作要抓好以下几个重点。一是要加强环境监管工作。制定重要的规划、开发计划等，都要考虑对环境的影响，切实做到环境和发展综合决策。要限期清理污染严重的企业和项目，同时严格防范新建项目对环境的破坏。继续开展“打击不法排污企业，保障群众健康”环保行动，尽快解决群众反映强烈的环境问题。确定专项执法行动查处重点，杜绝严重污染环境、破坏生态的违法行为。二是要加快重点流域、重点区域的环境治理。从目前的治理进度看，时间已经过半，但任务完成还没有过半，一些地区离国家确定的治理目标的差距还很大。要严格按照国家“十五”计划对环境保护的要求，分解治理任务，落实治理资金，加快治理进度，按期完成国家确定的重点地区环境治理任务。各地要根据实际情况，确定重点治理地区和重点任务，加大工作力度，尽快见到实效。三是要加强农村环境保护和生态环境保护。开展农产品和“菜篮子”基地环境状况调查，制定相应的环境标准，确保食品安全。加强畜禽养殖污染防治，合理施用化肥、农药，发展生态农业，整治农村环境，切实解决农业和农村面源污染问题。开展全国生态区划和规划工作，增强各类生态系统对经济社会发展的服务功能。加大对重要的生态功能区、自然保护区的保护力度。

水利工作要切实抓好以下几项工作。一是要加强供水工程建设，提高对水资源在时间和空间上的调控能力。南水北调是缓解我国北方水资源短缺和生态环境恶化状况、促进全国水资源整体优化配置的重要战略举措。现在东线、中线已经开工，要按照规划，精心设计、精心施工、严格管理，高水平、高质量地完成各项建设任务。在合理开发地表水和地下水的同时，要重视开发利用处理后的污水以及雨水、海水和微咸水等水资源。加强流域和区域的水资源统一调度，协调好生活、生产和生态用水，切实解决好群众的生活用水问题。二是要积极建设节水型社会。

要把节水作为一项必须长期坚持的战略方针，把节水工作贯穿于国民经济发展和群众生产生活的全过程。制定水资源规划，明确各地区、各行业、各部门乃至各单位的用水指标，确定产品生产或服务的科学用水定额。健全水权转让的政策法规，促进水资源的高效利用和优化配置。要推广先进实用的节水灌溉技术，大力开发和推广节水器具和节水的工业生产技术。三是要切实做好防汛抗旱工作。要立足于防大汛、抗大旱，继续加快堤防建设和控制性工程建设，搞好重要河段的河道整治及蓄滞洪区建设，抓好病险水库除险加固，确保大江大河、大型水库、大中城市和重要设施的防洪安全。把淮河作为近期全国大江大河治理的重点，抓紧灾后重建，加快治理步伐。要进一步加强节水灌溉、人畜饮水、农村水电、水土保持、牧区水利和预防传染病项目等农村水利基础设施建设，保护和提高农业特别是粮食生产能力，促进农民增收。

三、加强领导、完善机制，促进经济发展和人口资源环境协调发展

树立和落实科学发展观，实现经济发展和人口、资源、环境协调发展，必须加强领导、完善机制，进一步提高人口资源环境工作的水平。

第一，坚持党政一把手亲自抓、负总责，全面落实目标管理责任制。做好人口资源环境工作，领导是关键。各级党委和政府要高度重视人口资源环境工作，抓战略研究，抓工作部署，抓督促检查。进一步完善目标管理责任制，确保责任到位、措施到位、投入到位。各级领导干部都要按照科学发展观和正确的政绩观的要求来谋划和领导发展工作，不仅要重视经济增长指标，而且要重视人文指标、资源指标、环境指标和社会发展指标，坚持把经济增长指标同人文、资源、环境和社会发展指标有机地结合起来。要关心人口资源环境工作队伍建设，选择政治坚定、业务精通、作风正派的优秀干部充实人口资源环境部门。组织部门要会同有关部门抓紧研究考核标准，尽快把人口资源环境指标纳入干部考核体系。严格执行党纪国法，对违反人口和计划生育政策、乱批乱征耕地、纵容破坏资源和污染环境行为的干部，不仅不能提拔，还要依照纪律和法律追究责任。

第二，坚持发挥市场机制的作用，促进资源的高效利用。通过深化市场取向的改革，充分发挥市场对资源配置和资源价格形成的基础性作用，使资源性产品和最终产品之间形成合理的比价关系，促进企业降低成本，不断改进技术，减少资源消耗，增强竞争力。经营性用地、农村小型水利设施经营权的出让，要通过发挥市场机制的作用，规范程序，增强透明度，促进资源的合理使用。要广泛吸引社会各方面参与环境的建设和保护，积极推动环保产业的发展。逐步开放环境治理设施建设及运营市场。资源性行业尤其是具有自然垄断性质的行业，不同于一般的竞争性领域，其市场开放程度要根据行业特点和市场供求状况来确定，坚持公平、透明、规范和法制的原则。充分利用国际国内两种资源、两个市场，增加国内短缺资源的进口，缓解国内环境和资源压力。拓展同国际组织和发达国家在人口资源环境方面的合作，引进国外资金以及先进的技术和管理。

第三，坚持发挥政策杠杆的作用，加强对重要资源供求的宏观调控。人口资源环境工作具有很强的公益性，各级政府都要增加投入，完善投入机制。要推进人口和计划生育投入体制改革，确保法律规定的计划生育奖励优惠政策、免费计划生育技术服务项目以及基层工作人员报酬的落实。确保重要生态功能区、自然保护区和环境基础设施建设以及环境管理能力建设等公共领域的投入到位。进一步调整财政支出结构，增加对农村人口资源环境事业的投入。要切实加强对土地和重要矿产资源的管理，运用财政、税收、信贷等政策手段和必要的行政手段，调控土地、矿产等重要资源的供求。通过项目审批、财政支持、税收优惠和信贷供应等政策杠杆，鼓励低消耗、轻污染、科技含量高而又符合国家产业政策的行业的发展，控制高消耗、高污染、低水平重复建设严重的行业。通过实行环境影响评估制度、污染物排放许可证制度以及水资源消耗评价制度等，对企业准入和新建工程进行全面评价，加速淘汰落后生产工艺和设备，促进产业结构优化升级。

第四，坚持依法办事，把人口资源环境工作纳入法制轨道。继续加强人口资源环境方面的立法以及有关法律法规的修改工作，真正做到有法可依。严格执行已经颁布的有关法律法规。研究解决违法成本低、守法成本高的问题，依法严肃查处破坏资源和环境的行为。各级人大要加强对人口资源环境工作的执法监督检查，司法部门要加大对人口资源环境犯罪案件的查处力度。要深入贯彻实施《行政许可法》，规范行政权力，严格行政责任，全面推进行政管理部门依法行政。要增强服务意识，规范民主决策程序，为社会公众参与人口资源环境事业创造条件。

做好人口资源环境工作意义重大，任务艰巨。各级党委和政府要坚定不移地贯彻落实中央关于人口资源环境工作的各项决策和部署，努力开创人口资源环境工作的新局面。

在第六次全国环境保护大会上的讲话

全面落实科学发展观 加快建设环境友好型社会

温家宝

这次全国环境保护大会，是实施“十一五”规划开始时召开的一次重要会议。会议的主要任务是，认真贯彻党的十六届五中全会和十届全国人大四次会议精神，落实国务院关于加强环境保护的决定，总结“十五”期间的环保工作，部署今后五年的环保任务，进一步开创我国环境保护工作的新局面。刚才，大会表彰了全国环保系统先进集体和先进工作者。我代表党中央、国务院，向受到表彰的先进单位和个人表示热烈的祝贺！向辛勤工作在环保战线的同志们表示亲切的慰问！下面，我讲几点意见：

一、必须把环境保护摆在更加重要的战略位置

保护环境关系到我国现代化建设的全局和长远发展，是造福当代、惠及子孙的事业。党中央、国务院历来重视环境保护工作，把保护环境作为一项基本国策，把可持续发展作为一项重大战略。党的十六大以后，我们提出树立科学发展观、构建社会主义和谐社会的重要思想，提出建设资源节约型、环境友好型社会的奋斗目标。这是我们党对社会主义现代化建设规律认识的新飞跃，也是加强环境保护工作的根本指导方针。

“十五”期间，我们在推进经济发展的同时，采取一系列措施加强环境保护，取得积极进展。在资源消耗和污染物产生量大幅度增加的情况下，环境污染和生态破坏加剧的趋势减缓，部分流域区域污染治理取得初步成效，部分城市和地区环境质量有所改善，工业产品的污染排放强度有所下降。对于环境保护工作的成绩应予充分肯定。

同时，必须清醒地看到，我国环境形势依然十分严峻。长期积累的环境问题尚未解决，新的环境问题又在不断产生，一些地区环境污染和生态恶化已经到了相当严重的程度。主要污染物排放量超过环境承载能力，水、大气、土壤等污染日益严重，固体废物、汽车尾气、持久性有机物等污染持续增加。流经城市的河段普遍遭到污染，1／5的城市空气污染严重，1／3的国土面积受到酸雨影响。全国水土流失面积356万平方公里，沙化土地面积174万平方公里，90％以上的天然草原退化，生物多样性减少。发达国家上百年工业化过程中分阶段出现的环境问题，在我国已经集中出现。生态破坏和环境污染，造成了巨大的经济损失，给人民生活和健康带来严重威胁，必须引起我们高度警醒。

“十五”时期，我国经济发展的各项指标大多超额完成，但环境保护的指标没有完成，主要是两个指标：一个是二氧化硫排放量；一个是化学需氧量。2005年全国二氧化硫排放量比2000年增加了27％，化学需氧量仅减少了2％，均未完成削减10％的控制目标。环境污染严重，主要是三个原因：

一是对环境保护重视不够。主要是没有正确认识和处理好经济发展与环境保护的关系，当前与长远的关系，局部与全局的关系。一些地方重经济发展、轻环境保护，甚至不惜以牺牲环境为代价换取经济增长；只顾当前，不计长远，考虑局部利益多，考虑全局和整体利益少。由于重视不够，投入不足，环保欠账过多，不少地方环境治理明显滞后于经济发展，该治理的不治理，边治理边破坏。环境保护已成为经济社会发展中的一个薄弱环节。

二是产业结构不合理，经济增长方式粗放。新中国成立以来，特别是改革开放以来，我国经济建设取得了巨大成就，经济总量已经位居世界前列。但是，我们还是一个发展中国家，产业水平总体上比较低，能源资源消耗比较高，在加快发展的过程中付出了比较大的环境代价。长期以来经济增长方式粗放，高投入、高消耗、高排放。特别是一些地方上了不少小钢铁、小水泥、小化工、小造纸、小皮革等项目，加剧了环境污染。这几年我国煤炭消费高速增长，导致二氧化硫排放总量大幅度增加。2005年全国煤炭消耗量达到21.4亿吨，比2000年增加了8亿吨。燃煤电厂是二氧化硫排放的主要来源，而燃煤电厂脱硫设施建设严重滞后。不加快调整产业结构，不转变经济增长方式，环境污染的问题就难以从根本上解决。

三是环境保护执法不严，监管不力。近些年来，我们重视环境法制建设，加强了环境管理。但是，环境保护中有法不依、执法不严、违法不究的现象还比较普遍，对环境违法处罚力度不够，违法成本低、守法成本高。一些地方对环境保护监管不力，甚至存在地方保护主义。有的地方不执行环境标准，违法违规批准严重污染环境的建设项目；有的地方对应该关闭的污染企业下不了决心，动不了手，甚至视而不见，放任自流；还有的地方环境执法受到阻碍，使一些园区和企业环境监管处于失控状态。这种状况不改变，环境污染就不可能得到根本治理。

我们必须充分认识我国环境形势的严峻性和复杂性，充分认识加强环境保护工作的重要性和紧迫性，切实把环境保护放在更加重要的战略位置。

第一，贯彻落实科学发展观，促进人与自然和谐发展，必须加强环境保护。我国在发展中面临着两大矛盾：一个是不发达的经济与人们日益增长的物质文化需求的矛盾，这将是长期的主要矛盾，解决这个矛盾要靠发展。另一个是经济社会发展与人口资源环境压力加大的矛盾，这个矛盾越来越突出，解决这个矛盾要靠科学发展。我国已进入工

业化、城镇化加快发展的阶段，这个阶段往往也是资源环境矛盾凸显的时期。靠过量消耗资源和牺牲环境维持经济增长是不可持续的。必须转变发展观念，创新发展模式，提高发展质量，把经济社会发展切实转入科学发展的轨道。

第二，实现全面建设小康社会的目标，必须加强环境保护。全面建设小康社会，不仅包括经济建设、政治建设、文化建设、社会建设，还包括生态环境建设，使整个社会走上生产发展、生活富裕、生态良好的文明发展道路。现在看来，全面小康的经济目标，经过努力完全可以达到，而要达到小康社会对环境的要求难度很大。今后，随着经济总量不断扩大和人口继续增加，污染物产生量还会不断增多，生态压力还会进一步加大，环境问题会更加突出。如果到那时，经济发展了，生活富裕了，但人居环境恶化了，那就不能说全面建成了小康社会。因此，我们必须更加重视环境保护工作，在实现国内生产总值翻两番的同时，把单位资源消耗和污染物排放明显降下来，在环境污染治理和生态建设方面取得明显成效。

第三，提高人民群众的生活质量和健康水平，必须加强环境保护。生态环境的好坏，直接关系到人民群众的生活质量和身心健康。近年来，一些地方空气质量下降，水源受到污染，直接影响到人民群众的生活。一些地方环境事故频发，老百姓反映比较强烈，有关环境问题的投诉和纠纷明显增多。一些地方发生的重大环境污染事件，严重损害了人民群众的利益，甚至影响社会和谐稳定。随着人民生活水平的提高，广大群众对环境质量的要求越来越高。我们必须把保护环境这件事关人民群众切身利益的大事抓紧做好，让人们喝上干净的水，呼吸清新的空气，吃上放心的食品，有一个良好的生产生活环境。

第四，为中华民族的生存和长远发展着想，必须加强环境保护。人类文明的发展和延续，与生态环境密切相关。生态环境的恶化不仅会破坏人们的生存条件，甚至会导致人类文明的消亡。恩格斯在《自然辩证法》一书中说过一段精辟的话："我们不要过分陶醉于对自然界的胜利。对于每一次这样的胜利，自然界都报复了我们。美索不达米亚、希腊、小亚细亚以及其他各地的居民，为了想得到耕地，把森林都砍完了，但是他们梦想不到，这些地方今天竟因此成为荒芜不毛之地。"我国也有不少地区历史上曾经山清水秀、林草丰茂，由于植被破坏和水土流失，如今土地荒漠化、石漠化日益严重。面对历史的沧桑巨变，我们更加感受到环境对生存与发展的价值和意义。我国许多地方生态脆弱，环境承载力很低。目前，一些地区已经出现了"有河皆干、有水皆污、土地退化、沙漠碰头"等现象。如果再不重视保护环境，今后治理的成本会更高，付出的代价会更大，环境将更难以恢复，我们就可能犯难以改正的历史性错误。保护环境，就是保护我们赖以生存的家园，就是保护中华民族发展的根基。我们绝不能做"吃祖宗饭、断子孙路"的蠢事。

总之，我们一定要深刻认识加强环境保护的重大意义，增强忧患意识，增强紧迫感和责任感，以对国家、对民族、对子孙后代高度负责的精神，切实做好环境保护工作，推动经济社会全面协调可持续发展。

二、今后五年环境保护的目标和主要任务

"十一五"时期是全面建设小康社会的关键时期，也是加强环境保护、改善环境状况的关键时期。"十一五"经济社会发展规划明确提出了今后五年环境保护的主要目标：到2010年，在保持国民经济平稳较快增长的同时，使重点地区和城市的环境质量得到改善，生态环境恶化趋势基本遏制。单位国内生产总值能源消耗比"十五"期末降低20%左右；主要污染物排放总量减少10%；森林覆盖率由18.2%提高到20%。这些目标，体现了防治环境污染和保护自然生态的要求，体现了人民群众的愿望和国家长远利益的要求。尽管实现的难度很大，但必须下定决心确保完成。

实现"十一五"环境保护的目标，必须进一步明确环保工作的指导思想。这就是以邓小平理论和"三个代表"重要思想为指导，全面落实科学发展观，坚持保护环境的基本国策，深入实施可持续发展战略；坚持预防为主、综合治理，全面推进、重点突破，着力解决危害人民群众健康的突出环境问题；坚持创新体制机制，依靠科技进步，强化环境法治，发挥社会各方面的积极性。经过长期不懈的努力，使生态环境得到改善，资源利用效率显著提高，可持续发展能力不断增强，人与自然和谐相处，建设环境友好型社会。

做好新形势下的环保工作，关键是要加快实现三个转变：一是从重经济增长轻环境保护转变为保护环境与经济增长并重，把加强环境保护作为调整经济结构、转变经济增长方式的重要手段，在保护环境中求发展。二是从环境保护滞后于经济发展转变为环境保护和经济发展同步，做到不欠新账，多还旧账，改变先污染后治理、边治理边破坏的状况。三是从主要用行政办法保护环境转变为综合运用法律、经济、技术和必要的行政办法解决环境问题，自觉遵循经济规律和自然规律，提高环境保护工作水平。

当前和今后一个时期，需要着力做好以下几方面工作。

第一，加大污染治理力度，切实解决突出的环境问题。加强环境保护，当务之急是解决水和空气等污染加剧的问题。要加强水污染治理。我国本来就是一个缺水的国家，有限的水资源又被严重污染。保障饮水安全直接关系

人民群众的生命和健康，要切实保护饮用水水源地。我国化工企业多数布局在江河沿岸，一旦发生事故，就可能造成严重后果。要加大重点流域水污染防治力度，消除环境安全隐患，防止发生重大环境污染事件。要加强大气污染防治，不断改善重点城市空气质量。积极开展土壤污染防治，减少农村面源污染。加强危险化学品管理，妥善处置危险废物和医疗废物，保障核与辐射环境安全。

第二，加强自然生态保护，努力扭转生态恶化趋势。维护生态系统平衡，既是环境保护的重要任务，也是扩大环境容量、提高环境承载能力的基本前提。一方面，要坚持保护优先、开发有序的原则，控制不合理的资源开发活动，注重发挥生态系统的自然修复功能，保护好天然植被和生物的多样性。另一方面，要坚持不懈地开展生态工程建设，继续实施天然林保护、退耕还林等林业重点工程，退牧还草工程，京津风沙源治理等防沙治沙工程，加强西南地区石漠化治理，遏制土地沙化、退化、荒漠化趋势。

第三，加快经济结构调整，从源头上减少对环境的破坏。要大力推动产业结构优化升级，加快发展先进制造业、高新技术产业和服务业，形成一个有利于资源节约和环境保护的产业体系。严格执行产业政策和环保标准，下决心淘汰那些高消耗、高排放、低效益的落后生产能力，严禁新上那些浪费资源、污染环境的建设项目。要大力发展循环经济，缓解资源供给不足的矛盾，减少污染物的排放。要推进节能、节水、节地、节材和资源综合利用、循环利用，推行清洁生产，努力实现增产减污。

第四，大力发展环境科技和环保产业，提高环境保护的水平。加强环境保护，必须依靠科技创新。国家中长期科学和技术发展规划，已经把环境保护相关技术列入优先领域。要把自主创新和引进消化吸收结合起来，集中力量组织攻关，力争在环保关键技术、共性技术方面取得突破，切实提高我国环境保护的科技含量。加强环境保护，必须发展环保产业。要积极发展环保装备制造业，加快发展环保服务业，支持各类所有制企业参与污染治理和环保产业发展，培育一批有实力、有竞争力的环保企业和企业集团，促进环保产业成为具有良好经济效益和社会效益的新兴支柱产业。

三、真抓实干，努力开创环境保护工作新局面

中央关于环境保护的大政方针和目标任务已经明确，各地区、各部门要把思想真正统一到科学发展观的要求上来，统一到中央加强环境保护的方针政策和工作部署上来，增强保护环境的自觉性，切实加强领导，采取有效措施，把环境保护的各项任务落到实处。

（一）落实环境保护责任制

保护环境是加强社会管理和公共服务的重要方面，是政府义不容辞的职责。地方政府要对环境质量负总责，把环境保护摆上重要议事日程。要建立环境保护目标管理责任制，并将环保目标纳入经济社会发展评价范围和干部政绩考核。从今年开始，每半年公布一次各地区和主要行业的能源消耗、污染排放情况，让社会和群众监督。保护环境，守土有责，要建立环保工作问责制。对于因决策失误、监管不力造成重大环境污染事故的，要严肃追究责任。

（二）实行污染物排放总量控制制度

这是减少环境污染的“总闸门”。各地都要按照国家环保总体目标要求，制定污染物排放总量控制计划，并将控制指标层层分解，落实到基层和重点排污单位。任何地方、任何单位都要严格执行，不得突破。要全面推行排污许可证制度，加强重点排污企业在线监控，禁止无证或违章排污。

（三）加强对建设项目的环境影响评价

这是防止新增污染的重要关口，要作为市场准入的一项重要制度。今后凡是不符合国家环保法律法规和标准的建设项目，不得审批或核准立项，不得批准用地，不得给予贷款。同时要开展规划环境影响评价，建立规划环评专家审查机制，从决策源头上防止环境污染和生态破坏。

（四）制定区域开发和保护政策

国家“十一五”规划纲要已经明确提出，根据不同地区的资源环境承载能力，把国土空间划分为优化开发、重点开发、限制开发和禁止开发四类主体功能区域。这是优化经济布局、促进区域协调发展的战略举措，也是保护生态环境的一项重要措施。要加快制定相应的政策和评价指标，明确各类功能区的范围，规范国土空间开发秩序，把这项措施落到实处。

（五）加大环境执法力度

强化法治是治理污染、保护生态最有效的手段，要把环境保护真正纳入法治化轨道。加强环境立法，健全和完善环境法律体系。建立完备的环境执法监督体系，坚决做到有法必依、执法必严、违法必究，严厉查处环境违法行为和案件。深入开展整治违法排污企业、保障群众健康专项行动，决不允许违法排污的行为长期进行下去，决不允许严重危害群众利益的环境违法者逍遥法外。

（六）用改革的办法解决环境问题

注重运用市场机制促进环境保护。发挥价格杠杆的作用，建立能够反映污染治理成本的排污价格和收费机制，全面实施城镇污水处理和生活垃圾处理的收费政策。逐步提高工业企业排污收费标准，建立企业保护环境的激励机制和减少污染排放的约束机制。按照“谁开发谁保护、谁破坏谁恢复、谁受益谁补偿、谁排污谁付费”的原则，完

善生态补偿政策，建立生态补偿机制。

（七）进一步增加环保投入

污染治理的钱迟早要花，早治理早主动，晚治理就被动。要把环境保护投入作为公共财政支出的重点，各级财政都要调整支出结构，加大对环境保护的支持，保证环保投入增长幅度高于经济增长速度。国家基本建设投资，要继续向环境保护倾斜。加强污染防治和生态保护项目、环境公共设施建设。实施一批国家环保重点工程。对有偿还能力的环境基础设施建设项目和污染治理项目，银行应给予贷款扶持。要拓宽环保投融资渠道，鼓励企业增加环保投入，积极引导外资和社会资金参加环保建设，形成多元化的环保投入格局。

（八）不断加强环保监管能力建设

要建立先进的环境监测预警体系，全面反映环境质量状况和趋势，准确预警各类环境突发事件。各级政府和有关企业都要制定应急预案，切实提高突发环境事件的处置能力。要加强环保队伍建设，建设一支政治素质好、业务水平高、奉献精神强的环保队伍。从事环保工作的同志要坚持原则、忠于职守、敢于碰硬，做保护环境的忠诚卫士。各级环保部门要发挥环境综合管理职能，抓好环境规划、执法监督和信息发布工作。各有关部门要认真履行职责，密切协作配合，形成环保工作的合力。

保护环境是全民族的共同事业，必须紧紧依靠广大人民群众，动员全社会的力量共同参与。各级机关要带头节约资源、保护环境，为全社会做出表率。各类企业都要自觉遵守环境法规，主动承担社会责任。每个公民、每个家庭、每个单位、每个社区都要从自我做起，从力所能及的事情做起，自觉参加环保活动。要大力开展环境宣传教育，增强全民环保意识，弘扬环境文化，在全社会形成保护环境的良好氛围。

做好环境保护工作，任务光荣而艰巨。让我们紧密团结在以胡锦涛同志为总书记的党中央周围，高举邓小平理论和“三个代表”重要思想伟大旗帜，全面贯彻落实科学发展观，坚定信心，真抓实干，不断开创环境保护工作新局面，为全面建设小康社会做出更大的贡献！

在全国农村环境保护工作电视电话会议上的讲话

李克强

(2008年7月24日）农村环境保护事关广大农民的切身利益，事关全国人民的福祉，事关国家的可持续发展。胡锦涛总书记、温家宝总理多次做出重要指示，要求把农村环境保护纳入国家环境保护总体战略，统筹加以推进。去年年底，国务院办公厅转发了《关于加强农村环境保护工作的意见》（以下简称《意见》）。这次会议是首次由国务院召开的全国农村环境保护工作会议，表明了党中央、国务院加强农村环境保护的决心，也表明了把农村环境保护与城市环境保护统筹考虑、全面推进的决心。刚才，环境保护部、发展改革委、财政部和江苏、浙江、四川省的负责同志发了言，讲得都很好。下面，我讲三点意见。

一、充分认识加强农村环境保护的重要性和紧迫性

近年来，特别是第六次全国环境保护大会以来，各地区、各部门认真贯彻保护环境的基本国策，不断加大农村污染防治和生态保护力度，重点开展了对生活污水、村镇垃圾、畜禽养殖和农业面源污染的治理，尤其是解决了农村近1亿居民的饮水安全问题，部分农村地区环境质量有所改善，农村环境保护工作取得积极成效。同时，我们也要清醒地看到，全国农村生态环境形势总体上仍然比较严峻，农村生活污染、面源污染还相当严重，工业污染、城市污染向农村转移，水土流失、土地沙化、生态功能退化等状况还在发展。这些问题不仅严重影响广大农民群众身体健康，也制约国家的可持续发展。对此，我们必须高度重视，进一步提高对农村环境保护重要性和紧迫性的认识。

加强农村环境保护是建设生态文明的必然要求。建设生态文明是党的十七大提出的一项重大战略任务。我国仍然是农业大国，大多数居民还生活在农村，绝大多数自然资源开发利用也发生在农村。农业和农村是连接人与自然的主要纽带，农村环境保护在建设生态文明进程中占有极其重要的战略地位。由于经济发展方式粗放，环境保护特别是农村环境保护没有得到足够重视，致使环境治理严重滞后，农村环境问题日益突出。目前，农村每年产生的90多亿吨生活污水基本上任意排放，2.8亿吨生活垃圾也是随意倾倒；化肥年施用量达到4700多万吨，有效利用率不到35%，造成了农村水体和土壤环境恶化。一些地方乱采滥挖、毁林开荒、超载放牧等行为屡禁不止，继续破坏着农村生态。不解决这些生态环境问题，就会动摇“三农”的基础，也会妨碍发展的步伐，甚至影响中华民族生存的根基。必须站在国家可持续发展的战略高度，全面加强农村环境保护，推进农村生态文明建设，维护国家生态安全。

改变农村环保落后状况是统筹城乡发展的重要任务。我国城乡发展不平衡，不仅表现在农村经济落后上，而且更多地表现在农村社会事业发展滞后上。农村环境保护作为农村社会事业的一部分，更是一个薄弱环节。目前，全国有4万多个乡镇，其中绝大多数没有环保基础设施；在60多万个行政村中，绝大部分污染治理还处于空白状态。农

村化学需氧量(COD)产生量是城市的4倍多，生活污染日益加重，土壤污染面也在扩大，面源污染状况令人担忧。广大农村虽然地域辽阔，但水体、土地和居住地的环境一旦遭到严重破坏，就很难恢复，也会使环境承载容量受到极大制约。如果对农村污染再不加以严格治理，环境容纳不下，社会承受不起，发展持续不了。我们统筹城乡发展，扎实推进社会主义新农村建设，必须统筹城市和农村环境保护，把农村环境保护放到重要位置。

解决危害农民健康的环境问题是改善和保障民生的迫切需要。坚持以人为本，贯彻落实科学发展观，必须解决人民群众最关心、最直接、最现实的利益问题。环境是人们生存和发展的基本条件，也是关系民生的重大问题。随着经济社会发展，广大农民群众在吃饭穿衣等温饱问题得到基本解决后，对提高生活水平、改善生活质量也有了更多的期盼。农村环境质量是农民生活质量的重要组成部分。目前，一些地方环境状况不仅没有好转，而且还在恶化。饮水安全问题十分突出，全国仍有近2.5亿农村居民喝不上干净的水，不能满足农民的基本需求，这确实让人牵挂忧心。近年来，由于环境污染和生态破坏引发的群众投诉明显增加，其中大多数也发生在农村。改善农村环境，关系广大农民安居乐业，关系农村社会和谐稳定。全面建设小康社会，关键在农村，环境是难点。如果经济发展了，但生态环境恶化了，就难以实现全面小康。必须痛下决心，下大力气治理农村环境，维护农民环境权益，促进农村地区走上生产发展、生活富裕、生态良好的发展道路。

二、进一步明确农村环境保护工作的目标和任务

当前和今后一段时期，是全面建设小康社会的关键时期，也是改善农村环境质量的重要时期。我们要全面贯彻党的十七大精神，以邓小平理论和“三个代表”重要思想为指导，深入贯彻落实科学发展观，落实好党中央、国务院关于环境保护的一系列决策部署。坚持统筹规划、突出重点，因地制宜、分类指导，着力解决危害农民群众身体健康、威胁城乡居民食品安全、影响农业农村可持续发展的突出环境问题，全面建设资源节约型和环境友好型社会。

《意见》明确了2010年和2015年农村环境保护的阶段性目标以及主要工作，我们要统筹安排，分步推进，使农村环境保护明显加强，农村环境状况逐步改善。下面，我着重强调三个方面。

第一，突出抓好农村饮水安全。水是生命之源。要把解决近2.5亿农村居民喝不上干净水的问题摆在更加突出的位置，实施好全国农村饮水安全工程“十一五”规划，加强农村饮用水水源的环境保护，建设清洁水源。要科学划定农村集中式饮用水水源保护区，依法取缔保护区内的排污口，加强对分散水源地监测与管理，防止发生水源污染事故。要强化农村生活污水治理，在经济发达、人口集中和环境敏感地区，加快建设乡镇污水集中处理设施，其他地区乡镇也要采取多种方式处理好生活污水。同时，要把污染防控和生态工程建设结合起来，继续加强重点流域、重点湖泊水环境治理。

第二，着力防治工农业生产污染。工矿企业环境污染和生态破坏，已经成为影响农村生态环境的突出问题，应当继续采取措施逐步加以解决。要落实环评制度，坚持环保标准，加强环境监管，制止企业违规排放。同时，要加大节能减排力度，发展循环经济，从源头上减少污染排放。惟有净土，方能洁食。要在认真做好全国土壤污染调查的基础上，加强对工农业用地的环境监测和评估，通过技术、工程等多种手段，积极防治土壤污染。同时，要加强畜禽和水产养殖污染防治，积极推广测土配方施肥，鼓励使用高效低毒低残留农药，防治农业和农村面源污染，建设清洁田园。

第三，稳步推进农村环境综合整治。清洁的环境是农民生产生活的基本保障。一方面，要着手开展重点污染治理工作，针对那些严重危害农村居民健康、群众反映强烈的突出污染问题，采取有力措施集中进行整治，对经过整治污染问题得到解决的村镇，实行“以奖促治”。另一方面，要继续推进生态示范创建工作，搞好生活垃圾处理，发展清洁能源，加强绿化美化，对经过建设生态环境达到标准的村镇，实行“以奖代补”。这两方面工作，责任在地方，中央财政安排资金予以扶持，各地也要加大支持力度。整治农村环境一定要从实际出发，注意尊重农民意愿，切忌搞形式主义，因地制宜建设清洁家园，务求取得实际成效。

关于汶川特大地震受灾地区农村环境保护问题，在安置受灾群众过程中，已经采取了一系列措施，确保灾区不发生大的疫情，确保群众能够喝上干净水、有合适的生活环境。当前和今后几年，要以加强农村环境保护工作为契机，把灾区农村环境保护和生态建设作为恢复重建的一项重要内容，切实抓紧抓好。

三、不断提高农村环境保护工作水平

农村环境保护压力大、任务重。做好新形势下的农村环境保护工作，要统筹兼顾，正确处理三个方面的关系。

一是处理好农村环境保护与农村经济社会发展的关系。农村环境问题的根源在于发展不足或发展不当。农村地区加快经济发展、改变落后面貌的愿望十分强烈，这种积极性应当充分肯定。但在新的阶段，农村发展必须创新

发展观念、拓宽发展思路、转变发展模式。要认识到，生态环境也是生产力，也可以出效益，环境好了，对投资的吸引力就大；环境不好，吸引力就差。要把加强农村环境保护放在更加突出的重要位置，在经济发展中促进保护，在保护环境中求得发展，努力实现经济发展与环境保护的“双赢”。

二是处理好城市环境保护与农村环境保护的关系。城市环境和农村环境是有机整体、不可分割。目前，不少地方对城市环境保护日益重视，而对农村环境保护还没有提到应有的重视高度。现在社会上有这么一句话，不一定准确，但很形象，就是“城市污染农村的水和地，农村污染城市的饭和菜”。农村环境上不去，不仅影响农村居民的生存环境，也影响城市居民的“米袋子”、“菜篮子”、“水缸子”的安全，城市环境也好不起来。解决这个问题，必须坚持城乡环境保护统筹考虑，协同推进，把农村环境保护摆上同等重要的地位，促进城乡环境质量全面改善。

三是处理好主动预防和被动治理的关系。国内外经验表明，环境破坏起来时间短、速度快、贻害无穷，而修复环境时间长、见效慢、代价高昂。日本治理琵琶湖污染，花费了巨额资金。我国一些湖泊由于面源污染等导致富营养化，投了不少钱治理，至今还难以解决严重的污染问题。近年来，一个小企业污染一条河，农民守在河边吃井水，这样的现象在农村地区屡见不鲜。加强农村环境保护，必须坚持预防为主、防治结合，集中一定的人力、财力、物力做好预防工作，努力做到不欠新账，多还旧账。

各地区、各有关部门和单位要进一步提高认识，增强责任感和紧迫感，切实做好农村环境保护工作。地方政府是农村环境保护的责任主体，要把农村环境保护工作摆上重要议事日程，加强组织领导，完善政策措施，落实目标责任。特别是要增加资金投入，加强能力建设，着力解决农村环境中的突出问题，务求取得实际成效。各有关部门要各司其职，紧密配合。环保部门要加强对农村环境保护的统一监管和指导协调。发展改革、财政等部门要抓紧制定有关政策措施，加大资金投入。水利部门要牵头抓好解决农村居民喝不上干净水的问题。建设部门要加强对农村污水和垃圾处理的指导。农业部门要抓好农业面源污染防治。其他有关部门也要做好相关工作。要综合运用法律、经济、技术和必要的行政手段，加大宣传力度，广泛调动各方面力量，着力建立健全农村环境保护的政策体系和长效机制，不断提高农村环境保护的工作水平和实际成效。

做好农村环境保护工作，责任重大，使命光荣。我们要扎实努力、发奋工作，加快推进环境保护历史性转变，努力改善农村环境质量，为夺取全面建设小康社会新胜利提供应有保障、做出更大贡献！

在2008年全国环境执法工作会议上的讲话

适应新形势，迎接新挑战，全面开创环境执法监督工作新局面

环境保护部部长 周生贤

同志们：

我们迎来了环境保护工作站在新起点、适应新形势、抓住新机遇、迎接新挑战、勇攀新高峰的又一个春天。前不久，十一届全国人大一次会议批准组建环境保护部，充分体现了党和国家对环保工作的高度重视。这是落实党的十七大精神的重要举措，是推进环保工作历史性转变的组织保证，是提升我国国际影响力的必然选择，是解决环保系统和地方机构设置难题的重要机遇，是环保系统振奋精神、乘势而上的重要动力。相信大家同我一样深受鼓舞、倍感振奋。同时，我们也要清醒地认识当前严峻的环境形势，深刻体会党和国家的殷切厚望与嘱托，站在时代的高度，着眼于环保事业的长远发展，恪尽职守，勤勉工作，肩负起全国人民赋予的重任。

环境保护部刚刚成立，党组决定召开全国环境执法工作会议，这是因为环境执法监督工作是我们的立足之本，是全面推进新时期环保工作的“突破口”，是有效推进历史性转变的重要手段。“事危则志锐，情迫则思深”，我们要深入贯彻党的十七大精神，按照行政管理体制改革新要求，集中全国环境监察工作者的经验与智慧，认真分析新形势，理顺新体制下环境执法监督的工作思路，部署“十一五”后三年的重点任务，全面开创环境执法工作新局面。

第六次全国环保大会以来，全国环境执法工作取得了重要进展，指导思想逐渐明确、执法方式持续改进、执法力度不断加大、执法水平显著提高。全国环境监察队伍以迎接党的十七大胜利召开和深入贯彻党的十七大和第六次全国环保大会精神为动力，认真贯彻落实党中央、国务院各项决策部署，按全面推进、重点突破的工作思路，把加强环境执法监督作为全面落实科学发展观、构建社会主义和谐社会、维护群众环境权益的重要举措，始终围绕解决影响可持续发展和危害群众健康的突出环境问题，始终围绕污染减排大局，切实履行职责，尽心尽力，认识上有新提高，政策上有新举措，实践上有新进展，为经济社会持续健康协调发展做出了新的贡献。两年来，全国共出动环境执法人员600多万人次，查处违法案件5.9万件，关闭淘汰落后生产能力和污染严重的企业6000多家。通过集中整治1601家涉铅企业、关停280家涉铅企业，查处80万件群众环境投诉问题，挂牌督办11231个环境违法案件，解决了一批影响群众健康的突出环境问题；通过对造纸行业专项整治，取缔关闭造纸企业1120家，淘汰落后产能260万吨，削减COD60余万吨，推进了产业结构调整和污染减排工作；通过“黑三角”、“锰三角”区域环境整治和黄河、淮河、海河流域及长江安徽段6市2县5区暂停新建项目环评审批，改善了部分区域流域环境质量；通过联合监察部清理649件违规“土政策”，集中检查2250个工业园区，责令限期或停产整改3477家企业，改善了执法环境；通过与中国人民银行、商务部、发改委、监察部、电监会等部门合作，完善了执法手段；通过妥善应对环境污染事故，仅总局直接调度处理的就达311起，平均两天一起，维护了环境安全。

今天下午力军同志还要对环境执法工作进行全面的总结和部署，近期我们还要召开五年环保专项行动总结表彰会，对环境监察工作取得的更多成绩我就不多讲了。这些成绩的取得，是党中央、国务院和地方各级党委、政府正确领导、支持的结果，是广大环境执法干部辛勤工作、共同努力的结果。全国环境监察系统的广大干部，尤其是基层执法人员发扬特别能吃苦、特别能战斗的精神，苦干、实干，加班加点，甚至带病战斗在监管执法第一线，做出了突出贡献。在此，我代表环境保护部向同志们表示衷心的感谢和崇高的敬意！

下面，我讲三点意见：

一、适应当前行政管理体制改革新要求，充分认识环境执法监督工作的重要性

党中央、国务院历来高度重视环境保护，特别是党的十七大把建设资源节约型、环境友好型社会写入党章，把建设生态文明作为实现全面建设小康社会奋斗目标的新要求，标志着环境保护已经成为全党意志、国家意志，进入了国家经济政治社会生活的主干线、主战场和大舞台。环境执法监督工作作为履行环境管理职责最基础、最基本的支撑力量，作为全面提升环境管理水平的重要途径和有效手段，是环保部门的立足之本。党中央、国务院领导对于加强环境执法工作十分重视、非常关切。胡锦涛总书记2007年先后3次做出明确批示，要求增强责任感、紧迫感，强化依法管理；要求加大治理力度，加强督查，务见成效；要求有后续督察措施，对拒不执行的要依法严肃处理。温家宝总理也指出，环境执法要像钢铁一样坚硬，不能像豆腐一样软弱，要坚决做到有法必依、执法必严、违法必究，严厉查处环境违法行为和案件，决不允许严重危害群众利益的环境违法者逍遥法外。这些批示充分表明了中央领导同志对环境执法监督的重视，充分体现了加强环境执法的重要性和紧迫性，充分反映了环境执法工作面临的严峻形势和肩负的重大责任。我们环境监察工作者要适应新形势、新要求，努力当好主干线的排头兵，做好主战场的生力军，唱好大舞台的主角色，用“铁腕”严厉打击环境违法行为，促进历史性转变。

在事业得到发展、工作取得成效的同时，我们务必清醒地认识到环境执法监督工作任务十分艰巨、形势非常严峻。“十一五”期间是各种环境矛盾和冲突的显现期，历史积累的矛盾和问题将因发展思路的转变和重大行动的实施而集中爆发，经济社会发展与人口资源环境压力加大的矛盾越来越大，人民群众对环境质量的要求与改善环境的长期性复杂性的矛盾也越来越突出。同时，环境执法监督工作的现状与环境保护工作的新形势、新要求、新任务不相适应，建立完备的环境执法监督体系的任务十分繁重。国家监察、地方监管、单位负责的环境监管体制有待进一步理顺，环境执法制度、机制、程序还不完善，执法能力相对薄弱，人员素质、队伍建设需要花大气力提高与加强。这些问题不能有效解决将严重影响和动摇环境保护事业发展的基础。为此，我们要从战略的高度、从全局的角度，充分认识加强环境执法监督工作的重要性、紧迫性，充分认识环境执法监督在环境保护整体工作中的特殊地位与作用。

（一）加强环境执法监督，是全面贯彻落实科学发展观、推动历史性转变、实现国民经济又好又快发展的有效手段。

贯彻落实科学发展观、推进历史性转变、实现国民经济又好又快发展的最根本要求，是首先解决当前国家环保法律法规得不到有效执行的问题，而最直接而有效的手段就是强化执法监督。加强环境执法监督，无疑在经济利益与社会利益、短期利益与长远利益博弈的过程中增加了一个重要的制衡因素，有利于落实环保法律、法规、政策、标准，有利于纠正“重经济发展轻环境保护”的不科学的发展观和错误的政绩观，有利于推进经济结构的调整和经济增长方式的转变，有利于充实和完善综合管理手段。2006年以来，我们通过加大环境执法力度，关停并转、治理了一大批企业，推动了产业结构调整和增长方式转变，促进了经济社会协调发展。河南省出台了严于国家标准的地方造纸工业水污染物排放标准，造纸企业由1360多家减少到308家，产业集中度大幅提高，年削减COD排放量50%以上。我们通过与中国人民银行、商务部、发改委、监察部、电监会等部门合作，采取金融、外贸、产业、行政问责等综合手段，放大执法效应，着手推动从生产全过程解决影响环境保护发展的深层次问题。仅山西省金融部门通过掌握企业环境违法信息，限制违法企业信贷24亿元。推动了环境法制建设和经济、产业结构调整。

（二）加强环境执法监督，是弘扬法治精神、维护群众环境权益、保障和改善民生、确保社会稳定的基本要求。

当前的环境问题影响了经济发展、社会稳定和群众健

康。近年来，人民群众改善环境质量的诉求越来越强烈。在全国信访总量、集体上访量、非正常上访量、群体性事件发生量实现“四个下降”的情况下，环境问题却上升为信访工作的重点之一。近几年环境信访和群体事件以每年30%以上的速度上升。同时，中纪委二次会议把环境领域的违法犯罪案件和损害人民健康的案件首次列为重要的、优先查办的案件范围。法律的尊严、社会公平正义、人民群众的合法权益都在环境保护领域受到挑战。这些问题必须通过实行最严格的环保制度，采取行之有效的执法手段加以解决。两年来，全国对11231件群众反映强烈的和污染严重的环境违法问题进行挂牌督办、限期整改。解决了严重危害群众健康的云贵两省土法炼锌、湖南洞庭湖造纸企业污染、天津北辰区小化工企业污染等一批“老大难”问题。环境执法工作直接面对基层、面向群众。通过现场环境执法，解决群众关心的热点难点环境问题，对于体现环境保护工作的社会成效，维护社会稳定至关重要。我们必须把执法监督摆在更加重要的位置，下更大决心、花更大气力，通过切实加大执法力度维护群众环境权益，保障和改善民生，促进构建社会主义和谐社会。

（三）加强环境执法监督，是环保部门参与宏观决策的依据、环境综合管理的基础。

加强宏观调控、保障和改善民生，是此次国务院机构调整的推力。撤销国家环保总局，组建环境保护部，加强了环境政策、规划和重大环境问题的统筹协调职能。我们必须看到，环保部门的立足之本就是环境执法监督。环保部门履行宏观决策职责的依据来自环境执法监督。调控经济社会关系的环保政策，制定经济活动的环境准入条件，需要依靠强有力的环境执法给予信息反馈。环境法律、政策和标准的制定，依赖于通过环境执法的实践提供依据；环境综合管理的基础就是执法监督。国家环境保护法律法规的实施、各项环境管理政策、制度、标准的落实要通过环境执法活动来实现。没有全面的环境执法就不能保障国家环境法律、政策的有效实施，环境执法工作是环保部门基础性的工作，是环境管理与宏观决策的支撑与依靠。同时，环保部门的权威也来自于执法监督，环保部门的“威”是靠严格执法“打”出来的，“信”是靠维护群众环境权益“立”起来的。破坏环境的违法犯罪行为不能得到严惩，少数人发财、人民群众受害、全社会埋单的情况，必然影响环境管理的权威性、公信力，严重损害政府依法科学执政的形象。并且环境执法人员战斗在环保工作的第一线，环境执法队伍一定程度上代表了环保部门的形象，环境执法监督工作的地位重要而特殊。

（四）加强环境执法监督，是切实履行国际环境义务、树立负责任环境大国形象的重要保障。

环境问题是当前的热点问题。从反面看，国外关于中国“环境威胁论”的观点在不同时期有不同的版本。在没有经过定量分析的情况下，随心所欲地将邻国一些环境问题的责任推给我国。从正面看，美国、欧洲、俄罗斯等国家对我国环境保护机构变化的反应如此强烈，说明了他们对中国环境问题的关注程度之高。从“国合会”第五次年会开幕式到昨天的中国经济高层论坛，都普遍反映我国政府采取的措施无可挑剔，而他们的疑问在于这些措施到底能不能在各地方得到落实。我们要通过统计体系、监督管理体系、问责体系、考核体系等的推行来消除他们的疑虑。落实这些措施的重要工作就是执法监督。所以，处在执法监督一线的同志是环境保护工作最基层的中流砥柱，环境监督执法人员和环境监测人员是环境保护工作的中流砥柱。要从执法监督做起，树立新时期环境保护工作的权威和形象。环境问题成为关乎全球的国际问题，已上升为影响国际关系的政治问题。国际社会在普遍强化本国环境执法监督的同时，也对其他国家的环境执法工作提出要求。当前我国比任何一个发达国家工业化进程中面临的环境挑战都要严峻，面临的环境执法监督压力也很大。国际履约、跨界污染纠纷等再次证明了全球和区域性环境合作已对我国环境执法监督工作造成了巨大压力。强化国家环境执法监督能力，提升环境执法效能，督促企业履行社会责任，鼓励公众参与，正成为世界环境执法发展的趋势。巨大的国际压力和国际环境执法发展的客观趋势，在客观上要求我国必须学习和借鉴国际环境执法的成功经验和做法，适应国际环境执法发展趋势，建设符合国情、体现时代要求的环境执法监督体系，通过公平正义的环境执法监督，承担起负责任环境大国的责任与义务，树立良好的国际形象。

二、加快建立完备的环境执法监督体系，努力开创环境执法监督工作新局面

大家都知道，建立完备的环境执法监督体系和先进的环境监测体系是我们重点突破工作思路的两件大事之一。党中央、国务院对加强环境执法监督寄予厚望。在第六次全国环保大会上，温家宝总理明确要求“建立完备的环境执法监督体系”。十七届二中全会通过的《关于深化行政管理体制改革的意见》明确要求“理顺市场监管体制，整合执法监管力量，解决多头执法、重复执法问题”。今年政府工作报告要求“着力转变职能、理顺关系、优化结构、提高效能，形成权责一致、分工合理、决策科学、执行顺畅、监管有力的行政管理体制”。加强环境执法、改善环境质量已经成为当前群众普遍关心的热点问题。面临新形势、新任务、新体制、新机制，我们必须在精神上保持创新的活力，在思想上保持创新的锐气，在工作上保持创新的动力，努力探索和寻找解决问题的新思路、新途径、新方法。既要立足于解决当前环境执法监督工作中的实际问题，体现实用性和可操作性；又要放眼全局和长

远，逐步解决影响环境执法监督效能的根本问题，体现前瞻性和指导性。这就要求我们必须尽快建立权责明确、行为规范、监督有力、高效运转的完备的环境执法监督体系。

建设完备的环境执法监督体系是适应并推动“三个转变”、建设环境友好型社会的必然选择。如果环境监管能力不足，环保部门就无法预防和遏制可能出现的环境问题，就无法及时发现和解决经济发展、社会进步与环境发展之间的主要矛盾和突出环境问题，环境管理就难以发挥保护和发展环境的功能，国家经济、社会和环境发展的“四区”战略、历史性的“三个转变”和环保目标就会落空，可谓“一着不慎，满盘皆输”。建设完备的环境执法监督体系是应对严峻环境执法监督形势、维护群众环境权益的迫切需要。我国经济持续高速增长，产业结构不合理、经济增长方式粗放等问题依然突出，完成主要污染物减排任务十分繁重，有法不依、执法不严、监督不力、违法不究的现象普遍存在，未来十五年又是我国全面建设小康社会的关键时期，也是环境压力巨大的时期，如果环境执法软弱无力，监督管理就会严重失控，再好的愿望也会化为乌有。建设完备的环境执法监督体系是实现环境管理法制化、规范化和精确化的重要保障。既关系到能否持续提升环境管理的权威性，也关系到能否永葆环保事业生命之树常青，如果环境执法监督不到位、依据不科学，则粗放型的模式只能导致环境管理走进“死循环”，权威性、公信力将会下降甚至丧失，这将导致政府、单位和公民对环保部门的不信任、不认同，环保部门将难有作为，“综合管理和服务社会”将成为一句空话！建设完备的环境执法监督体系是履行中国国际环境义务的重要保障。如果没有完善的环境监管体系，中国就难以履行已参加或者缔结的多种环境与资源保护国际公约和条约，承诺就难以兑现、就会变成谎言，环境问题就可能演变为政治问题，影响到中国的外交和负责任大国的国际形象。

这次机构改革有两个重点：一是宏观决策、宏观管理，包括节能减排；二是执法监督。这两方面的工作一定要在原有基础上进一步加强。执法监督怎么加强都不为过，怎么加强呢？就是要加快建设完备的环境执法监督体系，我们首先要准确理解体系的丰富内涵。这个体系是指，为了全面执行国家有关环境保护法律、法规、制度、政策、标准等，顺利完成环境执法监督管理任务而建立的一套先进的、完整的、符合国情的、又与国际接轨的环境执法监督的法规制度、执法机构、业务管理、技术装备和人才保障体系。其主要要素包括执法监督理念、法制、体制、机制、能力和人才等。其中，理念是灵魂、法制是基础、体制是保障、机制是支撑、能力是依托、人才是根本，各要素之间互相依存、互相制约、互相促进，形成有机整体。我们既要重视和发挥每个要素的独立作用，更要重视各要素之间的优化配置和协同运转，形成最佳整体功能。

要加快建设完备的环境执法监督体系，我们必须以先进的环境执法监督理念为指导，遵循科学合理的原则，树立既有前瞻性又有可行性的目标。一要树立先进的环境执法监督理念。要与党中央、国务院保持高度一致，更加积极主动地把环境执法工作放到发展社会经济、维护群众利益和保护生态环境的大局、整体中去，找准位置，明确方向，着力解决影响可持续发展和危害人民群众健康的突出环境问题，保障和改善民生，维护国家环境安全，促进和谐社会建设，这就是环境执法监督工作的政治，是我们一切工作的出发点和落脚点。要按照建设服务型政府的要求，全面履行环境执法监督职能，在认真搞好执法监督的同时，更加注重社会管理和公共服务，加强环境守法引导与援助，服务好监管对象和人民群众，通过打击环境违法，更好地保障人民群众环境权益和社会公平正义，提高公信力。要从生态环境的完整性和生态要素的关联性出发，合理划分资源开发利用、生态建设和生态环境执法监督职责，整合环境执法监督资源，逐步实现国家环境执法监督职能的完整、综合和统一，将生态执法领域拓展到生物多样性保护、野生动植物保护、湿地环境保护、荒漠化防治工作等。要树立“成本—收益”观念，围绕提高执法监督效率和效益，着力增强执行力，努力实现环境效益和社会效益的统一，用最少的投入、最快的速度，解决群众最关心、最需要解决的环境问题。二要始终遵循科学合理的原则。按照“坚持立足国情，广泛借鉴；着眼实践，注重创新；依法行政，责权一致；全面推进，重点突破；软硬兼顾，整体提升”的要求，积极探索中国特色环境执法监督的特点和规律，博采众长，为我所用，既立足于解决当前环境执法监督工作中的实际问题，又逐步解决影响环境执法监督效能的根本问题；统一行政执法权力与责任，逐步实现执法有保障、有权必有责、用权受监督、违法受追究、侵权须赔偿；强化国家环境监察职能、加强基层环境监管能力、提高环境执法监督效能等紧迫而关键的问题。三要树立既有前瞻性又有可行性的目标。按照统一规划、分步实施的构想，争取到2010年初步形成比较完备的环境执法监督体系，使环境法律法规进一步完善，“守法成本高、违法成本低”的问题逐步得到解决；国家级环境执法监督网络基本形成，国家监察能力明显提升；环境执法监督制度基本建立，内部工作关系有序顺畅；标准化建设积极推进，重点污染源实现自动在线监控。通过我们的共同努力，争取建立一套先进的、完整的、符合国情的、适应时代发展的环境执法监督的法规制度、执法机构、业务管理、技术装备和人才保障体系，满足维护国家环境安全、保障群众环境权益、促进社会公平正义的需要。

当前和今后一段时间，我们要将完备的环境执法监督体系建设作为环保工作的两件大事之一来抓，作为环保战略性和基础性工作来推进，并着重做好以下几项事情：

（一）建立起一套使执法能像“钢铁一样硬”的体制

环境执法监督体制改革要重点在五个方面实现突破：一要争取确立环境执法监督机构的法律地位，完善国家监察的管理体制。二要适应环境综合管理的要求，合理界定和调整行政法规执法权限，逐步整合优化环境执法资源。实现环境规划权、行政审批权、行政许可权与执法监督权的相对分离，整合环保部门内各职能部门的现场执法监督权并由环境执法监督机构统一行使。三要理顺环境执法监督层级权限。国家事权重点在宏观执法监督权，监督检查对象主要是省级及以下地方政府和有关部门、中央企业。省级事权兼顾宏观与微观，执法监督对象主要是省级有关部门，市、县政府，国家和省重点排污单位及建设项目。市级及以下事权主要是微观执法监督权，执法监督对象主要是企事业单位、个体工商户等，依法查处环境违法行为。这次机构改革要将权力下放，能下放给地方的要尽量下放到地方。要增加凝聚力，上下齐心、协力一致为环境保护贡献自己的力量。四要建设规范权威的环境执法监督机构。权威首先要靠一流的工作来争取。要做强、做大国家级环境执法监督机构，建立和完善国家环境执法监督网络，调整充实现有六大区域派出机构，增强“国家监察”能力。各级环保部门都要设置规范的地方环境执法监督机构。五要拓展环境执法监督领域。转移执法重心，突出事前和事中执法监督，促进执法监督关口前移，变被动的末端执法为主动的全过程执法监督。从社会再生产全过程入手，将环境执法监督从生产环节逐步向流通、消费、分配等环节延伸。从侧重于工业污染源的执法监督向整个生态系统拓展，积极探索非污染型建设项目、自然资源开发与利用、农村环境保护、自然保护区、生态功能区保护等领域环境执法监督的途径和方法。

（二）构建充满活力的高效环境执法监督机制

要以统一、协调、高效为原则，积极摸索规律，创新工作机制。一要内部执法监督协调有序。突出建立和完善内部信息交流和沟通协调制度、重大案件集体审理制度、完善执法过错责任追究制度。二要加强上下互动、部门联动。建立和完善巡查、直查、稽查、后督察和年度考核制度，加强与其他相关执法部门、司法机关配合与协作，发挥行业协会、商会及中介组织的纽带和桥梁作用，通过优势互补，放大执法效果。三要健全区域流域协作机制。实现“定期会晤、联合执法、共同监测、信息共享”，遏制发生跨省界、跨辖区污染事件。四要搭建公众参与平台，形成专业执法和社会监督相结合的监督网络。五要引导企业自律，重点建立企业环境监督员制度、企业年度环境报告制度和企业环境行为信用评价制度，鼓励企业树立预防污染、自主守法的理念，架构环保部门与企业、公众与企业之间的伙伴关系。

（三）打造攻坚克难的环境执法监督能力

要从两个方面来加强执法监督队伍建设，提高执法监督能力。一是从执法监督的实践中提高能力，从典型案例的警示中提高能力；二是从持续不断的培训中提高能力，从坚持不懈的学习中提高能力。要使环保法律法规落实到位，环境执法监督就必须具有攻坚克难的能力。这种能力来自法制、政策、投入、管理、科技、社会等多个方面的支持。一是从环境法制中要能力。环保部将尽快制定出台《环境执法监督办法》、《限期治理管理办法》和《环保后督察办法》，确立环境监察队伍的法律地位，强化执法手段。二是从环境经济政策中要能力。通过提高排污收费标准，推行绿色信贷、绿色贸易，提高违法成本，激励企业守法。三是从投入中要能力。加大中央支持环境执法能力建设的力度，推进环境监察标准化建设，建设污染源自动监控系统、现场执法信息管理系统和环境应急指挥系统，提高环境执法装备水平。四是从队伍建设中要能力。严格把好环境执法监督人员进口关、考核关，加强人才培养和继续教育，建设一支高效、精干的环境执法监督队伍。五是从社会中要能力。建立企业环境监督员制度，培育法律援助机构、污染损害评估机构等社会中介机构，充分发挥这些机构对环境执法的服务作用。

三、当前监督执法，要重点解决影响可持续发展和群众反映强烈的环境问题

在刚刚结束的人大会议上，温家宝总理在政府工作报告中，部署了今年节能减排的10项目标任务，要求加强执法力度，强化节能减排工作责任制，明确指出要加大专项治理力度，重点解决环境保护等方面群众反映强烈的问题，坚决纠正损害群众利益的不正之风。环境保护部成立以后的工作思路，就是认真履行党中央、国务院的工作部署，以解决影响群众身体健康和科学发展的环境问题为工作重点，举全局之力，推进历史性转变。环境执法监督的工作重点是解决影响群众身体健康的环境问题，解决影响科学发展的环境问题，解决群众反映强烈的环境问题。这方面的工作在2008年全国环保厅局长会议上已经做了全面的部署。当前和今后一个时期，我们仍然要保持高压态势，加大执法力度，着力抓好以下八个方面的工作：

（一）持续深入开展环保专项整治行动

在当前严峻的环境执法形势下，环保专项集中整治是解决重点行业和地区突出环境问题的有效、管用的好形式，可以在短期内形成日常监督手段难以达到的强大威慑力量，集中解决一批突出问题、老大难问题和敏感问题。《国务院节能减排综合性工作方案》和今年的政府工作报告都对开展专项行动有明确要求，今后一段时期还要继续深入开展。专项行动一定要突出重点。要有整体规划和整体布局，每年要突出一个主题，集中整治2-3个领域。今年重点就是要持续整治饮用水源保护区内的违法排污问题，

要把饮用水源保护作为民心工程、德政工程，切实抓紧抓好；集中执法检查城市污水、垃圾集中处理设施和化工、造纸、电力、钢铁行业。专项行动要注重实效，对群众反映强烈、挂牌督办的案件要查处到位、整改到位，对整治不力的，要严格依法处罚，并追究有关人员的责任。要借助新闻舆论的监督作用，公开查处典型环境违法案件，组织新闻媒体深度报道，达到查处一家、震慑一方、影响一片的效果。五年来的实践表明，开展环保专项行动成效显著。这是环保主干线上的新路，既稳妥又解决问题。国务院7部委将开会进行总结和表彰，总结前五年、安排部署后五年的环保专项行动工作，同时表彰奖励前5年工作的先进集体和先进个人。本次会议结束后，同志们要仔细考虑一下、好好安排一下，今年的环保专项行动该怎么开展。

（二）加强重点流域、区域、行业环境监管工作

去年下半年，国务院及相关部委相继发布了关于重点河流水污染防治、湖泊污染防治和松花江污染防治工作的文件，力度之大前所未有。将这些污染防控措施落到实处，执法监督部门肩负着别的行业、别的部门无法替代的作用，对环境监察队伍怎么加强都是应该的。三湖（太湖、巢湖、滇池）以及七湖区（三峡库区、小浪底库区、丹江口库区、洪泽湖、鄱阳湖、洞庭湖和洱海）等重点湖泊相关地区，以及国家确定的淮河、辽河、海河、松花江等重点流域，电力、钢铁、建材等12个高耗能、高污染行业的污染防控是执法监督的重点。既要深入调查研究、摸清污染底数，又要加大监督检查频次和查处力度，促进落后生产能力的淘汰和产业结构调整，还要及时反馈执法信息，推动各地修订制定环境标准和出台更有效的环保政策，确保这些重点任务落实。对没有完成淘汰落后产能任务的地区，对环境违法现象突出的地区，对超过总量指标、重点项目未达到目标责任要求的地区，对城市污水处理设施建设严重滞后、不落实收费政策、污水处理厂建成后一年内实际处理水量达不到设计能力60%的，以及已建成污水处理设施但无故不运行的地区，都要实行“区域限批”、“流域限批”、“行业限批”。有效地遏制重点流域区域环境状况持续恶化的趋势，努力改善其环境质量。

（三）加强工业污染源环境监管工作

工业污染防治仍然是环保工作的重点，要紧紧抓住这项重点工作不动摇。一要对工业项目的建设过程和建成投产等环节进行执法检查，实行建设项目“三同时”全过程环境执法监督制度。环评和环境监察既要密切配合，又要有明确的职责。二要强化针对工业企业的污染物排放总量控制和排污许可制度执行情况的监督检查。三要加强排污收费和排污申报管理，加快污染源自动化监控建设进程，实现重点污染源的全天候、全时段监管，逐步与排污收费、排污申报、环境应急预警预测工作结合起来。四要进一步推动综合手段的完善，推进加强工业污染防治的出口、投资、信贷、财税、价格等政策措施的出台。五要推进企业环境监督员制度，引导企业建立健全企业内部环境管理体制与机制，增强自律能力。

（四）加强城镇集中污染治理设施环境监管工作

随着城市化进程的不断加快和综合整治力度的加大，城镇基础设施投入逐年增加，但环境保护基础设施的运行和监管中的问题也逐渐暴露，一些治理设施却成为了集中排污设施。要进一步查清污水处理厂、垃圾填埋场、垃圾焚烧炉等城镇集中污染治理设施的基本情况，建立环境监管档案，重点推进城市污水处理厂稳定达标排放、污泥和垃圾填埋场渗滤液安全处置，严格防范二次污染。要探索加强城市建设用地和废弃污染场地环境监管的途径与方法，降低土地再利用对人体健康的风险。

（五）加强农村、农业及生态环境监管工作

当前，农村、农业环境污染问题突出，生态环境质量恶化的趋势没有得到根本遏制。按照农村环境保护工作会议部署，要把一定的执法精力、能力放在保护农村饮用水源上，放在防治规模化畜禽养殖污染上，放在防止工业和城市污染向农村转移上。要加强农用土壤环境监管，对违反农药、化肥、除草剂等农用化学品的环境标准、环境法规的行为进行查处。要继续积极稳妥地开展生态环境监察试点工作，加大重点生态领域执法力度，加大对矿山、自然保护区、畜禽养殖及国家重点资源开发建设项目等方面生态环境监管力度。

（六）加强环保后督察工作

环保后督察是胡总书记提出的战略性要求，是环保部门抓落实、出成效、树权威的重要手段。对环境违法案件，既要有调查，又要有处理，更要跟踪督办，直到问题彻底解决为止。对环境保护措施的落实，也要一抓到底，直到人民群众满意为止。要建立和完善后督察制度，积极探索长效机制，要规范后督察工作程序，把后督察工作纳入法制化轨道。近期各地要集中时间对挂牌督办企业、区域限批地区，以及重大环境事件和严重违法地区进行环保后督察。远期要将地方政府及其有关部门纳入后督察对象，后督察内容包括贯彻执行国家环境保护政策和法律法规情况，重要的环保工作部署、措施、活动的组织实施情况，重点和典型环境违法案件的立案、调查、处罚和强制措施的实施情况等。要建立后督察的保障制度，强化责任追究。

（七）加强环境应急处置工作

居安思危、思则有备、有备无患，要以高度的政治责任感和敏锐性，切实加紧做好环境应急工作。一是继续深入开展环境安全隐患排查，建立动态档案管理制度，防范重特大突发环境事件。二是尽快制定和完善国家、省、市、县四级政府及部门突发性环境事件应急预案，督促企业也要结合各自情况制定环境应急预案，形成相互响应的应急预案系统。要使预案更符合本地预警和处置环境突发事件的需要。完善环境管理中环境应急的技术规范，建立应急标准体系，加强基础性工作。三是建成统一领导、分级管理、功能全面、反映灵敏、运转高效的突发环境事件应急机制。建立健全应急系统的检查制度，定期检查应急机构、队伍、车辆、物资、设备的状况。要加强环境应急值守、预警和响应工作。事件发生后，各级环保部门必须第一时间赶赴现场，第一时间采取防控措施，第一时间开展环境监测，第一时间准确发布信息。四是针对不同对象组织多元化应急培训，增强应急管理意识，提高应急指挥水平和处置能力。要认真组织不同类型、不同形式的环境应急演习，演练预案、培养队伍、磨合机制，不断提高实战能力和水平。

（八）加强《水污染防治法》的宣传、贯彻落实工作

修订后的《水污染防治法》即将于6月1日生效实施，这将推动水污染防治工作中许多难题的解决。要学习、宣传和贯彻执行《水污染防治法》，开创水污染防治工作的新局面。

《水污染防治法》在监管制度方面有多处创新和亮点。一是强化了地方政府的环境责任，从两方面完善了政府的责任机制：规定了国家实行水环境保护目标责任制；明确提出了考核评价制度，将水环境保护目标完成情况作为对地方人民政府及其负责人考核评价的内容。二是明确规定超标即违法，禁止超标排污，违者责令其限期治理，并处罚款。三是建立水环境信息统一发布制度，上级环保部门对未完成总量控制指标的下级行政区予以公布，各级环保部门对环境违法企业予以公布，并统一发布国家水环境状况信息，保障公众环境知情权。四是完善了水源保护区管理制度，规定了饮用水保护区划、禁设排污口、禁止或者限制含磷洗涤剂等措施，加重了对危害饮用水行为的处罚，加强了对饮用水的法律保护，将“保护饮用水安全”放在了首位。五是强化了法律责任，将“区域限批”由行政管理措施上升为强制实施的法律制度，进一步加大了违法排污行为处罚力度。

环境执法任务艰巨而繁重，各级环保部门要高度重视和支持环境执法工作，要为环境监察部门营造良好的工作环境，为他们排忧解难，为他们遮风挡雨。广大环境执法监察人员特别是市县环境监察机构的同志，常年奋战在执法第一线，亲身参与事故处置，环境条件艰苦，工作压力很大。各级领导既要严格要求，又要关心爱护，要想方设法为勇于执法、敢于执法的同志撑腰，要积极与相关部门沟通协商，在政策许可范围内尽可能地解决好工作、生活方面存在的实际问题，解除后顾之忧，增强队伍的凝聚力。

同志们，我们所从事的环境执法监督事业光荣而神圣，任重而道远，需要几代人的不懈努力。我们生正逢时，应该适应新形势，迎接新挑战，用实际行动向党中央、国务院、广大人民群众交出一张满意的答卷，无愧于人生，无愧于事业，无愧于历史。我们要认真学习贯彻党的十七大精神，在以胡锦涛同志为总书记的党中央领导下，高举中国特色社会主义伟大旗帜，全面贯彻落实科学发展观，以强烈的责任感和饱满的工作热情，进一步解放思想，求真务实，开拓进取，切实抓好各项工作的落实，为经济社会又好又快发展做出新的贡献！

在重点流域水污染防治工作会议上的讲话

真抓实干　开拓进取
全面推进重点流域水污染防治工作

环境保护部部长 周生贤

同志们：

这次重点流域水污染防治工作会议，主要任务是：贯彻落实党中央、国务院领导同志指示精神，总结重点流域水污染防治工作，研究部署落实国务院批复的重点流域水污染防治规划，进一步加强重点流域水污染防治工作。刚才，山东、辽宁、河北、江苏四省环保局（厅）负责同志分别介绍了辖区内重点流域水污染防治工作情况。下面，我讲三点意见。

一、充分认识加强重点流域水污染防治的重要意义

党中央、国务院高度重视水污染防治工作。“九五”计划实施以来，国务院将“三河三湖”作为国家治理的重点流域、“十五”期间又增加了松花江流域、三峡库区及上游、南水北调水源地及沿线，今年又首次批准了《黄河中上游流域水污染防治规划》。2006年起，温家宝总理连续三年在政府工作报告中强调，要继续搞好“三河三湖”、松花江、三峡库区及上游、南水北调水源及沿线等重点流域污染治理。国家确定的重点流域范围不断扩大，总面积已占我国国土面积的40%左右，充分表明了党中央、国务院向流域水污染全面开战的坚定决心。自去年至今年5月，国务院陆续批复了淮河、海河、辽河、松花江、三峡库区及上游、丹江口库区及上游、黄河中上游、滇池、巢湖流域水污染防治规划（2006年－2010年）和太湖流域水环境综合治理总体方案，从治污项目、环境准入、饮水安全等方面提出了全面要求，为进一步做好重点流域水污染防治工作提供了依据和保证，我们要充分认识加强重点流域水污染防治的重要意义，进一步增强紧迫感、责任感和使命感，全面推进重点流域水污染防治工作。

（一）加强重点流域水污染防治，是落实全面推进重点突破总体思路的必然要求。进入“十一五”时期，我们确定了全面推进重点突破的总体工作思路，把水、大气、土壤污染防治作为重中之重，把保障群众饮水安全作为首要任务，按照国务院确定的“气五条”、“水六条”的要求，进一步加大工作力度。为落实全面推进重点突破的总体工作思路，针对“十五”期间重点流域治理项目不落实、资金不到位、进展不顺利等突出问题，我们在“十一五”重点流域水污染防治规划编制工作中，将治污项目与资金安排挂钩，为国家向重点流域污染防治资金倾斜奠定了基础。同时，突出了群众饮水安全保障和跨界水质目标责任考核。做好重点流域水污染防治工作，坚持以污染减排为主线，以改善水质为目标，综合运用经济、法律和必要的行政手段，推进治污工程建设和产业结构调整，必将进一步推动落实全面推进重点突破的总体思路。

（二）加强重点流域水污染防治，是保障国家水环境安全的迫切需要。水是基础性的自然资源和战略性的经济资源，在国民经济和国家环境安全中占有重要的战略地位。我国水的问题，主要表现在水资源短缺、水污染和洪涝灾害频繁三个方面。其中水污染造成的灾害范围影响大、历时长，但其危害往往要经过一个相当长的时期才表现出来，容易使人对其失去警觉，而且水污染会加重水资源的短缺。我国水污染现象早在20世纪70年代就已经开始显现，但却没有引起足够的重视，造成了当前水污染严重的局面，突发环境事件呈高发态势，平均每2天就发生1起，环境污染投诉以每年30%的速度递增。做好重点流域水污染防治工作，使重点流域集中式饮用水水源地得到治理和保护，跨省界断面水环境质量明显改善，重点工业企业实现全面稳定达标排放，城镇污水处理水平显著提高，水污染物排放总量得到有效控制，流域水环境监管及水污染预警和应急处置能力显著增强，必将更好地维护国家水环境安全。

（三）加强重点流域水污染防治，是实现污染减排目标的重要措施。污染减排是改善环境质量的根本性措施，也是转变经济发展方式的重要手段。去年污染减排虽然取得了突破性进展，出现了“拐点”，但是我们要清醒地看到“十一五”污染减排任务仅完成了3%左右，特别是水污染物减排任务仅完成了2.3%，在剩下不到三年的时间还要完成7.7%的任务，因此实现水污染物减排目标的任务更加艰巨。同时，随着政府换届，各地加快发展的热情高涨，在利益驱动和投资冲动下，保证污染治理设施正常运行、防止关闭企业死灰复燃还面临着巨大的压力。做好重点流域水污染防治工作，进一步加大各流域水污染物减排统计、监测和考核工作力度，确保重点流域水污染物减排任务按期完成，实现水质目标，必将促进各地实现污染减排目标。

（四）加强重点流域水污染防治，是让不堪重负的江河湖海休养生息的有效途径。针对一些地区长期积累、集中暴发的水污染问题，我们先后召开了松花江流域水污染防治会议、全国湖泊污染防治工作会议、河流污染防治工作会议，借鉴我国历史上安邦兴国的重要经验，给予水环境人文关怀，提出让不堪重负的江河湖海休养生息的政策措施。今年1月，胡锦涛总书记视察安徽时明确指出，要重点搞好淮河、巢湖流域环境整治，让江河湖泊得以休养生息、恢复生机。实施休养生息，就是要促进经济发展方式的转变，走上科学发展的道路；就是要促进环境基础设施的大发展，坚决控制污染物排放总量；就是要尊重自然规律，用人文关怀治水治污，唤起群众珍爱水资源、保护水环境的伟大觉醒。加强重点流域水污染防治，将饮用水源保护、工业污染治理、城镇基础设施建设、分区保护、生态修复等作为主要任务，并通过加强领导、加大投入、科技支撑、严格考核等措施来保障任务的落实，必将推动让不堪重负的江河湖海休养生息。

二、重点流域水污染防治工作取得积极进展

近年来，地方各级政府和国务院有关部门把重点流域水污染防治工作与节能减排工作统筹考虑，采取各种综合整治措施，坚持不懈地推进“三河三湖”、松花江水污染治理，抓好三峡库区及其上游、南水北调水源地及沿线、黄河小浪底库区及上游的水污染治理，污染防治工作取得了积极成效。

一是重点流域水质总体有所改善。2007年，全国地表水759个国控断面Ⅰ－Ⅲ类断面比例为41.6%，劣Ⅴ类断面比例为26.7%，全国地表水国控断面高锰酸盐指数浓度为6.5毫克/升，比2006年降低7%。其中，长江、黄河等七大水系国控断面Ⅰ－Ⅲ类断面比例为50.0%。与上年相比，七大水系Ⅰ－Ⅲ类水质比例提高7个百分点，劣Ⅴ类水质比例下降2个百分点。

二是地方政府环保责任得到加强。重点流域地区各级政府层层签订水污染防治目标责任书，并把责任书的完成情况纳入了领导干部政绩考核的重要内容。河北省在子牙河水系主要河流实行跨市界断面水质目标责任考核并试行扣缴生态补偿金政策，列出了14个考核断面水质超标倍数与扣缴财政资金的数额，最高可扣缴300万元。

三是环境准入门槛进一步提高。各省（区、市）进一步规范和完善环评原则和程序，提高环境准入门槛，严把建设项目环评审批关，有效控制新增污染。山东省要求建设项目环评的审批要按照“先算、后审、再批”的程序进行操作，先算是指在项目受理之前要先算清新建项目是否会影响当地污染减排任务的完成；后审是指在确定建设项目不会影响减排任务完成之后，对环评文件及相关材料进行审查；再批是指对通过审查的建设项目再进行审批。

四是环境基础设施建设快速推进。“十五”以来，各

地不断完善经济政策，通过提高污水处理费征收标准、利用世界银行贷款、BOT方式等多种方式筹措资金，推进污水处理产业化，大力推进城市环境基础设施建设。河南省累计投入资金140.7亿元，建成133座污水处理厂和104座垃圾处理场，在全国率先实现“县县建成污水处理厂和垃圾处理场”。

五是地方环保法规标准更趋完善。为规范辖区内重点流域治污工作，许多地方出台了相应的法规，建立健全了地方环保法规体系，给水污染防治工作奠定坚实的法律基础。江苏、安徽和云南省分别制（修）订了太湖、巢湖水污染防治条例和滇池保护条例。部分省份还根据不同区域、不同行业出台了严格的水污染物排放标准，加强了对水污染物排放的控制。

六是重点流域地区环境监管能力得到提升。各省（区、市）加强环境监管，借《国家环境监管能力建设“十一五”规划》批准实施的东风，健全流域水环境监控体系，建设环境质量在线监测网和重点污染源在线监控网。山东省目前流域内329家重点污染企业全部安装了在线监控设施，25个重点河流断面全部建成了水质自动监测站，并实现了省、市、县环保部门联网，提高了对污染源的监控能力。

七是环境执法力度进一步加大。各省（区、市）持续开展整治违法排污企业，严肃查处重点流域地区的违法排污行为。辽宁省上半年，关闭3.4万吨以下的制浆造纸企业和1万吨以下的废纸造纸企业200多家，年减排COD 5.7万吨。江苏省连续五年开展清理整顿不法排污企业的专项行动，共出动了60多万人次，检查污染源20万多厂次，取缔关闭900多家，停产600多家，罚款2750多家，限期治理1200多家。

在充分肯定成绩的同时，我们也要清醒地看到重点流域水污染防治工作还存在一些突出问题，主要表现在以下几个方面。

一是饮用水安全存在隐患。重点流域一些地方的水污染已经影响到人民群众的饮水用水安全。最近，温家宝总理在审计署上报的《“三河三湖”流域内6城市地表饮用水源污染严重》信息上作出了重要批示，根据我们开展的全国城市饮用水水源地基础环境状况调查结果来看，这6个城市（嘉兴、聊城、北京、大同、石家庄、蚌埠）的饮用水源地确实都存在水质超标的问题，有的城市还没有备用水源。

二是地方执行国家产业政策不到位。近年来，个别地区高耗能、高耗水、高污染产业仍呈快速增长的趋势，用水量和污水排放量居高不下，水资源综合利用率和中水回用率都很低，导致重点流域内的水环境形势依然十分严峻。

三是水污染防治项目进展缓慢。由于地方财力不足、认识不到位或污水处理费征收困难等原因，造成重点流域有些地方水污染防治规划配套资金不到位，导致规划要求的综合治理、生态保护、环境监管能力建设等项目进展缓慢，影响了规划目标的实现。

四是违法超标排污问题仍很突出。一些企业在经济利益驱动下，违反环境保护法律法规，长期违法超标排污，企业违法排污现象屡禁不止。前不久，在松花江、太湖等部分重点流域的暗查中，仍然查出了不少比较严重的违法排污行为。

五是农业面源污染日益突出。当前，农业面源污染问题已越来越突出，大规模的畜禽养殖企业越来越多；不合理的大量使用农药、化肥现象仍然突出；秸秆得不到合理利用，在河道内腐烂进入水体，进一步增加了水体中的污染负荷。农业面源污染已成为流域水质改善的一个重要障碍。

六是小城镇生活污染治理难度大。由于城镇化进程加快，小城镇的人口急剧增加，小城镇生活污染对水环境的影响越来越大。一些重点流域建设的小城镇生活污水和生活垃圾处理设施，由于工艺的选择没有结合小城镇的实际，导致小城镇生活污水处理设施投资成本高、运行费用高、管理要求高，不适应小城镇生活污染治理运行费用低、管理简单的要求。

三、进一步加大重点流域水污染防治工作力度

“十一五”期间是全面建设小康社会的关键时期，也是加强环境保护、改善环境质量的重要时期。目前国务院已批准各重点流域水污染防治规划，目标、任务十分明确，我们要坚定信心，切实加大工作力度，努力开创重点流域水污染防治工作新局面。这里，我再强调几点要求。

第一，密切协作，落实责任，加大考核评估力度。

流域水污染防治需要上下游各省（区、市）通力合作、联防联控，主要责任在地方各级政府。要坚持地方各级党委和政府主要负责同志亲自抓、负总责的要求，确保认识到位、责任到位、措施到位、投入到位。目前河北、河南、江苏等省份已经在部分重点流域开展了跨市界断面水质目标责任考核和区域环境资源补偿政策试点，其他省份也要确定重点，尽快开展跨市界水质目标考核和区域环境资源补偿政策的试点工作，真正将地方各级人民政府对辖区环境质量负责的职责落实到位。今年我部将继续对重点流域的国家考核目标进行考核。

第二，加大投入，科学管理，认真组织实施治污项目。

治污项目的实施是水污染防治的重要保障，要促进度、重质量、保运行。重点抓好已建成污水处理厂的在线监控设施建设和环保验收工作，抓好对污水处理厂的脱氮除磷工艺改造；狠抓重点排污单位的深度治理工程建设，确保治污目标落到实处。要加快推进城镇污水处理厂和其

他国控重点污染企业在线监测系统联网工作，加大重点污染源监督性监测和环境监察力度，确保治理设施正常运行，切实发挥减排效益。国家将逐步加大对重点流域水污染防治的支持力度，各级地方政府也要努力筹措资金，增加政府投入，同时鼓励和引导金融机构加大对环境保护改造项目的信贷支持，建立多元化投入机制；要推进污水处理收费制度，把标准提高到“保本微利”水平。地方配套资金和污水处理收费不到位的地区，中央不安排补助资金。

第三，积极组织，加强培训，努力提高广大干部群众环境意识。

为切实提高地方政府领导干部对重点流域水污染防治工作的认识，落实领导责任制，我部将按照中央组织部《关于印发〈2008年中央组织部委托中央和国家机关有关部委抽调地方党政领导干部参加专题研究班计划〉的通知》(组通字〔2008〕7号)的要求，做好对松花江、辽河、三峡库区及其上游、长江中下游、黄河流域各地党政领导干部的环保培训工作。今年5月、7月和8月，三峡库区及其上游、松辽流域、黄河流域地区党政领导干部环保培训班已经举办。我们计划于今年10月，还将举办水环境管理专题研究班，培训对象是相关流域地市政府分管环保工作的副市长，培训内容包括相关流域水污染防治“十一五”规划、国家水环境管理法律、法规、节能减排及重点流域水污染防治等。

此外，还要广泛深入的开展环境保护宣传教育，充分发挥新闻媒体的舆论引导和监督作用，提高公众的环境意识。弘扬环境文化、倡导生态文明，努力营造人人关心环境、爱护环境的良好社会氛围。

第四，深入研究，大胆创新，加快水体污染防治科技支撑研究。

我部会同国务院有关部委研究制订了国家重大科技专项《“水体污染控制与治理”实施方案》，并于2007年12月经国务院常务会议审议通过。水专项将重点围绕“三河、三湖、一江（松花江）、一库（三峡水库）”，集中攻克一批节能减排迫切需要解决的水污染防治关键技术。按照总体实施方案的要求，水专项实施任务与国家重点污染治理工程和流域水污染防治规划有机衔接，与地方治污工作密切结合，切实抓好水专项的组织实施。2008年，将以太湖、滇池等富营养化严重的湖泊为重点，研究制订太湖、滇池流域水污染治理与富营养化综合控制技术及示范实施方案，并加快推进实施。根据《全国重点湖库生态安全评估与综合治理方案》要求，继续开展重点湖库生态安全评估，对各重点湖库进行生态安全总体评估，制定各湖泊水库生态安全保障综合方案，为我国湖泊水库环境管理、水污染防治与富营养化控制提供技术支撑。

第五，调整结构，多措并举，推进重点城市水污染防治。

督促重点流域地方各级人民政府加大对造纸、酿造、印染、制革、医药、选矿以及各类化工等行业落后产能淘汰力度。重点流域各省（区、市）要制订比国家标准更严格的水污染物排放标准，严格新建项目环境准入。同时做好相关基础工作，协同财政部在江苏省太湖流域开展主要水污染物排放指标初始有偿使用和交易试点，利用市场机制激励企业污染减排。

强化重点流域重点城市水污染防治工作，以点促面，推动全流域水污染防治工作。充分考虑城市水污染防治的特点，落实重点城市的水污染物总量削减任务，加强对重点城市总量分配、总量管理的技术培训与交流。审查重点城市水污染防治规划，提出修改意见，并逐步将各城市的水污染防治规划纳入信息系统。跟踪重点城市水环境保护工作的年度进展，开展对重点流域内年废水排放量1亿吨以上的重点城市水污染防治工作年度评估。

第六，严格管理，防范事故，确保人民群众饮水安全。

必须认真落实国务院批复的各重点流域水污染防治规划，从全流域的范围治理水污染，上下游协同作战，多管齐下，标本兼治，才能切实解决饮用水源地污染问题。各省（区、市）政府要进一步完善饮用水源保护区分级管理制度，禁止在一级保护区内新（改、扩）建与供水设施及保护水源无关的建设项目；禁止在二级保护区内新（改、扩）建排放污染物的建设项目，已建成的，要责令拆除或者关闭。做好各流域枯水期和汛期污染联防，防止发生重大水污染事故，确保群众饮用水安全。继续采取有效措施加强饮用水源保护，加快饮用水源地一级保护区内村镇的生活污水和垃圾无害化处理设施建设，积极开展水源地周边生态农业建设和退耕还林还草，进一步减少农药化肥施用量，保持饮用水水源地水质稳定达标。全面开展流域内城镇集中式饮用水水源地核查，定期发布饮用水水源地水质信息。建立城市饮用水源污染应急预案，形成饮用水水源的污染来源预警、水质安全应急处理和水厂应急处理三位一体的饮用水水源应急保障体系。

同志们，党中央、国务院对重点流域水污染防治工作高度重视，全国人民高度关注，国际社会高度关切。我们要积极调动各方面的力量，深化重点流域环境综合治理，切实落实休养生息政策措施。让我们紧密团结在以胡锦涛同志为总书记的党中央周围，坚定信心，齐心协力，真抓实干，确保各重点流域“十一五”水污染防治目标如期实现。

谢谢大家！

落实科学发展观 探索环保新道路

环境保护部部长 周生贤

科学发展观内涵丰富，寓意深远，博大精深。全国环保系统要通过深入开展科学发展观学习实践活动，把握科学发展观的真谛，在认识上有新突破，实践上有新探索，工作上有新进展，做到真信、真学、真用科学发展观，积极推进生态文明建设，大胆探索中国特色社会主义环保道路。

一、进一步提高对科学发展观的认识

科学发展观是对党的三代中央领导集体关于发展的重要思想的继承和发展，是马克思主义关于发展的世界观和方法论的集中体现，是同马克思列宁主义、毛泽东思想、邓小平理论和“三个代表”重要思想既一脉相承又与时俱进的科学理论，是发展中国特色社会主义必须坚持和贯彻的重大战略思想。科学发展观是我们共产党人的政治信仰、科学真理和行动指南。

第一，要把科学发展观作为政治信仰来追求。政治信仰是社会实践的产物，决定政治立场，关系到一个人的精神支柱。科学发展观的政治信仰性，是我们以坚定的政治信念对科学发展观的一种信服和尊崇，是我们依托现实、憧憬未来的坚定信心，是当代中国共产党人的灵魂和方向。它关乎着我们共产党人的认识、情感和意识，是我们对中国特色社会主义事业的一种系统的精神追求，表达了我们在精神需求中对中国特色社会主义事业的不容置疑的确信和认定。把科学发展观作为政治信仰，必须深刻认识三个问题：一要深刻认识中国特色社会主义是引领中国社会进步的旗帜，是实现民富国强的唯一正确道路，是实现中国和平崛起的唯一正确抉择；二要深刻认识中国共产党是唯一能够带领中国人民建设富强民主文明和谐的社会主义现代化国家的领导核心。在当今世界各种思潮的激荡中，坚定不移地树立共产党人的理想信念和政治追求，理直气壮地坚守共产党人的精神家园和信念支柱；三要深刻认识中国共产党人没有自己的特殊利益，掌权执政完全是为了替百姓做事，是为了让人民过上越来越好的日子，而不能为个人谋取特殊利益，在市场经济条件下形形色色的利益诱惑面前，要始终坚持立党为公、执政为民，对党忠诚、为党分忧，对民尽责、为民奉献。

第二，要把科学发展观作为科学真理来坚持。真理是人们对客观世界及其规律的正确反映，是社会发展具有的必然要求、必然趋势、必然规律。科学发展观的真理性，主要体现在四个方面：一是坚持了实事求是的原则，实现了马克思主义发展观的新飞跃；二是坚持了人民是历史主体的观念，强调经济社会发展的本质应是人的全面发展；三是坚持了社会是一个有机整体的观点，强调了发展的全面性、协调性；四是坚持了发展的阶段性和连续性相统一的原理，强调了发展的可持续性。这些都是我们党对社会主义现代化建设规律认识的进一步深化，是对当今社会发展的本质和基本趋势的正确把握。科学发展观之所以能凝聚人心、鼓舞斗志、指导实践，关键在于它的真理性。把科学发展观作为科学真理来坚持，就应当自觉转变不适应不符合科学发展观的思想观念，按照事物本来面目认识事物，从而让科学发展观的理念、内涵和要求在头脑中深深扎根，作为指导和推动各项事业科学发展的强大思想武器和动力源泉。

第三，要把科学发展观作为行动指南来践行。行动指南是对人们行动的引导和规范。要取得实践的成功，必须有正确的指导思想。科学发展观是行动指南，因为它是源于改革开放和现代化建设的伟大实践，又对这种实践发挥重要作用的科学理论。科学发展观确立了以人为本的核心理念，设定了全面协调可持续的基本要求，提供了统筹兼顾的根本方法，是各项工作必须遵循的基本准则。把科学发展观作为行动指南，重在落实，贵在执行。要转变思维方式和工作方法，善于用科学的、全面的、联系的、发展的观点看问题，积极推进决策的科学化、民主化，着力转变不适应不符合科学发展观的思想观念，着力解决影响和制约科学发展的突出问题以及党员干部党性党风党纪方面群众反映强烈的问题，加强重点领域和关键环节改革步伐，着力构建充满活力、富有效率、更加开放、有利于科学发展的体制机制，使人民群众真正感受到新变化新气象。

二、大力推进生态文明建设

贯彻落实科学发展观的一个重大成果，就是中央把生态文明建设与经济建设、政治建设、文化建设、社会建设并列为五大建设，作为中国特色社会主义事业总体布局的重要组成部分。这是为了解决当前和今后一个时期我国人与自然的突出矛盾提出来的，是对生产发展、生活富裕、生态良好的文明发展道路的积极探索。

（一）进一步认识生态文明的内涵

生态文明以尊重和维护自然为前提，以人与人、人与自然、人与社会和谐共生为宗旨，以建立可持续的生产方式和消费方式为内涵，引导人们走上持续和谐的发展道路为着眼点。生态文明强调人的自觉与自律，强调人与自然环境的相互依存、相互促进、共处共融。生态文明既追求人与自然的和谐，也追求人与人的和谐，而且把人与人的和谐作为人与自然和谐的前提。

生态文明是人类文明的一种形态。从人类文明发展形态的角度看，生态文明是继原始文明、农业文明、工业文明之后一种新的文明形态，是人类文明发展形态的一次飞跃。如果在实现后工业化以后再来建设生态文明，那么在实现工业文明的进程中，必然要付出沉重的环境代价，甚至造成难以弥补的损失。在这个方面，发达国家已经有过血的教训。即使进入后工业化时代，虽然发达国家的生产方式有了显著进步，但产品大量消费、废物大量丢弃的消费模式依然存在，不仅严重阻碍了生态文明的进程，而且会阻碍既定目标的实现，埋没甚至毁坏已取得的发展成果。同时，这种高消费的生活是建立在污染转移的基础上，是以加重发展中国家的资源环境负担、损害发展中国家的资源环境安全和人体健康为代价的，是不可持续的。

工业文明的发展历程告诉我们，资源禀赋、区域环境的差异，曾经促使欧洲和亚洲走上不同的发展道路，这是外因在发挥作用。蒸气机率先在欧洲发明，推动欧洲最早开始工业革命，这是内因在产生效果。当今世界，我国以9%的世界耕地、6%的可更新水资源、4%的森林资源养活22%的人口，推进着前所未有的工业化和城市化进程，资源和环境压力史无前例，这是加快文明转型的巨大压力。我国在总结发达国家经验教训的基础上，科学判断发展所处的历史方位，适时提出全面落实科学发展观，建设生态文明，并形成五个方面相互促进、相互推动的总体布局，这是探索新的发展道路的强大动力。在工业文明的进程中建设生态文明，不仅包括工业文明的内涵，也体现生态文明的进步理念；既是中国生态文明建设的特色所在，也是人类社会文明进程的有益尝试。正如社会主义革命没能在发达的资本主义国家取得胜利，而是在帝国主义统治薄弱的不发达国家打开链条那样，生态文明也不可能在发达国家的文明进程中率先实现，中国的积极探索必将成为全人类文明发展的宝贵财富。

（二）我国建设生态文明的基本特征

环境文化是世界文化的发展潮流，中国环境文化是对世界环保理念的吸收和创新。我国有着追求人与自然和谐相处的理论底蕴，宣传生态文明必须将弘扬传统文化与提倡环境文化相结合。我国所处的发展阶段决定着生态经济建设的重点不仅在消费领域，而且相当长的一段时间集中在生产领域，建设的原则应当是以绿色生产促进绿色消费，以绿色消费带动绿色生产。我国复杂多样、相对脆弱的生态环境要求我们在建设生态文明的进程中，应该更加珍爱自然，更加关心自然，更加尊重自然。

我国的生态文明建设，应该具有以下四个显著的特征：一是从生产领域看，要立足于以第二产业为主体、农业人口占多数的现实，坚持以信息化带动工业化，以生态化改造工业化，建立高效的生态工业体系和集约型的生态农业体系；二是从消费领域看，要坚决反对奢侈消费，提倡适度消费和绿色消费；三是从城市化发展看，要以节水、节能、节地、节约资源和生态系统良性循环为前提，建立紧凑型的城市和城镇体系；四是从空间布局看，要根据东中西三大地带、大江大河西水东流、多丘陵山地和西部地区生态脆弱的环境特征，建立维护全国环境安全的产业空间布局体系。

（三）当前我国建设生态文明的主要任务

按照胡锦涛总书记的指示精神，当前生态文明建设的主要任务，一要努力形成符合生态文明建设要求的生产方式和消费模式，改变高消耗、高污染、低效率的发展方式，主动选择低消耗、少污染、高效率的生产生活方式，努力把经济开发活动控制在环境可承载的范围内，促进人与自然的和谐发展。二要大力推进可持续发展的体制建设，健全和落实资源有偿使用制度、生态环境补偿机制和严格的环境保护目标责任制，完善有利于节约资源和保护环境的法律和政策。三要大力发展循环经济，加大对节能产业和环保产业的投入，开发和推广节约、替代、循环利用和减少污染的先进适用技术，提高能源资源利用效率。四要重点搞好重点流域水环境治理，让江河湖海得以休养生息、恢复生机。要加快产业结构调整，大力建设环境基础设施，切实加大环境管理力度，坚决将污染物排放总量降下来；要尊重自然规律，用人文关怀治水治污，唤起群众珍爱水资源、保护水环境的伟大觉醒。

三、积极探索中国特色社会主义环保道路

在工业化、城市化加速发展的进程中建设生态文明，是一项崭新的伟大事业，为人与自然的和谐发展提供了新的历史机遇。我们要以改革创新的精神，认真总结发达国家环境保护的经验教训，在我国三十多年环保工作的基础上，不断探索中国特色社会主义环保道路。

回顾过去，我们可以发现，第二次工业革命以后，特别是二战以来，发达国家的工业化进程迅速加快，在经济快速增长的同时，也带来了严重的环境问题，甚至出现过震惊世界的八大“环境公害事件”，造成了巨大的社会危害。在强大的社会压力之下，发达国家相继采取行动，迅速建立了法律法规和行政管理体系，建成了较为完善的环境基础设施，加上恰逢产业结构在全球范围内调整分工，污染型产业相继转入新兴工业国家和发展中国家，环境压力明显减小。进入二十世纪八十年代以后，发达国家的环境质量普遍得到改善，走过了一条先污染后治理、以牺牲环境为代价换取经济增长的环保道路。

我国从二十世纪七十年代初就加入了世界环境保护的行列。特别是改革开放以来，国家把环境保护作为一项基本国策，把实施可持续发展作为一项重大战略，努力实现经济建设、城乡建设和环境建设协调发展。但由于主客观因素的限制，尽管涌现了一些环境与经济协调发展的典型，但总体上仍然继续着边污染边治理、甚至先污染后治

理的老路。虽然可以肯定的说，这条路已经超越了发达国家的老路，但由于基本国情不同，发展背景有异，付出的环境代价依然过大。

贯彻落实科学发展观，积极实践生态文明，要求必须探索源头控制、全方位防范、以环境优化经济增长的中国特色社会主义环保道路。同时，科学发展观强调以人为本、全面协调可持续和统筹兼顾，建设生态文明则要求更新发展观念，转变生产方式和消费方式，这都为构建全范围、全过程控制的环保新体系创造了有利条件。因此，落实科学发展观，建设生态文明，既向环保工作提出了新的更高的要求，也为探索环保新道路提供了强大的思想武器和实践动力。

探索环保新道路，必须坚持历史性转变的指导思想。这是全面落实科学发展观的重大措施。要按照温家宝总理在第六次全国环保大会上提出的加快实现“三个转变”的要求，真正从重经济增长轻环境保护转变为保护环境与经济增长并重，从环境保护滞后于经济发展转变为环境保护和经济发展同步，从主要用行政办法保护环境转变为综合运用法律、经济、技术和必要的行政办法解决环境问题。坚持历史性转变的指导思想，必须把环境保护摆上更加突出的战略位置，与经济社会发展统筹考虑、统一安排、同时部署；必须建立健全环境保护的责任制和问责制，真正把地方政府对环境质量负责的责任落到实处；必须把环保要求全面融入经济社会发展政策，形成有利于环境保护的政策氛围；必须大力开展环境宣传教育，提高全民环境意识，完善环境保护的领导体系、组织体系，动员各方面的力量，形成保护环境的合力。

探索环保新道路，必须从国家战略层面解决环境问题。这是源头控制的基本要求。要坚持实施可持续发展战略和科教兴国战略、人才强国战略，坚持走新型工业化道路，积极建设资源节约型、环境友好型社会，加快转变经济发展方式，不断提升发展质量，努力降低单位产值的资源消耗量、污染产生量和生态损耗量，全面减轻污染治理和生态修复的压力。一要优化产业结构，以低投入高产出、低消耗少排放、能循环可持续为目标，建设生态农业，调整能源结构，发展低碳经济，促进工业结构升级，增加服务业比重。二要优化国土空间结构，按照优化开发、重点开发、限制开发和禁止开发四类主体功能区的不同要求，合理安排经济建设和环境保护，建立和完善推进空间合理开发的评价体系、政策体系，特别是财税体系。完善环境功能区划，实行分类指导、分区管理，全面提高环境保护的效力。三要加快科学技术创新和跨越，营造政策环境，激励自主创新，力争在工农业生产的生态化改造技术、环境科技方面取得突破性进展，全面提升经济发展和环境保护的科技含量。

探索环保新道路，必须从再生产全过程制定环境经济政策。这是全方位防范的主要体现。一要建立和完善有利于环境保护的经济社会发展政策体系。加快推进水、电、石油、天然气和矿产资源性产品的市场化进程，建立反映资源稀缺程度的价格形成机制；在增值税转型的基础上，进一步完善鼓励节能环保的财税体系；建立环境保护调控的信贷体系和环境污染责任保险制度，实现信贷安全和环境保护“双赢”；完善鼓励社会绿色消费、政府绿色采购的有关政策，开拓绿色产品市场，促进国内消费，优化出口结构。二要进一步完善环境经济政策。按照补偿治理成本的原则，提高排污单位排污费征收标准，促进环境污染“外部成本内部化”。全面开征城市污水处理费并提高收费标准，为城市污染治理市场化奠定基础。积极探索排污交易，研究开征环境税。三要将环境经济政策由城市向农村拓展。认真实施 “以奖促治”、“以奖代补”的农村环保政策，建立多元化的环保投融资机制，不断完善促进农村环保的政策体系。

探索环保新道路，必须实施全面推进重点突破的工作思路。这是做好新形势下环保工作的重要保证。根据经济社会发展水平和环境保护的状况，“十一五”期间，要把保障群众饮水安全作为首要任务，把防治水、空气和土壤污染作为重中之重，把污染减排作为当前环境保护的中心工作，大力建设先进的环境监测预警体系和完备的执法监督体系，认真执行环境影响评价、污染物排放总量控制、环境目标责任制三项制度，积极加强环境政策法制、宣传教育、科学技术、国际合作四项工作，全面开展思想、作风、组织、业务、制度“五大建设”，正确处理经济发展与环境保护、当前与长远、政府主导与市场推进、中央与地方、城市与农村以及区域之间环境保护六大关系，戒虚、戒假、戒浮，求实、求真、求深，动真情、出实招、求实效，切实解决危害群众健康和影响可持续发展的突出环境问题，让人民群众真正感受到环境保护的成果。

2009年全国环境监测工作会议上的讲话

严管理出效益重质量求发展 努力开创环境监测工作新局面

环境保护部部长 周生贤

同志们：

新春佳节刚过，我们召开2009年全国环境监测工作会议，主要任务是全面贯彻党的十七大、十七届三中全会和中央经济工作会议精神，按照全国环境保护工作会议的要求，认真分析环境监测工作面临的形势和存在的问题，研究部署当前环境监测任务。下面，我讲五个方面的意见。

一、科学分析，准确把握环境监测工作形势

党中央、国务院高度重视环境保护。胡锦涛总书记在去年9月召开的全党深入学习实践科学发展观活动动员大会暨省部级领导干部培训班上的讲话中，首次把生态文明建设作为建设中国特色社会主义伟大事业总体布局的重要组成部分，提升到与经济建设、政治建设、文化建设、社会建设并列的战略高度，并在最近的多次重要讲话中反复强调，为新时期的环保工作指明了方向。

环境保护的战略定位和部署十分明确。去年第四季度，面对国际金融危机对我国经济负面影响日益加重的严峻形势，党中央、国务院审时度势、果断决策，及时对宏观经济政策进行了重大调整，实施积极的财政政策和适度宽松的货币政策。温家宝总理指出既要把应对这场危机作为调整经济结构、转变发展方式的机遇，又要当成推进环境保护事业的机遇，明确要求保持经济增长绝不能以牺牲环境为代价。李克强副总理强调，要把扩大内需与改善民生、加强生态环境建设有机结合起来，努力推进全面协调可持续发展。中央经济工作会议，对抓好节能减排和生态环境保护重点工程建设作出了战略部署。为避免当前扩大内需中出现盲目投资的现象，前不久召开的中央政治局常委学习实践科学发展观活动民主生活会强调指出，要进一步加强能源资源保障、节能减排和环境保护，切实防范盲目投资冲动，严格按照项目审批和建设程序办事，坚决防止新一轮高耗能、高污染、低水平重复建设。党中央、国务院对加强新形势下环保工作作出了一系列重大决策部署，进一步统一了认识，坚定了我们做好环保工作的信心。

环境监测工作大发展的机遇就在眼前、条件已经具备。当前，环境保护事业正处于历史上最好的发展时期。事业越是快速发展，越离不开牢固的基础。环境监测作为环境保护的重要基础工作，也越来越引起党中央、国务院的高度重视，温家宝总理明确要求要建立先进的环境监测预警体系，全面反映环境质量状况和变化趋势，准确预警各类突发环境事件。今年年初，李克强副总理针对开展城乡统筹环境监测系统建设作出了重要批示，要求我们结合推进农村环保工作认真研究落实。国务院领导同志的重要指示，进一步明确了环境监测工作的努力方向。同时，中央把环境保护作为扩大内需的重要方面，把环保能力建设作为新增投资的支持领域，把环保产业作为经济发展新的增长点，为环境监测工作夯基础、强实力、聚人才提供了难得的发展机遇。在党中央、国务院的亲切关怀下，环境监测系统喜事连连、捷报频传。一是环境监测能力建设不断加强。两年来，在中央投资的带动下，环保能力建设资金超过150亿元。项目实施后，将建成污染源监控中心363个，新增36个水质自动监测站，形成国家、省、市、县四级信息传输系统和3个数据分析平台。二是环境监测有了“千里眼、顺风耳”。环境与灾害监测小卫星去年成功发射升空并投入运行，标志着环境监测预警体系进入了从“平面”向“立体”发展的新阶段。三是环境监测机构建设实现新突破。国务院批准环境保护部设立环境监测司，理顺并强化环境监测管理和环境信息统一发布职责。中国环境监测总站作为监测技术支持的国家队，既增加了人员编制，又喜迁新的办公大楼，为总站实现“技术立站、科学监测”的定位转型创造了有利条件。

环境监测队伍在抗击自然灾害和保障重大事件环境安全中功不可没。近年来，全国环境监测系统在重大事件中经受住了严峻考验。尤其是过去的2008年很不寻常、很不平凡，也是环境监测系统大有作为、大显身手的一年。在应对松花江重大水环境污染事件中，环境监测系统的同志们千里大集结，义无反顾奔赴污染防控第一线，奋战在白雪皑皑、寒风刺骨的松花江上，克服重重困难，开展污染监测工作，及时、准确、有效的监测和预测，为中央领导同志决策提供了第一手信息，为最终取得松花江事件水污染防控全面胜利奠定了坚实的科学基础。在抗击南方地区低温雨雪冰冻灾害的环境应急工作中，19个省（区、市）的监测站紧急行动，调集精兵强将迅速开展应急监测，及时准确报告环境质量，确保了环境安全。在四川汶川特大地震灾害环境应急斗争中，全国21个省（区、市）的数百名监测技术人员，在第一时间赶赴抗震救灾一线，来不及掸一掸千里驰援的尘土，没时间想一想余震频频的危险，立即全身心投入环境应急监测，迅速在监测范围和监测项目上实现了“两个全覆盖”，为防止次生环境灾害，确保灾区饮用水源地水质和核与辐射安全做出了重要贡献。在举世瞩目的北京奥运会、残奥会举办期间，环境监测技术人员放弃休假和欣赏精彩比赛的机会，每天坚持开展环境监测，报告奥运城市环境质量，为绿色奥运的成功举办付出了辛勤的劳动和汗水。在污染减排攻坚战中，环境监测系统在加强污染源监督性监测的同时，加大环境质量监测工作力度，今年初首次向国务院报告了2008年全国环境质量状况，对污染减排成效进行了校验。从地表水水质监测情况看，2008年地表水中高锰酸盐指数年平均浓度为5.7毫克/升，第一次达到III类水质标准，比上一年下降了12.3个百分点，比2005年下降了20.8个百分点；从环境空气质量监测情况看，2008年环保重点城市优良天数比例平均为90.5%，城市空气中二氧化硫年平均浓度为0.048毫克/立方米，达到了国家环境空气质量二级标准，比上一年下降了7.7个百分点，比2005年下降了15.8个百分点。实践证明，环境监测系统的同志们工作在环境保护的第一线，发挥了重要的作用，取得了显著的成绩，是一支特别能吃苦、特别能战斗、特别能奉献的队伍，是关键时刻拉得出、用得上、靠得住的队伍。在此，我代表部领导班子向奋战在环境监测战线的近5万干部职工表示亲切慰问和衷心感谢！

二、准确判断，进一步明确环境监测工作定位

各级环保部门要认清形势，紧紧抓住当前的有利时机，按照政事分开的原则，做好环境监测行政管理和技术支撑的分离工作，让各级环保部门成为“管理的龙头”，各级监测站成为“技术的龙头”，努力推动环境监测工作定位转型。这一转型可以概括为坚持“一个统领”、建设“一个体系”，理顺“三个关系”和实现“三个说得清”。具体内容是，坚持以探索中国特色社会主义环境保护新道路统领环境监测事业发展；把建设先进的环境监测预警体系作为根本任务；把理顺“三个关系”作为工作着力点，即理顺环保系统和其他部门的关系，环保系统内部各部门的关系，环保监测系统上下级关系；把实现“三个说得清”作为工作目标，即真正说得清污染源状况、说得清环境质量现状及其变化趋势、说得清潜在的环境风险。

建立完整和谐、科学高效的环境监测法规政策和行政管理制度，推进全国环境监测管理“一盘棋”。要加快环境监测法制建设。在环保法规、制度、办法的制（修）订过程中要充分考虑并明确环境监测的职责和任务，尽快出台有关环境监测法规，依法确立环境监测工作、监测数据、监测队伍的法律地位和性质，依法建立环境监测信息发布制度。要积极推进环境监测管理体制机制创新，加强各级环保部门对环境监测工作的管理和业务指导，理顺环境监测的行政管理体制和技术支撑的运行机制。

培养业务精通、结构合理的环境监测人才队伍，推进全国环境监测队伍“一条龙”。要加强监测队伍建设，满足环境监管任务需求，科学合理地增加环境监测站的人员编制、调整人员结构。要重点加强中国环境监测总站的人才培养和队伍建设，科学设置业务机构，真正体现“中国”和“总站”的应有之意，使之成为国内领先、具有重要国际影响的权威机构，真正发挥技术权威和龙头作用。要培养环境监测领域的学术带头人。鼓励优秀人才结合环境监测事业发展和工作岗位的需要在不同的业务领域有所建树，促进人才建设的专业化。加强环境监测技术骨干的培养。既要统筹规划并形成持续的监测人员培训制度，又要集中力量培养一大批能满足先进环境监测预警体系需要的、稳定的、富于创造力的各类环境监测业务管理和技术人员。要完善环境监测人才评价制度。建立有利于发现人才、留住人才和人才成长、发挥作用的良好环境和氛围。

完善先进实用、种类齐全的环境监测网络，推进环境监测网络“一体化”。切实提升环境监测技术装备水平，使各级监测站初步达到与其职责相适应的常规环境监测能力、环境污染事故应急监测能力和后勤保障能力。根据环境监测技术发展趋势，结合专项监测任务，逐步完善并形成“点线面”与“海陆空”相结合的立体式现代环境监测技术装备能力，促进环境监测的现代化，确保环境监测尽快做到大范围、全天候监控与监视。

理顺三个关系，发挥全国环境监测力量的整体合力。一是理顺环保系统和其他部门的关系。协调好环保与建设、水利、农业、卫生、林业、气象等有关部门的关系，按照国务院“三定”的规定，统一环境监测信息的发布。二是理顺环保系统内部各个部门的关系。监测工作应由环境监测部门归口管理，改变以前多头指导，“同类任务多头下达、多类任务同时下达”的局面。三是理顺环保监测系统上下级关系。加强对监测系统的管理和技术指导，建立激励和考核机制，促进监测系统的科学发展。

三、实事求是，认真剖析环境监测工作存在的问题

在各级环保部门的共同努力下，环境监测工作取得了一定的成绩，但我们也要清醒地认识到，由于历史遗留问题和多方面因素的综合影响，当前还存在许多困扰环境监测事业健康发展的问题，突出表现在以下六个方面。

思想认识不到位。一些地方环保部门还没有充分认识到环境监测工作的基础地位和重要支撑作用，对环境监测工作重视不够，没有把环境监测作为环境管理不可或缺的重要内容来抓，甚至存在“说起来重要，干起来不要；遇事着急时要，没事不急时不要；事故应急时要，日常管理中不要”的错误思想。思想认识上的不到位，可能导致行动上的不一致，其结果会削弱领导和推进环境监测事业发展的动力。

工作机制不健全。环境监测管理模式多种多样，行政管理、技术管理和技术支持职责没有明确的界定，环境监测与环境执法之间的关系没有理顺，阳宗海水污染事件从一个侧面也反映出环境监测存在管理体制不顺的问题。在实际工作中，一方面，监测工作计划性不够强，存在“临时性任务经常布置、经常性任务临时布置”的现象，造成了监测资源的严重浪费。另一方面，已有的监测计划执行得不够好，国家规定地表水国控断面水质要做到每月监测一次，一些地方擅自放宽监测频次，改为两个月一次。去年河南大沙河发现砷污染超标，肇事企业偷排高浓度含砷污水时，恰好是在当地环保部门漏测的月份，幸好水利部门监测到了并及时通报给我们，才没有酿成污染事件。这样的教训是极其深刻的。此外，环境质量监测方面还没有形成良好的部门合作和信息共享机制，其它相关部门的环境监测力量和资源没有得到充分有效的发挥。

监测能力严重滞后。近几年来，在各级党委和政府的高度重视和关心支持下，环境监测能力建设取得了重大突破，监测系统整体能力不断增强，但由于历史欠账较多，监测基础能力建设仍在起步阶段。一些地方环境监测手段落后，尤其是中西部地区和边境地区的监测能力与东中部的差距非常明显。去年第四季度，兰州市在开展饮用水源

地水质全分析中，由于省、市两级环保部门不具备苯并芘和多氯联苯等有机物的监测分析能力，只能将有关任务委托给某大学和行业的实验室分析，苯并芘和多氯联苯指标的分析结果超标100多倍。接到报告后，部领导高度重视，连夜紧急研究对策措施，安排主管副部长带领工作组立即赶赴现场协助地方政府做好应急处置工作，并向国务院报告了有关信息。经过反复核实，断定是实验室分析结果出了问题，造成了数据的严重失真。这个教训太深刻了，“基础不牢、地动山摇”。监测能力的严重滞后，真是让我们食无味、夜难寐啊。

人才队伍十分紧缺。全国环境监测队伍的人才结构不尽合理，高层次的领军人才缺乏，技术骨干流失严重，监测分析技术人员不足。基层监测站尤其是县级环境监测站技术人才更是严重匮乏。有的地方购买了先进的监测仪器设备，由于缺少行家里手，设备有了却转不起来，慢慢地竟然成了“聋子的耳朵”。再过三年、五年，这些设备必将成为一堆“废铜烂铁”，既造成了国家财产的极大浪费，又严重制约了监测事业的长远发展。

资金保障不够充足。目前，国控网监测运行经费尚未能按标准补足，污染源监督性监测运行经费尚未制度化，监测仪器设备动态更新机制尚未建立，专项监测经费严重缺乏，经常出现“光给任务不给钱”的现象，导致部分监测站用相当大的精力搞创收，“纵向不够横向凑”，“堤内不足堤外补”，制约了正常监测工作的有序开展。特别是基层监测业务用房紧张。譬如，甘肃省陇南市武都区环保部门独立设置后，既无业务用房，又无经费来源，为正常开展工作，只好在公园的公共厕所上盖了两间房子。据不完全统计，目前全国区县级环保机构监测和监察业务用房（含实验室）人均仅7平方米和2平方米。

监测数据亟待科学规范。由于能力、人员等多方面因素的制约，加上一些地方领导的行政干预，导致个别地方监测数据不够科学规范。要认真汲取去年三鹿奶粉事件暴露出来的监测问题，监测不到位或监测方法跟不上，势必导致监管缺失，造成重大的社会问题。环保系统也存在这方面的隐患，该监测的没有安排，已经开展的监测，监测项目又不全面，有的监测方法不合适，有的监测数据代表性不强。一旦出现由于监测造成环境监管缺失的重大问题，我们将难以向党中央、国务院和广大人民群众交代。

造成上述问题的原因是多方面的，我们要知难而进、迎难而上，不回避问题、不讳言困难，解放思想、开拓创新，抓住当前有利时机，不断推进环境监测事业又好又快发展。

四、抓住机遇，努力开创环境监测工作新局面

环境监测系统要认清形势，坚定信心，进一步增强紧迫感、责任感和使命感，紧紧抓住当前的有利时机，解放思想，开拓进取，真抓实干，努力推进环境监测工作整体水平迈上一个新台阶。

（一）要把扩大内需作为加强环境监测能力建设的大好机遇

中央把扩大国内需求作为保持经济平稳较快发展的根本途径，明确生态环境保护和建设项目是中央新增投资支持的重点。今明两年，全国在生态环境保护和建设方面投入将达到9000多亿元，其中中央投资支持环保能力建设资金将达50多亿元。我们要抓住这一历史机遇，大力强化监测基础能力，为建设先进的环境监测预警体系奠定扎实的能力基础。要抓紧做好环境监测项目的储备，条件成熟的要尽快立项审批，尽快改变目前监测条件简陋、能力不足、设备老化、应急手段落后的局面。

（二）要把污染减排“三大体系”建设作为加强环境监测的重要突破口

建立科学、完整、统一的节能减排统计、监测和考核体系，是党中央、国务院为完成节能减排任务作出的重要部署。统计、监测和考核“三大体系”是相互关联、互为依托、各有侧重的有机整体，监测体系是基础，主要是针对排污企业的；统计体系是核心，主要是针对各省（区、市）的；考核体系是手段，主要是针对上下级考核的。要齐头并进加快推进“三大体系”建设，并充分发挥其作用。目前，国家考核体系建设进展较快，作用发挥得比较好，地方监测体系和统计体系建设进展相对较慢，作用发挥得不够理想，难以通过主要企业污染物排放量和生活污染排放量来合理确定各省、市、县的排污总量。今年，国家将对地方“三大体系”建设情况进行考核，并实行问责。各地区、各部门要把“三大体系”建设摆上重要议事日程，地方各级政府要对本地区“三大体系”建设负总责，并且对完成情况进行考核，实行严格的问责制。各级环保部门要高度重视监测和统计体系建设，要向同级人民政府反映“三大体系”建设中存在的问题，加快协调推进“三大体系”建设，属于环保部门的任务一定要不折不扣完成，属于其它部门的任务，要经常性保持沟通，存在的困难要及时向政府报告并提出建议。同时，要继续通过环境质量监测数据来校验污染减排的成效，为深入推进污染减排工作奠定更加扎实的基础。

（三）要把农村环境监测作为新时期环境监测的重要方面

十七届三中全会掀开了我国农村发展改革的崭新篇章，也带来了农村环保事业发展的难得机遇。目前，农村环境家底不清是制约农村环保工作全面开展的突出问题。加强农村环境保护，首先需要做好农村环境监测等基础工作。要统筹城乡环境监测工作，把农村环境监测作为环境监测的新领域，切实做好环境监测“下乡”，加快农村环

境监测体系建设，为农村环保工作提供技术支持。要抓紧编制农村环境质量监测工作方案，启动“十二五”农村环境质量调查工作。对已经列入中央农村环保资金“以奖促治”的村镇要全面开展环境质量监测；对于矛盾突出、群众反映强烈的村镇，要针对突出环境问题，开展专项环境监测，逐步摸清农村环境家底。要加强农村环境监测能力建设。县级监测站是环境监测的基层，搞农村监测离不开县级监测站。目前，全国县级监测站能力很差，难以适应农村环境监测工作的需要，必须下大气力逐步加强县级监测站建设，保证县级监测站具备基本的环境质量监测能力和基本的污染源监测能力，夯实农村环境监测基础。

（四）要把环境管理需求作为环境监测的主攻方向

环境监测工作要围绕中心、服务大局，保障环境管理需求，努力为管理决策提供科学依据，为监督执法提供有效证据，为环境科研提供翔实数据，为社会公众提供准确信息。当前，要全面加强污染源监督性监测，为污染减排工作服务；要深化环境质量监测，客观反映环境质量状况，落实环保目标责任制；要强化环保重点城市集中式饮用水水源地、近岸海域、生态保护和建设项目竣工环保验收等监督性监测工作，为日常环境执法监督提供依据；要高度重视应急监测工作，做到“招之即来、来之能战、战之能胜”，为应对突发环境事件提供数据支持，预警监测要实现超前预知，做到心中有数，便于工作上变被动为主动。

（五）要把数据质量保证作为环境监测的永恒主题

环境监测数据质量是监测工作的“生命线”，必须时刻把监测数据质量摆在监测工作的突出位置，确保监测数据科学性、规范性和公信力。各级环保部门领导要关心监测数据，但不要制造监测数据。各级监测站领导要对监测数据审核把关，但不能修改监测数据。要坚持三级审核，严肃查处监测工作中弄虚作假、修改数据、不审核数据和谎报瞒报的失职渎职行为。各级环保部门和每一名监测工作者都应自觉成为环境监测科学的尊重者和捍卫者，确保环境监测数据的真实性、客观性和准确性，维护监测数据的法定权威。各级环境监测站要尽快实现定位转型，聚精会神抓业务、一心一意钻技术，严格按照国家标准、监测规范和分析方法的要求，做到测得出、测得准、说得清，以准确可靠的分析判断为环境管理提供依据，全面提升环境监测技术水平。

五、真抓实干，着力抓好当前的几项工作

当前，各级环保部门要深入贯彻落实科学发展观，坚持解放思想、科学发展，坚持实事求是、科学监测，坚持与时俱进、科学管理，以法规制度为基石、以规划计划为先导、以能力建设为重点、以数据质量为生命、以人才队伍为根本，努力提高环境监测工作水平。当前，要着力抓好以下几项工作。

（一）加强对监测工作的领导

各级环保部门要高度重视环境监测工作，主要领导要亲自抓监测，分管领导要重点抓，党组和班子要定期听取监测部门的意见和建议，主动解决监测工作中的难题，要在人力、物力、财力上继续加大支持力度，加快建设先进的环境监测预警体系。没有管理，技术可能迷失方向；没有技术，管理必将失去支撑。地方各级环保部门要结合机构改革，切实加强环境监测管理。科学的环保决策立足于科学的环境监测。在日常环境管理的各个环节中，都要充分使用监测数据，切实提高管理与决策的科学性和针对性，防止出现“管理与监测两张皮”的现象。在环境质量监测方面，要发挥其他部门监测队伍的作用，形成监测合力，建立环境监测统一战线，实现和谐监测的良好局面。

（二）加快推进监测法制建设

要尽快制定监测法规，确保监测工作依法开展、监测管理依法行政、监测数据合法有效、监测信息依法公开、监测工作职能法定。目前，经过全系统上下的共同努力，在国务院法制办的大力支持下，《环境监测管理条例》已列入国务院2009年立法计划，要争取早日出台。抓紧完善监测管理制度，搞好监测顶层设计，启动编制国家环境监测事业发展规划，建立健全环境监测规章制度，使监测工作有章可循。

（三）加强监测基础能力建设

目前，要继续推进环境监测站标准化建设，按照全面加强省级站、重点加强地市级站、逐步完善县级站的建设思路，力争实现《国家环境保护“十一五”规划》提出的“到2010年，我国80%的县级环境监测站要达到建设标准”的目标要求。各省级环境监测站和113个国家环保重点城市环境监测站均应具备饮用水源地水质全分析能力。要继续加强环境应急监测能力建设，使之能够迅速有效应对突发环境事故。要加强环境监测能力建设项目的储备工作，以项目实施促进能力建设，提升监测水平。

（四）加强监测人才队伍建设

监测系统是环保系统中重要的人才基地。人才旺，事业兴。要高度重视环境监测人才队伍建设。各级环保部门要严把监测人员入口关，保障监测机构有足够的专业技术人员。落实监测技术人员持证上岗制度，大力开展监测技术培训，适时组织国家环境监测技术大比武，不断提升监测技术水平。公生明，廉生威。当前监测系统的“话语权”、“裁判权”越来越大，相应地反腐倡廉的压力也在加大，必须进一步加强监测系统行风建设，加大反腐倡廉工作力度，加强职业道德教育，在监测系统树立“科学监测、诚信监测”的核心价值观。教育大家珍惜政治生命、珍惜平凡生活、珍惜家庭亲情、珍惜荣誉名声，兢兢业业、干干净净为国家和人民工作，推动环境监测事业健康发展。

最后，我要特别强调一下做好抗旱期间的环保工作。针对当前我国旱情历史罕见、尚未缓解的严峻形势，各级环保部门要认真贯彻落实党中央、国务院关于抗旱工作的部署和要求，抓紧抓好抗旱期间环境监管和环境监测工作，努力保障生活、生产和生态用水水质安全。

同志们，环境保护事业正在探索环保新道路的征程中阔步前进，让我们紧密团结在以胡锦涛同志为总书记的党中央周围，全面贯彻党的十七大精神，高举中国特色社会主义伟大旗帜，以邓小平理论和"三个代表"重要思想为指导，深入贯彻落实科学发展观，解放思想、求真务实、与时俱进、开拓创新，加快推进先进的环境监测预警体系建设，努力推动国民经济保持平稳较快发展，以优异的成绩迎接新中国成立60周年。

在六·五世界环境日特别论坛上的讲话

坚持以建设生态文明为指导积极探索中国特色环境保护新道路

环境保护部部长 周生贤

今天恰逢世界环境日。很高兴与各位领导、专家和学者汇聚一堂，共同就"探索中国特色环境保护新道路"这一主题进行深入交流和讨论，非常必要，很有意义。我代表环境保护部，对参加本届论坛的各位领导和嘉宾表示热烈欢迎！对多年来关心、支持和推动环境保护事业的社会各界人士表示衷心感谢！

党中央、国务院高度重视环境保护，提出了一系列重大的战略思想和战略举措，其中最杰出的贡献之一就是，以马克思主义中国化的最新理论成果——科学发展观为指导，立足经济增长的资源环境代价过大的严峻现实，鲜明地提出了生态文明建设。党的十七大第一次把建设生态文明作为一项战略任务确定下来，提出要基本形成节约能源资源和保护生态环境的产业结构、增长方式、消费模式，推动全社会牢固树立生态文明观念。去年9月，胡锦涛总书记首次把生态文明建设提升到与经济建设、政治建设、文化建设、社会建设并列的战略高度，作为建设中国特色社会主义伟大事业总体布局的有机组成部分。建设生态文明是深入贯彻落实科学发展观的应有之义，是避免走发达国家先污染后治理老路的重要抉择，是走生产发展、生活富裕、生态良好的文明发展道路的必然要求。建设生态文明的提出，是中国特色社会主义道路探索实践上的新飞跃，也是认识、把握和利用环保工作规律的新飞跃，标志着我国社会主义进入了以经济建设为中心，把建设生态文明提到更加突出地位这一新的发展阶段。

生态文明作为人类文明的一种形态，以把握自然规律、尊重和维护自然为前提，以人与自然、人与人、人与社会和谐共生为宗旨，以资源环境承载能力为基础，以建立可持续的产业结构、生产方式和消费模式为内涵，以引导人们走上持续和谐的发展道路为着眼点，强调人的自觉与自律，人与自然环境的相互依存、相互促进、共处共融。建设生态文明，是长期艰巨的过程，不会一蹴而就，也不会一劳永逸。

生态文明既是理想的境界，也是现实的目标。积极建设生态文明，努力促进人与自然和谐，是经济社会发展全局赋予环境保护工作最重要最根本的时代重任，是推进环境保护历史性转变的目标指向，是新时期环境保护事业的灵魂所在。我们必须坚持用建设生态文明的战略眼光、战略思维和战略手段，来审视、谋划、解决我国突出的环境问题，摸索出一条代价小、可持续的环境优化经济发展的路子。就是说，坚持以建设生态文明为指导，积极探索中国特色环境保护新道路。

马克思主义哲学观认为，事物的发展只有在其前后对比中才能看得明，事物的主流只有经过不同方位的审视才能认得清。探索环保新道路也不例外，要坚持理论联系实际，一切从实际出发。改革开放30年是我国环保事业大发展的30年，也是不懈探索中国特色环保新道路的30年，既有成功的经验，也有沉痛的教训。总结30年来的探索实践，展望未来的发展趋势，环保新道路具有以下鲜明特征。

从探索历程看，新道路具有继承性和创新性。探索新道路是一个不断"扬弃"的过程，继承是基础，创新是动力。每个阶段的探索都是实践的检验和积累，每一次创新都是实践的总结和升华。从1973年第一次全国环保会议提出"全面规划、合理布局、综合利用、化害为利、依靠群众、大家动手、保护环境、造福人民"的32字方针，到1983年第二次全国环保会议把环境保护明确为一项基本国策，1989年第三次全国环保会议提出"八项环境管理制度"，再到2006年第六次全国环保大会提出"三个历史性转变"，都是在探索中继承和创新的结果。

从探索重点看，新道路具有多重性和阶段性。一切事物都是动态发展的过程，环境问题也是如此。经济社会发展的不同阶段，环境问题有其不同表现。我国正处在推进工业化和城镇化阶段，环保新道路既要为新型工业化服务，又要用生态文明来跨越和修正传统工业文明的弊端。我们在探索新道路过程中必须坚持远近结合，把探索新道路的实践放在"三步走"、"两个100年"、"重要战略机遇期"和"全面建设小康社会"进程中来看，放眼长远，同时又要根据工业化和城镇化的进程，抓住特定阶段的主要矛盾和最突出问题，及时调整探索重点。

从探索内涵看，新道路具有包容性和开放性。环境问题是“世界问题复杂体”，涉及自然、政治、经济、文化、社会和技术等多种因素，随着实践的不断深入，其内涵还会进一步扩大，外延也会进一步扩展，包容性会越来越强。环境保护是一项关系人民群众根本利益、经济社会长远发展和中华民族复兴的伟大事业，这就决定新道路的探索必然是一个海纳百川、高度开放的系统工程，需要全社会共同关心、共同参与、共同建设、共同促进。

从探索任务看，新道路具有长期性和艰巨性。实践永无止境，探索永无止境。环境问题随着经济社会的发展不断变化，需要我们一代接一代人的坚持不懈的探索。发达国家上百年出现的污染问题，在我国快速发展的过程中集中出现，呈现出压缩型、结构型、复合型的特点，使环境问题变得更加复杂，探索环保新道路的任务更加艰巨，这就要求我们不为任何困难所惑，不为任何风险所惧，始终保持清醒头脑，努力在实践中探索，在探索中实践。

从探索途径看，新道路具有实践性和针对性。环保新道路的探索源于环保实践，根本目的在于指导环保实践，具有很强的针对性和实践性。我们必须坚持理论和实践的统一，目标和手段的统一，面对错综复杂的局面，善于抓住和解决主要矛盾，有的放矢地去探索。

坚持以建设生态文明为指导，积极探索中国特色环保新道路，是全国环保系统深入贯彻落实科学发展观的重要举措，环保工作者要按照学习实践活动形成的共识:把科学发展观作为政治信仰来追求、作为科学真理来坚持、作为行动指南来践行的总体要求，继承30年来探索实践的成果，站在新的历史起点上，牢牢把握正确的探索方向，坚持不懈地探索下去。

第一，正确处理环境与经济的关系，继续推进环境保护历史性转变。探索环保新道路，首先要求我们在思想上正确认识环境与经济的关系，其核心就是要加快实现环境保护历史性转变。从重经济增长轻环境保护转变为保护环境与经济增长并重，从环境保护滞后于经济发展转变为环境保护和经济发展同步，从主要用行政办法保护环境转变为综合运用法律、经济、技术和必要的行政办法解决环境问题。历史性转变是科学发展观在环境保护领域的具体体现，是环境保护所处历史方位的准确判断，是全面调整环境与经济关系的重要指南。推进历史性转变必须把环境保护摆在更加突出的战略位置，与经济社会发展统筹考虑、统一安排、同时部署；积极推进科学民主决策，着力转变不适应、不符合历史性转变的思想观念，着力解决困扰环保事业长远发展的突出问题；加快重点领域和关键环节的改革步伐，着力构建充满生机、富有效率、更加开放、有利于历史性转变的体制机制。

第二，正确处理全局与局部的关系，制定与我国基本国情相适应的环境保护宏观战略体系。在社会主义初级阶段，我们强调发展是第一要务，既不可能为了保护环境而减缓发展甚至停止发展，但发展必须与节约资源、保护环境同步推进，也绝不允许宽容污染，保护环境是必须长期坚持的基本国策。环境保护必须与基本国情及其阶段性特征相适应。把环境保护上升到国家意志的战略高度，融入经济社会发展全局，坚持“以人为本、科学发展、环境安全、生态文明”的环境保护宏观战略指导思想，把环境保护的基本国策与实施可持续发展战略和科教兴国战略，与走新型工业化道路和社会主义新农村建设，与区域发展、产业振兴等重大战略规划结合起来，统筹考虑环境问题，逐步建立起有利于环境保护的宏观战略体系。

第三，正确处理预防和控制的关系，建立全防全控的防范体系。建设生态文明，不同于传统意义上的污染控制和生态恢复，而是修正工业文明弊端，把环境保护的理念和要求全面渗透到经济社会发展之中，构筑有效防范环境污染和资源环境损耗的重要防线。我们必须从再生产全过程制定环境经济政策，将环境保护的理念贯穿于生产、流通、分配和消费的各个环节，将保护环境的要求体现在工业、农业、交通运输、建筑和服务等各个领域，落实到政府机关、学校、科研院所、社区和家庭等社会组织的各个方面，建立起全面覆盖经济社会发展的环境保护体系；不断创新生产理念，大力发展循环经济，推进清洁生产，对传统产业实行生态化技术改造，从生产源头和全过程减轻环境污染。

第四，正确处理成本和效果的关系，健全高效的环境治理体系。建设生态文明，探索环保新道路，要求从根本上建立人与自然之间平衡与和谐。我们不能坐等大自然自行修复人类造成的伤害，而要充分发挥人的主观能动性，积极运用自然规律，实施高效的环境治理，科学地修复和改善自然，在更高的层次上实现人与自然的和谐。依靠科技进步，坚持自主创新，积极探索科技含量高、投入资金少、环境效益好的治理模式，在有效防范的前提下，以最少的投入取得最大的治理成果，从根本上减轻环境压力；从我国区域发展不平衡、城乡差异大的实际出发，积极研发高效实用、丰富多样的环保治理技术。

第五，正确处理发展与保护的关系，完善与经济发展相协调的环境政策法规标准体系。发达国家的实践证明，完善的环境政策法规标准体系与完备的环保基础设施、调整优化产业结构一道，共同构成改善环境质量的三大支柱。因此，建立健全与现阶段社会经济发展特点和环境保护管理决策相一致的环境政策法规标准体系尤为重要。我们必须全面分析经济社会发展状况，准确把握经济社会发展走势，适时调整和完善环境政策法规标准，保护先进生产能力，淘汰落后生产能力，使环境保护真正成为引领先进生产力发展的重要航标。

第六，正确处理政府主导与公众参与的关系，构建完备的环境管理体系。加强环境保护，政府是主导，群众参与是重要的社会力量。必须充分发挥社会主义制度的优越性，不断完善党委领导、政府负责、环保部门综合管理、有关部门协调配合、全社会共同参与的环境管理体系。加强环境综合管理，积极探索大部门环境管理体制。加强环保组织管理体系建设，推进管理机构向基层延伸，强化地方环保部门基础能力，形成政令畅通、高效有力的决策执行系统。团结和动员各方面的力量，发挥人民群众的聪明才智和创造热情，形成环保工作合力。

总之，探索中国特色环境保护新道路，要高举中国特色社会主义伟大旗帜，深入贯彻科学发展观，以建设生态文明为指导，加快推进环境保护历史性转变，建立健全与我国基本国情相适应的环境保护宏观战略体系、全防全控的防范体系、高效的环境治理体系、与经济发展相协调的政策法规标准体系和完备的环境管理体系，努力实现人与自然和谐相处、经济与环境协调发展，全面建设资源节约型、环境友好型社会。

当前，国际金融危机仍在扩散和蔓延，尚未见底。历史经验表明，每一次经济危机都是一次对经济发展乃至文明进步的洗礼。哪个国家能够在危机中抓住主要矛盾并科学解决，就能在危机后从更高起点上更加稳健地发展。反之，则可能陷入社会危机的困境，甚至使发展成果毁于一旦。

按照一般规律，经济危机形势下的环境保护往往容易被忽视或放松。在当前应对国际金融危机严重冲击的情况下，也为我们探索环保新道路提出了新的课题。在应对危机过程中，还要不要加强环境保护，怎样加强环境保护？全世界都十分关注。胡锦涛总书记、温家宝总理、李克强副总理等中央领导同志对环境保护作出许多重要指示，强调指出要把应对这场危机看作调整产业结构、转变发展方式的机遇，看作推进环境保护事业发展的机遇，要求把加强环境保护、振兴环保产业作为克服金融危机的重要举措，把生态环境建设培育成新的经济增长点。

今年以来我国经济运行出现一些积极变化，形势比预料的好，扩内需、保增长的一揽子计划已初见成效。但是，我国经济回升的基础还不稳固，内外部环境依然十分严峻。我们要积极做好有效应对的各项准备，从各个领域、各个层次研究解决环境问题，努力重塑危机后的发展方式。具体而言，要着重在以下几个方面进行深入探索和研究。

(一)充分发挥环评制度的宏观调控作用

深化环评制度改革，实现从过去单纯注重环境问题向综合关注环境、健康、安全和社会影响转变，处理好服务与把关、当前与长远、效率与质量、宏观与微观的关系，开辟“绿色通道”，设置“防火墙”，拓宽领域，加强调控，强化验收，全程监管。

(二)深入研究主要污染物减排与环境质量改善的关系

着力把污染减排与改善环境质量紧密结合起来，积极探索减排目标着眼环境质量、减排任务立足环境质量、减排考核依据环境质量的责任体系和工作机制。通过污染减排，从总体上遏制环境污染加剧的趋势，逐步改善环境质量。

(三)继续创新让不堪重负的江河湖海休养生息的有效途径

坚持预防为主，防治结合，不断研究将“休养生息”政策全面渗透到重点流域经济社会发展各个方面各个环节的具体措施，推动重点流域污染防治，努力让江河湖海焕发生机和活力。

(四)切实统筹推进区域与城乡环境保护

尊重自然规律，进一步研究制定区域环境管理政策，落实全国生态功能区划配套政策措施，形成各具特色的发展格局。把城市环境和农村环境作为有机整体，坚持城乡环境保护协同推进，稳步推进农村环境综合整治，促进城乡环境质量全面改善。

(五)主动利用倒逼机制深化工业污染防治

应对国际金融危机冲击，为我们加快转变发展方式、调整产业结构提供了一个有力的倒逼机制。要研究制定推动重点产业振兴的“绿色”环保政策措施，构建全方位的污染防控体系，促进产业发展的速度、结构和效益相协调。大力发展循环经济，积极推行清洁生产，推动工业园区和工业集中区生态化改造和产业结构优化升级，引导传统产业走新型工业化道路。

(六)进一步发展壮大环保产业

环保产业是加大污染防治力度、腾出和扩大环境容量、促进经济可持续发展的支撑产业，是形成直接生产力、创造绿色物质财富的重要产业，是有市场有潜力有前景的战略性新兴产业。要采取有效手段，推进环保产业全面升级，尽快形成一个门类齐全、装备先进、富有活力的环保产业体系。

(七)通过市场机制完善环境经济政策

完善反映市场供求关系、资源稀缺程度、环境损害成本的生产要素和资源价格形成机制，积极推动出台有关环境经济政策，综合运用财政、税收等多种经济手段，充分发挥市场经济规律的作用，逐步建立企业保护环境的激励机制和约束机制，使企业污染治理成本内部化，减少环境保护对行政手段的过度依赖。

(八)建立健全环境保护长效机制与可持续发展体制

构建政府、企业、社会相互合作和共同行动的环境保护新格局，强化政府责任，明确企业是污染防治主体，鼓励和引导全社会共同参与，探索建立生态补偿和环境污染损害赔偿等制度。

(九)有序推进资源节约型、环境友好型社会建设

以“两型”社会综合配套改革试验区建设为契机，推动环境问题在重点领域和关键环节率先突破，走出一条低投入、高产出、低消耗、少排放、能循环、可持续的发展道路，形成有利于节约资源和保护环境的体制机制，为探索环保新道路积累经验、创造模式，发挥示范和带头作用。

环境保护事业崇高，责任重大，使命光荣。让我们坚定信心，同心协力，锐意进取，以建设生态文明为指导，不断探索中国特色环境保护新道路，让祖国的天更蓝、地更绿、水更清，为经济社会全面协调可持续发展做出新的更大贡献。

努力探索中国特色环保新道路 全面推进环境监测的历史性转型

环境保护部副部长　吴晓青

部党组在开展深入学习实践科学发展观活动中提出，要在解放思想中推进历史性转变，探索环保新道路，系统地提出了探索中国特色环保新道路的基本理论框架、政策体系和工作策略，为新时期环保事业科学发展指明了方向。环境监测作为环境保护的基础，当前已从传统的技术层面全面融合到环境保护工作的整体当中，成为推进环境保护历史性转变的重要突破口之一。环境保护实现与经济发展之间的“同步”与“并重”，以及“综合”解决环境问题，要求环境监测实现从传统到现代、从粗放到精准、从地面到天地一体化、从分散封闭到集成联动、从现状监视到预测预警的全面而深刻的历史性转型，为环境管理提供强大技术支撑。

一、从环境保护事业科学发展的战略高度认识和谋划环境监测转型

在今年全国环境监测工作会议上，周生贤部长向全国环保系统发出了环境监测转型的动员令，明确提出要用探索中国特色环保新道路的命题统领新时期环境监测事业发展，要求我们基于环境保护的战略全局来思考谋划环境监测转型。

(一)深刻认清环境监测转型的历史方位

环境监测事业的发展需要科学的总体设计，而这个总体设计能否科学，关键取决于对当前我国环境监测发展所处历史方位做出准确判断。我国环境监测事业历经30年的发展，取得了长足进步。环境监测业务领域从最初的“三废”监测，发展到了空气、地表水、近岸海域、噪声、生态、酸雨、生物、沙尘暴、土壤、污染源等众多领域，从简单的二氧化硫、重金属、化学需氧量监测，发展到了有机污染物、农药、持久性有机物、环境激素、温室气体等多要素的综合性监测；环境监测范围从以城市为中心的环境污染监测，发展到流域、区域的生态环境监测乃至全球性重大环境问题监测；环境监测技术水平从手工采样监测，发展到自动在线连续监测和空间遥感监测，环境监测仪器设备向高、精、尖和自动化方向发展，初步建立了一整套环境监测技术和标准方法体系；全国环境监测系统机构、人员已由当初几十个监测站发展到2399个，监测人员近5万名。中国环境监测总站已经组建了由覆盖全国主要河流湖泊水库的759个断面、126个国家水质自动站、113个环保重点城市空气自动站、7个近岸海域分站以及酸雨、沙尘暴监测网组成的国家环境质量监测网，环境保护部已正式开始运行环境一号A、B卫星，初步具备了说清全国环境质量状况的能力。

第六次全国环境保护大会鲜明提出要大力推进环境保护历史性转变。其实质是要求正确处理环境保护与经济发展之间的关系，以环境保护优化经济发展，使环境保护与经济发展之间从“对立”走向“和谐”。这使得环境监测作为环境管理的重要基础和有机组成部分，融入到环保工作全局，其重要地位和作用日渐凸显。当前，环保工作的深入发展对环境监测提出了更新、更高的要求。一是党中央、国务院和各级党委政府需要及时、准确、针对性强的环境监测数据，科学判断环境形势，客观评价环境质量和污染状况，及时应对环境突发事件；二是广大人民群众实现自身对环境质量状况的知情权，对环境监测的深度、广度、精度、代表性等要求越来越高；三是我国开展环境国际合作和履行环境国际公约，需要以科学的环境监测数据印证环境保护成果和检验履约成效，当前发达国家环境监测的因子、手段、污染物种类、分析仪器、分析方法、监测质量管理、科研、环境质量的表达方式不断创新发展，如果国内环境监测跟不上，将丧失话语权，使我国在环境外交上陷于被动。应该清醒地认识到，目前我国环境监测与新时期环保工作要求和世界先进环境监测水平相比，还有较大差距:全国环境监测还存在缺乏统一监督管理、信息生产能力弱，环境监测网不健全、功能不完善，环境监测技术标准体系不先进、质量管理技术手段落后、仪器装备水平较低、队伍配置和结构不合理、资金投入缺乏长效保障机制等问题。部党组提出推进环境监测历史性转型正是基于这样一个历史方位。因此，各级环保部门和监测站必须对转型的重要性必要性有深刻认识。如果不转型，环境监测的提升发展将成为空话，大好机遇将白白丧失。如果转型成功，全国环境监测将进入一个新的起点，开启新的航程。

(二)科学把握“转型”的总体思路

环境监测要转型，必须立足环保事业发展的战略全局，对未来一段时期监测事业发展做好顶层设计和科学筹划。

遵循“一个统领”——以探索中国特色环保新道路统领环境监测转型。环境监测的转型必须首先从理论上深刻回答“为什么要转型和怎样转型的”的问题。一是始终保持工作理念的先进性。要坚持深入贯彻落实科学发展观，以党中央、国务院对当前环境形势的科学判断和对环保工作的新要求统一思想，不断深化对环境监测转型的理性思考，坚持以环保历史性转变的最新成果融入引领转型，将蕴含其中的科学世界观和方法论转化为具体的思路和举措。二是自觉当好探索中国特色环保新道路的先锋队。要充分认识环境监测是环境保护的基础，在环保工作中，环境监测是科技含量最高的体系，监测的装备水平、人员素质至关重要，探索中国特色环保新道路，首先要求环境监测闯出一条新道路，即转型发展，创立有中国特色的环境监测体系、制度、方法等。

建设“一个体系”——大力建设先进的环境监测预警体系。先进的环境监测预警体系是满足环境保护和环境监管需要而建立的一套先进、完整和符合国情的环境监测法律法规、业务管理、技术装备、技术标准和人才保障的综合体系，其内涵与环境监测转型的目标完全一致。因此，环境监测转型落实到工作层面，就是要牢牢抓住建设先进的环境监测预警体系这个根本，以宽广的眼界准确把握我国环境监测事业发展的阶段性特征，完善体制机制，着力科技创新，推进科学发展，全面提升我国环境监测事业的能力水平，开创我国环境监测事业的新局面，为适应并推进环境保护工作的历史性转变打下坚实的基础。

理顺“三个关系”——理顺环保系统与其他部门、各级监测站与监测管理部门、监测系统上下级之间的关系。环境保护部成立监测司之后，各省级环保厅(局)也将相应成立监测管理机构，新成立的监测行政管理机构也面临转型，其核心是营造和谐有序的监测格局。一是要处理好环保部门与其他部门之间的关系。要按照国务院“三定”方案的要求，统一全国环境监测的监督管理和信息发布，确立环保系统环境监测的行业地位与权威。二是在环保系统内部实现行政管理与业务技术的科学分离。监测行政管理要把工作重点放在加速推进法律法规建设、调整改革体制机制、科学编制规划计划、协调解决重大问题上；各级环境监测部门，特别是中国环境监测总站和省级站要将工作重点从协助管理转到业务技术上来，“聚精会神抓业务，一心一意钻技术”，把环境监测业务和技术工作做大做强、做精做细，不断提高技术支撑保障能力。三是处理好监测系统上下级之间的关系，要通过对省、市、县各级环境监测机构事权划分和职能任务的科学化、法定化，优化资源配置，做到责、权、利相统一，任务、投入、能力相配套，提升整体效能。

实现监测“三个说清”——说清污染源状况、说清环境质量现状及其变化趋势、说清潜在的环境风险。新时期环保工作的宗旨是“为科学发展保驾护航，为人民健康鞠躬尽瘁”。环境监测工作必须紧扣这一宗旨，为环境管理提供依据、为环境执法提供证据、为人民群众提供服务、为环境研究提供数据。

努力做到“三个说清”：一是通过加强污染源监测，努力说清污染源状况和主要污染物排放情况，为污染减排工作提供技术支持；二是通过深化环境质量监测，说清环境质量现状及其变化趋势，为科学准确判断环境形势提供技术依据；三是抓好应急与预警监测，说清潜在的环境风险，及时发现危害人民群众健康的突出环境问题，为有效应对和控制突发环境事件提供数据支持。要不断提高监测数据和监测信息的科学性、规范性、准确性和及时性，为环境管理与决策提供科学有效的技术支撑，使环保工作由被动、事后、补救、消极转变为主动、事前、预防、积极，这也是环境监测转型的最终目的。

二、以先进的环境监测预警体系建设带动环境监测转型

先进的环境监测预警体系建设是环境监测转型的抓手和载体，要通过落实周生贤部长提出的监测管理全国一盘棋、队伍建设上下一条龙、网络技术天地一体化的要求，带动环境监测体制、机制、法制、人才、技术、装备的创新发展。

第一，以法制建设为牵引，带动环境监测体制机制逐步理顺。环境监测管理的转型重点是突破影响和制约环境监测事业科学发展的体制机制性障碍，通过《环境监测管理条例》等法律法规的出台和政府机构改革，明确环境监测事业公益性属性，强化环保部门对环境监测事业统一监督管理的职能，确立监测数据的法定权威，明晰各级监测站与监测管理部门的设置等级与上下级之间的工作关系，解决制约本地区环境监测工作科学发展的体制性问题，使监测工作真正做到管理顺畅，运行高效。同时，要通过各类配套监测法规、制度、办法的制(修)订工作，逐步规范环境监测网络和工作运行管理机制，进一步理顺国家环境监测网与地方环境监测网的业务关系，统筹整合环保系统内的监测力量，形成工作合力。

第二，以能力建设为抓手，带动环境监测条件手段逐步改善。近年来，全国环境监测能力建设取得了较大进步，但由于历史欠账较多，整体水平不高，地区间差异明显。当前，中央出台了一系列保增长、扩内需、调结构、

惠民生的重大举措，大幅度增加了生态环境建设和环保投入，各级环保部门要紧紧抓住这一有利时机，积极争取各级财政加大对环境监测能力建设的投入，按照全面加强省级站、重点加强地市级站、逐步完善县级站的建设思路，向基层、中西部及边境地区倾斜，推进监测站标准化建设。同时，还要重点加强饮用水源地水质分析、农村环境监测、生物生态监测、有机物监测、环境应急监测等方面能力建设，以监测装备能力的跨越式发展为转型提供硬实力支撑。

第三，以监测业务为平台，带动环境监测支撑效能充分发挥。各级环境监测站要大力加强环境监测核心业务体系建设。一是优化调整环境监测网络，拓展环境监测领域，建立国家与地方环境监测网络的环境监测数据共享交换机制。二是提高环境质量综合分析评价水平。建立全国环境监测报告制度，制(修)订各类环境监测报告技术规定，研究建立环境质量综合评价标准(规范)体系，使各类环境监测报告更加准确、及时、针对性强。三是加强污染源监测与环境统计分析。深化国控重点污染源监督性监测，开展运用监测数据核算污染物排放总量研究，大力加强环境统计工作，深化环境统计数据审核办法研究，提高环境统计数据的科学性与规范性，全面提高各类环境监测信息、报告的决策参考价值。

第四，以监测科研为先导，带动环境监测技术水平全面提升。任何从未知到有知的探索性监测都是科研的过程，环境监测技术水平的提升从来都是以科研为先导的。一要全面推进环境监测的基本理论、监测技术方法、评价方法、指标体系、表征技术等方面的研究，以环境质量综合评价、污染源监测、总量核算和应急监测等为重点，完善环境监测的技术路线、标准方法、技术规范体系。二要在科研中体现管理的需求，反映人民群众的诉求，认真做好“水专项”等重大项目，加强“灰霾”天气表征等老百姓关心问题的研究，同时积极推动科研成果向日常监测能力的转化。三要加强监测科研管理，因地制宜建立环境监测科研项目管理办法，高度重视监测科研规划和监测标准规划，建立科研项目库。监测总站要组织各级监测站协同攻关，解决监测领域重大科技问题。

第五，以质量管理为手段，带动环境监测数据质量科学规范。环境监测质量管理是提高监测数据质量的基本途径。目前，全国环境监测系统还没有形成完整的质量管理体系，全程序的质量管理还没有开展。要强化质量就是生命的意识，以落实《环境监测质量管理三年行动计划》为契机，不断完善环境监测质量管理规定，探索运行质量管理体系的长效机制。要积极推动全国环境监测质量控制中心建设，加强环境标准样品研究与开发，进一步完善环境监测机构质量管理工作的评价方法和指标体系；要组织开展各监测领域、监测项目、监测方法的质量控制技术研究，逐步完善监测要素的质量控制指标体系，实现监测全程序质量控制。

第六，以技术培训为引擎，带动环境监测队伍素质整体跃升。目前监测系统专业技术人才紧缺，人员流动性大，素质整体还偏低，必须认真贯彻队伍建设上下一条龙的要求，积极开展大规模的监测人员技术培训。要研究制定环境监测技术人员培训中长期规划，编写高质量培训教材，建立环境监测技术培训基地和专家库，与科研院所、高等院校和有关专业机构建立长效的合作培训机制，以灵活多样的形式，开展多层次、多领域的技术培训。同时，还要将培训内容与日常工作、科研项目结合起来，做到在干中学、在学中干，不断提升全国环境监测队伍的整体水平和综合素质，形成老中青相组合、高中初级技术人员相搭配、专业和知识结构科学合理的监测队伍，为全面履行新时期环境监测使命任务提供强有力的人力资源保障。

三、在支撑环境管理的监测实践中加速环境监测转型

环境监测转型具有长期性、复杂性和艰巨性，只有将转型与当前工作有机结合起来，少争论，不折腾，在实践中不断摸索和总结，才能沿着正确的轨道加速前进。

第一，在深化环境质量监测中提高说清环境质量现状及变化趋势的能力。当前，各级政府和百姓高度关注环境质量变化，监测系统要在深化环境质量监测上狠下功夫。一是积极拓展监测指标，探索将氮氧化物、PM2.5、挥发性有机污染物、臭氧等指标转为常规监测的前期技术准备；二是着力抓好区域环境质量联动监测，在启动长三角地区大气环境质量监测试点工作的基础上，做好启动珠三角地区和京津冀地区大气环境联动监测，三峡库区及其上游、黄河流域和珠江流域地表水环境联动监测试点准备；三是积极探索农村环境监测，研究制定技术路线，有选择地开展试点工作，对已经列入中央农村环保资金“以奖促治”的村庄(乡、镇)，开展环境质量监测；四是充分利用国家环境卫星遥感数据，从生态监测入手加快环境卫星业务化应用进度，把“天地一体化”要求落在实处。

第二，在做好应急和预警监测中提高说清潜在环境风险的能力。在当前环境事故频发的形势下，必须下大力加强环境应急与预警监测，准确把握环境安全隐患所在，牢牢控制应对处置突发环境事件的主动权。要增强预警和应急监测意识，加强组织领导，制定针对性预案，加强应急监测培训，适时开展流域、区域应急监测演练。要研究确

定各环境要素的环境风险评价指标体系，制定环境风险级别划分与评价标准，全面启动空气、地表水环境监测预警指标体系和预测预警模型研究；研究开发预警表征发布平台，根据自动监测和常规数据的异常变化及时开展预警，实现预测预警模拟分析的可视化表达。真正使环保工作在抵御和化解环境风险上做到未雨绸缪，有的放矢。

第三，在加强污染源监督性监测中提高说清污染源状况的能力。污染源监督性监测是当前环境监测服务环保大局的重中之重。温家宝总理在十一届全国人大二次会议上再次强调，要毫不松懈地加强节能减排工作，健全节能减排的三大体系。作为三大体系之一的监测体系，必须以污染源监督性监测为主线，及时跟踪、说清重点监管企业主要污染物排放变化情况。一是做好企业安装的自动监测设备的验收工作；二是尽早出台污染源在线自动监测数据有效性审核办法，在确保在线监测的数据质量的同时，做好比对监测，逐步完善自动监测设备的监督考核制度；三是对未安装自动监控设施的企业，按照国务院有关文件要求继续开展例行监督性监测工作；四是深化国控重点污染源监督性监测，探索扩充污染源排放总量监测指标，同时逐步实现运用监测数据核算污染源排放总量。要通过卓有成效的监测实践，不断提高说清污染源状况的能力。

总之，环境监测的转型势在必行，任重道远。各级环保部门和监测站必须认清形势，抢抓机遇，以务实敬业的精神和开拓进取的举措埋头苦干，共同推进全国环境监测事业发展的历史性转型。

在2009年全国环保科技工作会议上的讲话

环境保护部副部长　吴晓青

同志们：

大家上午好！新春伊始，两会前夕，我们在这里召开2009年全国环保科技工作会议。刚才，我们向获得2008年度国家环境保护科技奖的单位和同志颁了奖，并向国家环保重点实验室和工程技术中心授了牌。借此机会，向获奖和授牌的单位和同志们再一次表示祝贺，向出席今天会议的科技部领导、各地环保厅局、机关各部门、各直属单位、各地环保科研院所、各重点实验室和工程技术中心的代表表示热烈的欢迎，并通过你们向奋战在第一线的广大环保科技工作者表示亲切的慰问！

这次会议的主要任务是：全面贯彻党的十七大、十七届三中全会和中央经济工作会议以及全国环保工作会议精神，深入贯彻落实科学发展观，准确把握当前环保科技面临的形势与挑战，部署2009年工作任务，为探索中国特色环保新道路提供强大科技支撑，进一步开创我国环保科技工作新局面。下面我讲三点意见：

一、2008年工作进展

2008年是令人终生铭记的一年，全国环保科技工作者在党中央、国务院的领导下，同全国人民一道共同经受了重大灾难和经济危机带来的无比悲痛和沉重压力，也共同见证了环保机构发生的重大变化，共同体味了举办奥运、发射卫星的巨大喜悦。在这一年里，我们全面落实科技兴环保战略，推动环保科技各项工作再上了一个新的台阶，在贯彻落实科学发展观活动中有了新的进展，在推进环境保护历史性转变的过程中有了新的突破，在探索环保新道路的征途上有了新的提高。

（一）成功发射卫星，进一步丰富了环境管理技术手段

经过十多年艰苦不懈的努力，在发展改革委、财政部、国防科工局、航天科技集团等有关部门的大力支持下，2008年9月6日，我国自主研发制造的环境一号卫星A、B星在太原卫星发射中心成功发射并进入预定轨道。各地环保部门的同志们在现场或通过电视一起目睹了这一激动人心的瞬间。国务院领导对此高度重视，中共中央政治局委员、国务院副总理回良玉致信祝贺，向广大科技工作者、干部职工表示衷心的感谢和崇高的敬意，并希望各有关单位再接再厉、开拓创新，继续做好卫星在轨测试、业务化应用及后续星论证建设等工作，充分发挥其效益，为全面建设小康社会作出更大的贡献。环境一号卫星星座由国务院批准立项，具有大范围、快速、动态的环境与灾害监测能力。此次发射的A、B星为中分辨率光学小卫星，是星座系统建设的第一部分。星座完全建成后，将与航空观测、地面调查等手段以及其他遥感数据资源相结合，建立起稳定高效的环境与灾害监测预警业务系统和服务网络，在更高水平上促进国家环境保护体系的进一步健全和完善。在环境卫星星座研制和地面系统建设过程中，各有关单位尤其是我部卫星筹备办的同志们攻坚克难、不辱使命，顺利实现了星座组建的第一阶段工作目标。2008年9月26日国家卫星环境应用中心大楼奠基开工，年底已经基本封顶，今年将建成并投入使用。目前，过渡期卫星环境应用系统已初见成效，并在太湖和巢湖蓝藻水华监测、汶川大地震生态环境变化监测和影响评估、奥运赛区青岛海域绿藻浒苔动态监测等环境应急工作中发挥了重要作用，及时向国务院上报了遥感监测结果，为科学决策提供了重要参考。通过一年来的努力，以环境卫星的成功发射为标志，环境管理的技术支撑体系进一步完善，环境管理的技术手段进一步增强。

（二）围绕减排重点，进一步提高了污染防治科技含量

2008年是减排攻坚年。各级环保科技部门全力以赴，为推动减排任务的实现作出了应有贡献。水体污染控制与治理重大科技专项实施方案中将三河、三湖、一江、一库作为重点，确定了覆盖27个省区市共200多项示范工程项目，将全面提升我国水体污染物削减与治理能力。环保公益性项目中安排了《造纸行业全程降污减排评价指标体系与技术途径研究》等19项课题7000万元，开展总量控制与减排技术方法的研究。国家为进一步削减太湖流域污染负荷，发布了造纸等13项含有特别限值的排放标准，并公布了太湖流域执行特别排放限值的范围和时间。针对钢铁、有色、农药、轻工等减排重点行业，组织筛选了70多项污染减排重点技术，发布了17项排放标准和6项清洁生产标准。发布了国家鼓励发展和先进技术示范目录，为污染减排提供了技术指导和支持。为加快传统工业生态化转型步伐，联合商务部、科技部开展了国家生态工业园区创建工作，批准了苏州工业园区等三家为国家级生态工业示范园区。

地方各级环保部门从本地实际出发，采取了各具特色的减排措施。山东省针对南水北调工程发布了全国第一个流域性水污染物排放标准并提出了治、用、保的治污策略，使南水北调沿线主要污染物排放总量大幅削减，取得了显著成效。北京、重庆、辽宁、河南、天津、浙江等地针对当地污染严重的特色行业发布了地方排放标准，为削减当地污染负荷提供了支持。江苏、上海等环保部门主动与政府有关部门建立联合工作机制，共同推进传统工业生态化转型工作。黑龙江省制定了省级生态工业示范园区建设标准，建设试点达14家，使一批污染集中排放区改造为省级生态工业园区。去年全国有400多家单位获得环境污染治理设施运营资质。各地开展了80期污染治理设施运营培训，共培训技术人员近万人，通过培训，有力提高了一线操作人员技术水平，为污染减排提供了重要的技术队伍支持。

（三）全力保障奥运，为实现绿色奥运承诺作出贡献

为确保北京奥运会期间空气质量达标，全国环境科技力量共同开展了环境科技大攻关，北京、天津、河北、山西、内蒙古和山东六省（区、市）以及北大、清华、中科院、中国环科院、监测总站等地方有关部门和单位团结一心、精诚合作、共同攻关，圆满完成了奥运环境质量保障任务。特别是北京市环保部门在实现改善空气环境质量过程中，充分发挥科技标准作用，先后投入8000万元开展了北京与周边地区大气污染物输送、转化及北京市空气质量目标等重大研究项目，开展了多次大型综合立体观测，模拟演练了“保障措施”的实施效果，不断完善首都环境标准体系，先后制定实施了全国最为严格的23项地方大气污染物排放标准，取得了良好的社会环境效益。为控制机动车污染，部科技司积极协调有关部门并报国务院批准，在北京市提前实施了国四排放标准并制定了重型车、在用车、车载诊断系统等3项配套标准。为解决北京市及周边地区油气污染问题，发布了《储油库、加油站大气污染治理项目验收检测技术规范》。针对臭氧浓度超标的问题，在涉奥城市开展了臭氧监测试点工作，中国环科院、监测总站联合有关地方和科研院所开展了臭氧研究性监测，完善了有关评价技术规范，圆满完成了空气质量保障任务。生贤部长在近日召开的全国环保工作会议上对环境科技在奥运保障中的成绩给予了高度评价，他指出这是继松花江重大水环境污染事件应急处置后，全国环境科技力量进行的又一次大集结，积累了一笔宝贵的环保财富。实践证明，广大环境科技战线的干部职工经受住了考验，向党和人民交出了满意的答卷。

（四）科学应对灾害，为确保环境安全提供了技术保障

去年自然灾害频发，人民群众健康和环境安全受到严重威胁。广大环保科技工作者反应及时，处置科学，为确保环境安全作出了贡献。为应对50年未遇的雨雪冰冻灾害，我们及时组织编制了《南方雨雪冰冻灾害环境保护应对技术措施》并率先在环境报上全文发布，为消除潜在环境风险提供了技术保障。汶川发生特大地震以后，组织制定了7项应急技术规范或标准，开展了汶川特大地震灾后环境安全评估与应对措施研究，组织环保企业捐赠污染处理仪器设备，为国家应急决策、灾区恢复重建提供了重要的科技支撑和物质保障。清华大学、中国环科院等有关单位以及四川、陕西、甘肃等重灾省份的环保科技工作者，大力弘扬中国环保精神，不顾个人安危昼夜奋战在抗震救灾第一线，攻克了次生环境灾害、消毒杀虫剂危害、饮用水源地监测、堰塞湖环境风险等一个个技术难题。13个兄弟省份派出几百名环境科技监测工作者赶赴救灾现场，支援灾区的同志们，其他省份的同志们都踊跃捐款捐物，共同描绘了一幅万众一心、众志成城的感人画卷，充分展现了全国环境科技工作者团结协作、无私奉献、敢打硬仗、保障有力的良好风貌。

（五）实施三大工程，进一步夯实了科技创新能力基础

落实科技兴环保战略，实施环保科技创新工程、环保标准体系建设工程和环境技术管理体系建设工程等三大环保科技工程是全国环保科技大会确定的重大举措。一年来，各项工程取得积极进展，环境科技创新能力显著增强。

一是环保科技创新工程再创佳绩。国务院审议通过《水专项实施方案》后，全国各地环保部门、科研院所积极行动起来，配合水专项管理办公室开展了广泛深入的调研论证工作。目前，已论证通过了32个项目、225个课题，其中2008年度中央财政投入4.8亿元，启动21个项目、105个课题。同时，环保部门积极参与其他部门牵头组织实施的“转基因生物新品种培育”、“高分辨率对地观测系统”等科技重大专项，分别申报经费约2000万元和1.4亿元。公益项目、支撑项目以及其他科研项目共落实中央经费近4亿元。有48个项目获得2008年度环保科技奖，其中中国环科院牵头的《生态环境质量评估技术与典型地区研究》获国家科学技术奖二等奖。地方各级环保部门多方筹措资金，加大了科研投入，山东、陕西分别争取省财政支持3000万元和1000万元，围绕当地环保重点工作，开展环境科研和技术示范，管理水平和创新能力都有较大提高。

二是环保标准体系建设工程成绩斐然。全年共完成123项国家环保标准的制修订工作，现行国家环保标准数量突破1100项。其中，声环境质量标准和工业企业、社会生活噪声排放标准及铁路边界噪声标准修改方案，一揽子解决了长期困扰我国环境噪声监管工作的一些老大难问题，规范和促进了噪声污染防治工作。地方环保标准管理体制进一步理顺、思路进一步明确、力度进一步加大。广东省建立了由省环保局立项制订、省质检局联合审查、省政府批准发布的地方环保标准职责分工和管理程序，理顺了环境标准管理体制。河北、上海、山东分别制定了当地环保标准规划，内蒙古、黑龙江、吉林、上海、福建等省市发布了一系列地方环保标准，形成了具有地方特色的标准体系。辽宁承担了近百项国家环保标准的制修订工作，浙江组织开展了13项国家环保标准培训，取得了良好效果。

三是环境技术管理体系建设工程取得积极进展。完成了首个《环境保护技术发展评估报告》，编制了火电、钢铁等13个行业最佳可行技术导则和水泥、印染等19项工程技术规范，强化了环境技术对环境管理的支撑作用，有效地引导了环保产业发展。积极协调财政部门建立政府绿色采购制度，更新了政府绿色采购产品名录，新增5项环境标志产品标准。组织举办了国际环保展览、环境友好型社会成果展览等大型活动，与韩、日、美、欧等国家和地区环境技术和环保产业交流与合作取得积极进展。

各地认真落实《国家环境技术管理体系建设规划》要求，结合当地实际，开展新技术新工艺推广示范，发布当地鼓励发展的环境技术和环保产品名录，加强清洁生产技术培训，引导社会和企业进行技术研发，进一步提高了污染防治的技术水平。

（六）落实以人为本，为解决影响人民群众健康的突出环境问题提供科技支撑

去年，国家加大了环境健康工作的投入，重点流域、区域环境健康调查取得了初步成果，并为环境管理提供了有力支持。在落实“以奖促治”政策、综合整治农村环境工作中，基于我部环境健康调查有关结果，有600个环境问题突出的村庄得到治理，400万群众直接受益，其中近百个环境健康问题比较突出的村庄得到了重点整治。为落实国务院的统一部署，我部继续会同卫生部在沿淮四省政府和环保部门支持下开展流域环境健康调查，初步明确了部分癌症高发地区环境状况，筛选出了优先控制污染物名单，提出了淮河流域环境与健康综合监测体系建设思路。完成了环境健康战略研究，初步构建了到2050年我国环境健康战略的框架，提出了战略重点、优先行动和保障措施。环境健康基础工作取得进展，编制完成了化学污染物环境健康风险名录，建立了环境污染相关健康损害案例数据库、可吸入颗粒物（PM2.5）对儿童呼吸系统健康影响调查、镉污染区环境与健康调查等，为进一步推进工作奠定了基础。

各地环保部门认真落实《国家环境与健康行动计划》，积极探索工作思路，取得了可喜的进展。陕西、河北、广东等地举办了环境与健康论坛，黑龙江省厅经过深入调查研究，制定了本省环境与健康行动计划，深圳市局开展了环境健康公害防治预案研究，积极探索多部门联动的环境污染危害健康风险评估制度，大连市局开展了内分泌干扰物、人居环境与癌症发病诱因等研究项目，为防治污染、保护人体健康提供了技术支持。

部党组对科技工作高度重视，在部机关“三定”实施方案中加强了科技司机构、职能和编制，在科技司原有职能的基础上，增加了应对气候变化综合协调、新型环境问题风险评估等职能，明确了循环经济、清洁生产归口管理职责等，增加了一个处，4名行政编制，有力地保障了科技兴环保战略的实施。

总的来看，去年环保科技工作取得的成绩是令人骄傲和自豪的。这是各级环保部门领导高度重视、广大环境科技工作者团结进取、努力奋斗的结果。当然在看到成绩的同时，我们也要清醒地看到，当前环保科技工作还处于爬坡阶段，环境科研经费、基础条件、人才队伍等还比较薄弱，还存在许多困难和不适应环保事业发展的问题。我们一定要谦虚谨慎、戒骄戒躁，在探索环保新道路的征程上，解放思想，锐意创新，站在新的起点上，争取更加优异的成绩。

二、2009年主要任务

2009年是深入贯彻落实科学发展观的一年，也是实现“十一五”环保目标和任务的关键一年。环保科技工作的总体思路是：深入贯彻落实科学发展观，大力实施科技兴环保战略，全面落实全国环保工作会议部署和要求，夯实工作基础，科学谋划思路，增强创新能力，为探索环保新道路提供强有力的科技支撑。重点抓好以下六个方面的工作：

（一）未雨绸缪，科学谋划“十二五”科技发展思路

“十一五”已过大半，今年是实现环保科技规划目标的关键之年、攻坚之年。我们既要客观评估规划执行情况，又要及早谋划“十二五”工作思路。评估规划执行情况要实事求是，体现科技特色，分析总结规划实施的成功经验和存在的主要问题，提出后两年加快规划实施的针对性措施。一是要全面总结分析科技规划确定的10个优先领域、33个重点主题和60亿投入的落实情况、科技成果的产出情况以及对环境管理的支撑情况等。二是要全面评估环保标准规划所确定体系的科学性、适用性和完整性，认真总结近年来出现的流域特别排放限值、标准族等经验做法。三是要充分肯定环境技术管理体系建设规划的首创精神，侧重借鉴国外发达国家的做法，研究规划的阶段目标和保障措施的落实情况。

在科学评估的基础上，要充分运用环保科技战略研究取得的初步成果，动员各方力量，以更加宽广的视野，积极研究环境保护新道路涉及的重大科技问题，积极探索科技含量高、资金投入少、环境效益好的治理模式，丰富拓宽“十二五”环保科技规划思路和领域。要按照“自主创新、重点跨越、支撑发展、引领未来”的指导方针，围绕国家和地方主要环境目标，找准阻碍国家和地方环保事业发展的重大问题，从中提炼出更加广泛的重大科技需求和更有针对性的研究主题，提高规划的前瞻性、针对性、可操作性。“十二五”科技工作思路和科技发展规划对编制国家环保规划具有重要支撑和导向作用，希望全国环境科技工作者继续发扬抗震救灾和中国环保精神，像举国办奥运一样，共同把这项事关环保事业发展全局的大事办好。

（二）健全体系，进一步提高污染减排的科技含量

2009年是完成“十一五”减排任务的冲刺年。要全面落实国务院节能减排综合性工作方案，组织科研力量进行攻关，不断提高污染减排的科技含量。要针对目前实现污染减排目标的严峻形势，面向污染源头控制、总量削减、达标排放和改善生态环境等环节的科技需求，逐步建立比较完备的污染减排环保科技支撑体系。要全面开展污染物分析方法标准制修订工作，重点开展污染减排“三大体系”建设急需的污染源监测监控、信息交换传输、监测仪器设备、环境标准样品、监测数据质量控制等标准和技术规范的制订工作。特别要适应开展氮氧化物排放削减和控制的需要，尽快制订氮氧化物排放标准，出台氮氧化物污染防治技术政策。要开展污染防治技术调查评估，筛选重大节能减排技术，重点开发钢铁、石化、有色、建材等高污染行业的污染物削减技术，攻克一批技术难题，为实现污染减排目标提供技术支持。

（三）力争突破，全面提高水污染防治的科技支撑

水专项的成败关系到我国水污染防治能否实现重大突破。要按照让江河湖海休养生息的战略要求，围绕重点流域水污染防治规划和饮用水源地保护规划确定的任务和目标，根据国务院批复的水专项实施方案的总体部署，加强领导，狠抓落实，确保水专项开好头、起好步、布好局，力争拿出突破性技术成果。要通过实施水专项，搞清水污染对经济、社会发展的主要制约因素，基本阐明我国区域性、流域性重大水环境问题形成的机理和机制，以解决关键技术为核心，攻克一批具有全局性、带动性的饮用水安全保障技术、水污染治理关键共性技术，并通过开展区域、流域水污染治理技术集成与示范，全面推进水污染防治工作。

当前，专项组织实施处于非常关键的开局起步阶段，今年将有11个项目、118个课题启动实施。各地环保部门要发挥牵头作用，加大组织实施工作力度，采取切实措施，为顺利推进专项实施工作提供有力保障。要按照国务院统一要求，加强组织领导，落实机构人员、保障条件和配套资金，切实把重大项目组织好、实施好。

（四）完善标准，提高重点行业企业污染防治技术水平

今年要在完善标准体系上下功夫，在强化技术引导中见成效。要全面评估现行的环境质量标准及其实施体系，完善水和大气环境质量标准，更新土壤环境质量标准。要按照科学、合理、先进、全面的总体要求建设新的污染物排放监控标准体系，加强相关标准之间的协调、联动、配合，重点制修订钢铁、有色、化工等行业排放标准、最佳可行技术导则和污染防治技术政策，提高排放控制技术水平。要针对环境敏感流域区域制定特别排放限值，特别是要尽快启动三峡库区化工行业排放标准编制工作。监测管理职能调整后，标准工作更要加大监测标准、规范的组织制修订力度，一如既往地为监测管理提供技术支持。

要继续筛选发布先进污染防治技术示范名录和鼓励发展的环境保护技术目录，发布12-15项重点行业工程技术规范。加大新技术新工艺推广示范力度，开展污染治理市场化试点，引导企业开展自主创新，提高污染治理水平。要继续扩大绿色采购产品种类，更新绿色采购清单。要积极推进清洁生产，发展循环经济，对传统产业实行生态化技术改造，从生产源头和全过程减轻环境污染，提高资源、能源利用效率。鼓励环保科研院所、企业、各类高校和环境科学学会、环保产业协会等，广泛开展环境科技成果推广活动。继续落实环境保护重点实验室和工程中心建设规划，通过各种途径建设一批重点实验室、工程技术中心、环保科普基地，研发推广环保产品和治理技术，创造更加富有成效的产学研技术创新体系，不断提高污染防治技术的整体水平。

（五）开展调查，为解决影响群众健康的突出环境问题提供支持

要按照理清思路、科学决策、把握重点、夯实基础、加强宣传的总体思路推进环境与健康各项工作向前发展。一是按照《国家环境与健康行动计划》的总体部署，充分提炼和运用环境健康战略研究的成果，编制环保系统未来十年环境健康发展规划。二是以大气环境与健康为内容开展环境与健康宣传周活动，会同卫生部办好第四届国家环境与健康论坛，广泛开展理论和技术交流，提高社会各届环境健康意识，争取更加广泛的理解与支持，扩大环保部门开展环境健康工作的社会影响。三是继续加强环境健康基础工作，组建环保部门环境与健康专家委员会，开展重点地区环境污染与健康损害状况调查，继续完善污染物环境健康风险名录。

这里我要特别强调，淮河流域环境健康调查要进一步加快工作进度，全面完成流域环境污染状况调查，完善环境与健康综合监测体系，争取早日向国务院提出结论报告。国务院领导非常重视这项工作，下了很大的决心，投入了巨大财力，如果搞不好，不仅时间耽误了，财力损失了，更重要的是关系到环保部门的形象，影响到环境健康工作的长远发展，出不了成果，我们将愧对国家与人民！希望沿淮四省的同志们和项目牵头单位的同志们一定要树立强烈的危机意识，进一步统一思想，提高认识，振奋精神，努力工作，向党和人民交出一份满意的答卷。

（六）立足环保，增强应对气候变化的工作能力

参与应对气候变化是环保部门的一项主要职责。根据国家气候变化领导小组的工作分工，环保部门主要负责有利于应对气候变化的环保工作。去年，部里对这项工作进行了职能调整，明确由科技司归口负责。这项工作的基础很薄弱，比如哪些是有利于应对气候变化的环保工作，环保部门参与应对气候变化的抓手是什么等问题，都需要大家认真思考和研究。要尽快成立部应对气候变化领导小组和专家委员会，制定并颁布关于加强应对气候变化工作的指导意见和落实应对气候变化国家方案的行动计划，明确环境保护部应对气候变化工作的方向和重点。今年要按照部党组提出的“夯实基础、立足环保、做大做强”的总体部署，理顺工作机制，整合内部资源，强化归口管理部门统筹协调职责，积极参与气候变化对外谈判，参与审核清洁发展机制（CDM）项目，开展气候变化基础研究。地方各级环保部门对此一定要高度重视，有充分的思想准备，进一步加强组织领导，形成上下合力，初步打开工作局面。

三、提几点要求

（一）抓住机遇，进一步加强环保科技机构队伍建设

今年是地方机构改革年。各级地方环保部门要进一步加强对环保科技工作的领导，在机构改革中，要把科技兴环保战略落实到加强科技、标准、技术等管理职能上，落实到加强科技机构队伍建设上，以适应日益繁重的科技管理任务的需要。

从根本意义上讲，经济靠科技，科技靠创新，创新靠人才。人才特别是杰出人才是最宝贵、最重要的战略资源。要通过环保人才培养规划，建立有利于激励自主创新的科研人才评价和科研成果奖励制度。要重视发现和培养一流科学家和学科带头人，环保系统要多出院士级领军人才。要大力培养青年科技人才，打破论资排辈的陈规陋习，鼓励年轻人勇于探索、勇于创新、勇于超越，让更多优秀青年科技人才脱颖而出。要进一步扩大环保科技奖评选范围，对更多的优秀科技成果实行奖励，调动广大科研人员的积极性。

（二）深化改革，提高环保科研院所综合竞争能力

目前环境科研院所整体能力相对较弱，相当一部分院所力量较弱，高水平的研究成果较少，科技创新能力差，还不能完全适应所面临的形势和任务的要求。仍然有一部分环境科研机构的工作游离于环境管理和污染治理之外，主要精力搞环评创收，而不是搞科学研究，有的甚至出现了违法腐败的问题。有一定面向市场能力的研究院所“小富即安”的思想比较浓厚，项目层次和科研水平上不去。这些问题，已经成为环境科研院所做大做强的阻碍，必须引起各级领导的高度重视并通过深化改革逐步解决。

环境科学研究是社会公益性研究，环境科研机构总体上讲是非营利性科研机构。今后环保科研院所科技体制改革要按照国家的有关要求进一步狠抓落实，加快进度。部直属、省及力量较强的重点城市科研院所，要通过重组、改造、整合，在调整结构、分流人员的基础上，按非营利性机构运行和管理。以环境技术开发和工程为主的应用型环境科研机构，包括部分省级和重点城市环境科研院所要转制为科技型企业。地市级环境科研机构除少数科研力量较强外，多数以环境评价、测试服务、科技咨询等为主的院所，包括确定为非营利性科研机构中从事环境科技咨询业务的部分，原则上要转制为企业性质的环保科技中介服务机构。“站所合一”的地市级环境科研机构应以监测业务为主。能否作为非营利科研机构取决于自身特点和当地环保工作需求。要通过改革，优化调整资源整合，使科研院所真正以科研为中心开展相关工作，切实做大做强，提高综合竞争能力。

（三）加大投入，夯实环境科技创新能力基础

科技投资是战略性投资，要舍得在科技上花钱。近年来，财政部、科技部在环境科技、标准等方面给予我部大力支持。各级环保部门也要紧紧抓住拉内需、保增长带来的发展机遇，千方百计筹措资金，加大对环保科技的投入，增强环保科研院所的基础能力。要鼓励和引导企业加大环保技术和产品的研发投入，增强保护知识产权意识，维护市场公平竞争，保护企业自主研发的积极性。

要加强同科技、发展改革等部门的沟通和对接，争取建设国家实验室、重点实验室和野外观测台站等大型科技基础项目，为科学研究、技术创新和野外实验提供物质基础。各省、自治区、直辖市环保部门要抓好1-2个为环境管理服务的公益性科研单位建设，建立省级环境科研重点实验室和工程技术中心。

（四）解放思想，不断开创环保科技工作新局面

在学习实践科学发展观过程中，我们对环保科技工作进行了认真剖析总结，总体来看，广大环境科技工作者勇于开拓、思想解放，主流是好的。但是也有些地方，个别同志不愿当马前卒，而甘为马后炮；有的满足靠政策吃饭，不愿意搞科研，不想出成果；有的同志工作没激情，思路窄、办法少，习惯于“文件套文件”，不敢突破“惯例”，不敢超越“本本”。这些问题不同程度地影响了环保科技事业的快速发展。

解放思想的精髓，就是打破习惯势力和主观偏见的束缚，研究新情况，解决新问题，使思想和实际相结合，使主观和客观相符合，创造性地工作。我们取得的成绩全靠解放思想。在今后的工作中要取得新成绩，还是要靠解放思想。各级环境科技工作者一定要勤学习、善思考、勇实践、敢创新，打破习惯势力和主观偏见的束缚，突破狭隘意识，树立世界眼光，加强战略思维，准确判断形势，清醒面对挑战，敏锐抓住机遇，把解放思想贯穿到各项事业尤其是重点工作中去，把它作为推动环保科技发展的动力源泉，作为破解环境难题的强大武器，以思想的大解放促进环保科技事业的大发展。

同志们！探索中国特色环保新道路任重而道远，正所谓“路漫漫其修远兮，吾将上下而求索”。让我们紧密团结在以胡锦涛同志为总书记的党中央周围，解放思想，改革创新，迎难而上，真抓实干，积极推进环境保护的历史性转变，努力开创环境科技工作新局面，为实现“十一五”环保目标，促进经济社会科学发展而努力奋斗。

LAW ENFORCEMENT YEARBOOK OF CHINA ENVIROMENT PROTECTION

2008 — 2009

重大会议、活动

重大会议、活动

绿色中国第十四届论坛深圳举办 潘岳：期待珠三角地区率先推行环境经济政策

北京9月12日，环境保护部副部长潘岳在深圳召开的“绿色中国第十四届论坛”上，向新闻界通报了半年以来环境经济政策取得的阶段性进展，并表示对珠三角地区率先推行环境经济政策、实现绿色发展充满了期待。

环境保护部副部长潘岳致词中表示，今年以来，中国凭借强大的国家实力和高效的社会动员机制，战胜冰雪和地震等自然灾害，成功举办了奥运会，焕发了民族自尊自信。当前环保事业面临的主要挑战，就是如何运用这一“集中力量办大事”的体制优势，集合各相关部门之力，建立一个综合行政、经济、法律等手段的新型环境管理制度，尽快遏制和扭转污染恶化的局面。建立环境经济政策体系就是一个很好的突破口，因为这是全球经济发展模式转型与环境运动的大势所趋，更是落实科学发展观的必然要求。潘岳强调，环境部将坚决推进环境经济政策的制定和执行，并配合以环保法规的强力执行、环保监管体制的改革创新，决不纸上谈兵。

潘岳指出，在过去的一年里，绿色信贷、绿色保险、绿色证券、绿色贸易四大政策已经陆续颁行，勾画出了中国环境经济政策的基本框架：

绿色信贷方面，今年以来环保部已向人民银行征信系统提供了3万多条企业环境违法信息，各商业银行以此为依据对部分违法企业采取停贷或限贷措施。环保部已经与世界银行国际金融公司合作，引入了63个行业的环保指南作为绿色信贷的指导。

绿色保险方面，环保部已经会同保监部门，组织江苏、湖北、湖南、上海、宁波、沈阳、苏州等地环保部门和保险公司开展试点；其中中国人保、平安保险等保险公司已经在开发相应产品，在合理确定责任范围，分类厘定费率方面取得了积极进展。

绿色证券方面，今年以来环保部污染控制部门已经完成38家公司的环保核查，其中20家未通过首次核查，阻止了总值上百亿的重污染项目融资，未通过率超过50%。各证券公司也积极响应，上海证交所于今年5月专门发布了《上市公司环境信息披露指引》。

绿色贸易方面，环保部于去年六月建议退税的50多种“双高产品”，当前出口量已经下降了40%。商务部财政部和税务总局都将其采纳进禁止加工贸易名录和取消出口退税的商品清单中。另外，环保部正争取与有关部门编制中国对外投资环境保护指南等指导性文件，引导和规范中国海外投资企业的环境行为。

此外，环境税政策也已经正式启动联合研究；环境收费、生态补偿、排污权交易三项政策也处在先期调研中。

潘岳坦言，虽然几项环境经济政策取得了一些进展，但必须承认，政策的制定、执行与预期效应的获得之间，存在着不小的距离，也有着技术上的困难和利益冲突引发的种种障碍。但是，这并不会改变环保部通过环境经济政策来综合治理环境问题、促进社会可持续发展的决心。

潘岳同时表达了对珠三角地区率先推行环境经济政策、打造绿色经济发展区域的热切期待。他说，改革开放三十年来，深圳和整个珠三角以超常规的工业化和城镇化速度成长为世界级的制造业基地和中国的经济引擎之一。但珠三角也付出了沉重的资源环境代价，造成了整个区域水和大气的严重污染。作为先发地区，珠三角能否在政策和机制上继续先行一步，在全国率先试验与主体功能定位相协调的环境经济政策，率先实行干部环保业绩考核，率先建立统一协调的环境监管机制率先率先实行严格的环保准入措施，率先开展规划环境评价，率先实施生态补偿等工作机制，率先走出一条经济发展和环境保护相协调的新路子，对全国真正实现科学发展观都具有十分重要的示范意义。

来自珠三角地区的企业界、学术界、环保界代表以及全球20多个地区的商会代表260多人参加了本届论坛。

李干杰在《循环经济促进法》座谈会上强调 加大生态工业园区支持力度

全国人大法律委、环资委、常委会法工委会同国务院有关部门日前联合召开《循环经济促进法》座谈会。环境保护部副部长李干杰在座谈会上强调，《循环经济促进法》是环境保护实现历史性转变的重要法律保障，当前，要加强各部门的联动和合作，深入研究《循环经济促进法》实施面临的问题。

李干杰说，这部法律弥补了我国相关领域的法律真空，但法律实施目前还存在着一些问题，迫切需要尽快解决。

一是与现行环保法律法规的衔接和配套政策的制定问题。《循环经济促进法》与环境保护法律体系关系非常密切，其中许多环境保护的理念和制度，已经在相关法律法规中体现。但现行环境保护法规中，有些还未充分体现循环经济3R原则，特别是源头控制思想。建议对相关环境保护法规与《循环经济促进法》的衔接进行研究，同时加快研究和建立循环经济和防治“二次污染”的标准体系和环境技术政策。

二是废物回收和资源化产业(静脉产业)管理问题。我国废物回收和资源化产业(静脉产业)目前仍处于粗放型发展阶段，管理体制不健全，市场不规范，容易造成“二次污染”，先进技术难以推广和集成，有待通过深入调研，制定科学的管理体制和发展规划，从宏观上指导我国静脉产业的健康发展。

三是部门协作和投入问题。《循环经济促进法》对部门职能职责的规定较笼统，不利于法律的实施。按照循环经济工作的部门分工，国家发改委主要推进省(市)和重点企业的循环经济试点，环境保护部联合商务部、科技部共同推进工业集中区的循环经济试点工作，即生态工业园区建设。但目前这项工作资金投入支持渠道不畅，缺乏引导性专项经费支持，各工业园区生态工业建设规划编制、亟待支持的补链项目、重点循环经济项目等均没有专项经费支持。建议国家有关部门加大对这项工作的支持力度。

全国绿色保险试点取得阶段性进展

环境保护部副部长潘岳近日向新闻媒体通报了环境污染责任保险工作进展情况。在环境保护部、保监会大力推动下，各地稳步推进环境污染责任保险试点工作，在部门协调、立法推动、市场运作等方面迈出可喜步伐，湖南、江苏、湖北、宁波、沈阳等省市试点工作取得成效，全国首个污染责任保险理赔事件圆满完成，绿色保险取得了阶段性进展。

潘岳说，为全面落实科学发展观，建立适应社会主义市场经济的环保长效机制，针对我国进入污染事故高发期的现实，扭转“污染企业获利、损害大家埋单”的局面，2007年12月，环境保护部与中国保监会联合出台《关于环境污染责任保险工作的指导意见》，正式启动了绿色保险制度建设。《意见》提出在“十一五”初步建立符合我国国情的环境污染责任保险制度，在重点行业和区域开展环境污染责任保险的试点示范工作，以生产、经营、储存、运输、使用危险化学品企业，易发生污染事故的石油化工企业、危险废物处置企业等为对象开展试点。

潘岳介绍，《意见》发布一年来，许多地方环保和保监部门，以及保险行业积极行动起来，各地结合控制污染风险、保障环境安全的实际需要，组织开展试点工作。湖南、江苏、湖北、宁波、沈阳等省市的工作已取得了明显成效。湖南省在2008年推出了保险产品，确定了化工、有色、钢铁等18家重点企业，积极引导并组织保险机构主动上门说明，做好服务工作。湖南株洲某农药公司2008年9月初购买了平安公司环境责任保险产品，2008年9月底发生了氯化氢泄漏事故，污染了附近村民的菜田。平安保险公司依据“污染事故”保险条款，及时向120多户村民赔偿损失，避免了矛盾纠纷，维护了社会稳定。目前湖南试点的18家企业已有7家投保，其他企业也表示将积极参加。

江苏省2008年8月推出了船舶污染责任保险，交通、环保、保监等部门推动，由人保、平安、太平洋和永安4家保险公司组成共保体，承保2008至2009年度江苏省船舶污染责任保险项目。湖北省于2008年9月，启动了环境污染责任保险试点工作，在武汉城市圈范围进行试点，其中，武汉市专门安排200万资金作为政府引导资金，为购买保险企业按保费50%进行补贴。宁波市已有4家保险公司开展了环境污染责任保险业务，并在危险品运输、化工园区开展试点。

沈阳市率先在地方立法实现突破，在将于2009年1月1日起实施的《沈阳市危险废物污染环境防治条例》中明确规定，“支持和鼓励保险企业设立危险废物污染损害责任险种；支持和鼓励产生、收集、贮存、运输、利用和处置危险废物的单位投保危险废物污染损害责任险种”。

在地方大胆探索实践的基础上，环境保护部与中国保监会联合于2008年11月，召开环境污染责任保险试点工作座谈会，邀请试点省市环保、保监部门以及各主要保险公司代表参会，总结了一些地区试点工作的经验和问题，对下一步工作重点和方向达成共识。

关于下一步推进环境污染责任保险工作，潘岳副部长指出，一是本着“政府支持、政策引导、市场运作、立法推动”的基本原则，突出重点、先易后难，先行试点、逐步扩大；二是近期的工作重点是要提出试点工作方案，并抓紧研究提出污染损害的赔偿标准，开发符合实际需要的产品。为此，环境保护部于2008年12月向各地环保部门印发了《环境污染事故调查表》、《环境污染事故损失明细表》，逐步建立和完善基础数据库；三是在易发生污染事故的企业、储存运输危险化学品的企业、危险废物处置的企业、垃圾填埋场、污水处理厂和各类工业园区等领域开展试点。各地可结合当地污染治理和污染事故防范工作的重点，以及环境敏感性等，选择开展试点的重点行业、重点区域和重点企业，也可以选择新的领域；四是国家和地方各级环保要积极研究制定相关保障措施。继续推动相关立法，在国家和地方相关立法中写进环境责任保险的条款；研究提出对投保企业给予税收等方面的优惠政策，减轻企业负担；研究对开展环境污染责任保险业务的保险公司给与税收优惠支持政策。

潘岳副部长强调，目前环境污染责任保险还是一新生事物，全面推进还面临着认识不到位、相关法律不健全、实施的相关标准缺乏、企业的承受能力等诸多问题。但是，我们坚信，运用责任保险这一市场机制来遏制污染、减轻风险，符合科学发展观的要求，是一项有生命力的环境保护长效机制，也是各方多赢的有效经济手段，环保部门将不遗余力地积极探索并坚持下去。

2月2日世界湿地日：从上游到下游，湿地连着你和我

今年2月2日是第13个世界湿地日，其主题为“从上游到下游，湿地连着你和我”，旨在呼吁人们关注河流流域，共同保护流域的生态环境。

湿地与森林、海洋并称全球三大生态系统，包括沼泽、泥炭地、湿草甸、湖泊、河流、滞蓄洪区、河口三角洲、滩涂、水库、池塘、水稻田以及低潮时水深不超过6米的海域地带等。由于兼具陆地生态系统和水生生态系统的特点，湿地是地球上生产力最高的特殊生态类型，具有保持水源、净化水质、蓄洪防旱、调节气候、美化环境和维护生物多样性等重要生态功能。湿地也因此被誉为“地球之肾”、“天然水库 ”和“天然物种库”。联合国环境署2002年的权威研究数据显示，1公顷湿地生态系统每年创造的价值高达1.4万美元，是热带雨林的7倍，是农田生态系统的160倍。

然而，随着人类社会经济的发展，全球湿地不断遭到过度开发和破坏。为加强对湿地的保护和利用，1971年2月2日，来自18个国家的代表在伊朗南部海滨小城拉姆萨尔签署了《关于特别是作为水禽栖息地的国际重要湿地公约》（简称《湿地公约》）。这一公约于1975年12月正式生效。为了纪念这一创举，并提高公众的湿地保护意识，1996年《湿地公约》常务委员会第19次会议决定，从1997年起，将每年的2月2日定为世界湿地日。目前，《湿地公约》已成为国际重要的自然保护公约之一，缔约方达158个，全球有1831块在生态学、植物学、动物学、湖沼学或水文学方面具有独特意义的湿地被列入国际重要湿地名录。

中国湿地资源丰富，单位面积大于100公顷的湿地总面积为3848万公顷，居世界第四、亚洲第一。中国自1992年加入《湿地公约》后，采取了一系列重要措施保护湿地，目前已有超过40%的自然湿地得到有效保护。

湿地概述

湿地这一概念在狭义上一般被认为是陆地与水域之间的过渡地带；广义上则被定为地球上除海洋（水深6米以上）外的所有大面积水体。《国际湿地公约》对湿地的定义是广义定义。

按照广义定义湿地覆盖地球表面仅有6%，却为地球上20%的已知物种提供了生存环境，具有不可替代的生态功能，因此享有“地球之肾”的美誉。

中国湿地面积占世界湿地的10%，位居亚洲第一位，世界第四位。在中国境内，从寒温带到热带、从沿海到内陆、从平原到高原山区都有湿地分布，一个地区内常常有多种湿地类型，一种湿地类型又常常分布于多个地区。

中国1992年加入《湿地公约》，截至目前，列入国际重要湿地名录的湿地已达30处。其实中国独特的湿地何止30处，许多湿地因为养在深闺无人识，至今仍无人问津。

地球上有三大生态系统，即：森林、海洋、湿地。“湿地”，泛指暂时或长期覆盖水深不超过2米的低地、土壤充水较多的草甸、以及低潮时水深不过6米的沿海地区，包括各种咸水淡水沼泽地、湿草甸、湖泊、河流以及泛洪平原、河口三角洲、泥炭地、湖海滩涂、河边洼地或漫滩、湿草原等。按《国际湿地公约》定义，湿地系指不问其为天然或人工、常久或暂时之沼泽地、湿原、泥炭地或水域地带，带有静止或流动、或为淡水、半咸水或咸水水体者，包括低潮时水深不超过6米的水域。

湿地是地球上具有多种独特功能的生态系统，它不仅为人类提供大量食物、原料和水资源，而且在维持生态平衡、保持生物多样性和珍稀物种资源以及涵养水源、蓄洪防旱、降解污染调节气候、补充地下水、控制土壤侵蚀等方面均起到重要作用。

湿地是位于陆生生态系统和水生生态系统之间的过渡性地带，在土壤浸泡在水中的特定环境下，生长着很多湿地的特征植物。湿地广泛分布于世界各地，拥有众多野生动植物资源，是重要的生态系统。很多珍稀水禽的繁殖和迁徙离不开湿地，因此湿地被称为“鸟类的乐园”。湿地强大的的生态净化作用，因而又有“地球之肾”的美名。在人口爆炸和经济发展的双重压力下，20世纪中后期大量湿地被改造成农田，加上过度的资源开发和污染，湿地面积大幅度缩小，湿地物种受到严重破坏。

湿地是地球上有着多功能的、富有生物多样性的生态系统，是人类最重要的生存环境之一。

湿地的类型多种多样，通常分为自然和人工两大类。自然湿地包括沼泽地、泥炭地、湖泊、河流、海滩和盐沼等，人工湿地主要有水稻田、水库、池塘等。据资料统计，全世界共有自然湿地855.8万平方公里，占陆地面积的6.4%。

历届世界湿地日主题

为了提高人们保护湿地的意识，1996年3月《湿地公约》常务委员会第19次会议决定，从1997年起，将每年的2月2日定为“世界湿地日”。每年开展纪念活动，每年有一个主题。从1997年以来历年湿地日的主题如下：

1997年世界湿地日的主题：湿地是生命之源（Wetlands : a Source of Life）

1998年世界湿地日的主题：湿地之水，水之湿地（Water for Wetlands, Wetlands for Water）

1999年世界湿地日的主题：人与湿地，息息相关（People and Wetlands :the Vital Link）

2000年世界湿地日的主题：珍惜我们共同的国际重要湿地（Celebrating Our Wetlands of International Importance）

2001年世界湿地日的主题：湿地世界——有待探索的世界（Wetlands World-A World to Discover）

2002年世界湿地日的主题：湿地：水、生命和文化（Wetlands : Water,Life,and Culture）

2003年世界湿地日的主题：没有湿地-就没有水（No Wetlands - No Water）

2004年世界湿地日的主题：从高山到海洋，湿地在为人类服务(From the Mountains to the Sea,Wetlands at Work for Us)

2005年世界湿地日的主题：湿地生物多样性和文化多样性（Culture and Biological Diversities of Wetlands）

2006年世界湿地日的主题：湿地与减贫（Wetland as a Tool in Poverty Alleviation）

2007年世界湿地日的主题：湿地与鱼类（Wetlands and Fisheries）

2008年世界湿地日的主题：健康的湿地，健康的人类(Healthy Wetland, Healthy People)

中国国家湿地公园名录

1、杭州西溪国家湿地公园
2、江苏溱湖国家湿地公园
3、宁夏银川国家湿地公园
4、湖北省神农架大九湖国家湿地公园
5、湖南东江湖国家湿地公园
6、山东滕州滨湖国家湿地公园
7、广东星湖国家湿地公园
8、辽宁莲花湖国家湿地公园

杜邦杯环保摄影展在京举办 潘岳出席开幕式

“第二届杜邦杯环保摄影展”今日在北京大学百年讲堂揭幕。环境保护部副部长潘岳出席了摄影展开幕式。

此次摄影展共收到来自全国各地、各界摄影爱好者及大、中、小学生的作品2033幅。经有关专家认真评选，共有136幅作品入选参展。其中，获得特等奖作品的有《节能减排第一爆》、《向往蓝天》等；获得一等奖作品的有《乡间剧场》、《遗鸥》、《饮水之患》、《风能》、《快乐家园》、《清淤》、《喜归人间》等；另外还有15幅作品获得了二等奖，37幅作品获得了三等奖。

“杜邦杯”环保摄影展已经举办了两届，今年摄影展的主题为“污染减排与生态文明”。展览内容共分两大类，一类为警示类，主要曝光有悖生态文明、破坏环境友好的行为和现象；另一类是示范类，主要展示环境保护、污染减排、生态建设做得好的成功范例。

本届环保摄影展由杜邦中国集团有限公司独家资助。杜邦中国集团有限公司与中国环境新闻工作者协会合作开展“杜邦杯”环境主题系列活动已经持续了11年。目前，这项活动已成为国内环境新闻领域的重要环境公益活动之一。此次“杜邦杯”环境宣传活动首次走入百年北大校园，就是为了激励大学生今后成为促进环境保护和可持续发展的关键力量。

本届摄影展由中国环境新闻工作者协会主办，杜邦中国集团有限公司协办。中华全国新闻工作者协会副主席、党组书记翟惠生，中国环境新闻工作者协会秘书长、亚太环境记者协会副主席刘国正，环境保护部宣教司副司长刘友宾、杜邦中国集团有限公司副总裁李青等出席了开幕式。

首届环境与健康宣传周启动 吴晓青出席并致辞

10月15日，以“水与健康”为主题的首届“中国环境与健康宣传周”活动在京启动。环境保护部副部长吴晓青出席启动仪式，他在致辞中指出，饮水安全事关国运民生。生命之水，期待每个人用心呵护，确保饮水安全，需要大家的共同努力。

吴晓青说，我国人多水少，以有限的水资源和脆弱的生态环境，支撑着世界上最大规模的人口开展最大规模的经济活动。饮水安全事关国运民生，党中央、国务院高度重视水环境安全和污染防治，将其作为可持续发展战略的重点任务。多年来，环境保护部本着对国家可持续发展事业负责、对人民群众负责、对子孙后代负责的态度，采取了一系列措施，大力加强水环境治理工作。目前，我们已取得了初步成绩，但同时我们也清醒地认识到饮水安全形势依然严峻，保障饮水安全，让群众喝上放心水是当前污染防治工作的重中之重。

首届“中国环境与健康宣传周”活动由中国农工民主党中央委员会、环境保护部、教育部、水利部、卫生部、国家广播电影电视总局联合主办，中华环保基金会协办。全国人大常委会副委员长、中国农工民主党中央主席桑国卫在启动仪式上表示，多部门联合开展宣传周活动，旨在搭建一个高层宣传平台，宣传党和国家的政策，倡导人与自然和谐相处的理念，宣传保护环境对人类健康的意义，增强人民群众投身环保事业和人民健康事业的力量和信心。

借鉴管理经验 促进产业发展 第三届中德环境论坛将举办

由中国环境保护部，德国联邦环境、自然保护与核安全部，广东省人民政府，德国经济亚太委员会联合主办的“第三届中德环境论坛”将于今年6月18-19日在广东省佛山市举行。本届论坛的主题是“环境技术与产业发展”，目的是推动两国政府、学术团体、企业间进行广泛交流与合作，促进环境技术的开发、应用和转移。环境保护部副部长吴晓青出席筹备工作会议并讲话。

吴晓青指出，在当前经济形势下，中德双方举办第三届环境论坛具有十分重要的意义。德国作为环保产业强国，在环保技术和设备方面具有优势，而且绿色产业非常发达，尤其是在循环经济、新能源等方面，不仅对国民经济增长贡献巨大，而且为社会创造了大量就业机会。而我国环保技术水平相对落后，绿色产业规模较小，德国的发展经验具有一定借鉴意义。中德环境论坛作为双边合作的重要平台，有利于促进中德两国政府间环保领域的交流与合作，有利于动员各方面资源，大力推行环保技术创新，共同推动中国环保事业发展。

吴晓青强调，通过中德环境论坛可以使德国先进的环境管理经验和理念对我国的环境管理和技术管理提供借鉴；通过引进德国的先进环保技术和设备，或者通过技术合作等方式，解决我国存在的突出环境问题，促进相关工业实现跨越式发展；加深双方理解，建立多种形式的投融资合作机制，在环保、能源领域开展全方位的合作；通过举办论坛，宣传我国在环境保护方面的工作，扩大在国际上的影响，树立我国负责任大国的形象；通过展览会这个平台，为中德企业牵线搭桥，提供一对一的商业洽谈、签约或意向性协作，促进中德企业间的广泛交流，推动两国在环保和经济领域的合作。

据悉，中德环境论坛期间，中德两国政府相关部门、学术机构和企业代表将在水和大气的污染防治、循环经济与固体废物应用、新能源的发展与利用、环保市场融资等领域开展交流。同时，会议提供的一对一商业洽谈将为促进中德两国企业间的合作与交流搭建有效平台，也为巩固、深化中德两国政府间合作提供有力保障。

中国环境与发展国际合作委员会2008年年会在北京举行

中国环境与发展国际合作委员会2008年年会12日在北京举行。中共中央政治局常委、国务院副总理李克强出席开幕式并讲话。他指出，中国将继续把环境保护放在突出的战略位置，把加强生态环境建设作为扩大内需的重要措施，促进民生改善和发展方式转变，保持经济平稳较快增长，实现经济社会全面协调可持续发展。

李克强指出，国际金融危机是一个重大挑战，但积极应对、主动转型、有力行动，也可以转化为推动经济结构调整和发展方式转变的有利机遇。进一步加强生态环境建设，是扩大内需、培育新的经济增长点的重要措施，也是促进节能减排、保障和改善民生的有效途径。要把扩大内需、促进增长同优化结构、产业升级结合起来，切实加大生态环境保护建设的工作力度。

李克强介绍说，为抵御国际经济环境对我国的不利影响，中国政府对宏观经济政策作出重大调整，实行积极的财政政策和适度宽松的货币政策，采取更加有力的措施扩大国内需求，加快民生工程、基础设施、生态环境建设和地震灾后重建，千方百计增加居民收入，提高消费能力，促进经济增长。中国经济具有应对风险的能力和强劲活力，有条件把平稳较快发展的好势头保持下去。

李克强说，中国把保护环境确立为一项基本国策，把实施可持续发展作为一项国家战略，环境保护从认识到实践都发生了重要转变。在经济快速增长的同时，环境污染和生态破坏加重的趋势有所减缓，部分地区和城市环境质量有所改善。去年以来，全国化学需氧量和二氧化硫排放量开始实现双下降，污染减排实现历史性突破。中国为加强环境保护作出了巨大努力。

李克强指出，中国是世界上最大的发展中国家，正处于工业化、城镇化深入发展的阶段，发展经济的潜力巨大，保护环境的任务十分繁重。面向未来，我们将坚持走科学发展道路，在发展中保护，在保护中发展，促进经济社会与资源环境协调发展；坚持建设生态文明，加快形成有利于节能环保的产业结构、生产方式和消费模式，实现人与自然和谐相处；坚持以人为本、环保为民，着力解决影响群众健康的突出环境问题，使人民在良好的环境中生产生活。

李克强说，当前和今后一个时期，中国将进一步加大投入力度，加快城镇治污设施、重点流域水污染防治工程、国家十大重点节能工程、重点防护林和天然林保护工程建设。鼓励技术创新和推广，支持发展节能环保产业和循环经济，深入开展全民节能环保行动，使环境保护不断取得新成效。特别是推进相关改革，抓紧理顺重要能源资源产品的价格关系，建立健全能够反映市场供求关系、资源稀缺程度、有利于环境保护的体制机制，促进清洁发展和可持续发展。

李克强强调，解决好我国的环境发展问题，不仅是13亿人民的福祉所在，也是对全球可持续发展的重要贡献。中国将积极参与国际环保多边双边合作，特别是加强环保技术、管理、人才等方面的合作，丰富合作内容，提升合作水平，实现共同发展。在世界经济增长明显放缓的情况下，国际社会应对气候变化的决心不能动摇，行动不能松懈。我们将坚持“共同但有区别责任”的原则，同世界各国一道，为应对气候变化、保护全球环境作出不懈努力。

李克强积极评价中国环境与发展国际合作委员会作出的贡献，希望各位委员继续发挥自身优势，关注研究中国环境与发展的重大现实问题，积极推动研究成果的转化应用，为中国环境事业贡献智慧和力量。

中国环境与发展国际合作委员会是一个由中外环境领域高层人士和专家组成的、向中国政府提供政策建议的咨询机构。委员会中外委员、有关国家和国际组织驻华使节代表、国内外专家学者200余人参加了会议。

环境保护部在大理召开经验交流会 推广洱海经验 推进湖泊水库污染防治

环境保护部2008年12月1-2日在云南省大理州召开洱海保护经验交流会，总结和推广大理州在经济快速发展过程中保护洱海的成功经验和做法，积极探索让江河湖海休养生息的新思路。受周生贤部长委托，环境保护部党组成员、副部长张力军出席会议并作重要讲话。环境保护部总工程师万本太主持会议。

落实中央部署，推进污染减排

张力军首先传达了温家宝总理、李克强副总理在中国环境与发展国际合作委员会2008年年会上的讲话精神，并对学习贯彻讲话精神提出了7点要求:第一，深刻领会温家宝总理、李克强副总理重要讲话精神，进一步提高对当前经济形势下加强环境保护工作的认识，进一步把思想和行动统一到中央对经济形势的分析判断和决策部署上来，统一到贯彻落实科学发展观的各项具体要求上来，统一到关于节能减排工作的各项工作部署上来。第二，各地要充分认识当前污染减排形势的严峻性，切实细算账、明措施、严考核，全力实现污染减排目标。第三，要进一步转变职能，切实增强服务意识，着力提高服务效率，加快基础设施建设领域的环评审批工作；要提高环境准入门槛，严防高耗能、重污染企业反弹。第四，要抓住扩大内需的有利时机，加快环境基础设施建设进度，全面提升环境监管能力。第五，要紧紧抓住社会主义新农村建设、中央加快农村民生工程和农村基础设施建设的大好机遇，稳步推进农村环境综合整治。第六，各地环保部门一定要进一步严格环境执法，坚决避免因污染引发群体性事件，严防企业偷排漏排等环境违法行为。第七，我们要抓住全球经济发展放缓的有利时机，理顺资源环境价格，既要不断完善推出新的环境经济政策，又要对已颁布的环境经济政策加大实施力度。

大力推广“洱海保护模式”

多年来，大理州牢固树立“洱海清、大理兴”的理念，累计投入15.1亿元，实施了洱海综合治理保护“六大工程”，使洱海生态环境得到改善。2004年至今，洱海水质连续5年稳定保持在III类，被环境保护部推广为“洱海保护模式”。

张力军说，洱海的保护经验，可以用“循法自然、科学规划、全面控源，行政问责，全民参与”20个字来概括:循法自然，就是要树立起遵从自然规律的发展理念；科学规划，就是要始终坚持统筹兼顾的治理规划；行政问责，就是要建立起协调有序的管理机制，将治污责任落实到位；全民参与，就是要顺应民意，让生态文明建设成为全民的自觉行动。洱海保护的工作是成功的，其多年来积累的经验是宝贵的。但是，我们也必须清醒地看到:由于长期污染的累积和生态破坏以及人口增长、经济和社会的快速发展、旅游业的发展等方面带来的重重压力，洱海生态环境的好转仍然十分脆弱，洱海的富营养化仍有可能出现反复。我们必须充分认识到湖泊水污染防治的长期性、复杂性和艰巨性，持之以恒做好各项工作。

加快推进湖泊水库水污染防治

对于今后湖泊污染防治工作，张力军指出，我们要继续贯彻执行《关于加强重点湖泊水环境保护工作的意见》，加强学习借鉴，不断改革创新，促进科学发展。

(一)要查摆问题，认真贯彻落实会议精神

遵从自然规律的发展理念、统筹兼顾的治理规划、科学有效全面控源的治理工程、协调有序的管理机制以及全民参与的生态文明建设是洱海保护的基本做法，各地要借鉴这些好的做法和经验，积极行动起来，解决好思想认识、资金投入、综合整治与监管、全民参与等问题。要创造性地开展工作，研究制订具体的整改落实措施，将湖泊水库环境保护工作不断推向前进。

(二)要严格防范水污染事件

阳宗海砷污染事件是违背科学发展观、漠视国家环保法规、不顾人民群众健康和环境安全、单纯追求经济效益的典型事件。这个教训极为深刻，要以此为鉴，对重点湖泊水库，特别是集中式饮用水水源保护区进行一次全面检查，对威胁湖泊水体安全的污染源要坚决进行处置，消除隐患，绝不允许少数人得利、多数人遭殃、全社会买单的事情一再发生。

(三)要认真做好湖泊生态安全评估工作

各省要组织开展对本辖区湖库的生态安全评估工作，在生态安全评估的基础上有针对性地提出治理措施，一湖一策。要以系统生态学理论为指导，综合考虑湖库富营养化防治和湖区经济发展问题，使各类湖泊生态系统逐步恢复到健康与安全状态，促进湖库区域生态良性循环，并最终实现经济社会和环境共赢。

(四)要切实加强饮用水水源地保护工作

大家要高度重视饮用水水源地的保护工作，重点做好以下3项工作:一是要严格按照《水污染防治法》的要求，彻底清查饮用水水源保护区内的违法排污行为；二是要按照相关技术规定，科学划分和调整饮用水水源保护区；三是要进一步加强能力建设，全面提升城市饮用水安全保障水平。

(五)要加快湖泊水库水污染防治工作

各地要认真贯彻《关于进一步加快重点流域水污染防治规划实施的通知》的精神，从改善流域水环境、扩大内需、促进流域经济社会可持续发展的高度，进一步加快实施“三湖”、三峡库区、丹江口库区等重点湖泊水库流域水污染防治规划。要抓住当前中央新增投资的有利时机，在保障工程质量的前提下，加大投资力度，加快推进治污项目建设进度。要强化水污染防治工作的目标责任制，提高工作效率，切实加强组织领导。要认真做好水污染治理资金的筹集工作，将地方财政资金和中央资金配套使用，充分发挥资金使用效益。

会议期间，来自发改委、水利部、住房城乡建设部及农业部等部委有关领导、环境保护部有关司(局)及直属单位的负责同志以及全国各省(自治区、直辖市)政府和环保部门的负责同志200余人实地参观考察了洱海东区湖滨带生态恢复、环湖截污管网、周城村落污水处理系统、罗时江入湖河道水质及河口湿地等建设情况。

国务院八部门联合召开电视电话会议持续开展环保专项行动严厉打击环境违法行为

2009年4月14日，环境保护部、发展改革委、监察部、司法部、住房城乡建设部、工商总局、安全监管总局、电监会（以下简称国务院八部门）联合召开电视电话会议。会议由环境保护部副部长张力军主持，周生贤部长代表国务院八部门对2009年全国整治违法排污企业保障群众健康环保专项行动工作进行了动员部署。

会议肯定了2008年环保专项行动工作。2008年地方各级党委、政府认真贯彻落实李克强副总理关于环保专项行动的重要批示精神，迅速按照国务院八部门的总体部署，深入开展环保专项行动。全国共出动执法人员160余万人次，检查企业70多万家次，立案查处1.5万家环境违法企业，挂牌督办3500余件，追究地方政府及相关部门行政责任人100余名。环境保护后督察、环境基础设施专项检查和重点流域水环境集中整治都取得了积极的成效。

一是各地针对往年查处的环境违法案件、饮用水源地环境违法行为，关停的造纸行业落后产能开展后督察，环境保护后督察工作成效显著。2005年以来，各级政府挂牌督办的2.8万件典型环境违法案件，97%的环境违法问题得到全面整改；集中检查的4661个饮用水源保护区，97%基本落实了环保整改措施；特别是被取缔关闭的2633家造纸企业，基本落实了停产要求，大部分设备被拆除，不再具备恢复生产的条件，造纸行业集中度得到提高，企业生产规模已由2007年初的1.25万吨/家提升至2.65万吨/家，累计实现减排COD80余万吨，在工业行业污染减排中取得突破性进展。

二是环境基础设施专项检查取得实际成效。1530家投入运营城镇污水处理，82.4%的城镇污水处理厂出水能够达到国家或地方排放标准，85.5%的污水处理厂出水口安装了在线监控装置，污水处理厂平均运行负荷率由71.8%提高到76.9%。去年第一次将垃圾填埋场渗滤液问题作为重点，对935座垃圾填埋场进行了全面检查，责令100余家不符合规范要求的生活垃圾填埋场限期整改。

三是重点流域水环境集中整治成效显现。各地不断加大重点流域环境执法力度，专项整治污染企业，推动重点流域水质总体有所改善。河北省加大海河流域整治力度，在子牙河水系主要河流实行跨市界断面水质目标考核并试行扣缴生态补偿金政策，子牙河流域相关市县加大整治力度，29个监测断面水质有效改善；安徽省对巢湖、淮河流域重点排污企业严查严办，巢湖、淮河干、支流总体水质均进一步好转；云南省昆明市政府制定了滇池流域36条河道河（段）长责任制，将滇池流域所有单位、所有入滇池河流纳入环境管理，全面整治污染企业，滇池水质开始改善。

会议指出，今年是我国进入新世纪以来经济发展最为困难的一年，是各类社会矛盾相对集中的一年。国际金融危机仍在蔓延，外部经济环境不确定因素明显增多。当前环境执法监管面临的形势相当严峻、承担的任务十分繁重。国内经济增速持续下滑，一些行业产能过剩，部分企业经营困难，客观上存在停运治污设施、偷排漏排动机，环境执法的难度和压力明显加大。危害群众身体健康的突发环境事件仍呈高发态势。2008年环境保护部直接调度处理的突发环境事件就高达135起，其中威胁群众饮用水源安全的事件高达46起，尤其是去年相继续发生了贵州独山县、湖南辰溪县、广西河池、云南阳宗海、河南大沙河5起砷污染事件，2009年1月份在鲁、苏交界处的邳苍分洪道又发生一起砷污染事件，严重威胁人民群众身心健康。

周生贤指出，2009年环保专项行动将紧紧围绕“保增长、保民生、保稳定”这条主线，贯彻落实十七届三中全会和中央纪委第三次全会精神，进一步加大环境执法力度，严格防范各地以扩内需保增长为借口的盲目投资冲动，坚决防止新一轮高耗能、高污染、低水平重复建设，积极防范环境风险，着力解决一批危害群众健康和影响可持续发展的突出环境问题，为推动经济平稳较快发展提供有力的环境执法保障。重点是：严管“两高一资”行业，集中开展钢铁、涉砷行业专项检查；巩固饮用水源保护区集中整治成果，持续开展环境保护后督察。着力整治城镇污水处理厂、垃圾填埋场环境违法问题，切实发挥治污设施的减排效益。

周生贤要求，2009年环保专项行动要以邓小平理论和“三个代表”重要思想为指导，深入贯彻落实科学发展观，进一步加大环境执法力度，严格防范各地以扩内需保增长为借口的盲目投资冲动，坚决防止新一轮高耗能、高污染、低水平重复建设，积极防范环境风险，着力解决一批危害群众健康和影响可持续发展的突出环境问题，为推动经济平稳较快发展提供有力的环境执法保障。2009年环保专项行动的三项重点工作分别是：严管“两高一资”行业，集中开展钢铁、涉砷行业专项检查；巩固饮用水源保护区集中整治成果，持续开展环境保护后督察；着力整治城镇污水处理厂、垃圾填埋场环境违法问题，切实发挥治污设施的减排效益。

他强调，温家宝总理在今年的政府工作报告中提出，要毫不松懈地加强节能减排和生态环保工作。在2009年环保专项行动中，各地要继续落实政府责任，加强部门联动，加大责任追究，挂牌督办典型环境违法案件，强化环评审批制衡，严格的区域、流域、行业限批，加强监管制度建设，完善环保专项行动长效机制。

环境保护部张力军副部长就发挥环保牵头协调作用，加强指导；发展改革委韩永文秘书长就切实发挥拉动内需资金作用，严厉查处违反国家产业政策的行为；监察部郝明金副部长就强化行政监察职能作用，加强监督检查、严肃查处违法案件，加大责任追究力度；司法部张苏军副部长就推进环境法制宣传教育、法律服务和法律援助工作；住房城乡建设部李秉仁总经济师就强化排水许可管理，加强对城镇污水和垃圾处理运营的监管；工商总局刘玉亭副局长就查处“两高一资”行业企业违反注册登记法规的行为；安全监管总局孙华山副局长就结合开展“安全生产年”和深入开展安全生产“三项行动”活动，查处危险化学品生产企业违反安全生产法规的行为，督促企业防范生产事故引发环境污染事件；电监会王禹民副主席就严格执行国家制定的环保政策，严格执法，对违法排污企业实施停、限电措施对本系统配合环保专项行动提出了具体要求。

会议共下接31个省、直辖市自治区和新疆生产建设兵团开设的分会场2000余个。各地政府主管领导和相关部门负责人7万余人参加了会议。

环境保护部开展电解锰行业专项执法检查 严防污染转移 促进产业升级

环境保护部日前开展全国电解锰行业专项执法检查和环境整治行动，行动重点围绕7个方面内容展开，做到统一准入门槛、统一整治标准、统一整治进程、严防污染转移，促进电解锰行业健康、有序发展。

据了解，我国现有电解锰企业197家，产能200万吨，其中，产能低于1万吨的小规模企业就有124家，占到了企业总数的63%。这些企业普遍存在生产工艺落后、污染防治水平较低等现象，同时环境监管也不到位。

针对这些问题，此次全国电解锰行业专项执法检查和环境整治行动的目标就是全面查清电解金属锰企业执行环保法律法规情况，严肃查处环境违法行为，促进产业结构调整与产业升级，做到统一准入门槛、统一整治标准、统一整治进程、严防污染转移，营造公平、公正的市场竞争秩序，使电解锰行业健康、有序地发展。

此次行动围绕7个方面重点内容开展检查，生产设施及生产工艺满足国家产业政策以及行业准入条件情况；建设项目执行环境影响评价和“三同时”制度情况；污染治理设施运行及污染物排放情况；锰渣及铬渣的堆存处置情况；企业排污口规范化和污染源自动监控系统情况；环境应急预案的制定及应急事故池的建设情况；排污申报登记、排污许可证办理、排污费缴纳情况。

电解锰行业环境整治的标准，包括建设项目环境保护审批手续齐全、企业污染物达标排放、企业厂区环境综合整治、企业排污口和污染源自动监控系统、环境应急、排污申报及收费等6个方面21小项。

此次执法检查以各地自查为主，省级抽查、国家督察相结合。检查整治时间自5月开始至今年年底结束，分清查处理和督促整改两个阶段进行。

环境保护部要求，各地要扎实地推进电解锰行业专项整治工作。组织有关市县环保部门按照总体工作部署，结合实际，突出重点，制定检查方案，明确具体工作目标、任务、措施、时限，确保工作取得实效。同时，积极争取监察、安全生产、商务、银行等部门支持，形成齐抓共管的工作机制。

要加强执法监管。对所有电解锰企业进行全面排查和清查，对发生环境违法行为的企业，务必关停到位、整治到位。

要严防污染转移。切实做到全国各地、各家电解锰生产企业，统一准入门槛、统一整治标准、统一整治进程，严防电解锰企业的污染向其他地区转移。

要做好守法服务。帮助企业根据实际情况制定可行的整治方案，制定整改进程表，借鉴“锰三角”地区的驻厂监察员、交流培训等行之有效的做法，帮助企业明确内部环境管理责任，建立一整套内部环境管理制度和设立企业内部监测及设施运转情况的统一台账。

要及时报送信息。进一步畅通信息渠道，按照规定报送清查情况和整改情况，重点环境污染问题和查处的典型案件要及时报送。

环境保护部发布2009年世界环境日中国主题

环境保护部有关负责人今日向媒体发布2009年“六·五”世界环境日中国主题：“减少污染——行动起来”。

这位负责人说，联合国环境规划署确定2009年“六·五”世界环境日的主题为“你的星球需要你，联合起来应对气候变化”（Your planet needs YOU! Unite to combat climate change），强调气候变化和更广范围的环境变化。为呼应这一主题，结合我国环境保护的中心任务和重点工作，环境保护部确定今年“六·五”世界环境日中国主题为“减少污染——行动起来”，旨在引导公众关注污染防治，积极参与到节能减排工作中来。

这位负责人表示，“六·五”期间，环境保护部将以污染防治为重点，举行“六·五”世界环境日纪念大会暨“千名青年环境友好使者在行动”启动仪式，举办“探索中国特色环保新道路”高层论坛，并组织集中新闻宣传活动。各地环保部门将开展形式多样、内涵丰富的宣传活动，动员全社会力量参与、支持环境保护，为建设生态文明和探索环保新道路营造强大宣传声势和良好舆论氛围。

吴晓青在第五届建筑节能大会开幕式上指出 发展绿色建筑 推进节能减排

“第五届国际智能、绿色建筑与建筑节能大会暨新技术与产品博览会”3月27-29日在京举行。全国人大副委员长、中国科协主席韩启德，住房与城乡建设部部长姜伟新，环境保护部副部长吴晓青等领导和多位驻华使节出席了大会的开幕式。本届大会的主题是贯彻落实科学发展观，加快推进建筑节能。

环境保护部副部长吴晓青在开幕式上指出，建筑耗能是我国能源消耗的主要领域之一。随着建筑总量的不断攀升和建筑居住舒适度的提升，建筑耗能呈急剧上升趋势。大力推行建筑节能，发展绿色建筑，推广节能省地环保型建筑，建立并完善大型公共建筑节能运行监管体系，倡导环境友好的消费方式，使用绿色节能的环保产品，是实现建筑业节能减排的重要措施，也是建筑业实践可持续发展理念的必然趋势。

吴晓青指出，环境保护部正在开展环境标志产品认证，会同财政部大力推进政府绿色采购工作，以促进绿色消费市场的形成，提高公众环境意识。目前，已有697家建材企业的6783个产品型号的建材产品通过了环境标志产品认证。下一步，环境保护部将继续支持绿色建材产品的生产和认证，扩大政府采购的产品范围，使更多的环境友好型产品进入消费市场，为节约资源能源、减少污染物排放、提高产品质量、降低对环境和人体健康的负面影响提供有力的物质保障。

据悉，本届博览会共有10多个国家的160多个国际组织、跨国公司、研究机构、设计院所、生产厂商参加，集中展示绿色建筑规划设计方案和工程实例以及建筑智能、建筑生态环保、绿色建材等方面的最新技术与产品。

应对经济动荡 迈向绿色发展 国合会2009年圆桌会议在京召开

4月16～17日，中国环境与发展国际合作委员会(简称国合会)在京召开了2009年圆桌会议。环境保护部副部长李干杰出席会议并致辞，原国家环保总局副局长、国合会秘书长祝光耀主持开幕式，国合会部分中外委员、中外专家出席了会议。

此次圆桌会议围绕“应对经济动荡，迈向绿色发展”这一主题，分享了国合会2008年的研究成果及给中国政府的政策建议，讨论了经济动荡给环境与发展带来的诸多挑战，探讨了实现绿色经济发展的政策和行动，并就金融危机对环境与发展的影响、转变经济发展方式、污染减排促进绿色发展、低碳能源战略、科技创新、提高能源效率和可再生能源政策等议题听取了中外专家的报告，展开了讨论与交流。

李干杰在致辞中指出，国际金融危机引发的全球经济动荡，给包括中国在内的世界各国经济发展和环境保护带来了严峻挑战。为应对金融危机，中国政府及时调整了宏观经济发展战略，采取了一系列应对措施。

李干杰表示，从2008年年底到目前，中央政府新增加的2300亿元财政投资中，有230亿元用于生态环境建设与保护项目，涉及到重点流域污染防治、垃圾处理、天然林保护及防护林建设等领域，这些数字充分体现了中国政府防治污染、建设与保护生态环境的力度和决心。

督；狠抓污染治理设施和减排工程有效运行，大力削减污染存量，严格控制污染增量；建立健全环境安全隐患排查及重大环境风险源监管长效机制，加强环境风险防范的日常监督检查，切实提高企业环境风险防范能力；加大农村环保投入，通过实施"以奖促治、以奖代补"政策，支持一批村镇开展环境综合整治，切实控制农业面源污染，不断改善流域水环境质量。五要尽早研究"十二五"松花江流域水污染防治规划思路。"十二五"期间，松花江流域要继续按照全面推进、重点突破的工作思路，积极开展跨部门、跨学科、跨区域的合作研究，切实落实"断面考核"、"以奖促治"、"污染补偿"、"总量控制"等管理措施，统筹考虑与水资源管理、城乡建设、生态保护等规划的衔接，建立治污项目、污染减排和水质改善的响应关系，逐步实现水资源、水环境、水生态三位一体管理目标，为在全国率先实现重点流域水污染防治综合管理发挥示范作用。

会议由环境保护部副部长张力军主持，吉林省委副书记、省长韩长赋出席会议并致辞。

会上，吉林、内蒙古、黑龙江三省(区)代表分别介绍了辖区内松花江流域水污染防治工作情况。出席会议的水利部副部长胡四一和国家发展改革委、财政部、国土资源部、住房和城乡建设部、农业部有关负责人分别作了发言。

环境保护部召开庆祝中国共产党成立88周年暨表彰大会

周生贤强调,要牢记党的宗旨，坚定理想信念，积极探索中国特色环境保护新道路，加快推进历史性转变。

环境保护部今日召开庆祝中国共产党成立88周年暨表彰大会，回顾党的历史，讴歌党的丰功伟绩，表彰环保战线的先进集体和先进个人。环境保护部党组书记、部长周生贤出席会议并讲话，他强调，各级党组织和广大共产党员及党务工作者要牢记党的宗旨，坚定理想信念，认真履行职责，以更加饱满的热情、更加扎实的作风积极探索中国特色环境保护新道路，加快推进历史性转变。

周生贤首先代表环境保护部党组，向部机关、派出机构和直属单位广大党员表示节日的祝贺，向受表彰的基层党组织、优秀共产党员和优秀党务工作者表示崇高的敬意。他说，中国共产党成立以来，以坚定的理想信念、一往无前的进取精神和波澜壮阔的创新实践，领导、团结和带领全国人民谱写了中华民族自强不息、顽强奋进的壮丽史篇。中国共产党88年的光辉历程，是为中华民族独立、解放、繁荣，为中国人民的自由、民主、幸福而不懈奋斗的88年，是马克思主义基本原理同中国具体实际和时代特征相结合、不断推进马克思主义中国化的88年，是我们党经受住各种风浪考验、不断发展壮大、开创各项事业新局面的88年。88年的历史巨变和伟大实践证明:中国共产党不愧为一个伟大的党、光荣的党、正确的党，没有共产党就没有新中国，没有共产党的领导就没有当前国富民强、政通人和、繁荣昌盛的可喜局面，也不会有21世纪中华民族的伟大复兴。

周生贤说，党中央、国务院历来高度重视环境保护，把保护环境确立为一项基本国策，把实施可持续发展作为一项国家战略。近年来，全国环保系统深入贯彻落实科学发展观，举全局之力推进环境保护历史性转变，积极探索中国特色环境保护新道路，环保工作不断取得新的进展。此次受表彰的19个先进基层党组织、71名优秀共产党员和15名优秀党务工作者，集中体现了近两年来环境保护部开展机关"五大建设"和"创先争优"活动的成果，是推进历史性转变、探索环保新道路征程中，涌现出来的先进典型和杰出代表。他们把科学发展观当作政治信仰来追求、当作科学真理来坚持、当作行动指南来践行，认真贯彻党的路线方针政策和部党组的决定，始终保持坚定正确的政治立场；他们具有坚定的理想信念，自觉以党员先进性标准严格要求自己，始终保持昂扬向上、一身正气的精神状态；他们热爱环保事业、忠于职守、勇于探索、求真务实、严谨细致，始终保持弘扬中国环保精神的旺盛斗志；他们始终保持严于律己、廉洁奉公、顾全大局、无私奉献的优秀品质。各级党组织和广大共产党员及党务工作者要以先进典型为榜样，牢记党的宗旨，坚定理想信念，坚持党性原则，认真履行职责，以更加饱满的热情、更加扎实的作风创造性地做好新形势下环境保护工作，为推进生态文明建设和环保历史性转变，积极探索中国特色环境保护新道路做出更大的贡献。

周生贤强调，当前，环境保护工作面临前所未有的大好形势和良好机遇，全国环保系统要认真贯彻落实中央关于应对国际金融危机、保持经济平稳较快发展的一系列重要决策和部署，进一步加大污染减排和生态环境保护工作力度，坚定信心，狠抓落实，坚决完成年初确定的各项环保重点工作任务。广大党员，特别是领导干部要着重做好以下几方面的工作:一要准确把握形势，进一步提高推动科学发展的能力。进一步增强做好环境保护工作的坚定性和自觉性，把思想和行动切实统一到中央关于加强环境保护的决策部署上来，做好应对各种困难的思想准备和工作准备，不断提高推动科学发展、促进社会和谐的本领和能力。二要坚持改革创新，进一步提高攻坚克难的能力。改革创新是环保事业发展的不竭动力，要根据形势的变化和中长期经济社会发展的需要，不断丰富和完善有关环境保护经济政策，努力以环境保护优化经济增长。要加强和深化环境保护发展的宏观战略研究，提高环境保护服务国家发展和参与宏观调控的预见性、针对性和有效性，在推动经济社会又好又快发展中发挥更大的作用。三要改进工作作风，进一步提高抓落实见成效的能力。认真落实环境保护部为应对国际金融危机，贯彻中央决策部署所制定的八项政策措施和十项重点工作，善始善终抓好学习实践活动整改措施的落实，坚持从严治部、从我做起，毫不松懈地抓落实、抓实干、抓细节、抓基层，务求取得实实在在的成效。四要加强理论学习，进一步提高学以致用的能力。广大党员，特别是领导干部要带头加强政治理论和各种专业知识学习，用马克思主义中国化的最新成果武装头脑、指导实践，紧紧围绕解决危害群众健康和影响可持续发展的突出环境问题学以致用，在探索环保新道路中发挥先锋模范作用。

周生贤最后强调，伟大的时代，激发奋进的力量；科学的发展，展示着广阔的前景。让我们更加紧密地团结在以胡锦涛同志为总书记的党中央周围，高举中国特色社会主义伟大旗帜，进一步振奋精神，开拓进取，真抓实干，在新的历史起点上书写环境保护事业更加辉煌的篇章。

会上，环境保护部副部长、直属机关党委书记潘岳宣读了《关于表彰2007年~2009年度先进基层党组织、优秀共产党员和优秀党务工作者的决定》。授予中国环境监测总站党委等19个党组织为“先进基层党组织”；授予彭德富等71名同志为“优秀共产党员”；授予吴怀民等15名同志为“优秀党务工作者”。

环境保护部副部长张力军、吴晓青，纪检组长傅雯娟出席会议。部机关全体人员，派出机构、直属单位班子成员参加了会议。

“探索环保新道路——六·五世界环境日特别论坛”在京举办

6月5日是世界环境日，由环境保护部主办、中国环境文化促进会承办的“探索环保新道路——六·五世界环境日特别论坛”在钓鱼台国宾馆举行，全国政协副主席厉无畏出席论坛并致辞，环境保护部部长周生贤出席论坛并发表主题演讲——“坚持以建设生态文明为指导 积极探索中国特色环境保护新道路”。

周生贤在主题演讲中指出，积极建设生态文明，努力促进人与自然和谐，是经济社会发展全局赋予环境保护工作最重要最根本的时代重任，是推进环境保护历史性转变的目标指向，是新时期环境保护事业的灵魂所在。我们必须坚持用建设生态文明的战略眼光、战略思维和战略手段，来审视、谋划、解决我国突出的环境问题，摸索出一条代价小、可持续的环境优化经济发展的路子。就是说，坚持以建设生态文明为指导，积极探索中国特色环境保护新道路。

探索环保新道路要坚持理论联系实际，一切从实际出发，总结改革开放30年来不懈探索中国特色环保新道路的实践，展望未来的发展趋势，环保新道路具有以下鲜明特征：从探索历程看，新道路具有继承性和创新性；从探索重点看，新道路具有多重性和阶段性；从探索内涵看，新道路具有包容性和开放性；从探索任务看，新道路具有长期性和艰巨性；从探索途径看，新道路具有实践性和针对性。

周生贤说，对于中国特色环保新道路的探索，要继承30年来探索实践的成果，站在新的历史起点上，牢牢把握正确的探索方向，坚持不懈地探索下去，必须正确处理好以下六个关系：正确处理环境与经济的关系，继续推进环境保护历史性转变；正确处理全局与局部的关系，制定与我国基本国情相适应的环境保护宏观战略体系；正确处理预防和控制的关系，建立全防全控的防范体系；正确处理成本和效果的关系，健全高效的环境治理体系；正确处理发展与保护的关系，完善与经济发展相协调的环境政策法规标准体系；正确处理政府主导与公众参与的关系，构建完备的环境管理体系。

当前，国际金融危机仍在扩散和蔓延，针对这一形势，周生贤部长特别强调，经济危机形势下的环境保护往往容易被忽视或放松，在当前应对国际金融危机的情况下，为我们探索环保新道路提出了新的课题：在应对危机过程中，还要不要加强环境保护，怎样加强环境保护？他指出，胡锦涛总书记、温家宝总理、李克强副总理等中央领导同志对环境保护作出许多重要指示，强调指出要把应对这场危机看作调整产业结构、转变发展方式的机遇，看作推进环境保护事业发展的机遇，要求把加强环境保护、振兴环保产业作为克服金融危机的重要举措，把生态环境建设培育成新的经济增长点。因此，他提出要积极做好有效应对的各项准备，从各个领域、各个层次研究解决环境问题，努力重塑危机后的发展方式。具体而言，要着重在以下几个方面进行深入探索和研究：一是充分发挥环评制度的宏观调控作用；二是深入研究主要污染物减排与环境质量改善的关系；三是继续创新让不堪重负的江河湖海休养生息的有效途径；四是切实统筹推进区域与城乡环境保护；五是主动利用倒逼机制深化工业污染防治；六是进一步发展壮大环保产业；七是通过市场机制完善环境经济政策；八是建立健全环境保护长效机制与可持续发展体制；九是有序推进资源节约型、环境友好型社会建设。

北京大学光华管理学院名誉院长厉以宁在演讲中指出，新模式是一种促进社会经济可持续发展的模式，这需要科技的进步和制度的完善。唯有依靠科技进步，用绿色能源、绿色原材料改造现有的工业企业，发展新的产业部门，才能保证国民经济的持续增长；唯有依靠制度的完善，才能逐步形成企业自觉遵循节约能源、保护环境的原则而进行生产的机制，以达到人与自然趋于和谐的目标。

湖北省人民政府副省长赵斌在演讲中指出，湖北要发挥“先行先试”优势，创新环保体制机制。建设综合配套改革试验区的最大优势，是国家赋予武汉市圈先行先试的权利。湖北坚持以体制改革机制创新为突破口，更新观念，大胆试验，积极探索有利于资源节约和环境保护的体制和机制，积极探索经济建设与环境保护相协调的发展新道路。

湖南省人民政府副省长刘力伟在演讲中指出，长株潭城市群“两型社会”建设的总体思路是：率先形成有利于资源节约、环境友好的新机制，率先积累传统工业化成功转型的新经验，率先形成城市群发展的新模式。实现“四大目标”，将湖南省建设成为全国“两型社会”建设的示范区，中部崛起的重要增长极，全省新型工业化、新型城市化、新农村建设的引领区，具有国际品质的现代化生态型城市群。

国家发展和改革委员会资源节约和环境保护司副司长何炳光、国务院研究室综合司副司长范必、国家能源专家咨询委员会副主任周大地、中科院科技政策与管理科学研究所副所长王毅、中国社科院当代中国研究所副所长武力等著名专家围绕本届论坛“探索中国特色环保新道路”的主题，就中国环境与发展的战略、道路、体制与文化进行深入探讨，积极建言献策。

作为环境保护部2009年纪念世界环境日的重要活动，论坛邀请了来自全国政协、发展改革委、国务院研究室、国务院发展研究中心等相关部委、全军环办、地方政府以及高校科研院所和NGO环保组织、大学生环保组织的重要领导与著名学者等嘉宾近400人出席。

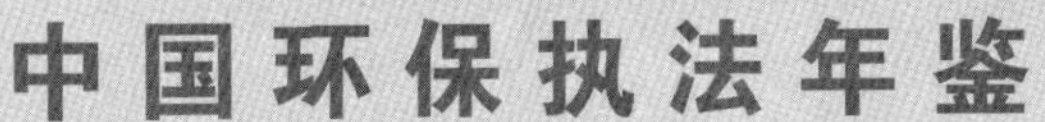

LAW ENFORCEMENT YEARBOOK OF CHINA ENVIROMENT PROTECTION

2008—2009

环保相关政策法规

行政法规

中华人民共和国海洋环境保护法

《中华人民共和国海洋环境保护法》已由中华人民共和国第九届全国人民代表大会常务委员会第十三次会议于1999年12月25日修订通过，现将修订后的《中华人民共和国海洋环境保护法》公布，自2000年4月1日起施行。

中华人民共和国主席　江泽民
1999年12月25日

第一章 总 则

第一条　为了保护和改善海洋环境，保护海洋资源，防治污染损害，维护生态平衡，保障人体健康，促进经济和社会的可持续发展，制定本法。

第二条　本法适用于中华人民共和国内水、领海、毗连区、专属经济区、大陆架以及中华人民共和国管辖的其他海域。

在中华人民共和国管辖海域内从事航行、勘探、开发、生产、旅游、科学研究及其他活动，或者在沿海陆域内从事影响海洋环境活动的任何单位和个人，都必须遵守本法。

在中华人民共和国管辖海域以外，造成中华人民共和国管辖海域污染的，也适用本法。

第三条　国家建立并实施重点海域排污总量控制制度，确定主要污染物排海总量控制指标，并对主要污染源分配排放控制数量。具体办法由国务院制定。

第四条　一切单位和个人都有保护海洋环境的义务，并有权对污染损害海洋环境的单位和个人，以及海洋环境监督管理人员的违法失职行为进行监督和检举。

第五条　国务院环境保护行政主管部门作为对全国环境保护工作统一监督管理的部门，对全国海洋环境保护工作实施指导、协调和监督，并负责全国防治陆源污染物和海岸工程建设项目对海洋污染损害的环境保护工作。

国家海洋行政主管部门负责海洋环境的监督管理，组织海洋环境的调查、监测、监视、评价和科学研究，负责全国防治海洋工程建设项目和海洋倾倒废弃物对海洋污染损害的环境保护工作。

国家海事行政主管部门负责所辖港区水域内非军事船舶和港区水域外非渔业、非军事船舶污染海洋环境的监督管理，并负责污染事故的调查处理；对在中华人民共和国管辖海域航行、停泊和作业的外国籍船舶造成的污染事故登轮检查处理。船舶污染事故给渔业造成损害的，应当吸收渔业行政主管部门参与调查处理。

国家渔业行政主管部门负责渔港水域内非军事船舶和渔港水域外渔业船舶污染海洋环境的监督管理，负责保护渔业水域生态环境工作，并调查处理前款规定的污染事故以外的渔业污染事故。

军队环境保护部门负责军事船舶污染海洋环境的监督管理及污染事故的调查处理。

沿海县级以上地方人民政府行使海洋环境监督管理权的部门的职责，由省、自治区、直辖市人民政府根据本法及国务院有关规定确定。

第二章 海洋环境监督管理

第六条　国家海洋行政主管部门会同国务院有关部门和沿海省、自治区、直辖市人民政府拟定全国海洋功能区划，报国务院批准。

沿海地方各级人民政府应当根据全国和地方海洋功能区划，科学合理地使用海域。

第七条　国家根据海洋功能区划制定全国海洋环境保护规划和重点海域区域性海洋环境保护规划。

毗邻重点海域的有关沿海省、自治区、直辖市人民政府及行使海洋环境监督管理权的部门，可以建立海洋环境保护区域合作组织，负责实施重点海域区域性海洋环境保护规划、海洋环境污染的防治和海洋生态保护工作。

第八条　跨区域的海洋环境保护工作，由有关沿海地方人民政府协商解决，或者由上级人民政府协调解决。

跨部门的重大海洋环境保护工作，由国务院环境保护行政主管部门协调；协调未能解决的，由国务院作出决定。

第九条　国家根据海洋环境质量状况和国家经济、技术条件，制定国家海洋环境质量标准。

沿海省、自治区、直辖市人民政府对国家海洋环境质量标准中未作规定的项目，可以制定地方海洋环境质量标准。

沿海地方各级人民政府根据国家和地方海洋环境质量标准的规定和本行政区近岸海域环境质量状况，确定海洋环境保护的目标和任务，并纳入人民政府工作计划，按相应的海洋环境质量标准实施管理。

第十条　国家和地方水污染物排放标准的制定，应当将国家和地方海洋环境质量标准作为重要依据之一。在国家建立并实施排污总量控制制度的重点海域，水污染物排放标准的制定，还应当将主要污染物排海总量控制指标作为重要依据。

第十一条 直接向海洋排放污染物的单位和个人，必须按照国家规定缴纳排污费。

向海洋倾倒废弃物，必须按照国家规定缴纳倾倒费。

根据本法规定征收的排污费、倾倒费，必须用于海洋环境污染的整治，不得挪作他用。具体办法由国务院规定。

第十二条 对超过污染物排放标准的，或者在规定的期限内未完成污染物排放削减任务的，或者造成海洋环境严重污染损害的，应当限期治理。

限期治理按照国务院规定的权限决定。

第十三条 国家加强防治海洋环境污染损害的科学技术的研究和开发，对严重污染海洋环境的落后生产工艺和落后设备，实行淘汰制度。

企业应当优先使用清洁能源，采用资源利用率高、污染物排放量少的清洁生产工艺，防止对海洋环境的污染。

第十四条 国家海洋行政主管部门按照国家环境监测、监视规范和标准，管理全国海洋环境的调查、监测、监视，制定具体的实施办法，会同有关部门组织全国海洋环境监测、监视网络，定期评价海洋环境质量，发布海洋巡航监视通报。

依照本法规定行使海洋环境监督管理权的部门分别负责各自所辖水域的监测、监视。

其他有关部门根据全国海洋环境监测网的分工，分别负责对入海河口、主要排污口的监测。

第十五条 国务院有关部门应当向国务院环境保护行政主管部门提供编制全国环境质量公报所必需的海洋环境监测资料。

环境保护行政主管部门应当向有关部门提供与海洋环境监督管理有关的资料。

第十六条 国家海洋行政主管部门按照国家制定的环境监测、监视信息管理制度，负责管理海洋综合信息系统，为海洋环境保护监督管理提供服务。

第十七条 因发生事故或者其他突发性事件，造成或者可能造成海洋环境污染事故的单位和个人，必须立即采取有效措施，及时向可能受到危害者通报，并向依照本法规定行使海洋环境监督管理权的部门报告，接受调查处理。

沿海县级以上地方人民政府在本行政区域近岸海域的环境受到严重污染时，必须采取有效措施，解除或者减轻危害。

第十八条 国家根据防止海洋环境污染的需要，制定国家重大海上污染事故应急计划。

国家海洋行政主管部门负责制定全国海洋石油勘探开发重大海上溢油应急计划，报国务院环境保护行政主管部门备案。

国家海事行政主管部门负责制定全国船舶重大海上溢油污染事故应急计划，报国务院环境保护行政主管部门备案。

沿海可能发生重大海洋环境污染事故的单位，应当依照国家的规定，制定污染事故应急计划，并向当地环境保护行政主管部门、海洋行政主管部门备案。

沿海县级以上地方人民政府及其有关部门在发生重大海上污染事故时，必须按照应急计划解除或者减轻危害。

第十九条 依照本法规定行使海洋环境监督管理权的部门可以在海上实行联合执法，在巡航监视中发现海上污染事故或者违反本法规定的行为时，应当予以制止并调查取证，必要时有权采取有效措施，防止污染事态的扩大，并报告有关主管部门处理。

依照本法规定行使海洋环境监督管理权的部门，有权对管辖范围内排放污染物的单位和个人进行现场检查。被检查者应当如实反映情况，提供必要的资料。

检查机关应当为被检查者保守技术秘密和业务秘密。

第三章 海洋生态保护

第二十条 国务院和沿海地方各级人民政府应当采取有效措施，保护红树林、珊瑚礁、滨海湿地、海岛、海湾、入海河口、重要渔业水域等具有典型性、代表性的海洋生态系统，珍稀、濒危海洋生物的天然集中分布区，具有重要经济价值的海洋生物生存区域及有重大科学文化价值的海洋自然历史遗迹和自然景观。

对具有重要经济、社会价值的已遭到破坏的海洋生态，应当进行整治和恢复。

第二十一条 国务院有关部门和沿海省级人民政府应当根据保护海洋生态的需要，选划、建立海洋自然保护区。

国家级海洋自然保护区的建立，须经国务院批准。

第二十二条 凡具有下列条件之一的，应当建立海洋自然保护区：

（一）典型的海洋自然地理区域、有代表性的自然生态区域，以及遭受破坏但经保护能恢复的海洋自然生态区域；

（二）海洋生物物种高度丰富的区域，或者珍稀、濒危海洋生物物种的天然集中分布区域；

（三）具有特殊保护价值的海域、海岸、岛屿、滨海湿地、入海河口和海湾等；

（四）具有重大科学文化价值的海洋自然遗迹所在区域；

（五）其他需要予以特殊保护的区域。

第二十三条 凡具有特殊地理条件、生态系统、生物与非生物资源及海洋开发利用特殊需要的区域，可以建立海洋特别保护区，采取有效的保护措施和科学的开发方式进行特殊管理。

第二十四条 开发利用海洋资源，应当根据海洋功能区划合理布局，不得造成海洋生态环境破坏。

第二十五条 引进海洋动植物物种，应当进行科学论证，避免对海洋生态系统造成危害。

第二十六条 开发海岛及周围海域的资源，应当采取严格的生态保护措施，不得造成海岛地形、岸滩、植被以及海岛周围海域生态环境的破坏。

第二十七条 沿海地方各级人民政府应当结合当地自然环境的特点，建设海岸防护设施、沿海防护林、沿海城镇园林和绿地，对海岸侵蚀和海水入侵地区进行综合治理。

禁止毁坏海岸防护设施、沿海防护林、沿海城镇园林和绿地。

第二十八条 国家鼓励发展生态渔业建设，推广多种生态渔业生产方式，改善海洋生态状况。

新建、改建、扩建海水养殖场，应当进行环境影响评价。

海水养殖应当科学确定养殖密度，并应当合理投饵、施肥，正确使用药物，防止造成海洋环境的污染。

第四章 防治陆源污染物对海洋环境的污染损害

第二十九条 向海域排放陆源污染物，必须严格执行国家或者地方规定的标准和有关规定。

第三十条 入海排污口位置的选择，应当根据海洋功能区划、海水动力条件和有关规定，经科学论证后，报设区的市级以上人民政府环境保护行政主管部门审查批准。

环境保护行政主管部门在批准设置入海排污口之前，必须征求海洋、海事、渔业行政主管部门和军队环境保护部门的意见。

在海洋自然保护区、重要渔业水域、海滨风景名胜区和其他需要特别保护的区域，不得新建排污口。

在有条件的地区，应当将排污口深海设置，实行离岸排放。设置陆源污染物深海离岸排放排污口，应当根据海洋功能区划、海水动力条件和海底工程设施的有关情况确定，具体办法由国务院规定。

第三十一条 省、自治区、直辖市人民政府环境保护行政主管部门和水行政主管部门应当按照水污染防治有关法律的规定，加强入海河流管理，防治污染，使入海河口的水质处于良好状态。

第三十二条 排放陆源污染物的单位，必须向环境保护行政主管部门申报拥有的陆源污染物排放设施、处理设施和在正常作业条件下排放陆源污染物的种类、数量和浓度，并提供防治海洋环境污染方面的有关技术和资料。

排放陆源污染物的种类、数量和浓度有重大改变的，必须及时申报。

拆除或者闲置陆源污染物处理设施的，必须事先征得环境保护行政主管部门的同意。

第三十三条 禁止向海域排放油类、酸液、碱液、剧毒废液和高、中水平放射性废水。

严格限制向海域排放低水平放射性废水；确需排放的，必须严格执行国家辐射防护规定。

严格控制向海域排放含有不易降解的有机物和重金属的废水。

第三十四条 含病原体的医疗污水、生活污水和工业废水必须经过处理，符合国家有关排放标准后，方能排入海域。

第三十五条 含有机物和营养物质的工业废水、生活污水，应当严格控制向海湾、半封闭海及其他自净能力较差的海域排放。

第三十六条 向海域排放含热废水，必须采取有效措施，保证邻近渔业水域的水温符合国家海洋环境质量标准，避免热污染对水产资源的危害。

第三十七条 沿海农田、林场施用化学农药，必须执行国家农药安全使用的规定和标准。

沿海农田、林场应当合理使用化肥和植物生长调节剂。

第三十八条 在岸滩弃置、堆放和处理尾矿、矿渣、煤灰渣、垃圾和其他固体废物的，依照《中华人民共和国固体废物污染环境防治法》的有关规定执行。

第三十九条 禁止经中华人民共和国内水、领海转移危险废物。

经中华人民共和国管辖的其他海域转移危险废物的，必须事先取得国务院环境保护行政主管部门的书面同意。

第四十条 沿海城市人民政府应当建设和完善城市排水管网，有计划地建设城市污水处理厂或者其他污水集中处理设施，加强城市污水的综合整治。

建设污水海洋处置工程，必须符合国家有关规定。

第四十一条 国家采取必要措施，防止、减少和控制来自大气层或者通过大气层造成的海洋环境污染损害。

第五章 防治海岸工程建设项目对海洋环境的污染损害

第四十二条 新建、改建、扩建海岸工程建设项目，必须遵守国家有关建设项目环境保护管理的规定，并把防治污染所需资金纳入建设项目投资计划。

在依法划定的海洋自然保护区、海滨风景名胜区、重要渔业水域及其他需要特别保护的区域，不得从事污染环境、破坏景观的海岸工程项目建设或者其他活动。

第四十三条 海岸工程建设项目的单位，必须在建设项目可行性研究阶段，对海洋环境进行科学调查，根据自然条件和社会条件，合理选址，编报环境影响报告书。环境影响报告书经海洋行政主管部门提出审核意见后，报环境保护行政主管部门审查批准。

环境保护行政主管部门在批准环境影响报告书之前，必须征求海事、渔业行政主管部门和军队环境保护部门的意见。

第四十四条 海岸工程建设项目的环境保护设施，必须与主体工程同时设计、同时施工、同时投产使用。环境保护设施未经环境保护行政主管部门检查批准，建设项目不得试运行；环境保护设施未经环境保护行政主管部门验收，或者经验收不合格的，建设项目不得投入生产或者使用。

第四十五条 禁止在沿海陆域内新建不具备有效治理措施的化学制浆造纸、化工、印染、制革、电镀、酿造、炼油、岸边冲滩拆船以及其他严重污染海洋环境的工业生产项目。

第四十六条 兴建海岸工程建设项目，必须采取有效措施，保护国家和地方重点保护的野生动植物及其生存环境和海洋水产资源。

严格限制在海岸采挖砂石。露天开采海滨砂矿和从岸上打井开采海底矿产资源，必须采取有效措施，防止污染海洋环境。

第六章 防治海洋工程建设项目对海洋环境的污染损害

第四十七条 海洋工程建设项目必须符合海洋功能区划、海洋环境保护规划和国家有关环境保护标准，在可行性研究阶段，编报海洋环境影响报告书，由海洋行政主管部门核准，并报环境保护行政主管部门备案，接受环境保护行政主管部门监督。

海洋行政主管部门在核准海洋环境影响报告书之前，必须征求海事、渔业行政主管部门和军队环境保护部门的意见。

第四十八条 海洋工程建设项目的环境保护设施，必须与主体工程同时设计、同时施工、同时投产使用。环境保护设施未经海洋行政主管部门检查批准，建设项目不得试运行；环境保护设施未经海洋行政主管部门验收，或者经验收不合格的，建设项目不得投入生产或者使用。

拆除或者闲置环境保护设施，必须事先征得海洋行政主管部门的同意。

第四十九条 海洋工程建设项目，不得使用含超标准放射性物质或者易溶出有毒有害物质的材料。

第五十条 海洋工程建设项目需要爆破作业时，必须采取有效措施，保护海洋资源。

海洋石油勘探开发及输油过程中，必须采取有效措施，避免溢油事故的发生。

第五十一条 海洋石油钻井船、钻井平台和采油平台的含油污水和油性混合物，必须经过处理达标后排放；残油、废油必须予以回收，不得排放入海。经回收处理后排放的，其含油量不得超过国家规定的标准。

钻井所使用的油基泥浆和其他有毒复合泥浆不得排放入海。水基泥浆和无毒复合泥浆及钻屑的排放，必须符合国家有关规定。

第五十二条 海洋石油钻井船、钻井平台和采油平台及其有关海上设施，不得向海域处置含油的工业垃圾。处置其他工业垃圾，不得造成海洋环境污染。

第五十三条 海上试油时，应当确保油气充分燃烧，油和油性混合物不得排放入海。

第五十四条 勘探开发海洋石油，必须按有关规定编制溢油应急计划，报国家海洋行政主管部门审查批准。

第七章 防治倾倒废弃物对海洋环境的污染损害

第五十五条 任何单位未经国家海洋行政主管部门批准，不得向中华人民共和国管辖海域倾倒任何废弃物。

需要倾倒废弃物的单位，必须向国家海洋行政主管部门提出书面申请，经国家海洋行政主管部门审查批准，发给许可证后，方可倾倒。

禁止中华人民共和国境外的废弃物在中华人民共和国管辖海域倾倒。

第五十六条 国家海洋行政主管部门根据废弃物的毒性、有毒物质含量和对海洋环境影响程度，制定海洋倾倒废弃物评价程序和标准。

向海洋倾倒废弃物，应当按照废弃物的类别和数量实行分级管理。

可以向海洋倾倒的废弃物名录，由国家海洋行政主管部门拟定，经国务院环境保护行政主管部门提出审核意见后，报国务院批准。

第五十七条 国家海洋行政主管部门按照科学、合理、经济、安全的原则选划海洋倾倒区，经国务院环境保护行政主管部门提出审核意见后，报国务院批准。

临时性海洋倾倒区由国家海洋行政主管部门批准，并报国务院环境保护行政主管部门备案。

国家海洋行政主管部门在选划海洋倾倒区和批准临时性海洋倾倒区之前，必须征求国家海事、渔业行政主管部门的意见。

第五十八条 国家海洋行政主管部门监督管理倾倒区的使用，组织倾倒区的环境监测。对经确认不宜继续使用的倾倒区，国家海洋行政主管部门应当予以封闭，终止在该倾倒区的一切倾倒活动，并报国务院备案。

第五十九条 获准倾倒废弃物的单位，必须按照许可证注明的期限及条件，到指定的区域进行倾倒。废弃物装载之后，批准部门应当予以核实。

第六十条 获准倾倒废弃物的单位，应当详细记录倾倒的情况，并在倾倒后向批准部门作出书面报告。倾倒废弃物的船舶必须向驶出港的海事行政主管部门作出书面报告。

第六十一条 禁止在海上焚烧废弃物。

禁止在海上处置放射性废弃物或者其他放射性物质。废弃物中的放射性物质的豁免浓度由国务院制定。

第八章 防治船舶及有关作业活动对海洋环境的污染损害

第六十二条 在中华人民共和国管辖海域，任何船舶及相关作业不得违反本法规定向海洋排放污染物、废弃物和压载水、船舶垃圾及其他有害物质。

从事船舶污染物、废弃物、船舶垃圾接收、船舶清舱、洗舱作业活动的，必须具备相应的接收处理能力。

第六十三条 船舶必须按照有关规定持有防止海洋环境污染的证书与文书，在进行涉及污染物排放及操作时，应当如实记录。

第六十四条 船舶必须配置相应的防污设备和器材。

载运具有污染危害性货物的船舶，其结构与设备应当能够防止或者减轻所载货物对海洋环境的污染。

第六十五条 船舶应当遵守海上交通安全法律、法规的规定，防止因碰撞、触礁、搁浅、火灾或者爆炸等引起的海难事故，造成海洋环境的污染。

第六十六条 国家完善并实施船舶油污损害民事赔偿责任制度；按照船舶油污损害赔偿责任由船东和货主共同承担风险的原则，建立船舶油污保险、油污损害赔偿基金制度。

实施船舶油污保险、油污损害赔偿基金制度的具体办法由国务院规定。

第六十七条 载运具有污染危害性货物进出港口的船舶，其承运人、货物所有人或者代理人，必须事先向海事行政主管部门申报。经批准后，方可进出港口、过境停留或者装卸作业。

第六十八条 交付船舶装运污染危害性货物的单证、包装、标志、数量限制等，必须符合对所装货物的有关规定。

需要船舶装运污染危害性不明的货物，应当按照有关规定事先进行评估。

装卸油类及有毒有害货物的作业，船岸双方必须遵守安全防污操作规程。

第六十九条 港口、码头、装卸站和船舶修造厂必须按照有关规定备有足够的用于处理船舶污染物、废弃物的接收设施，并使该设施处于良好状态。

装卸油类的港口、码头、装卸站和船舶必须编制溢油污染应急计划，并配备相应的溢油污染应急设备和器材。

第七十条 进行下列活动，应当事先按照有关规定报经有关部门批准或者核准：

（一）船舶在港区水域内使用焚烧炉；

（二）船舶在港区水域内进行洗舱、清舱、驱气、排放压载水、残油、含油污水接收、舷外拷铲及油漆等作业；

（三）船舶、码头、设施使用化学消油剂；

（四）船舶冲洗沾有污染物、有毒有害物质的甲板；

（五）船舶进行散装液体污染危害性货物的过驳作业；

（六）从事船舶水上拆解、打捞、修造和其他水上、水下船舶施工作业。

第七十一条 船舶发生海难事故，造成或者可能造成海洋环境重大污染损害的，国家海事行政主管部门有权强制采取避免或者减少污染损害的措施。

对在公海上因发生海难事故，造成中华人民共和国管辖海域重大污染损害后果或者具有污染威胁的船舶、海上设施，国家海事行政主管部门有权采取与实际的或者可能发生的损害相称的必要措施。

第七十二条 所有船舶均有监视海上污染的义务，在发现海上污染事故或者违反本法规定的行为时，必须立即向就近的依照本法规定行使海洋环境监督管理权的部门报告。

民用航空器发现海上排污或者污染事件，必须及时向就近的民用航空空中交通管制单位报告。接到报告的单位，应当立即向依照本法规定行使海洋环境监督管理权的部门通报。

第九章 法律责任

第七十三条 违反本法有关规定，有下列行为之一的，由依照本法规定行使海洋环境监督管理权的部门责令限期改正，并处以罚款：

（一）向海域排放本法禁止排放的污染物或者其他物质的；

（二）不按照本法规定向海洋排放污染物，或者超过标准排放污染物的；

（三）未取得海洋倾倒许可证，向海洋倾倒废弃物的；

（四）因发生事故或者其他突发性事件，造成海洋环境污染事故，不立即采取处理措施的。

有前款第（一）、（三）项行为之一的，处三万元以上二十万元以下的罚款；有前款第（二）、（四）项行为之一的，处二万元以上十万元以下的罚款。

第七十四条 违反本法有关规定，有下列行为之一的，由依照本法规定行使海洋环境监督管理权的部门予以警告，或者处以罚款：

（一）不按照规定申报，甚至拒报污染物排放有关事项，或者在申报时弄虚作假的；

（二）发生事故或者其他突发性事件不按照规定报告的；

（三）不按照规定记录倾倒情况，或者不按照规定提交倾倒报告的；

（四）拒报或者谎报船舶载运污染危害性货物申报事项的。

有前款第（一）、（三）项行为之一的，处二万元以下的罚款；有前款第（二）、（四）项行为之一的，处五万元以下的罚款。

第七十五条 违反本法第十九条第二款的规定，拒绝现场检查，或者在被检查时弄虚作假的，由依照本法规定行使海洋环境监督管理权的部门予以警告，并处二万元以下的罚款。

第七十六条 违反本法规定，造成珊瑚礁、红树林等海洋生态系统及海洋水产资源、海洋保护区破坏的，由依照本法规定行使海洋环境监督管理权的部门责令限期改正和采取补救措施，并处一万元以上十万元以下的罚款；有违法所得的，没收其违法所得。

第七十七条 违反本法第三十条第一款、第三款规定设置入海排污口的，由县级以上地方人民政府环境保护行政主管部门责令其关闭，并处二万元以上十万元以下的罚款。

第七十八条 违反本法第三十二条第三款的规定，擅自拆除、闲置环境保护设施的，由县级以上地方人民政府环境保护行政主管部门责令重新安装使用，并处一万元以上十万元以下的罚款。

第七十九条 违反本法第三十九条第二款的规定，经中华人民共和国管辖海域，转移危险废物的，由国家海事行政主管部门责令非法运输该危险废物的船舶退出中华人民共和国管辖海域，并处五万元以上五十万元以下的罚款。

第八十条 违反本法第四十三条第一款的规定，未持有经审核和批准的环境影响报告书，兴建海岸工程建设项目的，由县级以上地方人民政府环境保护行政主管部门责令其停止违法行为和采取补救措施，并处五万元以上二十万元以下的罚款；或者按照管理权限，由县级以上地方人民政府责令其限期拆除。

第八十一条 违反本法第四十四条的规定，海岸工程建设项目未建成环境保护设施，或者环境保护设施未达到规定要求即投入生产、使用的，由环境保护行政主管部门责令其停止生产或者使用，并处二万元以上十万元以下的罚款。

第八十二条 违反本法第四十五条的规定，新建严重污染海洋环境的工业生产建设项目的，按照管理权限，由县级以上人民政府责令关闭。

第八十三条 违反本法第四十七条第一款、第四十八条的规定，进行海洋工程建设项目，或者海洋工程建设项目未建成环境保护设施、环境保护设施未达到规定要求即投入生产、使用的，由海洋行政主管部门责令其停止施工或者生产、使用，并处五万元以上二十万元以下的罚款。

第八十四条 违反本法第四十九条的规定，使用含超标准放射性物质或者易溶出有毒有害物质材料的，由海洋行政主管部门处五万元以下的罚款，并责令其停止该建设项目的运行，直到消除污染危害。

第八十五条 违反本法规定进行海洋石油勘探开发活动，造成海洋环境污染的，由国家海洋行政主管部门予以警告，并处二万元以上二十万元以下的罚款。

第八十六条 违反本法规定，不按照许可证的规定倾倒，或者向已经封闭的倾倒区倾倒废弃物的，由海洋行政主管部门予以警告，并处三万元以上二十万元以下的罚款；对情节严重的，可以暂扣或者吊销许可证。

第八十七条 违反本法第五十五条第三款的规定，将中华人民共和国境外废弃物运进中华人民共和国管辖海域倾倒的，由国家海洋行政主管部门予以警告，并根据造成或者可能造成的危害后果，处十万元以上一百万元以下的罚款。

第八十八条 违反本法规定，有下列行为之一的，由依照本法规定行使海洋环境监督管理权的部门予以警告，或者处以罚款：

（一）港口、码头、装卸站及船舶未配备防污设施、器材的；

（二）船舶未持有防污证书、防污文书，或者不按照规定记载排污记录的；

（三）从事水上和港区水域拆船、旧船改装、打捞和其他水上、水下施工作业，造成海洋环境污染损害的；

（四）船舶载运的货物不具备防污适运条件的。

有前款第（一）、（四）项行为之一的，处二万元以上十万元以下的罚款；有前款第（二）项行为的，处二万元以下的罚款；有前款第（三）项行为的，处五万元以上二十万元以下的罚款。

第八十九条 违反本法规定，船舶、石油平台和装卸油类的港口、码头、装卸站不编制溢油应急计划的，由依照本法规定行使海洋环境监督管理权的部门予以警告，或者责令限期改正。

第九十条 造成海洋环境污染损害的责任者，应当排除危害，并赔偿损失；完全由于第三者的故意或者过失，造成海洋环境污染损害的，由第三者排除危害，并承担赔偿责任。

对破坏海洋生态、海洋水产资源、海洋保护区，给国家造成重大损失的，由依照本法规定行使海洋环境监督管理权的部门代表国家对责任者提出损害赔偿要求。

第九十一条 对违反本法规定，造成海洋环境污染事故的单位，由依照本法规定行使海洋环境监督管理权的部门根据所造成的危害和损失处以罚款；负有直接责任的主管人员和其他直接责任人员属于国家工作人员的，依法给予行政处分。

前款规定的罚款数额按照直接损失的百分之三十计算，但最高不得超过三十万元。

对造成重大海洋环境污染事故，致使公私财产遭受重大损失或者人身伤亡严重后果的，依法追究刑事责任。

第九十二条 完全属于下列情形之一，经过及时采取合理措施，仍然不能避免对海洋环境造成污染损害的，造成污染损害的有关责任者免予承担责任：

（一）战争；

（二）不可抗拒的自然灾害；

（三）负责灯塔或者其他助航设备的主管部门，在执行职责时的疏忽，或者其他过失行为。

第九十三条 对违反本法第十一条、第十二条有关缴纳排污费、倾倒费和限期治理规定的行政处罚，由国务院规定。

第九十四条 海洋环境监督管理人员滥用职权、玩忽职守、徇私舞弊，造成海洋环境污染损害的，依法给予行政处分；构成犯罪的，依法追究刑事责任。

第十章 附 则

第九十五条 本法中下列用语的含义是：

（一）海洋环境污染损害，是指直接或者间接地把物质或者能量引入海洋环境，产生损害海洋生物资源、危害人体健康、妨害渔业和海上其他合法活动、损害海水使用素质和减损环境质量等有害影响。

（二）内水，是指我国领海基线向内陆一侧的所有海域。

（三）滨海湿地，是指低潮时水深浅于六米的水域及其沿岸浸湿地带，包括水深不超过六米的永久性水域、潮间带（或洪泛地带）和沿海低地等。

（四）海洋功能区划，是指依据海洋自然属性和社会属性，以及自然资源和环境特定条件，界定海洋利用的主导功能和使用范畴。

（五）渔业水域，是指鱼虾类的产卵场、索饵场、越冬场、洄游通道和鱼虾贝藻类的养殖场。

（六）油类，是指任何类型的油及其炼制品。

（七）油性混合物，是指任何含有油份的混合物。

（八）排放，是指把污染物排入海洋的行为，包括泵出、溢出、泄出、喷出和倒出。

（九）陆地污染源（简称陆源），是指从陆地向海域排放污染物，造成或者可能造成海洋环境污染的场所、设施等。

（十）陆源污染物，是指由陆地污染源排放的污染物。

（十一）倾倒，是指通过船舶、航空器、平台或者其他载运工具，向海洋处置废弃物和其他有害物质的行为，包括弃置船舶、航空器、平台及其辅助设施和其他浮动工具的行为。

（十二）沿海陆域，是指与海岸相连，或者通过管道、沟渠、设施，直接或者间接向海洋排放污染物及其相关活动的一带区域。

（十三）海上焚烧，是指以热摧毁为目的，在海上焚烧设施上，故意焚烧废弃物或者其他物质的行为，但船舶、平台或者其他人工构造物正常操作中，所附带发生的行为除外。

第九十六条 涉及海洋环境监督管理的有关部门的具体职权划分，本法未作规定的，由国务院规定。

第九十七条 中华人民共和国缔结或者参加的与海洋环境保护有关的国际条约与本法有不同规定的，适用国际条约的规定；但是，中华人民共和国声明保留的条款除外。

第九十八条 本法自2000年4月1日起施行。

中华人民共和国环境保护法

（1989年12月26日第七届全国人民代表大会常务委员会第十一次会议通过1989年12月26日中华人民共和国主席令第二十二号公布施行）

第一章 总 则

第一条 为保护和改善生活环境与生态环境，防治污染和其他公害，保障人体健康，促进社会主义现代化建设的发展，制定本法。

第二条 本法所称环境，是指影响人类生存和发展的各种天然的和经过人工改造的自然因素的总体，包括大气、水、海洋、土地、矿藏、森林、草原、野生生物、自然遗迹、人文遗迹、自然保护区、风景名胜区、城市和乡村等。

第三条 本法适用于中华人民共和国领域和中华人民共和国管辖的其他海域。

第四条 国家制定的环境保护规划必须纳入国民经济和社会发展计划，国家采取有利于环境保护的经济、技术政策和措施，使环境保护工作同经济建设和社会发展相协调。

第五条 国家鼓励环境保护科学教育事业的发展，加强环境保护科学技术的研究和开发，提高环境保护科学技术水平，普及环境保护的科学知识。

第六条 一切单位和个人都有保护环境的义务，并有权对污染和破坏环境的单位和个人进行检举和控告。

第七条 国务院环境保护行政主管部门，对全国环境保护工作实施统一监督管理。

县级以上地方人民政府环境保护行政主管部门，对本辖区的环境保护工作实施统一监督管理。

国家海洋行政主管部门、港务监督、渔政渔港监督、军队环境保护部门和各级公安、交通、铁道、民航管理部门，依照有关法律的规定对环境污染防治实施监督管理。

县级以上人民政府的土地、矿产、林业、农业、水利行政主管部门，依照有关法律的规定对资源的保护实施监督管理。

第八条 对保护和改善环境有显著成绩的单位和个人，由人民政府给予奖励。

第二章 环境监督管理

第九条 国务院环境保护行政主管部门制定国家环境质量标准。

省、自治区、直辖市人民政府对国家环境质量标准中未作规定的项目，可以制定地方环境质量标准，并报国务院环境保护行政主管部门备案。

第十条 国务院环境保护行政主管部门根据国家环境质量标准和国家经济、技术条件，制定国家污染物排放标准。

省、自治区、直辖市人民政府对国家污染物排放标准中未作规定的项目，可以制定地方污染物排放标准；对国家污染物排放标准中已作规定的项目，可以制定严于国家污染物排放标准的地方污染物排放标准。地方污染物排放标准须报国务院环境保护行政主管部门备案。

凡是向已有地方污染物排放标准的区域排放污染物的，应当执行地方污染物排放标准。

第十一条 国务院环境保护行政主管部门建立监测制度，制定监测规范，会同有关部门组织监测网络，加强对环境监测的管理。

国务院和省、自治区、直辖市人民政府的环境保护行政主管部门，应当定期发布环境状况公报。

第十二条 县级以上人民政府环境保护行政主管部门，应当会同有关部门对管辖范围内的环境状况进行调查和评价，拟订环境保护规划，经计划部门综合平衡后，报同级人民政府批准实施。

第十三条 建设污染环境的项目，必须遵守国家有关建设项目环境保护管理的规定。

建设项目的环境影响报告书，必须对建设项目产生的污染和对环境的影响作出评价，规定防治措施，经项目主管部门预审并依照规定的程序报环境保护行政主管部门批准。环境影响报告书经批准后，计划部门方可批准建设项目设计任务书。

第十四条 县级以上人民政府环境保护行政主管部门或者其他依照法律规定行使环境监督管理权的部门，有权对管辖范围内的排污单位进行现场检查。被检查的单位应当如实反映情况，提供必要的资料。检查机关应当为被检查的单位保守技术秘密和业务秘密。

第十五条 跨行政区的环境污染和环境破坏的防治工作，由有关地方人民政府协商解决，或者由上级人民政府协调解决，作出决定。

第三章 保护和改善环境

第十六条 地方各级人民政府，应当对本辖区的环境质量负责，采取措施改善环境质量。

第十七条 各级人民政府对具有代表性的各种类型的自然生态系统区域，珍稀、濒危的野生动植物自然分布区域，重要的水源涵养区域，具有重大科学文化价值的地质构造、著名溶洞和化石分布区、冰川、火山、温泉等自然遗迹，以及人文遗迹、古树名木，应当采取措施加以保护，严禁破坏。

第十八条 在国务院、国务院有关主管部门和省、自治区、直辖市人民政府划定的风景名胜区、自然保护区和其他需要特别保护的区域内，不得建设污染环境的工业生产设施；建设其他设施，其污染物排放不得超过规定的排放标准。已经建成的设施，其污染物排放超过规定的排放标准的，限期治理。

第十九条 开发利用自然资源，必须采取措施保护生态环境。

第二十条 各级人民政府应当加强对农业环境的保护，防治土壤污染、土地沙化、盐渍化、贫瘠化、沼泽化、地面沉降和防治植被破坏、水土流失、水源枯竭、种源灭绝以及其他生态失调现象的发生和发展，推广植物病虫害的综合防治，合理使用化肥、农药及植物生长激素。

第二十一条 国务院和沿海地方各级人民政府应当加强对海洋环境的保护。向海洋排放污染物、倾到废弃物，进行海岸工程建设和海洋石油勘探开发，必须依照法律的规定，防止对海洋环境的污染损害。

第二十二条 制定城市规划，应当确定保护和改善环境的目标和任务。

第二十三条 城乡建设应当结合当地自然环境的特点，保护植被、水域和自然景观，加强城市园林、绿地和风景名胜区的建设。

第四章 防治环境污染和其他公害

第二十四条 产生环境污染和其他公害的单位，必须把环境保护工作纳入计划，建立环境保护责任制度；采取有效措施，防治在生产建设或者其他活动中产生的废气、废水、废渣、粉尘、恶臭气体、放射性物质以及噪声、振动、电磁波辐射等对环境的污染和危害。

第二十五条 新建工业企业和现有工业企业的技术改造，应当采用资源利用率高、污染物排放量少的设备和工艺，采用经济合理的废弃物综合利用技术和污染物处理技术。

第二十六条 建设项目中防治污染的设施，必须与主体工程同时设计、同时施工、同时投产使用。防治污染的设施必须经原审批环境影响报告书的环境保护行政主管部门验收合格后，该建设项目方可投入生产或者使用。

防治污染的设施不得擅自拆除或者闲置，确有必要拆除或者闲置的，必须征得所在地的环境保护行政主管部门同意。

第二十七条 排放污染物的企业事业单位，必须依照国务院环境保护行政主管部门的规定申报登记。

第二十八条 排放污染物超过国家或者地方规定的污染物排放标准的企业事业单位，依照国家规定缴纳超标准排污费，并负责治理。水污染防治法另有规定的，依照水污染防治法的规定执行。

征收的超标准排污费必须用于污染的防治，不得挪作他用，具体使用办法由国务院规定。

第二十九条 对造成环境严重污染的企业事业单位，限期治理。

中央或者省、自治区、直辖市人民政府直接管辖的企业事业单位的限期治理，由省、自治区、直辖市人民政府决定。市、县或者市、县以下人民政府管辖的企业事业单位的限期治理，由市、县人民政府决定。被限期治理的企业事业单位必须如期完成治理任务。

第三十条 禁止引进不符合我国环境保护规定要求的技术和设备。

第三十一条 因发生事故或者其他突然性事件，造成或者可能造成污染事故的单位，必须立即采取措施处理，及时通报可能受到污染危害的单位和居民，并向当地环境保护行政主管部门和有关部门报告，接受调查处理。

可能发生重大污染事故的企业事业单位，应当采取措施，加强防范。

第三十二条 县级以上地方人民政府环境保护行政主管部门，在环境受到严重污染威胁居民生命财产安全时，必须立即向当地人民政府报告，由人民政府采取有效措施，解除或者减轻危害。

第三十三条 生产、储存、运输、销售、使用有毒化学物品和含有放射性物质的物品，必须遵守国家有关规定，防止污染环境。

第三十四条 任何单位不得将产生严重污染的生产设备转移给没有污染防治能力的单位使用。

第五章 法律责任

第三十五条 违反本法规定，有下列行为之一的，环境保护行政主管部门或者其他依照法律规定行使环境监督管理权的部门可以根据不同情节，给予警告或者处以罚款：

（一）拒绝环境保护行政主管部门或者其他依照法律规定行使环境监督管理权的部门现场检查或者在被检查时弄虚作假的。

（二）拒报或者谎报国务院环境保护行政主管部门规定的有关污染物排放申报事项的。

（三）不按国家规定缴纳超标准排污费的。

（四）引进不符合我国环境保护规定要求的技术和设备的。

（五）将产生严重污染的生产设备转移给没有污染防治能力的单位使用的。

第三十六条 建设项目的防治污染设施没有建成或者没有达到国家规定的要求，投入生产或者使用的，由批准该建设项目的环境影响报告书的环境保护行政主管部门责令停止生产或者使用，可以并处罚款。

第三十七条 未经环境保护行政主管部门同意，擅自拆除或者闲置防治污染的设施，污染物排放超过规定的排放标准的，由环境保护行政主管部门责令重新安装使用，并处罚款。

第三十八条 对违反本法规定，造成环境污染事故的企业事业单位，由环境保护行政主管部门或者其他依照法律规定行使环境监督管理权的部门根据所造成的危害后果处以罚款；情节较重的，对有关责任人员由其所在单位或者政府主管机关给予行政处分。

第三十九条 对经限期治理逾期未完成治理任务的企业事业单位，除依照国家规定加收超标准排污费外，可以根据所造成的危害后果处以罚款，或者责令停业、关闭。

前款规定的罚款由环境保护行政主管部门决定。责令停业、关闭，由作出限期治理决定的人民政府决定；责令中央直接管辖的企业事业单位停业、关闭，须报国务院批准。

第四十条 当事人对行政处罚决定不服的，可以在接到处罚通知之日起十五日内，向作出处罚决定的机关的上一级机关申请复议；对复议决定不服的，可以在接到复议决定之日起十五日内，向人民法院起诉。当事人也可以在接到处罚通知之日起十五日内，直接向人民法院起诉。当事人逾期不申请复议、也不向人民法院起诉、又不履行处罚决定的，由作出处罚决定的机关申请人民法院强制执行。

第四十一条 造成环境污染危害的，有责任排除危害，并对直接受到损害的单位或者个人赔偿损失。

赔偿责任和赔偿金额的纠纷，可以根据当事人的请求，由环境保护行政主管部门或者其他依照法律规定行使环境监督管理权的部门处理；当事人对处理决定不服的，可以向人民法院起诉。当事人也可以直接向人民法院起诉。

完全由于不可抗拒的自然灾害，并经及时采取合理措施，仍然不能避免造成环境污染损害的，免予承担责任。

第四十二条 因环境污染损害赔偿提起诉讼的时效期间为三年，从当事人知道或者应当知道受到污染损害时起计算。

第四十三条 违反本法规定，造成重大环境污染事故，导致公私财产重大损失或者人身伤亡的严重后果的，对直接责任人员依法追究刑事责任。

第四十四条 违反本法规定，造成土地、森林、草原、水、矿产、渔业、野生动植物等资源的破坏的，依照有关法律的规定承担法律责任。

第四十五条 环境保护监督管理人员滥用职权、玩忽职守、徇私舞弊的，由其所在单位或者上级主管机关给予行政处分；构成犯罪的，依法追究刑事责任。

第六章 附 则

第四十六条 中华人民共和国缔结或者参加的与环境保护有关的国际条约，同中华人民共和国法律有不同规定的，适用国际条约的规定，但中华人民共和国声明保留的条款除外。

第四十七条 本法自公布之日起施行。《中华人民共和国环境保护法（试行）》同时废止。

中华人民共和国大气污染防治法

颁布机关：第九届全国人民代表大会常务委员会
颁布时间：2000-04-29
实施时间：2000-09-01
修订时间：
发文文号：
时 效 性：有效

2000年4月29日第九届全国人民代表大会常务委员会第十五次会议通过中华人民共和国主席令第三十二号《中华人民共和国大气污染防治法》已由中华人民共和国第九届全国人民代表大会常务委员会第十五次会议于2000年4月29日修订通过，现将修订后的《中华人民共和国大气污染防治法》公布，自2000年9月1日起施行。

中华人民共和国主席 江泽民
二〇〇〇年四月二十九日

目 录

第一章 总 则

第一条 为防治大气污染，保护和改善生活环境和生态环境，保障人体健康，促进经济和社会的可持续发展，制定本法。

第二条 国务院和地方各级人民政府，必须将大气环境保护工作纳入国民经济和社会发展计划，合理规划工业布局，加强防治大气污染的科学研究，采取防治大气污染的措施，保护和改善大气环境。

第三条 国家采取措施，有计划地控制或者逐步削减各地方主要大气污染物的排放总量。

地方各级人民政府对本辖区的大气环境质量负责，制定规划，采取措施，使本辖区的大气环境质量达到规定的标准。

第四条 县级以上人民政府环境保护行政主管部门对大气污染防治实施统一监督管理。

各级公安、交通、铁道、渔业管理部门根据各自的职责，对机动车船污染大气实施监督管理。

县级以上人民政府其他有关主管部门在各自职责范围内对大气污染防治实施监督管理。

第五条 任何单位和个人都有保护大气环境的义务，并有权对污染大气环境的单位和个人进行检举和控告。

第六条 国务院环境保护行政主管部门制定国家大气环境质量标准。省、自治区、直辖市人民政府对国家大气环境质量标准中未作规定的项目，可以制定地方标准，并报国务院环境保护行政主管部门备案。

第七条 国务院环境保护行政主管部门根据国家大气环境质量标准和国家经济、技术条件制定国家大气污染物排放标准。

省、自治区、直辖市人民政府对国家大气污染物排放标准中未作规定的项目，可以制定地方排放标准；对国家大气污染物排放标准中已作规定的项目，可以制定严于国家排放标准的地方排放标准。地方排放标准须报国务院环境保护行政主管部门备案。

省、自治区、直辖市人民政府制定机动车船大气污染物地方排放标准严于国家排放标准的，须报经国务院批准。

凡是向已有地方排放标准的区域排放大气污染物的，应当执行地方排放标准。

第八条 国家采取有利于大气污染防治以及相关的综合利用活动的经济、技术政策和措施。

在防治大气污染、保护和改善大气环境方面成绩显著的单位和个人，由各级人民政府给予奖励。

第九条 国家鼓励和支持大气污染防治的科学技术研究，推广先进适用的大气污染防治技术；鼓励和支持开发、利用太阳能、风能、水能等清洁能源。

国家鼓励和支持环境保护产业的发展。

第十条 各级人民政府应当加强植树种草、城乡绿化工作，因地制宜地采取有效措施做好防沙治沙工作，改善大气环境质量。

第二章 大气污染防治的监督管理

第十一条 新建、扩建、改建向大气排放污染物的项目，必须遵守国家有关建设项目环境保护管理的规定。

建设项目的环境影响报告书，必须对建设项目可能产生的大气污染和对生态环境的影响作出评价，规定防治措施，并按照规定的程序报环境保护行政主管部门审查批准。

建设项目投入生产或者使用之前，其大气污染防治设施必须经过环境保护行政主管部门验收，达不到国家有关建设项目环境保护管理规定的要求的建设项目，不得投入生产或者使用。

第十二条 向大气排放污染物的单位，必须按照国务院环境保护行政主管部门的规定向所在地的环境保护行政主管部门申报拥有的污染物排放设施、处理设施和在正常作业条件下排放污染物的种类、数量、浓度，并提供防治大气污染方面的有关技术资料。

前款规定的排污单位排放大气污染物的种类、数量、浓度有重大改变的，应当及时申报；其大气污染物处理设施必须保持正常使用，拆除或者闲置大气污染物处理设施的，必须事先报经所在地的县级以上地方人民政府环境保护行政主管部门批准。

第十三条 向大气排放污染物的，其污染物排放浓度不得超过国家和地方规定的排放标准。

第十四条 国家实行按照向大气排放污染物的种类和数量征收排污费的制度，根据加强大气污染防治的要求和国家的经济、技术条件合理制定排污费的征收标准。

征收排污费必须遵守国家规定的标准，具体办法和实施步骤由国务院规定。

征收的排污费一律上缴财政，按照国务院的规定用于大气污染防治，不得挪作他用，并由审计机关依法实施审计监督。

第十五条 国务院和省、自治区、直辖市人民政府对尚未达到规定的大气环境质量标准的区域和国务院批准划定的酸雨控制区、二氧化硫污染控制区，可以划定为主要大气污染物排放总量控制区。主要大气污染物排放总量控制的具体办法由国务院规定。

大气污染物总量控制区内有关地方人民政府依照国务院规定的条件和程序，按照公开、公平、公正的原则，核定企业事业单位的主要大气污染物排放总量，核发主要大气污染物排放许可证。

有大气污染物总量控制任务的企业事业单位，必须按照核定的主要大气污染物排放总量和许可证规定的排放条件排放污染物。

第十六条 在国务院和省、自治区、直辖市人民政府划定的风景名胜区、自然保护区、文物保护单位附近地区和其他需要特别保护的区域内，不得建设污染环境的工业生产设施；建设其他设施，其污染物排放不得超过规定的排放标准。在本法施行前企业事业单位已经建成的设施，其污染物排放超过规定的排放标准的，依照本法第四十八条的规定限期治理。

第十七条 国务院按照城市总体规划、环境保护规划目标和城市大气环境质量状况，划定大气污染防治重点城市。

直辖市、省会城市、沿海开放城市和重点旅游城市应当列入大气污染防治重点城市。

未达到大气环境质量标准的大气污染防治重点城市，应当按照国务院或者国务院环境保护行政主管部门规定的期限，达到大气环境质量标准。该城市人民政府应当制定限期达标规划，并可以根据国务院的授权或者规定，采取更加严格的措施，按期实现达标规划。

第十八条 国务院环境保护行政主管部门会同国务院有关部门，根据气象、地形、土壤等自然条件，可以对已经产生、可能产生酸雨的地区或者其他二氧化硫污染严重的地区，经国务院批准后，划定为酸雨控制区或者二氧化硫污染控制区。

第十九条 企业应当优先采用能源利用效率高、污染物排放量少的清洁生产工艺，减少大气污染物的产生。

国家对严重污染大气环境的落后生产工艺和严重污染大气环境的落后设备实行淘汰制度。

国务院经济综合主管部门会同国务院有关部门公布限期禁止采用的严重污染大气环境的工艺名录和限期禁止生产、禁止销售、禁止进口、禁止使用的严重污染大气环境的设备名录。

生产者、销售者、进口者或者使用者必须在国务院经济综合主管部门会同国务院有关部门规定的期限内分别停止生产、销售、进口或者使用列入前款规定的名录中的设备。生产工艺的采用者必须在国务院经济综合主管部门会同国务院有关部门规定的期限内停止采用列入前款规定的名录中的工艺。

依照前两款规定被淘汰的设备，不得转让给他人使用。

第二十条 单位因发生事故或者其他突然性事件，排放和泄漏有毒有害气体和放射性物质，造成或者可能造成大气污染事故、危害人体健康的，必须立即采取防治大气污染危害的应急措施，通报可能受到大气污染危害的单位和居民，并报告当地环境保护行政主管部门，接受调查处理。

在大气受到严重污染，危害人体健康和安全的紧急情况下，当地人民政府应当及时向当地居民公告，采取强制性应急措施，包括责令有关排污单位停止排放污染物。

第二十一条 环境保护行政主管部门和其他监督管理部门有权对管辖范围内的排污单位进行现场检查，被检查单位必须如实反映情况，提供必要的资料。检查部门有义务为被检查单位保守技术秘密和业务秘密。

第二十二条 国务院环境保护行政主管部门建立大气污染监测制度，组织监测网络，制定统一的监测方法。

第二十三条 大、中城市人民政府环境保护行政主管部门应当定期发布大气环境质量状况公报，并逐步开展大气环境质量预报工作。

大气环境质量状况公报应当包括城市大气环境污染特征、主要污染物的种类及污染危害程度等内容。

第三章 防治燃煤产生的大气污染

第二十四条 国家推行煤炭洗选加工，降低煤的硫份和灰份，限制高硫份、高灰份煤炭的开采。新建的所采煤炭属于高硫份、高灰份的煤矿，必须建设配套的煤炭洗选设施，使煤炭中的含硫份、含灰份达到规定的标准。

对已建成的所采煤炭属于高硫份、高灰份的煤矿，应当按照国务院批准的规划，限期建成配套的煤炭洗选设施。

禁止开采含放射性和砷等有毒有害物质超过规定标准的煤炭。

第二十五条 国务院有关部门和地方各级人民政府应当采取措施，改进城市能源结构，推广清洁能源的生产和使用。

大气污染防治重点城市人民政府可以在本辖区内划定禁止销售、使用国务院环境保护行政主管部门规定的高污染燃料的区域。该区域内的单位和个人应当在当地人民政府规定的期限内停止燃用高污染燃料，改用天然气、液化石油气、电或者其他清洁能源。

第二十六条 国家采取有利于煤炭清洁利用的经济、技术政策和措施，鼓励和支持使用低硫份、低灰份的优质煤炭，鼓励和支持洁净煤技术的开发和推广。

第二十七条 国务院有关主管部门应当根据国家规定的锅炉大气污染物排放标准，在锅炉产品质量标准中规定相应的要求；达不到规定要求的锅炉，不得制造、销售或者进口。

第二十八条 城市建设应当统筹规划，在燃煤供热地区，统一解决热源，发展集中供热。在集中供热管网覆盖的地区，不得新建燃煤供热锅炉。

第二十九条 大、中城市人民政府应当制定规划，对饮食服务企业限期使用天然气、液化石油气、电或者其他清洁能源。

对未划定为禁止使用高污染燃料区域的大、中城市市区内的其他民用炉灶，限期改用固硫型煤或者使用其他清洁能源。

第三十条 新建、扩建排放二氧化硫的火电厂和其他大中型企业，超过规定的污染物排放标准或者总量控制指标的，必须建设配套脱硫、除尘装置或者采取其他控制二氧化硫排放、除尘的措施。

在酸雨控制区和二氧化硫污染控制区内，属于已建企业超过规定的污染物排放标准排放大气污染物的，依照本法第四十八条的规定限期治理。

国家鼓励企业采用先进的脱硫、除尘技术。

企业应当对燃料燃烧过程中产生的氮氧化物采取控制措施。

第三十一条 在人口集中地区存放煤炭、煤矸石、煤渣、煤灰、砂石、灰土等物料，必须采取防燃、防尘措施，防止污染大气。

第四章 防治机动车船排放污染

第三十二条 机动车船向大气排放污染物不得超过规定的排放标准。

任何单位和个人不得制造、销售或者进口污染物排放超过规定排放标准的机动车船。

第三十三条 在用机动车不符合制造当时的在用机动车污染物排放标准的，不得上路行驶。

省、自治区、直辖市人民政府规定对在用机动车实行新的污染物排放标准并对其进行改造的，须报经国务院批准。

机动车维修单位，应当按照防治大气污染的要求和国家有关技术规范进行维修，使在用机动车达到规定的污染物排放标准。

第三十四条 国家鼓励生产和消费使用清洁能源的机动车船。

国家鼓励和支持生产、使用优质燃料油，采取措施减少燃料油中有害物质对大气环境的污染。单位和个人应当按照国务院规定的期限，停止生产、进口、销售含铅汽油。

第三十五条 省、自治区、直辖市人民政府环境保护行政主管部门可以委托已取得公安机关资质认定的承担机动车年检的单位，按照规范对机动车排气污染进行年度检测。

交通、渔政等有监督管理权的部门可以委托已取得有关主管部门资质认定的承担机动船舶年检的单位，按照规范对机动船舶排气污染进行年度检测。

县级以上地方人民政府环境保护行政主管部门可以在机动车停放地对在用机动车的污染物排放状况进行监督抽测。

第五章　防治废气、尘和恶臭污染

第三十六条　向大气排放粉尘的排污单位，必须采取除尘措施。

严格限制向大气排放含有毒物质的废气和粉尘；确需排放的，必须经过净化处理，不超过规定的排放标准。

第三十七条　工业生产中产生的可燃性气体应当回收利用，不具备回收利用条件而向大气排放的，应当进行防治污染处理。

向大气排放转炉气、电石气、电炉法黄磷尾气、有机烃类尾气的，须报经当地环境保护行政主管部门批准。

可燃性气体回收利用装置不能正常作业的，应当及时修复或者更新。在回收利用装置不能正常作业期间确需排放可燃性气体的，应当将排放的可燃性气体充分燃烧或者采取其他减轻大气污染的措施。

第三十八条　炼制石油、生产合成氨、煤气和燃煤焦化、有色金属冶炼过程中排放含有硫化物气体的，应当配备脱硫装置或者采取其他脱硫措施。

第三十九条　向大气排放含放射性物质的气体和气溶胶，必须符合国家有关放射性防护的规定，不得超过规定的排放标准。

第四十条　向大气排放恶臭气体的排污单位，必须采取措施防止周围居民区受到污染。

第四十一条　在人口集中地区和其他依法需要特殊保护的区域内，禁止焚烧沥青、油毡、橡胶、塑料、皮革、垃圾以及其他产生有毒有害烟尘和恶臭气体的物质。

禁止在人口集中地区、机场周围、交通干线附近以及当地人民政府划定的区域露天焚烧秸秆、落叶等产生烟尘污染的物质。

除前两款外，城市人民政府还可以根据实际情况，采取防治烟尘污染的其他措施。

第四十二条　运输、装卸、贮存能够散发有毒有害气体或者粉尘物质的，必须采取密闭措施或者其他防护措施。

第四十三条　城市人民政府应当采取绿化责任制、加强建设施工管理、扩大地面铺装面积、控制渣土堆放和清洁运输等措施，提高人均占有绿地面积，减少市区裸露地面和地面尘土，防治城市扬尘污染。

在城市市区进行建设施工或者从事其他产生扬尘污染活动的单位，必须按照当地环境保护的规定，采取防治扬尘污染的措施。

国务院有关行政主管部门应当将城市扬尘污染的控制状况作为城市环境综合整治考核的依据之一。

第四十四条　城市饮食服务业的经营者，必须采取措施，防治油烟对附近居民的居住环境造成污染。

第四十五条　国家鼓励、支持消耗臭氧层物质替代品的生产和使用，逐步减少消耗臭氧层物质的产量，直至停止消耗臭氧层物质的生产和使用。

在国家规定的期限内，生产、进口消耗臭氧层物质的单位必须按照国务院有关行政主管部门核定的配额进行生产、进口。

第六章　法律责任

第四十六条　违反本法规定，有下列行为之一的，环境保护行政主管部门或者本法第四条第二款规定的监督管理部门可以根据不同情节，责令停止违法行为，限期改正，给予警告或者处以五万元以下罚款：

（一）拒报或者谎报国务院环境保护行政主管部门规定的有关污染物排放申报事项的；

（二）拒绝环境保护行政主管部门或者其他监督管理部门现场检查或者在被检查时弄虚作假的；

（三）排污单位不正常使用大气污染物处理设施，或者未经环境保护行政主管部门批准，擅自拆除、闲置大气污染物处理设施的；

（四）未采取防燃、防尘措施，在人口集中地区存放煤炭、煤矸石、煤渣、煤灰、砂石、灰土等物料的。

第四十七条　违反本法第十一条规定，建设项目的大气污染防治设施没有建成或者没有达到国家有关建设项目环境保护管理的规定的要求，投入生产或者使用的，由审批该建设项目的环境影响报告书的环境保护行政主管部门责令停止生产或者使用，可以并处一万元以上十万元以下罚款。

第四十八条　违反本法规定，向大气排放污染物超过国家和地方规定排放标准的，应当限期治理，并由所在地县级以上地方人民政府环境保护行政主管部门处一万元以上十万元以下罚款。限期治理的决定权限和违反限期治理要求的行政处罚由国务院规定。

第四十九条　违反本法第十九条规定，生产、销售、进口或者使用禁止生产、销售、进口、使用的设备，或者采用禁止采用的工艺的，由县级以上人民政府经济综合主管部门责令改正；情节严重的，由县级以上人民政府经济综合主管部门提出意见，报请同级人民政府按照国务院规定的权限责令停业、关闭。

将淘汰的设备转让给他人使用的，由转让者所在地县级以上地方人民政府环境保护行政主管部门或者其他依法行使监督管理权的部门没收转让者的违法所得，并处违法所得两倍以下罚款。

第五十条 违反本法第二十四条第三款规定，开采含放射性和砷等有毒有害物质超过规定标准的煤炭的，由县级以上人民政府按照国务院规定的权限责令关闭。

第五十一条 违反本法第二十五条第二款或者第二十九条第一款的规定，在当地人民政府规定的期限届满后继续燃用高污染燃料的，由所在地县级以上地方人民政府环境保护行政主管部门责令拆除或者没收燃用高污染燃料的设施。

第五十二条 违反本法第二十八条规定，在城市集中供热管网覆盖地区新建燃煤供热锅炉的，由县级以上地方人民政府环境保护行政主管部门责令停止违法行为或者限期改正，可以处五万元以下罚款。

第五十三条 违反本法第三十二条规定，制造、销售或者进口超过污染物排放标准的机动车船的，由依法行使监督管理权的部门责令停止违法行为，没收违法所得，可以并处违法所得一倍以下的罚款；对无法达到规定的污染物排放标准的机动车船，没收销毁。

第五十四条 违反本法第三十四条第二款规定，未按照国务院规定的期限停止生产、进口或者销售含铅汽油的，由所在地县级以上地方人民政府环境保护行政主管部门或者其他依法行使监督管理权的部门责令停止违法行为，没收所生产、进口、销售的含铅汽油和违法所得。

第五十五条 违反本法第三十五条第一款或者第二款规定，未取得所在地省、自治区、直辖市人民政府环境保护行政主管部门或者交通、渔政等依法行使监督管理权的部门的委托进行机动车船排气污染检测的，或者在检测中弄虚作假的，由县级以上人民政府环境保护行政主管部门或者交通、渔政等依法行使监督管理权的部门责令停止违法行为，限期改正，可以处五万元以下罚款；情节严重的，由负责资质认定的部门取消承担机动车船年检的资格。

第五十六条 违反本法规定，有下列行为之一的，由县级以上地方人民政府环境保护行政主管部门或者其他依法行使监督管理权的部门责令停止违法行为，限期改正，可以处五万元以下罚款：

（一）未采取有效污染防治措施，向大气排放粉尘、恶臭气体或者其他含有有毒物质气体的；

（二）未经当地环境保护行政主管部门批准，向大气排放转炉气、电石气、电炉法黄磷尾气、有机烃类尾气的；

（三）未采取密闭措施或者其他防护措施，运输、装卸或者贮存能够散发有毒有害气体或者粉尘物质的；

（四）城市饮食服务业的经营者未采取有效污染防治措施，致使排放的油烟对附近居民的居住环境造成污染的。

第五十七条 违反本法第四十一条第一款规定，在人口集中地区和其他依法需要特殊保护的区域内，焚烧沥青、油毡、橡胶、塑料、皮革、垃圾以及其他产生有毒有害烟尘和恶臭气体的物质的，由所在地县级以上地方人民政府环境保护行政主管部门责令停止违法行为，处二万元以下罚款。

违反本法第四十一条第二款规定，在人口集中地区、机场周围、交通干线附近以及当地人民政府划定的区域内露天焚烧秸秆、落叶等产生烟尘污染的物质的，由所在地县级以上地方人民政府环境保护行政主管部门责令停止违法行为；情节严重的，可以处二百元以下罚款。

第五十八条 违反本法第四十三条第二款规定，在城市市区进行建设施工或者从事其他产生扬尘污染的活动，未采取有效扬尘防治措施，致使大气环境受到污染的，限期改正，处二万元以下罚款；对逾期仍未达到当地环境保护规定要求的，可以责令其停工整顿。

前款规定的对因建设施工造成扬尘污染的处罚，由县级以上地方人民政府建设行政主管部门决定；对其他造成扬尘污染的处罚，由县级以上地方人民政府指定的有关主管部门决定。

第五十九条 违反本法第四十五条第二款规定，在国家规定的期限内，生产或者进口消耗臭氧层物质超过国务院有关行政主管部门核定配额的，由所在地省、自治区、直辖市人民政府有关行政主管部门处二万元以上二十万元以下罚款；情节严重的，由国务院有关行政主管部门取消生产、进口配额。

第六十条 违反本法规定，有下列行为之一的，由县级以上人民政府环境保护行政主管部门责令限期建设配套设施，可以处二万元以上二十万元以下罚款：

（一）新建的所采煤炭属于高硫份、高灰份的煤矿，不按照国家有关规定建设配套的煤炭洗选设施的；

（二）排放含有硫化物气体的石油炼制、合成氨生产、煤气和燃煤焦化以及有色金属冶炼的企业，不按照国家有关规定建设配套脱硫装置或者未采取其他脱硫措施的。

第六十一条 对违反本法规定，造成大气污染事故的企业事业单位，由所在地县级以上地方人民政府环境保护行政主管部门根据所造成的危害后果处直接经济损失百分之五十以下罚款，但最高不超过五十万元；情节较重的，对直接负责的主管人员和其他直接责任人员，由所在单位或者上级主管机关依法给予行政处分或者纪律处分；造成重大大气污染事故，导致公私财产重大损失或者人身伤亡的严重后果，构成犯罪的，依法追究刑事责任。

第六十二条 造成大气污染危害的单位，有责任排除危害，并对直接遭受损失的单位或者个人赔偿损失。

赔偿责任和赔偿金额的纠纷，可以根据当事人的请求，由环境保护行政主管部门调解处理；调解不成的，当事人可以向人民法院起诉。当事人也可以直接向人民法院起诉。

第六十三条 完全由于不可抗拒的自然灾害，并经及时采取合理措施，仍然不能避免造成大气污染损失的，免于承担责任。

第六十四条 环境保护行政主管部门或者其他有关部门违反本法第十四条第三款的规定，将征收的排污费挪作他用的，由审计机关或者监察机关责令退回挪用款项或者采取其他措施予以追回，对直接负责的主管人员和其他直接责任人员依法给予行政处分。

第六十五条 环境保护监督管理人员滥用职权、玩忽职守的，给予行政处分；构成犯罪的，依法追究刑事责任。

第七章 附 则

第六十六条 本法自2000年9月1日起施行。

中华人民共和国放射性污染防治法

（2003年6月28日第十届全国人民代表大会常务委员会第三次会议通过） 中华人民共和国主席令第六号

《中华人民共和国放射性污染防治法》已由中华人民共和国第十届全国人民代表大会常务委员会第三次会议于2003年6月28日通过，现予公布，自2003年10月1日起施行。

中华人民共和国主席 胡锦涛
2003年6月28日

目 录

第一章 总 则

第一条 为了防治放射性污染，保护环境，保障人体健康，促进核能、核技术的开发与和平利用，制定本法。

第二条 本法适用于中华人民共和国领域和管辖的其他海域在核设施选址、建造、运行、退役和核技术、铀（钍）矿、伴生放射性矿开发利用过程中发生的放射性污染的防治活动。

第三条 国家对放射性污染的防治，实行预防为主、防治结合、严格管理、安全第一的方针。

第四条 国家鼓励、支持放射性污染防治的科学研究和技术开发利用，推广先进的放射性污染防治技术。

国家支持开展放射性污染防治的国际交流与合作。

第五条 县级以上人民政府应当将放射性污染防治工作纳入环境保护规划。

县级以上人民政府应当组织开展有针对性的放射性污染防治宣传教育，使公众了解放射性污染防治的有关情况和科学知识。

第六条 任何单位和个人有权对造成放射性污染的行为提出检举和控告。

第七条 在放射性污染防治工作中作出显著成绩的单位和个人，由县级以上人民政府给予奖励。

第八条 国务院环境保护行政主管部门对全国放射性污染防治工作依法实施统一监督管理。

国务院卫生行政部门和其他有关部门依据国务院规定的职责，对有关的放射性污染防治工作依法实施监督管理。

第二章 放射性污染防治的监督管理

第九条 国家放射性污染防治标准由国务院环境保护行政主管部门根据环境安全要求、国家经济技术条件制定。国家放射性污染防治标准由国务院环境保护行政主管部门和国务院标准化行政主管部门联合发布。

第十条 国家建立放射性污染监测制度。国务院环境保护行政主管部门会同国务院其他有关部门组织环境监测网络，对放射性污染实施监测管理。

第十一条 国务院环境保护行政主管部门和国务院其他有关部门，按照职责分工，各负其责，互通信息，密切配合，对核设施、铀（钍）矿开发利用中的放射性污染防治进行监督检查。

县级以上地方人民政府环境保护行政主管部门和同级其他有关部门，按照职责分工，各负其责，互通信息，密切配合，对本行政区域内核技术利用、伴生放射性矿开发利用中的放射性污染防治进行监督检查。

监督检查人员进行现场检查时，应当出示证件。被检查的单位必须如实反映情况，提供必要的资料。监督检查人员应当为被检查单位保守技术秘密和业务秘密。对涉及国家秘密的单位和部位进行检查时，应当遵守国家有关保守国家秘密的规定，依法办理有关审批手续。

第十二条 核设施营运单位、核技术利用单位、铀（钍）矿和伴生放射性矿开发利用单位，负责本单位放射性污染的防治，接受环境保护行政主管部门和其他有关部门的监督管理，并依法对其造成的放射性污染承担责任。

第十三条 核设施营运单位、核技术利用单位、铀（钍）矿和伴生放射性矿开发利用单位，必须采取安全与防护措施，预防发生可能导致放射性污染的各类事故，避免放射性污染危害。

核设施营运单位、核技术利用单位、铀（钍）矿和伴生放射性矿开发利用单位，应当对其工作人员进行放射性安全教育、培训，采取有效的防护安全措施。

第十四条 国家对从事放射性污染防治的专业人员实行资格管理制度；对从事放射性污染监测工作的机构实行资质管理制度。

第十五条 运输放射性物质和含放射源的射线装置，应当采取有效措施，防止放射性污染。具体办法由国务院规定。

第十六条 放射性物质和射线装置应当设置明显的放射性标识和中文警示说明。生产、销售、使用、贮存、处置放射性物质和射线装置的场所，以及运输放射性物质和含放射源的射线装置的工具，应当设置明显的放射性标志。

第十七条 含有放射性物质的产品，应当符合国家放射性污染防治标准；不符合国家放射性污染防治标准的，不得出厂和销售。

使用伴生放射性矿渣和含有天然放射性物质的石材做建筑和装修材料，应当符合国家建筑材料放射性核素控制标准。

第三章 核设施的放射性污染防治

第十八条 核设施选址，应当进行科学论证，并按照国家有关规定办理审批手续。在办理核设施选址审批手续前，应当编制环境影响报告书，报国务院环境保护行政主管部门审查批准；未经批准，有关部门不得办理核设施选址批准文件。

第十九条 核设施营运单位在进行核设施建造、装料、运行、退役等活动前，必须按照国务院有关核设施安全监督管理的规定，申请领取核设施建造、运行许可证和办理装料、退役等审批手续。

核设施营运单位领取有关许可证或者批准文件后，方可进行相应的建造、装料、运行、退役等活动。

第二十条 核设施营运单位应当在申请领取核设施建造、运行许可证和办理退役审批手续前编制环境影响报告书，报国务院环境保护行政主管部门审查批准；未经批准，有关部门不得颁发许可证和办理批准文件。

第二十一条 与核设施相配套的放射性污染防治设施，应当与主体工程同时设计、同时施工、同时投入使用。

放射性污染防治设施应当与主体工程同时验收；验收合格的，主体工程方可投入生产或者使用。

第二十二条 进口核设施，应当符合国家放射性污染防治标准；没有相应的国家放射性污染防治标准的，采用国务院环境保护行政主管部门指定的国外有关标准。

第二十三条 核动力厂等重要核设施外围地区应当划定规划限制区。规划限制区的划定和管理办法，由国务院规定。

第二十四条 核设施营运单位应当对核设施周围环境中所含的放射性核素的种类、浓度以及核设施流出物中的放射性核素总量实施监测，并定期向国务院环境保护行政主管部门和所在地省、自治区、直辖市人民政府环境保护行政主管部门报告监测结果。

国务院环境保护行政主管部门负责对核动力厂等重要核设施实施监督性监测，并根据需要对其他核设施的流出物实施监测。监督性监测系统的建设、运行和维护费用由财政预算安排。

第二十五条 核设施营运单位应当建立健全安全保卫制度，加强安全保卫工作，并接受公安部门的监督指导。

核设施营运单位应当按照核设施的规模和性质制定核事故场内应急计划，做好应急准备。

出现核事故应急状态时，核设施营运单位必须立即采取有效的应急措施控制事故，并向核设施主管部门和环境保护行政主管部门、卫生行政部门、公安部门以及其他有关部门报告。

第二十六条 国家建立健全核事故应急制度。

核设施主管部门、环境保护行政主管部门、卫生行政部门、公安部门以及其他有关部门，在本级人民政府的组织领导下，按照各自的职责依法做好核事故应急工作。

中国人民解放军和中国人民武装警察部队按照国务院、中央军事委员会的有关规定在核事故应急中实施有效的支援。

第二十七条 核设施营运单位应当制定核设施退役计划。

核设施的退役费用和放射性废物处置费用应当预提，列入投资概算或者生产成本。核设施的退役费用和放射性废物处置费用的提取和管理办法，由国务院财政部门、价格主管部门会同国务院环境保护行政主管部门、核设施主管部门规定。

第四章 核技术利用的放射性污染防治

第二十八条 生产、销售、使用放射性同位素和射线装置的单位，应当按照国务院有关放射性同位素与射线装置放射防护的规定申请领取许可证，办理登记手续。

转让、进口放射性同位素和射线装置的单位以及装备有放射性同位素的仪表的单位，应当按照国务院有关放射性同位素与射线装置放射防护的规定办理有关手续。

第二十九条 生产、销售、使用放射性同位素和加速器、中子发生器以及含放射源的射线装置的单位，应当在申请领取许可证前编制环境影响评价文件，报省、自治区、直辖市人民政府环境保护行政主管部门审查批准；未经批准，有关部门不得颁发许可证。

国家建立放射性同位素备案制度。具体办法由国务院规定。

第三十条 新建、改建、扩建放射工作场所的放射防护设施，应当与主体工程同时设计、同时施工、同时投入使用。

放射防护设施应当与主体工程同时验收；验收合格的，主体工程方可投入生产或者使用。

第三十一条 放射性同位素应当单独存放，不得与易燃、易爆、腐蚀性物品等一起存放，其贮存场所应当采取有效的防火、防盗、防射线泄漏的安全防护措施，并指定专人负责保管。贮存、领取、使用、归还放射性同位素时，应当进行登记、检查，做到账物相符。

第三十二条 生产、使用放射性同位素和射线装置的单位，应当按照国务院环境保护行政主管部门的规定对其产生的放射性废物进行收集、包装、贮存。

生产放射源的单位，应当按照国务院环境保护行政主管部门的规定回收和利用废旧放射源；使用放射源的单位，应当按照国务院环境保护行政主管部门的规定将废旧放射源交回生产放射源的单位或者送交专门从事放射性固体废物贮存、处置的单位。

第三十三条 生产、销售、使用、贮存放射源的单位，应当建立健全安全保卫制度，指定专人负责，落实安全责任制，制定必要的事故应急措施。发生放射源丢失、被盗和放射性污染事故时，有关单位和个人必须立即采取应急措施，并向公安部门、卫生行政部门和环境保护行政主管部门报告。

公安部门、卫生行政部门和环境保护行政主管部门接到放射源丢失、被盗和放射性污染事故报告后，应当报告本级人民政府，并按照各自的职责立即组织采取有效措施，防止放射性污染蔓延，减少事故损失。当地人民政府应当及时将有关情况告知公众，并做好事故的调查、处理工作。

第五章 铀（钍）矿和伴生放射性矿开发利用的放射性污染防治

第三十四条 开发利用或者关闭铀（钍）矿的单位，应当在申请领取采矿许可证或者办理退役审批手续前编制环境影响报告书，报国务院环境保护行政主管部门审查批准。

开发利用伴生放射性矿的单位，应当在申请领取采矿许可证前编制环境影响报告书，报省级以上人民政府环境保护行政主管部门审查批准。

第三十五条 与铀（钍）矿和伴生放射性矿开发利用建设项目相配套的放射性污染防治设施，应当与主体工程同时设计、同时施工、同时投入使用。

放射性污染防治设施应当与主体工程同时验收；验收合格的，主体工程方可投入生产或者使用。

第三十六条 铀（钍）矿开发利用单位应当对铀（钍）矿的流出物和周围的环境实施监测，并定期向国务院环境保护行政主管部门和所在地省、自治区、直辖市人民政府环境保护行政主管部门报告监测结果。

第三十七条 对铀（钍）矿和伴生放射性矿开发利用过程中产生的尾矿，应当建造尾矿库进行贮存、处置；建造的尾矿库应当符合放射性污染防治的要求。

第三十八条 铀（钍）矿开发利用单位应当制定铀（钍）矿退役计划。铀矿退役费用由国家财政预算安排。

第六章 放射性废物管理

第三十九条 核设施营运单位、核技术利用单位、铀（钍）矿和伴生放射性矿开发利用单位，应当合理选择和利用原材料，采用先进的生产工艺和设备，尽量减少放射性废物的产生量。

第四十条 向环境排放放射性废气、废液，必须符合国家放射性污染防治标准。

第四十一条 产生放射性废气、废液的单位向环境排放符合国家放射性污染防治标准的放射性废气、废液，应当向审批环境影响评价文件的环境保护行政主管部门申请放射性核素排放量，并定期报告排放计量结果。

第四十二条 产生放射性废液的单位，必须按照国家放射性污染防治标准的要求，对不得向环境排放的放射性废液进行处理或者贮存。

产生放射性废液的单位，向环境排放符合国家放射性污染防治标准的放射性废液，必须采用符合国务院环境保护行政主管部门规定的排放方式。

禁止利用渗井、渗坑、天然裂隙、溶洞或者国家禁止的其他方式排放放射性废液。

第四十三条 低、中水平放射性固体废物在符合国家规定的区域实行近地表处置。

高水平放射性固体废物实行集中的深地质处置。

α放射性固体废物依照前款规定处置。

禁止在内河水域和海洋上处置放射性固体废物。

第四十四条 国务院核设施主管部门会同国务院环境保护行政主管部门根据地质条件和放射性固体废物处置的需要，在环境影响评价的基础上编制放射性固体废物处置场所选址规划，报国务院批准后实施。

有关地方人民政府应当根据放射性固体废物处置场所选址规划，提供放射性固体废物处置场所的建设用地，并采取有效措施支持放射性固体废物的处置。

第四十五条 产生放射性固体废物的单位，应当按照国务院环境保护行政主管部门的规定，对其产生的放射性固体废物进行处理后，送交放射性固体废物处置单位处置，并承担处置费用。

放射性固体废物处置费用收取和使用管理办法，由国务院财政部门、价格主管部门会同国务院环境保护行政主管部门规定。

第四十六条 设立专门从事放射性固体废物贮存、处置的单位，必须经国务院环境保护行政主管部门审查批准，取得许可证。具体办法由国务院规定。

禁止未经许可或者不按照许可的有关规定从事贮存和处置放射性固体废物的活动。

禁止将放射性固体废物提供或者委托给无许可证的单位贮存和处置。

第四十七条 禁止将放射性废物和被放射性污染的物品输入中华人民共和国境内或者经中华人民共和国境内转移。

第七章 法律责任

第四十八条 放射性污染防治监督管理人员违反法律规定，利用职务上的便利收受他人财物、谋取其他利益，或者玩忽职守，有下列行为之一的，依法给予行政处分；构成犯罪的，依法追究刑事责任：

（一）对不符合法定条件的单位颁发许可证和办理批准文件的；

（二）不依法履行监督管理职责的；

（三）发现违法行为不予查处的。

第四十九条 违反本法规定，有下列行为之一的，由县级以上人民政府环境保护行政主管部门或者其他有关部门依据职权责令限期改正，可以处二万元以下罚款：

（一）不按照规定报告有关环境监测结果的；

（二）拒绝环境保护行政主管部门和其他有关部门进行现场检查，或者被检查时不如实反映情况和提供必要资料的。

第五十条 违反本法规定，未编制环境影响评价文件，或者环境影响评价文件未经环境保护行政主管部门批准，擅自进行建造、运行、生产和使用等活动的，由审批环境影响评价文件的环境保护行政主管部门责令停止违法行为，限期补办手续或者恢复原状，并处一万元以上二十万元以下罚款。

第五十一条 违反本法规定，未建造放射性污染防治设施、放射防护设施，或者防治防护设施未经验收合格，主体工程即投入生产或者使用的，由审批环境影响评价文件的环境保护行政主管部门责令停止违法行为，限期改正，并处五万元以上二十万元以下罚款。

第五十二条 违反本法规定，未经许可或者批准，核设施营运单位擅自进行核设施的建造、装料、运行、退役等活动的，由国务院环境保护行政主管部门责令停止违法行为，限期改正，并处二十万元以上五十万元以下罚款；构成犯罪的，依法追究刑事责任。

第五十三条 违反本法规定，生产、销售、使用、转让、进口、贮存放射性同位素和射线装置以及装备有放射性同位素的仪表的，由县级以上人民政府环境保护行政主管部门或者其他有关部门依据职权责令停止违法行为，限期改正；逾期不改正的，责令停产停业或者吊销许可证；有违法所得的，没收违法所得；违法所得十万元以上的，并处违法所得一倍以上五倍以下罚款；没有违法所得或者违法所得不足十万元的，并处一万元以上十万元以下罚款；构成犯罪的，依法追究刑事责任。

第五十四条 违反本法规定，有下列行为之一的，由县级以上人民政府环境保护行政主管部门责令停止违法行为，限期改正，处以罚款；构成犯罪的，依法追究刑事责任：

（一）未建造尾矿库或者不按照放射性污染防治的要求建造尾矿库，贮存、处置铀（钍）矿和伴生放射性矿的尾矿的；

（二）向环境排放不得排放的放射性废气、废液的；

（三）不按照规定的方式排放放射性废液，利用渗井、渗坑、天然裂隙、溶洞或者国家禁止的其他方式排放放射性废液的；

（四）不按照规定处理或者贮存不得向环境排放的放射性废液的；

（五）将放射性固体废物提供或者委托给无许可证的单位贮存和处置的。

有前款第（一）项、第（二）项、第（三）项、第（五）项行为之一的，处十万元以上二十万元以下罚款；有前款第（四）项行为的，处一万元以上十万元以下罚款。

第五十五条 违反本法规定，有下列行为之一的，由县级以上人民政府环境保护行政主管部门或者其他有关部门依据职权责令限期改正；逾期不改正的，责令停产停业，并处二万元以上十万元以下罚款；构成犯罪的，依法追究刑事责任：

（一）不按照规定设置放射性标识、标志、中文警示说明的；

（二）不按照规定建立健全安全保卫制度和制定事故应急计划或者应急措施的；

（三）不按照规定报告放射源丢失、被盗情况或者放射性污染事故的。

第五十六条 产生放射性固体废物的单位，不按照本法第四十五条的规定对其产生的放射性固体废物进行处置的，由审批该单位立项环境影响评价文件的环境保护行政主管部门责令停止违法行为，限期改正；逾期不改正的，指定有处置能力的单位代为处置，所需费用由产生放射性固体废物的单位承担，可以并处二十万元以下罚款；构成犯罪的，依法追究刑事责任。

第五十七条 违反本法规定，有下列行为之一的，由省级以上人民政府环境保护行政主管部门责令停产停业或者吊销许可证；有违法所得的，没收违法所得；违法所得十万元以上的，并处违法所得一倍以上五倍以下罚款；没有违法所得或者违法所得不足十万元的，并处五万元以上十万元以下罚款；构成犯罪的，依法追究刑事责任：

（一）未经许可，擅自从事贮存和处置放射性固体废物活动的；

（二）不按照许可的有关规定从事贮存和处置放射性固体废物活动的。

第五十八条 向中华人民共和国境内输入放射性废物和被放射性污染的物品，或者经中华人民共和国境内转移放射性废物和被放射性污染的物品的，由海关责令退运该放射性废物和被放射性污染的物品，并处五十万元以上一百万元以下罚款；构成犯罪的，依法追究刑事责任。

第五十九条 因放射性污染造成他人损害的，应当依法承担民事责任。

第八章 附 则

第六十条 军用设施、装备的放射性污染防治，由国务院和军队的有关主管部门依照本法规定的原则和国务院、中央军事委员会规定的职责实施监督管理。

第六十一条 劳动者在职业活动中接触放射性物质造成的职业病的防治，依照《中华人民共和国职业病防治法》的规定执行。

第六十二条 本法中下列用语的含义：

（一）放射性污染，是指由于人类活动造成物料、人体、场所、环境介质表面或者内部出现超过国家标准的放射性物质或者射线。

（二）核设施，是指核动力厂（核电厂、核热电厂、核供汽供热厂等）和其他反应堆（研究堆、实验堆、临界装置等）；核燃料生产、加工、贮存和后处理设施；放射性废物的处理和处置设施等。

（三）核技术利用，是指密封放射源、非密封放射源和射线装置在医疗、工业、农业、地质调查、科学研究和教学等领域中的使用。

（四）放射性同位素，是指某种发生放射性衰变的元素中具有相同原子序数但质量不同的核素。

（五）放射源，是指除研究堆和动力堆核燃料循环范畴的材料以外，永久密封在容器中或者有严密包层并呈固态的放射性材料。

（六）射线装置，是指X线机、加速器、中子发生器以及含放射源的装置。

（七）伴生放射性矿，是指含有较高水平天然放射性核素浓度的非铀矿（如稀土矿和磷酸盐矿等）。

（八）放射性废物，是指含有放射性核素或者被放射性核素污染，其浓度或者比活度大于国家确定的清洁解控水平，预期不再使用的废弃物。

第六十三条 本法自2003年10月1日起施行。

中华人民共和国清洁生产促进法

（2002年6月29日第九届全国人民代表大会常务委员会第二十八次会议通过）中华人民共和国主席令第72号

《中华人民共和国清洁生产促进法》已由中华人民共和国第九届全国人民代表大会常务委员会第二十八次会议于2002年6月29日通过，现予公布，自2003年1月1日起施行。

中华人民共和国主席 江泽民

2002年6月29日

目 录

第一章 总 则

第一条 为了促进清洁生产，提高资源利用效率，减少和避免污染物的产生，保护和改善环境，保障人体健康，促进经济与社会可持续发展，制定本法。

第二条 本法所称清洁生产，是指不断采取改进设计、使用清洁的能源和原料、采用先进的工艺技术与设备、改善管理、综合利用等措施，从源头削减污染，提高资源利用效率，减少或者避免生产、服务和产品使用过程中污染物的产生和排放，以减轻或者消除对人类健康和环境的危害。

第三条 在中华人民共和国领域内，从事生产和服务活动的单位以及从事相关管理活动的部门依照本法规定，组织、实施清洁生产。

第四条 国家鼓励和促进清洁生产。国务院和县级以上地方人民政府，应当将清洁生产纳入国民经济和社会发展计划以及环境保护、资源利用、产业发展、区域开发等规划。

第五条 国务院经济贸易行政主管部门负责组织、协调全国的清洁生产促进工作。国务院环境保护、计划、科学技术、农业、建设、水利和质量技术监督等行政主管部门，按照各自的职责，负责有关的清洁生产促进工作。

县级以上地方人民政府负责领导本行政区域内的清洁生产促进工作。县级以上地方人民政府经济贸易行政主管部门负责组织、协调本行政区域内的清洁生产促进工作。县级以上地方人民政府环境保护、计划、科学技术、农业、建设、水利和质量技术监督等行政主管部门，按照各自的职责，负责有关的清洁生产促进工作。

第六条 国家鼓励开展有关清洁生产的科学研究、技术开发和国际合作，组织宣传、普及清洁生产知识，推广清洁生产技术。

国家鼓励社会团体和公众参与清洁生产的宣传、教育、推广、实施及监督。

第二章 清洁生产的推行

第七条 国务院应当制定有利于实施清洁生产的财政税收政策。

国务院及其有关行政主管部门和省、自治区、直辖市人民政府，应当制定有利于实施清洁生产的产业政策、技术开发和推广政策。

第八条 县级以上人民政府经济贸易行政主管部门，应当会同环境保护、计划、科学技术、农业、建设、水利等有关行政主管部门制定清洁生产的推行规划。

第九条 县级以上地方人民政府应当合理规划本行政区域的经济布局，调整产业结构，发展循环经济，促进企业在资源和废物综合利用等领域进行合作，实现资源的高效利用和循环使用。

第十条 国务院和省、自治区、直辖市人民政府的经济贸易、环境保护、计划、科学技术、农业等有关行政主管部门，应当组织和支持建立清洁生产信息系统和技术咨询服务体系，向社会提供有关清洁生产方法和技术、可再生利用的废物供求以及清洁生产政策等方面的信息和服务。

第十一条 国务院经济贸易行政主管部门会同国务院有关行政主管部门定期发布清洁生产技术、工艺、设备和产品导向目录。

国务院和省、自治区、直辖市人民政府的经济贸易行政主管部门和环境保护、农业、建设等有关行政主管部门组织编制有关行业或者地区的清洁生产指南和技术手册，指导实施清洁生产。

第十二条 国家对浪费资源和严重污染环境的落后生产技术、工艺、设备和产品实行限期淘汰制度。国务院经济贸易行政主管部门会同国务院有关行政主管部门制定并发布限期淘汰的生产技术、工艺、设备以及产品的名录。

第十三条 国务院有关行政主管部门可以根据需要批准设立节能、节水、废物再生利用等环境与资源保护方面的产品标志，并按照国家规定制定相应标准。

第十四条 县级以上人民政府科学技术行政主管部门和其他有关行政主管部门，应当指导和支持清洁生产技术和有利于环境与资源保护的产品的研究、开发以及清洁生产技术的示范和推广工作。

第十五条 国务院教育行政主管部门，应当将清洁生产技术和管理课程纳入有关高等教育、职业教育和技术培训体系。

县级以上人民政府有关行政主管部门组织开展清洁生产的宣传和培训，提高国家工作人员、企业经营管理者和公众的清洁生产意识，培养清洁生产管理和技术人员。

新闻出版、广播影视、文化等单位和有关社会团体，应当发挥各自优势做好清洁生产宣传工作。

第十六条 各级人民政府应当优先采购节能、节水、废物再生利用等有利于环境与资源保护的产品。

各级人民政府应当通过宣传、教育等措施，鼓励公众购买和使用节能、节水、废物再生利用等有利于环境与资源保护的产品。

第十七条 省、自治区、直辖市人民政府环境保护行政主管部门，应当加强对清洁生产实施的监督；可以按照促进清洁生产的需要，根据企业污染物的排放情况，在当地主要媒体上定期公布污染物超标排放或者污染物排放总量超过规定限额的污染严重企业的名单，为公众监督企业实施清洁生产提供依据。

第三章 清洁生产的实施

第十八条 新建、改建和扩建项目应当进行环境影响评价，对原料使用、资源消耗、资源综合利用以及污染物产生与处置等进行分析论证，优先采用资源利用率高以及污染物产生量少的清洁生产技术、工艺和设备。

第十九条 企业在进行技术改造过程中，应当采取以下清洁生产措施：

（一）采用无毒、无害或者低毒、低害的原料，替代毒性大、危害严重的原料；

（二）采用资源利用率高、污染物产生量少的工艺和设备，替代资源利用率低、污染物产生量多的工艺和设备；

（三）对生产过程中产生的废物、废水和余热等进行综合利用或者循环使用；

（四）采用能够达到国家或者地方规定的污染物排放标准和污染物排放总量控制指标的污染防治技术。

第二十条 产品和包装物的设计，应当考虑其在生命周期中对人类健康和环境的影响，优先选择无毒、无害、易于降解或者便于回收利用的方案。

企业应当对产品进行合理包装，减少包装材料的过度使用和包装性废物的产生。

第二十一条 生产大型机电设备、机动运输工具以及国务院经济贸易行政主管部门指定的其他产品的企业，应当按照国务院标准化行政主管部门或者其授权机构制定的技术规范，在产品的主体构件上注明材料成分的标准牌号。

第二十二条 农业生产者应当科学地使用化肥、农药、农用薄膜和饲料添加剂，改进种植和养殖技术，实现农产品的优质、无害和农业生产废物的资源化，防止农业环境污染。

禁止将有毒、有害废物用作肥料或者用于造田。

第二十三条 餐饮、娱乐、宾馆等服务性企业，应当采用节能、节水和其他有利于环境保护的技术和设备，减少使用或者不使用浪费资源、污染环境的消费品。

第二十四条 建筑工程应当采用节能、节水等有利于环境与资源保护的建筑设计方案、建筑和装修材料、建筑构配件及设备。

建筑和装修材料必须符合国家标准。禁止生产、销售和使用有毒、有害物质超过国家标准的建筑和装修材料。

第二十五条 矿产资源的勘查、开采，应当采用有利于合理利用资源、保护环境和防止污染的勘查、开采方法和工艺技术，提高资源利用水平。

第二十六条 企业应当在经济技术可行的条件下对生产和服务过程中产生的废物、余热等自行回收利用或者转让给有条件的其他企业和个人利用。

第二十七条 生产、销售被列入强制回收目录的产品和包装物的企业，必须在产品报废和包装物使用后对该产品和包装物进行回收。强制回收的产品和包装物的目录和具体回收办法，由国务院经济贸易行政主管部门制定。

国家对列入强制回收目录的产品和包装物，实行有利于回收利用的经济措施；县级以上地方人民政府经济贸易行政主管部门应当定期检查强制回收产品和包装物的实施情况，并及时向社会公布检查结果。具体办法由国务院经济贸易行政主管部门制定。

第二十八条 企业应当对生产和服务过程中的资源消耗以及废物的产生情况进行监测，并根据需要对生产和服务实施清洁生产审核。

污染物排放超过国家和地方规定的排放标准或者超过经有关地方人民政府核定的污染物排放总量控制指标的企业，应当实施清洁生产审核。

使用有毒、有害原料进行生产或者在生产中排放有毒、有害物质的企业，应当定期实施清洁生产审核，并将审核结果报告所在地的县级以上地方人民政府环境保护行政主管部门和经济贸易行政主管部门。

清洁生产审核办法，由国务院经济贸易行政主管部门会同国务院环境保护行政主管部门制定。

第二十九条 企业在污染物排放达到国家和地方规定的排放标准的基础上，可以自愿与有管辖权的经济贸易行政主管部门和环境保护行政主管部门签订进一步节约资源、削减污染物排放量的协议。该经济贸易行政主管部门和环境保护行政主管部门应当在当地主要媒体上公布该企业的名称以及节约资源、防治污染的成果。

第三十条 企业可以根据自愿原则，按照国家有关环境管理体系认证的规定，向国家认证认可监督管理部门授权的认证机构提出认证申请，通过环境管理体系认证，提高清洁生产水平。

第三十一条 根据本法第十七条规定，列入污染严重企业名单的企业，应当按照国务院环境保护行政主管部门的规定公布主要污染物的排放情况，接受公众监督。

第四章 鼓励措施

第三十二条 国家建立清洁生产表彰奖励制度。对在清洁生产工作中做出显著成绩的单位和个人，由人民政府给予表彰和奖励。

第三十三条 对从事清洁生产研究、示范和培训，实施国家清洁生产重点技术改造项目和本法第二十九条规定的自愿削减污染物排放协议中载明的技术改造项目，列入国务院和县级以上地方人民政府同级财政安排的有关技术进步专项资金的扶持范围。

第三十四条 在依照国家规定设立的中小企业发展基金中，应当根据需要安排适当数额用于支持中小企业实施清洁生产。

第三十五条 对利用废物生产产品的和从废物中回收原料的，税务机关按照国家有关规定，减征或者免征增值税。

第三十六条 企业用于清洁生产审核和培训的费用，可以列入企业经营成本。

第五章 法律责任

第三十七条 违反本法第二十一条规定，未标注产品材料的成分或者不如实标注的，由县级以上地方人民政府质量技术监督行政主管部门责令限期改正；拒不改正的，处以五万元以下的罚款。

第三十八条 违反本法第二十四条第二款规定，生产、销售有毒、有害物质超过国家标准的建筑和装修材料的，依照产品质量法和有关民事、刑事法律的规定，追究行政、民事、刑事法律责任。

第三十九条 违反本法第二十七条第一款规定，不履行产品或者包装物回收义务的，由县级以上地方人民政府经济贸易行政主管部门责令限期改正；拒不改正的，处以十万元以下的罚款。

第四十条 违反本法第二十八条第三款规定，不实施清洁生产审核或者虽经审核但不如实报告审核结果的，由县级以上地方人民政府环境保护行政主管部门责令限期改正；拒不改正的，处以十万元以下的罚款。

第四十一条 违反本法第三十一条规定，不公布或者未按规定要求公布污染物排放情况的，由县级以上地方人民政府环境保护行政主管部门公布，可以并处十万元以下的罚款。

第六章 附 则

第四十二条 本法自2003年1月1日起施行。

中华人民共和国固体废物污染环境防治法

颁布机关：全国人民代表大会常务委员会
颁布时间：1995-10-30
颁布实施时间：1996-04-01
颁布发文文号：中华人民共和国主席令第58号
修订时间：2004-12-29
修订实施时间：2005-04-01
修订发文文号：中华人民共和国主席令第31号
时效性：有效

中华人民共和国主席令第三十一号

《中华人民共和国固体废物污染环境防治法》已由中华人民共和国第十届全国人民代表大会常务委员会第十三次会议于2004年12月29日修订通过，现将修订后的《中华人民共和国固体废物污染环境防治法》公布，自2005年4月1日起施行。

中华人民共和国主席 胡锦涛
2004年12月29日

目 录

第一章 总 则

第一条 为了防治固体废物污染环境，保障人体健康，维护生态安全，促进经济社会可持续发展，制定本法。

第二条 本法适用于中华人民共和国境内固体废物污染环境的防治。

固体废物污染海洋环境的防治和放射性固体废物污染环境的防治不适用本法。

第三条 国家对固体废物污染环境的防治，实行减少固体废物的产生量和危害性、充分合理利用固体废物和无害化处置固体废物的原则，促进清洁生产和循环经济发展。

国家采取有利于固体废物综合利用活动的经济、技术政策和措施，对固体废物实行充分回收和合理利用。

国家鼓励、支持采取有利于保护环境的集中处置固体废物的措施，促进固体废物污染环境防治产业发展。

第四条 县级以上人民政府应当将固体废物污染环境防治工作纳入国民经济和社会发展计划，并采取有利于固体废物污染环境防治的经济、技术政策和措施。

国务院有关部门、县级以上地方人民政府及其有关部门组织编制城乡建设、土地利用、区域开发、产业发展等规划，应当统筹考虑减少固体废物的产生量和危害性、促进固体废物的综合利用和无害化处置。

第五条 国家对固体废物污染环境防治实行污染者依法负责的原则。

产品的生产者、销售者、进口者、使用者对其产生的固体废物依法承担污染防治责任。

第六条 国家鼓励、支持固体废物污染环境防治的科学研究、技术开发、推广先进的防治技术和普及固体废物污染环境防治的科学知识。

各级人民政府应当加强防治固体废物污染环境的宣传教育，倡导有利于环境保护的生产方式和生活方式。

第七条 国家鼓励单位和个人购买、使用再生产品和可重复利用产品。

第八条 各级人民政府对在固体废物污染环境防治工作以及相关的综合利用活动中作出显著成绩的单位和个人给予奖励。

第九条 任何单位和个人都有保护环境的义务，并有权对造成固体废物污染环境的单位和个人进行检举和控告。

第十条 国务院环境保护行政主管部门对全国固体废物污染环境的防治工作实施统一监督管理。国务院有关部门在各自的职责范围内负责固体废物污染环境防治的监督管理工作。

县级以上地方人民政府环境保护行政主管部门对本行政区域内固体废物污染环境的防治工作实施统一监督管理。县级以上地方人民政府有关部门在各自的职责范围内负责固体废物污染环境防治的监督管理工作。

国务院建设行政主管部门和县级以上地方人民政府环境卫生行政主管部门负责生活垃圾清扫、收集、贮存、运输和处置的监督管理工作。

第二章 固体废物污染环境防治的监督管理

第十一条 国务院环境保护行政主管部门会同国务院有关行政主管部门根据国家环境质量标准和国家经济、技术条件，制定国家固体废物污染环境防治技术标准。

第十二条 国务院环境保护行政主管部门建立固体废物污染环境监测制度，制定统一的监测规范，并会同有关部门组织监测网络。

大、中城市人民政府环境保护行政主管部门应当定期发布固体废物的种类、产生量、处置状况等信息。

第十三条 建设产生固体废物的项目以及建设贮存、利用、处置固体废物的项目，必须依法进行环境影响评价，并遵守国家有关建设项目环境保护管理的规定。

第十四条 建设项目的环境影响评价文件确定需要配套建设的固体废物污染环境防治设施，必须与主体工程同时设计、同时施工、同时投入使用。固体废物污染环境防治设施必须经原审批环境影响评价文件的环境保护行政主管部门验收合格后，该建设项目方可投入生产或者使用。对固体废物污染环境防治设施的验收应当与对主体工程的验收同时进行。

第十五条 县级以上人民政府环境保护行政主管部门和其他固体废物污染环境防治工作的监督管理部门，有权依据各自的职责对管辖范围内与固体废物污染环境防治有关的单位进行现场检查。被检查的单位应当如实反映情况，提供必要的资料。检查机关应当为被检查的单位保守技术秘密和业务秘密。

检查机关进行现场检查时，可以采取现场监测、采集样品、查阅或者复制与固体废物污染环境防治相关的资料等措施。检查人员进行现场检查，应当出示证件。

第三章 固体废物污染环境的防治

第一节 一般规定

第十六条 产生固体废物的单位和个人，应当采取措施，防止或者减少固体废物对环境的污染。

第十七条 收集、贮存、运输、利用、处置固体废物的单位和个人，必须采取防扬散、防流失、防渗漏或者其他防止污染环境的措施；不得擅自倾倒、堆放、丢弃、遗撒固体废物。

禁止任何单位或者个人向江河、湖泊、运河、渠道、水库及其最高水位线以下的滩地和岸坡等法律、法规规定禁止倾倒、堆放废弃物的地点倾倒、堆放固体废物。

第十八条 产品和包装物的设计、制造，应当遵守国家有关清洁生产的规定。国务院标准化行政主管部门应当根据国家经济和技术条件、固体废物污染环境防治状况以及产品的技术要求，组织制定有关标准，防止过度包装造成环境污染。

生产、销售、进口依法被列入强制回收目录的产品和包装物的企业，必须按照国家有关规定对该产品和包装物进行回收。

第十九条 国家鼓励科研、生产单位研究、生产易回收利用、易处置或者在环境中可降解的薄膜覆盖物和商品包装物。

使用农用薄膜的单位和个人，应当采取回收利用等措施，防止或者减少农用薄膜对环境的污染。

第二十条 从事畜禽规模养殖应当按照国家有关规定收集、贮存、利用或者处置养殖过程中产生的畜禽粪便，防止污染环境。

禁止在人口集中地区、机场周围、交通干线附近以及当地人民政府划定的区域露天焚烧秸秆。

第二十一条 对收集、贮存、运输、处置固体废物的设施、设备和场所，应当加强管理和维护，保证其正常运行和使用。

第二十二条 在国务院和国务院有关主管部门及省、自治区、直辖市人民政府划定的自然保护区、风景名胜区、饮用水水源保护区、基本农田保护区和其他需要特别保护的区域内，禁止建设工业固体废物集中贮存、处置的设施、场所和生活垃圾填埋场。

第二十三条 转移固体废物出省、自治区、直辖市行政区域贮存、处置的，应当向固体废物移出地的省、自治区、直辖市人民政府环境保护行政主管部门提出申请。移出地的省、自治区、直辖市人民政府环境保护行政主管部门应当商经接受地的省、自治区、直辖市人民政府环境保护行政主管部门同意后，方可批准转移该固体废物出省、自治区、直辖市行政区域。未经批准的，不得转移。

第二十四条 禁止中华人民共和国境外的固体废物进境倾倒、堆放、处置。

第二十五条 禁止进口不能用作原料或者不能以无害化方式利用的固体废物；对可以用作原料的固体废物实行限制进口和自动许可进口分类管理。

国务院环境保护行政主管部门会同国务院对外贸易主管部门、国务院经济综合宏观调控部门、海关总署、国务院质量监督检验检疫部门制定、调整并公布禁止进口、限制进口和自动许可进口的固体废物目录。

禁止进口列入禁止进口目录的固体废物。进口列入限制进口目录的固体废物，应当经国务院环境保护行政主管部门会同国务院对外贸易主管部门审查许可。进口列入自动许可进口目录的固体废物，应当依法办理自动许可手续。

进口的固体废物必须符合国家环境保护标准，并经质量监督检验检疫部门检验合格。

进口固体废物的具体管理办法，由国务院环境保护行政主管部门会同国务院对外贸易主管部门、国务院经济综合宏观调控部门、海关总署、国务院质量监督检验检疫部门制定。

第二十六条 进口者对海关将其所进口的货物纳入固体废物管理范围不服的，可以依法申请行政复议，也可以向人民法院提起行政诉讼。

第二节 工业固体废物污染环境的防治

第二十七条 国务院环境保护行政主管部门应当会同国务院经济综合宏观调控部门和其他有关部门对工业固体废物对环境的污染作出界定，制定防治工业固体废物污染环境的技术政策，组织推广先进的防治工业固体废物污染环境的生产工艺和设备。

第二十八条 国务院经济综合宏观调控部门应当会同国务院有关部门组织研究、开发和推广减少工业固体废物产生量和危害性的生产工艺和设备，公布限期淘汰产生严重污染环境的工业固体废物的落后生产工艺、落后设备的名录。

生产者、销售者、进口者、使用者必须在国务院经济综合宏观调控部门会同国务院有关部门规定的期限内分别停止生产、销售、进口或者使用列入前款规定的名录中的设备。生产工艺的采用者必须在国务院经济综合宏观调控部门会同国务院有关部门规定的期限内停止采用列入前款规定的名录中的工艺。

列入限期淘汰名录被淘汰的设备，不得转让给他人使用。

第二十九条 县级以上人民政府有关部门应当制定工业固体废物污染环境防治工作规划，推广能够减少工业固体废物产生量和危害性的先进生产工艺和设备，推动工业固体废物污染环境防治工作。

第三十条 产生工业固体废物的单位应当建立、健全污染环境防治责任制度，采取防治工业固体废物污染环境的措施。

第三十一条 企业事业单位应当合理选择和利用原材料、能源和其他资源，采用先进的生产工艺和设备，减少工业固体废物产生量，降低工业固体废物的危害性。

第三十二条 国家实行工业固体废物申报登记制度。

产生工业固体废物的单位必须按照国务院环境保护行政主管部门的规定，向所在地县级以上地方人民政府环境保护行政主管部门提供工业固体废物的种类、产生量、流向、贮存、处置等有关资料。

前款规定的申报事项有重大改变的，应当及时申报。

第三十三条 企业事业单位应当根据经济、技术条件对其产生的工业固体废物加以利用；对暂时不利用或者不能利用的，必须按照国务院环境保护行政主管部门的规定建设贮存设施、场所，安全分类存放，或者采取无害化处置措施。

建设工业固体废物贮存、处置的设施、场所，必须符合国家环境保护标准。

第三十四条 禁止擅自关闭、闲置或者拆除工业固体废物污染环境防治设施、场所；确有必要关闭、闲置或者拆除的，必须经所在地县级以上地方人民政府环境保护行政主管部门核准，并采取措施，防止污染环境。

第三十五条 产生工业固体废物的单位需要终止的，应当事先对工业固体废物的贮存、处置的设施、场所采取污染防治措施，并对未处置的工业固体废物作出妥善处置，防止污染环境。

产生工业固体废物的单位发生变更的，变更后的单位应当按照国家有关环境保护的规定对未处置的工业固体废物及其贮存、处置的设施、场所进行安全处置或者采取措施保证该设施、场所安全运行。变更前当事人对工业固体废物及其贮存、处置的设施、场所的污染防治责任另有约定的，从其约定；但是，不得免除当事人的污染防治义务。

对本法施行前已经终止的单位未处置的工业固体废物及其贮存、处置的设施、场所进行安全处置的费用，由有关人民政府承担；但是，该单位享有的土地使用权依法转让的，应当由土地使用权受让人承担处置费用。当事人另有约定的，从其约定；但是，不得免除当事人的污染防治义务。

第三十六条 矿山企业应当采取科学的开采方法和选矿工艺，减少尾矿、矸石、废石等矿业固体废物的产生量和贮存量。

尾矿、矸石、废石等矿业固体废物贮存设施停止使用后，矿山企业应当按照国家有关环境保护规定进行封场，防止造成环境污染和生态破坏。

第三十七条 拆解、利用、处置废弃电器产品和废弃机动车船，应当遵守有关法律、法规的规定，采取措施，防止污染环境。

第三节 生活垃圾污染环境的防治

第三十八条 县级以上人民政府应当统筹安排建设城乡生活垃圾收集、运输、处置设施，提高生活垃圾的利用率和无害化处置率，促进生活垃圾收集、处置的产业化发展，逐步建立和完善生活垃圾污染环境防治的社会服务体系。

第三十九条 县级以上地方人民政府环境卫生行政主管部门应当组织对城市生活垃圾进行清扫、收集、运输和处置，可以通过招标等方式选择具备条件的单位从事生活垃圾的清扫、收集、运输和处置。

第四十条 对城市生活垃圾应当按照环境卫生行政主管部门的规定，在指定的地点放置，不得随意倾倒、抛撒或者堆放。

第四十一条 清扫、收集、运输、处置城市生活垃圾，应当遵守国家有关环境保护和环境卫生管理的规定，防止污染环境。

第四十二条 对城市生活垃圾应当及时清运，逐步做到分类收集和运输，并积极开展合理利用和实施无害化处置。

第四十三条 城市人民政府应当有计划地改进燃料结构，发展城市煤气、天然气、液化气和其他清洁能源。

城市人民政府有关部门应当组织净菜进城，减少城市生活垃圾。

城市人民政府有关部门应当统筹规划，合理安排收购网点，促进生活垃圾的回收利用工作。

第四十四条 建设生活垃圾处置的设施、场所，必须符合国务院环境保护行政主管部门和国务院建设行政主管部门规定的环境保护和环境卫生标准。

禁止擅自关闭、闲置或者拆除生活垃圾处置的设施、场所；确有必要关闭、闲置或者拆除的，必须经所在地县级以上地方人民政府环境卫生行政主管部门和环境保护行政主管部门核准，并采取措施，防止污染环境。

第四十五条 从生活垃圾中回收的物质必须按照国家规定的用途或者标准使用，不得用于生产可能危害人体健康的产品。

第四十六条 工程施工单位应当及时清运工程施工过程中产生的固体废物，并按照环境卫生行政主管部门的规定进行利用或者处置。

第四十七条 从事公共交通运输的经营单位，应当按照国家有关规定，清扫、收集运输过程中产生的生活垃圾。

第四十八条 从事城市新区开发、旧区改建和住宅小区开发建设的单位，以及机场、码头、车站、公园、商店等公共设施、场所的经营管理单位，应当按照国家有关环境卫生的规定，配套建设生活垃圾收集设施。

第四十九条 农村生活垃圾污染环境防治的具体办法，由地方性法规规定。

第四章 危险废物污染环境防治的特别规定

第五十条 危险废物污染环境的防治，适用本章规定；本章未作规定的，适用本法其他有关规定。

第五十一条 国务院环境保护行政主管部门应当会同国务院有关部门制定国家危险废物名录，规定统一的危险废物鉴别标准、鉴别方法和识别标志。

第五十二条 对危险废物的容器和包装物以及收集、贮存、运输、处置危险废物的设施、场所，必须设置危险废物识别标志。

第五十三条 产生危险废物的单位，必须按照国家有关规定制定危险废物管理计划，并向所在地县级以上地方人民政府环境保护行政主管部门申报危险废物的种类、产生量、流向、贮存、处置等有关资料。

前款所称危险废物管理计划应当包括减少危险废物产生量和危害性的措施以及危险废物贮存、利用、处置措施。危险废物管理计划应当报产生危险废物的单位所在地县级以上地方人民政府环境保护行政主管部门备案。

本条规定的申报事项或者危险废物管理计划内容有重大改变的，应当及时申报。

第五十四条 国务院环境保护行政主管部门会同国务院经济综合宏观调控部门组织编制危险废物集中处置设施、场所的建设规划，报国务院批准后实施。

县级以上地方人民政府应当依据危险废物集中处置设施、场所的建设规划组织建设危险废物集中处置设施、场所。

第五十五条 产生危险废物的单位，必须按照国家有关规定处置危险废物，不得擅自倾倒、堆放；不处置的，由所在地县级以上地方人民政府环境保护行政主管部门责令限期改正；逾期不处置或者处置不符合国家有关规定的，由所在地县级以上地方人民政府环境保护行政主管部门指定单位按照国家有关规定代为处置，处置费用由产生危险废物的单位承担。

第五十六条 以填埋方式处置危险废物不符合国务院环境保护行政主管部门规定的，应当缴纳危险废物排污费。危险废物排污费征收的具体办法由国务院规定。

危险废物排污费用于污染环境的防治，不得挪作他用。

第五十七条 从事收集、贮存、处置危险废物经营活动的单位，必须向县级以上人民政府环境保护行政主管部门申请领取经营许可证；从事利用危险废物经营活动的单位，必须向国务院环境保护行政主管部门或者省、自治区、直辖市人民政府环境保护行政主管部门申请领取经营许可证。具体管理办法由国务院规定。

禁止无经营许可证或者不按照经营许可证规定从事危险废物收集、贮存、利用、处置的经营活动。

禁止将危险废物提供或者委托给无经营许可证的单位从事收集、贮存、利用、处置的经营活动。

第五十八条 收集、贮存危险废物，必须按照危险废物特性分类进行。禁止混合收集、贮存、运输、处置性质不相容而未经安全性处置的危险废物。

贮存危险废物必须采取符合国家环境保护标准的防护措施，并不得超过一年；确需延长期限的，必须报经原批准经营许可证的环境保护行政主管部门批准；法律、行政法规另有规定的除外。

禁止将危险废物混入非危险废物中贮存。

第五十九条 转移危险废物的，必须按照国家有关规定填写危险废物转移联单，并向危险废物移出地设区的市级以上地方人民政府环境保护行政主管部门提出申请。移出地设区的市级以上地方人民政府环境保护行政主管部门应当商经接受地设区的市级以上地方人民政府环境保护行政主管部门同意后，方可批准转移该危险废物。未经批准的，不得转移。

转移危险废物途经移出地、接受地以外行政区域的，危险废物移出地设区的市级以上地方人民政府环境保护行政主管部门应当及时通知沿途经过的设区的市级以上地方人民政府环境保护行政主管部门。

第六十条 运输危险废物，必须采取防止污染环境的措施，并遵守国家有关危险货物运输管理的规定。

禁止将危险废物与旅客在同一运输工具上载运。

第六十一条 收集、贮存、运输、处置危险废物的场所、设施、设备和容器、包装物及其他物品转作他用时，必须经过消除污染的处理，方可使用。

第六十二条 产生、收集、贮存、运输、利用、处置危险废物的单位，应当制定意外事故的防范措施和应急预案，并向所在地县级以上地方人民政府环境保护行政主管部门备案；环境保护行政主管部门应当进行检查。

第六十三条 因发生事故或者其他突发性事件，造成危险废物严重污染环境的单位，必须立即采取措施消除或者减轻对环境的污染危害，及时通报可能受到污染危害的单位和居民，并向所在地县级以上地方人民政府环境保护行政主管部门和有关部门报告，接受调查处理。

第六十四条 在发生或者有证据证明可能发生危险废物严重污染环境、威胁居民生命财产安全时，县级以上地方人民政府环境保护行政主管部门或者其他固体废物污染环境防治工作的监督管理部门必须立即向本级人民政府和上一级人民政府有关行政主管部门报告，由人民政府采取防止或者减轻危害的有效措施。有关人民政府可以根据需要责令停止导致或者可能导致环境污染事故的作业。

第六十五条 重点危险废物集中处置设施、场所的退役费用应当预提，列入投资概算或者经营成本。具体提取和管理办法，由国务院财政部门、价格主管部门会同国务院环境保护行政主管部门规定。

第六十六条 禁止经中华人民共和国过境转移危险废物。

第五章 法律责任

第六十七条 县级以上人民政府环境保护行政主管部门或者其他固体废物污染环境防治工作的监督管理部门违反本法规定，有下列行为之一的，由本级人民政府或者上级人民政府有关行政主管部门责令改正，对负有责任的主管人员和其他直接责任人员依法给予行政处分；构成犯罪的，依法追究刑事责任：

（一）不依法作出行政许可或者办理批准文件的；

（二）发现违法行为或者接到对违法行为的举报后不予查处的；

（三）有不依法履行监督管理职责的其他行为的。

第六十八条 违反本法规定，有下列行为之一的，由县级以上人民政府环境保护行政主管部门责令停止违法行为，限期改正，处以罚款：

（一）不按照国家规定申报登记工业固体废物，或者在申报登记时弄虚作假的；

（二）对暂时不利用或者不能利用的工业固体废物未建设贮存的设施、场所安全分类存放，或者未采取无害化处置措施的；

（三）将列入限期淘汰名录被淘汰的设备转让给他人使用的；

（四）擅自关闭、闲置或者拆除工业固体废物污染环境防治设施、场所的；

（五）在自然保护区、风景名胜区、饮用水水源保护区、基本农田保护区和其他需要特别保护的区域内，建设工业固体废物集中贮存、处置的设施、场所和生活垃圾填埋场的；

（六）擅自转移固体废物出省、自治区、直辖市行政区域贮存、处置的；

（七）未采取相应防范措施，造成工业固体废物扬散、流失、渗漏或者造成其他环境污染的；

（八）在运输过程中沿途丢弃、遗撒工业固体废物的。

有前款第一项、第八项行为之一的，处五千元以上五万元以下的罚款；有前款第二项、第三项、第四项、第五项、第六项、第七项行为之一的，处一万元以上十万元以下的罚款。

第六十九条 违反本法规定，建设项目需要配套建设的固体废物污染环境防治设施未建成、未经验收或者验收不合格，主体工程即投入生产或者使用的，由审批该建设项目环境影响评价文件的环境保护行政主管部门责令停止生产或者使用，可以并处十万元以下的罚款。

第七十条 违反本法规定，拒绝县级以上人民政府环境保护行政主管部门或者其他固体废物污染环境防治工作的监督管理部门现场检查的，由执行现场检查的部门责令限期改正；拒不改正或者在检查时弄虚作假的，处二千元以上二万元以下的罚款。

第七十一条 从事畜禽规模养殖未按照国家有关规定收集、贮存、处置畜禽粪便，造成环境污染的，由县级以上地方人民政府环境保护行政主管部门责令限期改正，可以处五万元以下的罚款。

第七十二条 违反本法规定，生产、销售、进口或者使用淘汰的设备，或者采用淘汰的生产工艺的，由县级以上人民政府经济综合宏观调控部门责令改正；情节严重的，由县级以上人民政府经济综合宏观调控部门提出意见，报请同级人民政府按照国务院规定的权限决定停业或者关闭。

第七十三条 尾矿、矸石、废石等矿业固体废物贮存设施停止使用后，未按照国家有关环境保护规定进行封场的，由县级以上地方人民政府环境保护行政主管部门责令限期改正，可以处五万元以上二十万元以下的罚款。

第七十四条 违反本法有关城市生活垃圾污染环境防治的规定，有下列行为之一的，由县级以上地方人民政府环境卫生行政主管部门责令停止违法行为，限期改正，处以罚款：

（一）随意倾倒、抛撒或者堆放生活垃圾的；

（二）擅自关闭、闲置或者拆除生活垃圾处置设施、场所的；

（三）工程施工单位不及时清运施工过程中产生的固体废物，造成环境污染的；

（四）工程施工单位不按照环境卫生行政主管部门的规定对施工过程中产生的固体废物进行利用或者处置的；

（五）在运输过程中沿途丢弃、遗撒生活垃圾的。

单位有前款第一项、第三项、第五项行为之一的，处五千元以上五万元以下的罚款；有前款第二项、第四项行为之一的，处一万元以上十万元以下的罚款。个人有前款第一项、第五项行为之一的，处二百元以下的罚款。

第七十五条 违反本法有关危险废物污染环境防治的规定，有下列行为之一的，由县级以上人民政府环境保护行政主管部门责令停止违法行为，限期改正，处以罚款：

（一）不设置危险废物识别标志的；

（二）不按照国家规定申报登记危险废物，或者在申报登记时弄虚作假的；

（三）擅自关闭、闲置或者拆除危险废物集中处置设施、场所的；

（四）不按照国家规定缴纳危险废物排污费的；

（五）将危险废物提供或者委托给无经营许可证的单位从事经营活动的；

（六）不按照国家规定填写危险废物转移联单或者未经批准擅自转移危险废物的；

（七）将危险废物混入非危险废物中贮存的；

（八）未经安全性处置，混合收集、贮存、运输、处置具有不相容性质的危险废物的；

（九）将危险废物与旅客在同一运输工具上载运的；

（十）未经消除污染的处理将收集、贮存、运输、处置危险废物的场所、设施、设备和容器、包装物及其他物品转作他用的；

（十一）未采取相应防范措施，造成危险废物扬散、流失、渗漏或者造成其他环境污染的；

（十二）在运输过程中沿途丢弃、遗撒危险废物的；

（十三）未制定危险废物意外事故防范措施和应急预案的。

有前款第一项、第二项、第七项、第八项、第九项、第十项、第十一项、第十二项、第十三项行为之一的，处一万元以上十万元以下的罚款；有前款第三项、第五项、第六项行为之一的，处二万元以上二十万元以下的罚款；有前款第四项行为的，限期缴纳，逾期不缴纳的，处应缴纳危险废物排污费金额一倍以上三倍以下的罚款。

第七十六条 违反本法规定，危险废物产生者不处置其产生的危险废物又不承担依法应当承担的处置费用的，由县级以上地方人民政府环境保护行政主管部门责令限期改正，处代为处置费用一倍以上三倍以下的罚款。

第七十七条 无经营许可证或者不按照经营许可证规定从事收集、贮存、利用、处置危险废物经营活动的，由县级以上人民政府环境保护行政主管部门责令停止违法行为，没收违法所得，可以并处违法所得三倍以下的罚款。

不按照经营许可证规定从事前款活动的，还可以由发证机关吊销经营许可证。

第七十八条 违反本法规定，将中华人民共和国境外的固体废物进境倾倒、堆放、处置的，进口属于禁止进口的固体废物或者未经许可擅自进口属于限制进口的固体废物用作原料的，由海关责令退运该固体废物，可以并处十万元以上一百万元以下的罚款；构成犯罪的，依法追究刑事责任。进口者不明的，由承运人承担退运该固体废物的责任，或者承担该固体废物的处置费用。

逃避海关监管将中华人民共和国境外的固体废物运输进境，构成犯罪的，依法追究刑事责任。

第七十九条 违反本法规定，经中华人民共和国过境转移危险废物的，由海关责令退运该危险废物，可以并处五万元以上五十万元以下的罚款。

第八十条 对已经非法入境的固体废物，由省级以上人民政府环境保护行政主管部门依法向海关提出处理意见，海关应当依照本法第七十八条的规定作出处罚决定；已经造成环境污染的，由省级以上人民政府环境保护行政主管部门责令进口者消除污染。

第八十一条 违反本法规定，造成固体废物严重污染环境的，由县级以上人民政府环境保护行政主管部门按照国务院规定的权限决定限期治理；逾期未完成治理任务的，由本级人民政府决定停业或者关闭。

第八十二条 违反本法规定，造成固体废物污染环境事故的，由县级以上人民政府环境保护行政主管部门处二万元以上二十万元以下的罚款；造成重大损失的，按照直接损失的百分之三十计算罚款，但是最高不超过一百万元，对负有责任的主管人员和其他直接责任人员，依法给予行政处分；造成固体废物污染环境重大事故的，并由县级以上人民政府按照国务院规定的权限决定停业或者关闭。

第八十三条 违反本法规定，收集、贮存、利用、处置危险废物，造成重大环境污染事故，构成犯罪的，依法追究刑事责任。

第八十四条 受到固体废物污染损害的单位和个人，有权要求依法赔偿损失。

赔偿责任和赔偿金额的纠纷，可以根据当事人的请求，由环境保护行政主管部门或者其他固体废物污染环境防治工作的监督管理部门调解处理；调解不成的，当事人可以向人民法院提起诉讼。当事人也可以直接向人民法院提起诉讼。

国家鼓励法律服务机构对固体废物污染环境诉讼中的受害人提供法律援助。

第八十五条 造成固体废物污染环境的，应当排除危害，依法赔偿损失，并采取措施恢复环境原状。

第八十六条 因固体废物污染环境引起的损害赔偿诉讼，由加害人就法律规定的免责事由及其行为与损害结果之间不存在因果关系承担举证责任。

第八十七条 固体废物污染环境的损害赔偿责任和赔偿金额的纠纷，当事人可以委托环境监测机构提供监测数据。环境监测机构应当接受委托，如实提供有关监测数据。

第六章 附 则

第八十八条 本法下列用语的含义：

（一）固体废物，是指在生产、生活和其他活动中产生的丧失原有利用价值或者虽未丧失利用价值但被抛弃或者放弃的固态、半固态和置于容器中的气态的物品、物质以及法律、行政法规规定纳入固体废物管理的物品、物质。

（二）工业固体废物，是指在工业生产活动中产生的固体废物。

（三）生活垃圾，是指在日常生活中或者为日常生活提供服务的活动中产生的固体废物以及法律、行政法规规定视为生活垃圾的固体废物。

（四）危险废物，是指列入国家危险废物名录或者根据国家规定的危险废物鉴别标准和鉴别方法认定的具有危险特性的固体废物。

（五）贮存，是指将固体废物临时置于特定设施或者场所中的活动。

（六）处置，是指将固体废物焚烧和用其他改变固体废物的物理、化学、生物特性的方法，达到减少已产生的固体废物数量、缩小固体废物体积、减少或者消除其危险成份的活动，或者将固体废物最终置于符合环境保护规定要求的填埋场的活动。

（七）利用，是指从固体废物中提取物质作为原材料或者燃料的活动。

第八十九条 液态废物的污染防治，适用本法；但是，排入水体的废水的污染防治适用有关法律，不适用本法。

第九十条 中华人民共和国缔结或者参加的与固体废物污染环境防治有关的国际条约与本法有不同规定的，适用国际条约的规定；但是，中华人民共和国声明保留的条款除外。

第九十一条 本法自2005年4月1日起施行。

中华人民共和国水污染防治法

中华人民共和国主席令 第八十七号

《中华人民共和国水污染防治法》已由中华人民共和国第十届全国人民代表大会常务委员会第三十二次会议于2008年2月28日修订通过，现将修订后的《中华人民共和国水污染防治法》公布，自2008年6月1日起施行。

中华人民共和国主席　胡锦涛
2008年2月28日

中华人民共和国水污染防治法（1984年5月11日第六届全国人民代表大会常务委员会第五次会议通过根据1996年5月15日第八届全国人民代表大会常务委员会第十九次会议《关于修改〈中华人民共和国水污染防治法〉的决定》修正2008年2月28日第十届全国人民代表大会常务委员会第三十二次会议修订）

目 录

第一章　总　则

第一条　为了防治水污染，保护和改善环境，保障饮用水安全，促进经济社会全面协调可持续发展，制定本法。

第二条　本法适用于中华人民共和国领域内的江河、湖泊、运河、渠道、水库等地表水体以及地下水体的污染防治。

海洋污染防治适用《中华人民共和国海洋环境保护法》。

第三条　水污染防治应当坚持预防为主、防治结合、综合治理的原则，优先保护饮用水水源，严格控制工业污染、城镇生活污染，防治农业面源污染，积极推进生态治理工程建设，预防、控制和减少水环境污染和生态破坏。

第四条　县级以上人民政府应当将水环境保护工作纳入国民经济和社会发展规划。

县级以上地方人民政府应当采取防治水污染的对策和措施，对本行政区域的水环境质量负责。

第五条　国家实行水环境保护目标责任制和考核评价制度，将水环境保护目标完成情况作为对地方人民政府及其负责人考核评价的内容。

第六条　国家鼓励、支持水污染防治的科学技术研究和先进适用技术的推广应用，加强水环境保护的宣传教育。

第七条　国家通过财政转移支付等方式，建立健全对位于饮用水水源保护区区域和江河、湖泊、水库上游地区的水环境生态保护补偿机制。

第八条　县级以上人民政府环境保护主管部门对水污染防治实施统一监督管理。

交通主管部门的海事管理机构对船舶污染水域的防治实施监督管理。

县级以上人民政府水行政、国土资源、卫生、建设、农业、渔业等部门以及重要江河、湖泊的流域水资源保护机构，在各自的职责范围内，对有关水污染防治实施监督管理。

第九条　排放水污染物，不得超过国家或者地方规定的水污染物排放标准和重点水污染物排放总量控制指标。

第十条　任何单位和个人都有义务保护水环境，并有权对污染损害水环境的行为进行检举。

县级以上人民政府及其有关主管部门对在水污染防治工作中做出显著成绩的单位和个人给予表彰和奖励。

第二章　水污染防治的标准和规划

第十一条　国务院环境保护主管部门制定国家水环境质量标准。

省、自治区、直辖市人民政府可以对国家水环境质量标准中未作规定的项目，制定地方标准，并报国务院环境保护主管部门备案。

第十二条　国务院环境保护主管部门会同国务院水行政主管部门和有关省、自治区、直辖市人民政府，可以根据国家确定的重要江河、湖泊流域水体的使用功能以及有关地区的经济、技术条件，确定该重要江河、湖泊流域的省界水体适用的水环境质量标准，报国务院批准后施行。

第十三条　国务院环境保护主管部门根据国家水环境质量标准和国家经济、技术条件，制定国家水污染物排放标准。

省、自治区、直辖市人民政府对国家水污染物排放标准中未作规定的项目，可以制定地方水污染物排放标准；对国家水污染物排放标准中已作规定的项目，可以制定严于国家水污染物排放标准的地方水污染物排放标准。地方水污染物排放标准须报国务院环境保护主管部门备案。

向已有地方水污染物排放标准的水体排放污染物的，应当执行地方水污染物排放标准。

第十四条　国务院环境保护主管部门和省、自治区、直辖市人民政府，应当根据水污染防治的要求和国家或者地方的经济、技术条件，适时修订水环境质量标准和水污染物排放标准。

第十五条　防治水污染应当按流域或者按区域进行统一规划。国家确定的重要江河、湖泊的流域水污染防治规划，由国务院环境保护主管部门会同国务院经济综合宏观调控、水行政等部门和有关省、自治区、直辖市人民政府编制，报国务院批准。

前款规定外的其他跨省、自治区、直辖市江河、湖泊的流域水污染防治规划，根据国家确定的重要江河、湖泊的流域水污染防治规划和本地实际情况，由有关省、自治区、直辖市人民政府环境保护主管部门会同同级水行政等部门和有关市、县人民政府编制，经有关省、自治区、直辖市人民政府审核，报国务院批准。

省、自治区、直辖市内跨县江河、湖泊的流域水污染防治规划，根据国家确定的重要江河、湖泊的流域水污染防治规划和本地实际情况，由省、自治区、直辖市人民政府环境保护主管部门会同同级水行政等部门编制，报省、自治区、直辖市人民政府批准，并报国务院备案。

经批准的水污染防治规划是防治水污染的基本依据，规划的修订须经原批准机关批准。

县级以上地方人民政府应当根据依法批准的江河、湖泊的流域水污染防治规划，组织制定本行政区域的水污染防治规划。

第十六条　国务院有关部门和县级以上地方人民政府开发、利用和调节、调度水资源时，应当统筹兼顾，维持江河的合理流量和湖泊、水库以及地下水体的合理水位，维护水体的生态功能。

第三章　水污染防治的监督管理

第十七条　新建、改建、扩建直接或者间接向水体排放污染物的建设项目和其他水上设施，应当依法进行环境影响评价。

建设单位在江河、湖泊新建、改建、扩建排污口的，应当取得水行政主管部门或者流域管理机构同意；涉及通航、渔业水域的，环境保护主管部门在审批环境影响评价文件时，应当征求交通、渔业主管部门的意见。

建设项目的水污染防治设施，应当与主体工程同时设计、同时施工、同时投入使用。水污染防治设施应当经过环境保护主管部门验收，验收不合格的，该建设项目不得投入生产或者使用。

第十八条　国家对重点水污染物排放实施总量控制制度。

省、自治区、直辖市人民政府应当按照国务院的规定削减和控制本行政区域的重点水污染物排放总量，并将重点水污染物排放总量控制指标分解落实到市、县人民政府。市、县人民政府根据本行政区域重点水污染物排放总量控制指标的要求，将重点水污染物排放总量控制指标分解落实到排污单位。具体办法和实施步骤由国务院规定。

省、自治区、直辖市人民政府可以根据本行政区域水环境质量状况和水污染防治工作的需要，确定本行政区域实施总量削减和控制的重点水污染物。

对超过重点水污染物排放总量控制指标的地区，有关人民政府环境保护主管部门应当暂停审批新增重点水污染物排放总量的建设项目的环境影响评价文件。

第十九条　国务院环境保护主管部门对未按照要求完成重点水污染物排放总量控制指标的省、自治区、直辖市予以公布。省、自治区、直辖市人民政府环境保护主管部门对未按照要求完成重点水污染物排放总量控制指标的市、县予以公布。

县级以上人民政府环境保护主管部门对违反本法规定、严重污染水环境的企业予以公布。

第二十条　国家实行排污许可制度。

直接或者间接向水体排放工业废水和医疗污水以及其他按照规定应当取得排污许可证方可排放的废水、污水的企业事业单位，应当取得排污许可证；城镇污水集中处理设施的运营单位，也应当取得排污许可证。排污许可的具体办法和实施步骤由国务院规定。

禁止企业事业单位无排污许可证或者违反排污许可证的规定向水体排放前款规定的废水、污水。

第二十一条　直接或者间接向水体排放污染物的企业事业单位和个体工商户，应当按照国务院环境保护主管部门的规定，向县级以上地方人民政府环境保护主管部门申报登记拥有的水污染物排放设施、处理设施和在正常作业条件下排放水污染物的种类、数量和浓度，并提供防治水污染方面的有关技术资料。

企业事业单位和个体工商户排放水污染物的种类、数量和浓度有重大改变的，应当及时申报登记；其水污染物处理设施应当保持正常使用；拆除或者闲置水污染物处理设施的，应当事先报县级以上地方人民政府环境保护主管部门批准。

第二十二条　向水体排放污染物的企业事业单位和个体工商户，应当按照法律、行政法规和国务院环境保护主管部门的规定设置排污口；在江河、湖泊设置排污口的，还应当遵守国务院水行政主管部门的规定。

禁止私设暗管或者采取其他规避监管的方式排放水污染物。

第二十三条　重点排污单位应当安装水污染物排放自动监测设备，与环境保护主管部门的监控设备联网，并保证监测设备正常运行。排放工业废水的企业，应当对其所排放的工业废水进行监测，并保存原始监测记录。具体办法由国务院环境保护主管部门规定。

应当安装水污染物排放自动监测设备的重点排污单位名录，由设区的市级以上地方人民政府环境保护主管部门根据本行政区域的环境容量、重点水污染物排放总量控制指标的要求以及排污单位排放水污染物的种类、数量和浓度等因素，商同级有关部门确定。

第二十四条　直接向水体排放污染物的企业事业单位和个体工商户，应当按照排放水污染物的种类、数量和排污费征收标准缴纳排污费。

排污费应当用于污染的防治，不得挪作他用。

第二十五条　国家建立水环境质量监测和水污染物排放监测制度。国务院环境保护主管部门负责制定水环境监测规范，统一发布国家水环境状况信息，会同国务院水行政等部门组织监测网络。

第二十六条　国家确定的重要江河、湖泊流域的水资源保护工作机构负责监测其所在流域的省界水体的水环境质量状况，并将监测结果及时报国务院环境保护主管部门和国务院水行政主管部门；有经国务院批准成立的流域水资源保护领导机构的，应当将监测结果及时报告流域水资源保护领导机构。

第二十七条　环境保护主管部门和其他依照本法规定行使监督管理权的部门，有权对管辖范围内的排污单位进行现场检查，被检查的单位应当如实反映情况，提供必要的资料。检查机关有义务为被检查的单位保守在检查中获取的商业秘密。

第二十八条　跨行政区域的水污染纠纷，由有关地方人民政府协商解决，或者由其共同的上级人民政府协调解决。

第四章　水污染防治措施

第一节　一般规定

第二十九条　禁止向水体排放油类、酸液、碱液或者剧毒废液。

禁止在水体清洗装贮过油类或者有毒污染物的车辆和容器。

第三十条　禁止向水体排放、倾倒放射性固体废物或者含有高放射性和中放射性物质的废水。

向水体排放含低放射性物质的废水，应当符合国家有关放射性污染防治的规定和标准。

第三十一条　向水体排放含热废水，应当采取措施，保证水体的水温符合水环境质量标准。

第三十二条　含病原体的污水应当经过消毒处理；符合国家有关标准后，方可排放。

第三十三条　禁止向水体排放、倾倒工业废渣、城镇垃圾和其他废弃物。

禁止将含有汞、镉、砷、铬、铅、氰化物、黄磷等的可溶性剧毒废渣向水体排放、倾倒或者直接埋入地下。

存放可溶性剧毒废渣的场所，应当采取防水、防渗漏、防流失的措施。

第三十四条　禁止在江河、湖泊、运河、渠道、水库最高水位线以下的滩地和岸坡堆放、存贮固体废弃物和其他污染物。

第三十五条　禁止利用渗井、渗坑、裂隙和溶洞排放、倾倒含有毒污染物的废水、含病原体的污水和其他废弃物。

第三十六条　禁止利用无防渗漏措施的沟渠、坑塘等输送或者存贮含有毒污染物的废水、含病原体的污水和其他废弃物。

第三十七条　多层地下水的含水层水质差异大的，应当分层开采；对已受污染的潜水和承压水，不得混合开采。

第三十八条　兴建地下工程设施或者进行地下勘探、采矿等活动，应当采取防护性措施，防止地下水污染。

第三十九条　人工回灌补给地下水，不得恶化地下水质。

第二节　工业水污染防治

第四十条　国务院有关部门和县级以上地方人民政府应当合理规划工业布局，要求造成水污染的企业进行技术改造，采取综合防治措施，提高水的重复利用率，减少废水和污染物排放量。

第四十一条　国家对严重污染水环境的落后工艺和设备实行淘汰制度。

国务院经济综合宏观调控部门会同国务院有关部门，公布限期禁止采用的严重污染水环境的工艺名录和限期禁止生产、销售、进口、使用的严重污染水环境的设备名录。

生产者、销售者、进口者或者使用者应当在规定的期限内停止生产、销售、进口或者使用列入前款规定的设备名录中的设备。工艺的采用者应当在规定的期限内停止采用列入前款规定的工艺名录中的工艺。

依照本条第二款、第三款规定被淘汰的设备，不得转让给他人使用。

第四十二条　国家禁止新建不符合国家产业政策的小型造纸、制革、印染、染料、炼焦、炼硫、炼砷、炼汞、炼油、电镀、农药、石棉、水泥、玻璃、钢铁、火电以及其他严重污染水环境的生产项目。

第四十三条　企业应当采用原材料利用效率高、污染物排放量少的清洁工艺，并加强管理，减少水污染物的产生。

第三节　城镇水污染防治

第四十四条　城镇污水应当集中处理。

县级以上地方人民政府应当通过财政预算和其他渠道筹集资金，统筹安排建设城镇污水集中处理设施及配套管网，提高本行政区域城镇污水的收集率和处理率。

国务院建设主管部门应当会同国务院经济综合宏观调控、环境保护主管部门，根据城乡规划和水污染防治规划，组织编制全国城镇污水处理设施建设规划。县级以上地方人民政府组织建设、经济综合宏观调控、环境保护、水行政等部门编制本行政区域的城镇污水处理设施建设规划。县级以上地方人民政府建设主管部门应当按照城镇污水处理设施建设规划，组织建设城镇污水集中处理设施及配套管网，并加强对城镇污水集中处理设施运营的监督管理。

城镇污水集中处理设施的运营单位按照国家规定向排污者提供污水处理的有偿服务，收取污水处理费用，保证污水集中处理设施的正常运行。向城镇污水集中处理设施排放污水、缴纳污水处理费用的，不再缴纳排污费。收取的污水处理费用应当用于城镇污水集中处理设施的建设和运行，不得挪作他用。

城镇污水集中处理设施的污水处理收费、管理以及使用的具体办法，由国务院规定。

第四十五条　向城镇污水集中处理设施排放水污染物，应当符合国家或者地方规定的水污染物排放标准。

城镇污水集中处理设施的出水水质达到国家或者地方规定的水污染物排放标准的，可以按照国家有关规定免缴排污费。

城镇污水集中处理设施的运营单位，应当对城镇污水集中处理设施的出水水质负责。

环境保护主管部门应当对城镇污水集中处理设施的出水水质和水量进行监督检查。

第四十六条　建设生活垃圾填埋场，应当采取防渗漏等措施，防止造成水污染。

第四节　农业和农村水污染防治

第四十七条　使用农药，应当符合国家有关农药安全使用的规定和标准。

运输、存贮农药和处置过期失效农药，应当加强管理，防止造成水污染。

第四十八条　县级以上地方人民政府农业主管部门和其他有关部门，应当采取措施，指导农业生产者科学、合理地施用化肥和农药，控制化肥和农药的过量使用，防止造成水污染。

第四十九条　国家支持畜禽养殖场、养殖小区建设畜禽粪便、废水的综合利用或者无害化处理设施。

畜禽养殖场、养殖小区应当保证其畜禽粪便、废水的综合利用或者无害化处理设施正常运转，保证污水达标排放，防止污染水环境。

第五十条　从事水产养殖应当保护水域生态环境，科学确定养殖密度，合理投饵和使用药物，防止污染水环境。

第五十一条　向农田灌溉渠道排放工业废水和城镇污水，应当保证其下游最近的灌溉取水点的水质符合农田灌溉水质标准。

利用工业废水和城镇污水进行灌溉，应当防止污染土壤、地下水和农产品。

第五节　船舶水污染防治

第五十二条　船舶排放含油污水、生活污水，应当符合船舶污染物排放标准。从事海洋航运的船舶进入内河和港口的，应当遵守内河的船舶污染物排放标准。

船舶的残油、废油应当回收，禁止排入水体。

禁止向水体倾倒船舶垃圾。

船舶装载运输油类或者有毒货物，应当采取防止溢流和渗漏的措施，防止货物落水造成水污染。

第五十三条　船舶应当按照国家有关规定配置相应的防污设备和器材，并持有合法有效的防止水域环境污染的证书与文书。

船舶进行涉及污染物排放的作业，应当严格遵守操作规程，并在相应的记录簿上如实记载。

第五十四条　港口、码头、装卸站和船舶修造厂应当备有足够的船舶污染物、废弃物的接收设施。从事船舶污染物、废弃物接收作业，或者从事装载油类、污染危害性货物船舱清洗作业的单位，应当具备与其运营规模相适应的接收处理能力。

第五十五条　船舶进行下列活动，应当编制作业方案，采取有效的安全和防污染措施，并报作业地海事管理机构批准：

（一）进行残油、含油污水、污染危害性货物残留物的接收作业，或者进行装载油类、污染危害性货物船舱的清洗作业；

（二）进行散装液体污染危害性货物的过驳作业；

（三）进行船舶水上拆解、打捞或者其他水上、水下船舶施工作业。

在渔港水域进行渔业船舶水上拆解活动，应当报作业地渔业主管部门批准。

第五章　饮用水水源和其他特殊水体保护

第五十六条　国家建立饮用水水源保护区制度。饮用水水源保护区分为一级保护区和二级保护区；必要时，可以在饮用水水源保护区外围划定一定的区域作为准保护区。

饮用水水源保护区的划定，由有关市、县人民政府提出划定方案，报省、自治区、直辖市人民政府批准；跨市、县饮用水水源保护区的划定，由有关市、县人民政府协商提出划定方案，报省、自治区、直辖市人民政府批准；协商不成的，由省、自治区、直辖市人民政府环境保护主管部门会同同级水行政、国土资源、卫生、建设等部门提出划定方案，征求同级有关部门的意见后，报省、自治区、直辖市人民政府批准。

跨省、自治区、直辖市的饮用水水源保护区，由有关省、自治区、直辖市人民政府商有关流域管理机构划定；协商不成的，由国务院环境保护主管部门会同同级水行政、国土资源、卫生、建设等部门提出划定方案，征求国务院有关部门的意见后，报国务院批准。

国务院和省、自治区、直辖市人民政府可以根据保护饮用水水源的实际需要，调整饮用水水源保护区的范围，确保饮用水安全。有关地方人民政府应当在饮用水水源保护区的边界设立明确的地理界标和明显的警示标志。

第五十七条　在饮用水水源保护区内，禁止设置排污口。

第五十八条　禁止在饮用水水源一级保护区内新建、改建、扩建与供水设施和保护水源无关的建设项目；已建成的与供水设施和保护水源无关的建设项目，由县级以上人民政府责令拆除或者关闭。

禁止在饮用水水源一级保护区内从事网箱养殖、旅游、游泳、垂钓或者其他可能污染饮用水水体的活动。

第五十九条　禁止在饮用水水源二级保护区内新建、改建、扩建排放污染物的建设项目；已建成的排放污染物的建设项目，由县级以上人民政府责令拆除或者关闭。

在饮用水水源二级保护区内从事网箱养殖、旅游等活动的，应当按照规定采取措施，防止污染饮用水水体。

第六十条　禁止在饮用水水源准保护区内新建、扩建对水体污染严重的建设项目；改建建设项目，不得增加排污量。

第六十一条　县级以上地方人民政府应当根据保护饮

用水水源的实际需要，在准保护区内采取工程措施或者建造湿地、水源涵养林等生态保护措施，防止水污染物直接排入饮用水水体，确保饮用水安全。

第六十二条 饮用水水源受到污染可能威胁供水安全的，环境保护主管部门应当责令有关企业事业单位采取停止或者减少排放水污染物等措施。

第六十三条 国务院和省、自治区、直辖市人民政府根据水环境保护的需要，可以规定在饮用水水源保护区内，采取禁止或者限制使用含磷洗涤剂、化肥、农药以及限制种植养殖等措施。

第六十四条 县级以上人民政府可以对风景名胜区水体、重要渔业水体和其他具有特殊经济文化价值的水体划定保护区，并采取措施，保证保护区的水质符合规定用途的水环境质量标准。

第六十五条 在风景名胜区水体、重要渔业水体和其他具有特殊经济文化价值的水体的保护区内，不得新建排污口。在保护区附近新建排污口，应当保证保护区水体不受污染。

第六章 水污染事故处置

第六十六条 各级人民政府及其有关部门，可能发生水污染事故的企业事业单位，应当依照《中华人民共和国突发事件应对法》的规定，做好突发水污染事故的应急准备、应急处置和事后恢复等工作。

第六十七条 可能发生水污染事故的企业事业单位，应当制定有关水污染事故的应急方案，做好应急准备，并定期进行演练。

生产、储存危险化学品的企业事业单位，应当采取措施，防止在处理安全生产事故过程中产生的可能严重污染水体的消防废水、废液直接排入水体。

第六十八条 企业事业单位发生事故或者其他突发性事件，造成或者可能造成水污染事故的，应当立即启动本单位的应急方案，采取应急措施，并向事故发生地的县级以上地方人民政府或者环境保护主管部门报告。环境保护主管部门接到报告后，应当及时向本级人民政府报告，并抄送有关部门。

造成渔业污染事故或者渔业船舶造成水污染事故的，应当向事故发生地的渔业主管部门报告，接受调查处理。其他船舶造成水污染事故的，应当向事故发生地的海事管理机构报告，接受调查处理；给渔业造成损害的，海事管理机构应当通知渔业主管部门参与调查处理。

第七章 法律责任

第六十九条 环境保护主管部门或者其他依照本法规定行使监督管理权的部门，不依法作出行政许可或者办理批准文件的，发现违法行为或者接到对违法行为的举报后不予查处的，或者有其他未依照本法规定履行职责的行为的，对直接负责的主管人员和其他直接责任人员依法给予处分。

第七十条 拒绝环境保护主管部门或者其他依照本法规定行使监督管理权的部门的监督检查，或者在接受监督检查时弄虚作假的，由县级以上人民政府环境保护主管部门或者其他依照本法规定行使监督管理权的部门责令改正，处一万元以上十万元以下的罚款。

第七十一条 违反本法规定，建设项目的水污染防治设施未建成、未经验收或者验收不合格，主体工程即投入生产或者使用的，由县级以上人民政府环境保护主管部门责令停止生产或者使用，直至验收合格，处五万元以上五十万元以下的罚款。

第七十二条 违反本法规定，有下列行为之一的，由县级以上人民政府环境保护主管部门责令限期改正；逾期不改正的，处一万元以上十万元以下的罚款：

（一）拒报或者谎报国务院环境保护主管部门规定的有关水污染物排放申报登记事项的；

（二）未按照规定安装水污染物排放自动监测设备或者未按照规定与环境保护主管部门的监控设备联网，并保证监测设备正常运行的；

（三）未按照规定对所排放的工业废水进行监测并保存原始监测记录的。

第七十三条 违反本法规定，不正常使用水污染物处理设施，或者未经环境保护主管部门批准拆除、闲置水污染物处理设施的，由县级以上人民政府环境保护主管部门责令限期改正，处应缴纳排污费数额一倍以上三倍以下的罚款。

第七十四条 违反本法规定，排放水污染物超过国家或者地方规定的水污染物排放标准，或者超过重点水污染物排放总量控制指标的，由县级以上人民政府环境保护主管部门按照权限责令限期治理，处应缴纳排污费数额二倍以上五倍以下的罚款。

限期治理期间，由环境保护主管部门责令限制生产、限制排放或者停产整治。限期治理的期限最长不超过一年；逾期未完成治理任务的，报经有批准权的人民政府批准，责令关闭。

第七十五条 在饮用水水源保护区内设置排污口的，由县级以上地方人民政府责令限期拆除，处十万元以上五十万元以下的罚款；逾期不拆除的，强制拆除，所需费用由违法者承担，处五十万元以上一百万元以下的罚款，并可以责令停产整顿。

除前款规定外，违反法律、行政法规和国务院环境保护主管部门的规定设置排污口或者私设暗管的，由县级以上地方人民政府环境保护主管部门责令限期拆除，处二万元以上十万元以下的罚款；逾期不拆除的，强制拆除，所需费用由违法者承担，处十万元以上五十万元以下的罚款；私设暗管或者有其他严重情节的，县级以上地方人民政府环境保护主管部门可以提请县级以上地方人民政府责令停产整顿。

未经水行政主管部门或者流域管理机构同意，在江河、湖泊新建、改建、扩建排污口的，由县级以上人民政府水行政主管部门或者流域管理机构依据职权，依照前款规定采取措施、给予处罚。

第七十六条 有下列行为之一的，由县级以上地方人民政府环境保护主管部门责令停止违法行为，限期采取治理措施，消除污染，处以罚款；逾期不采取治理措施的，环境保护主管部门可以指定有治理能力的单位代为治理，所需费用由违法者承担：

（一）向水体排放油类、酸液、碱液的；

（二）向水体排放剧毒废液，或者将含有汞、镉、砷、铬、铅、氰化物、黄磷等的可溶性剧毒废渣向水体排放、倾倒或者直接埋入地下的；

（三）在水体清洗装贮过油类、有毒污染物的车辆或者容器的；

（四）向水体排放、倾倒工业废渣、城镇垃圾或者其他废弃物，或者在江河、湖泊、运河、渠道、水库最高水位线以下的滩地、岸坡堆放、存贮固体废弃物或者其他污染物的；

（五）向水体排放、倾倒放射性固体废物或者含有高放射性、中放射性物质的废水的；

（六）违反国家有关规定或者标准，向水体排放含低放射性物质的废水、热废水或者含病原体的污水的；

（七）利用渗井、渗坑、裂隙或者溶洞排放、倾倒含有毒污染物的废水、含病原体的污水或者其他废弃物的；

（八）利用无防渗漏措施的沟渠、坑塘等输送或者存贮含有毒污染物的废水、含病原体的污水或者其他废弃物的。

有前款第三项、第六项行为之一的，处一万元以上十万元以下的罚款；有前款第一项、第四项、第八项行为之一的，处二万元以上二十万元以下的罚款；有前款第二项、第五项、第七项行为之一的，处五万元以上五十万元以下的罚款。

第七十七条 违反本法规定，生产、销售、进口或者使用列入禁止生产、销售、进口、使用的严重污染水环境的设备名录中的设备，或者采用列入禁止采用的严重污染水环境的工艺名录中的工艺的，由县级以上人民政府经济综合宏观调控部门责令改正，处五万元以上二十万元以下的罚款；情节严重的，由县级以上人民政府经济综合宏观调控部门提出意见，报请本级人民政府责令停业、关闭。

第七十八条 违反本法规定，建设不符合国家产业政策的小型造纸、制革、印染、染料、炼焦、炼硫、炼砷、炼汞、炼油、电镀、农药、石棉、水泥、玻璃、钢铁、火电以及其他严重污染水环境的生产项目的，由所在地的市、县人民政府责令关闭。

第七十九条 船舶未配置相应的防污染设备和器材，或者未持有合法有效的防止水域环境污染的证书与文书的，由海事管理机构、渔业主管部门按照职责分工责令限期改正，处二千元以上二万元以下的罚款；逾期不改正的，责令船舶临时停航。

船舶进行涉及污染物排放的作业，未遵守操作规程或者未在相应的记录簿上如实记载的，由海事管理机构、渔业主管部门按照职责分工责令改正，处二千元以上二万元以下的罚款。

第八十条 违反本法规定，有下列行为之一的，由海事管理机构、渔业主管部门按照职责分工责令停止违法行为，处以罚款；造成水污染的，责令限期采取治理措施，消除污染；逾期不采取治理措施的，海事管理机构、渔业主管部门按照职责分工可以指定有治理能力的单位代为治理，所需费用由船舶承担：

（一）向水体倾倒船舶垃圾或者排放船舶的残油、废油的；

（二）未经作业地海事管理机构批准，船舶进行残油、含油污水、污染危害性货物残留物的接收作业，或者进行装载油类、污染危害性货物船舱的清洗作业，或者进行散装液体污染危害性货物的过驳作业的；

（三）未经作业地海事管理机构批准，进行船舶水上拆解、打捞或者其他水上、水下船舶施工作业的；

（四）未经作业地渔业主管部门批准，在渔港水域进行渔业船舶水上拆解的。

有前款第一项、第二项、第四项行为之一的，处五千元以上五万元以下的罚款；有前款第三项行为的，处一万元以上十万元以下的罚款。

第八十一条 有下列行为之一的，由县级以上地方人民政府环境保护主管部门责令停止违法行为，处十万元以上五十万元以下的罚款；并报经有批准权的人民政府批准，责令拆除或者关闭：

（一）在饮用水水源一级保护区内新建、改建、扩建与供水设施和保护水源无关的建设项目的；

（二）在饮用水水源二级保护区内新建、改建、扩建排放污染物的建设项目的；

（三）在饮用水水源准保护区内新建、扩建对水体污染严重的建设项目，或者改建建设项目增加排污量的。

在饮用水水源一级保护区内从事网箱养殖或者组织进行旅游、垂钓或者其他可能污染饮用水水体的活动的，由县级以上地方人民政府环境保护主管部门责令停止违法行为，处二万元以上十万元以下的罚款。个人在饮用水水源一级保护区内游泳、垂钓或者从事其他可能污染饮用水水体的活动的，由县级以上地方人民政府环境保护主管部门责令停止违法行为，可以处五百元以下的罚款。

第八十二条 企业事业单位有下列行为之一的，由县级以上人民政府环境保护主管部门责令改正；情节严重的，处二万元以上十万元以下的罚款：

（一）不按照规定制定水污染事故的应急方案的；

（二）水污染事故发生后，未及时启动水污染事故的应急方案，采取有关应急措施的。

第八十三条 企业事业单位违反本法规定，造成水污染事故的，由县级以上人民政府环境保护主管部门依照本条第二款的规定处以罚款，责令限期采取治理措施，消除污染；不按要求采取治理措施或者不具备治理能力的，由环境保护主管部门指定有治理能力的单位代为治理，所需费用由违法者承担；对造成重大或者特大水污染事故的，可以报经有批准权的人民政府批准，责令关闭；对直接负责的主管人员和其他直接责任人员可以处上一年度从本单位取得的收入百分之五十以下的罚款。

对造成一般或者较大水污染事故的，按照水污染事故造成的直接损失的百分之二十计算罚款；对造成重大或者特大水污染事故的，按照水污染事故造成的直接损失的百分之三十计算罚款。

造成渔业污染事故或者渔业船舶造成水污染事故的，由渔业主管部门进行处罚；其他船舶造成水污染事故的，由海事管理机构进行处罚。

第八十四条 当事人对行政处罚决定不服的，可以申请行政复议，也可以在收到通知之日起十五日内向人民法院起诉；期满不申请行政复议或者起诉，又不履行行政处罚决定的，由作出行政处罚决定的机关申请人民法院强制执行。

第八十五条 因水污染受到损害的当事人，有权要求排污方排除危害和赔偿损失。

由于不可抗力造成水污染损害的，排污方不承担赔偿责任；法律另有规定的除外。

水污染损害是由受害人故意造成的，排污方不承担赔偿责任。水污染损害是由受害人重大过失造成的，可以减轻排污方的赔偿责任。

水污染损害是由第三人造成的，排污方承担赔偿责任后，有权向第三人追偿。

第八十六条 因水污染引起的损害赔偿责任和赔偿金额的纠纷，可以根据当事人的请求，由环境保护主管部门或者海事管理机构、渔业主管部门按照职责分工调解处理；调解不成的，当事人可以向人民法院提起诉讼。当事人也可以直接向人民法院提起诉讼。

第八十七条 因水污染引起的损害赔偿诉讼，由排污方就法律规定的免责事由及其行为与损害结果之间不存在因果关系承担举证责任。

第八十八条 因水污染受到损害的当事人人数众多的，可以依法由当事人推选代表人进行共同诉讼。

环境保护主管部门和有关社会团体可以依法支持因水污染受到损害的当事人向人民法院提起诉讼。

国家鼓励法律服务机构和律师为水污染损害诉讼中的受害人提供法律援助。

第八十九条 因水污染引起的损害赔偿责任和赔偿金额的纠纷，当事人可以委托环境监测机构提供监测数据。环境监测机构应当接受委托，如实提供有关监测数据。

第九十条 违反本法规定，构成违反治安管理行为的，依法给予治安管理处罚；构成犯罪的，依法追究刑事责任。

第八章　附　则

第九十一条 本法中下列用语的含义：

（一）水污染，是指水体因某种物质的介入，而导致其化学、物理、生物或者放射性等方面特性的改变，从而影响水的有效利用，危害人体健康或者破坏生态环境，造成水质恶化的现象。

（二）水污染物，是指直接或者间接向水体排放的，能导致水体污染的物质。

（三）有毒污染物，是指那些直接或者间接被生物摄入体内后，可能导致该生物或者其后代发病、行为反常、遗传异变、生理机能失常、机体变形或者死亡的污染物。

（四）渔业水体，是指划定的鱼虾类的产卵场、索饵场、越冬场、洄游通道和鱼虾贝藻类的养殖场的水体。

第九十二条 本法自2008年6月1日起施行。

中华人民共和国循环经济促进法

中华人民共和国主席令 第四号

《中华人民共和国循环经济促进法》已由中华人民共和国第十一届全国人民代表大会常务委员会第四次会议于2008年8月29日通过，现予公布，自2009年1月1日起施行。

中华人民共和国主席　胡锦涛

2008年8月29日

中华人民共和国循环经济促进法（2008年8月29日第十一届全国人民代表大会常务委员会第四次会议通过）

目　录

第一章　总　则

第一条　为了促进循环经济发展，提高资源利用效率，保护和改善环境，实现可持续发展，制定本法。

第二条　本法所称循环经济，是指在生产、流通和消费等过程中进行的减量化、再利用、资源化活动的总称。

本法所称减量化，是指在生产、流通和消费等过程中减少资源消耗和废物产生。

本法所称再利用，是指将废物直接作为产品或者经修复、翻新、再制造后继续作为产品使用，或者将废物的全部或者部分作为其他产品的部件予以使用。

本法所称资源化，是指将废物直接作为原料进行利用或者对废物进行再生利用。

第三条　发展循环经济是国家经济社会发展的一项重大战略，应当遵循统筹规划、合理布局，因地制宜、注重实效，政府推动、市场引导，企业实施、公众参与的方针。

第四条　发展循环经济应当在技术可行、经济合理和有利于节约资源、保护环境的前提下，按照减量化优先的原则实施。

在废物再利用和资源化过程中，应当保障生产安全，保证产品质量符合国家规定的标准，并防止产生再次污染。

第五条　国务院循环经济发展综合管理部门负责组织协调、监督管理全国循环经济发展工作；国务院环境保护等有关主管部门按照各自的职责负责有关循环经济的监督管理工作。

县级以上地方人民政府循环经济发展综合管理部门负责组织协调、监督管理本行政区域的循环经济发展工作；县级以上地方人民政府环境保护等有关主管部门按照各自的职责负责有关循环经济的监督管理工作。

第六条　国家制定产业政策，应当符合发展循环经济的要求。

县级以上人民政府编制国民经济和社会发展规划及年度计划，县级以上人民政府有关部门编制环境保护、科学技术等规划，应当包括发展循环经济的内容。

第七条　国家鼓励和支持开展循环经济科学技术的研究、开发和推广，鼓励开展循环经济宣传、教育、科学知识普及和国际合作。

第八条　县级以上人民政府应当建立发展循环经济的目标责任制，采取规划、财政、投资、政府采购等措施，促进循环经济发展。

第九条　企业事业单位应当建立健全管理制度，采取措施，降低资源消耗，减少废物的产生量和排放量，提高废物的再利用和资源化水平。

第十条　公民应当增强节约资源和保护环境意识，合理消费，节约资源。

国家鼓励和引导公民使用节能、节水、节材和有利于保护环境的产品及再生产品，减少废物的产生量和排放量。

公民有权举报浪费资源、破坏环境的行为，有权了解政府发展循环经济的信息并提出意见和建议。

第十一条　国家鼓励和支持行业协会在循环经济发展中发挥技术指导和服务作用。县级以上人民政府可以委托有条件的行业协会等社会组织开展促进循环经济发展的公共服务。

国家鼓励和支持中介机构、学会和其他社会组织开展循环经济宣传、技术推广和咨询服务，促进循环经济发展。

第二章　基本管理制度

第十二条　国务院循环经济发展综合管理部门会同国务院环境保护等有关主管部门编制全国循环经济发展规划，报国务院批准后公布施行。设区的市级以上地方人民政府循环经济发展综合管理部门会同本级人民政府环境保护等有关主管部门编制本行政区域循环经济发展规划，报本级人民政府批准后公布施行。

循环经济发展规划应当包括规划目标、适用范围、主要内容、重点任务和保障措施等，并规定资源产出率、废物再利用和资源化率等指标。

第十三条　县级以上地方人民政府应当依据上级人民政府下达的本行政区域主要污染物排放、建设用地和用水总量控制指标，规划和调整本行政区域的产业结构，促进循环经济发展。

新建、改建、扩建建设项目，必须符合本行政区域主要污染物排放、建设用地和用水总量控制指标的要求。

第十四条　国务院循环经济发展综合管理部门会同国务院统计、环境保护等有关主管部门建立和完善循环经济评价指标体系。

上级人民政府根据前款规定的循环经济主要评价指标，对下级人民政府发展循环经济的状况定期进行考核，并将主要评价指标完成情况作为对地方人民政府及其负责人考核评价的内容。

第十五条　生产列入强制回收名录的产品或者包装物的企业，必须对废弃的产品或者包装物负责回收；对其中可以利用的，由各该生产企业负责利用；对因不具备技术经济条件而不适合利用的，由各该生产企业负责无害化处置。

对前款规定的废弃产品或者包装物，生产者委托销售者或者其他组织进行回收的，或者委托废物利用或者处置企业进行利用或者处置的，受托方应当依照有关法律、行政法规的规定和合同的约定负责回收或者利用、处置。

对列入强制回收名录的产品和包装物，消费者应当将废弃的产品或者包装物交给生产者或者其委托回收的销售者或者其他组织。

强制回收的产品和包装物的名录及管理办法，由国务院循环经济发展综合管理部门规定。

第十六条 国家对钢铁、有色金属、煤炭、电力、石油加工、化工、建材、建筑、造纸、印染等行业年综合能源消费量、用水量超过国家规定总量的重点企业，实行能耗、水耗的重点监督管理制度。

重点能源消费单位的节能监督管理，依照《中华人民共和国节约能源法》的规定执行。

重点用水单位的监督管理办法，由国务院循环经济发展综合管理部门会同国务院有关部门规定。

第十七条 国家建立健全循环经济统计制度，加强资源消耗、综合利用和废物产生的统计管理，并将主要统计指标定期向社会公布。

国务院标准化主管部门会同国务院循环经济发展综合管理和环境保护等有关主管部门建立健全循环经济标准体系，制定和完善节能、节水、节材和废物再利用、资源化等标准。

国家建立健全能源效率标识等产品资源消耗标识制度。

第三章 减量化

第十八条 国务院循环经济发展综合管理部门会同国务院环境保护等有关主管部门，定期发布鼓励、限制和淘汰的技术、工艺、设备、材料和产品名录。

禁止生产、进口、销售列入淘汰名录的设备、材料和产品，禁止使用列入淘汰名录的技术、工艺、设备和材料。

第十九条 从事工艺、设备、产品及包装物设计，应当按照减少资源消耗和废物产生的要求，优先选择采用易回收、易拆解、易降解、无毒无害或者低毒低害的材料和设计方案，并应当符合有关国家标准的强制性要求。

对在拆解和处置过程中可能造成环境污染的电器电子等产品，不得设计使用国家禁止使用的有毒有害物质。禁止在电器电子等产品中使用的有毒有害物质名录，由国务院循环经济发展综合管理部门会同国务院环境保护等有关主管部门制定。

设计产品包装物应当执行产品包装标准，防止过度包装造成资源浪费和环境污染。

第二十条 工业企业应当采用先进或者适用的节水技术、工艺和设备，制定并实施节水计划，加强节水管理，对生产用水进行全过程控制。

工业企业应当加强用水计量管理，配备和使用合格的用水计量器具，建立水耗统计和用水状况分析制度。

新建、改建、扩建建设项目，应当配套建设节水设施。节水设施应当与主体工程同时设计、同时施工、同时投产使用。

国家鼓励和支持沿海地区进行海水淡化和海水直接利用，节约淡水资源。

第二十一条 国家鼓励和支持企业使用高效节油产品。

电力、石油加工、化工、钢铁、有色金属和建材等企业，必须在国家规定的范围和期限内，以洁净煤、石油焦、天然气等清洁能源替代燃料油，停止使用不符合国家规定的燃油发电机组和燃油锅炉。

内燃机和机动车制造企业应当按照国家规定的内燃机和机动车燃油经济性标准，采用节油技术，减少石油产品消耗量。

第二十二条 开采矿产资源，应当统筹规划，制定合理的开发利用方案，采用合理的开采顺序、方法和选矿工艺。采矿许可证颁发机关应当对申请人提交的开发利用方案中的开采回采率、采矿贫化率、选矿回收率、矿山水循环利用率和土地复垦率等指标依法进行审查；审查不合格的，不予颁发采矿许可证。采矿许可证颁发机关应当依法加强对开采矿产资源的监督管理。

矿山企业在开采主要矿种的同时，应当对具有工业价值的共生和伴生矿实行综合开采、合理利用；对必须同时采出而暂时不能利用的矿产以及含有有用组分的尾矿，应当采取保护措施，防止资源损失和生态破坏。

第二十三条 建筑设计、建设、施工等单位应当按照国家有关规定和标准，对其设计、建设、施工的建筑物及构筑物采用节能、节水、节地、节材的技术工艺和小型、轻型、再生产品。有条件的地区，应当充分利用太阳能、地热能、风能等可再生能源。

国家鼓励利用无毒无害的固体废物生产建筑材料，鼓励使用散装水泥，推广使用预拌混凝土和预拌砂浆。

禁止损毁耕地烧砖。在国务院或者省、自治区、直辖市人民政府规定的期限和区域内，禁止生产、销售和使用粘土砖。

第二十四条 县级以上人民政府及其农业等主管部门应当推进土地集约利用，鼓励和支持农业生产者采用节水、节肥、节药的先进种植、养殖和灌溉技术，推动农业机械节能，优先发展生态农业。

在缺水地区，应当调整种植结构，优先发展节水型农业，推进雨水集蓄利用，建设和管护节水灌溉设施，提高用水效率，减少水的蒸发和漏失。

第二十五条 国家机关及使用财政性资金的其他组织

应当厉行节约、杜绝浪费，带头使用节能、节水、节地、节材和有利于保护环境的产品、设备和设施，节约使用办公用品。国务院和县级以上地方人民政府管理机关事务工作的机构会同本级人民政府有关部门制定本级国家机关等机构的用能、用水定额指标，财政部门根据该定额指标制定支出标准。

城市人民政府和建筑物的所有者或者使用者，应当采取措施，加强建筑物维护管理，延长建筑物使用寿命。对符合城市规划和工程建设标准，在合理使用寿命内的建筑物，除为了公共利益的需要外，城市人民政府不得决定拆除。

第二十六条　餐饮、娱乐、宾馆等服务性企业，应当采用节能、节水、节材和有利于保护环境的产品，减少使用或者不使用浪费资源、污染环境的产品。

本法施行后新建的餐饮、娱乐、宾馆等服务性企业，应当采用节能、节水、节材和有利于保护环境的技术、设备和设施。

第二十七条　国家鼓励和支持使用再生水。在有条件使用再生水的地区，限制或者禁止将自来水作为城市道路清扫、城市绿化和景观用水使用。

第二十八条　国家在保障产品安全和卫生的前提下，限制一次性消费品的生产和销售。具体名录由国务院循环经济发展综合管理部门会同国务院财政、环境保护等有关主管部门制定。

对列入前款规定名录中的一次性消费品的生产和销售，由国务院财政、税务和对外贸易等主管部门制定限制性的税收和出口等措施。

第四章　再利用和资源化

第二十九条　县级以上人民政府应当统筹规划区域经济布局，合理调整产业结构，促进企业在资源综合利用等领域进行合作，实现资源的高效利用和循环使用。

各类产业园区应当组织区内企业进行资源综合利用，促进循环经济发展。

国家鼓励各类产业园区的企业进行废物交换利用、能量梯级利用、土地集约利用、水的分类利用和循环使用，共同使用基础设施和其他有关设施。

新建和改造各类产业园区应当依法进行环境影响评价，并采取生态保护和污染控制措施，确保本区域的环境质量达到规定的标准。

第三十条　企业应当按照国家规定，对生产过程中产生的粉煤灰、煤矸石、尾矿、废石、废料、废气等工业废物进行综合利用。

第三十一条　企业应当发展串联用水系统和循环用水系统，提高水的重复利用率。

企业应当采用先进技术、工艺和设备，对生产过程中产生的废水进行再生利用。

第三十二条　企业应当采用先进或者适用的回收技术、工艺和设备，对生产过程中产生的余热、余压等进行综合利用。

建设利用余热、余压、煤层气以及煤矸石、煤泥、垃圾等低热值燃料的并网发电项目，应当依照法律和国务院的规定取得行政许可或者报送备案。电网企业应当按照国家规定，与综合利用资源发电的企业签订并网协议，提供上网服务，并全额收购并网发电项目的上网电量。

第三十三条　建设单位应当对工程施工中产生的建筑废物进行综合利用；不具备综合利用条件的，应当委托具备条件的生产经营者进行综合利用或者无害化处置。

第三十四条　国家鼓励和支持农业生产者和相关企业采用先进或者适用技术，对农作物秸秆、畜禽粪便、农产品加工业副产品、废农用薄膜等进行综合利用，开发利用沼气等生物质能源。

第三十五条　县级以上人民政府及其林业主管部门应当积极发展生态林业，鼓励和支持林业生产者和相关企业采用木材节约和代用技术，开展林业废弃物和次小薪材、沙生灌木等综合利用，提高木材综合利用率。

第三十六条　国家支持生产经营者建立产业废物交换信息系统，促进企业交流产业废物信息。

企业对生产过程中产生的废物不具备综合利用条件的，应当提供给具备条件的生产经营者进行综合利用。

第三十七条　国家鼓励和推进废物回收体系建设。

地方人民政府应当按照城乡规划，合理布局废物回收网点和交易市场，支持废物回收企业和其他组织开展废物的收集、储存、运输及信息交流。

废物回收交易市场应当符合国家环境保护、安全和消防等规定。

第三十八条　对废电器电子产品、报废机动车船、废轮胎、废铅酸电池等特定产品进行拆解或者再利用，应当符合有关法律、行政法规的规定。

第三十九条　回收的电器电子产品，经过修复后销售的，必须符合再利用产品标准，并在显著位置标识为再利用产品。

回收的电器电子产品，需要拆解和再生利用的，应当交售给具备条件的拆解企业。

第四十条　国家支持企业开展机动车零部件、工程机械、机床等产品的再制造和轮胎翻新。

销售的再制造产品和翻新产品的质量必须符合国家规定的标准，并在显著位置标识为再制造产品或者翻新产品。

第四十一条　县级以上人民政府应当统筹规划建设城乡生活垃圾分类收集和资源化利用设施，建立和完善分类收集和资源化利用体系，提高生活垃圾资源化率。

县级以上人民政府应当支持企业建设污泥资源化利

用和处置设施，提高污泥综合利用水平，防止产生再次污染。

第五章 激励措施

第四十二条 国务院和省、自治区、直辖市人民政府设立发展循环经济的有关专项资金，支持循环经济的科技研究开发、循环经济技术和产品的示范与推广、重大循环经济项目的实施、发展循环经济的信息服务等。具体办法由国务院财政部门会同国务院循环经济发展综合管理等有关主管部门制定。

第四十三条 国务院和省、自治区、直辖市人民政府及其有关部门应当将循环经济重大科技攻关项目的自主创新研究、应用示范和产业化发展列入国家或者省级科技发展规划和高技术产业发展规划，并安排财政性资金予以支持。

利用财政性资金引进循环经济重大技术、装备的，应当制定消化、吸收和创新方案，报有关主管部门审批并由其监督实施；有关主管部门应当根据实际需要建立协调机制，对重大技术、装备的引进和消化、吸收、创新实行统筹协调，并给予资金支持。

第四十四条 国家对促进循环经济发展的产业活动给予税收优惠，并运用税收等措施鼓励进口先进的节能、节水、节材等技术、设备和产品，限制在生产过程中耗能高、污染重的产品的出口。具体办法由国务院财政、税务主管部门制定。

企业使用或者生产列入国家清洁生产、资源综合利用等鼓励名录的技术、工艺、设备或者产品的，按照国家有关规定享受税收优惠。

第四十五条 县级以上人民政府循环经济发展综合管理部门在制定和实施投资计划时，应当将节能、节水、节地、节材、资源综合利用等项目列为重点投资领域。

对符合国家产业政策的节能、节水、节地、节材、资源综合利用等项目，金融机构应当给予优先贷款等信贷支持，并积极提供配套金融服务。

对生产、进口、销售或者使用列入淘汰名录的技术、工艺、设备、材料或者产品的企业，金融机构不得提供任何形式的授信支持。

第四十六条 国家实行有利于资源节约和合理利用的价格政策，引导单位和个人节约和合理使用水、电、气等资源性产品。

国务院和省、自治区、直辖市人民政府的价格主管部门应当按照国家产业政策，对资源高消耗行业中的限制类项目，实行限制性的价格政策。

对利用余热、余压、煤层气以及煤矸石、煤泥、垃圾等低热值燃料的并网发电项目，价格主管部门按照有利于资源综合利用的原则确定其上网电价。

省、自治区、直辖市人民政府可以根据本行政区域经济社会发展状况，实行垃圾排放收费制度。收取的费用专项用于垃圾分类、收集、运输、贮存、利用和处置，不得挪作他用。

国家鼓励通过以旧换新、押金等方式回收废物。

第四十七条 国家实行有利于循环经济发展的政府采购政策。使用财政性资金进行采购的，应当优先采购节能、节水、节材和有利于保护环境的产品及再生产品。

第四十八条 县级以上人民政府及其有关部门应当对在循环经济管理、科学技术研究、产品开发、示范和推广工作中做出显著成绩的单位和个人给予表彰和奖励。

企业事业单位应当对在循环经济发展中做出突出贡献的集体和个人给予表彰和奖励。

第六章 法律责任

第四十九条 县级以上人民政府循环经济发展综合管理部门或者其他有关主管部门发现违反本法的行为或者接到对违法行为的举报后不予查处，或者有其他不依法履行监督管理职责行为的，由本级人民政府或者上一级人民政府有关主管部门责令改正，对直接负责的主管人员和其他直接责任人员依法给予处分。

第五十条 生产、销售列入淘汰名录的产品、设备的，依照《中华人民共和国产品质量法》的规定处罚。

使用列入淘汰名录的技术、工艺、设备、材料的，由县级以上地方人民政府循环经济发展综合管理部门责令停止使用，没收违法使用的设备、材料，并处五万元以上二十万元以下的罚款；情节严重的，由县级以上人民政府循环经济发展综合管理部门提出意见，报请本级人民政府按照国务院规定的权限责令停业或者关闭。

违反本法规定，进口列入淘汰名录的设备、材料或者产品的，由海关责令退运，可以处十万元以上一百万元以下的罚款。进口者不明的，由承运人承担退运责任，或者承担有关处置费用。

第五十一条 违反本法规定，对在拆解或者处置过程中可能造成环境污染的电器电子等产品，设计使用列入国家禁止使用名录的有毒有害物质的，由县级以上地方人民政府产品质量监督部门责令限期改正；逾期不改正的，处二万元以上二十万元以下的罚款；情节严重的，由县级以上地方人民政府产品质量监督部门向本级工商行政管理部门通报有关情况，由工商行政管理部门依法吊销营业执照。

第五十二条 违反本法规定，电力、石油加工、化工、钢铁、有色金属和建材等企业未在规定的范围或者期限内停止使用不符合国家规定的燃油发电机组或者燃油锅炉的，由县级以上地方人民政府循环经济发展综合管理部门责令限期改正；逾期不改正的，责令拆除该燃油发电机组或者燃油锅炉，并处五万元以上五十万元以下的罚款。

第五十三条 违反本法规定，矿山企业未达到经依法审查确定的开采回采率、采矿贫化率、选矿回收率、矿山水循环利用率和土地复垦率等指标的，由县级以上人民政府地质矿产主管部门责令限期改正，处五万元以上五十万元以下的罚款；逾期不改正的，由采矿许可证颁发机关依法吊销采矿许可证。

第五十四条 违反本法规定，在国务院或者省、自治区、直辖市人民政府规定禁止生产、销售、使用粘土砖的期限或者区域内生产、销售或者使用粘土砖的，由县级以上地方人民政府指定的部门责令限期改正；有违法所得的，没收违法所得；逾期继续生产、销售的，由地方人民政府工商行政管理部门依法吊销营业执照。

第五十五条 违反本法规定，电网企业拒不收购企业利用余热、余压、煤层气以及煤矸石、煤泥、垃圾等低热值燃料生产的电力的，由国家电力监管机构责令限期改正；造成企业损失的，依法承担赔偿责任。

第五十六条 违反本法规定，有下列行为之一的，由地方人民政府工商行政管理部门责令限期改正，可以处五千元以上五万元以下的罚款；逾期不改正的，依法吊销营业执照；造成损失的，依法承担赔偿责任：

（一）销售没有再利用产品标识的再利用电器电子产品的；

（二）销售没有再制造或者翻新产品标识的再制造或者翻新产品的。

第五十七条 违反本法规定，构成犯罪的，依法追究刑事责任。

第七章　附　则

第五十八条 本法自2009年1月1日起施行。

国务院发布的规范性文件

全国污染源普查条例

中华人民共和国国务院令　第508号

现公布《全国污染源普查条例》，自公布之日起施行。

总　理　温家宝
二〇〇七年十月九日

第一章　总　则

第一条 为了科学、有效地组织实施全国污染源普查，保障污染源普查数据的准确性和及时性，根据《中华人民共和国统计法》和《中华人民共和国环境保护法》，制定本条例。

第二条 污染源普查的任务是，掌握各类污染源的数量、行业和地区分布情况，了解主要污染物的产生、排放和处理情况，建立健全重点污染源档案、污染源信息数据库和环境统计平台，为制定经济社会发展和环境保护政策、规划提供依据。

第三条 本条例所称污染源，是指因生产、生活和其他活动向环境排放污染物或者对环境产生不良影响的场所、设施、装置以及其他污染发生源。

第四条 污染源普查按照全国统一领导、部门分工协作、地方分级负责、各方共同参与的原则组织实施。

第五条 污染源普查所需经费，由中央和地方各级人民政府共同负担，并列入相应年度的财政预算，按时拨付，确保足额到位。

污染源普查经费应当统一管理，专款专用，严格控制支出。

第六条 全国污染源普查每10年进行1次，标准时点为普查年份的12月31日。

第七条 报刊、广播、电视和互联网等新闻媒体，应当及时开展污染源普查工作的宣传报道。

第二章　污染源普查的对象、范围、内容和方法

第八条 污染源普查的对象是中华人民共和国境内有污染源的单位和个体经营户。

第九条 污染源普查对象有义务接受污染源普查领导小组办公室、普查人员依法进行的调查，并如实反映情况，提供有关资料，按照要求填报污染源普查表。

污染源普查对象不得迟报、虚报、瞒报和拒报普查数据；不得推诿、拒绝和阻挠调查；不得转移、隐匿、篡改、毁弃原材料消耗记录、生产记录、污染物治理设施运行记录、污染物排放监测记录以及其他与污染物产生和排放有关的原始资料。

第十条 污染源普查范围包括：工业污染源，农业污

染源，生活污染源，集中式污染治理设施和其他产生、排放污染物的设施。

第十一条 工业污染源普查的主要内容包括：企业基本登记信息，原材料消耗情况，产品生产情况，产生污染的设施情况，各类污染物产生、治理、排放和综合利用情况，各类污染防治设施建设、运行情况等。

农业污染源普查的主要内容包括：农业生产规模，用水、排水情况，化肥、农药、饲料和饲料添加剂以及农用薄膜等农业投入品使用情况，秸秆等种植业剩余物处理情况以及养殖业污染物产生、治理情况等。

生活污染源普查的主要内容包括：从事第三产业的单位的基本情况和污染物的产生、排放、治理情况，机动车污染物排放情况，城镇生活能源结构和能源消费量，生活用水量、排水量以及污染物排放情况等。

集中式污染治理设施普查的主要内容包括：设施基本情况和运行状况，污染物的处理处置情况，渗滤液、污泥、焚烧残渣和废气的产生、处置以及利用情况等。

第十二条 每次污染源普查的具体范围和内容，由国务院批准的普查方案确定。

第十三条 污染源普查采用全面调查的方法，必要时可以采用抽样调查的方法。

污染源普查采用全国统一的标准和技术要求。

第三章 污染源普查的组织实施

第十四条 全国污染源普查领导小组负责领导和协调全国污染源普查工作。

全国污染源普查领导小组办公室设在国务院环境保护主管部门，负责全国污染源普查日常工作。

第十五条 县级以上地方人民政府污染源普查领导小组，按照全国污染源普查领导小组的统一规定和要求，领导和协调本行政区域的污染源普查工作。

县级以上地方人民政府污染源普查领导小组办公室设在同级环境保护主管部门，负责本行政区域的污染源普查日常工作。

乡（镇）人民政府、街道办事处和村（居）民委员会应当广泛动员和组织社会力量积极参与并认真做好污染源普查工作。

第十六条 县级以上人民政府环境保护主管部门和其他有关部门，按照职责分工和污染源普查领导小组的统一要求，做好污染源普查相关工作。

第十七条 全国污染源普查方案由全国污染源普查领导小组办公室拟订，经全国污染源普查领导小组审核同意，报国务院批准。

全国污染源普查方案应当包括：普查的具体范围和内容、普查的主要污染物、普查方法、普查的组织实施以及经费预算等。

拟订全国污染源普查方案，应当充分听取有关部门和专家的意见。

第十八条 全国污染源普查领导小组办公室根据全国污染源普查方案拟订污染源普查表，报国家统计局审定。

省、自治区、直辖市人民政府污染源普查领导小组办公室，可以根据需要增设本行政区域污染源普查附表，报全国污染源普查领导小组办公室批准后使用。

第十九条 在普查启动阶段，污染源普查领导小组办公室应当进行单位清查。

县级以上人民政府机构编制、民政、工商、质检以及其他具有设立审批、登记职能的部门，应当向同级污染源普查领导小组办公室提供其审批或者登记的单位资料，并协助做好单位清查工作。

污染源普查领导小组办公室应当以本行政区域现有的基本单位名录库为基础，按照全国污染源普查方案确定的污染源普查的具体范围，结合有关部门提供的单位资料，对污染源逐一核实清查，形成污染源普查单位名录。

第二十条 列入污染源普查范围的大、中型工业企业，应当明确相关机构负责本企业污染源普查表的填报工作，其他单位应当指定人员负责本单位污染源普查表的填报工作。

第二十一条 污染源普查领导小组办公室可以根据工作需要，聘用或者从有关单位借调人员从事污染源普查工作。

污染源普查领导小组办公室应当与聘用人员依法签订劳动合同，支付劳动报酬，并为其办理社会保险。借调人员的工资由原单位支付，其福利待遇保持不变。

第二十二条 普查人员应当坚持实事求是，恪守职业道德，具有执行普查任务所需要的专业知识。

污染源普查领导小组办公室应当对普查人员进行业务培训，对考核合格的颁发全国统一的普查员工作证。

第二十三条 普查人员依法独立行使调查、报告、监督和检查的职权，有权查阅普查对象的原材料消耗记录、生产记录、污染物治理设施运行记录、污染物排放监测记录以及其他与污染物产生和排放有关的原始资料，并有权要求普查对象改正其填报的污染源普查表中不真实、不完整的内容。

第二十四条 普查人员应当严格执行全国污染源普查方案，不得伪造、篡改普查资料，不得强令、授意普查对象提供虚假普查资料。

普查人员执行污染源调查任务，不得少于2人，并应当出示普查员工作证；未出示普查员工作证的，普查对象可以拒绝接受调查。

第二十五条 普查人员应当依法直接访问普查对象，指导普查对象填报污染源普查表。污染源普查表填写完成后，应当由普查对象签字或者盖章确认。普查对象应当对其签字或者盖章的普查资料的真实性负责。

污染源普查领导小组办公室对其登记、录入的普查资料与普查对象填报的普查资料的一致性负责，并对其加工、整理的普查资料的准确性负责。

污染源普查领导小组办公室在登记、录入、加工和整理普查资料过程中，对普查资料有疑义的，应当向普查对象核实，普查对象应当如实说明或者改正。

第二十六条 各地方、各部门、各单位的负责人不得擅自修改污染源普查领导小组办公室、普查人员依法取得的污染源普查资料；不得强令或者授意污染源普查领导小组办公室、普查人员伪造或者篡改普查资料；不得对拒绝、抵制伪造或者篡改普查资料的普查人员打击报复。

第四章 数据处理和质量控制

第二十七条 污染源普查领导小组办公室应当按照全国污染源普查方案和有关标准、技术要求进行数据处理，并按时上报普查数据。

第二十八条 污染源普查领导小组办公室应当做好污染源普查数据备份和数据入库工作，建立健全污染源信息数据库，并加强日常管理和维护更新。

第二十九条 污染源普查领导小组办公室应当按照全国污染源普查方案，建立污染源普查数据质量控制岗位责任制，并对普查中的每个环节进行质量控制和检查验收。

污染源普查数据不符合全国污染源普查方案或者有关标准、技术要求的，上一级污染源普查领导小组办公室可以要求下一级污染源普查领导小组办公室重新调查，确保普查数据的一致性、真实性和有效性。

第三十条 全国污染源普查领导小组办公室统一组织对污染源普查数据的质量核查。核查结果作为评估全国或者各省、自治区、直辖市污染源普查数据质量的重要依据。

污染源普查数据的质量达不到规定要求的，有关污染源普查领导小组办公室应当在全国污染源普查领导小组办公室规定的时间内重新进行污染源普查。

第五章 数据发布、资料管理和开发应用

第三十一条 全国污染源普查公报，根据全国污染源普查领导小组的决定发布。

地方污染源普查公报，经上一级污染源普查领导小组办公室核准发布。

第三十二条 普查对象提供的资料和污染源普查领导小组办公室加工、整理的资料属于国家秘密的，应当注明秘密的等级，并按照国家有关保密规定处理。

污染源普查领导小组办公室、普查人员对在污染源普查中知悉的普查对象的商业秘密，负有保密义务。

第三十三条 污染源普查领导小组办公室应当建立污染源普查资料档案管理制度。污染源普查资料档案的保管、调用和移交应当遵守国家有关档案管理规定。

第三十四条 国家建立污染源普查资料信息共享制度。

污染源普查领导小组办公室应当在污染源信息数据库的基础上，建立污染源普查资料信息共享平台，促进普查成果的开发和应用。

第三十五条 污染源普查取得的单个普查对象的资料严格限定用于污染源普查目的，不得作为考核普查对象是否完成污染物总量削减计划的依据，不得作为依照其他法律、行政法规对普查对象实施行政处罚和征收排污费的依据。

第六章 表彰和处罚

第三十六条 对在污染源普查工作中做出突出贡献的集体和个人，应当给予表彰和奖励。

第三十七条 地方、部门、单位的负责人有下列行为之一的，依法给予处分，并由县级以上人民政府统计机构予以通报批评；构成犯罪的，依法追究刑事责任：

（一）擅自修改污染源普查资料的；

（二）强令、授意污染源普查领导小组办公室、普查人员伪造或者篡改普查资料的；

（三）对拒绝、抵制伪造或者篡改普查资料的普查人员打击报复的。

第三十八条 普查人员不执行普查方案，或者伪造、篡改普查资料，或者强令、授意普查对象提供虚假普查资料的，依法给予处分。

污染源普查领导小组办公室、普查人员泄露在普查中知悉的普查对象商业秘密的，对直接负责的主管人员和其他直接责任人员依法给予处分；对普查对象造成损害的，应当依法承担民事责任。

第三十九条 污染源普查对象有下列行为之一的，污染源普查领导小组办公室应当及时向同级人民政府统计机构通报有关情况，提出处理意见，由县级以上人民政府统计机构责令改正，予以通报批评；情节严重的，可以建议对直接负责的主管人员和其他直接责任人员依法给予处分：

（一）迟报、虚报、瞒报或者拒报污染源普查数据的；

（二）推诿、拒绝或者阻挠普查人员依法进行调查的；

（三）转移、隐匿、篡改、毁弃原材料消耗记录、生产记录、污染物治理设施运行记录、污染物排放监测记录以及其他与污染物产生和排放有关的原始资料的。

单位有本条第一款所列行为之一的，由县级以上人民政府统计机构予以警告，可以处5万元以下的罚款。

个体经营户有本条第一款所列行为之一的，由县级以

上人民政府统计机构予以警告，可以处1万元以下的罚款。

第四十条　污染源普查领导小组办公室应当设立举报电话和信箱，接受社会各界对污染源普查工作的监督和对违法行为的检举，并对检举有功的人员依法给予奖励，对检举的违法行为，依法予以查处。

第七章　附　则

第四十一条　军队、武装警察部队的污染源普查工作，由中国人民解放军总后勤部按照国家统一规定和要求组织实施。

新疆生产建设兵团的污染源普查工作，由新疆生产建设兵团按照国家统一规定和要求组织实施。

第四十二条　本条例自公布之日起施行。

规划环境影响评价条例

中华人民共和国国务院令　第559号

《规划环境影响评价条例》已经2009年8月12日国务院第76次常务会议通过，现予公布，自2009年10月1日起施行。

总　理　温家宝

二〇〇九年八月十七日

第一章　总　则

第一条　为了加强对规划的环境影响评价工作，提高规划的科学性，从源头预防环境污染和生态破坏，促进经济、社会和环境的全面协调可持续发展，根据《中华人民共和国环境影响评价法》，制定本条例。

第二条　国务院有关部门、设区的市级以上地方人民政府及其有关部门，对其组织编制的土地利用的有关规划和区域、流域、海域的建设、开发利用规划（以下称综合性规划），以及工业、农业、畜牧业、林业、能源、水利、交通、城市建设、旅游、自然资源开发的有关专项规划（以下称专项规划），应当进行环境影响评价。

依照本条第一款规定应当进行环境影响评价的规划的具体范围，由国务院环境保护主管部门会同国务院有关部门拟订，报国务院批准后执行。

第三条　对规划进行环境影响评价，应当遵循客观、公开、公正的原则。

第四条　国家建立规划环境影响评价信息共享制度。

县级以上人民政府及其有关部门应当对规划环境影响评价所需资料实行信息共享。

第五条　规划环境影响评价所需的费用应当按照预算管理的规定纳入财政预算，严格支出管理，接受审计监督。

第六条　任何单位和个人对违反本条例规定的行为或者对规划实施过程中产生的重大不良环境影响，有权向规划审批机关、规划编制机关或者环境保护主管部门举报。有关部门接到举报后，应当依法调查处理。

第二章　评　价

第七条　规划编制机关应当在规划编制过程中对规划组织进行环境影响评价。

第八条　对规划进行环境影响评价，应当分析、预测和评估以下内容：

（一）规划实施可能对相关区域、流域、海域生态系统产生的整体影响；

（二）规划实施可能对环境和人群健康产生的长远影响；

（三）规划实施的经济效益、社会效益与环境效益之间以及当前利益与长远利益之间的关系。

第九条　对规划进行环境影响评价，应当遵守有关环境保护标准以及环境影响评价技术导则和技术规范。

规划环境影响评价技术导则由国务院环境保护主管部门会同国务院有关部门制定；规划环境影响评价技术规范由国务院有关部门根据规划环境影响评价技术导则制定，并抄送国务院环境保护主管部门备案。

第十条　编制综合性规划，应当根据规划实施后可能对环境造成的影响，编写环境影响篇章或者说明。

编制专项规划，应当在规划草案报送审批前编制环境影响报告书。编制专项规划中的指导性规划，应当依照本条第一款规定编写环境影响篇章或者说明。

本条第二款所称指导性规划是指以发展战略为主要内容的专项规划。

第十一条　环境影响篇章或者说明应当包括下列内容：

（一）规划实施对环境可能造成影响的分析、预测和评估。主要包括资源环境承载能力分析、不良环境影响的分析和预测以及与相关规划的环境协调性分析。

（二）预防或者减轻不良环境影响的对策和措施。主要包括预防或者减轻不良环境影响的政策、管理或者技术等措施。

环境影响报告书除包括上述内容外，还应当包括环境影响评价结论。主要包括规划草案的环境合理性和可行性，预防或者减轻不良环境影响的对策和措施的合理性和有效性，以及规划草案的调整建议。

第十二条　环境影响篇章或者说明、环境影响报告书（以下称环境影响评价文件），由规划编制机关编制或者组织规划环境影响评价技术机构编制。规划编制机关应当对环境影响评价文件的质量负责。

第十三条 规划编制机关对可能造成不良环境影响并直接涉及公众环境权益的专项规划，应当在规划草案报送审批前，采取调查问卷、座谈会、论证会、听证会等形式，公开征求有关单位、专家和公众对环境影响报告书的意见。但是，依法需要保密的除外。

有关单位、专家和公众的意见与环境影响评价结论有重大分歧的，规划编制机关应当采取论证会、听证会等形式进一步论证。

规划编制机关应当在报送审查的环境影响报告书中附具对公众意见采纳与不采纳情况及其理由的说明。

第十四条 对已经批准的规划在实施范围、适用期限、规模、结构和布局等方面进行重大调整或者修订的，规划编制机关应当依照本条例的规定重新或者补充进行环境影响评价。

第三章 审查

第十五条 规划编制机关在报送审批综合性规划草案和专项规划中的指导性规划草案时，应当将环境影响篇章或者说明作为规划草案的组成部分一并报送规划审批机关。未编写环境影响篇章或者说明的，规划审批机关应当要求其补充；未补充的，规划审批机关不予审批。

第十六条 规划编制机关在报送审批专项规划草案时，应当将环境影响报告书一并附送规划审批机关审查；未附送环境影响报告书的，规划审批机关应当要求其补充；未补充的，规划审批机关不予审批。

第十七条 设区的市级以上人民政府审批的专项规划，在审批前由其环境保护主管部门召集有关部门代表和专家组成审查小组，对环境影响报告书进行审查。审查小组应当提交书面审查意见。

省级以上人民政府有关部门审批的专项规划，其环境影响报告书的审查办法，由国务院环境保护主管部门会同国务院有关部门制定。

第十八条 审查小组的专家应当从依法设立的专家库内相关专业的专家名单中随机抽取。但是，参与环境影响报告书编制的专家，不得作为该环境影响报告书审查小组的成员。

审查小组中专家人数不得少于审查小组总人数的二分之一；少于二分之一的，审查小组的审查意见无效。

第十九条 审查小组的成员应当客观、公正、独立地对环境影响报告书提出书面审查意见，规划审批机关、规划编制机关、审查小组的召集部门不得干预。

审查意见应当包括下列内容：

（一）基础资料、数据的真实性；

（二）评价方法的适当性；

（三）环境影响分析、预测和评估的可靠性；

（四）预防或者减轻不良环境影响的对策和措施的合理性和有效性；

（五）公众意见采纳与不采纳情况及其理由的说明的合理性；

（六）环境影响评价结论的科学性。

审查意见应当经审查小组四分之三以上成员签字同意。审查小组成员有不同意见的，应当如实记录和反映。

第二十条 有下列情形之一的，审查小组应当提出对环境影响报告书进行修改并重新审查的意见：

（一）基础资料、数据失实的；

（二）评价方法选择不当的；

（三）对不良环境影响的分析、预测和评估不准确、不深入，需要进一步论证的；

（四）预防或者减轻不良环境影响的对策和措施存在严重缺陷的；

（五）环境影响评价结论不明确、不合理或者错误的；

（六）未附具对公众意见采纳与不采纳情况及其理由的说明，或者不采纳公众意见的理由明显不合理的；

（七）内容存在其他重大缺陷或者遗漏的。

第二十一条 有下列情形之一的，审查小组应当提出不予通过环境影响报告书的意见：

（一）依据现有知识水平和技术条件，对规划实施可能产生的不良环境影响的程度或者范围不能作出科学判断的；

（二）规划实施可能造成重大不良环境影响，并且无法提出切实可行的预防或者减轻对策和措施的。

第二十二条 规划审批机关在审批专项规划草案时，应当将环境影响报告书结论以及审查意见作为决策的重要依据。

规划审批机关对环境影响报告书结论以及审查意见不予采纳的，应当逐项就不予采纳的理由作出书面说明，并存档备查。有关单位、专家和公众可以申请查阅；但是，依法需要保密的除外。

第二十三条 已经进行环境影响评价的规划包含具体建设项目的，规划的环境影响评价结论应当作为建设项目环境影响评价的重要依据，建设项目环境影响评价的内容可以根据规划环境影响评价的分析论证情况予以简化。

第四章 跟踪评价

第二十四条 对环境有重大影响的规划实施后，规划编制机关应当及时组织规划环境影响的跟踪评价，将评价结果报告规划审批机关，并通报环境保护等有关部门。

第二十五条 规划环境影响的跟踪评价应当包括下列内容：

（一）规划实施后实际产生的环境影响与环境影响评

价文件预测可能产生的环境影响之间的比较分析和评估；

（二）规划实施中所采取的预防或者减轻不良环境影响的对策和措施有效性的分析和评估；

（三）公众对规划实施所产生的环境影响的意见；

（四）跟踪评价的结论。

第二十六条 规划编制机关对规划环境影响进行跟踪评价，应当采取调查问卷、现场走访、座谈会等形式征求有关单位、专家和公众的意见。

第二十七条 规划实施过程中产生重大不良环境影响的，规划编制机关应当及时提出改进措施，向规划审批机关报告，并通报环境保护等有关部门。

第二十八条 环境保护主管部门发现规划实施过程中产生重大不良环境影响的，应当及时进行核查。经核查属实的，向规划审批机关提出采取改进措施或者修订规划的建议。

第二十九条 规划审批机关在接到规划编制机关的报告或者环境保护主管部门的建议后，应当及时组织论证，并根据论证结果采取改进措施或者对规划进行修订。

第三十条 规划实施区域的重点污染物排放总量超过国家或者地方规定的总量控制指标的，应当暂停审批该规划实施区域内新增该重点污染物排放总量的建设项目的环境影响评价文件。

第五章　法律责任

第三十一条 规划编制机关在组织环境影响评价时弄虚作假或者有失职行为，造成环境影响评价严重失实的，对直接负责的主管人员和其他直接责任人员，依法给予处分。

第三十二条 规划审批机关有下列行为之一的，对直接负责的主管人员和其他直接责任人员，依法给予处分：

（一）对依法应当编写而未编写环境影响篇章或者说明的综合性规划草案和专项规划中的指导性规划草案，予以批准的；

（二）对依法应当附送而未附送环境影响报告书的专项规划草案，或者对环境影响报告书未经审查小组审查的专项规划草案，予以批准的。

第三十三条 审查小组的召集部门在组织环境影响报告书审查时弄虚作假或者滥用职权，造成环境影响评价严重失实的，对直接负责的主管人员和其他直接责任人员，依法给予处分。

审查小组的专家在环境影响报告书审查中弄虚作假或者有失职行为，造成环境影响评价严重失实的，由设立专家库的环境保护主管部门取消其入选专家库的资格并予以公告；审查小组的部门代表有上述行为的，依法给予处分。

第三十四条 规划环境影响评价技术机构弄虚作假或者有失职行为，造成环境影响评价文件严重失实的，由国务院环境保护主管部门予以通报，处所收费用1倍以上3倍以下的罚款；构成犯罪的，依法追究刑事责任。

第六章　附　则

第三十五条 省、自治区、直辖市人民政府可以根据本地的实际情况，要求本行政区域内的县级人民政府对其组织编制的规划进行环境影响评价。具体办法由省、自治区、直辖市参照《中华人民共和国环境影响评价法》和本条例的规定制定。

第三十六条 本条例自2009年10月1日起施行。

放射性物品运输安全管理条例

中华人民共和国国务院令　第562号

《放射性物品运输安全管理条例》已经2009年9月7日国务院第80次常务会议通过，现予公布，自2010年1月1日起施行。

总 理　温家宝

二〇〇九年九月十四日

第一章　总　则

第一条 为了加强对放射性物品运输的安全管理，保障人体健康，保护环境，促进核能、核技术的开发与和平利用，根据《中华人民共和国放射性污染防治法》，制定本条例。

第二条 放射性物品的运输和放射性物品运输容器的设计、制造等活动，适用本条例。

本条例所称放射性物品，是指含有放射性核素，并且其活度和比活度均高于国家规定的豁免值的物品。

第三条 根据放射性物品的特性及其对人体健康和环境的潜在危害程度，将放射性物品分为一类、二类和三类。

一类放射性物品，是指Ⅰ类放射源、高水平放射性废物、乏燃料等释放到环境后对人体健康和环境产生重大辐射影响的放射性物品。

二类放射性物品，是指Ⅱ类和Ⅲ类放射源、中等水平放射性废物等释放到环境后对人体健康和环境产生一般辐射影响的放射性物品。

三类放射性物品，是指Ⅳ类和Ⅴ类放射源、低水平放射性废物、放射性药品等释放到环境后对人体健康和环境产生较小辐射影响的放射性物品。

放射性物品的具体分类和名录，由国务院核安全监管部门会同国务院公安、卫生、海关、交通运输、铁路、民航、核工业行业主管部门制定。

第四条 国务院核安全监管部门对放射性物品运输的核与辐射安全实施监督管理。

国务院公安、交通运输、铁路、民航等有关主管部门依照本条例规定和各自的职责，负责放射性物品运输安全的有关监督管理工作。

县级以上地方人民政府环境保护主管部门和公安、交通运输等有关主管部门，依照本条例规定和各自的职责，负责本行政区域放射性物品运输安全的有关监督管理工作。

第五条 运输放射性物品，应当使用专用的放射性物品运输包装容器（以下简称运输容器）。

放射性物品的运输和放射性物品运输容器的设计、制造，应当符合国家放射性物品运输安全标准。

国家放射性物品运输安全标准，由国务院核安全监管部门制定，由国务院核安全监管部门和国务院标准化主管部门联合发布。国务院核安全监管部门制定国家放射性物品运输安全标准，应当征求国务院公安、卫生、交通运输、铁路、民航、核工业行业主管部门的意见。

第六条 放射性物品运输容器的设计、制造单位应当建立健全责任制度，加强质量管理，并对所从事的放射性物品运输容器的设计、制造活动负责。

放射性物品的托运人（以下简称托运人）应当制定核与辐射事故应急方案，在放射性物品运输中采取有效的辐射防护和安全保卫措施，并对放射性物品运输中的核与辐射安全负责。

第七条 任何单位和个人对违反本条例规定的行为，有权向国务院核安全监管部门或者其他依法履行放射性物品运输安全监督管理职责的部门举报。

接到举报的部门应当依法调查处理，并为举报人保密。

第二章 放射性物品运输容器的设计

第八条 放射性物品运输容器设计单位应当建立健全和有效实施质量保证体系，按照国家放射性物品运输安全标准进行设计，并通过试验验证或者分析论证等方式，对设计的放射性物品运输容器的安全性能进行评价。

第九条 放射性物品运输容器设计单位应当建立健全档案制度，按照质量保证体系的要求，如实记录放射性物品运输容器的设计和安全性能评价过程。

进行一类放射性物品运输容器设计，应当编制设计安全评价报告书；进行二类放射性物品运输容器设计，应当编制设计安全评价报告表。

第十条 一类放射性物品运输容器的设计，应当在首次用于制造前报国务院核安全监管部门审查批准。

申请批准一类放射性物品运输容器的设计，设计单位应当向国务院核安全监管部门提出书面申请，并提交下列材料：

（一）设计总图及其设计说明书；

（二）设计安全评价报告书；

（三）质量保证大纲。

第十一条 国务院核安全监管部门应当自受理申请之日起45个工作日内完成审查，对符合国家放射性物品运输安全标准的，颁发一类放射性物品运输容器设计批准书，并公告批准文号；对不符合国家放射性物品运输安全标准的，书面通知申请单位并说明理由。

第十二条 设计单位修改已批准的一类放射性物品运输容器设计中有关安全内容的，应当按照原申请程序向国务院核安全监管部门重新申请领取一类放射性物品运输容器设计批准书。

第十三条 二类放射性物品运输容器的设计，设计单位应当在首次用于制造前，将设计总图及其设计说明书、设计安全评价报告表报国务院核安全监管部门备案。

第十四条 三类放射性物品运输容器的设计，设计单位应当编制设计符合国家放射性物品运输安全标准的证明文件并存档备查。

第三章 放射性物品运输容器的制造与使用

第十五条 放射性物品运输容器制造单位，应当按照设计要求和国家放射性物品运输安全标准，对制造的放射性物品运输容器进行质量检验，编制质量检验报告。

未经质量检验或者经检验不合格的放射性物品运输容器，不得交付使用。

第十六条 从事一类放射性物品运输容器制造活动的单位，应当具备下列条件：

（一）有与所从事的制造活动相适应的专业技术人员；

（二）有与所从事的制造活动相适应的生产条件和检测手段；

（三）有健全的管理制度和完善的质量保证体系。

第十七条 从事一类放射性物品运输容器制造活动的单位，应当申请领取一类放射性物品运输容器制造许可证（以下简称制造许可证）。

申请领取制造许可证的单位，应当向国务院核安全监管部门提出书面申请，并提交其符合本条例第十六条规定条件的证明材料和申请制造的运输容器型号。

禁止无制造许可证或者超出制造许可证规定的范围从事一类放射性物品运输容器的制造活动。

第十八条 国务院核安全监管部门应当自受理申请之日起45个工作日内完成审查，对符合条件的，颁发制造许可证，并予以公告；对不符合条件的，书面通知申请单位并说明理由。

第十九条 制造许可证应当载明下列内容：

（一）制造单位名称、住所和法定代表人；

（二）许可制造的运输容器的型号；

（三）有效期限；

（四）发证机关、发证日期和证书编号。

第二十条 一类放射性物品运输容器制造单位变更单位名称、住所或者法定代表人的，应当自工商变更登记之日起20日内，向国务院核安全监管部门办理制造许可证变更手续。

一类放射性物品运输容器制造单位变更制造的运输容器型号的，应当按照原申请程序向国务院核安全监管部门重新申请领取制造许可证。

第二十一条 制造许可证有效期为5年。

制造许可证有效期届满，需要延续的，一类放射性物品运输容器制造单位应当于制造许可证有效期届满6个月前，向国务院核安全监管部门提出延续申请。

国务院核安全监管部门应当在制造许可证有效期届满前作出是否准予延续的决定。

第二十二条 从事二类放射性物品运输容器制造活动的单位，应当在首次制造活动开始30日前，将其具备与所从事的制造活动相适应的专业技术人员、生产条件、检测手段，以及具有健全的管理制度和完善的质量保证体系的证明材料，报国务院核安全监管部门备案。

第二十三条 一类、二类放射性物品运输容器制造单位，应当按照国务院核安全监管部门制定的编码规则，对其制造的一类、二类放射性物品运输容器统一编码，并于每年1月31日前将上一年度的运输容器编码清单报国务院核安全监管部门备案。

第二十四条 从事三类放射性物品运输容器制造活动的单位，应当于每年1月31日前将上一年度制造的运输容器的型号和数量报国务院核安全监管部门备案。

第二十五条 放射性物品运输容器使用单位应当对其使用的放射性物品运输容器定期进行保养和维护，并建立保养和维护档案；放射性物品运输容器达到设计使用年限，或者发现放射性物品运输容器存在安全隐患的，应当停止使用，进行处理。

一类放射性物品运输容器使用单位还应当对其使用的一类放射性物品运输容器每两年进行一次安全性能评价，并将评价结果报国务院核安全监管部门备案。

第二十六条 使用境外单位制造的一类放射性物品运输容器的，应当在首次使用前报国务院核安全监管部门审查批准。

申请使用境外单位制造的一类放射性物品运输容器的单位，应当向国务院核安全监管部门提出书面申请，并提交下列材料：

（一）设计单位所在国核安全监管部门颁发的设计批准文件的复印件；

（二）设计安全评价报告书；

（三）制造单位相关业绩的证明材料；

（四）质量合格证明；

（五）符合中华人民共和国法律、行政法规规定，以及国家放射性物品运输安全标准或者经国务院核安全监管部门认可的标准的说明材料。

国务院核安全监管部门应当自受理申请之日起45个工作日内完成审查，对符合国家放射性物品运输安全标准的，颁发使用批准书；对不符合国家放射性物品运输安全标准的，书面通知申请单位并说明理由。

第二十七条 使用境外单位制造的二类放射性物品运输容器的，应当在首次使用前将运输容器质量合格证明和符合中华人民共和国法律、行政法规规定，以及国家放射性物品运输安全标准或者经国务院核安全监管部门认可的标准的说明材料，报国务院核安全监管部门备案。

第二十八条 国务院核安全监管部门办理使用境外单位制造的一类、二类放射性物品运输容器审查批准和备案手续，应当同时为运输容器确定编码。

第四章　放射性物品的运输

第二十九条 托运放射性物品的，托运人应当持有生产、销售、使用或者处置放射性物品的有效证明，使用与所托运的放射性物品类别相适应的运输容器进行包装，配备必要的辐射监测设备、防护用品和防盗、防破坏设备，并编制运输说明书、核与辐射事故应急响应指南、装卸作业方法、安全防护指南。

运输说明书应当包括放射性物品的品名、数量、物理化学形态、危害风险等内容。

第三十条 托运一类放射性物品的，托运人应当委托有资质的辐射监测机构对其表面污染和辐射水平实施监测，辐射监测机构应当出具辐射监测报告。

托运二类、三类放射性物品的，托运人应当对其表面污染和辐射水平实施监测，并编制辐射监测报告。

监测结果不符合国家放射性物品运输安全标准的，不得托运。

第三十一条 承运放射性物品应当取得国家规定的运输资质。承运人的资质管理，依照有关法律、行政法规和国务院交通运输、铁路、民航、邮政主管部门的规定执行。

第三十二条 托运人和承运人应当对直接从事放射性物品运输的工作人员进行运输安全和应急响应知识的培训，并进行考核；考核不合格的，不得从事相关工作。

托运人和承运人应当按照国家放射性物品运输安全标准和国家有关规定，在放射性物品运输容器和运输工具上设置警示标志。

国家利用卫星定位系统对一类、二类放射性物品运输工具的运输过程实行在线监控。具体办法由国务院核安全监管部门会同国务院有关部门制定。

第三十三条 托运人和承运人应当按照国家职业病防治的有关规定，对直接从事放射性物品运输的工作人员进行个人剂量监测，建立个人剂量档案和职业健康监护档案。

第三十四条 托运人应当向承运人提交运输说明书、辐射监测报告、核与辐射事故应急响应指南、装卸作业方法、安全防护指南，承运人应当查验、收存。托运人提交文件不齐全的，承运人不得承运。

第三十五条 托运一类放射性物品的，托运人应当编制放射性物品运输的核与辐射安全分析报告书，报国务院核安全监管部门审查批准。

放射性物品运输的核与辐射安全分析报告书应当包括放射性物品的品名、数量、运输容器型号、运输方式、辐射防护措施、应急措施等内容。

国务院核安全监管部门应当自受理申请之日起45个工作日内完成审查，对符合国家放射性物品运输安全标准的，颁发核与辐射安全分析报告批准书；对不符合国家放射性物品运输安全标准的，书面通知申请单位并说明理由。

第三十六条 放射性物品运输的核与辐射安全分析报告批准书应当载明下列主要内容：

（一）托运人的名称、地址、法定代表人；

（二）运输放射性物品的品名、数量；

（三）运输放射性物品的运输容器型号和运输方式；

（四）批准日期和有效期限。

第三十七条 一类放射性物品启运前，托运人应当将放射性物品运输的核与辐射安全分析报告批准书、辐射监测报告，报启运地的省、自治区、直辖市人民政府环境保护主管部门备案。

收到备案材料的环境保护主管部门应当及时将有关情况通报放射性物品运输的途经地和抵达地的省、自治区、直辖市人民政府环境保护主管部门。

第三十八条 通过道路运输放射性物品的，应当经公安机关批准，按照指定的时间、路线、速度行驶，并悬挂警示标志，配备押运人员，使放射性物品处于押运人员的监管之下。

通过道路运输核反应堆乏燃料的，托运人应当报国务院公安部门批准。通过道路运输其他放射性物品的，托运人应当报启运地县级以上人民政府公安机关批准。具体办法由国务院公安部门商国务院核安全监管部门制定。

第三十九条 通过水路运输放射性物品的，按照水路危险货物运输的法律、行政法规和规章的有关规定执行。

通过铁路、航空运输放射性物品的，按照国务院铁路、民航主管部门的有关规定执行。

禁止邮寄一类、二类放射性物品。邮寄三类放射性物品的，按照国务院邮政管理部门的有关规定执行。

第四十条 生产、销售、使用或者处置放射性物品的单位，可以依照《中华人民共和国道路运输条例》的规定，向设区的市级人民政府道路运输管理机构申请非营业性道路危险货物运输资质，运输本单位的放射性物品，并承担本条例规定的托运人和承运人的义务。

申请放射性物品非营业性道路危险货物运输资质的单位，应当具备下列条件：

（一）持有生产、销售、使用或者处置放射性物品的有效证明；

（二）有符合本条例规定要求的放射性物品运输容器；

（三）有具备辐射防护与安全防护知识的专业技术人员和经考试合格的驾驶人员；

（四）有符合放射性物品运输安全防护要求，并经检测合格的运输工具、设施和设备；

（五）配备必要的防护用品和依法经定期检定合格的监测仪器；

（六）有运输安全和辐射防护管理规章制度以及核与辐射事故应急措施。

放射性物品非营业性道路危险货物运输资质的具体条件，由国务院交通运输主管部门会同国务院核安全监管部门制定。

第四十一条 一类放射性物品从境外运抵中华人民共和国境内，或者途经中华人民共和国境内运输的，托运人应当编制放射性物品运输的核与辐射安全分析报告书，报国务院核安全监管部门审查批准。审查批准程序依照本条例第三十五条第三款的规定执行。

二类、三类放射性物品从境外运抵中华人民共和国境内，或者途经中华人民共和国境内运输的，托运人应当编制放射性物品运输的辐射监测报告，报国务院核安全监管部门备案。

托运人、承运人或者其代理人向海关办理有关手续，应当提交国务院核安全监管部门颁发的放射性物品运输的核与辐射安全分析报告批准书或者放射性物品运输的辐射监测报告备案证明。

第四十二条 县级以上人民政府组织编制的突发环境事件应急预案，应当包括放射性物品运输中可能发生的核与辐射事故应急响应的内容。

第四十三条 放射性物品运输中发生核与辐射事故的，承运人、托运人应当按照核与辐射事故应急响应指南的要求，做好事故应急工作，并立即报告事故发生地的县级以上人民政府环境保护主管部门。接到报告的环境保护主管部门应当立即派人赶赴现场，进行现场调查，采取有效措施控制事故影响，并及时向本级人民政府报告，通报同级公安、卫生、交通运输等有关主管部门。

接到报告的县级以上人民政府及其有关主管部门应当

按照应急预案做好应急工作，并按照国家突发事件分级报告的规定及时上报核与辐射事故信息。

核反应堆乏燃料运输的核事故应急准备与响应，还应当遵守国家核应急的有关规定。

第五章　监督检查

第四十四条　国务院核安全监管部门和其他依法履行放射性物品运输安全监督管理职责的部门，应当依据各自职责对放射性物品运输安全实施监督检查。

国务院核安全监管部门应当将其已批准或者备案的一类、二类、三类放射性物品运输容器的设计、制造情况和放射性物品运输情况通报设计、制造单位所在地和运输途经地的省、自治区、直辖市人民政府环境保护主管部门。省、自治区、直辖市人民政府环境保护主管部门应当加强对本行政区域放射性物品运输安全的监督检查和监督性监测。

被检查单位应当予以配合，如实反映情况，提供必要的资料，不得拒绝和阻碍。

第四十五条　国务院核安全监管部门和省、自治区、直辖市人民政府环境保护主管部门以及其他依法履行放射性物品运输安全监督管理职责的部门进行监督检查，监督检查人员不得少于2人，并应当出示有效的行政执法证件。

国务院核安全监管部门和省、自治区、直辖市人民政府环境保护主管部门以及其他依法履行放射性物品运输安全监督管理职责的部门的工作人员，对监督检查中知悉的商业秘密负有保密义务。

第四十六条　监督检查中发现经批准的一类放射性物品运输容器设计确有重大设计安全缺陷的，由国务院核安全监管部门责令停止该型号运输容器的制造或者使用，撤销一类放射性物品运输容器设计批准书。

第四十七条　监督检查中发现放射性物品运输活动有不符合国家放射性物品运输安全标准情形的，或者一类放射性物品运输容器制造单位有不符合制造许可证规定条件情形的，应当责令限期整改；发现放射性物品运输活动可能对人体健康和环境造成核与辐射危害的，应当责令停止运输。

第四十八条　国务院核安全监管部门和省、自治区、直辖市人民政府环境保护主管部门以及其他依法履行放射性物品运输安全监督管理职责的部门，对放射性物品运输活动实施监测，不得收取监测费用。

国务院核安全监管部门和省、自治区、直辖市人民政府环境保护主管部门以及其他依法履行放射性物品运输安全监督管理职责的部门，应当加强对监督管理人员辐射防护与安全防护知识的培训。

第六章　法律责任

第四十九条　国务院核安全监管部门和省、自治区、直辖市人民政府环境保护主管部门或者其他依法履行放射性物品运输安全监督管理职责的部门有下列行为之一的，对直接负责的主管人员和其他直接责任人员依法给予处分；直接负责的主管人员和其他直接责任人员构成犯罪的，依法追究刑事责任：

（一）未依照本条例规定作出行政许可或者办理批准文件的；

（二）发现违反本条例规定的行为不予查处，或者接到举报不依法处理的；

（三）未依法履行放射性物品运输核与辐射事故应急职责的；

（四）对放射性物品运输活动实施监测收取监测费用的；

（五）其他不依法履行监督管理职责的行为。

第五十条　放射性物品运输容器设计、制造单位有下列行为之一的，由国务院核安全监管部门责令停止违法行为，处50万元以上100万元以下的罚款；有违法所得的，没收违法所得：

（一）将未取得设计批准书的一类放射性物品运输容器设计用于制造的；

（二）修改已批准的一类放射性物品运输容器设计中有关安全内容，未重新取得设计批准书即用于制造的。

第五十一条　放射性物品运输容器设计、制造单位有下列行为之一的，由国务院核安全监管部门责令停止违法行为，处5万元以上10万元以下的罚款；有违法所得的，没收违法所得：

（一）将不符合国家放射性物品运输安全标准的二类、三类放射性物品运输容器设计用于制造的；

（二）将未备案的二类放射性物品运输容器设计用于制造的。

第五十二条　放射性物品运输容器设计单位有下列行为之一的，由国务院核安全监管部门责令限期改正；逾期不改正的，处1万元以上5万元以下的罚款：

（一）未对二类、三类放射性物品运输容器的设计进行安全性能评价的；

（二）未如实记录二类、三类放射性物品运输容器设计和安全性能评价过程的；

（三）未编制三类放射性物品运输容器设计符合国家放射性物品运输安全标准的证明文件并存档备查的。

第五十三条　放射性物品运输容器制造单位有下列行为之一的，由国务院核安全监管部门责令停止违法行为，处50万元以上100万元以下的罚款；有违法所得的，没收违法所得：

（一）未取得制造许可证从事一类放射性物品运输容器制造活动的；

（二）制造许可证有效期届满，未按照规定办理延续手续，继续从事一类放射性物品运输容器制造活动的；

（三）超出制造许可证规定的范围从事一类放射性物品运输容器制造活动的；

（四）变更制造的一类放射性物品运输容器型号，未按照规定重新领取制造许可证的；

（五）将未经质量检验或者经检验不合格的一类放射性物品运输容器交付使用的。

有前款第（三）项、第（四）项和第（五）项行为之一，情节严重的，吊销制造许可证。

第五十四条 一类放射性物品运输容器制造单位变更单位名称、住所或者法定代表人，未依法办理制造许可证变更手续的，由国务院核安全监管部门责令限期改正；逾期不改正的，处2万元的罚款。

第五十五条 放射性物品运输容器制造单位有下列行为之一的，由国务院核安全监管部门责令停止违法行为，处5万元以上10万元以下的罚款；有违法所得的，没收违法所得：

（一）在二类放射性物品运输容器首次制造活动开始前，未按照规定将有关证明材料报国务院核安全监管部门备案的；

（二）将未经质量检验或者经检验不合格的二类、三类放射性物品运输容器交付使用的。

第五十六条 放射性物品运输容器制造单位有下列行为之一的，由国务院核安全监管部门责令限期改正；逾期不改正的，处1万元以上5万元以下的罚款：

（一）未按照规定对制造的一类、二类放射性物品运输容器统一编码的；

（二）未按照规定将制造的一类、二类放射性物品运输容器编码清单报国务院核安全监管部门备案的；

（三）未按照规定将制造的三类放射性物品运输容器的型号和数量报国务院核安全监管部门备案的。

第五十七条 放射性物品运输容器使用单位未按照规定对使用的一类放射性物品运输容器进行安全性能评价，或者未将评价结果报国务院核安全监管部门备案的，由国务院核安全监管部门责令限期改正；逾期不改正的，处1万元以上5万元以下的罚款。

第五十八条 未按照规定取得使用批准书使用境外单位制造的一类放射性物品运输容器的，由国务院核安全监管部门责令停止违法行为，处50万元以上100万元以下的罚款。

未按照规定办理备案手续使用境外单位制造的二类放射性物品运输容器的，由国务院核安全监管部门责令停止违法行为，处5万元以上10万元以下的罚款。

第五十九条 托运人未按照规定编制放射性物品运输说明书、核与辐射事故应急响应指南、装卸作业方法、安全防护指南的，由国务院核安全监管部门责令限期改正；逾期不改正的，处1万元以上5万元以下的罚款。

托运人未按照规定将放射性物品运输的核与辐射安全分析报告批准书、辐射监测报告备案的，由启运地的省、自治区、直辖市人民政府环境保护主管部门责令限期改正；逾期不改正的，处1万元以上5万元以下的罚款。

第六十条 托运人或者承运人在放射性物品运输活动中，有违反有关法律、行政法规关于危险货物运输管理规定行为的，由交通运输、铁路、民航等有关主管部门依法予以处罚。

违反有关法律、行政法规规定邮寄放射性物品的，由公安机关和邮政管理部门依法予以处罚。在邮寄进境物品中发现放射性物品的，由海关依照有关法律、行政法规的规定处理。

第六十一条 托运人未取得放射性物品运输的核与辐射安全分析报告批准书托运一类放射性物品的，由国务院核安全监管部门责令停止违法行为，处50万元以上100万元以下的罚款。

第六十二条 通过道路运输放射性物品，有下列行为之一的，由公安机关责令限期改正，处2万元以上10万元以下的罚款；构成犯罪的，依法追究刑事责任：

（一）未经公安机关批准通过道路运输放射性物品的；

（二）运输车辆未按照指定的时间、路线、速度行驶或者未悬挂警示标志的；

（三）未配备押运人员或者放射性物品脱离押运人员监管的。

第六十三条 托运人有下列行为之一的，由启运地的省、自治区、直辖市人民政府环境保护主管部门责令停止违法行为，处5万元以上20万元以下的罚款：

（一）未按照规定对托运的放射性物品表面污染和辐射水平实施监测的；

（二）将经监测不符合国家放射性物品运输安全标准的放射性物品交付托运的；

（三）出具虚假辐射监测报告的。

第六十四条 未取得放射性物品运输的核与辐射安全分析报告批准书或者放射性物品运输的辐射监测报告备案证明，将境外的放射性物品运抵中华人民共和国境内，或者途经中华人民共和国境内运输的，由海关责令托运人退运该放射性物品，并依照海关法律、行政法规给予处罚；构成犯罪的，依法追究刑事责任。托运人不明的，由承运人承担退运该放射性物品的责任，或者承担该放射性物品的处置费用。

第六十五条 违反本条例规定，在放射性物品运输中造成核与辐射事故的，由县级以上地方人民政府环境保护主管部门处以罚款，罚款数额按照核与辐射事故造成的直接损失的20%计算；构成犯罪的，依法追究刑事责任。

托运人、承运人未按照核与辐射事故应急响应指南的要求，做好事故应急工作并报告事故的，由县级以上地方人民政府环境保护主管部门处5万元以上20万元以下的罚款。

因核与辐射事故造成他人损害的，依法承担民事责任。

第六十六条 拒绝、阻碍国务院核安全监管部门或者其他依法履行放射性物品运输安全监督管理职责的部门进行监督检查，或者在接受监督检查时弄虚作假的，由监督检查部门责令改正，处1万元以上2万元以下的罚款；构成违反治安管理行为的，由公安机关依法给予治安管理处罚；构成犯罪的，依法追究刑事责任。

第七章 附 则

第六十七条 军用放射性物品运输安全的监督管理，依照《中华人民共和国放射性污染防治法》第六十条的规定执行。

第六十八条 本条例自2010年1月1日起施行。

国务院办公厅关于印发2009年节能减排工作安排的通知

国办发〔2009〕48号

各省、自治区、直辖市人民政府，国务院各部委、各直属机构：

《2009年节能减排工作安排》已经国务院同意，现印发给你们，请认真贯彻执行。

国务院办公厅
二〇〇九年七月十九日

2009年节能减排工作安排

“十一五”前三年，各地区、各部门认真落实党中央、国务院的部署，把节能减排作为促进科学发展的重要抓手，作为扩内需、保增长、调结构的重要内容，工作力度不断加大，节能减排取得积极进展。全国单位GDP能耗逐年逐季降低，2006年下降1.79%，2007年下降4.04%，2008年下降4.59%，三年累计下降10.1%，节能约2.9亿吨标准煤。全国二氧化硫、化学需氧量（COD）排放总量不断降低，2007年分别下降4.66%和3.14%，2008年分别下降5.95%和4.42%，“十一五”前三年累计分别下降8.95%和6.61%。

虽然节能减排取得积极进展，特别是今年以来产业结构发生了一些积极变化，但结构不合理的问题仍然突出，第三产业比重偏低，高耗能工业增速较快。国际金融危机对我国影响加剧，给节能减排工作带来新的问题和挑战。有的地方出现盲目上高耗能、高排放项目的苗头，有的地方擅自出台高耗能行业电价优惠政策；一些企业效益回落，影响节能减排重点工程实施。工作层面也还存在着认识不到位、激励政策不完善、机制不健全、监管不到位、基础工作薄弱等问题。从目前进展情况看，“十一五”节能目标完成进度仍落后于时间进度，形势严峻，任务艰巨。

2009年是实现“十一五”节能减排目标具有决定性意义的一年，各地区、各部门要进一步统一思想，充分认识节能减排工作的重要性和艰巨性，增强紧迫感和责任感，以科学发展观为指导，在保持经济平稳较快增长中坚持节能减排不动摇，继续把节能减排作为调整经济结构、转变发展方式的重要抓手，作为应对国际金融危机，扩内需、保增长、调结构的重要内容，作为减缓和适应全球气候变化、促进人类可持续发展的重要举措，全面落实各项节能减排政策措施，进一步加大工作力度，务求取得更大成效，确保节能减排目标完成进度与“十一五”规划实施进度同步。

一、加强目标责任考核。组织相关部门和专家对省级政府2008年节能减排目标完成情况进行现场评价考核，评价考核结果向社会公告，落实奖惩措施，实行严格的问责制。组织各地节能主管部门开展千家企业节能目标责任评价考核，审核汇总考核结果，向社会公告并做好考核结果的运用。发布2008年全国和各地区单位GDP能耗、主要污染物排放及工业增加值用水量指标公报，以及2009年上半年全国单位GDP能耗和主要污染物排放量指标公报。抓好军队资源节约统计与考评工作。

二、推动重点工程实施。继续加大中央预算内投资、新增中央投资、中央财政专项资金和国外优惠贷款对节能减排的支持力度，重点支持十大重点节能工程建设、循环经济发展、淘汰落后产能、城镇污水处理设施及配套管网建设、重点流域水污染治理，以及节能环保能力建设。2009年，通过实施十大重点节能工程，形成7500万吨标准煤的节能能力；实施“节能产品惠民工程”，对能效等级1级或2级以上高效节能空调、冰箱等10大类产品，通过财政补贴方式加大推广力度；推广节能灯1.2亿只；支持在北京、上海、重庆等13个城市开展节能与新能源汽车示范试点。新增城市污水日处理能力1000万立方米，全国36个大城市基本实现污水全部收集处理；新增燃煤电厂烟气脱硫设施5000万千瓦以上，新增钢铁企业烧结机烟气脱硫设施20台（套）。

三、严控高耗能、高排放行业盲目扩张。组织修订《产业结构调整目录》。在抓紧组织实施钢铁、汽车、造船、石化、轻工、纺织、有色金属、装备制造、电子信息、物流等重点产业调整振兴规划过程中，严格执行国家产业政策和项目审核管理规定，强化用地审查、节能评估审查、环境影响评价，从严控制高耗能、高排放行业盲目扩张。继续推动外商投资产业结构优化升级。加大信息技术在传统产业中的应用力度，对高耗能、高排放行业进行改造和提升。加大淘汰落后产能的力度，2009年“上大压小”关停小火电机组1500万千瓦，淘汰落后炼铁产能1000万吨、炼钢600万吨、水泥5000万吨、造纸50万吨、铁合金70万吨、焦炭600万吨。完善淘汰落后产能退出机制，公告淘汰落后产能企业名单，推广大型企业兼并重组落后企业等有效做法，落实好差别电价政策和淘汰落后产能企业职工安置政策措施。发布节能设备指导目录、落后高耗能设备淘汰目录等，推动淘汰落后高耗能设备。落实节能发电调度办法，抓紧出台配套政策。大力促进服务业和高技术产业发展，提高其在国民经济中的比重。

四、加快技术开发和推广。围绕能源、资源、环境等领域，建设和完善若干国家工程中心、国家工程实验室和国家重点实验室，在高效发电、重污染行业清洁生产、建筑节能等方面组织科研攻关，攻克一批节能减排关键和共性技术。编制工业、通信业清洁生产技术指南和重点节能技术推广专项规划。支持大型先进压水堆及高温气冷堆核电站重大科技专项。加大新技术、新产品产业化的实施力度，推动电动汽车产业化，做好“金太阳”太阳能发电、大型超超临界发电、有机废水循环利用等技术的规模化推广应用。制定半导体照明（LED）产业发展意见。推进浅层地热能开发利用。加快风能资源的评估与开发。发布农业机械节能减排技术。出台关于推行合同能源管理加快节能服务产业发展的意见，鼓励专业节能公司采用合同能源管理方式，为中小企业、公共机构实施节能改造。启动污泥处理处置示范工作。积极推进环保产业发展，继续开展烟气脱硫特许经营试点，规范城镇污水和垃圾处理特许经营，鼓励排污单位委托专业化公司承担污染治理或设施运营。发布当前国家鼓励发展的环保设备（产品）目录，编制环保装备示范工程规划。广泛开展节能减排国际合作，切实加强双边、区域和多边在节能、新能源和低碳技术研发等方面的交流，积极引进国际先进技术和管理经验。

五、着力抓好重点领域节能减排。继续大力推进千家企业节能行动，发布能源利用状况公告，开展节能管理师试点，形成2000万吨标准煤的节能能力。制定发布钢铁、建材、电子信息、军工和中小企业节能减排指导意见，深入开展重点耗能行业能效水平对标活动。扩大强制性能效标识实施范围，制定发布电风扇、微波炉、通风机、工业锅炉等6种产品能效标识实施规则。组织开展5万个锅炉房节能管理达标活动。2009年底施工阶段执行节能强制性标准比例提高到90%以上；全面开展北方采暖地区既有居住建筑节能改造，2009年改造6000万平方米；继续推进供热按用热量计量收费；扩大可再生能源建筑应用示范规模，出台推动太阳能光电技术在建筑领域应用的实施意见，实施好新建经济适用房、廉租房、新农村农房可再生能源建筑规模化应用项目。大力发展公共交通，优化道路运输组织管理；严格执行汽车燃料消耗量限值标准，实施落后车辆淘汰制度，完善报废汽车回收机制；加快发展水路运输，推进船型标准化；加快电气化铁路建设；优化航线航路，启动机场节电工程，研究建立民航业节能减排激励约束机制；建立交通运输行业节能减排监测考核体系。安排财政资金70亿元，鼓励汽车、家电“以旧换新”。推进节约型机关、学校、科技场馆、文化场馆、医院、体育场馆等“六个100示范工程”建设，研究建立公共机构节能考核制度。开展大型公共建筑能耗统计、审计和公示工作。继续安排中央投资支持农村沼气建设；实施农村清洁工程，加大“以奖促治”工作力度，解决一批村镇存在的突出环境问题。推进零售业节能降耗。

六、大力发展循环经济。做好循环经济促进法贯彻实施工作。组织编制重点行业和重点领域循环经济发展规划，印发省市循环经济发展规划编制指南。建立循环经济发展专项资金，支持循环经济技术研发、示范推广、能力建设等。深化循环经济示范试点，开展“循环经济专家行”活动。加快实施汽车零部件再制造试点，出台促进汽车零部件再制造产业发展意见，建立汽车零部件再制造产品标识制度。组织编制实施再生金属利用规划、重大机电装备再制造产业发展规划。加快国家生态示范工业园区建设。研究建立循环经济评价指标体系和统计制度。发展矿产资源领域循环经济，推进矿产资源综合利用，加快脱硫石膏、磷石膏、农作物秸秆等资源化重点工程建设。启动第三批禁止使用实心粘土砖和第三批“禁止现场搅拌砂浆”工作。制定重点电子信息产品污染物管理目录，推动废弃电器电子产品回收利用。加快第二批再生资源回收体系建设试点，支持建设一批统一规范的社区回收站点、专业化分拣中心和区域集散市场。推进城镇污水处理再生利用。启动餐厨垃圾无害化处理试点。促进灾区建筑废弃物资源化利用。进一步加大“限塑”和秸秆综合利用工作力度。落实国务院办公厅关于治理商品过度包装的有关文件精神，抓紧制定治理商品过度包装的相关标准和政策。推动机电产品包装节材代木。推进循环农业促进行动，重点抓好10个循环农业地市建设，以及农垦制糖业、天然橡胶业的循环产业建设。

七、完善相关经济政策。继续推进资源性产品价格改革，落实成品油价格和税费改革方案。完善天然气价格形成机制。实行鼓励余热余压发电的上网和价格政策。继续推进电价改革，完善需求侧电价管理制度。继续实行促进节约用水的水价制度，鼓励使用再生水。完善老旧汽车报废更新补偿制度。出台农村老旧渡船拆解改造补偿制度。研究调整车辆购置税政策。推进环保收费改革，提高收缴率。研究建立污染物减排激励机制。修订高污染、高环境风险产品名录，继续控制高耗能、高排放和资源性产品出口。继续实施促进节能减排的政府采购政策，完善清单动态管理制度、公示制度和执行政策的奖惩制度。完善矿产资源有偿使用制度改革。逐步建立生态环境补偿机制。进一步扩大用于节能减排的企业债券发行规模，研究开展污水处理项目收益债券试点、环境污染责任保险试点。金融机构继续加大对节能减排重大项目的信贷支持。推进有条件的地区开展排污权有偿使用和交易试点工作。

八、加快法规和标准建设。完善节能减排法律法规体系，加快节约能源法和循环经济促进法配套法规建设。落实好民用建筑节能条例、公共机构节能条例。研究起草排污许可证条例。尽快出台固定资产投资项目节能评估和审查办法、城镇排水和污水处理条例。修订重点用能单位节能管理办法、能效标识管理办法、节能产品认证管理办法，组织制订、修订电炉钢冶炼和氧化铝、尿素等高耗能产品能耗限额强制性国家标准，以及水源热泵机组、小功率电机、容积式空气压缩机、通风机、工业锅炉等用能产品强制性能效标准。进一步完善并严格执行电石、热轧带肋钢筋等高耗能和易造成环境污染产品的市场准入条件。制订电力企业节能降耗主要指标监管评价标准。

九、强化节能减排监管。加强对各地区节能减排工作的监督检查，督促各项节能减排优惠政策的落实，坚决制止和纠正擅自出台对高耗能行业实行优惠电价、违规乱上高耗能和高排放项目等行为。加强节能减排执法检查，严肃查处严重浪费能源资源、严重破坏环境、违反能源利用状况报告制度、私自排污等问题。开展能效标识、能源计量器具配备、能源计量数据及使用、高耗能特种设备等专项检查。深入开展环保执法专项行动，重点做好电力、钢铁、建材、造纸等12个高耗能、高排放行业排放总量控制和排污许可制度执行情况的监督检查。加强职工节能减排义务监督员队伍建设，强化对义务监督员的培训。发布电力企业节能减排情况通报。

十、加强监管能力建设。加快节能减排统计、监测和考核体系建设。加强资源环境、循环经济基础研究，建立体现资源节约型、环境友好型社会建设的中国资源环境统计指标体系。抓紧组建国家节能中心，健全省级节能监察机构和节能技术服务中心。结合第二次全国经济普查，组织实施第二、三产业用能单位能耗调查和主要耗能行业重点耗能设备普查。继续推进污染源普查工作，加强环境质量监测、污染源自动监控、信息传输与统计等能力建设。进一步完善城镇污水处理管理信息系统，启动建设全国城镇生活垃圾处理管理信息系统。建设电力行业节能减排监管信息平台。

十一、开展规划编制等重大问题研究。编制节能环保产业发展规划，加快培育新的经济增长点。开展“十二五”节能专项规划前期研究，研究节能重大问题，重点做好节能目标预测。对节能中长期专项规划实施情况进行评估。开展“十二五”污染物排放总量控制计划前期研究，重点对实施总量控制的污染物及排放指标等开展专题研究。做好“十二五”城镇污水、垃圾处理设施建设规划的前期研究，重点是目标、技术路线、政策机制等，特别是对垃圾处理技术路线、污泥无害化处理做专题研究，为制订“十二五”规划纲要做好前期准备。

十二、加大宣传教育工作力度。继续广泛深入开展“节能减排全民行动”，以节油节电和全民节能为重点，深入开展节能减排宣传教育，普及节能环保知识，积极倡导节约型的生产方式、消费模式和生活习惯。做好2009年全国节能宣传周、中国城市无车日、世界水日、中国水周、全国城市节水宣传周、“六·五”环境日的宣传活动。各地区要对节能减排做出突出贡献的单位和个人予以表彰，在全社会进行广泛宣传。开展“汽车节能环保驾驶”活动，大力宣传节能环保驾驶理念。新闻媒体要加大节能减排报道力度，宣传先进经验，曝光反面典型，发挥舆论的引导和监督作用。

发展改革委要加强节能减排综合协调，环境保护部要做好减排协调工作，指导、督促、检查各地区、各部门落实国务院节能减排综合性工作方案和本工作安排的各项工作，及时向国务院报告节能减排进展情况，提出意见和建议。

部门发布的规范性文件和规章

环境保护部令
部令 第6号
限期治理管理办法（试行）

《限期治理管理办法（试行）》已经2009年6月11日环境保护部2009年第一次部务会议审议通过，现予公布，自2009年9月1日起施行。

环境保护部部长 周生贤
二〇〇九年七月八日

主题词：环保 法规 限期治理 令

限期治理管理办法

目 录

第一章 总 则

第一条 【立法目的】 为督促排污单位在限期内治理现有污染源，纠正水污染物处理设施与处理需求不匹配的状况，推动水污染物工程减排，根据《中华人民共和国水污染防治法》（以下简称《水污染防治法》），制定本办法。

第二条 【适用范围】 排污单位的污染源有下列情形之一的，适用限期治理：

（一）排放水污染物超过国家或者地方规定的水污染物排放标准的（本办法以下简称“超标”）；

（二）排放国务院或者省、自治区、直辖市人民政府确定实施总量削减和控制的重点水污染物，超过总量控制指标的（本办法以下简称“超总量”）。

第三条 【不适用情形】 排放水污染物超标或者超总量，但有下列情形之一，法律法规相关条款另有特别规定的，适用特别规定，不适用限期治理：

（一）建设项目的水污染防治设施未建成、未经验收或者验收不合格，主体工程即投入生产或者使用的，根据《水污染防治法》第七十一条处罚。

（二）建设项目投入试生产，其配套建设的水污染防治设施未与主体工程同时投入试运行的，根据《建设项目环境保护管理条例》第二十六条处罚。

（三）不正常使用水污染物处理设施，或者未经环境保护行政主管部门批准拆除、闲置水污染物处理设施的，根据《水污染防治法》第七十三条处罚。

（四）违法采用国家强制淘汰的造成严重水污染的设备或者工艺，情节严重的，根据《水污染防治法》第七十七条处罚。

第四条 【级别管辖】 国家重点监控企业的限期治理，由省、自治区、直辖市环境保护行政主管部门决定，报环境保护部备案。

省级重点监控企业的限期治理，由所在地设区的市级环境保护行政主管部门决定，报省、自治区、直辖市环境保护行政主管部门备案。

其他排污单位的限期治理，由污染源所在地设区的市级或者县级环境保护行政主管部门决定。

第五条 【特殊管辖】 下级环境保护行政主管部门实施限期治理有困难的，可以报请上一级环境保护行政主管部门决定限期治理。

下级环境保护行政主管部门对依法应予限期治理的排污单位不作出限期治理决定的，上级环境保护行政主管部门应当责成下级环境保护行政主管部门依法决定限期治理，或者直接决定限期治理。

排污单位排放水污染物超标或者超总量造成的社会影响特别重大，或者有其他特别严重情形的，环境保护部可以直接决定限期治理。

上下级环境保护行政主管部门，对同一污染源的同一违法行为，不得重复下达限期治理决定。

第六条 【期限】 环境保护行政主管部门应当根据完成限期治理任务的实际需要，合理确定限期治理期限。

限期治理期限最长不得超过1年。但完全由于不可抗力的原因，导致被限期治理的排污单位不能按期完成治理任务的除外。

环境保护行政主管部门不得通过重复下达限期治理决定等方式，变相延长限期治理期限。

第七条 【信息公开】 环境保护行政主管部门应当通过报刊、门户网站等便于公众知晓的方式，将下列信息向社会公开：

（一）被责令限期治理的排污单位名称、《限期治理决定书》、排污单位的限期治理方案等相关文件；

（二）完成限期治理任务后，被依法解除限期治理的排污单位名称；

（三）因逾期未完成限期治理任务，被依法责令关闭的排污单位名称。

环境保护行政主管部门不得公开涉及国家秘密、商业秘密、个人隐私的政府信息。

第二章 决定程序

第八条【立案调查】 环境保护行政主管部门现场检查时，可以凭环境保护行政主管部门工作人员现场即时采样或者监测的结果，判定污染源排放水污染物是否超标或者超总量。

对经现场检查判定排放水污染物超标或者超总量的污染源，环境保护行政主管部门应当及时分析原因。经分析判断超标或者超总量可能是由水污染物处理设施与处理需求不匹配原因造成的，环境保护行政主管部门应当按照本办法有关限期治理管辖权限的规定立案调查，并确定负责立案调查的机构。

第九条【判断步骤】 对已被立案调查的排污单位，负责立案调查的机构应当通过以下步骤，对排放水污染物超标或者超总量是否因水污染物处理设施与处理需求不匹配所致作出判断，并报环境保护行政主管部门：

（一）现场监测：组织环境监测机构按照污染源监测规范规定的采样频次，对污染源在生产周期内所排水污染物进行监测；

（二）技术评估：组织行业生产专家、污染物处理技术专家和企业代表，采用工艺流程分析、物料衡算等方法，对排污单位水污染物处理设施与处理需求是否匹配进行分析评估。

第十条【事先告知】 环境保护行政主管部门根据监测数据和技术评估结果，判断水污染物处理设施与处理需求不匹配导致排放水污染物超标或者超总量的，应当向排污单位发出《限期治理事先告知书》。

第十一条【告知内容】 《限期治理事先告知书》应当载明以下内容：

（一）排污单位名称；

（二）水污染物处理设施与处理需求不匹配导致排放水污染物超标或者超总量的事实和证据；

（三）拟作出的限期治理决定和法律依据；

（四）未完成限期治理任务的法律后果；

（五）排污单位陈述、申辩和申请听证的权利。

环境保护行政主管部门认为必要时，可以就污染源限期治理事项，约谈排污单位的法定代表人或者其他主要负责人。

第十二条【申请听证】 排污单位对排放水污染物超标或者超总量的事实以及是否应当适用限期治理有异议的，可以自收到《限期治理事先告知书》之日起7个工作日内，向环境保护行政主管部门进行陈述、申辩，或者以书面形式提出听证申请。

第十三条【组织听证】 排污单位提出听证申请的，环境保护行政主管部门应当自收到听证申请之日起7个工作日内，决定听证的时间和地点，并通知排污单位。

依据本办法组织听证的具体程序，参照环境行政处罚听证程序的有关规定执行。

第十四条【认定事实】 环境保护行政主管部门应当在综合考虑监测数据和技术评估结果、排污单位的陈述申辩意见或者听证结果的基础上，对水污染物处理设施与处理需求是否匹配作出认定。

第十五条【决定限期治理】 环境保护行政主管部门对因水污染物处理设施与处理需求不匹配导致排放水污染物超标或者超总量的，应当作出限期治理决定，并制作《限期治理决定书》。

第十六条【决定书内容】 《限期治理决定书》应当载明以下内容：

（一）排污单位的名称、营业执照号码、组织机构代码、地址以及法定代表人或者主要负责人姓名；

（二）事实、证据和作出限期治理决定的法律依据；

（三）限期治理任务，即排污单位在限期治理后应当稳定达到的排放标准或者总量控制指标；

（四）限期治理的期限。

第十七条【告知相关事项】 对被决定限期治理的排污单位，环境保护行政主管部门还应当在《限期治理决定书》中告知以下事项：

（一）排污单位负责自行选择限期治理具体措施；

（二）限期治理期间排放水污染物超标或者超总量的，环境保护行政主管部门可以直接责令限产限排或者停产整治；

（三）逾期未完成限期治理任务的，环境保护行政主管部门将报请人民政府责令关闭。

第十八条【送达】 环境保护行政主管部门应当自作出限期治理决定之日起7个工作日内，将《限期治理决定书》送达排污单位。

《限期治理决定书》自送达之日起生效。

第十九条【重点湖泊流域】 对国家确定的重点湖泊流域内，因排放水污染物超标被要求在2008年6月底前完成治理而逾期未完成，且排放水污染物超标是因水污染物处理设施与处理需求不匹配造成的，环境保护行政主管部门应当依据国务院办公厅转发的《关于加强重点湖泊水环境保护工作的意见》，按照本章规定的程序直接责令停产整治。

第三章 执行与督察

第二十条【企业采取治理措施】 排污单位接到《限期治理决定书》后，应当根据限期治理任务和期限，制定限期治理方案，并报知作出决定的环境保护行政主管部门。

限期治理方案，应当确定具体污染治理措施、进度安排、资金保障和责任人员。

第二十一条【监测记录】 限期治理期间，排污单位应当按照污染源监测规范，对所排水污染物进行监测，保存原始监测记录，以备查核。

不具备环境监测能力的排污单位，应当委托环境保护行政主管部门所属监测机构或者经省、自治区、直辖市环境保护行政主管部门认定的其他监测机构进行监测。

第二十二条【不得超标超总量】 限期治理期间，排放水污染物不得超标或者超总量。

第二十三条【试运行监管要求】 限期治理期间，水污染物处理设施需要试运行并排放污染物的，排污单位应当事先书面报知环境保护行政主管部门。

试运行期间，排污单位应当在污染源监测规范规定的采样频次基础上，相应增加采样频次，进行加密监测。

在试运行期间，因水污染物处理工艺调试等原因所产生的水污染物不可避免超标或者超总量的，排污单位必须将所产生的水污染物存放于应急储存池或者其他临时储存设施，不得直接向环境排放；确需排放的，必须事先报经环境保护行政主管部门批准，并制定突发环境事件应急预案。

第二十四条【跟踪检查】 环境保护行政主管部门作出限期治理决定后，应当制定跟踪检查方案，明确负责跟踪检查的工作机构。

负责跟踪检查的工作机构，应当根据跟踪检查方案，通过现场检查、采样监测等方式，对排污单位执行限期治理决定的治理进度和排放水污染物状况加强后督察。

试运行期间，负责跟踪检查的工作机构应当加强现场监督检查，相应增加监测频次。

第二十五条【限产限排、停产整治】 负责跟踪检查的工作机构发现被责令限期治理的污染源在限期治理期间排放水污染物超标或者超总量的，应当报由环境保护行政主管部门责令限产限排或者责令停产整治。

第四章 解除程序

第二十六条【解除依据】 被责令限期治理的污染源，经过限期治理后，符合下列条件的，可以认定为已完成限期治理任务：

（一）在工况稳定、生产负荷达75%以上、配套的水污染物处理设施正常运行的条件下，按照污染源监测规范规定的采样频次监测认定，在生产周期内所排水污染物浓度的日均值能够稳定达到排放标准限值的。

（二）生产负荷无法调整到75%以上，但经行业生产专家、污染物处理技术专家和企业代表，采用工艺流程分析、物料衡算等方法，认定水污染物处理设施与处理需求相匹配的。

（三）所排重点水污染物未超过有关地方人民政府依法分解的总量控制指标的。

第二十七条【届满核查】 限期治理期限届满之日起7个工作日内，作出限期治理决定的环境保护行政主管部门应当及时组织现场核查。

现场核查，应当采取现场监测、实地察看水污染物处理设施、查阅监测记录、工程建设资料以及投资报告等方式；对因排放水污染物超标或者超总量造成较大社会影响，或者造成跨行政区环境污染的，环境保护行政主管部门还可以通过走访或者举行座谈会等方式，听取公众意见。

负责跟踪检查的工作机构应当对现场核查情况进行记录，形成限期治理现场核查笔录，并由环境保护行政主管部门所属监测机构或者经省、自治区、直辖市环境保护行政主管部门认定的其他监测机构出具限期治理监测报告。限期治理现场核查笔录应当由现场核查人员签字。

第二十八条【核查意见】 负责现场核查的工作机构，应当制作限期治理核查意见，连同限期治理现场核查笔录、限期治理监测报告，一并报本部门负责人。

限期治理核查意见应当提出对排污单位解除限期治理决定或者依法关闭的建议和理由。

限期治理核查意见、现场核查笔录、监测报告，应当与限期治理决定文书，一并存档备查。

第二十九条【核查后处理】 环境保护行政主管部门应当根据不同情况，分别作出如下决定：

（一）对已完成限期治理任务的排污单位，解除限期治理。

（二）对逾期未完成限期治理任务的排污单位，报请有批准权的人民政府责令关闭。

第三十条【申请提前解除】 排污单位在限期治理期限届满前，认为其已完成限期治理任务，可以向决定限期治理的环境保护行政主管部门提出解除申请。

申请提前解除的，应当提交解除限期治理申请书，并附具能够证明其已完成限期治理任务的监测报告等相关资料。

第三十一条【核查和决定】 环境保护行政主管部门应当自收到解除限期治理申请书之日起7个工作日内，按照本办法有关限期治理核查的规定组织核查，分别作出如下处理决定：

（一）对确已提前完成限期治理任务的排污单位，环境保护行政主管部门应当作出提前解除限期治理的决定。

（二）对未提前完成限期治理任务的排污单位，环境保护行政主管部门应当书面告知其必须采取有效措施，并在期限届满前完成限期治理任务。

第三十二条【企业后续管理】 被解除限期治理的排

污单位，应当建立健全环境保护责任制度，保持水污染物处理设施的正常使用，并加强设施的检查和维护，确保所排水污染物稳定达到排放标准或者总量控制指标。

第三十三条 【部门后续监管】 环境保护行政主管部门应当将被解除限期治理的排污单位确定为重点监管对象，并加强监督检查。

对被解除限期治理后12个月内再次排放水污染物超标或者超总量的排污单位，应当从重处罚。

第三十四条 【终结情形】 被责令限期治理的排污单位，有下列情形之一的，环境保护行政主管部门应当终结限期治理决定：

（一）依法被撤销的；

（二）依法解散的；

（三）依法被宣告破产的；

（四）因其他原因终止营业的。

第五章 附 则

第三十五条 【个体工商户】 排放水污染物超标或者超总量的个体工商户的限期治理，依据本办法执行。

第三十六条 【生效】 本办法自2009年9月1日起施行。

环境行政复议办法

第一条 为规范环境保护行政主管部门的行政复议工作，进一步发挥行政复议制度在解决行政争议、构建社会主义和谐社会中的作用，保护公民、法人和其他组织的合法权益，依据《中华人民共和国行政复议法》、《中华人民共和国行政复议法实施条例》等法律法规制定本办法。

第二条 公民、法人或者其他组织认为地方环境保护行政主管部门的具体行政行为侵犯其合法权益的，可以向该部门的本级人民政府申请行政复议，也可以向上一级环境保护行政主管部门申请行政复议。认为国务院环境保护行政主管部门的具体行政行为侵犯其合法权益的，向国务院环境保护行政主管部门提起行政复议。

环境保护行政主管部门办理行政复议案件，适用本办法。

第三条 环境保护行政主管部门对信访事项作出的处理意见，当事人不服的，依照信访条例和环境信访办法规定的复查、复核程序办理，不适用本办法。

第四条 依法履行行政复议职责的环境保护行政主管部门为环境行政复议机关。环境行政复议机关负责法制工作的机构（以下简称环境行政复议机构），具体办理行政复议事项，履行下列职责：

（一）受理行政复议申请；

（二）向有关组织和人员调查取证，查阅文件和资料；

（三）审查被申请行政复议的具体行政行为是否合法与适当，拟定行政复议决定；

（四）按照职责权限，督促行政复议申请的受理和行政复议决定的履行；

（五）处理或者转送本办法第二十九条规定的审查申请；

（六）办理行政复议法第二十九条规定的行政赔偿等事项；

（七）办理或者组织办理本部门的行政应诉事项；

（八）办理行政复议、行政应诉案件统计和重大行政复议决定备案事项；

（九）研究行政复议工作中发现的问题，及时向有关机关提出改进建议，重大问题及时向环境行政复议机关报告；

（十）法律、法规和规章规定的其他职责。

第五条 依照行政复议法和行政复议法实施条例规定申请行政复议的公民、法人或者其他组织为申请人。

同一环境行政复议案件，申请人超过5人的，推选1至5名代表参加行政复议。

第六条 公民、法人或者其他组织对环境保护行政主管部门的具体行政行为不服，依法申请行政复议的，作出该具体行政行为的环境保护行政主管部门为被申请人。

环境保护行政主管部门与法律、法规授权的组织以共同名义作出具体行政行为的，环境保护行政主管部门和法律、法规授权的组织为共同被申请人。环境保护行政主管部门与其他组织以共同名义作出具体行政行为的，环境保护行政主管部门为被申请人。

环境保护行政主管部门设立的派出机构、内设机构或者其他组织，未经法律、法规授权，对外以自己名义作出具体行政行为的，该环境保护行政主管部门为被申请人。

第七条 有下列情形之一的，公民、法人或者其他组织可以依照本办法申请行政复议：

（一）对环境保护行政主管部门作出的查封、扣押财产等行政强制措施不服的；

（二）对环境保护行政主管部门作出的警告、罚款、责令停止生产或者使用、暂扣、吊销许可证、没收违法所得等行政处罚决定不服的；

（三）认为符合法定条件，申请环境保护行政主管部门颁发许可证、资质证、资格证等证书，或者申请审批、登记等有关事项，环境保护行政主管部门没有依法办理的；

（四）对环境保护行政主管部门有关许可证、资质证、资格证等证书的变更、中止、撤销、注销决定不服的；

（五）认为环境保护行政主管部门违法征收排污费或

者违法要求履行其他义务的；

（六）认为环境保护行政主管部门的其他具体行政行为侵犯其合法权益的。

第八条 有下列情形之一的，环境行政复议机关不予受理并说明理由：

（一）申请行政复议的时间超过了法定申请期限又无法定正当理由的；

（二）不服环境保护行政主管部门对环境污染损害赔偿责任和赔偿金额等民事纠纷作出的调解或者其他处理的；

（三）申请人在申请行政复议前已经向其他行政复议机关申请行政复议或者已向人民法院提起行政诉讼，其他行政复议机关或者人民法院已经依法受理的；

（四）法律、法规规定的其他不予受理的情形。

第九条 行政复议期间，环境行政复议机构认为申请人以外的公民、法人或者其他组织与被审查的具体行政行为有利害关系的，可以通知其作为第三人参加行政复议。

行政复议期间，申请人以外的公民、法人或者其他组织与被审查的具体行政行为有利害关系的，可以向环境行政复议机构申请作为第三人参加行政复议。

第十条 申请人、第三人可以委托1至2名代理人参加环境行政复议。

申请人、第三人委托代理人的，应当向环境行政复议机构提交由委托人签名或者盖章的书面授权委托书。授权委托书应当载明委托事项、权限和期限。公民在特殊情况下无法书面委托的，可以口头委托，说明委托事项、权限和期限，由环境行政复议机构核实并记录在卷。

委托人变更或者解除委托的，应当书面告知环境行政复议机构。

第十一条 公民、法人或者其他组织认为环境保护行政主管部门的具体行政行为侵犯其合法权益的，可以自知道该具体行政行为之日起60日内提出行政复议申请；但是法律规定的申请期限超过60日的除外。

因不可抗力或者其他正当理由耽误法定申请期限的，申请期限自障碍消除之日起继续计算。

第十二条 申请人书面申请行政复议的，可以采取当面递交、邮寄或者传真等方式提交行政复议申请书及有关材料。以传真方式提交的，应当及时补交行政复议申请书原件及有关材料，审查期限自收到行政复议申请书原件及有关材料之日起计算。

申请人口头申请的，应当由本人向环境行政复议机构当面提起，环境行政复议机构应当当场制作口头申请行政复议笔录，并由申请人核对后签字确认。

第十三条 行政复议申请书和口头申请行政复议笔录应当载明下列事项：

（一）申请人基本情况，包括：公民的姓名、性别、年龄、工作单位、住所、身份证号码、邮政编码、联系电话，法人或者其他组织的名称、住所、邮政编码、联系电话和法定代表人或者主要负责人的姓名、职务；

（二）被申请人的名称；

（三）行政复议请求，申请行政复议的主要事实和理由；

（四）申请人签名或者盖章；

（五）申请行政复议的日期。

第十四条 有下列情形之一的，申请人应当提供相应证明材料：

（一）认为被申请人不履行法定职责的，提供曾经要求被申请人履行法定职责而被申请人未履行的证明材料；

（二）申请行政复议日期超过法律、法规规定的行政复议申请期限的，提供因不可抗力或者其他正当理由耽误法定申请期限的证明材料；

（三）申请行政复议时一并提出行政赔偿请求的，提供受具体行政行为侵害而造成损害的证明材料；

（四）法律、法规规定需要申请人提供证据材料的其他情形。

第十五条 环境行政复议机关收到行政复议申请后，应当在5个工作日内进行审查，并分别作出如下处理：

（一）对符合行政复议法、行政复议法实施条例及本办法第七条规定、属于行政复议受理范围且提交材料齐全的行政复议申请，应当予以受理；

（二）对不符合行政复议法、行政复议法实施条例及本办法规定的行政复议申请，决定不予受理，制作不予受理行政复议申请决定书，送达申请人；

（三）对符合行政复议法、行政复议法实施条例及本办法规定，但是不属于本机关受理的行政复议申请，应当制作行政复议告知书送达申请人；申请人当面向环境行政复议机构口头提出行政复议的，可以口头告知，并制作笔录当场交由申请人确认。

错列被申请人的，环境行政复议机构应当制作行政复议告知书告知申请人变更被申请人。

第十六条 行政复议申请材料不齐全或者表述不清楚的，环境行政复议机构可以在收到该行政复议申请之日起5个工作日内，发出补正行政复议申请通知书，一次性告知申请人应当补正的事项及合理的补正期限。

补正申请材料所用时间不计入行政复议审理期限。申请人无正当理由逾期不补正的，视为申请人放弃行政复议申请。

第十七条 申请人依法提出行政复议申请，环境行政复议机关无正当理由不予受理的，上级环境保护行政主管部门应当责令其受理，并制作责令受理通知书，送达被责令受理行政复议的环境保护行政主管部门及申请人；必要时，上级环境保护行政主管部门可以直接受理。

第十八条 环境行政复议机构应当自受理行政复议申请之日起7个工作日内，制作行政复议答复通知书。行政复议答复通知书、行政复议申请书副本或者口头申请行政复议笔录复印件以及申请人提交的证据、有关材料的副本应一并送达被申请人。

第十九条 被申请人应当自收到行政复议答复通知书之日起10日内提出行政复议答复书，对申请人的复议请求、事实及理由进行答辩，并提交当初作出被申请复议的具体行政行为的证据、依据和其他有关材料。

被申请人无正当理由逾期未提交上述材料的，视为该具体行政行为没有证据、依据，环境行政复议机关应当制作行政复议决定书，依法撤销该具体行政行为。

第二十条 申请人、第三人可以查阅被申请人提出的书面答复和有关材料。除涉及国家秘密、商业秘密或者个人隐私外，环境行政复议机关不得拒绝，并且应当为申请人、第三人查阅有关材料提供必要条件。

申请人、第三人不得涂改、毁损、拆换、取走、增添所查阅的材料。

第二十一条 环境行政复议机构审理行政复议案件，应当由2名以上行政复议人员参加。

第二十二条 环境行政复议机构认为必要时，可以实地调查核实证据；对重大、复杂的案件，申请人提出要求或者环境行政复议机构认为必要时，可以采取听证的方式审理。

第二十三条 环境行政复议机构进行调查取证时，可以查阅、复制、调取有关文件和资料，向有关人员询问，必要时可以进行现场勘验。

调查取证时，环境行政复议人员不得少于2名，并应出示有关证件。调查结果应当制作笔录，由被调查人员和环境行政复议人员共同签字确认。

行政复议期间涉及专门事项需要鉴定、评估的，当事人可以自行委托鉴定机构进行鉴定、评估，也可以申请环境行政复议机构委托鉴定机构进行鉴定、评估。鉴定、评估费用由当事人承担。

现场勘验、鉴定及评估所用时间不计入行政复议审理期限。

第二十四条 申请人因对被申请人行使法律、法规规定的自由裁量权作出的具体行政行为不服申请行政复议，申请人与被申请人在行政复议决定作出前自愿达成和解的，应当向环境行政复议机构提交书面和解协议，和解内容不损害社会公共利益和他人合法权益的，环境行政复议机构应当准许。

第二十五条 有下列情形之一的，环境行政复议机关可以按照自愿、合法的原则进行调解：

（一）公民、法人或者其他组织对环境保护行政主管部门行使法律、法规规定的自由裁量权作出的具体行政行为不服申请行政复议的；

（二）当事人之间的行政赔偿或者行政补偿纠纷。

当事人经调解达成协议的，环境行政复议机关应当制作行政复议调解书。调解书应当载明行政复议请求、事实、理由和调解结果，并加盖环境行政复议机关印章。行政复议调解书经双方当事人签字，即具有法律效力。

调解未达成协议或者调解书生效前一方反悔的，环境行政复议机关应当及时作出行政复议决定。

第二十六条 申请人在行政复议决定作出前自愿撤回行政复议申请的，经环境行政复议机构同意后可以撤回。

申请人撤回行政复议申请的，不得再以同一事实和理由提出行政复议申请。但是，申请人能够证明撤回行政复议申请违背其真实意思表示的除外。

第二十七条 行政复议期间有下列情形之一，影响行政复议案件审理的，行政复议中止：

（一）作为申请人的自然人死亡，其近亲属尚未确定是否参加行政复议的；

（二）作为申请人的自然人丧失参加行政复议的能力，尚未确定法定代理人参加行政复议的；

（三）作为申请人的法人或者其他组织终止，尚未确定权利义务承受人的；

（四）作为申请人的自然人下落不明或者被宣告失踪的；

（五）申请人、被申请人因不可抗力，不能参加行政复议的；

（六）案件涉及法律适用问题，需要有权机关作出解释或者确认的；

（七）案件审理需要以其他案件的审理结果为依据，而其他案件尚未审结的；

（八）其他需要中止行政复议的情形。

行政复议中止的原因消除后，应当及时恢复行政复议案件的审理。

环境行政复议机构中止、恢复行政复议案件的审理，应当制作中止行政复议通知书、恢复审理通知书，告知有关当事人。

第二十八条 行政复议期间有下列情形之一的，行政复议终止：

（一）申请人要求撤回行政复议申请，环境行政复议机构准予撤回的；

（二）作为申请人的自然人死亡，没有近亲属或者其近亲属放弃行政复议权利的；

（三）作为申请人的法人或者其他组织终止，其权利义务的承受人放弃行政复议权利的；

（四）申请人与被申请人依照本办法第二十四条的规定，经行政复议机构准许达成和解的；

依照本办法第二十七条第一款第（一）项、第（二）

项、第（三）项规定中止行政复议，满60日行政复议中止的原因仍未消除的，行政复议终止。

第二十九条 申请人在申请行政复议时，要求环境行政复议机关一并对被申请复议的具体行政行为所依据的有关规定进行审查的，或者环境行政复议机关在对被申请复议的具体行政行为进行审查时，认为其依据不合法，环境行政复议机关有权处理的，应当在30日内依法处理；无权处理的，应当在7个工作日内制作规范性文件转送函，按照法定程序转送有权处理的行政机关依法处理。

申请人在对具体行政行为提出行政复议申请时尚不知道该具体行政行为所依据的规定的，可以在环境行政复议机关作出行政复议决定前向环境行政复议机关提出对该规定的审查申请。

第三十条 行政复议期间具体行政行为不停止执行；但是有行政复议法第二十一条规定情形之一的，可以停止执行。

决定停止执行的，环境行政复议机关应当制作停止执行具体行政行为通知书，送达当事人。

第三十一条 有下列情形之一的，环境行政复议机关应当决定驳回行政复议申请，并制作驳回行政复议申请决定书，送达当事人：

（一）申请人认为环境保护行政主管部门不履行法定职责申请行政复议，环境行政复议机关受理后发现该部门没有相应法定职责或者在受理前已经履行法定职责的；

（二）受理行政复议申请后，发现该行政复议申请不符合行政复议法和行政复议法实施条例规定的受理条件的。

上级环境保护行政主管部门认为环境行政复议机关驳回行政复议申请的理由不成立的，应当责令其恢复审理。

第三十二条 环境行政复议机构应当对被申请人作出的具体行政行为进行审查，拟定行政复议决定书，报请环境行政复议机关负责人审批。行政复议决定书应当加盖印章，送达当事人。

第三十三条 环境行政复议机关应当自受理行政复议申请之日起60日内作出行政复议决定。情况复杂，不能在规定期限内作出行政复议决定的，经环境行政复议机关负责人批准，可以适当延长，但是延长期限最多不超过30日。环境行政复议机关应当制作延期审理通知书，载明延期的主要理由及期限，送达当事人。

第三十四条 被申请人应当履行行政复议决定。被申请人不履行或者无正当理由拖延履行的，环境行政复议机关应当责令其限期履行，制作责令履行行政复议决定通知书送达被申请人，并抄送申请人和第三人。

被申请人对行政复议决定有异议的，可以向环境行政复议机关提出意见，但是不停止行政复议决定的履行。

第三十五条 环境保护行政主管部门通过接受当事人的申诉、检举或者备案审查等途径，发现下级环境保护行政主管部门作出的行政复议决定违法或者明显不当的，可以责令其改正。

第三十六条 环境行政复议机关在行政复议过程中，发现被申请人或者其他下级环境保护行政主管部门的相关行政行为违法或者需要做好善后工作的，可以制作行政复议意见书。被申请人或者其他下级环境保护行政主管部门应当自收到行政复议意见书之日起60日内将纠正相关行政违法行为或者做好善后工作的情况通报环境行政复议机构。

第三十七条 行政复议期间环境行政复议机构发现法律、法规、规章实施中带有普遍性的问题，或者发现环境保护行政执法中存在的普遍性问题，可以制作行政复议建议书，向有关机关提出完善制度和改进行政执法的建议。

第三十八条 办结的行政复议案件应当一案一档，由承办人员按时间顺序将案件材料进行整理，立卷归档。

第三十九条 环境行政复议机关应当建立行政复议案件和行政应诉案件统计制度，并依照国务院环境保护行政主管部门有关环境统计的规定向上级环境保护行政主管部门报送本行政区的行政复议和行政应诉情况。

下级环境行政复议机关应当及时将重大行政复议决定报上级行政复议机关备案。

第四十条 环境行政复议机关应当定期总结行政复议及行政应诉工作，对在行政复议及行政应诉工作中做出显著成绩的单位和个人，依照有关规定给予表彰和奖励。

第四十一条 环境行政复议机关受理行政复议申请，不得向申请人收取任何费用。行政复议活动所需经费，应当列入本机关的行政经费，由本级财政予以保障。

第四十二条 本办法有关行政复议期间的规定，除注明5个工作日、7个工作日（不包含节假日）的，其他期间按自然日计算。

期间开始之日，不计算在内。期间届满的最后一日是节假日的，以节假日后的第一日为期间届满的日期。期间不包括在途时间，行政复议文书在期满前交邮的，不算过期。

第四十三条 依照民事诉讼法的规定，送达行政复议文书可以采取直接送达、留置送达、委托送达、邮寄送达、转交送达、公告送达等方式。

环境行政复议机构送达行政复议文书必须有送达回证并保存有关送达证明。

第四十四条 本办法未作规定的其他事项，适用《中华人民共和国行政复议法》、《中华人民共和国行政复议法实施条例》等有关法律法规的规定。

第四十五条 本办法自发布之日起施行。2006年12月27日原国家环境保护总局发布的《环境行政复议与行政应诉办法》同时废止。

关于深化企业环境监督员制度试点工作的通知

环境保护部文件 环发〔2008〕89号

各省、自治区、直辖市环境保护局（厅），新疆生产建设兵团环境保护局：

为贯彻落实《国务院关于落实科学发展观加强环境保护的决定》（国发〔2005〕39号）、《国务院关于印发〈节能减排综合性工作方案〉的通知》（国发〔2007〕15号）提出的“建立企业环境监督员制度，实施职业资格管理”、“扩大国家重点监控污染企业实行环境监督员制度试点”要求，提高企业环境守法能力与水平，规范企业环境管理体制与机制建设，我部于2006年组织开展了重点行业企业环境监督员制度试点工作。两年以来，试点工作取得明显成效。在总结试点工作的基础上，我部决定将企业环境监督员制度试点范围扩大到国家重点监控污染企业，有条件的地区可扩大到省级或市级重点监控污染企业。现就有关事项通知如下：

一、工作目标和原则

以增强企业社会环境责任意识、规范企业环境管理、改善企业环境行为为目标，坚持执法与服务相结合、引导守法和强化执法相结合、企业自律与外部监督相结合原则，继续扩大、深化企业环境监督员制度试点工作，推进企业环保工作规范化建设，争取到2010年国家重点监控污染企业基本试行企业环境监督员制度，有条件的地区可以将试点范围扩大到省级或市级重点监控污染企业。积极探索引导企业增强守法能力和强化企业污染减排主体责任的有效机制，发挥企业在微观环境管理中的主动作用。

二、工作范围和内容

此次试点范围是国家重点监控污染企业、已开展企业环境监督员制度试点的企业、以及各地环保部门认为有必要纳入试点的企业。主要开展如下工作：

（一）建立企业环境管理组织架构。指导有关企业建立企业环境管理责任体系，设立环境管理机构，明确企业环境管理总负责人和企业环境监督员；

（二）提高企业环境管理与监督人员素质。组织有关企业参加由我部统一组织的培训，实行持证上岗制度；

（三）建立健全企业环境管理台帐和资料。指导有关企业做到台帐和资料完善整齐，装订规范，监测记录连续完整，指标符合环境管理要求，能全面反映企业的环境管理情况；

（四）建立和完善企业内部环境管理制度。指导有关企业结合实际，建立健全企业污染减排计划、环境应急管理制度、环境治理设施、设备运行管理等制度；

（五）指导有关企业在醒目位置放置污染源分布图、污染物处理流程图和企业环境管理责任体系图；

（六）规范管理企业环境管理与监督人员。建立企业环境管理与监督人员登记备案管理制度和报告制度等；

（七）探索企业环境监督员制度与其他制度的衔接。重点探索与环保专项资金使用、清洁生产示范、循环经济试点、企业上市环保核查、限期治理、停产整治等环境管理制度或环保工作相衔接的方法。

三、工作步骤及要求

企业环境监督员制度试点工作的实施可以分为准备、试行及持续改进三个阶段。

（一）准备阶段（2008年9月-10月）

各省、自治区、直辖市环保部门统一组织和指导企业环境监督员制度试点工作。地市级、有条件的县区级环保部门负责组织实施。在落实《关于开展大型电力企业环境监督员制度试点工作的通知》（环办〔2006〕150号）和《关于开展造纸行业企业环境监督员制度试点工作的通知》（环办〔2006〕141号）的基础上，总结试点工作经验，结合污染减排工作，统筹规划，分步实施，确定试点企业名单，制定试点工作方案，确定具体负责领导和人员，召开专门会议进行动员和部署，组织有关单位参加培训。

请各省、自治区、直辖市环保部门于2008年10月底前将试点工作实施方案、具体负责领导及人员和试点企业环境管理与监督人员汇总表报送我部。

（二）试行阶段（2008年10月-2010年12月）

各级环保部门应建立企业环境管理与监督人员的登记制度，组织企业环境管理与监督人员填写登记申请表（附件一），并将登记变更情况汇总。要指导、督促有关企业根据环境监督员制度的要求，在企业内部建立企业环境管理组织机构，制定并完善企业内部各项环境管理与监督制度，督促企业环境管理与监督人员履行职责，督促企业按规定上报试点工作情况。

请各省、自治区、直辖市环保部门于每季首月5日前将企业环境管理与监督人员登记变更汇总表、试点工作简报报送我部。

（三）持续改进阶段

各地应及时跟踪、了解企业和社会各界对企业环境监督员制度试点工作的反应，总结试点经验，分析问题，并评价该制度所起作用，持续改进、完善相关制度和方法，使之成为日常环境管理的组成部分。

请各省、自治区、直辖市环保部门于每年12月底前将试点阶段性工作总结及建议报送我部。

为了指导、规范试点工作，我部组织编制了《企业环境监督员制度建设指南》（暂行，附件四），现印发各地，请参照执行。试点工作中的相关情况及问题，请及时向我部反馈。

联系人：环境保护部环境监察局 孙振世
电　话：（010）66556448
传　真：（010）66556444
E-mail：sun.zhenshi@mep.gov.cn

附件：

1.企业环境管理与监督人员登记表
2.企业环境管理与监督人员汇总表
3.企业环境监督员制度试点工作季报表（试行）
4.企业环境监督员制度建设指南（暂行）

二〇〇八年九月十八日

主题词：环保 监督员 守法 执法 通知
抄送：各环境保护督查中心。

附件四：
企业环境监督员制度建设指南（暂行）

企业环境监督员制度是指在特定企业设置负责环境保护的企业环境管理总负责人和具有掌握环境基本法律和污染控制基本技术的企业环境监督员，规范企业内部环境管理机构和制度建设，通过建立企业环境管理组织架构和规范企业环境管理制度，全面提高企业的自主环境管理水平，推动企业主动承担环境保护社会责任。为指导各地深化企业环境监督员制度试点工作，规范企业的环境行为，在2003-2007年试点工作的基础上，编制了本指南，指南主要分为实施依据、术语定义、制度框架和培训管理四部分。

一、实施依据

1、《中华人民共和国环境保护法》第二十四条："产生环境污染和其他公害的单位，必须把环境保护工作纳入计划，建立环境保护责任制度"；

2、《国务院关于落实科学发展观加强环境保护的决定》（国发〔2005〕39号）第二十条："建立健全国家监察、地方监管、单位负责的环境监管体制"，"法人和其他组织负责解决所辖范围有关的环境问题。建立企业环境监督员制度，实行职业资格管理"；

3、《国务院关于印发〈国家环境保护"十一五"规划〉的通知》（国发〔2007〕37号）要求"建立企业环境监督员制度，实施职业资格管理"；

4、《国务院关于印发〈节能减排综合性工作方案〉的通知》（国发〔2007〕15号）要求"企业必须严格遵守节能和环保法律法规及标准，落实目标责任，强化管理措施，自觉节能减排"，"扩大国家重点监控污染企业实行环境监督员制度试点"；

5、《建设项目竣工环境保护验收管理办法》、《建设项目环境保护设计规定》、《污染源自动监控管理办法》、《环境统计管理办法》、《排放污染物申报登记管理规定》等有关设立环境管理机构、配备负责环境管理的人员、健全企业内部环境管理规章制度的要求。

二、术语定义

下列术语和定义适用于本指南。

1、企业环境管理与监督人员

企业环境管理与监督人员包括企业环境管理总负责人和企业环境监督员。企业环境管理总负责人和企业环境监督员不属于企业行政管理职务。企业环境管理与监督人员实行培训持证上岗制度，并将逐步实施职业资格管理。

2、企业环境管理总负责人

指在企业内全面负责环境管理工作，对企业环境监督员进行指导、监督，承担企业环境行为法律责任的企业厂长或负责环境管理的副厂长，或者其他同等级别，并取得环境保护部颁发的培训合格证书的企业主要负责人。

3、企业环境监督员

在企业环境管理总负责人的领导下，具体负责企业的污染防治、监督、检查等环境管理工作，承担其工作范围内的法律责任，并取得环境保护部颁发的培训合格证书的企业环境管理人员。各地可以根据实际情况将企业环境监督员分为水污染类企业环境监督员、大气污染类企业环境监督员和固废类企业环境监督员等类别。

4、特定企业

特定企业是指一定生产规模或特定行业的生产企业。特定企业的划分主要根据是污染物的排放总量或特定污染物种类，如有毒有害物质。此次深化试点工作的特定企业主要是指：国家重点监控污染企业，已开展企业环境监督员制度试点的企业，以及各地环保部门认为有必要纳入试点的企业。

三、制度框架

（一）建立企业环境管理组织架构

企业应明确设置环境监督管理机构，建立企业领导、环境管理部门、车间负责人和车间环保员组成的企业环境管理责任体系，定期不定期召开企业环保情况报告会和专题会议，专题研究解决企业的环境问题，共同做好本企业的环境保护工作。企业需设置一名由企业主要领导担任的企业环境管理总负责人，全面负责企业的环境管理工作，负责监督检查企业的环境守法状况。企业应根据企业规模和污染物产生排放实际情况，至少设置1名企业环境监督员，负责监督检查企业的环境守法状况，并保持相对稳定。废气、废水等处理设施必须配备保证其正常运行的足够操作人员，设立能够监测主要污染物和特征污染物的化验室，配备专职的化验人员。有关职责如下：

1、企业环境管理总负责人

（1）全面负责企业的环境管理工作；

（2）负责监督、指导企业环境监督员的工作，审核企业环境报告和环境信息等；

（3）负责组织制定并组织实施企业污染减排计划，落实削减目标；

（4）负责组织制定并组织实施企业内部环境管理制度；

（5）负责建立并组织实施企业环境突发事故应急制度。

2、企业环境监督员

（1）负责制定并监督实施企业的环保工作计划和规章制度；

（2）负责企业污染减排计划实施和工作技术支持，协助污染减排核查工作；

（3）协助组织编制企业新建、改建、扩建项目环境影响报告及“三同时”计划，并予以督促实施；

（4）负责检查企业产生污染的生产设施、污染防治设施及存在环境安全隐患设施的运转情况，监督各环保操作岗位的工作；

（5）负责检查并掌握企业污染物的排放情况；

（6）负责向环保部门报告污染物排放情况，污染防治设施运行情况，污染物削减工程进展情况以及主要污染物减排目标实现情况，报告每季度不少于一次。接受环保部门的指导和监督，并配合环保部门监督检查；

（7）协助开展清洁生产、节能节水等工作；

（8）组织编写企业环境应急预案，对企业突发性环境污染事件及时向环保部门汇报，并进行处理；

（9）负责环境统计工作；

（10）负责组织对企业职工的环保知识培训。

3、企业环境监督员应承担的技术性事项

对于废气的管理与监督包括：

（1）检查使用的燃料或原材料；

（2）检测烟尘发生设施；

（3）操作、检测并维护处理烟尘发生设施产生的烟尘的设备；

（4）测定烟尘量或烟尘浓度并记录其结果；

（5）检测并维护检测仪器；

（6）当发生烟尘类污染事故时，减少烟尘量或浓度并限制使用烟尘发生设施以及采取其他必要措施等。

对于废水的管理与监督包括：

（1）检查使用的原材料；

（2）检测污水排放设施；

（3）操作、检测并维护处理污水排放设施排放的污水或废液设施及其附属设备；

（4）测定污水排放或特定地下水渗透水的污染状况并记录其结果；

（5）检测并维护检测仪器；

（6）当发生污水污染事件时，采取措施减少污水排放量以及采取其他必要应急措施。

对于固废的管理与监督包括：

（1）检查使用的原材料；

（2）检测危险废弃物发生设施；

（3）调查危险废弃物发生种类、排放量、排放频率；

（4）检查危险废弃物的种类、性状并记录；

（5）操作检测并维护处理危险废弃物的设施及其附属设备；

（6）检查并维护检测仪器；

（7）设定并记录危险废弃物委托处理，编制转移联单；

（8）确认并现场检查危险废弃物委托处理方的处理方法（包括收集运输、再生利用的中间处理和最终处置）；

（9）突发危险废弃物污染时采取的必要应急措施。

4、企业环境管理部门

（1）认真贯彻执行国家、上级主管部门的有关环保方针、政策和法律法规，主动了解熟悉国家和省、市及行业环保法律法规与政策标准，负责组织本企业环保工作的管理、监督和监测任务；

（2）负责组织实施企业环保规划、污染减排规划、应急方案，编制年度环保工作总结报告；

（3）监督检查企业“三废”治理设施运行情况，参加新建、扩建和改造项目方案的研究和审查工作，参加项目环保设施的竣工验收，提出环保意见和要求；

（4）组织企业内部环境监测，掌握原始记录，建立环保设施运行台帐，做好环保资料归档和统计工作，及时向环境保护行政主管部门报告情况；

（5）组织企业员工进行环保法律、法规的宣传教育和培训考核，提高员工的环保意识。

（二）提高企业环境管理与监督人员素质

对企业环境管理与监督人员具备知识的要求分为掌握、熟悉、了解三个层次。掌握即要求能在实际工作中灵活运用，熟悉即要求能够理解并简单应用，了解即要求具有企业环境管理相关的广泛知识。

1、企业环境管理总负责人要求具备知识：

（1）了解国家环境保护方针政策及法律、法规；

（2）了解环境保护基础知识；

（3）了解一般环境污染防治及生态保护技术；

（4）了解环境污染事故应急处理技术和相关知识。

2、企业环境监督员要求具备知识：

（1）掌握国家环境保护方针政策及法律、法规；

（2）掌握环境保护基础知识；

（3）掌握污染防治理论和技术；

（4）熟悉污染物测定和分析技术；

（5）掌握环境污染事故应急处理技术和相关知识等；

（6）掌握本企业的生产工艺和污染防治设施的基本情况。

（三）建立健全企业环境管理台帐和资料

1、环境影响评价文件，包括环境影响报告书（表）、环境影响评价批文；

2、企业环境保护职责和管理制度；

3、各类污染物处理装置设计、施工资料、竣工验收资料；

4、企业环保“三同时”验收资料；

5、企业污染物排放总量控制指标和排污申报登记表；

6、废水和废气污染物处理装置日常运行状况和监测记录、报表，包括现状处理量、处理效率、运行时间、处理前和处理后排放情况、日常运行存在问题及解决措施落实情况；

7、废水排放管网和在线自动监测仪器日常维护保养记录；

8、分析监测仪器和设备日常维护和计量记录；

9、工业固废委外处理协议，危险固废安全处置五联单据；

10、企业主要噪声污染源数量、噪声级和厂界噪声监测数据；

11、防范环境风险事故措施和环境风险事故应急预案；事故应急演练组织实施方案、记录；

12、环境风险事故总结材料；

13、安全防护和消防设施日常维护保养记录；

14、企业环境管理工作人员专业技术培训登记情况；

15、适用于本企业的环境保护法律、法规、规章制度及相关政策性文件；

16、环境影响评价文件中规定的环境监控监测记录；

17、企业总平面布置图和污水管网线路图，总平面布置图应包括废气污染源和污水排放口位置。

以上企业环境管理档案要求分类分年度装订，资料台帐完善整齐，装订规范，排污许可证齐全，监测记录连续完整，指标符合环境管理要求，能反映企业在环境方面的全面情况。

（四）建立和完善企业内部环境管理制度

各有关企业要结合本企业实际情况，建立健全企业内部环境管理制度，完善企业内部环境管理机制。重点包括：

1、企业环境规划与计划；

2、企业污染减排计划；

3、企业环境综合管理制度，包括企业各部门环境职责分工、环境报告制度、环境监测制度、尾矿库或渣场环境管理制度、危险废物环境管理制度、环境宣传教育和培训制度等；

4、企业环境保护设施设备运行管理制度，包括企业环境保护设施设备操作规程、交接班制度、台帐制度、环境保护设施设备维护保养管理制度等；

5、企业环境监督管理制度，包括环境保护设施设备运转巡查制度等；

6、企业环境应急管理制度，包括环境风险管理、环境应急报告、综合环境应急预案和有关专项预案等；

7、企业环境监督员管理制度，包括企业环境管理总负责人和企业环境监督员工作职责、工作规范等。

以上制度应作为企业基本环境管理制度，以企业内部文件形式下发到各车间、部门；纳入环境保护管理档案；在企业内公示、张贴；在日常生产中贯彻落实到位。

（五）规范管理企业环境管理与监督人员

1、登记备案制度

企业环境管理与监督人员实行登记备案管理制度。填写登记申请表，由县级以上环保部门环境监察机构对符合条件申请人，根据级别和专业分别登记，登记类别分为：

——企业环境管理总负责人

——企业环境监督员

获得培训合格证书者须在3个月内办理登记。

2、报告制度

企业环境管理与监督人员实行报告制度，加强与环保部门沟通。每季度向市级以上环保部门环境监察机构报告有关情况。

（六）其他事项

1、严格执行国家和地方的环保法律法规、环境标准，做到知法、懂法、守法。做到企业主要领导熟记本企业应执行的环保法律法规和标准名称、污染减排目标任务；车间、部门领导熟记环境保护目标任务；操作人员熟记岗位职责和操作规范。

2、在企业内部进行环境保护宣传工作，各生产线应有标示牌图示生产工艺过程、产污环节、主要污染物名称及单位产品产污量、污染物处理方法和污染物排放去向。在企业醒目位置设立污染源分布图、污染物处理流程图和企业环境管理责任体系网络图公示牌。

四、培训管理

为了统一试点指导工作，试点工作的企业环境管理与监督人员的培训工作由环境保护部统一组织实施，年度培训工作计划另发。培训考试合格者，可以获得培训合格证书。通过培训，使不同类别的企业环境管理与监督人员掌握相应的专业知识和实际操作技术，确保其在具体工作岗位履行职责的能力。培训内容包括：

1、环境保护基础知识、污染减排政策；

2、环境保护法律体系和标准体系；

3、企业社会责任和企业社会环境责任；

4、企业环境管理与监督基本理论及方法，包括日常环境管理和环境应急管理等；

5、环境污染控制技术和监测技术；

6、企业环境监督员制度框架。

环保部关于“其他规避监管的方式排放水污染物”的执法解释

环境保护部函 环函〔2008〕308号

关于《水污染防治法》第二十二条有关“其他规避监管的方式排放水污染物”及相关法律责任适用问题的复函

上海市环境保护局：

你局《关于〈水污染防治法〉第二十二条有关“其他规避监管的方式排放水污染物”及相关法律责任适用的紧急请示》（沪环保法〔2008〕415号）收悉。经研究，函复如下：

《水污染防治法》第二十二条第二款规定：“禁止私设暗管或者采取其他规避监管的方式排放水污染物。”在实际工作中，“采取其他规避监管的方式排放水污染物”有多种情形，我部认为，以下几种情形可以理解为属于“采取其他规避监管的方式排放水污染物”：

1.将废水进行稀释后排放；

2.将废水通过槽车、储水罐等运输工具或容器转移出厂、非法倾倒；

3.在雨污管道分离后利用雨水管道排放废水；

4.其他擅自改变污水处理方式、不经法定排放口排放废水等规避监管的行为。

依据《水污染防治法》第七十五条第二款，私设暗管或者有其他严重情节的，县级以上地方人民政府环境保护主管部门可以提请县级以上地方人民政府责令停产整顿。

二〇〇八年十一月二十日

主题词：环保 水污染 法律适用 复函

关于开展规模化畜禽养殖场专项执法检查的通知

环境保护部办公厅文件 环办〔2008〕41号

各省、自治区、直辖市环境保护局（厅），新疆生产建设兵团环境保护局，各环境保护督查中心：

近年来，畜禽养殖业污染已成为农村污染的主要来源。全国畜禽粪便年产生量在25－30亿吨，大部分畜禽粪便不经处理直接排放，成为重要水源地、江河、湖泊富营养化的主要原因之一。国务院在《关于加强农村环境保护工作的意见》（国办发〔2007〕63号）中明确提出，要重点治理规模化畜禽养殖污染，对不能达标排放的规模化畜禽养殖场实行限期治理。为了解各地贯彻落实国务院《关于加强农村环境保护工作的意见》的工作情况，进一步督促各地加强畜禽养殖污染环境监管，保护和改善农村环境，我部决定开展规模化畜禽养殖场专项执法检查。现将有关事项通知如下：

一、检查对象

此次专项行动重点检查规模化畜禽养殖场，包括常年存栏量为猪500头以上、鸡3万羽以上和牛100头以上的畜禽养殖场，以及达到规定规模标准的其他类型畜禽养殖场。

检查重点区域包括集中式生活饮用水水源地和生活饮用水水源保护区、自然保护区、风景名胜区、城市和城镇人口集中区域等环境敏感区以及政府依法划定的禁养区；淮河、太湖、巢湖、滇池、长江三角洲、珠江三角洲、南水北调、三峡库区等地区及流域。

二、检查内容

依据《畜禽养殖污染防治管理办法》（原国家环保总局第9号令2001年5月8日执行）和《畜禽养殖业污染物排放标准》（GB18596-2001）及国家相关的法律法规，全面查清规模化畜禽养殖场执行环保法律法规情况及污染物排放情况，对畜禽养殖场环境违法行为依法查处，并监督企业整改。

（一）查清规模化畜禽养殖场环保制度执行情况

对本辖区内规模化畜禽养殖场数量、环评及三同时制度落实、污染治理及污染物排放等情况进行摸底调查，全面查清规模化畜禽养殖场污染现状。具体内容包括：

1、场址是否在国家规定的禁养区范围内。

2、规模化畜禽养殖场执行环境影响评价及“三同时”制度情况。

3、畜禽粪便、废水的综合利用或者无害化处理设施运转及其污水达标排放情况。

4、畜禽废弃物贮存设施和场所防渗漏、防溢流、防雨水淋失、防恶臭等措施。

5、向水体排放、倾倒畜禽废弃物行为。

6、排污申报登记、排污许可证办理、排污费缴纳等情况。

（二）查处环境违法行为并督促企业整改

依法查处规模化畜禽养殖场各种环境违法行为，督促企业制定整改方案，监督其整改到位。

1、对地处禁养区内的畜禽养殖场责令其限期整改。

2、对2001年底以后新建、改建和扩建的、未开展环境影响评价的规模化畜禽养殖场，依法处罚并责令补办环保审批手续。

3、对未建畜禽粪便、废水的综合利用或者无害化处理设施、设施不能正常运行以及污水不能达标排放的畜禽养殖场，除依法处罚外，实行限期治理，逾期未完成治理任务的，责令其停产整治或关闭。

4、对未采取有效措施，致使贮存的畜禽废弃物渗漏、溢流、雨水淋失、散发恶臭气味等对周围环境造成污染和危害的，及向水体排放、倾倒畜禽废弃物等违法行为，责令限期改正，并依法处罚。

三、检查形式与时间安排

以各地自查为主，省级抽查、国家级督查相结合。

检查时间从2008年6月开始，至2009年底结束，分两阶段进行：

1、清查处理阶段（2008年7月至12月）。各地开展畜禽养殖场专项执法检查自查和省级抽查，并填报情况汇总表（见附件）。各省(自治区、直辖市)环保部门将各地自查及抽查结果汇总于2008年11月底报送我部。11月，我部组成检查组对重点地区工作开展情况进行督查。

2、督促整改阶段（2009年1月至12月）。各地按照环保要求督促畜禽养殖场进行整改；及时填报整改情况汇总表（见附件）。各省(自治区、直辖市)环保部门将各地整改情况及省级抽查结果汇总于2009年11月底报送我部。我部适时组成检查组对重点地区整改情况进行督查。

四、工作措施及要求

1、加强领导，精心组织。各省（自治区、直辖市）环保部门要把加强畜禽养殖环境监督执法作为遏制农村环境污染、强化农村环境监管能力的重要手段，重视此次专项行动，精心组织，落实责任，注重督导。各地环保部门要按照总体工作部署，结合实际，突出重点，制定检查方案，明确具体工作任务和措施，确保工作取得实效。

2、加强监管，促进整改。各级环保部门要认真开展畜禽养殖场污染排查和整治工作，查处各种环保违法违规行为，监督企业进行整改，确保按期完成任务。要加强畜禽养殖场环境监管工作，定期检查畜禽粪便、废水综合利用或无害化处理设施运行和污染物排放达标情况，将畜禽养殖场执法监督工作列入日常的环境监管范围。

3、及时报送情况。各级环保部门要重视信息调度工作，及时报送执法情况。报送信息通过www.12369.gov.cn网站环境监察专用信息系统内的规模化畜禽养殖场专项执法检查子系统报送，使用“环保专项整治行动”登录帐号登录。各省（自治区、直辖市）环保部门于2008年11月底和2009年11月底提交阶段性报告和总结报告。

联系人：环境保护部环境监察局 金冬霞

电　话：（010）66556458

传　真：（010）66556457

电子邮件：jdx@12369.gov.cn

附件：

2008年-2009年各地规模化畜禽养殖场专项执法检查情况汇总表

二〇〇八年六月二十三日

主题词：环保 畜禽 检查 通知

环境保护部办公厅文件
环办[2009]30号

关于进一步加强饮用水水源安全保障工作的通知

各省、自治区、直辖市环境保护局（厅），新疆生产建设兵团环境保护局：

近年来，我国突发环境事件不断发生，对群众饮水安全造成严重威胁。仅2008年，我部直接调度处理的突发环境事件就高达135起，其中威胁群众饮用水源安全的事件高达46起。今年以来，又相继发生了江苏省盐城饮用水水源酚污染、广东省韶关市水源水华暴发等事件，对饮用水安全构成了很大威胁。各地应认真汲取这些水污染事件的经验教训，进一步加强辖区饮用水水源保护工作。现就有关事宜通知如下：

一、加强辖区饮用水水源安全风险隐患排查

在全国饮用水水源基础环境调查及评估工作基础上，全面排查饮用水水源保护区、准保护区内及上游地区的污染源，加强对可能影响饮水安全的制药、化工、造纸、冶炼等重点行业、重点污染源的监督管理，建立风险源名

录，从源头控制隐患。一旦发生饮用水水源污染事故，要迅速查清并切断污染来源，在当地政府统一领导下，开展污染防控工作，确保群众饮水安全。

二、依法查处饮用水水源保护区内的违法排污行为

严厉打击水源保护区内一切威胁水质安全的违法行为，发现一起查处一起，公开曝光查处结果。严格按照《水污染防治法》的要求，坚决取缔饮用水水源一级保护区内所有与供水设施和水源保护无关的建设项目，禁止网箱养殖、旅游、餐饮等可能污染饮用水源水体的活动；坚决取缔二级保护区内所有违法建设项目，采取严格措施，防止网箱养殖、旅游等活动污染饮用水源水体。

三、加强交通运输行业的污染防治工作

配合交通及海事部门，严格按照《危险化学品安全管理条例》及《内河交通安全管理条例》等法律法规的要求，加强饮用水源保护区、准保护区内及上游地区油类和危险化学品运载、装卸和储存设施的监管，督促其完善防溢流、防渗漏、防污染措施。各相关码头要配备足够的污染物、废弃物接收设施。

四、进一步加强饮用水水源水质监测工作

针对存在风险隐患的水源，要加密跨界断面水质及污染特征因子监测频次，及时了解水质变化状况，及时发现问题、解决问题。要加强环境应急监测能力建设，一旦发生污染事故，要迅速准确监测分析出污染物种类、数量、来源和潜在危害，及时提出应急处理处置建议。国家环保重点城市要按照我部的统一要求，开展饮用水源水质监测工作，并按程序上报监测结果。

五、进一步完善饮用水水源保护基础工作

按照《饮用水水源保护区划分技术规范》及《饮用水水源保护区标志技术要求》，全面开展饮用水水源保护区划分与调整工作，在各级保护区边界及穿越保护区的交通干道设立明显的标识标志。要编制突发饮用水水源污染事故应急预案，加强应急演练，为处理重大突发污染事件提供管理及技术储备，有效防范饮用水安全风险；针对薄弱环节，完善饮用水水源应急监管体系。逐步开展典型乡镇及农村地区饮用水水源基础环境状况调查评估工作。

六、完善饮用水安全保障工作报告制度

辖区内发生或可能发生的突发饮用水水源污染事件，一经核实要及时上报，坚决杜绝瞒报、漏报行为。对可能影响饮用水安全的污染事故要按程序报告相关人民政府和上级环保部门，并及时向当地城建、卫生、水利等部门和自来水处理厂通报有关信息，加大自来水厂处置力度，确保群众饮用水安全。

各级环保部门要把饮用水水源环境保护工作摆上重要议事日程，进一步加强组织领导，切实落实有关措施，确保群众饮水安全。请将有关贯彻落实情况于2009年6月30日前上报我部。

环境保护部《关于预防与处置跨省界水污染纠纷的指导意见》

环发〔2008〕64号

各省、自治区、直辖市环境保护局（厅），新疆生产建设兵团环境保护局，各环境保护督查中心：

近年来，跨省界水污染纠纷不断增加，逐渐成为引发社会矛盾、影响社会安定的重要因素。国务院领导要求在跨省界重点河流、湖泊、海域建立跨省际联防治污机制，互通情况、相互监督，注重日常监测、预警、检查的协同，防患未然，形成治污工作合力，及时有效地预防和处置跨省界水污染纠纷，维护社会和谐稳定。为贯彻落实国务院领导的指示，有效预防与处置跨省界水污染纠纷，现提出如下指导意见：

一、从源头上预防跨省界水污染纠纷的发生

为预防跨省界水污染纠纷，涉及跨省界流域的相邻地区特别是上游地区，要根据该地区环境容量及出境水质目标，合理制定规划、优化区域布局、调整产业结构、严把环境准入关和项目验收关，采取更加严格的环保措施。从源头上防范跨省界流域水污染纠纷。

（一）合理规划布局，促进产业结构调整

跨省界流域交界地区尤其是上游地区应实行环境优先政策，根据当地的环境容量及跨省界水质要求，制定经济发展总体规划、专项规划，合理布局、优化产业结构。要限制、禁止发展重污染项目，加快产业结构调整步伐，加大对钢铁、造纸、酒精等12个高耗能、高污染行业落后生产能力的淘汰力度，尽早完成强制淘汰或关闭落后工艺、设备与产品任务。

（二）注重源头控制，严把环境准入关和验收关

跨省界流域交界地区尤其是上游地区应严格控制新污染源的产生，按照国务院批准、由七部门印发的《关于加强河流污染防治工作的通知》（环发〔2007〕201号）要求，自2009年起，停止审批向河流排放重金属、持久性有机污染物的项目。毗邻上游地区拟建项目，经环境影响评价预测可能会严重影响跨省界断面水质或造成超标的，在

审批前应采取适当方式征询下游相邻环保部门的意见。相邻省级环保部门对该项目的环境影响评价结论有争议的，其环境影响评价文件报环境保护部审批。新建设项目未批先建、未经验收擅自投产的，要依法责令停产停建。

（三）强化监督执法，加大污染整治力度

加大对跨省界流域环境整治力度，水污染物排放必须达到国家或者地方规定的水污染物排放标准和重点水污染物排放总量控制指标。对未按照要求完成重点水污染物排放总量控制指标的市、县予以公布，对超过总量指标的地区，暂停审批新增重点水污染物排放总量的建设项目环评报告。对长期超标排污、私设暗管偷排偷放、污染直排、影响跨省界水质的企业，依法停产整治或关闭。加快城镇污水处理厂的建设，并严格控制流域农业面源污染。

（四）落实治污责任，严格实行跨省界流域断面水质考核

敦促政府确保跨省界流域水质达到《“十一五”水污染物总量削减目标责任书》中确定的目标。我部对跨省界断面水质按年度目标进行考核评定，对不能按期完成工作任务的，暂停审批影响跨省界流域水质的主要区域新增排污总量的建设项目环评报告。因跨省界水污染引起的损害赔偿责任和赔偿金额纠纷按《水污染防治法》有关规定执行。国家加快制定上下游流域生态补偿政策，并鼓励地方积极探索和建立生态补偿机制。

（五）加强沟通协调，合理确定跨省界流域的水环境质量适用标准

部分流域省界相邻地区执行水环境质量标准不协调，适用标准不合理，影响监督管理与责任考核，应加强相邻省界地区执行水环境质量标准的统一性和合理性。重要流域跨省界流域的水环境质量适用标准由我部会同水利部门和有关省、自治区、直辖市人民政府确定，其余流域由相邻省级环保部门会同有关部门和当地政府确定。如确实无法协调的，由我部协调确定。

二、建立预防与处置跨省界水污染纠纷长效工作机制

根据跨省界流域水污染情况及省界断面水质目标要求，省级环保部门要督促并协助有关地方政府，在与相邻省级环保部门和地方政府共同协商的基础上，建立预防与处置跨省界水污染纠纷长效工作机制。

（一）定期联席会商

督促并协助跨省界流域上下游地区人民政府建立联席会商机制，下游地区政府至少每年汛期前主动召集一次联席会议，相互通报并商讨跨省界水污染防治工作，上游地区政府应予以配合。督促流域省界相邻地区政府要组织制定科学合理的闸坝调控方案，并监督落实。

（二）信息互通共享

流域省界地区相邻环保部门定期互通水污染防治进展、断面水质等情况。环保部门要与水利、渔政等部门定期互通省界断面水质、水量、水文、闸坝运行等信息。当上游地区发生污染事故或污染物排放、流域水量水质水文等出现异常并可能威胁下游水质时，除按规定上报外，上游政府或环保等有关部门应立即通知下游政府或环保等有关部门，并对重点污染源采取限产、限排或暂时关闭等措施。当下游地区发生水质恶化或死鱼等严重污染事故并确认由上游来水所致时，除按规定上报外，应及时通报上游政府和环保等相关部门。上游地区应积极采取措施控制污染，并向下游地区及时通报事故调查处理进展。

（三）联合采样监测

由我部组织跨省界流域相邻两省环保部门共同制定跨省界水质监测方案，明确采样断面与时间、监测指标与方法，定期开展联合监测。敏感时期增加监测频次，环保部门要组织水利、渔政等部门及时通报监测数据等情况。一旦发生跨省界水污染事故，相邻环保部门立即启动环境突发事件应急监测预案，在规定时间内到达同一断面共同采样监测，一方无故不到或不按规定监测的以另一方监测数据为准。双方对监测数据提出异议时，应保存水样，由中国环境监测总站负责监测。

（四）联合执法监督

在定期会晤、信息共享和联合监测的基础上，跨省界流域相邻环保部门要定期或不定期地组成联合检查组，共同对两地水污染防治情况开展现场检查，加强流域重点水污染源、城镇污水处理厂等环保措施落实情况的督查，预防跨界水污染事故的发生。同时要互相通报在联合检查中发现问题的整改情况。环境保护部区域环境保护督查中心要加强跨省界流域交界地区的环境监管和督查。

（五）敏感时期预警

在敏感时段（如枯水期、汛期）和河流敏感区域（如饮用水源地），跨省界流域相邻环保部门要及时了解重点污染源排污变化情况，必要时采取限产限排等控制排污总量的措施。加强与水利、渔政等部门的协调与沟通，及时了解江河流量、闸坝调控、污水处理厂运行等情况，在确保跨省界断面水质未明显下降的前提下，实施小流量排放等措施，保障水环境安全。

（六）协同应急处置

一旦发生跨省界水污染突发事件，交界地区环保部门要立即报请当地政府迅速启动环境突发事件应急预案，提出控制、消除污染的具体应急措施，协助当地政府控制和处置水污染。并按有关程序及时上报情况。

（七）协调处理纠纷

跨省界水污染纠纷发生后，应依法由相邻两省人民政府共同协商处理。经协商确实无法达成共识的，相邻两省人民政府提出申请，由我部进行协调。经协调并达成共识

时，按协调意见落实。经协调仍无法达成一致意见时，由我部提出处理意见上报国务院批准，并按国务院批复意见执行。

（八）开展后督查工作

对于引发跨省界水污染纠纷的企事业单位，当地政府和环保部门要依法处罚并提出限期整改要求，由相邻两省环保部门组成联合督查组对其整改情况开展后督查，确保整改措施落实到位。必要时，由我部组织进行督查、督办。

各级环境保护部门要高度重视跨省界流域环境污染问题，加强协调与合作，联防治污、联动预警、联合处置，积极有效地预防和处置跨省界水污染纠纷问题，维护环境安全和社会稳定。

二〇〇八年七月七日

国家环境保护标准起始日期

2月1日起施行的环保法规、标准

国家环境保护部门规章

电子废物污染环境防治管理办法（环保总局令第40号）

电子废物，是指废弃的电子电器产品、电子电气设备(以下简称产品或者设备)及其废弃零部件、元器件和国家环境保护总局会 同有关部门规定纳入电子废物管理的物品、物质。包括工业生产活动中产生的报废产品或者设备、报废的半成品和下脚料，产品或者设备维修、翻新、再制造过程产 生的报废品，日常生活或者为日常生活提供服务的活动中废弃的产品或者设备，以及法律法规禁止生产或者进口的产品或者设备。

本办法适用于中华人民共和国境内拆解、利用、处置电子废物污染环境的防治。

产生、贮存电子废物污染环境的防治，也适用本办法；有关法律、行政法规另有规定的，从其规定。

电子类危险废物相关活动污染环境的防治，适用《固体废物污染环境防治法》有关危险废物管理的规定。

国家环境保护标准

环境保护产品技术要求　超声波明渠污水流量计（HJ/T15-2007）

本标准规定了超声波明渠污水流量计的技术要求、检验项目、试验方法、检验规则、包装、运输和贮存要求。

本标准适用于测量明渠出流及不充满管道的各类污水流量的超声波明渠污水流量计。

环境保护产品技术要求　超声波管道流量计（HJ/T366-2007）

本标准规定了超声波管道流量计的产品分类与命名、技术要求、试验方法、检验规则、标志、包装、运输和贮存等要求。

本标准适用于测定管道中有压液体流量的超声波管道流量计。

环境保护产品技术要求　电磁管道流量计（HJ/T367-2007）

本标准规定了电磁管道流量计的要求、试验方法、检验规则、标志、包装、运输和贮存。

本标准适用于测量封闭管道内不可压缩的水、污水（废水）的电磁流量传感器与电磁流量转换器组合的电磁流量变送器或电磁流量计。

环境保护产品技术要求标定总悬浮颗粒物采样器用的孔口流量计技术要求及检测方法（HJ/T368-2007）

本标准规定了标定总悬浮颗粒物采样器用的孔口流量计的技术要求及计量检定方法。

本标准适用于大流量和中流量两类孔口流量计。

环境保护产品技术要求　水处理用加药装置（HJ/T369-2007）

本标准规定了水处理用加药装置的分类与命名、要求、试验方法、检验规则及标志、包装、运输和贮存。

本标准适用于给水、循环水、污水处理中使用的粉剂、液剂加药装置。

环境标志产品技术要求　胶印油墨（HJ/T370-2007）

本标准规定了胶印油墨环境标志产品的术语和定义、基本要求、技术内容和检验方法。

本标准适用于除辐射固化油墨之外的胶印油墨。

环境标志产品技术要求　凹印油墨和柔印油墨（HJ/T371 -2007）

本标准规定了凹印油墨和柔印油墨环境标志产品的术语和定义、基本要求、技术内容和检验方法。

本标准适用于溶剂基凹印油墨、溶剂基柔印油墨、水基凹印油墨、水基柔印油墨以及凹印和柔印油墨所使用的溶剂。

防治城市扬尘污染技术规范（HJ/T393-2007）

本标准规定了防治各类城市扬尘污染的基本原则和主要措施，及道路积尘负荷的采样方法和限定标准。

本标准适用于城市规划区内各类施工工地，铺装与未铺装路面，广场及停车场，各类露天堆场、货场及采矿采石场，城区裸土地面，物料混合、装卸、传送与运输等场所和活动产生扬尘的污染防治。

建设项目竣工环境保护验收技术规范　生态影响类（HJ/T 394-2007）

本标准规定了生态影响类建设项目竣工环境保护验收

调查总体要求、实施方案和调查报告的编制要求。

本标准适用于交通运输（公路，铁路，城市道路和轨道交通， 港口和航运，管道运输等）、水利水电、石油和天然气开采、矿山采选、电力生产（风力发电）、农业、林业、牧业、渔业、旅游等行业和海洋、海岸带开发、高压 输变电线路等主要对生态造成影响的建设项目，以及区域、流域开发项目竣工环境保护验收调查工作。其他项目涉及生态影响的可参照执行。

环境信息术语（HJ/T 416-2007）

本标准规定了环境信息系统建设以及日常工作经常涉及的术语与定义。

本标准适用于全国各级环境保护部门的环境信息系统建设与环境信息资源开发利用。

环境信息分类与代码（HJ/T 417-2007）

本标准对环境管理、环境科学、环境技术、环境保护产业等与环境保护相关的信息进行分类并编写代码；本标准只规定环境信息分类的基本框架和代码。

本标准适用于全国各级环境保护部门的环境信息采集、交换、加工、使用以及环境信息系统建设的管理工作。

环境信息系统集成技术规范（HJ/T 418-2007）

本标准规定了环境信息系统集成过程中所涉及到的相关技术要求，包括应用集成要求、数据集成要求和网络集成要求。

本标准适用于环境信息系统的集成工作。本标准的主要使用者为环境信息系统规划与设计人员。

环境数据库设计与运行管理规范（HJ/T 419-2007）

本标准规定了环境数据库设计与运行管理需遵循的基本内容。

本标准适用于指导国家、省、市环境保护行政主管部门（以下简称各级环境保护行政主管部门）和环境数据库系统开发设计单位的关系型数据库设计与运行管理活动，可作为各级环境保护行政主管部门验收环境数据库系统开发设计单位所完成的数据库系统设计的参考 依据。

自以上标准实施之日起，下列标准废止:

超声波明渠污水流量计（HJ/T15-1996）

超声波管道流量计（HCRJ057-1999）

电磁管道流量计（HBC34-2004）

标定总悬浮颗粒物采样器用的孔口流量计技术要求（HBC4-2001）

水处理用加药装置（HCRJ068-1999）

3月1日起施行的环保法规、标准

国家环境保护部门规章

危险废物出口核准管理办法（国家环境保护总局令第47号）

产生、收集、贮存、处置、利用危险废物的单位，向中华人民共和国境外《巴塞尔公约》缔约方出口危险废物，必须取得危险废物出口核准。

本办法所称危险废物，是指列入国家危险废物名录或者根据国家规定的危险废物鉴别标准和鉴别方法认定的具有危险特性的固体废物。

《巴塞尔公约》规定的“危险废物”和“其他废物”，以及进口缔约方或者过境缔约方立法确定的“危险废物”，其出口核准管理也适用本办法。

国家环境保护标准

总悬浮颗粒物采样器技术要求及检测方法（HJ/T 374-2007）

本标准规定了总悬浮颗粒物采样器的技术要求及检测方法。

本标准适用于大流量和中流量两类总悬浮颗粒物采样器。

环境空气采样器技术要求及检测方法（HJ/T 375-2007）

本标准规定了环境空气采样器的技术要求、检测项目和检测方法。

本标准适用于进行环境空气样品采集的采样器。

24小时恒温自动连续环境空气采样器技术要求及检测方法（HJ/T 376-2007）

本标准规定了测定环境空气中的SO2、NOX等有害成份含量的24小时恒温自动连续环境空气采样器的主要技术要求和检测方法。

本标准适用于测定环境空气中的SO2、NOX 等有害成份含量的24小时恒温自动连续环境空气采样器。

环境保护产品技术要求 化学需氧量（CODcr）水质在线自动监测仪（HJ/T 377-2007）

本标准规定了地表水以及企事业单位排放污水中的化学需氧量（CODCr）在线自动分析仪器的技术性能要求和性能试验方法。

本标准适用于地表水和污水中CODCr在线自动分析仪器（以下简称自动分析仪）的生产、应用选型和性能检验。

污染治理设施运行记录仪技术要求及检测方法（HJ/T 378-2007）

本标准规定了污染治理设施运行记录仪（以下简称记录仪）的技术要求、试验方法、检验规则及标志、包装、运输和贮存。

本标准适用于自动监视和记录以电为动力的各种污染治理设施运行状态的记录仪。

环境保护产品技术要求 隔声门（HJ/T 379-2007）

本标准规定了隔声门的技术要求、试验方法及检验规则。

本标准适用于钢质、木质、钢木复合的建筑与噪声控制用隔声门。

其他材质加工制造的建筑与噪声控制用隔声门也可参照本标准执行。

环境保护产品技术要求 橡胶隔振器（HJ/T 380-2007）

本标准规定了橡胶隔振器的定义、分类与命名、要求、试验方法、检验规则及标志、包装、运输和贮存。

本标准适用于机械设备振动中进行隔振处理时所使用的一般用途橡胶隔振器。

环境保护产品技术要求 阻尼弹簧隔振器（HJ/T 381-2007）

本标准规定了阻尼弹簧隔振器的定义、分类与命名、要求、试验方法、检验规则及标志、包装、运输和贮存。

本标准适用于隔振处理的阻尼弹簧隔振器（以下简称隔振器）。

环境保护产品技术要求 高压气体排放小孔消声器（HJ/T 382-2007）

本标准规定了高压气体排放小孔消声器的定义、分类、要求、试验方法、检验规则及标志、包装和运输。

本标准适用于各类压力容器、安全阀等的排气降噪中使用的高压气体排放小孔消声器。

环境保护产品技术要求 汽车发动机排气消声器（HJ/T 383-2007）

本标准规定了汽车发动机排气消声器的定义、分类、要求、试验方法、检验规则及标志、包装和运输。

本标准适用于M、N类汽车发动机排气消声器。

环境保护产品技术要求 一般用途低噪声轴流通风机（HJ/T 384-2007）

本标准规定了一般用途低噪声轴流通风机的技术要求、试验方法和检验规则。

本标准适用于通风换气、空调和生产场所使用的单级轴流通风机，其输送介质为空气或其它不含腐蚀性物质的气体混合物；通风机最大流量不超过75000m3/h或最高全压不超过490Pa；不适用于防爆、防腐、高温、矿井及其它有特殊用途的轴流通风机。

环境保护产品技术要求 低噪声型冷却塔（HJ/T 385-2007）

本标准规定了低噪声型冷却塔的要求、试验方法、检验规则及包装和运输。

本标准适用于机力通风式单台冷却水量≤500m3/h的低噪声型冷却塔。

环境保护产品技术要求 工业废气吸附净化装置（HJ/T 386-2007）

本标准规定了工业废气吸附净化装置的技术要求、检验方法和检验规则。

本标准适用于处理风量为50～20000m3/h，去除气态或气溶胶态污染物的工业废气吸附净化装置。

环境保护产品技术要求 工业废气吸收净化装置（HJ/T 387-2007）

本标准规定了工业废气吸收净化装置的技术要求、试验方法和检验规则。

本标准适用于处理风量为150m3/h～20000m3/h，去除气态或气溶胶态污染物的工业废气吸收净化装置。

环境保护产品技术要求 湿法漆雾过滤净化装置（HJ/T 388-2007）

本标准规定了喷淋式、水帘式、无泵水激式及无泵水幕式等湿法漆雾过滤净化装置产品的技术要求、试验方法和检测规则。

本标准适用于涂装作业中的中、小型零部件喷漆及大风量喷漆厂房的漆雾湿法过滤净化装置。

环境保护产品技术要求 工业有机废气催化净化装置（HJ/T 389-2007）

本标准规定了工业有机废气催化净化装置的技术要求、检验方法和检验规则。

本标准适用于处理风量为50m3/h～20000m3/h，可去除气态或气溶胶态有机污染物的工业废气催化净化装置。

环境保护产品技术要求 汽油车燃油蒸发污染物控制系统（装置）（HJ/T 390-2007）

本标准规定了汽油车燃油蒸发污染物控制系统（装置）的定义、技术要求、试验方法、检验规则及标志、包装、运输和贮存要求。

本标准适用于控制汽油车燃油蒸发污染物的系统（装置）。

环境保护产品技术要求 可曲挠橡胶接头（HJ/T 391-2007）

本标准规定了可曲挠橡胶接头的定义、分类与命名、要求、试验方法、检验规则、标志、包装、运输和贮存要求。

本标准适用于减弱管道振动传递和补偿位移的可曲挠橡胶接头。

环境保护产品技术要求 摩托车排气催化转化器（HJ/T 392-2007）

本标准规定了摩托车排气催化转化器的产品分类和命名、技术要求、试验方法、检验规则及标志、包装和贮存要求。

本标准适用于使用无铅汽油的、以金属或蜂窝陶瓷为催化剂载体的各类摩托车、轻便摩托车及燃油助力车排气净化的催化转化器。

压燃式发动机汽车自由加速法排气烟度测量设备技术要求（HJ/T 395-2007）

本标准规定了不透光烟度计的规格、功能和性能的技术要求及测试方法，对配置计算机控制系统进行排气烟度测量的设备还有排气烟度测量计算机控制软件功能的基本要求等。本标准规定了检测站日常设备检验、检测站现场安装设备检验和型式核准设备检验的项目要求和测试方法。

点燃式发动机汽车瞬态工况法排气污染物测量设备技术要求（HJ/T 396-2007）

本标准规定了在用点燃式发动机汽车瞬态工况法排气污染物测量的主要设备——底盘测功机、排气分析仪、流量计及取样系统的规格、功能和性能的技术要求及测试方法，计算机控制软件功能的基本要求；检测站日常设备检验、检测站现场安装设备检验和型式核准设备检验的项目要求和测试方法。

本标准适用于在用点燃式发动机汽车瞬态工况法排气污染物测量设备的生产、使用和型式核准检验。

固定源废气监测技术规范（HJ/T 397-2007）

本标准规定了在烟道、烟囱及排气筒等固定污染源排放废气中，颗粒物与气态污染物监测的手工采样和测定技术方法，以及便携式仪器监测方法。对固定源废气监测的准备、废气排放参数的测定、排气中颗粒物和气态污染物采样与测定方法、监测的质量保证等作了相应的规定。

本标准适用于各级环境监测站，工业、企业环境监测专业机构及环境科学研究部门等开展固定污染源废气污染物排放监测，建设项目竣工环保验收监测，污染防治设施治理效果监测，烟气连续排放监测系统验证监测，清洁生产工艺及污染防治技术研究性监测等。

固定污染源排放烟气黑度的测定林格曼烟气黑度图法（HJ/T 398-2007）

本标准规定了测定烟气黑度的林格曼烟气黑度图法，包括观测位置和条件、观测方法、计算方法以及标准林格曼烟气黑度图的规格。

本标准适用于固定污染源排放的灰色或黑色烟气在排放口处黑度的监测，不适用于其他颜色烟气的监测。

水质化学需氧量的测定快速消解分光光度法（HJ/T 399-2007）

本标准适用于地表水、地下水、生活污水和工业废水中化学需氧量（COD）的测定。

车内挥发性有机物和醛酮类物质采样测定方法（HJ/T 400-2007）

本标准规定了测量机动车乘员舱内挥发性有机物和醛酮类物质的采样点设置、采样环境条件技术要求、采样方法和设备、相应的测量方法和设备、数据处理、质量保证等内容。

本标准适用于车辆静止状态下，车内挥发性有机物和醛酮类物质的采样与测量。

清洁生产标准 烟草加工业（HJ/T 401-2007）

本标准规定了烟草加工业卷烟生产过程清洁生产的一般要求。

本标准适用于烟草加工业卷烟生产企业的清洁生产审核、清洁生产潜力与机会的判断、清洁生产绩效评定和清洁生产 绩效公告制度，也适用于环境影响评价、排污许可证管理等环境管理制度。

清洁生产标准 白酒制造业（HJ/T 402-2007）

本标准规定了白酒制造业清洁生产的一般要求。

本标准适用于白酒生产企业的清洁生产审核、清洁生产潜力与机会的判断、清洁生产绩效评定和清洁生产绩效公告制 度，也适用于环境影响评价、排污许可证管理等环境管理制度。

自以上标准实施之日起，下列标准废止：

总悬浮颗粒物采样器技术要求（HBC 3-2001）

环境空气采样器技术要求（HBC 2-2001）

24小时恒温自动连续环境空气采样器技术要求（HBC 5-2001）

化学需氧量（CODcr）水质在线自动监测仪（HBC 6-2001）

污染治理设施运行记录仪技术要求（HCRJ 039-1998）

隔声门（HCRJ 019-1998）

橡胶隔振器（HCRJ 071-1999）

阻尼弹簧隔振器（HCRJ 069-1999）

高压气体排放小孔消声器（HCRJ 073-1999）

汽车发动机排气消声器（HCRJ 072-1999）

一般用途低噪声轴流通风机（HCRJ 020-1998）

低噪声型冷却塔（HCRJ 018-1998）

工业废气吸附净化装置（HCRJ 037-1998）

工业废气吸收净化装置（HCRJ 036-1998）

湿法漆雾过滤净化装置（HCRJ 017-1998）

工业有机废气催化净化装置（HCRJ 038-1998）

环境保护产品认定技术要求 汽油车燃油蒸发污染物控制系统（装置）（HBC 32-2004）

可曲挠橡胶接头（HCRJ 070-1999）

摩托车排气催化转化器（HCRJ 046-1999）

4月1日起施行的环保标准

国家环境保护标准

建设项目竣工环境保护验收技术规范 城市轨道交通（HJ/T 403-2007）

本标准规定了城市轨道交通建设项目竣工环境保护验收的一般技术性规范要求。

本标准适用于城市轨道交通的新建、改建、扩建和技术改造项目竣工环境保护的验收。

其他与城市轨道交通项目有关的环境影响评价、环境保护工程设计、建设项目竣工后的日常监督管理性监测亦可参照执行。

建设项目竣工环境保护验收技术规范 黑色金属冶炼及压延加工（HJ/T 404 -2007）

本标准规定了黑色金属冶炼及压延加工建设项目竣工环境保护验收工作一般技术要求。

本标准适用于黑色金属冶炼及压延加工建设项目新建、改建、扩建和技术改造 工程项目竣工环境保护的验收和建设项目竣工后的日常监督管理性监测。

其他与黑色金属冶炼及压延加工项目有关的铁合金项目竣工验收亦可参照执行。

建设项目竣工环境保护验收技术规范 石油炼制（HJ/T 405-2007）

本标准规定了石油炼制业建设项目竣工环境保护验收技术工作范围确定、执行标准选择的原则；工程及污染治理、污染物排放分析要点；验收监测布点、采样、分析 方法、质量保证及质量控制、结果评价技术要求；验收检查和调查主要内容以及验收技术方案、报告编制的要求。

本标准适用于石油炼制业新建、改建、扩建和技术改造项目竣工环境保护验收。

石油炼制业建设项目境影响评价、初步设计、竣工后的日常环保管理性监测可参照本标准。

建设项目竣工环境保护验收技术规范 乙烯工程（HJ/T 406 -2007）

本标准规定了乙烯工程建设项目竣工环境保护验收技术工作范围的确定、执行标准选择的原则；工程及污染治理、排放分析要点；验收监测布点、采样、分析方法、 质量控制及质量保证、监测结果评价技术要求；验收检查和调查的主要内容以及验收方案、报告编制技术等内容。

本标准适用于乙烯工程新建、改建、扩建和技术改造项目竣工环境保护验收。

环境影响评价、初步设计(环保篇)、建设项目竣工后的日常环境保护管理性监测可参照本标准。

建设项目竣工环境保护验收技术规范 汽车制造（HJ/T 407 -2007）

本标准规定了汽车制造业建设项目竣工环境保护验收工作范围确定、执行标准选择的原则；工程及污染治理、排放分析要点；验收监测布点、采样、分析方法、质量 控制及质量保证、监测结果评价技术要求；验收调查主要内容以及方案、报告编制的技术要求。

本标准适用于汽车制造业新建、改建、扩建项目竣工环境保护验收工作。

机械制造业的其它建设项目可参照本规范执行。

建设项目竣工环境保护验收技术规范 造纸工业（HJ/T 408 -2007）

本标准规定了造纸工业建设项目竣工环境保护验收技术工作范围的确定、执行标准选择的原则；工程及污染治理、排放分析要点；验收监测布点、采样、分析方法、 质量控制及质量保证、监测结果评价的技术要求；验收调查主要内容及方案、报告编制的技术要求。

本标准适用于造纸工业的制浆、造纸和制浆造纸联合企业（不含 林纸一体化的林基地建设）的新建、改扩建以及技术改造等建设项目的竣工环境保护验收工作。

生态工业园区建设规划编制指南（HJ/T 409-2007）

本标准规定了编制国家生态工业示范园区建设规划总体原则、方法、内容和要求。

本标准适用于指导国家生态工业示范园区建设规划编制工作，省级及其他生态工业园区规划编制工作也可参照本标准执行。

环境标志产品技术要求 复印纸（HJ/T 410-2007）

本标准规定了复印纸环境标志产品的基本要求、技术内容及检验方法。

本标准适用于复印机、打印机、传真机、办公一体机等办公设备使用的复印纸。

本标准为指导性标准，适用于中国环境标志产品认证。

环境标志产品技术要求 水嘴（HJ/T 411-2007）

本标准规定了水嘴环境标志产品的定义、基本要求、技术内容和检验方法。

本标准适用于公称通径为DN15、DN20、DN25，公称压力不大于 1.0MPa，介质温度不大于90℃条件下使用的，安装在厨房、盥洗室（如洗手间、浴室）等卫生设施上的水嘴，如：普通水嘴、面盆水嘴和厨房洗涤水嘴等。

本标准不适用于浴盆水嘴和淋浴水嘴。

本标准为指导性标准，适用于中国环境标志产品认证。

环境标志产品技术要求 预拌混凝土（HJ/T 412-2007）

本标准规定了预拌混凝土环境标志产品的术语和定义、基本要求、技术内容和检验方法。

本标准适用于集中搅拌站生产的预拌混凝土。

本标准为指导性标准，适用于中国环境标志产品认证。

环境标志产品技术要求 再生鼓粉盒（HJ/T 413-2007）

本标准规定了再生鼓粉盒类环境标志产品的术语和定义、基本要求、技术内容和检测方法。

本标准适用于单色和彩色激光打印机、复印机及多功能一体机用再生鼓粉盒。

本标准为指导性标准，适用于中国环境标志产品认证。

环境标志产品技术要求 室内装饰装修用溶剂型木器涂

料（HJ/T 414 -2007）

本标准规定了室内装饰装修用溶剂型木器涂料环境标志产品的术语和定义、基本要求、技术内容和检验方法。

本标准适用于室内装饰装修用的硝基类、聚氨酯类、醇酸类溶剂型面漆和底漆。不适用于辐射固化类涂料。

本标准为指导性标准，适用于中国环境标志产品认证。

新化学物质申报类名编制导则（HJ/T 420-2008）

本标准规定了新化学物质申报登记时新化学物质申报类名的编制方法。

本标准适用于新化学物质申报登记时新化学物质申报类名的编制。

新化学物质申报登记时新化学物质申报类名的评审亦可参照本标准进行。

医疗废物专用包装袋、容器和警示标志标准（HJ 421-2008）

本标准规定了医疗废物专用包装袋、利器盒和周转箱（桶）的技术要求以及相应的试验方法和检验规则，并规定了医疗废物警示标志。

本标准适用于医疗废物专用包装袋、容器的生产厂家、运输单位和医疗废物处置单位。

本标准自实施之日起代替《医疗废物专用包装物、容器标准和警示标识规定》（环发[2003]188 号）。

按照有关法律规定，本标准具有强制执行的效力。

5月1日起施行的环保法规、标准

部门规章

环境信息公开办法（试行）

（国家环境保护总局令第35号）

本办法所称环境信息，包括政府环境信息和企业环境信息。

环保部门应当遵循公正、公平、便民、客观的原则，及时、准确地公开政府环境信息。

企业应当按照自愿公开与强制性公开相结合的原则，及时、准确地公开企业环境信息。

公民、法人和其他组织可以向环保部门申请获取政府环境信息。

国家环境保护标准

环保用微生物菌剂环境安全评价导则（HJ/T 415-2008）

本标准规定了环保用微生物菌剂环境安全评价的内容和技术要求。

本标准适用于以生态环境保护和污染防治为目的而使用的微生物菌剂的环境安全评价。

本标准不适用基因改造和实验室研究使用的微生物菌剂。

本标准为首次发布。本标准为指导性标准。

储油库、加油站大气污染治理项目验收检测技术规范(HJ/T 431－2008)

本标准规定了储油库、加油站油气大气污染治理项目验收检测工作流程中资料收集、执行标准选择、现场检查、现场检测和验收检测报告编制的技术要求。

本标准适用于现有储油库、加油站大气污染治理项目验收检测工作，新（改、扩）建储油库和加油站油气回收项目验收的检测工作也需按照本标准执行。

本标准为首次发布。本标准为指导性标准。

6月1日起施行的环保标准

国家环境保护标准

饮用水水源保护区标志技术要求（HJ/T 433—2008)

本标准规定了饮用水水源保护区标志的类型、内容、位置、构造、制作及管理与维护。

本标准适用于对饮用水水源保护区的规范建设与监督管理。

本标准为首次发布。本标准为指导性标准。

7月1日起施行的国家环境保护标准

国家环境保护标准

摩托车污染物排放限值及测量方法(工况法，中国第Ⅲ阶段)（GB 14622-2007)

本标准规定了两轮或三轮摩托车工况法排气污染物的排放限值及测量方法、曲轴箱污染物排放要求、污染控制装置的耐久性要求。

本标准规定了两轮和三轮摩托车第III阶段型式核准的要求、生产一致性检查和判定方法。

本标准适用于整车整备质量不大于400kg、发动机排量大于50mL或最大设计车速大于50km/h的装有点燃式发动机的两轮或三轮摩托车。

本标准自实施之日起代替GB 14622-2002。

轻便摩托车污染物排放限值及测量方法(工况法，中国第Ⅲ阶段)（GB 18176-2007)

本标准规定了两轮或三轮轻便摩托车工况法排气污染物的排放限值及测量方法、曲轴箱污染物排放要求、污染控制装置的耐久性要求。

本标准规定了两轮和三轮轻便摩托车第III阶段型式核准的要求、生产一致性检查和判定方法。

本标准适用于整车整备质量不大于400kg、发动机排量不大于50mL、最大设计车速不大于50km/h的装有点燃式发动机的两轮或三轮轻便摩托车。

本标准自实施之日起代替GB 18176-2002。

摩托车和轻便摩托车燃油蒸发污染物排放限值及测量方法（GB 20998-2007）

本标准规定了摩托车和轻便摩托车燃油蒸发污染物排放的限值及测量方法。

本标准规定了摩托车和轻便摩托车燃油蒸发污染物排放型式核准的要求、生产一致性检查和判定方法。

本标准适用于以汽油为燃料的摩托车和轻便摩托车（以下统称摩托车）。

生活垃圾填埋场污染控制标准（GB 16889—2008）

本标准规定了生活垃圾填埋场选址、设计与施工、填埋废物的入场条件、运行、封场、后期维护与管理的污染控制和监测等方面的要求。

本标准适用于生活垃圾填埋场建设、运行和封场后的维护与管理过程中的污染控制和监督管理。本标准的部分规定也适用于与生活垃圾填埋场配套建设的生活垃圾转运站的建设、运行。

自本标准实施之日起，《生活垃圾填埋污染控制标准》（GB16889-1997）废止。

按照有关法律规定，本标准具有强制执行的效力。

煤层气（煤矿瓦斯）排放标准（暂行）（GB 21522—2008）

本标准规定了煤矿瓦斯排放限值以及煤层气地面开发系统煤层气排放限值。

本标准适用现有矿井、煤层气地面开发系统瓦斯排放控制管理以及新建、改建、扩建矿井以及煤层气地面开发系统项目的环境影响评价、设计、竣工验收及其建成后的瓦斯排放控制管理。本标准适用于法律允许的污染物排放行为，新建矿井或煤层气地面开发系统的选址和特殊保护区域内现有矿井或煤层气地面开发系统的管理，按《中华人民共和国大气污染防治法》第十六条的相关规定执行。

按有关法律规定，本标准具有强制执行的效力。

本标准为首次发布。

杂环类农药工业水污染物排放标准（GB 21523—2008）

本标准规定了杂环类农药吡虫啉、三唑酮、多菌灵、百草枯、莠去津、氟虫腈原药生产过程中水污染物排放限值。

本标准适用于吡虫啉、三唑酮、多菌灵、百草枯、莠去津、氟虫腈原药生产企业的污染物排放控制和管理，以及建设项目的环境影响评价、建设项目环境保护设施设计、竣工验收及其运营期的排放管理。

本标准同时适用于环保行政主管部门对生产企业的污染物排放进行监督管理。

环境标志产品技术要求 杀虫气雾剂（HJ/T 423-2008）

本标准对杀虫气雾剂中的产品毒性、苯系物含量、不同类型产品中挥发性有机化合物，提出了限量要求。

本标准规定了杀虫气雾剂环境标志产品的术语和定义、基本 要求、技术内容和检验方法。本标准适用于各类杀虫气雾剂产品。

自本标准实施之日起，HJBZ 20－1997废止。

本标准为指导性标准，适用于中国环境标志产品认证。

环境标志产品技术要求 数字式多功能复印设备（HJ/T 424-2008）

本标准规定了数字式多功能复印设备（以下简称复印设备）环境标志产品的定义、基本要求、技术内容及检验方法。

本标准适用于以复印为其基本功能，使用干式显 影剂、热定影、普通纸的数字式复印机、数字式多功能一体机（多功能数码复印机、多功能数码复合机、多功能打印复印一体机、彩色复印机等）等复印设备。

本标准自实施之日起代替HJBZ 40－2000。

本标准为指导性标准，适用于中国环境标志产品认证。

环境标志产品技术要求 厨柜（HJ/T 432-2008）

本标准对厨柜所用材料的环境指标提出了要求，同时对生产过程中的废物利用以及包装进行了规定。

本标准规定了厨柜类环境标志产品的术语和定义、基本要求、技术内容和检验方法。

本标准适用于各种台面的厨柜与配件，厨房用灶具和水池除外。

本标准为指导性标准，适用于中国环境标志产品认证。

车用压燃式、气体燃料点燃式发动机与汽车车载诊断(OBD)系统技术要求（HJ 437-2008）

本标准规定了装用压燃式发动机汽车及其压燃式发动机、装用以天然气（NG）或液化石油气（LPG）作为燃料的点燃式发动机汽车及其点燃式发动机的车载诊断（OBD）系统技术要求及试验方法。

本标准适用于设计车速大于25km/h的M2、M3、N1、N2和N3类及总质量大于3500kg的M1类机动车装用的压燃式（含气体燃料点燃式）发动机及其车辆的OBD系统的型式核准和生产一致性检查。若装备压燃式（含气体燃料点燃式）发动机的N1和M2类车辆已经按 照GB18352.3－2005《轻型汽车污染物排放限值及测量方法（Ⅲ、Ⅳ）》的规定进行了OBD系统型式核准，则其发动机可不按本标准进行型式核准。

本标准为首次发布。

车用压燃式、气体燃料点燃式发动机与汽车排放控制系统耐久性技术要求（HJ 438-2008）

本标准规定了装用压燃式发动机汽车及其压燃式发动机，以及装用以天然气（NG）或液化石油气（LPG）作为燃料的点燃式发动机汽车及其点燃式发动机的排放控制系统耐久性的技术要求(包括测量方法)。

本标准适用于设计车速大于25km/h的M2、M3、N1、N2和N3类及总质量大于3500kg的M1类机 动车装用的压燃式（含气体燃料点燃式）发动机及其汽车的排放控制系统耐久性的型式核准。若装备压燃式（含气体燃料点燃式）发动机的N1和M2类车辆满足 GB 18352.3-2005《轻型汽车污染物排放限值及测量方法（中国Ⅲ、Ⅳ阶段）》的耐久性技术要求，可不执行本标准。

本标准为首次发布。

车用压燃式、气体燃料点燃式发动机与汽车在用符合性技术要求（HJ 439-2008）

本标准规定了装用压燃式发动机汽车及其压燃式发动机，以及装用以天然气（NG）或液化石油气（LPG）作为燃料的点燃式发动机汽车及其点燃式发动机的在用车/发动机符合性技术要求。

本标准适用于设计车速大于25km/h的M2、M3、N1、N2和N3类及总质量大于3500kg的M1类机动车装用的压燃式（含气体燃料点燃式）发动机及其汽车的在用车/发动机符合性检查。若装备压燃式（含气体燃料点燃式）发动机的N1和M2类车辆已经按照GB 18352.3－2005《轻型汽车污染物排放限值及测量方法（中国Ⅲ、Ⅳ阶段）》的规定进行了在用车符合性检查，可不执行本标准。

本标准为首次发布。

自以上标准实施之日起，下列标准废止：

摩托车排气污染物排放限值及测量方法(工况法)（GB 14622-2002）

轻便摩托车排气污染物排放限值及测量方法(工况法)（GB 18176-2002）

生活垃圾填埋场污染控制标准（GB 16889—1997）

环境标志产品认证技术要求 卫生杀虫气雾剂（HJBZ 20－1997）

环境标志产品认证技术要求 静电复印机（HJBZ 40－2000）

8月1日起施行的环保法规、标准

部门规章

国家危险废物名录（环境保护部令第1号）

具有下列情形之一的固体废物和液态废物，列入本名录：

（一）具有腐蚀性、毒性、易燃性、反应性或者感染性等一种或者几种危险特性的；

（二）不排除具有危险特性，可能对环境或者人体健康造成有害影响，需要按照危险废物进行管理的。

医疗废物属于危险废物。《医疗废物分类目录》根据《医疗废物管理条例》另行制定和公布。

国务院环境保护行政主管部门将根据危险废物环境管理的需要，对本名录进行适时调整并公布。

本名录自2008年8月1日起施行。1998年1月4日原国家环境保护局、国家经济贸易委员会、对外贸易经济合作部、公安部发布的《国家危险废物名录》（环发〔1998〕89号）同时废止。

国家环境保护标准

清洁生产标准 制订技术导则（HJ/T 425-2008）

本标准规定了行业清洁生产标准的框架结构、编制原则、编写规则和工作程序、编制内容和方法以及格式体例的要求。

本标准适用于行业清洁生产标准的编制。

本标准为首次发布。本标准为指导性标准。

清洁生产标准 钢铁行业（烧结）（HJ/T 426-2008）

本标准规定了钢铁行业（烧结）生产企业清洁生产的一般要求。

本标准适用于钢铁行业具有烧结生产工艺企业的清洁生产审核和清洁生产潜力与机会的判断、清洁生产绩效评定和清洁生产绩效公告制度，也适用 于环境影响评价和排污许可证等环境管理制度。

本标准为首次发布。本标准为指导性标准。

清洁生产标准 钢铁行业（高炉炼铁）（HJ/T 427-2008）

本标准规定了钢铁行业（高炉炼铁）生产企业清洁生产的一般要求。

本标准适用于钢铁行业具有高炉炼铁生产工艺企业的清洁生产审核和清洁生产潜力与机会的判断、清洁生产绩效评定和清洁生产绩效公告制度，也适用于环境影响评价和排污许可证等环境管理制度。

本标准为首次发布。本标准为指导性标准。

清洁生产标准 钢铁行业（炼钢）（HJ/T 428-2008）

本标准规定了钢铁行业（炼钢）生产企业清洁生产的一般要求。

本标准适用于钢铁行业具有炼钢生产工序的钢铁企业的清洁生产审核和清洁生产潜力与机会的判断、清洁生产绩效评定和清洁生产绩效公告制度，也适用于环境影响评价和排污许可证等环境管理制度。

本标准为首次发布。本标准为指导性标准。

清洁生产标准 化纤行业（涤纶）（HJ/T 429-2008）

本标准规定了化纤行业(涤纶)生产企业清洁生产的一般要求。

本标准适用于采用对苯二甲酸直接酯化法生产聚酯和以聚酯为原料生产涤纶纤维的企业清洁生产审核和清洁生产潜力与机会的判断，以及清洁生产绩效评定、清洁生产绩效公告制度，也适用于环境影响评价和排污许可证等环境管理制度。

本标准为首次发布。本标准为指导性标准。

清洁生产标准 电石行业（HJ/T 430-2008）

本标准规定了电石行业清洁生产的一般要求。

本标准适用于电石生产企业的清洁生产审核、清洁生产潜力与机会的判断、清洁生产绩效评定和清洁生产绩效公告制度， 也适用于环境影响评价和排污许可证等环境管理制度。

本标准为首次发布。本标准为指导性标准。

建设项目竣工环境保护验收技术规范 港口（HJ 436-2008）

本标准规定了港口建设项目竣工环境保护验收的有关要求和规范。

本标准适用于港口（海港、内河港口）建设项目新建、改建、扩建和技术改造工程竣工环境保护的验收，也可用于建设项目竣工后的日常监督管理。

本标准为首次发布。

制浆造纸工业水污染物排放标准（GB 3544—2008）

本标准规定了制浆造纸企业或生产设施水污染物排放限值。

本标准适用于现有制浆造纸企业或生产设施的水污染物排放管理。

本标准适用于对制浆造纸工业建设项目的环境影响评价、环境保护设施设计、竣工环境保护验收及其投产后的水污染物排放管理。

本标准适用于法律允许的污染物排放行为。新设立污染源的选址和特殊保护区域内现有污染源的管理，按照《中华人民共和国大气污染防治法》、《中华人民共和国水污染防治法》、《中华人民共和国海洋环境保护法》、《中华人民共和 国固体废物污染环境防治法》、《中华人民共和国放射性污染防治法》、《中华人民共和国环境影响评价法》等法律、法规、规章的相关规定执行。

本标准规定的水污染物排放控制要求适用于企业向环境水体的排放行为。

企业向设置污水处理厂的城镇排水系统排放废水时，有毒污染物可吸附有机卤素（AOx）、二噁英在本标准规定的监控位置执行相应的排放限值；其他污染物的排放控制要求由企业与城镇污水处理厂根据其污水处理能力商定或执行相关标准，并报当地环境保护主管部门备案；城镇污水处理厂应保证排放污染物达到相关排放标准要求。建设项目拟向设置污水处理厂的城镇排水系统排放废水时，由建设单位和城镇污水处理厂按前款的规定执行。

自本标准实施之日起，《造纸工业水污染物排放标准》（GB 3544—2001）、《关于修订〈造纸工业水污染物排放标准〉的公告》（环发[2003]152号）废止。

电镀污染物排放标准（GB 21900—2008）

本标准规定了电镀企业和拥有电镀设施的企业的电镀水污染物和大气污染物的排放限值等内容。

本标准适用于现有电镀企业的水污染物排放管理、大气污染物排放管理。

本标准适用于对电镀企业建设项目的环境影响评价、环境保护设施设计、竣工环境保护验收及其投产后的水、大气污染物排放管理。

本标准也适用于阳极氧化表面处理工艺设施。

本标准适用于法律允许的污染物排放行为；新设立污染源的选址和特殊保护区域内现有污染源的管理，按照《中华人民共和国大气污染防治法》、《中华人民共和国水污染防治法》、《中华人民共和国海洋环境保护法》、《中华人民共和国固体废物污染环境防治法》、《中华人民共和国放射性污染防治法》、《中华人民共和国环境影响评价法》等法律、法规、规章的相关规定执行。

本标准规定的水污染物排放控制要求适用于企业向环境水体的排放行为。

企业向设置污水处理厂的城镇排水系统排放废水时，有毒污染物总铬、六价铬、总镍、总镉、总银、总铅、总汞在本标准规定的监控位置执行相应的排放限值；其他污染物的排放控制要求由企业与城镇污水处理厂根据其污水处理能力商定或执行相关标准，并报当地环境保护主管部门备案；城镇污水处理厂应保证排放污染物达到相关排放标准要求。建设项目拟向设置污水处理厂的城镇排水系统排放废水时，由建设单位和城镇污水处理厂按前款的规定执行。

本标准实施之日起，电镀企业水和大气污染物排放控制按本标准的规定执行，不再执行《污水综合排放标准》（GB 8978-1996）和《大气污染物综合排放标准》（GB 16297-1996）中的相关规定。

本标准为首次发布。

羽绒工业水污染物排放标准（GB 21901—2008）

本标准规定了羽绒企业或生产设施水污染物排放限值。

本标准适用于现有羽绒企业或生产设施的水污染物排放管理。

本标准适用于对羽绒工业建设项目的环境影响评价、环境保护设施设计、竣工环境保护验收及其投产后的水污染物排放管理。

本标准适用于法律允许的污染物排放行为。新设立污染源的选址和特殊保护区域内现有污染源的管理，按照《中华人民共和国大气污染防治法》、《中华人民共和国水污染防治法》、《中华人民共和国海洋环境保护法》、《中华人民共和国固体废物污染环境防治法》、《中华人民共和国放射性污染防治法》、《中华人民共和国环境影响评价法》等法律、法规、规章的相关规定执行。

本标准规定的水污染物排放控制要求适用于企业向环境水体的排放行为。

企业向设置污水处理厂的城镇排水系统排放废水时，其污染物的排放控制要求由企业与城镇污水处理厂根据其污水处理能力商定或执行相关标准，并报当地环境保护主管部门备案；城镇污水处理厂应保证排放污染物达到相关排放标准要求。建设项目拟向设置污水处理厂的城镇排水系统排放废水时，由建设单位和城镇污水处理厂按前款的规定执行。

自本标准实施之日起，羽绒工业企业的水污染物排放控制按本标准的规定执行，不再执行《污水综合 排放标准》（GB 8978-1996）中的相关规定。

本标准为首次发布。

合成革与人造革工业污染物排放标准（GB 21902—2008）

本标准规定了合成革与人造革工业企业特征生产工艺和装置水和大气污染物排放限值。

本标准适用于现有合成革与人造革工业企业特征生产工艺和装置的水和大气污染物排放管理。

本标准适用于对合成革与人造革工业建设企业的环境影响评价、环境保护设施设计、竣工环境保护验收及其投产后的水和大气污染物排放管理。

本标准适用于法律允许的污染物排放行为。新设立污染源的选址和特殊保护区域内现有污染源的管理，按照《中华人民共和国大气污染防治法》、《中华人民共和国水污染防治法》、《中华人民共和国海洋环境保护法》、《中华人民共和国固体废物污染环境防治法》、《中华人民共和国放射性污染防治法》、《中华人民共和国环境影响评价法》等法律、法规、规章的相关规定执行。

本标准规定的水污染物排放控制要求适用于企业向环境水体的排放行为。

企业向设置污水处理厂的城镇排水系统排放废水时，其污染物的排放控制要求由企业与城镇污水处理厂根据其污水处理能力商定或执行相关标准，并报当地环境保护主管部门备案；城镇污水处理厂应保证排放污染物达到相关排放标准要求。建设项目拟向设置污水处理厂的城镇排水系统排放废水时，由建设单位和城镇污水处理厂按前款的规定执行。

自本标准实施之日起，合成革与人造革工业企业的水和大气污染物排放控制按本标准的规定执行，不再执行《污水综合排放标准》（GB 8978－1996）和《大气污染物综合排放标准》（GB 16297－1996）中的相关规定。

本标准为首次发布。

发酵类制药工业水污染物排放标准（GB 21903—2008）

本标准规定了发酵类制药工业水污染物的排放限值、监测和监控要求以及标准的实施与监督等相关规定。

本标准适用于发酵类制药工业企业的水污染防治和管理，以及发酵类制药工业建设项目的环境影响评价、环境保护设施设计、竣工环境保护验收及其投产后的水污染防治和管理。

与发酵类药物结构相似的兽药生产企业的水污染防治与管理也适用于本标准。

本标准适用于法律允许的水污染物排放行为。新设立的发酵类制药工业企业的选址和特殊保护区域内现有污染源的管理，按照《中华人民共和国水污染防治法》、《中华人民共和国海洋环境保护法》和《中华人民共和国环境影响评价法》等法律的相关规定执行。

本标准规定的水污染物排放控制要求适用于企业向环境水体的排放行为。

企业向设置污水处理厂的城镇排水系统排放废水时，其污染物的排放控制要求由企业与城镇污水处理厂根据其污水处理能力商定或执行相关标准，并报当地环境保护主管部门备案；城镇污水处理厂应保证排放污染物达到相关排放标准要求。建设项目拟向设置污水处理厂的城镇排水系统排放废水时，由建设单位和城镇污水处理厂按前款的规定执行。

自本标准实施之日起，发酵类制药工业企业的水污染物排放控制按本标准的规定执行，不再执行《污水综 合排放标准》（GB 8978-1996）中的相关规定。

本标准为首次发布。

化学合成类制药工业水污染物排放标准（GB 21904—2008）

本标准规定了化学合成类制药工业水污染物的排放限值、监测和监控要求以及标准的实施与监督等相关规定。

本标准适用于化学合成类制药工业企业的水污染防治和管理，以及化学合成类制药工业建设项目环境影响评价、环境保护设施设计、竣工环境保护验收及其投产后的水污染防治和管理。本标准也适用于专供药物生产的医药中间体工厂（如精细化工厂）。与化学合成类药物结构相似的兽药生产企业的水污染防治与管理也适用于本标准。

本标准适用于法律允许的水污染物排放行为。新设立的化学合成类制药工业企业的选址和特殊保护区域内现有污染源的管理，按照《中华人民共和国水污染防治法》、《中华人民共和国海洋环境保护法》和《中华人民共和国环境影响评价法》等法律的相关规定执行。

本标准规定的水污染物排放控制要求适用于企业向环境水体的排放行为。

企业向设置污水处理厂的城镇排水系统排放废水时，有毒污染物总镉、烷基汞、六价铬、总砷、总铅、总镍、总汞在本标准规定的监控位置执行相应的排放限值；其他污染物的排放控制要求由企业与城 镇污水处理厂根据其污水处理能力商定或执行相关标准，并报当地环境保护主管部门备案；城镇污水处理厂应保证排放污染物达到相关排放标准要求。建设项目拟向设置污水处理厂的城镇排水系统排放废水时，由建设单位和城镇污水处理厂按前款的规定执行。

自本标准实施之日起，化学合成类制药工业企业的水污染物排放控制按本标准的规定执行，不再执行《污水综合排放标准》（GB 8978-1996）中的相关规定。

本标准为首次发布。

提取类制药工业水污染物排放标准（GB 21905—2008）

本标准规定了提取类制药（不含中药）工业企业水污染物的排放限值、监测和监控要求以及标准的实施与监督等相关规定。

本标准适用于提取类制药工业企业的水污染防治和管理，以及提取类制药工业建设项目的环境影响评价、环境保护设施设计、竣工环境保护验收及其投产后的水污染防治和管理。与提取类制药生产企业生产药物结构相似的兽药生产企业的水污染防治和管理也适用于本标准。

本标准适用于不经过化学修饰或人工合成提取的生化药物、以动植物提取为主的天然药物和海洋生物提取药物生产企业。本标准不适用于用化学合成、半合成等方法制得的生化基本物质的衍生物或类似物、菌体及其提取物、动物器官或组织及小动物制剂类药物的生产企业。

本标准适用于法律允许的水污染物排放行为。新设立的提取类制药工业企业的选址和特殊保护区域内现有污染源的管理，按照《中华人民共和国水污染防治法》、《中华人民共和国海洋环境保护法》和《中华人民共和国环境影响评价法》等法律的相关规定执行。

本标准规定的水污染物排放控制要求适用于企业向环境水体的排放行为。企业向设置污水处理厂的城镇排水系统排放废水时，其污染物的排放控制要求由企业与城镇污水处理厂根据其污水处理能力商定或执行相关标准，并报当地环境保护主管部门备案；城镇污水处理厂应保证排放污染物达到相关排放标准要求。建设项目拟向设置污水处理厂的城镇排水系统排放废水时，由建设单位和城镇污水处理厂按前款的规定执行。

自本标准实施之日起，提取类制药工业企业的水污染物排放控制按本标准的规定执行，不再执行《污水综合排放标准》（GB 8978-1996）中的相关规定。

本标准为首次发布。

中药类制药工业水污染物排放标准（GB 21906—2008）

本标准规定了中药类制药工业水污染物的排放限值、监测和监控要求以及标准的实施与监督等相关规定。

本标准适用于中药类制药工业企业的水污染防治和管理，以及中药类制药工业建设项目的环境影响评价、环境保护设施设计、竣工环境保护验收及其投产后的水污染防治和管理。

本标准适用于以药用植物和药用动物为主要原料，按照国家药典，生产中药饮片和中成药各种剂型产品的制药工业企业。藏药、蒙药等民族传统医药制药工业企业以及与中药类药物相似的兽药生产企业的水污染防治与管理也适用于本标准。当中药类制药工业企业提取某种特定药物成分时，应执行提取类制药工业水污染物排放标准。

本标准适用于法律允许的水污染物排放行为。新设立的中药类制药工业企业的选址和特殊保护区域内现有污染源的管理，按照《中华人民共和国水污染防治法》、《中华人民共和国海洋环境保护法》和《中华人民共和国环境影响评价法》等法律的相关规定执行。

本标准规定的水污染物排放控制要求适用于企业向环境水体的排放行为。

企业向设置污水处理厂的城镇排水系统排放废水时，有毒污染物总汞、总砷在本标准规定的监控位置执行相应的排放限值；其他污染物的排放控制要求由企业与城镇污水处理厂根据其污水处理能力商定或执行相关标准，并报当地环境保护主管部门备案；城镇污水处理厂应保证排放污染物达到相关排放标准要求。建设项目拟向设置污水处理厂的城镇排水系统排放废水时，由建设单位和城镇污水处理厂按前款的规定执行。

自本标准实施之日起，中药类制药工业企业的水污染物排放控制按本标准的规定执行，不再执行《污水综 合排放标准》（GB 8978-1996）中的相关规定。

本标准为首次发布。

生物工程类制药工业水污染物排放标准（GB 21907—2008）

本标准规定了生物工程类制药工业企业水污染物的排放限值、监测和监控要求以及标准的实施与监督等相关规定。

本标准适用于生物工程类制药工业企业的水污染防治和管理，以及生物工程类制药工业建设项目的环境影响评价、环境保护设施设计、竣工环境保护验收及其投产后的水污染防治和管理。

本标准适用于采用现代生物技术方法（主要是基因工程技术等）制备作为治疗、诊断等用途的多肽和蛋白质类药物、疫苗等药品的企业。本标准不适用于利用传统微生物发酵技术制备抗生素、维生素等药物的生产企业。生物工程类制药的研发机构可参照本标准执行。利用相似生物工程技术制备兽用药物的企业的水污染物防治与管理也适用于本标准。

本标准适用于法律允许的水污染物排放行为。新设立的生物工程类制药工业企业的选址和特殊保护区域内现有污染源的管理，按照《中华人民共和国水污染防治法》和《中华人民共和国海洋环境保护法》和《中华人民共和国环境影响评价法》等法律的相关规定执行。

本标准规定的水污染物排放控制要求适用于企业向环境水体的排放行为。

企业向设置污水处理厂的城镇排水系统排放废水时，其污染物的排放控制要求由企业与城镇污水处理厂根据其污水处理能力商定或执行相关标准，并报当地环境保护主管部门备案；城镇污水处理厂应保证排放污染物达到相关排放标准要求。建设项目拟向设置污水处理厂的城镇排水系统排放废水时，由建设单位和城镇污水处理厂按前款的规定执行。

自本标准实施之日起，生物工程类制药工业企业的水污染物排放控制按本标准的规定执行，不再执行《污水综合排放标准》（GB 8978-1996）中的相关规定。

本标准为首次发布。

混装制剂类制药工业水污染物排放标准（GB 21908—2008)

本标准规定了混装制剂类制药工业企业水污染物的排放限值、监测和监控要求以及标准的实施与监督等相关规定。

本标准适用于混装制剂类制药工业企业的水污染防治和管理，以及混装制剂类制药工业建设项目的环境影响评价、环境保护设施设计、竣工环境保护验收和建成投产后的水污染防治和管理。通过混合、加工和配制，将药物活性成分制成兽药的生产企业的水污染防治和管理也适用于本标准。本标准不适用于中成药制药企业。

本标准适用于法律允许的污染物排放行为。新设立的混装制剂类制药工业企业的选址和特殊保护区域内现有污染源的管理，按照《中华人民共和国水污染防治法》、《中华人民共和国海洋环境保护法》、《中华人民共和国环境影响评价法》等法律的相关规定执行。

本标准规定的水污染物排放控制要求适用于企业向环境水体的排放行为。

企业向设置污水处理厂的城镇排水系统排放废水时，其污染物的排放控制要求由企业与城镇污水处理厂根据其污水处理能力商定或执行相关标准，并报当地环境保护主管部门备案；城镇污水处理厂应保证排放污染物达到相关排放标准要求。建设项目拟向设 置污水处理厂的城镇排水系统排放废水时，由建设单位和城镇污水处理厂按前款的规定执行。

自本标准实施之日起，混装制剂类制药工业企业的水污染物排放控制按 本标准的规定执行，不再执行《污水综合排放标准》（GB 8978-1996）中的相关规定。

本标准为首次发布。

制糖工业水污染物排放标准（GB 21909—2008)

本标准规定了制糖企业或生产设施水污染物排放限值。

本标准适用于现有制糖企业或生产设施的水污染物排放管理。

本标准适用于对制糖工业建设项目的环境影响评价、环境保护设施设计、竣工环境保护验收及其投产后的水污染物排放管理。

本标准适用于法律允许的污染物排放行为。新设立污染源的选址和特殊保护区域内现有污染源的管理，按照《中华人民共和国大气污染防治法》、《中华人民共和国水污染防治法》、《中华人民共和国海洋环境保护法》、《中华人民共和国固体废物污染环境防治法》、《中华人民共和国放射性污染防治法》、《中华人民共和国环境影响评价法》等法律、法规、规章的相关规定执行。

本标准规定的水污染物排放控制要求适用于企业向环境水体的排放行为。

企业向设置污水处理厂的城镇排水系统排放废水时，其污染物的排放控制要求由企业与城镇污水处理厂根据其污水处理能力商定或执行相关标准，并报当地环境保护主管部门备案；城镇污水处理厂应保证排放污染物达到相关排放标准要求。建设项目拟向设置污水处理厂的城镇排水系统排放废水时，由建设单位和城镇污水处理厂按前款的规定执行。

自本标准实施之日起，制糖工业企业的水污染物排放控制按本标准的规定执行，不再执行《污水综合排放标准》（GB 8978-1996）中的相关规定。

本标准为首次发布。

自以上规章、标准实施之日起，下列规章、标准废止：

《国家危险废物名录》（环发〔1998〕89号）

造纸工业水污染物排放标准（GB 3544－2001）

9月1日起施行的国家环境保护标准

国家环境保护标准

水泥工业除尘工程技术规范（HJ 434-2008)

本标准规定了水泥工业除尘工程设计、施工、验收和运行的技术要求。

本标准适用于水泥工业新建、改建、扩建除尘工程从设计、施工到验收、运行的全过程管理和已建除尘工程的运行管理，可作为水泥工业建设项目环境影响评价、环境保护设施设计与施工、建设项目竣工环境保护验收及建成后运行与管理的技术依据。

本标准为首次发布。

钢铁工业除尘工程技术规范（HJ 435-2008）

本标准规定了钢铁工业主要生产工艺中烟（粉）尘的治理原则和措施，以及除尘工程设计、施工、验收和运行的技术要求。

本标准适用于钢铁工业新建、改建、扩建除尘工程从设计、施工到验收、运行的全过程管理和已建除尘工程的运行管理，可作为钢铁工业建设项目环境影响评价、环境保护设施设计与施工、建设项目竣工环 境保护验收及建成后运行与管理的技术依据。

本标准为首次发布。

环境标志产品技术要求 建筑装饰装修工程（HJ 440-2008）

本标准规定了建筑装饰装修工程的术语和定义、基本要求、技术内容及其检验方法。

本标准适用于新建、扩建和改建的民用建筑装饰装修工程，通常分为单位工程和单项工程（建筑群），可按需要分为规划设计阶段和验收阶段两个阶段实施。

本标准适用于中国环境标志产品认证。

10月1日起施行的环保法规、标准

部门规章

建设项目环境影响评价分类管理名录（环境保护部令第2号）

国家根据建设项目对环境的影响程度，对建设项目的环境影响评价实行分类管理。

建设单位应当按照本名录的规定，分别组织编制环境影响报告书、环境影响报告表或者填报环境影响登记表。

建设项目所处环境的敏感性质和敏感程度，是确定建设项目环境影响评价类别的重要依据。

跨行业、复合型建设项目，其环境影响评价类别按其中单项等级最高的确定。

本名录未作规定的建设项目，其环境影响评价类别由省级环境保护行政主管部门根据建设项目的污染因子、生态影响因子特征及其所处环境的敏感性质和敏感程度提出建议，报国务院环境保护行政主管部门认定。

本名录由国务院环境保护行政主管部门负责解释，并适时修订公布。

本名录自2008年10月1日起施行。《建设项目环境保护分类管理名录》（国家环境保护总局令第14号）同时废止。

国家环境保护标准

声环境质量标准（GB 3096-2008）

本标准规定了五类声环境功能区的环境噪声限值及测量方法。

按有关法律规定，本标准具有强制执行的效力。

本标准适用于声环境质量评价与管理。机场周围区域受飞机通过（起飞、降落、低空飞越）噪声的影响，不适用于本标准。

本标准是对GB 3096-93《城市区域环境噪声标准》和GB／T 14623-93《城市区域环境噪声测量方法》的修订。本标准自实施之日起，GB 3096-93和GB／T 14623-93废止。

工业企业厂界环境噪声排放标准（GB 12348-2008）

本标准规定了工业企业和固定设备厂界环境噪声排放限值及其测量方法。

按有关法律规定，本标准具有强制执行的效力。

本标准适用于工业企业噪声排放的管理、评价及控制。机关、事业单位、团体等对外环境排放噪声的单位也按本标准执行。

本标准自实施之日起代替《工业企业厂界噪声标准》（GB12348-90）和《工业企业厂界噪声测量方法》（GB12349 -90）。

社会生活环境噪声排放标准（GB 22337-2008）

本标准根据现行法律对社会生活噪声污染源达标排放义务的规定，对营业性文化娱乐场所和商业经营活动中可能产生环境噪声污染的设备、设施规定了边界噪声排放限值和测量方法。

按有关法律规定，本标准具有强制执行的效力。

本标准适用于对营业性文化娱乐场所、商业经营活动中使用的向环境排放噪声的设备、设施的管理、评价与控制。

本标准为首次发布。

自以上规章、标准实施之日起，下列规章、标准废止：

《建设项目环境保护分类管理名录》（国家环境保护总局令第14号）

城市区域环境噪声标准（GB 3096-93）

城市区域环境噪声测量方法（GB/T 14623-93）

工业企业厂界噪声标准（GB 12348-90）

工业企业厂界噪声测量方法（GB 12349-90）

11月1日起施行的国家环境保护标准

国家环境保护标准

清洁生产标准 石油炼制业（沥青）（HJ 443-2008)

本标准规定了在达到国家和地方环境标准的基础上，根据当前的行业技术、装备水平和管理水平，石油炼制业沥青生产企业清洁生产的一般要求。

本标准将清洁生产标准分为四类，即生产工艺与装备要求、资源能源利用指标、污染物产生指标（末端处理前）和环境管理要求。

本标准适用于以石油为原料用连续氧化法（氧化沥青装置）和溶剂法（丙烷、丁烷脱沥青装置）生产沥青企业的清洁生产审核、清洁生产潜力与机会的判断、清洁生产绩效评定和清洁生产绩效公告制度，也适用于环境影响评价和排污许可证等环境管理制度。以蒸馏法生产沥青的企业不适用本标准。

本标准为首次发布。

清洁生产标准 味精工业（HJ 444-2008)

本标准规定了在达到国家和地方环境标准的基础上，根据当前的行业技术、装备水平和管理水平，味精工业企业清洁生产的一般要求。

本标准将清洁生产标准指标分成五类，即生产技术特征指标、资源能源利用指标、污染物产生指标（末端处理前）、废物回收利用指标和环境管理要求。

本标准适用于味精（以玉米为原料）工业的企业的清洁生产审核、清洁生产潜力与机会的判断，以及清洁生产绩效评定和清洁生产绩效公告制度，也适用于环境影响评价、排污许可证管理等环境管理制度。

本标准为首次发布。

清洁生产标准 淀粉工业（HJ 445-2008)

本标准规定了在达到国家和地方环境标准的基础上，根据当前的行业技术、装备水平和管理水平，淀粉工业（玉米淀粉）企业清洁生产的一般要求。

本标准将清洁生产标准指标分成五类，即生产工艺与装备要求、资源能源利用指标、污染物产生指标（末端处理 前）、废物回收利用指标和环境管理要求。

本标准适用于玉米淀粉生产企业的清洁生产审核、清洁生产潜力与机会的判断，以及清洁生产绩效评定和清洁生产绩效公告制度，也适用于环境影响评价、排污许可证管理等环境管理制度。

本标准为首次发布。

2009年1月1日起施行的国家环境保护标准

国家环境保护标准

近岸海域环境监测规范（HJ 442－2008)

为贯彻《中华人民共和国环境保护法》、《中华人民共和国海洋环境保护法》、《中华人民共和国防治陆源污染物污染损害海洋环境管理条例》、《中华人民共和国防治海岸工程建设项目污染损害海洋环境管理条例》和《近岸海域环境功能区管理办法》，防治海洋环境污染，改善海域生态环境质量，切实履行法律法规赋予各级环境保护部门的职责，规范全国近岸海域环境监测工作，落实《中华人民共和国环境保护法》中关于国务院环境保护行政主管部门建立监测制度、制定监测规范的规定，制定本标准。

本标准规定了开展近岸海域环境监测过程中的站位布设、样品采集、保存、运输、实验室分析、质量保证等各个环节以及监测方案和监测报告编制的一般要求。

本标准适用于全国近岸海域的海洋水质监测、海洋沉积物质量监测、海洋生物监测、潮间带生态监测、海洋生物体污染物残留量监测等环境质量例行监测以及近岸海域环境功能区环境质量监测、海滨浴场水质监测、陆域直排海污染源环境影响监测、大型海岸工程环境影响监测和赤潮多发区环境监测等专题监测。

近岸海域环境应急监测和科研监测等可参照本标准执行。

2009年2月1日起施行的国家环境保护标准

国家环境保护标准

清洁生产标准 煤炭采选业（HJ 446-2008)

为贯彻《中华人民共和国环境保护法》和《中华人民共和国清洁生产促进法》，保护环境，为煤炭采选业开展清洁生产提供技术支持和导向，制定本标准。

本标准规定了在达到国家和地方环境标准的基础上，根据当前的行业技术、装备水平和管理水平，煤炭采选业清洁生产的一般要求。

本标准分为三级，一级代表国际清洁生产先进水平，二级代表国内清洁生产先进水平，三级代表国内清洁生产基本水平。随着技术的不断进步和发展，本标准也将不断修订，一般每三到五年修订一次。

本标准规定了煤炭采选业清洁生产的一般要求。本标准将清洁生产标准指标分为七类，即生产工艺与装备要求、资源能源利用指标、产品指标、污染物产生指标（末端处理前）、废物回收利用指标、矿山生态保护、环境管理要求。

本标准适用于煤炭采选业的清洁生产审核、清洁生产潜力与机会的判断，以及清洁生产绩效评定和清洁 生产绩效公告制度，也适用于环境影响评价和排污许可证等环境管理制度。

本标准为首次发布。

清洁生产标准 铅蓄电池工业（HJ 447-2008）

为贯彻《中华人民共和国环境保护法》和《中华人民共和国清洁生产促进法》，保护环境，为铅蓄电池工业开展清洁生产提供技术支持和导向，制定本标准。

本标准规定了在达到国家和地方环境标准的基础上，根据当前的行业技术、装备水平和管理水平，铅蓄电池工业企业清洁生产的一般要求。

本标准分为三级，一级代表国际清洁生产先进水平，二级代表国内清洁生产先进水平，三级代表国内清洁生产基本水平。由于技术在不断进步和发展，本标准也将不断修订，一般三到五年修订一次。

本标准规定了铅蓄电池工业清洁生产的一般要求。本标准将清洁生产标准分成五类，即生产工艺与装备要求、资源能源利用指标、产品指标、污染物产生指标（末端处理前）和环境管理要求。

本标准适用于铅蓄电池生产企业的清洁生产审核、清洁生产潜力与机会的判断，以及清洁生产绩效评定和清洁生产绩效公告制度，也适用于环境影响评价、排污许可证管理等环境管理制度。

本标准为首次发布。

清洁生产标准 制革工业（牛轻革）（HJ 448-2008）

为贯彻《中华人民共和国环境保护法》和《中华人民共和国清洁生产促进法》，保护环境，为制革工业（牛轻革）开展清洁生产提供技术支持和导向，制定本标准。

本标准规定了在达到国家和地方环境标准的基础上，根据当前的行业技术、装备水平和管理水平，制革工业（牛轻革）企业清洁生产的一般要求。

本标准分为三级，一级代表国际清洁生产先进水平，二级代表国内清洁生产先进水平，三级代表国内清洁生产基本水平。由于技术在不断进步和发展，本标准也将不断修订，一般三到五年修订一次。

本标准规定了制革工业（牛轻革）清洁生产的一般要求。本标准将清洁生产标准指标分成六类，即生产工艺与装备要求、资源能源利用指标、产品指标、污染物产生指标（末端处理前）、废物回收利用指标和环境管理要求。

本标准适用于制革工业（牛轻革）生产企业的清洁生产审核、清洁生产潜力与机会的判断，以及清洁生产绩效评定和清洁生产绩效公告制度，也适用于环境影响评价、排污许可证管理等环境管理制度。

本标准为首次发布。

清洁生产标准 合成革工业（HJ 449-2008）

为贯彻《中华人民共和国环境保护法》和《中华人民共和国清洁生产促进法》，保护环境，为合成革企业开展清洁生产提供技术支持和导向，制定本标准。

本标准规定了在达到国家和地方环境标准的基础上，根据当前的行业技术、装备水平和管理水平，合成革工业企业清洁生产的一般要求。

本标准分为三级，一级代表国际清洁生产先进水平，二级代表国内清洁生产先进水平，三级代表国内清洁生产基本水平。由于技术在不断进步和发展，本标准也将不断修订，一般三到五年修订一次。

本标准规定了合成革工业清洁生产的一般要求。本标准将清洁生产标准指标分成五类，即生产工艺与装备要求、资源能源利用指标、污染物产生指标（末端处理前）、废物回收利用指标和环境管理要求。

本标准适用于合成革（以聚氨酯为主要原料，不包括超纤基材）行业企业的清洁生产审核、清洁生产潜力与机会的判断，以及清洁生产绩效评定和清洁生产绩效公告制度，也适用于环境影响评价和排污许可证等环境管理制度。

本标准为首次发布。

清洁生产标准 印制电路板制造业（HJ 450-2008）

为贯彻《中华人民共和国环境保护法》和《中华人民共和国清洁生产促进法》，保护环境，印制电路板制造业开展清洁生产提供技术支持和导向，制定本标准。

本标准规定了在达到国家和地方环境标准的基础上，根据当前的行业技术、装备水平和管理水平，印制电路板制造业企业清洁生产的一般要求。

本标准分三级，一级代表国际清洁生产先进水平，二级代表国内清洁生产先进水平，三级代表国内清洁生产基本水平。随着技术的不断进步和发展，本标准也将不断修订，一般三至五年修订一次。

本标准规定了印制电路板制造业清洁生产的一般要求。本标准将清洁生产指标分为五类，即生产工艺与装备要求、资源能源利用指标、污染物产生指标（末端处理前）、废物回收利用指标和环境管理要求等。本标准适用于印制电路板制造企业的清洁生产审核、清洁生产潜力与机会的判断，以及清洁生产绩效评定和清洁生产绩效公告制度，也适用于环境影响评价和排污许可证等环境管理制度。

本标准为首次发布。

自本标准实施之日起，《清洁生产标准 电镀行业》（HJ/T 314-2006）中涉及有关“印制电路板类”指标要求将被代替。

《清洁生产标准 电镀行业》（HJ/T 314—2006）**修改方案**

为贯彻《中华人民共和国环境保护法》和《中华人民共和国清洁生产促进法》，保护环境，防治污染，提高企业清洁生产水平，我部决定对国家环境保护标准《清洁生产标准 电镀行业》（HJ/T314-2006）进行修改。现公布修改方案，自2009年2月1日起实施。

2009年3月1日起施行的环保法规、标准

部门规章

建设项目环境影响评价文件分级审批规定（中华人民共和国环境保护部令第5号）

为进一步加强和规范建设项目环境影响评价文件审批，提高审批效率，明确审批权责，根据《环境影响评价法》等有关规定，制定本规定。

建设对环境有影响的项目，不论投资主体、资金来源、项目性质和投资规模，其环境影响评价文件均应按照本规定确定分级审批权限。

各级环境保护部门负责建设项目环境影响评价文件的审批工作。

建设项目环境影响评价文件的分级审批权限，原则上按照建设项目的审批、核准和备案权限及建设项目对环境的影响性质和程度确定。

本规定自2009年3月1日起施行。2002年11月1日原国家环境保护总局发布的《建设项目环境影响评价文件分级审批规定》（原国家环境保护总局令第15号）同时废止。

相关链接：关于发布《环境保护部直接审批环境影响评价文件的建设项目目录》及《环境保护部委托省级环境保护部门审批环境影响评价文件的建设项目目录》的公告（环境保护部公告 2009年 第7号）

国家环境保护标准

环境保护产品技术要求 柴油车排气后处理装置（HJ 451－2008)

为贯彻《中华人民共和国环境保护法》和《中华人民共和国大气污染防治法》，控制汽车排气污染物的排放，改善环境空气质量，制定本标准。

本标准参照采用《汽油车用催化转化器的技术要求和试验方法》（GB/T 18377）体系结构以及《北京市柴油车颗粒物排放治理技术指南》有关技术内容。

本标准规定了柴油车排气后处理装置的主要技术要求和试验方法。

本标准适用于柴油车发动机排气后处理装置，包括氧化型催化转化器（DOC）、颗粒过滤器（DPF）、选择性催化还原装置（SCR）。由以上基本后处理装置单元衍生组合的装置参照本标准执行。

本标准为首次发布。

清洁生产标准 葡萄酒制造业（HJ 452 -2008)

为贯彻《中华人民共和国环境保护法》和《中华人民共和国清洁生产促进法》，保护环境，为葡萄酒制造业开展清洁生产提供技术支持和导向，制定本标准。

本标准规定了葡萄酒制造企业在达到国家和地方污染物排放标准的基础上，根据当前的行业技术、装备水平和管理现状，清洁生产的一般要求。

本标准分三级，一级代表国际清洁生产先进水平，二级代表国内清洁生产先进水平，三级代表国内清洁生产基本水平。随着技术的不断进步和发展，本标准也将不断修订，一般三至五年修订一次。

本标准规定了葡萄酒制造业清洁生产的一般要求。本标准将清洁生产指标分为五类，即生产工艺与装备要求、资源能源利用指标、污染物产生指标（末端处理前）、废物回收利用指标和环境管理要求。

本标准适用于葡萄酒制造业和葡萄原酒制造业的清洁生产审核、清洁生产潜力与机会的判断、清洁生产绩效评定和清洁生产绩效公告制度，也适用于环境影响评价、排污许可证管理等环境管理制度。

本标准为首次发布。

2009年4月1日起施行的国家环境保护标准

国家环境保护标准

环境影响评价技术导则 城市轨道交通（HJ 453-2008)

为贯彻《中华人民共和国环境保护法》、《中华人民共和国环境影响评价法》和《建设项目环境保护管理条例》，防治环境污染，改善环境质量，规范城市轨道交通工程环境影响评价工作，制定本标准。

本标准规定了城市轨道交通建设项目环境影响评价的原则、内容、方法和要求。

本标准适用于地铁、轻轨等轮轨导向系统的城 市轨道交通建设项目环境影响评价，单轨、有轨电车、自动导轨、直线电机轨道交通建设项目环境影响评价参照本标准执行。

本标准不适用于磁浮轨道交通系统。

环境影响评价技术导则 大气环境（HJ 2.2-2008)

为贯彻《中华人民共和国环境保护法》、《中华人民共和国环境影响评价法》、《中华人民共和国大气污染防治法》和《建设项目环境保护管理条例》，防治大气污染，改善环境质量，指导建设项目大气环境影响评价工作，制定本标准。

本标准规定了大气环境影响评价的一般性原则、内容、工作程序、方法和要求。

本标准适用于建设项目地新建或改、扩建工程的大气环境影响评价。区域和规划的大气环境影响评价可参照使用。

本标准是对《环境影响评价技术导则 大气环境》（HJ/T2.2-93）的第一次修订。主要修订内容有：评价工作分级和评价范围确定方法，环境空气质量现状调查内容与要求，气象观测资料调查内容与要求，大气环境影响预测与评价方法及要求，环境影响预测推荐模式等。

本标准自实施之日起，《环境影响评价技术导则 大气环境》（HJ/T 2.2-93）废止。

水质 二噁英类的测定 同位素稀释高分辨气相色谱-高分辨质谱法（HJ 77.1－2008）

为贯彻《中华人民共和国环境保护法》和《中华人民共和国水污染防治法》，保护环境，保障人体健康，规范水质中二噁英类的测定方法，制定本标准。

本标准规定了水质中二噁英类的同位素稀释高分辨气相色谱-高分辨质谱测定法。

本标准是对《多氯代二苯并二噁英和多氯代二苯并呋喃的测定 同位素稀释高分辨毛细管气相色谱/高分辨质谱法》（HJ/T 77-2001）的修订。自本标准实施之日起，替代HJ/T 77-2001中液态样品测定部分。

本标准适用于原水、废水、饮用水与工业生产用水中二噁英类污染物的采样、样品处理及其定性和定量分析。

环境空气和废气 二噁英类的测定 同位素稀释高分辨气相色谱－高分辨质谱法（HJ 77.2－2008）

为贯彻《中华人民共和国环境保护法》和《中华人民共和国大气污染防治法》，保护环境，保障人体健康，规范环境空气和废气中二噁英类的测定方法，制定本标准。

本标准规定了环境空气和废气中二噁英类的同位素稀释高分辨气相色谱-高分辨质谱测定法。

本标准是对《多氯代二苯并二噁英和多氯代二苯并呋喃的测定 同位素稀释高分辨毛细管气相色谱/高分辨质谱法》（HJ/T 77-2001）的修订。自本标准实施之日起，替代HJ/ T77-2001中气态样品测定部分。

本标准适用于环境空气中二噁英类污染物的采样、样品处理及其定性和定量分析。

本标准适用于固定源排放废气中二噁英类 污染物的采样、样品处理及其定性和定量分析。

固体废物 二噁英类的测定 同位素稀释高分辨气相色谱-高分辨质谱法（HJ 77.3－2008）

为贯彻《中华人民共和国环境保护法》和《中华人民共和国固体废物污染环境防治法》，保护环境，保障人民健康，规范固体废物中二噁英类的测定方法，制定本标准。

本标准规定了固体废物中二噁英类的同位素稀释高分辨气相色谱-高分辨质谱测定法。

本标准是对《多氯代二苯并二噁英和多氯代二苯并呋喃的测定 同位素稀释高分辨毛细管气相色谱/高分辨质谱法》（HJ/T 77-2001）的修订。自本标准实施之日起，替代HJ/T 77-2001中固体废物测定部分。

本标准适用于固体废物中二噁英类污染物的采样、样品处理及其定性和定量分析，但不适用于置于容器中的气态物品、物质的固体废物分析。

土壤和沉积物 二噁英类的测定 同位素稀释高分辨气相色谱-高分辨质谱法（HJ 77.4－2008）

为贯彻《中华人民共和国环境保护法》，保护环境，保障人民健康，规范土壤及沉积物中二噁英类的测定方法，制定本标准。

本标准规定了土壤及沉积物中二噁英类的同位素稀释高分辨气相色谱-高分辨质谱测定法。

本标准是对《多氯代二苯并二噁英和多氯代二苯并呋喃的测定 同位素稀释高分辨毛细管气相色谱/高分辨质谱法》（HJ/T 77-2001）的修订。自本标准实施之日起，替代HJ/T 77-2001中土壤及沉积物样品测定部分。

本标准适用于全国区域土壤背景、农田土壤环境、建设项目土壤环境评价、土壤污染事故以及河流、湖泊与海洋沉积物的环境调查中的二噁英类分析。

自以上标准实施之日起，下列标准废止：

环境影响评价技术导则 大气环境（HJ/T 2.2-93）

多氯代二苯并二恶英和多氯代二苯并呋喃的测定 同位素稀释高分辨率毛细管气相色谱/高分辨质谱法（HJ/T 77-2001）

2009年5月1日起施行的国家环境保护标准

国家环境保护标准

环境标志产品技术要求 编制技术导则（HJ 454-2009）

为贯彻《中华人民共和国环境保护法》，规范环境标志产品技术要求（以下简称环境标志标准）的编制，提高环境标志标准制修订工作水平，制定本标准。

本标准规定了环境标志标准的编制原则、编制程序与方法、构成要素及标准文本、编制说明的编制要求等内容。

本标准适用于环境标志标准的制修订工作。

本标准为首次发布。

环境标志产品技术要求 防水卷材（HJ 455-2009）

为贯彻《中华人民共和国环境保护法》，有效利用和节约资源，减少防水卷材在生产、使用过程中对环境和人体健康的影响，制定本标准。

本标准规定了防水卷材环境标志产品基本要求、技术内容和检验方法。

本标准对防水卷材中持续性有机污染物、邻苯二甲酸酯、煤沥青提出了不得人为添加的要求，对产品的可溶出重金属含量、所用矿物油中的芳香烃提出了限制要求。

本标准适用于改性沥青类防水卷材、高分子防水卷材、膨润土防水毯。

本标准不适用于石油沥青纸胎油毡、沥青复合胎柔性防水卷材、聚氯乙烯防水卷材。

本标准适用于中国环境标志产品认证。

环境标志产品技术要求 刚性防水材料（HJ 456-2009)

为贯彻《中华人民共和国环境保护法》，有效利用和节约资源，减少刚性防水材料在生产、使用过程中对环境和人体健康的影响，制定本标准。

本标准对刚性防水材料的有害元素及其化合物提出了不得人为添加的要求，对产品的有害物质和放射性等提出了限值要求。

本标准规定了刚性防水材料环境标志产品的术语和定义、基本要求、技术内容和检验方法。

本标准适用于无机堵漏防水材料、聚合物水泥防水砂浆和水泥基渗透结晶型防水材料。

本标准适用于中国环境标志产品认证。

环境标志产品技术要求 防水涂料（HJ 457-2009)

为贯彻《中华人民共和国环境保护法》，有效利用和节约资源，减少防水涂料在生产、使用过程中对环境和人体健康的影响，制定本标准。

本标准对防水涂料中乙二醇醚及其酯类、邻苯二甲酸酯、二元胺、烷基酚聚氧乙烯醚、支链十二烷基苯磺酸钠烃类、酮类、卤代烃类溶剂提出了不得人为添加的要求，并对挥发性有机化合物、放射性、甲醛、苯、苯类溶剂、固化剂中游离甲苯二异氰酸酯等物质提出了限值要求。

本标准规定了防水涂料环境标志产品的术语和定义、基本要求、技术内容和检验方法。

本标准适用于挥发固化型防水涂料（双组分聚合物水泥防水涂料、单组分丙烯酸酯聚合物乳液防水涂料）和反应固化型防水涂料（聚氨酯防水涂料、改性环氧防水涂料、聚脲防水涂料）。

本标准不适用于煤焦油聚氨酯防水涂料。

本标准适用于中国环境标志产品认证。

环境标志产品技术要求 家用洗涤剂（HJ 458-2009)

为贯彻《中华人民共和国环境保护法》，减少家用洗涤剂在生产和使用过程中对环境和人体健康的影响，保护环境，制定本标准。

本标准对家用洗涤剂中表面活性剂生物降解度、磷酸盐、含氯漂白剂、甲醛、溶剂、色素、包装材料及使用说明等提出了要求。

本标准规定了家用洗涤剂类环境标志产品的基本要求、技术内容和检验方法。

本标准适用于家用洗涤剂，包括织物洗涤剂和护理剂、餐具和果蔬用洗涤剂、硬表面清洗剂和洗手液。

本标准适用于中国环境标志产品认证。

本标准自 2009年5月1日起实施，自实施之日起代替HJBZ 8-1999。

环境标志产品技术要求 木质门和钢质门（HJ 459-2009)

为贯彻《中华人民共和国环境保护法》，减少木质门和钢质门生产、使用过程中对环境和人体健康的影响，降低建筑能耗，保护居住环境质量，制定本标准。

本标准对木质门和钢质门的使用材料（木材、人造板材、涂料、胶黏剂、覆膜材料）、甲醛释放限量、空气声隔声性能和气密性能、生产过程中废弃物回收利用以及包装材料等提出了要求。

本标准规定了木质门和钢质门环境标志产品的基本要求、技术内容和检验方法。

本标准适用于木质门、钢质门和钢木复合门。

本标准适用于中国环境标志产品认证。

自以上标准实施之日起，下列标准废止：

环境标志产品认证技术要求 洗涤剂（HJBZ 8-1999）

2009年6月1日起施行的国家环境保护标准

国家环境保护标准

环境信息网络建设规范(HJ 460—2009)

为加强和规范全国环境信息网络的统一建设、管理，实现全国环境保护部门网络互联互通，保障环境业务数据的实时、有效传输，为环境保护管理和决策提供信息服务，制定本标准。

本标准规定了全国环境信息三级骨干网络网际互连，以及全国信息网络建设的原则、基本流程、骨干网络建设、局域网络建设，IP地址和域名规划，机房建设等技术要求。

本标准适用于环境保护部、各省、自治区、直辖市环境保护厅（局）、新疆生产建设兵团环境保护局和地市级环境保护局环境信息网络建设工作。区、县级环境保护局及各级环境保护部门直属单位、派出机构亦可参照执行。

环境信息网络管理维护规范(HJ 461－2009)

为规范各级环境保护部门网络管理工作，提高网络管理维护水平，保障各级环境信息网络运行平稳、有效，制定本标准。

本标准规定了环境信息网络管理维护的内容，对网络管理、设备维护管理、机房维护管理、安全维护管理等方面作出了具体要求。

本标准适用于各级环境保护部门管理所属的环境信息网络基础设施所进行的维护工作。

工业锅炉及炉窑湿法烟气脱硫工程技术规范（HJ 462－2009）

为贯彻《中华人民共和国环境保护法》和《中华人民共和国大气污染防治法》，执行国家《锅炉大气污染物排放标准》、《工业炉窑大气污染物排放标准》，防治工业锅炉及炉窑大气污染，改善环境质量，制定本标准。

本标准对工业锅炉及炉窑湿法烟气脱硫工程的术语和定义、总体设计、脱硫工艺系统、材料和设备选择、施工与验收、运行与维护提出了技术要求。

本标准适用于采用石灰法、钠钙双碱法、氧化镁法、石灰石法工艺，配用在蒸发量≥20 t/h（14MW）的燃煤工业锅炉或蒸发量＜400t/h的燃煤热电锅炉以及相当烟气量炉窑的新建、改建和扩建湿法烟气脱硫工程，可作为环境影响评价、设计、施工、环境保护验收及建成后运行与管理的技术依据。

燃油、燃气工业锅炉的湿法烟气脱硫工程参照本标准执行。

本标准为首次发布。

LAW ENFORCEMENT YEARBOOK OF
CHINA ENVIROMENT PROTECTION

2008 — 2009

各地环保执法概况

环保督察中心

环境保护部华东环境保护督查中心环保执法情况

华东环保督查中心是环境保护部六大派出督查机构之一，是最早试点成立的两个原国家环境保护总局环境保护督查中心之一。2002年4月18日，按照中编办“关于国家环保总局2个事业单位第二名称的批复”（中央编办复字[2002]74号）的精神，同意国家环境保护总局南京环境科学研究所对外开展工作时，使用国家环境保护总局华东环境保护督查中心的名称，开始了环境督查派出机构的试点工作，工作区域为华东七省（市），即：江苏、上海、浙江、山东、福建、安徽、江西。

按照环保部人事司2009年5月《关于华东环境保护督查中心主要职责内设机构和人员编制规定的批复》（环人函[2009]68号），华东环保督查中心有内设机构6个，分别是办公室（人事处）、督查一处、督查二处、督查三处、督查四处和督查五处。

根据新时期环境保护的形势和任务，华东环保督查中心全面坚持和贯彻落实科学发展观，以生态文明建设为核心，毫不松懈地抓好主要污染物减排核查工作，集中力量督察影响饮水安全和重金属污染等危害群众健康的突出环境问题，全面推进环境保护历史性转变，不断探索环境保护新道路，服务华东区域经济又好又快发展。

华东地区以全国8%的国土承载了全国30%的人口，创造了全国40%的GDP。与此同时，华东地区废水排放企业数、废气排放企业数和污水处理厂数分别占到全国的29.8%、25.1%和43.9%。按照全国主要污染物排放总量控制计划，华东环保督查中心仅减排核查任务就占到全国的1/3。此外，相对密集的化工园区分布在纵横交错的水网之中，也对华东环保督查中心的环境应急响应、跨界纠纷协调、违法排污打击等任务提出了更高的要求。

面对如此庞大而艰巨的执法督查任务，华东环保督查中心依靠加强内部管理、制定周密计划、提高工作效率和创新工作方法来开展工作，环保督查工作成效明显。

1、抓好减排核查工作，努力推动地方实现减排目标。

按照环境保护部下达的《“十一五”主要污染物总量减排核查办法（试行）》通知的要求，华东环保督查中心承担华东地区污染减排核查核算的重要任务。为做好辖区内的减排核查工作，华东环保督查中心认真研究制定督查方案，合理调整人员分工，成立了三个日常督查组，分赴华东六省一市开展污染减排明查、暗访和联合检查。

2、突出流域环境监管，切实将“休养生息”政策落到实处。

为落实生贤部长在2007年全国湖泊污染防治工作会议上提出的让江河湖海休养生息的指示精神，华东环保督查中心高度重视辖区内江河湖海等流域的督查工作。流域执法检查的开展，基本摸清了华东辖区重点流域的现状及问题，督促落实了流域周边的工业污染治理、城镇基础设施建设、有毒有害污染物的控制、落后生产能力的淘汰等各项休养生息政策措施。

3、强化专项行动执法，坚决打击环境违法行为。

近年来，华东环保督查中心把被环保部区域限批、挂牌督办等案件的查处作为环境执法的一项重要内容。按照环保部下达的区域限批、挂牌督办案件查处任务的要求，华东环保督查中心对挂牌督办案件进行了依法查处，巩固了整治成效，有效维护了人民群众的环境权益。解决危害群众健康和影响可持续发展的突出环境问题是环保专项行动的重点和目标，华东环保督查中心先后参加了环保部组织开展的专项行动督查。专项行动的开展，对打破地方保护主义，促进“国家监察、地方监管、单位负责”的环保新体制的形成起到了极大的推动作用。

4、提高应急响应能力，最大限度地降低污染危害。

华东环保督查中心结合辖区突发性环境应急事件多的特点，实行24小时应急值班制度，要求中心全体人员保持24小时开机，确保随叫随到。这一制度的建立为确保突发环境事件的及时妥善处置提供了强有力保障。面对突发环境事件，中心迅速派员第一时间赶到现场，抓第一手资料，促应急措施落实，有效保障了突发环境事件得到及时、快速、妥善地处理处置，将事件造成的损失和危害降至最低程度。

5、重视跨界纠纷调处，保障区域社会稳定发展。

华东地区工业企业数量大，跨界水系多，省界线长，大大小小的跨界污染纠纷时有发生。在跨界纠纷调处方面，华东环保督查中心先后调处了多起跨界环境纠纷，及时、圆满地化解了跨界争端，避免了事态的进一步升级，保障了社会稳定。

6、认真对待环境投诉，努力维护人民群众环境权益。

近年来，华东环保督查中心接受的环境投诉信访数量每年都在递增。信访案件逐年增加，一方面反映了人民群众的环保意识和维权意识在不断增强，另一方面也反映了人民群众对我中心的信赖和期望。本着“群众利益无小事，真心实意为人民”的原则，华东环保督查中心严格按照信访处理程序，认真对待每一个来访、来电、来信，及时处理并跟踪回访，保证件件有落实、件件有回音。

7、强化后督察力度，不断巩固整治成效。

根据环保部的统一部署，华东环保督查中心对近年来党中央、国务院领导批示的华东地区重点督办案件处理情况开展了后督察。后督察工作的开展，巩固了整治成效，切实维护了人民群众的环境权益。

8、严格三同时督查，确保各项环保措施落到实处。

承担对国家审批的建设项目“三同时”现场监督检查和建设项目竣工环境保护验收，是环境保护部赋予区域督查中心的一项新职责。华东环保督查中心通过现场验收检查，督促了“三同时”措施的有效落实。

9、全力配合和积极参与上级有关部门交办的其他工作。

华东环保督查中心自试点成立以来就积极配合和参与了上级部门组织的各项工作，包括科研项目的实施、执法方案的编制、部门垂直管理情况调研以及其他部委组织的专项行动、专题研讨、工作草案修订等等。通过这些工作的开展，在拓展视野，提高能力的同时，也赢得了其他部委对环保部门工作能力、工作作风的肯定和认可。

华南环保督查中心召开华南五省（区）2009年环境监察与污染减排工作座谈会

为完善华南五省（区）环境监督管理体制，加大五省（区）环境执法力度，华南环保督查中心于2009年3月5日在海南省琼海市，组织召开了华南五省（区）2009年环境监察与污染减排工作座谈会。华南五省（区）环保部门分管领导、环境监督机构主要负责人、总量办公室处长及华南督查中心处级以上干部参加了会议。会议总结了当前华南地区的环境保护工作形势，分析了华南五省（区）环境监察与污染减排工作取得的成绩，查找了近几年来在监察与减排工作中存在的主要问题。

华南五省（区）环保厅局代表分别在会议上进行了交流发言。华南环保督查中心张剑鸣主任就严峻经济形势与减排攻坚阶段双重压力下，我督查中心如何与华南各省区环保厅局一起攻坚克难、加强沟通与交流合作等议题发表了重要讲话。张剑鸣主任指出，2009年华南环保督查中心将着力与华南各省（区）搭建督查工作无缝对接的工作平台，努力营造关系融洽、相互理解、相互支持的工作氛围，协同各省（区）加大环境执法监督力度，扎实推进污染减排和重点流域区域的污染防治，全力开创区域环境督查新局面。

针对华南部分省（区）江河水库出现的不同程度水华、污染事故等问题，张剑鸣主任提出，今年将按环保部的统一部署，重点开展对集中式饮用水源保护区的检查，清除威胁饮用水源地水质安全的隐患；对群众反复投诉、反映强烈的环保热点难点问题，将加大暗查力度，开展后督察工作。加大对国控重点污染源的执法监察力度，推动国控重点污染源在线监测系统联网、正常运行和规范管理，切实维护人民群众环境权益。

环保部总量控制司、中国环境监测总站等部门派员到会指导。会议由海南省国土环境资源厅协办，并得到琼海市委市政府的大力支持。

跨两省六市，千里珠江环保行

为了更好的保护我国南方的母亲河——珠江，进一步了解珠江流域（南宁至广州段）水环境质量及流经城市的污染物排放状况，进一步规范直接排入珠江干流及其主要支流的排污口设置，建立企业排污口及污染物排放档案，严肃查处私设排污口、超标排放污染物的环境违法行为，华南环保督查中心于2009年8月26日～8月31日组织广东、广西两省（区）六市环保部门对流域范围内的南宁、贵港、梧州、肇庆、佛山和广州6座城市开展了环保执法专项行动。

本次行动，采取查阅、收集两省（区）及6地市的水环境常规监测断面水质数据与环境统计数据，现场重点抽查直排入河企业的工作方式，沿江检查了102家排污企业，对62家涉水工业企业进行了采样监测，完成了105个排污口的检查与定位工作。同时，现场查看了纳污量较大的41条河涌的珠江汇入口，并进行了卫星定位，取得136组定位数据。通过本次行动，初步掌握了珠江流域（南宁至广州段）的水环境质量与污染物排放的部分情况，对我中心下一步开展辖区内流域水环境保护督查工作、核查“十一五”总量减排任务完成情况进行了有益的尝试。

东北环境保护督查中心2008年工作概况

2008年，环境保护部东北环境保护督查中心（以下简称东北督查中心）在部党组的正确领导下，认真贯彻落实科学发展观，始终坚持从东北老工业基地实际出发，把推动国家环境保护方针政策和法律法规的落实、推动危害群众健康和影响可持续发展的突出环境问题的解决作为工作的出发点和落脚点，认真履行“督查、协调、服务”职能，主要开展了松花江和辽河流域督查、主要污染物减排核查、环境信访案件督办、奥运空气质量保障督察、环境安全隐患督查、环境应急与事故调查、环境违法案件调查与处理等工作。通过认真履行职责，不仅推动了国家环保法律法规在地方的贯彻落实，而且推动了一批突出环境问题的解决，推动了地方环保部门地位的提升和能力的提高，为推动东北老工业基地全面振兴和科学发展做出了积极贡献。

（一）松花江流域调度、督查及辽河流域督查

2008年，东北督查中心对松花江流域水污染防治工作正式开展了定期调度，重点对松花江流域水污染防治规划实施情况，流域水质变化情况等进行了调度，并在在松花江流域开展了2次集中督查行动，在辽河流域开展了3次集中督查行动。通过这5次大规模的流域督查行动，有力地推动了松花江和辽河流域的污染治理。两大流域水质稳定，局部有所改善，没有发生大的环境污染事故。

（二）主要污染物减排核查

2008年，东北督查中心除了按照环境保护部的统一部署参加污染减排的定期核查工作外，还积极开展东北三省污染减排情况的日常督查工作，先后6次对东北三省2008年主要污染物减排情况进行了日常督查。通过认真开展定期核查和日常督查工作，有力地推动了污染减排政策措施的落实和减排目标的实现。

（三）环境信访案件督办

2008年，东北督查中心进一步完善了群众信访举报投诉处理办法，对信访投诉实施来电来访记录制度，对每次来电来访反映的情况进行详细记录，及时处理。受理群众电话投诉、来信、来访共计37件，反馈率100%。通过对信访案件的督办，切实解决了一些影响群众健康的突出环境问题，保障了人民群众的利益，得到了群众的认可。

（四）奥运空气质量保障督察

2008年，东北督查中心按照部里的统一安排，于4月份检查了山西省奥运空气质量保障措施落实情况，于8月份与河北省环保局联合组成督察组，深入到石家庄、唐山、保定、廊坊、张家口、承德6个奥运保障重点城市和奥运会协办城市秦皇岛市，开展奥运空气质量保障督察工作。通过督察，有力地推动了河北省各项奥运空气质量保障措施的落实，为北京奥运会顺利召开提供了有力的空气质量保障。

（五）环境安全隐患督查

2008年，东北督查中心共开展了4次大的环境风险隐患督查行动。通过督查，使一批环境隐患得到了有效治理，对地方政府和企业提高风险防范意识，加强对环境安全隐患的排查治理起到了有力的推动作用。

（五）环境应急与事故调查

2008年，东北督查中心共参与了吉林劲松火灾事故、黑龙江齐齐哈尔毒气泄露事故、辽宁丹东五龙金矿黄洞沟尾矿库泄露事故、河北承德市宽城县天元矿业有限公司尾矿库溃坝事故、辽宁灯塔金航石油化工有限公司爆炸事故、黑龙江鸡西市穆棱河挥发酚超标事件等6起应急事故调查，协助地方开展应急处置工作，控制了次生环境污染，保障了人民群众的环境权益。

西南环保督查中心

西南环保督查中心2008年环境监察工作概况

2008年，西南环保督查中心（以下简称中心）在环保部党组的正确领导下，以科学发展观为指导，认真贯彻全国环保厅局长会议精神，按照“三主一化四加强”的工作思路，全面落实中心年度工作计划，经受住了我国南方极端气候灾害的考验和四川汶川“5•12”8.0级特大地震等突发事件的严峻考验，全面推进主要污染物总量减排核查、跨界污染纠纷调处和自身建设等各项工作，较好地完成了2008年的工作年度目标任务。一年来，中心先后出动1654人（次），足迹遍及云贵川藏渝等西南五省（区、市）的297个县区市，陆地行程34.3万公里，空中行程34.8万公里，水上行程510公里，检查排污单位及环境敏感点2710家（处），督查或跟踪突发环境事件32件，协调处理跨界污染纠纷2起，共计办案154件，被问责的地方官员和企业人员共计47人。中心党总支书记、主任马宁被中共中央、国务院、中央军委授予“全国抗震救灾模范”称号，中心先后荣获“环境保护部2008年度先进集体”、“环境保护部抗震救灾先进基层党组织”和“全国环保系统抗震救灾先进集体”等荣誉称号。

“5•12”汶川特大地震抗震救灾环境应急

2008年5月12日，“5•12”汶川特大地震发生后3分钟，西南环保督查中心（以下简称中心）党总支书记、中心主任马宁通过手机短信向环保部领导群发了四川发生大地震的信息，震后3小时，中心9个督查组连夜抵达极重灾区排查环境隐患，向环保部报出了第一份灾区地震灾害信息初报。在历时一个半月的抗震救灾环境应急工作中，按照环保部的统一部署，中心紧紧围绕环境风险排查、应急响应和信息报送三大重点开展工作，与渝贵云来援人员组成20个应急督查组，先后出动应急督查人员987人次，行程8.3万余公里，到达地震灾区县区市72个，成功开展了国控重点污染源环境风险排查、绵阳堰塞湖下游重点企业危化品风险排查、什邡化工园区重点企业环境隐患排查、灾区医疗废物处置情况排查、堰塞湖下游影响区涪江沿线遂宁地区重点企业环境隐患预防性排查和灾区灾民过渡集中安置区环境状况排查等“六大战役”，检查工业企业、医疗机构、饮用水源地、污水处理厂、灾民集中安置点和垃圾处理场共计529家（处），发现各类环境隐患287家（处），跟踪督办紫坪铺水库饮用水安全和什邡市蓥峰实业有限公司厂房垮塌导致液氨泄漏等重大和较大环境隐患63家（处），报送信息851条，为夺取抗震救灾环境应急工作胜利做出了重大贡献。

南方雨雪冰冻灾害环境应急

2008年1月下旬至2月中旬，我国南方遭遇五十年一遇的雨雪冰冻灾害，按照环保部要求，西南环保督查中心迅速派出3个督查组，深入四川省成都市、泸州市、宜宾市、广安市等地，突击检查了金堂发电厂等10家燃煤电厂在异常气候条件下脱硫设施运行情况，督促整改存在的问题；会同中国环境监测总站对四川省遭受冰雪凝冻灾害的损失情况进行了调查，为环保部支持地方恢复环保能力建设提出了合理化建议。

突发环境事件处置与督查

2008年，西南环保督查中心先后现场督办了云南省阳宗海砷污染事件和湖北省宜昌市香溪河“水华”等11起突发环境事件，对重庆市巫山县大宁河“水华”、贵州独山县砷污染和四川泸州鑫福化工有限公司氯气泄漏等21起突发环境事件进行了跟踪督办，共向环保部报送突发环境事件初报、续报77期，其中云南省昆明市泥磷废液污染饮用水源等8起事件得到环保部领导的高度重视并做出指示，促进了地方环境安全责任制的落实。

主要污染物总量减排核查

一是全面完成总量减排日常督查任务。2008年，西南环保督查中心（以下简称中心）共现场检查251个县区市的减排项目1074个（其中联合督查项目796个，独立督查项目278个），督查国控重点污染源538个，审核减排项目资料2.1万余份，收集减排项目相关资料近1万份，建立减排企业档案595个（其中国控重点污染源218个），按时向环保部报送了重庆、四川、贵州、云南等四省市的2008年度主要污染物总量减排季度和年度监察系数。日常督查发现409个减排项目存在申报不实、资料不全、进度滞后和监管不到位等问题，占督查减排项目总数的38%。

二是圆满完成总量减排定期核查任务。2008年1月和7月，中心先后完成了对重庆、四川、贵州、云南等四省市2007年度和2008年上半年主要污染物总量减排定期核查工作，审核减排项目8311个，现场检查120个县区市的减排项目213个和河流水质监测断面21个，核算审定项目资料2.9万余份。中心牵头核算的定期减排结果与环保部最终认定的结果相差率都在10%以内，不少结果完全一致。

三是率先建立总量减排核查季度通报制度。2008年4月，中心在成都召开了西南地区主要污染物总量减排核查季度通报会，协助环保部总量司召开了西南地区总量减排工作座谈会，在全国率先建立了总量减排核查季度通报制度和“旬调度、月小结、季通报”的工作模式，加强了与地方环保部门的信息沟通，促进了地方的减排工作，受到了环保部总量司的肯定。

跨界污染纠纷和环境信访调处

一是探索跨界污染纠纷调处合作机制。2008年3月，西南环保督查中心（以下简称中心）主任马宁率队对澜沧江（云南段）水环境保护情况进行了调研，向环保部提出了加强跨国界流域水环境质量监控的建议，受到环保部领导的高度重视，为此撰写的《澜沧江流域生态环境不容乐观》被作为环保要情专报报国务院。2008年4月，中心在成都成功召开了西南地区水体富营养化座谈会，倡议签署了《西南地区跨省界流域（区域）水污染纠纷协调合作备忘录》，建立了国内第一个跨流域（区域）环境污染纠纷协调合作机制。

二是及时调处跨界污染纠纷。2008年，中心先后协调处理了湘黔大龙经济开发区、川黔赤水河2起跨界污染纠纷。同时，对2007年成功调处的4起跨界环境污染纠纷进行了总结和跟踪督办。2008年7月，中心成功协调处理了贵州省茅台酒厂反映其上游四川省古蔺县小酒厂污染赤水河纠纷，督促四川省和贵州省建立了共同保护赤水河沟通协调机制，并进行了跟踪督察。

三是认真办理环境信访。2008年，中心共受理有效环境信访46件，对其中8件进行了现场督办，其余38件移交到相关地方环保部门处理。截止2008年底，已有36件办理完毕， 13条生产线被责令停产，7条生产线被强制关闭，6家企业受到行政罚款，4个项目被责令补办了环评手续，7家企业补建了污染治理设施，9家企业被限期整改，100吨危险废物得到及时安全转移，数百户污染受害户及时得到了补偿。

环保专项执法行动和重点案件后督察

2008年，西南环保督查中心积极参与专项行动，出动200余人次，现场督查饮用水水源保护区30个和各类排污单位206个。按照环保部的安排，中心对重庆市和四川省103家水污染企业进行了暗查，发现61%的企业存在不同程度的环境违规行为；对重庆、四川、贵州和云南的环保重点案件开展了后督察，现场检查了47个环保重点案件涉及的70家企业的整改情况；对四川、云南和贵州三省10个全国环保重点城市集中式饮用水水源保护区开展了后督察，现场检查饮用水水源保护区30个和城镇污水处理厂、垃圾处理场及重点企业33座(家)；对贵州省晴隆县非法采金、云南红河恒昊矿业股份有限公司上市存在环保问题等6起案件进行了现场督办，通过以上行动，促进了环境问题的整改和地方的环境监管，起到了较好的警示推进作用。

环保规划执行情况督查和调度

为认真落实张力军副部长指示和全国重点流域水污染防治工作会议精神，2008年6月，西南环保督查中心（以下简称中心）制定印发了《三峡库区及其上游水污染防治工作调度暂行办法》，建立了中心按月、季、年定期调度进展情况工作机制，并于7月首次向环保部报送了调度报告，详细报告了规划的629个项目进展情况。为进一步做好调度工作，2008年11月，中心在成都召开了由滇、黔、川、渝、鄂五省（市）环保局相关负责同志参加的调度工作座谈会，并深入三峡库区及其上游地区的相关地市州开展实地调研，详细了解了规划实施的进度和存在的问题。同时，还积极调度了《滇池流域水污染防治规划》进展情况。

此外，中心开展了赤天化股份有限公司造纸等项目的“三同时”督查试点工作，起草了中心“三同时”督查暂行规定，完成了《西南地区重大建设项目未批先建情况》调研报告。积极探索国家级自然保护区督查工作，召开了西南地区国家级自然保护区环境执法座谈会，收集了西南五省（区、市）的60个国家级自然保护区的基础资料和基本情况，对贵州、云南、西藏等三省（区）的4个国家级自然保护区和3个省（区）级自然保护区的环境执法情况进行了督查。

西南环保督查中心自身建设情况

2008年，西南环保督查中心（以下简称中心）全面推行准军事化管理，坚持政治上“认死理”、业务上“全天候”、作风上重养成、纪律上“常考问”。增设环境督查三处，4名干部被破格提拔；到编人员达25人，较年初增长近40%；中心办公楼初设已通过国家发改委项目评估中心评审，征地工作取得了突破性进展，已支付50%的地价款即450万元。国控重点污染源监控中心已进入设备招标采购阶段，环境监察机构标准化能力建设中的交通工具和部分取证监测设备已完成采购和装备，增加执法车8台，建成了中心临时专用停车场。中心全年召开主任会26次和主任专题会9次；开展了总量减排核查、环境应急、公文写作、电脑打字等大比武；编发工作简报625期；制订、修订工作制度共计26项。中心累计向环保部报送请示、报告143份，向有关方面发函151份；先后有中央电视台和新华社等10余家主流媒体对中心环保督查和抗震救灾工作报道90余次，树立了中心的良好形象。

学习实践科学发展观活动情况

2008年，西南环保督查中心（以下简称中心）党组织得到了发展壮大，党员人数由18名增加到29名，其中新发展党员3名，重点培养入党积极分子3名。2008年10月23日，经环保部直属机关党委批准同意，通过选举，正式成立了中共环境保护部西南环境保护督查中心总支部委员会，下设三个党支部。中心党组织全年先后召开了12次总支会（支委会），中心班子成员先后6次为全体党员讲党课。

按照中央和环保部统一部署，从2008年9月开始，中心认真组织开展了深入学习实践科学发展观活动，组织全体党员认真读了“三本书”，进行了3天集中培训学习，组织了4次辅导报告，开展了“追求实事求是新境界，真实反映总量减排成果”等5个专题调研，向环保部相关司局、西南地区基层环保部门和中心干部职工广泛征求了意见，开展了解放思想大讨论，召开了主题为“从严治队、从我做起”的班子民主生活会，认真撰写了中心分析检查报告，并接受了群众评议，撰写学习实践活动简报28期，全面完成了前2个阶段7个环节的活动内容，为圆满完成学习实践活动奠定了坚实基础。

环保优秀人物篇：

生死关头的顶梁柱

——记环境保护部西南环保督查中心主任共产党员马宁

马宁，男，环境保护部西南环保督查中心主任，党支部书记（现为党总支书记，下同）。汶川地区发生里氏8.0级强烈地震后，身处地震灾区的马宁充分发挥了党员领导干部的先锋模范作用，带领西南环保督查中心的环保工作者经受了生死考验，在第一时间深入灾区一线，对国控重点污染源和涉及危化品企业开展风险排查，转移或处置危险化学品约5000吨，为确保大灾之后环境安全做出了突出贡献。

临危不惧 生死关头的顶梁柱

5月12日下午，中心党支部书记、主任马宁正和同事一起在会议室听取四川省眉山市政府有关环境问题的情况汇报，14点28分，中心办公楼突然发生强烈摇晃。“地震了，快跑”！——不知谁的一声喊叫惊醒了还在愕然中的人们，大家急忙往楼下跑。素有的职业敏感使马宁意识到事情的严重性，他立即组织人员疏散，同时，掏出手机编辑短信“四川发生强烈地震”，群发给环保部领导，但在发送到第三个人时，手机信号中断，发送时间定格在5月12日14时30分。

16时55分，中心在成都的22名同志全部集中到位。此时的马宁异常镇定，他知道，全中心的人都在看着他这个主心骨。于是他当即决定，在办公楼旁较空旷的公路边临时召开党支部大会，要求全体共产党员在抗震救灾中一定要发挥先锋模范作用，不畏艰险，冲锋在前，关键时刻要做到“看我的”！“跟我上”！

支部大会只开了五分钟，但就是这短短的五分钟，让所有在场的人感受到了危难时刻党组织的力量，看到了灾难中的希望。

17时，在原地，马宁又紧急召开了全体职工大会。会议决定立即启动应急响应，全面投入应急工作，将中心全体人员编成8个组，其中在成都的22名同志分成5个组，在重庆、贵州、云南开展工作的人员就地组成应急组，每个组由中心班子成员和处、科级党员干部带队，成都派出5个现场应急组连夜进入地震重灾区展开救援。同时，要求电话通知正在重庆、贵州、云南三省市的11名同志就地开展抗震救灾现场巡查工作。

半小时后，除一个值班小组留守外，其余四个现场监察组在暮色中分赴重灾区的重点污染源巡查。这时，第一份正式的西南环保督查中心地震灾害信息初报已经保送到环保部领导手中。

快点！快点！再快点，深入！深入！再深入。夜色中，马宁前往都江堰展开现场巡查工作，并第一时间带领小组行进在前往重灾区汶川的途中。

险情不断出现，赴汶川路上出现山石垮塌，救援部队和中心车辆被阻拦无法前进。马宁看到这个状况，火速从前线传回信息："因现场应急救援部门没有通讯设备，无法通知后方输送救援设备和物资，四川省交通厅高速公路总公司周黎明，请求环保部紧急转告四川省人民政府，急送两台空压机、两台挖掘机、一台拖车、照明设备、手电筒20个，以及柴油等应急物资，求助地点是紫坪铺黎明村，具体路段是318国线，到汶川和九寨沟方向953公里＋200K处。同时要求公安交通管制部门到现场来清理车辆，公安部门来清理和认证尸体"。随即，求援电波上报国务院抗震救灾总指挥部，并迅即通报四川省人民政府。就是这条信息，为迅速打通都江堰至震中汶川的交通要道，抢救受灾群众赢得了宝贵时间。

22时10分，马宁向赶到紫坪铺救援现场的四川省公安交通总队的余处长一行介绍了现场的险情。在研究如何让交警发挥作用时，马宁建议，一是关口下移，禁止非应急救援车辆和人员进入；二是在救援过程中，必须加快清理速度，要对掩埋车辆进行爆破和挖掘，同时需交警对受损车辆进行现场登记。马宁同时建议环保部迅速电告四川省人民政府，通知四川省公安厅派治安警察到现场对死难者尸体进行装袋处理和身份确认，责成四川省和成都市环保局派人到现场，防止由于地震灾害引起的次生环境灾害——当时天已开始下雨，附近就是成都市的饮用水源地紫坪铺水库，现场急需进行紧急清理，防止尸体腐烂后对水体造成污染。

一夜未眠。马宁的心中只有一个愿望，尽快到达地震重灾区，掌握环境污染的第一手材料！他在巡查中看到，眼前的都江堰污水处理厂因停电停运，其主要设备尚未发现明显损坏迹象；自来水供水正常。都江堰城区部分房屋倒塌，全城停电。

露宿都江堰，纷纷扬扬的夜雨预示这场环保战役刚刚打响。

坚守岗位 尽职尽责的环保人

保证水源不受污染，保证核设施及重要污染源不外泄——沉甸甸的使命落在了马宁和西南环保督查中心全体环保人的肩上。马宁深切感受到了这份使命的重量。任务艰巨，时间紧迫，所有工作组都在与时间赛跑，伴着余震向汶川、北川、青川、汉源、安县、平武等重灾区突进，及时把第一手资料发送到中心，马宁也随着工作组不分昼夜地奔赴辗转于灾区之间。

由于通讯联络不畅，无法通过固定电话和手机与各地取得联系，马宁决定，中心重新调整为9个机动督查组，直接奔赴极重灾区七个市（州）全面开展环境应急工作，各机动督查组工作方向将随工作推进而改变。

"很多事情，做出决定只是那短短的几秒中，而历史都凝固在了那一刻。"抗震救灾争分夺秒，解放军陆航部队直升机陆续赶到灾区。马宁意识到，应赶紧通知各地环保部门，严格执行秸秆禁烧工作。他立即要求各组通知各市（州）环保局，确保空气质量良好，也就是为抢救生命开辟了一条空中通道。

马宁随即陪同13日就到达灾区的环境保护部李干杰副部长抵达都江堰市抗震救灾前线。这时天空仍下着雨，余震不断，交通拥堵，通讯联络十分不畅。尽管如此，排查工作仍然没有丝毫的放松。

此后的无数个夜里，马宁仿佛有开不完的会，写不完的材料，处理不完的事情。信息不断的从前方传来，整合、分析、处理、报送，5月12日至6月1日是抗震救灾第一阶段，西南环保督查中心向环保部报送信息600余条。马宁顾不上医生劝他不要熬夜、好好休息的忠告，他似乎早已经忘却了自己曾是个重病患者，大灾大难中他选择了坚守，尽管他已疲惫不堪，他说这是一个环保人义不容辞的责任。

根据环保部统一部署，马宁和他的团队冒着余震和危化品泄漏的威胁，紧紧围绕环境隐患排查、应急响应和信息报送等重点开展工作，先后成功组织了中心人员对国控重点污染源排查、绵阳堰塞湖下游重点企业风险排查、什邡化工园区重点企业环境隐患排查和医疗废物处置排查四大战役，并对饮用水源地等环境敏感点和垃圾处理场等环境基础设施等进行了排查。

查险排患 果断沉着的指挥者

信息报送、风险排查、应急响应，成为地震后西南环保督查中心的三大任务。在设备紧缺、人员严重不足的情况下，西南督环保查中心第一时间行动起来，3分钟内报告灾情发生，1小时内紧急集合，3小时后奔赴重灾区核查情况，5小时内报出首批灾情信息。短短数秒数小时内之所以能够反应如此迅速，得益于英勇善战的决策人马宁，也得益于他对这支队伍平日里的养成教育。

军人出身的马宁，在中心提出了军事化的管理模式，要求全体党员干部做到带头学习，带头工作，带头吃亏，带头遵守纪律，全面加强中心政治建设、业务建设、作风建设、纪律建设，保证中心各项工作的圆满完成。他积极开展岗前培训、在岗培训、以战代训，努力提高自身的综合素质，培养不同岗位的业务尖子和技能标兵，保证了在抗震救灾的关键时刻不辱使命。

马宁把这次抗灾行动，看成是一场重大战役。他要求属下不要想小家，小单位，而要有国难当头的国家意识，要顾全大局，要迅速出击，要奋不顾身——正是怀着这样的信念，他冲在了战场的最前沿，也指挥西南环保督查中心创造性的开展了一系列抗震救灾工作。“谁能到一线抓情报，查隐患，谁就是英雄”！在他的领导下，几十人的队伍，主动出击，成为抗震救灾整体战役中一支不可或缺的“情报队”、“战斗队”、“冲锋队”“敢死队”。

正是由于他的出色指挥，西南环保督查中心抗震救灾应急督查组在此次地震后，先后出动619人次，行程约47500公里，到达灾区的72个市、区、县，检查工业企业、医疗机构、饮用水源地、污水处理厂和垃圾处理场等共计464家（处），排查出各类环境隐患225家（处）；督促和连续跟踪了24起较大以上环境安全隐患的处置情况，转移或处置危险化学品约5000吨。

联 系 人：赵晴雨
联系电话：028—86695026
二〇〇九年十月二十七日

环境保护部西北环境保护督查中心

2008年西北督查中心在环保部党组的正确领导和部环监局的精心指导下，紧紧围绕环境保护的中心工作，以科学发展观为统领，以深化机关“五大建设”为基础，以主要污染物总量减排为主线，认真履行国家监察职能，全面推进污染减排核查督查、重大环境案件后督查、宏观环境督查和突发环境事件应急督查、积极开展抗震救灾与奥运保障等工作，圆满完成了2008年度工作计划和环保部交付的各项工作任务。

[学习实践科学发展观]

西北督查中心按照部党组的统一部署，紧紧围绕“党员干部受教育、科学发展上水平、人民群众得实惠”的总体要求，按照规定动作不走样，自选动作有创新的原则，着力在 “统一认识、提高能力、解决问题、创新机制”四个方面狠下功夫，扎扎实实的开展学习实践活动。

一是精心安排，周密部署。西北督查中心两次召开主任会议，专门研究安排学习实践活动。制订印发了《西北督查中心深入学习实践科学发展观活动实施方案》和日程安排，并召开学习实践活动动员大会。

二是联系实际，深化学习。着重抓好“学习培训”、“专题调研”和“解放思想大讨论”三个环节。集中学习了中央领导关于科学发展观的重要论述及部领导动员讲话，开展了学习讨论交流，举行了学习知识问卷测验。在集思广益的基础上，确定3个调研课题，深入基层认真开展了调查研究，调研成果对于提升工作能力，解决突出问题，指导中心和西北地区环境保护工作具有重要指导作用。在解放思想大讨论中，分别就2008年主要污染物年度核查、西北地区污染源自动在线监控能力建设、南水北调水源地城镇污水处理厂建设、环境隐患排查等形成6篇专报信息上报环保部。

三是深入剖析，对照检查。通过党员领导干部民主生活会、处室民主生活会，梳理群众所提的意见建议，着力解决思想认识、工作方法、基础能力、队伍建设等四个方面的不适应问题，认真剖析原因，提出整改意见，为进一步以科学发展观指导环境督查工作，改进作风、协调各方面关系、增强班子战斗力奠定了良好的基础。

[狠抓机关“五大建设”]

西北督查中心组织党员干部认真学习党的十七报告、十七届三中全会精神，组织全体党员职工赴延安开展主题实践活动，坚持对党员职工进行政治意识、大局意识、责任意识、效率意识和勤政廉政教育，树立时效、质量观念，积极倡导正确的价值观、人生观和世界观。 加强了党支部建设，坚持重大事项通报制度，坚持对入党积极分子进行培养，积极发展新党员，成立了西北督查中心机关工会，积极培养选拔年青干部，6名干部进入处级领导干部岗位，中心被部机关评为北京奥运会环境质量保障工作和抗震救灾先进集体。教育和培养党员职工树立认真细致、一丝不苟和勇于奉献、不畏艰苦的工作作风；召开领导班子和处级干部民主生活会，积极开展批评与自我批评。对工作规则、人事管理办法、财务管理办法进行了完善，制订下发了《聘用人员管理办法》、《财务报销办法》、《车辆管理制度》等，坚持用制度管人，按制度办事，规范机关管理；制订下发了《关于加强党风廉政建设和反腐倡廉工作的若干意见》，坚持签订党风廉政建设责任制。坚持业务培训不松懈，积极组织参加环保执法和核查业务培训班，一年来，举办各类业务培训共10余次，邀请专家10余人，培训人员200多人次，派员出外参加学习30余人次。

[认真组织实施污染物总量减排督查核查]

西北督查中心把污染减排日常督查的重点放在城市污水处理厂、化学制浆造纸企业和燃煤电厂上，全年组织开展了3次较大规模的污染减排日常督查，对西北地区五省（区）和新疆兵团的288个减排项目进行了重点检查，有效的推动了减排工作的开展。

西北督查中心组织开展了对西北五省（区）、新疆兵团和内蒙自治区2007年主要污染物减排核查工作，核查了185家污染物减排重点企业，核实了各省区主要污染物排放量、削减量，基本掌握了各省区主要污染物总量减排结果。组织开展了2008年上半年主要污染物减排核查，对西北五省（区）、新疆兵团和河北、广东省2008年上半年污染减排指标完成情况进行核查和检查，审查2000余个主要污染物总量减排项目，现场核查170余个重点减排项目。

在开展污染减排督查、核查工作中，西北督查中心注意总结经验，把握规律，变“查”为“促”，让地方政府把污染减排真正作为贯彻落实科学发展观的重要抓手，使污染减排真正成为转变经济增长方式，促进和谐发展的着力点。根据掌握情况和核查结果，我们对西北五省区和新疆建设兵团污染减排形势进行了认真分析，形成了6份总量减排形势分析报告，促进了各省区污染减排工作发展。

[认真开展环境安全隐患排查及重点环境案件后督查工作，积极开展突发环境事件应急督查]

在重点环境案件后督查方面，西北督查中心对西北地区后督察企业名单进行了完善，分别赴西北5省区及新疆兵团，检查后督查工作开展情况，现场督查重点案件和问题113个，督查省级挂牌和查处的重点案件和问题230个，现场督查覆盖面达到100%。通过开展后督察检查工作，促进了一批环境重点、热点和难点问题的解决，促进污染治理设施达标运行率的提高，为建立后督察长效机制奠定基础。

在查处重点环境案件方面，西北督查中心先后督查了陕西和甘肃的4起案件，参加了环保部组织的对甘肃省永登县“两高”企业环境污染问题、青海省海南州贵强碳化硅集团公司环境污染问题2个案件的查处，主动开展了对陕西和新疆3家企业污染问题现场督查。

在排查环境安全隐患方面，西北督查中心一是制定《2008年西北地区集中式生活饮用水和石油化工企业环境污染隐患督查工作方案》，对青海省和宁夏自治区重点化工企业和城市集中式饮用水源的环境安全和污染隐患问题进行了集中督查。二是对陕西省宝鸡、汉中和商洛市存在环境安全隐患问题的23座尾矿库进行了现场督查。

在环境应急响应方面，西北督查中心以保障人民群众环境权益为重点，先后对7起突发环境事件开展现场督查，向部应急办、环监局报送专报信息或报告共16份。均在第一时间迅速赶赴现场，仔细勘察，提出应急处置建议，促使问题得到及时妥善解决。

在建立环境应急专家库和数据库方面，西北督查中心经研究确定了有关行业协会、大专院校、科研院所及重点企业的64位专家作为西北中心第一批咨询专家组的成员；制定了《西北督查中心突发环境事件应急咨询专家组工作办法》，明确了应急咨询工作程序、内容和要求；完成了西北五省区环境应急现状的基础调查和环境应急联络方式的再确认工作；完成了西北地区重点污染源数据库的基本架构，录入相关资料30多万字。

在环境应急基础工作调查方面，西北督查中心对西北地区环保系统环境应急领导机构设立、个人应急防护装备配备、应急预案编制、应急培训、实战演练等情况进行了调查，范围涉及西北五省区和新疆生产建设兵团的各级环保机构605个，基本摸清了情况。

[积极开展区域流域环境督查]

西北督查中心积极探索区域流域环境督查的新方法，在继续开展以环境质量状况校验污染减排成效工作的基础上，创造性地开展了以保障水环境安全为重点的流域环境督查。

在重点流域跨省（国）界监测断面督查方面，西北督查中心完成了西北地区4大流域6条主要河流11个跨省（国）界监测断面水质情况调研和评价分析，对监测断面设置情况、存在问题和水质自动监测站建设情况进行实地调查，完成了相关调研报告。

在重点城市饮用水水源地督查方面，西北督查中心对西北地区五个省会城市地表水集中式饮用水水源地水质达标现状、保护区划分、水质监测管理、排污口清理整顿、应急预案制定与落实等情况进行了专项督查。

在空气质量状况方面，西北督查中心对西北地区五个省会城市环境空气质量达标现状、环境中二氧化硫状况和趋势、酸雨发生频次、酸雨酸度、城市大气功能区区划、空气自动监测站运行等情况进行调研，基本掌握了城市空气环境质量变化趋势。

在重点流域环境状况调查方面，西北督查中心以南水北调中线工程陕西段环境质量督查为重点，较为全面地掌握了汉江、丹江流域水环境现状、城市污水处理基础设施建设等情况，针对陕西南部三市城市污水集中处理基础设施建设严重滞后的问题，向环保部提交了《关于加快南水北调中线水源区陕西省境内城镇污水处理基础设施建设的建议》。

[在防范震后环境次生灾害中积极发挥督查职能]

5月12日汶川大地震发生以后，西北督查中心快速反应，及时启动应急预案，及时安排24小时应急值班和灾后信息收集报送，并在通讯恢复后的第一时间向环境保护部及环境监察局领导汇报了震情，组织开展环境安全隐患排查。先后派出六个检查组赴陕西汉中、宝鸡和甘肃陇南三个重灾区，对当地环境污染隐患进行现场督查，检查尾矿库安全隐患，及时将相关信息上报环境保护部，为部领导科学决策，及时应对次生环境灾害发挥了重要参考作用。

[全力保障奥运环境质量]

按照环保部统一部署，西北督查中心对山西省奥运会空气质量保障情况进行督察，分为3个阶段，工作人员分三个批次、3个小组交替赴晋，整个督查工作历时24天，对《保障措施》要求完成的48个重点项目、26个国控、省控、市控重点污染源的排污情况全部进行了现场督察，督察率100%。奥运会期间，山西省11个城市空气质量状况均维持在Ⅱ级以上，其中Ⅰ级天数占到48.1%，重点督察的5个城市空气质量状况也均维持在Ⅱ级以上，其中Ⅰ级天数占到47.5%，山西省环境空气质量奥运保障的目标基本实现。

[履行“三同时”督查职责]

西北督查中心分别督查西北五省（区）国家审批建设项目12个，针对发现的主要问题，向有关省区提出了加强国家审批建设项目“三同时”日常监管的4条建议，向环保部上报了《西北地区国家审批建设项目“三同时”执行情况督查分析》。

[按时完成环保部交付的各项任务]

西北督查中心对浙江省2008年初遭受冰雪灾害期间环保部门受灾情况和相关环保工作进行调研，深入到3个受灾最严重的三个市的7家企事业单位，详细了解环境监管及执法能力受损情况、企业污染治理设施运行受损和灾区饮用水源地安全情况。完成奥运会周边省份环境保障工作，对内蒙古三市一盟火力发电企业进行督查检查。参与了对河南、山西、内蒙古、新疆4省区地表水饮用水源地保护情况后督察工作。对西安机场高速收费站恶臭气味、咸阳市子午轮胎建设项目对西安市饮用水源造成污染隐患等案件进行了现场调查。按时上报西北地区2008年环境违法典型案件，形成了陕西省西安市江村沟垃圾填埋场渗滤液长期超标排放等5个环境违法典型案件材料，建议列为国家挂牌督办案件。

各省市环保执法综述

北京市

法制处：

你处“关于对《关于编纂<中国环保执法年鉴>的函》（环执［2008］第6号）征集相关材料的来函”收悉。经研究，回复如下：

大气处在执行环保政策法规及奥运备战过程中主要集中在三个方面展开工作。

一是依据《中华人民共和国大气污染防治法》以及《北京市实施<中华人民共和国大气污染防治法>办法》，落实各区县人民政府对本辖区大气环境质量负责，以及在大气环境质量达标以前市人民政府可以采取更加严格的措施的相关规定。主要做法是：1998年以来，每年都由市政府制定并发布全市阶段型控制大气污染措施通告，围绕燃煤污染治理、机动车污染防治、扬尘污染防治、工业污染防治等方面开展各项大气污染治理工作，并于2004年开始每年将全市的空气质量目标分解到各个区县属地政府。北京市在机动车尾气污染治理方面，一直率先执行更高一级的国家机动车排放标准，这也是采取更严格措施的体现。为确保实现“绿色奥运”承诺，满足2008年奥运会残奥会对大气环境质量的要求，2008年北京市又联合环境保护部和周边5省市区，制定和实施了《第29届奥运会北京空气质量保障措施》。

二是在大气受到严重污染、可能发生危害人体健康和安全的紧急情况下，发布大气污染公告，采取必要的强制性应急措施。2006年北京市环境保护委员会发布《北京市大风沙尘天气扬尘污染控制预案》，明确要求，当预测可能出现平均风力4级以上的大风或可能出现沙尘天气时，须通过新闻媒体告知社会大众采取自我防护措施，施工工地停止所有土方作业，增加道路清扫保洁和洒水压尘作业时间和频次。为切实履行申奥环保承诺，保障北京奥运会残奥会期间空气质量良好，2008年奥运会前，环境保护部与北京市、天津市、河北省人民政府联合制定了《北京奥运会残奥会期间极端不利气象条件下空气污染控制应急措施》，并成功应用于奥运开幕日。

三是在清洁能源改造方面，按照市人民政府划定限制和逐步禁止燃煤范围的要求，坚持不懈开展城区燃煤锅炉清洁能源改造和核心文保区煤改电工作。完成中心城区20蒸吨以下1.6万台燃煤锅炉改用清洁能源，2008年底以前完成城市核心区内文物保护区9.4万户平房采暖小煤炉改用清洁能源工程。

反映上述三个方面主要工作成果的部分文件参见附件。

附件：

一、十五阶段控制大气污染措施公告

二、《第29届奥运会北京空气质量保障措施》

三、《北京市大风沙尘天气扬尘污染控制预案》

四、《北京奥运会残奥会期间极端不利气象条件下空气污染控制应急措施》

大气处

二00九年九月十七日

北京市人民政府关于发布本市第十五阶段控制大气污染措施的通告

在党中央、国务院的坚强领导下，在中央各部门各单位、驻京部队和各省区市的大力支持下，经过全市人民的共同努力，2008年北京奥运会、残奥会期间空气质量明显改善，全面兑现了申奥环保承诺。借鉴奥运会空气质量保障成功经验，在巩固前十四个阶段大气污染控制措施成果的基础上，市政府决定，2009年实施第十五阶段控制大气污染措施。现将具体措施通告如下：

一、推进以淘汰高排放黄标车为主的机动车污染防治

（一）严格执行机动车环保准入标准。新购机动车严格执行本市实施的国家第四阶段机动车排放标准，不符合规定的，不予办理登记等手续。今后，新购机动车严格执行本市当年适用的排放标准。

（二）加快淘汰黄标车。本市党政机关黄标车自本通告发布之日起全部淘汰。2009年10月1日前，保障城市运行的黄标车全部予以淘汰或更新。

制订加快黄标车淘汰的实施办法。

（三）加大对黄标车的限行力度。从2009年1月1日起，除保障城市生产生活和运行的车辆外，运输渣土等各类黄标车全天禁止在五环路以内道路（含五环路）行驶。从2009年10月1日起，黄标车禁止在六环路以内道路（含六环路）行驶。

（四）本市公交等公共服务行业新购机动车，应优先选用电动车、混合动力车、天然气车、无轨电车等污染排放低或零排放车辆。

（五）支持相关企业建立符合绿色环保标准要求的货物运输“绿色车队”，保障城市生产生活物资运输需要。

（六）外省、区、市进京机动车按本市绿标、黄标车管理规定行驶。

二、开展以推行“绿色施工”为主的工地扬尘污染防治

（七）重点推行“绿色施工”。实施严格的《绿色施工标准》，在2009年3月1日前，全市所有施工工地必须全面达标，未达标的责令停工整改。

（八）对混凝土搅拌站进行治理和整合。保留的搅拌站必须达到绿色生产标准。

（九）严格执行渣土运输车辆全密闭技术标准。五环路以内区域的道路维修和绿化维护等工程，施工产生的土石方必须采用袋装收集。

（十）按照2008年北京奥运会、残奥会期间道路清扫保洁工艺，扩大城市道路清扫保洁新工艺作业范围，严格执行城市道路清扫保洁质量标准，继续提高道路的洁净度。

三、推进以深化产业结构调整为主的工业污染治理

按照国家及本市产业政策和环保要求，深化产业结构调整，加大工业污染治理力度，以五个行业为重点，加快退出高能耗、高污染、高耗水行业。

（十一）全市所有工业企业要进一步加强污染深度治理，实现全面、稳定达标排放。

（十二）进一步整合全市水泥行业，压缩规模，淘汰年产能20万吨以下的水泥生产企业。

（十三）关闭所有石灰生产企业和不符合《北京市矿产资源总体规划》的采石生产企业。

（十四）淘汰年产量200万平方米以下的改性沥青防水卷材生产线。年产量超过200万平方米的生产线必须进行废气治理，实现达标排放。

（十五）淘汰全市生产稀释剂、涂料、油墨、黏合剂等小化工企业和铸造冲天炉、单段煤气发生炉等污染严重的生产工艺及设备。

（十六）加强服装干洗行业污染治理。使用开启式干洗机的企业和单位，必须更新为全封闭式干洗机或进行改造，实现达标排放。

四、搞好以优化能源结构为主的燃煤污染治理

（十七）2009年底前，全面完成城市核心区内文物保护区平房采暖小煤炉改用清洁能源工程，推进中心城区20吨以上燃煤锅炉改用清洁能源。

（十八）2010年采暖季前，10个远郊区县全面完成城关镇集中供热改造。

（十九）继续开展城乡结合部地区原煤散烧替代工作。

（二十）继续推进农村地区使用太阳能、生物质能等清洁能源。

（二十一）按照新颁布的《锅炉大气污染物排放标准》（DB11/139-2007），对未达标的燃煤锅炉进行治理，达标后方可使用。

五、严格控制垃圾填埋场污染排放

（二十二）对所有垃圾填埋场进行渗滤液、填埋气的治理，减少异味气体排放。积极推进生活垃圾综合处理厂建设工作，加快阿苏卫、南宫等垃圾焚烧发电厂项目建设，提高垃圾减量化、资源化和无害化处理水平。

六、实施极端不利气象条件下空气污染控制应急措施

（二十三）如遇极端不利气象条件影响，在大气受到严重污染时，实施污染控制应急措施。即：外省、区、市进京机动车和本市机动车单双号行驶，全市行政区域内黄标车禁行；施工工地停止土石方和建筑拆除等作业；增加城市道路吸扫和冲刷作业频次；排污单位停产或部分停产，最大限度减少污染物的排放。

各区县政府和市有关部门要落实属地管理和部门监管责任，制订落实方案，明确责任分工，加强督促检查，确保各项措施顺利实施。市有关部门要制订相应政策，支持建立城市货物运输“绿色车队”，促进产业结构调整，提高清洁能源使用，推动排污企业在达标排放的基础上进一步减排。各企业要自觉履行污染减排责任，切实完成减排任务。鼓励广大市民参与首都空气质量改善活动，积极倡导绿色出行方式，以实际行动减少污染。

市政府督查室、市监察局和市环保局要加强对本通告执行情况的监督检查，对防治大气污染成绩显著的单位和个人给予表彰，对违反或不执行国家环保法律法规、不履行环境监管职责的单位，依据有关规定严肃处理。

特此通告。

二〇〇八年九月二十七日

北京市人民政府文件

京政发[2008]9号

北京市人民政府关于发布2008年北京奥运会残奥会期间本市空气质量保障措施的通告

为切实履行申办奥运会时的环保承诺，进一步改善空气质量，成功举办一届有特色、高水平的奥运会，针对本市目前空气质量存在的主要问题，根据《北京市实施〈中华人民共和国大气污染防治法〉办法》和《北京市人民代表大会常务委员会关于为顺利筹备和成功举办奥运会进一步加强法治环境建设的决议》，市政府决定，在实施第十四阶段控制大气污染措施的基础上，借鉴奥运会举办城市在奥运会期间保障空气质量的做法，在2008年北京奥运会、残奥会期间（7月20日至9月20日）实施加强机动车管理、严格控制施工重点工序、重点污染企业减排等措施，确保空气质量良好。现将具体措施通告如下：

一、加强机动车管理，倡导“绿色出行”

具体方案和执行时间另行发布。

二、停止施工工地部分作业和强化道路清扫保洁

各施工单位要停止在施工地的土石方工程、混凝土浇注等作业，做好工地绿化、覆盖等工作。为保证施工安全，凡在2008年7月20日前不能完成土石方工程、基坑安全防护和防汛准备的项目，建设行政主管部门不予批准开工建设。市建委和各区县政府要组织督促各施工单位切实落实各项措施。

环卫作业单位每天要对城市主干道、次干道、重要支路和其他为奥运会提供服务保障的道路进行吸扫和冲刷作业，市市政管委和各区县政府要组织进行监督检查。

三、重点污染企业停产和限产

全市工业企业要采取有效措施，实现污染物稳定达标排放；不能稳定达标排放的，原则上停产治理。

首钢总公司采取严格措施，最大限度降低生产负荷，减少污染物排放。北京东方石油化工有限公司东方化工厂暂停生产。全市水泥生产企业、水泥粉磨站、混凝土搅拌站以及位于本市西南部地区的采石和石灰生产企业，原则上暂停生产。

北京首钢红冶钢厂、北京平板玻璃集团公司、北京首钢股份有限公司第一线材厂、北京秦昌玻璃有限公司、北京鹿牌都市生活用品有限公司、北京昌平区南口玻璃瓶厂、北京首钢吉泰安合金材料有限公司、北新集团建材股份有限公司、北京市西六建材工贸公司、北京市翔牌墙体材料有限公司、北京首钢建材化工厂、中国南车集团北京二七车辆厂、中国北车集团北京二七机车厂、北京首钢第二耐火材料厂、北京首钢康宏带钢厂、北京兴民玻璃制品厂、北京方瑞铸造有限公司、北京菲美特协立铸造有限公司等冶金、建材重点企业，采取压缩产量、调整运行方式、强化污染治理等措施，在确保达标排放的基础上减少污染物排放30%。北京燕山石化集团采取暂停三蒸馏、丙烷沥青、一热力和二热力、一电站1号至5号锅炉、二电站1号至4号锅炉运行等措施，在确保达标排放的基础上减少污染物排放30%。

四、燃煤设施污染减排

北京京能热电公司、大唐北京高井热电厂、华能北京热电公司、国华北京热电分公司采取燃用低硫优质煤及加强污染治理设施运行管理等措施，在确保达标排放的基础上减少污染物排放30%。所有夏季运行的燃煤锅炉，其使用单位要采取有效措施，确保污染物排放稳定达到《锅炉大气污染物排放标准》（DB11/139-2007）第二时段排放限值；不能稳定达标排放的，原则上暂停运行。

五、减少有机废气排放

本市行政区域内的加油站、油罐车和储油库，未完成油气回收治理改造或改造后仍不能达标排放的，停止使用。全市禁止露天喷漆，暂停含有挥发性有机溶剂的建筑喷涂和粉刷作业；印刷、家具生产、汽车修理等排放挥发性有机物的工序，未达到本市排放标准的停产治理。

六、实施极端不利气象条件下的污染控制应急措施

如遇到极端不利气象条件，影响空气质量达标时，在采取上述措施的基础上，将进一步采取应急措施控制污染。

各区县政府和市有关部门要落实属地管理和部门监管责任，加强督促检查，确保各项措施顺利实施。各企业要自觉履行减排责任，切实完成减排任务。对2008年北京奥运会、残奥会期间实施停产、限产等临时减排措施的企业将减免征收排污费。倡导广大市民选择绿色生活方式，主动参与减排行动，为保障2008年北京奥运会、残奥会期间空气质量良好作出贡献。

特此通告。

（府 印）
二〇〇八年四月四日

主题词：环保　控制　污染　措施　通告

主送：各区、县人民政府，市政府各委、办、局，各市属机构。

抄送：党中央各部门，全国人大常委会办公厅，国务院办公厅、各部委、各直属机构，全国政协办公厅，中央军委办公厅，最高人民法院，最高人民检察院。

市委各部门，市人大常委会办公厅，市政协办公厅，市高级人民法院，市人民检察院，北京卫戍区。

各民主党派北京市委和北京市工商联。

北京市人民政府办公厅
2008年4月　日印发

京环保委字〔2006〕1号

北京市环境保护委员会关于印发大风沙尘天气扬尘污染控制预案的通知

各区县政府、市政府有关部门：

为加强大风沙尘天气扬尘污染控制工作，现将《北京市大风沙尘天气扬尘污染控制预案》（见附件）印发给你们。各区县政府和市政府有关部门要切实落实预案各项措施，在大风沙尘天气中及时反应、迅速行动、统一协调，确保大风沙尘天气扬尘污染控制工作高效有序运行，最大限度降低扬尘污染危害程度。

请各区县政府和市政府有关部门在2006年4月12日前分别将相应工作方案、辖区大风沙尘天气扬尘污染控制工作小组组织机构、联络员和联络方式报市环保局备案。

特此通知。

附件：

《北京市大风沙尘天气扬尘污染控制预案》

二〇〇六年四月四日

（联系人：李翔、阎岩；联系电话：68418524　传真：68412763）

主题词：环保　大风沙尘　控制　预案　通知
北京市环境保护委员会办公室
2006年4月4日印发

附件：

北京市大风沙尘天气扬尘污染控制预案

大风沙尘天气使空气质量恶化，影响市民外出行动和身体健康，尤其春季北京地区大风沙尘天气频繁。为最大限度地降低空气污染和社会影响，保障市民身体健康，特制定本市大风沙尘天气扬尘污染控制预案。

一、大风沙尘天气扬尘污染控制预案工作原则

坚持以人为本、统一领导、属地管理，建立市、区县两级大风沙尘天气扬尘污染控制指挥机构，形成分级负责、分类指挥、协调合作的大风沙尘天气扬尘污染控制体系。

二、大风沙尘天气扬尘污染控制组织机构

成立北京市大风沙尘天气扬尘污染控制工作领导小组（以下简称“市控制小组”）。领导小组组长由市政府主管副秘书长担任，副组长由市环保局局长担任。领导小组成员由市市政管委、市建委、市气象局、市交管局、市城管综合执法局和区县（含北京经济技术开发区）政府主管领导组成。

市控制小组办公室设在市环保局，负责日常协调和管

理等工作。办公室主任由市环保局主管副局长担任，成员由各领导小组成员单位联络员组成。

三、控制预案启动和采取的措施

预测可能出现平均风力在4级以上的大风或可能出现沙尘天气时，应启动《北京市大风沙尘天气扬尘污染控制预案》。控制措施如下：

（一）通过新闻媒体告知社会采取自我防护措施：进入防风、防沙状态，提醒患有呼吸道及心、肺系统疾病的人群要尽量减少外出，一般人群应停止户外晨练等活动，建议幼儿园、托儿所、中小学停止体育课、早操等户外活动。

（二）施工工地：对土堆、裸露地面进行洒水、覆盖，防止扬尘污染；停止所有土方作业、拆迁工程和建筑渣土运输。

（三）道路：大风沙尘天气过程中延长道路清扫保洁和洒水压尘作业时间(9：00—16：00)，增加作业频次；在沙尘天气过去后24小时内，完成主要道路积尘的清除和冲刷作业。

四、领导小组办公室和成员单位主要职责分工

（一）大风沙尘天气扬尘污染控制领导小组办公室负责组织修订《北京市大风沙尘天气扬尘污染控制预案》；负责组织、协调实施控制预案；负责宣布启动预案；负责组织收集各区县政府、市有关部门关于控制预案执行情况等信息，并及时汇总上报市政府。

（二）市环保局负责提出相关控制措施建议；负责通知区县及相关单位启动《北京市大风沙尘天气扬尘污染控制预案》。

（三）市气象局负责密切监测大风沙尘天气情况，及时提供有关气象数据，与市环保局会商预报大风沙尘天气。

（四）市建委负责制定《北京市大风沙尘天气施工工地扬尘污染控制工作方案》；负责督促区建委落实控制措施。

（五）市市政管委负责制定《北京市大风沙尘天气城市道路扬尘污染控制工作方案》；负责督促区县市政管委落实道路清扫扬尘污染控制措施；负责组织北清集团等市级专业作业单位对市属道路进行清扫保洁。

（六）市城管综合执法局负责督促区县城管监察大队加强对大风沙尘天气施工工地扬尘污染控制措施的检查和执法工作。

（七）市公安局公安交通管理局负责组织协调在延长作业时间内的清扫车辆上路作业通行工作，并及时提供道路交通信息。

（八）各区县人民政府负责组织成立辖区大风沙尘天气扬尘污染控制工作小组；负责组织制定、修订辖区内大风沙尘天气扬尘污染控制工作方案；负责组织落实污染控制工作；负责及时上报各成员单位措施落实、检查督促和执法等情况。

五、预案实施程序

（一）信息通报。市环保局与市气象局会商预测未来一段时间内将有大风沙尘天气发生后，市环保局应及时通报成员单位，并上报市政府；同时通过市环保局网站发布消息。在当天北京电视台1频道18:30新闻节目和9频道21:20北京空气质量播报栏目中播出相关信息。

（二）采取措施。在接到启动通知的第一时间内，各成员单位要按照职责分工落实各项控制措施。

（三）落实情况反馈。各成员单位要在大风沙尘天气过后4小时内将落实、检查督促和执法等情况，反馈给市控制小组办公室，由市控制小组办公室汇总后上报市政府。

关于发布《北京奥运会残奥会期间极端不利气象条件下空气污染控制应急措施》的公告

发文单位：北京市人民政府 环境保护部

文号：环境保护部、北京市人民政府、天津市人民政府、河北省人民政府公告2008年第36号

发布日期：2008-7-28

执行日期：2008-7-28

为切实履行申奥环保承诺，保障北京奥运会残奥会期间空气质量良好，根据国务院批准的《第29届奥运会会北京空气质量保障措施》有关要求，环境保护部与北京市、天津市、河北省人民政府联合制定了《北京奥运会残奥会期间极端不利气象条件下空气污染控制应急措施》。

现予公布。

北京奥运会残奥会期间极端不利气象条件下空气污染控制应急措施

环境保护部

北京市人民政府

天津市人民政府

河北省人民政府

二○○八年七月二十八日

为切实履行申奥环保承诺，保障北京奥运会残奥会期间空气质量良好，2007年10月，国务院批准了由环境保护部和北京、天津、河北、山西、内蒙古和山东6省区市共同制定的《第29届奥运会北京空气质量保障措施》（以下简称《保障措施》）。为落实《保障措施》，6省区市政府先

后制定并发布了相关实施方案，在控制燃煤污染、机动车污染、工业污染、扬尘污染等方面实施严格的污染治理和临时减排措施。

在实施上述空气质量保障措施的基础上，北京奥运期间，如遇极端不利气象条件影响，空气污染加重，预测空气质量超标时，为保障运动员身体健康，保证比赛正常进行，环境保护部、北京市、天津市和河北省政府经过科学研究，共同制定了“北京奥运会残奥会期间极端不利气象条件下空气污染控制应急措施”。

一、应急措施内容

（一）再实施一批企业停产或部分停产

北京市：在实行重点污染企业停产和限产的基础上，再暂停105家机电、化工、家具和建材企业生产或产生挥发性有机物和颗粒物等污染物的生产工序。

天津市：在实行重点污染企业控制的基础上，再暂停56家燃煤电力、燃煤供热、建材、化工、机电企业生产或产生挥发性有机物和颗粒物等污染物的生产工序。

河北省：在实行重点污染企业控制的基础上，石家庄、保定、廊坊、唐山市再暂停61家企业生产排放挥发性有机物、颗粒物和恶臭的生产工序。张家口、承德、石家庄、唐山等小钢铁企业大幅度减产。大型钢铁企业酌情限产。

（二）进一步限制机动车行驶

北京市： 在实行机动车单号单日行驶、双号双日行驶等措施的基础上，再暂停行驶部分机动车。凡机动车号牌尾号与应急措施当日日期尾号相同的，暂停行驶。

天津市：天津牌照的机动车在全市范围内全天单号单日行驶、双号双日行驶。

河北省：石家庄、保定、廊坊、唐山地区每日7时至22时，实施机动车单号单日行驶，双号双日行驶。

（三）施工工地停止作业

北京市：在实行停止施工工地土石方工程、混凝土浇注等作业的基础上，全市施工工地停止作业。

二、应急措施组织实施

奥运期间，如遇极端不利气象条件影响，预报未来48小时内空气质量超标时，运行指挥部提出启动应急措施的建议，上报总指挥部，经批准后由北京市、天津市和河北省政府负责组织实施，环境保护部负责协调监督。

应急措施实施后，当预报未来48小时内空气质量不超标时，运行指挥部提出应急措施终止建议上报总指挥部，经批准后由北京市、天津市和河北省政府负责组织实施，环境保护部负责协调监督。

北京市人民政府

关于印发《奥运会、残奥会“战时”声环境监管团队工作规则》的通知

局机关有关处室、直属有关单位：

为落实《北京奥运会、残奥会“战时”环保运行工作方案》的通知要求，并根据《北京市环境保护局关于印发奥运会期间环境监管工作方案的通知》中声环境监管工作方案，建立顺畅的保障工作机制，现将制定的“奥运会、残奥会‘战时’声环境监管团队工作规则”印发给你们，请遵照执行。

附件：

奥运会残奥会‘战时’声环境监管团队工作规则

二〇〇八年七月八日

附件：

奥运会残奥会“战时”声环境监管团队工作规则

一、噪声处负责做好全市声环境统一监管工作，并与各区县环保局主管领导做好沟通，协调处理各种因噪声污染可能引发的扰民和群众来信来访纠纷等事件，重点对交通噪声扰民，要与交通行政主管部门积极协调，做好疏导工作。

二、监察队做好日常巡查工作，对巡查中发现的噪声扰民问题迅速查处。在城八区内固定噪声源的投诉接件后60分钟内赶赴现场，首先以消除环境影响为前提，安抚群众，对噪声超标的单位从严查处，并在3天内将受理情况反馈举报人。积极配合市公安、城管、建委等单位对社会生活噪声、施工噪声进行查处。在工作中要与区县环保局监察人员建立有效的联络，及时沟通，密切配合。

三、监测中心做好声环境质量的监测，按要求及时报送(包括首都机场17个点位)数据和分析报告，并与噪声处、监察队密切协作，根据需求及时派人赴现场进行监测，出具数据报告。对道路交通噪声积极配合噪声处、固定噪声源配合监察队赴现场监测。

四、12369举报中心除做好日常的接访疏导工作外，要及时向有关部门传递信息、沟通情况，对非正常上访群体性事件及苗头早发现、早报告。

五、按照已建立的各类噪声控制联合检查查处机制，做好监督管理工作。涉奥的交通噪声及其他交通噪声由噪声处协调交通委进行处理；涉奥的固定源噪声及其他固定源和工业噪声由监察队组织区县环保局查处，社会生活噪声积极会同公安部门查处，施工噪声积极会同建委、城管

部门查处，并按照分工与上述有关部门的负责同志建立有效的电话联系。

六、建立定期会商制度。噪声处负责每周召开声环境监管团队全体成员碰头会，总结上周工作情况，研究下周工作部署。

七、团队全体成员即日起进入战时状态，按照上级要求认真排查群众反映的问题，以超常规的姿态，以事了为目标，3日内做好答复工作。

声环境监管团队人员名单及联系方式：

主任：周扬胜（13301023514）
队员：郑春景（13901135746）
徐少辉（13051737656）
于　虹（13901135748）
赵志威（13301021878）
徐　谦（13651149027）
徐　辉（13611315825）
郭继辉（13611026660）
杜凤军（13366338898）

相关部门联系电话：

市公安局治安总队：绳纲 62014533
市建委：许焰炬 63976436
市城管执法局：李向民 68524917

固体废物环境监管工作文件

北京市环境保护局办公室文件

京环办〔2008〕59号

关于印发《北京奥运会、残奥会“战时”环保运行工作方案》的通知

局机关各处室、直属各单位：

按照局领导指示，现将《北京奥运会、残奥会“战时”环保运行工作方案》印发给你们，请认真遵照执行。

附件：北京奥运会、残奥会“战时”环保运行工作方案

二〇〇八年六月二十六日

主题词：环保　奥运　运行　通知
北京市环境保护局办公室
2008年6月27日印发

附件：

北京奥运会、残奥会“战时”环保运行工作方案

为切实做好奥运赛时环保工作，根据市政府第二次全体会议精神和奥运会、残奥会运行指挥部第一次会议精神，按照北京奥运会、残奥会运行指挥部交通与环境保障组领导要求，为保障环保工作组的有效运行，制定北京奥运会、残奥会“战时”环保运行工作方案。

一、组织结构

在交通与环境保障组领导下，成立北京奥运会、残奥会环保工作组。组长由史捍民担任，副组长由杜少中、郑江、庄志东、周新华、冯惠生、陈添、周扬胜担任。

将奥组委工程与环境部环境管理处纳入环保工作组管理，将其承担的对外奥运环保宣传职能，调整到市环保局宣传处；将市环保局大气环境管理处承担的对国际奥委会联络职能，调整到奥组委环境管理处。做到市环保局和奥组委工程与环境部“双进入”，实现全面融合。

环保工作组下设十个工作团队，分别负责大气环境监测与预报，大气环境、水环境、声环境、辐射环境、危险废物监管，参与环境突发事件和反恐应急处置，环保宣传、效能监察、综合协调等工作。

环保工作组日常与交通与环境保障组联络事宜由市环保局办公室承担。联络负责人：办公室主任杨曙光。

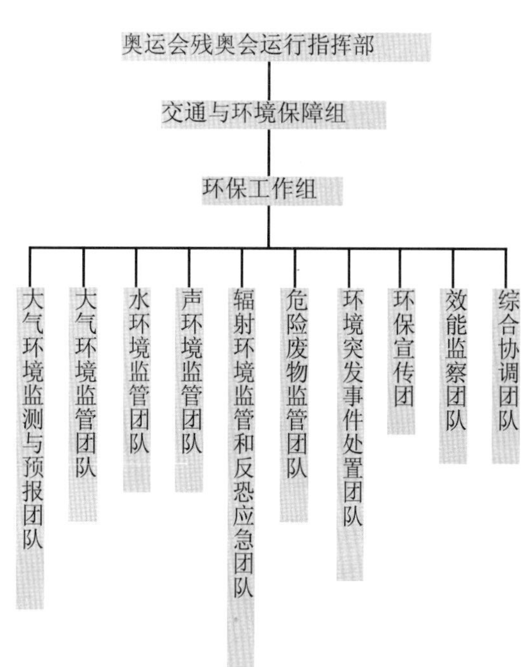

二、环保工作组及下设团队职责

（一）环保工作组职责

在奥运会筹备阶段和奥运会举办期间，以大气污染防治工作为重点，组织进行大气污染源监管，组织实施奥运期间临时限停减排措施，进行大气环境质量监测、预报。同时组织进行水环境、声环境、辐射环境、危险废物监管，参与环境安全应急保障和反恐工作，为赛时运行和保障提供环保支持。

（二）大气环境监测与预报团队职责

团队主任由陈添总工程师担任。由大气环境管理处、科技和国际合作处、奥组委工程与环境部环境管理处、市环保监测中心、市环保科学研究院人员组成。负责赛时每日空气质量监测、预报，并提供数据；负责与国际奥委会、各单项体育组织、非政府组织有关环保方面的沟通联络；负责与环境保护部及周边五省市有关奥运空气质量保障方面的沟通联络；负责各区县政府及市有关部门空气质量保障方面的沟通联络。

（三）大气环境监管团队职责

分为大气流动源监管团队和大气固定源监管团队。

大气流动源监管团队主任由杜少中副局长担任。由机动车排放管理处、市机动车排放管理中心人员组成。负责督促检查奥运会、残奥会期间机动车排放控制措施落实到位。

大气固定源监管团队主任由郑江副局长担任。由污染源管理处、市环保监察队、市环保监测中心人员组成。负责奥运会、残奥会期间重点污染企业停限产、燃煤设施污染减排、有机废气污染控制等减排措施落实到位。

（四）水环境监管团队职责

团队主任由庄志东副局长担任。由水和生态环境管理处、市环保监测中心、市环保监察队、市环保科学研究院人员组成。负责加大水质监测和巡查力度，监测奥运水域水环境质量;负责加强对集中饮用水源地的监控，监测饮用水源地水质;负责加强对重点景观水域的水质巡查，监督恶臭和水华等现象;负责做好全市水环境质量的常规监测，及时提供监测数据和分析报告。

（五）声环境监管团队职责

团队主任由周扬胜副局长担任。由噪声管理处、市环保监测中心、市环保监察队人员组成。负责做好全市声环境质量的常规监测，及时报送数据和评估分析报告；负责加大噪声扰民问题的查处力度，建立各类噪声控制联合检查查处机制。

（六）辐射环境监管和反恐应急团队职责

团队主任由庄志东副局长担任。由辐射安全管理处、市辐射安全技术中心、市环保监察队、市放射性废物管理中心人员组成。负责加强奥运场馆和重点污染源周边辐射环境监测；负责完善应急体制和工作机制，做好辐射事故、反恐应急处置和奥运赛时值班备勤工作。

（七）危险废物监管团队职责

团队主任由郑江副局长担任。由固体废物管理办公室、市固体废物管理中心、市环保监测中心、市环保监察队人员组成。负责加强危险废物重点源单位的管理，组织各单位制定完善危险废物应急预案，消除各类环境安全隐患；负责加强危险废物处置许可证单位的管理，制定奥运期间危险废物收集运输方案，确保奥运场馆等重要地区医疗废物及时收集、运输和处置。

（八）环境突发事件处置团队职责

团队主任由郑江副局长担任。由环境突发事件应急办公室、市环保监测中心人员组成。负责加强奥运期间的应急值守工作，确保反应及时，应对高效；负责妥善处置突发性污染事故，加强应急监测。

（九）环保宣传团队职责

团队主任由杜少中副局长担任。由宣传处、市环保宣教中心、市环境信息中心人员组成。负责以大气环境质量改善为重点，对全市环境质量改善工作进行宣传；负责发布常规空气质量监测日报和预报，根据需要举行新闻发布会；负责利用多种形式开展“绿色奥运”等相关宣传。

（十）效能监察团队职责

团队主任由纪检组长周新华担任。由监察处人员组成。负责对主管领导、局机关处室和直属单位环境保障工作的全过程进行效能监察，考核其工作执行和各项指标的完成情况。

（十一）综合协调团队职责

团队主任由冯惠生副局长担任。由办公室、市环境信息中心、市12369投诉举报中心、后勤服务部人员组成。负责日常与交通与环境保障组联络各项事宜；负责奥运环境保障工作有关协调、督查、信息保障及后勤服务等相关工作。

三、运行机制

（一）环保工作组实体化办公方案

环保工作组相关领导视工作需要到奥运大厦办公。市环保局奥运相关的处室和奥组委环境管理处合署在奥运大厦办公，实现实体化办公。达到机构融合、人员融合、办公地点融合。

（二）会议制度

环保工作组办公会议每周召开一次，研究环境监测、污染控制、措施实施等环境保护工作，督促各成员单位按照会议要求开展工作。专题会议不定期召开。按要求准时参加交通与环境保障组和运行指挥部召开的会议。

（三）请示报告制度

环保工作组各成员单位凡涉及奥运环保运行相关事宜，须请示报告环保工作组，按要求开展相关工作。环保工作组工作进展情况报告交通与环境保障组，重要事项向交通与环境保障组请示。

（四）协调工作制度

根据奥运期间空气质量状况，及时与国际奥委会、环境保护部、周边五省区市及北京市各区县、各部门协调和沟通。

（五）信息报告制度

环保工作组按照交通与环境保障组的要求，及时上报相关工作信息，遇有重大突发、紧急事件，随时报告。环保工作组及时将空气质量监测和预报情况，向交通与环境保障组领导和国际奥委会报告，同时向社会发布相关空气质量信息。

（六）公文流转制度

各成员单位凡涉及奥运环境质量保障、环境监测评估、与国际奥委会协调及与奥运环保宣传有关的问题，行文报环保工作组，重大事项由环保工作组报交通与环境保障组领导决定。

北京市环境保护局文件

京环发〔2008〕157号

北京市环境保护局关于印发《奥运会及残奥会期间固体废物环境保障工作方案》的通知

各有关单位：

为保证奥运会及残奥会期间全市各类危险废物全部得到安全收集、贮存、运输和处置利用，实现“绿色奥运”、“平安奥运”的目标，现将《奥运会及残奥会期间固体废物环境保障工作方案》（以下简称“工作方案”）印发给你们，请各单位按照工作方案要求认真贯彻执行，并将工作方案落实过程中发现的问题及时报相关部门和市、区（县）环保部门，以便尽快协调解决。

市、区（县）环保部门将对各单位工作方案的落实情况进行检查。

附件：

奥运会及残奥会期间固体废物环境保障工作方案

二〇〇八年六月五日

联系人：周苑松

联系电话（兼传真）：88515378

主题词：环保　奥运　固体废物　保障　通知

北京市环境保护局办公室

2008年6月6日印发

附件：
奥运会及残奥会期间固体废物环境保障工作方案

一、工作目标

确保奥运会及残奥会期间全市各类危险废物全部得到安全收集、贮存、运输和处置利用，努力实现奥运期间危险废物污染事故及因固体废物引发的污染扰民群访事件为零的目标。

二、方案实施时间

奥运会及残奥会期间：指2008年7月20日至9月20日。

三、保障措施

（一）危险废物产生单位保障措施

1、制定方案，落实相关责任

6月底前，各危险废物产生单位要制定、完善危险废物奥运保障方案和突发事故应急预案，落实组织机构和相关部门人员职责，切实做到分工明确，责任到人。

2、开展自查，按时完成整改

自查内容包括：危险废物贮存设施、场所是否符合标准并落实环境安全防范措施；应急物资储备是否到位；对可能发生各类环境污染事件是否有针对性的防控手段；应急措施、职责、责任人是否明确等。对发现的问题，及时进行整改，所有整改措施6月底前完成。

3、加强危险废物贮存管理

（1）危险废物贮存设施符合国家《危险废物贮存污染控制标准》，并满足防扬散、防流失和防渗漏的要求，奥运期间不得有危险废物露天存放等不规范现象，不得发生危险废物溢漏、外排事故。

（2）当危险废物不能实现安全贮存时，各产废单位要采取压产、停产措施，减少危险废物的产生量。

4、加强危险废物转移管理

（1）7月20日前，产废单位要将目前贮存的危险废物全部送至有许可证的单位进行安全处置，以预留出奥运会及残奥会期间危险废物最大贮存能力；危险废物转移过程要执行危险废物转移联单。

（2）奥运会及残奥会期间，要尽量减少危险废物转移频次；奥运期间无法实现危险废物跨省转移的单位，要于7月20日前与本市有许可证的单位签订处置协议，会同有许可证的单位共同安排好奥运期间危险废物的收集、运输及安全处置工作；确有必要进行危险废物跨省转移的，要保证使用符合规定要求的危险货物运输车转移危险废物，并做好转移途中的安全防范工作。

（3）不得将危险废物转移至奥运期间暂停运行许可

证的单位（见附件1）贮存、利用和处置。

5、加强重点单位危险废物自处置设施管理

（1）东方石化公司东方化工厂、东方石化公司化工四厂、中国石化北京燕化石油化工有限公司化学品事业部和首钢日电电子有限公司经批准自建自用的危险废物焚烧装置在奥运会及残奥会期间暂停运行；奥运会及残奥会期间产生的危险废物必须做到安全贮存，或送有许可证单位的安全处置。

（2）中国石化北京燕化石油化工有限公司聚酯事业部要确保奥运期间危险废物焚烧设施污染物达标排放，不发生环境安全事故。

6、提高应急能力，及时上报事故信息

各单位要加强对员工的培训和宣传，提高管理人员和操作人员的环境安全防范意识，增强员工应对突发环境事故的能力和水平。一旦发生事故，要迅速启动应急预案，及时将事故情况通报安监、公安、环保等相关部门及当地政府。

7、部分企业采取停产减排措施

（1）东方石化公司有机化工厂、北京顺义宏利钢管有限公司酸洗车间6月底前实现停产；东方石化公司东方化工厂7月1日至9月30日暂停生产；东方石化公司化工四厂7月20日至8月24日暂停生产；北京市无线电元件十厂8月5日至8月26日暂停生产；SMC（中国）有限公司和SMC（北京）制造有限公司8月8日至8月18日暂停生产；

（2）东方石化公司有机化工厂、东方石化公司东方化工厂、北京顺义宏利钢管有限公司要于7月10日前将停产后管道、设备、仓库、储罐等生产、贮存设施场所内存留的危险废物妥善清除，全部送至有资质的单位进行安全处置，不得留存。

8、实行每周报告制度

每周一以书面形式分别向市、区（县）环保局报告上一周本单位危险废物产生和转移情况。

（二）危险废物许可证单位保障措施

1、制定方案，落实相关责任

6月底前，各危险废物产生单位要制定、完善危险废物奥运保障方案和突发事故应急预案，落实组织机构和相关部门人员职责，切实做到分工明确，责任到人。

2、开展自查，按时完成整改

自查内容包括：危险废物贮存设施、场所是否符合标准；处置利用及配套污染防治设施设备是否运转正常；各项环境安全防范措施是否落实；应急物资储备是否到位；对可能发生各类环境污染事件是否有针对性的防控手段；应急措施、职责、责任人是否明确等。对发现的问题，及时进行整改，所有整改措施6月底前完成。

3、加强危险废物收集运输管理

各有许可证的单位要按照事先制定的危险废物收集运输方案进行经营活动，收集运输时间和路线尽量避开奥运场馆周边及正式比赛线路沿线；及时维修保养危险废物运输车，确保车辆工况正常；医疗废物收集、运输必须全部使用周转箱。

4、加强危险废物贮存管理

危险废物贮存设施符合国家《危险废物贮存污染控制标准》，并满足防扬散、防流失和防渗漏的要求，不得有危险废物混放和露天存放等不规范现象，不得发生危险废物溢漏、外排事故。

5、加强危险废物处置利用管理

（1）严格按照《中华人民共和国固体废物污染环境防治法》、《危险废物经营许可证管理办法》、《危险废物焚烧污染控制标准》、《医疗废物集中处置技术规范》等相关法律法规、标准规范的要求进行危险废物经营和处置利用活动。

（2）加大重点设施、场所的巡视检查力度，确保污染防治设施正常运转及各项污染物达标排放。金隅红树林和金州安洁公司废物处理有限公司在线监测设备保证连续正常运行。

（3）及时处置利用危险废物，减少危险废物贮存量，原则上做到危险废物当日进厂当日处置利用完毕。

（4）金州安洁废物处理有限公司7月1日起将现有两套医疗废物处置线全部开启运行，奥运会期间要做好本单位业务范围医疗机构、环卫集团业务范围医疗机构，以及31个奥运竞赛场馆及奥林匹克公园内非竞赛场馆的医疗废物收集、运输工作，尤其要保障场馆医疗废物中转过程的环境安全。加强同环卫集团南宫医疗废物处理厂的合作及应急联动，确保全部医疗废物得到及时、安全、妥善处置。

（5）金隅红树林公司要采取积极措施，尽全力保障奥运会期间产废单位危险废物的安全收集、贮存和处置。

6、加强突发环境事故应急管理

制定完善的危险废物收集、运输、贮存和处置应急预案，切实做到防范措施全面到位，应急物资充足齐备，消除各类环境安全隐患。发生环境事故后要迅速启动应急预案，在第一时间组织前期处置的同时，及时将事故情况通报安监、公安、环保等相关部门，并全力参与、配合有关部门的事故应急处置工作。

7、部分企业停止经营活动

（1）环卫集团南宫医疗废物处理厂7月1日起暂停焚烧炉运行，并于7月20日前完成设备检修，作为医疗废物备用处置厂，具备随时开启焚烧炉处置医疗废物的应急能力；配合金州安洁废物处理有限公司做好负责区域内医疗废物的收集和运输。

（2）北京奥谱化学新技术有限公司6月30日前将已收集贮存的危险废物全部利用完毕，并从7月1日至奥运会结束暂停危险废物经营活动。

（3）北京市危险废物处置中心、北京科德金诺环保技术有限公司奥运会前将所有库存危险废物全部转移至有资质的单位处置利用；奥运会期间暂停危险废物经营活动，做到危险废物“零”库存。

8、实行每日报告制度。奥运会及残奥会期间，各有经营许可证的单位每日16:00前以书面形式分别向市、区（县）环保局报告当日危险废物收集和处置利用情况。

（三）生活垃圾处理厂保障措施

1、落实各项污染控制措施。负责生活垃圾收集、中转、填埋、堆肥、焚烧等处理厂要严格遵守相关法律法规，按照标准规范的要求，切实加强生活垃圾收集、运输、处理等过程的污染控制，做到封闭运输无遗撒渗漏、填埋作业随倒随压当日覆盖，缩小垃圾填埋作业面。

2、控制异味污染。有异味产生的区域要及时采取喷洒、覆盖等防治措施，最大限度地减少异味扰民。

3、污染防治设施要保证连续正常运行，确保各项污染物排放稳定达标。

4、加强环境监测。委托有资质的单位每月对填埋场渗滤液处理设施、地下水观测井水质情况和厂界无组织排放废气进行监测。

（四）排水集团污泥保障措施

北京市城市排水集团有限责任公司要确保集团所属各污水处理厂产生的污泥得到及时、规范的处置，除指定场地外不得随意堆存，有异味产生的区域要及时采取喷洒、覆盖等防治措施，确保不发生环境污染事故及污染扰民情况。

北京市环境保护局文件

京环发〔2008〕144号

北京市环境保护局关于印发奥运会期间环境监管工作方案的通知

各区、县环保局，北京经济技术开发区环保局，局机关处室，直属各单位：

5月22日，市环保局召开了区、县环保局长会议。史捍民局长传达了市政府和环境保护部有关会议精神，各位分管副局长对奥运会、残奥会期间环境监管各专项工作方案进行了部署。

现将奥运会残奥会期间各项环境监管工作方案印发给你们，请认真学习，并按照各项方案中提出的任务和要求，结合本地区、本部门实际情况，认真组织好落实工作。要细化任务，明确责任，落实到人，切实按照时限要求，全面完成各项任务。

附件：

1、奥运会环境质量保障总体要求及监测预报工作方案

2、奥运会环境质量保障大气固定源监管工作方案

3、奥运会环境质量保障环境安全应急保障工作方案

4、奥运会环境质量保障固体废物监管工作方案

5、奥运会环境质量保障机动车排放监管工作方案

6、奥运会环境质量保障环境新闻宣传工作要求

7、奥运会环境质量保障水污染监管工作方案

8、奥运会环境质量保障辐射环境监管和反恐工作方案

9、奥运会环境质量保障环境监管工作方案

二〇〇八年五月二十六日

主题词：环保　奥运　监管　方案　通知
北京市环境保护局办公室
2008年5月26日印发

附件：

奥运会及残奥会期间固体废物环境监管工作方案

一、工作目标

确保奥运会及残奥会期间全市各类危险废物全部得到安全收集、贮存、运输和处置利用，努力实现奥运期间危险废物污染事故及因固体废物引发的污染扰民群访事件为零的目标。

二、监管内容及要求

（一）危险废物重点源单位监管内容

按照国家环境部下发的《关于开展危废产生、处置单位意外事故应急预案备案制度落实情况检查的通知》（环办函[2008]42号）的要求，年产危险废物50吨以上的单位为重点监管单位（简称“重点源单位”）。全市共有重点源单位54家，分布在15个区县，平均每天危废产生量约200吨。

各区县环保局可根据辖区实际情况编制非重点源清单，与重点源单位一并实施监管。

奥运会及残奥会期间对重点源单位的监管主要有以下几方面：

1、加强危险废物贮存监管

（1）危险废物贮存设施符合国家《危险废物贮存污染控制标准》，并满足防扬散、防流失和防渗漏的要求，不得有危险废物露天存放等不规范现象，不得发生危险废物溢漏、外排事故。

（2）当危险废物不能实现安全贮存时，产废单位要采取压产、停产措施，减少危险废物的产生量。

2、加强危险废物转移监管

（1）7月20日前，重点源单位要将贮存的危险废物全

部清理转移至许可证单位处置利用，预留出危险废物最大贮存能力；危险废物转移过程要执行危险废物转移联单。

（2）奥运会及残奥会期间控制危险废物转移频次，确有必要进行危险废物跨省转移的，要使用符合规定要求的危险货物运输车转移危险废物，并做好转移途中的安全防范工作。

3、加强环境安全防范监管

重点源单位应有完善的危险废物应急预案，防范措施全面到位，应急物资充足齐备，消除各类环境安全隐患。

4、加强停产企业监管

按照市政府发布的“2008年北京奥运会残奥会期间本市空气质量保障措施”和各重点源单位制定的奥运期间环境保障方案，下列企业在奥运会及残奥会期间将采取停产措施：

（1）东方石化公司有机化工厂、北京顺义宏利钢管有限公司酸洗车间6月底前实现停产；东方石化公司东方化工厂7月1日至9月30日暂停生产；东方石化公司化工四厂7月20日至8月24日暂停生产；北京市无线电元件十厂8月5日至8月26日暂停生产；SMC（中国）有限公司和SMC（北京）制造有限公司8月8日至8月18日暂停生产；

（2）东方石化公司有机化工厂、北京顺义宏利钢管有限公司、东方石化公司东方化工厂要于7月10日前将停产后管道、设备、仓库、储罐等生产、贮存设施场所内存留的危险废物妥善清除，全部送至有资质单位进行安全处置，不得留存。

东方石化公司化工四厂、北京市无线电元件十厂、SMC（中国）有限公司和SMC（北京）制造有限公司在暂停生产期间，要妥善处置废弃的危险化学品，确保不发生安全事故。

5、加强自处置单位监管

全市共有5个单位6套焚烧设施对本单位产生的危险废物进行处置。其中，东方石化公司东方化工厂、东方石化公司化工四厂、中国石化北京燕化石油化工有限公司化学品事业部和首钢日电电子有限公司危险废物焚烧装置奥运会及残奥会期间暂停运行；7月20日前，将现有危险废物全部处置完毕；奥运会及残奥会期间产生的危险废物必须做到安全贮存，或送许可证单位安全处置。

（二）危险废物许可证单位监管内容

全市共有危险废物综合经营许可证单位9家，分布在7个区，其中危险废物综合处置1家，医疗废物处置2家，危险废物利用4家，危险废物收集贮存2家。为确保危险废物处置利用设施安全运行、减少危险废物运输量，拟对4家单位采取暂停运营的措施。对危险废物综合经营许可证单位的监管主要有以下几方面内容：

1、加强危险废物收集运输监管

（1）许可证单位要按照事先制定危险废物收集运输方案进行经营活动，收集运输时间和路线要尽量避开赛事和奥运场馆周边及正式比赛线路沿线，保证奥运期间运输危险废物的车辆全部符合规定要求。

（2）医疗废物收集、运输必须全部使用周转箱。

（3）金州安洁废物处理有限公司负责31个奥运竞赛场馆医疗废物收集、运输工作。各场馆所在区县重点做好转运过程的监管。

2、加强危险废物贮存监管

危险废物贮存设施符合国家《危险废物贮存污染控制标准》，并满足防扬散、防流失和防渗漏的要求，不得有危险废物混放和露天存放等不规范现象，不得发生危险废物溢漏、外排事故。

3、加强危险废物处置利用监管

（1）严格按照《中华人民共和国固体废物污染环境防治法》、《危险废物经营许可证管理办法》、《危险废物焚烧污染控制标准》、《医疗废物集中处置技术规范》等相关法律法规、标准规范的要求进行危险废物经营和处置利用活动。

（2）加大重点设施、场所的巡视检查力度，确保污染防治设施正常运转及各项污染物达标排放。金隅红树林和金州安洁公司废物处理有限公司在线监测设备保证连续正常运行。

（3）及时处置利用危险废物，减少危险废物贮存量，原则上做到危险废物当日进厂当日处置利用完毕。

4、加强环境安全防范监管

应有完善的危险废物收集、运输、贮存和处置应急预案，防范措施全面到位，应急物资充足齐备，消除各类环境安全隐患。

5、加强停产企业监管

（1）环卫集团南宫医疗废物处理厂7月1日起暂停焚烧炉运行，并于7月20日前完成设备检修，作为医疗废物备用处置厂，具备随时开启焚烧炉处置医疗废物的应急能力；配合金州安洁废物处理有限公司做好负责区域内医疗废物的收集和运输。

（2）北京奥谱化学新技术有限公司6月30日前将已收集贮存的危险废物全部利用完毕，并从7月1日至奥运结束暂停危险废物经营活动。

（3）北京市危险废物处置中心、北京科德金诺环保技术有限公司奥运会前将所有库存危险废物全部转移至有资质单位处置利用；奥运期间暂停危险废物经营活动，做到危险废物“零”库存。

（三）其他固体废物监管内容

重点针对生活垃圾填埋场、城市污水处理厂污泥等群众反映强烈的扰民现象实施环境监管。

1、加强生活垃圾处理厂异味扰民监管

生活垃圾处理厂包括生活垃圾填埋场、堆肥厂、焚烧厂、和转运站，主要监管内容如下：

（1）严格遵守相关法律法规，按照标准规范的要求，切实加强生活垃圾收集、运输、处理等过程的污染控制，做到封闭运输无遗撒渗漏、填埋作业随倒随压当日覆盖，缩小垃圾填埋作业面。

（2）有异味产生的区域要及时采取喷洒、覆盖等防治措施，最大限度的减少异味扰民。

（3）污染防治设施要保证连续正常运行，确保各项污染物排放稳定达标。

（4）加强环境监测，委托有资质的单位每月对填埋场渗滤液处理设施、地下水观测井水质情况和厂界无组织排放废气进行监测。

2、加强城市污水处理厂污泥异味扰民监管

（1）各污水处理厂产生的污泥要实现规范处置，除指定场地外不得随意堆存。

（2）有异味产生的区域要及时采取喷洒、覆盖等防治措施，最大限度的减少异味扰民。

北京市环境保护局

京环函〔2008〕207号

北京市环境保护局关于2008年北京奥运会及残奥会医疗废物环境监管工作方案的函

市市政管委：

根据贵委关于印发《2008年北京奥运会及残奥会环境卫生保障工作实施方案的通知》（京政管发〔2008〕92号）要求，我局结合工作职责，进行了认真研究，现将《2008年北京奥运会及残奥会医疗废物环境监管工作方案》（见附件）报上。

附件：

《2008年北京奥运会及残奥会医疗废物环境监管工作方案》

二〇〇八年四月七日

主题词：环保　医疗废物　监管　方案　函

抄送：朝阳区环保局，北京金州安洁废物处理有限公司。

附件：

2008年北京奥运会及残奥会医疗废物环境监管工作方案

为加强奥运会、残奥会期间医疗废物收集、清运和处置的环境保护监管工作，确保奥运场馆的医疗废物得到及时、安全、规范的收集、运输、处置，特制定本工作方案。

一、组织机构

为加强对2008年北京奥运会及残奥会医疗废物监管工作的指导，市环保局成立了2008年奥运会及残奥会期间医疗废物监管工作领导小组。

组长：郑　江　市环保局副局长

成员单位：市环保监察队、市环保局固废管理办公室、市环境保护监测中心、奥运场馆所在区县环保局。

领导小组下设办公室，负责日常协调监管工作。

办公室主任：仲崇磊　市环保监察队队长

副主任：于建华　市环境保护监测中心站长

于　虹　市环保监察队副调研员

唐丹平　市环保局固管中心常务副主任

二、监管对象及内容

根据相关环保法规、标准和《2008年北京奥运会及残奥会环境卫生保障工作实施方案》的工作安排，在奥运会及残奥会期间，市、区环保局负责监管北京金州安洁废物处理有限公司对31个奥运竞赛场馆及奥林匹克公园内非竞赛场馆的医疗废物收集、运输及处置工作。

三、职责分工

（一）北京金州安洁废物处理有限公司

1、制定奥运期间医疗废物安全清运和规范处置工作方案和应急预案，并报市环保局备案。

2、做好各场馆每天医疗废物安全清运及处置工作，认真填写“医疗废物转移联单”和“医疗废物运送登记卡”；并将每天清运情况报场馆所在区环保局，同时将每天清运和处置情况报市环保局固体废物管理办公室。

3、确保运送医疗废物的车辆符合《医疗废物转运车技术要求》，使用有医疗废物标识的专用车辆；在运输医疗废物过程中不得有遗撒、渗漏现象；每天运送医疗废物的车辆要做到及时消毒和清洁。

4、严格按照《医疗废物集中处置技术规范》的要求，保证医疗废物焚烧设备、烟气净化系统及在线监测设施的正常运行，确保各项污染物排放达到国家和北京市的相关标准。

5、如遇突发医疗废物污染环境事件，要严格按照应急预案进行处理，并及时向环保部门报告。

（二）市、区环保部门

1、负责对北京金州安洁废物处理有限公司收集、运输及处置奥运场馆医疗废物工作进行环保监督性检查。

在奥运会召开之前，对处理单位上报的清运、处置方案落实情况进行检查，重点检查清运车辆、周转箱、应急设备和物资、处置设施安全运行的准备情况。

在奥运会、残奥运召开时，检查其清运、处置方案的执行情况，重点检查“医疗废物转移联单”运行、医疗废物处置数量、焚烧设施及处理设施运行情况、清运及收集工作符合环保法规标准、各类污染物排放达标情况等。

2、负责做好应急值守工作，如遇突发医疗废物污染环境事件，要及时赶赴现场处理。

四、联系方式

联络员：北京市环保监察队 郭昊；电话：82568107

北京市环保局固管中心 钟金玲；电话：88515378

应急值班电话：12369

北京市环境保护局
北京市安全生产监督管理局
北京市公安局文件

京环发〔2008〕163号、

关于开展废弃危险化学品专项检查的紧急通知

各区县环保局、安全生产监督局、公安分县局：

根据市委、市政府《关于在全市深入开展“平安奥运行动”的工作意见》和安全生产百日督查专项行动要求，为进一步落实市政府5月30日召开的“全市危险化学品安全生产工作会议”精神，确保奥运期间环境安全，防止废弃危险化学品、废弃钢瓶、储罐不当处置导致人身伤害和环境污染，现定于2008年6月在全市开展一次废弃危险化学品专项检查活动。具体要求如下：

一、组织落实、责任落实

由各区县环保局、安全生产监督局、公安分县局联合组成专项检查工作小组，研究制定专项检查工作方案，确定被检查单位名单，组织落实检查工作，并根据各自职责开展相关工作，及时汇总检查情况。

区县环保局要重点检查产生废弃危险化学品单位的基本情况，建立废弃危险化学品的档案和台帐，督促其送有资质的单位进行处置。

区县安全生产监督局要重点检查辖区内危险化学品生产、储存、经营企业安全生产情况及安全措施落实情况，提出涉及危险化学品单位的清单。对辖区内涉氯涉氨单位在用压力钢瓶进行清查。

区县公安分局要重点检查辖区内剧毒化学品储存、流向及废弃剧毒化学品处置情况，并重点加强对废旧物资回收站的检查。

二、检查工作安排

检查方式：此次检查以企事业单位自查和专项检查工作小组抽查的形式进行。

各有关单位将自查结果认真填报《废弃危险化学品及容器产生情况调查表》（见附件1）和《在用涉氯涉氨钢瓶情况调查表》（见附件2），并由法人签字加盖公章。

区县专项检查工作小组对申报的重点产生废弃危险化学品单位进行抽查。

检查范围：危险化学品的生产、经营、贮存、使用单位，重点是：化工企业、化学品仓库、医院、游泳场馆、科研单位、大专院校、废旧物资回收站和其他使用液氯、液氨的单位。

重点检查内容：

（一）废弃的液氯、液氨钢瓶及其他废弃危险化学品钢瓶；

（二）废弃危险化学品及包装物；

（三）盛装不明物质的废弃容器等；

（四）在用压力钢瓶的登记、检验情况。

三、工作要求

（一）专项检查工作小组

1、6月30日前制定并组织实施检查方案，确定检查单位清单，完成《废弃危险化学品及容器产生情况调查表》、《在用涉氯涉氨钢瓶情况调查表》的发放；

2、7月10日前完成抽查工作，抽查单位数不少于应检查单位的10%；协助有关单位将查出的不明废弃容器进行安全处置；

3、7月20日前完成检查结果的汇总建档工作，产生废弃危险化学品的单位，按照生产、经营、储存、使用性质分类建档、登记造册，同时将建档情况及专项检查工作总结分别上报市各行政主管部门。

（二）危险化学品生产、经营、储存、使用单位

1、各单位要对本单位废弃危险化学品、包装物和容器产生情况进行一次认真的排查，按照区县专项检查工作小组的安排，于6月30日前完成自查工作，并分别向区县环保局、安全生产监督局、公安分县局如实上报自查结果。

2、7月10日前将检查出的废弃危险化学品及时委托有资质的单位安全处置（联系方式见附件3），填写危险废物转移联单。

3、各单位发现装有不明物质的废弃钢瓶应妥善贮存，立即分别向区县环保局、安全生产监督局、公安分县局报告，制定安全处置方案，并在区县环保局、安全生产监督局、公安分县局监督指导下，安全规范的予以处置。

4、产生废弃危险化学品的单位要制定废弃危险化学品管理计划（包括减少废物产生量和危害性的措施以及危险废物贮存、利用、处置措施等）报区（县）环保局备案，并如实申报废弃危险化学品的产生、贮存、处置、流向等有关情况。要形成废弃危险化学品管理长效机制，建立废弃危险化学品的信息登记档案和相关管理制度，按照法律法规的要求，对产生的废弃危险化学品进行妥善储存、处置，禁止随意弃置废弃危险化学品，禁止将废弃危险化学品委托无危险废物经营许可证的单位处置。

四、总结报告

市环保局、安全生产监督局、公安局将于7月底前，对此次专项检查工作进行总结，并将专项检查情况报市政府。

附件：

1、《废弃危险化学品及容器产生情况调查表》

2、《在用涉氯涉氨钢瓶情况调查表》

3、有资质处置单位名单

北京市环境保护局

北京市安全生产监督管理局

北京市公安局

二〇〇八年六月十二日

联系人及联系电话：

市环保局：钟金铃 88515378

市安全生产监督局：刘丽 83970826

市公安局：李平举 62014113

附件1：

废弃危险化学品及容器产生情况调查表

单位名称（盖章）：

地址：　　　填报日期：　年　月　日

联系人：　　　　　联系电话：

经查，我单位产生废弃危险化学品，明细如下表；□

我单位不产生废弃危险化学品和容器；□

请确认后在□内划√

1、废弃钢瓶（压力容器）			
容器种类	数量（个）	总重量（公斤）	处置去向
2、废弃危险化学品及包装物			
名称（种类）	产生量（公斤/年）	现存量（公斤）	处理处置量及去向
3、盛装不明物废容器			
数量（个）		处置方案	

法定代表人签字：__________

附件2：

在用涉氯涉氨钢瓶情况调查表

单位名称（盖章）：

地址：　　　填报日期：　年　月　日

序号	气瓶种类	充装介质	制造单位	容积	最近一次检查日期	下次检验日期	气瓶使用登记代码	钢瓶产权单位

填表人：　　　　　　联系电话：

法定代表人签字：__________

附件3：

有资质处置单位名单

1、北京金隅红树林环保技术有限公司

负责处置废弃危险化学品

联 系 人：刘科

联系电话：60755475　13391703703

2、北京京水华强科贸有限公司

负责处置废弃液氯、液氨钢瓶

联 系 人：马宝山

联系电话：67339432

主题词：环保　危险化学品　专项　检查　通知

北京市环境保护局办公室

2008年6月16日印发

北京市环境保护局

京环文〔2008〕95号　签发人：郑　江

北京市环境保护局关于《2008奥运会期间北京危险废应急跨省处置联动保障方案》的请示

环境保护部：

为确保2008北京奥运期间固体废物的安全，根据2008年6月25日环境保护部污控司固体处召开的“京津冀三省市奥运固体废物环境保障协作会会议纪要”，我局在征询天津市和河北省环保局意见的基础上，制定了《2008奥运会期间北京危险废物应急跨省处置联动保障方案》，现报上。作为北京奥运会、残奥会期间危险废物处置的应急措施。

妥否，请批复。

附件：

1、《2008奥运会期间北京危险废物应急跨省处置联动保障方案》

2、《京津冀三省市奥运固体废物环境保障协作会会议纪要》

二〇〇八年七月二十三日

主题词：环保　危险废物　处置　方案　请

北京市环境保护局办公室

2008年7月24日印发

附件1：

2008奥运会期间北京危险废物应急跨省处置联动保障方案

一、指导思想

2008奥运会北京危险废物应急跨省处置联动保障方案，以保障奥运会期间北京市危险废物的环境安全为目标，按照环境保护部《关于做好预防和应对突发环境事件准备工作的通知》（环发〔2008〕14号）及北京市有关奥运会保障工作的要求，在北京市《奥运会及残奥会期间固体废物环境保障工作方案》的基础上，进一步完善北京市危险废物应急处置手段，使奥运会期间北京市各类危险废物全部得到安全收集、贮存、运输和处置利用，全力保证奥运会期间危险废物的环境安全。

二、联动区域

考虑到北京市危险废物产生量大的企业基本位于东南部和西南部，且危险废物产生的种类较多，为减少运输路线，保证处置效果，拟在天津市、河北省各选择一个综合性处置能力较强、距北京市较近的企业作为危险废物应急处置企业。

三、保障机构

国家协调部门：

环境保护部污控司固体处

省市协调部门：

北京市环保局固体废物管理办公室

天津市环保局固体处

河北省环保局污控处

应急处置单位：

北京金隅红树林环保技术有限责任公司

天津合佳威立雅环境服务有限公司

河北涞水县风华环保服务有限公司

（以上部门和单位联系方式详见附件1）

四、实施时间

2008奥运会北京危险废物应急跨省处置联动保障方案，从2008年7月20日起开始实施，至9月20日第13届残奥会闭幕为止。

五、保障方案

北京金隅红树林环保技术有限责任公司作为目前北京市唯一的危险废物集中处置单位，在奥运期间暂不办理危险废物经营许可证的换证手续，按照《奥运会及残奥会期间固体废物环境保障工作方案》，在奥运会期间承担全市危险废物的收集、贮存、处置工作。

在突发事件情况下，即北京金隅红树林环保技术有限责任公司不能安全处置北京市危险废物时，为保证北京奥运会期间的环境安全，立即启动《2008奥运会北京危险废物应急跨省处置联动保障方案》。

（一）应急跨省转移危险废物的种类及数量

HW09（废乳化液）、HW12（涂料、涂料废物）、HW13（有机树脂类废物）、HW17（表面处理废物）、HW24（含砷废物）、HW34（废酸）、HW35（废碱）、HW42（废有机溶剂）共8类，合计每月约3000吨。

（二）应急跨省转移危险废物的去向

根据环境保护部和天津市环保局、河北省环保局颁发给天津合佳威立雅环境服务有限公司、河北涞水县风华环保服务有限公司的《危险废物经营许可证》上注明的经营类别，北京市8类危险废物按以下去向应急跨省转移。

HW09（废乳化液）、HW12（涂料、涂料废物）、HW17（表面处理废物）、HW24（含砷废物）共4类应急转移到天津合佳威立雅环境服务有限公司处置利用。

HW13（有机树脂类废物）、HW34（废酸）、HW35（废碱）、HW42（废有机溶剂）共4类应急转移到河北涞水县风华环保服务有限公司处置利用。

（三）应急跨省转移危险废物运输路线

1、天津合佳威立雅环境服务有限公司运输路线

由京津塘高速北京大羊坊入口——京津塘高速——河北段（京津塘高速）——天津段（京津塘高速）——泗村店（京沪高速入口）——京沪高速——津晋高速——津港公路下高速——津港公路（去大港方向）——二八公路——天津合佳威立雅环境服务有限公司。

2、河北涞水县风华环保服务有限公司运输路线

北京房山区张坊镇——保野路——涞水县城东环路——112国道——河北涞水县风华环保服务有限公司。

（四）应急跨省转移危险废物收集和运输

考虑到奥运会期间北京市实行道路交通管制，以及

北京金隅红树林环保技术有限责任公司现有的优势（企业熟、道路熟、运输车辆有奥运通行证等）情况，在应急跨省转移危险废物时，仍由北京金隅红树林环保技术有限责任公司承担收集和运输任务，使用符合环保要求的危险废物运输车辆（详见附件2），安排持证驾驶员和押运人员，按照指定运输路线，将指定的危险废物收集并运送到指定的处置利用单位。

（五）应急跨省转移危险废物协调机制

为保证《2008奥运会北京危险废物应急跨省处置联动保障方案》随时响应，及时启动，并发挥其保障作用，确定以下工作机制。

1、应急跨省转移启动协调机制

在突发事件情况下，即北京金隅红树林环保技术有限责任公司不能安全处置北京市危险废物时，为保证北京奥运会期间的环境安全，北京市环保局在向环境保护部报告的同时，立即启动本方案，并通知天津市环保局和河北省环保局，请其做好接收北京市危险废物的准备以及环保监管工作。

天津市环保局和河北省环保局接到北京市环保局通知后，立即分别通知天津合佳威立雅环境服务有限公司、河北涞水县风华环保服务有限公司，做好接收北京市危险废物的准备工作。

2、应急跨省转移道路运输协调机制

虽然北京金隅红树林环保技术有限责任公司危险废物运输车辆持有北京奥运会道路通行证，但考虑到天津市、河北省在奥运期间也采取了道路管控措施，应急运送北京危险废物的车辆在天津市和河北省境内可能遇到管控问题。

在环境保护部的统一协调下，天津市环保局和河北省环保局要协调本省市交通管理部门，确保应急运送北京危险废物车辆的正常通行。

3、应急跨省转移运输、处置监管协调机制

在启动本方案后，北京市、天津市及河北省环保局要立即启动监管工作。北京市环保局要派人到收集现场，监督其收集运输危险废物的种类、数量，以及运输车是否符合环保要求等；天津市和河北省环保局要派人进驻危险废物接收处置单位天津合佳威立雅环境服务有限公司、河北涞水县风华环保服务有限公司，监督其处置利用情况。通过对危险废物收集、处置的“头、尾”的环保监管，确保危险废物安全处置利用。

4、应急跨省转移信息沟通及通讯联络协调机制

在突发事件情况下，为确保北京奥运会赛事不受影响，在实施应急跨省转移北京危险废物时，暂不执行跨省转移书面申请制度，简化办理危险废物转移联单程序，由北京市环保局和天津市环保局、河北省环保局分别在现场手工办理转移联单，北京金隅红树林环保技术有限责任公司和天津合佳威立雅环境服务有限公司、河北涞水县风华环保服务有限公司按照《危险废物转移联单管理办法》的规定执行。

由于简化了危险废物跨省转移办事程序，为确保危险废物安全转移，三省市要加强信息沟通。应急跨省转移期间，北京市环保局每日9时将昨日北京市危险废物转移情况书面告知天津市和河北省环保局；同时，天津市和河北省环保局将接收的危险废物种类和数量书面告知北京市环保局。

建立通讯联络协调机制，遇到紧急情况，随时联络，随时处理。三省市环保局及危险废物处置单位联系人及电话详见附件1。

六、总结分析

本方案启动结束后，北京市环保局要对相关应急工作情况进行总结分析，并及时将工作总结书面报环境保护部。

附件：

1、2008奥运会北京危险废物应急跨省处置联动保障工作人员名单

2、北京金隅红树林环保技术有限责任公司危险废物

运输车辆明细表

附件1：

2008奥运会北京危险废物应急跨省处置联动保障工作人员名单

部门或单位	姓　名	办公电话	手 机	传 真
国家环保部污控司固体处	钟　斌	010-66556256	13552312057	010-66556252
北京市环保局固管办	唐丹平 钟金铃	010-68451157 010-88515378	13911003613 13031121922	010-68451157 010-88515378
天津市环保局固管中心	吴　雷	022-23051708	13920376925	022-23051708
河北省环保局污控处	张静道 焦雅吉	0311-87808311	13933046983 13831192710	0311-87908311
北京金隅红树林环保技术公司	刘　科	010-60755464	13910396895	010-60753901
天津合佳威立雅环境服务有限公司	蔡　凌	022-28569899	13902159580	022-28569822
河北涞水县风华环保服务有限公司	张　田	0312-4690636（白天） 0312-4529908（晚上）	13603321126	0312-4690636

附件2：
北京金隅红树林环保技术有限责任公司危险废物运输车辆明细表

序号	车牌号	货运等级
1	京G/X8923	危货
2	京G/X8925	危货
3	京G58816	危货
4	京G47724	危货
5	京G59064	危货
6	京G59247	危货
7	京GQA161	危货
8	京G57050	危货
9	京Y53012	危货
10	京G29395(黄标)	危货

附件3：
京津冀三省市奥运固体废物环境保障协作会会议纪要

为加强奥运期间固体废物管理，保障奥运安全，6月25日，国家环保部组织召开京津冀三省市奥运会固体废物环境保障协作会。国家环保部、北京市环保局、天津市环保局、河北省环保局固体废物管理的负责同志和相关人员以及北京、天津的部分危险废物经营许可证单位负责人表参加了会议。

会上，北京市环保局、天津市环保局、河北省环保局、北京金隅红树林环保技术有限责任公司及天津合佳威立雅环境服务有限公司分别介绍了各自省市和单位关于奥运会及残奥会期间固体废物保障工作，并就如何加强联动，进一步做好应急准备和应对突发固体废物环境事故进行了讨论。

会议议定：

一、为确保奥运危险废物环境安全，针对北京金隅红树林环保技术有限责任公司奥运期间可能出现停产导致危险废物无法及时处置的极端情况，由天津市、河北省环保局各指定一个处置能力强的综合性危险废物经营许可证单位作为北京市危险废物处置的应急单位。

二、由北京市环保局在现有保障方案的基础上，补充制定《北京市奥运期间危险废物应急跨省处置保障方案》，上报国家环保部。

三、由国家环保部总协调北京、天津、河北三省市危险废物应急跨省处置方案。

出席：环保部于飞、钟斌，天津市环保局固体处汪永行、固管中心吴雷，河北省环保局污控处张道静，北京市环保局固管办程英、固管中心唐丹平、钟金铃、周苑松、肖晓峰，天津市合佳威立雅环境服务有限公司蔡凌，北京金隅红树林环保技术有限责任公司任立明、刘科。

水和生态处
关于奥运筹备和举办期间的工作总结

水和生态处作为我局水污染防治工作的主要责任处室，承担着全市水环境监管、水污染防治、生态环境监管的职责。奥运期间，圆满完成了市委、市政府交给的保证全市水环境质量的任务，做到了实时准确掌握水环境质量状况，严格控制水污染源，并及时处置各类水污染事件。

自2001年申奥成功以来，我处按照工作职责，在局领导的正确领导下，紧紧围绕申办奥运环境承诺，以改善全市水环境质量为重点，在水污染防治、水环境监管、监测等方面积极开展工作。通过各部门几年的努力，我市地表水质得到较大改善，饮用水源水质始终符合国家标准，河流、湖泊和水库水质达标率分别由2000年的41.6%、 59.5%和66.1%提高到2007年的51%、79%和88.5%。

按照属地管理、上下联动，整体部署、分工负责的原则，奥运期间主要完成了以下四个方面的工作：

一、饮用水源水质监管工作

为确保我市饮用水源水质安全，按照市委、市政府的重要指示，奥运期间进一步加强了饮用水源水质安全监管工作，重点对密云水库、怀柔水库、官厅水库、京密引水渠和永定河山峡段、三家店水库、团城湖、妫水河（入官厅水库）等重点地表饮用水水源地进行了监督与保护。

（一）制定并实施了奥运水环境保障措施，向有关区县环保局印发了《北京市环境保护局关于加强饮用水源及奥运水域水质安全监管工作的通知》（京环发〔2008〕99号）。组织协调有关区县环保局成立了主要负责人参加的饮用水源及奥运水域水质安全监管工作组，负责监管范围的水域水质监管工作。

（二）与应急办共同组织召开了水环境事件应急处置专家工作会议，成立了应急处置专家组（22人），指导奥运期间全市水环境质量监测和突发应急事件处置的技术工作。

（三）组织区县环保局及市环保监测中心加强水质巡查。在目前饮用水源地常规监测的基础上，增加监测频次、监测点位和监测项目，对水质进行生物毒性实验，及时发现异常情况，达到全面监控和反映北京市饮用水源水质状况的目的。市环保监测中心对饮用水源地水质进行抽测，并从4月21日开始，对密云水库（库区及出口）、怀柔水库、京密引水渠（青龙桥）及永定河三家店闸五个监测点位进行发光细菌急性毒性实验检测。同时，为密云、怀柔、海淀三个区监测站订购发光细菌急性毒性实验设备，与市监测中心共同开展发光细菌急性毒性实验检测。

从4月21日开始，各区县增加对氰化物、砷、汞、镉、六价铬、挥发酚等6项毒性监测项目进行监测，每日下午15：00前以书面形式报告前一天的监测结果。

（四）对可能对饮用水水质安全造成影响的污染源及潜在污染隐患进行监管，加大了巡查、执法和监管力度，及时掌握了有关情况。奥运前水和生态处对饮用水源范围污水排放企业进行了筛选，确定奥运期间将对饮用水源二级保护区内的8家重点企业进行现场检查。奥运期间与市环保监察队一起对这些企业进行了专门的监督检查。

（五）针对市水务局依法在团城湖周围建设的防护围网，但在实施此项工作中，出现了部分游泳者破坏护网、不听劝阻继续在团城湖游泳的情况。为确保防护围网发挥作用，保障饮用水源安全，从6月27日起，水和生态处参与了由市水务局、环保局、公园管理中心（颐和园管理处）相关部门进行的每日联合执法行动，制止和取缔游泳等违法行为。通过宣传、执法等措施，团城湖游泳人员已由最多时的每日约一百人次，减少到基本无游泳现象，保证了饮用水安全。

二、奥运场馆水域水质监管工作

为全面落实市领导关于加强奥运场馆水域环境水质监督监测的指示，确保2008年奥运会顺利举办，对顺义奥林匹克水上中心竞赛水域、昌平铁人三项赛赛场竞赛水域（十三陵水库）、奥体中心区奥运森林公园景观水域和朝阳公园水域等奥运场馆水域进行了监督监测。

（一）对奥运会重点水域水质进行了统一监管，并与市水务局、责任区政府以及相关奥运管理部门建立了联动机制，互通水域水质情况，并向有关区县环保局印发了《北京市环境保护局关于对北京市奥运场馆水域进行水质监督监测工作的通知》（京环发〔2008〕98号），具体部署了该项工作。要求有关区县环保局对奥运场馆重点水域做到及时监测、巡查和监管并随时报告结果。

（二）自4月21日至开赛前一周，各有关区县环保局对各监测断面（点）重点监测项目（13项）每半月进行一次。其中，市环保监测中心在7月份进行了一次所有监测项目的监测;在开赛前一周至比赛结束后一周，对各监测断面（点）的重点监测项目，每天监测一次，每日15：00前报送监测结果。

（三）协调奥林匹克公园公共区管委员、新奥公司、世奥公司为监测人员办理“龙型水系”南区、北区的相关出入证件。

三、地表水水质监管工作

对全市所有地表河流、湖泊、水库进行水质巡查工作，重点是市区河湖以及各区县县城区域的地表水体的巡查。该项工作涉及全市18个区县。

（一）向18个区县环保局印发了《北京市环境保护局关于加强地表水环境质量监管有关工作的通知》（京环发[2008]105号）。为防止汛期发生水污染事故，向18个区县环保局印发了《北京市环境保护局关于加强汛期环境监管防止发生水污染事故的通知》（京环发[2008]150号），具体部署了该项工作，要求区县环保局均由一名主管局长和一名责任人负责此项工作。

（二）与水务、园林部门建立了地表水质巡查联动机制，密切合作，确保地表水质符合要求。水和生态处每周对京密引水渠、昆明湖、团城湖、“六海”、玉渊潭、南北护城河、朝阳公园等重点水域进行现场检查。

（三）巡查的重点是各水体的色、嗅、漂浮物等感官状况，制作现场检查记录，严防水华现象的发生、发展。从5月份起，各区县环保局于每周五下午15：00前要将本周的巡查结果以书面形式报水和生态处。

（四）奥运会开幕前一周至残奥会结束后一周期间，各区县加大了巡查频次，每天安排重点水域一次水环境质量巡查，并于每天下午15：00前以书面日报的方式，向市环保局报告前一天的巡查结果。

四、水污染源监管

保证了全市城市生活污水处理厂和水污染物排放企业的污水处理设施，尤其是国控和市控排水企业的污水处理设施正常稳定运行，出水达标。同时对在奥运期间不能达标排放或限期治理没有完成的，坚决予以关停。

（一）城市生活污水处理厂

奥运前组织各区县环保局对辖区内污水处理厂进行了全面检查，对各污水处理厂进行所有设备和设施的安全与运转状况进行检查，对无法确保奥运期间稳定运转的设备提前进行检修和更换，以确保实现稳定达标。水和生态处对清河、小红门、北小河等曾经出现过超标排放的大型城市污水处理厂进行了现场检查。

（二）水污染物排放企业

1、水和生态处对全市的大部分重点水污染物排放企业进行了现场检查。检查内容包括：污水处理设施运转情况、出水达标情况、奥运期间运行保障情况。检查中指出了企业存在的问题及注意事项。奥运期间，水和生态处共检查重点水污染物排放企业100余家，并分别对废水不能达标排放的10家企业下达了限期整改通知。

通过现场检查和各区县上报的材料，综合分析废水排放量、设施运转情况、所处位置等，水和生态处和监察队共同确定了奥运期间重点水污染企业共35家，奥运期间对这些企业进行了重点监管和检查。

8月2日至9月17日，水和生态处每天将区县150多个监测、巡查点位，近800个有效数据进行统计、汇总，每天下午4点前以日报的形式将奥运期间全市水环境状况上报局领导，并抄送局办公室和市环保监测中心。水和生态处共计编制完成48期《奥运会与残奥会水环境状况日报》。奥运期间，水和生态处共计获得饮用水源地有效监测数据7000多个，奥运场馆水域有效监测数据8000多个，全市128个重要地表水体点位2万多个感官指标巡查结果。通过一系列的监测、巡查和监管工作，有效保证了我市饮用水源和奥运场馆水质安全，为奥运会、残奥会顺利召开提供了良好的地表水环境。

河北省

石家庄市环保局坚持依法行政 实践科学发展 全面推进环保建设

近年来，石家庄市环保局认真落实科学发展观和依法治国基本方略，全面推进依法行政，加强政府职能转变，促进行政机关依法高效实施管理。他们以依法行政为主线，以污染减排为重点，依法开展了一系列环保行动，全面推动了环保工作的开展。2008年石家庄市拆除分散燃煤锅炉170台，治理燃煤锅炉778台，关停拆除水泥机立窑58座、70型焦炉1座，关停石灰土立窑300座、炼铁厂7家，停产55兆瓦小火电机组1台、150立方米以上高炉2座，推广使用优质低硫煤550万吨，检测各类在用机动车尾气8.7万辆，对4422辆复检不合格的机动车禁止上路行驶。完成21家重点水污染企业治理项目，建成18座污水处理厂并投入使用。2008年石家庄大气环境质量持续提升，大气环境质量优良天数首次突破300天达到了301天，比2007年增加12天，综合污染指数下降5.3%；水环境质量明显改善，2008年5条主要河流基本上达到河北省政府目标考核要求；岗南、黄壁庄水库主要水质指标稳定，达到国家地表水二类标准；主要污染物总量削减成效显著。这些成绩的取得都是与石家庄市环保系统广大干部职工坚持依法行政，加大环境执法力度分不开的。在依法行政方面石家庄市环保局主要做了以下几个方面的工作：

一、加强地方立法 为依法行政提供法律保障

近几年，石家庄市先后出台了《石家庄市岗南黄壁庄水库水源保护条例》、《石家庄市大气污染防治条例》、《石家庄市生活饮用水地下水源保护区污染防治条例》三部地方法规，出台了《石家庄市城市市区噪声污染防治管理办法》、《石家庄市机动车排气污染防治管理办法》和《石家庄市禁止销售和燃用含硫份超限煤炭及制品的规定》三部政府规章，2007年重新修订了《石家庄市大气污染防治条例》，今年针对《中华人民共和国水污染防治法》的重新修订，将重新修订《石家庄市岗南黄壁庄水库水源保护条例》。这些地方法规和规章为解决石家庄市环境问题提供了切实可行、便于操作的执法依据，对于推进环保工作发挥了积极、有效的作用。在地方环境立法实践中，就如何提高地方立法质量，为执法提供切实可行的法律依据，他们注重体现针对性和时效性：

1、抓重点，增强立法的针对性。机动车排气污染和燃煤污染在石家庄市大气污染分担率中所占的比重逐年增加，而这两个问题在大气法中的规定又比较概括，缺乏实际可操作性。针对实际执法需求和现实法律缺失之间的矛盾，他们在制定《石家庄市机动车排气污染防治管理办法》和《石家庄市禁止销售和燃用含硫份超限煤炭及制品的规定》两部政府规章时，结合实践中行之有效的做法制定了具有地方特色和操作性较强的一些规定，如对机动车排气污染检测实行环保达标标志制度；对市区和一些重点县(市)规定燃用煤炭含硫份的最低允许限值等。这些规定补充了国家和省环境立法的不足，满足了地方环保工作的实际需要。

2、抓关键，增强立法的时效性。《石家庄市大气污染防治条例》自2001年实施以来，为解决群众反映强烈、长期难以解决的小锅炉、小炉灶、露天烧烤、烘干鸡粪等问题提供了有力的法律支撑和保障。但随着时间的推移、经济的发展和一些新问题、新情况的出现，条例的有些内容已不合时宜，已不能完全满足地方环保工作的实际需要。他们抓住关键问题及时对其进行了修订和补充：一是煤炭含硫份限值由原来的1%提高到0.8%，同时将禁燃高硫煤的区域由原来的市区和个别重点县(市)扩大到 石家庄整个区域。但鉴于市政府于2005年底确立了以中心城区为核心，以周边的正定、鹿泉、栾城、藁城四县（市）为组团的“1+4”组团城市发展格局，考虑到各县（市）环境质量对主城区影响程度大小不同、城市发展战略地位高低有序、经济基础薄厚不一、发展速度快慢有别，没有采取“一刀切”的作法，而是分目标控制、分层次管理，即四个组团城市和主城区共同执行含硫份不超过0.8%的控制指标，其他县（市）执行1%的指标。二是针对群众举报居高不下的态势，规定居民住宅楼内禁止新建、改建、扩建产生油烟污染的饮食服务经营项目。三是为进一步降低扬尘污染，将施工作业必须使用商品混凝土的范围由原来的二环路范围内扩大到石环公路范围内。四是明确使用7兆瓦以上锅炉和年燃煤量5000吨以上窑炉的单位应当安装烟尘和二氧化硫自动监控仪，并与当地环保部门的监控系统联网。通过动态监测手段加大对排污大户的监管力度。

二、加强法律培训 提高执法队伍的能力素质

为切实提高执法人员的业务素质，造就一支“精法律、熟业务、善执法、会管理”的环保执法队伍，石家庄市环保局采取多种形式开展培训活动，提高培训效果。

1、坚持“请进来”与“走出去”相结合。一是每年聘请知名教授、环保法律专家就公共法、环保法律法规等内容对全市环保执法人员进行培训。为全面掌握《中华人民共和国水污染防治法》，2008年3月11日他们邀请直接参与起草水污染防治法修订草案的中国政法大学博士生导师、全国知名环境法学专家王灿发教授解读新修订的水污染防治法，局领导班子成员，机关各处、室全体成员，市环境保护监察支队、稽查大队、市内各分局执法人员及各县（市）、区环保局主要领导等约400人参加了讲座。二是每年选派执法机构业务骨干参加全省环境法制培训和国家环保总局举办的高层次法制培训。

2、坚持深入基层单独指导和统一集中培训相结合。一是每年从各县（市）、区环保局中选定几个重点培训单位，根据各自不同的特点确定培训侧重面，深入到基层环保部门对一线执法人员进行面对面的业务指导和执法培训。二是定期召集全市二十六个执法单位的法制工作主管领导和法制工作负责人，集中到市环保局统一进行环保法律文书制作与使用及如何规范执法的业务培训。

3、坚持座谈研讨与理论学习相结合。一是定期召开一线执法人员座谈会，结合工作中遇到的重点难点问题，分析对策，提出解决方法，交流工作经验。二是编印《环境保护执法手册》和《环境执法应知——重点排污企业的工艺流程和污染治理》等学习资料三千余册，分发到全市环保系统各执法人员手中，要求执法人员不仅掌握环保专业法律法规，还要熟悉化工、医药、焦化等重点企业的生产工艺、产污环节、治理设施、污染物排放等情况，加强执法针对性。

4、坚持定期学法与阶段考核相结合。一是坚持定期学法制度，每季度下发学习计划，提出学法要求。二是根据学法计划，每季度组织法律考试。并以全市行政执法机关执法人员执法证件年检为契机，每年组织执法人员参加全市政府系统公共法律培训与考试。通过考试检验执法人员的业务素质和法律水平，不合格者不得上岗执法。

三、加强制度建设 规范行政执法行为

1、实行行政处罚、行政许可集体审查制度。一是成立了行政处罚案件审查委员会，对重大处罚案件实行集体讨论，讨论内容及结果以会议纪要的形式印发，避免个人意志左右行政处罚工作，形成公开审案、公正断案的权力透明运行机制。近几年，石家庄市环保局未出现行政处罚案件行政复议被撤销和行政诉讼败诉案件。二是成立建设项目审查委员会，对重大建设项目进行集体研究、内部会审，并将会审意见以会议纪要的形式下发。2008年建设项目审查委员会共审查项目173个，做出同意许可决定的项目138个，否决35个。三是成立排污许可证发放审查委员会，对申领、换发排污许可证的单位进行集体讨论、集体研究，严格申领、换发程序。

2、制定《石家庄市环境保护局行政处罚自由裁量权实施办法》和《石家庄市环境保护局罚款行政处罚自由裁量权执行标准》。通过对行政处罚自由裁量权的规范，来统一处罚标准，规范行政处罚行为。

3、制作“环境保护行政处罚流程”。他们严格实行立案审查、查处分离、罚缴分离三项制度，并据此制作了“环境保护行政处罚流程”，明确各部门职责，严格执法程序。

4、加强执法监督。执法监督工作主要采取不定期现场抽查、案卷定期备案审查、年终考核三种形式进行。不定期现场抽查是由法规处组织人员围绕全局的重点工作，不定期对各执法机构担负的执法任务进行抽查，并及时通报检查情况。案卷定期备案审查是每季度对各执法机构所有处罚案卷进行备案，通过对案卷的审查分析，检查各执法机构的执法程序、文书制作是否规范，处罚是否到位，同时通报各执法机构的立案数、罚款总额和单个案件罚款平均值。执法情况考核每年终进行一次，结合不定期检查、案卷备案审查和依法行政的制度执行情况，以打分的形式对各执法机构的执法情况逐一作出总体评价，以所得分数排列名次，并通报考核结果，表扬先进，激励落后，形成“比、学、赶、帮、超”的良好工作氛围。

5、实行向社会承诺制度。为提高办事效率，接受社会监督，他们实行承诺制度。一是环境影响报告书（表）、环境影响登记表自受理之日起，6个工作日内给予批复或答复。建设项目竣工环境保护验收申请报告（表）或登记卡自受理之日起6个工作日内给予批复或答复。二是水、大气排污许可证自受理之日起10个工作日办结。三是12369环保热线保证24小时畅通，有报必接，及时转办，切实做到热情服务、礼貌待人。四是受理市区瞬发性污染举报（建筑工地噪声、锅炉冒黑烟等）立即转办，2小时内到达现场，3日内反馈调查结果。

6、实行过错责任追究制度。成立过错责任追究办公室，对违法处罚、违法实施许可、行政不作为等过错行为，实行严格的责任追究，发现一起处理一起。2006年以来共对6人进行了责任追究，撤职2人。

四、加强综合执法建设 提高执法工作效力

1、开展环保专项行动。2008年石家庄市环保局共开展专项行动85次，累计出动环境执法人员16360人次，检查企业8753家次，对1332家企业进行了关停取缔，对131家企业责令限期整改，对54家企业进行了立案查处，在控制污染源和保护城市环境上取得积极成效。不仅围绕重点流域整治、扬尘污染防治、噪声污染管理、重点企业排查等内容开展了专项行动，还组织了省会环境污染综合整治春季攻势、环境重点违法案件查处行动、环保风暴行动、环境

隐患排查行动等一系列大型环境执法行动。2008年该局被省八部门评为“环保专项行动先进单位”，2人被国家八部委评为“环保专项行动先进个人”。

2、开展联合执法。通过与其他部门的相互配合，提高工作效力。2008年11月为整治扬尘污染情况，石家庄市环保局会同市监察局、市规划局组成联合行动小组，对石家庄所属藁城市、鹿泉市、正定县、栾城县、市内五区政府及高新区管委会落实扬尘污染综合整治工作情况进行了检查考核，并将检查考核结果在新闻媒体进行了公布。2008年6月份为推广使用低硫煤，减少大气污染，石家庄市环保局会同市工业经济促进局组成联合检查组，对全市24个县（市）、区低硫煤推广使用情况进行抽检考核，行动中共抽取煤样236份，以无记名方式编号后全部送交环境监测中心进行煤质检测分析，并对检测结果进行通报。2008年6-10月，石家庄市环保局与市工业经济促进局，组成联合执法组对市西部九个县（市）区的煤场扬尘治理工作进行了12次督导检查，共清理煤场831家，腾空土地428亩，清理原煤84万吨，复耕土地168亩，规范煤场240家。

3、加强案件移送。一是将典型违法案件移交公安机关处理，依据《中华人民共和国治安处罚法》追究当事人的法律责任。去年以来，全市范围内，公安部门对18名典型环境违法案件责任人依法进行了行政拘留。追究人员之多，力度之大也是几年来所没有的，对环境违法企业起到了震慑作用，在社会上引起了强烈反响。二是向工商局、发改委等相关部门移送案件，依据法律对环境违法企业进行吊销营业执照或淘汰落后产能予以关闭。三是和公安局、检察院联合制定了《石家庄市关于涉嫌环境犯罪案件移送的规定》，对涉嫌环境犯罪案件进行移交，加大对环境犯罪行为的打击和震慑力度。

4、明确县（市）、区政府责任。为明确县（市）、区政府责任，有效改善石家庄市重点流域水环境质量，石家庄市政府制定了《生态补偿金扣缴制度》。当河流入境水质达标（或无入境水流）时，各水质考核点位的监测结果超标0.5倍（含）以下的，每次从有关县（市）、区年度财政资金中扣缴10万元；超标0.5以上、1倍（含）以下的，每次扣缴50万元；超标1倍以上、2倍（倍）以下的，每次扣缴100万元；超标2倍以上的，每次扣缴150万元。当河流入境水质超标，且所考核县跨县出境断面水质COD浓度继续增加时，水质考核点位的监测结果超标0.5倍以下的，每次扣缴20万元；超标0.5以上、1倍以下的，每次扣缴100万元；超标1倍以上、2倍以下的，每次扣缴200万元；超标2倍以上的，每次扣缴300万元。扣缴资金作为市水污染生态补偿资金。同时，对污染控制不力，环境问题突出的县（市）、区采取红牌和黄牌警告，对长期不达标的县（市）、区实施区域限批。2008年石家庄市政府对1个县进行了红牌警告，5个县黄牌警告，对一个县进行了区域限批。在各级政府的共同努力下，2008年石家庄市境内5条主要河流基本上达到河北省政府目标考核要求。

工作动态

全省环境执法监察工作会议在秦皇岛召开

5月10日，全省环境执法监察工作会议在秦皇岛召开。会议传达了全国环境执法监察工作会议精神，总结了2007年全省环境执法监察工作成效，部署了2008年环境执法监察工作任务。省环保局局长姬振海、副局长杨智明出席会议并讲话。

姬振海局长指出，我省环境执法工作紧紧围绕污染减排大局，履行职责、强化执法、重点突破，为建设沿海经济社会发展强省做出了新的贡献。全省环境执法力度不断加强，着力解决了一批群众反映强烈、严重影响社会稳定的环境问题，全省排污收费突破10亿元，突发环境事件得到妥善处置，全省环境执法能力大大提高。各级环保部门共查处各类环境违法案件6148起，罚款7600多万元，分别比2006年增加42%、53%。

姬振海局长强调，环境执法监察工作与各级党委、政府的要求和人民群众的期望相比，还有较大差距，一些问题还比较突出。一是能力建设存在差距。全省环境监察标准化达标率只有68%，县级环境执法经费不足的情况更为突出。二是队伍薄弱，执法专业人员少，素质参差不齐。三是环境执法工作还不规范，制度化、程序化和规范化相对滞后，内部执法监督机制还未健全。

姬振海局长强调，环境执法是环保工作的基石和最基本的力量，是环保部门的立足之本。必须强化严格执法的意识，强化环保现场检查，强化环保处罚执行力，强化环保后督察工作，强化环境执法责任，强化执法机制创新。

杨智明副局长指出，2008年的环境执法工作主要做好以下七个方面的工作：继续深入开展环保专项行动；紧紧围绕污染减排开展执法监察；严厉查处违法行为，集中力量解决突出环境问题；推进重点流域、区域水污染问题的重点检查；积极推进生态环境监察工作；切实加强环境应急管理工作；以提升环境执法水平为目标强化自身能力建设。

河北省实行生态补偿金制度 治理重点流域取得显著成效

今年3月，河北省政府出台了子牙河水系主要流域实行跨市断面水质目标责任考核并试行扣缴生态补偿金政策，将流经子牙河水系的石家庄、沧州、衡水、邢台、邯郸5个设区市的14个主要河流跨市断面列入考核范围，并根据河流入境水质达标情况规定了相应的扣缴标准。

近日，河北省环保局通报了第二季度子牙河水系主要流域跨市断面水质目标考核结果及扣缴生态补偿金情况，子牙河水系内石家庄、沧州、衡水、邢台、邯郸5市第二季度共被扣缴生态补偿金1070万元。其中，石家庄被扣缴550万元，衡水300万元，邢台200万元，沧州、邯郸各10万元。从扣缴金额看，各市被扣金额逐月减少，子牙河污染程度总体上呈下降趋势，水质正在逐渐改善。

石家庄市4、5、6月的扣缴金额分别是360万元、120万元、70万元，5个考核断面中，邵村排干渠出境断面化学需氧量浓度一直稳定在100毫克/升，达到考核水质标准。其余4个断面化学需氧量浓度均出现大幅下降，其中滹沱河出境断面超标倍数降到0.02倍，汪洋沟出境断面降到0.08倍，洨河出境断面0.99倍，磁河出境断面实现了达标。衡水市4、5月分别扣缴生态补偿金额200万元和100万元，6月未被扣缴生态补偿金，滏阳河衡水出境断面化学需氧量浓度一直稳定在100毫克/升之内，子牙新河6月出境断面实现了达标。沧州市4月因歧口防潮闸断面超标0.01倍，被扣缴生态补偿金10万元，5、6月均达到了考核标准。邯郸市只有4月超过考核标准0.43倍，被扣缴生态补偿金10万元。邢台市4、5月在滏阳河考核断面均达标，6月化学需氧量浓度有所增加，被扣缴生态补偿金200万元。

河北省环保局要求，各设区市要进一步加大对子牙河水系的环境监管和治污力度，严密监视沿河企业排污情况，使各考核断面水质稳定达到考核标准，促进辖区河流水质全面改善。

二OO八年八月九日

省环保局对邯郸市环保专项行动信息报送工作开展督导检查

近日，省环保局派出督察组对邯郸市环保局环保专项行动工作开展了专项督导检查。2006年，邯郸市政府认真开展环保专项行动工作，各项工作表现突出，受到了省环保局等七部门联合通报表彰。2007年以来，邯郸市环保局由于内部机构调整，工作人员变动等原因，各类报表、情况专报及阶段性工作报告等上报送不及时，影响了省环保专项行动领导小组办公室向国家报告工作进展情况。督导组要求：一是要加强组织领导，进一步明确信息调度负责人和联系人，并对基层环保部门环保专项行动信息报送工作进行调度检查；二是加强对上级环保专项行动领导小组办公室印发的各类文件的学习和理解，掌握上级的部署和要求。三是加强信息报送工作的及时性和完整性，按照省环保专项行动领导小组办公室《关于报送2008年整治违法排污企业保障群众健康环保专项行动有关信息的通知》要求，及时准确的报告工作情况。

石家庄市环保局召开调度会专题部署环保专项行动工作

8月8日，石家庄市环保局专项行动领导小组办公室组织召开了由各相关处室参加的内部调度会，就环保专项行动专项整治的重点工作做了进一步的部署安排。参加会议的有污控处、监管处、法规处、监察室、宣教中心、监察支队、稽查大队等相关部门。市环保专项行动领导小组副组长、市环保局局长齐惠明同志要求：各级各部门要高度重视环保专项行动工作，要把此项工作提高到讲政治的高度，列入重要议事日程，防止搞形式，走过场，要以环保专项行动工作为抓手，推动全市环保工作深入开展。要认真总结过去五年环保专项行动工作的经验教训，研究创新开展环保专项行动工作的方法和机制，切实抓出成效。市环保专项行动领导小组办公室主任苏庆春同志对环保专项行动的重点工作进行了安排部署，要求各相关处室结合工作实际，制定切实可行的专项整治实施方案，要按照环保部和省环保局的要求和部署，认真抓好落实。

2008年7月环保专项行动信息报送情况

按照环保部统一要求，每月25日前各省统一在“12369中国环保热线网”上报环保专项行动数据，省要求各市于每月22日前上报。各市报送时间不统一，唐山市、承德市上报相关数据及时。

数据显示2008年7月全省共出动环境执法人员23171人次，检查企业10703家，立案企业141家，结案企业98家。各级挂牌督办案件69件，其中省级挂牌21件，市级挂牌35件，县级挂牌13件。立案企业141家，集中在石家庄、唐山、保定等市，秦皇岛、邯郸、邢台、沧州立案企业数和结案企业数均为零。98家结案企业中，处罚额在1万元以下的为48家，1万元至5万元的为42家，5万元以上仅为8家。个别案件处罚额度偏低，不符合加大执法力度和高限处罚的要求。

7月份网上报表填报质量较去年有明显的提高，邢台市填报《挂牌督办环境问题基本情况明细表》规范准确。总体看，也存在一些问题，如唐山市将挂牌督办问题基本情况简述填成了督办要求，个别市、县重复填报挂牌督办案件。为避免重复填报，省级挂牌督办案件由省级环保部门统一填报，各设区市及县级环保部门填列相应级别的挂牌督办案件。

全省环境现场执法工作调度会在承德召开

8月11日-12日，全省2009年环境现场执法工作调度会议在承德市召开，省环保厅法规处、环监局、子牙河白洋淀督察中心及各设区市负责环境监察的副局长、法规科（处）长、环境监察（稽查）支队长等相关人员参加了会议。省环保厅李葆副厅长到会并做了重要讲话，李葆副厅长总结了半年来全省环境现场执法和行政处罚工作，分析了当前我省面临的环境形势，指出了存在的问题，并就如何做好环境现场执法工作提出了具体要求。11个设区市环境监察（稽查）支队长对本区域环境违法典型案例进行了多媒体讲解，参会人员对案例进行了逐一点评。这次会议虽然时间短，但内容丰富、形式新颖、效果明显，对全省的环境现场执法和行政处罚工作起到了积极地推动作用。

环保部莅临邯郸督查环境安全

9月8日至9日，国家环保部环境应急与事故调查中心副主任张志敏、省环保厅副厅长殷广平等一行七人来邯，重点督查该市环境执法和环境应急工作，确保国庆期间环境质量稳定和安全。督察组在听取了邯郸市关于环境执法情况的汇报后指出，一要做好环境执法工作。邯郸市处于环境敏感区域，现在又处于国庆敏感时期，要提高认识，充分认识环保工作对于国庆安保的重要意义，确保环境安全。二要处理好环境信访和应急工作。要切实做好环境信访处置工作，对群众投诉进行梳理，认真办理解决群众关心的环境问题，对待突发事件要及时上报，积极处理，科学应对，将突发事件得危害性降到最小。三要深入开展污染隐患排查。污染源、危险源监管扎实到位。确保污染物稳定达标排放，提高警惕，及时发现污染事件或事故苗头，确保饮用水源地环境安全。四要严格环保工作的各项行政审批，加大联合执法的力度，从根源上防止特大环境事故的发生。

市环保局刘景平局长要求该市环境监察人员要以此次督查为契机，牢牢树立国庆期间无小事的大局观，严阵以待，防止环境突发事件和群体性环境信访案件发生，确保环境安全。

廊坊市环境监察局

开展“强素质、严执法、争先进”主题学习活动

近日，廊坊市环境监察局开展了以“强素质、严执法、争先进”为主题的学习活动，突出学习“钻研业务、认真负责、吃苦耐劳、敢于碰硬”的精神，以业务技能学习为抓手，以严格环境执法为落脚点，通过“以案说法、以点带面”的方式，不断提高环境执法水平，树立规范执法、文明执法的良好形象。同时，为了进一步加强环境执法队伍规范化管理，激发全体执法人员的工作热情，强化学习活动的效果，制定了《评优评先暂行办法》，从政治素质、专业技能、工作态度、工作业绩、工作纪律和廉洁自律等六方面标准评选先进，并给予精神奖励和物质奖励。目前，环监局已逐步形成了“比、学、赶、帮、超”的良好工作和学习氛围。

6月9日至10日，张家口市举办了2009年第一期环境应急培训班。此次培训邀请了环保部华北督查中心王赣江副主任及张家口市环境应急工作方面的有关专家进行授课，就全国环境应急工作形势分析、环境问题与对策、张家口市应急事件案例分析、环境应急监测、危险因子判断及处置技术方法等方面内容进行了学习和讲解。市环保局领导成员、县区政府主管领导、县区环保局主管副局长、市环保局科室负责人、市县环境监察（稽查）有关人员和重点企业主管应急工作负责人共计160余人参加了培训。

保奥运彻查环境安全隐患

8月9日－10日，在奥运会开赛之际，邢台市环保局由局领导带队成立三个排查组，利用双休日在开展了污染隐患再排查活动。出动检查人员80余人次，重点对辖区内的化工、焦化、造纸、选矿等省、市100余家重点监控企业和重点部位进行排查。对1家存在环境安全隐患的企业已责令立即停产，并及时消除安全隐患；对1家已停产的危险化学品管理不够完善的企业要求其立即完善设施，并加强管理。奥运会期间，邢台市环保局环境安全隐患排查组，将不定期进行抽查暗查，切实将污染隐患消灭在萌芽状态，确保奥运期间的环境安全。

宁晋县“亮剑”精神打击企业违法排污

宁晋县环保局以污染减排为抓手，用铁的手腕，敢唱“黑脸”，敢于“亮剑”，严厉查处和打击各类环境违法行为，坚决消除环境污染隐患。针对企业违法行为隐蔽性的特点，采取夜查、暗查、突击检查和巡查等方式，加大重点企业、重点行业的环境监管。对全县38家服装水洗企业进行了突击检查，查处超标企业8家，对污染防治设施未建成、未验收和不正常使用污染治理设施，超标排放污染物的企业实行了关停和高限罚款等措施，严防环境安全事故的发生。

石家庄市以环保专项行动为抓手
促进环保工作全面发展

按照省环保专项行动方案的要求，石家庄市及各县（市、区）分别制定了实施方案，成立了以政府主管领导为组长、环保等部门为成员的领导小组。各及政府及环保部门，结合各地实际情况，借环保专项行动的东风，大力抓好环保工作。赵县注重加大对淀粉行业治理、违法小企业的关停、浆纱企业整治等工作力度，关闭违法企业6家，停产治理企业12家，限期整改企业18家。新乐市对群众反映强烈的30家小烧铝、小炼油、皮革等违法加工点进行了取缔，对76家不达标排污企业实施了限期治理，关停了119家违法企业，有力地促进了各项环保工作的落实。

省环保局对六件典型环境违法案件实施挂牌督办

省委、省政府高度重视环境保护工作，制定和实施了一系列推进污染减排的政策措施，取了阶段性成果。今年

一至六月，我省COD与去年同期相比削减量1.02万吨，削减率为3.48%；SO2与去年同期相比，削减量3.46万吨，削减率为4.21%。为进一步推进环境保护各项工作的开展，确保后奥运时期环境质量的稳步改善，省环保局再次筛选6件典型环境案件实施省级挂牌督办，分别是：石家庄市染料厂违法排污案、河北新乐市新化股份有限公司一分厂违法建设生产案、石家庄和合化工化肥有限公司违法建设生产案、河北秦皇岛华瑞煤焦化工有限公司违法生产案、景县连镇宏达造纸厂治污设施不正常运转案、峰峰集团有限公司马头洗选厂超标排污案。挂牌督办案件共涉及4个设区市，其中，未批先建的2起；违反“环评”、“三同时”制度的1起；治污设施不运行超标排污的3起。省环保局要求，对挂牌督办企业要认真查处，对违反“环评”、“三同时”制度的企业一律停产、停建；对超标排污、屡查屡犯及存在环境安全隐患的企业，一律限期治理；同时要对地方政府及相关部门职责履行情况进行认真调查，对玩忽职守、失职、渎职的行政机关工作人员，要移送行政监察机关严肃处理。

沧州市环保局严厉查处违法排污企业

为确保今年的环保专项行动圆满完成，沧州市环保局加强同发改、监察、建设、司法、工商等部门的协调联动，综合运用法律、经济、行政等手段，在加强挂牌督办、后督察等环境行政执法手段基础上，分阶段对照工作重点进行拉网式检查，对各类环境违法行为依法进行行政处罚。同时严格执法监管，强化分类指导的执法意识，对于存在主观恶意的屡查屡犯、明知故犯、偷排偷放等环境违法行为，依法从重处罚，并移送法院，追究法律责任；规范自由裁量权的行使，坚持教育与惩罚相结合的原则，监督并指导企业切实解决问题。近日，经报市政府同意，沧州市环保局决定对河北佳旺淀粉糖业有限公司、青县交河纸业有限公司等7家环境违法企业实施挂牌督办。

任丘市环保局五大举措加强环境监察工作

为加强环境监察工作，任丘市环保局提出五大举措。一是加强环境监管，在现场监督检查上迈出新步伐。加大对重点流域、重点企业、饮用水源地、建设单位执行环境影响评价和“三同时”制度和上级交办案件、群众举报案件、挂牌督办案件的监督检查力度；做好对“十五小”、“新五小”及淘汰落后生产工艺和设备查处工作，强化现场检查，严防反弹。二是解决群众实际问题，在环境违法行为查处上实现新进展。继续深入开展环保专项行动，严肃查处、公布、挂牌督办一批典型违法案件；完善环境信访工作机制，认真办理群众信访案件、上级批转案件，切实维护好群众的环境权益。三是严格执法，在环境稽查工作上取得新突破。进一步完善排污费稽查制度，加大处罚力度，重点对重污染行业排污费缴纳情况、建设项目“环评”、“三同时”制度执行情况进行稽查。四是依法足额征收排污费，在排污收费额度上求得新提高。拓宽征收面，提高排污费征收率，严格执行排污申报登记和排污收费工作报告制度，确保全面、足额征收排污费。五是抓好基础工作，力争在执法能力建设上有新成效。加强行风与精神文明建设，积极组织人员参加各种环境监察培训，提高检查人员的政治理论、业务知识和法律知识水平。

任丘市环保局全力打造优良环境执法环境

任丘环保局在强化机制的基础上，创新工作思路，规范执法行为，采取“一卡”、“二制”、“三监督”、“四工程”的办式，实施“零错案”目标管理。“一卡”即“信息反馈卡”，实行“一企一卡”，被调查的环境污染企业业主可以通过此卡反映办案人员存在的问题，使执法人员自觉接受企业监督。“二制”即“有奖举报制”、“错案追究制”。严格规定办案纪律，对举报违法行为属实者给予一定奖励；明确错案类型、错案责任认定、错案追究方式，规范环境执法行为，确保工作无差错。“三监督”即生活纪律监督、工作纪律监督、工作方式监督，有效规范执法行为。“四工程”即建立健全行政执法公示制度，实施“阳光办案”、“阳光收费”、“阳光审批”、“阳光管理”等四大阳光工程，保障公众对环保工作的知情权、参与权和监督权，力求执法无投诉。

承德市环保局挂牌督办7起典型环境违法案件，分别是丰宁县黑山嘴镇小汞碾加工案、滦平县福源矿业有限公司未办理环境影响评价审批手续案、宽城双博矿业有限公司未建设沉淀池案、宽城县永兴矿业未建设沉淀池案、围场县龙头山乡小锥山村李晓秋铸造材料厂擅自投入生产造成环境污染案、承德挑战食品公司屠宰废水超标排放案、洞庙河相文成小造纸厂违规建设案。

从7月23日至8月初，张家口市组织开展了洋河流域排污口第一阶段清查整治环保专项行动，全市出动100多人次，主要对洋河宣化区段、宣化县段的入河排污口和重点企业进行了排查。此次排查共对洋河沿岸9个排污口进行了集中整治，取得了阶段性成果。为彻底消除污染隐患，进一步提高洋河水环境质量，该市还将继续对涿鹿、怀来、下花园区的排污口和重点企业进行全面排查，确保官厅水库入水口水质达标。

沧州市环保局将于8月10日至9月5日开展为期一个月的安全隐患集中排查，严厉打击企业环境违法排污行为。安全隐患排查重点为环境安全隐患重点部位、重点企业和重点行业；居民集中区、医院、学校等敏感点附近的重点污染企业和化工企业；危险化学品企业生产、储存、运输、使用等环节；群众关注的热点、难点和焦点环境问题等。

邢台市环保局组织执法人员，对全市钢铁企业进行了一次全面现场核查，并对前阶段的集中整治情况进行“回头看”。执法人员对10家钢铁企业生产设备的环评情况、生产情况、设施运行情况等进行了详细核查，彻底摸清了全市钢铁企业执行建设项目环境保护管理规定及国家产业政策的基本情况，并对钢铁企业基本情况档案进行了补充完善。

保定市开展入网企业废水稳定达标排放攻坚行动

为确保市区污水处理厂达标排放，保护白洋淀水质安全，保定市环保局印发了《关于开展市区企业生产废水排放整治攻坚行动的通知》，决定从7月份开始，开展为期两个月的入网企业废水稳定达标排放攻坚行动。通知要求生产废水排入城市管网或河流的所有企业必须建立规范的排污口,设立规范标识牌，安装在线监控设备和流量计；严格控制排放标准，所有进入城市管网的工业废水必须达到环评批复的污染物种类及浓度要求，将化学需氧量排放浓度控制在350mg/L以下；所有入河企业工业废水排放浓度必须达到环评批复的污染物种类及浓度要求，将化学需氧量排放浓度控制在50mg/L以下；对于超标排放的企业要严格按照法定程序实施限期治理,两个月内治理完毕通过验收；逾期达不到排放要求的企业,停产关闭,治理无望的予以取缔；对非法加工企业或摊点坚决取缔；对于年生产能力1万吨以下的熟料造纸企业，一经发现超标排放，立即报请当地政府予以取缔。四区对每家企业均明确了1名监察人员具体负责日常监管,建立企业监管档案。采取了无缝隙监管方式，严厉打击利用夜间、罐车运输和其它方式的偷排行为。市局监察人员对四区涉水企业进行了错时检查，加强了夜间、节假日的抽查，突击采样，强化督导，严厉打击企业偷排偷放、超标排污等违法行为。截至目前，已抽查企业16家，对1家不正常使用设施、2家超标排放的企业已实施行政处罚。市环保局已将四区涉水企业达标排放情况列入年度目标考核指标，同时，根据市局督察情况，年终将扣减当地的污染减排量。通过攻坚行动，入网排水企业的排污行为得到进一步规范，企业守法意识明显增强，污水处理厂进水水质保持稳定，有效地保护了白洋淀水质安全。

邢台市开展迎国庆“北京护城河”环境执法专项行动

为营造安全稳定的社会环境，防止国庆期间发生重特大环境污染事故和环境污染纠纷，邢台市结合本地实际，针对重点区域、重点部位和重点企业开展了一场迎国庆“北京护城河”环境执法专项行动。对群众投诉的7起典型环境违法案件和40余件热点问题、7个饮用水源保护区及周边企业、污水处理厂和垃圾填埋场、矿山尾矿库、66家国控和2家省控重点污染源以及化工、钢铁、造纸、涉砷、涉铅行业等重点行业进行了专项检查。此次行动共出动执法人员600余人次，检查企业400余家，对排查出的问题均做到了整改到位，落实到位。

邢台市环保局成立了4个检查组对全市建设项目环境影响评价和“三同时”制度执行情况进行一次全面检查。检查采取听汇报、查资料、看现场的方式，严查未批先建、越权审批、降级审批、违规审批以及违反“三同时”制度等违法行为。重点检查三项内容：一是检查2004年以来省、市环保部门审批的建设项目“三同时”落实情况；二是检查2005年以来县级环保部门建设项目管理情况；三是检查各县市区建设项目环境影响评价执行情况及工业园区、产业聚集区规划环评执行情况。

邢台市环保局对“六月治污净流”战役开展情况进行督查

自“六月治污净流”战役开展以来，邢台市各级环保部门紧急行动，在本辖区内展开了“六月治污净流”攻歼战，成效比较显著。为巩固各县（市、区）自查成果，自6月16日开始，邢台市环保局由处级领导带队，分成五个督查组，对各县（市、区）开展情况及重点排污企业进行督查。该行动实行局领导分组包片、部门联动及每日总结、每周报告、定期通报制度，并强化责任追究，实行区域流域限批和水质断面考核累加扣缴制度，对领导重视不够、部门督促不力，城镇污水处理厂建设进度的县（市、区）报请市政府通报批评，并下发区域流域限批预警，对不能按时限完工、并达标验收的县（市、区）实行区域限批。强化舆论宣传，对检查中发现的环保违法案件实施曝光，对屡查屡犯及存在重大环境污染隐患的企业，高限处罚，并停产整治，确保“六月治污净流”战役取得实效，实现长效。

承德市对武烈河上游排污口进行专项检查

近日，承德市环境稽查大队按照市局部署对武烈河市区段至上游韩麻营段所有排污口及排污企业进行详细调查，并利用GPS设备对每个排污口进行定位。此次调查南至雹神庙武烈河入滦河口，北到隆化县韩麻营。市区段共调查武烈河雨排口41个，旱河入河口7个，排污口3个。同时，对武烈河上游的隆化、承德两县境内的68家铁选企业进行了检查，大部分企业均能按照环保要求，废水循环使用，极少数铁选企业存在事故性排放现象。通过此次专项检查，不仅摸清了武烈河上游的排污情况，而且发现了一些亟待解决的环境问题。下一步，承德市环境监察支队将结合查处情况，制定切实可行的整改措施，确保武烈河水质达标。

邯郸市拉网排查环保重点企业效果显著

近日，邯郸市环境监察支队联合监测站及各县（市、区）环保局，采取明查与暗查相结合，突击式检查的方式对城镇污水处理厂、垃圾填埋厂、重点减排工程、燃煤电厂和钢铁厂烧结机脱硫装置运行情况、国控省控重点企业以及钢铁、焦炭、化工、造纸等重污染行业的重点企业进行拉网式排查。此次环保重点企业拉网式排查行动共对12家已投运的城镇污水处理厂运行情况进行了核查；对市垃圾填埋厂和15个县（市）及马头工业园区垃圾填埋场建设情况进行了现场检查；对11家燃煤电厂和12家钢铁企业脱硫设施运行情况进行了现场核查；对46家钢铁、焦炭、化工、造纸等重点企业进行了现场检查。通过此次排查发现，该市市级污水处理厂污水处理设施和国家大型燃煤电厂脱硫设施运行情况较好，县级污水处理厂污水处理设施和小型燃煤电厂、钢铁企业烧结机脱硫设施运行不稳定，大部分钢铁、焦炭、化工、造纸等重污染企业治污设施能够正常运行，污染物可实现达标排污的，责令限期整改，依法处罚并追缴排污费；对擅自停运治污设施偷排偷放污染物的，责令立即停止违法排污并从重处罚，加倍追缴排污费；对污染严重、造成污染危害的，依法责令停产整治，限期消除危害；对严重违反环保法律、法规的企业，通过各新闻媒体予以公开曝光，并进行挂牌督办。

衡水市完成排污费征收专项稽查工作

根据省环监局要求，衡水市环境监察支队成立了稽查小组，对深州市排污费征收工作进行了专项稽查。稽查发现，深州市的排污费征收工作存在以下问题：一是监察机构的机制不健全；二是排污费征收程序不完善，申报登记质量差，存在以征收排污费金额倒推申报登记数据。三是排污费征收不到位、不足额，经查7家企业共少征排污费20万元；四是对污染源的检查频次不够，污染源档案不完整。针对存在的问题，稽查小组对深州市提出了整改意见，一是理顺体制机制；二是重新审定2008年以来的排污依据和金额，对漏征的排污费进行追缴；三是全面开展对污染源现场的监督检查工作，积累相关资料并载入档案。衡水市环境监察支队将在8月中旬后对深州市排污费整改情况进行后督查，逾期不按要求整改将上收其涉及企业的环境监察权，并会同衡水市监察局对相关责任人追究行政责任。

专项行动

省政府召开电视电话会议 动员部署2008年全省环保专项行动工作

2008年7月10日，环境保护部等八部门召开全国整治违法排污企业保障群众健康环保专项行动电视电话会议后，省政府随即召开了省、市、县三级环保专项行动电视电话会议，部署2008年全省环保专项行动工作。会议由省政府副秘书长于万魁主持，张和副省长作了重要讲话。

会议要求：一是强化责任意识。开展环保专项行动、集中整治违法排污企业，是减少污染物排放的重要手段，事关全省“十一五”污染减排目标任务的完成，事关北京奥运会的成功举办，事关人民群众的生命健康权益。各级各有关部门一定要站在贯彻落实科学发展观、坚持执政为民理念和保障北京奥运会成功举办的高度，充分认识开展环保专项行动的重要性和紧迫性，采取超常举措，付出极大努力，坚决打击环境违法排污行为，确保取得实实在在的成效。二是突出工作重点。环保专项行动从7月开始，11月份结束，分三个阶段进行。着重做好以下三方面工作。1、以巩固整治成效为目标，集中开展环保专项行动后督察。2、以促进污染减排为目标，集中开展城镇污水处理厂、垃圾填埋场等重点行业专项检查。3、以休养生息为目标，集中开展重点湖泊、水库流域污染企业专项整治。三是加强组织领导。各级政府要切实加强领导，列入重要议事日程，充分发挥环保专项行动领导小组的作用，认真制定方案，广泛动员部署，精心组织实施。各有关部门要加强协调配合，坚持定期协商和联合办案制度，共同打击环境违法行为。要加强监督指导，特别要把群众反映强烈、影响社会稳定的重大环境污染问题作为重点督办事项。要综合运用法律、经济、行政等手段，进一步完善各项经济政策，严格行政责任追究，努力探索建立污染减排长效机制。要加强舆论宣传和公众监督，及时向社会公布环保专项行动进展情况以及典型案件查处情况。

全省共设立了172个分会场，参会人员达5000多人。省政府8个部门负责同志和石家庄市政府及各区政府、环保、发展改革等部门负责同志在省会场参加了会议。人民日报驻河北记者站、新华社河北分社、河北日报、河北经济日报、河北电台、河北电视台派记者在省分会场参加会议并作了宣传报道。

省政府召开电视电话会议 动员部署2009年全省环保专项行动工作

2009年4月14日，环境保护部等八部门召开全国整治违法排污企业保障群众健康环保专项行动电视电话会议后，省政府随即召开了省、市、县三级环保专项行动电视电话会议，部署2009年全省环保专项行动工作。会议由省政府副秘书长于万魁主持，孙瑞彬副省长作了重要讲话。

会议要求：（一）认清形势，切实增强搞好环保专项行动的责任感和紧迫感。要保持清醒的头脑，做好打硬仗、打大仗、打恶仗的思想准备，坚持不懈地抓好环保专项行动，采取有力措施，坚决打击违法排污行为。（二）突出重点，扎实开展环保专项行动。从4月至11月，分三个阶段着重做好以下三方面工作：一是深入开展饮用水源保护区集中整治后督察；二是加大城镇污水处理厂、垃圾填埋场整治力度；三是着力查处“两高一资”行业重污染企业环境违法行为。（三）强化措施，务求取得明显成效。一要加强组织领导。各级政府要把环保专项行动列入重要议事日程，制定整治方案，建立工作机制，加强督导检查。有关部门要坚持和完善定期协商、联合办案制度，密切沟通、相互配合。二要加大执法监管力度。严格执行环评和“三同时”制度，避免新上项目成为新的污染源。对环境问题突出的地区，要实施区域限批。坚持有案必查、违法必究，对恶意排污、污染严重、屡查屡犯、群众反映强烈的违法案件要挂牌督办，从严从重予以处罚。三要严格责任追究。落实问责制，对环境违法问题集中和出现重大环境污染事故的地方，要严肃追究有关人员的责任。要落实执法监管责任，对不作为、乱作为以及滥用职权、以权谋私的，要依法依纪严肃处理。四要加强社会舆论监督。充分利用各种媒体，及时报道环保专项行动，曝光违法企业和典型案例。进一步畅通投诉渠道，努力营造震慑违法、鼓励守法的良好氛围。

全省共设立了172个分会场，参会人员达5000多人。省政府7部门负责同志和省环境执法监察局、子牙河白洋淀环境督察中心全体在省分会场参加了会议。河北日报、河北经济日报、河北电台、河北电视台派记者在省分会场参加会议并作了宣传报道。11个设区市政府19位主要领导和分管领导在市分会场参加了会议。

认真贯彻周生贤部长 孙瑞彬副省长讲话精神 各地快速全面部署2009年环保专项行动

2009年全国、全省环保专项行动电视电话会议召开后，各地迅速组织召开本地电视电话会议，全面贯彻落实周生贤部长和孙瑞彬副省长讲话精神，按照国家和省统一部署，结合本地实际，进一步明确专项行动整治重点和措施。

全省11个设区市政府19位主要领导和分管领导在市分会场参加了会议。有5个市在全省电视电话会议召开后，立即组织召开本地电视电话会议。

廊坊市市长王爱民指出，开展好今年的环保专项行动，对全面整治环境污染，不断改善环境质量，确保完成主要污染物减排目标至关重要。对违法排污企业做到挂牌督办一批、限期治理一批、关停取缔一批。

保定市市长于群要求，整治违法排污企业保障群众健康是最大的民生，要坚决打击违法排污行为，切实维护广大群众的环境权益，这项工作做不好，就是没有守住安全发展的底线，是严重的失职。

衡水市市长高宏志指出，各级政府要把环保专项行动列入重要议事日程，确保工作顺利推进。对环境违法问题集中和出现重大环境污染事故的，要严肃追究有关人员的责任。要各司其职、各负其责、密切配合、协调联动，形成综合治理的合力。

邢台市委常委、常务副市长、政法委书记戴占银指出，一要提高认识，主动出击，防止一些已经淘汰的落后产能、设备死灰复燃。二要突出重点，狠抓落实，务求实效。三要加强领导，明确责任，做到四个到位，即责任落实到位、联合执法到位、案件查处到位、舆论宣传到位。

石家庄市委常委、副市长王大虎指出：要把环保专项行动作为树立科学发展观、构建和谐社会的重要手段，贯彻以人为本的执政理念、提高执政能力的重要措施，落实宏观调控政策、保障经济平稳较快发展的重要途径。各级各有关部门要在社会上营造氛围，树立严格执法的形象，切实解决环境难点、热点和焦点问题，为人民群众营造和谐优美的生活环境。

全省环境执法监察工作会议 再次动员部署环保专项行动工作

4月21日，全省环境执法监察工作会议上，省环保专项行动领导小组副组长、省环保厅厅长姬振海及省环保专项行动领导小组办公室主任、省环保厅副厅长李葆出席会议并讲话，就组织开展2009年环保专项行动工作进行了再动员部署，并提出了明确的要求。

会议要求，突出重点，加大执法力度，扎实开展2009年环保专项行动。今年的重点是对饮用水源保护区开展后督察，开展钢铁行业集中执法检查，遏制“两高一资”行业污染，并对城镇污水处理厂、垃圾填埋场、涉砷行业存在的环境问题进行集中整治，着力解决危害群众健康和影响可持续发展的突出环境问题。4-6月对重点流域的重污染行业企业及重点排污企业进行专项检查，7-8月对2008年7月以来开工建设的建设项目进行全面检查，集中整治未批先建的建设项目，9-10月对造纸行业进行全面检查。要摸清全省钢铁行业的底数，把问题分析透，把解决措施研究好、落实好；对污水处理厂要把污泥处置、在线监控工作作为重点；对垃圾填埋场要把渗滤液处理作为重点；对于典型环境问题要充分利用挂牌督办、区域、行业限批等综合执法手段，把环保专项行动抓出成效。环保专项行动是工作品牌，要利用好环保专项行动来推进环境监察工作深入开展。环保专项行动是一项综合性的、全方位的工作，要建立环境监察部门牵头，其他部门配合的运行体制。同时，通过八部门的联合督查行动，解决一些在日常工作中无法解决或解决不了的问题。要保持专项行动的严肃性，按时上报阶段性报告，抓住典型，该曝光的要曝光，该宣传的要宣传。

会议要求，加强环境执法监察工作，要“始终坚持严，围绕重点查，切实做到廉”，要做到四个结合：一是把严格执法与热情服务结合起来；二是把严格执法与机制体制创新结合起来；三是要把严格执法与推动工作结合起来；三是要把严格执法和自身的能力建设结合起来。要求各级环保部门切实加强对环境监察工作的领导，开创环境监察工作的新局面。

山西省

重点区域环保专项执法检查拉开帷幕

为加强对重点区域的环境监管，解决重点区域环境污染突出的问题，根据我省环境保护工作年度计划和局领导要求，省环境监察总队组织开展全省重点区域环保执法检查。此次全省重点区域环保专项执法检查从4月上旬开始，将持续20余天。为使检查工作有序进行，省总队制定了执法检查工作方案，着力整合全省环境监察执法资源，抽调5市10余名环境监察执法业务骨干，组成3个执法检查组，分别对全省6市、20余个县（市、区）开展集中执法检查。

4月9日，省环境监察总队李义贤总队长率第一检查组在清徐、交城两县拉开了此次专项检查的帷幕，集中对清徐、交城两县38家企业进行了检查。检查发现清徐、交城两县存在诸多环境问题。一是违法建设项目仍然存在；二是环保“三同时”制度普遍落实不到位，企业违法排污问题比较突出；三是大部分企业环境管理不到位，部分企业环保设施形同虚设，工业粉尘跑、冒、滴、漏严重；四是部分企业长期试生产不申请竣工验收；五是高能耗、高污染项目未在规定时限淘汰，六是个别危化企业污染物仍直排环境，存在重大环境污染事故隐患；七是政府各部门之间协调配合不到位，环保工作尚未形成合力。

针对两县存在的环境问题，4月10日上午，检查组召集清徐、交城两县政府及环保部门负责人召开了意见反馈会。李义贤总队长通报了检查发现问题，并对下一步整改工作提出了要求，一是进一步提高对环保工作的认识，切实落实科学发展观。针对清徐、交城两县政府对环保工作的认识不到位，落实科学发展观还存在偏差的实际，检查组要求两县政府应进一步提高环境保护工作认识，认真落实科学发展观，站在讲政治的高度，认真处理辖区内各类环境违法问题；二是两县要对违法排污企业实行停产整改。要对全县境内所有排污企业进行仔细排查，限期一个星期内拿出分类处置意见和整改方案，做到该关的关，该停的停，特别是对违法建设项目、超标排污企业以及其它落实环境保护法律法规不到位的企业，一律实施停产整顿，所有企业必须经市级环保部门验收合格后方可复产；三是切实履行环保第一审批权，对未经环保部门审批的建设项目，电力部门必须依照省政府印发的《山西省工业企业环境保护供电管理暂行规定》规定要求，对其采取断电措施，工商部门停止核发营业执照；四是对责任单位和责任人要进行责任追究。要求两县政府要充分认识到目前存在问题的严重性和严重后果，对存在问题要进一步查明原因，并追究有关单位、有关人员的责任。同时，要拿出决心和态度认真整改。省环保局将会同省监察厅对两县整改情况进行后督查，如整改不到位，省环保局将对两县采取进一步措施（如实施建设项目区域限批、实施挂版督办等），并依据《环境保护违法违纪行为处分暂行规定》有关规定，依法追究有关责任人的责任；五是要求两市、两县环保部门要进一步加强环境监管，切实落实有关要求。

4月10日，各检查组相继出发，通过明察、暗访方式对各重点区域进行环境执法检查，检查情况将适时续报。

全省重点区域环保专项执法检查第二组在代县开展执法检查

4月10日，全省重点区域环保专项执法检查第二组对代县小炼铁及部分球团企业进行了检查。当天共检查企业16家，其中小炼铁厂4家、球团厂11家、选矿厂1家。检查发现上述企业存在以下环境违法问题，一是个别企业未办理环保审批手续，在规定时限内未申请环保设施竣工验收；二是球团厂球团烧结炉普遍未安装脱硫除尘设施，有的虽配套了环保设施，但存在环保设施不运行或运行不正常的现象；三是原料、矿渣堆场均属露天堆放，未采取有效防尘、抑尘措施。

全省重点区域环保专项执法检查第三组在尧都区开展执法检查

4月10日，全省重点区域环保专项执法检查第三组对临汾市尧都区部分企业进行了现场检查。当天，共对尧都区6家企业进行了现场执法检查。检查发现，临汾市污水处理厂2001年11月投运以来，未进行项目竣工验收，并且未按要求建设消化池及气柜设施，同时，未按省环保局（晋环发[2007]495号）有关要求按时交纳在线监测预付款，目前，该污水处厂日处理能力远不能完成临汾市的城市污水处理（临汾市城市产生污水9万吨/日，污水处理厂实际仅达到5.5万吨/日）。临汾市山西临汾染化（集团）有限责任公司羟基苯海因项目未经环保部门审批擅自开工建设并投入运行；且由于污水处理工序未及更换活性炭，造成企业总排口色度超排。山西华德冶铸有限公司2台7t/h冲天炉出料口及打磨工段未配套除尘设施，粉尘污染严重；配套的旋风+湿式烟气脱硫除尘设施运行不正常，脱硫设施未添加碱液进行脱硫。山西三立化工有限公司现场检查时主体设施处于停产状态，间位油储罐储存场所未采取防雨措施露天堆放，并且熔化工段熔化罐存在渗漏现象，存在环境污染隐患；原煤储存场所未按环评要求建设封闭煤棚；4吨蒸汽锅炉配套建设有多管旋风除尘器脱硫除尘设施运行不正常，脱硫设施未添加碱液进行脱硫；生产废水处理厂中和工段产生的废水未做到完全闭路循环，存在外渗现象；石灰堆放场所和废渣堆放场所未采取防扬散措施，露天堆放，易造成二次扬尘污染。临汾志强钢铁有限公司焦炭、原煤、原矿等物料露天堆放，无任何防尘措施，易造成二次扬尘污染；焦炭传输、筛分环节及烧结机配料滚筒未配套建设除尘设施；煜通冶炼有限公司未办理环保审批手续，临汾市政府、尧都区政府已对其下达了停产决定并且要求补办环保审批手续，检查时该公司已断电，处于停产状态。针对检查发现的问题，省环境监察总队将依法进行查处。

目前，全省重点区域环保专项执法检查三个检查组现场检查工作正在有序进行中。

省环保局发出通知要求各级环保部门认真履行环境监管责任 消除污染隐患防止因地震灾害引发环境污染事件

5月12日，四川“汶山”地区发生地震灾害以来，环境保护部为防范因地震灾害可能引发的次生环境污染事件，紧急启动了《国家突发环境事件应急预案》，并印发了《关于启动〈国家突发环境事件应急预案〉的紧急通知》，要求各级环保部门认真履行好环境监管责任，采取有效措施，消除污染隐患。省环保局为落实环保部要求，加强我省环境安全，印发了《关于转发《环境保护部关于<国家突发环境事件应急预案>的紧急通知》的通知》、《环境安全隐患百日督查专项行动方案》。

省环保局要求各级环保部门要进入临战状态，保证应急人员、装备做好一切准备，环境监察、监测应急分队随时待命，准备处置环境突发事件；加强环境应急值班，保持信息畅通，及时准确报告有关信息；各级环保部门立即组织调查了解辖区内环境安全情况，重点了解危险部位的安全情况，发现问题及时启动应急预案，及时处置，并按规定程序上报；有因地震发生问题而停产的企业，要采取有效措施对环保设施进行修复完善，并经环保部门验收后方可再投入生产，保证环保设施“不带病”运行；在全力做好排查和应急工作的同时，采取措施，保证环保系统干部职工人身财产安全。

为贯彻落实环保部、省环保局环境安全要求，促进环境安全隐患排查治理，提高应急处置能力，保障环境安全，省环境监察总队将分三个督查组对各市环境安全隐患排查工作进行督查。

太原市环境监察支队加强节能减排重点控制企业监管

近日，太原市环境监察支队针对环保部节能减排核查组发现的部分企业脱硫设施运行不正常，现场无法调用上半年减排数据，部分城市污水厂进水量低于应接纳量等问题，提出加强监管要求。一是要求因脱硫设施维修，需要暂停脱硫设施运行的燃煤发电企业，提前10日报请省环保局批准，同时抄报当地市级环保局。二是要求各燃煤发电企业脱硫设施投运率不得低于燃煤机组正常发电时间的95%，保证环保设施正常运行。三是对于在线监测设备存在问题的企业，限期7月底前全部恢复正常使用。四是要求企业重视环保设施运行台帐的管理与数据的保存，完善各种运行检修记录。五是对不能有效落实各项管理要求的企业，将在全市通报批评并报请市政府实行关停，同时按照《违纪行为处分暂行规定》，对企业相关责任人予以降级或开除处分。

明确监管职责 严格责任追究大同市下大力确保奥运会期间环境安全

日前，大同市为了有效控制环境污染，及时处置突发环境事件，确保奥运会环境安全，按照环保部和省环保局要求，结合实际情况，制定并印发《大同市确保奥运会期间区域环境安全监管安排意见》，进一步明确各级环境监管职责，严格落实责任追究。一是以市环保局局长为组长的环境安全监管领导小组统一领导全市环境安全监管工作。二是省局督办的8家重点企业，企业负责人是第一责任人，市局领导负责督查。三是市局督办的133家工业企业实行分级管理，责任到人，市局对重点企业进行抽查。四是加大对违法排污企业的查处力度，严格追究责任人的行政、法律和经济责任。五是加强应急职守，畅通12369环保举报热线，认真查处举报投诉案件，严格信息报送和失职、渎职责任追究。六是加强日常监管，加大检查频次，无规则开展突击检查和夜间检查，全面掌握本辖区的环境状况。

第二季度全省受理群众信访举报及处理情况通报

今年二季度，全省共受理群众来信来电1821件，其中水污染189件，大气污染1099件，噪声污染449件，固体废物污染18件，其他污染66件。省总队受理101件，接环境保护部环境监察局批转62件。全省已办结1788件（未到期33件）。现将有关情况通报如下：

一、总体评价

二季度以来，各市对举报案件基本能做到认真查处，按时上报，并能坚持24小时人工值班制度，畅通了群众的举报渠道，保障了群众的环境权益。对12369环境举报热线的9次抽查中，未发现有脱岗离位的现象，案件的查处回复结果质量有了明显提高，好的单位是太原市、晋城市、晋中市、长治市，进步幅度大的单位是朔州市、吕梁市。

为了进一步降低举报案件投诉率和重复举报率，提高举报案件查处的办结率和满意率，太原市环境监察支队在近期下发了《关于把重复举报纳入环境污染举报案件查处工作考核的通知》，对所属县、区提出了明确要求，要求各责任单位贯彻一把手负责制，尽最大限度予以一次彻底解决，争取群众满意，对于三次以上群众举报（包括三次），市支队将进行督查，并根据督查情况进行考核通报。此《通知》大大提高了办结质量和群众的满意度。这种好的做法，望各支队结合自身情况予以学习和借鉴。

二、存在的不足

1、对举报案件查处力度不够，群众对本辖区的信任度、满意度降低，致使越级上告案件增多；

2、12369举报热线值班人员素质偏低，不能解答群众所反映的情况，有急噪、推委情绪；

3、案件的后续整改情况不能及时上报，使一些案件无法彻底结案。

三、要求

目前，环境信访案件呈上升趋势，并且在各大报刊和内参上时有对我省环境污染企业的报道，随着奥运会的召开，国外记者也对我省污染企业进行暗查和报道。为了切实维护群众的环境权益，确保奥运会期间空气质量顺利进行，对环境信访案件受理提出如下要求：

1、举报热线接听人员要选派业务素质高、办事能力强的人员担任，耐心听取信访人所反映的情况，按要求时限将处理结果回复信访人，最大限度的让信访人满意，努力杜绝重复举报、越级上告和集体上访的现象发生。

2、加大对案件的查处力度，明确责任人，对案件的查处要负责到底，并对一些企业的后续整改情况做到不定时的督查，确保要求落到实处，杜绝敷衍了事，扭转工作作风。

3、各支队要对所辖县区的12369举报热线开通运行情况进行严格管理，做到“属地管理，分级负责”，使案件能够在本区域内快速、及时的解决，避免因环境信访而引发大的冲突和矛盾。

总队将在近期对各市和所辖县区的12369举报热线运行情况进行抽查，并对案件的查处和办结进行考评。各市要按照考核评分细则的要求，认真查找工作中存在的不足，做好有关工作。

省环境监察总队突查太原市重点排污企业

为切实保障“煤博会”期间太原市空气质量，严格落实省、市环保部门提出的停产、限产、限排措施。9月12日上午省环境监察总队组成两个督察组分别对国电太原第一热电厂、大唐太原第二热电厂、太原钢铁（集团）有限公司、太化集团公司等四家重点污染企业进行了突击检查。

太原钢铁（集团）有限公司将继续对发电厂1#-6#燃煤锅炉采取停产措施，同时要求无停产任务的各单位确保厂房顶部不冒烟及排放筒无明显冒烟现象，如不能达标排放，将进一步采取限产、停产措施；太原第二热电厂9月8日11号炉脱硫设施因搅拌器泄露事故停运，目前正在紧张抢修。该企业总装机容量1200MW，现全厂负荷为820 MW，占总负荷的68%。为进一步降低负荷，9月15日9#200MW机组将停机检修；国电太原第一热电厂除11#机组正在扩容检修外，其它各机组正常生产，各台（套）除尘和脱硫设施运行正常，污染物达标排放；太化集团公司合成氨分厂已于9月11日全面停产，焦化分厂生产正常，环保设施运行正常。

根据检查情况，督察组要求上述企业要严格按照省、市环保部门有关奥运期间和“煤博会”空气质量保障的有关要求，切实落实各项限产限排措施，确保污染防治设施正常运行，污染物稳定达标排放。同时，要求全省环境监察系统继续强化环境监管，做好“煤博会”期间太原市周边区域及重点道路、重点景区的空气质量保障工作。

省环境监察总队党支部要求学习实践科学发展观活动要见到实实在在的成效

11月3日，省环境监察总队召开党政联席会议，对学习实践科学发展观活动作出深入安排部署并提出新要求。党支部书记总队长李义贤指出，开展深入学习实践科学发展观活动是我党政治生活中的一件大事，全体党员干部要高度重视，联系实际，注重实效，务必见到实实在在的成效。

会上，李义贤总队长要求，省环境监察总队学习实践活动，一是要从思想上高度重视起来，保证学习实践活动效果；二是对本队学习实践活动近期进行再动员；三是联系实际切实抓好学习实践活动。学习实践活动要结合环境监察工作实际，广泛调研，拿出三个方面的调研报告，即排污企业执行环保法律法规情况调研报告、全省环境监察执法能力建设调研报告、排污收费调研报告；四是要召开领导班子民主生活会；五是要建立健全总队工作制度，规范办事程序。六是召开学习实践活动征求意见会。征求基层环保部门、环境监察机构、省管电力企业对环境监察执法的意见建议。

省环境监察总队学习实践活动，在党支部的坚强领导下扎实开展，稳步推进。

省环保专项行动与节能工作专项督查圆满结束

为全面贯彻落实胡锦涛总书记关于后督查工作的指示精神，促进全省节能减排工作的深入开展。省环保专项行动领导组和省节约能源工作领导组联合组成督查组从10月20日-30日对各市环保专项行动进展情况进行了督查。

环保专项行动开展以来，全省集中时间、集中精力对2005年以来挂牌督办案件、2006年以来饮用水水源保护区、2007年造纸行业专项整治情况开展了后督察，对城镇污水处理厂及垃圾填埋场进行了专项整治，集中开展了重点区域、重点流域专项整治。期间，全省累计出动执法人员7万多人次，检查工业企业2万多家次，对违法行为立案处理416件，集中查处了一批典型环境违法案件，有力地保障了人民群众环境权益，促进了区域环境质量的明显改善。但也存在一些问题，应当引起有关部门的高度重视。一是城市基础设施建设相对缓慢。特别是垃圾卫生填埋场建设步伐滞后，已成为当前环境管理的薄弱环节；二是个别城镇污水处理厂由于管理水平和运营经费等方面的原因存在设施不正常运行和超标排放问题，有的甚至出现数据造假等恶劣行为；三是2006年省级挂牌督办的一批限期环保设施竣工验收案件，目前大都向省局提交验收申请，但是由于验收周期较长，长期处于待验收状态，无法销案。

针对以上存在问题，督查组要求各市政府加快城镇污水处理厂和卫生垃圾填埋厂建设步伐，开展城镇污水处理厂专项执法检查，对于不能正常运行的城镇污水处理厂和未按要求完成整改的挂牌督办案件要挂牌督办限期解决，确保全省COD减排任务和后督查工作的顺利完成。

深入学习实践科学发展观认真做好环境监察工作

为深入学习实践科学发展观，进一步把学习实践活动引向深入，在11月27日至28日，省环境监察总队组织召开的全省排污收费工作会议和环境监察工作例会上，省环境总队李义贤总队长要求全省环境监察系统要以科学发展观为指导，牢固树立科学发展的思想，坚持理论和实际相结合，因地制宜、因时制宜地把科学发展观的要求贯穿于环境监察工作的各个方面。一是要充分认清当前国际金融危机对我国的影响，在全国经济放缓、放慢的情况下，全省环境监察系统要紧紧围绕省委提出的转型发展、安全发展、和谐发展的总要求，进一步加大环境执法力度，正确处理为企业排忧解难与严格执法之间的关系，坚持环境标准不降低，环境监管不放松，执法力度不松弛；二是要狠抓基础工作，强化排污申报登记，规范收费行为。进入10月份以来，我省排污费征收数额出现大幅度下滑，面对严峻形势，全省环境监察系统要正确分析面临形势，灵活采取对策措施，统一思想，提高认识，强化责任，确保排污费依法全面足额征收；三是要加强环境应急工作。环境应急工作是关系到人民群众生命财产安全的一项十分重要的工作，各级环境监察机构要牢固树立以人为本的思想，坚持预防为主的方针，认真做好环境应急工作，确保人民群众生命财产安全。他要求全省环境监察系统人员要积极投身到科学发展观的实践中去，以良好的工作姿态，促进我省环境监察工作又好又快发展。

环境保护部张力军副部长率国家环保专项行动联合督查组在我省督导检查

12月1日至5日，环境保护部张力军副部长率国家环保专项行动联合督查第八组对我省太原、临汾、运城、忻州、晋城等5市环保专项行动开展情况进行了督查。期间，督查组分别听取了省政府及有关市政府环保专项行动工作汇报，实地检查了饮用水源保护地、污水处理厂、垃圾处置处理场及部分工业企业。督查结束后，张力军副部长代表督查组向省政府进行了意见反馈。牛仁亮副省长及省环保局、省发改委、省经委、省建设厅、省监察厅等十个部门主要负责人出席了意见反馈会。

督查组认为山西省各级党委、政府高度重视环保专项行动，部门密切配合、责任明确，有办法、有措施、有力度，环保专项行动取得较好成效。全省环境质量得到明显改善。截至10月底，全省监测的103个地表水断面中,与上年同期相比12个断面水质有不同程度的好转。全省11个省辖市建成区的二级以上天数累计达3121天，比去年同期增加334天，提前完成全年目标任务。环保专项行动已成为各地贯彻落实十七大精神和学习实践科学发展观的一项重要举措，为促进经济社会又好又快发展发挥了重要作用。一是后督察工作取得明显成效。环保专项行动期间我省对2005年以来挂牌督办的1904件挂牌督办案件开展了后督察。其中，国家挂牌督办的8件案件已全部完成整改，完成率为100%。省级挂牌督办的62件案件中有56件全部整改，完成率为90.3%。市县两级挂牌督办案件1834件中有1807件全部整改，完成率为98.5%；二是饮用水水源保护得到进一步加强。山西省对各级政府划定的220个饮用水水源保护区（含备用水源地）进行了专项检查，核查率达到了100%。全省饮用水水源一级保护区内已基本无工业排污口；三是重点行业、重点流域专项整治效果明显。2007年调查摸底的219家造纸企业中，已被关停85家，目前86家正常生产企业基本做到了达标排放或闭路循环。全省3056万千瓦燃煤电厂已全部配套建设了烟气脱硫设施，成为全国率先完成所有燃煤电厂烟气脱硫工程建设的省份，减排效果显著。汾河流域3公里范围内工业企业分类处置工作进展顺利。督查组在充分肯定我省环保专项行动取得成效的同时，也指出了工作中存在的不足：一是少数地方政府对环保工作的认识不到位，工业企业环境违法问题依然普遍存在；二是饮用水水源地保护管理工作仍然存在一些问题；三是部分城市环境保护基础设施建设进展缓慢，运行管理不到位；四是全省环境监察执法基础能力建设滞后，并表示今后将在环境执法能力建设方面给予一定的支持。

针对国家环保督查组指出的问题，牛仁亮副省长表示一定要在最短的时间里逐条整改，认真落实，并将整改情况及时上报国家环保专项行动部际联席会议办公室。

省环境监察总队学习实践活动第二阶段工作全面启动

12月8日，省环境监察总队召开深入学习实践科学发展观活动第一阶段总结暨第二阶段动员会议，会议，对学习实践活动第一阶段工作进行了全面总结，对第二阶段工作进行了安排部署。省环境监察总队党员干部参加会议。

学习实践活动开展以来，总队党支部按照省环保局统一部署要求，认真组织开展了深入学习实践科学发展观活动。学习活动中，精心组织，周密安排，统筹兼顾认真组织党员干部坚持用科学发展观武装头脑，深刻查摆环境监察执法工作中不利于科学发展、转型发展、安全发展、和谐发展的突出问题，学习实践活动贴近党员干部思想作风实际，贴近环境监察工作实际，取得了实实在在的效果。一是领导重视，统筹安排。围绕树立和落实科学发展观，结合环境监察工作和队伍管理实际，制定了切实可行的《省环境监察总队开展深入学习实践科学发展观活动实施方案》，对学习实践活动各阶段的具体工作做了详细的安排部署，成立了省环境监察总队开展深入学习实践科学发展观活动组织领导机构，明确了学习组织领导职责。在抓好党员干部理论学习的同时，注重学习与实践相结合，按照省环保局要求，完成了环保专项行动阶段工作督察，配合环保部环境监察局襄汾检查、朔州环境应急机制调研调查及大运高速公路附近交城段执法检查等环境监察执法工作；二是机构健全，责任明确。形成了“一把手” 负总责，一级抓一级，层层抓落实，人人都参与的工作格局；三是深入动员，思想统一。省环境监察总队召开深入学习实践科学发展观活动再动员大会。党支部书记、总队长李义贤结合理论学习成果和环境保护工作及队伍管理实际，情真意切的作了深入动员讲话。动员会议，进一步统一了全体党员干部的思想认识，明确了学习实践活动重点，为省总队深入学习实践活动提供了良好保障；四是学以致用，推进工作。省总队始终将学习实践活动贯穿于环境监察工作中的各个环节。通过广泛调研，认真分析当前经济危机对工业企业的影响，提出了我省排污费征收调研报告。解放思想，拓展思路，分析当前环境监察体制机制现状，提出了环境监察执法队伍及能力建设调研报告。

为确保学习实践活动取得实效，省总队党支部要求第二阶段要着重抓好四个环节的工作。一是按照学习实践科学发展的要求，紧密联系环境监察工作实际，召开领导班子专题民主生活会，广泛听取干部职工、服务对象、基层群众和社会各界的意见建议；二是充分运用学习调研、征求意见和专题民主生活会成果，认真查摆落实科学民发展观方面存在的差距和不足，深刻分析形成的原因，制定出贯彻落实科学发展观的主要思路和加强领导领子建设的具体措施，形成省环境监察总队领导班子分析检查报告；三是支部向党员领导干部、党员反馈分析检查情况，通报存在问题并提出整改要求，在征求省环保局指导检查组意见后，上报省环保局学习实践领导组审查备案，并以适当方式向群众通报；四是组织干部职工、业务联系单位、服务对象等方面的代表以座谈会或书面评议的形式对领导班子分析检查报告进行评议，并公布检查报告内容和评议结果，接受群众监督。为确保各环节的工作落实，党支部要求党员干部，一要继续抓好理论学习，真正把学习实践科学发展观的理论学习读本，读透学懂，切实解决理论学习不够深入的问题；二要进一步统一思想，提高认识，认真做好第二阶段每个环节的工作，为下一阶段工作打下良好基础；三要处理好工学关系，坚持学习工作两不误，两促进，两提高；四要注重学习与实践的结合，在认真开展好学习实践活动的同时，搞好2008年度工作总结，谋划好2009年的工作思路。

省总队学习实践活动在党支部的坚强领导，严格要求下，正在有效开展，扎实推进。

2008年我省排污费征收取得好成绩

据排污费征收快报显示，2008年全省累计征收排污费24.4亿元，征收总额连续第四年位居全国第一。

2008年我省排污费征收成绩来之不易，一方面，受国际金融风暴冲击影响，部分主要工业企业大面积停产、减产、限产，特别是焦炭产销量出现明显下降；另一方面，随着环境监管力度加大，有1466个违法排污企业被责令关闭，多数企业实现了排污达排。面对上述形势，各级环保部门分析形势，灵活采取对策和措施，确保排污费依法全面足额征收。一是针对我省排污费征收工作中出现的问题，及时提出了应对措施，要求全省环保系统要认识国际金融危机带来的冲击和经济出现下滑对排污费征收工作的影响，早准备、早安排，确保了排污费征收工作的顺利开展，也进一步巩固了我省排污费征收额全国第一的位置；二是开展排污费稽查。一年来，按照《排污费征收工作稽查办法》要求，组织开展排污费稽查，及时纠正了排污收费中的违法违规行为，坚决遏制人情收费、协商收费。同时，积极配合省委、省政府组织的煤焦领域反腐败专项斗争，开展排污费清欠工作。如，长治市清欠焦炭生产排污费5500余万元；三是稳步推进排污申报核定工作，规范排污收费行为。各级环保部门要求排污企业如实申报产量和污染物排放等情况，认真核定各类污染物实际排污量。省环境监察总队率先垂范，同时要求各级环境监察机构严格按照法定程序征收，确保排污费按时足额入库，为2008年排污费征收取得好成绩奠定了基础。

省市监察联合执法 强化节日环境安全

为保障节日环境安全，1月22日，省环境监察总队与太原市环境监察支队联合对太原市重点排污及涉危企业进行了执法检查。

此次检查共分五个检查组，由省环境监察总队和市环境监察支队负责人带队，分别对太钢、太化集团公司（合成氨、氯碱、焦化）、太原煤气化公司、国电太原第一热电厂、大唐第二热电厂、狮头水泥、城西热源厂、西山矸石电厂、北方兴安化工、江阳化工、蓝星化工等重点排污及部分涉危企业进行了全面排查。检查人员详细检查了企业节日环境安全措施落实情况、环保设施运转情况、环保工作人员值班安排情况、突发环境事件应急预案落实情况等，强化了企业环境安全意识。

检查发现，企业对节日期间环保工作进行了安排，落实了环境安全责任，开展了节前内部环境安全大检查，部署了环境应急措施。部分企业还签订了环境安全责任状，对环保设施进行了安全检查，消除了环境污染隐患，生产负荷稳定在安全状态，并做好了环保设备保温防冻等措施；检查中也发现了部分企业存在的环境问题。其中，国电太原第一热电厂14#、15#机组共用的脱硫塔正在检修，脱硫设施无法运行；城西热源厂脱硫设施已安装完毕，但未能投入运行，西山矸石电厂在线监测SO2数据异常，狮头水泥股份有限公司铁粉库外露天堆放铁粉未进行绿网覆盖。

针对检查发现问题，监察人员要求企业对存在问题立即整改，必须保证春节前所有环保设施投入正常运转，同时做好污染防治设施的备品备件及值班工作人员的安排，确保节日期间污染物稳定达标排放。

节日期间，检查组还将不定期对重点排污企业进行重点监控和抽查，消除环境污染隐患，使省城人民过一个欢乐、祥和的春节。

2009年环境监察工作要点

2009年是全面贯彻落实十七大精神，深入学习实践科学发展观，提前实现“十一五”污染减排约束性指标和建设蓝天碧水工程关键性的一年。环境监察工作要围绕全省环保工作目标任务，正确分析金融危机对环保工作的影响，在环境标准不降低、环境监管不放松、执法力度不松弛的前提下，牢固树立为经济发展保驾护航的观念，扎实开展环境执法监察活动，促进全省环保目标任务的落实。

一、加大执法力度，促进重点环境问题解决

1、继续开展“整治违法排污企业保障人民群众健康环保专项行动”。以整治城镇污水处理厂超标排污、推进垃圾安全处置和重点流域及区域集中整治为重点，通过加强组织领导、严格考核确保2009年环保专项行动取得明显成效。

2、开展重点区域、重点流域、重点城市和重点行业环境执法监察。对蓝天碧水工程范围内32个县（市）实施区域环境集中监察；实施全省43个工业园区、10个经济开发区、13个工业集中区环境监察；开展流域环境监察，把涞水河、丹河、滹沱河作为流域监察重点；加强对11个重点城市的环境监察，推动太原市环境质量改善。加强长治、晋城的环境监察工作，促进长治、晋城在2009年成功创建国家级环境保护模范城市。全面清查220个集中式饮用水源地污染隐患，保障饮用水安全；强化焦化、电力、煤炭、钢铁、化工行业20家重点工业企业的监管。

3、开展“节能减排项目”专项执法检查。对城镇污水处理厂、燃煤电厂脱硫设施及其它列入节 能减排项目运行情况进行专项执法检查，规范城镇污水处理厂、燃煤电厂烟气脱硫设施及在线监测装置的运行，促进全省“污染减排”任务的顺利实现。

4、开展汾河流域和汾河上游81公里河道集中整治监察，促进汾河生态治理修复工程顺利进行。开展大运高速公路沿线环境整治监察。重点检查沿线服务区、收费站燃煤锅炉及沿线1公里范围内的排污企业。

5、加强工业企业污染防治设施运行的监管，对擅自停运、恶意排污的，给予高限处罚，并依法追究相关人员的责任。开展污染源自动监控系统建设和运行情况专项检查，促进重点污染源自动监控系统安装率、使用率和正常运转率，增强污染源自动监控系统在环境监管中的作用。

6、开展建设项目环境监察。一是严查违法建设和违反“三同时”制度项目；二是开展新建项目容量置换和政府承诺兑现情况专项检查，查处一批容量替代项目不落实案件，促进容量置换措施落实。

二、开展环境执法后督查，巩固提升环境执法效果

7、开展关停淘汰项目执法后督查。对淘汰600万吨小钢铁、52万千瓦小火电机组、100万吨小水泥、15万吨小电石和小铁合金等落后产能的监管督查工作，促进落后生产能力淘汰工作落实，为优势产业腾出环境空间。对全省工业污染源全面达标“零点关停行动”企业、政府挂牌督办案件开展后督查。

8、开展环境监察执法后督查。一是对国家环境保护部和省领导批示的环境违法案件查处后落实情况后督查，二是对群众多次重复举报的环境违法案件进行专案检查，三是强化6个区域20个县区域环境集中整治后督查。

三、强化排污申报登记核定，规范排污收费行为，确保排污费依法足额征收

9、加强排污申报登记。加大排污申报登记宣传力度，规范排污申报登记行为，全面提高全省排污申报登记水平；加强排污申报登记业务培训、监督检查和工作考核，力争年内在全省普及使用《排污费征收管理系统》，实现全省排污申报登记信息化、电子化管理。

10、规范排污费征收行为。严格执行《排污费征收使用管理条例》，加强对全省排污费征收工作的检查、指导和业务培训，逐步规范和完善排污收费行为，确保排污费依法足额征收。加大焦炭生产排污费核定、征收管理工作的稽查力度，积极配合省委省政府搞好煤焦领域反腐败专项斗争，严厉查处工作中存在的以权谋私和权钱交易行为，确保各项政策法规落到实处。

11、加强重点电力企业排污申报和排污费征收。加强和规范重点电力企业污染防治设施和在线监测装置的运行管理，促使污染防治设施正常运行和在线监测装置有效监测，推进和实现重点电力企业排污申报和排污费征收工作的信息化、电子化和规范化管理。

12、认真做好排污申报核定和排污费征收报告工作。严格履行《排污申报核定工作报告制度》和《排污费征收工作报告制度》，认真开展排污申报核定和排污费征收报告工作，并对全省报告工作情况进行考核，督促报告工作有序进行和及时有效。

四、加强环境应急及12369信访举报系统建设，防范环境风险，提高环境应急能力

13、做好环境信访举报工作。进一步加强“12369”环境信访举报热线的建设，对全省安装、使用“12369”环境举报热线情况进行检查验收；加强全省环境信访举报的业务指导培训和监督考核工作，进一步规范信访举报案件受理、查办、上报程序；对重复举报、上级部门批转的重要举报案件查处情况进行回头看和重点抽查，保证信访举报案件件件有落实，事事有回音。

14、加大环境污染事故隐患的排查和整治力度。以饮用水源地等环境敏感区域为重点，加强全省污染企业调查摸底和隐患排查，保障群众环境安全。加强重点涉危企业和危险化学品道路运输的监管整治，预防和杜绝各类环境污染事件的发生；建立健全环境应急体制，加强环境应急工作的模拟演练和应急处置业务培训，提高事故应急处置能力和协调能力。

15、加强环境应急预案管理。指导重点企业编制和完善应急预案，提高环境应急防控能力。

五、加快环境监察标准化建设步伐，提高环境执法能力

16、加快全省环境监察机构标准化建设步伐。力争到2009年底太原、临汾、长治、晋城和运城等5个市级环境监察机构要达到国家规定的一级标准，其他6市要达到国家规定的二级标准，50%的县级环境监察机构要达到三级标准。

17、加强环境监察业务培训工作。制定环境监察培训规划，用2-3年的时间使全省环境监察人员培训一遍。通过培训切实提高全省环境监察执法人员的综合素质。

18、开展环境监察专项稽查。开展排污收费专项稽查、环境保护执法和执法装备稽查，严格规范环境执法行为，树立科学执法、依法执法、文明执法、规范执法、执法为民的良好形象。

19、做好环境监察证件换发和管理工作。

六、深化污染减排监察系数核查和环境监督员工作，促进污染减排目标落实

20、加强主要污染物总量减排监察系数核算工作。加强主要污染物总量减排监察系数工作的检查指导和业务培训，促进减排目标的顺利实现。

21、深入推进企业环境监督员制度试点工作。组织开展国家、省和市级重点监控企业、30万KW以上规模的电力、自备电厂的企业环境监督员制度试点工作。加强环保部门环境管理人员和企业环境监督员的业务培训，提高环保人员环境管理能力和企业环境保护自律意识。

七、加强环境监察法制建设，规范环境执法行为，提高依法行政效能

22、完善环境监察执法制度，规范执法行为。制定《环境执法行为规范》，突出环境执法层级管理和执法行为规范,规范环境执法行为，提升环境监察的整体战斗力和环境执法能力，提高依法行政水平。

23、探索环境监察队伍管理新模式，发挥基层环境执法中流砥柱作用，提高环境监察效能。

八、加强党风廉政和精神文明建设，树立良好执法形象

24、加强政风行风党风廉政建设。落实党风廉政建设要求，恪守“为民、务实、清廉”的准则，严格执行党风廉政建设责任制，做到严格执法、严格要求、严格管理、严格监督，防止环境监察执法腐败现象，树立环保系统的清风正气。

25、开展创建“文明和谐单位”活动，争创“文明和谐单位”。各级环境监察机构要按照“文明和谐单位”条件和要求积极开展争创“文明和谐单位”活动，力争2009年底省、市、县环境监察机构中10%以上的机构能够创建“文明和谐单位”或“文明和谐单位标兵”。

我省顺利完成国家重点监控企业网上专项申报工作

截止4月20日，我省圆满完成国家重点监控企业网上专项申报工作。

为确保网上专项申报工作的顺利进行，今年1月初，省环境监察总队按照环保部的总体部署和要求，组织各市支队进行了培训和布置，并先后深入吕梁、大同、晋城等地督促指导。同时，各市支队做了大量认真细致的基础工作，晋中市支队利用一个半月的时间，深入国控企业及县、市环境监察机构现场指导、督办；吕梁、大同市为确保工作质量，由市本级全面负责辖区国控企业专项申报工作。省环境监控中心积极配合，负责数据采集仪和污染源自动监控设备的信息采集。三个多月内，各级环境监察机构检查国控企业近600家，出动执法人员约2500余人（次），拍摄企业正门、废水或废气排放口、主要污染治理设施、污染源自动监控设备、数据采集仪等五类照片约1.3万张。

我省现有国控企业459家，网上申报内容包括：企业电子地图位置，企业基本信息，所有排放口、主要污染治理设施、污染源自动监控设备、数据采集仪信息，生产工艺和污染治理流程图，以及企业正门、废水或废气排放口、主要污染治理设施、污染源自动监控设备、数据采集仪等五类照片等。

国控企业网上专项申报工作的顺利完成为实施动态、即时、在线监管国控企业搭建了平台。今后，环保部还将组织各级环境监察机构在此平台上陆续“植入”国控企业“在线监控模块”、“现场执法模块”、“12369环境举报模块”和“行政处罚模块”等部分，全面实现对国家重点监控企业的全方位、立体化、系统化的环境监管。

全省环境监察工作例会在晋城市召开

4月17日，全省环境监察工作例会在晋城市召开。会议传达学习了2009年全国环境执法暨应急管理工作会议精神，听取了各市第一季度环境监察工作汇报，安排部署了近期环境监察工作。省环保局刘四龙副局长、晋城市贾联亭副市长出席会议并讲话，省环境监察总队李义贤总队长对近期环境监察工作提出要求。

会上，刘四龙副局长对各市第一季度环境监察工作给予充分肯定，并勉励全省环境监察人员继续努力工作，为全省环保工作再做新贡献。同时，对今年环境监察工作提出四点要求，一要摸清企业底数；二要突出工作重点；三要相互学习交流；四要及时反馈信息。

李义贤总队长传达了2009年全国环境执法暨环境应急管理工作会议精神，他要求，各级环境监察机构要结合实际严格贯彻落实会议精神，扎实做好2009年环境监察工作。一是深入开展环保专项行动。尤其在金融危机形势下，要提高思想认识，切实处理好执法与服务的关系；二是开展规模化畜禽养殖专项执法检查；三是加强排污申报与排污费征收工作，认真做好排污申报登记、排污费稽查及排污收费软件普及使用；四是加强“12369”环境举报热线管理，严格人工值班，妥善处理群众信访举报；五是加强环境监察标准化及执法能力建设，落实标准化建设目标责任制，开展环境监察业务技术比武和业务培训；六是继续推进企业环境监督员制度试点工作，规范和完善企业环保自律机制，增强企业环境保护意识；七是开展污染减排监察系数核查工作，搞好减排监察系数培训；八是严格落实环境监察工作报告制度，加强环境监察信息报送，开展环境监察执法征文与论坛活动；九是加强党风廉政建设，使之作为日常管理的一项重要内容，防微杜渐。

各市分管环境监察工作的局长、环境监察支队长、晋城市环保局主要负责人参加了会议。

晋城市环境监察标准化建设受环保部检查肯定

近日，晋城市节能减排“三大体系”环境监察执法标准化建设项目接受了环保部检查组的检查验收，并得到检查组的充分肯定。为确保该项目顺利实施和取得成效，晋城市成立了工作机构，编制了建设方案，落实了配套资金，规范了采购程序，健全了管理制度等。环境监察标准化建设的加强，进一步提升了晋城市环境监察机构能力建设水平，推进了节能减排任务的顺利实施。

阳泉市矿区积极转变环境执法方式促使企业落实环保责任

今年以来，阳泉市矿区积极转变环境执法方式，促使企业落实环保责任。

矿区环保局日常环境执法，坚持做到边执法边宣传，边教育边整改，认真听取企业的意见和建议，帮助企业及时发现和整改环境隐患，并建立环保联络员制度。同时，加大对环境违法行为整改情况的后督查力度，切实做到查处到位，处罚到位，整改到位，促使企业严格落实污染达标排放法定责任，为矿区创造一个良好的工作生活环境。

截止8月底，阳泉市矿区环保局检查企业30余家，采取企业意见和建议6条，查处违法企业4家，限期整改3家，落实整改要求3家，行政处罚1家。

专项行动

我省确定2009年环保专项行动重点

4月14日，环境保护部等八部委联合召开了“2009年全国整治违法排污企业保障群众健康环保专项行动”电视电话会议。周生贤部长对2009年全国环保专项行动进行了安排部署。国家发改委、监察部、司法部、住房城乡建设部、国家工商总局领导对今年如何开展环保专项行动提出了要求。

根据周生贤部长讲话精神和环境保护部等八部委《2009年整治违法排污企业保障群众健康环保专项行动工作方案》，我省结合实际，确定了2009年环保专项行动工作重点。

一是继续巩固2008年环保专项行动成效，持续开展饮用水源保护区后督察和城镇污水处理厂、垃圾填埋场集中整治。对2007年和2008年饮用水源保护区集中整治中发现的问题进行跟踪督办；督促重点流域城镇污水处理厂加快建设进度、提高运行负荷和出水达标率；全面整治垃圾填埋场环境违法问题。重点整治未进行环境影响评价、已经投入运行但未通过“三同时”验收和对周围环境造成严重污染群众反映强烈的垃圾填埋场，严肃查处渗滤液直排问题。二是严厉打击“两高一资”行业重污染企业的环境违法行为，开展钢铁行业、电力行业、涉砷行业专项检查。重点检查“两高一资”行业中不符合准入条件、未经审批擅自开工或建成投产和超标排放污染物的企业，按照国家产业政策，坚决淘汰落后生产工艺和产能；认真贯彻国家《钢铁行业调整和振兴规划》中控制钢铁产能，加快淘汰落后产能的要求，开展钢铁行业环境污染专项检查。重点检查炼铁工艺污染治理和烧结工艺脱硫设施及在线监控装置的安装和运行情况。严肃查处主要污染物超标和超总量排放的钢铁企业；开展电力行业环境污染专项检查，重点检查电力企业脱硫设施运行情况，确保二氧化硫减排任务完成；针对近年来砷污染事件高发态势，对涉砷企业进行全面检查清理。三是全力强化化学需氧量减排，开展重点流域水环境污染专项检查。深入贯彻《中华人民共和国水污染防治法》，集中开展重点流域入河排污口及其主要污染物排放情况的专项执法检查行动，进一步强化排污申报工作，全面规范直接排入河道的排污口设置，建立企业排污口及污染物排放档案，严肃查处私设排污口、超标排放污染物的环境违法行为，促进COD减排任务完成。

为保障今年环保专项行动的顺利实施，省环保专项行动领导组将在加强挂牌督办、后督察等环境行政执法手段基础上，综合运用法律、经济、行政等手段，进一步建立和完善政府牵头、部门联动的环保专项行动工作机制，严格落实各项工作措施。进一步加大对各市环保专项行动工作考核，适时开展专项督查，确保2009年环保专项行动各项工作顺利完成。

国家环保专项行动督查组莅临我省检查指导

8月13日，环保部环境监察局董文献副局长带队的国家环保专项行动督查组赴我省检查指导工作。当日下午，督查组听取了省环境监察总队李义贤总队长关于全省环保专项行动阶段工作开展情况的汇报，省环保厅刘四龙副厅长及厅机关相关处室负责人出席了汇报会。

董文献副局长听取汇报后，对我省环保专项行动工作取得的成效和经验做法给予了充分肯定。他指出，山西省环保专项行动工作扎实，成效明显，这与山西省委、省政府高度重视和支持是分不开的。近年来，山西在环保专项行动中取得了不少好的经验和做法，环境质量明显改善。一是山西以蓝天碧水工程为契机，推动地方政府履责，实行部门联动机制，极大地震慑了环境违法企业；二是区域环境综合整治工作，引起了地方党委政府的高度重视，推动地方党委政府直接参与环保工作，加快了区域环境问题的解决；三是提高“四率”，进一步强化了环境监管。即严格项目审批，提高环评制度执行率。严格新建项目监管，提高“三同时”执行率。严格环境监管，提高污染防治设施运行率。严格实施末位淘汰，提高国家产业政策执行率。同时，董文献副局长对我省的环保工作提出两点要求：一是山西作为资源大省，“两高一资”企业众多，环保工作压力大、任务重，今后山西要进一步提高“两高一资”行业准入门槛，严格执行国家产业政策，关小上大，加快产业结构调整步伐；二是要在总结“蓝天碧水”工程、区域环境综合整治和提高“四率”等环保执法经验的基础上，继续开拓创新，不断探索环保执法工作新的经验做法。

14日-16日，国家环保专项行动督查组还将对我省太原、忻州、晋中等市钢铁行业专项整治情况进行现场检查指导。

晋中市确定2009年环保专项行动重点

近日，晋中市按照全国、全省“整治违法排污企业保障群众健康环保专项行动”安排部署，确定了2009年环保专项行动重点。一是开展电力、钢铁、焦化等行业的专项整治；二是开展污水处理厂、垃圾处理厂建设运行情况的专项整治；三是开展汾河、海河流域沿线排污企业集中整治；四是开展涉及核幅射、危险化学品行业和饮用水源地周边企业的专项整治。

朔州市召开2009年环保专项行动动员大会

4月28日，朔州市召开 “环境保护专项行动实施动员大会”，市环保局局长焦日龙主持会议，市人民政府副市长李发作了动员讲话。

会议宣布了《朔州市人民政府关于2009年朔州市开展整治违法排污企业保障群众健康环保专项行动实施方案》，回顾了2008年环保工作取得的成绩，指出了当前环保工作面临的形势和问题，提出了今后环保工作的目标和任务。一是深刻认识加强生态环境治理保护的重要性和紧迫性；二是明确发展目标，坚决完成“十一五”环境保护任务；三是加强对环保工作的组织领导，建立环保工作长效机制；四是加强全市垃圾处理厂建设。

市直各有关单位领导、全市各重点企业负责人，及各县区分管县区长和环保局长参加了动员大会。

忻州市开展环境综合整治百日攻坚行动

5月11日，忻州市组织召开环境综合整治百日攻坚行动动员会，环境综合整治百日攻坚行动正式拉开序幕。

环境综合整治百日攻坚行动紧紧围绕市委、市政府提出的“扭住五个发展，打好五个攻坚战”的工作部署，以整治违法排污企业、保障群众健康环保专项行动为载体，以“山、河、水、气、路”五大治理工程为重点，由市环保局牵头，纪检、工商、电力、公安配合，组成六个联合督察组，分赴十四个县（市、区）进行督查指导。

百日攻坚行动的主要工作任务是：对“两高一资”行业重污染企业进行全面检查；开展饮用水源保护区专项检查；开展城镇污水处理厂专项整治；开展垃圾填埋厂集中整治；推进城市集中供热工程；加强重点减排项目的监管；推进目标责任制、蓝天碧水工程、城市环境综合整治定量考核任务指标全面落实；加强“零点关停行动”后督查；开展汾河、滹沱河流域专项整治；严格排污费核定征收。

晋城市明确环保专项行动十项工作重点

日前，晋城市召开 “2009年全市整治违法生产企业保障群众健康环保专项行动暨丹沁两河流域环境综合整治” ，会议明确了十项工作重点。一是坚决淘汰落后产能；二是继续开展饮用水源地整治后督察；三是集中开展重点行业专项整治；四是严打重处土小企业死灰复燃；五是全面加快环保基础设施建设；六是大力开展丹沁两河流域环境综合整治；七是严厉打击环境违法行为；八是强化环境安全监管；九是全面加强农村环境保护；十是推进市区及县城环境综合整治。

吕梁市开展环保攻坚第五战役

5月11日，吕梁市召开“环保工作会议暨环保攻坚第五战役动员会”，全面安排部署2009年环保专项行动工作。

环保专项行动工作紧紧围绕环保攻坚第五战役工作目标，以贯彻《中华人民共和国水污染防治法》为重点，着力保护饮用水源安全，严厉打击违法排污行为，促进主要污染物减排工作顺利实施，改善重点流域环境质量，保障经济可持续发展。

环保攻坚第五战役的主要工作重点是，对2007、2008年饮用水源保护区集中整治中发现的问题进行跟踪督办；督促重点流域城镇污水处理厂加快建设进度，提高运行负荷，确保出水达标率；全面整治垃圾填埋场环境违法问题；开展“两高一资”行业企业集中整治；认真贯彻落实国家《钢铁行业调整和振兴规划》，开展钢铁行业环境污染专项检查；开展电力行业环境污染专项检查；开展涉砷行业企业集中整治；开展文峪河、三川河流域范围内直接排入或相当于直接排入河道的工业企业污水排放口、污水处理厂排放口集中整治。

泽州县扎实推进环保专项行动

近日，泽州县以促进污染减排为目标，扎实推进2009年环保专项行动。

一是重点整治“两高一资”行业重污染企业，开展钢铁、冶铸、水泥行业专项执法检查；二是高压打击死灰复燃的土小企业，坚决取缔无证无照的经营活动；三是持续开展饮用水源保护区内排污企业和四路两河（晋焦、晋阳、晋长、晋济高速公路；长河、丹河）敏感区域内污水排放口整治和后督察工作。

为确保专项行动取得实效，县环保专项行动领导组要求，各乡（镇）政府要切实加强组织领导，进行再部署、再检查、再落实；各有关部门要加强协调配合，形成合力；进一步健全环境执法长效联动机制；加强日常执法监督，建立健全环保责任追究制、企业环境行为自我约束机制和公众参与机制，营造有序的守法、执法、监督工作格局；加大投入、加强环境执法能力建设；充分发挥新闻媒体、群众监督作用，对近年来反映强烈的环境违法案件予以挂牌督办；畅通信访渠道，努力营造全社会支持环境执法的氛围。

临汾市深入开展电解锰行业专项执法检查

从6月初开始至年底结束，临汾市深入开展电解锰行业专项执法检查。

专项执法检查要求各县市区环保局对辖区内电解锰行业进行全面清查，掌握企业基本情况，检查企业的生产、污染治理及排放情况，保证污染治理设施正常运行，污染物稳定达标排放，确保不发生锰污染现象。针对检查发现的环境违法行为，将依法处理，责令企业制定整改措施，并监督其限期整改落实。

市环保局还将对各县市区工作情况进行抽查。

忻州市开展环保专项行动督查

近日，忻州市人大、政协牵头，环保主抓，纪检、工商、电力等部门密切配合，分2个督查组，对全市14个县市区环保专项行动工作开展督查。

督查组通过听、查、看，对各县市区的环保专项行动、百日攻坚各项工作及环保目标责任制半年完成情况进行了认真督查。重点检查了集中供热、污水处理厂建设和运行及垃圾填埋场的建设情况。同时，要求合理安排工作进度，按时保质保量完成任务。

环保专项行动督查，对环保各项工作圆满完成起到了积极的推动作用。

吕梁市深入开展重点行业专项整治

6月份以来，吕梁市深入开展重点行业专项整治，突出抓好钢铁、水泥、火电、铸造、采矿、焦化等行业的大气污染物排放及造纸、化工、酿造等行业的水污染物排放，着力建立长效监管机制，严肃查处违法排污行为，加大产业结构优化调整力度，淘汰不符合产业政策和落后的工艺、技术和设备。

按照市政府的统一部署，吕梁市环保局开展焦化、冶炼行业突击检查,并加强夜间执法及日常巡查力度。各县市区环保局根据实际情况制定了重点行业专项整治方案，开展全面集中整治。截止6月中旬，专项整治工作， 全市共出动执法人员583人次，检查企业260余家，立案6家，结案6家，行政处罚金额达3万元，有效的打击了企业环境违法排污行为。

2009年晋城环保行活动正式启动

8月12日上午，2009年晋城环保行活动正式启动。

此次活动由市人大常委会城建环保工委、市委宣传部、市发改委、市环保局等部门联合组织，山西日报、山西晚报、太行日报等7家媒体参加。今年“晋城环保行”主题是保护生态环境，共建绿色文明。围绕六县（市、区）的重点区域、重点流域、重点项目规划环评的执行情况，水环境污染防治、水源地保护以及在推行循环经济、开展清洁生产等方面取得的成绩和存在问题等重点，广泛深入基层，深入实际，开展环境执法检查，发挥新闻媒体和群众舆论监督作用，树立和宣传先进典型，严处环境违法行为，促进突出环境问题的解决，依法维护广大人民群众的合法环境权益。

太原市开展 “保国庆”环保专项行动

近日，太原市制定《加强国庆60周年庆祝活动期间环境敏感源监管行动工作方案》，集中开展“保国庆”环保专项行动，全力保障 “国庆” 60周年期间环境安全。

专项行动以检查企业、单位的突发环境事件应急预案为主要内容，充分发挥在线监控、举报热线的作用，着力从八个方面加强环境监管。一是加强危险废物特别是废弃危险化学品处置环节的环境监管；二是大力防控和应对重金属污染；三是加强对环境敏感区内重点涉水企业监管；四是加强对国控、省控企业重点污染源的环境监管；五是加强对医疗机构医疗废物的环境监管；六是强化对矿山尾矿库、电厂灰库环境隐患的排查；七是强化对城镇污水处理厂、垃圾填埋场的环境监管；八是加强对秸秆禁烧工作的环境监管。

专项行动期间，太原市环境监察支队放弃双休日，全员参与、全力以赴，组织四个日常检查组、两个巡查组、一个案件督办组、一个信息报送组，采取日常检查与突击检查相结合的方式，强化应急值守、加强信息报送，保障专项行动的顺利开展。

临汾市开展迎国庆“北京护城河”环境执法检查

按照环保部华北督察中心《国庆期间环保“北京护城河”工程实施方案》和省环保厅要求，近日，临汾市开展迎国庆 “北京护城河”环境执法检查。

检查主要内容：一是9月21日至10月10日，各县市区每天安排环境监察人员深入重点企业和重点区域，开展污染隐患排查，对发现的环境污染隐患及时督促，监督企业整改，市环境监察人员要加强对县区工作的督查；二是重点开展对涉砷、铅、铬、镉等重金属污染企业的排查，切实管死管住排放口；三是加强对危险化学品、危险废物及医疗废物的监管，对生产、储存、运输及使用危险化学品和储存、运输、处置危险废物、医疗废物的单位进行认真排查，严防发生泄漏、爆炸造成二次污染；四是加强对重点污染源的环境监督，在线监控平台安排专人24小时值守，随时掌控排放动态，及时严肃处理违法超标排放等异常情况，确保污染物稳定达标排放；五是明确人员每天对集中式饮用水源地一、二级保护区内污染源进行监察巡视，及时发现污染事件或事故苗头，确保饮用水源地环境安全；六是对矿山尾矿库，尤其是含有毒物质的尾矿库每周进行一次巡查，以防多雨季节造成溃坝事故污染环境；七是完善环境应急预案，落实环境应急物资储备，严格落实环境应急24小时值班制度，确保信息畅通，随时做好应对突发环境事件的准备，对群众投诉认真梳理，及时解决群众关心的环境问题。

内蒙古自治区

自治区环保厅厅长 苏青在全区党风廉政建设和污染防治视频会议上的讲话

（2009年3月23日）

同志们：

今天我们利用刚刚建成的污染源在线平台召开视频电视会议，主要讲两个问题：一是部署我区污染防治工作；二是部署党风廉政建设和反腐败工作。下面，我先讲第一个问题，《加大污染防治工作力度，切实改善全区环境质量》。

一、充分认识加强污染防治，改善环境质量面临的严峻形势

最近，环保部在上海召开全国污染防治工作会议，如何评价2008年环境质量是会议的一项内容。有人认为显著，有人认为极大改善，但是会议只给了“有所改善”的

评价。污染防治的最终效果要体现在环境质量的改善上，只有环境质量得到根本性的改善，才说明在污染防治上取得了明显成效。目前，改善全区环境质量的压力极大，污染防治工作任重道远，主要表现在以下几方面。

（一）我区环境质量还没有达到全国平均水平

去年，我区减排工作取得突出的成绩，环境质量也有所改善，特别是由于奥运会期间采取了空气质量区域联防机制，效果极其明显，我区二级以上良好天数平均增加了10天，但是，为什么说我区环境质量还没有达到全国平均水平？据中国环境监测总站公布的《2008年全国质量状况》显示，2008年我区的空气质量低于全国平均水平，在国家对空气环境质量综合评价6个等次中，属于倒数第二，仅好于较差。按照国家对地表水的评价，我区地表水总体为轻度污染，优良水质为48%，而区内黄河、松花江等流域水污染治理尽管取得明显效果，但是仍处于起步阶段，重点监测河流仍有14.9%属于重度污染，自治区监控的4个湖泊水质高锰酸盐指数、总磷、总氮全部超标。

我区环境质量没有达到全国平均水平，主要原因有：

一是虽然我区减排力度加大，二氧化硫和化学需氧量两项减排约束性指标连续两年实现了“双降”，为改善环境质量发挥了巨大的作用，但是，二氧化硫和化学需氧量仅仅是造成空气和水污染的两项主要因子，大气环境中还有颗粒物（如PM10、PM2.5）、氮氧化物、二氧化碳、碳氢化物及其他有害物质等，水环境中还有高锰酸盐指数、总氮、总磷、石油类、挥发酚类等污染因子，都未纳入减排要求，也未得到有效治理。

二是二氧化硫和化学需氧量两项减排指标的排放达标率也低于全国平均水平。我区二氧化硫的排放达标率为76%，低于全国平均水平3个百分点，在全国排第20位；化学需氧量的排放达标率仅为68%，低于全国平均水平10个百分点，在全国排第22位。此外，在全国113个环保重点城市中，我区包头市的二氧化硫、PM10超出国家二级标准。

三是新的污染防治问题不断出现。机动车保有量的快速增加，导致城市空气中的氮氧化物和挥发性有机物浓度增高，由此带来烟雾污染和大气灰霾天气发生；湖泊水库富营养化也呈迅速增长的趋势，我区去年发生的乌梁素海的“黄苔”事件，就与水质富营养化直接相关；污水处理厂、垃圾填埋场和燃煤电厂脱硫设施稳定运行率低，产生的污泥、渗滤液和脱硫石膏等二次污染问题日益显现，治污设施成了新污染源；土壤污染问题不仅危害农作物和土地开发利用，而且对人体健康造成危害。

四是新增污染物排放量增速快。我区连续7年GDP增速全国第一， 2009年我区仍安排GDP增长13%，特别是原煤产量今年要达到4.8亿吨,比上年增加3.2%;发电量要达到2300亿千瓦时,比上年增加8.76%；全年共安排了150个重大工业项目，其中污染物排放大的化学工业49项，约占全部项目的1/3。无论是投资规模还是项目数量都是较高的，势必带来更多的污染物排放。

（二）国家正考虑将氮氧化物、总磷、总氮等污染物列入“十二五”减排考核指标

在2009年全国污染防治工作会议上，张力军副部长明确要求：“把污染防治工作放到党和国家执政为民的重大战略中去思考，摆在环境保护重中之重的战略位置去把握，作为探索中国特色环境保护新道路的主战场去开拓。”明确提出：“全面改善环境质量始终是污染防治工作的出发点和落脚点，是污染防治的根本目的所在。”“全面加强各种污染物的控制，逐步将氮氧化物、可吸入颗粒物、总氮、总磷和有毒有害物质等污染物纳入日常管理”。因此，新时期的污染防治工作给我们提出了新的更高的要求。

我们不仅在环境质量改善上面临着严峻的形势，在污染防治工作上还存在一些问题。尤其在近3年，在污染防治上，一直把主要精力放在二氧化硫和化学需氧量两项指标减排上，客观上造成了对其它污染物减排的放松；从队伍建设上也侧重于对两项主要污染物管理人员的培训；从污染源监测的能力建设上也向二氧化硫和化学需氧量防治倾斜；而企业在污染治理设施建设上也是围绕二氧化硫和化学需氧量减排来建设。因此，在污染防治上，必须认清形势、明确任务，未雨绸缪、寻求突破。

二、污染防治工作要全面部署、重点突破

污染防治工作涉及空气、水、噪声、固废、汽车尾气等，防治面广、污染因子复杂，必须认真研究污染原因，治理措施，综合运用法律、经济、技术、行政等手段，全面安排、全方位防治、重点突破。就下一步污染防治工作，提出以下重点要求：

（一）积极探索开展有效的区域联防联控机制

环境污染有其特殊性，空气是流动的、河流是流动的，机动车排放的尾气是流动的，尽管看起来固废是固定不动的，但是它所形成的渗滤液一旦污染地下水，仍然是流动的。因而，在环境污染防治上，“各人自扫门前雪，莫管他人瓦上霜”的做法是行不通的。在2008年的北京奥运会空气质量保障工作中，北京市和包括我区在内的周边6个省区市实施空气质量联防联控，不仅保障了北京的空气质量，而且协议各地区的空气质量也得到改善。比如我区，在第三季度，各重点城市空气质量都达到良好以上，这一实践证明，区域污染联防联控机制具有显著的污染防治作用。国家已经借鉴并推广北京奥运会空气质量保障工作成功的经验，除在京津冀地区继续开展空气联防联控工作外，还要在长三角、珠三角开展空气联防联控，确保明年上海世博会和广州亚运会空气质量达标。

在区域联防联控机制建设上，我区可以参照国家的

做法，在地理位置相近、自然资源相同、大气污染类型相似的盟市开展试点工作。自治区环保局初步考虑在乌海、乌素太和棋盘井小三角地区开展空气污染联防联控试点工作，请西部督查中心牵头完成试点。一是要开展区域污染防治的规划编制，明确空气或水质改善目标，确定排放标准；二是要明确防治措施及重点治污工程，明确考核指标；三是要建立区、盟市、旗县区域污染联防联控工作协调机构，协调解决工作中的重大问题。

（二）采取坚决有效措施提高化学需氧量和二氧化硫的排放达标率

截止2008年，我区已建成污水处理厂设计处理能力189万吨/日，但是，实际处理能力为103.76万吨/日，处理率为62.37%，化学需氧量的排放达标率68%，低于全国平均水平，而综合排放达标率还不足25%。监测数据表明，通过城镇污水处理厂处理后的污水，仍有四分之三不能达标排放，不仅造成了环境质量得不到改善，而且严重浪费人力、物力和财力。

因此，今年要重点加快污水处理厂的建设进度，未建污水处理厂的旗县要全部开工，至少有20个污水处理厂投入运行，其他的要在明年全部投入运行。把提高污水排放的达标率作为今年一项重点工作开展。要严格控制污水处理厂进口浓度，凡向城镇污水处理厂排放废水的工业企业，首先要在企业内部进行污水一级处理，达到进入城镇污水处理管网的排放标准后方可接入城镇污水管网。加强污水处理厂的运行管理，提高污水处理能力，污水处理运行率要进一步提高。各地新建城镇污水厂污水处理工艺不仅要考虑处理化学需氧量，还要考虑处理总磷、总氮等污染物。对城镇污水处理厂建设验收，要把配套管网建设作为重点，以提高污水收集率。

目前我区二氧化硫的排放达标率仅为76%，低于全国平均水平，主要是体现在电力行业。而钢铁、焦化、烧结、球团、有色等行业的脱硫设施建设缓慢、脱硫能力弱，达标排放率更低。今年是减排关键年，要在切实提高电力行业和已建脱硫设施的排放达标率上下功夫，当务之急是进一步加快钢铁、焦化、烧结、球团、有色等行业脱硫设施建设、提高稳定脱硫效率。各地必须严格按照79号文件要求，对每一项工作实施“倒计时”，计划今年完成的，必须完成，今年开工的，必须开工。

（三）毫不松懈地抓好饮用水源地污染防治

饮用水源地安全是让老百姓喝上放心水的重要保障，也是落实科学发展观，实现以人为本的重要体现。今年以来在饮用水源地就相继发生了江苏省盐城饮用水水源酚污染、广东省韶关市水源水华暴发等事件，对饮用水安全构成了很大威胁，在社会上引起强烈反映。在盐城水污染事件造成盐城大范围停水两天后，“偷排污水”的盐城标新化工有限公司相关责任人被公安部门立案侦查。但是，环保部门也应该深刻反思，是谁批准在水源地取水口上游河流边建设化工厂、化工厂排污一事长期没有有效处理、盐城连续发生过多起水污染事故未引起重视等问题。在这次事件中，除肇事者外，在问责的7个行政官员中，环保系统有：盐都区环保局局长受到行政降级处分，并被免去局长职务，分管副局长受到行政撤职处分；市饮用水源保护区环境监察支队支队长受到行政记大过处分。这次事件再一次给环保系统敲响了警钟：环保无小事。

3月6日，呼和浩特市托县工业园区污水违章排放，给当地村民饮用水、农田和牲畜造成危害，此事件发生在全国“两会”召开之际，在当地造成恶劣影响，托县政府必须认真查清事件原委和责任人，并追究责任；要采取有效措施将村民饮用水、农田和牲畜受到的危害降到最小，否则对托县实施“限批”。

饮用水安全直接影响到人民群众的身体和生命健康，各地务必全力以赴抓好辖区饮用水水源保护工作。加强辖区饮用水水源安全风险隐患排查，全面排查饮用水水源保护区、准保护区内及上游地区的污染源，加强对可能影响饮水安全的制药、化工、造纸、冶炼等重点行业、重点污染源的监督管理，建立风险源名录，从源头控制隐患。依法查处饮用水水源保护区内的违法排污行为。严厉打击水源保护区内一切威胁水质安全的违法行为，坚决取缔饮用水水源一级保护区内所有与供水设施和水源保护无关的建设项目，禁止畜禽养殖、旅游、餐饮等可能污染饮用水源水体的活动；坚决取缔二级保护区内所有违法建设项目，采取严格措施，防止畜禽养殖、旅游等活动污染饮用水源水体。加强交通运输行业的污染防治工作。加强饮用水源保护区、准保护区内及上游地区油类和危险化学品运载、装卸和储存设施的监管，督促其完善防溢流、防渗漏、防污染措施。进一步加强饮用水水源水质监测工作，加密跨界断面水质及污染特征因子监测频次，及时了解水质变化状况，及时发现问题、解决问题。要编制突发饮用水水源污染事故应急预案，加强应急演练，为处理重大突发污染事件提供管理及技术储备，有效防范饮用水安全风险；针对薄弱环节，完善饮用水水源应急监管体系。要加强环境应急监测能力建设，一旦发生污染事故，要迅速准确监测分析出污染物种类、数量、来源和潜在危害，及时提出应急处理处置建议。进一步完善饮用水水源保护基础工作。在各级保护区边界及穿越保护区的交通干道设立明显的标识标志。坚决停止在饮用水源保护区、准保护区内审批任何新上项目。监察总队、东西部环保督查中心要作为督查重点来抓。

（四）以让江河休养生息为目的加快流域水污染防治

在流域水污染防治工作中，我区也存在一些需要抓紧解决的问题，主要有：我区列入国家“十一五”重点流域水污染防治规划项目共计 163个，截止去年底，已建成56

个，在建47个，开工率为63.2%，低于全国4.7个百分点；多年来,在各流域建设了众多的污染型企业，也有化工类企业，存在污染隐患；流域内旗县区城镇污水处理厂建设滞后，污水的收集率低，存在直排现象；对入境和出境河流断面水质监测分析能力不足等等。

从今年起，环保部将会同有关部门，以水环境质量状况和规划项目完成情况为重点，每年组织对重点流域各省区规划执行情况进行考核评估，结果报国务院同意后，向全国通报，并作为资金下达、项目审批的重要依据。对同一流域的出入省区断面水污染状况进行比较，作为防治补偿和赔偿的依据，即该省流域入境断面水质好于该省出境断面水质，水污染在本辖区内加重，要对流域下游省区予以防治补偿；如该省流域入境断面水质劣于该省出境断面水质，水污染在本辖区内得到治理，要对流域上游省区给予惩罚，以补偿治理的费用。在今年的“两会”上,张力军部长在答记者问时说：中央要加大对省的考核力度。将出台省界河流断面考核办法，明确每个省河流出境断面的水质要求，对达不到要求的地区停止建设项目审批。

因此，要加强对各流域规划实施的组织和领导，将流域水污染防治工作目标、任务和措施纳入地方各级人民政府责任制，并分解落实到旗、县和企业，定期进行考核。特别是各流域毗邻其他省区的盟市，要加快流域内污染治理项目的建设进度，加大对项目的督促、检查力度，确保项目能够按期完工并投入使用，积极推进流域规划外的污染治理项目的建设，确保流域断面水质能够达到国家考核的要求。开展流域内水污染风险隐患的专项排查，对于存在重大环境隐患的化工类企业，必须列为重点督查对象，定期报告、定期检查、定期公示。按照国家的要求，认真做好流域规划中期评估工作。积极开展流域水污染治理上下游补偿机制研究，运用市场经济手段推动流域治污工作。

（五）切实提高中水综合利用水平

我区水资源总量为546亿立方米，年平均可利用总量285亿立方米，其中地表水可利用量为170亿立方米，属于水资源缺乏地区。在可利用量里，还有36%的水资源受污染无法利用；水资源的综合利用率则更低，国家要求地级市中水回用率要达到20%，全国环保重点城市要达到30%，而我区的中水回用率不足10%；在我区，水资源分布不均，呼伦贝尔地区，其水资源量约占全区的70%，而工业产值占全区75%以上的黄河流域，水资源明显不足。水资源不仅是制约我区经济发展的主要因素，而且局部地区不惜开采地下水做工业水源，也给城市未来发展带来潜在的危机和隐患。

要利用“十二五”环保规划编制时机，把提高水资源综合利用水平作为一项重要内容。各盟市要立刻开展水资源综合开发论证，把中水回用率作为硬性指标纳入“十二五”规划中。在新建项目环评审批中，把中水回用率作为审查指标，确保在生产工艺设计阶段就有明确的节水标准、水循环处理设施要求。在水资源使用量大的企业，要把水资源循环使用率作为强制性清洁生产审查的重点指标。各地要结合自身水资源情况，严格把握涉水项目的审批，尤其是使用地下水作为工业水源、工业用水既不循环利用也不经达标处理就排放的项目，要坚决予以控制。

（六）要扎实推进固体废物及噪声的污染防治

固体废物带给环境的污染除了直接污染外，它还带来了二次污染。固体废物在运输中易产生扬尘，长时间堆放易产生恶臭、有毒有害气体、有害渗滤液等环境污染问题。而危险废物不仅造成环境污染，而且直接对社会和人民生命健康带来危害。我区固体废物产生量大、综合利用率低，主要是粉煤灰和钢渣。据统计，2007年，全区工业固体废物的产生量为10973万吨，全区工业固体废物综合利用量6225万吨，处置量1609万吨，综合利用率为56.7%，低于全国62.4%的平均综合利用率5.7个百分点；处置率为14.6%，低于全国23.5%的平均处置率8.9个百分点。固体废物大量增加，导致我区形成大量的尾矿库，不仅带来环境污染，而且严重破坏地表生态、污染地下水，具有极大的环境风险隐患。另外，我区城市垃圾处理设施建设滞后，处理方式主要以填埋为主，既侵占了大量的土地，又污染了土地，同时还成为蚊蝇孳生、传染疾病的源头。目前，我区固废监管和监测手段比较落后，管理机构不健全。

今年，各地要把强化管理，创新固废污染防治的思路和办法作为一项重要的工作来抓。要抓住今年机构改革的机会，加强固废机构队伍和能力建设。水、气、噪声、固废等防治工作按照分类指导，属地管理的原则，加强固废的环境管理，努力实现固废的“减量化、资源化、无害化”。组织开展呼市、包头等六个城市固体废物污染防治信息的发布工作。上半年对全区449个在用尾矿库进行专项检查和验收工作，进一步进行污染隐患排查，落实整改措施。建立分级负责制度，落实防止环境风险隐患责任，建立健全环境风险隐患监管、预警机制和突发事件应急预案；对全区环境风险问题进行评估，对水、气和危险固废污染特征扩散情况进行分析，提出具有较强针对性的解决方案。开展污泥和垃圾渗滤液安全处置和搬迁污染企业土地评估工作，确实保障人民群众的环境安全。

加强医疗废物规范化管理，加快全区危废中心、医疗废物处置工程的建设进度，对完成医疗废物处置项目建设的包头、赤峰、乌海等7个盟市要求尽快投入运行。对未开工建设的通辽、巴彦淖尔等5个盟市要尽快开工，争取按照国家要求的时间和内容完成建设任务；加强对危险废物全过程的管理，开展危废处置管理的调研工作，对将要投入试运行的我区包头中西部危废处置中心，抓紧研究制定危废处置中心运营监督管理意见，使其尽早发挥社会效益和环境效益；严格依法加大对我区氯化汞触媒生产单位及危险化学品的检查力度；同时加强对铬渣治理项目的监督检查；组织开展电子废物回收体系，电子废物拆解利用行业，废五金电器、废电线电缆废电机加工利用和进口废物利用单位加工能力、污染防治水平的现场考核评估和后评估，提高环境管理水平。继续开展POPs持久性有机污染物第二阶段的调查工作。积极争取国家支持二噁英检测项目建设。

抓好城市环境噪声功能区划工作，重点抓好建筑施工噪声污染防治，不断强化工业噪声污染防治。充分发挥环保部门对环境噪声污染防治工作的统一监督管理职能，加强与公安、综合执法、工商、文化等相关部门的沟通和协调配合工作，确保各类防治管理措施落实到位，配合公安部门做好社会噪声的管理、化解基层矛盾、维护社会稳定。

（七）采取有效措施切实解决机动车尾气问题

在今年的全国的“两会”上，有代表提出“最近几年，大城市的空气中灰霾现象频繁发生，公众非常关注的是，灰霾天气和城市公布的污染指数往往不是很一致”的问题，不仅代表有疑问，很多群众也困惑，明明不是蓝天白云，天空雾蒙蒙的，却是优良天气。主要原因在于，我们公布的空气污染指数是国家10年前制定的，当时根据我国城市的空气污染状况，只考虑了二氧化硫、二氧化氮和可吸入颗粒物等几项指标，而与灰霾天气密切相关的PM2.5细颗粒和臭氧等指标没有包含在内。其主要原因就是随着机动车保有量快速增加、伴随着城市化发展大量空调的使用，导致大中城市空气中的氮氧化物、挥发性有机物、PM2.5这种细颗粒浓度增高，由此造成大气灰霾天气比较频繁，危害人体健康，社会公众反响很大。

我区也正在面临着这个问题。按照包头市环境监测结果分析，2007年包头环境空气中一氧化碳的70%、碳氢化合物的60%、氮氧化合物的40%来自机动车尾气，2007年环境空气中氮氧化合物浓度比上年上升了15%。一些城市的环境空气污染类型已由煤烟型向机动车尾气、煤烟型和城市扬尘混合型污染转变。截止到2008年12月底前，我区机动车保有量为166万辆（不含摩托车），加上长期在我区和临时过境车辆，机动车总数达178万辆。现机动车年增加18万辆左右。目前呼市机动车已达到29万辆（每天还有150-300辆新车上牌），包头机动车已达24万辆。我区现有九个盟市开展了汽车尾气的检测工作，共委托了15家检测站，有51条检测线。

在机动车污染防治工作上，各盟市没有专门机构和人员负责此项工作，机构不健全；检测率低，全区各地检测率不足30%；与相关部门尚未形成有效的配合协调机制，尤其是与公安部门的配合远远不够；大型运输车辆尾气超标严重等问题。为此，各地要加强机动车污染防治的机构队伍建设，明确专人负责。要建立健全机动车排气污染防治有关管理制度，防止各地尾气检测站的无序建设，进一步完善对全区机动车检测站实行委托书管理制度，强化机动车检测站培训和考核制度，建设机动车排气污染防治信息管理系统，使对检测站的管理逐步形成法制化和规范化管理的轨道。今年要实行全区机动车统一管理、统一核发环保标志工作，全面实施环保分类合格标志管理制度，实施限制高排放车辆行驶的交通管理措施。尤其对化油器车（1辆化油气车的污染排放量相当于3-5辆欧Ⅰ车，7辆欧Ⅱ车，14辆欧Ⅲ车）和黄标车要建立报废、逐步淘汰政策措施和限行制度（高排放车就是黄标车，指排放量大、浓度高、排放稳定性差的车辆。由于这些车辆大多是于1995年以前领取牌证，尾气排放控制技术落后，尾气排放达不到欧1标准，环保部门只发给黄色环保标志。据专家研究结果表明，一辆取得黄色环保标志的老旧车辆，其污染物的排放量相当于新车的5至10倍）。积极开展空气污染源源解析监测分析工作，掌握机动车尾气污染的负荷系数。重点在呼、包二市开展此项工作，同时二市也要作为“创模”的重点内容。

（八）全面加强城市环境的综合整治

“城考”是开展城市环境综合整治的一种有效手段，其目的是要建立起“城市政府领导，各部门分工负责，环保部门统一监管，公众积极参与”的“城考”工作机制，以加大污染控制和环保基础设施建设投入，提升城市环境管理与综合整治工作水平。“城考”是以量化的指标体系，综合评价一定时期内市政府在城市环境综合整治方面工作的进展情况。考核范围主要是城市区域，内容涉及城市环境质量、城市污染防治、城市基础设施建设和城市环境管理4个方面16项28个指标。

我区目前有20个城市参加了“城考”，其中地级市 9个，县级市11个。按照“城考”指标，2007年我区大部分“城考”城市存在问题。城市生活污水未经二级处理且未达排放标准的城市有3个，生活垃圾未按要求进行无害化处理的城市有8个，地级市中有通辽；二连浩特市重点工业企业废水排放稳定达标率不足40%；额尔古纳、牙克石市的重点工业企业烟尘排放稳定达标率不足20%；根河市的工业固体废物处置利用率不足20%；二连浩特、锡林浩特、阿拉善左旗重点工业企业二氧化硫排放稳定达标率不足20%；二连浩特、锡林浩特、乌兰浩特市重点工业企业粉尘排放稳定达标率不足10%。2007年，全国“城考”城市建成区绿化覆盖率平均为36.64%，阿拉善左旗、丰镇、二连浩特、锡林浩特、霍林郭勒市建成区绿化覆盖率不足20%。以上这些城市，是在2008年10月份《中国环境报》上被点名的，占我区“城考”城市的一半以上，希望各地要认真研究和分析“城考”工作中存在的问题，查找差距、制定整改措施和方案，切实作好2009年城考工作。

“蓝天、碧水、绿地、宁静、洁净”已成为国家环保模范城市的重要标志。大量数据表明，通过“创模”，环保部门在机构、编制和标准化建设等方面的能力普遍加强；城市环境基础设施建设水平提高，城市环境质量得到改善。2007年，国家环保模范城市的污水处理率和垃圾处理率分别比全国城市的平均水平高出27.17和27.56个百分点；水环境功能区水质达标率比全国城市的平均水平高10.5个百分点。全国109个重点城市中，“创模”城市的公众满意率平均值为80.4%，高出重点城市公众满意率平均值8.29个百分点。2009年，我区要本着“成熟一个、发展一个”的原则，大力开展环保模范城市创建活动，呼市、包头和鄂尔多斯市要力争在“创模”工作上有新的突破。

（九）要积极开展土壤污染防治

土壤是“生命之基，万物之母”，是构成生态系统的基本环境要素，是人类赖以生存的物质基础，也是经济社会发展不可或缺的重要资源。土壤、水、大气是生态环境的三大要素，没有土壤环境质量的改善，就谈不上生态环境质量的整体改善。没有清洁的土壤，就无法保障农产品质量安全，也就无法保障人体健康。严重的土壤污染，直接影响土壤生态系统的结构和功能，使生物种群结构发生改变，生物多样性减少，土壤生产力下降，最终将对国家生态安全构成威胁。由于人类一些不合理经济活动的影响，土壤环境质量及其安全性能日益下降，直接威胁农产品质量安全，进而危害群众健康。最近，国内出现一些工厂搬迁后，原有工业用地没有做评估，土地污染没有处理，直接改为居住用地后，造成居民集体得病的报道越来越多。为了解决土壤污染问题，国家开展了土壤调查工作，我区已开始进行样品无机项目的测试分析和有机项目的试样条件认定工作。但是，土壤污染防治工作的基础还比较薄弱，监管能力薄弱，科技支撑不够，资金投入严重不足，全社会土壤污染防治的意识不强。

因此，要利用全国土壤调查之机，摸清我区土壤污染现状，将其纳入污染防治体系中来。要坚持预防为主，防治结合。总结借鉴国内外经验教训，把握规律性，富于创造性，运用生态系统管理、循环经济等理念和方法，着重预防，标本兼治，逐步构建适合我国国情的土壤污染防治管理体系。坚持梯次推进，重点突破。首先要搞好全国土壤污染状况调查，分析我区土壤污染现状；其次要开展农村环境保护工作，强化农用土壤环境监管与综合防治，大力发展有机食品；第三要加强城市建设用地和遗弃污染场地环境监管，对城市遗弃污染场地进行一次系统调查，建立城市遗弃污染场地档案和信息管理系统，开展有效的污染治理研究，适时开展土壤污染再利用评价；第四要加大土壤污染防治宣传教育力度，并逐步拓宽土壤污染防治资金投入渠道。

（十）将产污强度作为建设项目环评审批的硬约束指标，减少污染物排放

做好污染防治的根本途径就是要减少污染物产生种类和数量，减少环境危害，因此，必须下大力气降低各行各业的产污强度。

产污强度，即单位产品的污染物产生量，是衡量污染物产生水平和经济增长质量的重要指标，取决于企业的生产工艺和环保管理水平。因此，对于新建项目，要把产污强度纳入环评前置审查范围，通过产污强度硬约束条件，提高环境准入门槛，推动经济发展方式的改变；对于现有项目，要通过强制性清洁生产审核、发展循环经济、应用先进技术改造等方法降低产污强度；要大力淘汰落后产能，以调整优化产业结构；要结合我区实际情况，选择有代表性的企业，抓紧开展各行各业产污强度指标的研究工作，并以此作为我区各行业环评准入条件和公司上市、上市再融资的核查条件。

三、加强领导，真抓实干，全面提升污染防治水平

污染防治是环境保护工作的重要抓手，也是环境保护工作的重要组成部分。随着环保监测监管手段的丰富、监测监管能力的提高，当前，环境污染防治工作正在由被动应对向主动防控转变，开始进入以防为主、防治结合的新阶段。这正是污染防治工作面临的一个难得的历史机遇。各级环保部门必须抓住机遇，主动应对，在污染防治工作上创新思路、勇于实践、大胆作为。

进一步加强组织领导。环境保护是基本国策，各级政府对本区域环境质量负总责，所以，环保部门作为各级政府的环境综合监督管理部门，要在政府的领导下，积极协调配合有关部门，做好污染防治工作。污染防治是一个系统工程，涉及环境保护领域的方方面面，因此，各级环保部门都要树立“全防全控”的“大”污染防治意识，在污染防治工作上需要举全局之力。各级环保部门一把手作为第一责任人，要把污染防治工作摆到重要议事日程，认真研究，精心部署。要不断健全污染防治机构，加快队伍建设，强化人员素质，提升工作能力。要加大环境监管的执法力度，坚决处理违法违规行为。

逐步建立起污染防治工作季度分析评估制度。污染防治工作的效果不是一抓就灵、一抓就显著，必须抓基础、抓预防、抓治理。将污染防治工作目标、任务和措施层层分解，明确进度要求，明确责任单位和责任人，并纳入环保整体工作的考核之中。要结合考核工作，以季度为评估单位，开展有效地污染防治效果评估。要分析主要污染因子及浓度变化情况、分析采取措施的针对性和有效性及其效果、分析制约本地区环境质量改善的主要污染物浓度来源、分析本区域污染和受周边地区污染影响的比例以及污染防治的成本效益。要定期对污染防治形势的变化进行评估、分析和预测，定期对企业污染治理措施建设运行情况、污染物达标排放情况进行公告。在相关媒体上、自治区环保厅门户网站要发布本地区污染防治的形势评估报

告。通过分析评估，建立起有效地污染预警和防治趋势评估机制。

积极做好污染防治“十二五”规划编制工作。“十二五”污染防治规划是做好“十二五”期间污染防治工作的指导性文件，必须精心准备、提前介入、科学谋划、定位准确、可操作性强。在规划中要把全面改善环境质量作为污染防治的根本任务和根本目的，污染防治的一切工作都要围绕提高和改善环境质量来设计；要把以防为主防治结合作为污染防治的根本方针，坚持源头预防、全过程预防；要把全面推进重点突破作为污染防治的根本方法，坚持在重点区域流域、重点领域、重点行业、重点污染物实现突破；要把减少污染物产生量作为污染防治的根本途径，在各行业建立起产污强度体系；要把综合运用法律、经济、技术、行政和信息公开等措施作为污染防治的根本手段；要把空气中的主要污染因子如二氧化硫、氮氧化物，水中的化学需氧量、总磷和总氮等作为防治重点。

同志们，今年是减排的关键年、是攻坚年，“十一五”环保规划执行情况的中期评估将要全面开展，还要做好“十二五”环保规划的前期准备，可以说，环保任务异常繁重。因此全区各级环保部门务必同心同德、群策群力，不断开拓创新，化压力为动力，化被动为主动，努力开创污染防治工作的新局面。

深入实践科学发展观努力开创全区环境执法应急管理工作新局面

自治区环境保护厅副巡视员　杜俊峰

（2009年4月15日）

同志们：

这次会议是自治区环保厅决定召开的一次重要会议，会议主要任务是认真贯彻落实全区环境保护工作会议、全国环境执法暨应急管理工作会议精神，总结2008年全区环境执法与环境应急工作，认真分析当前环境执法与应急管理工作面临的新形势和新问题，研究部署2009年工作。下面，我讲三点意见。

一、2008年环境执法与应急管理工作进展情况

过去的一年，全区环境执法工作在自治区环保厅的正确领导和环保部环监局的指导支持下，按照全区环境保护工作会议和全国环境执法工作会议的要求，全区环境监察战线的同志们充分发扬能吃苦、能战斗、能奉献的精神，切实履行职责，开拓进取、迎难而上，不断加大全区环境执法力度，环境监察水平进一步提高，为全区保持主要污染物“双降”和保障北京奥运环境质量起到了积极的促进作用，得到了自治区政府、自治区环保厅主要领导的充分肯定。

（一）深入开展环保专项行动，有效遏制了环境违法行为

在各级政府和有关职能部门密切配合、通力协作下，重点做了以下几个方面的工作：一是以巩固整治成效为目标，集中开展环保专项行动后督察。自治区、盟市、旗县区三级环境监察部门联动，对2005年以来的151件典型环境违法案件逐一检查、督促整改，121件环境违法问题得到全面整改，其余案件也基本办结。二是以促进完成主要污染物减排任务为目标，对全区已投入运营的37座城镇污水处理厂的整体运行情况、在线监控设施安装运行情况进行了检查。对运行负荷达不到设计能力60%的21家污水处理厂提出整改要求，提高了污水处理厂运行率，有效减少COD排放量。三是以保障北京奥运环境质量为重点，加强对重点污染源监管。对呼和浩特市、包头市、赤峰市、锡林郭勒盟、乌兰察布市5个重点防治区域内的电力、造纸、水泥、钢铁、化工等行业以及工业园区（工业集中区）内空气、水污染防治设施的建设和运行管理情况进行了集中检查。对重点控制区内脱硫设施不能正常运行和未按期安装脱硫装置的7家电厂8台燃煤发电机组一律责令停产整改，对历年来群众反映强烈或大气污染防治设施不能正常运行的企业采取了限产限排和关停等措施。在保障北京奥运环境质量工作中全区有6个集体和16人受到了环保部表彰。四是以水污染防治为重点，对我区黄河、海河、辽河及松花江流域内2007年以来新、改、扩建的工业项目进行了检查。2008年环保专项行动全区共出动执法人员56181人次，集中检查企业2万余家次，立案查处环境违法问题302件，关停环境违法企业41家，对各类环境违法案件下达行政处罚金额2367万元（其中自治区本级行政处罚款404万元），解决了一批危害群众健康和影响可持续发展的突出环境问题，有效的遏制了环境违法行为，促进了全区环境质量的持续好转。2008年全区主要城市二级以上良好天数平均达到322天，比上年增加10天，特别是一级良好天数平均增加30天。全区重点监测的40条河流，监测断面水质达标率为64.2%，比2007年提高5.9个百分点。全区12个上报集中式饮用水水源地水质监测数据的城市中，排除天然本底偏高所导致的水质超标情况外，各城市饮用水质100%达标。

（二）排污费征收进一步规范，排污申报工作步入正轨

一是全区12个盟市，满洲里、二连浩特市已全面使用软件进行申报，向环保部环监局上报了2008年度排污申报核定、排污费征收季报、年报表，排污申报工作步入正轨。2008年全区排污费征收完成7.06亿元，较上年增长25.6%，其中自治区本级征收2.02亿元。

二是调整了我区二氧化硫排污费征收标准，由过去

规模集中投资建设压力剧增，且在全区建设项目中，“两高一资” 的项目比重较大。我区GDP连续7年全国增速第一，产业结构以资源型和重化工为主，造成污染物新增排放量增长较快。新建大型化工、冶金项目即将投产试车，潜在较多环境风险隐患。2008年，鄂尔多市、乌海市接连发生氯气泄露事件，乌梁素海发生黄藻事件，环境事故进入高发期。一方面群众对环境质量的期望越来越高，另一方面环境执法外部干扰多。这些给环境执法监管与应急管理工作带来了巨大的压力和新的挑战。

我们必须正视和重视环境执法和应急管理工作存在的问题和困难，适应新形势和新要求，加强各项工作，积极探索一条代价小、成效大、全方位防范、全过程监管、以加强环境执法与应急管理工作促进环保事业发展的新道路。

三、创新思路，全面做好2009年环境监察与应急管理工作

2009年是我区完成“十一五”主要污染物减排目标冲刺的一年，也是关键的一年。在全国环境执法与应急管理工作会议上部署了10大类28项工作，今年的环境执法与应急管理任务十分繁重。2009年环境执法工作要以“严格执法、规范执法、廉洁执法”为主线，以促进污染减排为中心，加强环境执法体制创新和制度创新，加大环境监管与执法力度，进一步推进环境执法监督体系建设，重点抓好日常环境监管、环保专项行动、排污费征收、能力建设等方面的工作。环境应急管理工作要探索建立环境应急管理新体系，积极推进应急管理规范化，推行应急综合管理，要重点抓好突发环境事件的妥善处置和积极防范、环境风险排查、建立专家库等方面的工作。

（一）继续组织开展环保专项行动

根据2009年全国环境执法与应急管理工作会议的精神，今后几年专项行动还将继续开展。昨天上午环保部等国家8部门召开了2009年环保专项行动电视电话会议，部署了今年的工作。今年专项行动的重点是：开展饮用水源保护区后督察；整治城镇污水处理厂超标排放和污泥违法处置问题；查处“两高一资”行业的环境违法行为；开展钢铁行业、涉砷行业专项检查；督查松花江和黄河等重点流域整治情况；保障国家60周年大庆环境质量专项检查；开展煤质检测专项检查；解决危害群众健康影响可持续发展的突出环境问题。自治区政府将于近期印发全区专项行动方案，我们要将专项行动作为执法工作的品牌，切实抓紧、抓实、抓出成效。各级环保部门要提前做好准备，及时向政府报告，协调成员单位，制定各自的专项行动实施方案。下午，要对我区环保专项行动方案进行讨论，希望与会代表提出积极的意见建议。

（二）以减排为中心全面加强日常监管

主要污染物减排是当前全区环保工作的中心任务。自治区提出2009年力争完成“十一五”化学需氧量减排目标，二氧化硫完成“十一五”目标的80%以上。今年共安排减排项目460个（其中结转项目151个）。全区已建成或正在建设的减排工程以及“双十二条”措施能否发挥应有的作用，减排成果能否巩固，日常监督检查尤为关键，这关系到污染物减排工作的成效，关系到全区环保工作的大局。

各级环保部门要树立大局意识，围绕减排中心工作，全面加强日常监管。

一要严防已关停的“两高一资”企业死灰复燃，同时防止一些地方和企业借拉动经济增长，扩大内需之机盲目建设高耗能、高污染项目，进行低水平重复建设。

二要加强重点减排工程建设的日常监管。加大对已建成的重点污染治理设施的监察频次，确保正常运行。加大对元宝山电厂、丰镇电厂、通辽电厂、达拉特电厂4家电厂的10台未上脱硫的机组的督查力度和频次，促使企业尽快建成脱硫工程，尽快形成污染治理（减排）能力。

三要加强对重点排污企业的日常监管，确保稳定达标排放。防止企业因利润下滑而停运污染治理设施，保证已建成的环保设施正常运转。加大对使用高硫煤电厂、擅自停运污染防治设施、超标排污、偷排偷放污染物等违法行为的查处力度，采取有力措施加强行政处罚工作。

四要按照《主要污染物总量减排监察系数核算办法（试行）》（环发[2007]194号）和《内蒙古自治区主要污染物总量减排现场核查工作实施方案》（内环办[2008]159号）文件要求，开展好主要污染物总量减排监察系数核定工作，要做到数据准确、信息及时。

五要加大对新开工建设项目的监察力度，规范对新开工项目的跟踪检查、备案工作，认真实行季报制度，各盟市每季度报送新开工项目情况，做好建设项目验收检查工作。严厉查处未批先建、越权审批、违规审批等突出问题，加大取证和行政处罚力度，依法追究相关责任人的责任。加强对全区规划环评和“三同时”执行情况、“十一五”以来审批的建设项目的监察工作，对未经验收擅自投运、“三同时”落实不到位的项目要一律停产，限期整改。

六要实行环境违法案件公示、通报制度，对典型案件挂牌督办，开展好环境违法案件后督察。重点对影响15个中心城市空气质量、污染物不能达标排放的企业；对脱硫工程进展缓慢的企业；群众反映强烈、影响社会稳定的环境违法案件要实施挂牌督办和限期治理，并落实相关措施。

七要开展回头看活动，巩固晋陕蒙宁“黑三角”内蒙古区域环境整治的成果。

（三）继续推进生态环境执法工作

一是加强对矿山开采企业的生态环境执法工作。自治区总队已于2月份下发检查方案，明确了十条查处意见，

各地要结合实际，确保落到实处，防止矿山开发建设造成生态破坏和环境污染。重点对限期整改的111 家企业进行督察，对未按环保法律法规要求进行整改的企业进行查处。

二是加强规模化畜禽养殖场专项执法检查工作。按照环境保护部《关于开展规模化畜禽养殖场专项执法检查的通知》（环办[2008]41号）的精神，2009年为专项执法检查的督促整改阶段。各盟市环保局要对违反有关环保法律、法规要求的养殖场进行督促整改，及时填报整改情况汇总表，于11月底向自治区环保局上报专项执法检查总结报告。自治区环保局择时对呼市、包头市、鄂尔多斯市、通辽市、赤峰市、呼伦贝尔市等重点地区整改情况进行督查。

三是对自治区境内的国道和省道的建设项目进行环境监察，主要检查公路、铁路建设项目是否依法执行环境影响评价和“三同时”制度，施工期是否按照环评要求施工。

四是对自然保护区内违法违规建设项目进行专项执法检查，清除违法违规项目。生态环境监察工作试点力争有成果、有创新、有特点。力争新申报试点顺利通过环保部验收。

（四）切实做好排污收费征收和排污申报工作

加大自治区本级排污费的征收力度，依法、全面、足额征收排污费，抓好抓实全区排污费征收与稽查工作，建立并完善重点污染源数据库。2009年全区力争征收排污费6.68亿元，自治区本级完成2亿元。进一步促进排污费征收工作逐步走向制度化、规范化。

一是要进一步规范各盟市排污申报核定工作，提高业务人员填报报表的水平，确保排污申报工作的及时性、全面性和排污申报核定数据的准确性。要对各盟市重点排污单位进行核查，对核定数额明显低于实际排污费数额的，各盟市要限期重新核定。对盟市征费困难且排污量较大的企业，限期追缴未果的，总队将依法直接核定和征缴该企业排污费。

二是加大排污费征收和排污费征收稽查力度。按照《排污费征收工作稽查办法》的要求，今年自治区、各盟市要对上年度排污费征收情况进行稽查，规范各级环境监察机构排污费征收程序，对未按照国家相关规定进行核定和征收排污费的环保部门，上一级环保部门按照排污费稽查的有关规定严肃处理；对拒缴排污费的企业移送法院强制执行；对缓缴排污费的实行限期催缴；对不足额收缴排污费且限期未整改的由上级环境监察机构直接收缴。各级环保部门要对排污费核定、征收方面存在问题的及时进行整改，做到应征尽征；杜绝人情收费和协商收费。

三是要摸清区内国控重点企业底数，及时上报国控重点源数据库。及时更新自治区内国控重点企业名单。建立重点源数据库，各盟市要开展国家重点监控企业的专项申报工作，将企业的厂区照片上传至专项申报网站并精确定位经纬度。

（五）全面提高环境应急管理工作水平

环境应急管理是综合环境管理的重要组成部分，是保障国家环境安全的最后一道防线。环境应急管理工作将是我国“十二五”时期环境保护工作的重要内容，为此环保部成立了环境应急与事故调查中心。自治区应急事务性工作目前暂由监察总队承办。今年我区环境应急工作重点做好以下几个方面的工作：

1、加强应急能力建设，开展应急演练。各级环保部门要设立环境应急机构，推进“一案三制”（预案，法制、体制、机制）建设。要指定专人负责，设定专职的环境应急人员做好环境应急工作，创造必要的办公条件，配备必备的防护设施，制定可操作性的部门应急预案。同时，针对本地区可能出现的环境突发事件，有计划地开展环境应急演练，尽快熟悉应急装备仪器和设备，增强应急反应能力，搞好环境突发事件调查处理任务。

2、建立环境应急专家库。按照自治区环保局《关于建立环境应急专家库的通知》要求，各盟市将本地区各家化工企业的总工程师或技术员纳入环境应急专家队伍中。目前，我区环境应急专家库正筹建，急需补充具有实践经验的工业企业专家。对前一段时间各地漏报环境应急专家的化工类企业，各盟市必须逐家要求尽快报送。下一步将对环境风险隐患进行风险源分级评估，准确掌握环境风险源情况，实施分类动态管理。对存在风险隐患问题，提出明确治理意见，下达限期治理通知，对不按时完成治理任务的企业，提请地方人民政府停产整改。

3、深入开展环境风险隐患排查，增强突发环境事件防范能力。通过全面调查，准确掌握危险化学品的数量、生产、储存及风险防范措施和能力。以环境风险源调查为基础，逐步建立全区各重点环境风险源数据库，并实施巡查监控和动态管理。今年要继续按照2008年内蒙古自治区环境保护厅印发的《关于对重点行业重点企业进行环境风险隐患排查治理的通知》和《关于加强尾矿库环境隐患整治工作的通知》要求进行深入全面排查，全面掌控辖区内各类风险源，对重点行业企业、重点敏感区域等，特别是对威胁饮用水源地环境安全、存在重大环境风险的隐患源，要立即通报当地政府和有关部门，督促企业及时整改到位，该停产的要立即停产，该关闭的要尽快依法关闭。同时对发现问题，要作出书面处理意见，并将治理情况存入数据库，建立专门档案。另外，按照环保部要求，今年要继续开展尾矿库环境风险隐患排查，各地要按照环保部《关于加强尾矿库环境隐患排查整治工作的通知》要求，重点排查饮用水源地、自然保护区、河道附近等环境敏感点的尾矿库。各地要提前组织安排，8月底前向自治区环保局上报排查整改情况。

4、规范工作制度，明确职责任务。各级环保部门要保持高度敏感性和政治责任感，做好环境应急工作，要按五个“第一时间”（第一时间报告、第一时间赶赴现场、第一时间开展监测、第一时间向社会发布信息、第一时间组织开展调查）的要求应对和妥善处置突发环境事件，及时核清事实、查明情况，掌握第一手资料，为主动调查事故原因，迅速排查污染源扩散情况，查明、分清事故责任奠定基础，力争赢得防控主动权，避免出现被动局面。

5、认真执行突发环境事件报告制度，按时报送突发环境事件季报表。根据环保部【2008】109号文件关于环境统计年报工作的要求，各盟市要在下一季度第一个月的5日前将上一季度本辖区突发环境事件统计情况报送自治区环境监察总队。

6、各地环境监察部门，要加大环境监察队伍环境应急人员的培训，加强业务素质教育，打造一支懂业务、能力强的应急队伍，不断提高应急管理水平。

（六）继续完善环境执法管理体制

一是着力提高全区环境监察机构能力建设水平。抓好全区环境监察标准化建设，2009年底自治区总队力争通过环境监察标准化建设一级达标验收，各盟市支队全部通过二级验收，全区35%的旗县区大队通过三级验收。加强环境监察业务培训工作,全年培训监察人员400人次，持证上岗率达到65%。

二是完善环境执法管理体制，创新执法机制。按照“依法规范、责权统一、有利管理”的原则，加强基层环境监管能力建设，提高基层执法效能，推动执法重心下移。充分利用好全区在线监测自动监控网络平台，逐步形成现代化、信息化的环境监管体系。不断探索对跨区域、流域污染事件的防范、打击、移交、督办的有效机制。建立多部门联合执法办案机制，尽量避免各级监察机构多头和重复检查，减轻基层和企业的负担。围绕自治区环保局重点工作和交办的任务，对各盟市开展好专项督查工作。

三是结合学习实践科学发展观活动，要把环境监察队伍管理放在更加突出的位置，继续开展环境监察系统“五大建设”。

首先，加强业务素质教育。要按照公务员管理的要求，严把“进口”关。要健全执法人员培训制度和持证上岗制度。按照环保部培训计划，我们要组织全区环境监察人员积极参加业务培训。

同时，自治区本级举办4期培训班，有针对性的培训业务，推动地区之间执法经验交流。其次，加强恪守职业道德教育。

第三，加强廉洁执法教育，严格执行环境监察“五项承诺”和“六不准”制度。最后，坚持主动服务与加强监管相结合的原则，开展环境监察支队长与企业领导面对面活动，为执法对象提供守法咨询和服务。

（八）关于环保督查工作

一是借鉴北京奥运会空气质量保障工作的成功经验，由西部督查中心牵头，组织在乌海、乌斯太、棋盘井和蒙西小三角地区开展区域空气污染联防联控试点。制定工作方案和实施细则，组织编制区域污染防治规划、源解析技术报告，通过建立组织机构、信息沟通、协调协作、监督考核、责任追究等制度，按照方案确定的近期及远期目标分步分段实施，实现区域空气环境质量明显改善，确保区域污染联防联控见到成效。

二是全面督查辖区盟市贯彻落实自治区“双十二条”措施情况，按照减排核查工作的具体要求，全力做好每季一次的减排核查工作。第一，重点加强对辖区各项主要污染物减排工程建设进展情况、污染防治设施运行及在线监测设备运行情况、城镇污水处理厂运营情况、电厂脱硫设施运行情况的监督检查，提高污水处理厂的收集率、运行率、达标排放率和综合排放率；督促加快非电企业脱硫设施建设进度，提高稳定脱硫效率。建立完善的减排督查台帐，确保减排核查真实准确。第二，对国家和自治区审批的建设项目执行环评和“三同时”落实情况进行日常性督查；对群众反映强烈、严重违法的项目及盟市审批的项目有针对性地进行抽查，特别对未批先建、批大建小、批小建大或随意改变环评批复要求、降低环评等级、长期以试生产名义未经验收违法生产、“三同时”落实不到位等违法行为将及时报告自治区环保局处理。第三，对淘汰落后产能及工艺的关停取缔情况进行跟踪督查，督促地方政府制定详细的关停时间表，严格执行国家和自治区的产业政策，特别是对限额以下的焦化、炼铁、污染物不能达标排放的自备电厂、小火电机组等高耗能、高污染企业。要进行重点督查督办。该关的必须关，该停的必须停。

三是统筹兼顾，重点突出，继续做好基础工作。第一，加大对国控、区控重点污染源、工业园区、重点行业污染物排放情况的督查频次，建立动态档案和督查台帐。第二，对重点流域的化工、造纸、制药、食品加工等排水企业进行专项督查，清查排污口，整治违法排污行为，保护流域的水质安全。第三，展开对区域内所有饮用水源地的拉网式督查。督促各地抓好辖区饮用水水源保护工作，严格执行饮用水水源保护区管理制度和办法，确保人民群众喝上干净放心水。第四，按照国家和自治区2009年环保专项行动重点整治对象及内容，开展环保专项行动的督查、后督察工作。第五，切实解决好区域环境污染、环境纠纷和突发环境事件的调查处理处置工作，对辖区存在的主要环境问题和环境安全隐患做到心中有数。督促存在环境风险隐患的地区和企业加强管理，排除风险，将环境隐患降至最低程度。

同志们，2009年环境执法与应急管理工作任务已明确，各级环保部门要迎接挑战，克难攻坚，乘势而上，坚定不移地强化环境监督执法，继续开创环境执法应急管理工作的新局面，为促进经济平稳较快发展做出新的更大的贡献。

工作动态

2009年全区环境监察工作要点

2009年全区环境监察工作要根据全国环境执法暨环境应急管理工作会议与自治区环保工作会议的统一部署，按照突出重点、强化措施、全面推进的总体要求，紧紧围绕实现全区主要污染物减排目标，加强环境监管与执法力度，以“严格执法、规范执法、廉洁执法”为主线，深入开展环保专项行动，继续开展环境风险隐患排查整治工作，确保全面、足额征缴排污费，深入开展排污费稽查，积极推进生态环境监察工作，加强全区环境监察人员的岗位培训工作，积极推进环境监察机构的标准化建设，认真办理上级部门和领导督办案件。

一、深入开展环保专项行动

以解决危害群众健康和影响可持续发展的突出环境问题为重点，深入开展环保专项行动，巩固历年来整治成效，有力地促进完成主要污染物减排任务。

（一）继续开展饮用水源保护区集中执法检查；

（二）遏制“两高一资”行业污染，开展钢铁行业集中执法检查；

（三）对城镇污水处理厂、垃圾填埋场、涉砷行业存在的环境问题进行集中整治；

对各地环保专项行动开展情况及时抄报当地政府，实行环保专项行动通报和专报相结合，加大案件移交移送力度。

二、开展重点流域、未批先建、造纸行业的专项执法检查

（四）4月-6月对重点流域的重污染行业及重点排污企业进行集中专项检查；

（五）7-8月份对2008年7月以来的建设项目进行全面检查，集中整治未批先建项目；

（六）9-10月对造纸行业进行全面检查，促进污染减排和结构调整。

三、加强日常监督检查和深化环境执法后督察工作

（七）加强主要污染物总量减排监察系数汇总报送工作；

（八）强化建设项目的环境监管工作，严厉查处未批先建、越权审批、违规审批等突出问题，对新开工项目实施跟踪监管,严格实行季报制度，要求各盟市每季报送新开工项目的建设情况；

（九）强化污染企业日常监管，结合我区工作实际建立和完善后督察和挂牌督办制度；

（十）做好建设项目“三同时”验收前的现场监察和上市、出口和再融资企业的现场核查工作。

四、加强环境执法能力建设

（十一）加快全区环境监察标准化建设进程，力争2009年年底总队通过一级达标验收；各盟市支队全部通过二级验收，全区35%的旗县区大队通过三级验收；

（十二）在自治区环保局的指导下，努力促进国控、区控重点污染源自动监控系统的项目建设工作；组织好核心应用系统软件的培训；

（十三）协助环保部环监局和自治区环保局做好“十二五”环境执法能力建设筹备和规划工作。

五、加强排污收费和排污申报管理工作

（十四）继续加大排污费的征收力度，依法、全面、足额征收排污费；

（十五）加强全区排污费申报、核定工作，进一步规范管理，严格使用《排污费征收使用管理系统》软件上报数据；

（十六）4月—7月份，从规范执行法律、法规和规章制度入手，开展全区排污费征收稽查与环境保护行政执法稽查工作；

（十七）继续以国家重点监控企业和城市污水处理厂、垃圾填埋场为重点加强排污申报基础性工作，积极推动申报数据在减排核查、日常监管和污染源统计等方面的应用；

（十八）建立重点动态污染源数据库。

六、做好群众举报案件的调查处理和行政处罚工作

（十九）继续做好自治区各级12369环保举报热线接听受理和上级督办信访案件的调查处理工作，全区环境信访案件办结率保持在95%以上；

（二十）加大对环境违法企业的处罚力度，强化行政处罚决定的执行，确保执行全面、及时、到位，遏制环境违法案件的发生；

（二十一）进一步规范行政处罚自由裁量权，严格依照法定程序、条件、种类、幅度实施行政处罚；

（二十二）加强与监察、银监、证监等部门的配合，做好案件移送移交工作，依法追究违法者的有关责任。

七、继续开展生态环境监察工作

（二十三）加强对矿山开采企业的生态环境监察工作，各地要按照环保部《关于加强尾矿库环境风险隐患排查整治工作的通知》要求，重点排查饮用水源地、自然保护区、河道附近等环境敏感点的尾矿库，确保违法违规矿山开采企业整改到位，各地要提前组织安排，8月底前向总队报排查整改情况；

（二十四）继续深入开展规模化畜禽养殖场专项执法检查工作，督促存在问题的畜禽养殖场整改到位；

（二十五）开展自然保护区内违法违规建设项目的专项执法检查，严厉查处各级自然保护区境内违法违规建设项目；

（二十六）指导生态环境监察试点开展工作，保证新申报试点顺利通过环保部验收。

八、加强环境风险隐患排查治理工作

（二十七）加强重点行业和环境敏感地区的风险隐患排查，全面掌握全区环境风险隐患点、隐患源，采取有效措施消除隐患，确保各项环境风险隐患整改到位；

（二十八）落实和完善各级环保部门和企业应急预案，提高全区各级环保部门对突发环境事件的应急处置能力，有效防止和妥善处置突发环境事件。

（二十九）建立环境风险隐患专家库，为应对环境突发事件做技术支持。

九、加强环境监察队伍基础管理

（三十）按照深入学习时间科学发展观的统一部署，基础开展环境监察系统“五大建设”，严格执行环境监察“五项承诺”。

（三十一）加强环境监察业务培训工作。全年举办四期岗位培训，培训监察人员400人次，培训率达到65%。做好换发环境监察执法证件相关工作，持证上岗率达到90%以上。

十、加强守法服务，完善企业环境监督员制度

（三十二）坚持主动服务与加强监管相结合的原则，按照国家环监局部署，开展环境监察队长与企业领导面对面活动；

（三十三）做好企业环境监督员制度落实相关工作，进一步健全企业内部环境管理体制、机制和制度。

2009年生态环境监察工作安排

2009年，按照国家环保部和内蒙古环保局的工作安排，自治区环境监察总队将继续把生态环境监察工作作为一项重要的工作来抓，今年主要完成以下几项工作：

一、规模化畜禽养殖场专项执法检查工作

按照环境保护部办公厅《关于开展规模化畜禽养殖场专项执法检查的通知》（环办[2008]41号文件）（以下简称《通知》）的要求，2008年至2009年在全区集中开展规模化畜禽养殖场专项执法检查。检查结果表明，我区大部分规模化畜禽养殖场不符合环保要求，存在环评执行率低、“三同时”制度执行不到位、污染治理设施不健全、污染物超标排放等问题。按照《通知》要求，2009年的工作重点是对违反环保法律法规的规模化畜禽养殖场进行督促整改查处。整改治理期限为2009年9月30日。具体查处要求按《内蒙古自治区环境保护局关于对违反环保法律法规的规模化畜禽养殖场依法进行查处整改的通知》要求进行。

二、矿山生态环境监察工作

自治区环境监察总队2008年在全区组织开展了矿山生态环境专项执法检查，取得了一定成效，同时也发现了各种环境违法问题。2009年为了进一步规范矿山开发建设行为，加大对矿产资源开发的环境保护执法力度，严厉打击环境违法行为，防止矿山开发建设造成生态破坏和环境污染，各级环境监察机构，要依据国家有关规定对辖区内矿山企业和个人履行生态环境保护法律法规、规章制度、各项政策及标准的情况进行现场监督、检查和处理。继续对限期整改的111 家企业进行督察，检查违法违规企业是否按整改要求整改到位，对未按环保法律法规要求进行整改的企业进行查处。

《内蒙古自治区环境监察总队关于继续开展矿山生态环境专项执法检查的通知》（内环监字〔2009〕13号，文件已下发各盟市。

三、自然保护区监察工作

为了进一步加强自然保护区生态环境监察工作，根据《中华人民共和国自然保护区条例》和国务院办公厅《关于进一步加强自然保护区管理通知》（国办发〔1998〕111号）的精神，自治区环境监察总队决定2009年在全区开展自然保护区生态环境监察专项执法检查。检查范围包括各级各类自然保护区，重点是23个国家级自然保护区，特别要对生态敏感地区、饮用水源保护区、群众信访投诉环境问题较多的自然保护区进行重点检查。具体工作安排根据《内蒙古自治区环境监察总队关于开展自然保护区生态环境监察的通知》要求进行。（内环监字〔2009〕23号文件已下发各盟市）

四、组织开展农村地区工业企业环评和“三同时”制度执行情况大检查

按照国家环境监察局的统一安排组织开展农村地区工业企业环评和“三同时”制度执行情况大检查，具体工作安排待国家文件下发后认真贯彻执。

内蒙古自治区环境监察总队对2008年到期未履行行政处罚的四家企业依法移送人民法院强制执行

2008年，自治区环保局依法对内蒙古卓资县鑫源矿产开发冶炼有限责任公司、乌兰察布市集宁热力公司、内蒙古恒业成有机硅有限公司未批先建和内蒙古蒙电华能热电

股份有限包头第二热电厂大气污染物超标排放的违法行为下达了行政处罚决定书，但迄今，4家企业在规定的期限内既未申请行政复议，也未向人民法院起诉，又不履行处罚决定。根据《中华人民共和国环境保护法》、《中华人民共和国行政处罚法》和《中华人民共和国行政诉讼法》的有关规定，自治区环境监察总队联合局政策法规处已将未履行行政处罚的四家企业申请赛罕区人民法院强制执行。法院目前已受理，近期将按照有关法律法规的规定进行听证送达、审理和裁定。

环境监察总队、环境监测中心站对乌兰察布市部分企业进行联合检查

2009年5月21至22日，自治区环境监察总队会同自治区环境监测中心站赴乌兰察布市，对乌兰集团华宁热电厂、华立中水回用有限公司和乌兰察布市小东滩污水处理厂执行环保法律法规及污染物排放情况进行实地检查。经检查，华宁热电厂入脱硫设施运行基本稳定，S02排放符合排放标准。华立中水回用有限公司目前未安装在线监测设备，项目验收报告要求2009年6月30日前在线监测设备安装调试完毕。企业手工化验结果显示出厂中水达标，入厂污水浓度长期超标，原因是部分工业污水不达标排放；小东滩污水处理厂目前未实现第三方运营，其上级主管部门是乌兰察布市建委。小东滩污水处理厂在线监测设备已经安装调试完毕并实现正常监测运行，该厂已通过环保部门验收。运行记录显示，入水大大超过进水标准，致使处理后的污水COD浓度超过设计排放标准。主要原因是上游工业废水未经处理或者处理未达标进入污水处理厂，由于处理能力所限致使出水浓度达不到排放要求。总队执法人员对华立中水回用有限公司、小东滩污水处理厂存在的问题及时与当地环保、城建部门交换了意见，要求乌兰察布市支队加强日常检查、督查，两企业尽快拿出整改方案。

环境监察总队对内蒙古托克托县蒙丰特钢有限公司有关环保问题进行调查

2009年5月14日自治区环境监察总队对内蒙古托克托县蒙丰特钢有限公司执行环境保护法律法规情况进行了现场调查。通过现场勘察、询问企业负责人和查阅相关文件，发现该企业存在高炉及配套建设70平方米烧结机项目未批先建、未按环评批复要求安装在线监测系统、擅自改变工艺和安全防护距离不符合标准等问题。目前，自治区环境监察总队已将有关调查情况上报自治区环保局。

总队暗访乌兰察布市察哈尔右翼后旗烟尘污染问题

按照自治区环保局要求，自治区环境监察总队于2009年6月5日，派监察人员赴乌兰察布市察哈尔右翼后旗红格尔图镇一带，就自治区领导批转的有关烟尘污染问题的举报进行暗访调查。

根据举报的地理位置和山谷间冒浓白烟的特征，举报的污染源位于乌兰察布市察哈尔右翼后旗红格尔图镇郎忽洞苏木六道湾山谷和二道湾山谷内。经初步调查，六道湾山谷内共有24家52座白灰窑，还分布有石灰石选矿企业；二道湾山谷内有12家27座白灰窑，还分布有石灰石开采、破碎企业。排放含有烟尘、二氧化硫等污染物的白色烟气。这些石灰生产企业除红格尔图镇二道湾内一家机立窑安装有一套布袋除尘器（因窑体检修，除尘设备停运），其余所有白灰窑均未安装除尘脱硫设施，大多数白灰窑使用烟煤煅烧，生产过程中，烟（尘）气无组织肆意排放，形成数公里长弥漫型烟带，污染十分严重。据了解这些白灰窑均有“环评”手续，从2006年起开始大规模建设并于2007年陆续投入生产。目前，自治区环境监察总队已及时按照暗访的情况向自治区环保局提出了处理建议，并坚决按照局领导指示要求严厉查处。

环境监察总队对包头市固阳县老羊壕村饮用水污染事件进行调查

2009年6月22日，内蒙古日报社社会新闻部接到包头市老羊壕村一村民电话举报，称有人私自开采金矿导致该村饮用水污染。6月24日，自治区环境监察总队、宣教中心会同包头市环境监察支队、包头市环境监测站组成联合调查组，对包头市固阳县兴顺西镇老羊壕村饮用水污染事件进行了现场调查。

经了解，老羊壕金矿建于1993年，当时属县级国营企业，后破产，2003年由个人承包，2006年当地政府部门对金矿进行了关闭。2009年初，原矿主准备再次对金矿进行开采，方法是直接在矿井内投入氰化钠溶液，然后将洗洞液体抽出从中提取黄金。事件发生后，当地政府组织有关部门，聘请专家，召开紧急会议，启动了固阳县危险化学品事故灾难应急救援预案。根据专家提供的处置方案，县政府决定全权委托有资质处理的单位对氰化钠溶液进行无害化处理。目前委托包头鑫达金矿进行无害化处置。同时县政府已准备实施周边村庄的集中供水工程。当地环保部门从5月份开始每日对矿井周边5个村的地下水进行监测，一直未发现超标现象。调查组委托包头市环境监测站对老羊壕村饮用水进行了现场取样分析，结果显示水质符合饮用标准。原矿主已被公安部门抓捕。现危险化学品处置工作正在进行中。

自治区环保厅部署开展全区迎国庆“北京护城河”环境执法检查

为了防止在国庆期间发生重特大环境污染事故和环境污染纠纷，确保国庆60周年庆典活动的顺利进行，8月17

日，自治区环保厅转发了环保部办公厅《关于开展迎国庆“北京护城河”环境执法检查的通知》（环办函[2009]762号），要求各盟市环保部门，认真组织开展迎国庆“北京护城河”环境执法检查，安排东部、西部环保督查中心和环境监察总队对各盟市检查情况进行督查。检查主要内容是：群众投诉的典型环境违法案件和热点问题办理及整改情况；县以上城镇饮用水源一级保护区违法排污口整治情况；城镇污水处理厂和垃圾填埋场运行情况，矿山尾矿库环境污染隐患整改情况，危化品生产、储存企业落实环保法律法规情况，石化、化工、钢铁、造纸及涉砷、铅等行业环保知识设施运行情况，达标排放情况和突发环境事件预案制定及执行情况。自查工作8月底结束，9月份迎接环保部的督查。

监察总队深入开展迎国庆“北京护城河”环境执法检查

7月份以来，监察总队按照环境保护部《关于开展迎国庆“北京护城河”环境执法检查的通知》（环办〔2009〕762号）（以下简称《通知》要求，对我区环北京地区的呼和浩特市、赤峰市、乌兰察布市、锡林郭勒盟辖区内群众投诉的典型环境违法案件和热点问题办理及整改情况，重点石化、化工、钢铁等企业环保治理设施运行情况、达标排放情况等进行了专项检查。截至目前，监察总队和四盟市环境监察机构共出动环境监察人员2911人次，检查企业1182家次。执法检查取得了积极成效。重点开展了下列工作：对群众投诉案件和热点环境问题进行集中受理；对72个城镇饮用水源保护区排污口进行取缔、关闭，设立界标和警示标志；对石化、化工、钢铁、造纸及涉砷、铅等行业环保治理设施运行情况、达标排放和突发性环境事件应急预案制定及执行情况进行集中检查；检查城镇污水处理厂及垃圾填埋场运行情况和各地矿山尾矿库环境污染整治情况；检查危险化学品生产、储存企业落实环保法律法规情况。

随着国庆庆典活动的日益临近，我区各有关盟市环保部门已对大庆期间环境质量保障工作进行了周密部署，加大了对企业的监督检查力度，制定和完善了应急保障措施，严防各类环境污染事故的发生，努力为广大人民群众创造和谐稳定的生产生活环境。

监察总队对通辽市、兴安盟、呼伦贝尔市部分建设项目进行现场核查

2009年8月15日至27日，根据自治区环保厅领导的批示精神，总队赴通辽市、兴安盟、呼伦贝尔市，对全区集中调度的5个重点项目建设进度、环评和“三同时”执行情况进行了现场检查；对4个未批先建项目进行了现场核查；对群众反映强烈的扎赉特旗两家小炼油企业进行了现场调查取证。同时，将检查情况上报环保厅。

环境监察总队随自治区党委督查室对内蒙古金河生物制药公司环境案件进行现场检查

8月26日—27日，按照自治区环保厅的安排，自治区环境监察总队、自治区环境监测中心站随同自治区党委督查室，对金河生物科技股份有限公司环境案件进行现场检查，并与呼和浩特市托克托县政府交换了检查意见。呼和浩特市党委督察室、呼和浩特市环境监察支队陪同检查。

检查时该公司土霉素碱生产车间已全线停产。其余3个车间已停止投料，预计在9月20日全线停产。新建成的厌氧“UASB”处理系统正在进水调试，但不能正常稳定运行，所排污水全部排入有防渗措施的事故池。已停止用超标废水灌溉草场，事故池污水不外排。自治区环境监测中心站监测数据显示，该公司污水处理厂处理的污水和排入事故池的污水水质超标（超标浓度4至5倍左右），周边村庄浅层地下水的部分指标超标，已受到了不同程度污染。

自治区党委督查室要求当地党委政府要切实提高环保意识，大力支持环保部门的工作；环保部门要严格依法办事，加强监管，及时发现问题及时处理，将问题控制在萌芽中；企业要守法经营，承担应有的社会责任，保护好地方环境。监察总队提出十项具体要求，要求年内完成治理任务。

总队对10个自治区级审批项目未批先建问题进行调查取证

8月4日至11日，根据厅务会的要求，总队对阿拉善盟腾格里工业园区四个化工项目、巴彦淖尔市五原工业园区一个多晶硅项目、包头市石拐区四个镁合金及焦化项目、准格尔旗一个公路建设项目进行了现场环境监察，检查发现上述10个项目全部存在未经环保部门批准擅自开工建设的违法实施；部分建设项目存在未经环保部门批准擅自投入试生产的违法行为；有些建设项目环保设施不健全即投入运行。企业也承认未批先建的违法行为。总队已将对这些项目的调查取证材料上报环保厅。

提高行政处罚工作水平 有效打击环境违法行为

2009年1月至5月，自治区环境监察总队受自治区环保局委托，按照环保部《关于印发<规范环境行政处罚自由裁量权若干意见>的通知》正确运用行政处罚自由裁量权的要求，深入结合开展科学发展观实践活动，严格执法、科学执法、不断推进依法行政水平和提高环境监管能力，打击环境违法行为。

自治区环境监察总队在查处环境违法案件时，以事实为依据，并充分考虑环境违法行为的性质、情节以及社会危害程度提出处罚建议，并报送局策法规处进行严格审

核，提高了行政处罚工作的合法性、公正性和合理性。截至5月底，自治区本级对19家环境违法企业下达了行政处罚听证告知书，对10家企业下达了行政处罚决定书，罚款共计116万元，目前入账88万元，而且10家企业未提出行政诉讼或行政复议。

专项行动

内蒙古自治区人民政府办公厅关于印发自治区2009年整治违法排污企业保障群众健康环保专项行动实施方案的通知

内政办字【2009】82号

各盟行政公署、市人民政府，自治区各委、办、厅、局，各大企业、事业单位：

经自治区人民政府同意，现将自治区环境保护局组织制定的《内蒙古自治区2009年整治违法排污企业保障群众健康环保专项行动实施方案》印发给你们，请结合实际，认真贯彻执行。

内蒙古自治区人民政府办公厅
二〇〇九年四月二十二日

内蒙古自治区2009年整治违法排污企业保障群众健康环保专项行动实施方案

（自治区环境保护局　二〇〇九年四月）

为全面贯彻落实党的十七大、十七届三中全会和自治区党委八届八次全委会、自治区经济工作会议精神，围绕当前经济形势下发展经济与保民生、保稳定的总体要求，切实解决影响可持续发展的突出环境问题，保障人民群众的环境权益，现提出以下方案。

一、指导思想

以邓小平理论和“三个代表”重要思想为指导，深入贯彻落实科学发展观，进一步加大环境执法力度，着力解决危害群众健康、影响可持续发展的突出环境问题，以保护饮用水源安全、遏制“两高一资”行业污染反弹为重点，保持主要污染物减排工作的顺利实施，维护社会稳定，为实现我区确定的保持经济平稳较快增长目标提供环境执法保障。

二、工作重点及要求

(一)巩固2008年环保专项行动成效，持续开展饮用水源保护区后督察和城镇污水处理厂、垃圾填埋场集中整治

1、对2006 年以来饮用水水源保护区专项整治各项措施落实情况进行检查。重点检查旗县以上城镇饮用水水源保护区内违法建设项目和排污口取缔关闭措施落实情况。对于饮用水源保护区划分和调整不到位、旗县级以上城镇饮用水源保护区内各类排污口取缔措施不落实、保护区边界地理界标和警示标志设立不规范的，一律挂牌督办。列为国家环境保护重点城市的地区,要以整治影响饮用水源水质的污染问题为重点,开展后督察工作,确保饮用水源水质主要指标100%达标。

2、督促重点流域内城镇污水处理厂加快建设进度，提高运行负荷和出水达标率。对于污水处理厂、建成运行三年后处理负荷仍达不到设计能力75%的；不能保证正常稳定达标排放的；污泥达不到无害化处理处置要求的；污泥外排造成环境污染的将依法进行重点整治；同时，对排入市政管网严重超标、影响污水处理厂运行的工业企业进行限期集中整治。查清重点流域内城镇生活污水处理厂基本情况，包括：在建污水处理厂建设进度、处理能力、城镇污水收集率、目前的处理水量和主要污染物去除情况、污泥处置情况、厂用电量、絮凝剂使用量、在线监控设施安装运行等情况。建立环境监管档案,完善监管办法,落实监管责任,实现对污水处理厂出水水量、水质和污泥处置的动态管理。

3、全面整治垃圾填埋场环境违法问题。重点整治垃圾填埋场中未进行环境影响评价的；已经投入运行但未通过“三同时”验收的；对周围环境造成严重污染，群众反映强烈的；未经处理仍在直排渗滤液的问题。

对生活垃圾填埋场没有环保审批手续或不符合规范要求的要摸清垃圾渗沥液的处理情况；对未经处理直排的将依法依规对运营单位进行处罚 ， 责令限期整改,问题严重的责令停止使用，对已经封场的填埋场进行隐患排查,未经环保验收的、关闭封场没有经环保部门鉴定、核准的,一律责令限期整改;对存在环境安全隐患的,督促企业制定环境应急预案,建设环境应急处置设施。

（二）着力打击“两高一资”行业重污染企业的环境违法行为，开展钢铁行业、涉砷行业专项检查

1、对“两高一资”行业重污染企业进行监督检查。重点查处不符合准入条件，未经审批擅自开工或建成投产的企业；超标排放污染物的企业；拒不执行国家产业政策，使用落后淘汰工艺、设备的企业等。严厉打击已被取缔关闭后死灰复燃的企业。

2、认真贯彻国家《钢铁行业调整和振兴规划》中控制钢铁产能，加快淘汰落后产能的要求，开展钢铁行业环境污染专项检查。特别是对炼铁工艺污染治理和烧结工艺脱硫设施及在线监控装置的安装和运行情况进行重点检查。摸清钢铁企业执行建设项目环境保护管理规定及国家产业政策基本情况。对违反环境影响评价制度和环境保护“三同时”制度的，拒不淘汰列入产业结构调整淘汰类目录的设备、工艺的以及主要污染物超标和超总量排放的钢铁企业要严厉查处。

3、针对近年来全国砷污染事件高发态势，对涉砷行业企业进行全面检查清理。各盟市要将本地区所有的硫化物、磷矿开采、选矿、冶炼企业；硫化工、磷化工企业；砷化物生产企业基本情况摸排清楚（包括原辅材料的使用、产能、砷化物排放情况）并登记造册，对查出的问题要严肃处理。重点查处没有取得环境影响评价审批文件或安全生产许可证的，不符合产业政策和市场准入条件、采用国家明令淘汰的落后生产工艺的，没有污染治理设施、污染物超标排放的，含砷废渣堆放处置不符合要求的，未按规定进行危险化学品备案登记的企业。

三、主要工作措施

(一)落实政府责任，加强组织领导

各盟市人民政府要按照自治区人民政府的要求,将深入开展环保专项行动纳入重要议事日程,进一步强化环保专项行动领导小组职责,完善工作制度，制订具体实施方案,广泛动员部署,有序推进和落实各项重点工作。要进一步加强部门间的协调配合,坚持定期协商、联合办案制度和环境违法案件移交、移送、移办制度,共同打击环境违法行为。要将整改完成情况作为各级政府环保目标责任制的内容进行考核，对无故不能完成任务、各类信息数据上报迟缓，数据失真的地区，一律取消评先创优资格。各地可根据实际情况,扩大领导小组成员单位,综合各部门监管职能,合力治理环境污染问题。

(二)采取综合措施，强化全面整治

要综合运用法律、经济、行政手段，在加强挂牌督办、后督察等环境行政执法手段基础上，各级环保部门要分阶段对照工作重点进行拉网式检查，对各类环境违法行为进行行政处罚；经济、工业主管部门要切实发挥在淘汰落后产能工作中的职能作用，查处违反国家产业政策的行为，并定期向相关部门通报淘汰落后企业名单；监察机关要强化行政监察职能作用，加大责任追究力度；司法机关要有序推进环境法制宣传教育、法律服务和法律援助工作；建设部门要加强对城镇污水和垃圾处理运营的监管；工商部门要严肃查处“两高一资”行业企业违反注册登记法规的行为；安全监管部门要严肃查处危险化学品生产违反安全生产法规的行为，防范生产事故引起环境污染事件；电力监管机构要监督供电企业，对违法企业依法采取有效措施。要进一步加强相关管理部门的配合，在金融信贷、进口监管等方面采取有效措施，不断放大环境执法效果。

(三)加强分类指导，严格环境执法

各级环保部门要强化分类指导的执法意识，对于存在主观恶意的屡查屡犯、明知故犯、偷排偷放等环境违法行为，要从重处罚，并移送有关部门，追究法律责任；对其他环境违法行为，要规范自由裁量权的行使，坚持教育与惩罚相结合的原则，指导企业切实解决问题。建立企业环境监督员制度，有效发挥企业监督员监督企业环境、污染治理设施运行等方面的作用，促进企业守法意识的提高。

(四)建立长效机制,加强公众监督

各地要根据阶段工作重点,结合实际,制定宣传计划,责成专门部门组织实施。要向社会公布环保专项行动进展、违法企业名单、典型环境违法案件查处情况。要积极组织新闻媒体进行跟踪报道,充分利用电视、广播、报纸、互联网等媒体,加大环境保护法律法规的宣传力度,营造群众参与和监督的良好氛围。要进一步加强环境保护信访工作,充分发挥“12369”环保热线作用,畅通投诉渠道,积极鼓励群众广泛参与。

四、时间安排

(一)动员部署阶段 (4 月—5月)

各地区要根据本方案要求,结合实际情况,确定本地区整治重点,制定具体实施方案,全面完成专项行动的动员部署工作。各地专项行动领导小组名单和实施方案以及阶段情况在5月10日前报送自治区环保专项行动领导小组办公室。

（二）摸底排查和制定整治方案阶段（5月—6月）

各级环保专项行动领导小组要组织有关部门对饮用水源保护区、城镇污水处理厂、垃圾填埋场、钢铁企业、涉砷行业的现状和存在的环境问题要进行认真摸排，并针对性地制定详细的整治计划，明确整改重点、目标、时限、责任人，限期完成。各地区要在6月15日前将本地区的“整治计划”报自治区环保专项行动领导小组办公室。

(三)集中检查和整治阶段 (6月—11月)

各级地区要组织有关部门对污水处理厂、垃圾填埋场、饮用水源保护区、钢铁企业、涉砷行业以及重点行业、重点流域进行集中检查和开展整治活动,并将检查和整治情况分别于6月15日、9月15日前报自治区环保专项行动领导小组，自治区环保专项行动领导小组将适时对各地专项行动开展情况进行督查。

(四）总结阶段 (11月)

各盟市认真总结专项行动的成效与不足，提出加强长效管理的措施，于11月10日前将2009年专项行动工作总结报送全区专项行动领导小组办公室。

联 系 人：苏志国
联系电话：（0471）4632173　　4632172

主题词：环保　　企业　治理　方案　通知

抄送：自治区党委办公厅、人大常委会办公厅、政协办公厅，高级人民法院，检察院。

各人民团体，新闻单位。

内蒙古自治区人民政府办公厅文电处
2009年4月27日印发

自治区环保专项行动开展全区重点流域重污染行业企业及重点排污企业、新开工建设项目集中检查

今年6月份以来，自治区各级环保专项行动领导小组积极开展工作，针对重点流域重污染行业企业及重点排污企业、建设项目全面开展集中检查。

重点流域重污染企业及重点排污企业集中检查取得积极成效。涉及我区境内的重点流域主要有黄河、海河、辽河、松花江。此次行动中我区共检查重点流域重污染及重点排污企业共666家。其中，542家企业符合国家产业政策和环保准入要求，污染物实现达标排放。其中黄河流域乌海市、鄂尔多斯市、巴彦淖尔市家187家企业全部实现达标排放。检查发现，全区不达标排放企业58家，不符合产业政策企业27家，私设排污管线5家，不按规定安装在线监控设施10家，排污口设置不规范24家。

建设项目检查情况如下：2008年7月以来，全区共新上建设项目1077个。其中呼和浩特市5个、包头市380个、鄂尔多斯市119个、二连浩特市1个、巴彦淖尔市21个、赤峰市34个，这些新上建设项目绝大部分环保手续齐全，基本能够落实环保“三同时”制度。检查发现，全区未批先建项目共12个，未落实环保“三同时”制度项目47个。

在此次三项检查行动过程中，我区各级环保专项行动领导小组的统一指挥，严密排查，扎实工作，取得了一定成效。对于不符合环保要求的企业全部下达了整改通知，对于不符合产业政策的企业责令停产整顿。目前大部分企业按整改要求进行整改，有的企业已经关停。对新上建设项目在检查过程中发现存在未批先建和没有落实环保“三同时”制度的违法企业，都严格按照相关规定提出了整改要求并做出了行政处罚。通过检查对于全区重点流域重污染企业的情况有了更加清晰的了解，同时对于新建项目又一次进行了摸底了解，为下一步工作奠定了基础。

今后，我区各级环保部门将继续深入开展执法检查工作，结合专项行动进一步加大对重点流域重污染企业及重点排污企业和建设项目的监管力度。对于此次检查过程中发现的违法违规问题企业督促尽快整改，采取更加积极有效地措施落实环境保护“三同时”制度，严格控制环境污染。

2009年环保专项行动取得新进展

——全区完成对“两高一资”行业企业、钢铁企业、涉砷行业企业集中检查

按照国家八部委《关于2009年深入开展整治违法排污企业保障群众健康环保专项行动的通知》（环发[2009]43号）要求，结合《内蒙古自治区2009年整治违法排污企业保障群众健康环保专项行动实施方案》的统一安排，全区环保系统积极行动，在六月份对我区“两高一资”行业企业、钢铁企业、涉砷行业企业进行了集中排查。截止6月30日，2009年环保专项行动全区共出动执法人员5718人/次，检查企业2235家/次，立案查处违法企业36家，结案31家，结案率86.1%，其余案件正在督办中。

自治区政府高度重视专项行动，调整了由刘卓志副主席为组长的专项行动领导小组并增加了成员单位。在此次集中检查过程中，我区将铁合金、电石、化工和白灰窑等企业作为集中检查“两高一资”企业的重点，共检查企业258家，主要集中在乌海市、呼伦贝尔市、锡林郭勒盟、乌兰察布市、巴彦淖尔市、包头市和鄂尔多斯市。各级环保部门认真按照国家和自治区关于对“两高一资”行业企业、钢铁企业、涉砷行业企业专项检查的要求，积极工作，认真排查，重点落实。不断加大对相关行业企业的监管力度，加大对落后产能的淘汰力度。如乌海市海南区环保局对造成事故排放的企业做了现场询问笔录并下达了《乌海市海南区限期整改告知书》，要求其在规定时限内进行整改；乌海市海勃湾区环保局对辖区内存在的环境污染问题钢铁企业，统一提出了合理规划物料堆场，并在堆场周围配套建设挡风抑尘墙，在烧结工段和球团炉上增设布袋除尘器及脱硫设施，以减少烟尘和二氧化硫排放，满足国家标准的要求。针对镶黄旗众鑫冶金有限公司未办理环境影响评价手续，镶黄旗环保局下达限期整改通知书，要求企业停止生产，限期补办环境影响评价手续。鄂尔多斯市环保局对管理不严格可能造成环境污染的2家企业的13台矿热炉下达了限期整改通知书。包头市对存在环境违法问题的企业实施了关停和拆除污染设施。在2009年环保专项行动中，兴安盟环保专项行动领导小组成员单位组成联合检查组，对境内的5家小炼钢厂进行执法检查，为淘汰落后产能，专项行动领导小组已形成相关文件并印发各旗县市人民政府，督促相关部门对这些企业断电，并加大监督检查力度，严防死灰复燃。目前上述5家“十五小”企业已全部关停。通过集中检查整治，企业的环境违法行为得到有效遏制，产业结构得到优化，企业环境意识得到进一步增强。

为了保障人民群众的合法环境权益，促进我区经济又好又快地发展，我区各级环保部门将在今后的工作继续加强与有关部门的协调和配合，对停产企业采取有力措施，防止已取缔关停企业死灰复燃，加大对“两高一资”、钢

铁、涉砷企业的现场检查力度，坚决落实后督察措施。按照国家的有关法律法规，严把环境准入关。

呼和浩特市深入开展危险化学品（剧毒品）事故隐患排查工作

为确保环境安全、防止危险化学品（剧毒品）泄漏事故隐患发生，呼和浩特市从5月26日—6月20日对全市的危险化学品（剧毒品）进行排查。

排查范围包含危险化学品（剧毒品）从业单位和涉及危险化学品（剧毒品）使用、储存的单位。排查内容包括危险化学品（剧毒品）从业单位的基础设施、技术装备、防控手段等方面存在的隐患；环境安全管理机制，环境管理制度建设，环境应急预案处置体系建设、现场管理、应急能力等方面存在的薄弱环节。对容易发生危险化学品事故隐患的单位及其设施，将责成企业或部门采取防范措施，确保安全。

环境监察总队对全区饮用水水源安全保障工作进行专项检查

为确保群众饮水安全，切实加强饮用水水源安全保障工作，认真落实环境保护部等国务院八部委《关于2009年深入开展整治违法排污企业保障群众健康环保专项行动的通知》（环发〔2009〕43号）的统一部署，按照自治区环保专项行动领导小组《关于开展全区饮用水源保护区专项检查的通知》（内环办〔2009〕107号）的具体要求，由自治区环境监察总队、自治区东部、西部环保督查中心分别组成专项检查组，4月25日至5月15日对我区12个盟市的饮用水水源安全保障工作进行检查。

检查组分别听取了各盟市环保局的工作介绍，查阅了有关水源地保护区的基础资料，在盟、市、旗县区环保部门的支持、配合下，深入现场对重点地区进行了随机抽查，实地检查了57个饮用水源地，检查饮用水源地保护区周边企业15家，抽查率达到36%。重点检查了各盟市辖区饮用水水源安全风险隐患排查进展情况；饮用水水源保护区内违法排污行为取缔情况；在饮用水水源保护区、准保护区及上游地区，油类和危险化学品运载、装卸、储存设施的监管和防护措施的落实情况；饮用水水源水质监测工作情况；饮用水水源保护区划分、调整、定界、应急等基础工作情况；饮用水水源突发污染事件上报制度落实情况。检查组对各地饮用水水源地存在的问题及时与当地环保部门交换了意见，督促整改方案的落实。

监察总队要求各盟市加强排污申报核定与排污费征收工作

近日，自治区环境监察总队向各盟市环境监察支队下发了《关于加强排污申报核定与排污费征收工作的通知》（内环监字〔2009〕70号，以下简称“通知”）文件，要求各盟市重视和加强排污申报核定工作与排污费征收工作。

通知要求，各盟市排污申报核定工作与排污费征收工作要严格依据《排污费征收使用管理条例》（国务院令第369号）及其配套规章规定的法定程序开展排污申报、审核、核定和排污费征收工作，准确掌握国家有关排污申报核定相关法规、规章和工作程序，切实履行职责，依法行政。各盟市支队要加大排污申报核定的工作力度，努力提高申报管理水平，要尽快自行组织对所属旗县区排污申报核定工作培训，并于年底前将培训工作情况报监察总队，促进全区各旗、县、区大队排污申报核定和排污费征收工作，使所有具体负责排污申报核定和排污费征收的工作人员（每个旗县区不少于2人）能熟练使用《排污费征收使用管理系统》，以全面提高排污申报核定与排污费征收工作水平。

通知强调，各盟市支队要充分利用监测数据以及工商、技术监督、水务、能源、电力、统计等部门的相关资料和数据对排污单位填报的申报数据进行审核要严格执法程序，及时汇总上报排污申报、排污收费的季报、年报、快报等各类报告。上报的排污申报与核定工作季度报表和年度报表应有工作数据报表及文字报告。数据库及报表应当认真填报、做到数字准确，填报齐全，不允许有缺项、漏项，逻辑清晰，并简要做出文字分析。报表必须有负责人签字并加盖公章。

通知要求各盟市支队进一步加强监督检查，强化对旗、县、区级环保部门排污申报工作的督导。采用自查、互查和上级对下级直接核查等方式开展排污申报与核定的核查，督促企业如实申报，促进科学、公正核定，保证数据的全面准确。

环境监察总队将按照国家汇审评分的相关要求，对各盟市2009年排污申报核定报表（包括季报、年报及数据库等）、排污费征收报表（包括季报、年报及数据库等）进行汇审、评比，结果将在全区范围内公布。

辽宁省

工作动态

抚顺一批环境违法企业被亮“红牌”

抚顺53家环境违法企业近日被市政府亮了“红牌”，被公开查处通报。

今年以来，抚顺市在建立污染源总量管理台账和削减工程项目档案、完善污染减排监测和考核体系的基础上，新建了20套水污染源在线监测系统和13套大气污染源在线监测系统，实现了对占全市80%污染负荷的重点企业实施监控，关停关闭了25家污染企业，处罚了178家违法企业，基本实现了国家环保部门认定的COD （化学耗氧量）减排446吨、二氧化硫减排5842吨的计划目标。

虽然抚顺市的污染减排取得了阶段性成果，但仍有一些企业无视环保有关规定，违章生产。这些企业分别存在着建设项目违反环评审批要求、未履行“三同时”制度、治污设施未正常运行等环境违法行为，其中有11家企业同时存在废水超标排放问题，污染十分严重。对于这些环境违法企业，抚顺市环保局分别以责令关闭、搬迁、限期治理、停止生产等方式进行从重从严处罚，对部分企业还实行了挂牌督办。抚顺市政府要求各有关部门要坚决打击“运动式”、“游击式”、“空城计”等形形色色的环境违法行为，坚决淘汰那些污染严重的落后工艺、技术、装备和产品，坚决整治超标或超总量控制指标排污的工业企业，加大挂牌督办重大、恶劣的环境违法案件力度。对屡教不改的，要坚决依法严厉查处违法违纪的责任人。

辽宁八大造纸企业全面停业整顿

为确保辽宁省实现污染减排目标，加大污染整治力度，严厉打击环境违法行为。近期，辽宁省环保局对严重污染辽河流域水质、在社会上造成极坏影响的八大造纸企业所在市人民政府下达了对其所辖造纸企业实施停业整顿的监察通知。

长期以来，这八大造纸企业污染物排放不达标，严重影响了排污流域内水的环境质量，这些单位虽几经限期治理，但无视环境保护法律规定，继续污水超标排放。这八大造纸企业分别是：鞍山市台安县博发造纸有限责任公司、台安县德瑞纸业有限责任公司、锦州市黑山县永丰造纸有限公司、金城造纸股份有限公司、营口市营口造纸厂、铁岭市开原制浆纸业有限公司、开原市兴盛造纸厂、盘锦春城纸业有限公司。

根据《中华人民共和国水污染防治法》第五十二条等相关规定，辽宁省环保局在监察通知中要求相关各市人民政府立即对这八大造纸企业实施停业整顿，务必于2008年4月20日前落实停业，并负责监督后续落实工作，以加快改善辽河流域水质状况。同时，省环保局将组织后续督察。

辽宁省政府关停225家造纸企业

4月30日，辽宁省人民政府在省环保局召开新闻发布会，宣布对不符合国家产业政策的225家造纸企业坚决予以关停，并要求各市政府限期关闭、取缔。

辽河多年来一直处于重度污染，目前在全国七大江河中仅略好于海河。为把科学发展观、执政为民的理念落实到具体行动上，省政府提出了辽河治理“三年干流消灭超五类，五年实现干流城市段景观化”的新目标。为实现这个目标，按照省政府的部署，目前辽宁省已全面启动了新一轮城市污水处理厂建设、造纸等重污染行业整治、小流域整治等有力措施，确保打好、打赢、打胜辽河治理这场攻坚战。

省环保局朱京海副局长在新闻发布会上通报了造纸行业整治情况，他指出，辽宁省共有417家造纸企业，其中，属于国家产业政策强制淘汰取缔的225家，在国家强制淘汰线以上的192家。这417家造纸企业年化学需氧量排放总量为 10.44万吨，占全省工业化学需氧量排放总量的40 %。为贯彻省政府要求，实现辽河治理新目标，我省决定对不符合国家产业政策的225家坚决予以关停，并要求各市政府限期关闭取缔。今年4月以来，省环保居对关停情况进行了逐家现场核查，核查结果显示，已有176家企业关闭、停产，占225家总数的79%，其中，118家没有拆除生产设备，还存在死灰复燃的可能；21家是各级政府已经下达了关停令，但由于未采取断水断电、吊销营业执照等坚决措施，企业仍在生产之中；28家企业，当地政府还未下达关停令，仍在继续生产。

4月10日，我省对规模位居全省前列、污染负荷占造纸行业72%的开原制浆造纸有限责任公司、营口造纸厂、金城造纸股份有限公司等8家企业停业整顿。截至4月27日，8家企业已全部停业整顿。实践表明，造纸企业的整治，对河流水质改善有着明显的作用，开原制浆造纸有限责任公司停业后，其污水排入的小清河水质明显改善，河水中化学需氧量浓度已由停业前的1000mg/L以上下降到300mg/L以下。

为完成好这次关停造纸企业专项行动，朱京海副局长提出了四点要求：

一是要坚决防止死灰复燃。对于已列入关停名单，尚未关停的49家企业，限期2008年5月15日前关停，5月30日前拆除设备，未下达关停令的必须在5月5日前下达，已下达的必须坚决贯彻执行；对已关停尚未拆除设备的，限期2008年5月15日前拆除完毕，从根本上杜绝死灰复燃现象的发生。

此后，将由省环保局、发改委、经委、监察厅、工商局、电力公司开展联合督查，对逾期未关闭的企业，将由工商部门吊销营业执照，电力公司予以断电，并追究相关责任人的行政责任，触犯法律的要追究法律责任。

二是要实行区域限批。对于关停造纸企业拒不执行、措施不力，以及有死灰复燃现象的县区，将实施“区域限批”。今后，我省将把“限批”纳入日常环境监管中，变成常规化的制度，对以下七种情况实行“区域限批”或“行业限批”：未按期完成《污染物总量削减目标责任书》确定的削减目标的地区；超过污染物总量控制指标，主要河流水体污染严重，没有完成主要河流断面考核指标的地区；未实施或未按期完成国家确定的燃煤电厂二氧化硫污染防治项目的地区；城市污水集中处理设施建设严重滞后，已建成污水处理设施但不运行的地区；超过总量控制方案确定的污染物总量控制指标，致使环境质量达不到要求的工业开发区；环评、“三同时”执行率低的地区；长期严重超标排污等环境违法企业。

三是要严肃处理责任人。各级地方政府对拒不执行关停决定的，对关闭后私自恢复生产的企业负责人，要依法严肃处理。对造纸企业关停拖延不办、执行不到位、措施不得力的地区，将由监察部门按照《环境保护违法违纪行为处分暂行规定》追究该地区有关领导和工作人员的责任，严肃处理，以切实做到政令畅通。

四是要充分发挥群众监督作用。省环保局将在媒体上向社会公布全省第一批225家关停造纸企业名单和所属地区，公开省、市主管部门举报电话，省环保局将24小时值守，欢迎全省4200万人民监督、举报。同时，也欢迎反映其它环境保护重点、难点问题。

这次取缔造纸企业专项行动，是辽宁省关停的第一批，今年，还要对剩余小造纸，以及小水泥、小糠醛、小印染等落后工艺和设备分期分批淘汰关停。同时，将进一步加强对造纸、石化、化工、冶金等涉水重污染行业的监管。一旦发现偷排、超排等环境违法行为，将依法进行严查、严处，情节严重的，进行停业整顿直至关停，决不姑息手软，任何地区、企业都要破除侥幸的心理误区，都要破除只顾眼前利益不讲大局、只算小帐不算大帐的心理误区，都要破除等待观望的心理误区。

通报结束后，省环保局、省监察厅等相关领导分别回答了记者的提问。

省经委、省发改委、省监察厅、省电力公司以及省环保局的相关领导、省环保局各处室相关负责人，国内30多家新闻媒体记者参加了新闻分布会。同时，14个市环保局相关人员在各分会场参加了会议。

省环保局召开新闻发布会，对违法排污的企业进行处罚，对台安县进行区域限批

2008年9月25日下午，辽宁省环保局召开新闻发布会，对长期偷排超标排放污水的两家造纸厂所在的台安县进行区域限批，停止审批除循环经济和污染减排项目以外的所有新建项目。

通报指出，为彻底根治辽河污染，按照省政府的部署，省环保局在辽河治理上采取了一系列重大动作。今年4月，省环保局首先建议所在市政府对规模位居全省前列、污染严重的8家造纸企业实施停产整治；5月，又建议14个市政府，对全省409家不符合环保要求的造纸厂全面实施停产整治。之后，省政府出台了全省造纸企业整治的文件，对造纸行业规模及整治要求做了明确规定；接着，又出台了《辽宁省污水综合排放标准》，确定从今年8月1日开始，造纸企业直排的生产废水，化学需氧量必须低于50毫克/升。

按照要求，各市、县政府积极行动，各级发改、经委、工商、电力等部门密切配合，到5月底，全省417家造纸企业全部停产，其中，不符合国家产业政策、列入第一批关闭计划的225家造纸企业，断水、断电、吊销营业执照，并拆除了主要生产设备，彻底关闭；7月份，省环保局又建议相关市政府启动第二批关闭计划，目前列入计划的42家企业，绝大多数被彻底关闭。整治造纸行业，对改善辽河水质起到了重要作用，7月份监测结果显示，绕阳河支流旁家河断面化学需氧量由3918毫克/升下降到267毫克/升；清河清辽断面化学需氧量由311毫克/升下降到17毫克/升。8月份，辽河铁岭段福德店、三合屯、珠尔山3个干流监测断面浓度降幅在39.4%至82.8%之间；太子河参窝水库下游6个干流监测断面中，有5个浓度普遍下降。在开展监测的34条支流中，与去年同期相比，除4条支流基本持平外，有30条支流水质大幅度改善。

为将辽河治理的工作落到实处，9月16日以来，省环保局对规模较大的8家造纸厂进行了突击检查，检查中发现，个别企业贯彻政府决策不彻底，擅自开工生产，超标排放，污染环境。按规定本应停产整治的台安博发造纸有限责任公司和德瑞造纸有限公司均处于生产状态，当地群众也反映，这两家企业经常是夜间生产，直接导致接纳博发造纸有限责任公司污水排入的小柳河大麦稞闸断面8、9两个月的化学需氧量分别高达244毫克/升和285毫克/升,水质恶化至超过五类水质标准5.1倍和6.1倍。

根据以上实事，依据《中华人民共和国水污染防治法》和省政府要求，通报决定：

一、对博发造纸有限责任公司和德瑞造纸有限公司实施高限处罚。

二、建议台安县政府对博发造纸有限责任公司和德瑞造纸有限公司下达关闭令，限于9月30日前彻底关闭，断水、断电，吊销营业执照，拆除主要设备。

三、对台安县实行区域限批，除循环经济和污染减排项目外，其他新建项目一律停止审批。限批期间，台安县要对全县所有建设项目进行全面核查和整改，经省环保局验收合格后，方可解除限批。

四、环保部门对监管不到位问题要深刻检查，针对教训，认真整改，避免类似问题发生。

五、监察机关将对台安县及有关部门的失察、失管行为进行责任追究。

通报要求全省各行各业，特别是造纸企业，都要吸取教训，引以为戒，在保护环境上，严格执行国家法律法规，坚决落实省政府的规定和决策，防止出现“上有政策，下有对策”的问题。省环保局将建立分级巡回检查制

度，对8家重点造纸企业，由省环保局进行巡查，各市、县政府对辖区内造纸企业进行全面监管，发现问题严肃处理，确保整治到位。

通报结束后，在座的省环保局有关部门及相关单位的负责人回答了记者的提问。

沈阳：污染“毒瘤”被查封

一个外表看似普通厂房的二层小楼，实则是没有任何环保手续的违法小作坊，眼看要到夏天了，工厂排出的污水严重影响了周边居民的生活，今天上午，沈阳市环境监察支队接到群众举报，查封了这家工厂。

今天上午，记者跟随沈阳市环境监察支队来到位于东陵区的沈阳市龙宝莱服装加工厂，刚下车，一阵恶臭袭来，让人作呕。门前两个大石狮子表明了这家工厂的规模不小，一进院，两条恶狗向记者狂叫起来，沈阳市环境监察支队相关负责人告诉记者，3月27日，市环境监察支队执法人员接到群众举报，在检查中发现位于沈阳市东陵区后桑林子118号的沈阳市龙宝莱服装加工厂存在环境违法行为。该企业自2008年5月营业至今未办理任何环保手续，违反了《建设项目环境保护管理条例》相关规定，今天特意过来查封这家企业。

走进生产车间记者发现，整个车间看起来非常简陋，一堆看起来非常脏的衣服放在水桶旁，执法人员告诉记者，这家企业在生产过程中产生的洗涤污水未经任何环保设施处理直接排放到厂区外的明渠。“不干了，再不干了！”当执法人员在设备上贴上封条时，工厂老板张某非常激动，连声说以后这种违法的事不会再做了。但是执法人员告诉记者，2007年这家工厂就因为环保问题被查封过，这次又是被群众举报，不然这么隐蔽的地方执法人员很难发现。

目前，执法人员已经责令企业停止违法行为，并依法责令企业停止生产，将其生产设备进行查封。

辽宁省环境执法实行全面监管、无缝排查

辽宁省环境监察局今年开展的以辽河流域重点排污企业为重点的环境违法行为查处活动，打响了今年辽宁省“环境执法年”系列活动的“第一枪”。在环境执法中坚持的“上下联动、无缝排查、板块整治、全面监管”，打赢了一个又一个环境执法的漂亮仗。

今年是辽宁实现“三年消灭辽河干流超五类水体，五年实现辽河城市段景观化”目标的第一年。在制定相关方案的同时，辽宁省环境监察局在部署中做到了“三到位”，即检查到位，不留死角；查处到位，不讲情面；整改到位，不走过场。通过强有力的整治措施，解决了多年屡禁不止的环境违法问题。

辽宁金城造纸有限公司等8家造纸企业是辽河流域环境造成极大污染的“造纸航母”。辽宁省环境监察局在执法中统一协调各种行政资源，以这些造纸企业的污染指标为突破口，对这些企业采取“明查暗访”的措施，用大量的监测数据和企业违法排污的监察事实使企业“哑口无言”。在以省政府新闻办公室召开的新闻发布会，通报这些规模位居全省前列的造纸企业超标排污情况同时，给与了对这8家企业实施高限处罚、限期停业整顿的通报，打响了辽宁新一届政府向辽河污染宣战的第一枪。这“杀一儆百”的做法，也为后续的执法奠定了基础，全省实施的对剩余的几百家小造纸，以及小水泥、小糠醛、小印染、小酒精等“五小”企业高耗能、高污染的落后工艺和设备分期分批淘汰的关停，工作进展异常顺利，辽河水逐渐出现了往日的生机。

“黑脸上岗、铁腕执法、阳光运作、严防死守”是辽宁省环境监察局的又一环境执法理念。在实施环保“后督察”执法中，辽宁省环境监察局克服了执法人员少、检查范围大的困难，充分调动全省环境监察队伍的力量，做到环境问题“全面监管，无缝排查”。在检查中坚持找准问题、解决问题到位，把执法做为做好当前污染减排的一项重要手段来开展，在两个月的时间里，对全省14个市的近千家企业进行了检查，近500家长期超标或超总量的排污企业、违反环保“三同时”等环境违法企业受到了查处。

通过环境执法活动的开展，提升了执法地位，提高了执法能力，树立了执法权威，整合了执法队伍，同时也带动了全省各市环境监察队伍环境执法活动的开展。

省环保局杨哲副局长对环境执法工作提出三点要求

省环保局副局长杨哲在4月15日省政府召开的“辽河流域八家重点造纸企业环境违法行为查处情况通报新闻发布会”上提出，环保战线正在经历三个历史性转变，环境执法必须紧紧跟上。对环境执法来说：

第一、弘扬执法精神，就是要回答解决执法难、执法软问题。在环境保护执法工作中，监察队伍要叫响 “黑脸上岗、铁腕执法、阳光运作、严防死守”。这既是环境执法的职业道德要求，也是当前人民群众的强烈呼声。当前亟需有更多唱黑脸的站出来，少一点唱红脸的，才能把污染势头打下去，把执法权威立起来。

第二，创新执法思路，就是要回答解决零敲碎打、被动应对问题。当前环境保护工作要形成“上下联动、无缝排查、板块整治、全面监管”的思路，查一县清一片，步步为营，扎实推进；统一步调，省、市、县联防联治。

第三，探索执法机制，就是要回答解决随意性、效率低问题。下一步要大力推行“一查、二告、三清账”的“辽宁做法”。一查就是亲临现场，还原真相，把污染的来龙去脉、危害程度搞清楚，如实拉出搞污染的黑名单

来；二告就是与企业法人、当地领导和环保部门面对面，将违法事实、查处意见告知、告诫，下最后通牒，沟通看法，达成共识；三清账就是责成当地政府提出一揽子解决方案，明确整改目标，明确完成时限，明确责任人；一级一级地搞后督察，一项一项的跟踪催办，直到彻底结帐清账。

辽河整治专项执法行动专报

为落实省局党委关于加强辽河整治工作的决定，省环境监察局会同有关部门近期对辽河流域的沈阳、铁岭、抚顺三个城市进行了突击检查。

在对抚顺的苏子河、搭连河、东洲河的检查中，对当地违法企业的排污情况进行了严处，总体掌握了沿河企业的排污状况。在对铁岭市内及调兵山市、开原市、清河区、铁岭县的检查中，共检查2个工业园区、2家污水处理厂、45家企业，对27家企业排水进行了采样监测；检查发现，共有25家企业分别存在建设项目违反环评审批要求、未履行“三同时”制度、治污设施不正常运行等情况，占检查企业总数的55.6%； 监测结果表明，有19家企业废水超标排放，占检查企业总数的42.2%。对沈阳的细河经济开发区11个企业进行了检查，发现很多违法现象，目前正在处理当中。

省环境监察局此次突击检查拉开了辽河整治专项执法行动的序幕，为辽河水污染防治工作打开了良好局面。

加大惩治力度，严格执法，辽宁省将关闭第二批造纸企业

全省第二批关闭造纸企业与开发区解除限批及挂牌督办情况新闻发布会在省环保局召开，会议对我省第二批关闭造纸企业情况以及开发区解除限批和挂牌督办情况进行了通报。

关于全省第二批关闭造纸企业情况，通报指出，自全省第一批关闭了225家造纸企业后，7月份监测结果表明，集中整治造纸企业以后，与关闭前相比，相关河流化学需氧量浓度大幅下降，像大凌河西八千断面浓度由91mg/L下降到20mg/L，达到了三类水质；绕阳河支流旁家河断面由3918 mg/L下降到267mg/L，下降了93%；清河清辽断面由311mg/L下降到17mg/L，下降了95%。

为进一步深化我省辽河治理，加大造纸污染专项整治工作力度，省政府日前下发了《辽宁省人民政府办公厅关于对全省造纸企业进行污染整治有关问题的通知》（辽政办明电〔2008〕83号），对造纸企业的准入和污染整治提出了更严格的要求，通过近期各市认真排查，将各市不符合产业政策的38家、不符合环保要求的4家，共计42家上报省政府，经省领导同意，列为全省第二批关闭造纸企业名单，并提出如下要求：

一是明确关闭时限。2008年8月31日前，各市要对列入第二批关闭名单的42家造纸企业，依法实施关闭，按企业隶属关系由其所在市（县、区）政府下达关停令。

二是关闭的企业要做到断水、断电、拆除主要生产设备、吊销营业执照。

三是加强舆论监督。省环保局将在媒体上向社会公布第二批42家关停造纸企业名单和所属地区，公开省、市主管部门举报电话，欢迎全省各新闻媒体和人民群众积极进行监督和举报，发现问题一查到底，决不姑息迁就。

省环保局将会同省监察厅等有关部门，对造纸企业的关停情况进行监督检查。对造纸企业关停不得力，执行不到位的地区，将按照有关法律法规，追究该地区有关领导和工作人员的责任，依法严肃处理。总之，省市县各级政府和各级环保部门要坚决贯彻和落实省委、省政府的决定，要用铁的决心、铁的手腕和铁石心肠的“三铁精神”，对所有不符合规定的造纸企业，坚决依法予以关闭，不获全胜，决不收兵。

关于我省开发区解除限批和挂牌督办情况，通报指出，在2007年12月13日全省环保污染减排专项执法新闻通报会上，省环保局对抚顺经济开发区、盘锦经济开发区实施了环境保护区域限批，对沈阳化工园、本溪经济技术开发区、锦州汤河子工业区、阜新经济开发区、辽阳高新技术产业开发区、铁岭经济开发区、盘锦船舶工业基地、朝阳经济技术开发区8个园区实施环保挂牌督办。各市市委、市政府高度重视，各园区下大力气对存在的问题进行了集中整改。省环保局有关部门组成督查组，对各园区整改工作多次进行督查督办。绝大多数开发区完善了环保基础设施，实现了污水集中处理和集中供热，开展了规划环评，环评和“三同时”制度得到有效落实，查处了一批环境违法企业，取缔了干扰环境执法的土政策，环境保护工作明显加强。各园区共关停、取缔环境违法企业42家，对24家环境违法企业实施停产治理和限期治理，对119家环境违法企业予以处罚，处罚639万元，追缴排污费170万元。

抚顺市领导亲自负责开发区环保整改工作，并向省政府专题进行了汇报。成立了抚顺市环保局开发区经济分局，污水进入三宝屯污水处理厂实现集中处理，开发区违规审批的179个项目，全部由市环保局进行重新审核。对违法排污的鲁洲科技和正航食品进行严肃处理，依法责令停产整顿，抚顺市委下发《关于修改抚委发〔2006〕4号、7号文件中部分规定的通知》（抚委发〔2008〕7号）明确取消干扰环境执法的土政策。盘锦经济开发区整改工作由市委领导亲自负责督办，对存在的环评和“三同时”执行率低、园区无规划环评、无集中污水处理设施等问题进行了彻底整改。下发了盘政办发〔2007〕98号文件，明确提出停止执行盘委发〔2003〕1号文件和盘政发〔2006〕43号文中有悖于环保法律法规的条款。开展了规划环评，对违法

的排污企业进行全面整治，环评和三同时制度得到有效落实，完善了环境基础设施，实现了污水集中处理和集中供热。

盘锦船舶工业基地、铁岭经济开发区、沈阳化学工业园、辽阳高新技术产业开发区、朝阳经济技术开发区5个园区对存在的问题进行了集中整改，全部开展了规划环评，查处了一批环境违法企业，清退了一批不符合国家产业政策的污染项目，“环评”和“三同时”执行率达到100%。沈阳化学工业园区等园区不仅对园区自身存在的问题进行额彻底整改，而且结合污染减排工作对全地区进行彻底排查全面整改，整改工作取得显著成效。辽阳高新技术产业开发区等园区由市环保局实施垂直管理，环境监管力量明显加强。

阜新经济开发区、锦州汤河子工业区、本溪经济技术开发区整改工作也取得了阶段性成果，但整改工作仍不彻底，必须加快环境基础设施要加快建设进度，加大对环境违法企业的查处力度，所有入园企业和项目必须严格执行“环评” 和“环保三同时”制度，对不符合污染减排要求的项目要坚决清退。整改工作务必在8月末全面完成，逾期没有完成整改工作，将实施环境保护区域限批。

综上，对抚顺经济开发区、盘锦经济开发区解除区域限批，对沈阳化工园、辽阳高新技术产业开发区、铁岭经济开发区、盘锦船舶工业基地、朝阳经济技术开发区5个园区解除挂牌督办。对本溪经济技术开发区、锦州汤河子工业区、阜新经济开发区继续挂牌督办。

对解除限批和摘牌的工业园区，通报还指出，要从以下三个方面进一步加强管理。

一是严格执行《环评法》，加强建设项目的监管。要严格环境准入，今后凡是没有履行“环评”制度和“环保三同时”制度的企业，决不允许开工建设和擅自生产。要加强对停产整改企业的监督和管理，督促停产整改的企业认真执行环保“三同时”制度，凡没有履行环保“三同时”制度的企业决不允许恢复生产。

二是加大执法力度，严厉查处超标排污企业。要加强环境执法能力建设，不断强化环境监管能力。加强对企业环保设施的日常监管，确保设施正常运转，对环保设施不正常运转或偷排的违法企业坚决依法处罚，决不姑息。对关停取缔的企业要加强监督，限期拆除设备，坚决避免死灰复燃。

三要完善环境基础设施，加快污染减排工程建设步伐。各开发区要按照“污染减排责任状”的要求，加快推进污染减排工程的建设进度。要完善集中供热管网和污水收集管网，各园区新建项目不得自建小锅炉，必须依托集中供热设施。所有项目污水进入污水处理厂集中处理，不得直接排放。

3×6+1环境执法新模式——沈阳市实现生态环境与社会经济和谐发展纪事

退休职工李师傅在沈阳生活了60多年，过去白衬衣穿一天就黑了，现在即使连穿好几天也很白。李师傅说，过去到处都是冒黑烟的烟囱，现在很难见到了，沈阳的环境空气质量发生了巨大变化。

追踪：优良天数增到323天

4月12日，记者从沈阳市环境监测中心站看到了这样的数据：

沈阳市优良天数由2001年的162天（占44.4%），提高到2008年的323天（占88.3%），增加了161天；2005年，沈阳市环境空气质量首次达到轻污染水平；从2006年开始，沈阳市连续三年优良天数达到320天以上。

2001年以来，浑河沈阳段水质明显改善，水质由重污染级达到污染级，浑河城区段彻底消除了恶臭，达到景观化，主要污染指标化学需氧量浓度值由2001年的66毫克/升下降为2008年的23毫克/升，下降幅度高达65.2%。2008年丰水期，浑河沈阳段首次达Ⅱ类水体。

沈阳市碧水蓝天的增多，与环境基础设施建设、完善环境约束机制体制、健全环保绩效评价、扩大公众参与密不可分，其中一个重要的因素是在提高环境准入与环境监管能力上取得新突破，构建了符合科学发展观要求的环境管理体制，实行环境监察“3×6+1”执法新模式。此举已经受到国家环境保护部的高度关注。

治本：从源头杜绝重污染企业

记者在采访中了解到，为从源头杜绝重污染企业，绝不能让今天的项目成为明天的整治对象，沈阳环保部门进一步规范建设项目审批各个环节，暂停审批沈阳农药厂扩建等4个农药、化工、电镀重污染项目，在审批沈煤集团水泥粉末站项目时，淘汰了现有水泥熟料生产线；对铁西新区原审批的5个化工项目进行了复审，复审后取消临时锅炉房一座。

此外，沈阳市环保部门积极推进污染源在线监控系统建设。通过BOT市场化操作方式，完成100套污水在线监控设备及50余套烟气在线设施的安装和联网工作，有效提高污染设施监管能力。此项工作得到环境保护部的大力支持，BOT市场化操作方式已作为典型模式在全国推广。

督察：全覆盖网络化定量化

在严格准入的同时，环保部门还创新环境执法形式，不断加强执法效力。他们积极推行全覆盖网络化定量化“3×6+1”执法新模式，建立新型长效环境执法模式。

据介绍，“3×6+1”执法新模式在全市推行以来，环境监察大队将队内执法人员组成3个执法中队，分别对应负责辖区内一个责任区，每日总计至少检查6家企业，此外每月要组织1次对排污单位的夜查或节假日抽查。对所有排污单位每两月普查一次，全年平均至少普查6次以上。其中，20家重点监控源检查每半月不少于1次，夜查每周不少于1次；326家市控源检查每月不少于1次，每月选取10%的企业组织1次夜查；一般污染源检查每两月不少于1次，夜查酌情安排。

位于长江商业街的大东副食集团皇副超市，未经批准擅自安装一台2吨锅炉用于制作熟食和蒸制面食，由于频繁起炉，常冒黑烟，群众反映强烈。环保部门对其进行多次处罚，企业仍擅自起炉。“3×6+1”执法试点工作在皇姑开展以后，这个扰民锅炉被依法查封，之后执法人员死看死守，迫使该单位使用煤气进行食品加工。经过全方位、不间断的监察执法，终于彻底解决了这一污染难题。

铁岭市开始对“煤粉尘”收费

为了有效地控制煤炭在装卸、堆放过程中产生的煤粉尘造成的环境污染，铁岭市环境监察局由赵黎明局长带队，于先后赴葫芦岛、阜新、营口等几个对煤粉尘收费起步较早的城市进行实地考察。考察主要就煤炭装卸、堆存煤粉尘排放量的确定、监测技术与条件、可参照的煤粉尘排放系数等问题进行交流。通过互相学习、相互交流具体做法和经验，进一步加强了和兄弟城市环境监察部门间的联系，提高了执法能力，有助于我省环境监察工作健康发展。

铁岭市开展对煤粉尘的收费工作，将增加我市排污费的增收途径有助于我市控制和治理煤粉尘污染。目前，第一笔煤粉尘排污费58万元已经征收到户。

辽宁制定完善环境突发事件应急预案,开展流域排污执法检查

在辽宁省环保系统的共同努力下，辽宁省圆满完成了“全力确保奥运会期间全省环境安全”的任务。

作为承办奥足赛12场比赛的辽宁省，为确保奥运会期间的环境安全，辽宁省环保局提出:举全省环保系统之力，强化环境监管，严密防控各类环境事件的发生，迅速配备应急装备，提高监测和处置能力。在辽宁省环保系统奥运安保反恐工作会议上，通过省、市、县三级环保部门层层签订《辽宁省环保系统奥运安保责任状》的形式，构建了全省奥运安保反恐体系，并再次提出，奥运安保是辽宁省环保系统当前压倒一切的中心工作。

在奥运会召开前，辽宁省环保局更是采取了一系列有效措施:迅速制定和完善了辽宁省环境突发事件应急预案及反恐预案，并于4月30日颁布执行；为保障全省环保部门在处置行动中快速反应，上下联动，辽宁省环保局印发了辽宁省环境应急人员通讯手册；辽宁局与省“反恐办”和沈阳机场密切配合，迅速组成环境反恐专家队伍和封闭放射源应急处置队伍，先后10余次完成外籍人士携带放射性物质入境事件的出警、处置和收贮等应急任务；相继组织了辽宁省及沈阳、大连、本溪、辽阳和盘锦等市实施反恐应急拉动和实战处置演练近20次，通过模拟实战演练，大大提高了全省环保系统应对奥运期间环境事件的能力。

为打击违法排污，塑造奥运分赛区优良环境，从5月初开始，辽宁省环保局先后组织开展了全省矛盾纠纷大排查、流域排污执法检查、环境安全隐患百日行动大排查，并与省安全生产监督管理局共同实施了针对尾矿库的隐患整治行动。在上述专项整治行动中，全省环保系统共出动人员两万余人次，执法车辆6千余台次，整改各类环境安全隐患656处，纠正和处罚违法排污行为600余起，规范放射性物质使用企业360家，化解环境信访2078起，停业整顿和取缔各类违法企业400家。特别是取缔超标排污小造纸企业225余家，极大地缓解了全省水环境污染恶化态势。

为确保奥足赛期间全省空气质量稳定达到二级标准，7月30日，辽宁省环保局组织召开了辽宁省中部七城市奥运安保环境保障工作会议。七市的环保部门领导、国控和省控重点污染源(企业)领导、沈阳市重点机动车保有单位(公交公司、出租车公司、运输公司)领导150多人参会。会上宣布了《辽宁省奥运环境保障工作方案》，对奥运期间的工业企业排污控制，重点环境安全隐患的控制，重点水源监管，危险废物与核环境安全的监管，噪声与烟粉尘的监管，机动车尾气的监管等工作都做出了具体要求。

值得一提的是，就在距奥运会开幕式的前半个月，丹东的东港市五龙金矿尾矿库发生安全生产事故，大量含有氰化物的尾矿废水沿溢洪道进入板石河并流入铁甲水库，严重威胁东港市21万人口的饮水安全。辽宁省环保局及丹东市环保局和丹东市及东港市政府反应迅速，辽宁省环保局党组全体领导均在第一时间内赶到现场指挥应急处置，连夜协调组织沈阳、抚顺、本溪、辽阳、盘锦、朝阳等市环保部门紧急调运193吨活性炭，并采取多种有效措施，使事故在48小时内得到及时控制，平息了当地群众的疑虑和不安。对此，辽宁省长陈政高给予充分肯定:丹东水污染事件处理及时，措施得当，辽宁省环保局、丹东市领导功不可没。

正是由于环保系统的上下一心和共同努力，截至奥运会结束，全省空气质量明显好转，稳定达到二级以上的天数较去年大幅度提高，工业企业和机动车废气排放量明显降低，沈阳市环境空气质量在奥足赛期间全部实现优，抚顺、辽阳、铁岭等周边城市空气质量全部达到良好。

省固废中心积极协调处置辽阳灯塔金航石油化工有限公司爆炸事故污染

2008年9月14日早5点40分，辽阳市灯塔金航石油化工有限公司发生爆炸事故后，省固废中心立即组织人员迅速赶赴事故现场，查看污染状况，同时按照省领导要求，连夜安排专业应急处置队伍。辽宁牧昌工业固废处置有限公司于第二天清晨到达事故现场，对受污染的土壤、地表水进

行清理。经过3天连续作业，在省、市环境监测部门检测出的污染范围内，于17日16:30初步清理完毕，共清理出各种废物426.412吨。

9月23日，省固废中心又到灯塔金航石油化工有限公司事故现场对污染处置情况进行检查，针对剩余部分污染土壤和受污染的包装桶未及时清运的问题，责成牧昌公司做进一步清理。截止目前9月24日14点30分，已清理出10车受污染的土壤。

辽宁省国控重点污染源在线监控建设项目开始全面验收

截止到2008年10月15日，辽宁省国控重点污染源在线监控建设项目现场端设备安装工作已基本完成，除个别企业因项目改造，脱硫工程，厂区建设等特殊原因而未能完成外，其余所有企业都已完成了现场端设备安装工作。从2008年11月1日开始，辽宁省国控重点污染源在线监控建设项目已全面进入设备验收阶段。

为确保验收工作的顺利开展，10月16日，省局下发了《辽宁省水污染源COD在线监测系统验收实施细则（试行）》和《辽宁省固定污染源烟气在线监测系统验收实施细则（试行）》，10月23日，省监测站对各市监测站人员进行了专门培训，省局并就验收工作对各市局和设备供应商做了明确要求。

专项行动

辽河整治专项执法行动专报

为落实省局党委关于加强辽河整治工作的决定，省环境监察局会同有关部门近期对辽河流域的沈阳、铁岭、抚顺三个城市进行了突击检查。

在对抚顺的苏子河、搭连河、东洲河的检查中，对当地违法企业的排污情况进行了严处，总体掌握了沿河企业的排污状况。在对铁岭市内及调兵山市、开原市、清河区、铁岭县的检查中，共检查2个工业园区、2家污水处理厂、45家企业，对27家企业排水进行了采样监测；检查发现，共有25家企业分别存在建设项目违反环评审批要求、未履行“三同时”制度、治污设施不正常运行等情况，占检查企业总数的55.6%； 监测结果表明，有19家企业废水超标排放，占检查企业总数的42.2%。对沈阳的细河经济开发区11个企业进行了检查，发现很多违法现象，目前正在处理当中。

省环境监察局此次突击检查拉开了辽河整治专项执法行动的序幕，为辽河水污染防治工作打开了良好局面。

海城专项整治水污染企业

日前，辽宁省海城市政府召开“全市水污染企业专项整治会议”，部署水污染治理工作，全市130多家重点水污染企业负责人参加会议。

针对春季水污染反弹高发的形势和污染减排的总体要求，海城市将重点查处以下5个行业的水污染企业:年产1万吨以上的再生造纸企业，要实现废水内循环、零排放；年产1万吨以下的造纸企业依法关停。印染企业要实现稳定达标排放，主要污染物化学需氧量排放浓度必须低于100毫克/立方米。屠宰企业要实现稳定达标排放，主要污染物化学需氧量排放浓度必须低于120毫克/立方米。化工企业废水要实现达标排放，危险废物要按照国家要求转移处理，并上报回执手续。选(洗)矿企业的生产用水必须实现内循环、零排放。

据了解，专项整治行动从2008年3月21日开始，6月30日结束，分动员部署、集中整治和总结验收3个阶段进行。其中，在集中整治阶段，环保部门将会同有关部门对照整治要求，对全市的水污染企业进行全面清查，依法查处环境违法行为。印染、屠宰等其他排放废水企业，要根据自身废水处理设施的实际，主动整改，自觉实现达标排放。设备闲置的，要立即启动；对超标排污的、私设暗管偷排偷放的、污染直排的企业，要一律停产整治；对治理无望的企业和落后生产能力，一律关闭取缔。

市政府强调，从3月21日开始，环保部门将切实加大监管力度，实行24小时全天候排查。凡发现违法排污行为，都要依法高限处罚；对未受过限期治理的企业，限期治理；对曾受过限期治理的企业，停产治理。工商、电业、公安、监察等相关部门密切配合，对停业、关闭的企业，工商部门要依法注销或吊销营业执照，电业部门要及时停止供电。

省市联动共同推进朝阳市造纸行业污染专项整治

为贯彻落实省政府环保暨辽河治理工作会议精神，按照《关于对全省关停造纸企业进行专项检查的通知》的部署要求，朝阳督查组和阜新督查组于4月14日－16日，共同对朝阳市28家关停造纸企业进行了专项检查。督查组认真听取了朝阳市关停造纸企业情况的汇报，对28家关停企业现场检查，逐一核验，并进行影像取证，建立了省市两级关停企业档案。同时，针对实际督查情况，及时提出督查意见并反馈给朝阳市各级政府和环保局。

朝阳市政府非常重视造纸行业污染专项整治工作，积极落实省督查组意见，马上行动，于17日上午9时，市政府组织召开了“重点环保案件及造纸行业关停整治督查调度会议”，市县区各级政府主管领导、环保局长、环境监察负责人及市直企业代表参会，王树轩副市长做重要讲话。会议通报了省督查组对28家关停造纸企业的检查情况及督查意见，并明确要求：凡不符合国家产业政策、环保不达标的造纸企业一律关停，不打折扣。关停企业没有吊销营业执照和断水断电、拆除设备的，要立即执行，逾期则由当地政府强制执行。

我省开展专项行动严查破坏“环境”的渎职犯罪

从今年5月起至明年11月，一项专门针对“能源资源和生态环境”的查处渎职犯罪专项行动在我省全面展开，重点查办国家工作人员非法批地、低价出让国有土地等行为，保护环境和保证资源合理开发利用。

省人民检察院反渎职侵权局局长杜迎春向记者介绍，专项行动的重点具体包括四类案件：一是国家机关工作人员非法批准征用、占用土地犯罪案件，非法低价出让国有土地使用权犯罪案件，违法发放林木采伐许可证犯罪案件，环境监管失职犯罪案件；二是土地资源管理、煤炭和矿产资源管理等相关活动中玩忽职守、滥用职权，导致能源资源和生态环境严重破坏，或造成国家开发管理能源资源和治理改造生态环境专项资金严重流失，致使公共财产、国家和人民利益遭受重大损失的犯罪案件；三是重特大安全生产事故所涉及的渎职犯罪案件；四是国家机关工作人员帮助破坏能源资源和生态环境犯罪分子逃避处罚的犯罪案件，以及所涉徇私舞弊不移交刑事处理的犯罪案件。

省检察院公布了此次专项行动的举报电话，积极发动群众提供案件线索。

大连市政府召开主要污染物减排暨造纸行业专项整治工作会议

5月19日，大连市政府召开主要污染物减排暨造纸行业专项整治工作会议，夏德仁市长、张军副市长、王忠彦副秘书长参加会议，发改委、环保局等市直部门，各区市政府负责人、有关企业负责人参加了会议。会议听取了大连市环保局关于污染减排工作进展情况的汇报，夏德仁市长与开发区、旅顺口区、金州区、瓦房店市、普兰店市、庄河市、长海县政府签订了《2008年主要污染物总量减排目标责任书》。副市长张军就污染减排专项整治工作提出要求。

夏德仁市长要求，各地区、各部门要把污染减排的责任和措施不折不扣地落实到位。首先要把污染减排的项目落实到位。要加快污水处理厂建设，保证化学需氧量的削减，日处理能力8万吨的马栏河污水处理厂、日处理能力12万吨的春柳河污水处理厂等5家污水处理厂一定要在年底前建成，要把污水处理厂建设的有关政策落实好。此外，各个区市县也要加快本地区污水处理厂的建设。要继续推进脱硫装置工程建设。对已经完成脱硫项目建设的电厂要加强监管，确保脱硫设施的正常运行；对正在建设中的电厂，要保证脱硫装置与主体设备同时建设和投入运营；对不能按期完成脱硫任务的企业，要采取排污权交易的方式，完成二氧化硫削减计划。其次，要落实污染减排的责任主体，各地区，各部门的行政一把手都是环境保护的第一责任人，对污染减排工作要亲自负责。第三要加大污染减排的整治力度，对污染企业该整治的要严格整治，该关闭的要坚决关闭。

夏德仁市长最后强调，实现污染减排最根本的途径是按照科学发展观的要求，走出一条新兴工业化的发展之路。招商引资中要继续坚持“环境保护第一”的原则，“环评”不达标的项目坚决不能落地。要继续坚持环境保护“一票否决制”，各地区只要污染减排的任务没有完成，其他工作再好也是白干。

对344家重污染企业实施限期治理、停产治理和关闭取缔

辽宁省辽阳市近日隆重举行生态省启动暨辽阳市环境整治大会，宣布对全市344家污染严重的企业实施限期治理、停产治理和关闭取缔的决定。

辽阳市结合生态省建设，大力整治高耗能、高污染企业，通过调整产业结构，优化生态环境，促进全市经济又好又快发展。今年3月，辽阳市根据全市总量减排工作的实际需要，对全市主要行业开展了污染普查，确定了以轧铸钢企业、水泥企业、造纸企业和水洗印染企业为重点的专项整治行动。

辽阳市原有的钢铁企业，多数采用落后生产工艺和能力进行生产，属典型的“双高”行业。为落实科学发展观，有效控制污染物排放总量，切实解决轧铸钢行业严重污染环境的问题，他们按照《辽阳市重点区域、行业环境整治三年行动计划》，对全市的重点行业进行了专项整治，按照分区域、分年度淘汰落后产能的工作方案，大力淘汰现有钢铁、建材等行业的落后产能，利用现有工业用地、用电容量和污染物排放量，鼓励支持企业新上低能耗、无污染或轻污染的清洁生产项目。

辽阳市长唐志国明确指出，宁肯牺牲财政收入，也要根治污染企业。目前，辽阳市的所有小轧铸钢企业均停产，不符合产业政策的轧钢企业则予以取缔，符合国家产业政策的企业，要进一步完善环保设施，确保污染物达标排放。

作为辽宁省确定的水泥生产基地，辽阳市已于今年上半年制定了《辽阳市水泥发展规划》，对全市范围内的所有水泥立窑实施停产治理，要求各水泥企业按要求完成污染治理任务，经市、县(区)环保部门验收合格后方可恢复生产。企业也积极筹集资金，准备上新型干法水泥生产线，采用水泥旋转窑生产。到2009年底，全市的大气环境质量将实现有效改善。

近几年来，辽阳市不断加强对全市造纸企业的日常监管，要求企业进行环保设备的治理和改造，按照节约用水、中水回用和少排废水的要求，确保实现污水达标排放。

在小造纸行业的专项整治中，辽阳市环保、城建、水利、土地等市直部门与当地政府投资近千万元，完成了1700米的输水方涵建设，将污水进行集中处理，彻底消灭恶臭现象，大幅度削减污染物排放量。这一举措不仅积极推进了清洁生产，切实保障了群众身体健康，而且加快了“城中村”的建设步伐。

目前，辽阳市已经完成对全市范围内的钢铁、水泥、造纸、玻璃、碳素、水洗、印染、医疗、化工等九大重点污染行业的整治工作，这对于加快辽阳市的工业产业结构调整、完成全市“十一五”主要污染物总量削减任务奠定了良好的基础。

大连市环保专项行动联合督查组开展造纸行业环保后督察

大连市人民政府根据《国务院关于印发节能减排综合性工作方案的通知》和辽宁省环保局《关于对全省造纸行业进行专项整治的工作意见》，2008年5月6日下发了《大连市人民政府关于对全市造纸行业进行整治的通知》（大政发［2008］38号），文件要求各区市政府把造纸行业整治作为污染减排的一项重要工作抓紧抓好，于2008年5月15日前关停年产1万吨以下废纸造纸企业，5月31日前拆除关停企业的生产设备、完成关闭验收工作。全市共涉及关闭造纸企业26家，其中旅顺口区1家、金州区2家、瓦房店市5家、普兰店市8家、庄河市10家。另有17家年产1万吨以上的废纸企业实施停产整治。

超万吨纸厂停产待命

据统计，全市要关闭的小造纸企业有26家，在5月31日过后，当地政府部门表示要对企业实施断水断电，实际上，6月1日起，如普兰店方远造纸厂等大部分造纸企业已经停产。同时还有一些造纸企业因为设备抵押给银行，存在贷款问题，无法按期拆除。据统计，17家产能万吨以上的造纸厂，目前也全部停产。

部分小纸厂设备拆除

6月10日，位于庄河的大连艺川纸业有限公司厂房内，主体设备虽然拆除却并未搬离厂房。对此环境监察部门要求造纸企业不仅要拆除设备，还要将生产设备搬离厂房，就是为了防止这些造纸厂“死灰复燃”。

省环保局领导陪环保部东北督察中心在营口市进行专项检查

近日，由国家环保部东北督察中心赵群英副主任带队的检查组，在省环保局及省环监局领导的陪同下，对营口市2008年污染减排工作进行了为期2天的专项检查。

检查组对营口市列入减排计划中的14家企业和1家风险源企业进行了现场检查，并听取了营口地区本年度及“十一五”期间减排工作计划及进展情况的工作汇报。

检查中，各位专家对营口市目前的减排工作取得的成绩给予了充分肯定，同时也针对营口市面临因GDP飞速增长所带来的严峻的减排形势表示理解，对存在的问题进行了探讨和答疑，并提出了相应的解决办法。

通过此次检查，不仅大大提高了社会各界人士对污染减排工作的重视程度，促进了营口市减排工作的进展，而且为营口市继续扎实有力地推进减排工作、圆满完成减排任务提供了有力的技术支持和坚实的保障。

沈阳对建筑工地环境等开展专项督查

沈阳市近日对全市建筑施工现场环境、农民工宿舍安全卫生条件、食堂卫生、奥运安保等方面开展专项督查。

专项督查针对四部分内容。建筑工地环境方面包括规范设置围挡、车辆禁止夹带泥沙等；农民工宿舍安全卫生方面包括不许住通铺，独立宿舍不能超过16人，在建工程严禁住人，照明用电统一配置等；食堂卫生方面包括厨房封闭管理，固定食品采购渠道，厨师要有健康证，食堂要有卫生证等；奥运安保方面包括工地封闭管理，设置门卫，出入人员要实名制管理，建立夜间巡逻制度等。

本次督查主要对浑南中路等30条主干道两侧及奥体中心等10个重点部位、周边共30个工地进行检查。检查结果将向全市通报，对违法违规的将按有关规定进行处罚，暂扣、吊扣安全生产许可证和企业资质

大连专项行动整治违法排污企业

8月12日，大连市召开整治违法排污企业、保障群众健康环保专项行动工作会议，会上宣布从即日起，大连市将全面整治违法排污企业。

此次专项行动将重点检查城镇污水处理厂实际运行及其配套管网建设情况，查处超标排放、直接排污和污泥二次污染等环境违法问题。城镇污水处理厂建成后至今不能正常运行的，将实施挂牌督办，限期解决；建成一年以上运行负荷达不到设计能力60%，造成污水直排外环境的，将限期整改；超标排污、未对污泥进行无害化处理、未按规定安装自动监测设备以及未按规定与环保、建设部门联网的，将依法对运营单位进行处罚；不正常运营污水处理设施造成污染事故的，依法追究运营单位相关责任人的行政或刑事责任。

环保局收视收听2008年全国整治违法排污企业保障群众健康环保专项行动电视电话会议

7月10日，省环保局在辽宁省分会场参与收看了由环境保护部、发展改革委、监察部、司法部、住房城乡建设部、工商总局、安监总局、电监会在京联合召开的2008年全国整治违法排污企业保障群众健康环保专项行动电视电话会议，会议总结五年专项行动成效，对今年和今后五年开展专项行动的工作做了具体部署，并对有关先进集体和个人做出表彰。

副省长李佳在我省分会场代表辽宁省政府就我省近年来整治环境违法行为开展的专项行动情况做了发言。发言指出，我省始终站在落实科学发展观的高度，以维护群众环境权益为出发点和落脚点，全面开展了环境专项行动。特别是2006年以来，我省以污染减排和辽河治理为重点，围绕群众关心的突出环境问题认真开展检查专项检查和集中整治取得了明显成效：一是我省主要污染物去年首次出现了双下降，今年上半年继续保持了良好态势；二是城市空气质量持续改善，优良天数达到了326天；三是解决了一大批群众关心的环境问题，有利的维护了群众的环境权益；四是全社会环境意识普遍提高，促进了环保重点工作的落实。李佳副省长还就辽宁省开展专项行动的做法和特色进行了介绍。

在随后召开的表彰会上，我省环境监察局因工作成绩突出，获得了整治违法排污企业保障群众健康环保专项行动先进集体荣誉称号。

盘锦市十部门联合开展整治违法排污企业专项环保行动

8月13日上午，我市召开了由市环保局、市发改委、市经委、市监察局、市工商局、市司法局、市安监局、市城建局、盘锦供电公司、市公安局等10家单位参加的整治违法排污企业专项环保工作会议。集中时间对挂牌督办企业、区域限批、督办地区，以及重大环境事件和严重违法地区进行环保后督察，消除各种环境安全隐患，保障饮用水源安全，认真解决严重影响人民群众健康的环境问题，维护广大群众环境权益，促进我市“十一五”主要污染物减排目标的实现。

这次环保专项行动的工作重点是：集中开展环保专项行动后督察工作；集中开展对国控重点企业、省控重点污染源、石油化工、城镇污水处理厂、垃圾处理厂、防水卷材等重点行业专项检查；集中开展辽河流域盘锦段污染企业的专项整治。

环保局与省监察厅联合召开辽河治理专项检查工作情况座谈会

今年8月份，省环保局和省监察厅主要领导带队，组成5个检查组，分别赴沈阳、鞍山等辽河流域所在的11个省辖市和部分县（市），对辽河流域水污染防治工作进行了专项检查。9月23日，省环保局和省监察厅召开座谈会，对检查情况进行汇报总结，会后将形成报告上报省政府。

会上，5个专项检查组代表分别汇报了各市污水处理厂建设、重点造纸企业整治、河道生态治理等工作的进展情况，重点指出了检查中发现各市在辽河治理方面存在的主要问题。

检查组认为，今年以来，各级地方政府对辽河流域水污染防治工作认识高、行动快，并已经取得了初步成效。一是主要领导高度重视，二是造纸关停整治工作成效显著，三是城市污水处理厂建设全面展开，四是流域生态治理工程进展顺利。虽然辽河流域水污染防治工作总体上进展良好，但检查中发现在关停整治、环境监管、生态治理等方面还存在一些问题，需要在下一步工作中予以改进和加强。

省监察厅和省环保局与会人员根据汇报内容展开了研究和讨论，并对辽河流域水污染防治工作存在的问题，提出了可行的建议和措施。

大连开展环境安全隐患百日督查专项行动取得显著成效

根据环境保护部《关于印发2008年环境安全隐患百日督查专项行动方案的通知》要求，大连市高度重视，精心组织，下发了《大连市2008年环境安全隐患百日督查专项行动方案》，明确了工作任务、工作重点、完成时限和责任部门，全面部署启动全市督查行动。专项行动集中排查饮用水源地、危险化学品类、矿山采选企业、石化化工等环境安全隐患，此次行动，全市共出动执法人员1678人次，检查重点风险源企业663家，其中石化化工等重点污染行业类70家，化学危险品行业类359家，危险废物类102家，饮用水源地周边企业85家，尾矿库4家。共排查环境安全隐患190项，对排查出的隐患，要求企业在规定时间内制定切实可行措施，加以整改，并严格督促落实到位。此次专项行动中，依法取缔关闭了企业35家，限期治理企业190家，对70家违法排污企业罚款113万元。目前，已有187家企业完成了限期治理，有效防止了奥运会和残奥会期间重特大污染事故的发生。

沈阳安监环保联手开展专项整治行动

沈阳市安监、环保部门日前启动联合行动，对全市化工生产企业开展全面的安全生产和环境生产专项整治。存在严重违法行为的企业，将被责令停产整顿并受到高限处罚。

10月7日，沈阳市安监局与沈阳市环保局联合下发了《关于开展安全生产和环境安全专项整治的通知》，决定从即日起联合对沈阳市化工生产企业开展全面的安全生产和环境安全专项整治。整治内容包括安全生产许可证持有情况、污染设施运行情况和环境安全规章制度、环境应急预案及污染事故防范设施建设情况等7项内容。记者了解到，本次行动旨在通过对沈阳市211家重点危险化学品企业进行执法检查，切实督促企业遵守安全生产和环境保护法律法规，依法纠正和查处企业存在的隐患和违法行为，全面提高环境安全应急处理能力。

辽宁：专项行动加快治污减排目标实现

记者7月14日从省环保局获悉，继去年二氧化硫和化学需氧量首次实现“双下降”后，我省治污减排再次取得阶段性胜利。到6月底，我省年初确定的二氧化硫和化学需氧量排放量分别比2007年削减8%和4.2%两大指标，都完成了50%以上，其中，削减化学需氧量排放量已接近完成全年目标。坚持了5年的全省整治违法排污企业保障群众健康环保专项行动，有力地保障了这一成果的实现。

在开展整治违法排污企业保障群众健康环保专项行动中，我省举全省之力，坚决打好污染减排和辽河治理两个攻坚战。

通过专项行动着力解决群众关心的环境热点难点问题。近年来，我省群众反映的环境违法问题，主要集中在工业领域。为此，从去年开始，环保部门提出要以“铁的决心、铁的手腕、铁石心肠”，出重拳，下猛药，连续开展环保专项整治行动。以32家国控重点污染源为突破口，我省集中整治了企业超排、偷排问题，对小水泥、小钢铁、小炼油、小炭素等行业加大了整治力度，先后关闭了1000多家企业，仅辽阳一个市就关闭了200多家。同时，全省上下举起区域限批这把利剑，对抚顺、盘锦市的开发区和辽阳县实施了区域限批，对8个工业园区进行了挂牌督办。进入4月份以后，我省又进一步加大力度，把专项整治的重点对准了群众反映强烈、污染严重的造纸行业，仅两个月时间，就对全省417家造纸企业进行了全面整治。

我省环保专项行动的一大特色，就是以环境优化经济增长，努力实现经济发展与环境保护双赢。我省一方面注意优化产业布局，一方面强调深化战略和规划环评。同时，环保部门积极主动为经济建设主战场服务，特别是在“五点一线”沿海经济带开放开发战略启动以后，环保部门通过对区位、资源及环境等因素的分析，及时确定了各区域的环境承载能力和环境容量，提出了相应的对策和措施，为我省沿海经济带经济增长与环境保护协调发展提供了保证。

辽宁省召开2009年整治违法排污企业保障群众健康环保专项行动电视电话会议

在全国整治违法排污企业保障群众健康环保专项行动电视电话会议召开后，我省于4月14日随即召开了辽宁省2009年整治违法排污企业保障群众健康环保专项行动电视电话会议，会议对我省具体的环保专项行动方案进行部署。会议由省环保厅王秉杰厅长主持，省政府何明清秘书长出席会议并讲话。省政府相关厅局及环保厅相关处室负责人在主会场参加了会议，各市相关负责人在各市分会场收看了会议。

针对各地区、各单位如何认真贯彻落实环保专项行动方案，何明清秘书长强调，一要统一思想、提高认识，继续深入开展环保专项行动。在全球发生严重的经济危机形势下，我们要深刻理解做好环境专项行动的重要意义，克服厌战情绪，坚持落实科学发展观不能动摇，打击环境违法行为的决心不能变，环境执法手不能软，力度不能减。要继续保持环境执法“高压态势”，坚决推行“黑脸上岗、铁腕执法、阳光运作、严防死守”的环境执法规范，从思想上解决横不下心、下不了手的问题，用铁的决心、铁的手腕和铁石心肠打击所有违法排污企业。二、突出重点、周密部署，务求环保专项行动取得实效。要以促进污染减排、促进产业结构调整、保证群众健康为目标，以解决群众反映强烈、影响社会稳定的突出环境问题为重点，以加大环保执法力度为手段，集中整治企业违法排污行为，切实维护人民群众的利益，保障经济建设健康发展，全面推进生态省战略的实施。在进行环保专项活动中，要紧紧结合我省实际，在辽河治理、污染减排、深入开展环保攻坚惠民活动、加强环境监察四个方面有新突破。三、加强领导、明确职责，确保环保专项行动的顺利开展。各级政府要在环保专项行动中发挥主导作用，将环保专项行动纳入重要议事日程和政绩考核体系，加强组织领导，加强制度建设，加强协调联动。各级监察、环保部门要强化责任追究意识，加强对地方政府、有关责任部门执行环境保护法律法规情况的检查。各地区也要制定考核方案，搞好督察。宣传、新闻单位要根据制定的环保专项行动宣传计划，加大环保法律法规的宣传力度，形成良好的舆论氛围。

吉林省

吉环监字[2008]4号

关于报送环境监察执法标准化建设项目年度计划及三年规划的通知

各市（州）环保局，长白山管委会环境与资源保护局:

按照国家环保总局《关于印发《全国环境监察标准化建设标准》和《环境监察标准化建设达标验收暂行办法》的通知》（环发[2006]185号）及国控重点污染源自动监控和环境监察执法标准化建设项目实施工作会议的有关要求，为了推进我省环境监察机构标准化建设工作，切实提高各级环境监察机构执法装备水平，提升环境监察能力，省局将着手编制《2008年度吉林省环境监察执法标准化建设项目建设方案》及《2008-2010年吉林省环境监察执法标准化建设项目建设规划》。现就报送环境监察标准化建设项目年度计划及三年规划有关事宜通知如下：

一、各级环保局要充分认识实施环境监察执法标准化建设项目的重要性和紧迫性，制订详细的年度建设计划及三年规划，提出具体的目标、任务和措施，全面推进环境监察标准化建设，使各级环境监察机构在人员机构、执法车辆、取证设备、应急装备、办公设施等方面达到国家环境监察标准化建设标准，从根本上改变我省环境监察机构人员不足、执法装备落后状况。

二、各地要按照《全国环境监察标准化建设标准》（环发[2006]185号）的有关要求，确定“十一五”期间环境监察机构标准化建设规划。各级环保局在确保本级环境监察机构按照国家《环境监察标准化建设达标验收暂行办法》规定“地级市及县级市环境监察机构至少达二级标准，县区级环境监察机构至少达三级标准”的基础上，鼓励按高标准要求达标。

三、各市州环境监察机构要对本级及所辖县（市、区）环境监察标准化建设情况进行摸底调查（调查表见附件），认真核实人员编制、车辆等装备情况。调查表（包括市州本级、所辖县市区基本表及全地区汇总表）填报要实事求是，严禁谎报、瞒报。环境监察标准化建设项目年度计划、三年规划及调查表于3月10日前报省环境监察总队。

联系人：王启宏
电　话：0431-88906285
E-mail：wqh690402@yahoo.com.cn

附件：
环境监察执法标准化建设项目实施情况表

二OO八年二月十五日

主题词：环保 环境监察 标准化 计划 通知

吉林省环境保护局办公室
2008年2月15日印发

吉林经济开发区环境保护工作

吉林经济开发区是1998年经吉林省政府批准设立的省级开发区，是吉林市政府确定的全市重点发展的工业承载区。开发区管委会作为政府的派出机构，建区伊始便确立了“走新型工业化道路、保持经济可持续发展”的基本理念，相应引入了专业环境保护管理人才，成立了专门的环境保护管理部门，建立健全了区域环境保护管理规章及制度。同时，依托国家、省、市环保上级主管部门的支持和指导，分阶段确立并实施各项环境保护事业发展目标，通过十余年的努力，经开区在快速推进经济社会发展的同时，区域环境保护工作亦取得了较好的成绩和效果，得到了各级主管部门的好评，连续多年被评为省级先进开发区。

一、主动引入外脑、摸清园区基底，组织编制环境保护专项规划

1999年，吉林经开区在省内率先组织编制了《开发区区域环境影响评价报告书》，于2001年获得省环保局正式批复。同时，十年来，管委会耗资数百万元，先后委托清华大学、中国社会科学院、吉林大学、吉林省环境科学研究院、石油和化学工业规划院等国内知名的科研院所分别编制了《吉林经开区环境规划专篇》、《吉林经开区生态空间布局课题研究专项报告》、《吉林经开区产业发展与空间组织研究报告》、《吉林经开区生态工业新城（生态工业示范区）建设总体规划》、《吉林经开区循环经济发展规划》、《吉林化学工业循环经济示范园区总体规划》等六大环境保护专项规划。这些规划对开发区的区域环境质量、自然资源、污染源分布以及社会经济发展现状等均进行了真实全面的数据采集和客观评价，在对开发区的资源利用、生态足迹及区域生态承载力等方面的客观分析基础上，严格界定了一、二、三类工业项目各自摆放的不同区间及位置要求，明确了区域的环境功能区划，并确定了以发展“精细化工，生物科技、装备制造、特种纤维、化纤纺织”等主导产业为主体，扶持发展各产业间关联项目为补充的发展思路，有效地指导开发区招商引资及项目选址工作更趋目标化、合理化和简捷化。2006年4月份，吉林省环保局组织论证并通过了《吉林经开区生态工业新城（生态工业示范区）建设总体规划》，正式批准经发区启动全省生态工业示范区建设工作。

二、严把环保审批关口，坚持一票否决制度，切实从源头控制和防范环境污染

在发展过程中，经开区管委会高度重视发展的可持续性，通过严格把好“四关”，即把好产业政策关、总量控制关、环保验收关和全程监控关，实施了对拟入区建设项目从选址、立项、注册开始贯穿于整个企业生命周期的环境保护全过程监管，有效地把可持续发展理念和区域环境

保护工作落到实处；其次，通过强化立项、工商、环保、规划、土地等项目前期相关的各主要行政职能部门间的协同作战和相互配合，集中对环境违法行为进行整治和清查，充分保证建设项目环境影响评价的执行率，对不办理项目环评审批的项目不予以注册；对三高一低项目坚决不予以引进。截至目前，海天公司总投资7000余万元的叔十二碳硫醇项目、吉林市宣普化工有限责任公司总投资3000万元的4000吨/年丙烯酸项目等数个千万元以上项目由于在项目选址阶段未能通过环保预审遭到了否决，充分体现了经开区贯彻落实科学发展观和实现可持续发展的决心。

三、加大资金投入力度，有效整合现有设施，完善区域集中污染治理硬件系统

经开区管委会对区域污染防治基础设施建设实施统筹规划，分步建设。重点以实现污水集中处理和区域集中供汽为目标，规划了《吉林经开区污水治理工程项目》、《吉林经开区10万吨/日工业净水厂工程项目》、《吉林经开区集中供热中心工程项目》及区域道路网系统工程项目等基础设施建设项目。目前，经过十余年的努力，开发区基础设施已初见雏形，东区已建成“三横二纵”路网系统，基本实现九通一平。截止2008年末，东区基础设施现已投入近18亿人民币，污水管网及泵站等环保设施系统累计完成投资近3亿元。现开发区随道路网已建成污水管网45公里及6万吨/日污水提升泵站1座，其中主要工业区污水收集主干管网均为管径1200～1800mm的玻璃钢内衬管材。区域6万吨/日污水处理厂也已开工建设，拟于2010年投入运行。

四、构筑新型管理平台，努力打造绿色品牌，全面提升区域环境管理绩效

为全面贯彻持续改进的环境管理方针，进一步规范政府行政行为，提高各部门服务质量和环境意识，经开区管委会投入30余万元于2003年9月启动实施ISO14001环境管理体系和ISO9001质量管理体系“双贯标”工作，并于2004年顺利通过国家认证中心的双体系审核认证并持续保持至今，现开发区管委会为上述两体系国家认可的持证单位。6年来，每年我们均需对开发区在环境保护方面的持续改进需求进行综合评价，并针对区域发展实际制定切实可行的年度环境目标、指标和管理方案，督导实施并接受国家认证中心的审核和监督，并通过管委会的示范作用及对相关方的控制影响，带动区内工业企业主动开展ISO14001环境管理体系认证工作，现开发区内已建立实施并通过ISO14001环境管理体系认证的大中型工业企业已接近15%，区域环境保护自我约束机制日渐健全，开发区的环境保护管理层次和绩效得以全面提升。现阶段，体系认证证书已成为开发区推动招商引资工作的绿色招牌之一。

工作动态

吉林省环保厅不断推进全省环境执法工作

2月24日，全省环境执法工作会议在长春召开。这是省环保局更名为省环境保护厅后的第一个专项会议，来自全省10个市（州）、60余个县（市、区）的环保局长和环境监察支队长、大队长及厅机关相关处室的负责人共200余人参加了会议。会议由省环境监察总队毕建成总队长主持，孙铁副厅长通报了2008年全省环境监察工作完成情况，王国才厅长到会并作重要讲话。

孙铁副厅长从五个方面回顾2008年全省环境监察工作：

（一）深入开展的环保专项行动，解决了一批突出的环境问题

我省2008年整治违法排污企业保障群众健康环保专项行动超前谋划，在国家部署前，从2月份开始在全国率先开展第一阶段环保专项行动。将造纸、糠醛等重点行业的集中整治、饮用水源保护区的专项整治及排污费稽查等确定为重点。全省共出动执法人员2.4万人次，检查企业6700余户，停产治理59户，限期整改793户，取缔关闭172户，挂牌督办77户，对269户企业实施了行政处罚。通过强化执法监管、环保政策宣传，采取行政处罚、停产治理、挂牌督办等手段，集中解决了一批群众反映强烈、影响社会稳定的突出环境违法问题，受到社会普遍赞誉，环保部、省政府领导也多次予以充分肯定。全国环保专项行动部际联席会议办公室《情况专报》专刊向全国介绍了我省开展专项行动的经验和取得的成效，《中国环境报》对我省专项行动取得的成果也予以了专题报道。

通过深入开展饮用水源保护工作，确保了群众饮水安全。取缔关闭一级保护区内企业6个、二级保护区内排污口25个，整治二级保护区内排污企业51个，实现了全省一级保护区内无排污口，无新（改、扩）建与供水设施和保护水源无关的建设项目的目标。长春市环保局组织力量对石头口门、新立城水库周边及上游的主要污染源和地表水体进行了全面检查和监测，依法对24户企业予以行政处罚、停产治理、挂牌督办或下达限期整改督办单；吉林市环保局对沿江排污口进行了系统调查，协调有关部门制定了具体的取缔方案，建议政府对64个入江污水吐口进行了截流；延吉市环保局对五道水库上游畜禽养殖业开展了专项整治，建议地方政府取缔搬迁了14户畜禽养殖业户。目前，全省11个主要城市的17个饮用水源地水质状况良好，均在III类以上，符合饮用水标准，确保了全省饮水安全。

重点流域专项整治工作有效地改善了水环境质量。全省各级环保部门认真贯彻落实“让松花江休养生息”的措施要求，把重点流域的水污染防治作为大事来抓，始终抓紧抓实不放松。全省共检查流域内企业826户，对39户企业实施停产治理，对21户企业实施行政处罚；对2007年以来新（改、扩）建的660余个工业项目开展专项检查，查处排放涉氮、磷污染物和有毒有害物质建设项目38个。长春、吉林、松原等地在重点流域专项整治中全面部署，严格监管，强化宣传，突出重点，责任落实。严肃查处了一批典型环境违法案件，保障了水环境安全。通化市、辽源市环保、监察、国土、林业等部门密切配合，联合执法，对涉及松花江、辽河流域的112户重点排污企业进行了专项检查，对27户存在环境违法问题的企业分别予以限期整改或停产治理。

通过开展重点流域专项整治，促进了流域水环境质量的持续改善。监测结果显示，2008年全省15条江河的53个国、省控断面，好于Ⅲ类水质的占56.5%，有4个断面水质好于2007年。松花江流域出省境断面一直稳定保持Ⅲ类水质，辽河流域出省境的六家子断面、四双大桥断面、林家断面COD浓度同比分别下降73%、55%和66%，提前达到了国家“十一五”主要污染物总量减排责任书中规定的中期水质目标要求。

（二）不断强化环境应急管理工作，确保环境安全

一是全面开展环境安全隐患排查与整治工作。省厅将2008年确定为“环境安全隐患排查治理年”，将石油化工、危险化学品生产经营、尾矿库等作为环境安全隐患排查与整治工作的重点。全省各级环保部门坚持把预防环境事故，加大对环境风险源的监管作为环保工作的重中之重来抓。全省共检查生产经营单位、场所1296个，查出一般隐患90项，查出重大隐患5项（已全部整改），投入整改资金1.45亿元。检查尾矿库（含灰坝）197座，对存在环境安全隐患的企业和尾矿库，及时下达了整改通知书，并报告当地政府采取进一步防范措施。

二是进一步加强应急管理基础建设。全省各地在初步掌握了本辖区各类环境安全隐患的种类、数量、分布状况、周围敏感点及一旦发生突发事故后可能产生的危害和应对措施的基础上，已分级初步建立了重点风险源动态档案和环境应急专家库。吉林市环保局率先建立了以预警、指挥、技术支持、物资保障等系统为主要内容的环境应急管理平台；在松花江吉林市境内九条二级支流上选定适于采取污染防控工程措施的22个控制断面，并预先绘制出施工图纸；建立了以吉林市环境应急物资储备库为中心、以重点工业企业及相关部门物资储备库为分库的应急物资保障体系，实现了突发环境事件应急指挥、处置的科学化、程序化。延边州注重结合应急预案开展应急演练，不断提高应急响应能力。2008年，在全省各级环保部门的共同努力下，成功处置了吉林市劲松化工厂火灾事故、四平市盐酸泄漏事故等多起因生产、运输事故引发的环境污染事件，全年未发生重大及特别重大环境污染事件，确保了环境安全。

（三）多措并举，排污费征收实现新的增长

受全球金融危机冲击等多方面减收因素的影响，2008年我省排污费征收工作形势严峻。各地积极挖掘潜力，拓展渠道，在科学核定、足额征收上下功夫。一是强化排污申报审核、核定等基础工作，确保排污费核定科学规范。二是不断加大排污费稽查力度。全省各级环境监察部门按照省厅下发的《吉林省2008年排污费稽查实施方案》部署要求，对大唐长山发电厂等50户重点企业欠缴的9000余万元排污费进行了稽查，全年追缴排污费3000余万元。三是不断拓宽收费面。松原市强化了对油田排污费的征收力度，延吉、珲春市以三产为增长点，努力做到排污费应收尽收。四是进一步规范排污费征收行为。省厅下发了《关于进一步加大排污费征收力度规范排污费征收行为的通知》，要求着力杜绝协商收费、人情收费、以监测费名义收取排污费等违规行为。长春市不断规范排污费征收行为，不断加大排污费收缴力度，不断拓宽收费面，2008年排污费征收额达到12587万元，连续第二年实现收费过亿元，比2007年（10112）增加2475万元，增长24.4%。通过全省各级环保部门的共同努力，2008年全省排污费征收总额达到34656万元，比2007年（27994）多征收6662万元，增长23.8%，实现了历史性的突破。

（四）坚持以人为本，切实抓好环境信访工作

2008年，全省各级环保部门坚持以科学发展观为指导，坚持以环境信访为镜，广泛依靠群众排查违法排污企业和环境安全隐患，查找工作中的不足。通过采取行政处罚、停产治理、挂牌督办、后督察等手段，集中解决了一批群众反映强烈的环境热点难点问题。各地认真落实重大信访例会、领导接待日、来访接待等制度，做到了接待、登记、回复全过程服务，提升了环境信访工作水平。吉林、松原市在案件办理、回复过程中公平公正、措施落实，受到群众的好评。通化、白山、白城等地不断强化超前排查力度，将工作重心前移，及时发现可能危害群众环境权益的问题，做到早发现、早控制、早化解，将矛盾化解在苗头，控制在当地。经全省各级环保部门的共同努力，2008年来省群体访、重复访数量较往年有明显下降，起到服务经济、稳定社会的作用。2008年，全省共受理信访7587件，其中受理群众来信5871 封，接待群众来访1716批、 5148人次，办结率92%。省厅直接受理群众来访31批179人次，群众来信149件，来电312个，办结率93%。省环保厅被省政府评为信访工作先进单位。

（五）攻坚克难，积极推进在线监控设备安装工作

污染源在线监控系统是推进环境执法工作重要的信息手段和技术手段，对于推动全省污染物减排工作的顺利完成起着重大的作用。全省各级环保部门按照省厅要求都成立了在线监测设备安装推进组，实行专人负责，明确任务时限。对未按要求落实的企业逐户下达了限期安装通知书，起到了积极的推动作用。辽源、白城、四平等地不以经济总量小，安装任务相对较重为由，不等不靠，积极帮助企业解决困难，对进展缓慢的企业现场研究解决的办法，落实安装时限。目前，与省厅联网的在线监测设施已达176套，超额完成了省政府绩效考核确定的目标，为污染减排核算与监督提供了保证。

王国才厅长在讲话中强调：

（一）要充分认识环境执法工作面临的形势和任务，进一步增强做好工作的责任感和紧迫感

党中央、国务院、省委、省政府十分重视环境保护工作，我们要严格执法，对违法排污行为限期整治，对重点违法排污企业要挂牌督办，对恶意排污行为要严厉处罚，发现一起查处一起，绝不迁就姑息。

目前这场金融危机可能是进入新世纪以来我国经济发展最为困难的一年，也是我省经济发展面临挑战最为严峻的一年。

经济形势的变化必然会对环保工作带来四个方面的压力：一是社会关注的焦点会在一定程度上从环保转到就业、稳定和企业发展上，从而减弱整个社会对环保工作的关心、支持和参与；二是大规模的拉动内需项目的全面启动及一些地方为加快建设进度，可能会降低环保要求或不按程序加快项目上马步伐，甚至可能借拉动内需挤进一些“两高”项目，使建设项目环保管理的压力进一步加大，会给污染防治和环境带来更大压力；三是一些自律意识差的企业会放松内部环保管理，减少环保治理投入，尤其是受经济下滑影响，部分企业治污设施正常运行压力较大，偷停偷排的风险增加；四是一些地方为了保持经济增长，干预环境执法及排污收费等现象会有一定程度增加。

国内外经济形势给环保造成压力的同时，也存在有利的一面：一是金融危机、经济危机将促进产业结构调整，客观上有利于减轻环境的压力。二是危机冲击下的经济全球化，会助推绿色壁垒、低碳经济浪潮的进一步掀起，从而形成环境保护的外部动力。三是危机要求强化政府干预，中央制定了“保增长、扩内需、促调整”的方针，实施一系列公共政策，有助于推进环境基础设施建设。我们必须利用市场的力量，借助外部的力量，依靠政策的力量，不失时机的推进环境执法工作。

正确分析环境执法工作面临的新形势，从容应对，化挑战为机遇，这是对我们全省环境监察系统的重大考验。我们必须看到，当前经济社会健康发展的基本面没有变，党中央、国务院和省委、省政府加强环境保护、破解资源环境瓶颈制约的坚强决心没有变，广大人民群众对环境保护的期待和支持没有变。环境监察系统的同志必须坚定信心、把握趋势，真正把思想和行动统一到中央和省委、省政府的决策部署上，利用一切可以利用的因素，调动各个方面的积极性，坚定不移贯彻落实科学发展观，围绕减排中心工作，进一步加大环境执法工作力度。

（二）解放思想，创新机制，做好新形势下的环境执法工作

今年是省政府确定的工作落实年，也是省厅确定的执法规范年。

要大力强化四种意识：一是要强化执法为民的宗旨意识。要站在群众的立场和角度观察问题、思考问题，及时了解群众的环境诉求。敢于迎难而上，善于化解环境污染纠纷和矛盾，切实处理好群众关心的环境问题，维护好群众的环境权益。二是要强化严格执法的责任意识。增强服务改革发展、维护社会稳定、构建和谐社会的使命感，认真履行法律赋予我们环境执法监督的神圣职责，把进一步提高环境执法的质量和水平，作为当前一项重大而紧迫的任务抓紧抓实抓好。三是要强化依法行政的法治意识。牢固树立法治观念，克服以言代法、以权代法、以情代法等不良倾向，严格遵守执法程序，依法规范行使职权，尽快养成遇事懂法、办事依法、言必合法、行必守法的良好习惯。四是要强化勇于探索的创新意识。要不断完善移送移交、挂牌督办、联合办案等制度，实现执法机制创新；要综合运用法律、行政、经济等手段，实现执法效能创新；要大力提升自动化、信息化监控水平，实现执法手段创新；要深入开展环境应急处理、生态环境监察等工作，实现执法内容创新。

要解放思想，积极探索，推进执法工作四个转变：一是推进从主要用行政手段向综合运用法律、经济、技术等手段转变。要用好法律手段，该处罚一定要处罚，该重处则重处，该关停的关停，该申请法院强制执行的强制执行，该追究刑事责任的追究刑事责任。要用好经济手段，加大排污费征收力度，结合价格、税收、金融等优惠政策，不断优化调节配置环境资源，从经济上促使企业节能降耗、治理污染。要用好技术手段，通过污染源自动监控等先进技术，实现对污染源的远程监控和动态管理，为环境执法提供可靠依据。二是推进从事后补救被动执法向事前预防主动出击转变。长期以来，我们的执法工作主要局限在领导交办、群众举报和媒体曝光的环境问题，习惯于单纯的就事说事、就案办案，缺乏举一反三，深挖细查的能力。要转变工作思路，前移执法关口，通过一个环境违法案件的办理，查找相关行业、区域、流域的共性问题，集中开展全面的执法行动，预防制止行业环境违法行为，促使引导区域经济增长方式的转变。三是推进从单一执法向执法与服务相结合转变。服务与监管都是政府的基本职能。我们要正确处理好环境执法与为经济发展服务的关系，必须寓服务于监管之中，既要依法监管、严格监管，切实落实污染减排和环境整治任务，又要提高效率、搞好服务，促进我省经济平稳较快发展。我们强调服务，并不是说就可以放松执法监管。“执法必严、违法必究”，依法查处各类环境违法行为，加强环境监管，是环保部门的法定职责，否则，就是没有依法行政，就是没有维护广大人民群众的环境权益，就是失职渎职。因此，不管经济形势如何变化，我们都必须加强执法监管，切实提高企业的稳定达标率，坚决遏制违法排污高发势头；坚持统一的执法标准和尺度，营造公平公正的企业竞争环境，维护法律法规的严肃性。特别是在项目审批过程中，缩短审批时间、简化审批手续都必须在依法依规的前提下进行，法定的公众参与程序都不能少；环境准入的标准绝不能降，要坚决遏制“两高一资”项目，避免重蹈先污染后治理的覆辙。不能因为出现了经济危机，就盲目引进高耗能、重污染、低效益的项目或企业，等到经济形势好转了再去关闭停产。这样不仅成本很高，也影响政府的公信力。要进一步完善考核机制，对优质服务、严格执法的要进行必要的奖励，对放松执法监管、降低准入标准、违规审批项目引发群体性事件、影响社会稳定的，一定要严惩不贷，坚决追究责任人的责任。四是推进从处罚为主向处罚与教育相结合转变。处罚是手段，不是目的。环境执法不能为了处罚而处罚，一罚了之。我们查办的违法企业中既有严重违法，确实危害人民群众健康，恶意排污的企业，也有众多的不知法、不懂法，不了解环保的企业。所以我们一方面要严格执法，该关停的关停，另一方面要采取多种形式，借助各种力量，加大环境法制宣传教育力度，让企业了解环境污染的严重危害、保护环境的重要意义环境违法的法律后果，提高企业的环保意识、守法意识和责任意识。

（三）要严格要求，规范管理，打造一支廉洁高效务实的环境执法队伍

环境执法是履行环境管理职责最基础、最基本的工作，也是全面提升环境管理水平的重要途径和手段，更是环保部门的立足之本。但是当前我们环境执法队伍思想建设、作风建设、廉政建设及业务建设方面还比较薄弱。特别近一个时期，环保系统廉政方面的问题已有显现，违法违纪案件呈上升趋势，一定程度上损害了环境执法系统的社会形象，影响环保部门的社会公信度。所以，我们必须更加深入地总结经验教训，在切实加强执法队伍业务能力建设的同时，更加注重队伍的思想建设、作风建设、廉政建设，提振环境执法系统士气，营造务实、创新、廉洁的工作氛围。要突出抓好廉政建设、重点抓好“规范化、标准化”建设。要提高执法队伍的三个意识：一是大局意识。松花江流域发生的每一个违法排污案件都不能孤立地看，要把对每一个案件的处理，放到松花江流域污染防治的大背景中，才能准确把握，妥善处理。要防止炒作，造成国际影响。要及时沟通信息，多方反馈工作动态。二是责任意识。有责任意识工作才能认真，认真才能做好工作。要有对自己负责、对企业负责、对环保事业负责、对全社会负责的态度，认真履行职责。三是廉政意识。环境执法工作面对社会的各个层面，在环境违法问题的查处的过程中，既有阻力也有诱惑。要防止在环保执法中搞钱权交易，丧失原则，为违法企业通风报信，为违法企业充当保护伞，谋取私利。各级环境监察人员要正视手中的权力、慎用手中的权力。要依法办案，防微杜渐，做一名政治合格、业务过硬、廉洁奉公的环保卫士。

（四）开展好环境监察工作考核工作

今年，省厅对各市州要实行环境监察工作考评制度，对各市州环境监察执法工作进行整体评价考核。各地要高度重视，认真落实。同时，省环境监察总队也要严格考核制度，认真组织实施，保证这项工作不走过场，真正达到促进环境监察工作的目的。同时，要对考核结果全省通报，对环境监察执法工作做得好的要表彰，做得不好的要批评。

会议还部署了第一阶段环保专项行动工作方案。

保护母亲河　加强水污染防治

——环保厅组织召开2009年全省环保专项行动动员部署会议

4月29日，省环保厅组织召开了由各市州环保局环境监察主管领导、监察机构负责同志参加的全省环保系统专项行动动员部署会议。会议对《2009年环保专项行动方案》主要任务落实进行了部署安排，认真传达了周生贤部长在全国环境保护部际联席会议暨松花江流域水污染防治专题会议上的讲话精神，结合开展今年环保专项行动提出了贯彻落实意见。孙铁副厅长从影响环境执法监管的外部和内部因素，全面分析了当前面临的严峻形势，指出了环保专项行动中存在的突出问题，提出了狠抓工作落实的四项具体措施：一是把对监察执法人员上岗资格考试、监察机构年度考核等作为强化素质和规范执法的抓手，切实提高环境监察队伍的素质。二是进一步完善环境风险源档案、排污申报与核定、在线监测设备监管等工作，不断夯实环境执法的基础。三是开展“环境执法规范年”活动，在服务发展经济过程中不断规范环境执法。四是突出重点，攻艰克难，确保环境监察工作全面完成。

各市州针对工作实际，就落实专项行动工作内容开展了广泛讨论，提出了许多建设性的意见和建议。

目前，全省各级人民政府及有关部门正在认真贯彻落实全国环保专项行动电视电话会议精神及省委、省政府的安排部署，按照国家和省政府《环保专项行动工作方案》要求，统一思想，成立领导机构，制定工作方案，明确工作重点，2009年环保专项行动动员部署工作正在我省全面有序展开。

吉林省切实维护人民群众环境权益 抓好环境信访工作

年初以来，吉林省环境信访总量持续增长，群体访、越级访也时有发生，信访内容趋向复杂化。吉林省将环境信访与环保专项行动紧密地结合起来，将群众反映的热点、难点问题作为环境执法的一个最有利的线索，纳入环保专项行动的重要内容，予以严厉打击，有力地促进了环境信访问题的解决，切实维护了群众的环境权益。在调处方式上，坚持“打击违法手不软，善做工作多疏导”的原则，动之以情、晓之以理、依法办事。对于原则性的问题不妥协，对于依据当前政策一时不能解决或不属于管辖范围的问题认真做好解释工作，注重在说服教育和依法行政中化解各种矛盾，切实解决各类环境污染纠纷问题。同时，不断强化超前排查力度，将工作重心前移，今年制定了《关于开展重信重访及矛盾纠纷排查化解工作实施方案》，及时发现可能危害群众环境权益的问题，做到早发现、早控制、早化解。截至目前，省局直接受理的群众来信共计70件，接待群众来访14批次，109人次。

吉林省强化环境应急管理 有效处置突发环境事件

吉林省环境监察总队将2008年确定为“环境安全隐患排查治理年”，制定并下发了《吉林省2008年环境安全隐患排查治理工作实施方案》。全省各地本着治大隐患、防大事故的原则，认真开展环境安全隐患排查工作，现已初步掌握了全省各类环境安全隐患的种类、数量、分布状况及发生突发事故后的应对措施等，为预防及处置突发环境事故打下了一定的基础。

通过长期的环境应急管理的实践，吉林省充分认识到建立环境应急专家库是全面加强应急管理工作的内在要求和科学决策的需要，是有效处置突发事故的重要举措。现已要求各地要结合当地的实际情况，有针对性的聘请相关专业的资深专家分级建立环境应急专家库，并实行动态管理。

为督促高危企业结合各自情况制定切实可操作的环境应急预案，使每个企业都充分做好人员、设备、物资准备，使污染事故在第一时间得到有效处置。吉林省环境监察总队现已完成了《企业环境应急预案编写指南》初稿的编制工作，待经过进一步讨论后下发，指导重点企业全面开展环境应急预案的编制工作。

由于措施得力，已有效处置了4月7日发生的吉林市劲松有机有限公司发生火灾事故，4月9日发生的四平市液化气供应处的盐酸泄露事故，4月11日发生的延边州和龙市海兰江海兰桥至八家子段江水变绿影响部分居民饮水事件，未对松花江造成影响，也未对周围群众造成不良后果。

吉林省环境监察总队开展重点案件后督察工作检查

按照环保部要求，省环境监察总队于4月1日－30日在全省范围内重点开展一次对2003年以来群众反映强烈、领导关注、环境污染严重、问题突出、反复上访、严重影响社会和谐稳定的各种环境违法案件及2005年以来所有挂牌督办的环境违法案件的后督察工作。省局组成4个督察组，对全省重点环境违法案件进行了后督察。各督察组深入到各市州、县（市、区），现场检查企业100余户，严厉打击了一批典型环境违法案件，取得了较好的成效。在此次督察中，对农安伟达屠宰厂、临江市祥泰有色金属有限公司等15户企业提出停产治理；对吉安生化乾安酒精有限公司、吉林达利食品有限公司等6户企业提出限期治理；对四平昊华有限公司、长春佳龙农牧食品发展有限公司、辽源市迪康药业有限责任公司等17户企业予以行政处罚；拟对桦甸市老金矿、乾安万亿达亚麻纺织厂等13户企业与省监察厅联合进行挂牌督办；并对长山热电厂、长春大合有限公司等10户企业进行了排污费稽查。同时责成当地环保部门对其他一批违法企业依据有关规定进行严肃处理。通过后督察，提高了环保执法力度，提升了环境执法的威慑力，促进了环境违法问题的彻底解决，为实现节能减排目标提供了强有力的执法保障。

吉林省强化环境应急管理 有效处置突发环境事件

吉林省环境监察总队将2008年确定为“环境安全隐患排查治理年”，制定并下发了《吉林省2008年环境安全隐患排查治理工作实施方案》。全省各地本着治大隐患、防大事故的原则，认真开展环境安全隐患排查工作，现已初步掌握了全省各类环境安全隐患的种类、数量、分布状况及发生突发事故后的应对措施等，为预防及处置突发环境事故打下了一定的基础。

通过长期的环境应急管理的实践，吉林省充分认识到建立环境应急专家库是全面加强应急管理工作的内在要求和科学决策的需要，是有效处置突发事故的重要举措。现已要求各地要结合当地的实际情况，有针对性的聘请相关专业的资深专家分级建立环境应急专家库，并实行动态管理。

为督促高危企业结合各自情况制定切实可操作的环境应急预案，使每个企业都充分做好人员、设备、物资准备，使污染事故在第一时间得到有效处置。吉林省环境监察总队现已完成了《企业环境应急预案编写指南》初稿的编制工作，待经过进一步讨论后下发，指导重点企业全面开展环境应急预案的编制工作。

由于措施得力，已有效处置了4月7日发生的吉林市劲松有机有限公司发生火灾事故，4月9日发生的四平市液化气供应处的盐酸泄露事故，4月11日发生的延边州和龙市海兰江海兰桥至八家子段江水变绿影响部分居民饮水事件，未对松花江造成影响，也未对周围群众造成不良后果。

榆树市实行信贷联审斩断违法企业资金链条

为强化环境监管，严格信贷环保要求，防范因违法排污企业关停、欠缴排污费而封停账户及其他违反环保法律法规行为带来的信贷风险，促进信贷安全，榆树市环保局和人民银行于2008年1月8日联合出台了《关于加强环境保护防范企业信贷风险的意见》，对企业信贷实行联合审查，将环保把关审批纳入人民银行征信管理环节。

信贷联审制度要求企业在办理信贷业务时，必须先到环保局申请环保审核，金融部门依据环保局提供的企业"环评"审查、排污许可证、缴纳排污费、减排措施以及是否存在环境违法行为等信息，考虑是否办理信贷受理业务。对未通过环评审批或者环保设施验收、国家明令淘汰的、高耗能、高污染、环境风险大的行业、违法排污和拒缴排污费等企业，严格控制授信支持，并采取措施收回不符合信贷环保审核条件的已发放的贷款。长春翔名蔬菜有限公司由于没有污水处理设施和符合环保要求的除尘设施，在申请企业贷款时，未能通过环保审核，取消了授信资格。

这一举措使榆树市环保部门和金融监管部门密切合作与联动，以严格信贷管理加快环境治理，以强化环境监管促进信贷安全，通过经济制约和监督，改变企业"守法成本高、违法成本低"的状况，斩断违法排污者的资金链条。这一机制的建立，既制裁了违法排污行为，又化解了信贷风险。2008年实施以来，已经有4家企业通过了信贷审核，4家企业因未通过联审被叫停。

今年，为进一步推进实施"绿色信贷"制度， 4月23日，榆树市环保局和人民银行再次联合出台了《关于加强信息交流进一步落实"绿色信贷"制度的意见》，将企业动态环境信息定期纳入银行企业信用信息系统，通过信息共享平台，使各信贷受理机构更能够及时全面掌握企业环保守法、违法情况，为化解信贷受理风险提供科学准确的事实依据。

松原市抓实抓好环境监察工作

2009年松原市及早部署环境监察重点工作：

突出一个中心——以专项行动为中心，重点解决百姓反映强烈的环境问题，遏制超标企业存在。

抓好两个重点——一是重点抓好排污费收缴，规范收费档案，实行核、收分离；二是全面开展稽查工作，从4月份开始对辖区四县开展排污费稽查，并结合专项行动，贯穿全年。

争取三个突破——一是执法措施、方式、方法、成效上有所突破；二是在环保验收率上要有所突破；三是监察人员业务素质上有所突破，打造一支业务能力强、政治素质高、快速反映的监察队伍。

环保专项行动——结合松原市环保模范城建设，进一步推进全市"五城"创建工作，3月16-19日，监察支队会同监测站、宣教中心于早晚取暖锅炉运行期间对全市城区燃煤锅炉进行全面检查，彻底查清散烧原煤锅炉及除尘设施运行情况。在现场检查中发现，大多数锅炉能够按照环保要求达标排放，部分取暖锅炉运行不正常，除尘设施运行不稳定，烟尘超标排放。扬州洗浴、松原市供热公司八三站烟尘林格曼黑度Ⅲ级，松原经济技术开发区政府、松江大戏院、中国人民财产保险公司松原分公司锅炉烟尘林格曼黑度Ⅴ级。环境监察人员及时调查取证，认真做好现场检查记录和调查询问笔录。按照有关法律规定对超标排污企业下达了行政处罚告知书，并在松原电台和松原晨讯进行曝光。

按照重点污染源监察制度，对辖区污染源重点监察。检查企业12家，出动执法人员50余人次，制作现场检查记录30余份，调查询问笔录10余份。配合省环境监察总队联合检查3次。2009年3月11日—20日，稽查科先后对中石油前郭石化分公司生产不稳定、检修停车和松原吉安生化有限公司浓浆异味污染问题进行了详细检查。

吉林市环境应急管理体系建设经验

吉林市因江而得名，沿江而布局，受产业结构、工业布局影响，在经济快速发展过程中始终面临着突发环境污染事件高风险的威胁。首先是流域风险，吉林市位于松花江上游，作为一条跨省界河，沿江涉及到近千万人口的环境安全和国际问题，流域突发水污染事件风险级别较高。其次是化学危险品风险。吉林市是一座化工城市，多年来，以中油吉林石化公司为主干，下游化工企业为配套的完整化工产业链条得到了规模化发展。因此化学危险品、危险废物环境污染事故依然是全市的主要环境风险。

"居安思危"，面对高风险，吉林市进行了深入思考和实践，并逐渐形成了系统化的环境应急管理工作思路和实践成果。概括起来说，主要为两项评估，五大体系建设，三个方面工作加强。

1、首先是开展环境风险评估，分类、分级建立了环境风险源档案，实现风险源动态管理。

风险源主要包括三个方面内容：一是确定重点环境风险企业33家，一般环境风险企业25家，县区环境风险企业48家。二是确定重点风险因子，主要为重点工业企业生产工艺中涉及到的所有原材料、中间体、助剂、催化剂、产品、副产品、固体废物等，并根据确定的风险因子编制了化学字典库，主要包括每种因子的理化性质、毒性分级、检测方法、标准、防护措施、处置方案及不同生产过程一次工艺使用量、储存量、全年总量等信息。三是确定主要环境敏感点、敏感区域。主要包括社区、学校等人群密集区域，水体等，详细掌握人文、水文等信息。

2、开展环境应急能力评估，建立风险源网格化监管体系、应急监测体系，实现污染源管理向风险源管理转变，对风险源实施全面监控。

风险源网格化监管体系主要是将环境应急监管责任实行目标化管理。在每一个网格内，明确责任人、明确监管任务。

3、开展课题研究，有针对性解决环境应急科学化、系统化、标准化、程序化、模板化的工作需求，将应急管理理念、思路、方法、技术等向更深、更细、更高的要求发展。

4、建立以《吉林市突发环境事件应急预案》为总纲，以县区应急预案、应急监测预案、重点工业企业应急预案、专项预案为分支，以流域、区域、重点工业企业应急防控工程技术方案、应急指挥操作规程、分类应急操作手册为支撑的应急预案体系。

体系中的重点是作为预案支撑的专项预案、企业应急预案和根据不同类型、不同等级、不同因子所制定的应急防控工程技术方案、应急指挥操作规程、分类应急操作手册等。

5、建立并完善车间、企业、区（流）域三级应急防控体系。

主要内容为在装置区设置围堰；在企业建设事故缓冲池、拦污坝；在松花江二级河流上根据水量、水情、河道、堤防、人文、重点工业企业污染源情况，预先选定适于采取污染防控工程措施的控制断面，分流区域，并根据不同环境风险因子制定污染防控工程技术方案，绘制工程施工图。

目前，在重点工业企业，吉林市已完成建设围堰2万延长米，事故缓冲池10座，容积11.66万立方米。永久拦污坝2座。

在松花江九条二级支流上预设了22个防控断面，2个分流区域。

6、在充分考虑突发事件性质、规模及保障需要的基础上，按照超前准备、保障到位的原则，建立以吉林市环境应急物资储备库为中心、以重点工业企业及相关部门物资储备库为分库的环境应急物资保障体系。

吉林市环境应急物资储备库于2007年底建成，主要储备了活性炭40吨、围油栏1000延长米、化学药品10余吨，以及工程配套物资、夜间照明设备等。同时对重点工业企业及相关部门物资储备情况进行了统计调查，明确了联系人和调集方式。

7、加强演练、组织多元化应急培训，增强应急管理意识，提高应急指挥水平。

8、建立以预警系统、应急指挥系统、技术支持系统（数据分析、模型预测、化学字典、技术资料等）、分类应急管理系统（流域、区域、重点工业企业、交通干线、市政管网、饮用水源地、放射源等）、信息发布系统、应急档案系统为主要内容的环境应急管理平台，实现突发事件应急指挥、应急处置科学化、程序化管理。

预警系统主要包括视频监控系统、举报投诉系统、自动监控、预警监测管理系统三部分。

应急指挥系统主要为支持一对一、一对多等多种语音通讯方式的应急通讯系统，文件、图像、语音传输系统和GPS导航系统。系统中已设定各种突发事件的响应模式和响应流程，一经触发，立即产生联动响应。

技术支持系统由数学模型库、技术资料库、化学字典库、应急预案库、专家库、应急物资库等部分组成。其主要功能是为应急指挥过程提供技术支持。

分类应急管理系统是基于地理信息系统和遥感技术为依托的技术管理平台，包括流域、区域、重点工业企业、交通干线、市政管网、饮用水源地、放射源七个管理子系统。其中：

流域应急管理子系统为该系统的主要工作模块。

主要包括：松花江九条二级支流水文、地理、人文等大量基础信息；流域内主要环境风险源、风险因子评估报告；每条河流分段应急防控工程、技术方案；水污染扩散预测模型；GIS地理信息系统；应急物资储备、调度、线路规划方案；应急指挥操作规程、应急响应流程、应急操作手册、分段监管体系等制度和规范性文本；可实现三维动态事故模拟演示。

重点工业企业应急管理子系统提供了企业完整的风险源档案。矢量化的厂区平面图；三维动态显示厂区地下管网及污水流向；企业突发环境事件应急处置操作规程等。

区域应急管理子系统主要是针对区域大气环境污染事件所建立的应急管理系统。区域应急实行网格化管理，系统提供了每个网格内的详细人文信息；提供了大气污染物扩散模型。根据模型分析，确定疏散范围、疏散线路规划；同时可以利用三维动态成像技术对污染因子扩散方式进行动态模拟。

交通干线、市政管网、饮用水源地、放射源四个管理子系统是以辅助功能为主的系统，其作用是为应急指挥工作提供完备的信息支持。

信息发布系统主要包括根据不同类型、不同等级的突发事件所建立的信息发布模版及程序和方式等。

应急档案系统伴随应急指挥系统同时启动，对应急指挥系统所做的每一项工作、发出的每一条指令、接收到的信息等均做存档处理。在应急指挥过程结束后，系统可形成完整的应急档案。主要包括：工作日志、工作报告（初报、续保、处理结果报告）、会议纪要、专家论证意见、监测报告、领导批示、公文流转记录、原始资料、技术数据、影像资料等。

专项行动

吉林省2008年整治违法排污企业保障群众健康环保专项行动第一阶段工作方案

为进一步加大环境执法力度，深入开展环保专项行动，切实解决群众关心的环境热点难点问题，特制定吉林省2008年整治违法排污企业保障群众健康环保专项行动第一阶段工作方案。

一、指导思想

以贯彻十七大精神为指导，深入贯彻落实科学发展观，以杜绝超标排污企业存在，杜绝重特大污染事故的发生，确保人民群众环境权益为目标，切实加大环境执法力度，重点解决危害群众健康和影响可持续发展的突出环境问题，集中整治和严厉打击各类环境违法行为，突出抓好松花江、辽河流域水污染防治及饮用水源保护工作，全力推进污染减排工作的完成。

二、工作重点

（一）继续开展对造纸、糠醛等重点行业的集中整治

1．巩固造纸及纸制品加工企业专项整治成果。各地要按照2007年国家关于造纸行业专项整治的有关精神，对造纸行业专项整治情况进行一次全面复查，逐户落实措施要求，坚决防止关停企业死灰复燃，出现反弹。

2．全面清理整顿糠醛企业。对全省糠醛企业进行一次全面清查，对未经环保验收、未取得《排污许可证》的，一律责令停止生产。

3．加强对粮食深加工、屠宰、酿造、水泥、钢铁、化工等重污染行业及国控、省控重点企业、涉及减排任务企业，松花江、辽河流域已建成的城市污水处理厂的监管。对不能稳定达标、超总量排污的企业要限期治理，治理期间限产限排，逾期未完成治理任务的，一律停产治理。对未建污染治理设施超标排污的企业一律停产治理，并依法予以高限处罚。对已建成但擅自闲置污染治理设施的企业，责令其立即改正，并依法予以高限处罚。

4．加大对全省电力、钢铁、建材、铁合金、电石、焦炭、造纸、酒精等高耗能、高污染行业落后生产能力的淘汰力度。要按照国务院发布的《节能减排综合性工作方案》的要求，对不符合国家产业政策的，要责令取缔关闭，促进产业结构调整。

（二）继续开展对饮用水源保护区的专项整治

各地要在巩固近几年饮用水源保护工作取得成效的基础上，对饮用水源保护区再次进行全面清查，对饮用水源一级保护区进行全面严格复查，对2000年以来在饮用水源二级保护区内新建、扩建的建设项目实行停产或关闭。对直接导致饮用水源地水质污染的排污企业，一律停产治理。要加大对农村饮用水源污染问题的整治力度，切实保障群众饮水安全。

（三）全面开展对开发区、工业园区等环境违法问题的专项整治

各地要对各级各类开发区、工业园区进行一次全面清查，准确掌握入区企业的基本情况，集中解决工业园区建设项目环评、“三同时”、竣工验收、排污收费制度执行不力等问题。对违反环保法律法规的“土政策”、阻碍环境执法、降低环境保护准入条件和违反排污费征收使用管理规定的，要予以全面纠正。对污染治理设施未建成，擅自投入生产的建设项目，一律停止生产，并给予高限处罚。对未按规定申请“三同时”验收，长期以试生产名义违法排污的企业，一律停产治理。对园区内配套建设的集中式污水治理设施不能稳定达标的，要限期治理，并征收超标准排污费，逾期仍不能达标的要停产整治。

（四）开展排污费稽查专项行动

各市州要按照《吉林省关于开展排污费稽查工作的实施方案》确定的稽查内容和重点，对本辖区排污费征收工作进行全面清查，确定重点稽查单位。各地要对清查出的问题积极整改，对排污者拒缴、欠缴排污费行为，要依法予以催缴、实施行政处罚或申请人民法院强制执行。对逾期仍不缴纳排污费的，省局将依据《排污费征收使用管理条例》等有关规定，直接做出排污费征收稽查处理决定并强制征收。

三、主要工作措施

（一）加强组织领导

继续开展环保专项行动是构建和谐社会的需要，是落实主要污染物减排任务的具体措施。各级环保部门要认清形势，加强领导，主要领导要亲自抓，主管领导分工负责，认真组织实施。要针对各项重点工作，定期研究，通报情况，集中解决存在的问题，掌握工作的主动权。

（二）加大挂牌督办和区域限批力度

各地要将拒不执行环保法规、长期违法排污、群众反复投诉却长期得不到解决的问题作为重点，实行挂牌督办。要明确挂牌督办需解决的环境问题和整改时限。省局将确定一批省级重点挂牌督办的企业，进行重点整治。对环境问题突出，自查不力的地区将实行区域限批。

（三）加大督查力度

省局将派出督查组同各地一起开展工作，对各项重点整治工作进展情况进行督查。对问题突出、整改不力、进展缓慢、存在严重环境违法行为隐瞒不报的要通报批评，对顶着不办的要公开曝光并追究责任。

（四）加大惩治力度

各地要综合运用法律、经济和行政手段，切实加大对违法排污企业的惩治力度。对不接受环保及有关部门的监督管理，违反国家建设项目环境保护管理规定，拒不执行停业或关闭决定而继续生产的，未建污染治理设施或虽建污染治理设施但不能稳定达标的，擅自拆除或闲置污染治理设施偷排污染物的企业，凡由各级行政机关任命的企业负责人员，要追究其行政责任。对企业法人担任各级人大代表、政协委员的，及时向相关单位做出通报。对严重破坏环境，涉及财产损失、人员伤亡和危害人体健康等涉嫌构成犯罪的，要按照《最高人民法院关于审理环境污染刑事案件具体应用法律若干问题的解释》，移送司法机关追究刑事责任。

（五）加大责任追究力度

各地要将《环境保护违法违纪行为处分暂行规定》作为推动环保专项行动深入开展的有效手段。各级环保部门要加强与监察机关的协调配合，对制定违反环保法律法规的“土政策”，干预环保部门依法行使职权的；对职能部门不依法履行职责，玩忽职守、徇私舞弊，甚至包庇、纵容，使环境污染问题长期得不到解决的；对应予关停而未下达关停决定，下达关停决定而没有执行到位的，要依据有关规定严肃追究责任。

（六）加强社会舆论宣传

各地要高度重视并深入开展环保专项行动的宣传工作，充分发挥新闻媒体的舆论引导和监督作用，提高公众的环境意识，营造良好的舆论氛围。要定期公布环保专项行动的进展情况，充分利用电视、广播、报纸、互联网等各种宣传媒体，公开曝光一批典型环境违法案件，保障群众的知情权、监督权。

四、时间安排及要求

全省2008年第一阶段环保专项行动要在6月底前全部完成。各地要按照省局《工作方案》的要求，结合实际，确定本地区整治重点，制定具体实施方案。要集中力量对各项整治重点进行全面清查，彻底整治，严肃查处一批典型违法案件。各地自查自纠的环境违法问题，省局视具体情况将从轻或不予处理。在省局督查检查、明查暗访过程中，查出的环境违法问题，将依法从重从严处理。各市州环保部门要分别于3月、4月、5月25日前，向省局报送本辖区环保专项行动进展情况，于6月25日前报送第一阶段环保专项行动工作总结。

2009年全省环境监察工作要点

2009年，全省环境监察工作以科学发展观为指导，突出污染减排中心任务，以提高素质、加强监管、改善环境、促进发展为目标，切实加大环境执法力度，规范环境执法行为，严肃查处环境违法问题，遏制企业超标排放，解决群众关心的环境热点、难点问题，维护群众环境权益。建立全防全控的防范体系，实现全方位防范、全过程控制环境污染，确保环境安全。

一、强化环境执法，推进污染减排

2009年，全省环境监察工作要紧紧围绕污染减排这一中心工作，强化执法，全面解决企业超标排污问题，推进减排各项措施的落实。

（一）以淘汰高污染、高耗能企业为切入点，加大对造纸、酒精、水泥、钢铁、小火电等企业的检查力度，积极配合有关部门，严格执行产业政策，对不符合产业政策的，要依法予以停产治理或取缔关闭，推动结构减排。

（二）综合运用经济的、法律的、行政的手段，从出口、信贷、上市等多方面强化对排污企业的监管，促进排污企业自觉加大治污工程投入，推动工程减排。

（三）严格执法，强化环境监管。对超标排污企业要实行限产限排，限期整改，对严重违法或恶意排污企业要实行停产治理直至取缔关闭。要加大行政处罚力度，确保污染治理设施稳定达标运行，切实发挥减排作用，推动管理减排。

二、继续深入开展整治违法排污企业保障群众健康环保专项行动

（一）开展第一阶段环保专项行动

在国家部署环保专项行动之前，利用3至5月的时间，开展我省第一阶段环保专项行动。一是开展未达标流域内违法排污企业的专项整治行动。重点开展饮马河、伊通河、辉发河、条子河和招苏台河等重要支流的专项执法检查，严厉查处违法排污企业，确保支流水质得到改善；二是开展化冰期环境风险隐患排查与整治专项行动。重点对松花江、辽河干流及主要支流环境风险隐患排查与整治，确保化冰期水体安全；三是开展环境执法后督察行动，重点对2008年环保专项行动中被各级政府、环保部门挂牌督办、取缔关闭、停产治理、限期治理、行政处罚的违法排污企业及群众反映强烈、久拖不决、屡查屡犯的环境违法案件的整治情况，开展一次大规模的后督察行动，做到问题整治到位，措施落实到位。

（二）按照国家的统一部署，继续深入开展第二阶段环保专项行动

1．继续开展松花江、辽河等重点流域专项执法检查。一是围绕市州出境断面水质考核工作，开展松花江、辽河等重点流域的专项整治行动，特别是对饮马河、伊通河、辉发河等松花江重要支流开展专项执法检查。加大对流域内排污企业、城市污水处理厂及规模化畜禽养殖场的监管力度，对超标排污的企业依法严厉查处，立即整改，确保稳定达标排放，使流域水质得到进一步改善，保证出境断面水质稳定达标。二是围绕松花江、辽河等重点流域水污染防治“十一五”规划的实施，进一步强化执法，加大对规划内重点工业水污染防治项目的推进力度，确保年底前重点流域规划项目全部完成。

2．继续开展饮用水源专项检查。进一步加大对石头口门、新立城等重要水源地检查力度，对饮用水源一、二级保护区坚持不懈地开展巡查，坚决取缔一级保护区内排污口及与保护水源无关的建设项目；禁止在二级保护区内新、改、扩建排放污染物的建设项目，已建成的要立即拆除或关闭。要建立城市饮用水源污染应急预案，形成饮用水源的污染预警、水质安全应急处理和水厂应急处置三位一体的饮用水源应急保障体系，坚决保障饮用水源安全，切实维护群众环境权益。

3．开展油气田专项整治工作。进一步加强现场监管，对威胁水体安全的油气井及非法处置落地油等问题进行专项整治。研究制定《吉林省油气田环境监督管理办法》。

三、强化环境应急管理，切实维护环境安全

（一）以松花江、辽河流域为重点，继续开展环境风险源排查及重点企业应急预案专项检查。特别是吉林市及松原市等石油化工集中区域，要将石油化工、危险化学品生产经营单位隐患排查与整治作为重点，按照“环境隐患没有查清的不放过，整改措施不落实的不放过，应急预案不完善、不科学、不切合实际、不具可操作性的不放过”的原则，对发现的重大环境安全隐患，视情况予以取缔、搬迁、停产治理、限期治理，执法要到位，整改措施要落实到位，责任追究要到位。继续加大对尾矿库环境安全隐患排查与整治工作，确保尾矿库环境安全。

（二）加强环境应急基础工作，完善全省环境风险源档案。各地要在掌握本辖区各类环境安全隐患的种类、数量、分布状况、周围敏感点及一旦发生突发事故后可能产生的危害及应对措施的基础上，进一步完善本辖区环境风险源动态档案。

（三）以松花江流域为背景，在吉林市召开全省环境应急工作现场会，组织开展一次环境应急演练。

（四）各地应结合监控中心建设，逐步建立以电子地理信息系统为支持的环境应急指挥系统，建立三级应急防控体系，实现突发环境事件应急指挥、处置的科学化。

四、进一步强化建设项目“三同时”及验收管理

（一）严格执法，切实提高“三同时”执行率。强化对建设项目全过程现场监督管理，对2007年以来审批的建设项目开展一次专项现场检查，对未履行“三同时”、擅自进行生产的建设项目，责令立即停止生产，并予以行政处罚；对超过试生产期限的企业，责令立即办理竣工验收手续；同时，要加大对未审批先建设、不审批也开工、未验收就投产项目的监管和处罚力度，切实提高“三同时”执行率。

（二）进一步完善建设项目试生产批复和验收程序。首先，在试生产批复和竣工验收报件前，各地要出具明确的现场检查意见。其次，提早介入，关口前移。在开展委托监测前，要审查环境监测方案；在召开验收会前，要审查竣工验收监测报告，既严格把关，又服务企业。

（三）集体把关，源头控制。对于处于敏感区域的重大项目，要通过建设项目审查委员会集体审议通过，对不具备条件、存在重大环境安全隐患、重大环境违法行为或群众反映强烈的项目要坚决予以退件，并责令企业立即整改。

五、进一步加强环境信访工作，切实维护群众环境权益

（一）进一步规范环境信访工作。健全各种环境信访制度，规范环境信访办理程序，使用统一的信访文书，规范环境信访档案。

（二）进一步建立健全环境信访工作督查、督办和责任追究机制。对于重大环境信访案件，由省环保厅主管领导直接签发交办单，包案到底，限期办结。对于因推诿扯皮、不负责任，造成重大影响的，视情节，追究相关人员责任。

（三）进一步完善环境信访工作考核机制。将环境信访工作纳入政府目标责任制考核内容，重点考核是否按时、按规定受理和办结，出具的答复意见是否依法合规。

（四）加强全省“12369”环境投诉网络建设，建立省环境投诉中心，初步建立全省环境投诉系统网络。

（五）对全省群众反复投诉的环境热点、难点问题进行一次全面检查，对仍未解决的问题要限期办结。要做好矛盾纠纷超前排查化解工作，做到早发现、早控制、早化解。要做到热情接访、认真办访、实效回访，信访处理满意率要达到95%以上，切实解决危害人民群众健康的突出环境问题。

六、多措并举，全面强化排污费征收工作

（一）强化排污申报与核定工作，建立全省申报数据审核机制。第一季度各市州要出台《“三产”及不易监测行业排污量测算办法》，确保“三产”及不易监测行业排污量科学足额核定。同时，开展各地区重点企业排污申报数据核定互审工作，保证各地申报数据的科学、准确。

（二）全面启用排污费征收管理系统软件，逐步建立健全全省重点排污企业排污申报登记数据库，实现污染源数据的动态监管，规范排污费征收工作。

（三）强化排污费缴库工作。各地必须按照国家规定做到按月或按季核定，按月或按季及时征缴入库，6月底要实现时间过半，任务过半。实行排污收费月调度制度，各地每月报送一次收费进展情况。

（四）开展排污费专项稽查工作。根据环保部的部署和要求，认真落实国家审计署对我省排污费审计后提出的整改意见，继续深入开展排污费专项稽查工作，对重点排污企业全面开展排污费专项稽查，确保排污费足额征收。

（五）强化责任追究。出台《关于规范排污费征收工作的规定》，对存在协商收费、人情收费、以监测费的名义收取排污费等问题，会同监察厅严肃追究相关人员责任。

2009年全省排污费征收总额按2008年指标，保持 3.2亿元，各地征收指标与上年度持平（各地收费指标见附件）。

七、强化污染源在线监控工作，提高环境监管水平

（一）加大污染源在线监测设备运行的监管力度。制定重点污染源在线监控设备管理办法，明确监管责任，大力查处管理不善、在线监测设备运行不稳定的企业，确保在线监测数据准确、稳定、有效，保证污染减排任务的完成。

（二）继续抓好承担2009年减排任务的企业及重点企业安装在线监控设备工作。

（三）各市州要加快推进污染源监控中心建设进度，完成国控重点污染源及减排企业在线监控设备与省厅联网工作。

八、强化队伍建设及环境监察标准化建设

（一）开展环境监察人员岗位培训，完成上岗资格考试及换发新执法证件工作。开展环境应急、在线监测等培训工作，全面提高环境执法人员业务素质和执法水平。

（二）根据原国家环保总局《全国环境监察标准化建设标准》和《达标验收暂行办法》（[2006]185号）的要求，进一步加强环境监察机构标准化建设工作。2009年力争80%的环境监察机构达到标准化建设标准并通过验收。

（三）开展环境监察工作年度考核工作，全面考核各市州环境监察工作。

（四）开展企业环境监督员试点工作，建立健全企业内部环境管理体制和机制，提高企业自觉守法意识和水平。

九、进一步规范环境执法工作

将2009年确定为“环境执法规范年”。大力推进全省环境监察工作规范化、制度化建设。进一步提高环境监察执法效能，促进环境监察机构内部管理制度化、工作程序标准化、环境执法规范化，保证环境监察工作有序开展。

（一）重新梳理和界定各级环境监察机构的职责，将年度工作目标和任务细化分解落实。

（二）制定完善环境监察各项工作制度、工作程序和工作流程，进一步规范环境监察执法行为，提高环境监察执法效能。

（三）完善重点污染源、环境风险源、环境监察系数、环境应急、建设项目试生产及环保竣工验收、环境信访等环境监察基础档案资料。

（四）统一全省排污收费申报、核定及现场执法监察工作文书，进一步规范排污收费及环境监察执法工作。

关于印发《吉林省2009年整治违法排污企业保障群众健康环保专项行动第一阶段工作方案》的通知

各市（州）环保局，长白山管委会环境与资源保护局，各县（市、区）环保局:

为贯彻落实全省环境保护工作会议精神，继续深入开展环保专项行动，促进污染减排任务的圆满完成，省厅党组决定今年的环保专项行动紧紧围绕污染减排这个中心，超前谋划，提前部署，分阶段开展。第一阶段，利用3个月的时间，我省先期组织环保系统开展环保专项行动，以重点流域水污染防治为切入点，主动查处环境违法问题，遏制重点流域内企业超标排污问题，维护群众环境权益，改善环境质量。第二阶段，将根据环保部等部委的安排部署，继续开展第二阶段环保专项行动。现将《吉林省2009年整治违法排污企业保障群众健康环保专项行动第一阶段工作方案》印发给你们，请认真贯彻执行。

附件：

吉林省2009年整治违法排污企业保障群众健康环保专项行动第一阶段工作方案

二OO九年二月二十日

主题词：环保 专项行动 方案 通知

抄送：环保部环监局

吉林省环境保护厅办公室

2009年2月20日印发

附件：

吉林省2009年整治违法排污企业保障

群众健康环保专项行动第一阶段工作方案

为进一步深入开展环保专项行动，解决群众关心的环境热点难点问题，切实改善环境质量。现制定吉林省2009年整治违法排污企业保障群众健康环保专项行动第一阶段工作方案。

一、指导思想

以科学发展观为统领，突出污染减排这一中心任务，以抓好重点流域干流及重要支流水污染防治工作为主线，切实加大环境执法力度，集中整治和严厉打击超标排污行为，重点解决危害群众健康的突出环境问题，维护群众环境权益，进一步改善全省的环境质量。

二、组织领导

为加强领导，保障第一阶段环保专项行动顺利开展，成立吉林省环境保护厅环保专项行动领导小组。

组　长：
王国才 省环境保护厅厅长
副组长：
孙　铁 省环境保护厅副厅长
王林溪 省环境保护厅副厅长
梁俊卿 省纪委驻省环保厅纪检组长、监察专员
成　员：
毕建成 省环境监察总队总队长
孙伟义 省环境保护厅监督管理处处长
张旗威 省环境保护厅规划与财务处处长
张　岩 省环境保护厅污染控制处处长
马振华 省环境保护厅政策法规处副处长
韩利民 省纪委驻省环保厅监察室主任

办公室设在省环境监察总队，主任由省环境监察总队总队长毕建成兼任。

电话/传真：0431-88906264
联 系 人：刘玉生　马 哲

三、工作重点及要求

（一）开展对重点流域超标排污企业的专项执法检查

各地要围绕市（州）出境断面水质考核工作，首先要加强对松花江、辽河等重点流域干流及饮马河、辉发河、伊通河、条子河、招苏台河等重要支流水质状况调查及排污企业的监管，进一步掌握水质变化情况及企业的污染排放情况，对排污企业逐一登记，建立台帐。其次要实行重要支流监管责任区制度，以属地为主，分段负责，明确任务，落实责任。准确掌握本辖区排污状况，查明污染原因。第三要加强对造纸、酿造、制药、印染、化工、规模化畜禽养殖等重污染行业污染治理设施运行的监管，加强对国控重点污染源、城市污水处理厂在线监控设施运行的管理，严厉查处偷排偷放、超标排放行为。对不正常运行污染治理设施及在线监控设施、超标排污的企业要责令限期整改或停产整治，予以行政处罚；对私设暗管偷排偷放的，擅自停运污染治理设施、污染物直排等恶意排污企业要实行挂牌督办，予以高额处罚;对涉嫌构成犯罪的，移送司法机关追究刑事责任；对不符合国家产业政策、治理无望的企业，要会同有关部门依法予以取缔关闭；松原、白城、四平等地区还要组织开展油气田专项整治行动，重点查处落地油在运输、处置等环节中对周边土壤、水域环境可能造成的污染。同时进一步规范排污费的收缴行为，提高对油气田的环境管理水平。

（二）集中开展化冰期环境风险隐患排查与整治专项行动

要从3月初至4月中旬的化冰期内，对松花江、辽河等重点流域干流及重要支流内石油化工、危险化学品生产、经营、贮存、运输单位，农药、电镀、冶金、焦化等高危行业及存在溃坝、泄漏隐患的尾矿库，开展环境风险隐患排查与整治工作及企业应急预案专项检查。按照“环境隐患没有查清的不放过，整改措施不落实的不放过，应急预案不完善、不科学、不具有可操作性的不放过”的原则，对江河沿岸企业进行逐一严格排查。要查清企业的生产工艺、设施状况、原料进货种类与数据、有无环境影响评价与环保审批、内部相关规章制度与应急预案是否健全等情况，排查企业在环境安全体制、责任落实、现场管理、应急能力、应急物资储备等方面存在的薄弱环节。对排查出的重大环境安全隐患，必须提出书面整改要求，对逾期没有完成整改任务的，提请当地政府实行停产治理直至关闭。执法监督要到位，整改措施要到位，责任追究要到位，彻底消除企业存在的环境安全隐患，确保化冰期水体环境安全。要监督指导重点企业健全环境安全管理责任制，完善隐患排查治理制度。要切实加强环境安全隐患排查治理的信息统计，建立健全环境安全隐患排查治理信息报送制度和分级管理、分级监控制度，实现隐患登记、整改、销号的全过程管理，建立环境安全监管的长效机制。

（三）开展环境执法后督察行动

要对2007年以来环保专项行动中被各级政府、环保部门挂牌督办、取缔关闭、停产治理、限期治理、行政处罚等违法排污企业及群众反映强烈、久拖不决的环境违法案件整治措施落实情况开展一次全面的后督察。各地要列出后督察企业名单，逐户逐项检查。对未能落实整改要求，恶意排污、屡查屡犯的企业，要向当地政府作专题汇报，并采取停水断电等强制措施。对整改措施落实不到位，设施运行不稳定的要进一步明确整改措施及时限要求，省厅将组织进行抽查。

四、主要工作措施

（一）加强组织领导

开展环保专项行动是推动主要污染物总量减排任务完成，改善我省环境质量的具体措施。全省各级环保部门要认清形势，成立领导机构，认真组织实施。要集中解决本地区存在的突出环境问题，在“专”和“实”上下功夫。

（二）加大挂牌督办及督查督办的力度

省政府将2009年确定为工作落实年。各地要在落实上做文章。要采取停产治理、行政处罚、取缔关闭等措施，加大对环境违法企业的打击力度。对违法排污严重，群众反复投诉长期得不到解决的要实行挂牌督办，明确督办的要求、解决时限。要综合运用法律、行政、经济等各种手段，从出口、信贷、融资等多方面强化对污染企业的约束管理机制。省厅将对各地专项行动开展情况进行督查督办。对问题突出、整治不力、进展缓慢的将通报批评，对存在突出区域环境问题的将实行区域限批。

（三）加大责任追究力度

各级环保部门要将《环境保护违法违纪行为处分暂行规定》作为推动环保专项行动深入开展的有效手段，加强与监察部门的协调配合。在处罚追究违法企业责任的同时，对不依法履行职责，放松监管，应予处罚、关停而未采取有效措施，致使环境污染问题长期得不到解决的地方政府及环保部门有关人员，也将依据有关规定严肃追究责任。

（四）加强社会舆论宣传

各地要重视环保专项行动的宣传工作，充分利用电视、广播、报纸、互联网等各种媒体，定期公布环保专项行动的进展情况，公开曝光典型环境违法案件，充分发挥新闻媒体的舆论引导和监督作用。

五、时间安排

全省2009年第一阶段环保专项行动从3月初至5月底前结束。

各地要按照省厅《方案》要求，结合实际，确定本地区整治重点内容和范围，制定具体实施方案。要集中力量对各项整治重点进行全面清查，彻底整治，严肃查处一批典型违法案件。各市（州）环保部门要分别于3月25日、4月25日、5月25前，向省厅报送重点流域环境专项执法、化冰期专项整治及后督察等环保专项行动阶段任务完成情况报告，并于6月1日前报送2009年环保专项行动第一阶段工作总结。

黑龙江省

工作动态

省环保厅厅长李平提出全面贯彻17届4中全会精神

9月23日，省环保厅党组书记、厅长李平提出，要认真学习、深刻领会、全面贯彻全会精神，要把传达学习会议精神作为当前一项重大政治任务来抓，把全省环保系统广大干部职工思想统一到四中全会精神上来，把行动统一到中央的决策部署上来，进一步提高党的执政能力、保持和发展党的先进性。特别是全会提出了更加注重加强节能环保，全体广大干部职工必须更高、更强、更加端正的政治姿态认真研读全会公报，领会科学精神，关键要在工作理念上创新变革，在工作作风上务实高效，在工作抓法上寻求突破。李平就学习贯彻四中全会精神提出了三点要求：

一是要把树立更加坚定的政治责任作为环境保护的纲领指南，严肃落实国家要求，积极探索中国特色环保新道路；二是要把以人为本理念作为环境保护的基本原点，一切工作都要以环境质量为先导、以人民群众的切身感受为评判标准，积极推动环境质量绩效评价体系改革，健全考核指标的科学组分，突出解决人民群众的民生诉求；三是要要深入思考，精心谋划，把四中全会对生态文明建设、环境保护、干部队伍建设、反腐倡廉等诸多方面提出的要求，体现到当前和下一步工作思路中去。把推动科学发展作为环境保护的根本方向，以环境保护优化经济增长，深入实施让松花休养生息政策，确保污染减排、松花江“一江清水”目标的实现，以大、小兴安岭生态功能保护为牵动，保障资源能源永续利用，促进经济社会的科学长远发展。

省环保厅强化环评审批服务全省经济发展

近日，省环保厅召开专题会议，传达栗战书省长关于行政审批提速的批示精神，会议提出，全省环保系统要把服务经济更好更快发展作为当前工作的重中之重，正确处理好服务与监管的关系，在严厉打击环境违法行为的同时，全面提高行政审批效能，缩短环境影响评价的审批时限，服务全省经济社会发展。

今年以来，省环保厅加大全省重点项目环评的协调推进力度，对符合国家拉动内需、满足环保准入等民生工程、基础设施、节能减排等项目，开辟环评审批“绿色通道”，尽可能地缩短受理、评估、审批时间，推动项目尽快落地、尽快开工、尽快形成实物经济工作量。为保证纳入“绿色通道”的重点项目一路畅行，省环保厅积极参与省政府项目推进工作，与市地建立了大项目协调推进机制和大项目推进情况信息月报告制度，了解并研究解决大项目前期工作中有关环保问题。齐齐哈尔北兴特殊钢有限责任公司炼钢、轧钢配套技术改造项目，中国第一重型机械集团公司能量系优化节能技术改造项目及炼钢电炉除尘余热利用节能减排工程，哈尔滨东安集团先进民用直升机发动机产业化项目，西钢阿城钢铁有限公司第二轧钢生产线技术改造工程等重点项目都被纳入“绿色通道”，为全省项目立项和申报创造了条件。上半年共审批建设项目368个，其中报告书项目166个，报告表项目202个。上半年共审批“三供两治”项目57个，其中城镇污水处理厂项目11个，集中供热和热电联产项目12个，城镇生活垃圾处理厂项目34个。对“八大经济区”和“十大工程”需经环境保护部审批的重点项目，加强与环境保护部和环境工程评估中心沟通和协调，使我省上报国家的重点项目得到环境保护部的大力支持，提前4个月完成了我省13条国家高速公路建设项目环评审批，哈大齐客运专线等8个全省重点项目得到了环境保护部批复。

按照栗战书省长的指示，省环保厅提出，要在巩固上半年成果的基础上，进一步缩短环评审批时限。在各项要件齐全且符合要求的情况下，对环境影响报告书、环境影响报告表、环境影响登记表的审批时限分别为40日、20日、10日内，比法定时限缩短了20天、10天和5天。对于“三供两治”、节能减排项目环评文件的审批，自收到环境影响评价文件之日起15日作出审批决定并书面告之建设单位。在各项要件齐全且符合要求的情况下，省环境工程评估中心自环境影响报告书、环境影响报告表受理之日起分别在40和30个工作日内提交评估报告。对于“三供两治”、节能减排项目，20个工作日内提交评估报告。另外，涉及省级自然保护区的建设项目，20个工作日内提出书面审核意见。年新增COD或SO2年排放总量50吨及以上的建设项目，10个工作日内提出书面审核意见。新建项目未批先建或改、扩建项目存在环境违法问题的，省环境监察总队20个工作日内提出书面处理意见。

同时，省环保厅要求，在新一轮产业发展期，在服务保增长、促发展的过程中，对“两高一资”项目严格把关，慎重审批。强化对招商引资项目的引导，从源头上控制“两高一资”、产能过剩和低水平重复建设项目的建设。坚决杜绝已被淘汰的项目以改造、投资拉动、招商等为名恢复生产。特别是要重点加大对2006年以来国家、省审批的建设项目试生产和竣工环境保护验收的监督检查力度，督促建设单位依法履行环境保护手续，彻底改变“重审批、轻监管，重环评、轻验收”建设项目环境管理不到位的现象，严肃查处“未批先建”、“批小建大”、“擅自投产”、“久拖不验”、“拆分环评”等环境违法违纪行为。

保障饮用水安全为首要任务 我省突出解决危害农村群众的环境问题

近日，我省将加大农村环境保护投入，突出抓好重点污染源管理，有效解决危害农村群众的环境问题。

为此，省环保厅要求，全省各级环保部门将着力做好四项工作。一是把保障饮用水安全作为农村环境保护工作的首要任务。科学划定和调整农村饮用水水源保护区，建立水质定期监测制度，依法取缔保护区内的排污口，禁止有毒有害物质进入保护区。到2015年，农村地表水集中式饮用水源地水质达标率达到85%以上；二是严格控制农村地区工业污染。严厉打击违法排污行为，促进工业污染源稳定达标排放。淘汰污染严重和落后的生产项目、工艺、设备。严格执行环境影响评价、“三同时”制度，严防城市污染向农村转移；三是积极防治农业面源污染。大力推广测土配方施肥等技术，积极引导和鼓励农民科学施肥，使用生物农药或高效、低毒、低残留农药。极推广秸秆生产沼气、气化、固化成型、青贮氨化、栽培食用菌等秸秆综合利用和生产有机肥实用技术，严格实行秸秆禁烧；四是加强畜禽养殖污染防治。合理规划布局畜禽养殖业发展，科学划定畜禽养殖的禁养区、限养区，严格控制在重点区域、流域、生态敏感区新建规模化畜禽养殖场。到2015年，规模化畜禽养殖场、养殖小区外排污染物达标率达到90%，畜禽粪便综合利用率达到100%。

2009年中俄界河首次举行应急联合演习

8月18日上午9时30分，随着副省长盖如垠下达演习正式开始命令，由黑龙江省人民政府和俄罗斯联邦阿穆尔州政府联合主办，以“加强中俄交流合作，共创安全生态界河”为主题的“中俄界河首次应急联合演习”正式开始，本次演习是中俄两国迄今为止举行的第一次高层次、大规模、多科目的水上应急联合演习。

演习中，在黑河市与俄罗斯布拉戈维申斯克市之间的港区水域，由中国驶往俄罗斯布拉戈维申斯克港的“龙客108”客船正平稳地航行在中俄界河黑河货港水域内，突然，“龙客108”舵机失控，与对向驶来的油轮船队的一艘驳船撞在一起，两船同时鸣响遇险声号。正在港区水域执行巡航任务的海巡艇接到黑河市水上搜救中心指令后，迅速赶往事故现场。正在港区水域巡视的海巡艇“海巡321”被任命为事故现场指挥船，指挥协调港内及附近中俄船舶前往事故水域实施救援。在中方上报事故险情信息的同时，俄罗斯阿穆尔地区紧急情况总局指挥中心也接获了险情报告，并立即派出两艘小型巡逻艇赶到事故现场，分别在“龙客108”附近和事故油轮附近水域执行警戒并实施救援。两艘俄方清污船舶前往事故水域布设围油栏。在中俄两国消防力量的合力扑救下，燃烧了10余分钟的大火终于被彻底扑灭，各消防船艇陆续撤离事故现场。此时，中方的围油栏围控油驳船水域，环保工作船对溢油进行清除。经中俄双方环保工作船检测，事故并未对港区水域环境造成污染影响。随着3枚绿色信号弹升空，这标志着2009年中俄界河首次应急联合演习圆满结束。

我省开展风力发电建设项目专项检查

为合理开发利用风能资源，近日，我省将全面开展风力发电建设项目专项检查，以促进风力发电行业健康发展，保护生态环境。

2003年，我省首家风力发电厂建成投产，拉开了全省风电大发展的序幕。在国家风电扶持政策和新能源开发热潮的带动下，全省掀起了大规模建设风力发电项目的高潮，相继建成了横岱山、桦南大架子山、抚远大蜂山、虎林、富裕等风电项目。风电建设强势拉动全省装备制造业，以哈飞集团为代表的黑龙江风电设备产业链正逐步形成。但同时，风电场的建设过程中如果不实行严格的环境影响评价，也可能带来一定的环境污染，如噪声，电磁辐射，生态植被破坏，地表、水源污染等等。

此次检查将涵盖全省辖区内所有投产和在建的风力发电项目，重点检查风力发电项目是否履行了环评审批手续；在建项目是否认真按照环评批复的要求落实了生态恢复措施，各项污染治理设施是否同步建设；已建成并投入运营的项目是否履行了竣工环境保护验收手续，各项污染物是否达标排放。

按照省环保厅的要求，8月1日至8月31日，全省各地环保部门要按照检查内容和要求，对本辖区风力发电项目进行一次现场检查，并结合环评审批的要求和日常监管情况认真总结经验和存在的问题，边查边改。9月1日至9月30日，省环保厅有关部门将会同环境监察总队组成联合检查组进行抽查，并对检查中存在环境违法的企业进行查处。

鹤岗市采选煤废水全部实现闭路循环综合利用

昔日条条煤泥沟今朝处处清水流

近年来，鹤岗市大力发展循环经济，推进煤炭资源型城市创新转型，积极开展节能减排工作，对老污染企业实施综合治理，对新建项目严格“环评”审批，通过实施一系列循环经济工程，使矿井水、煤泥水等一些“废物”摇身一变成了“宝贝”，实现了经济效益与环境效益双赢，有效改善了全市水环境质量。

记者在环保部门获悉，全市共有大型煤炭开采企业9户(1户露天煤矿)，上世纪90年代矿井水未经处理直接排放，年排放矿井水3500万吨、化学需氧量7000余吨。“十一五”期间，经净化处理，全部实现综合利用，年创造经济效益3000余万元。其中，2006年投产的鹤矿集团峻兴水厂，投资2850万元，日处理矿井水5万吨，处理后矿井水供兴安、峻德等地区居民饮用，年节水2000万吨，创利230万元。2008年，鹤矿集团兴安煤矿、富力煤矿分别投资2570万元、1200万元建成日处理2.4万吨、0.8万吨水厂一座，对矿井疏矸水实施深度治理，废水经净化后全部用于该集团新建矸石电厂生产用水，年减排废水1056万吨，创造经济效益1000多万元。截止到2008年底，鹤矿集团南山煤矿、大陆煤矿等煤矿矿井水经净化后，全部回用为锅炉生产、职工洗浴及所属洗煤企业生产、生活用水，实现了废水零排放。

全市共有2006年以前煤炭洗选企业25户，截止到2008年，洗煤废水全部实现闭路循环，年减排废水600余万吨，回收煤泥40万吨，创造经济效益3540万元。其中，仅2008年投产的鹤矿集团选煤总厂洗煤废水闭路循环工程每年就减排废煤泥水150万立方米，减少化学需氧量1.6万吨，回收煤泥8万吨，新增利润总额1225万元。在严格老污染企业治理的同时，环保部门不断加大新建项目“环评”审批力度。2006年以来，全市新建17户选煤企业“环评”批复，全部采取闭路循环生产工艺，废水全部实现零排放。

通过对矿井水、煤泥水进行闭路循环、综合利用，2008年，鹤岗市主要纳污河流小鹤立河出境三股流断面水质由2006年的Ⅴ类水体变为Ⅳ类水体，COD浓度同比下降58.14%、悬浮物浓度同比下降26.86%，出境水质最好排名位于全省第三位。

松花江哈尔滨段22个污水治理项目年底建成水质达俄使用标准

9月6日应哈尔滨市政府邀请，日前俄罗斯三家媒体一行6人赴哈尔滨市就松花江污染防治情况进行采访。记者昨天从市政府新闻办为此举行的松花江流域哈尔滨段水污染防治新闻发布会上获悉，到明年底，哈尔滨市“十一五”期间计划建设的22个城镇污水处理厂将全部建成，届时全市日污水处理能力将达152万吨，全部城镇污水都将变成“清流”达标排放。同时，松花江干流哈段水质也将基本达到三类良好标准。

据了解，多年来，哈尔滨市始终把松花江流域水污染防治作为环保工作的重中之重，特别是松花江水污染事件后，哈尔滨市不断加大整治和管理力度，流域水环境质量得到一定改善。监测显示，2008年松花江哈段干流水质达标河段长度同比上年增加3.4个百分点，市域出境水质中主要污染指标高锰酸盐指数同比降低3%。松花江12条一级支流中，有8条支流达到规划功能标准，劣五类支流为1条，同比减少1条。同时，去年及今年9月刚刚进行的中俄界河水质联合监测显示，界河水质状况明显改善。

2008年，中国环境状况公报评价松花江水系水质为轻度污染。不过，由于哈市水域水质总体转好，下游城市也加大了污染防治力度，加之水体拥有自净功能，松花江出境断面水质相对较好，目前出境断面(进入黑龙江断面)水质相当于俄罗斯三类生态安全标准，可作生活用水饮用。

据介绍，为确保实现到2010年哈尔滨市城市水域基本消灭劣五类水体，松花江干流哈尔滨段水质基本达到三类标准的目标，哈尔滨市大力推进列入国家《规划》的24个流域治污项目建设。截至目前，24个项目已全部开工建设。其中，双城、文昌三期、哈高科大豆有限公司污水处理等12个项目已建成调试，建成率达50%，计划所有项目将于2009年底前建成，具备调试运行能力。

大庆油田每年40亿吨生产污水全部循环利用

已经“50岁”的大庆油田，注水开采目前仍然是主要手段。而从地下采出的液体中，水的比例高达90%以上。以大庆目前每年4000万吨的原油生产规模，意味着每年产生含油污水近4亿吨。

通过采用高科技的生化处理等手段，大庆油田把这些含油污水处理达标后，在密闭状态下全部安全回注地下，实现了循环利用。

“如果不是这样，近4亿吨污水对大庆乃至周边地区的生态环境将是巨大的威胁。”大庆油田有限责任公司安全环保部副主任匡丽说。

2007年投资1.7亿元、日处理污水3万立方米的长垣含油污水生化处理站是大庆油田的环保重点工程。“经过处理后的水质完全达到国家污水排放标准。”这个站技术负责人说。

包括生化处理站，大庆油田目前已建成150多座各类污水处理站，成为中国最大的工业污水处理示范区。大庆也由此成为中国工业城市的“环保样板”、第一家获得“国家环保模范城市”称号的内陆城市。

生产污水的“废物利用”节省了水资源。以往，大庆油田一边产生大量的污水，一边需要消耗数以亿吨计的地表和地下净水，通过井管注入油层中。

工业污水的“零排放”带给大庆宝贵的碧水、蓝天、清新的空气。这个拥有着连片湿地和“百湖之城”美称的年轻城市，因为少了污水之扰，成为具有中国北方特色的宜居之地和旅游新宠。

在紧邻大庆石化公司的龙凤湿地，成群的水鸟在明净的水面上嬉戏，在游客们头顶上盘旋，从他们的手掌中取走食物。来自大庆野生鸟类摄影家协会的一项统计说，大庆湿地目前栖息着260多种鸟类，而且每年还有新落户的“不速之客”。

环监局到我省开展环境监察稽查调研

2009年5月14—16日，环保部环监局组织江苏、山东广东、重庆、云南等省环境监察机构相关负责同志到我省进行环境监察稽查调研，目的是贯彻全国环境执法会议精神，进一步加强环境执法队伍建设，严格执法、规范执法、廉洁执法。与会同志介绍了本省环境执法稽查工作开展情况，交流各自经验；探讨了环境监察稽查的对象、内容、方式、方法、程序等并提出建议；讨论修改了《全国环境监察稽查试点（第一批）工作方案》。调研组还对牡丹江市环境监察支队的行政处罚、重点源监管等工作情况进行了稽查，对牡丹江市环境监察执法工作给予了充分肯定。

国家首次开展的环境监察稽查工作选在我省进行，既是对我省自2005年以来全面开展的环境执法稽查工作的肯定，又是对我省深入开展环境执法稽查工作的一次推进，同时还对在全国范围内即将开展的环境监察稽查试点工作具有积极的示范意义。

全国跨界河流水质监测工作现场会召开

为进一步总结界河监测工作经验，完善边境水环境监测预警体系，不断提高跨界河流环境监测水平，9月3日上午，环境保护部在黑龙江省佳木斯市召开全国跨界河流水质监测工作现场会，总工程师万本太出席会议。

会上，与会代表进一步交流了跨界河流环境监测工作经验，查找问题，部署下阶段工作，讨论《关于加强跨界河流环境监测工作的意见》、《跨界河流水质监测方案》、《跨界河流水质监测能力建设方案》等相关文件，黑龙江、内蒙古、云南省（自治区）环境保护厅作交流发言。与会代表还来到佳木斯市环境应急监测中心、江心岛水质自动监测站、松花江水质流动监测船以及北方佳宾酒业有限公司等处进行了实地考察。

关于松花江流域涉水排污企业督查情况的通报

为贯彻落实国家环保工作会议精神，持续严厉打击环境违法行为，保障群众健康，切实改善流域、区域环境质量，我省厅于2009年2月11～3月2日分两组对齐齐哈尔、牡丹江、佳木斯、大庆、鸡西、七台河、双鸭山、鹤岗、绥化、农垦总局等十市（地）重点监察的环境问题企业整改措施落实情况进行了后督察。现将有关情况通报如下：

一、基本情况

此次共督查企业114家（见附件1），其中齐齐哈尔16家、牡丹江10家、佳木斯16家、大庆10家、鸡西10家、双鸭山12家、七台河12家、鹤岗5家、绥化18家、农垦总局5家。检查企业中，食品制造企业31家、焦化企业16家、粮食深加工企业12家、化工企业11家、造纸企业9家、屠宰企业9家、热电企业6家、纺织企业5家、污水处理厂3家、矿山企业2家、水泥制造企业1家，其它类企业9家。

在检查的114家企业中，正常生产85家，试生产4家，停产25家（见附件2）。停产企业中，黑龙江昊天玉米开发有限公司等15家企业由于春节放假及市场原因停产；龙江县龙城酒业有限责任公司等3家企业按要求停产；黑龙江省镜农粮食开发有限公司和桦川县桦康纸业有限公司2家企业由于生产设施故障停产；克代尔双鸭山啤酒有限公司和北大荒肉业有限公司2家企业由于重组合并原因停产；天恒甜菊科技公司自建成以来一直未生产；佳木斯鸿基集团有限公司焦化分厂和集贤县捷锋造纸有限公司(笔架山造纸厂)2家企业被依法关停。

在正常生产的85家企业中抽测了64家污水水样，其中，中粮生化能源（肇东）有限公司等49家企业达标排放（见附件3），农垦南华糖业有限公司等15家企业超标

（见附件4）。此次督查总超标率为23.4%，其中，化学需氧量超标率为12.5%，氨氮超标率为9.4%，悬浮物超标率为1.6%，挥发酚超标率为3.1%，总氰化物超标率为7.8%，pH值超标率为1.6%。

本次督查总超标率较去年同期下降20.5个百分点，整治成效较为显著，主要有两个方面因素：一是各级环保部门严格执法，严厉整治环境违法企业，我省环境执法高压态势已形成，排污企业守法意识增强，积极整改环境问题，环境违法企业数量呈下降趋势；二是受春节放假和当前金融危机影响，停产企业比率增高，纺织、粮食企业较为突出，焦化企业普遍限产，排污强度略有降低。

二、存在的问题

本次督查发现，部分地市对辖区内环境问题企业整改措施落实情况督促不力，省厅监察意见没有得到完全落实，部分环境问题企业未在规定的时限内完成整改，仍存在以下环境问题：

一是部分企业仍违反环评、“三同时”法律规定，违法建设生产。黑龙江迪龙制药有限公司未落实省厅挂牌督办要求，未在限期内完成三期工程“三同时”验收和补办四期工程环评审批手续。中铁焦电集贤有限公司60万吨/年焦化项目、黑龙江黑化集团有限公司焦化项目二期和三期工程、中煤牡丹江焦化有限公司二期工程、佳木斯东兴煤化工有限公司未经环评审批擅自开工建设或违法投产。黑龙江福和华兴制药集团股份有限公司，黑龙江黑化集团有限公司黑化技改工程、恩德炉粉煤气化项目、75万吨/年焦化生产装置项目二期和三期工程，佳木斯东兴煤化工有限公司，七台河万昌焦化有限公司，中煤牡丹江焦化有限公司未经“三同时”验收，长期违法生产。

二是仍有少数企业无污染防治设施或设施不完善。齐齐哈尔丰源实业有限公司、黑龙江兰西朝阳亚麻纺织工业有限公司、依安县摇篮乳业有限责任公司无污水处理设施，生产废水超标排放；博天糖业依安分公司、拜泉飞雪制糖有限责任公司、农垦南华糖业有限公司、宁安镜泊湖制糖厂违反省厅禁止使用污水塘库的规定，将生产废水排入污水库；黑龙江黑化集团有限公司炼焦炉无地面除尘站，废气超标严重。

三是部分企业污染防治设施运行不正常或不稳定，污染物超标排放。绥化大众肉联有限公司、望奎双汇北大荒食品有限公司、黑龙江福和华兴制药集团股份有限公司、牡丹江市鑫鹏肉业有限公司、鸡西赫阳燃气有限公司、鹤岗市龙江酒业有限公司、建龙钢铁有限公司污水处理设施运行不稳定，污染物超标排放；肇东大庄园肉业有限公司部分生产废水未经处理直接排放；大庆市宏亚纸业制造有限责任公司用清水稀释外排废水；中煤牡丹江焦化有限公司、七台河龙洋焦电公司、七台河万昌焦化有限公司、黑龙江宝泰隆焦化有限公司超标废水用于熄焦；牡丹江城市污水处理厂氨氮超标；宝清县热电厂大气污染治理设施不正常运行，烟尘超标严重。

四是在线监控设施运行管护水平亟待提高，部分企业未按要求在规定时限内完成在线监控设施建设。七台河大唐发电有限公司、国电双鸭山发电有限公司脱硫设施在线监控系统运行不正常，发生故障未及时向环保部门报告；佳木斯市城市污水处理厂自动监控设备发生故障，不能正常采集数据时未向环保部门报告；黑龙江龙凤玉米开发有限公司在线监控设施因企业停产，无药剂维持而停运；海林市隆诚污水处理厂中央调度室监控系统未按要求在2009年2月底建成。

五是重点环境风险企业的环境安全隐患问题未得到有效解决。黑龙江黑化集团、黑龙农药化工有限公司等松花江流域重点环境风险源仍存在着环境安全隐患。黑龙江黑化集团虽制定了整改计划，但整改时间较长，部分环境问题未能在短时间内解决。黑龙农药化工有限公司也进行了积极整改，但企业未建设应急事故池，仍存在环境安全隐患。

三、下一步工作

本次督查，我厅已下达了环境监察通知书，请各地环保部门按照环境监察通知书提出的要求，抓紧督办落实，督促企业认真整改，确保在规定的时限内完成整改要求。整改情况将纳入2009年环境监察工作考核。

治污不力企业要被关停 决不能让“老板一个人赚钱，群众受害，社会买单”

本报讯（记者　于明杰）治污不力的企业要被关停。7月10日，我市收听了2008年全国整治违法排污企业保障群众健康环保专项行动电视电话会议。市委常委、常务副市长王洪恩参加会议。

今年，我市开展了整治违法排污企业、保障群众健康专项行动，依法检查企业500多家，对34套重点污染治理设施实施了重点检查，立案查处环境违法企业25家，清理企业37家，取缔了小白灰厂3家，取缔小电镀厂5家；市环保局会同市公安局油田保卫支队联合取缔小土炼油点7家，炸毁炼油罐3个，收缴油桶10个，柴油5000多公斤。

对于污染物排放，我市加大了投入。全市建成生活垃圾无害化处理场4座，建成污水处理厂4座。通过招商引资的方式投资1500万元，建设了日处理能力20万吨医疗废物处理场。今年还投资2亿元新建一座日处理能力500吨的生活垃圾无害化处理场。

对于违法排污的企业，要加大检查和监管力度，决不能“老板一个人赚钱，群众受害，社会买单”。对今年的重点工作，会议作出部署。危害群众健康和影响可持续发展的突出环境问题，为整治重点。将对城镇污水处理厂进行集中检查，敦促污水处理厂正常运行。同时，将对城镇生活垃圾处理设施进行集中检查，彻底查清已建成的生活垃圾填埋场。此外，还要集中开展重点流域污染企业的专项整治，让江河湖海休养生息。

关于国家和省挂牌督办环境违法案件办结情况的通报

2008年10月22日，省政府召开了新闻发布会，我厅公布了2005年以来国家和省挂牌督办环境违法案件整改情况和2008年第一批挂牌督办环境违法企业名单、企业环境违法事实以及督办要求，并向各市（地）环保部门通报了相关情况和处理意见。相关市（地）环保部门根据省厅要求，加强了对辖区内尚未摘牌的环境违法案件督查、督办力度，责令环境问题企业制定整改计划，落实整改措施，完成整改任务，部分涉案企业环境违法行为得到了纠正。现将有关情况通报如下：

一、2005～2007年挂牌督办案件整改进展情况

2005～2007年，我省共有49起环境违法案件被挂牌督办。其中2007年2月8日和12月18日，原省环保局分两批对海林市雪原酒业公司环境违法案等11起达到整改要求的案件予以摘牌。2008年10月，我厅通过新闻发布会的形式对牡丹江市城市污水处理厂环境违法案等22起已完成整改任务，达到督办要求的案件予以摘牌。2008年12月9日我厅对在规定期限内完成了整改任务、达到了督办要求的亿达信煤焦化能源有限公司环境违法案，宝泰隆煤化工股份有限公司、隆鹏煤炭发展有限责任公司、鑫源焦化有限公司环境违法案等2起案件予以摘牌。截止目前，仍有10家涉案企业未达到环保要求，5家涉案企业处于停产状态。

（一）4家涉案企业完成了整改任务，但其它环境问题未得到解决

哈尔滨市马利酵母有限公司按督办要求建设了污染防治设施，但设施运行不稳定，污染物仍有超标现象；七台河市万昌焦化有限公司建设了污染防治设施，但未经验收；哈尔滨市宾西牛业有限公司至今未按哈尔滨市环保局的要求安装在线监控设施；宝泉岭兴汇热电厂欠缴的排污费至今未缴纳。以上4家涉案企业均未在省厅2008年10月28日《关于国家和省挂牌督办环境违法案件情况的通报》规定的时限内完成整改任务。

（二）5家涉案企业仍未达到整改要求

1、中煤龙化哈尔滨煤化工有限公司废水生化处理装置已实现稳定运行，已进入验收程序；废水预处理装置计划2009年4月15日前完成调试。高浓度酚氰废水暂存池废水已陆续回抽处理，现已抽回13万吨，其余废水预计2009年6月末全部抽回处理。贮灰场加高加固工作已完成，并于2009年3月30日通过了市环保局组织的验收。三级防控体系正在完善中，预计2009年6月末完成；冲灰水闭路循环工程未在规定的期限内完成，尚在方案论证中。

2、中煤（牡丹江）焦化有限公司二期工程至今未办理环评审批手续；炼焦炉无地面除尘站，废气超标排放；酚氰处理站处理后污水超标用于熄焦，不符合环保要求。

3、黑龙江中盟龙新化工有限公司按要求完善了原有的污水处理设施，对排放水污染物的单体车间进行技术改造和治理；硫酸车间除尘设施已建成；但公司污水处理厂尚未开工建设。

4、佳木斯黑龙农药股份有限公司2008年9月建成了江中取水工程，氯碱装置的氯气处理工艺的间接冷却水实现循环使用，不外排，经多次监测，废水总排口已实现达标排放；0.8万吨/年2，4-二氯苯氧乙酸项目正在履行验收程序；未按要求建设应急事故池。

5、鸡西矿业集团城子河噪声和废气严重影响居民生活的问题仍未解决。企业还在进行治理，未达到环保要求。

（三）5家涉案企业处于停产状态

黑龙江龙马化纤有限公司、黑龙江北国啤酒集团有限公司自挂牌后一直停产至今；中化集团齐化公司仍处停产状态，近期拟申请部分恢复生产；吉双铁合金有限公司、绥化友嘉国年亚麻有限公司因市场原因停产。

（四）1家涉案企业破产，被收购，正在积极整改

大庆安信同维酒精制造有限公司2007年4月停产，2008年6月破产，7月被山东博润生物科技有限公司收购、现更名为大庆市博润生物科技有限公司，目前企业正在按督办要求进行整改。

二、2008年省级挂牌督办案件整改进展情况

2008年10月22日，我厅根据《黑龙江省环境保护厅环境违法案件挂牌督办管理办法》的规定，对佳木斯鸿基集团有限公司焦化分厂、林源煤气有限公司、桦川县桦康纸业有限公司、黑龙江迪龙制药有限公司等4家企业环境违法行为予以挂牌督办，向涉案企业所在地环保部门下达了《环境违法案件挂牌督办通知书》，提出了督办要求。同时向金融部门通报了涉案企业的环境违法情况，在新闻媒体上予以了曝光。

各有关市（地）环保部门对省厅的督办意见给予了高度重视，责令涉案企业认真制定整改措施，明确责任目标。各涉案企业根据环保部门的要求积极进行了整改。

（一）佳木斯鸿基集团有限公司焦化分厂环境违法案整改情况

佳木斯市环保局于2008年9月25日对企业下达《关于佳木斯鸿基集团有限公司焦化分厂立即停产的通知》（佳环字[2008]82号。同时向桦南县人民政府提出了关闭佳木斯鸿基集团有限公司焦化分厂的建议（佳环函[2008]94

号）。桦南县人民政府于2008年9月26日下达《关于关停佳木斯鸿基集团有限公司焦化分厂的决定》。企业于2008年9月27日停产至今。桦南县环保局依法对该企业违反环评法、违反建设项目环境保护“三同时”法律规定的环境违法行为罚款人民币17.4万元。

（二）林源煤气有限公司环境违法案整改情况

鸡西市环保局责成密山市环保局下达了停产通知，责令该企业立即停产，并处5万元罚款，企业未执行。酚氰废水生化处理站、炼焦炉地面除尘站等环保设施于2008年10月末建成投入使用。

（三）桦川县桦康纸业有限公司环境违法案

桦川县环保局下达了停产通知，处3万元罚款，并监督企业填平了厂外污水库。企业于2008年9月末停产，缴纳了罚款。2008年12月，企业污水处理设施建成后，生产废水循环不外排，佳木斯市环保局批准了试生产。目前正在履行验收手续。

（四）黑龙江迪龙制药有限公司环境违法案整改情况

2008年10月24日，企业向绥化市环保局提出了三期工程验收申请。绥化市环保局于2008年12月10日组织对该企业三期工程现场验收，但因企业污染治理设施达不到环保要求，未予通过。验收组针对企业存在的环境问题，提出了整改意见。2008年12月15日，安达市环保局对该企业下达了《环境违法行为限期改正通知书》（安环法[2008]100号），责令该企业于2009年3月15日前完成整改。整改期间，必须保证污水稳定达标排放。2009年2月23日，省总队后督察时，该企业三期工程未停产，四期工程已建成，但未投入生产，已向绥化市环保局提交了环评审查报告。

三、处理决定

1、对未达到整改要求或未改正其它环境问题的案件，继续督办。从即日起，暂停哈尔滨市马利酵母有限公司、哈尔滨市宾西牛业有限公司、七台河市万昌焦化有限公司、宝泉岭兴汇热电厂等4家企业新建项目的环评审批，并向金融、证监、商务等机构或部门通报情况，在新闻媒体上曝光。对负责督办案件的环保部门提出批评。

2、根据《黑龙江省环境保护厅环境违法案件挂牌督办管理办法》的规定，2008年4起挂牌督办案件应于2009年4月末前办结。各相关市（地）环保部门要切实加强对涉案企业的督查、督办力度，确保如期完成整改要求，并及时上报进展情况。

3、加强对停产企业或正在整改企业的现场监管，达不到环保要求，一律不得开工生产。

4、加强对已摘牌企业的日常监管，杜绝环境违法现象反弹。

环保部、东北督查中心来我省进行学习实践科学发展观活动调研

10月23日—11月6日，以环保部正局级监察专员谷茂宽为组长的环保部学习实践科学发展观活动督导组和东北督查中心一行15人来我省进行学习实践活动调研，分别在我省大庆、七台河两市召开了周边地市环保局长、部分县区环保局长和部分企业代表参加的座谈会。与会代表就基层能力建设、地方环保体制改革、环境监管体制机制法制建设、环保工作压力与责任、新形势下如何做好环境保护工作的措施办法，以及地方存在的难点、热点问题各抒己见，畅所欲言。我省代表一致认为，座谈会体现了环保部和东北督查中心认真实践科学发展观，到基层找问题，帮助基层解决问题的务实作风。

绥化市大力整治松花江流域违法排污企业

为加快推进《松花江流域水污染防治规划（2006年～2010年）》和《2008年黑龙江省主要污染总量减排计划》实施进程，日前，绥化市启动了以保护呼兰河流域及居民饮用水水源为重点的松花江流域涉水排污企业环境整治专项行动，对涉水项目已有治理设施的单位进行了全面现场监察；对去年重点查处的违法排污企业进行了后督察；对全市违反产业政策的“小造纸”等淘汰落后生产能力、工艺设备和产品的42家企业，责令企业立即淘汰、关停；对22家违反环保法规的企业进行挂牌督办；解决了肇东成福集团水污染等10件涉及民生的重点环境信访案件。

七台河市焦化企业环境整治取得成效

今年3月，环保部东北督查中心对七台河焦化企业污染情况进行了检查，针对存在的环境问题提出了整改意见。省环保厅5月下发了《关于开展焦化行业环保专项整治工作的通知》，决定对全省焦化行业进行专项整治。七台河市委、市政府高度重视，迅速落实，召开市委常委会议、市政府常务会议研究部署整治工作，出台了《七台河市焦化行业环保专项整治实施方案》，市政府分管领导多次召开专题推进会，县区政府、环保、经委等部门按职责分工认真督办落实，焦化企业积极整改，全市焦化企业环境问题整治工作取得显著成效。11月初，环保部东北督查中心与省环保厅联合督查组对七台河市焦化行业环保专项整治工作给予了充分肯定。

通过整治，七台河市辖区内焦化企业15家中，恒煤焦化公司、鑫源焦化有限公司、马场焦化、吉伟焦化公司（25万吨焦炉）、亿达信公司（12.5万吨焦炉）等5家公司已被关停；宝泰隆公司、龙洋焦电公司、鲁龙公司、隆鹏公司、万昌公司、七煤集团煤气公司、吉伟公司（60万吨焦炉项目）、亿达信（80万吨焦炉项目）等8家公司主要污染防治设施基本齐全，正常运行；招发公司、美华公司、聚丰焦化公司等3家公司建设和完善了污染防治设施，现正调试运行。

七台河市将继续加大焦化企业整治力度，立即关停污染防治设施未建成的凯博达煤炭化工有限公司焦炉；对正在调试污水处理设施的，责令限期完成调试；对尚未进行环保“三同时”验收的，责令限期验收；加强对焦化企业的日常环境监管，确保稳定达标。今后，新建焦化项目必须严格执行国家产业政策，坚决杜绝未批先建、未验收先投产等环境违法现象。

关于2008年省厅环境监察通知书督办意见落实情况的通报

2008年，我厅开展了多次环境执法后督察和排污费征收稽查专项工作，共现场督察企业515家，对其中38家企业进行了排污费稽查，涉及哈尔滨等11个地市（伊春、黑河、大兴安岭除外），向存在环境问题企业所在地环保部门下达《环境监察通知书》22份，提出具体处理意见100余条。现将有关情况通报如下：

一、基本情况

2008年，我厅共下达环境监察通知书22份，督办意见102条，涉及环境问题企业76家次、县区环保部门1个。其中排污费专项稽查环境监察通知书5份，其它环境违法问题整改环境监察通知书17份。

各市（地）环保部门对省厅环境监察通知书的督办意见高度重视，按照督办要求，责令辖区内环境问题企业落实整改措施，明确责任目标，并加强了日常监管，环境违法行为得到了遏制，企业守法意识明显增强。但是，仍有部分环境问题企业未在规定的时限内完成整改，个别企业至今未纠正环境违法行为。哈尔滨、佳木斯、大庆等市环保部门按照省厅环境监察通知书的督办意见要求，结合辖区具体情况，依法对企业存在的环境问题提出了具体整改意见和要求，并督促认真落实，促进了辖区内企业环境问题的解决，省厅环境监察通知书的督办意见得到了全部落实。大部分地市仍有部分企业未按规定时限落实督办意见，环境问题未得到有效解决。其中，齐齐哈尔市环保局完成率为62.5%，牡丹江市环保局完成率为60%，鸡西市环保局完成率为58.8%，双鸭山市环保局完成率为83.3%，七台河市环保局完成率为69.2%，绥化市环保局完成率为40%，省厅垦区环保局完成率为83.3%。鹤岗市环境问题企业均未完成整改任务，督办意见均未得到落实。

二、下一步工作

（一）各相关市（地）环保部门对未完成督办意见的环境问题企业，继续加大督察、督办力度，确保督办意见的真正落到。对逾期未完成整改任务的企业，要采取媒体曝光、挂牌督办、信贷限制等措施进行综合整治。

（二）对已完成整改的企业加强日常监管，杜绝环境违法现象反弹。

（三）对落实督办意见不到位的环保部门提出批评，并进一步提出督办要求。

（四）进一步加大排污费稽查征收工作力度，对拒缴或恶意欠缴排污费的违法行为依法处理。

（五）根据环境监察工作考评相关规定，将督办意见落实情况纳入环境监察工作年终考核内容。

专项行动

开展阿什河、安邦河、安肇新河、鹤立河、穆棱河环境整治行动方案

为落实全省环境保护工作会议精神，加强重点流域环境监管工作，严肃查处私设排污口和超标排放污染物的环境违法行为，改善流域水环境质量，我厅决定自2009年4月1日至5月30日对阿什河、安邦河、安肇新河、鹤立河、穆棱河开展环境整治专项行动，为保证行动扎实有效地进行，特制定本方案。

一、工作目标

通过对排污口及其主要污染物排放情况的全面检查，摸清五条河流接纳主要污染物的总量，进一步规范直接排入松花江干流及其主要支流的排污口设置，建立企业排污口及污染物排放档案，严肃查处私设排污口、超标排放污染物的环境违法行为，消灭劣Ⅴ类水质，实现流域水环境质量全面达标，确保如期完成《松花江流域水污染防治规划（2006—2010年）》工作目标。

二、工作内容

1、检查直接排入上述河流的工业企业污水排放口、污水处理厂排放口及市政排污口；

2、监测统计跨界断面水质和各排污口污水排放量（吨/日），化学需氧量、氨氮和重金属等其它主要特征污染物浓度和排放总量；

3、对排污口进行拍照、定位、检查规范化标识设立情况；

4、统计排入上述排污口的工业企业名称和数量；

5、对私设排污口、超标排污等环境违法企业依法查处。

三、组织领导和主要措施

（一）切实加强组织领导

省厅成立环境整治行动领导小组，负责对此次行动进行组织协调和政策指导。李平厅长任组长，富亚峰副厅长任副组长，成员单位包括污控处、环评处、省环境监测中心站、省环境监察总队。环境整治行动领导小组办公室

设在省环境监察总队，负责日常协调工作。地方各级环保部门要将此次执法行动纳入重要日程，逐级建立由主要领导为组长、各部门负责人为成员的领导小组，结合实际情况，逐级制定工作方案，召开专门会议进行部署，安排专项经费予以支持保障。

（二）加强分工协作，落实责任

各地应结合现有工作基础，细化职责分工，综合各方力量，使整治行动取得实效。环境监察机构主要负责排污口排查、违法行为查处、信息汇总等项工作；环境监测机构负责监测统计跨界断面水质、监测统计排污口污水排放量（吨/日）、污染物浓度和排放总量。各级环保部门要积极推进治污项目建设，加大工程减排力度，坚持做到“四个一律不批”，把好关口，确保让松花江休养生息的政策落到实处。

（三）严肃查处环境违法行为

对检查中发现的不规范的排污口，责令相关单位限期整改，规范排污口设置；对工业企业的偷排口要坚决予以取缔；对没有污染治理设施或设施不正常运行的企业，要依法严肃查处；对典型环境违法案件挂牌督办，确保查处到位、整改到位；对于导致区域性环境污染的突出问题，要采取区域限批、挂牌督办等有力措施，并追究有关责任人员的责任。

（四）加强督察督办，严格进行考核

各级环保部门要对各地开展执法行动工作加强督察，组织指导各地全面按时完成各项任务。我厅将组织相关单位，采取参与地方行动和重点督察相结合的方法，对地方执法行动开展情况进行督察，行动结束后进行验收，并将验收结果作为考核各地环保目标责任状的一项重要依据。

四、工作安排

（一）动员部署阶段（4月1日至4月10日）

根据本方案的要求，结合本地实际，明确责任，制定具体实施方案，迅速完成专项整治行动的启动部署，各市在4月10日前报送环保执法行动实施方案、信息报告负责人名单及联系方式。

联 系 人：由海江、赵军

联系电话、传真：0451-87113079

电子信箱：yousir28@sina.com。

（二）排污口排查阶段(4月11日至4月25日)

各地环境监察部门检查直接排入检查范围的工业企业污水排放口、污水处理厂排放口及市政排污口；统计排入上述排污口的工业企业名称和数量；对排污口进行拍照、定位、检查规范化标识设立情况。并于4月25日前报送《排污单位排污口基本情况调查表》（附件1）。

（三）监测统计阶段(4月26日至5月15日)

由省环境监测中心站统一组织对跨界断面水质和各排污口污水排放量（吨/日），化学需氧量、氨氮和重金属等其它主要特征污染物浓度和排放总量进行监测统计。于5月15前报送《排污单位污水排放情况统计表》（附件2）和《跨界断面水质考核情况表》（附件3）。

（四）查处总结阶段（5月16日至5月30日）

各相关环保部门根据排查和监测情况对违法行为进行集中查处，认真总结本次行动的成效与不足，对环境整治行动进行总结，并于5月30前提交《环境整治行动工作报告》和《查处环境违法企业明细表》（附件4）。我厅将对不按时上报信息，未完成重点整治任务的地市进行通报批评。对督察发现环境违法问题仍很突出、排污超标严重，流域水环境质量没有得到切实改善或仍有继续恶化趋势的地市实行区域限批。

我省开展环境安全隐患督查专项行动

为进一步贯彻落实党和国家环境安全方针政策、法律法规以及“隐患治理年”的各项工作部署，省环保厅于近日制定下发《2008年环境安全隐患督查专项行动方案》，自5月16日至7月底在全省范围内开展环境安全隐患督查专项行动，同时确定30家省级重点环境风险源企业。

此次专项行动是在我省已开展的春季枯水期环境隐患检查基础上，深入推进国务院安全生产“隐患治理年”活动的一项重要措施。专项督查采取企业自查、部门抽查、综合督查、专项督查、驻地督查相结合方式进行。省级督查面不少于1/3的市（地），市级督查面不少于1/3的县（市、区），县级督查面不少于1/3的乡镇。要求各地以对人民高度负责的态度，将环境安全隐患专项督查作为当前环境执法的重要任务。对督查中发现的问题要责令立即整改；不能现场整改的要提出防范措施，明确整改期限和责任人，制定应急预案；严重危及环境安。

我省四部门对松花江规划项目、污染减排项目和挂牌督办企业进行联合督查

为加快推进松花江流域污染防治和全省污染减排工作，确保污染防治和减排项目按期开工建设，实现计划目标任务，9月22日至27日，由省环保厅、发改委、建设厅和监察厅四部门组成联合督查组，对全省13个地市和省农垦总局的松花江流域水污染防治项目、主要污染物总量减排项目建设情况和挂牌督办企业整改情况进行督查。督查工作采取分组划片方式进行，分成4个小组，各小组分别由四部门领导带队，同时邀请有关新闻单位参加。督查组先后听取当地政府的汇报，现场实地检查了50余个项目和企业。针对检查情况，督查组向当地政府进行了意见反馈，提出了下一步工作意见。对到期完不成治理和减排目标任务的地市，省政府将严肃追究有关地市的领导责任。

黑龙江展开专项行动　高压整治排污企业

14日，全省环境执法暨环境应急管理工作会议召开。会议提出，今年环保部门将深入开展环保专项行动，加大对违法排污企业的整治力度，保持环境执法高压态势，保证全省减排目标的实现。

据介绍，环保专项行动的整治重点首先是对饮用水源地保护区，国控、省控重点污染源，城市污水处理厂、垃圾填埋厂，煤化工、制糖、造纸、钢铁等行业。

第二个重点为重点流域和区域。环保部门将以松花江一级支流为重点，集中整治涉水违法排污企业。从4月1日至5月30日，省环保厅对出现劣Ⅴ类水质频次较高的阿什河、安肇新河、安邦河、鹤立河和穆棱河等5条河流加大监察监测频次。在行动中，环保部门将对无环评审批手续、无污染防治设施、偷排偷放污染物等严重环境违法行为予以查处。

第三个重点是加强我省列入《松花江流域水污染防治规划(2006—2010年)》的项目运行情况进行监督检查。按照国家要求，到明年底，我省列入松花江流域水污染防治规划重点治理的哈尔滨、齐齐哈尔、牡丹江、佳木斯和大庆等5个城市所有项目要全部完成，其余市(地)除重点区域治理项目外，其他项目全部完成或主体工程完成，全省项目总建成投运率达到85%以上。在专项行动中，环境监察机构将对已投运的项目加大现场监督检查力度，确保运行效果；对那些擅自停运和不正常使用污染防治设施、污染物超标排放的，予以上限处罚。

我省四部门对松花江规划项目、污染减排项目和挂牌督办企业进行联合督查

为加快推进松花江流域污染防治和全省污染减排工作，确保污染防治和减排项目按期开工建设，实现计划目标任务，9月22日至27日，由省环保厅、发改委、建设厅和监察厅四部门组成联合督查组，对全省13个地市和省农垦总局的松花江流域水污染防治项目、主要污染物总量减排项目建设情况和挂牌督办企业整改情况进行督查。督查工作采取分组划片方式进行，分成4个小组，各小组分别由四部门领导带队，同时邀请有关新闻单位参加。督查组先后听取当地政府的汇报，现场实地检查了50余个项目和企业。针对检查情况，督查组向当地政府进行了意见反馈，提出了下一步工作意见。对到期完不成治理和减排目标任务的地市，省政府将严肃追究有关地市的领导责任。

上海市

本市有序推进环保专项行动

贯彻《国务院关于落实科学发展观加强环境保护的决定》，严肃查处违法排污行为，根据国家环保总局等七部委和上海市政府的统一要求和部署,市环保局会同相关部门制定专项行动工作方案,组织召开了各部门联络员会议和环保专项执法行动工作会议。

联络员会议讨论了工作方案,明确了各部门在本次行动中的职责分工,各部门均表示要严格履行各自的监管职能,切实加大监管力度,各司其职,协同作战。工作会议由各区县环保局分管负责人参加，会议详细部署了今年我市专项行动的任务、要求、时间安排等，这标志着我市今年的环保专项行动正式启动，进入实质性检查阶段。结合本市实际，在国家专项整治重点内容的基础上，今年专项行动的五项重点任务：一是集中整治威胁饮用水源安全的污染和隐患，二是集中整治工业园区建设、管理过程中的环境违法问题，三是集中整治建设项目环境违法问题，四是集中查处危险废物经营行业、进口废物利用行业的违法行为，五是集中整治群众投诉的环境热点、难点问题。会议同时明确了工作要求，即上下联动、部门协调，形成执法合力；挂牌督办突出环境问题，切实加大责任追究力度；加强社会监督，充分发挥舆论监督力量；加强信息报送，实行动态报告制度等。

重点案件后督察工作情况

根据国家环境保护部《关于开展重点案件后督察工作检查的通知》，今年4月份我局组织了全市范围的环保执法后督察工作。市区（县）两级环保部门联动，对环境违法案件查处情况进行检查，探索建立环境违法案件查处监管的长效机制。

围绕的内容：1、重点信访案件的落实化解情况；2、环保专项行动督办企业的整改情况；2007年以来行政处罚、限期治理企业的整改情况。截至4月30日，全市共检查有关企业1600家，其中挂牌督办企业60多家，重点信访件约190家。

从督察结果看，绝大部分违法案件的处理都做到了查处到位、整改到位，信访投诉得到了较好的化解，环保执法效力得到了较大提升。督察中也发现，极个别企业仍存在整改不到位、屡查屡犯的现象。对这些企业的违法行为，环保部门将予以严肃处理。

上海市九部门联合开展2008年环保专项行动

为了进一步贯彻落实《国务院关于落实科学发展观加强环境保护的决定》，确保环境保护“十一五”规划和节能减排任务顺利完成，严肃查处违法排污行为，切实解决当前突出的环境问题，市环境保护局会同市发改委、市监察委等九部门，根据国家环境保护部等八部委联合发布的《关于继续深入开展整治违法排污企业保障群众健康环

保专项行动的通知》的精神，结合本市办奥运、迎世博，推进郊区“三废”治理，查处建设项目违法行为等重点工作，制订了本市2008年环保专项行动实施方案。

今年本市的环保专项行动，将以着力解决危害群众健康和影响可持续发展的突出环境问题为重点，集中整治重污染行业和重点流域、区域环境违法行为，促进主要污染物减排和环境质量的持续改善。此次重点开展四个方面十四项专项执法:第一方面以确保奥运会上海赛事顺利召开为目标，开展重点区域冒黑烟的专项执法；开展重点区域扬尘污染控制联合执法；开展重点区域建筑施工噪声、交通噪声控制专项执法。第二方面以巩固整治成效为目的，集中开展重信重访案件的查处；开展挂牌督办案件的后督察；开展饮用水源保护区专项整治的后督察；开展造纸行业、化工企业环境安全隐患专项整治后督察；开展对停产整治、限期治理企业的后督察；开展建设项目违法行为整治情况的后督察。第三方面以促进污染减排为目标，集中开展城镇污水处理厂专项检查；开展垃圾填埋场的专项检查；开展电厂、钢铁企业（脱硫设施）的专项检查。第四方面以休养生息为目标，集中开展太湖流域、淀山湖流域污染企业的专项整治执法。

为了加强对环保专项行动的组织领导，加强部门协调，本市还专门成立了由市政府沈骏副市长任组长，市政府尹弘副秘书长、市环保局张全局长任副组长，相关职能部门负责人参加的环保专项行动领导小组。各区县人民政府也相应成立环保专项行动领导小组。以更好地加强对环保专项行动的领导和组织协调，加强部门间的协调配合，共同打击环境违法行为，合力治理环境污染问题。

此次专项行动分三个阶段实施，7月份动员部署阶段，8—10月份集中检查和整治阶段，11月份总结阶段。

日前，市环保局召开了环保系统法制联席会议，对今年上半年的执法工作了基本总结，全面部署了今年的环保专项行动工作安排。孙建副局长在会上强调要加强横向部门间的执法联动，形成合力；要加强重案、要案查处机制，抓重案、大案，对在执法检查中发现的危害群众健康、故意违反环境保护的行为，要坚决进行查处，用足法律资源，可以按高限适用处罚，并可以通过监察部门，追究相关责任人员的行政责任乃至刑事责任。

市环保系统加大执法力度查处一批违法企业

今年以来，市区（县）环保部门以市领导关于郊区“三废”整治的批示为动力，以执法后督察为抓手，完善机制，推进执法。截止8月底，全市环保部门已作出行政处罚案件922件，处罚金额达2520万元，比去年同期增长20%左右。从执法后督察的情况看，规定期限内违法行为的整改完成率达到90%以上。在执法力度加大的同时，完善了联席会议制度、执法情况通报和建议书制度，建立了执法绩效评估机制，推进了后督察工作，形成了全社会监督违法行为，环保部门及时查处违法行为，有关部门各司其职形成合力，执法后督察检验工作成效的执法工作格局。

近段时间，市、区（县）环保部门联手，进一步加大环境执法力度，查处了一批环境影响大、群众反映强烈的环境违法案件。其中查处的典型案件有：

上海宝泰豆类食品有限公司位于宝山区罗店开发区，从事豆类食品生产。生产中产生的高浓度黄浆水委托罗店污水厂处理；生产场地冲洗水、食堂污水和其他生活污水未经处理直接通过管道排入附近河道。由于污水超标排放，市环保局曾于2005年11月对其处以罚款。 2007年7月，宝山区环保局又发现其超标排放，对其处以7万元的罚款。2008年2月，市环保局环境监察总队会同宝山区环保局对该公司进行突击检查，发现该公司生产区域的场地冲洗水、食堂浴室产生的污水等又通过管道排入附近的河道。测试结果表明，外排污水化学需氧量、氨氮、悬浮物、pH值，均严重超过《上海市污水综合排放标准》（DB31/199-1997）规定的排放限值。环保部门已依法责令其限期改正，并作出罚款10万元的行政处罚。但截至9月5日，该公司仍未执行行政处罚决定。对此，市环保部门已申请法院强制执行。该公司曾向罗店镇政府承诺于5月底前完成停产关闭，但迟迟没有行动。近期，宝山区环保局和罗店镇政府及相关部门已联合行动，通过综合运用法律、经济、行政等手段，督促该公司进行产业结构调整，以彻底解决该公司污染问题。9月18日，该公司已停产。

上海纪中化工有限公司位于闵行区纪王镇纪翟路底，是一家生产化工原料的乡镇企业。该公司生产设备陈旧，生产过程中存在“跑、冒、滴、漏”现象。该公司的生产车间是敞开式的，添加原料和反应过程产生气味，对环境有较大影响，群众信访不断。该公司化学反应产生废液委托危险废物处置单位处理，车间循环冷却水和锅炉脱硫喷淋用水有超标排放现象。自2005年以来，该公司因废气超标，闵行区环保局先后对其处罚2次。今年6月、7月，市环境监察总队会同区环境监察总队执法检查人员对该公司进行现场检查，发现其冷却水排口排放污水。经监测，化学需氧量638mg/1，超过了规定的排放限值5倍多。据查，是锅炉喷淋水存放池损坏及车间循环冷却水“跑、冒、滴、漏”所致。对此，市环保局已作出罚款人民币捌万元的行政处罚。近年来，在市、区两级环保部门的督促下，该公司已关停了部分生产线，并添加了废气处理设施，废气扰民现象有所缓解。针对冷却水外泄问题，在行政处罚的同时，环保部门也责令其规范废液处置过程，举一反三，切实防止类似问题发生。鉴于该企业不符合当地产业发展导向，且污染问题难以根本解决，闵行区政府已将其列入2009年度产业结构调整企业名单之中，尽快实施产业结构调整。在过渡期内，环保部门将加强环境监察，进一步督促其整改，杜绝超标排放现象。

2008年7月14日，环保执法人员在某排水泵站截获一辆正在倾倒废液的漕车，经查该废液来自位于上海祁南胶粘材料厂，倾倒废液经监测含有酚、醛等有机污染物，PH值1.7，属于危险废物。调查发现，该厂危险废液委托上海阳晨排水运营有限公司处理。上海阳晨排水运营有限公司主要从事处理城市生活污水和部分工业废水，不具备处理高浓度含酚醛树脂工业废液的能力，无危险废物经营许可证。自2006年1月起，上海祁南胶粘材料厂开始与上海阳晨排水运营有限公司签订废液处理协议，期间共委托处理高浓度废液3100吨。对上海祁南胶粘剂厂委托无危险废物经营许可证单位处置危险废物案，已立案处理，拟责令改正违法行为并给予20万元罚款，即日将发出听证告知书。对上海阳晨排水运营有限公司无危险废物经营许可证擅自经营的行为，也已在立案处理中。目前，上海祁南胶粘剂厂已经暂停生产，宝山区环保局多次到现场检查，发现该厂处于停产状态。宝山区政府拟在第四轮环保三年行动计划中将该企业列入产业结构调整名单，以彻底解决其环境问题。

青浦区开展停产整治、限期治理企业专项检查活动

按照《青浦区继续深入开展整治违法排污企业保障群众身体健康环保专项行动实施方案》的统一部署，近日，青浦区环保局、区经委、区纪监委组织了对停产整治、限期治理企业的联合执法检查。检查分3个组，检查涉及停产企业5家、限期治理企业6家。

从检查情况来看，停产企业中，2家企业未生产，1家企业经批准投入了试生产，2家在生产的企业已提请法院强制执行停产。限期治理企业中，2家企业完成了限期治理任务，3家企业限期已到，正组织核查，1家企业要求延期整改。下阶段，区环保局将按照环保专项行动要求，对存在问题的企业加强监督检查，防止停产企业死灰复燃，确保限期治理企业完成治理任务。

市环保局组织开展水源水质安全环保专项执法行动

受当前全球经济形势影响,本市个别地区和部分企业已出现放低环保要求，盲目引进项目；一些生产经营困难的中小企业为维持经济利益，无视环保法规，出现偷排漏排的现象。针对近期此类不法排污行为有所抬头的情况，市环保局下发了《关于在当前经济形势下进一步加强环保执法监督的通知》的要求，会同各郊区环保部门认真研究，积极制定集中执法行动方案，自11月15日起在全市开展为期 1 月的以清查影响饮用水源水质安全的排污企业为重点的环保专项执法检查。

此次环保专项行动重点检查范围包括黄浦江上游饮用水源保护区、陈行水库以及郊区水厂取水口的保护范围。重点检查对象为饮用水源地周边的化工、医药、纺织、电镀等重点监管企业、工业废液产生企业、收集运输企业、危险废物处置企业和专业化运营企业。截止至11月21日，全市共出动执法人员39批次162人次（其中总队出动6批次32人次），共检查企业185户次，巡查支流河道35条。其中，总队检查主要采用夜间和双休日突击抽查的形式，对闵行、松江、金山、青浦四个郊区的21户重点企业和12条支流河道进行了检查，共采43组水样。

市环境监察总队及各环境监察支队对在此次环保专项执法检查中发现的恶意偷排、抗拒执法等违法行为将从快、从重、从严处理，对严重污染环境、影响群众健康、信访投诉不断的违法企业给予处理，把环保专项行动抓出实效。

市环境监察系统开展环境执法工作大讨论

日前，市环保局法规处、市环境监察总队、长宁区环境监察支队党支部联合召开了一次别开生面的支部生活会。会上还邀请了有关中心城区、非中心城区监察支队长共同参与。会议由环境监察总队支部书记黄震同志主持。

与会人员主要以学习实践科学发展观活动为主题，结合本市机构改革、区域分工，对影响环境执法瓶颈问题进行了热烈讨论。会上对目前本市环境监察存在的制约因素形成了共识：一是环境污染事故应急处置能力严重不足，没有专门的污染排查、处理的应急仪器，应急人员的专业技能不够等；二是由于总队、各区（县）支队环境执法工作涉及面广，监察企业多，执法人员严重缺乏，对企业的监管存在盲点；三是目前的环保法律、法规不够硬，造成约束力不足；四是执法工作重点有偏差，由于执法人员不足，造成目前的环境执法工作主要围绕大中型污染企业，没有精力对那些严重影响环境安全的小化工、小电镀厂进行监管；五是对企业的监察质量不够，主要是人员执法能力缺乏，执法方式单一；六是对企业重审批、轻监管，造成审批与监管严重脱节。

何晨副总队长就目前环境监察系统现状进行了细致的分析，并对今后的现场执法工作谈了几点想法：一是目前本市现场执法队伍工作量较大，涉及面广，我们要集中精力，在如何提高环境执法的质量上下功夫，对企业的监管我们要突出重点，全面了解，综合监察。查得要深，查得要细，查得要透；二是要对污染源企业进行分类、分片、分批监管，整合市、区（县）执法力量，做到信息畅通，协调统一，进一步理清现场执法的工作思路，全面推进现场执法工作。

黄震对环保执法工作中存在的机制、体制、法制、费制等问题进行了分析，希望大家利用国家环保部升格、机构改革的机遇，抓紧解放思想，改革创新，全面落实科学

发展观，使环境执法工作更上一层楼。

2008年上海市环保专项行动取得明显成效

2008年上海市继续开展整治违法排污企业保障群众健康环保专项行动基本结束。在市委、市政府的领导下，在环保、发展改革、经济、监察、司法、建设、工商、安全监管、公安、交通、市政、市容、城管和电监等各相关部门的通力协作及努力下，专项行动取得了明显成效：

在今年的环保专项行动中，全市上下思想统一，行动一致。共出动执法检查16809人次，检查企事业单位12022户， 检查机动车9723辆。挂牌督办了34家重污染企业的污染整治工作。截至11月底，立案查处违法排污单位1262家，已结案1223家，处罚金额共计3481.7万元。同时，市、区两级环保部门初步筛选出250多家高能耗、高排污且布局不合理，不能稳定达标，厂群矛盾不断，属于限制发展产业的劣势企业名单；下一阶段将组织全面调查、核实，待核查完成后将建议市、区两级政府进行产业结构调整。

通过开展企、事业单位烟尘污染控制、机动车冒黑烟专项整治，码头、仓库、堆场、建筑工地及道路运输扬尘控制和建筑施工噪声、交通噪声控制等专项执法活动，保障了奥运会上海赛区的环境安全；通过开展重信重访案件、挂牌督办案件后督察，城镇集中式饮用水水源保护区专项整治、造纸行业和化工企业环境安全隐患专项整治后督察，巩固了历年环保专项行动的工作成果；通过开展专项执法检查，对检查中发现的违法行为进行立案查处，重点查处了一批关系市民健康、影响城市发展的违法排污企业，打击了违法排污现象，解决了一批群众反映强烈、举报和投诉集中的难点、热点环境问题，保障了群众的环境权益；通过开展城镇污水处理厂、垃圾填埋场、电厂等重点行业专项检查，促进了主要污染物减排工作的顺利实施；通过开展专项执法检查，梳理了一批高能耗、高排污且布局不合理，不能稳定达标，厂群矛盾不断，属于限制发展产业的劣势企业，为推进产业结构调整打下了基础。

松江区环保局春节前开展环境风险源专项检查

为切实加强春节期间环境风险源安全管理的要求，确保人民群众过一个安全祥和的节日，日前区环保局对有重大环境风险的企业开展了一次的专项执法检查行动。

此次专项行动出动3批15人次，检查存在重大环境风险源企业18家，其中位于黄浦江上游水源保护区及准水源保护区内的10家、非水源保护区8家。检查时有3家处于停产状态。

检查的主要内容为：一是查清企业的主要风险源种类及存放的数量，看存放危险化学品的仓库及储罐是否建立围堰、收集槽、应急水池设施是否完善。二是查企业的环境风险源应急预案，看预案内容是否完善，是否具有可操作性，相应的措施、人员是否落实。三是查危险化学品的生产和使用是否落实安全要求，看安全操作规程是否明确，操作人员是否具有相应的常识。四是查企业在春节期间对风险源的安全管理要求是否落实到位，看值班人员是否落实，是否开展了针对性的安全管理教育，值班人员是否掌握应急事故的基本处置方法。

通过检查：一是基本摸清了节日期间重点环境风险源企业存放化学品的种类、数量，18家企业涉及危险化学品25种（剧毒品3种），总存量约1400吨；二是所查企业均制定了环境风险防范应急预案，落实了应急处置措施，准备了应急处置的物料，加固了贮藏有毒有害化学品设施，建立了企业负责人节日值班制度；三是也发现了少数企业对危险废物临时贮存设施的建设标准不高，有的甚至露天存放，存在一定环境风险源隐患，所制定的应急预案针对性不够强，防范的标准也不够高，有的未开展过演练，一旦发生问题所带来的风险较大，尤其是黄浦江上游水源保护地区；四是对存在问题所企业提出了严格的要求，整改必须在放假前完成。

市环保局召开上海市环境监察工作会议

上海市环境监察工作会议日前召开，市环保局吴启洲副局长、各相关处室及直属单位负责人、各区（县）环保局分管局长、总队领导及各科室负责人、各区（县）支队党政负责人参加了会议。

会议在总结2008年环境监察工作的基础上，主要围绕2009年的工作计划展开部署和讨论。会上，王中仁副总队长对我市2008年环境监察工作作了总结报告，并宣读了2008年区县支队工作考核结果及岗位能手的评选结果；获得特等奖的南汇支队和杨浦支队作为区县支队代表进行了执法经验交流发言，他们针对队伍建设和执法与服务并重等主题认真总结了工作经验和探索体会；之后，章营军副总队长传达了市局2009年度上海市环境监察工作计划；何辰总队长就如何贯彻落实工作计划进行部署，并结合考核标准向各区县支队作了说明，他指出：2009年的环境监察工作计划在2008年的基础上作了几方面重要改进，力求做到依法执法、科学执法及廉洁执法。一是强调执法与服务相结合，原则性与灵活性相协调；二是在网格化执法的基础上，推进精细化执法；三是练内功，提能力，重视培训交流，深入调查研究；四是树立执法品牌，演绎环境监察的主题和文化；五是促进公众参与，强化社会监督；六是重视稽查工作，加强对区县工作的指导，提高系统内工作的协调性。

最后，市环保局吴启洲副局长作了重要讲话。吴局长首先充分肯定了我市环境监察系统2008年的工作成效，并对总队在如何做好2009年工作上所进行的思考和探索表示肯定。他针对如何加强环境监察执法工作提出了四点建议：一是监察执法工作要找准坐标，明确目标。他指出环境监察工作是贯彻落实科学发展观的重要载体，在落实环保法律法规、强化城市综合管理、优化调整社会经济结构等方面发挥着重要的作用，同时也是改善民生的重要抓手；二是环境监察工作要认清形势，迎难而上。2009年的环境监察工作面临着迎世博、创建“全国环保模范城市”、推进第四轮“环保三年行动”计划等众多任务的考验，我市环境监察系统要充分认清当前形势，不畏艰难，争取突破“难”“险”“软”等困难的干扰，认真全面落实好2009年的工作计划；三是环境监察工作要分清主次，有序推进。我市环境监察工作要紧紧围绕“环境安全”这个主题做足文章，继续深入开展各项环境专项整治工作，强化源头控制，不断加大执法力度；四是环境监察工作要理顺工作机制，强化队伍建设，提升执法理念。我市环境监察工作要不断提升理念、创新方法、创建品牌，使执法工作关口前移、化被动为主动、变整治为预防，不断提升应急反应能力，在事故发生时保证第一时间到达现场，并且加强队伍建设，争创全国一流的环境监察队伍

市环保局部署近阶段环境监测和监察重点工作

日前，市环保局张全局长带队赴监测中心、监察总队开展工作调研，专题研究2009年重点工作安排和推进事宜。孙建副局长、吴启洲副局长出席会议，推进办、法规处、计划处、监督处、污控处和水处的有关负责同志参加会议。

在听取了监测中心和监察总队的汇报后，局领导对两个单位2008年的工作表示肯定，并指出，今年环保工作任务重、难度大、要求高，监测中心、监察总队要继续保持清醒头脑，保持高昂的斗志和热情，谦虚谨慎，戒骄戒躁，再接再厉，进一步聚焦减排、创模、迎世博和环保三年行动计划等全局年度重点工作，确保实现环境监测、环境监察为环境管理服务的目标。

经研究，局领导明确了近阶段监测中心、监察总队开展工作要重点把握三个原则：一是立足当前，紧密围绕环保中心工作，抓紧抓实环境监测和环境监察工作。二是着眼长远，继续跟踪分析本市环境污染态势，做好数据积累和基础准备工作。三是坚持两手抓，一手抓日常工作的推进和落实，特别要加强对区县的指导和考核；一手抓自身能力的建设和完善，要综合考虑硬件建设、队伍建设以及管理体制机制的创新。

会议明确了本市环境监测近期要抓好的工作事项，其中包括：继续推进三年行动计划实施效果评估，进一步做好第四轮环保三年行动计划实施效果连续跟踪监测与评估工作，进一步创新减排和三年行动计划工作简报的内容和形式；抓紧落实世博会空气质量保障工作；加大环境空气质量监测工作力度；加大在线监测监控和考核工作力度；加强环境应急监测工作；加快推进基建工作；积极开展环境监测科研工作，针对化工区等环境污染问题，开展长期的跟踪监测和数据积累，实现科研为监测服务、监测为管理服务的目标；积极做好金山区污染监控能力建设的支持工作。

会议明确了本市环境监察近期要做好的工作事项，其中包括：加大典型违法案件执法曝光力度，按照准、稳、狠的要求，今年上半年要曝光1-2批典型违法案件，打出环境执法的声势，同时，建立创模期间环境执法信息通报工作会商机制；加大重点污染源执法检查力度，加强对市级重点污染源的执法检查工作，推动总量减排，落实创模要求，细化健全重点污染源“一厂一档”档案资料管理，推进污染源稳定达标，开展建设项目中后期监管；抓紧做好总队内设机构职能设置工作；抓紧做强做细环境应急工作，环境热线与环境应急密不可分，监察总队要切实履行应急工作职责，进一步强化细化环境应急管理工作，进一步加强对世博空气质量的监控和保障工作；推行精细化监察，进一步完善环境执法监察机制，充分运用在线监测等现代化手段，推进精细化监察，解决区县难以解决的环境执法问题，同时加强对区县执法工作的指导和培训；开展环保专项行动，根据国家要求，突出重点，围绕当前中心工作和群众关心的热点问题，组织好今年的专项行动，尤其要加强饮用水源保护区专项执法行动；推动有奖举报工作；支持、鼓励各区县环境执法实行统一着装。

严厉打击环境违法行为，2009年环保专项行动正式启动

4月14日上午，环境保护部、国家发展改革委、监察部、司法部、住房和城乡建设部、工商总局、安全监管总局、电监会等八部委联合召开了2009年全国整治违法排污企业保障群众健康环保专项行动电视电话会议，周生贤部长代表国务院八部委对今年的环保专项行动工作进行了动员部署。环境保护部周生贤部长在讲话中，对2008年环保专项行动的工作成效给予了充分肯定，并布置了2009年环保专项行动的工作重点：一是严管“两高一资”行业，开展钢铁、涉砷行业专项检查；二是巩固饮用水源保护区整治成果，持续开展环境保护后督查；三是着力整治城镇污水处理厂、垃圾填埋场环境违法问题，切实发挥治污设施的减排效益。

电视电话会议结束后，上海分会场就贯彻落实八部委会议精神召开了部署会议。部署会由市政府副秘书长尹弘主持，市政府沈骏副市长做了重要讲话。

沈骏副市长在讲话中要求，各区县、各部门要从全面落实科学发展观的高度，进一步认识深入开展环保专项行

动的重要意义，贯彻落实好八部委会议精神，认真组织落实。沈骏副市长强调，去年以来受国际金融危机的影响，国内经济形势不容乐观，当前经济形势下是推进产业结构调整、促进发展方式转变、加快环境基础设施建设的重要机遇期，各级政府及其职能部门务必抓住机遇，进一步提高环境保护水平；同时要清醒的认识在经济复苏过程中可能出现的盲目上项目、违法偷排漏排等一系列严峻形势，必须将今年的环保专项行动同淘汰劣势企业、调整产业结构、推进节能减排结合起来，同迎世博600天行动计划和创建全国环保模范城市结合起来。

沈骏副市长还就本市今年环保专项行动的贯彻落实提出了三方面要求：一是切实加强领导，层层落实责任机制，组织和保障好环保专项行动的有序开展和强力推进；二是相关部门要尽快制定实施方案并组织实施，方案要结合本市特点，突出工作重点，提高专项行动的针对性；三是继续探索长效机制，保持和完善各部门各司其职、协调推进的工作机制，进一步形成执法合力，并综合运用各种手段，进一步加大环境违法行为的惩治力度，同时畅通投诉渠道，提高执法透明度，加强公众监督。

市环保局、发展改革委、经济信息委、监察局、工商局、安监局、电监等部门负责人，各区县政府分管领导和环保局局长出席了会议。

今年本市环保专项行动抓住三个重点

一是严管“两高一资”行业，集中开展钢铁、涉砷行业专项检查。重点查处不符合准入条件，未经审批擅自开工或建成投产的企业；超标排放污染物的企业；拒不执行国家产业政策，使用落后淘汰工艺、设备的企业，严厉打击已被取缔关闭后死灰复燃的企业。加快淘汰钢铁行业落后产能，优化产业结构。摸清钢铁企业执行建设项目环境保护管理规定及国家产业政策的基本情况，加强全过程监管。对涉砷行业企业进行全面检查清理，进一步强化含砷废渣处置的监管，消除环境安全隐患。

二是要持续开展环境保护后督察，巩固饮用水源保护区集中整治的成果。进一步促进饮用水源保护区的划分和调整工作，进一步强化保护区边界地理界标和警示标志设置工作，进一步落实、巩固取缔、关闭饮用水源一、二级保护区内的排污口及违法建设项目等环保整改措施。

三是要继续着力整治城镇污水处理厂、垃圾填埋场环境违法问题，进一步加强城镇污水处理厂出水水质的监管和污泥处置的监管，进一步强化垃圾填埋场渗滤液处理及排放的监管，督促已建设的环境基础设施正常运营，切实发挥治污设施的减排效益。

本市环保执法探索长效管理机制

这几年，本市环保专项行动实践中已形成了一系列各司其职、协调推进的工作机制，希望进一步保持和深化完善。一是进一步强化各职能部门的执法合力。不少环境问题仅靠环保部门是不能解决问题的，必须形成合力，发改、监察、公安、经济信息化、建设交通、工商、司法、水务、安监、绿化市容环卫、电监等部门要继续发挥好职能作用。对一些典型、重大的案件，各部门要联合行动，依法查处；对违反治安管理规定阻碍执法检查的，公安部门要依法处理；构成犯罪的，要依法追究刑事责任。总之，要在各级政府的统一部署下，各司其职、各负其责，统筹协调、密切协作，形成部门联动、齐抓共管的局面。二要综合运用各种手段，加大环境违法行为惩治力度。许多环境问题成因复杂，涉及面广，单纯的执法处罚难以根治顽症，必须运用法律、经济、技术和必要的行政办法综合解决。对专项行动中发现的违法行为，要依照有关法律法规予以严惩。要用好停产整顿、高限处罚、区域限批等手段，在违法案件查处上加大力度，该关停的企业一定要尽快关停，该实施产业结构调整的，要尽快组织安排，决不能“心慈手软”。环保部门要进一步树立严格执法，敢于碰硬的勇气，要敢于发声音，做“红脸”。各级政府要为执法部门排忧解难，想方设法为勇于执法、公正执法的部门和同志撑腰，创造一个更好的执法环境。三要畅通投诉渠道，提高执法透明度，加强公众监督。在专项行动中，要加强对违法行为的举报受理工作，完善公众监督机制；要推进政府执法信息的公开，强化社会监督的力度；要适时召开新闻发布会，公布违法案件查处和整治进展情况，拓展公众的环境知情权。通过这些措施，形成政府、企事业单位、公民三位一体的全社会广泛参与环境监督的良好氛围。

市环保局部署近期环境法制工作

日前，市环保局法规处组织召开了本市环保系统法制科长（员）工作会议。各区县环保局法制科长、法制员，以及市环境监察总队、固废中心、辐射站有关人员参加了会议。

会议对近期环保法制工作提出要求：一是布置了环境统计报表调整的有关事宜，根据市政府法制办的要求，在原统计报表的基础上，新增加了环境保护具体行政行为统计季报表，并提出了新的报送要求。二是传达了今年环境保护部等八部委关于2009年度整治违法排污企业保障群众身体健康电视电话会议精神和上海分会场沈骏副市长的讲话精神，要求加大对违法企业的查处力度。会议还对市环保局制作的环保信息公开事项、工作程序、法律文书等问题做了专题辅导和讲解，并作了现场解答。会上还就今年环境法制培训工作安排作了说明。

遏制污染反弹，保障饮水安全，促进环保模范城市建设，2009年上海市继续开展环保专项行动

为了全面贯彻落实党的十七大、十七届三中全会和中纪委第三次全会和中央经济工作会议精神，深入贯彻科学发展观，紧紧围绕保增长、保民生、保稳定的总要求，确保环境保护“十一五”规划和节能减排任务顺利完成，切实解决当前突出的环境问题，保障人民群众的切身环境权益，今年4月14日环境保护部等国家八部委召开了全国环保专项行动电视电话会议，同时，八部委联合发布了《关于继续深入开展整治违法排污企业保障群众健康环保专项行动的通知》。根据会议和文件的精神，按照市政府领导的指示，市环保局会同市发展改革委、市监察局、市司法局、市建设交通委、市工商局、市安全监管局、市经济信息化委、市绿化市容局、市水务局、华东电监局和市公安局交警总队联合制定了《上海市2009年继续深入开展整治违法排污企业保障群众健康环保专项行动实施方案》，将于2009年5月至11月继续开展环保专项行动。

今年上海市环保专项行动的工作目标是：以保护饮用水源安全、遏制“两高一资”行业污染反弹、保障世博会600天行动计划实施、创建环保模范城市为重点，促进主要污染物减排工作的顺利实施和环境质量的持续改善，维护社会稳定，为实现本市经济平稳较快发展目标提供环境执法保障。

今年上海市环保专项行动的工作重点是：

1、以巩固2008年环保专项行动成效为目标，持续开展饮用水源保护区后督察，城镇污水处理厂和垃圾填埋场集中整治，郊区“三废”专项整治和重点信访案件查处等后督察工作。

2、以节能降耗减排为目标，着力打击“两高一资”行业重污染企业的环境违法行为，开展钢铁行业、涉砷行业专项检查。

3、以迎世博，创建上海环保模范城市为目标，开展扬尘污染、锅炉烟尘和机动车冒黑烟问题专项整治和放射源污染防治专项检查。

今年上海市环保专项行动的主要工作措施是：

1、加强组织领导，加强部门协调.市和区县人民政府成立相应的环保专项行动领导小组，切实加强对环保专项行动的领导和组织协调，加强督促指导，确保责任到位，措施到位。各级环保部门、发展改革委、经济信息化委、监察、司法、建设和交通、工商、安全监管、水务、绿化和市容、公安交通、城市交通等管理部门和电力监管机构要充分发挥各自的职责，进一步加强部门间的协调配合，坚持定期协商、联合办案制度和案件移交、移送制度，共同打击环境违法行为，合力治理环境污染问题。

2、加强挂牌督办，加强案件管理.继续将群众反映强烈、影响社会稳定的重大环境污染问题作为今年环保专项行动重点查处事项，挂牌督办，落实责任，跟踪督查，做到查处到位、整改到位、责任追究到位。进一步完善后督察工作机制，公示督办结果，接受群众监督。

3、加强综合整治，加强责任追究.综合运用法律、经济、行政、舆论等手段，加大对环境违法行为的惩治力度和解决重大环境问题的力度。发展改革委、经济信息化委将加大对劣势企业的产业结构调整，淘汰落后生产能力、工艺和产品；工商行政管理部门根据环保部门抄告的违法企业情况，依法予以处理；安全监管部门将加强危险化学品的安全监管；电力监管机构将监督电力企业按照政府决定对违法排污企业采取停电、限电措施。司法行政部门配合有关部门加大环保法制宣传教育力度。环保、监察部门将定期分析环保违法案件，对环境违法行为查处不力，甚至包庇、纵容违法排污企业，致使群众反映强烈的问题长期得不到解决的，由监察部门依法依纪追究相关负责人的责任。

4、加强舆论宣传，加强公众监督.适时向社会公布环保专项行动进展、违法企业名单、典型环境违法案件查处情况。积极组织新闻媒体进行跟踪报道，对屡查屡犯的违法排污企业和群众反映投诉又长期解决不了的污染问题，要在媒体上曝光。充分发挥“12369”环保热线作用，畅通投诉渠道，积极鼓励群众广泛参与。

5、加强监督指导，完善考核检查.市政府各职能部门要加强对各区县环保专项行动领导小组及相关职能部门开展环保专项行动的指导，组织多形式的检查，及时发现和纠正存在的问题，确保专项行动工作成效。

本市环保系统开展《噪声污染防治法》执法检查

根据市政府办公厅下发的《上海市人民政府办公厅关于开展2009年度行政执法检查的通知》（沪府办发〔2009〕22号），围绕“迎世博”和“关注民生”的主题，并结合环保系统执法管理的实际，近日市环保局下发通知（沪环保法2009[314]号），要求环保系统本年度对《中华人民共和国环境噪声污染防治法》的执行情况开展检查。

执法检查以各区县环保局和相关处室自查的形式为主，要求各区、县环保局、局机关相关处室要高度重视这次行政执法检查工作，切实加强领导，精心组织，认真实施，使检查工作落到实处。执法检查中要采取听取相对人意见、网上听取社会公众意见等方式，同时加强与其他相关行政部门的横向协调，真实、全面反映《噪声污染防治法》的实际执行情况。对噪声污染执法中存在的问题和不足要及时总结，“查纠结合、边查边改”；对环境噪声污染防治管理中好的做法要及时整理、汇总，以完善环境噪声污染防治管理，也为以后的地方立法提供参考。

本次执法检查的时间安排是9月份开始，10月底前完成自查。各区县环保局要将自查报告报送各区县政府法制办，市环保局相关处室和各区县环保局自查报告还需报送市局法规处，汇总后由市环保局报送市政府法制办。

市环境监察总队组织开展上海金山第二工业区专项执法检查

为配合《长江三角洲地区环境保护合作协议（2009-2010年）》的推进，加强杭州湾及跨界河流的污染综合整治，防止跨省环境污染事件的发生，上海市环境监察总队于2009年8月21日至9月2日组织了总队三个科室和金山、松江、静安、奉贤四个区县支队对上海金山第二工业区开展了专项执法检查行动。

本次专项执法检查采取市区两级联动、区县配合和跨区域交叉执法的方式，同时打破日常执法的时间规律，利用晚间和双休日进行突击检查，突击检查后对重点企业再次安排后续监察，做到突出重点，兼顾全局。本次专项行动针对上海金山第二工业区内的54家企业共开展现场执法28批次，120人次，现场监察企业81户次，对各家企业的建设项目环评审批、试生产、竣工验收和工艺流程等情况进行了详细了解，检查了企业的废水、废气、噪声和固废治理设施配备及运行情况，并对企业的用电情况、用水情况、药剂使用情况、车间生产运行情况、固废和危险废物处置情况等进行了全面细致的检查。本次专项行动中，执法人员共采集各企业污水和雨水排放口水样81个，现场对18家企业进行了约见，并拟委托上海市环境监测中心对部分企业开展废气监测。通过本次专项行动，基本摸清了该区域内污染源的情况，同时发现部分企业仍存在审批验收不规范、雨污水未实现清污分流、雨水口废水超标排放、治理设施操作记录台帐不完善、无组织废气排放污染严重、危险废物堆放处置不规范等问题。

本次跨区域专项执法行动有助于破解环境污染和信访矛盾热点；通过异地执法解决群众反映的“人情执法、麻木执法”等难点；通过夜间和休息时间执法解决执法中的时间盲点；同时探索了市区联动、异地执法新机制，摸索提高执法效能新途径。

江苏省

江苏省人民政府办公厅文件

苏政办发〔2008〕90号

省政府办公厅关于印发江苏省淮河流域水污染防治“十一五”实施计划的通知

各市、县人民政府，省各委、办、厅、局，省各直属单位：

《江苏省淮河流域水污染防治“十一五”实施计划》已经省人民政府同意，现印发给你们，请认真贯彻执行。

二〇〇八年九月八日

江苏省淮河流域水污染防治

“十一五”实施计划

第一章 总 论

为完成国家下达的淮河“十一五”水污染防治目标任务，促进苏北地区经济社会又好又快发展，制定本实施计划。

一、编制依据

（一）国家《淮河流域水污染防治规划（2006－2010年）》（以下简称国家规划）。

（二）国家《淮河流域水污染防治“十五”计划》。

（三）国家《南水北调东线工程治污规划》。

（四）《江苏省淮河流域水污染防治工作目标责任书（2005－1010年）》。

（五）江苏省《南水北调东线江苏段控制单元治污实施方案》。

（六）《江苏省“十一五”环境保护和生态建设规划》。

二、编制原则

（一）突出重点，综合治理。以保障饮用水安全和改善重点断面水质为主要目标，突出抓好城镇生活和工业污染治理。继续开展农业面源、生态修复、截污导流等治污工作。

（二）预防为主，防治结合。立足于通过环保措施，优化该区域经济结构，通过清洁生产、循环经济、结构调整等途径，加强源头控制。

（三）以块为主，条块结合。推进淮河流域水污染防治工作，主要依靠各地政府，同时强化省有关部门对各地的督促指导，形成联动机制。

三、计划期限与指标

（一）期限。基准年：2005年。计划期限：2006－2010年。

（二）指标。1. 水环境质量指标。高锰酸盐指数、氨氮。2. 污染物排放总量控制指标。化学需氧量、氨氮。

四、计划范围

徐州、南通（不含市区）、淮安、盐城、连云港、扬州、泰州和宿迁市等8市32个县（市）（详见表1）。

表1 计划范围

地　市	县（市）名称
扬　州	江都市、高邮市、宝应县
徐　州	邳州市、铜山县、睢宁县、沛县、丰县、新沂市
盐　城	东台市、大丰市、射阳县、阜宁县、滨海县、响水县、建湖县
泰　州	姜堰市、兴化市
宿　迁	沭阳县、泗洪县、泗阳县
南　通	海安县、如东县、如皋市
连云港	赣榆县、灌云县、东海县、灌南县
淮　安	金湖县、盱眙县、洪泽县、涟水县

第二章 总体目标

一、水质目标

（一）到2008年底，南水北调14个控制单元水质断面持续稳定地达到地表水III类。（见附表1）

（二）到2010年，淮河流域43个控制断面、2个跨省界断面、11个城市重点水域水质达到目标要求。（见附表2）

（三）到2010年，淮河流域34个集中式饮用水源地达到地表水III类。（见附表3）

二、污染物总量控制目标

到2010年，全流域COD排放量控制在31.69万吨，比2005年削减15.6%；氨氮排放量控制在3.01万吨，比2005年削减23.3%。

第三章 治污工程措施

一、城镇污水处理工程

（一）建设任务

国家规划建设78座城镇污水处理厂及管网配套工程，规模174.5万吨/日。根据我省实际，调整规模为182.3万吨/日。其中，优先项目44个，投资38.81亿元，规模118.8万吨/日；“十五”结转9个项目，规模20.5万吨/日，涉及投资6.23亿元；备选项目34个，投资28.23亿元，规模63.5万吨/日。（见附表4）

所有新建和扩建的污水处理厂采用具有除磷脱氮工艺的二级或二级强化（A2/O法）处理工艺。按照“厂网并举，管网先行”的原则，将管网建设放在城镇污水处理工程建设的突出位置。

（二）计划进度

2008年底前建成31座，形成处理能力68万吨/日，2009年再建成18座，新增能力40.5万吨/日，其余29座2010年完成，新增能力73.8万吨/日。（详见表2）

表2 城镇污水处理厂建设年度计划表

单位：（规模：万吨/日）

地　区	2008年底前		2009年		2010年	
	投运（座）	规模	投运（座）	规模	投运（座）	规模
徐　州	4	13.5	9	23.5	4	8
南　通	6	10	1	2	3	6.5
连云港	5	11.5	3	5	3	8.8
淮　安	4	10	1	2	1	4
盐　城	2	4	1	1.5	8	21.5
扬　州	2	1.5	1	0.5	2	11
泰　州	2	4	2	6	8	14
宿　迁	6	13.5				
小　计	31	68	18	40.5	29	73.8

（三）资金筹措

城镇污水处理厂建设共需投资66.04亿元。所需资金按照政府引导和市场化运作相结合的原则进行筹措，厂区建设以市场化运作为主，管网建设以地方自筹为主，省级财政给予适当支持。

二、工业污染防治项目

（一）任务要求

加强工业结构调整，促进企业深度治理。积极推进清洁生产，鼓励企业开展工业用水循环利用，发展节水型工业。到2010年，对化工、造纸和南水北调沿线存在严重污染隐患的企业实行强制性清洁生产审核。继续实施工业污染物总量控制。开展工业污染源普查，建立污染源台帐，推行排污许可证制度。依法按流域污染物排放总量控制要求发放排污许可证，把总量控制指标分解落实到污染源。

（二）计划进度

国家规划实施59个工业点源治理项目。其中，3个项目不再实施，实际需实施56个。计划于2008年底前完成的有11项，2009年底前再完成34项，2010年底前完成其余11项。具体项目由环保厅会省经贸委另行下达。

（三）资金筹措

56个工业点源治理项目实际投资12.03亿元。资金以企业自筹为主，省财政将对一些提标项目及COD等主要污染物减排效果明显的项目以“以奖代补”的形式给予适当补助。

三、重点区域污染防治项目

（一）任务要求

国家规划“十一五”期间共要实施9个项目，投资16.8亿。其中，7个为淮河“十五”结转项目，泰州市截污导流工程为南水北调东线治污实施方案项目。邳州市戴场饮用水源地保护工程，由于计划在戴场新建运河大桥，暂不能实施。

（二）计划进度

2008年底前基本完成高邮造纸黑液塘综合整治项目、江都垃圾处理厂搬迁工程、江都和泰州截污导流工程，2009年底前基本完成淮安、宿迁、徐州市截污导流工程。

同时，结合新沂河改造工程，积极开展入海口滩涂湿地生态处理工程前期工作。

（三）资金筹措

8个项目实际投资15.5879亿元。其中新沂河入海口滩涂湿地工程资金单独研究解决。对于其中的5个截污导流工程，除国家支持以外，由南水北调基金补助50%，其余由银行贷款和地方自筹共同解决；另外2个项目，国家资金和南水北调基金补助50%，其余由地方自筹解决。

四、农业面源污染治理工程

（一）任务要求

1．严格控制畜禽养殖规模，鼓励由散养向规模化养殖转化。湖库周围要划定禁养区，不得新建畜禽养殖场，已建畜禽养殖场要搬迁或关闭。抓紧开展规模化畜禽养殖场污染治理，加强畜禽粪便综合利用。具体项目由省环保厅会省农林厅另行下达。

2．结合社会主义新农村建设，指导湖库周边乡镇编制农村环境综合整治规划，推进农村社区环境基础设施建设，推进“一池三改”和乡村生活污水生态净化处理，建立垃圾处理系统，减少农村污染对湖、库水质的影响。

3．根据淮河流域经济社会发展和生态建设需求，在重要生态功能区和生态环境脆弱地区，因地制宜开展水质净化林、水土保持林、水源涵养林、防风固沙林、护路林、护岸林、农田防护林和村庄绿化等生态防护林建设，改善和修复全流域生态环境，开展湿地保护与恢复新建工作，发挥湿地功能，有效缓冲、阻隔、吸收和降解入河污染物，促进淮河水质有效改善。

（二）计划进度

2010年前，所有规模化畜禽养殖场完成治理任务，达到环保要求。省里重点支持17项示范项目。2008年底前完成6家。2009年底前完成7家。2010年完成4家。新增生态林100万亩。（见表3）

表3 淮河流域生态防护林建设任务表

单位：（万亩）

地　区	2008年	2009年	2010年	合计
徐　州	8	6	6	20
南　通	4	3	3	10
连云港	6	5	5	16
淮　安	4	3	3	10
盐　城	8	5	5	18
扬　州	2	1	1	4
泰　州	6	5	5	16
宿　迁	2	2	2	6
合　计	40	30	30	100

（三）资金筹措

主要以地方自筹为主，对于省里的示范项目，减排效果明显，且符合省级环保引导资金要求的将给予适当补助。

五、饮用水源地保护工程

（一）任务要求

1．严格划定饮用水源地保护区。按照省人大常委会《关于加强饮用水源地保护的决定》和原国家环保总局《饮用水源保护区划分技术规范》，严格划定一、二级保护区边界，并设置明确的界限标志。依法执行排污口关停、垃圾清运处理、水产与畜禽养殖控制等各项环境管理措施，坚决取缔水源保护区内的排污口，严防养殖业污染水源，禁止有毒有害物质进入饮用水源保护区。京杭大运河、洪泽湖、骆马湖等南水北调东线工程输水干线，在实施污水资源化工程提高水资源利用效率的同时，落实截污导流工程。逐步开展村镇集中式饮用水源地保护区划定工作，加强农村饮用水源地污染防治的监管。

2．全面开展城镇集中式饮用水源地调查。定期发布饮用水源地水质信息，接受公众监督。扩大监测范围，增加监测频次，每年至少进行丰水期、枯水期两次原水水质监测分析。

3．建立城市饮用水源地污染应急预案。对威胁饮用水源地安全的重点污染源，要逐一编制应急预案，建立饮用水源污染来源预警、水质安全应急处理和水厂应急处理三位一体的应急保障体系。对饮用水源单一，应急保障能力弱的城镇，要建立应急备用水源地，以保障应急供水。

（二）建设进度

2009年底前，淮河流域所有重点饮用水源地都要建设自动监控装置。2010年底前，集中式饮用水源地水质全面达到地表水III类要求。饮用水源地名单由省环保厅另行下达。

（三）资金筹措

饮用水源地自动监控装置建设资金由各地自筹安排。

六、重点污染源监控能力建设

（一）任务要求

93家重点工业污染源要全部安装在线监控装置，实行实时监控、动态管理，增加污染物排放监督性监测和现场执法检查频次，重点监测和检查有毒污染物排放和应急处置设施情况，要求企业制定环境突发事件应急预案，建设应急处置设施。

（二）建设进度

2009年底前，完成93家企业在线监控装置建设并与各地环保部门联网。具体名单由省环保厅另行下达。

（三）资金筹措

由企业自筹解决。

第四章 投资计划

按照国家规划要求，结合我省实际，“十一五”期间淮河流域水污染防治需实施六类、共285项治污工程，涉及总投资94.66亿元。其中17项为“十五”计划和南水北调东

线治污结转工程，涉及投资21.82亿元。（见表4）

一、筹资原则

（一）城镇污水处理项目

厂区建设主要通过市场化手段融资解决，省财政将对管网建设资金给予适当支持。其中，“十五”结转的项目，在考虑补助资金额度时，应扣除已补资金。

表4 “十一五”淮河水污染防治投资计划表

项目类别	项目数	投资总额（亿元）
城镇污水处理及再生利用	78	66.04
工业污染治理	56	12.03
重点区域污染防治*	8	15.5879
畜禽养殖场污染治理	17	0.2760
饮水工程	33	0.546
环境监管能力建设	93	0.1784
合　　计	285	94.66

（二）综合整治项目

8个项目均为“十五”结转项目，除新沂河滩涂湿地生态处理系统项目外，其余项目资金按《江苏省南水北调治污工程基金使用管理办法》，在申请国家补助资金的基础上，由南水北调基金、银行贷款和地方自筹共同解决。

（三）畜禽养殖和工业点源治理项目

根据“谁污染、谁治理”的原则，治污资金以企业（单位）自筹为主。对污染减排贡献较大和位于环境敏感区域的项目，可根据污染物减排量在各级环保引导资金中酌情安排，给予适当补助。

二、政策支持

（一）加大财政投入力度

对水污染防治项目中的城镇污水收集管网建设、截污导流、流域综合治理、畜禽养殖等公益性、基础性项目，各级财政应予以必要支持。

（二）省级环保引导资金对淮河流域水污染防治予以倾斜。

（三）落实城镇污水和垃圾处理收费政策

逐步提高淮河流域污水处理费征收标准，2008年要达到1.0－1.2元/吨。全面加强自备水源用户污水处理费征收管理，尽快落实垃圾收费政策。

（四）促进污染治理的社会化、市场化

研究制定优惠政策，鼓励社会资本和外资投向环保设施建设。

（五）研究出台鼓励农业清洁生产的优惠政策

推广无公害农药、化肥，提高秸秆、畜禽粪便综合利用率，减轻农业面源污染。

三、筹资计划

根据上述筹资原则，本计划所需资金，以地方和企业自筹为主，除积极争取国家支持外，省级财政将在现有各类环保专项资金中，加大支持力度。

第五章 保障措施

一、加强统一领导，落实目标责任

本计划实施的责任主体是各级地方人民政府。各市人民政府要把计划目标与任务分解落实到县级人民政府，制定年度实施方案，并纳入地方国民经济和社会发展年度计划组织实施。要实行党政一把手亲自抓、负总责，按期高质量完成计划任务。

二、强化环境法治，依法追究责任

建立问责制，对因决策失误造成重大环境事故、严重干扰正常环境执法的公职人员，要追究责任。建立排污单位环境责任追究制度。排污单位要认真按照计划要求，落实本单位的水环境保护职责。政府明令关停的单位要按时完成关停任务，限期治理的单位要认真落实整改措施，实施清洁生产的单位要严格执行相关排放标准，存在污染隐患的单位要及时采取防范措施。对造成环境危害的单位要依法追究责任，依法进行环境损害赔偿。坚决遏制超标排放等违法现象。每年开展环保执法检查，向社会公布结果，接受群众监督。对违规排污企业主要责任人及失职、渎职的公职人员，要坚决查处，情节严重的要追究刑事责任。

三、多方筹集资金，实施工程项目

坚持政府引导、市场为主、公众参与的原则，建立政府、企业、社会多元化投入机制，拓宽融资渠道，落实计划项目建设资金，将其纳入本级政府基本建设投资计划。要尽快落实污水、垃圾处理收费政策，并对污染治理设施的建设用地、用电、设备折旧、税收等给予政策优惠。鼓励专业化公司承担污染治理设施的建设或运营。

四、提升监管能力，严格执法监督

加强水质监测能力，形成由国控、省控、市控监测断面组成的水环境监测体系，实现流域主要河流跨省界、市界断面水质的全面监控。提升执法监察能力，强化水污染应急和污染源监控能力，重点工业污染源和污水处理厂在线监控装置，要与环保部门联网，做到实时监控，动态管理。提高监管支撑能力，逐步建立淮河流域污染源、水环境质量和应急系统的综合信息管理平台，加强环境监测与监察队伍的技术培训。

五、加大科研力度，提供决策支持

开展淮河流域经济社会发展与水环境保护综合研究，

提供决策支持，不断提高水污染治理效率与水平。开展农业面源污染控制措施研究，建设示范工程。研究南水北调截污导流工程对近岸海域的影响，提出解决方案。研究推广中水回用适用技术和政策措施。

六、鼓励公众参与，营造良好氛围

加强环境宣传与教育，调动全社会力量推动规划任务的实施。通过设置热线电话、公众信箱、开展社会调查或环境信访等多种途径获得各类公众反馈信息，及时解决群众反映强烈的环境问题。环保、水利、建设、卫生等部门要密切配合，建立环境信息共享与公开制度。公民、法人或其他组织受到水污染威胁或损害时，可通过民事诉讼提出污染补偿等要求，使合法的环境权益得到保障。

七、开展计划评估，明确奖惩措施

实行计划实施情况年度评估制度。各级政府要建立与总量控制相适应的统计、监测与考核体系。每年对计划实施进展情况、水质情况、排污总量和环境管理情况等进行年度分析和评估，2010年进行期终评估与考核。对未通过考核且整改不到位，或因工作不力造成重大社会影响的，按照有关规定追究该地区相关责任人员的责任。

第六章 职责分工

一、各市人民政府职责

徐州、南通、连云港、盐城、淮安、扬州、泰州和宿迁市人民政府对本辖区水环境质量负责，制定本地区淮河流域水污染防治总量削减计划和年度实施计划，制定产业结构和布局调整计划，采取措施确保污染物总量削减和省、市界断面水质达标。每年对所辖各县（市）政府水污染防治工作进行考核，并将考核结果报省淮河流域水污染防治工作领导小组。

二、省各有关部门职责

（一）省发展改革委

将淮河流域水污染防治工作纳入国民经济和社会发展计划，指导并监督环境综合整治项目及资金安排，协调开展重大工程项目的前期工作，落实国家补助资金等。

（二）省经贸委

指导各市产业结构调整、企业技术改造、清洁生产计划的实施。督促地方按照国家和省有关要求，淘汰落后生产能力、工艺和产品。

（三）省财政厅

积极争取国家资金支持，按照环保优先原则，加大对环境基础设施建设的投入力度，加强对资金使用的管理监督。

（四）省建设厅

对城镇污水、垃圾处理工程建设加强指导、监督和管理，特别要加强工程的前期准备、招投标和工程质量的监督检查。组织实施区域供水，加强淮河流域城市节水工作。指导和促进环境设施建设运营企业化、专业化、社会化工作，会同省有关部门督促各地做好污水、垃圾处理费征收和使用工作。配合省交通厅指导、监督船舶垃圾、生活污水的收集处置。

（五）省交通厅

指导并监督航道整治、水上运输船舶污染防治工作。督促船民主动送交船舶垃圾，同时指导各地正常使用船舶油废水收集站。

（六）省水利厅

指导并监督水利工程和流域水资源的合理分配、水土保持、河道清淤等计划的制定和实施。优化水利工程调控，增加生态环境用水量，加强取水许可监督管理。做好南水北调基金征收工作。

（七）省农林厅

指导并监督实施畜禽养殖、化肥农药、农作物秸秆等农业面源污染治理工作。实施生态农业建设项目，无公害、绿色食品、有机农产品基地建设等农村环保项目。推进乡村生活污水生态净化处理。开展农业面源污染防治技术研究和政策指导。

（八）省卫生厅

指导农村地区饮用水水质监测工作。

（九）省环保厅

对水污染防治实施统一监督管理、统一规范性监测、统一发布水质信息，组织水环境状况调查。做好省淮河流域水污染防治工作领导小组办公室工作，加强对跨省界、跨市界水质保护的监督管理，加强督促检查，及时向省政府报告工作进展情况。

（十）省旅游局

指导并监督旅游餐饮设施、住宿设施和旅游景区景点等污染治理计划的实施。

（十一）省海洋渔业局

指导并监督实施渔业面源污染控制及无公害水产品基地建设，加强对洪泽湖、骆马湖等主要湖区水产养殖污染控制，配合省有关部门指导入海河流水污染防治工作，探索建立水污染渔业损失赔偿机制。

（十二）省物价局

指导督促各地落实污水、垃圾处理收费政策。适时提出与环境保护有关的各类价格收费政策调整建议。

（十三）省林业局

指导督促城乡绿化工作、生态防护林建设等。

（十四）省南水北调办

指导督促各地开展南水北调截污导流工程建设。

附表：

1、南水北调东线江苏段14个控制断面水质现状及目标

2、淮河流域控制断面及城市重点水域水质现状及“十一五”水质目标

3、饮用水水源地水质目标表

4、城镇污水处理设施项目表

我省全面推进国（省）控重点污染源自动监控联网工作

11月7日，省环保厅召开全省重点污染源自动监控联网推进会。全省十三市环境监察支队（局）的分管领导和负责污染源自动监控的工作人员参加了会议。

推进会上，演示了省污染源自动监控系统平台，通报了我省国（省）控污染源自动监控联网情况。截止10月底，根据省污染源自动监控系统平台统计，全省759家（国）省控重点污染源，联网422家，联网率55.60%，其中，水污染源294家，联网173家，联网率58.84%；气污染源248家，联网103家，联网率41.53%；污水处理厂217家，联网146家，联网率67.28%。

省环境监察局凌静局长指出，污染源自动监控系统是加强环境监管、推进污染减排的重要手段。根据《水污染防治法》和国家节能减排综合性工作方案要求，重点水污染源要安装自动监控设备，并与当地环保部门联网。我省759家国（省）控重点污染源必须在2008年底前完成与省监控中心的联网工作。

凌局长强调，对尚未联网的国（省）控重点污染源，有关县以上环保部门要依法责令相关重点排污单位立即整改，限期1个月内完成联网工作。逾期不整改的，要依法查处。对县以上环保部门不依法责令改正或逾期不依法处罚的，省厅将通报批评，并按照《环境保护违法违纪行为处分暂行规定》追究相关人员的责任。12月1日起，省厅将对重点污染源开展现场抽查，定期通报国（省）控重点污染源联网情况，对如期完成联网工作，并稳定运行的，优先安排“以奖代补”；对不能如期完成联网工作的，或不能稳定运行的。要采取通报批评、取消评优资格、停止资金安排以及追缴已拨付资金等措施。

我省组织人员参加环保部企业环境监督员制度培训班

为贯彻落实党中央、国务院关于“建立企业环境监督员制度，实施职业资格管理”、“扩大国家重点监控污染企业实行环境监督员制度试点”的要求，环境保护部近期举办了全国企业环境监督员制度培训班。我省共组织来自企业及环保部门的43名人员参加了此次培训，系统学习了企业环境管理与监督基本理论及方法、企业环境监督员制度框架、污染减排政策、环境保护法律体系和标准体系等方面的知识，为下一步深入推进企业环境监督员制度试点工作打下良好基础。

2008年省级环境监察人员培训任务圆满完成

11月3-14日，省环境监察局连续举办了4期全省环境监察人员培训班，对全省尚未取得国家环境监察岗位培训合格证书和取得培训合格证书满三年的环境监察人员进行了培训。培训内容包括:全省环境执法形势、现场调查取证技巧、现场监督检查要领、环保法律法规适用、减排监察系数核查、环境应急、排污申报核定与排污费征收、法纪及行为规范教育等。通过此次培训，共计600多名环境监察人员取得了岗位培训证书，其中50名同志被评为优秀学员。

省环境监察局突击检查徐州奎河、沛沿河国控断面及沿河涉水企业

近期，省环境监察局会同徐州市环保局先后两次对徐州奎河、沛沿河国控断面及沿河涉水企业进行了突击检查。共检查企业18家，污水处理厂2家，从检查的结果看国控断面水质有了明显的好转，铜山县政府重拳出击，关停了3家造纸厂和2家“三无”企业。与此同时，我厅致函徐州市政府要求其采取切实措施，加强对沿河工业点源的监管，加快沛城污水处理厂（二期在建）和三堡镇污水处理厂筹建进度，确保年底前实现奎河、沛沿河国控断面的水质达到国家考核要求。

省环境监察局组织开展国（省）控重点源自动监控系统联网建设情况大检查

为进一步推进全省重点污染源自动监控系统联网建设，尽快形成监控能力，省环境监察局从即日起分4组对全省各地759家国（省）控重点污染源自动监控设备安装、联网、运行情况进行检查。

检查组将严格按照规范要求，重点检查各省辖市监控中心建设、国（省）控重点污染源数据联网上传情况以及有关问题的整改落实情况并抽查部分国（省）控重点污染源的排污口设置、自动监控设施安装、联网、运行等情况。对尚未联网的国（省）控重点污染源，将要求有关县以上环保部门依法责令相关重点排污单位立即整改，限期与省环保厅完成联网。逾期不整改的将依法查处。对县以上环保部门不依法责令改正或逾期不依法处罚的，省环保厅将通报批评，实施挂牌督办，并按照《环境保护违法违纪行为处分暂行规定》追究相关人员的责任。

我省派员参加国控重点污染源自动监控能力建设业务培训

2008年12月10日至12日，我省派员参加了国控重点污染源自动监控能力建设业务培训班。培训班部署了国控重点污染源自动监控能力建设检查考核办法及部署要求，介绍了重点污染源监控中心三个核心应用软件及安装部署环境需求，交流了各省、自治区、直辖市建设进度。来自全国31个地区的自动监控工作人员参加了培训，会议由环境监察局扬子江处长主持，陆新元司长到会做了重要讲话。

省环境监察局对常州市武进太湖湾旅游度假区有关环境问题进行调查

12月15日至16日，根据厅领导指示，省环境监察局局对常州市武进太湖湾旅游度假区环境保护情况进行了调查。通过调查，基本上摸清了该旅游度假区的基本情况、环评审批情况、环保基础设施建设等情况，对存在的环境问题及隐患逐一提出了具体的意见和建议。

华东督查中心专家应邀为苏中、苏北环保督查中心选调工作人员授课

根据厅领导安排，2008年12月24日下午，国家环保部华东督查中心徐亦钢处长受省环境监察局邀请，为苏中、苏北环保督查中心选调工作人员讲授环保现场执法检查技巧课。徐亦钢处长长期工作在环保执法现场检查第一线，查处过许多重大环境违法案件，具有丰富实践经验。本次授课采用多媒体形式，以大量图片和案例，讲解了环保督查中心应重点关注督查的4个范围，环保督查人员到企业现场检查应注意的9个方面，重点分析讲解城镇污水处理厂主要生产环节及易存在的问题和火力发电企业脱硫设施检查要点，如何通过颜色、气味、声音等迹象辨别污染治理设施是否运转正常。课堂上进行了互动式交流，学员踊跃发言提问，徐处长均认真解答，极大鼓舞了大家的学习热情，取得良好效果。

省环境监察局对太湖流域污染源自动监控管理工作进行调研

近日，省环境监察局赴太湖流域五市就污染源自动监控管理工作进行调研，了解各级监控中心和重点源现场端建设情况，征求关于太湖流域污染源在线监控系统建设方案的意见和建议。太湖流域各市、县环境监察机构相关负责人参加了调研座谈。

全省秸秆禁烧工作座谈会召开

秸秆污染问题是我省当前需努力解决的七个突出环境问题之一。为落实秸秆禁烧工作，根据省厅统一部署，2月17日、18日，全省秸秆禁烧工作座谈会分苏南、苏中、苏北三片，在无锡、如皋、淮安召开。会议分别由苏南、苏中、苏北环保督查中心组织，各有关市、县（市、区）环保局分管局长、环境监察大队（局）大队长（局长）参加了会议。

与会同志总结了2008年秸秆禁烧工作情况，相互交流了秸秆禁烧工作的做法、经验，就如何做好2009年秸秆禁烧工作进行了认真讨论，结合各地实际提出了一些需要高度重视和加以解决的问题，并提出了许多合理化建议.

会议强调开展秸秆禁烧工作，事关环境质量的优劣，事关群众环境权益，事关饮水、航道、飞行和交通安全。做好这项工作是党委、政府给环保部门的重大任务。各地环保部门要认真学习张敬华厅长在全省环保工作会议上的重要讲话精神，把秸秆禁烧作为一项重要工作切实抓紧抓好。一是要积极主动，勇挑重担，把秸秆禁烧工作纳入环境管理、环境监察工作的重点。二是要突出重点，加强巡查，以机场周边、高速公路等及主要交通干线两侧和饮用水源周边及上游地区、城市周边和景点区域作为重点，开展巡查。三是要疏堵结合，综合利用。对群众耐心说服，加强宣传教育，多层次、多角度、全方位进行宣传，形成人人参与、个个关心的良好氛围，在资金扶持上，对秸秆综合利用给予必要支持。四是要创新机制，形成网络，积极探索激励机制，落实奖惩措施，充分发挥镇、村、组的作用，构建重点区域日查、交通干线巡查、依靠基层组织彻查，点线面全面推进的立体式工作构局。五是明确责任，形成合力，明确各相关部门及内部监管责任，形成齐抓共管的良好局面。六是超前部署，制定方案，及早制定09年秸秆禁烧的方案，切实增强针对性和可操作性。

我省建立环境监察工作月报分析制度

为全面反映全省环境监察工作情况，切实提高环境监察整体工作效能，近日，省环境监察局印发了《关于建立全省环境监察工作月度分析报告制度的通知》，决定在全省建立环境监察工作月度分析报告制度。通知要求各级环境监察机构充分认识建立环境监察工作月度分析报告制度的重要性，将其作为提升环境监察工作水平的重要抓手，切实养成定期调度工作、研究工作、分析工作的良好习惯。

我省部署长江环保执法行动

我省近日向位于长江沿岸的南京、无锡、常州、苏州、南通、扬州、镇江、泰州等市发出了《江苏省长江环保执法行动工作方案》，确定从2月起至3月初，在长江江苏段全面开展环保执法行动。

《方案》提出，通过对全省沿江排污口及其主要污染物排放情况的全面检查，摸清长江干流及主要入江河道接纳主要污染物的总量，进一步规范直接排入长江干流及其主要入江河道的排污口设置，严肃查处私设排污口、超标排污等违法行为。

此次沿江环保执法行动包括6项重点内容:检查直接排

入或相当于直接排入长江干流的工业企业污水排放口、污水处理厂排放口及市政排污口；对长江干流省界断面和29条主要入江河流45个考核断面水质组织一次同步监测；检查统计各排污口污水排放量以及化学需氧量、氨氮、石油类、挥发酚和汞、铅等重金属污染物排放浓度和总量；对排污口进行拍照、定位，检查规范化标识设立情况；统计排入上述排污口的工业企业名称和数量；对私设排污口、超标排污等违法企业依法查处。

我省沿江环保执法行动分为3个阶段:在动员部署阶段，沿江8个省辖市要成立专门工作机构，制定具体实施方案；在2月18～28日集中行动阶段，沿江8市要对检查范围内的排污口集中检查，并对环境违法问题进行整治；在3月初总结分析阶段，各市要分析研究检查数据，提出加强长效管理的措施。

沿江各市要将这次长江环保执法行动作为今年初推进地方环保基础工作、集中打击环境违法行为的一项重要举措。对导致区域性环境污染的突出问题，省环保厅将采取区域限批、挂牌督办等措施。

我省迅速排查饮用水源地隐患

盐城市标新化工公司严重违法排污，导致饮用水源水质受到严重污染后，省环保厅立即以特急传真电报的形式，向全省13个省辖市和52个县(市)发出了关于对集中式饮用水源地环境隐患进行全面排查的紧急通知，要求各地迅速组织环保执法人员，对本地的集中式饮用水源地存在的环境隐患，进行一次“拉网式”检查。

省环保厅要求全省各地环保部门，立即组织环保执法人员，迅速对辖区内的集中式饮用水源保护工作进行一次全面检查，重点排查饮用水源保护区及其上游沿岸地区的污染源污水处理设施运转、污水排放、应急预案制订和落实情况，以及有毒有害化学品和危险品仓库、固体废弃物存放处置场所、岸边堆积物等污染隐患情况；对存在重大环境隐患、出现或可能超标排污、威胁饮用水源地安全的企业，必须立即停产整治，消除安全隐患；对检查过程中发现的环境风险，及时向当地人民政府汇报，采取有力措施，确保不发生饮用水源污染事故；同时，要加强集中式饮用水源地水质监测，严格执行监测报告制度；加大监督检查和巡查监察力度，及时掌握饮用水源地周边及上游地区的企业生产排污和相关水质状况。

省环保厅还要求各地环保部门，要严格执行突发环境事件的信息报送制度。凡影响或可能影响到集中式饮用水源地安全的突发环境事件，不论事件等级大小，必须及时、准确上报到江苏省环保厅环境事故调查与应急中心。对于不按时上报或谎报、瞒报、漏报的，将依照有关规定，严肃追究有关责任人的责任。

我省全面完成长江环保执法行动

近日，我省完成了为期10天的长江环保执法行动，此次行动对全省沿江排污口及其主要污染物排放情况开展了全面检查，摸清了长江干流及主要入江河道接纳主要污染物的总量，为进一步规范直接排入长江干流及其主要入江河道的排污口设置，建立企业排污口及污染物排放档案，严肃查处私设排污口、超标排放污染物的环境违法行为，促进污染物减排任务的完成起到了积极的推动作用。

据了解，我省长江流域包括南京、镇江、常州、无锡、苏州5市全境及扬州南部、泰州南部、南通大部分地区，流域面积3.87万平方公里，长江干流在江苏境内全长418公里。此次环保执法行动，省、市、县三级环保部门共出动3860人次，查清长江干流江苏段共有排污口237个，其中企业排污口172个，污水处理厂排污口29个，市政排污口36个，规范化排污口合格率为92.2%；水排放总量约1425万吨/日，其中污水排放量约203万吨/日，清下水及雨水排放量约1222万吨/日；化学需氧量排放量约84.837吨/日；此次实地检查企业（含污水处理厂）217家，存在环境违法行为的有17家，其中私设排污口1家，超标排放15家，其他环境违法行为1家。经监测，按照溶解氧、高锰酸盐指数等9项指标评价，江苏省长江干流水质符合地表水Ⅱ类水质标准。

为了不断强化长效环境监管，我省此次行动在组织领导、推进工作重点、实施工作方法等方面采取了一系列措施，使长江环保执法行动真正落到了实处。在组织领导方面，省环保厅成立了由厅长负总责、分管厅长具体负责，监察、监测、普查、信息等部门负责人参加的领导小组，办公室设在环监局，负责方案制定、数据核查、情况调度等工作，并提出了“统一思想、迅速行动、抓住重点、全面推进、讲究方法、务求实效”24字工作要求。

在推进工作重点方面，做到了“三个摸清”和“一个查处”。三个摸清包括摸清排污口，对辖区内长江干流沿岸的所有排污口（含市政排口）进行逐个核查，摸清排污口数量，查清排污口性质，对排污口实施了GPS卫星定位；摸清水量，基本摸清每天排入长江干流的污（雨）水总量；摸清水质，通过采集水样监测，基本掌握了各排污口化学需氧量、氨氮及主要特征污染物的排放浓度，另外还专项组织对长江干流省界断面和29条入江支流45个考核断面的水质进行了一次同步监测，全面掌握了水质情况。一个查处是查处长江干流沿岸的违法企业，着重整治私设排污口、超标排放污染物等环境违法行为，并进一步规范了排污口的设置。

在实施工作方法方面，各地充分利用污染源普查、环境监察执法“六查一提高”活动、排污收费、污染源自动监控、环境统计等成果，整合现有资源并查漏补缺，起到了事半功倍的效果。为掌握市政排污口数量及排放情况，各地环保部门积极争取同级水利、市政、城建等部门的支持。许多市、县环保局租用船只，采取水路、陆路并进的方法开展工作，彻底摸清了辖区内排污口的各类信息。行动期间，环保部华东督查中心对我省长江环保执法行动进行了现场督查指导，省环境监察局、省环保厅苏南和苏中环保督查中心组织人员分片进行了督查。对督查中发现的问题，提出督查意见，要求落实整改措施，并研究提出长江干流的长效管理措施。

据悉，我省在此次长江环保执法行动的基础上，对下一步工作已经有了明确的思路，一是进一步完善基础档案，及时整理归档，形成详实的基础资料档案数据库。二是依法查处环境违法行为，对标识不清、设置不规范各类排污口，责令限期整改。对问题严重的企业建议地方政府下达停产治理决定，对逾期未完成整治任务的，依法责令关闭。对各地有关环境问题的整改落实情况，环保厅将组织开展后督查行动。三是加强日常监管，完善并落实目标责任考核、挂牌督办、重点监管、定期报告、联席会议、违法违纪案件移送、责任追究等一系列行之有效的制度，建立保护饮用水源的长效管理机制。

全省环境监察执法六查一提高活动方案

为贯彻落实省委、省政府铁腕治污的要求，加大违法排污企业整治力度，全面提升我省污染整治水平，决定在全省开展环境监察执法“六查一提高”活动。

一、活动目的

以开展深入学习实践科学发展观活动为契机，以解决影响科学发展、危害群众健康的突出环境问题为目标，认真贯彻铁腕治污方针，着力强化环境执法监管，加大执法力度，严厉打击违法排污行为，切实减少污染，努力提高环境监管水平。

二、活动内容及要求

（一）查污染源分布情况

通过开展污染源普查，查清辖区内排水工业企业、集中式污水处理厂、规模化畜禽养殖场污染物排放量及去向，切实做到底数清楚。

（二）查企业环境管理制度执行情况

全面检查企业立项、建设、“三同时”以及投运各阶段的环境管理制度执行情况，环境违法行为整改落实情况，企业环境应急预案编制、演练及事故应对措施落实情况。

（三）查企业污染减排措施落实情况

对照污染减排分解任务，逐项核实各项指标和工程技术措施是否落到实处、提标工程进展情况。

（四）查企业污染治理设施完好和运转情况

查清治污设施的建设情况及处理工艺、运行台帐。涉及危险固体废物处置的，要核对转移处置手续，严防非法转移及倾倒。

（五）查环境监察机构人员及装备达标情况

对照《江苏省环境监理机构职责和定编标准》以及《全国环境监察标准化建设标准》和《环境监察标准化建设达标验收暂行办法》，核查环境监察机构人员缺编数、在岗率和装备达标率，确保到编达标。

（六）查环保部门环境监管责任落实情况

对照职责和各级权限，查建设项目有无越权审批，污染源监管责任是否落实，重点环境信访是否处理到位，突发环境事件是否存在迟报瞒报问题。

（七）全面提高环保系统执法水平

在认真查找问题的基础上，逐项提出整改要求，限期完成整改任务，切实做到提升能力有新进步，解决问题有新成效，推动工作有新突破，使环境执法水平有明显提高。

三、活动安排

活动从10月10日开始，到年底基本结束，分五个阶段实施。

（一）动员部署阶段（10月10日至10月20日）

制定下发活动方案，召开动员大会，全面部署各项工作任务。

（二）全面清查阶段（10月20日至11月10日）

各县（市、区）对照“六查一提高”内容和要求，开展自查自纠，做到全面检查、查深查实。

（三）整改提高阶段（11月11日至11月20日）

以各县（市、区）为单位，对查出的问题逐条逐项提出整改要求，落实到具体责任单位和责任人，切实抓好落实。

（四）初步验收阶段（11月21日至11月30日）

由有关省辖市对辖区内县（市、区）的检查情况和整改效果进行评估验收，对不符合要求的，提出进一步整改措施，限期完成。初步验收情况于12月1日前书面报省环保厅。

（五）检查验收阶段（12月1日至12月10日）

省环保厅组织对有关市进行现场核查验收，省辖市及辖区内各县（市、区）有一个单位达不到验收标准的，全市不能通过验收，立即进行补课，限期整改，确保年底前整体通过验收。有关验收结果将在全省通报。

四、保障措施

一是加强组织领导。环境监察执法“六查一提高”活动由省环保厅组织实施。省环保厅成立“六查一提高”活动领导小组，由张敬华厅长任组长，秦亚东副厅长任副组长，污控处、开发处、自然处、监察局等处室主要负责同志组成领导小组。领导小组下设办公室，凌静同志任办公室主任，具体负责活动组织、协调、调度工作。

二是深入宣传发动。通过召开动员大会，进一步统一思想，认真查找存在问题，联系实际制定方案，主动汇报实际情况，争取有关部门支持，努力实现“六查一提高”活动目标。

三是严格考核奖惩。把活动情况与效能考核、综合考评挂钩。为防止走过场，现场核查验收严格按照《“六查一提高”活动省级验收评分表》进行打分。凡验收不合格的单位，年终考核时实行“一票否决”。

江苏推广六市县经验为环保机构改革提供示范

为了不断提高环保能力建设，推动环境管理体制的改革，江苏省徐州、无锡、苏州、扬州等地因地制宜探索出一套具有当地特色的监管体系，江苏省环保厅近日向全省各地推广6个市、县的经验，为江苏环保机构的改革提供示范和借鉴。

徐州、铜山:完善环境监管体制

作为江苏省老工业基地和能源基地，长期以来，徐州市基层环保部门一直受“编制难以争取、经费难以落实、装备难以更新、条件难以改善”的困扰。

2003年，徐州市以管理体制改革为突破口，在全省率先实施环保管理体制垂直试点，采取市环保局统筹、机构前移、工作下沉、权限下放的方式，将辖内经济开发区环保局和鼓楼、云龙、泉山、九里4区环保局及所属事业单位建制上划，作为徐州市环保局的派出机构实施垂直管理。

同时，徐州市还推行了环保片警制度。从2004年开始，徐州市环保局以分局为单位，全面启动效能监察工作，借鉴公安部门经验，在云龙区开展片警试点，将辖区范围划定为9个责任片区，各片区安排2～3名片警，统一履行管辖区域执法监察、排污收费、环保宣传、信访协调等职能。

2007年，徐州市在各街道(乡镇)全面推行环保片警制度，将环境监察重心下移到基层。

作为徐州市的老工业基地，铜山县通过“三创三优(创新监管机制，优化资源配置；创新管理手段，优化工作效能；创新人才建设，优化队伍素质)，努力构建多层次、全方位的环境管理体系。

铜山县在全省率先采用设立县环境监察大队、乡镇环境监察中队的两级执法监察模式，根据各镇经济水平和污染源分布，以2～7个乡镇为单位，设立6个环境监察中队，监察人员采取统一考试、择优聘任的方法，在30多名乡镇环保员中进行选拔，根据各中队工作量分配执法车辆及仪器设备。

2007年，经县编办、人事局批准，监察中队增加至10个，统筹负责辖内重点污染源监管、环境整治、排污收费、信访协调等工作。

今年，铜山县环保系统还将增建国镇、铜山经济开发区两个环保分局，全面提升环境执法能力。

针对县域经济中工业比重高、开发区规模大、企业多等特点，铜山县在县行政服务中心设立建设项目管理股，统一负责建设项目环评审批，并相继成立环境监控中心、稽查大队、信息中心、信访中心4个直属机构，及时掌握企业污染排放、排污费征收、群众信访等情况，明确责任人及完成时限。

苏州、仪征:强化监测，为决策服务

作为苏南经济发达地区，苏州市全面推进环境监测现代化建设，以构筑人才高地、技术高地、科研高地、服务高地“四大高地”为抓手，形成了具有苏州特色的环境监测与预警体系。

从1993年开始，苏州市在全省率先实施“前站后所、站所合一”的运作管理模式，苏州市环境监测中心站与环境科学研究所合署办公，使监测力量得到极大增强。

“九五”以来，苏州市累计投入3000多万元专项资金，用于改善办公条件、更新仪器设备及各监测点的力量配备，相继建成93个水环境监测断面(点)、4个水质自动监测站、7个大气自动监测站、16个噪声自动监测点、306个环境噪声手工监测点、250多家工业污染源的例行监测点，初步形成了覆盖水、声、气污染源的自动监测与预警网络。

2007年以来，围绕太湖治理工作，苏州市环境监测中心站编制了《太湖饮用水水源地蓝藻应对预案》和《太湖蓝藻水华预警监测方案》，对太湖5个集中式饮用水源地周边藻类生长状况进行动态监测，在望虞河干流、西岸主要支流布设20个控制断面实施加密监测，日测日报，为政府积极应对、处置蓝藻问题，确保饮用水源安全提供技术支持，充分发挥了环境监测在环境管理中的基础性作用。

而仪征市则注重监测设备现代化、监测能力标准化、内部管理规范化和监测队伍专业化的“四化”建设。仪征市加强了资金投入，以提升监测装备现代化程度。建成扬州地区首家空气自动监测站，逐步完善了集水质、空气、噪声、污染源在线监控、信息发布于一体的环境监控预警系统。仪征市以服务经济发展为导向，加强与驻区重点企业、工业园区的联系，强化项目争取和项目储备，全面拓展监测领域。同时，加大环境监测能力建设，目前标准化监测领域已涉及四大类117个项目，监测能力现代化达标率为94%，并编写了污染物监测分析作业指导手册，填补了县(市)环境监测领域多项空白。

无锡、张家港:提升环境监察效能

无锡市地处太湖之滨，湖泊众多、河道纵横，水污染源面广量大与环境监察力量相对薄弱的矛盾尤为突出。2007年供水危机事件发生后，无锡市积极调整思路，以落实5项联动机制为抓手，全面提升环境监察效能。

无锡市建立了责任联动机制，全面推行建立市、县(园区)、镇、村4级河长制，范围覆盖全市64条主要河流，由市纪委牵头，每月对环境执法和整改落实情况进行督察，引导各级党委、政府主动采取措施，加强环境监察机构建设。去年以来，无锡市新增12个环境执法机构，宜兴市、江阴市、惠山区等市(区)在乡镇(街道)设立环保监察分局，滨湖区在10个镇(街道)和工业园区设立环境监察管理办公室，工作经费都由各级财政列支。今年以来，全市环境监察部门新增编制75人、辅助执法人员101名，全市环境监察力量扩充近一倍。

无锡市还建立了执法联动机制和信息联动机制。联合纪检、发改、经贸、建设、水利等部门，由市、区(县、市)两级主要领导带队，开展执法检查，强化行政问责和目标落实。同时，与建设、渔业、气象等部门建立信息共享机制，投入5亿多元启动建设环境监控中心，建立污染源、太湖蓝藻、断面水质、大气等自动监控系统，目前占全市污染排放总量90％以上的COD、SO2等重点污染源和太湖主要入湖河流纳入了在线监控。

无锡市环保局还与银行机构签订协议，将2026家企业纳入信息公开范围，建立银政信贷联动机制，把企业的环境行为分色标识，并定期在新闻媒体公示，银行对红色、黑色等级企业实施停贷、收贷。

无锡市还建立了公众联动监管机制。新区、北塘区环境监察部门面向社会招考、培训环保监督员，积极发展退休教师、社区干部、红领巾监督岗等组成的“环保卫士”编外队伍，协助环境监察部门加强对企业的环境监管。

张家港市为了提高环境执法能力，以突出5个重点为核心，推进环境监察标准化建设，健全环境监察网络。

张家港市环保局建立市监察大队——乡镇环保办——村环保协管员3级监察网络，市环境监察大队的编制由36人扩大到51人，新成立了编制为8人的市环境应急处置中心，配备数码相机、噪声分析仪等现场取证设备。结合驻区企业发展特点，在总结多年环境监察经验的基础上，提出了进水浓度、装置运行、现场环境等17类执法内容，为执法必严创造了条件。先后制定出台《执法工作规范》、《行政处罚工作规程》、《违法排放污染物责任追究工作规程》，从岗位职责、工作制度、执法程序、监督稽查、责任追究等方面进行全面规范。加强与公安、工商、渔政、广电等部门的沟通，建立联合执法、协同调处等机制，对无证无照企业引发的环境问题和渔业污染事故等，在查清事实的基础上，移送工商、渔政等部门依法处理。对存在环境违法行为的企业，坚持一抓到底，严格落实“三不放过”原则:违法事实不查清不放过，违法问题整改不到位不放过，违法责任人不追究不放过。

张家港市环保局还积极鼓励公众参与环境管理，试行环境信访调处听证、无理上访终结和信访回访制度，召集基层组织、执法人员、群众代表、企业法人进行圆桌对话，拓展公众参与渠道。

全省2008年整治违法排污企业保障群众健康环保专项行动工作方案

根据国家环境保护部、发展改革委、监察部、司法部、住房城乡建设部、工商总局、安全监管总局、电监会等八部门《关于继续深入开展整治违法排污企业保障群众健康环保专项行动的通知》（环发[2008]45号）精神和工作要求，决定今年7月至11月继续在全省组织开展整治违法排污企业保障群众健康环保专项行动（以下简称“环保专项行动”）。现提出如下工作方案。

一、指导思想

以党的十七大精神和科学发展观为指导，以加大环境执法力度为手段，进一步深入开展“六查一提高”活动，集中整治太湖、淮河流域和重点污染行业环境违法行为，着力解决危害群众健康和影响可持续发展的突出环境问题，促进主要污染物减排工作的顺利实施。

二、工作重点及要求

（一）巩固整治成效，集中开展环保专项行动后督察

落实胡锦涛总书记关于加强环境违法案件后续督察工作的指示，对环保专项行动开展以来省、市、县挂牌督办的环境违法案件进行集中检查。

1.2005年以来，各级政府及其有关部门挂牌督办的典型环境违法案件和突出环境问题整治措施落实情况。重点检查取缔关闭、停产整治、限期治理等行政处罚措施落实情况，以及行政责任追究情况。确保各地挂牌督办的环境违法案件，查处到位、整改到位、责任追究到位。

2.2006年以来集中式饮用水源保护区专项整治各项措施落实情况。重点检查县以上集中式饮用水源保护区内，违法建设项目取缔关闭措施落实情况。全省9个国家环境保护重点城市，要以整治影响饮用水源水质的污染问题为重点，开展后督察工作，确保饮用水源水质主要指标100%达标。

3.2007年开展的造纸行业专项整治各项措施落实情况。重点检查被取缔关闭的造纸企业或生产线停电、停水、设备拆除等措施的落实情况。坚决淘汰不能稳定达标排放的环境违法企业，防止死灰复燃和落后淘汰工艺、设备的转移，巩固COD减排成效。

4.各级环保专项行动领导小组要对本级政府及有关部门挂牌督办案件及饮用水源、造纸行业专项整治的措施落实情况逐一进行现场检查。上一级环保专项行动领导小组要组织检查组，对下一级政府环保专项行动领导小组挂牌督办案件及饮用水源、造纸行业专项整治的措施落实情况进行抽查，抽查面不低于60%。

5. 对于逾期未落实挂牌督办要求的案件，尤其是未能按要求取缔关闭违法企业的案件，一律由上一级政府及有关部门重新挂牌督办，限期完成，要查清原因分清责任，按照《环境保护违法违纪处分暂行规定》追究当地政府及有关部门相关责任人员的行政责任。对于逾期未能完成挂牌案件总数10%以上的地方，要实行新建项目环境影响评价区域限批，并通报批评。

6. 要切实加强对停产整治、限期治理企业的后续督察工作。对于已经完成整治的，要在一年内将其作为重点监管对象，按照对国家重点污染源的监管要求，加大监督性监测和现场巡查频次，确保稳定达标排放。对于未按要求完成限期治理的一律停产整治，对于未按要求完成停产整治的一律提请政府责令关闭。

（二）促进污染减排，集中开展对城镇生活污水处理厂、垃圾填埋场等重点行业专项检查

落实“十一五”污染物减排任务，对城镇生活污水处理厂和垃圾填埋场等重点行业进行全面检查，集中整治环境违法行为。

1. 查清城镇生活污水处理厂及其配套管网建设的基本情况，包括进出水水质、处理水量、主要污染物去除情况、污泥处置情况和在线监控设施安装运行等情况。建立环境监管档案，完善监管办法，落实监管责任。实施信息报告制度，加强对城镇生活污水处理厂进出水水量、水质和污泥处置的动态管理。督促地方政府落实污水处理收费政策，多渠道筹措资金，统筹安排建设城镇生活污水集中处理设施及配套管网，提高收集率和处理率。严厉查处超标排污、直接排污和污泥不按规定处理造成二次污染等行为。

2. 对城镇生活污水处理厂建成后至今不能正常运行的，或县城以上仍没有建成生活污水处理设施的，要由上一级政府及有关部门挂牌督办，综合整治，限期解决；对今年底县城以上仍没有建成生活污水处理设施，或建成一年以上运行负荷达不到设计能力60%，造成污水直排外环境的，要限期整改，并公开通报批评。在整改期间，要暂缓审批该地区建设项目环境影响评价文件。对城镇生活污水处理厂超标排污的，未对污泥进行无害化处理的，拒报或者谎报排污申报登记及运行情况的，未安装自动监测设备或者按规定未与环保、建设部门联网的，要严格按照《水污染防治法》的规定对其运营单位进行处罚。对于不正常运营污水处理设施，造成污染事故且后果严重的，要依法追究运营单位和管理部门及相关责任人的行政或刑事责任。

3. 查清已建成生活垃圾填埋场实际运行情况，包括生活垃圾填埋场的填埋量、雨污分流情况、防渗措施、渗滤液处理设施运行情况以及地下水监测情况，重点是渗滤液的产生和排放情况。

4. 对不符合规范要求的生活垃圾填埋场，要责令限期整改；垃圾渗滤液未经处理直接排放、处理不达标的，要依法依规对运营单位进行处罚。加强对已经封场垃圾填埋场的环境监管，确保环境污染治理设施正常运行。

各地要紧紧围绕节能减排重点工作，结合自身实际，加大对电力、钢铁行业脱硫设施的监管，着力解决脱硫设施不正常运行问题；加大对化工行业污染治理设施运行的监管，着力解决环境安全隐患整改中存在的问题，防范环境突发事件的发生。

（三）实现“铁腕治污”，集中开展重点流域污染企业的专项整治

为落实国务院转发《关于加强重点湖泊水环境保护工作的意见》（国办发〔2008〕4号）要求，2008年重点对太湖、淮河流域开展集中整治。

1. 对太湖、淮河流域2007年以来新、改、扩建的工业项目进行一次全面检查，重点检查排放涉氮、磷污染物和有毒有害物质的建设项目。对水污染防治设施未建成、未经验收或者验收不合格，主体工程即投入生产或者使用的建设项目，必须责令停止生产或者使用，直至验收合格。对不执行停止审批太湖流域排放涉氮、磷污染物和有毒有害物质新建工业项目政策的，要依法依规追究责任。

2. 加大对列入淘汰目录中严重污染水环境的设备、工艺的监管，对违法违规建设不符合国家产业政策的造纸、制革、印染等严重污染水环境的生产项目的，要及时报请所在地的市、县人民政府责令停业、关闭。继续通过化工企业安全生产专项整治，坚决整顿、关闭不符合安全生产条件、污染环境的各类化工企业。

3. 严厉打击超标准排放污染物的环境违法企业，对屡查屡犯的企业采取“高限处罚”措施，对长期超标排污的、私设暗管偷排偷放的、污染物直排的、超标排入下水道危及城镇生活污水处理厂安全运行的、事故状态下“清净下水”收集措施不到位的、存在重大污染隐患的企业，一律停产整治。对治理无望的企业和落后生产能力，一律关闭取缔。对于违法排污造成严重损失、触犯刑法的企业，一律追究刑事责任。对于2008年8月底后太湖流域仍然超标排放水污染物的企业，各地要责令其停产整治或依法关闭。

4. 切实加强日常监管，防止藻类大面积暴发。一要加大太湖流域排放氨氮、总磷等污染物企业的整治和监督检查力度。二要加大对限制销售、使用含磷洗涤剂的监督检查力度。三要制定周密的水环境保护预警和应急预案，在蓝藻暴发前期及对水源地水质造成威胁时，采取必要的限产、限排或停产措施，确保饮用水源地水质安全。

三、主要工作措施

（一）加强组织领导，加强部门协调

各省辖市人民政府要继续按照国务院的要求，将深入开展环保专项行动纳入重要议事日程，进一步加强政府主管负责同志牵头各相关部门参加的环保专项行动领导小组，完善工作制度，制订具体实施方案，广泛动员部署，有序推进，落实各项重点工作。各级环保部门、经济综合管理部门、监察机关、司法机关、建设部门、工商管理部门、安全监管部门和电力监管机构要充分发挥各自的职责，进一步加强部门间的协调配合，坚持定期协商、联合办案制度和环境违法案件移交、移送、移办制度，共同打击环境违法行为。各地可根据实际情况，扩大领导小组成员单位，综合各部门监管职能，合力治理环境污染问题。

（二）加强监督指导，加强考核检查

要切实加强对基层政府开展环保专项行动的指导，要按照各阶段工作要求，制定督察工作方案，对基层政府挂牌督办案件落实情况及城镇生活污水处理厂、垃圾填埋场、饮用水水源保护区、造纸行业、重点湖泊的集中整治等项工作开展情况，逐级组织多形式的检查，及时发现和纠正存在的问题，指导基层政府落实各项重点工作。要进一步加强环保专项行动的考核，从组织领导、信息报送、阶段情况及工作总结等方面加强对基层开展环保专项行动情况进行考核，切实保障环保专项行动取得实效。

（三）加强挂牌督办，加强案件管理

要继续将群众反映强烈、影响社会稳定的重大环境污染问题作为重点查处事项，挂牌督办，落实责任，跟踪督查，做到查处到位、整改到位、责任追究到位。各地要围绕阶段工作重点分期挂牌督办一批社会影响较大和基层政府未能解决的环境违法案件和突出环境问题。国务院八部门将挂牌督办一批跨区域、流域的污染问题和社会普遍关注的环境违法案件。同时，各地要加强挂牌督办案件的管理和后督察工作，建立重点案件管理档案，完善督办制度，公示督办结果。

（四）加强综合整治，加强责任追究

要综合运用法律、经济、行政等手段，加大对环境违法行为的惩治力度。在加大环境行政执法的同时，不断在产业政策、金融信贷、产品运输、流通和消费等方面采取有效措施，遏制有法不依的行为。要不断加大对行政部门环境违法问题的责任追究力度。对违反环境保护法律法规，出现重大决策失误，造成环境严重污染的；对环境违法行为查处不力，甚至包庇、纵容违法排污企业，致使群众反映强烈的问题长期得不到解决的；对不依法行使职权的政府及部门负责人、有关责任人员，要依法依纪追究责任。

（五）加强舆论宣传，加强公众监督

要根据阶段工作重点，结合实际，制定宣传计划，责成专门部门组织实施。要向社会公布环保专项行动进展、违法企业名单、典型环境违法案件查处情况；要积极组织新闻媒体进行跟踪报道，充分利用电视、广播、报纸、互联网等媒体，加大环境保护法律法规的宣传力度，营造群众参与和监督的良好氛围；要进一步加强环境保护信访工作，充分发挥“12369”环保热线作用，畅通投诉渠道，积极鼓励群众广泛参与。

四、工作安排

（一）动员部署阶段（7月）

各省辖市环保专项行动领导小组要根据本方案要求，结合实际情况，确定本地区整治重点，制定具体实施方案，全面完成环保专项行动的动员部署工作。各地环保专项行动领导小组名单和实施方案在7月31日前报送省环保专项行动领导小组办公室。

（二）集中检查和整治阶段（7月-10月）

地方各级环保专项行动领导小组组织有关部门对县级以上地表水集中式饮用水源保护区、污水处理厂及垃圾填埋场、重点流域存在的环境问题进行集中整治，并分别于8月26日、9月26日、10月26日前将阶段整治情况报送省环保专项行动领导小组办公室。

省政府相关部门将适时对各地环保专项行动开展情况进行督查。

（三）总结阶段（11月）

各省辖市认真总结环保专项行动的成效与不足，提出加强长效管理的措施，提交《2008年环保专项行动工作总结》，于11月30日前报送省环保专项行动领导小组办公室。

南京市全面部署集中式饮用水源地监管工作

南京市从10月下旬开始，全面部署集中式饮用水源地监管工作。

一是加强协调。市环保局和市政公用局联合下发了《关于加强集中式饮用水源地监管工作的通知》，要求市区县环保部门，各公共供水企业（水厂）、市各直管企业自备水厂等单位，一要进一步明确责任，落实饮用水源地监管各项工作制度；二要坚持从严要求，落实饮用水源地监管各项应急措施密切协同关系；三要落实饮用水源地监管联动协调机制。

二是全面部署。11月3日，市环保局和市市政公用局联合召开了“南京市集中式饮用水源地监管工作会议”，要求各单位加强认真落实水源地巡查制度、水质状况日报制度、重点工业污染源领导包厂制度和饮用水源地监管各项应急措施。

三是完善制度。自2008年11月1日起，在全市建立集中式饮用水源地水质状况日报制度，各有关单位按照《集中式饮用水源地水质状况日报》要求，按时上报集中式饮用水源地水质状况日报，能做到异常情况随时上报。

江苏确保饮用水水源地水质 坚决关闭影响水质污染企业

江苏省政府办公厅日前下发了《关于切实加强饮用

水安全监管工作的通知》（以下简称《通知》），要求江苏省13个省辖市和52个县(市)政府，认真做好饮用水水源地保护工作，进一步加快饮用水设施建设，不断加大饮用水水质监管力度，切实加强对饮用水安全监管工作的组织领导，让广大人民群众饮上安全水、放心水。

为进一步加大饮用水安全监管力度，切实保障饮用水水质安全，《通知》中确立了4项举措。

首先，要认真做好饮用水水源地保护工作。县级以上人民政府是饮用水水源地保护的第一责任人，要严格执行饮用水水源保护制度，将饮用水水源地保护纳入领导干部考核内容。建立部门联动的水源保护机制，加强水源地日常巡查，推进第二水源和区域供水建设。加强水源地保护区内污染源整治，依法严格限制可能影响饮用水水源地安全的污染项目，坚决关闭对水质有威胁的重大污染源，严格控制污染源及排放，确保饮用水水源地水质不低于地表水环境质量III类标准。

其次，要进一步加快饮用水设施建设。按照“原水互备、清水连通、井水应急”的原则，对具备单独可控条件的城市，在两年内建成第二水源或备用水源，配套建设必要的取水、净水设施和输水管道，实现净水厂之间的原水互供；对受当地水源条件限制不具备建设第二水源的城市，近期要按照满足居民和重要用水户生活用水量的需求，通过与相邻城市清水管网连通或开采深井水等方式建设应急水源，保证居民饮用水安全需要。

第三，不断加大饮用水水质监管力度。要完善供水水质监管方式，形成企业自检、政府及部门监管、行业监测、公众监督相结合的水质监管体系。供水企业必须建立以水质为核心的质量管理体系和严格的岗位责任制，供水主管部门要全面落实供水水质行政督察制度、公众参与制度、供水水质责任追究制度，定期公布水质情况，加强对二次供水和自建设施供水的水质监管。卫生部门要完善生活饮用水水质卫生监督监测体系，建立生活饮用水卫生监测信息发布、卫生监督信息公示制度，根据实际定期对各类供水单位的供水水质进行卫生监督监测。政府实施水质监管、水质检测所需经费列入年度财政预算，确保供水水质监管公平、公正和公信。

第四，要切实加强对饮用水安全监管工作的组织领导。饮用水安全事关广大群众身体健康，事关社会稳定大局。各级政府要从保障和改善民生、维护社会和谐稳定的高度，充分认识保障饮用水安全的重要性、紧迫性，严格执行饮用水安全保障行政首长负责制，建立健全政府统一领导、部门各负其责的工作机制，确保饮用水安全措施全面落实。定期组织环保、水利、建设、卫生等部门联合开展水源地保护及饮用水安全检查，对重大隐患挂牌督办，限期整改；对管理责任不落实、整改措施不到位的，严肃追究相关人员责任。各地要于2009年年底前编制完成饮用水突发事件应急预案，落实各项应急保障措施，加强专业化抢险救援队伍建设，认真做好应急演练，进一步增强应急处置能力。一旦发生突发事件，各级政府要严格执行突发事件信息发布纪律，准确及时向社会公布水质情况等信息，让群众知情，争取理解和支持。

江苏采取切实措施，进一步加强饮用水水源安全保障工作

一、切实强化组织领导

省委、省政府一直将饮用水源保护作为保增长、保民生、保稳定的重要内容，不断加大工作力度。省人大常委会出台了《关于加强饮用水源地保护的决定》，省政府办公厅下发了《关于切实加强饮用水安全监管工作的通知》（苏政办发〔2009〕54号），要求各地从保障和改善民生、维护社会和谐稳定的高度，进一步明确饮用水安全保障行政首长负责制，把饮用水水源地保护纳入领导干部考核内容。按照“谁管理、谁负责”的要求，建立健全政府统一领导、各有关部门分工负责的责任机制，建立部门联动的水源保护机制，加强饮用水安全监管力度，实行严格的责任追究制。

二、切实强化隐患整治

严格按照省人大《关于加强饮用水源地保护的决定》及《省政府关于全省县级以上集中式饮用水水源地保护区划分方案的批复》要求，今年继续整治一、二级保护区内所有与供水设施和水源保护无关的建设项目。3月份，省环保厅组成6个组，对全省111个县级以上集中式饮用水源逐一进行了专项执法检查，并将检查情况通报各市县人民政府，要求采取切实有效措施，确保年底前整改到位，确保供水安全。6月中旬，省环保厅、监察厅对全省集中式饮用水源地进行了联合督查，有关情况专题报省政府，并通报有关省辖市人民政府。对整改工作进展缓慢、问题严重的，省环保厅、监察厅将进行挂牌督办，限期整改。对管理责任不落实、整改措施不到位的，严肃追究相关人员的责任。

三、切实加强监测预警

增加对饮用水源地的水质监测频次，切实加强对上游来水和水源地水质的监测预警，确保供水安全。组织监测力量对县级以上集中式饮用水源地二级保护区上游边缘选点开展水质监测，增加特征污染物监测内容，实行一日一报，发现异常情况随时报告。涉及行政交界断面的，上下游互通监测情况，实行联合监测；逐步建立水利、建设等相关部门的信息共享机制，随时掌握水质变化情况，确保饮用水源地水质安全。对我省主要集中式饮用水源地的有机污染情况进行调查，建立例行监测制度，建设了一批有机毒物治理示范工程，为下一步的深度治理打下基础。充

分利用各种新闻媒体，采取多种形式，广泛宣传饮用水源地保护工作，增强全民的环境意识和法制观念，营造人人爱护珍惜水资源、关心重视水源安全的社会氛围。

四、切实强化应急防控

组织各地编制完善饮用水源突发环境事件应急预案，针对可能遭受的污染情况，明确工作要求，落实各项应对措施。6月22日我厅下发了《关于开展饮用水源地突发环境事件应急演练的通知》，要求各地以饮用水源地水体受污染为背景，结合突发环境事件应急预案及辖区实际情况，组织开展突发环境事件应急演练。同时投入专项资金建设全省突发环境污染事故应急处置系统项目，为13个省辖市统一配备了一批先进的应急监测车、指挥车和监测仪器，使全省环境应急能力得到较大提升。

我省全面完成长江环保执法行动

近日，我省完成了为期10天的长江环保执法行动，此次行动对全省沿江排污口及其主要污染物排放情况开展了全面检查，摸清了长江干流及主要入江河道接纳主要污染物的总量，为进一步规范直接排入长江干流及其主要入江河道的排污口设置，建立企业排污口及污染物排放档案，严肃查处私设排污口、超标排放污染物的环境违法行为，促进污染物减排任务的完成起到了积极的推动作用。

据了解，我省长江流域包括南京、镇江、常州、无锡、苏州5市全境及扬州南部、泰州南部、南通大部分地区，流域面积3.87万平方公里，长江干流在江苏境内全长418公里。此次环保执法行动，省、市、县三级环保部门共出动3860人次，查清长江干流江苏段共有排污口237个，其中企业排污口172个，污水处理厂排污口29个，市政排污口36个，规范化排污口合格率为92.2%；水排放总量约1425万吨/日，其中污水排放量约203万吨/日，清下水及雨水排放量约1222万吨/日；化学需氧量排放量约84.837吨/日；此次实地检查企业（含污水处理厂）217家，存在环境违法行为的有17家，其中私设排污口1家，超标排放15家，其他环境违法行为1家。经监测，按照溶解氧、高锰酸盐指数等9项指标评价，江苏省长江干流水质符合地表水Ⅱ类水质标准。

为了不断强化长效环境监管，我省此次行动在组织领导、推进工作重点、实施工作方法等方面采取了一系列措施，使长江环保执法行动真正落到了实处。在组织领导方面，省环保厅成立了由厅长负总责、分管厅长具体负责，监察、监测、普查、信息等部门负责人参加的领导小组，办公室设在环监局，负责方案制定、数据核查、情况调度等工作，并提出了“统一思想、迅速行动、抓住重点、全面推进、讲究方法、务求实效”24字工作要求。

在推进工作重点方面，做到了“三个摸清”和“一个查处”。三个摸清包括摸清排污口，对辖区内长江干流沿岸的所有排污口（含市政排口）进行逐个核查，摸清排污口数量，查清排污口性质，对排污口实施了GPS卫星定位；摸清水量，基本摸清每天排入长江干流的污（雨）水总量；摸清水质，通过采集水样监测，基本掌握了各排污口化学需氧量、氨氮及主要特征污染物的排放浓度，另外还专项组织对长江干流省界断面和29条入江支流45个考核断面的水质进行了一次同步监测，全面掌握了水质情况。一个查处是查处长江干流沿岸的违法企业，着重整治私设排污口、超标排放污染物等环境违法行为，并进一步规范了排污口的设置。

在实施工作方法方面，各地充分利用污染源普查、环境监察执法“六查一提高”活动、排污收费、污染源自动监控、环境统计等成果，整合现有资源并查漏补缺，起到了事半功倍的效果。为掌握市政排污口数量及排放情况，各地环保部门积极争取同级水利、市政、城建等部门的支持。许多市、县环保局租用船只，采取水路、陆路并进的方法开展工作，彻底摸清了辖区内排污口的各类信息。行动期间，环保部华东督查中心对我省长江环保执法行动进行了现场督查指导，省环境监察局、省环保厅苏南和苏中环保督查中心组织人员分片进行了督查。对督查中发现的问题，提出督查意见，要求落实整改措施，并研究提出长江干流的长效管理措施。

据悉，我省在此次长江环保执法行动的基础上，对下一步工作已经有了明确的思路，一是进一步完善基础档案，及时整理归档，形成详实的基础资料档案数据库。二是依法查处环境违法行为，对标识不清、设置不规范各类排污口，责令限期整改。对问题严重的企业建议地方政府下达停产治理决定，对逾期未完成整治任务的，依法责令关闭。对各地有关环境问题的整改落实情况，环保厅将组织开展后督查行动。三是加强日常监管，完善并落实目标责任考核、挂牌督办、重点监管、定期报告、联席会议、违法违纪案件移送、责任追究等一系列行之有效的制度，建立保护饮用水源的长效管理机制。

省环境监察局突击检查徐州奎河、沛沿河国控断面及沿河涉水企

近期，省环境监察局会同徐州市环保局先后两次对徐州奎河、沛沿河国控断面及沿河涉水企业进行了突击检查。共检查企业18家，污水处理厂2家，从检查的结果看国控断面水质有了明显的好转，铜山县政府重拳出击，关停了3家造纸厂和2家“三无”企业。与此同时，我厅致函徐州市政府要求其采取切实措施，加强对沿河工业点源的监管，加快沛城污水处理厂（二期在建）和三堡镇污水处理厂筹建进度，确保年底前实现奎河、沛沿河国控断面的水质达到国家考核要求。

我省建立环境监察工作月报分析制度

为全面反映全省环境监察工作情况，切实提高环境监察整体工作效能，近日，省环境监察局印发了《关于建立全省环境监察工作月度分析报告制度的通知》，决定在全省建立环境监察工作月度分析报告制度。通知要求各级环境监察机构充分认识建立环境监察工作月度分析报告制度的重要性，将其作为提升环境监察工作水平的重要抓手，切实养成定期调度工作、研究工作、分析工作的良好习惯。

江苏省环境监察人员行为规范

一、不准在受理环境投诉举报和查处环境违法行为过程中推委搪塞、敷衍应付，或泄露举报投诉人的有关情况。

二、不准接受行政管理相对人的现金、有价证券和支付凭证。

三、不准利用职权和工作之便为自己、他人谋取不正当利益，或参与行政管理相对人的营销活动。

四、不准包庇纵容环境违法行为或为环境违法单位开脱、说情、妨碍公正执法。

五、不准拒报、谎报、瞒报、迟报污染事故和污染纠纷及篡改污染报告和排污申报数据。

六、不准在执行公务中接受被管理单位吃请、不准在工作时间饮酒、不准着环境监察制服参加各种营业性公共娱乐场所活动，严禁酗酒和酒后驾车，不准参与各类赌博活动。

七、不准擅自减、缓、免征排污费，或挪用排污费、私设小金库。

江苏排污收费三十年

排污收费是促进产业结构调整优化、倒逼污染企业关停并转迁、实施节能减排技术改造的重要手段，是衡量环境监管执法力度和环保工作的重要标志，是遏制污染物排放的经济杠杆。排污收费是一种对排污单位的“内在约束”力，与传统的行政手段“外部约束”力相比，具有促进环保技术创新、增强市场竞争力、降低环境治理与行政监控成本等优点。三十年来，江苏省认真执行并不断拓展、创新排污收费制度：从全国最早的排污收费在江苏试点，从按浓度收费向按总量收费的转变，从率先提高排污费征收标准到近8年来环保部门征收总额连年位居全国第一的实践，三十年来为全国排污收费制度创造了一个又一个“经验”，也为污染治理、产业结构调整优化、节能减排和环保部门自身建设、环保事业发展提供了资金保障。

一、主要历程

1979年9月，《中华人民共和国环境保护法（试行）》公布的当月，江苏省苏州市开始在全国率先对15家企业开展征收排污费的试点工作，当年4个月共开征50家企业的排污费1600089.9元。为了保证征收排污费试点工作的健康发展，1980年7月28日原国务院环境保护领导小组办公室在江苏省无锡市召开了征收排污费研讨会，25个省、自治区、直辖市和一些重点城市主管排污收费工作的同志，及部分环境管理专家参加了研讨会。会议及时总结交流了各地排污收费试点的经验，讨论制定了全国统一的征收排污费办法的设想等有关问题。原江苏省委主要负责人和省长惠浴宇同志参加并主持了会议，他们明确指出：我们江苏省准备在财政上少收个把亿，下决心解决污染问题。这次座谈会议有力推动了各地的排污收费试点工作，也为起草全国统一的收费办法创造了条件。1980年8月28日江苏省出台排污收费和罚款试行办法。1985年7月10-16日，国家环保局召开了全国第一次征收排污费工作会议，江苏省、辽宁省、上海市和无锡市、广州市、顺德县等8个省、市、县（区）环保局（办）在大会上交流了经验。1986年7月和11月，国家环保局发文确定江苏省、湖南省为全国环保补助资金“拨改贷”改革的试点单位，为全国排污收费制度的改革探索经验。1993年9月13日，国家环保局批准江苏省为全国环境监理试点省。1995年6月，国家计委、财政部和国家环保局分别批准江苏省实施按排放水污染物总量征收排污费的试点工作。2003年6月16日，江苏省出台新的排污费资金收缴使用管理办法。2002-2005年连续四年国家环保总局安排江苏省环保厅在全国环境监察执法会议上介绍交流环境监察机构建设、排污收费工作方面的经验做法。2005年4月13日江苏省出台排污费征收稽查办法。2007年6月19日江苏省出台《关于调整排污费征收标准的通知》，在全国率先全面提高排污费征收标准。2007年10月-12月江苏省环保厅聘用社会中介机构加强核查核算促征收。2008年8月17日江苏省出台太湖流域污水处理单位氨氮、总磷超标排污费征收办法。2008年10月17日江苏省出台太湖流域国控（省控）重点水污染源按自动监控数据核定征收污水排污费办法。

三十年来，江苏省1979-1980年征收排污费0.29亿元，六五期间征收排污费3.87亿元，七五期间征收排污费7.09亿元，八五期间征收排污费10.89亿元，九五期间征收排污费20.10亿元，1979-2000年共征收42.30亿元，2001-2008年征收92.63亿元，三十年来共征收135亿元。

三十年来排污收费工作促进了老污染源的治理，促进了污染物总量的减排，减轻了环境的污染；控制了新污染源的产生，提高了污染治理设施的运转率；积累了环境保护专项资金，为防治污染开辟了一条可靠的环境保护资金渠道；促进了产业结构调整优化和企业的技术改造，提高了企业的经济效益；加强了环保部门的自身建设，推动了环境保护事业的长足发展：环保事业的发展是和排污收费工作的进展紧密联系在一起的，排污收费的进展，促进了环境管理的发展，促进了环保事业的发展，特别是三十年来县级环保工作的发展，很大程度上是由排污收费促进带动的，排污收费工作为环保事业不断上新的台阶提供了基础条件。

二、基本做法

一是在全国率先转变征收理念，通过征收排污费促进产业结构调整优化、促进节能减排。过去，征收排污费的主要目的，是补助企业治污和补助环保部门业务经费的不足，而现在江苏省的理念已进一步深化，如今江苏省不断加大排污费征收力度，是为了充分发挥排污费的价格杠杆作用，促进经济产业结构调整优化，发展循环经济和清洁生产；提高排污成本，从根本上提高企业治污的积极性，改变企业宁愿缴纳排污费而不愿主动治理污染的状况；促进企业加强经营管理和综合利用，降低物耗能耗，促进节能减排，促进环境综合整治。

2007年7月7日，时任江苏省委书记的李源潮同志明确指示：“铁腕治污，提高排污收费标准，倒逼污染企业关停并转或实施节能减排技术改造。通过提高环保门槛和排污收费，让流域内高耗能、高排放、高占地的工厂疏散出去，将占用土地和环境资源少的产业置换进来，用更多的环境空间和容量保证城市和人居”。时任省长的梁保华同志也明确要求“充分发挥价格调节机制的作用，从2007年7月1日起，提高排污费征收标准，促进企业减少污染物排放”。加强排污收费工作成为江苏省“铁腕治污”的重要标志之一。

二是江苏国家环境监理试点省工作取得较大成功，基本统一了全国环保系统对环境监理工作的认识，为全国环境监理工作的全面推开和环境监察事业的发展壮大提供了重要经验，也有力促进了排污费征收工作。《江苏省环境监理试点工作方案》（省府办转发）、《江苏省环境监理试点工作验收标准》、《江苏省环境监理机构建设规范》（省府办转发）、《江苏省环境监理机构职责和定编标准》（省编委颁布）起点高、可操作性强，《中国环境报》作了专门报道，国家环保局转发全国各省借鉴。

国家环保局王扬祖副局长、陆新元司长主持了江苏国家环境监理试点省的验收工作，验收意见为“江苏省作为全国第一个在省、市、县、乡镇四级全面开展环境监理工作试点的省份，不断拓宽思路，积极探索进取，在乡镇环境监理机构设置，加强日常现场监督执法，拓宽环境监理工作领域，配备环境监理执法装备，促进区域环境质量改善等方面，创造性地开展试点工作，取得了许多有益的经验，成效显著：

1、在全省11个省辖市、64个县（市），42个市辖区，2049个乡镇建立各级环境监理机构292个（其中乡镇环境监理机构203个），监理人员达1713人。环境监理执法人员普遍经培训考核后持证上岗，执法装备初具规模。

2、与试点前相比，全省对污染源现场监督检查频次平均提高了153%，执法力度大大加强；排污费征收额和征收面显著提高，基本做到依法、全面、足额征收；治理设施运转率提高了14.2%，达到88%；建设项目三同时实际执行率平均提高15%，其中大中型项目达到100%；污染事故纠纷处理率平均提高了9.6%，达到99%；生态环境和海洋环境监理工作明显加强。

3、江苏省环境监理工作的全面开展，促进了各级环保行政主管部门的宏观管理工作，通过三查二调一收费，加大了环境执法力度，提高了排污单位尤其是乡镇企业的环境意识，对控制环境污染的趋势，改善区域环境质量，促进经济发展和改革开发，推动社会全面进步，发挥了积极作用。江苏创造性地开展试点工作，有所创新，有所突破，圆满完成了试点任务，江苏省的成功经验，为在全国推行环境监理工作做出了有益贡献。”

解振华局长在1996年全国环保厅局长会议工作报告中评价：“江苏全省监理试点工作取得了预期效果并通过验收，为全国推开监理工作提供了有益经验”。在全国排污收费15周年总结大会等全国性会议上，多次安排江苏全面介绍环境监理试点省工作经验。

三是从2001年起在全国率先建立排污收费月报制度，进一步加强对全省排污收费工作情况的趋势分析和规律性研究，进一步提高收费工作的针对性、计划性、实效性和可比性。2001-2008年共编发排污收费月报分析96期，每期抄送各市、县、区环保局局长、环保局和环境监察机构。

四是在全国率先调整排污费征收标准，实现了从按浓度收费向按总量收费的转变。经国家计委、财政部和国家环保局分别批准，1995年江苏省在全国率先开始按排放水污染物总量收费的试点工作。经江苏省政府批准，从2007年7月1日起在全国率先将废气排污费征收标准由0.6元/污染当量提高到1.2元/污染当量，污水排污费征收标准由0.7元/污染当量提高到0.9元/污染当量；同时根据《江苏省太湖流域污水处理单位氨氮、总磷超标排污费收费办法》，2009年1月1日起江苏省太湖流域所有污水处理单位氨氮、总磷超标的均加倍征收排污费，从而使排污费征收标准基本接近污染治理成本，改变了排污者过去“宁愿缴费，不愿治理”的局面，从而有力促进了污染物总量减排工作，有力促进了区域环境质量的改善。

以电力行业为例看提高排污费征收标准对污染治理和总量减排的促进作用。电力行业是二氧化硫排放大户。2007年7月1日起，二氧化硫排污费由0.63元/公斤提高到1.26元/公斤——这样一条旨在将“治理污染外部成本内部化”的重大新政，到底会对电力企业产生怎样的影响呢？环保、物价、财政和电力行业相关人员联合调查、测算如下：

以江苏一家未脱硫电厂为例，2006年利润为4131万元，2006年二氧化硫排放量10151吨。二氧化硫排污费征收标准“翻一番”后，以2006年的排放量测算，2007年7月1日以后的6个月将增加排污费支出320万元，占2006年利润的7.8%；2008年则要增加支出640万元，占2006年利润的15.5%。

再看江苏另一家已脱硫电厂，2006年利润为60208万元，二氧化硫排放量为1570吨。二氧化硫排污费征收标准调整对其影响就很小，同样以2006年的排放量测算，2007年排污费支出将增加50万元，2008年则增加支出99万元。

两相对比，可以看出，调价新政对未脱硫电厂会产生一定的影响，而对已脱硫电厂的影响则几乎可以忽略不计。

调查、测算还发现，提高排污费征收标准后，电厂脱硫合算了。

根据环保、物价、财政和电力行业等有关部门对徐州华鑫发电有限公司、南通天生港发电公司等7家电厂的联合调查，平均脱硫成本为每吨二氧化硫3152元。由于国家对已上脱硫设施、并正常运行脱硫设施的电厂每度上网电价补贴1.5分，折算下来，可补偿其成本2238元/吨。实际成本与补偿成本差额仅914元/吨。

以一个年排1万吨二氧化硫的电厂为例，如果不建脱硫设施，调价后每年要交纳的二氧化硫排污费为1260万元；而上马了脱硫设施后，实际花费为两部分：一是脱硫成本，一般而言，脱硫设施的脱硫效率约为90%，9000吨×914元/吨=822.6万元；二是排污费，1000吨×1260元/吨=126万元，两者相加为948万元。与不上马脱硫设施相比，每脱1万吨二氧化硫可节省312万元。

提高排污费征收标准后，排污单位治理污染和总量减排的积极性有了较大提高，治污减排成了企业的自身内在需要和自觉行动。2008年全省共实施电力行业工程减排项目100个，实现S02减排约30万吨。其中新增燃煤机组脱硫设施659万千瓦，总投资超过15亿元。目前，全省燃煤机组4983.6万千瓦中已有4721万千瓦机组建成脱硫设施，脱硫率为94.7%。由于脱硫减排取得实效，江苏省全省城市环境空气质量总体状况比2007年有所好转，优良天数比例达89%以上，比2007年提高1.2个百分点；全省二氧化硫和可吸入颗粒物平均浓度均达到环境质量二级标准，二氧化硫平均浓度比2007年下降6.8%，酸雨发生频率下降4.1个百分点。提高排污费征收标准也成了江苏省铁腕治污的重要手段之一。

五是在全国率先出台排污费征收稽查办法并连年开展稽查。在2005年4月13日出台《江苏省排污费征收稽查暂行办法》的基础上，江苏省认真贯彻执行国务院《排污费征收使用管理条例》和环保部《排污费征收工作稽查办法》，认真组织开展排污费征收稽查工作，重点加大对排污费征收缴纳不规范行为的稽查力度，督促地方环保部门强化环境监管，确保排污费的依法、全面、足额、按时、公开征收。从2004年开始江苏省环保厅已连续组织开展了5次排污费征收稽查专项行动，共稽查481厂(次)，追(补)缴排污费1.73亿元。

六是在全国率先借助社会中介力量加强核查核算促征收。通过加强与审计、物价、财政等部门的沟通联系，借助国家注册的会计(审计)事务所等社会中介力量加强排污单位原辅材料使用量和排污量的核查核算，促进征收工作。2007年省级稽查中，省环保厅使用11万元正式签订合同，聘用国家注册的会计(审计)事务所6名国家注册高级会计师对企业会计台帐进行核查，因企业瞒报产品产量、原辅材料使用量而补缴排污费达1877万元。

七是在全国率先积极探索依据自动监控仪器数据征收排污费。省环保厅下发《关于做好太湖流域国控（省控）重点水污染源按自动监控数据核定征收污水排污费准备工作的通知》（苏环监察[2008]103号），要求“污染物排放自动监控仪器在必须符合‘按照规定正常使用国家强制检定并经依法定期进行校验’的前提下，太湖流域282家国控（省控）重点水污染源从2009年1月1日起，依据自动监控仪器所得有效数据按月核定水污染物排放的种类、数量和征收污水排污费”。

八是环保系统内各部门形成合力促征缴，对于地方环保部门应征未征或少征收排污费、排污单位不按期缴纳排污费、应限期补缴排污费逾期仍未补缴的，负责稽查的环保部门除按规定加收滞纳金外，还加强对其环境监管、暂缓其新上项目的审批、暂停其环保资金的补助和项目安排；排污费欠缴单位名单在江苏环保门户网站和当地环保网站上进行公开并通报当地人民政府；对已上市企业或申请上市的排污单位未足额缴纳排污费的，通报给中国证券监督管理委员会和国家环保部。2007年通过省环保厅开发处、计财处等部门的合力，少数欠缴单位及时补缴了排污费963万元。

九是联合核定科学核定排污量促征收。按照国家有关“多报多收费，少报少给排污总量，谎报依法处罚”的要求，以现场环境执法检查情况、监督性监测、自动在线监测和国家规定的物料衡算方法所得数据为依据并相互验证，会同环境统计等部门逐月核定各类污染物排放量征收排污费。同时根据《国务院批转节能减排统计监测及考核实施方案和办法的通知》，“监测数据法计算所得的排放量数据必须与物料衡算法或排放系数法计算所得的排放量数据相互对照验证，对两种方法得出的排放量差距较大的，须分析原因。对无法解释的，按‘取大数’的原则得到污染物的排放量数据”征收排污费。

十是为经济科学发展服务，及时加大污染治理资金的补助力度。在依法足额征收排污费的前提下，及时对企业污染防治项目予以拨款补助和贷款贴息，既促进污染治理和减排工作，又促进排污费的依法全面足额及时征收。2005-2007年江苏省对装机容量30万千瓦以上电力企业的脱硫项目累计补助7.16亿元，即除电力企业上缴省级财政的5.28亿元SO2排污费全部补助脱硫外，省级财政还另外拨出专项资金1.88亿元用于电力企业的脱硫补助。加大污染治理资金的补助力度已经有力地促进了江苏全省SO2、COD等主要污染物的减排和区域环境质量的改善，同时也促进了排污费征收工作。

三、深化方向

（一）再次提高征收标准，使其真正达到或接近治污成本

2007年7月1日江苏省在全国率先全面提高排污费征收标准，但此次调价还不足以全部达到治污成本，仅给排污者强化了一个意识：那就是多排污多交费，少排污少交费，不排污不交费，可以引导排污者重视治污、减少排污。为充分发挥环境价格杠杆作用，促进治理污染外部成本内部化，用“市场之手”推动企业污染减排，推进“十一五”主要污染物减排目标任务的完成，有必要继续深化环境资源价格改革，进一步提高排污费征收标准，使其真正达到或接近治污成本。目前，全国已有云南省、山东省将污水排污费征收标准从现行的每污染当量0.7元提高到了1.4元。

（二）积极开展城市环境主要污染因子的排污收费研究和征收试点工作

城市空气质量不高的主要污染因素是汽车尾气等流动污染源和扬尘污染源所致。1998年国家环保总局、国家计委、财政部《关于在杭州等三城市实行总量排污收费试点的通知》（环发[1998]73号）公布了“机动车污染收费标准”和“飞机噪声污染收费标准”，对杭州、郑州、吉林三市的机动车污染和飞机噪声等流动污染源征收排污费，取得良好效果，对改善城市空气质量起到了积极作用。这项工作应继续研究并进一步开展试点、推广。

2006年8月，江苏省物价局、环保厅、财政厅、建工局、江苏省社科院等部门专门成立《江苏省城市施工工地扬尘排污费征收政策研究》课题组，对施工工地扬尘污染的现状、控制措施和征收排污费的可行性进行研究，并于2008年拟定了《江苏省城市施工工地扬尘排污费征收管理试行办法》报省政府，应力争早日进行试点，并在试点的基础上早日在全省实施，以促进城市空气质量的明显改善。

（三）继续加大环保专项资金的补助、使用力度，为污染治理、总量减排和经济又好又快发展服务并促进排污费征收工作。继续按照国家规定，及时将环保专项资金集中用于补助重点污染源防治、区域性污染防治等项目；加大将环保专项资金作为引导资金和以奖代补、贷款贴息的力度。

排污费在江苏全省的环保经费投入上发挥了重要、主导、积极的作用。目前江苏省级财政每年安排的污染防治专项资金已增加到3亿元、每年安排的环保奖励经费不少于500万元；全省13个省辖市落实的污染防治专项资金合计也已超过了3亿元，环保奖励资金合计达到了1000多万元；此外，省财政每年还安排500万元的省级环保能力建设经费和5000万元的循环经济发展专项资金，安排1.35亿元对淮河流域污水管网建设实行“以奖代补”。

（四）进一步整合力量加强排污费征收稽查工作。除了继续聘用国家注册的社会中介机构参与核查核算排污量促征收，还要根据国家环境保护部印发给各环境保护督查中心的《环境督查工作要点》（环办[2008]26号）有关“从排污收费稽查着手启动环境稽查工作，重点检查国控重点污染源排污申报登记和排污量，稽查排污费征收情况，促进排污收费管理工作规范化”的要求，加快、加强省环保厅苏南、苏中、苏北三个环保督查中心建设，充分发挥三个环保督查中心在排污量核查核算、排污申报登记和排污费征收稽查中的作用。

（五）全面推进环境价格体系建设，加快实施几项制度。

一是开展利用自动监控仪器所得有效数据核定污染物排放量和征收排污费，促进环境监管和排污费征收工作。

二是加快化学需氧量、二氧化硫排污权的市场化运营。2008年8月，江苏省在无锡市启动了太湖流域主要水污染物排污权有偿使用和交易试点工作，正式把排污权交易纳入了市场化运营的轨道。今后应通过建立排污权一、二级市场和交易平台，引导企业约束排污行为，加快太湖流域污染物排放总量的削减和水环境质量的好转。

在二氧化硫排污权交易方面，2001年9月，在美国环保协会以及南通市环保局的积极配合下，在南通市实现了中国首例二氧化硫排污权的成功交易。2002年3月，原国家环境保护总局正式下发“环办函［2002］51号文”，决定与美国环保协会一起，在江苏、山东省和上海市等7个省、市以及中国华能集团公司，开展“推动中国二氧化硫排放总量控制及排污交易政策实施的研究项目”，用市场化手段来推动污染物减排工作，要加快该项目的实施进程。

三是进一步推广环境资源补偿机制。从2008年7月份起，江苏省开始在太湖流域实施环境资源补偿机制。按照《江苏省环境资源区域补偿办法（试行）》（苏政办发〔2007〕149号）规定，如果河流交界断面水质超标，将依照化学需氧量每吨1.5万元、氨氮每吨10万元、总磷每吨10万元的标准，上游按这3种主要污染物超标浓度，支付给下游环境资源补偿资金，在流域的上下游之间，形成了“谁污染、谁付费补偿”的新机制。

四是完善绿色信贷和保险政策。大力推进企业环境行

为评级工作，与银行系统共建企业环保信用体系。进一步完善区域环保联动机制，积极推进长三角环保一体化进程。

（六）慎行“费改税”。

排污收费制度在我国经过三十年的实践已形成了较为完备的体系，是我国环保史上最古老、最成熟完善的环保制度之一。目前我国排污收费制度在产业结构调整优化、污染源治理、污染物总量减排、改善区域环境质量、推动环保事业发展等诸多方面还在发挥着重要作用。虽然排污收费制度还需进一步完善，但与环境税相比，排污费的征收对象具体、资金使用方向明确、对企业的治理资金补助有利于调动企业的环保积极性。而我国现有的环境税收政策存在征收覆盖面狭窄、未形成体系、对环境的总体调控性较弱等问题。如果纳税人通过产品加价的方式转移纳税成本，环境税对减排的刺激作用就会大大削弱，远远不如排污费。如要建立新的税种项目或扩大环境税的覆盖面，形成完善的环境税收体系，不是一蹴而就可以完成的。因此，对排污收费进行全面的“费改税”有失稳妥，将不利于环保事业的发展。只有继续实施排污收费制度，谨慎推行“费改税”，才能促进减排工作和环保事业的发展。

江苏省排污收费取得新突破达21亿元

新年伊始，从江苏省财政厅国库处获悉，江苏省2008年度排污费征收解缴入库额达210066万元，比上年17.2亿元增收22%，上缴中央财政2.1亿元，再创历史新高，环保部门征收额已连续八年名列全国第一。其中9个市征缴额超亿元：苏州3.9亿，南京3.4亿，无锡2.6亿，南通1.9亿，扬州、镇江、徐州、常州1.4亿，泰州1.1亿。2001年至2008年江苏省共征收解缴排污费92.1亿元，为污染治理减排和环保事业发展提供了资金保障。

江苏省排污收费工作取得新进展，是全省环保系统，特别是全省环境监察人员严格执法、热情为经济发展服务、勇于奉献，严格执行国家排污收费政策和法律法规规定的结果，并在全国率先取得8个方面的突破：

一是在全国率先转变征收理念，促进产业结构调整节能减排。通过排污收费，促进经济产业结构调整，发展循环经济和清洁生产；提高排污成本，从根本上提高企业治污的积极性，改变企业宁愿缴纳排污费而不愿主动治理污染的状况；促进企业加强经营管理和综合利用，降低物耗能耗，促进节能减排，促进环境综合整治；强化环境监察执法手段。

二是从2001年起在全国率先建立排污收费月报制度，进一步加强对全省排污收费工作情况的趋势分析及规律性研究，进一步提高收费工作的针对性、计划性和实效性。

三是在全国率先调整排污费征收标准。经省政府批准，从2007年7月1日起在全国率先将废气排污费征收标准由0.6元/污染当量提高到1.2元/污染当量，污水排污费征收标准由0.7元/污染当量提高到0.9元/污染当量；同时根据《江苏省太湖流域污水处理单位氨氮、总磷超标排污费收费办法》，2009年1月1日起我省太湖流域所有污水处理单位氨氮、总磷超标的均加倍征收排污费，从而使排污费征收标准基本接近污染治理成本，有力促进了污染物总量减排工作，将有利于环境质量改善。

四是在全国率先出台排污费征收稽查办法并连年开展稽查。在2005年出台《江苏省排污费征收稽查暂行办法》的基础上，我省认真贯彻执行国务院《排污费征收使用管理条例》和环保部《排污费征收工作稽查办法》，认真组织开展排污费征收稽查工作，重点加大对排污费征收缴纳不规范行为的稽查力度，督促地方环保部门强化环境监管，确保排污费的依法、全面、足额、按时、公开征收。

五是在全国率先借助社会中介力量加强征收。通过加强与审计、物价、财政等部门的沟通联系，借助国家注册的会计(审计)事务所等社会中介力量加强排污单位排污量的核查核算，促进征收工作。

六是在全国率先积极探索依据自动监控仪器数据征收排污费。省环保厅发文要求太湖流域282家国控（省控）重点水污染源从2009年1月1日起依据自动监控仪器所得有效数据按月核定、征收污水排污费。

七是环保系统内各部门形成合力促征缴，对于排污单位不按期缴纳排污费、应限期补缴排污费逾期仍未补缴、地方环保部门应征未征或少征收排污费的，负责稽查的环保部门除按规定加收滞纳金外，还加强对其各项环境监管。

八是联合核定科学核定排污量促征收。按照国家有关“多报多收费，少报少给排污总量，谎报依法处罚”的要求，以现场环境执法检查情况、自动在线监测、监督性监测和国家规定的物料衡算方法所得数据为依据并相互验证，会同环境统计等部门逐月核定各类污染物排放量。同时根据《国务院批转节能减排统计监测及考核实施方案和办法的通知》，“监测数据法计算所得的排放量数据必须与物料衡算法或排放系数法计算所得的排放量数据相互对照验证，按‘取大数’的原则得到排放量数据”。

关于认真做好2009年排污申报核定工作的通知

苏环监察〔2008〕117号

各市、县环保局：

做好排污申报核定工作既是提高排污单位环境意识、实现污染源动态管理的需要，也是提高环境管理和执法水平的重要基础。为进一步做好2009年排污申报核定工作，现将有关事项通知如下：

一、高度重视，切实把排污申报核定工作摆上重要位置

排污申报核定工作涉及面广、任务量大、技术难度高，各地要高度重视，将之作为一项长期的基础工作，按照“全面申报、准确核定、如实上报”的要求，切实抓紧抓好。2009年度排污申报核定工作仍根据原国家环保总局《关于排污费征收核定有关工作的通知》（环发〔2003〕64号）、《关于排污费征收核定有关问题的通知》（环发〔2003〕187号）和原国家环保总局办公厅《关于加强排污申报与核定工作的通知》（环办〔2004〕97号）等文件精神组织实施。各级环保部门要进一步明确相关部门和人员的责任，组织专门力量负责排污申报核定工作，并建立有效的工作协调机制，保障工作经费和必要的工作条件，确保2009年度排污申报核定工作顺利开展。

二、从严规范，有效提高排污申报核定数据质量

各类排污单位于2009年1月15日前向当地环保部门如实申报2008年度各类污染物排放情况，及2009年度正常作业条件下污染物排放的种类、数量和浓度等，并提供相关佐证材料。排污单位填报的报表类型要与企业性质相对应，凡排放有毒有害物质的工业企业特别是化工、医药、冶金、印染、造纸、电镀等重污染行业企业须填报《排放污染物申报登记统计表（试行）》；污染较轻的小型工业企业、所有类型的第三产业及医院、机关、事业单位等，一律填报《排放污染物申报登记统计简表（试行）》。为进一步拓展排污申报核定面，各地要在广泛宣传的同时，对照当地第一次全国污染源普查企业名单进行筛选，凡普查名单中有污染物排放的单位都必须依法如实进行排污申报。

各级排污申报核定人员要加强对排污单位申报表和佐证材料的审核，凡不符合要求的，要责成其限期重报或补报；对拒报或谎报的排污单位要依照有关法律法规进行处罚，并责成其限期补办申报手续。各级环保部门要及时组织有关人员开展数据录入工作，数据录入完成后应通过多种方式进行数据审核，在逻辑校验基础上，结合往年排污申报核定数据和当地统计、水务、能源等部门数据，对数据进行逐项比较。各市、县要保证汇总表与数据库一致，严禁任何单位和个人擅自修改和调整数据，凡发现汇总表与数据库不一致或书面报表与电子报表不一致的，取消当年排污申报核定汇审考评资格并在全省进行通报批评。

三、突出重点，保证国家重点监控企业数据全面准确

各地要严格按照原国家环保总局办公厅《关于做好2007年国家重点监控企业排污申报和排污费征收报告汇审工作的通知》（环办函〔2007〕152号）的要求，将辖区内所有列入国家重点监控名单的企业数据全部录入到《排污费征收管理系统》软件中，其中重点工业企业须填报《排放污染物申报登记统计表（试行）》，填报时要做到信息完整、准确和平衡，尤其是表1-1单位基本信息中的中心经纬度等45项指标、表1-7和1-8的主要污染物排放量等数据项必须全部录入，不允许缺报、漏报；所有污水处理厂填报《污水处理厂（场）排放污染物申报登记统计表（试行）》，其中表1-1的第1、2、3、13、14、16、29等项内容必须认真填写、不能缺漏。各地要结合国家重点监控企业月（季）度排污申报核定、自动监控、总量监测和日常监督检查情况，认真开展对重点监控企业基础信息，水、能源和原、辅材料使用量，主要生产工艺及各类污染物产生、排放情况的核定。在数据录入过程中，要求规范细致，杜绝出现数量级错误和逻辑关系错误。为满足环境管理和执法需要，录入某些指标项如行业类别、排入水体名称时应尽可能细化，行业类别选择与该排污单位相对应的子行业名称、排入水体名称须选择直接接纳该排污单位废水的河流名称，如在软件中没有该河流，可自行增加。

四、严格考评，全面提升排污申报核定工作水平

对各省辖市2007年度开展排污申报核定和数据上报情况，我厅已按照环境保护部有关要求和《江苏省排污申报核定工作考核评比办法（试行）》（苏环监察〔2006〕38号）的规定进行了考核评比，主要存在六个方面的问题：一是不按时上报报表和数据库；二是一些企业未开展申报核定；三是国家重点监控企业要求必填数据项漏报、错报现象较严重；四是部分地区上报数据中仍存在数量级错误和逻辑关系错误；五是某些指标四个季度之和大于年报表相关项；六是排污申报核定户数小于排污收费户数，或两者的主要污染物排放量相差大于30%等。这些问题各地必须高度重视，认真解决。今后，省厅仍将对各省辖市排污申报核定工作和数据上报情况进行严格汇审考核，考核结果在全省通报；各省辖市环保局也要对所辖县（区、市）进行严格考评。

五、按时上报，确保年报汇总工作顺利完成

2009年度全省排污申报核定统一使用《排污费征收管理系统》软件4.5版本，请各地从排污费征收管理系统专题网站（网址:http：//pwsf.jointsky.com/upload/shengji.htm）下载，按操作说明安装、升级后，进行数据录入、汇总生成和输出上报。各县（区、市）环保局于2月2日前将汇总后的排污申报核定数据库、年报报表（纸质和电子件）及文字报告报省辖市环保局，各省辖市环保局进行审核汇总后，于2月17日前将以上材料上报省厅。

二〇〇八年十一月二十一日

环保部在我省开展排污费征收稽查试点工作

为确保排污费依法、全面、足额征收，大力促进污染治理，按照《排污费征收工作稽查办法》（原国家环保总局令第42号）和《关于开展排污费征收稽查试点工作的通知》（环办[2008]57号）的规定，环保部于8月25日-30日分两组开展排污费征收稽查试点工作，为下一步在全国范围开展排污费征收稽查工作积累经验，其中第一组由环保部环境监察局熊跃辉副局长带队在黑龙江省开展稽查试点，第二组由环保部环境监察局排污收费管理处杨子江处长带队在江苏省开展稽查试点，天津、浙江、贵州、青海、新疆等五省（区、市）环境监察总队和东北、西北、华东三个督查中心有关负责同志参加了稽查试点工作。

环保部主要围绕排污申报不规范、核定不准确、征收不足额和行政干预等问题开展稽查，重点稽查火电、钢铁、焦炭、造纸等工业企业以及其他行业的国控、省控重点排污企业，内容包括排污量的申报、核定、排污费的征收和入库等环节。

张敬华厅长、秦亚东副厅长接待了环保部稽查组一行并介绍了我省排污费征收和稽查工作情况。稽查组先后到南京、无锡、苏州三市进行稽查试点，现场随机先后抽查了南京华润热电有限公司、上海梅山钢铁股份有限公司、无锡协联热电有限公司、无锡蓝星石油化工有限责任公司、国华太仓发电有限公司和玖龙纸业（太仓）有限公司等6家企业的排污申报核定和排污费征收缴纳情况。环保部稽查试点工作组对我省和南京无锡苏州市的排污费征收和稽查工作、排污申报工作给予了充分肯定和较高评价。

省政府召开整治违法排污企业保障群众健康环保专项行动电视电话会议

7月10日上午，全国整治违法排污企业保障群众健康环保专项行动电视电话会议结束以后，省政府继续召开会议，贯彻全国会议精神，动员部署我省今年的环保专项行动。省委常委、常务副省长赵克志出席会议并讲话。

赵省长在讲话中指出，违法排污涉及群众生活安全，损害群众环境权益。今年以来，我省环保专项行动主要在太湖流域进行，连续组织了6次集中整治行动，成效比较明显。当前，太湖应急度夏和淮河流域饮用水安全形势都十分严峻，各级各有关部门要切实增强责任感、紧迫感，坚决贯彻中央决策部署和全国电视电话会议精神，把环保专项行动摆上重要议事日程，迅速行动起来，将整治违法排污企业的专项行动扩大到全省、特别是淮河流域。各级政府和环保、建设、水利、监察、工商等部门，要切实加强组织领导，狠抓源头管理，加大处罚力度，严格责任追究，鼓励公众参与，打一场整治违法排污的“人民战争”。要针对一些地方在应对突发环境事件方面见事迟、行动慢、处置不力的问题，抓紧建立并完善应急反应机制，制定落实应急预案，确保群众健康和环境安全。

在省政府主会场参加会议的有，省政府副秘书长张大强同志，省环保专项行动及饮用水源地专项整治行动领导小组成员单位的有关负责同志和联络人员。在各市、县分会场参加会议的有，各市、县人民政府主要负责同志或分管环保工作的负责同志，环保专项行动及饮用水源地专项整治行动领导小组成员单位的负责同志，以及部分荣获全国环保专项行动先进集体和先进个人代表。全省参加会议的共计2000多人。

全省2008年环保专项行动重点

一、继续深入开展饮用水源地环境综合整治。县级以上人民政府必须完成本行政区域内饮用水源保护区的划定方案，经省人民政府批准后予以公布，并设立明确的地理界标和明显的警示标志；坚决取缔或关闭饮用水源保护区内的排污口；拆除或关闭饮用水源一级保护区内已建的与供水设施和保护水源无关的建设项目；建立饮用水源保护区的日常监测和监管机制，完善各级应急预案，实施长效管理；汛期要迅速组织一次全面排查，有针对性地做好饮用水源保护和安全防范工作。

二、全力推进重点流域水污染防治工作。全面开展“六查一提高”专项行动，提高环境执法监管水平。太湖流域要重点围绕15条主要入湖河流整治、重点工业行业提标改造、规模化畜禽养殖场治理，着力削减入湖污染总量；淮河流域要重点围绕45个国家考核断面和南水北调江苏段14个考核断面的水质达标，解决“十五”治污工程遗留问题，加大执法力度，提高水质达标率；长江流域要重点围绕入江河流环境综合整治，加强沿江石化企业的环境监管，保障沿江环境安全。要把城镇生活污水处理厂的建设和监管放在更加突出的位置，全面开展检查，查清管网配套、处理水量、出水水质、污泥处置以及在线监控设施的安装等情况，落实监管责任，完善监管办法，建立监管机制。对污水处理厂建成一年以上，运行负荷达不到设计能力60%的，要限期整改，并公开通报批评；整改期间，对该地区实行环保区域限批。要高度重视垃圾填埋场的环境管理问题，认真检查垃圾填埋场的雨污分流、防渗以及渗滤液处理措施落实情况，对存在问题的要责令限期整改。

三、全力抓好环保专项行动后续督察工作。督察各地取缔关闭“新五小”、“十五小”以及淘汰落后产能的情况，既要确保关停到位，又要防止淘汰工艺、设备向其他地区转移；督察化工、造纸等重污染行业专项整治措施的落实情况，重点检查被取缔的化工企业的关闭情况；督察2003年以来，各级政府及有关部门挂牌督办的典型环境违法案件和突出环境问题整治措施落实情况。重点检查停产整治、限期治理等行政处罚措施的执行情况，以及行政责任追究情况，确保查处到位、整改到位、责任追究到位。各级环保专项行动领导小组要对本级挂牌督办案件逐一进行现场检查，同时加大对下级的抽查力度，抽查面不得低于60%。对逾期未落实挂牌督办要求的案件，一律重新挂牌督办，限期完成。

省环保专项整治行动领导小组办公室
二〇〇八年七月十一日

根据7月10日环境保护部、发展改革委、监察部、司法部、住房城乡建设部、工商总局、安监总局、电监会在京联合召开2008年全国整治违法排污企业保障群众健康环保专项行动电视电话会议精神，以及环境保护部部长周生贤代表国务院八部门讲话和国务院八部委《关于继续深入开展整治违法排污企业保障群众健康环保专项行动的通知》（环发[2008]45号），现将全国今后五年环保专项行动主要任务和2008年环保专项行动重点摘要刊发，请遵照执行。

全国今后五年环保专项行动主要任务

一、紧紧围绕完成污染减排任务，开展对重点行业环境违法问题的集中整治。要把电力、钢铁、建材等12个高耗能、高污染行业的污染防控作为执法监督的重点，强化针对工业企业的污染物排放总量控制和排污许可制度执行情况的监督检查，每年将选择1-2个重污染行业进行集中整治，严厉打击环境违法行为，减少污染物的排放。

二、紧紧围绕保障群众环境权益，开展对饮用水源地环境违法问题的集中整治。全面完成饮用水源保护区划定和调整工作，坚决依法取缔保护区内的排污口，确保今年年底实现113个环保重点城市地表水集中式饮用水源地主要指标100%达标；对可能影响饮用水源保护区水质的环境安全隐患问题进行集中整治，杜绝重特大污染事件发生。四川等地震灾区环保部门要逐一排查环境污染事故隐患，确保饮用水水源地水质安全和核设施环境安全。

三、紧紧围绕让不堪重负的江河湖海休养生息，开展对重点流域环境违法问题的集中整治。要将三湖（太湖、巢湖、滇池）以及七湖库（三峡库区、小浪底库区、丹江口库区、洪泽湖、鄱阳湖、洞庭湖和洱海）等重点湖库，以及国家确定的淮河、辽河、海河、松花江等重点流域作为污染防控的重点，加强监督检查，督促地方各级政府完善流域治理目标责任制和省界断面水质考核制度，落实休养生息的各项政策措施。

全国2008年环保专项行动重点

一、以巩固整治成效为目标，集中开展环保专项行动后督察。对环保专项行动以来查处的环境违法案件和突出环境问题整治措施落实情况开展后督察，确保各地挂牌督办的环境违法案件，查处到位、整改到位、责任追究到位；对113个国家环保重点城市饮用水源地开展后督察，确保饮用水源各项指标符合要求；对已经被取缔关闭的企业（生产线）停电、停水、设备拆除等措施的落实情况开展后督察，坚决淘汰不能稳定达标排放的环境违法企业，防治死灰复燃和落后淘汰工艺、设备的转移，巩固减排成效。

二、以促进污染减排为目标，集中开展城镇污水处理厂和垃圾填埋场等重点行业专项检查。督促污水处理厂的运营单位切实做好污水的处理，保证达标排放，同时要摸清污水处理厂污泥的处理、处置去向，严肃查处污水处理厂建成不处理直接排污、超标排污和污泥直排等环境违法行为；查清已建成生活垃圾填埋场的规模、防渗措施、渗滤液排放、处理情况，加强周边地下水的监测，严肃查处垃圾填埋场垃圾渗滤液超标排放或直排的环境违法行为。

三、以让不堪重负的江河湖海休养生息为目标，集中开展重点流域污染企业的专项整治。对重点流域、区域内周边存在的环境安全隐患进行排查，重点检查排放涉氮、磷污染物和有毒有害物质的排污单位。对于“三湖”流域仍然超标排放水污染物的企业，要责令其停产整治或依法关闭；对不符合国家产业政策的造纸、制革、印染、酿造等重污染行业企业进行检查，凡仍未淘汰的落后产能，依法责令其关闭；对2007年以来水污染防治设施未建成、未经验收或者验收不合格，主体工程即投入生产或者使用的建设项目，责令停止生产使用。

江苏省2008年整治违法排污企业保障群众健康环保专项行动工作方案

（苏政办发〔2008〕78号　2008年8月11日）

各市、县人民政府，省各委、办、厅、局，省各直属单位：

省环保厅、省发展改革委、省经贸委、省监察厅、省司法厅、省建设厅、省工商局、省安监局、南京电监办制订的《全省2008年整治违法排污企业保障群众健康环保专项行动工作方案》已经省人民政府同意，现转发给你们，请认真贯彻执行。

为深入贯彻落实国家八部门《2008年整治违法排污企业保障群众健康环保专项行动工作方案》（环发〔2008〕45号）精神，着力解决危害群众健康和影响可持续发展的突出环境问题，确保完成主要污染物减排目标，进一步改善环境质量，切实保障人民群众的环境权益，决定2008年8月至11月继续在全省组织开展整治违法排污企业保障群众健康环保专项行动（以下简称环保专项行动）。现提出如下工作方案：

一、指导思想

以党的十七大精神和科学发展观为指导，以加大环境执法力度为手段，进一步深入开展“六查一提高”活动，集中整治太湖、淮河流域和重点污染行业环境违法行为，着力解决危害群众健康和影响可持续发展的突出环境问题，促进主要污染物减排工作的顺利推进。

二、工作重点及要求

（一）巩固整治成效，集中开展环保专项行动后续督察。落实胡锦涛总书记关于加强环境违法案件后续督察工作的指示，对环保专项行动开展以来省、市、县挂牌督办的环境违法案件进行集中检查。

1．检查2005年以来各级政府及其有关部门挂牌督办的典型环境违法案件和突出环境问题整治措施落实情况。重点检查取缔关闭、停产整治、限期治理等行政处罚措施落实情况，以及行政责任追究情况。确保各地挂牌督办的环境违法案件查处到位、整改到位、责任追究到位。

2．检查2006年以来集中式饮用水源保护区专项整治各项措施落实情况。重点检查县以上集中式饮用水源保护区内，违法建设项目取缔关闭措施落实情况。确保全省9个国家环境保护重点城市饮用水源水质主要指标100%达标。

3．检查2007年开展的造纸行业专项整治各项措施落实情况。重点检查被取缔关闭的造纸企业或生产线停电、停水、设备拆除等措施的落实情况。坚决淘汰不能稳定达标排放的企业，防止死灰复燃和落后淘汰工艺、设备的转移，巩固COD减排成效。

4．各级环保专项行动领导小组要对本级政府及有关部门挂牌督办案件及饮用水源、造纸行业专项整治的措施落实情况逐一进行现场检查。上一级环保专项行动领导小组要组织检查组，对下一级政府环保专项行动领导小组挂牌督办案件及饮用水源、造纸行业专项整治的措施落实情况进行抽查，抽查面不低于60%。

5．对于逾期未落实挂牌督办要求的案件，尤其是未能按要求取缔关闭违法企业的案件，一律由上一级政府及有关部门重新挂牌督办，限期完成。要查清原因，分清责任，按照《环境保护违法违纪处分暂行规定》，追究当地政府及有关部门相关责任人员的行政责任。对于逾期未能完成挂牌案件总数10%以上的地方，要实行新建项目环境影响评价区域限批，并通报批评。

6．要切实加强停产整治、限期治理企业的后续督察工作。对于已经完成整治的，要在一年内将其作为重点监管对象，按照国家重点污染源的监管要求，加大监督性监测和现场巡查频次，确保稳定达标排放。对于未按要求完成限期治理的，一律停产整治。对于未按要求完成停产整治的，一律提请政府责令关闭。

（二）促进污染减排，集中开展对城镇生活污水处理厂、垃圾填埋场等重点行业专项检查。落实“十一五”污染物减排任务，对城镇生活污水处理厂和垃圾填埋场等重点行业进行全面检查，集中整治环境违法行为。

1．查清城镇生活污水处理厂及其配套管网建设的基本情况，包括进出水水质、处理水量、污泥处置、主要污染物去除和在线监控设施安装运行等情况。建立环境监管档案，完善监管办法，落实监管责任。建立健全信息报告制度，加强对城镇生活污水处理厂进出水水量、水质和污泥处置的动态管理。落实污水处理收费政策，多渠道筹措资金，统筹安排建设城镇生活污水集中处理设施及配套管网，提高收集率和处理率。严厉查处超标排污、直接排污和污泥不按规定处理造成二次污染等行为。

2．对2008年年底县城以上仍没有建成生活污水处理设施，或建成一年以上运行负荷达不到设计能力60%，造成污水直排环境的，要公开通报批评。上一级政府及有关部门要挂牌督办，综合整治，限期解决。在整改期间，暂缓审批该地区建设项目环境影响评价文件。对城镇生活污水处理厂超标排污，未对污泥进行无害化处理，拒报或者谎报排污申报登记及运行情况，未安装自动监测设备或者未按规定与环保、建设部门联网，要严格按照《水污染防治法》的规定对其运营单位进行处罚。对于污水处理设施不正常运营，造成污染事故且后果严重，要依法追究运营单位、管理部门及相关责任人的行政或刑事责任。

3．查清已建成生活垃圾填埋场运行情况，包括填埋量、雨污分流、防渗措施、渗滤液处理设施运行情况以及地下水监测情况，重点是渗滤液的产生和排放情况。

4．对不符合规范要求的生活垃圾填埋场，要责令限期整改。垃圾渗滤液未经处理直接排放或处理不达标，要依法依规对运营单位进行处罚。要加强对已经封场垃圾填埋场的环境监管，确保环境污染治理设施正常运行。

5．各地要紧紧围绕节能减排重点工作，结合自身实际，加大对电力、钢铁行业脱硫设施的监管，着力解决脱硫设施不正常运行问题。加大对化工行业污染治理设施运行的监管，着力解决环境安全隐患整改中存在的问题，防范环境突发事件的发生。

（三）实行“铁腕治污”，集中开展重点流域违法排污企业专项整治。贯彻落实《国务院办公厅转发环保总局等部门关于加强重点湖泊环境保护工作意见的通知》（国办发〔2008〕4号）精神，重点对太湖、淮河流域开展集中整治。

1．对太湖、淮河流域2007年以来新、改、扩建的工业项目进行一次全面检查，重点检查排放涉氮、磷污染物和有毒有害物质的建设项目。对水污染防治设施未建成、未经验收或者验收不合格，主体工程即投入生产或者使用的建设项目，必须责令停止生产或者使用，直至验收合格。对不执行停止审批太湖流域排放涉氮、磷污染物和有毒有害物质新建工业项目政策，要依法依规追究责任。

2．加大对列入淘汰目录中严重污染水环境的设备、工艺的监管力度，对违法违规建设不符合国家产业政策的造纸、制革、印染等严重污染水环境的生产项目，及时报请所在地市、县人民政府责令停业、关闭。继续通过化工企业安全生产专项整治，坚决整顿、关闭不符合安全生产条件、污染环境的各类化工企业。

3．严厉打击超标准排放污染物的环境违法企业，对屡查屡犯的企业采取“高限处罚”措施，对长期超标排污的、私设暗管偷排偷放的、污染物直排的、超标排入下水道危及城镇生活污水处理厂安全运行的、事故状态下“清净下水”收集措施不到位的、存在重大污染隐患的企业，一律停产整治。对治理无望的企业和落后生产能力，一律关闭取缔。对于违法排污造成严重损失、触犯刑法的企业，一律移交司法机关，追究刑事责任。从2008年9月1日起，对太湖流域超标排放水污染物的企业，要责令停产整治或依法关闭。

4．切实加强日常监管，防止藻类大面积暴发。一要加大太湖、洪泽湖流域排放氨氮、总磷等污染物企业的整治和监督检查力度。二要加大对限制销售、使用含磷洗涤剂的监督检查力度。三要制定周密的水环境保护预警和应急预案，在蓝藻暴发前期及对水源地水质造成威胁时，采取必要的限产、限排或停产措施，确保饮用水源地水质安全。

三、主要工作措施

（一）加强组织领导，密切部门协调。各市人民政府要将深入开展环保专项行动摆上重要议事日程，进一步充实加强环保专项行动领导小组，完善工作制度，制订具体实施方案，广泛动员部署，有序推进。各级环保、综合经济管理、建设、工商管理、安全监管部门、监察、司法机关和电力监管机构要各司其职，各负其责，进一步加强协调配合，坚持定期协商、联合办案制度和环境违法案件移交、移送、移办制度，共同打击环境违法行为。

（二）强化监督检查，严格考核检查。各级政府要按照各阶段工作要求，制定督察工作方案，对基层政府挂牌督办案件落实情况及城镇生活污水处理厂、垃圾填埋场、饮用水水源保护区、造纸行业、重点湖泊的集中整治等项工作开展情况，逐级组织多形式的检查，及时发现和纠正存在的问题，指导基层政府落实各项重点工作。进一步加强环保专项行动考核，从组织领导、信息报送、阶段情况及工作总结等方面加强对基层的考核，切实保障环保专项行动取得实效。

（三）实行挂牌督办，规范案件管理。要继续将群众反映强烈、影响社会稳定的重大环境污染问题作为查处重点，挂牌督办，做到查处到位、整改到位、责任追究到位。各地要围绕阶段工作重点分期挂牌督办一批社会影响较大的环境违法案件和突出环境问题并加强挂牌督办案件的管理和后督察工作，建立重点案件管理档案，完善督办制度，公示督办结果。

（四）开展综合整治，严肃责任追究。要综合运用法律、经济、行政等手段，加大对环境违法行为的惩治力度。在加强环境行政执法的同时，不断在产业政策、金融信贷、产品运输、流通和消费等方面采取有效措施，遏制有法不依的行为。加大行政机关责任追究力度，对违反环境保护法律法规，出现重大决策失误，造成环境严重污染的；对环境违法行为查处不力，甚至包庇、纵容违法排污企业，致使群众反映强烈的问题长期得不到解决的；对不依法行使职权的政府及部门负责人、有关责任人员，要依法依纪追究责任。

（五）加强舆论宣传，鼓励公众监督。要根据阶段工作重点，结合实际，制定宣传计划，精心组织实施。向社会公布环保专项行动进展情况、违法企业名单、典型案件查处情况。积极组织新闻媒体进行跟踪报道，充分利用电视、广播、报纸、互联网，加大环境保护法律法规宣传力度，营造公众参与和社会监督的良好氛围。进一步加强环境保护信访工作，充分发挥“12369”环保热线作用，畅通投诉渠道，积极鼓励群众广泛参与。

四、工作安排

（一）动员部署阶段（8月）。各市环保专项行动领导小组要根据本方案要求，结合实际情况，确定本地区整治重点，制定具体实施方案，全面完成环保专项行动的动员部署工作。各地环保专项行动领导小组名单和实施方案在8月20日前报送省环保专项行动领导小组办公室。

（二）集中检查和整治阶段（8-10月）。各级环保专项行动领导小组组织有关部门对县级以上地表水集中式饮用水源保护区、污水处理厂及垃圾填埋场、重点流域存在的环境问题进行集中整治，并分别于8月26日、9月26日、10月26日前将阶段整治情况报送省环保专项行动领导小组办公室。

省政府相关部门将适时对各地环保专项行动开展情况进行督查。

（三）总结阶段（11月）。各市认真总结环保专项行动的成效与不足，提出长效管理措施，提交2008年环保专项行动工作总结，于11月30日前报送省环保专项行动领导小组办公室。

泰州市组织挂牌督办案件“回头看”

从今年4月20日开始，泰州市组织力量，对过去3年挂牌督办案件进行“回头看”，着力解决环境违法案件“死灰复燃”问题。

针对部分地区污染反弹的现象，泰州市环保专项行动领导小组要求各地、各部门对近3年来列入挂牌督办的违法企业进行后督察，凡整治后出现超标排污的企业及时立案查处，连续两次超标的责令限产整治，连续三次超标的报请政府责令停产治污并实施断电、断水等措施。对“十五小”、新“五小”企业由政府牵头，部门各司其职，采取联合执法措施，彻底销毁生产设施。

连云港市监察局环保局联合开展环保专项行动

8月8日上午，连云港市监察局、环保局组成联合督查组，对群众环境信访比较集中的新浦区进行联合督办。

督察组通过认真听取了连云港市新浦区环保局对9个重点信访件查处情况的汇报，现场调查核实，听取群众意见，通报政府及环保部门的处理意见，并对饭店业主进行现场环保教育。对新浦区环保局下一步工作提出了六个方面的意见：一是要进一步加大执法力度，切实保护群众环境权益；二是要以油烟、噪声治理为重点，采取联合执法等措施，迅速解决重点环境信访问题；三是实行领导包片监管责任制，强化监管责任；四是抓好源头控制，对一层门面房配套建设污染防治设施；五是认真做好群众思想工作，稳定群众情绪；六是落实属地管理、分级管理规定，切实把信访解决在基层。

徐州市小沿河饮用水源地治理工程竣工

为了保证小沿河饮用水源地的水质安全，徐州市政府把小沿河北岸的万亩农田退水和柳泉煤矿尾水改排工程列入2008年城建重点工程和为民办实事项目。

目前，治理工程全面竣工，已正式投入运行使用，并通过了省监察厅和环保厅联合检查验收，彻底取缔了万亩方农田退水和柳泉煤矿尾水排入饮用水源的排放口，进一步保证了饮用水源地水质安全。

南通市部署2008年环保专项行动重点挂牌督办环境事项督查工作

为切实抓好“整治违法排污企业保障群众健康环保专项行动”工作。日前，南通市环境保护局依据《南通市环境保护纪检监察巡查（暂行）办法》和《南通市环保专项行动重点事项挂牌督办制度》，于8月下旬对2008年环保专项行动重点挂牌督办环境事项开展督查，并对个别事项进行督办。督查主要围绕：1、各地召开环保专项行动会议、制定工作方案、成立领导小组及其工作机构的情况。2、各地确定挂牌督办环境事项，制定挂牌督办环境事项专项整改工作方案及任务分解情况。3、重点挂牌督办环境事项整治进展情况。以例行检查和专项检查为主要手段，力争通过督查，推进11个市级挂牌督办环境事项的整改进程。

如东县监察局、环保局对2008年度环保专项行动挂牌督办环境事项的整治情况进行了检查。听取相关责任单位就挂牌督办事项整治方案的制定、组织实施情况的详细汇报。针对工作推进过程中的困难和问题，提出了“加大工作推进力度，严格按时间、进度完成任务；加强信息交流，按时汇报工作进度，遇到困难和问题及时与相关部门沟通解决；创新工作思路，进一步细化工作方案，明确责任，掌握时间节点，确保各类挂牌督办事项在规定的时间内完成整治任务”的要求。

海门市环保局全力开展全市化工企业专项整治。一是巩固关闭成果，确保关死关实。对已关闭化工企业加强后督察，发现问题，坚决依法处置。对少数设备未彻底拆除的企业督促拆除到位。对一些违法生产企业责令关闭，并依法给予从重处罚、责令恢复原貌。二是加大整改力度，彰显整改效果。向社会公开举报电话，实行昼夜值班，进一步加强对限期整改化工企业的整改情况进行全面排查，加密巡查频次，督促落实整改措施。对一些整改不力，效果不明显，或明显整改无望的化工企业，报请政府依法关闭。三是强化工作措施，推进沿江化工企业整治。按照市委市政府“关闭一批、搬迁一批、外迁一批”的工作思路，配合市化治办搞好调研，积极稳步地推进沿江七家化工企业的专项整治工作。四是抓好源头整治，严把准入关口。即把好境内新建项目关和境外引进项目关。新建化工项目原则上全部进集中区，且要符合产业准入、投资规模、安全生产、环境保护的要求。对耗能大、污染严重的境外项目，不管其投资规模多大，经济效益多高，一律不批准在海门落地，防止将海门变成外地污染的转移地。

南京市六合区开展环境安全百日督查专项执法行动

为了扎实做好环境安全隐患排查治理工作，南京市六合区环保局制订了《六合区2008年环境安全隐患排查治理工作方案》、《六合区奥运期间水源地保护工作方案》，积极开展环境安全百日督查专项执法行动，明确了以石油化工、冶炼、造纸、油气贮存等行业以及集中式饮用水源地等涉水企业为重点，坚持全面排查治理、专项排查治理与重点排查治理相统一，周巡查与突击检查相结合，先后完成了22家挂牌督办企业的后督察、重点企业应急设施建设和环境安全隐患督察，清除了所有饮用水水源保护区内的围网养殖活动，对全区15家集中式饮用水水源地重新规范树立了水源地保护标志牌。通过排查治理，进一步深化了重点行业环境安全整治，强化了企业环境安全意识，加强了环境应急设施建设，规范了突发环境事件应急预案。

省环保厅举办环保专项行动信息联络员培训班

为全面反映我省“整治违法排污企业、保障群众健康”环保专项行动进展情况，确保信息按时、准确上报，8月21日，省环保厅在泰州市举办了全省环保专项行动信息联络员培训班。与会人员集中学习了环保部有关文件精神，并就如何做好专项行动信息收集、汇总、编制、上报工作进行了交流研讨。这次培训，进一步统一了思想，明确了职责，对今年环保专项行动必须上报的信息报送工作提出了具体要求：

一、报送内容和时间

（一）每月至少编发三期工作简报。省环保专项行动领导小组办公室将根据各市报送的信息统一编发简报，通报各市环保专项行动进展情况。

（二）每月25日前通过《环保专项行动信息管理系统》填报《环保专项行动进展情况表》、《环境违法企业基本情况明细表》、《环保专项行动责任追究情况表》、《12369环保热线投诉受理情况统计表》和《挂牌督办环境问题基本情况表》。

（三）2008年8月25日前报送环保专项行动后督察情况报告，重点报告县级以上地表水饮用水源保护区专项整治情况，并附《2008年环保专项行动后督察信息汇总表》和《造纸行业后督察情况表》。

（四）2008年9月25日前报送城镇污水处理厂及垃圾填埋场等重点行业专项整治工作阶段性报告，并附《全国城镇污水处理厂环境监管情况表》和《全国垃圾填埋场环境监管情况表》。

（五）2008年10月25日前报送重点流域环境问题专项整治阶段性工作报告。

（六）2008年11月25日前报送2008年环保专项行动工作总结报告。

（七）2009年1月5日前报送《造纸行业后督察情况表》和《全国城镇污水处理厂环境监管情况表》全年数据及简要说明。

二、报送的格式

（一）阶段性报告要按照统一格式撰写，内容应包括基本情况、主要做法和基本成效、存在问题及原因、对策措施及下一步工作打算等四个部分。报告要实事求是，主要观点要有案例支持，主要数据要与报送的数据一致。

（二）各市的环保专项行动的实施方案、各专题阶段性报告、总结报告以正式文件的形式书面报送省环保专项行动领导小组办公室、市人民政府领导同志及环保专项行动领导小组各成员单位，同时，印发下一级环保专项行动领导小组。

（三）工作简报以电子邮件形式上报，电子邮件：js12369@126.com。

（四）各项统计表格通过12369中国环保热线网站的《环保专项行动信息管理系统》报送，网址：www.12369.gov.cn。

各市信息上报情况将作为环保专项行动考核的重要内容，对工作不重视、迟报、漏报、误报的，将在全省予以通报批评并告知当地政府。

南京市开展对突出环境问题整治情况后督察

8月下旬，南京市环保局、经贸委、发改委、监察局等部门组成四个联合督察组，对南京市部分区县近年来存在的12类突出环境问题进行了专项后督察。督查组通过听取汇报、查阅台帐、现场检查等形式，对涉及今年四月份全市后督查中发现的尚未整改到位的问题、今年以来在国家和省检查中被查获的突出环保问题、今年以来被省政府通报和挂牌督办环境问题、今年上半年群众向省政府以上部门反映的突出环境问题等四个方面内容进行后督察，对问题没有解决或没有达到省市政府整治要求的，将查清原因，追究相关责任。

东台市专项整治废塑料回收加工业

东台市针对废塑料回收加工业环境信访不断的实际，把该产业列为环保专项整治行动重点，对全市废塑料回收加工业进行了一次拉网式排查，重点排查了三个方面：一是查是否办理环保审批手续；二是查是否通过环保“三同时”验收；三是查是否存在违法超标排污和偷排污行为。对无环保审批手续的由市政府组织相关执法部门予以取缔；对有环保审批手续，但未通过环保“三同时”验收的责令限期整改，并通过环保“三同时”验收；对未按期完成整改任务，群众反映强烈的依法关闭；对违法超标排污和偷排等行为，一律实施行政处罚。

目前，已对8家废旧塑料回收、清洗、加工单位送达了限期整改通知书，对2家无环保审批手续，擅自组织生产，严重污染环境的违法企业责令立即停产并下达了处罚决定。

南通市开展环保专项行动督查工作

8月27至29日，南通市环保专项行动领导小组办公室会同环境保护纪检监察巡查办公室组成联合督查组，对全市环保专项行动11个市级挂牌督办环境事项的落实情况进行了督查。督查组着重对水源地保护区整治情况、挂牌督办环境事项整治情况与当地政府及环保专项行动责任单位交换了意见，对重点、难点问题进行了现场督办，并依据《南通市环境保护纪检监察巡查（暂行）办法》和《南通市环保专项行动重点事项挂牌督办制度》，对突出问题下发重点事项督办通知书。

如东县环保局与县公安局联合查处了一起非法处置危险废物的恶意排污案件，对相关企业实施行政处罚并拘留6名涉案人员。

崇川区在观音山地区开展了纺织企业噪声防治专项整治工作。对无照营业的小作坊依法取缔，对于有整改期望的织布厂开展专项整治，对未进行环保审批的单位要求在9

月中旬完善审批手续。同时要求企业加强自身噪声防治管理，做好周边群众工作，杜绝因噪声污染而发生群众上访事件。

镇江市电镀行业专项整治见成效

镇江市各辖市、区人民政府和镇江新区管委会相继成立了电镀行业专项整治工作领导小组，市环保局印发了《电镀行业专项整治工作实施方案》。目前列入关闭取缔名单的电镀企业（含电镀生产车间、生产线、加工点等）及酸洗表面处理企业37家，已关闭取缔29家，完成率78%。

扬中市坚持“一手抓整治，一手抓提升”，监察部门对专项整治工作进展情况进行定期监察，对一些存有地方保护主义倾向的村干部，由监察局和镇政府与其进行诫免谈话；对列入关闭取缔名单中的亚丰合金、友好喷涂厂等4个小电镀项目，督促企业自行关闭；对无证无照的李元福电镀加工点和未经审批擅自新建电镀项目的通海渔具公司，进行现场拆除。目前，已有6家企业按照“停水断电、清除原料、拆除设备”的要求取缔到位。

丹阳市对未经审批、无证无照、污染严重、治理无望的导墅镇王爱国、邹国庆等11家电镀企业（加工点）实行强制性关闭取缔，对申阳电镀厂等75家电镀企业下达限期治理任务；截止目前，共拆除危房265间，车间整治投入7400万元，厂区环境整治投入300万元，污染治理设施投入1500万元，有效地提升了电镀企业环境管理水平。

丹徒区组织新闻部门对区域内的电镀行业整治情况进行了跟踪报道，通过“绿色行动关注栏目”进行定期播报，对电镀企业业主进行正面宣传引导，营造专项整治行动的舆论氛围。列入关闭取缔名单的长城弹簧、上党学校电镀厂等3家企业已关闭到位。对于国家明令禁止的“小电镀”项目，坚决做到“露头就打”，出现一个，取缔一个，现场取缔了盛荣五金加工厂等两家电镀生产线。

高邮市开展环境安全百日专项行动

为进一步加强排污企业的环境管理，加大环境执法监管力度，切实解决群众关心的环境热点、难点问题，高邮市环保局开展了“环境安全百日专项行动”并印发了《高邮市“环境安全百日专项行动”实施方案》。成立4个片区检查小组，分别对全市32家重点企业进行了环境安全隐患检查。针对检查中发现的部分企业废水存放塘围堤高度不够，管理措施和应急措施不完善；部分企业污染物超标排放、环保管理不到位等问题，分别下达了限期整改通知书，要求各乡镇、园区高度重视突出环境问题的整改工作，督促辖区内企业按照环保限期整改要求，尽快落实整改措施；要求各片区环境监察中队加大对存在环境安全隐患企业的监管频次，及时帮助和指导企业解决在整改中遇到的问题，确保各项环保整改措施迅速落实到位。对拒不改正，或逾期不能整改到位的企业，采取必要措施，严格执法，切实维护环境安全。

淮安市清河区工业企业六个到位推动环保规范化建设

淮安市清河区在整治违法排污企业，保障群众健康环保专项行动中，大力推进工业企业环保规范化建设，做到“六个到位”。

一是宣传到位：要求企业将环保理念融入企业形象、经营策略宣传之中，提炼相应的标语、口号，制成永久性的标牌、固定的橱窗，使环保宣传进车间、上岗位、到机床，入人心。

二是审批到位：要求企业建立健全环保相关台帐资料，做到环评审批、“三同时”验收手续规范、齐全。

三是工程到位：要求企业对照环评批复的要求，污染防治设施全部建成并做到运行正常，“三废”排放口标志明确，执行标准清楚。

四是排放到位：要求企业水、气、声、渣达标排放和处置，重点源实行在线监控，并与市、区环保部门联网。

五是管理到位：要求企业“环保责任网络图”、“污染分布图”、“治理流程图”三图上墙，环保工作机构、人员配置到位，制度上墙，污染治理设施运行台账规范、完整。

六是环境卫生到位：要求企业厂区整洁、干净，货品堆放整齐有序，管理严谨。

在落实“六个到位”的过程中，环保部门派员“蹲点”企业，帮助培训人员，指导搞好整治，取得了很好的效果。

连云港市新浦区大力开展蔷薇河水环境专项整治

连云港市新浦区以环保专项行动为抓手，强势推进蔷薇河饮用水源保护专项整治，取得明显成效。

一是完成生活污水截排工程。完成了沈圩、临洪排污沟疏浚整治和造纸厂穿堤涵洞封堵工程，修建了沈圩电灌站防护围墙及地坪。将排入蔷薇河的排污沟进行彻底改造，使其收集的生活污水和工业废水接入城市污水管网，不再进入蔷薇河。

二是整治农业面源污染。对农业面源污染进行全面清理。到目前为止，新浦区蔷薇河上的捕鱼簖网已被全部拆除，违规农作物种植和养殖场已被全部取缔，建设、环保等部门正在进行拆除后的环境修复。

三是加强垃圾清运和管理。对蔷薇河沿岸的积存垃圾进行全面清理，竖立警示牌，设立专职保洁人员加强巡查，禁止任何单位和个人在蔷薇河沿岸及闸口倾倒垃圾。

四是治理和预防水土流失。以“生态化、森林化”为特色，实施“三点一线”绿化工程,打造生态廊道，涵养水源。目前，蔷薇河沿岸绿化工程效果初现。

五是开展工业点源治理。对污染较轻的市研磨厂废水进行了彻底治理，废水不再对蔷薇河产生污染。

六是设置防护设施。在蔷薇河饮用水源取水口周边设置了防护网，完成了对堤顶道路的修复，方便日常监管，减少停顿滞留污染。

金坛市召开农村生活污水处理工程建设推进会

10月9日下午，金坛市召开农村生活污水处理工程建设推进会，对下阶段农村生活污水处理工程建设做了部署和要求。会议要求各镇和项目村要根据自身实际，落实好生活污水处理工程的选址工作，选择科学、合理的处理模式，确保农村生活污水处理工程建设全面推进。同时要加强对已建成的农村生活污水处理工程的管理和维护，做好对生活污水的处理。

淮安市堵疏结合做好秋季秸秆禁烧工作

进入秋收时节以来，淮安市堵疏结合，从四个方面着手努力做好秸秆禁烧工作：

一是加强宣传，提高认识。充分利用广播、电视、报纸、标语等多种宣传形式，在全社会范围内宣传焚烧秸秆的危害及秸秆综合利用的益处，提高农民秸秆禁烧的法律意识，使群众由被动接受禁烧变为自愿禁烧。

二是明确目标，落实责任。在夏季工作的基础上，进一步完善工作机制，强化工作责任，将责任细化到人头，组织人员下到一线，把服务落实到田头，全力抓好秸秆禁烧工作。

三是抓住重点，措施得力。采取各种有效措施，把秸秆禁烧工作抓细、抓实、抓好，新成立的乡镇环境监察分局已经开始对各乡镇的秸秆禁烧情况进行督查，对发现的焚烧秸秆环境违法行为，按规定按上限进行处罚。

四是加强推广，综合运用。大力推广秸秆机械化还田机具和技术，积极示范秸秆机械化还田等综合利用技术；引进投资7亿多元，建成了3家秸秆综合利用公司，在今年的秸秆综合利用工作中，仅这3家公司就利用秸秆达40万吨，全市秸秆利用的新兴产业已经初露端倪。

响水县申请法院强制关闭10家印染企业

响水县环保局在专项行动中发现县内被关闭的小印染生产有死灰复燃之势，一些企业和个人不顾国家淘汰落后产能、产业的环保政策，通过盲目引进、超环评改建、隐匿违建等方式，先后擅自投产了一些小印染项目，这些项目无环保设施，排放污水超标，污染严重，违反了环评法、水污染防治法等法律法规，影响了污染物减排的总体目标的实现。

为严明法纪，保护生态环境，响水县政府法制办、县环保局共同向法院申请，对这些小印染项目坚决予以取缔，消除环境隐患。日前，响水县人民法院连续发出行政裁定，强制关闭响水县金瑞针织有限公司、响水金陵服装有限公司等十家纺织企业违法建成的小型印染生产线，打击了不法排污行为，遏制了违建偷排势头。

淮安开展秸秆禁烧督查

10月28日晚，淮安市环保局组织近30人，成立五个督查组分片区对辖区内秸秆禁烧工作开展督查，从晚上22时到29日凌晨2时左右，五个督查组深入近120个乡镇开展督察工作，督查覆盖面占全市乡镇总数的85%。从各督查组反馈的督查情况看，从10月15日到28日晚，全市境内仅有两处着火点，分别位于盱眙县和洪泽县境内，两个着火点均得到及时扑灭，未造成大面积焚烧现象。

南通市加大先锋地区水环境整治力度

南通市坚持“立足治本，突出难点，政企共治，联动推进”，严格环境执法，强化六大措施，严肃查处各类环境违法行为，改善先锋地区水环境质量。

一是打坝抽水，查堵源头。在通甲河先锋段打坝抽水，对河岸边现有的排污口进行清查封堵，各企业只留一个雨水排放口，且应设在河水面以上，便于查看和公众监督。同时，清理疏浚河道，实行河岸硬化。

二是全线覆盖，彻查暗管。对通甲河先锋段沿岸企业使用探地雷达进行暗管清查，逐一排查，彻底清查暗管。

三是盘点设施，整改达标。加快水处理设施建设，要求所有企业都必须配套建设废水处理设施，废水处理能力必须与现有企业生产规模、废水产生量相匹配。规范设施维护台帐资料。保留污染物处理设施运行记录，妥善保管污染治理设施运行药剂费、电费凭证，废水产生量与药剂使用量成正比。所有企业均需安装污水流量计、COD在线监控设备，与市环保局监控中心联网，确保正常运行。企业废水处理设施必须保持良好运行状态，各处理污染物去除率达到设计要求，处理效果明显。

四是理清管线，切断旁路。规范排污管网，彻底清除所有软管、可移动管道、短路暗管、阀门等，按工艺需要铺设防腐蚀管道；现场设置厂区排污管网走向图并标明管网流向，实行雨污分流。设立雨水公众监督采样排口，雨水管网排口抬高河面以上。

五是严格执法，铁腕监管。加大对重点污染源的监督检查，全面监管重点污染源的治理情况，对屡查屡犯的企业报请市政府限期治理或限制其生产能力、污染物排放量。对偷排、擅自停运污染物处理设施（含远程监控设施）、超标排放的企业，一律依照规定上限处罚，依法足额征收超标排污费。

六是项目审批，挂钩联动。将先锋工业集中区新建企业的项目审批与先锋地区环境整治密切挂钩，整体联动。积极做好项目审批的配套服务工作。

苏州市加大环境监察队伍能力建设

以开展“六查一提高”活动为契机，苏州市大力加强环境监察队伍能力建设，提高了环境执法水平。一是增加人员编制。通过各种途径积极争取增编，不能增加正式编制的，以争取增加编外人员来补充。2008年全市环境监察部门共增加人员45人，其中编内人员增加22人（市支队增加编制20人），编外人员增加23人。二是增加内设机构。在人员增加的基础上，调整内设机构，全市共增加10个科室(中队)，增强了现场执法能力。三是加强执法装备建设。按照《全国环境监察标准化建设标准》和全省环境监察标准化建设要求，加大装备投入，预计到年底市支队和五市大队达到一级标准，七城区达到二级标准。

扬州市开展秸秆焚烧督查和科技推广工作

进入秋收以来，扬州市周密部署，及早动手，全面开展了辖区内秸秆禁烧工作。组织农业局、监察局、公安局、交通局和环保局等部门组成联合督察组，分别由一名副局长带队，对涉及16个乡镇（街道办）105个村的秸秆禁烧进行全面督查，做到领导指挥到位、检查工作到位、宣传指导到位。每天组织专人、专车，配备专用拍摄工具，深入田间地头，查责任落实情况，查措施到位情况，查秸杆禁烧情况，及早发现问题，及时督促整改。对城区周边、高速公路和主要交通干线两侧等重点敏感区域、重点路段，加大巡查力度和行政处罚力度，白天查焚烧痕迹，晚上查火点，做到发现一起、查处一起。对查出的问题进行当场取证，及时通知当地村委会（街道办），认真填写《秸秆禁烧告知书》，实行现场留单，并实行督查日报制度。召开麦套稻及稻秸秆还田现场推进会，主推“超高茬麦田套稻”和“秸秆机械还田”两大技术，年内可望完成秸秆机械还田70万亩，推广麦套稻面积71.6万亩，预计2009年将实现秸秆还田面积200万亩，2010年全市农作物秸秆全面禁烧。

南京市全面部署集中式饮用水源地监管工作

南京市从10月下旬开始，全面部署集中式饮用水源地监管工作。

一是加强协调。市环保局和市政公用局联合下发了《关于加强集中式饮用水源地监管工作的通知》，要求市区县环保部门，各公共供水企业（水厂）、市各直管企业自备水厂等单位，一要进一步明确责任，落实饮用水源地监管各项工作制度；二要坚持从严要求，落实饮用水源地监管各项应急措施密切协同关系；三要落实饮用水源地监管联动协调机制。

二是全面部署。11月3日，市环保局和市市政公用局联合召开了“南京市集中式饮用水源地监管工作会议”，要求各单位加强认真落实水源地巡查制度、水质状况日报制度、重点工业污染源领导包厂制度和饮用水源地监管各项应急措施。

三是完善制度。自2008年11月1日起，在全市建立集中式饮用水源地水质状况日报制度，各有关单位按照《集中式饮用水源地水质状况日报》要求，按时上报集中式饮用水源地水质状况日报，能做到异常情况随时上报。

如皋市多策并举狠抓秋季秸杆禁烧工作

进入秋收以来，如皋市市委、市政府高度重视、周密部署，广泛动员、全力以赴，迅速展开秋季秸杆禁烧工作，收到了明显效果。

一是强化组织领导，层层落实责任。成立了由市委常委纪委书记和副市长挂帅的秸杆禁烧领导小组，下设秸杆露天禁烧和秸杆综合利用办公室，从纪检、环保、公安等部门各抽调6人，建立了6个秸杆禁烧督察组。各村镇也建立了一把手亲自抓、分管领导具体抓的工作体系。各部门按各自职责进行了分工，形成了横向到边，纵向到底的工作网络。

二是利用多种媒体，强化禁烧宣传。市政府发布了关于秸杆禁烧的通告，通过张榜公布和新闻媒体宣传到农户。每天安排专人收集汇总全市督察信息，印发日报表，上报四套班子领导及各镇，新闻媒体每天将情况向全社会公布，形成强烈的社会氛围。开通了24小时举报电话，手机信息平台，对露天焚烧秸杆行为实行有奖举报。

三是推广综合利用，强化源头治理。出台了《秋季秸杆露天禁烧和综合利用考核办法》，采取行政、技术、法律、经济多种手段相结合，综合治理与重点发展相结合的方法，市财政划拨专款用于秸杆机械化还田，对新增秸杆还田农机具实行财政补贴，对使用还田机械进行秸杆还田的农户给予每亩每年20元的补贴；组织协调秸杆集中收购、运送至生物质发电厂等工作。通过这些方法，大大提高了百姓支持与参与禁烧工作的热情。

四是强化监督检查，形成高压态势。由各级领导带队，各督察组尽心尽职开展督察，每天深入到村镇，深入到田间地头，开展零距离、全覆盖督察，对重点区域、重点田块加大巡查力度。对不听劝阻执意露天焚烧秸杆者，依照《中华人民共和国大气污染防治法》、《中华人民共和国行政处罚法》处以200元以下罚款；对造成重大大气污染事故，烧毁树木，导致公共财产重大损失或人身伤亡严重后果的，移送司法部门处理。自10月22日以来，共出动检查人员1100余人次，发现并处理75个焚烧点。

吴江市积极推进污染减排工作

为进一步压减工业企业排污总量，确保污染减排任务的完成，吴江市政府制定了《污染减排工作实施意见》，制订了激励机制、监督考核等制度，市财政拔出2000万元资金，专门奖励开展深度处理、中水回用的治污单位和企业，确定了全市限期治理共187家企业提标项目。由市环保专项行动领导小组组成四个督查组在全市开展提标工程实施情况专项行动联合督查。督查组对全市提标工程进行实地察看，检查了工程实施进度和治理情况，目前，187家企业提标项目中大部分项目已完成建设，进入环保设施竣工验收监测阶段，其中9家企业已完成验收投入运营。督查组将督查情况通报给各个镇，在检查中发现的问题要求各地认真查找工作中的薄弱环节，积极采取有效措施，落实相关企业进行整改，同时加大督促力度，特别是对提标工程进度缓慢的单位，要求责任单位加快工程进度，确保提标工作顺利完成,对已完成提标任务还未验收的单位，要求其尽快申请验收。

扬州市开展重点挂牌案件后督查工作

按照省厅《关于对重点挂牌案件进行后督察的通知》要求，扬州市组织开展了重点挂牌督办和重点信访案件后督察工作，印发了《关于对重点挂牌案件后督查的通知》，对5年来环保专项行动省、市级挂牌案件和5年来各级领导和部门交办及群众反复上访的环境违法案件逐家过堂，开展后督察工作，对违法案件查处到位、整改到位。各地结合实际情况制定切实可行的实施方案，认真组织，全面排查，重点督察，全面落实。解决了一批挂牌督办和群众反映强烈的环境问题。

11月14日，扬州市环保局又召开了全市后督查工作推进会，对各地后督查工作进行了总结，并提出了下一阶段工作要求，对74件环境问题建立长效管理机制，对督办案件及企业的各项整治措施落实情况加大监督性监测和现场巡查频次，对查出的环境违法行为坚决严处决不手软，对久拖未决的案件坚决一查到底，直至移交纪检、司法部门，同时加强重点案件档案管理工作，以保障市后督查工作成效。

苏州市吴中区集中整治畜禽养殖业

为确保饮用水源安全，苏州市吴中区采取多种措施，强化辖区内畜禽养殖业环境污染监管：

一是组织人员对环太湖的畜禽养殖情况进行全面摸底。查清了环太湖1公里范围内的生猪养殖户（存栏大于20头）40家，水禽养殖户3家。1-5公里范围内生猪养殖户81家，家禽养殖户 2 家，奶牛养殖户1家。

二是制订了治理措施，对于沿太湖1公里范围内的重点畜禽养殖企业主管部门与各镇（区、街道）进行限期治理、限期拆除，并严禁新增畜禽养殖场（户）。对于1-5公里范围内的畜禽养殖企业由主管部门与环保部门每年进行排放达标的抽检，抽检未达标的进行限期治理。

三是推广多元、立体、高效的生态养殖模式。结合农业产业化“六个一”工程建设，以致富农民为主要目的，鼓励龙头企业带动从事养殖业的农民从事多元、立体、高效的生态模式，推广生态草鸡、果园立体养羊等多元、立体、高效的养殖模式，减少养殖对环境的污染，改变养殖业的外在形象。

四是大力宣传健康养殖理念，组织有关专家，结合农民科技入户工程，对广大农民进行健康养殖理念的宣传，使广大养殖户能够普遍认识到健康养殖的好处和效益。

五是制订多项优惠措施，鼓励农民产业的升级转化。由龙头企业带动，吸纳更多的农民进入龙头企业就业，使农民成为企业的员工，减少散养户，有效控制污染。

我省城镇污水处理厂垃圾填埋场等重点行业专项整治取得阶段性成效

按照国务院八部门《关于继续深入开展整治违法排污企业保障群众健康环保专项行动的通知》（环发〔2008〕45号）要求，依据我省《省政府办公厅转发省环保厅等部门关于全省2008年整治违法排污企业保障群众健康环保专项行动工作方案的通知》（苏政办发〔2008〕78号），我省将城镇污水处理厂及垃圾填埋场整治作为专项行动的重要工作来抓，省环保厅组织力量对全省污水处理厂和垃圾填埋场进行了排查。到目前为止，我省城镇污水处理厂及垃圾填埋场整治工作取得了阶段性成效。

一、明确重点，有序推进

一是对城镇污水处理厂排污口进行了规范化整治。规范了排污口设置，树立了专门的标志牌，规范了排污口监控房，组织人员对流量计、COD在线仪进行了比对。目前，所有城镇污水处理厂的监控房和监控仪器均已建设安装到位，并与环保监控系统联网。二是推进了垃圾填埋场的综合整治。省政府办公厅转发了省环保厅、省建设厅《关于加强全省污水处理厂污泥处置工作的意见》（苏政办发〔2008〕64号），要求全省10月前完成城镇污水处理厂污泥处置现状调查摸底工作，做到污泥产生情况清楚，去向有据可查；2008年底前，制定适合本区域特点的污泥处置规划，同时抓好1～2个典型示范单位，达到初见成效；2010年前，所有城镇生活污水处理厂和工业废水集中处理厂污泥全部实现规范化处置。同时加强垃圾填埋场管理，对无防渗漏措施的垃圾填埋场落实防渗漏措施，对渗滤液经无害化处理后达标排放。南通市给垃圾填埋场增添了压实机、推土机、挖掘机、机械消杀机、量衡器等设备，设置了封闭防飘网带、雨污分流沟和管道，经验收，基本达到标准垃圾处置填埋场要求。徐州市为雁群垃圾填埋场建设一套生化污水处理系统，对渗滤液进行处理，铺设了19公里长的排污管道，将处理后的污水接入城市污水处理厂深度处理。

二、依法管理，加强监管

一是严厉查处污水处理厂超标排污、直接排污等环境违法行为，发现问题立即查处，严防污水处理厂由集中治污变为集中排污。二是增加监察频次。省环保厅每月对全省的污水处理厂进行随机抽查，要求各省辖市对污水处理厂每月安排不少于1次现场监察，加强对污水处理厂进出水水质、水量、污泥处置情况的监管力度，确保污水处理厂治污设施正常运转。对问题比较严重的污水处理厂，要求相关企业限产限排，并由省环保厅和省监察厅联合挂牌督办，确保问题整治到位。三是建立环境监管档案，完善相关台帐资料。要求各地环保部门密切关注污水处理厂出水水质情况，每月不少于两次取样分析。

专项整治活动中也发现了实际工作中存在的一些问题：一是部分城镇污水处理厂配套管网建设率、截污入管率、处理率有待进一步提高；二是由于目前国内除磷脱氮污水处理工艺技术不成熟、运行成本高，部分污水处理厂难以稳定达标排放；三是部分地区垃圾填埋场建设管理权限不明，给环保部门监管加大了难度。

下一步我省将进一步推进城市环境基础设施建设，巩固城镇污水处理厂、垃圾填埋场整治取得的成果，建立健全长效管理机制、落实责任，抓好各项关键措施的落实。一是继续加大城镇污水处理厂配套截污管网建设力度。坚持厂网并举、管网先行，进一步加快城市污水处理厂配套管网建设，积极推进城市污水处理厂尾水再利用工程。二是进一步加强污泥安全处置建设工作。按照省政府要求，组织做好污泥处置现状调查摸底和制定污泥安全处置规划等工作，推进污泥集中安全处置设施建设工程进度，做好污泥处置监管工作。三是进一步加强垃圾填埋场的规范化建设。督促各地政府积极筹措资金，严格按照标准，积极推进各地垃圾填埋场的建设步伐。

我省大力开展重点流域专项整治

长期以来，我省一直将太湖流域和淮河流域治理作为生态文明建设的重中之重，今年又作为学习实践科学发展观活动需要着力抓好的10件实事之一，围绕《国家环境保护“十一五”规划》和《太湖流域水环境综合治理总体方案》，采取多种措施，狠抓组织落实，严厉查处违法排污企业，取得了初步成效。1-10月份，全省共出动环境执法人员30万余人次，检查企业12万余厂次，查处违法企业2000余家，并将其中15家环境违法企业列入省级挂牌督办。在执法过程中，赵克志常务副省长亲自带队，环保、监察、农林、水利、公安、经贸委、发改委等厅委主要领导参加，每季度对太湖流域5市进行一次联合督察，强有力的执法行动对违法排污企业起到了教育和震慑作用，收到了很好的效果。

一、切实加强组织领导

一是调整充实省太湖水污染防治委员会。根据治太工作需要，进一步调整充实了省太湖水污染防治委员会，由罗志军省长任主任，赵克志常务副省长和黄莉新副省长任副主任，苏南五市政府和省各有关部门一把手担任委员会成员。二是对15条主要入湖河流实行“双河长制”。分别由省长和三位副省长、省有关部门负责同志担任省级层面的“河长”，地方层面的“河长”由河流流经的各市、县（市、区）政府主要负责同志担任，共同推进各流域环境违法问题的综合整治。今年8月，省政府召开了全省淮河流域暨南水北调水污染工作会议，省委书记梁保华作出重要批示，省委副书记、省长罗志军出席会议并讲话，省委常委、常务副省长赵克志主持会议并讲话。10月14日，省环保厅会同财政厅召集淮河流域有关市县代表召开了“全省淮河流域水污染防治工作推进会”，通报了当前淮河治污的形势，确定了下一步的工作重点，并就如何用好国家、省淮河流域治污支持资金，加快推动淮河流域水污染防治工作进行了明确。三是成立了省防控太湖蓝藻应急处置工作领导小组。领导小组下设6个专门工作组，协调指挥应急处置工作，建立了良好的突发事件应对机制。同时，针对当前我省淮河流域、南水北调东线工程中存在的环境问题，省政府政策研究室、环保厅等部门深入各地开展调研，形成专题报告，省政府常务会议专门研究解决问题，进一步强化落实责任。

二、逐步完善法规规章

我省于1996年制订实施了《江苏省太湖水污染防治条例》，去年根据新形势的需要进行了修订，新修订的《条例》规定了严格的环境管理制度、严密的环境监控体系、严厉的环境处罚措施，增设了现场执法强制性处置手段，提高了行政处罚额度，为加强监管、依法治太提供了可靠保障。同时，去年我省还制订了《太湖地区城镇污水处理厂及重点工业行业主要水污染物排放限值》、《纺织染整工业水污染物排放标准》、《化学工业水污染物排放标准》等地方标准，新标准实施后，我们组织力量对太湖流域企业进行了多批次、大力度的检查，重点排查存在的环境问题隐患，针对查出来的问题按新标准对城镇污水处理厂及六大重点行业实施了限期提标改造。

三、构建环境价格体系

一是提高排污费征收标准。出台了《关于调整排污费征收标准的通知》（苏价费〔2007〕206号），从2007年7月1日起，废气排污费由0.6元/污染当量提高到1.2元/污染当量，污水排污费由0.7元/污染当量提高到0.9元/污染当量。根据《江苏省太湖水污染防治条例》，从今年6月5日起对太湖流域各市、县（区）超标排放水污染物的排污者，按超标倍数计征排污费。依据省政府办公厅《关于印发江苏省太湖流域污水处理单位氨氮总磷超标排污费收费办法的通知》（苏政办发〔2008〕80号）有关规定，对新建成的污水处理厂，若氨氮、总磷超标排放，对其加一倍征收排污费；从2009年1月1日起将对所有污水处理单位氨氮、总磷超标的加一倍征收排污费。对淮河流域的市、县（区），根据国务院办公厅《关于加强淮河流域水污染防治工作的通知》（国办发〔2004〕93号）有关规定，对城镇污水处理单位排水中氨氮含量超标的，全面加倍开征其氨氮排污费。通过足额征收排污费倒逼污染企业关停并转迁，促进企业减少污染物排放。二是对排污权进行市场化运营。今年8月份，我省在无锡市启动了太湖流域主要水污染物排污权有偿使用和交易试点工作，正式把排污权交易纳入了市场化运营的轨道。通过建立排污权一、二级市场和交易平台，引导企业约束排污行为，加快太湖流域污染物排放总量的削减和水环境质量的好转。三是推广环境资源补偿机制。从今年7月份起，我省开始在太湖流域实施环境资源补偿机制。按照《江苏省环境资源区域补偿办法（试行）》（苏政办发〔2007〕149号）规定，如果河流交界断面水质超标，将依照化学需氧量每吨1.5万元、氨氮每吨10万元、总磷每吨10万元的标准，上游按这3种主要污染物超标浓度，支付给下游环境资源补偿资金，在流域的上下游之间，形成了“谁污染、谁付费补偿”的新机制。

四、大力推进产业结构调整

一是提高准入门槛，严把新建企业审批关。要求各地严格执行产业政策，所有新、改、扩建项目都要符合环保要求。尤其是对化工、制革、印染、电镀、酿造等项目，实施更加严格的审批备案和区域限批制度。二是坚决淘汰落后产能。要求全省在2008年年底前，淘汰所有草（棉）浆化学制浆、年产5万吨以下废纸造纸、年加工80万张（折牛皮纸张）以下的制革生产线。深入开展化工生产企业专项整治，今年年底前全面完成709家小化工关闭任务。

五、积极开展综合整治活动

根据我们对今年1－9月份淮河两个国家考核的水质自动站周平均值数据的分析，奎河黄桥断面如按原来目标责任书COD≤60mg/L、氨氮≤25mg/L的要求评价，达标率为75.8%；如按即将出台的新的考核办法COD≤50mg/L、氨氮5≤mg/L的要求来评价，达标率只有15.2%；沛沿河李集桥断面水质达标率仅为54.5%。为此，我们在全省开展了以“查污染源分布情况、查企业环境管理制度执行情况、查企业污染减排措施落实情况、查企业污染治理设施完好和运转情况、查环境监察机构人员及装备达标情况、查环保部门环境监管责任落实情况，全面提高环保系统执法水平”为主要内容的“六查一提高”活动，全面排查存在的环境问题，努力提高环保系统执法水平。

六、加强污染源自动监控系统的建设管理和应用

依据环保部《关于印发〈污染源自动监控设施运行管理办法〉的通知》（环发〔2008〕6号），省环保厅下发了《关于加强重点水污染源自动监控工作的通知》，在继续加强污染源自动监控系统建设的同时，深入推行社会化运营，进一步明确排污单位在污染源自动监控设备安装、维护中的法律责任，努力推进自动监控系统的强制检定和比对监测工作，同时要求市、县级环境监察机构加大监管力度，将自动监控设施运转情况作为现场执法的重要内容。从2009年1月1日起，太湖流域282家国控省控重点水污染源自动监控数据将在排污许可证制度和污水排污费征收中使用。

下一步，我们将紧紧围绕“既保护环境，又修复生态；既不欠新帐，又还掉旧帐；铁腕治污、科学治太”的要求，全力以赴抓好各项工作落实。

我省组织参加2009年全国整治违法排污企业保障群众健康环保专项行动电视电话会议

4月14日上午，由环境保护部、发展改革委、监察部等八部委联合召开了2009年全国整治违法排污企业保障群众健康环保专项行动电视电话会议。

今年全国环保专项行动将重点抓好三项工作：第一，严管“两高一资”行业，集中开展钢铁、涉砷行业专项检查。各地要认真贯彻落实国家推动经济发展方式转变和产业结构调整的总要求，对“两高一资”行业重污染企业进行全面检查，严肃查处未经审批擅自开工或已经建成投产的违法建设项目；第二，巩固饮用水源保护区集中整治成果，持续开展环境保护后督察。各地要持续对饮用水源保护区集中整治中发现的问题进行跟踪督办，着力解决群众反映强烈的饮用水源地环境违法违规突出问题。第三，着力整治城镇污水处理厂、垃圾填埋场环境违法问题，切实发挥治污设施的减排效益。重点整治建成运行三年后，因管网不配套，处理负荷仍达不到设计能力75%的污水处理厂和不能正常达标排放、污泥随意弃置造成环境污染的污水处理厂。

在省政府主会场参加会议的有省政府副秘书长张大强同志，省环保专项行动领导小组各成员单位负责同志及相关处室负责人。在各市、县分会场参加会议的有各市、县人民政府分管领导，环保专项行动领导小组成员单位的主要负责同志。全省共设立65个分会场，参会人员达1100多人。

全省环境执法暨环境应急管理工作电视电话会议再次动员部署环保专项行动工作

4月16日，在2009年全省环境执法暨环境应急管理工作电视电话会议上，省环保专项行动领导小组办公室主任、省环保厅副厅长秦亚东出席会议并讲话，就组织开展2009年环保专项行动工作再次进行了动员部署，并提出了明确要求。今年全省环保专项行动，按照国家部署，将突出三个重点：

一、县级以上集中式饮用水源地

要按照新划定的集中式饮用水源地保护区范围，继续整治一、二级保护区内与供水无关的设施，确保年内完成一、二级保护区污染隐患整治。对存在重大环境隐患的45个县级以上集中式饮用水源地，明确责任单位，限期整改到位。对以河流作为县级以上集中式饮用水源取水地的，在对保护区日常巡查的同时，加强对上游化工生产企业、工业园区的监管。要制定针对性、操作性都很强的集中式饮用水源地应急预案，每年组织1-2次应急演练，切实提高实战水平。淮河流域各有关单位要关注汛期的水质水量变化，加强与水利部门的沟通，落实监测预警措施，严防因污水下泻引发其他问题。

二、重点流域

太湖流域要围绕“两个确保、三个下降”的目标，继续狠抓控源截污工作。4-10月份，省厅每月组织一次太湖流域整治违法排污专项行动，适时启动应急措施，确保太湖安全度夏。淮河流域要围绕奎河、沛沿河两个省界断面达到国家考核要求的目标，重点督查国家重点考核断面稳定达标率、工程项目完成率、重点工业污染源和城镇污水处理厂达标排放率。长江流域要在摸清排污口数量、排污总量的基础上，加大执法监管力度，坚决遏制违法排污行为。

三、重点行业和重点排污单位

要全面检查“两高一资”行业的重污染企业，严肃查处未经审批擅自开工或已经建成投产的违法建设项目，坚决取缔不符合国家产业政策、落后淘汰的工艺设备。重金属行业要着力整治环评及“三同时”执行不到位、污泥及残渣等危险废物转移不规范、卫生防护距离内敏感目标未拆迁和超标排放等问题。城镇污水处理厂要重点整治污泥处置不规范、超标排放和污水处理设施建成后不运行等问题。垃圾填埋场要重点整治渗滤液直排或超标排放问题。

江苏省人民政府办公厅文件

苏政办发〔2009〕74号

省政府办公厅转发省环保厅等部门关于全省2009年整治违法排污企业保障群众健康环保专项行动工作方案的通知

各市、县人民政府，省各委、办、厅、局，省各直属单位：

省环保厅、省发展改革委、省经贸委、省监察厅、省司法厅、省建设厅、省工商局、省安监局、南京电监办关于《全省2009年整治违法排污企业保障群众健康环保专项行动工作方案》已经省人民政府同意，现转发给你们，请认真贯彻执行。

二〇〇九年五月二十一日

全省2009年整治违法排污企业
保障群众健康环保专项行动工作方案

省环保厅 省发展改革委 省经贸委 省监察厅 省司法厅

省建设厅 省工商局 省安监局 南京电监办

（2009年5月）

为全面贯彻落实环境保护部、发展改革委、监察部、司法部、住房城乡建设部、工商总局、安监总局、电监会等八部门《关于2009年深入开展整治违法排污企业保障群众健康环保专项行动的通知》（环发〔2009〕43号）精神，深入贯彻落实科学发展观，紧紧围绕保增长、保民生、保稳定的总体要求，着力解决危害群众健康和影响可持续发展的突出环境问题，切实保障人民群众切身环境权益，决定于2009年5月至11月在全省组织开展整治违法排污企业保障群众健康环保专项行动（以下简称环保专项行动）。现提出如下工作方案。

一、指导思想

以邓小平理论和“三个代表”重要思想为指导，深入贯彻落实科学发展观，进一步加大环境执法力度，深入开展“六查一提高”活动，着力解决危害群众健康、影响可持续发展的突出环境问题，以保护饮用水源安全、遏制“两高一资”行业污染反弹为重点，保证主要污染物减排工作顺利实施，维护社会稳定，为实现全省经济平稳较快增长目标提供环境执法保障。

二、工作重点及要求

（一）巩固2008年环保专项行动成效，持续开展饮用水源保护区后督察和城镇污水处理厂、垃圾填埋场集中整治。

1．对2007年和2008年饮用水源保护区集中整治中发现的问题开展后督察，进行跟踪督办。凡是饮用水源保护区划分和调整不到位、县级以上城镇饮用水源保护区内各类排污口取缔措施不落实、保护区边界地理界标和警示标志设立不规范、保护区或周边化工企业没有防止事故状态下“清净下水”污染环境有效措施的，一律挂牌督办。

2．加强饮用水源安全风险隐患排查，依法查处饮用水源保护区内的违法排污行为。一是全面排查饮用水源保护区、准保护区内及上游地区的污染源，加强对可能影响饮水安全的化工、造纸、制药、冶炼等重点行业企业和工业园区的监管，建立风险源名录，从源头控制隐患。二是严厉打击饮用水源保护区内威胁水质安全的违法行为。重点整治县级以上集中式饮用水源地一、二级保护区内的环境安全隐患，明确责任单位，确保年内整治到位。

3．全面整治污水处理厂和接管工业企业的环境违法问题。一是督促太湖、淮河流域城镇污水处理厂加快建设进度，提高运行负荷和出水达标率。二是重点整治污水处理厂建成运行三年后处理负荷仍达不到设计能力75%，不能保证正常稳定达标排放，污泥处置不规范、污泥外排或弃置造成环境污染等问题。三是集中整治将严重超标的污水排入市政管网、影响污水处理厂运行的工业企业。

4．全面整治垃圾填埋场环境违法问题。重点整治未进行环境影响评价，已投入运行但未通过“三同时”验收，渗滤液直排或超标排放对周围环境造成严重污染的垃圾填埋场。

（二）着力打击“两高一资”行业重污染企业的环境违法行为，开展钢铁行业、涉砷行业专项检查。

1．对“两高一资”行业重污染企业进行监督检查。重点查处不符合产业政策、准入条件、未经审批擅自开工或建成投产的企业；不符合有关环保规定、超标排放污染物的企业；拒不执行国家产业政策，使用国家明令淘汰的落后工艺、设备的企业。严厉打击已被取缔关闭后死灰复燃的企业。

2．认真贯彻国家《钢铁产业调整和振兴规划》，控制钢铁行业产能，加快淘汰落后产能，开展钢铁行业环境污染专项检查。摸清钢铁企业执行建设项目环境保护管理规定及国家产业政策的基本情况。严肃查处违反环境影响评价制度和环保“三同时”制度、拒不淘汰列入产业结构调整淘汰类目录的设备和工艺及主要污染物超标和超总量排放的钢铁企业。

3．对涉砷行业（硫化物、磷矿开采、选矿、冶炼；硫化工；磷化工；砷化物生产）企业进行全面检查清理。重点查处没有取得环境影响评价审批文件或安全生产许可证；不符合产业政策和环境准入条件，采用国家明令淘汰的落后生产工艺；没有治理设施，污染物超标排放；含砷废渣堆放处置不符合法规、标准；未按规定进行危险化学品登记的企业。

4．着力整治重金属行业存在的环评及“三同时”制度执行不到位、污泥及残渣等危险废物转移不规范、卫生防护距离内敏感目标未拆迁和超标排污等问题。

三、主要工作措施

（一）落实政府责任，加强组织领导

各级人民政府要把深入开展环保专项行动作为重要工作内容，强化政府牵头、各部门密切配合的工作机制，广泛动员，周密部署，推进各项工作有序开展。要在组织全面排查的基础上，针对发现的问题制订全面的整改计划，明确整改目标、重点、时限、责任人，限期完成。要将整改完成情况作为各级人民政府环保目标责任制的内容进行考核，凡无故不能如期完成的地区，一律取消评先创优资格。领导小组各成员单位要切实履行职责，坚持定期协商、联合办案制度和环境违法案件移交、移送、移办制度，共同打击环境违法行为。

（二）采取综合措施，强化全面整治

要综合运用法律、经济、行政等手段，在加强挂牌督办、后督察等环境行政执法手段基础上，环保部门要分阶段对照工作重点进行拉网式检查，对各类环境违法行为依法进行行政处罚；发展改革和经贸部门要加大落后产能淘汰力度，查处违反国家产业政策的行为；监察机关要强化行政监察职能，加大责任追究力度；司法行政机关要有序推进环境法制宣传教育、法律服务和法律援助工作；建设部门要强化排水许可管理，并加强对城镇污水和垃圾处理运营的监管；工商部门要严肃查处“两高一资”行业企业违反注册登记法规的行为；安全监管部门要严肃查处危险化学品生产企业违反安全生产法规的行为，督促企业防范生产事故引发环境污染事件；电力监管部门要监督供电企业，严格执行国家制定的节能环保电价政策，根据政府部门的决定对违法企业依法采取限电、停电、断电等有效措施。要进一步加强与相关管理部门的配合，在金融信贷、进出口监管等方面采取有效措施，不断强化环境执法效果。

（三）加强分类指导，严格环境执法

各级环保部门要强化分类指导的执法意识，对于屡查屡犯、明知故犯、偷排偷放等主观恶意的环境违法行为，要依法从重处罚，并移送司法机关追究其法律责任；要规范自由裁量权的行使，坚持教育与惩罚相结合的原则，监督并指导企业切实解决问题。建立企业环境监督员制度，加强对企业环境污染治理设施运行等方面的监督，促进企业增强守法意识。

（四）建立长效机制，加强公众监督

要将专项行动检查过的重点行业企业纳入日常重点监管范围，建立健全环境执法长效机制。建立后督察制度，定期检查和不定期巡查相结合，巩固整治成果，防止环境违法企业死灰复燃。规范和完善挂牌督办制度，对专项行动中发现的典型环境违法案件和群众反映强烈的突出环境问题，实行挂牌督办，做到处理到位、整改到位、责任追究到位。要加强城镇污水处理厂进出口水质监管，建立污泥转移联单制度。要积极组织新闻媒体进行跟踪报道，充分利用各种媒体，加大环保法律法规的宣传力度，畅通“12369”投诉渠道，营造群众参与和监督的良好氛围。

四、时间安排

（一）动员部署阶段（5月）

各省辖市环保专项行动领导小组结合实际情况，确定本地区整治重点，制订具体实施方案，全面完成环保专项行动动员部署工作。各地环保专项行动领导小组名单和实施方案在5月30日前报送省环保专项行动领导小组办公室。

（二）摸底和集中整治阶段（5月—10月）

各级环保专项行动领导小组组织有关部门对“两高一资”行业企业、钢铁企业、涉砷行业企业开展集中检查，对饮用水源保护区整治措施落实情况开展后督察，对城镇污水处理厂、垃圾填埋场存在的环境问题进行集中整治，并分别于6月20日和9月20日前将阶段整治情况报送省环保专项行动领导小组办公室。

（三）督查阶段（8月—11月）

各省辖市环保专项行动领导小组对市本级和所辖县（市）专项行动工作开展督查。省人民政府相关部门适时对各地环保专项行动开展情况进行督查。

（四）总结阶段（11月）

各省辖市认真总结环保专项行动的成效与不足，完成2009年环保专项行动工作总结报告，于11月20日前报送省环保专项行动领导小组办公室。

主题词：环保　整治违法排污△方案　通知

抄送：省委各部委，省人大常委会办公厅，省政协办公厅，省法院，省检察院，省军区。

江苏省人民政府办公厅

2009年5月22日印发

关于报送2009年整治违法排污企业保障群众健康环保专项行动

关于报送2009年整治违法排污企业保障群众健康环保专项行动有关信息的通知

各市、县（市）环保局：

为落实国务院八部门《关于2009年深入开展整治违法排污企业保障群众健康环保专项行动的通知》（环发〔2009〕43号）和环保部《关于报送2009年整治违法排污企业保障群众健康环保专项行动有关信息的通知》（环办函〔2009〕438号）的要求，做好今年我省环保专项行动信息报送工作。现就有关事项通知如下：

一、信息调度工作的组织

省环保专项行动领导小组办公室（设在省环保厅环境监察局）负责全省环保专项行动情况的信息收集、汇总、统计工作，定期编辑“情况专报”，指导各地开展环保专项行动工作。

各市、县（市）环保局要确定具体负责环保专项行动信息调度的部门，专人负责环保专项行动信息的调度和报送工作，及时汇总、总结环保专项行动开展情况、取得的成效、好的做法、存在的问题，编发工作简报，交流经验，并逐级建立本辖区内信息的报送网络，加强管理，确保信息报送的畅通、及时、准确。

二、信息报送的方式

环保专项行动的实施方案、阶段性报告、总结报告以正式文件报送省环保专项行动领导小组办公室。各项统计表格通过12369中国环保热线（www.12369.gov.cn）网站的《环保专项行动信息管理系统》报送；工作简报及阶段性、总结报告、汇总表报送至js12369@126.com。

三、信息报送的内容和时间要求

（一）2009年5月31日前，请各地将环保专项行动领导小组名单、环保专项行动实施方案以及信息调度负责人和联系人的电话、传真、移动电话及备用电子邮件地址，报送省环保专项行动领导小组办公室。

（二）环保专项行动期间，各地每月至少要编发两期工作简报，及时将专项行动开展情况报送省环保专项行动领导小组办公室、市政府领导同志及环保专项行动领导小组各成员单位。同时，应印发给下一级环保专项行动领导小组。

（三）请各地继续通过《环保专项行动信息管理系统》，按月填报《环保专项行动进展情况表》、《环境违法企业基本情况明细表》、《环保专项行动责任追究情况表》和《12369环保热线投诉受理情况统计表》、《挂牌督办环境问题基本情况表》（表格延用2008年格式）。

（四）请各地于2009年6月20日前将开展“两高一资”行业企业、钢铁企业、涉砷行业企业集中检查报告报送省厅。报告重点是：各地对“两高一资”行业企业不符合产业政策和违反环境保护法律法规行为的查处情况；钢铁企业相关工艺项目执行建设项目环境管理规定和国家产业政策的情况，对存在环境违法行为企业的查处情况，以及各地对钢铁行业进行整治的措施和计划；涉砷企业执行建设项目环境管理规定、污染物排放、含砷废渣堆放处置及环境应急预案实施情况。报告后附《2009年环保专项行动钢铁企业检查情况表》（附件一）和《2009年环保专项行动涉砷企业检查情况表》（附件二）。

（五）请各地于2009年9月20日前将开展饮用水水源保护区后督察、城镇污水处理厂、垃圾填埋场存在环境问题集中整治情况报告报送省厅。报告重点是：饮用水水源保护区环境违法行为查处情况、城镇污水处理厂出水超标整治及污泥规范化处理处置情况、垃圾填埋场渗滤液超标整治情况以及日常督查发现问题的整治情况。报告后附《2009年饮用水水源保护区后督察情况汇总表》（附件三）、《全国城镇污水处理厂环境监管情况表》（2009年上半年）和《全国垃圾填埋场环境监管情况表》（表格延用2008年格式）。2010年1月5日前将《全国城镇污水处理厂环境监管情况表》（2009年全年）及简要说明报送省厅。

（六）请各地于2009年11月20日前将2009年环保专项行动工作总结报告报送省厅。报告重点是：总体情况、主要做法及成效、存在问题及原因分析、下一步措施及工作计划。

四、信息报送要求

（一）请各地按照填表说明认真填报各项报表，各阶段性报告和总结报告要按照统一要求撰写，报告要实事求是，主要观点要有数据及具体事例支持，使用的数据要与《环保专项行动信息管理系统》报送的数据一致。

（二）请各县（市）环保局及时将填报的各项报表、各阶段性报告和总结报告统一报省辖市环保局，由各省辖市环保局审核汇总后报省厅。各省辖市环保局要加强对所辖县（市）信息上报情况的考核。对于不及时上报、影响信息上报进度的地区，省厅将在全省予以通报。

省环保专项行动领导小组

组　长：赵克志　常务副省长
副组长：张大强　省政府副秘书长
　　　　张敬华　省环保厅厅长
成　员：齐乃昌　省发展改革委巡视员
　　　　顾瑜芳　省经贸委副主任

国家电监会华东监管局南京监管办专员

洪慧民　省监察厅副厅长
周　建　省司法厅副厅长
王　翔　省建设厅副厅长
秦亚东　省环保厅副厅长
杨卫东　省工商局副局长
陆贯一　省安监局副局长

环保专项行动领导小组下设办公室，负责日常工作。办公室设在省环保厅，秦亚东同志兼任办公室主任。

我省各地动员部署2009年环保专项行动工作

在国务院八部门召开2009年整治违法排污企业保障群众健康环保专项行动电视电话会议后，各地迅速组织召开了本地环保专项行动会议，贯彻落实全国环保专项行动电视电话会议精神，并结合本地实际，动员部署今年环保专项行动工作。

南京市陆冰副市长就如何贯彻落实全国电视电话会议精神提出要求：一是各级各部门要立即行动起来，尽快落实机构，尽快落实方案，尽快落实行动；二是要本着对党和人民高度负责的精神，着力解决危害群众健康影响可持续发展的突出环境问题；三是要采取综合措施强化全面整治，确保环保专项行动取得实效。

连云港市徐一平市长要求，进一步增强抓好环保工作的责任感，切实把学习实践科学发展观活动成果转化为推动科学发展、跨越发展的强大动力，结合维护群众的根本利益、促进可持续发展和应对当前宏观经济形势的要求，认真组织好环保专项行动，切实加强环境保护工作。突出抓好重点工作，务求环保专项行动工作取得实效。要持续深入推进饮用水源保护整治，对前两年饮用水源保护区集中整治中发现的问题进行跟踪督办，确保落实到位，积极启动蔷薇河保护三年整治计划，进一步提高市区饮用水源的安全保障水平；加快污水处理厂和配套管网的建设步伐，稳步提高出水达标率。加强企业排污监管，严肃查处超标排放、直排偷排等违法行为；严格控制“两高一资”项目的生产建设，对“两高一资”行业重污染企业进行全面监督检查，重点查处不符合准入条件、未经审批擅自开工或建成投产的企业和拒不执行国家产业政策，使用落后淘汰工艺设备的企业，努力实现高质量、高效益、低消耗、低成本的增长。

扬州市委常委、副市长张爱军就2009年环保专项行动工作进行了部署，要求进一步排查不足、以解决危害群众健康和影响可持续发展的突出环境问题为重点，以促进经济发展和人民安康为目标，突出全面推进生态市建设这一主题，采取更加有力的综合执法手段，全力整治违法排污行为，全面提高企业污染物稳定达标排放率，确保完成全市主要污染物减排任务，进一步改善环境质量，切实保障人民群众的环境权益。

泰州市召开了全市2009年环境保护暨环保专项行动工作会议。市纪委副书记、监察局局长张余松同志主持会议，市委常委、纪委书记陈国华、市政府副市长刘励出席会议并讲话，市整治企业违法排污专项行动领导小组全体成员参加会议。泰州市专项行动领导小组副组长、市环保局局长顾国祥同志报告了2008年全市专项行动的工作情况；与会人员讨论研究并确定了2008年全市专项行动工作表彰方案和2009年环保专项行动工作方案。会议要求全市上下积极应对当前形势，明确目标任务，坚决打好“三个仗”：树立长期作战的思想，打好持久战；加大督查督办推进力度，打好攻坚战；巩固专项整治成果，打好阵地战，确保全市环保专项行动工作取得新成效。

“饮用水安全盐阜行”活动正式启动

5月9日上午，盐城市启动“饮用水安全盐阜行”活动，并召开活动组委会第一次会议。市委常委、常务副市长陈正邦出席会议并讲话，市人大常委会副主任周古城、副市长谷家栋出席会议。

“饮用水安全盐阜行”活动，是盐城市人大、市政府联合组织的一项重要活动，活动历时三到四年，以饮用水安全为主题，动员社会各方面力量加大饮用水安全工作力度，确保全市人民喝上清洁水、安全水。会议要求各地扎实开展活动，加快推进供水项目等基础设施建设，切实加强农村饮用水安全工程建设，同时加大饮用水源地污染专项整治和饮用水安全监督管理力度，使全市饮用水水质有明显提高。

扬州开展淮河流域环境隐患排查整改工作

按照环保部《关于开展淮河流域环境隐患排查整改的通知》要求，市环保局做了认真部署，下发《关于认真开展淮河流域环境隐患排查整改工作的通知》，要求各地排查环境隐患，确保环境安全。今年2月下旬、4月上旬先后两次召开各县（市、区）环保分管局长会议，明确要求各地切实排查各类环境安全隐患，认真落实环境监管职责，增强行动的实效性，严防各类污染事件发生。重点抓好饮用水源地、化工企业的环境隐患排查治理工作，县级以上集中式饮用水源地每天要组织人员现场巡查，严格执行报告制度。3月上旬，市环保局组织三个检查组会同地方环保部门，按照省政府新划定的保护区范围，对全市11个县级以上集中式水源地一、二级保护区环境隐患问题逐一进行排查，及时发现问题，督促制定整治方案。4月上旬，市环保局组织全局人员对化工、污水处理厂等重点企业实施每日连续性拉网式检查，进一步加大环境监督监管力度。近期，结合督查情况市环保局对扬州市刘氏化工有限公司、江苏长青农化股份有限公司等企业环境问题下达了监察意见，要求地方环保部门加强监管，督促整改落实到位。

东台市秸秆禁烧工作实行“四结合”

为防控夏收季节露天焚烧农作物秸秆的行为，东台市推行了四项秸秆禁烧工作措施。

一、堵与疏相结合

由镇、村、组三级干部到农村田头对焚烧秸秆的行为进行阻止和疏导，从行动上直接控制秸秆焚烧行为。

二、执法与宣传相结合

由环保部门组织环境执法人员对不听劝阻，公然焚烧农作物秸秆造成恶劣影响的环境违法行为，实施行政处罚并予以曝光。同时组织环保、农业等部门通过电视、广播、报纸、图片、标语等途径，全方位宣传有关法律、法规和焚烧秸秆的危害。在东台电视台开辟专题栏目，向广大农民讲述秸秆还田、秸秆综合利用的好处和方法，从思想上教育农民自觉遵守秸秆禁烧的规定。

三、禁烧与禁抛相结合

针对全市水网密集，部分农户存在将秸秆乱抛入河的行为，在做好禁烧工作的同时严控秸秆乱抛行为，做到禁烧与禁抛并重，确保全市饮用水源安全。

四、督查与考核相结合

为保证秸秆禁烧工作的效果，市政府与各镇、镇与村、村与组层层签定秸秆禁烧工作责任状。东台市专门成立秸秆禁烧工作领导小组，组成8个督查小组进行督查，每天公布督查结果。

省政府召开全省整治违法排污企业保障群众健康环保专项行动电视电话会议

5月31日上午，省政府召开2009年全省整治违法排污企业保障群众健康环保专项行动电视电话会议，贯彻落实全国会议精神，部署开展今年环 保专项行动。省委常委、常务副省长赵克志出席会议并讲话。

2008年，我省深入开展环保专项行动，全省共出动执法人员27万多人次，检查企业11万多厂次，立案查处环境违法案件1554件，挂牌督办重点环境问题529个。特别是围绕太湖治理，连续组织开展了11轮整治违法排污专项执法行动，对315家企业实施停产整治，对369家企业实行限产限排，对15个情节严重的典型案件进行省级挂牌督办，为促进全年年度污染减排任务的完成和太湖流域水质的改善发挥了积极作用。

赵克志指出，开展环保专项行动，是严厉打击环境违法行为，推动产业结构调整，维护环境安全，解决群众身边突出环境问题的有力手段，是保增长、保民生、保稳定的重要举措。赵克志要求，今年全省的环保专项行动，要坚决贯彻落实好中央、国务院和省委、省政府领导的指示精神，按照国家专项整治方案要求，全面落实环保优先方针，突出三个重点。

一是继续花大力气整治饮用水源地环境隐患，确保饮用水安全。民以食为天、食以水为先。确保人民群众喝上放心、安全的水，直接关系到群众身体健康和社会稳定。在这个问题上，再大的困难也要克服，采取最严厉的措施也不为过，绝不能有半点马虎和懈怠。去年，省人大常委会颁布了《关于加强饮用水源地保护的决定》，省政府也批复了111个县级以上集中式饮用水源地保护区的划分，工作要求提得非常明确了，关键是要抓好落实。各地政府一是要按省人大常委会的《决定》要求，抓紧编制实施饮用水源安全保障规划，建立保障饮用水源安全的长效机制。二是继续整治集中式饮用水源地一、二级保护区内与供水无关的设施，确保年内完成污染隐患整治。对存在较大环境隐患的45个县级以上集中式饮用水源地，必须明确责任，限期整改到位。三是制订完善饮用水源突发事件应急预案，特别是要落实特殊情况下的区域水源配置和供水联合调度措施，确保紧急情况下的供水安全。同时，每个市县都要组织一次应急演练，达到检验预案、锻炼队伍、磨合机制和宣传教育的目的。四是加快区域供水工程和备用水源建设，逐步停用供水量小、水质安全得不到保障的水源地。五是按照属地管理原则，所有县级以上集中式饮用水源地都要抓紧建设水质自动监测站，提高监测预警能力。各级水厂也要加强水质监测，确保不达标的自来水不出水厂、不进管网。汛期很快就要到来，各地要进一步加大水源地的日常巡查监察力度，密切关注水质水量变化，及时掌握水源地周边及上游地区的企业生产排污情况，防患于未然。

二是毫不放松地加强重点流域水污染防治，确保减排取得实效。要把专项行动与重点流域治理工作更加紧密地结合起来。太湖流域要围绕实现“两个确保、三个下降”的目标，加快推进15条主要入湖河流的综合整治，落实安全度夏的各项关键措施。4－9月，省环保厅每月安排一次有针对性的专项检查，这十分必要。根据太湖蓝藻和水质变化情况，还要适时启动企业限产限排等应急措施，防止水质大范围、大幅度波动。淮河流域关键是要提高重点治污工程的完成率和重点断面的水质达标率，进一步加大奎河、沛沿河的综合整治力度，确保黄桥、李集桥两个省界断面稳定达到国家考核要求。长江流域要按照环保部统一部署，重点整治不符合要求的沿江排污口，切实加强沿江石化企业的环境监管，保障沿江环境安全。在流域治理中，要把污水处理厂建设和监管放在更加突出的位置，着力提高管网配套率、运行负荷率和出水达标率，对建成运行3年后处理负荷达不到设计能力75%、不能稳定达标排放和污泥随意弃置的，要重点整治；对排入市政管网严重超标、影响污水处理厂正常运行的工业企业，要限期治理；对工业园区污水处理厂未建成或长期超标排放的，要责令整改。此外，还要高度重视垃圾填埋场的环境监管问题，认真检查垃圾填埋场的雨污分流、防渗以及渗滤液处理措施落实情况，防止二次污染。

三是加大“两高一资”行业的污染整治力度，努力实现保增长和调结构、增效益的统一，为经济平稳较快发展提供有力的环境保障。要认真贯彻落实国家推动经济发展方式转变和产业结构调整的总体要求，在保护和发展先进生产力，加大重点项目扶持力度的同时，必须遏制高耗能、高污染和低水平重复建设，严肃查处未经审批擅自开工或已经建成投产的违法建设项目，实现保增长和调结构、增效益相统一，增强江苏经济的整体素质和发展后劲。今年重点加强三个行业的整治力度。一是启动新一轮小化工整治。江苏是化工大省，但还谈不上化工强省，主要是小化工偏多，污染重、隐患多。在巩固上一轮化工生产企业专项整治的基础上，省经贸委要牵头制订新一轮小化工整治方案，继续淘汰污染严重、治理无望特别是威胁饮用水源安全的小化工。同时，严格控制新上中小化工项目，统筹考虑全省化工园区的清理和布局，引导化工产业健康有序发展。二是遏制钢铁行业产能过剩。根据国家《钢铁产业调整和振兴规划》和工信部遏制钢铁产量过快增长的紧急通知要求，开展钢铁行业污染专项检查，摸清钢铁企业执行建设项目环保规定和国家产业政策的情况，严格执行差别电价政策，认真查处环境违法行为，按期淘汰落后的炼铁、炼钢能力。三是整治涉砷、涉铅等重金属排放行业的污染隐患。企业排放重金属污染物，总量可能不大，但对周边环境和群众身体的危害很大，必须督促整改，解决到位。

赵克志强调，环保专项行动涉及面广、政策性强、工作量大，要认真落实政府责任，切实加强部门联动，严格执法监管，引导企业自律，鼓励公众参与，自觉接受监督，确保环保专项行动扎实推进，切实保障群众健康，维护群众的环境权益。

省环保专项行动领导小组成员单位的有关负责同志参加了省政府主会场会议，省环保厅、经贸委、监察厅、建设厅、安监局作了交流发言。各市县人民政府主要负责同志，环保专项行动领导小组成员单位的主要负责人参加了各市县分会场会议。全省共设立65个分会场，参会人员达1300多人。

我省开展“两高一资”行业企业集中式检查

根据国务院八部门《关于2009年深入开展整治违法排污企业保障群众健康环保专项行动的通知》（环发〔2009〕43号）精神，我省结合实际，周密部署，认真组织对“两高一资”行业等重污染企业进行监督检查。据不完全统计，5月份以来全省共出动执法人员83693人次，检查企业33597家，对271家违法企业立案查处。

今年执法检查采取自查与互查相结合，查阅资料与实地查看相结合的方式进行，重点检查准入条件、环评及“三同时”制度、产业政策等方面的执行情况和污染物达标排放情况，对发现的环境违法行为依法严肃处理。南京市江宁区依法关闭了不符合产业政策、污染物不能稳定达标排放的3家电镀企业、2家水泥企业和3家瓦楞纸生产企业。连云港市将污染治理设施不完善、不能稳定达标排污的恒华化工列入淮河流域治理项目，目前该厂已停产治理。

在检查中，我省加强舆论宣传，注重发动群众，充分利用“12369”举报热线、信访投诉等线索，开展环境监察执法“六查一提高”活动，加大查处力度，并跟踪落实整改。结合实际，开展小型化工生产企业专项执法检查，重点检查园区外的小型化工生产企业、园区（集中区）污水处理厂及园区内的小型化工生产企业。同时，将检查与服务结合起来，组织9个由厅长带队的环保服务小分队，深入基层、服务企业，推进基层环保重点难点问题的解决。

目前“两高一资”行业企业执法检查工作已取得初步成效，但仍存在一些问题。各地污染整治工作进展不平衡，部分地区基础性工作不扎实，存在企业环境保护措施不到位、管理无序等问题；“三同时”制度落实不到位、行政管理力度偏弱、执法不到位的情况依然存在；部分地区对群众反映强烈的环境问题查处不到位、解决不彻底，造成越级举报上访。

下一步我省将继续做好各项整治措施的落实工作。一是继续加大执法监管力度，对主观恶意、屡查屡犯、偷排直排等严重环境违法行为一律重处，对不符合国家产业政策的企业提请地方政府予以关闭。二是落实长效管理措施，针对发现的问题，举一反三，建立长效管理机制，加大后督查工作力度，防止环境违法问题反复。三是落实责任追究制度，继续挂牌督办一批群众反映强烈、影响社会稳定的重大环境违法问题，对挂牌督办逾期未完成的，依法依规严肃追究相关责任人的行政责任。

浙江省

浙江省三级环保部门联合行动严查太湖流域排污企业

为强化蓝藻预警期间太湖流域排污企业的执法监管力度，按照浙江省《太湖蓝藻预警期间现场执法检查工作方案》要求，5月8日～9日，省环境执法稽查总队联合省环境监测中心和湖州市、县两级环境监察机构组成专项检查组，共出动检查人员167人次，对湖州市经济开发区、吴兴区、南浔区、长兴县、德清县的33家企业（其中污水处理厂14家）进行了检查，同时，湖州电视台、湖州日报派出记者进行了媒体报道。现场检查发现，3家企业停产，其余企业正在生产，检查组对检查的所有企业进行了采样监测，下一步，将依据监测结果对超标排污企业进行处罚。

浙江省大力开展重点案件环保后督察

为加大对突出环境问题和重点环境案件的整改查办力度，切实维护群众环境权益，今年4月，我省根据国家环境保护部《关于开展重点案件后督察工作检查的通知》要求，集中梳理近三年来领导批办、群众投诉、媒体揭露的突出环境问题和环保专项行动的挂牌督办问题，大力开展环保后督察工作，取得明显成效。

省环保局梳理出60件省级后督察问题，于4月16～23日出动25人组成5个督查组，联合各地市环境执法人员近300人，对全省10个地市进行了后督察。杭州市充分发挥舆论宣传作用，采取边督察、边宣传、边曝光的形式，在全社会营造出了环境执法的强大声势。在今年的3月21日就曾组织浙江卫视，《浙江日报》，《钱江晚报》等近10家新闻媒体对杭州向阳造纸厂等企业依法实施关停进行跟踪报道，此外还多次组织新闻媒体全程报道“飞行监察”行动；宁波市会同各县市区环保局共出动执法人员170多人次，重点检查了长期未能达标排放的排污单位整改的执行情况；存在重大污染隐患和群众反映强烈的排污单位依法停产整治的执行情况；逾期未完成限期治理任务的企业停产整治或依法关停的执行情况，共计检查抽查企业42家，立案查处环境违法企业8家，并对3家企业下达了督办通知，督促当地环保部门进行限期治理；嘉兴市创新后督察形式，积极发挥社会舆论与公众监督在污染整治中的作用，通过新闻媒体发出通告，招聘了企业所在地群众和具备一定专业知识的市民组成“市民检查团”，深入企业一线检查，形成了“企业治污到不到位群众来点评”的工作新格局，在近期的检查中，15家重点限期整改企业当场赢得市民代表赞同，顺利实现“摘帽”，同时1家企业未能限期完成任务，被检查团否决，暂缓“摘帽”。通过近一个月的后督察工作，全省形成了良好的工作氛围，有力地促进了一批“老大难”问题的解决落实。

4月27日～29日，由环保部环境监察局和华东督查中心组成的国家督查组来我省进行了后督察，先后检查了建德污水处理厂（一期、二期），青田黄垟钼矿、乐清新丰电镀厂、台州三门解氏化工有限公司、台州黄岩新业印染有限公司、绍兴上虞嘉成化工厂和汇德隆化工厂及上虞化工园区污水处理厂等企业。在检查中，督查组对我省后督察工作的开展表示满意。

下一步，我省将继续贯彻落实胡锦涛总书记关于后督察工作的重要批示精神，按照国家环境保护部关于后督察工作的要求，加大对此次后督察仍存在问题重点案件的整治力度，切实从建立健全环保后督察工作机制、加强后督察工作考核、建立后督察工作数据库、强化社会监督、加强工作交流等方面进一步提高后督察工作水平，更好地推进我省的环保后督察工作，切实保障群众环境权益。

我省组织参加全国整治违法排污企业保障群众健康环保专项行动电视电话会议暨召开全省2008年环保专项行动动员部署电视电话会议

2008年7月10日，环境保护部、发展改革委、监察部、司法部、住房城乡建设部、工商总局、安全监管总局和电监会等国务院八部门联合召开2008年全国整治违法排污企业保障群众健康环保专项行动电视电话会议，对五年来环保专项行动进行总结，表彰先进，部署今后五年环保专项行动。

环境保护部周生贤部长首先传达了中共中央政治局常委、国务院副总理李克强关于开展环保专项行动的重要批示。李克强副总理指出，自环保专项行动开展以来，各地区、各部门协同配合，着力解决了一批危害群众健康的突出环境问题，初步遏制了违法排污高发势头，专项行动取得了显著成效。但也要看到，当前违法排污行为还相当普遍，突发环境事件仍时有发生，环保形势依然严峻。为确保完成主要污染物减排目标，地方各级人民政府和环境保护系统及有关部门要坚持贯彻落实科学发展观，坚持以人为本，以解决危害群众健康和影响可持续发展的突出环境问题为重点，持续开展环保专项行动，进一步加大监管执法力度，严厉查处各类环境违法行为，促使环境质量逐步得到提高和好转。

环境保护部周生贤部长代表国务院七部门对五年来的环保专项行动进行总结。他指出，2003年以来，各地政府按照国务院的统一部署，连续五年深入开展环保专项行动，每年围绕解决一两个突出环境问题，整治违法排污企业，保障群众身体健康。先后开展了针对“十五小”企业连片污染、集中式饮用水源地环境安全、城市污水处理厂超标排污、重污染行业盲目发展造成的区域、流域污染，工业园区以及建设项目违规上马等问题的环保专项检查和集中整治，取得显著成效。

会上，发展改革委副秘书长马力强、监察部副部长郝明金、环境保护部副部长张力军分别针对本系统组织开展环保专项行动提出了要求。

全国电视电话会议结束以后，我省紧接着召开了全省电视电话会议。会议由省政府施利民副秘书长主持，陈加元副省长作了重要讲话。参加全国电视电话会议的省级有关部门和各市、县（市、区）人民政府主要负责人、分管负责人及环保局等有关部门参加了会议。会议强调要认真学习，深刻领会，坚决贯彻李克强副总理的重要批示和这次全国电视电话会议精神。陈加元副省长就贯彻这次全国会议精神，深入开展我省的环保专项行动，提出三点意见：

一是要进一步把握环保专项行动的工作要求，紧紧围绕生态环保的中心工作展开。在认真贯彻国家八部委总体部署的同时，努力达到“四个结合”的总体工作要求：

（1）要与推进生态省建设、开展“811”环境保护新三年行动紧密结合；

（2）要与落实措施和责任，完成主要污染物减排任务紧密结合；

（3）要与处理环境信访、防范相关群体性事件、维护社会和谐稳定紧密结合；

（4）要与完善环保长效监管机制、促进环境管理法治化、制度化、规范化紧密结合。

二是进一步明确今年环保专项行动的工作任务：

（1）集中开展环保专项行动后督察；

（2）集中开展城镇污水处理厂和垃圾填埋场等重点行业的专项检查；

（3）集中开展重点流域污染企业的专项整治；

（4）将环境保护部部署开展规模化畜禽养殖场专项执法检查纳入我省今年的环保专项行动，作为第四个重点。

三是进一步加强环保专项行动的工作保障：

（1）要进一步加强领导，整合各方力量。各有关部门要密切配合，形成合力，进一步完善定期协商、联合办案和环境违法违纪案件移送制度，真正形成政府统一领导、部门协同作战，共同解决环境问题的有效工作格局。

（2）要进一步落实责任，加大督办力度。要进一步建立完善环保专项行动目标责任制，确保各项工作职责明确，责任到人；要继续通过挂牌督办等有效手段，加大突出环境问题的解决力度；环保专项行动期间，各地要有计划地开展督查工作，对工作不力、流于形式、敷衍塞责的要通报批评；对搞地方保护、包庇纵容的要追究有关人员的责任。

（3）要进一步强化宣传，加强公众监督。进一步充分利用各种新闻媒体，采取多种形式，广泛宣传环境保护的方针政策和各项法律法规，使广大人民群众了解党和政府在加强生态建设、治理环境污染、改善人居环境等方面所做的大量工作；进一步加大环境信息公开力度，及时报道专项行动进展情况，切实保障人民群众的知情权、参与权和监督权；进一步加强公众监督，充分发挥环境污染有奖举报制度和“12369”环保热线的作用，鼓励和引导社会公众积极有序参与环保专项行动，依法有序监督环境污染整治工作。

陈加元副省长最后强调：北京奥运会和残奥会开幕在即，加强环境保护，展示绿色奥运理念，维护广大人民群众的环境权益，确保社会和谐稳定，具有突出重要的意义。希望全省上下认真贯彻这次全国电视电话会议精神，按照今年以来省委、省政府对环保工作的决策部署，扎扎实实地抓好环保专项行动，为确保完成全年环保工作各项任务，为促进全省经济持续健康发展、社会和谐稳定作出我们应有的贡献。

环境保护部对我省城市集中式饮用水源保护工作进行后督察

根据国家八部委《关于继续深入开展整治违法排污企业保障群众健康环保专项行动的通知》精神，推进全国113个环保重点城市地表集中式饮用水源保护区的水源保护，9月2日～5日，由环境保护部环境监察局田为勇副局长带队的国家饮用水源保护督查组一行四人对我省环保重点城市集中式饮用水源保护区进行了后督察。

督查组在浙期间，听取了杭州、湖州、嘉兴市政府和环保部门饮用水源保护的工作汇报，实地察看了杭州九溪水厂、余杭獐山水厂，湖州城北水厂、湖州老虎潭水库、嘉兴市石臼漾水厂等地的饮用水源保护区，查阅了相关的档案资料，与我省环保部门交流讨论了当前饮用水源保护工作存在的问题，以及征询了各地对即将出台的《国家环境保护重点城市饮用水源地表水源主要指标达标工作考核办法》的意见。

督查组对我省重点城市饮用水源保护总体工作表示满意，对饮用水源保护区内排污口拆除取缔和企业执法监管成效作出了积极评价，特别是对嘉兴在水源地三面（杭州、湖州、江苏）来水均为Ⅴ类～劣Ⅴ类的压力下，采取有效措施，投入巨资建成人工生态湿地，同时进行生化臭氧深度处理等办法，确保自来水水质全面达标，表示赞许。同时，督查组还根据现场检查情况，对我省下一步饮用水源保护工作提出了意见和建议。

嘉兴市开门执法，市民检查团强力助推环保专项行动

为进一步推进环保专项行动开展，加强公众环境监督，嘉兴市创新环保执法机制，积极鼓励和引导社会公众参与环保专项行动，联手相关部门及新闻媒体，组织环保志愿者成立了市民检查团，通过多种形式参与环保专项行动。

一是亲身体验“飞行监测”执法行动。3月18日，嘉兴市委组织部、市环保局和有关新闻媒体组织14名环保志愿者（其中包括5名“两代表一委员”，即人大代表、党代表和政协委员）组成了市民检查团，参与“飞行监测”执法行动。通过全程参与执法检查活动，市民检查团成员切身感受到“飞行监测”的必要性、快速性和保密性，充分体会到环保执法人员严格执法的精神面貌，也体验了环保执法工作的甘苦，更加坚定了积极参与环境保护行动的决心。

二是热情参与“三产行业”审批听证会。“三产”行业项目审批历来是群众关心的一个敏感和热点问题，为了充分发挥公众参与作用，8月6日，市环保局创新审批机制，举行了“三产”建设项目审批听证会，再度组织市民检查团共同参与“三产”建设项目的审批，并邀请居委会参加旁听，嘉兴市多家新闻媒体对此进行了宣传报道。市民检查团听取了环保部门关于“三产”审批的有关规定，实地踏勘了拟审批项目的选址情况和污染治理情况，并在会上对拟建项目的可行性进行了充分论证，最后以举手方式对项目审批进行表决。表决结果作为环保部门审批的一个重要依据。

三是积极开展企业环保专管员制度。为加强企业环境污染防治和监督管理，建立和完善重点企业环境监管机制，市环保局在全市范围内推行企业环保专管员制度，相关专业的应届本科毕业生积极报名应聘。通过资格审查后，应聘人员还须参加专业知识培训，并经考试合格取得《嘉兴市环保专管员培训结业证书》才能获得上岗资格。目前，第一批20名环保专管员已分配到各有关企业。根据职责，环保专管员在接受环保部门业务指导的同时，还负责对企业污染处理设施、在线监测监控系统运行情况监督检查，对发现的问题要及时向企业提出整改意见，并定期向环保部门报告。同时，环保专管员还要协助企业开展各项环保工作，做好对企业环境保护的技术指导和技术服务等工作。

嘉兴市环保局通过组织市民检查团积极参与环保专项行动，构建了公众参与环保的监督平台，深化了舆论监督机制建设，拓展了公众参与环保渠道，切实保障了人民群众的知情权、参与权和监督权，为推进环境污染整治工作的有效开展、环保工作的机制创新起到了良好的作用。

我省曝光十一起重大环境违法行为 相关企业被依法责令限期治理、整改或停产关闭

6月25日，三门县双钰燃料油有限公司发生重油泄漏，导致部分油品直排，使沙柳镇地下饮用水源受污染。今天，包括“双钰漏油”在内的11起重大环境违法案件和突出环境问题，被省环境保护厅挂牌督办和曝光。

另外10起分别是：浙江钱江生物化学股份有限公司（老厂区）环境安全隐患问题，金华市豪迪染整有限公司未经环保审批擅自建成投产问题，宁波华远电子科技有限公司未经环保审批擅自建成投产问题，嘉兴市小月亮电池有限公司未经环保审批擅自建成投产问题，温州市宏大金属穿孔厂未经环保审批擅自建成投产、拒不执行处罚决定问题，浙江莎耐特袜业有限公司未经环保审批擅自建成投产问题，舟山市奥晟汽车传动带制造有限公司未经环保审批擅自建成投产问题，玉环县威绿达城市生活垃圾处理有限公司环境污染问题，宁波锦华铝业有限公司污水排放严重超标问题，浙江绍兴昕欣纺织有限公司污水排放严重超标问题。

据悉，对于第一批省级挂牌督办案件，省生态办要求各地政府及环保部门依法责令其限期治理、整改或者停产关闭，办理时限截止到2009年12月31日，省环境保护厅将

定期跟踪督办，直至解决问题。

省环境保护厅今天还向媒体通报了2009年我省整治违法排污企业、保障群众健康环保专项行动情况。行动主要针对“两高一资”企业、钢铁、涉砷企业；饮用水源保护区；城镇污水处理厂、垃圾填埋场；新建项目以及造纸企业。11起重大环境违法案件和突出环境问题正是在此次行动中被查实的。

省十厅局将开展2009年整治违法排污企业保障群众健康环保专项行动现场督查行动

为推动2009年整治违法排污企业保障群众健康环保专项行动深入开展，根据《2009年度浙江省整治违法排污企业保障群众健康环保专项行动工作方案》要求，省环保厅、发改委、经信委、监察厅、司法厅、建设厅、农业厅、工商局、安全监管局、电监会杭州监管办等省十厅局将于2009年9月赴11个市开展环保专项行动现场督查。此次督查由省十厅局领导担任组长，督查组成员还包括环保、建设、农业等方面的专家，督查内容主要包括：“两高一资”企业、钢铁、涉砷企业、饮用水源保护区、城镇污水处理厂、垃圾填埋场、2008年7月以来开工建设的省级审批建设项目、造纸企业、规模化畜禽养殖场以及各地环保政策措施落实和违法违规问题的整治情况。督查中，督查组将听取当地政府环保专项行动的工作汇报，就检查中发现的问题向11个市人民政府进行反馈，同时还将对发现严重环境违法行为和突出环境问题提交省生态办挂牌督办。

安徽省

工作动态

反映皖维集团有限公司污水不经处理夜间偷排问题调查处理情况

巢湖市环保局对省局交办的反映皖维集团有限公司污水不经处理夜间偷排问题进行了调查处理。巢湖市环保局分别于5月1日21时20分，5月2日22时10分，对该厂进行了夜间突击检查。现场检查时，皖维集团生产正常，有机废水流入污水处理厂，污水处理厂设施运转正常，处理后的污水通过管道（俗称10号管线），排入裕溪河，检查时对其所排废水取样化验，5月1日（10号管线）排放废水COD 69mg/L，PH值7.19，BOD19mg/L；5月2日（10号管线）废水COD 60mg/L，PH值7.56，BOD19mg/L。东沟所排污水属无机废水，主要是山沟自然雨水和设备冷却水及少量的办公生活废水，检查时东沟水质较好，经取样检测，5月1日东沟排水废水COD为36mg/L，PH值7.56，流量50.32升/秒；5月2日东沟排放废水COD为30mg/L，PH值7.56，流量52.45升/秒，调阅在线监测监控数据和现场取样监测额数据基本一致。在整个检查过程中，未发现该公司有偷排和废水超标排放行为。

5月1日和2日白天，巢湖市环保局有关人员对该厂污水管道所经过的农田进行察看，并询问当地正在干活的农民，未发现农田受到污染。群众反映问题不属实。

反映淮北市濉溪县界沟煤矿废水污染问题调查处理情况

淮北市环保局对省局交办的反映濉溪县界沟煤矿洗煤水排入河沟污染环境的问题进行了调查处理。淮北市环保局针对该厂的废水直排问题下达了环境违法行为限期改正通知，要求该矿于限期前完善管网建设，确保所有生产废水全部进站处理，同时提高净化水的重复利用率，减少外排量。近日，淮北市环境监察支队会同濉溪县环境监察大队，再次对界沟矿业有限公司界沟煤矿限改情况进行了现场检查，发现该矿矿井水进入污水处理站管网堵塞，不能全部进站处理，通过雨水沟直接外排现象没有彻底解决。淮北市环境监测中心站现场取水样分析，废水中总悬浮物检出指标超过了煤炭工业污染物排放标准。淮北市环保局已责成濉溪县环保局，根据环保相关法律、法规对该矿存在的违法排污行为，依法进行查处，并将处理结果及时上报淮北市环保局。

反映当涂县长江钢厂、鑫龙特钢厂污染问题调查处理情况

马鞍山市环保局对省局交办的反映当涂县当涂县长江钢厂、鑫龙特钢厂污染问题进行了调查处理。长江钢厂主要的尘污染源是两座258立方米高炉及两座40吨转炉。企业近几年先后投资200余万元对除尘设备进行了局部改造。当涂县环保局对该企业炼钢炉、烧结机和球团造球机的烟（粉）尘进行监测，监测值均达到国家规定的行业排放浓度限值。企业正将分散在厂区周边两百余户住户进行搬离，集中迁至该公司新建的长江小区，预计2008年底整个厂区周边居民将全部搬迁完毕。

鑫龙特钢有限公司（鑫龙特钢厂）主要的尘污染源是两台电弧炉，2004年原业主曾投资140万元建有布袋除尘设施。经过几年的运转，因施工质量等原因，该设备除尘效果逐渐降低。针对上述情况，当涂县环保局已先后两次对该企业下发环境监察意见书，责成限期整改，实现达标排放。近日，当涂县环境监测站对该企业炼钢炉、锅炉烟尘进行监测，炼钢炉、锅炉烟尘监测值均达到国家规定的行业排放限值。

反映蚌埠市固镇县康圣纸业有限公司污染问题调查处理情况

蚌埠市环保局对省局交办的反映蚌埠市固镇县康圣纸业有限公司污染问题进行了调查处理。现场核查时，该公司生产正常，污水处理设施处在运行状态。处理后排放的废水呈淡黄色，泡沫较多。企业在使用消泡剂后，泡沫在阳光下一段时间会出现少许红色。现场未发现企业通过暗管偷排废水的行为。蚌埠市环境监测站经对该企业总排口取样监测，均符合国家规定的污染物排放标准。监察人员要求企业加强管理，保证污水处理设施的正常运行、废水达标排放，并停止使用消泡剂。

反映芜湖新兴铸管有限公司粉尘污染问题调查处理情况

芜湖市环保局对省局交办的反映芜湖新兴铸管有限公司粉尘污染问题进行了调查处理。环境监察人员现场查看时，该公司废气除尘设施运行正常，设施运行记录完整，近期未出现异常。 经芜湖市环境监测站监测，该厂所有除尘器处理后的废气污染物全部达标排放。针对该厂目前存在的问题：一是焦化湿法熄焦时产生大量水蒸气，含有一定量的粉尘；二是由于焦化配电系统设备老化等原因，焦化的焦炉荒煤气在高压配电系统出现故障的情形下会出现荒煤气无组织外排现象。芜湖市环保局提出以下整改措施：1. 该公司对焦化配电系统进行了改造，确保不再发生跳闸断电事故，以减少荒煤气的排放。现该工程已全部完工。2. 为减轻焦化异味和烟尘的意外排放，该公司干熄焦项目建成后将大大减轻焦化异味。

反映六安市金安区小魏废旧塑料回收门市部废水造成鱼塘死鱼问题调查处理情况

六安市环保局对省局交办的反映金安区小魏废旧塑料回收门市部废水造成鱼塘死鱼问题进行了调查处理。根据监测结果，金安区环保局责令小魏废旧塑料加工点立即停止违法排污行为，限期进行整改，并对该加工点给予经济处罚。仅依据小魏废旧塑料加工点厂出口处与清洗池内废水监测的结果，不能认定此次死鱼事件全部由小魏塑料加工点排污行为造成。金安区信访局召集环保、工商、水产及枣树林社区负责同志及有关技术人员召开专题会议。会议认为，从举报人的鱼塘条件看，缺乏应有的水源管控和调节措施，不排除部分污水流入塘内，加剧水质恶化、导致死鱼的可能；同时，小魏废旧塑料加工点主要从事塑料回收、分类，其加工过程只是物理过程，所排出的循环使用水、冷却用水不属于工业废水，故不能认定鱼死亡与该单位有直接因果关系。

蚌埠市开展尾矿库现场再监察

为做好对地下矿、尾矿库环境安全监管工作，防止发生因安全事故引发的次生环境污染事故，确保人民群众生命健康和财产安全，近期，蚌埠市环保局监管科和环境监察支队对全市地下矿、尾矿库单位进行了现场监察。

检查人员先后对五河县大巩山选矿厂、怀远县裕翔矿业商贸有限责任公司马头城铁矿、蚌埠市真宝洗矿厂等11家地下矿、尾矿库单位进行了现场检查。检查人员对各相关单位提出了做好安全生产工作，防止引发次生环境污染事故，落实环评审批手续中各项环境保护措施等要求，对部分停产或未能提供环保相关资料的单位，要求企业在恢复生产前必须完善环保审批手续。

通过加强对“两矿”单位开展现场环境监管，起到了良好的提醒和教育作用，有助于杜绝次生环境污染事件的发生，有效地维护了群众利益和社会稳定。

蚌埠市开展医院环境隐患排查实行监察监测联动

为了扎实做好规模以上医院的环境监管工作，确保医疗废物安全处置，实现废水稳定达标排放，近期，蚌埠市环境监察支队在环境监测站的配合下，对我市11家规模以上医院开展了为期3天的环境隐患大检查。

环境监察人员着重检查了环保处理设施运转及医疗废物收集、运送、贮存、处置情况。监测人员负责采集水样化验和分析。检查发现，蚌埠医学院第一附属医院、蚌埠医学院第二附属医院、传染病医院环保处理设施运转正常，消毒药剂标示清晰，药品贮存安全有序，但是仍有个别医院存在治污不到位，管理松懈的现象。在医疗废物处置的问题上，大部分医院能够利用现有条件，依照《医疗废物管理条例》，安全处置医疗废物，仍有少数医疗单位存在医疗垃圾与生活垃圾混运混装现象。蚌埠市环保局对存在问题的医院分别下发了限期整改通知书，督促尽快完善相关工作。

省污染源自动监控系统建设督查组至六安督查

为落实省环监局黄建树局长“强化措施、倒排时间、狠抓落实”的批示精神，切实加强全省国控、省控重点污染源自动监控设备安装及联网工作，确保全年工作目标的按期完成。近日，省督查组到六安市督查污染源自动监控系统建设工作进展情况。对今年六安新增的6家省控重点污染源在线监控设施安装情况进行了实地查看，并听取了汇报。

督查组首先对六安市积极落实省局污染源自动监控工作会议精神，行动迅速的工作态度和作风给予了充分肯定。同时，督查组要求：1、要加强督促，把工作跟上。市、县（区）两级环保部门要加大工作力度，确保按期完成任务；2、不能按期完成自动监控设备安装及联网工作的企业，省局将重点督查，并按高限予以处罚；3、在设备安装及联网工作中，市、县（区）两级出现问题和困难，要及时向省局汇报。

省控重点污染源自动监控设备安装联网进度情况

截至十月中旬，新调整后的全省228个省控重点污染源中，除去与国控重点污染源重复的7个污染源，实际省控重点污染源数为221个；其中已安装自动监控设备的有147个，实现联网的有109个，安装联网率49%，整体进度较慢；已安装自动监控设备的污染排口有164个，其中实现联网的污染排口有128个。阜阳市已完成省控重点污染源自动监控设备安装联网工作，宿州市增加联网省控重点污染源9个。有7个市的省控重点污染源自动监控设备安装联网率低于50％，分别是：淮北、黄山、宣城、亳州、马鞍山、池州、蚌埠，污染源安装联网率分别为8%、20％、22％、29％、31％、33％、45％，进度较慢。

国控重点污染源自动监控设备安装联网进度情况

截至十月中旬，全省231个国控重点污染源中，已安装自动监控设备的有201个，其中实现联网的有194个，安装联网率84%；已安装自动监控设备的污染排口有292个，其中实现联网的污染排口有284个。滁州、马鞍山、亳州3市国控重点污染源自动监控设备安装联网工作全部完成，合肥市国控重点污染源自动监控设备安装并联网工作基本完成，对照国家关于“重点污染源企业安装污染源自动监控设备的排放口所排放的污染物总量之和不小于该企业废水或者废气排污总量的70%”的要求,合肥市还有1个重点污染源没有达到监控负荷标准。宿州市增加联网国控重点污染源3个，芜湖市增加联网国控重点污染源1个。有7个市的国控重点污染源自动监控设备安装联网率低于85％，分别是：宣城、黄山、安庆、淮北、池州、芜湖、巢湖，污染源安装联网率为50％、57％、65％、71％、75％、80％、81％，工作进度相对滞后。

我省将深化企业环境监督员制度试点工作

为贯彻落实《国务院关于印发〈节能减排综合性工作方案〉的通知》（国发〔2007〕15号）提出的“扩大国家重点监控污染企业实行环境监督员制度试点”要求，环保部印发了《关于深化企业环境监督员制度试点工作的通知》（环发〔2008〕89号），提出继续深入开展企业环境监督员制度试点工作，以全面提高企业的自主环境管理水平，推动企业主动承担环境保护社会责任。此次试点范围是所有国家重点监控污染企业及已开展企业环境监督员制度试点的企业，我省现已按环保部要求，在此前25家企业试点工作基础上，继续在我省国控企业范围内深入开展企业环境监督员试点工作。

省环境监察局制定处理处罚环境违法行为工作程序

近年来，随着环境执法力度的加大，省环保局直接查处的环境违法案件日益增多。为了进一步规范对环境违法行为的处理处罚工作，明确环境违法案件办理程序，10月28日，省环境监察局制定印发了《安徽省环境监察局处理处罚环境违法行为工作程序》，并自即日起在省环境监察局内部执行。

《安徽省环境监察局处理处罚环境违法行为工作程序》规定了省环境监察局办理行政处罚案件和对环境违法行为下达环境监察通知书的具体工作程序，明确了省环境监察局内部各科室在办理环境违法行为查处工作中的职责分工及查处环境违法案件各环节的时限要求。

该工作程序的执行，将对进一步规范省环境监察局的执法行为，提高办理环境违法案件的质量发挥重要的作用。

巢湖市全面整治小选矿企业

根据群众投诉，经省环保专项行动领导小组办公室核查，巢湖市和县及庐江县境内存在多家小选矿、小炼铁企业，违反国家产业政策，严重污染环境。2008年3月及5月，省环保专项行动领导小组办公室先后向和县、庐江县人民政府发文，提出整改意见，要求从严查处，目前两县整改均取得显著成效，巢湖市政府也于7月31日成立调研组，对全市小选矿企业进行调研，将在调研的基础上制定统一方案进行整合。

反映巢湖华能发电有限公司污染问题调查处理情况

巢湖市环保局对省局交办的反映巢湖华能发电有限公司污染问题进行了调查处理。该项目于 2004 年立项，2007年5月正式开工建设，2008年6月华能公司建成两条60万千瓦机组，经我局同意后该公司进行了试运行生产，7月3日1号机组点火试生产。

因生产工艺的要求，巢湖华能发电有限公司1号机组于2008年7月6日整合启动，点火生产。7月10日由于锅炉进行化学清洗水量过大，不能完全闭路循环，造成废水直接外排。7月18日晚，外排废水排入3个村内，经过电厂排洪沟，流经2个鱼塘，造成鱼死亡。巢湖市环保局接举报后，立即向巢湖市政府报告，市政府会同居巢区政府、市环保局、市电厂办、但家庙镇政府、巢湖华能发电有限公司等有关部门和单位进行调查处理，巢湖华能发电有限公司对村民造成的损失及时进行了赔偿。现该公司化学清洗锅炉工作已结束，废水采取分类集中处理。生活污水经处理后全部重复使用，生产外排废水主要是电厂冷却水，经处理达标排放。

巢湖华能发电有限公司建有两台双室四电场静电除

尘系统，烟气采取石灰石—石膏湿法脱硫措施，除尘效率不小于99.8%。一炉一塔脱硫装置，设计脱硫效率不小于95%。烟气在线监控设施安装到位，并与我局联网。在近几次现场监察中，该单位除尘与脱硫设施运转正常。

巢湖华能发电有限公司已向国家环保部申请“三同时”验收。环保部已安排对其进行验收监测。巢湖市环保局将加大对该厂的日常监管。

反映阜阳市临泉县黄岭镇大陈营村多家养殖场污染问题调查处理情况

阜阳市环保局对省局交办的反映黄岭镇大陈营村3家养猪场污染问题进行了调查处理。经调查核实，养猪场现存栏量在40-70头之间，总数在200头以内，2户在村外，1户在村内，均建有7-9立方米的沼气池。猪粪除生产沼气外，剩余部分进行制肥。现场检查时，有少量养猪废水排入附近村沟，没有对附近水体和生态环境造成威胁。

根据现场调查情况，按照《畜禽养殖污染防治管理办法》和近期环保部下发的《关于开展规模化畜禽养殖专项执法检查的通知》要求，临泉县环保局责令：

1.村内的1家养猪户在12月底前搬到村外；

2.要求3家养殖户加强对养猪废渣、废水的综合利用，杜绝养殖废水直接排入水体。

省环保局完成2008年第三季度全省环境信访统计工作

省局完成了2008年全省环境信访第三季度统计工作，按时上报环保部信访办。今前三季度，全省共计受理投诉15258件。其中，投诉电话11038件，电子邮件907件，来信1891件，来访455批1442人次。处理率100%，办结率94%。反映水污染的2039件，占总数的13%；气污染的4639件，占总数的30%；噪声的6662件，占总数的44%。

淮南市环境监察支队做好淮化集团焦炉停产关闭的现场监察工作

近日，淮南市淮化集团开始实施30万吨炼焦炉的停产关闭工作。市环境监察支队对该生产线的关停情况进行了现场监督检查。监察人员对蒸氨、黄血盐、溶剂脱酚等三套环保装置的后续废水处理及停用提出意见；要求淮化集团保证生化废水处理设施的合理调配运行，维持污泥活性，解决污泥菌种适应新废水的处理工作。目前，该焦炉全面停产。

省局对天长市万寿机械有限公司进行严肃处理

9月初，省环保局检查组对滁州市部分企业执行环保法律法规情况进行了检查。检查中发现天长市万寿机械有限公司未按环评要求建设生活污水处理设施和地面冲洗水、初级雨水收集系统；生产废水总排口取样监测结果PH超标，总铬超标0.88倍，总镍超标7.92倍。根据该企业违法事实，省环保局依法对该企业进行了严肃处理：请滁州市环保局责令该企业立即停产治理，按照环评和环评批复要求建设生活污水治理设施和地面冲洗水、初级雨水收集系统，安装PH在线监测设备，对污水处理设施进行整改，确保废水稳定达标排放，整改完成经滁州市环保局同意后，方可恢复试生产；责成天长市环保局依法追缴该企业应缴纳的排污费；对该企业处以罚款。

淮南市环境监察支队七项措施为经济平稳较快发展服务

近日，淮南市环境监察支队认真学习贯彻《安徽省人民政府关于促进经济平稳较快增长的若干意见》精神，部署全市环境监察系统应对当前经济形势、保持经济较快持续增长的各项工作，进一步对照年初目标，细化分解落实任务，补差补缺，积极开展五十天专项监管活动，确保完成任务。

一、在行政执法中要严格执行规定的程序，加强宣传，对于有轻微违法事实的，责令改正；积极落实整改的不予处罚，行政执法时不执人情法、态度法，确保公平公正。

二、在排污收费中实行公开原则，公开排污费收费标准、征收程序及计算方法，对排污单位的规费征收按照实际情况进行核定，确实因当前经济原因造成的停产、半停产等依法给予核减。

三、在污染源现场执法监察工作中要注意言行举止，采取“执法与宣传并重，与服务同行”的措施，取得被管理对象的理解支持，主动履行相关义务。强化执法人员的服务意识，将全心全意为人民服务宗旨落实到工作中。

四、加大对污染源头的控制，把开展环保专项行动和日常监管有机结合起来，加大对环境违法行为的查处力度，对恶意超标排放或偷排行为在经济上实行“高限处罚”，坚决扭转“违法成本低，守法成本高”的局面。

五、全面开展后督察工作，对重点案件的处罚、整改情况进行拉网式检查和逐一核实，对群众长期投诉的突出环境问题进行督办，使环境热点难点问题及时得到解决。

六、12369环保热线确保畅通，环境监察人员接听电话或接待群众来访时，必须做到文明服务、礼貌待人、态度和蔼、规范用语。记录内容要准确、详实、简明扼要、字迹清楚，确保受理的投诉准确无误。对于群众咨询，当场答复的则予以答复；不能当场答复的，经请示后予以答复。

七、对在行政执法因执法不严、不公或不及时而造成社会影响的，在排污收费中乱收费、吃拿卡要的，依法追究相关人员和相关领导的行政的责任。

省级挂牌督办企业青阳兴达化工有限公司环境综合治理方案通过专家论证

2008年11月23日池州市环保局组织召开了“青阳兴达化工有限公司废水、废气综合治理整改方案”技术评审会。与会单位有池州市环境监察支队、市环境监测站、青阳县环保局、以及方案设计单位合肥工业大学。

兴达化工有限公司整改领导小组和技术评审组首先查看了现场，随后技术评审组详细的查阅了该公司的整改方案，一致认为该综合治理方案考虑到了该公司的实际情况，结合了该公司的生产和污染物排放规律，技术上是可行的，但要结合该企业的实际问题，符合设计水量、水质，要明确收集污水范围，优化清污分流系统，同时要规范固废及危险废物使用和储存措施，加强厂内废气、废水的监测，进一步完善废气吸收方案，建立废气、废水的监控机制，减小环境风险。

兴达化工有限公司整改领导小组组长余祖平副局长最后强调指出：兴达化工有限公司整改方案报市环保局审批后要按计划逐步实行，对照省局挂牌督办的意见逐条落实整改到位，同时各级环保部门要进一步明确责任，加强监管。

滁州挂牌企业安徽万和制药有限责任公司通过验收

2008年4月，安徽万和制药有限责任公司（下称万和公司）因“环评文件未经环保部门审批；生产废水直接排放，COD 2100mg/L，超标排放” 被省环保局列为2008年省级第二批挂牌督办企业。

该企业经整改，补办了环评审批手续，新建了一套日处理30吨的兼氧、好氧为主的生化地埋式污水处理装置，改进了甲醇、乙醇回收工艺，目前已通过滁州市环保局组织的建设项目竣工环境保护验收。11月19日，我局验收组对其进行了实地考察，并审阅了相关资料、听取企业整改汇报，经检查，该企业基本完成了整改任务，原则同意其通过挂牌督办整改工作的验收，并在近期予以摘牌。

池州市长江干流环保执法行动圆满完成

为贯彻落实国家环保部和省环保局对开展长江环保执法行动的部署，确保我市饮水安全，我市积极开展行动，2月19日，池州市环保局召开全市长江环保执法行动部署动员会，对池州市长江环保执法行动全面部署。

池州市辖区的长江干流主要为东至县辖区的长江段和池州市贵池区辖区的长江段。

2月20日—3月1日，全市环境监察执法人员和市环境监测站克服时间紧、任务重、天气不好等居多困难对排入我市长江干流的排污口、闸站、市政排污口及其主要污染物排放情况进行了全面的拉网式摸查，池州市排入长江的排污口共有14个，其中企业排污口5个，污水处理厂排污口2个，市政排污口7个另外还有各种排灌闸口。执法人员按照国家环保部和省环保局的要求一一对这些排污口及闸站进行了拍照、GPS定位，采样化验，同时检查了排污口规范化标识设立情况，在此次专项检查行动中，我市没有发现企业私设排污口、超标排污等环境违法行为，同时也全面摸清了我市境内长江干流排污口数量、污染物浓度及总量情况，对我市排入长江干流的排污口情况有了清晰、直观的了解，为有关部门提出长效管理措施，保护和更加科学规划利用长江岸线，提供环境状况依据。

安庆市将严查环境违法企业

2月23日上午，国家环保部相关负责人前来安庆市，就该市长江环保执法行动进行了检查指导。该负责人对安庆市及早开展此项活动表示了肯定。截至目前，该市已经摸底40余个排污口。

安庆市长江岸线247公里，沿江有宿松、望江、怀宁、枞阳、桐城五县（市）和市区。安庆长江环保执法行动开展以来，该市共出动人员100余人次，冒雨先后采集水样50余份。截至目前，城区17个排污口及县（市）区20余个排污口已基本完成照相、定位和样品采集，出入境段面已完成现场监测，数据整理和违法企业查处工作也正在紧张进行之中。

下一步，该市将坚决取缔沿江工业企业偷排口，依法严肃查处环境违法企业。同时对检查中发现的不规范市政排污口，责令相关单位限期整改，规范排污口设置。在此次专项行动中，安庆市局将通过媒体公开曝光典型环境违法案件。

安庆汇集全市工业园区及重点企业整改新况

2009年3月份市环保局将召开全市工业园区环境问题专项整治工作汇报会，为进一步确定各县（市）、区所取得的工业园区及重点企业整改进展情况的阶段性成果，市环境监察支队于2月10至13日分别约见了各县（市）、区环境监察负责人，收集汇总了全市工业园区及重点企业整改的最新进展情况，为即将召开的全市工业园区环境问题专项整治工作汇报会提供第一手材料。

省环监局检查铜陵市电力企业

电力行业二氧化硫削减是当前污染减排工作重点。2月26日，省环保局环境监察局先后对我市国电铜陵发电有限公司和铜陵皖能发电有限公司两家电力企业进行执法检查，这次检查是省局按照环保部有关规定每季度对辖区30万千瓦以上机组电力企业进行的例行巡查，主要检查电力企业的环保设施运行情况。省环监局详细检查了脱硫系统运行情况，收集核查了在线数据、在线记录和有关资料。从检查情况看，我市两家电厂总体情况良好，脱硫系统运行基本正常。

安徽省长江环保执法行动顺利完成

2月16日，环保部长江环保执法行动视频工作会议召开后，我省长江流域各级环保部门，精心组织，积极行动，通过岸上普查、水上巡查等方式，对长江干流排污口及其主要污染物排放情况进行了全面检查和监测。截至目前，全省共出动执法人员1450人次，对173个直接排入长江和相当于直接排入长江的排污口进行了检查，其中，企业排污口60个，污水处理厂排污口5个，市政排污口108个。检查和监测结果表明，企业排污口设置大多数比较规范，部分建立了排污口标识；有97家工业企业通过排污口向长江排放废水，污水排放量约为1167万吨/天、COD排放总量270.8吨/天。除巢湖市益海嘉里（安徽）粮油有限公司正在进行设备调试，水质超标外，未发现私设排污口、超标排放污染物的环境违法行为。2000年“一控双达标”以来，各市环境监测站监测结果显示，长江安徽段水质基本稳定在国家《地表水环境质量标准》（GB3838-2002）Ⅱ-Ⅲ类标准，总体水质良好；安徽省重点流域水质月报显示，近期长江干流安庆皖河口、安徽省马鞍山市—江苏省交界江段水质优良。

下一步，我省将进一步加大监管力度，确保长江干流无私设排污口、超标排放污染物的环境违法行为出现。同时，以此次长江环保执法行动为基础，继续组织开展长江、新安江流域环保专项执法行动，将检查范围延伸到我省的长江主要支流以及新安江流域，并对前期工作进行后督察。

巢湖市环保局开展环境四项检查

针对全市环境存在的突出问题，巢湖市环保局开展四项检查，加强环境监管：一是深入开展市控以上企业和减排项目环境执法检查，按照省局要求，省环监局每季度检查一次，第一季度正在进行，市局每月一次，县局每旬一次；二是深入开展建设项目执法检查，彻底查清工业园区、乡镇工业集中区、“861”项目、矿山采选业的建设项目环境违法问题；三是深入开展饮用水源地环境检查，彻查问题，依法整治；四是深入开展化工、造纸、涉铅、涉砷、采选业等重点行业的环境安全。

安庆市环保局组织开展 2009年春季执法大检查

为进一步巩固 2008年全市环境执法工作成果，逐步提高各地工业园区及重点企业环评和“三同时”执行率，不断解决目前仍然存在的各类环境问题。市环保局日前决定，从 2009年 3月 30日开始，集中利用三个月的时间，抽调环境执法人员，组成 3个执法小组，在全市范围内开展 2009年春季执法大检查。

此次执法检查分两个阶段。集中检查阶段（ 2009年 3月 30日至 6月底），分别对市区及各县（市）、区进行专项集中检查，主要针对 2008年各地工业园区及重点企业专项整治落实情况；暗查阶段（ 2009年 4月至 6月底），不定期组织开展日常巡查，采取不招呼方式，随机抽查各地化工、造纸、涉铅、规模化畜禽养殖及采选矿等重点企业。

执法检查的主要内容是重点查处违规环评、违规审批、违规验收、未批先建、超时试生产、偷排偷放和超标排污等环境违法行为。

执法重点是对照 2008年专项整治期间检查的全市604家企业，逐户核实各地上报的整治落实情况；对 2007年以来，全市范围内省市挂牌督办企业，市级专项整治企业，化工、造纸、涉铅、规模化畜禽养殖及采选矿等重点行业进行后续督查。

对此次检查发现的环境违法行为将依据环保法律法规给予严厉处罚：对所有违反环评和“三同时”制度的市批项目及部分问题突出，整治不力的县（市）、区批项目，分别给予罚款，责令停产整治；凡未按 2008年专项整治要求落实到位的除市局直接处罚以外的项目，由各地环保局予以高限处罚，并将处理结果上报市局。

同时，严格“绿色信贷”制度。 2009年 6月 30日前，凡是未按整治要求完成整治任务的企业，一律向银监会通报违法事实，实行信贷限制。整治结果纳入市政府综合考核，坚决整治不符合要求的环评文件。

环保部对铜陵市部分上市企业环保执行情况进行核查

三月三十一日至四月一日,环保部污防司城防处组织由环评、监察、冶金部门的人员组成的专家组，在省污控处和环境监察局有关人员的陪同下，对铜陵有色金属集团控股有限公司执行环保法律法规情况进行核查。

专家组在听取汇报时提出了有关矿山采、选和冶炼中污染治理的诸多问题，铜陵有色集团的环保负责人员给予一一解答；对正在使用，闭库和已经复垦的不同类型尾矿库污染治理情况进行现场了检查，对选矿废水的循环使用和附近河流的水质类型进行初步了解；对金昌冶炼厂的冶炼过程中偶发S02无组织排放情况和污水处理厂的污染治理设施的运行情况进行全面检查。检查中专家组对金昌冶炼厂转炉产生S02出现偶发无组织排放现象，影响周边大气环境提出了要求。

滁州市全面开展淮河流域环境隐患排查整改工作

4月9日下午，全省环境执法暨环境应急管理工作视频会议召开后，滁州市立即召开本市会议，进一步传达会议精神，研究部署淮河流域环境隐患排查整改工作。市环保局蒋新志局长、顾华新副局长、市环境监察支队支队长、环境监测站站长及各县市区环保局长、分管局长、监察大队大队长参加了会议。

会上，顾华新副局长重点对淮河流域环境隐患排查整改工作进行了部署。他着重强调了两点，一是对这次行动，不能仅仅局限于淮河流域，要结合目前正在开展的“五城联创”，把工作面拓宽到长江流域，市本级、来安、全椒也要开展环境隐患的排查整改。二是整个行动分2个阶段，4月20日前以属地为主开展自查，4月20日后市局将组织督查组进行督查。

最后，蒋新志局长作了重要发言。蒋局长强调，各地要把这次会议精神及时向政府汇报、及时向班子成员传达、及时向市局汇报贯彻落实情况。对即将开展的环境隐患排查整改工作，各地要精心组织、周密安排，抓好全市统一行动，行动成果要向市委、市政府及省局汇报。蒋局长还要求各地切实抓好环境执法、环境应急、饮用水源监管等各项工作，要以此为手段，切实改善环境质量、促进污染减排、树立环保威信。

全省环境监察基础工作推进年活动之芜湖行动：结合执法，注重督导

为更好地推进“环境监察基础工作推进年活动”，4月1日至2日，由市环境监察支队支队长许立凡同志带队，组织相关工作人员对南陵、芜湖、繁昌三县的环境监察工作进行了督察指导。

此次督察强调了四项工作。一是配合长江环保专项行动，进一步开展长江一级支流青弋江、漳河沿岸排污口调查工作。二是加大排污申报登记与排污费核算力度，在保证排污费征收额的基础之上扩大征收面，对排污单位拒收、谎报排放污染物数量、浓度和种类的，严格依法予以处罚。三是对第一季度重点污染源在线监控结果进行通报，并要求出现问题的单位认真查找原因，尽快解决存在的问题。四是建立市、县级环境监察信息报告制度。

全省环境监察基础工作推进年活动之宣城行动：倡导创新，科学推进

为深入学习实践科学发展观，进一步规范环境监察行为，提高环境监察水平，增强环境监察能力，全面推动全市环境监察工作再上新台阶，根据省环境监察局统一部署，宣城市环境监察支队于3月正式启动了 “环境监察系统基础工作推进年”活动。

此次活动以完善环境监察工作制度和程序、建立健全环境监察基础工作档案、规范环境执法行为、强化环境监察队伍管理和执法效能、全面推进政务公开工作等5个方面为工作重点。

同时，结合该市环境监察支队创建青年文明示范岗活动成功经验，在服务创新上提出了新的要求。要求全市环境监察系统突破传统思维方式和习惯，不断转变工作方式和方法，在执法与服务并举上下功夫，运用环保专业知识和技能力所能及地帮助企业渡过难关。

为加强活动的组织领导，专门成立了以该市支队长为第一责任人的工作领导小组，明确职责，并结合实际，详细制定了工作实施方案，切实抓好动员部署、排查梳理、整改落实、整改后的成果试运用核查、总结提高五个阶段工作。

宣城市环境监察支队将以此次“环境监察系统基础工作推进年活动”为抓手，不断加强环境监察队伍规范化建设，确保该市“环境监察基础工作推进年活动”取得实效。

为保竹乡永续美，宁国市开展特别环境执法

宁国市是中国元竹之乡、中国竹子之乡，竹笋在给笋农带来丰厚收益的同时，也给笋壳弃置管理造成很大难题。当前，正值竹笋加工高峰期，少数农户随意弃置笋壳，甚至极少数农户将笋壳弃入河流，给水环境造成较大危害，也影响村容村貌。针对此况，为防止笋壳污染河流，宁国市环保局决定从4月初到5月底，在全市范围内开展笋壳弃置专项治理。

从近期检查情况，笋制品加工企业都将笋壳围场堆放，未发现笋壳倾河入库现象，但检查中发现少数笋制品加工企业废水处理不规范，该市环保部门已责令及时整改。

在检查过程中，环保部门还积极引导农户将笋壳还山归田，搞好资源的回收利用，减少对环境的危害。同时，要求笋制品加工企业和笋农严格遵守环保法律法规，规范笋壳处置，禁止将笋壳向河道、水库、沟渠倾倒，禁止在省道、县道、乡道公路沿线堆放笋壳。否则，一经查实，将依据相关法律法规给予处罚。

保护新安江生态环境，休宁县源头河流封河禁渔五年

休宁县为切实保护新安江源头生态环境，决定从2009年3月开始对新安江源头流域实行全面封河禁渔5年。此次禁渔范围为新安江源头的大源河、小源河及其支流。涉及流口、汪村、鹤城3个乡镇,全长38公里，流域面积191万平方米，禁渔期限为5年。

禁渔期间,该县还将采取4项措施，更好的保护和改善源头河流生态环境：一是将在新安江源头人工放养鲫鱼、鲢鱼、草鱼等鱼种，增加河流生物种群数量。二是适时开坝放水，以便于鱼虾等水生生物能按照其生活习性异地产卵繁殖。三是开展河道治理，减少农村生产、生活垃圾对河道的污染。四是有关部门及乡镇、村加大对电鱼、药鱼、炸鱼等违法捕鱼行为的打击力度。

淮南市突出重点，全面部署排查环境隐患

4月9日下午，全省环境执法暨环境应急管理工作视频会议后，淮南市环保局立即召开了市及各县区环保局主要负责人及环境监察等负责人会议，全面贯彻落实视频会议精神、动员和部署淮南市环境隐患排查工作。

会议要求，要结合实际，工作中要抓住四个方面重点，对淮河淮南段流域范围内化工企业、涉砷企业、水污染治理设施和城镇污水处理厂的全面排查，对各类环境违法问题限期整改并依法严肃处理，加强枯水期环境安全监管，切实保障淮河淮南段流域范围内枯水期环境安全。

同时要求，该市环境监察支队与各县区、科室要密切协作，对2005年以来审批的涉水项目及其“三同时”情况进行仔细排查，对环境违法行为要严肃查处，加强督查督办，确保工作到位，不留隐患。

蚌埠市启动淮河流域环境隐患排查整改工作

近期，为了贯彻落实中央“保增长保民生保稳定”的政策要求，根据省环保局《关于开展淮河流域环境隐患排查整改的通知》精神，蚌埠市环保局成立了专门的工作领导小组，并研究制定了《蚌埠市开展环境隐患排查整改工作方案》。

按照计划，整个排查工作将从4月9日持续到4月27日，共分为动员部署、集中排查和分析总结三个阶段，重点对全市的国（省）控重点污染源、城市污水处理厂、化工企业、涉砷企业、国（省）控监测断面及饮用水源地的环境隐患开展全面排查。蚌埠市环境监察支队将全程参与此次行动。

省环保局完成全省2008年环境监察工作考核

近期，省环保局对全省17市环保局2008年度环境监察工作进行了考核，平均得分86.03分，优秀等次的环保局有3个，良好等次的14个。

考核根据《安徽省环境监察工作年度考核办法》，在对各市环境监察年度主要工作情况进行梳理的基础上，采取审核资料、听取意见建议、综合评议、会议审定的方式进行。总的来看，大多数市环保局认真重视，成立了领导小组，制定了工作方案，对监察支队或负责相关工作的科室进行了全面考评，对照考核细则组织了自查，报送了考核工作报告和自查情况报告（表）。通过自查考核，既肯定了成绩，找出了存在问题，认清了不足，又促进了工作落实。但同时也反映出个别市环保局对考核工作重视不够，表现在组织工作不力，接受考核准备不足，报告与资料过于简单，不能很好地反映环境监察工作的整体情况；其次是硬件建设滞后，全省仍有3个市级、88个县级环保局未通过环境监察标准化达标验收，大部分市、县未使用“12369”管理信息系统；再次是文件、材料报送不及时，部分单位对按时报送文件、材料重视不够，抓的不紧，迟报、拖报现象普遍，甚至出现漏报、未报。有的公文流转不畅、办事效率不高等，也是造成报送迟误的原因。

此次考核重在发现问题，查找不足，以督促各市环保局进一步加强环境监察工作，着力弥补薄弱环节，发扬成绩、推进工作，不断提高环境监察系统的能力水平，更好地适应环境执法监管的需要。考核具体情况已专文通知各市环保局。

马鞍山市环保局对重点企业实施突击监察

为加大对国控、省控重点企业监管力度，确保污染物稳定达标排放，为污染减排服务，近期，马鞍山市环境监察支队联合市环境监测中心站，对马钢部分厂矿、污水处理厂、山鹰纸业、金星化工、蒙牛乳业等重点企业实施突击现场监察监测。

在监察现场，重点查看污染处理设施、在线监控设施运行情况和相关台账记录情况，并对主要排污口进行取样监测。对监察中发现的问题，当即进行询问、记录，并发《监察通知书》，要求立即改正。此举对企业加强自身管理，重视环保工作起到积极促进作用。

淮北市环境监察支队加强枯水期环境安全监管

近日，淮北市环境监察支队召开会议，对全省环境执法暨环境应急管理工作视频会议精神进行传达，并结合我市实际，制定了淮河流域环境隐患排查整改方案，力求提高排污企业对环境隐患排查整改工作的认识，通过对全市化工、涉铅、造纸企业，水污染治理设施和城镇污水处理厂的全面排查，对各类环境违法问题限期整改并依法严肃处理，加强枯水期环境安全监管，切实保障淮河流域枯水期环境安全。

积极应对环境违法，巢湖市以“四强化”落实“五预防”

近日，巢湖市环保局召开专题会议，针对全市环境违法问题，采取“四个强化”措施，落实“五个预防”：

一是强化认识抓落实，充分认清环境形势的严峻性，环境违法行为的严重性，抓好环境整治的紧迫性，强化环境执法的必要性；二是强化重点抓落实，要强化对重点排污企业、重点行业、重点减排项目、重点环境敏感区域以及执法检查中的重点环节、重点问题的督查和检查，彻底查清和坚决纠正环境违法行为；三是强化执法抓落实，要加大执法力度，依法处理到位。加大减排工作力度和应急工作力度，确保减排任务的完成和环境安全；四是要强化自身抓落实，要狠抓标准化建设，完成标准化建设任务。

狠抓效能建设，做到细化任务，严明责任，考核兑现，赏罚分明，提升效能，优质服务。狠抓廉政建设，严把制度关，加强廉政教育，做到廉洁自律，一身正气干工作。

如此通过以上 “四个强化”的坚决措施，做到落实“五防”：防污染反弹，防“十五小”、“新五小”企业死灰复燃，防“两高一资”项目违法建设，防环境事故发生，防流域限批重演。

迎中博，合肥环境监察支队联合执法实施“蓝天行动”

2009年4月9日，由合肥市环境监察支队联合合肥市市容局、建委等单位的联合执法组对合肥市会展中心周围、金寨路高架桥沿线和政务区、蜀山区星级宾馆附近施工工地进行拉网式的联合检查，拉开了合肥市“蓝天行动”的序幕。

蓝天行动是为了迎接第四届中国中部博览会在合肥市隆重举办而制定，实施方案详实周密，重点是针对建筑施工工地的各类炉灶、烟囱冒黑烟和大气扬尘污染的专项整治。此次行动联合了建委、市容局等多家管理部门，共同执法，形成管理上的高压态势，还在执法中穿插了宣传工作。

此次行动取得了良好效果，进一步改善城区大气环境质量，为迎接中博会，提升合肥形象，做出了环保人应有的贡献。

科学发展见行动，铜陵环境监察支队信访工作“三优化”

铜陵市环境监察支队在“深入学习实践科学发展观”活动中，着眼把学习与解决实际问题紧密结合起来。针对环境信访工作直接面对群众，反映群众呼声、休现机关作风效能建设的特点，在环境信访投诉处理中推行“三优化”：

一是优化批转程序。即：当“12369”热线电话受理到环境信访后，“12369”投诉受理中心直接进行分流，根据具体情况及时分转有关科室处理并督促办理。通过优化程序，减少了中间诸多审批环节，使环境信访能及时迅速的得到查处。

二是优化人员、车辆保障。即当接到信访投诉后，视轻重急缓程度优先安排人员，安排车辆查处，第一时间赶到现场处理。如遇突发性事件，第一时间报支队领导。

三是优化处理过程。即对处理信访投诉时，按照先急后缓、就近及时处理的原则进行处理，减少信访案件的积存，同时对处理结案的信访及时回复，保证信访处理的时效性。

与此同时，支队还以环境监察工作推进年活动年为契机，把完善各项信访规章制度，建立健全各种信访工作体制机制，作为学习实践活动的重要内容来抓，深入学习，生动实践，对现有的规章制度进行了全面梳理，认真抓好规章制度的落实，进一步推进了环境信访管理工作体制机制的完善。

依托信访平台，黄山市切实维护群众环境权益

2009年以来，黄山市环境监察支队从学习实践科学发展观，保障人民群众利益出发，坚持以人为本与构建和谐社会的宗旨，本着客观公正的原则，狠抓环境信访工作不放松，将环境信访工作列为重要议事日程。严格做到党政一把手亲自抓，分管领导具体抓，确定专人负责，狠抓落实。

2009年1-3月份，全市共受理各类信访投诉47件（次），其中：省局转来投诉1件（次），市信访局转来投诉3件（次），市长信箱转来投诉3件（次），来人来访2次共4人，来电投诉22件（次）（包括12369），连线平台共转来投诉15件（次），《政风行风热线》受理投诉1件。信访投诉件按照内容分：噪声类投诉20件、油烟类投诉9件、废气类投诉7件、水污染投诉9件、烟尘污染投诉1件、其他投诉1件。所有初信初访办理率100%。今年1-3月份以来全市环保系统未出现群众去京、去省上访事件。

部门联动强监管，突击监察重实效

为加大对国控、省控重点企业监管力度，确保污染物稳定达标排放，为污染减排服务，近期，马鞍山市环境监察支队联合市环境监测中心站，对马钢部分厂矿、污水处理厂、山鹰纸业、金星化工、蒙牛乳业等重点企业实施突击现场监察监测。

在监察现场，重点查看污染处理设施、在线监控设施运行情况和相关台账记录情况，并对主要排污口进行取样监测。对监察中发现的问题，当即进行询问、记录，并发《监察通知书》，要求立即改正。此举对这些企业加强自身管理，重视环保工作起到积极促进作用。

阜阳市环境监察支队夜查重点企业

为做好全省淮河流域开展环境隐患排查整改工作，2009年4月16日，阜阳市环境监察支队和市监测站组成督查暗访组，从下午5:00到晚上10：00，对临泉、界首、太和三县5家企业进行了抽查，并对4家企业外排废水取样监测。

检查时太和恒丰纸业有限公司停产整顿；临泉县化工股份有限公司、昊源化工界首分公司、太和县污水处理厂污水处理设施运行正常。临泉县污水处理厂正在清理消毒池，总排口无废水外排，COD在线出现故障送修中，监测人员在进水口取样待检。

为有源头清水来，黄山区加大饮用水源地环境监管

为迅速贯彻落实全国、全省环保专项行动电视电话会议精神，近期黄山市黄山区环保局对该区一水厂饮用水源地保护区范围进行了详细的调查摸排，重点加强饮用水源地环保监管。

黄山区环保局重点调查了一水厂取水口、一级保护区范围、二级保护区范围及准保护区范围的项目建设及排水情况。

目前一水厂取水口处有少量的村民生活垃圾（主要是取水口下游200米范围内）对水质有一定的影响，一级保护区范围内无排污口，水质外观较好；二级保护区主要查看了徽园及一号公馆项目，对项目业主提出了要求其完善环保三同时制度且废水达标排放的要求，二级保护区范围内无排污口直排进入浦溪河，水质外观较好；准保护区主要对辅村境内的于志学艺术馆进行了现场监察，根据其实际情况对其提出了要严格落实环保三同时制度，一期和二期工程共建污水处理设施，严禁污水直排进入小溪排入浦溪河上游污染准保护区的水质。

通过现场环保监察，摸清了黄山区一水厂各级保护区的项目建设情况，并对相关业主提出了落实环保相关措施，从源头抓紧落实，确保该区人民群众的饮水安全。

巢湖市组织开展辖区内排污口清查工作

巢湖市环保局根据环保部关于加强对长江干流及主要支流环保执法行动精神，在对我市长江干流环保执法行动的基础上进一步开展对辖区范围内直接排放长江支流、巢湖及入湖河流的工业企业污水排污口、污水处理厂排放口及市政排污口进行集中专项检查，通过检查进一步规范入长江支流排污口、直接排入巢湖及入巢湖河流的排污口设置，建立企业排污口及污染物排放档案，严肃查处私设排污口、超标排放污染物的环境违法行为，促进污染减排任务完成，本次行动自3月26日至4月20日。

巢湖市环境监察支队调查再生资源回收行业环保问题

在深入学习实践科学发展观活动中，巢湖市环境监察支队根据巢湖市颁布的《巢湖市再生资源回收市场管理暂行办法》，按照《巢湖市市场管理整顿工作方案》的部署，组织精干力量，于2009年4月13日至4月20日，对巢湖市再生资源整顿办前期调查中存在的环保问题，再次深入进行调查取证。特别是对污染较为严重的20家经营网点逐户进行上门调查。调查涉及废旧塑料回收并加工，废旧簿膜回收，废旧轮胎回收加工等行业。

调查中一些经营户在生产加工时存在废气、废水、噪声环境等污染问题，下一步将按照巢湖市再生资源整顿办公室的统一要求，对这些经营户进行专项整治。

马鞍山市整治饮用水水源地周边环境

针对发生在江苏盐城市自来水水源污染事件，马鞍山市高度重视，组织相关部门对我市饮用水水源地取水口附近情况进行了详细调查，并向取水口锚泊的船只宣传环境水资源保护的法律知识，让渔民和运输船主知晓保证水源取水口安全是一个关系到民生的重大问题。

为确保本市饮用水取水口水源安全，近期针对性地开展了长江取水口水域专项整治行动。对发现在取水口上游500米内水域及其周围违章停泊、作业的船舶，采取果断措施，依法传唤船主到公安机关接受调查处理。整治行动中，强制取缔了长期违规停泊在取水口附近水域的各类船只23艘次，有效净化了该市饮用水水源地周边环境。

依法查封拆除，污染企业无处藏身

近期，接淮北晨刊记者反馈信息，有群众反映在渠沟镇范围内有2家污染企业。淮北市环境监察支队与相山区环保局同志带领记者赴现场随访调查。通过调查，在渠沟镇田庄村有一个地沟油作坊，从市内各家饭店回收泔水，拉回来提炼，产生恶臭气味影响环境。

另一家在渠沟社区，位于正大源饲料厂南墙外，有一废旧塑料加工厂。回收各种塑料编织袋通过清洗、粉碎、加热生产塑料颗粒。产生的废水和气味影响环境。两家企业均未办理环保相关手续，在去年都被环保部门异地查处过，又搬迁新址继续生产，以上调查情况由区环保局上报区政府后，区政府决定依法取缔。随后，市、区两级环保执法人员会同媒体记者跟踪宣传报道，对两家违法企业生产设施进行强行拆除，生产场地依法查封，让违法污染企业无处藏身。

环境隐患排查整改，淮北市迅即行动

为了进一步贯彻落实《国务院关于落实科学发展观加强环境保护的决定》，根据全省环境执法暨环境应急管理工作视频会议布署，淮北市迅速行动，开展了环境隐患排查整改工作。

市环保局要求各区县思想上要高度重视，行动上要坚决果断。对于环境安全隐患排查要成立组织，制定方案。要结合实际确定专人主抓，专人承办，责任明确到人，确保工作到位，不留隐患。目前，各项整改工作正在有序进行之中。

淮南市环保局领导带队赴淮化集团检查环保工作

4月14日，市环保局局长刘琦、副局长赵葆青、邓之海率有关人员赴淮化集团检查环保工作。刘琦局长一行听

取了企业关于环境保护工作情况的汇报，详细了解有关项目进展情况，和企业共商加强环境保护工作的措施。

对检查中发现的问题，提出了明确整改要求。刘琦局长强调，环保部门积极支持企业发展，为企业发展搞好服务。企业新建项目要严格执行环境影响报告，切实做好环保“三同时”，加快淘汰落后产能，加强环境综合整治，建设资源节约、环境友好型企业

立案查处违法企业，严格遏制非法排污

淮南市环保局切实加强环境监察工作，对违法排污企业坚决予以立案查处，严格遏制不法排污。

近期，淮南市环境监察支队在对安徽永安制药有限公司进行检查中发现，该公司为规避监管，将高浓度废水通过暗管接入厂区雨水管道，未经处理直接排入环境，造成大涧沟入淮河排污口COD浓度超标45倍，威胁饮用水源安全。淮南市环保局根据淮南市政府《关于责令淮南市永安制药有限公司停产整顿的通知》（淮府秘[2009]59号）的精神，对该企业进行立案查处，要求该企业立即拆除违法设置的管道，按照雨污分流的规定，整改厂区内的排污管道，生产废水处理后经环保部门规定设置的排污口排放，依法追缴自投产之日起应缴纳的排污费和超标排污费，并处以罚款16万元。

铜陵市对饮用水水源地进行联合执法检查

为进一步加强饮用水水源保护工作，确保铜陵市饮用水水源地安全，按照《铜陵市城市集中式饮用水水源环境保护联合监察制度》的规定，4月21日，铜陵市环保局会同市监察局、水务局、交通运输局、铜陵海事处及新闻媒体组成联合检查组，对铜陵市饮用水水源地进行执法检查。

检查组先后对市自来水厂一、二水厂水源保护区、三水厂水源保护区进行检查。检查发现，一、二、三水厂水源保护区标志牌明显、醒目，水源保护区内无新的违规建设项目，无违规停靠船舶，市环境监测站对取水口水质进行了取样分析，检查总体情况良好。

同时，检查发现水源保护区存在问题：一是保护区界牌被损毁，无保护区界碑；二是一、二水厂水源一级保护区内上游存在钰林码头和私人黄沙码头，三水厂水源保护区下游存在凌江码头，钰林码头与凌江码头均存在装卸铁矿粉、硫精砂等违规货物；三是一、二水厂水源地一级保护区陆域有许多生活垃圾对水源安全存在一定影响。

为此检查组要求，一是通报此次检查情况；二是相关责任部门要按照《铜陵市城市集中式饮用水水源环境保护联合监察制度》分工，针对存在问题，制定整改方案，落实整改措施，尽快整改到位；三是进一步完善饮用水水源保护基础工作，特别是完善饮用水水源应急监测、监管体系。

六安贯彻全省环境执法暨环境应急视频会议精神：明确责任，突出重点

4月9日下午，全省环境执法暨环境应急视频会议结束后，六安市环保局立即召开了市及各县区环保局主要负责人、分管负责人及环境监察、监测机构负责人会议，迅速就贯彻全省视频会议精神提出具体要求。市环保局局长胡守炳出席会议并讲话。

会议指出，对省局视频会议部署的工作，传达的信息、通报的情况，思想上要高度重视，工作上要落实措施，行动上要坚决果断。要精心组织，狠抓落实。对于环境安全隐患排查要成立组织，制定方案。各县区要结合实际确定专人主抓、专人承办，责任明确到人，确保工作到位，不留隐患。

会议要求，要突出重点，全面排查。结合该市实际，工作中要紧紧抓住五个方面重点，即对所有建设项目的环评和“三同时”执行情况进行全面检查，各县区要进行“回头看”，认真自查；按照环保部和省局统一部署和要求，对市辖淮河流域的环境安全隐患进行全面排查；对“十一五”污染治理项目落实情况进行全面检查；对排污费征缴到位情况进行全面稽查；对所有被上级环保部门查处、媒体曝光以及环保专项行动、日常监管查处的环境违法案件的整改落实情况进行全面检查。同时，要认真吸取舒城县垃圾综合处理厂事件的教训，对建设项目工程实施环境监理、执法、监测、验收的全过程监管，特别要加大对垃圾、污水集中处理和水环境污染治理设施项目的监管力度。

会议强调，要加强巡查、督察，在严格执法、加大处罚力度的同时，高度重视环境信访工作。下大气力解决群众身边的突出环境问题，绝不能因环境信访问题而导致群体性事件，影响社会稳定的大局。要认真落实领导信访接待、带案下访、信访听证等各项制度，把工作做在前面，做得更加细致，妥善处置各类环境矛盾和纠纷，保稳定促和谐。

宿州市淮河流域环境隐患排查整改工作落下帷幕

开展淮河流域环境隐患排查整改工作以来，宿州市环境监察支队高度重视，联合工商、工业、供电等部门，对辖区内企业进行一次拉网式大排查，发现并处理了一批环境违法企业，消除了该市的环境隐患。

灵璧县金牛化工有限公司因原料和固废堆放不符合环保要求，厂区外废水砷超标，被县政府责令停产治理。现场排查时，该公司已经停产，正在落实停产治理决定。

安徽省艳丽化工有限公司未办理环评手续，擅自开工建设，被责令补办手续，待审批后方可生产，目前已停产。

安徽九泰农药有限公司超出环评范围擅自开工生产未

经审批的产品，被责令立即停止生产，履行手续，并申请排污许可证。

宿州市东达木业有限公司化工厂未办理环评手续，擅自生产，被责令立即停止违法生产，补办手续，改正违法行为。

灵璧县金牛化工有限公司，处理设施因落实停产治理措施，正在对过去积存的超标废水进行处理，在厂区西侧的小吴沟取样监测，砷浓度达到20.22mg/L。目前相关部门正在对这一结果再次进行鉴定。含砷硫酸废渣经分选后销售到水泥厂，已经按规定进行了危险化学品登记。

宿州市重点水污染企业28家，基本上按照“三同时”要求建设了污水处理设施，在此次排查中未发现企业擅自拆除、闲置污水处理设施的现象，但有个别企业的处理设施运行不正常，我们依法进行了处理。

该市目前有城镇污水处理厂5家。针对污水处理厂的检查情况，市政府办公室下发了《关于全市企业违法排污大排查活动情况的通报》，督促城镇污水处理厂加快建设进度、提高运行负荷，明确要求灵璧县、泗县污水处理厂必须在今年6月底前、萧县污水处理厂必须在今年10月份达到设计能力的60％以上，砀山县污水处理厂必须在今年4月底建成投运。

下一步，该支队将坚持以落实科学发展观为指导，进一步明确责任、加强后督察，确保各项整改措施落到实处。同时举一反三，创新思路，完善工作机制。全面强化对违反建设项目“三同时”制度、污染治理设施不正常运转、超标排污及其它环境违法行为的查处，深入开展整治环境违法企业保障群众健康环保专项行动，严肃查处严重污染环境的典型案件，维护区域环境安全、促进经济又好又快发展。

宿州市环境监察支队要求全体人员：牢记使命，克难奋进

为了进一步加强市环境监察支队队伍建设，推进宿州市环境监察工作深入开展， 2009年4月13日下午，市环境监察支队组织召开支队会议，要求全体环境监察人员：

一要振奋精神，始终保持争先进位的激情，始终保持爱岗敬业的激情，始终坚持克难奋进，奋发有为，共同铸造新时期环保系统的精气神；始终坚持高歌猛进，求实创新，共同创造环境监察工作的新业绩；始终坚持与时俱进，服务发展，共同打造环保部门的新形象。二要牢记使命，严格执法，尽心尽职，不辱使命。三要求真务实，必须做到：市区的排污费征收工作目标必须完成；重点部位的环境违法案件必须得到有效查处；重点污染源的监控必须有力、有效。四要和谐稳定，最关键的是要大家服从指挥，用心干事，廉洁从政。

州市环境监察支队认真开展环境监察系统基础工作推进年排查梳理阶段工作

按照《宿州市环境监察系统基础工作推进年活动实施方案》的要求，该支队于3月中旬结束环境监察系统基础工作推进年活动动员部署阶段工作，同时开展排查梳理阶段工作，认真按照方案确定的工作重点，梳理现有的工作制度和工作程序，查找工作工中存在的问题和不足。

目前，宿州市环境监察支队已建立了行政处罚案件月报制度和通报制度，对环境监察执法文书进行清理和规范，并按照规范的法律文书格式，统一印制环境执法法律文书；同时要求环境监察人员在调查取证时，严格按照法定程序要求，做到亮证执法，取证规范。在对企业做出处理处罚决定时，要做到违法事实清楚、进一步规范环境执法行为，做到执法权限法定化、执法责任明晰化、执法程序公开化、执法行为规范化、执法内容合法化，努力提高依法管理水平。

加强科学发展观，切实履行督察职责

2009年4月上旬，在合肥市市环境监察支队领导带领下，督察室分别对肥西县金明等三家造纸厂环境保护工作进行现场检查，通过督察发现了一些环境违法问题，为了实际解决企业问题，支队领导从每个环节问题向企业负责人详细阐明问题的严重性；今后再生造纸行业的发展趋势及要求，企业负责人对此次检查、特别是政策的了解表示理解和欢迎。

说句心里话，在未加强学习和理会督察实质内涵之前，总认为督察室就是找毛病、找问题的部门，往往得不到理解和支持，工作中束手束脚，不能大胆工作。通过多次督察、稽查及时发现问题、解决问题、不仅促进了整改，而且大大降低了环境污染；如何在新形式下处理好“热情服务与依法行政”两者之间关系，也就要我们宣传到位，严把建设项目环境影响评价审批手续，严把污染反弹，严把节能减排，严把清洁生产工艺，严把涉嫌偷排现象，不让一滴污水排入南淝河，只要合情合理，为环保事业、为企业出谋划策，解决实实在在民声问题，实实在在科学发展才是硬道理。

再探推进之道，亳州召开全市环境保护业务工作会议

2009年4月21日，亳州全市环境保护业务工作会议在华佗之乡的药都如期召开。

会议首先听取了三县一区环保局长的汇报，汇报内容主要涉及当前环保工作开展情况、全年环保工作思路和对市局下发的考核办法提出修改的意见和建议等。袁绍令副局长就如何做好当前环保工作作了统一安排；最后，陈显锋局长在充分肯定三县一区所取得的成绩同时，提出了六

点具体要求：一是要认清形势，解决“找不准位置和摆不正关系”的问题；二是要转变意识，解决“理不清思路和抓不住主要矛盾的问题；三是明确责任，解决“办事不愿公开和监管不到位”的问题；四是狠抓当前，解决“多说少做和不求实效”的问题；五是重视宣传，解决“主题不突出和不到位”的问题；六是强化考核，解决“干孬干好都一样”的问题。

全市三县一区环保局局长、副局长、领导班子成员、监察大队长、监测站长以及市局机关科室及二级机构负责人参加了会议。

亳州市全面启动淮河流域环境隐患排查整改行动

根据省环保局《关于开展淮河流域环境隐患排查整改的通知》（环察函〔2009〕303号）精神，结合本市实际情况，亳州市环境监察支队对辖区内各类环境隐患进行摸底排查，建立环境隐患排查台账，尤其是要对化工企业、水污染治理设施和城镇污水处理厂进行全面排查整改。

为确保这次环境隐患排查整改工作落到实处，制定了《关于亳州市开展环境隐患排查整改方案》，成立了环境隐患排查整改工作领导小组，同时把方案转发至所辖三县一区，要求他们积极稳步地推进排查整改，认真上报各阶段相关材料。随后将结合工作实际，对各时段工作进行监督检查，对整改工作开展情况进行通报。

阜阳市污染隐患排查工作成效明显

从4月10日开始，阜阳市结合实际情况，全面对重点企业水污染治理设施和城镇污水处理厂的建设和运行情况以及化工、制革、涉铅和其他重点行业开展排查工作，同时对全市近年来新改扩项目“环评”、“三同时”执行情况进行全面筛查。截至目前，全市共出动执法人员568人次，检查各类企业236厂次，检查治污设施和在线设备200余台套，查出存在环境问题的企业3家，行政处罚企业3家，责令停产整顿企业2家，限期治理1家。通过排查全市无涉砷企业。

同时为切实加强枯水期环境安全监管，积极防范突发环境事件，市监察、监测部门按照市环保局制定的《阜阳市2009年度枯水期水污染联防期间事故应急方案》和《阜阳市2009年度枯水期水污染联防期间限排企业名单》，加强对国控、省控断面和主要饮用水源地的监测频次，增加监测因子，同时对流域内的主要河流断面进行加密监测，确保枯水期淮河流域的水环境安全。

下一步将针对排查出的环境隐患，加强督查督办，督促整改到位，进一步巩固环境隐患排查成果，同时认真开展环保专项行动，确保全面完成今年环保目标任务

黄山市监察支队加强执法监管，确保节日环境安全

“五一”小长假即将来到，为确保节日期间的环境安全，市环境监察支队强化三项措施，确保节日环境安全：一是加大监督检查力度。节前，按照分工，对辖区内重点污染源采取突击检查一遍，督促企业强化管理，确保治污设施正常运转，严防偷排、漏排、超标排放污染物等行为的发生。二是做好环境应急工作。对重点企业环境突发事故应急预案落实到位情况进行督察，建立和完善污染事故应急监测系统，提高污染事故处理能力，确保辖区环境安全。三是加强环境信访工作。严格落实“12369”24小时值班制度。对节日期间投诉的信访事项实行首问负责制，信访查处情况要及时向投诉人反馈。重要情况及时上报，确保让人民群众过一个祥和、快乐的“五一”节。

放假不放松，马鞍山市环境监察支队开展“五一”节假日巡查

“五一”假日期间，马鞍山市环境监察支队像每个节假日一样，放假不放松，依然放弃自己的休息，组织有关人员，由夏晓云支队长、李平副支队长亲自带队，分二个组，对马钢及市属10家重点污染源实施现场巡视监察。重点检查了各企业污染物排放情况，以及污染处理设施、在线监控设施等运转情况等，确保节假日各重点企业各类设施正常运转，污染物稳定达标排放。

以不缺失的环境监察，保障六安市环境质量持续改善

为确保辖区内 “五、一”节期间的环境安全，严肃查处各类环境违法行为，杜绝环境污染事故的发生，六安市环境监察支队加大节日期间巡查力度，加强环境监管。于5月2-3日组织相关执法人员对国控建来化工等部分重点污染源以及节日期间群众投诉的环境违法行为进行了现场监督检查。从检查情况看，被检查的企业环保意识较高，当班的工作人员责任心强，各种污染治理设施运行情况良好，主要污染物经处理后能够达标排放。

近年来，六安市环境监察支队一直坚持在节假日、公休日、夜间等时间开展对各类污染源的突击检查，发现问题及时查处。这类举措的实施，树立起了环境监察执法队伍的威信，有效的规范了排污单位的排污行为，为六安市环境质量持续改善提供了保障。

学习实践科学发展观，蚌埠市环境监察支队重在自觉行动

为进一步深入学习实践科学发展观，蚌埠市环境监察支队采取了四项措施：一是环境监察支队成立两个检查小组，对全市国控、省控重点企业进行环境隐患排查，帮助企业解决环境管理的困难和问题。二是辖区环境监察大

队开展以小化工、小电镀、小造纸等为主要内容的“十五小”、“新五小”企业专项排查，依法取缔违法排污企业。三是严格新建项目环评及审批手续的查验，防止产生新污染源；四是以办理环境信访为抓手，切实维护群众合理、合情、合法的环境利益。

六安支队突出抓实信访，有力推进环境监察基础工作

2009年1-4月，六安市环境监察支队共办理106起环境信访案件，结案率达100%。信访工作是环境监察基础工作之一，该支队以突出抓实环境信访六方面的工作，努力维护社会稳定，切实推进环境监察基础工作。

一是加大调处力度，对一般案件，做到不拖不压，尽快反馈调查结果；对反映问题复杂，容易造成不良影响和后果的重要信访案件，要求办理人员用电话或登门反馈，面对面通报情况，宣传有关法律法规，努力化解矛盾；对影响社会稳定的集体信访，坚持由领导挂帅，多方协调，妥善处理。

二是加大执法力度，对群众反映的严重违法行为，严格依法行政，做到违者必究。

三是加强预防，对苗头性、倾向性问题，及时与有关方面沟通，防止矛盾激化，将问题化解在萌芽状态。

四是将环境信访工作与开展打击违法排污保障群众健康环保专项行动有机结合起来，把群众反映的热点、难点问题纳入清理整顿的重要内容，严格执法，对违法排污企业加大处罚力度。

五是要求信访调查耐心细致，信访处理以诚相待。

六是进一步加大环境信访案件的督察督办力度，确保各类环境信访件的办理落实。

找差补缺上台阶，淮北支队细研环境监察工作争先之道

在省环监局对全省17个市2008年环境监察工作进行了全面考核后，淮北市环保局领导及时召开支队干部会，专题分析去年环境监察工作考核中出现的问题，研讨今年工作措施，明确争先进位的奋斗目标。

支队班子成员就各自分管的工作逐一进行分析和查找原因，并提出落实措施。

一是加强职工业务培训，着力提高全员业务水平和执法能力，充分发挥整体作用；二是强化职工思想教育，不断增强职工的责任心、荣誉感和工作的自觉性、主动性；三是加强文件管理、交流，主动与省局勾通，尽快把上级机关交办的工作落到实处，尽力做到及时、准确上报各类报表和材料，按时报送各类工作信息；四是确保各类污染企业现场监察频次，进一步规范现场笔录，继续做好总量减排监察系数核算；五是坚持周一班子例会制度，认真总结、分析上周工作，研究布置本周工作任务；六是督促指导市辖三区一县环境监察标准化建设，摸清未培训人数，积极向省局争取培训指标，努力提高持证岗率和岗位培训率。

周文波副局长要求支队切实重视考核工作，吃透考核内容。周局长指出，监察工作落后的原因与人的素质有关，要加强政治学习、业务培训，提高执法人员的整体素质。他还要求支队要更新观念，改变检查方式，加大对违法排污企业的处罚力度。

范向东局长强调，一要深入学习贯彻落实科学发展观，对照省局的要求逐条细化，逐项落实，不能大而化之，不能草率从事，要建立一套完整的工作体系；二要加强制度建设，用制度管人管事，要把工作落实到支队分管领导、职能科室、相关人员，做到工作有布置，有检查，最终看落实；三要加强系统内的联系、系统外的协作，上下联动，内外配合，形成工作合力，扩大环境监察工作的复盖面，推动县、区环保工作上台阶；四要加强责任追究，做好补差补缺。今年的目标，要进入全省先进行列；五要加强环境日常管理，合理调度工作，规范执法行为，提高工作效率，克服因循守旧思想，增强创新意识，提升环境执法水平，把环境监察工作不断向前推进。同时强调班子成员要团结协作，一把手统筹调度，实行分工负责，互通信息，保证工作畅通，整合班子力量，把支队所有人员的力量调动起来，全面做好环境监察工作。

淮北市环境监察支队表示，将压力变动力，以考核促整改，严格规范工作，争先进位，努力开创环境监察工作的新局面。

铜陵环境监察支队加大企业检修期间环境监管

近期，铜陵市停产检修企业较多，为防止检修期间产生的废水、废渣得不到及时有效处置，造成对环境的污染，市环境监察支队采取昼间巡查与夜间突击检查、现场监察与同步取样监测相结合等方法，加大对企业停产检修期间的环境监管。

5月21至24日，环境监察与监测人员分别对全线或单项目停产检修的铜冠冶化公司、华兴化工有限责任公司等14家企业进行了节假日的巡查与夜间突击检查。监察人员详细检查了解各企业的环境管理情况，察看生产工艺重点排放污染物环节现场管理、治污设施运行、污染源在线管理等情况。对污水总排口污水排放的企业，环境监测人员同步采集了水样。从现场了解到，上述9家企业中铜冠冶化公司、金隆铜业公司、华兴化工公司全线停产检修，六国化工公司复合肥生产线停产检修，各企业治污设施均在运行，污水总排口均有污水外排。

针对现场检查及水样监测结果情况，结合正在开展的环保专项行动工作，进一步加大对违法违规企业的环境监

管与处罚力度。

安庆市环保局对拒绝履行处罚决定的企业申请法院强制执行

随着环保工作的不断深入开展，安庆市环保局加大对环境违法行为的处罚力度。

今年1至5月份，先后对安庆兴隆化工，南风日化等三家企业下达了行政处罚决定书。对拒绝履行政处罚决定的安庆宜城公路机械公司，安庆杨鑫建司等企业申请法院强制执行。

如此严格执法，既维护了法律的严肃性，起到了警示、震慑作用，又遏制了违法行为的肆意蔓延，保障了人民群众的环境权益。

安庆市春季环境执法大检查第一阶段工作基本结束

5月8日，随着安庆市环保局赴望江县检查的最后一支检查组的归来，标志着2009年安庆市春季环境执法大检查现场检查工作第一阶段工作结束，转入材料汇总整理阶段。

此次春季环境执法大检查自3月31日开始，历时近40日，对全市十一个县（市）区工业园区及重点企业在2008年专项行动的基础上进行了复查。

从现场检查情况来看，2008年9月，市环保局下发的有关各县（市）区工业园区及重点企业环保检查情况的通报均引起了地方政府和环保局的高度重视，通报中的有关整治要求也得到了认真贯彻和落实。各地环保局在推进污染减排，提高环评和“三同时”执行率，规范排污口，打击环境违法行为等各项具体工作上取得了积极进展。

马鞍山市环境监察支队加大群众投诉处罚力度

为巩固提高“环保模范城”创建成果，切实解决群众关注影响社会稳定的环境污染问题，今年以来，市环境监察支队加大了群众投诉查处力度，对多起群众投诉案件实施了立案处罚。

日前，对马钢一铁总厂高炉无组织排放烟尘，造成大气污染，引发群众投诉事件进行了立案查处，并处罚款叁万元。这是今年以来因群众投诉实施立案查处的第5例。

省环境监察局调研指导滁州市环境监察工作

6月1—2日，省环监局黄建树局长、袁永宏副局长一行赴滁州市调研指导环境监察工作。黄局长首先听取了滁州市环保局有关污染源自动监控设施运行、排污费征收、挂牌督办案件整改及秸杆禁烧等方面的工作情况汇报，并实地检查了有关企业的自动监控设施运行情况和明光市工业园区挂牌督办整改情况。

在较全面地了解有关情况后，黄局长对滁州市自动监控设施在线率较低的问题十分关切，并对该市自动监控管理工作中存在的问题提出了方向性要求，强调要把自动监控管理作为污染减排和环境监察的基础性工作抓好抓实；同时，也对该市正在加快实施社会化运行管理进程表示满意。

针对其他方面检查时发现的问题，黄局长指出：排污费征收是开展环保工作的一项重要的经济手段，要确保完成或超额完成年度任务；秸杆禁烧工作，要加强督查、有所作为，有效行使环境监察职能；对挂牌督办案件，要采取有力措施加快推进整改进度，保证整改工作有实质性进展，按期完成任务。

滁州市环保局蒋新志局长对黄建树局长一行调研指导工作表示欢迎和感谢。滁州市环境监察支队陈道红支队长表示一定全面落实黄局长的指示，以“环境监察基础工作推进年”活动为抓手，促进滁州市环境监察工作再上新台阶。

黄山市以“四结合”整治提升城乡环境状况

近期，黄山市开展城乡环境综合整治活动，注重以“四结合”提升整治水平：

一是环境整治与疫病防控相结合。把当前开展农村卫生环境“脏乱差”整治作为有效防范手足口病、甲型H1N1流感的重要举措，开展“三清、三改、四灭”为重点的群众爱国卫生运动，全面掀起城乡环境卫生整治新热潮；

二是环境整治与创建文明乡镇相结合。研究制定实施方案，扎实开展城乡垃圾集中整治月活动，完善农村垃圾收集设施，充实村级保洁员队伍，落实村居环境卫生管理长效机制，夯实创建文明乡镇的基础；

三是环境整治与为民办实事解难事相结合。完善农村公共基础设施，加快实施村组道路硬化、亮化、绿化、净化“四化”工程，合理设置四个村级沼气服务点，大力推广农村户用沼气技术，提供农村沼气后续技术服务；

四是环境整治与新农村建设相结合。深入实施“清洁村庄”工程，落实门前“三包”责任制，开展星级户、文明户评比活动，发挥群众参与文明创建的主体作用，改善农村人居环境，扎实推进新农村建设进程。

黄山市为小平同志视察黄山三十年纪念活动暨黄山国际旅游节活动做好环境保障

为确保小平同志视察黄山三十年纪念活动暨黄山国际旅游节期间黄山市空气环境质量优良，饮用水源安全，切实消除因环境污染造成的社会隐患，黄山市环保局采取了四项有力措施为活动提供环境保障。

一是开展烟尘专项整治工作。对重要交通干线两侧、旅游景区景点周边、机场、车站等重要旅游窗口周边烟囱进行全面排查，对冒黑烟的烟囱责令企业限期整治。在纪念活动期间，对香茗酒店、高尔夫酒店等主活动会场周边烟肉，安排专人进行巡查，发现“冒黑烟”现象立即制止。

二是配合屯溪区政府做好新安江中心城区段水环境综合整治工作。组织人员对新安江中心城区段江面进行每日巡查，发现江面漂浮物及垃圾及时告知屯溪区政府进行打捞。对横江上游工业企业进行专项检查，督促企业落实环保要求，实现稳定达标排放。对中心城区一、二水厂水源保护地及上游企业进行彻底排查检查，消除威胁饮用水源水质安全的环境隐患。

三是进一步加强重点区域环境监管工作。对徽州区、歙县工业园区等重点区域组织人员进行巡查，发现超标排放等违法行为及时查处。对重点区域内工业企业进行专项检查，督促企业落实突发性环境应急预案，防范环境风险。对主活动会场周边区域组织人员进行每日巡查，发现焚烧垃圾等环境违法行为及时制止。

四是及时发布环境信息。根据活动组委会要求，做好活动之前及活动期间的环境信息发布。每日及时在媒体及网络上发布黄山空气质量日报。

滁州市政府专题会议研究环保挂牌督办案

5月20日上午，滁州市副市长王图强主持召开专题会议，研究本市3起挂牌督办案件解决方案。市政府副秘书长徐大华，市环保局、监察局、发改委主要负责同志和3起案件涉及的凤阳县、明光市、天长市政府分管负责同志及县、市相关部门负责同志参加会议。

会议听取了相关县、市政府关于这3起挂牌督办案件处理方案的汇报，研究了具体措施和对策。

会议强调，要充分认识省级挂牌督办案件的重要性和严重性，进一步统一思想，克服畏难情绪，确保如期通过省环保局、省监察厅组织的整改验收。会议要求，在处理挂牌督办案件过程中，要联系学习实践科学发展观活动，把治标和治本、整改和发展、挂牌督办和专项行动结合起来，强力推进污染减排，推动环境综合整治，保持全市环境质量基本稳定。

会议作出三项决定：

一是相关县、市政府要明确主体责任，尽快拿出整改方案，加强督查，确保按期摘牌；

二是市环保局要对挂牌督办案件的处理方案严格审核，细化相关步骤，做好跟踪督促整改工作；

三是相关县、市政府和市环保局要及时将本市整改情况及存在的问题向省环保局等部门报告，争取省里的理解和支持。

蚌埠市环境监察支队密切跟踪重要基础设施建设进度

自今年环保专项行动开展以来，蚌埠市环境监察支队将生活垃圾卫生填埋场渗滤液处理工程作为重要监察内容，密切跟踪项目进度。

今年2月9日市政府召开专题会议，明确由市建负责建设市生活垃圾卫生填埋场垃圾渗滤液处理系统。

3月26日，市环保局下发了《关于蚌埠市生活垃圾卫生填埋场垃圾渗滤液处理工程项目环境影响报告表的批复》，同意该项目建设。

4月7日，市建委主持召开了“蚌埠市生活垃圾卫生填埋场垃圾渗滤液处理工程可行性研究报告”论证会，与会20余名专家对该项目进行了认真评审与论证。

5月22日，市发展和改革委员会下发了《关于蚌埠市生活垃圾卫生填埋场垃圾渗滤液处理工程可行性研究报告的批复》，同意该项目可行性研究报告。

下一步，蚌埠市环境监察支队将继续做好过程监管，督促协调有关部门和单位尽快落实责任，切实推进渗滤液处理设施建设进度。

宣城市环境监察支队开展后督察工作

近期，宣城市环境监察支队对省环保局3月份在该市巡查中发现存在环境问题的企业进行了后督察。

此次后督察范围共8个企业，涉及一区五县。该支队向相关企业下达了环境监察通知书，责令限期整改，并对已落实整改措施的企业进行了督察。

此次后督察活动，促使企业加快了整改进度，污染治理设施处理效果得到改善。对于尚未落实的整改措施，宣城支队将继续督促企业整改落实到位，确保完成整改任务。今后，该支队将进一步加强对上述企业的监管力度，督促其污染治理设施稳定运行，以实现稳定达标排放。

在后督察过程中，宣城支队还对辖区的部分国控企业进行了巡查。

亳州市着力解决环境投诉热点问题

针对安徽瑞福祥食品有限公司的群众投诉和信访比较多的情况，结合今年的专项行动，为彻底解决该公司污染问题，局长办公会研究决定，由袁绍令副局长实行包保监管，监察支队全力以赴，每周至少两次现场监察。

2009年5月31日早上7：00在该公司董事长李彬的陪同下，陈显锋局长带领业务骨干仔细查看了可能产生恶臭气体的部位，就如何解决臭气污染问题进行分析论证，制定整改方案。为确保整改落到实处，已责令该公司于5月31日-7月31日期间停产治理，督促其在停产期间对储存的浓糟液进行处理，列出日程表，倒排工期，并对容易跑冒滴漏的设备和部位进行检修，确保停产期间整改完毕。

下一步，亳州市环保部门将加强对该公司的监管和服务，积极帮助和引导企业守法经营，加强内部管理，增强企业自律，积极治理污染，实施清洁生产，最大限度地减少污染的排放，还周围居民良好生活环境。

蚌山区环境监察大队积极化解信访矛盾

蚌山区环境监察大队坚持把做好环境信访工作作为贯彻落实科学发展观的具体行动，不断强化实践意识、服务意识和责任意识，从人民群众反映的环保热点入手，认真开展矛盾纠纷排查化解工作，认真办理每一件环境信访投诉，较好地维护了人民群众的环境权益。

该大队针对市民来信来电来访投诉，积极主动开展工作，对每一个信访诉求人进行认真的接待，及时安排人员到现场认真查处，有效化解了许多突出的信访矛盾。特别是成功化解了南山路397号生活小区38位居民联名投诉新开的东方金河大酒店噪声扰民问题。该大队坚持问计于民、问需于民，深入实地了解情况，与相关部门反复沟通协商，并找到企业负责人，摆事实、讲道理，做细致的思想工作，宣讲环保法律法规，最终得到了企业负责人的理解，并主动对酒店污染治理设施进行了整改，双方终于从抵触和对立走向对话和沟通，圆满地解决了突出的环境问题。

联合督察分类指导，滁州市深入推进挂牌案件整改

为掌握和推动本市三起省级挂牌督办案件的整改进度，6月16日至19日，根据滁州市政府要求，市环保局、监察局组成联合督查组，对明光工业园、凤阳西部建材企业群及天长万寿机械有限公司进行了专项督查。

督查组分别听取了三地政府关于挂牌督办案件整改落实情况汇报，逐家企业查看了各项整改措施落实情况。

从督查情况看，三地政府高度重视挂牌督办案件的整改工作，成立了整改机构，制定了整改方案，明确责任和措施，行动迅速，已取得一定成效。但各挂牌案件的整改进度不一，天长万寿机械有限公司和明光市工业园区部分企业已基本完成整改并进入试生产，凤阳西部建材企业群整改难度较大，进度较慢。

督查组要求，三地政府及有关部门要进一步提高对挂牌案件环境整治的认识，切实按照省厅要求，采取经济、技术、行政、法律、教育等一系列得力措施，攻艰克难，分类指导，必须想方设法完成整改任务，按期通过省厅的整改验收。

马鞍山市环境监察支队圆满完成非工业类项目摸底调查工作

按照省环监局《关于对非工业类项目进行摸底调查的通知》精神和要求，马鞍山市环境监察支队高度重视，把这项工作与深入学习实践科学发展观紧密结合，与本市环保模范城复查迎检紧密结合起来，迅即行动。

为此，一把手亲自抓，确定承办科室，落实任务。一是召开动员会。要求区县及支队各科室高度重视，认真开展摸底调查工作，确定专人负责汇总报送，确保按时完成摸底调查工作。二是下发通知。将摸底调查任务进行了分解，明确责任部门、完成时限，并以通知的形式下发至各区县及支队各科室。三是制定工作计划。把摸底调查工作与支队日常工作相结合，并纳入周、月工作计划，逐项落实。四是实行集体审核。各类报表汇总后，支队领导及相关科室负责人集中对报表内容进行审核，逐一完善。

目前，该市非工业类项目摸底调查工作已圆满完成。共上报七项内容92条信息，分别为城镇污水处理厂3个、垃圾处理厂2个、固体废物和危险废物处置厂1个、“两园一区”3个、矿产资源16个、大型服务业24个、其它大型非工业建设项目43个。

阜阳市环境监察支队开展环境安全隐患排查工作

根据省环保局工作部署，阜阳市自5月份以来，全市环保执法人员对辖区内的环境安全隐患进行了逐一排查。

结合本市环保专项行动工作内容，排查重点是对工业企业、饮用水源保护区、居民集中区等环境敏感地区开展了全面检查，查找危险化学品生产、储存、运输、销售、使用各环节的事故隐患，严把新、改、扩建项目竣工投产关。排查工作做到了不留死角，对发现的问题及时进行整改，消除了隐患，督促存在较大环境风险因素的生产经营单位完善了突发事件应急预案；对重点企业信息做到了一厂一档，完善了危险源基础资料库，确保一旦发生环境突发事件，能够做到应对及时、措施得力、处置有效。

下一步，该市将进一步加强对环境安全工作的领导，定期开展环境安全隐患检查，进一步健全危险源基础资料库和突发事件应急预案，开展环境突发事件应急演练，全面提高防范环境安全事故的处理、处置能力。

安庆市强化对县（市）、区环境信访处理督查力度

2009年上半年，安庆市受理省局转办信访投诉50件，位列全省第一位，其中六月份转办达到16件，创历史之最。

从上半年统计看，重复投诉案件较多，石化厂重复投诉5次，桐城电镀行业重复3次，潜山县有4件信访重复投诉2次。

为此，市环保局认真分析主客观原因，特别是查找主观原因，在调研的基础上，采取有效措施，进一步加大对省局转办信访案件处理力度，统一案件处理的报送要求，对处理不力的单位将在全市环保系统进行通报并扣分。

再拓通民心之渠，安庆市环保“热线”牵手“政通人和”

近期，安庆市广播电视报推出了“政通人和”版面，对本市有关市长热线、1584热线等投诉处理情况进行通报。

安庆市环境监察支队对此十分重视，安排专人负责信息报送工作，每月初将环保热线为民办事的工作过程和结果以书面和电子版的形式向该栏目报送。

畅通的信息渠道切实维护了百姓的知情权，使环保部门更贴近百姓，让百姓更了解环保工作，从而更好地服务群众，以实现市政府“贴近民心，为民办事”的工作要求。

淮北环境监察支队开展重点行业企业和建设项目执法检查

按照环保部和省环保厅的统一部署，淮北市环保专项行动领导小组办公室积极采取措施，迅速组织全市环境执法人员，分组采取明查暗访、同步取样监测等方式对全市化工、水泥、造纸、污水处理厂等重点污染行业企业和2008年7月以来开工建设、投运的建设项目进行拉网式专项执法检查。

在对重污染行业企业和重点排污企业检查中，全市共检查企业46家，其中经现场取样监测不达标的企业2家。排污口设置不规范的企业 2家，未发现不符合产业政策、私设排污管道和不按规定安装在线监控设施的企业。对不能稳定达标和排污口设置不规范的企业，均已依法予以处罚并责令限期改正其违法行为。

在对2008年7月以来开工建设、投运的建设项目的检查时， 共检查清理项目86个，对未批先建的 3个项目责令其停止建设，并分别依法审查处理；对未落实“三同时”已投产的2个项目，责令其立即停产整顿，完善环保设施。

通过专项执法检查，一是使企业对环保守法意识进一步加强；二是使违法企业按要求完成整改任务，消除了环境安全隐患；三是有效提高了企业治污设施的运行率和污染物排放达标率；四是有力推动了污染减排工作。

专项行动

安徽部署2008年环保专项行动重点整治巢湖淮河流域

为贯彻落实国家环保专项行动电视电话会议精神，切实做好今年环保专项行动工作，安徽近日召开了全省环保专项行动电视电话会议，对今年全省环保专项行动进行了动员部署，明确了目标任务，提出了抓好工作落实的具体要求。

安徽省要求，各地各有关部门要精心组织，周密安排，严厉打击各类环境违法行为，坚持不懈地推进环境执法进程，着力解决群众反映强烈的环境问题，切实保障人民群众的环境权益。

安徽省明确，今年的环保专项行动要突出重点，扎实推进。一是以巩固整治成效为目标，集中开展后督察。对挂牌督办案件、饮用水源保护区和造纸、涉铅、化工行业的专项整治措施的落实情况，2007年以来查处的环境违法案件，逐一检查，重点检查取缔关闭、停产整治、限期治理等行政处罚措施落实情况以及行政责任追究情况，确保查处到位、整改到位、责任追究到位。二是以促进污染减排为目标，集中开展对城镇污水处理厂、垃圾填埋场等重点行业的专项检查。要加快雨污分流配套管网建设，加大污水处理费征收力度，加强对污水处理厂进出口的在线监测，确保达标排放。要严格电力、钢铁等高排放行业建设项目的环评审批，新上项目必须同步安装脱硫设施，并提高脱硫效率。尤其是污水处理厂建设，要倒排工期、全力以赴，确保年底前安徽省淮河、巢湖流域所有市、县，都建有管网配套的污水处理厂。三是重点开展巢湖、淮河流域污染企业专项整治。要对2007年以来新、改、扩建的工业项目进行一次全面检查，加强对列入淘汰目录中严重污染水环境的设备和工艺的监管，对超标排放水污染物的企业，该罚的罚，该停的停，该关的关，严格追究责任。

安徽严打环境违法促减排

为确保实现今年污染减排目标，安徽省将污染防治作为全省环保工作的重要任务，把环保专项行动和日常监管紧密结合，出台了一系列政策措施，不断加大环境执法力度，严厉打击各类环境违法行为。

今年，安徽省环保专项行动将重点整治4方面突出环境问题:一是深入开展饮用水源保护区整治。关闭2000年以来在二级保护区内新、扩建的建设项目，全面清理装卸垃圾、油类及其他有毒有害物品的码头，加大对群众反映强烈的农村饮用水污染问题的整治力度；二是深入开展工业园区环境违法问题整治。着力解决园区内擅自降低环境准入门槛、建设项目环评和“三同时”执行不力、超标排放和环境监管不到位等问题，对各地违反环保法律法规的错误做法和文件进行全面清理，10月底前彻底纠正；三是深入开展重点行业污染整治。对涉铅企业进行全面检查，淘汰取缔落后的生产工艺和设备。对造纸企业逐一检查、登记，对不能稳定达标排放、严重污染环境的企业，责令停产整治或关闭。按照国家火电、钢铁行业“上大压小”产业政策，配合做好淘汰落后产能的工作；四是集中整治化工(化肥)行业严重污染环境问题。各地对辖区内化工(化肥)行业进行全面排查和集中整治，重点对沿江沿河沿湖及人口稠密地区和化工园区进行全面检查，取缔、淘汰落后产能，建设事故状态下“清净下水”收集、处置设施，制订和完善环境事故应急预案。

安徽省环保局长刘庆强要求，全省环保系统要加大检查和整治力度，严厉查处环境违法企业，实行区域、行业限批，继续开展省、市、县三级挂牌督办，对逾期未完成整改的，依据有关规定严肃追究相关责任人的行政和刑事责任。

安庆市环保专项行动成效斐然

8月19日，省环保专项行动督查小组对安庆市环保工作进行后督查，对我市环保工作给予充分肯定。自开展环保专项行动以来，市环保等部门重拳出击，着力推进污染治理和节能减排工作，取得了明显成效。

一是不断加大对违法排污企业的整治力度。05年以来，在全市范围内对城市饮用水源地、工业园区及所有国控、省控重点污染源、300余户工业企业进行彻底排查。截至目前，共有37家企业被挂牌督办，其中省级挂牌15家，市级挂牌22家。通过整改，多数企业通过专项验收并摘牌。在今年的环保专项行动中，桐城市霞珍集团公司及潜山县造纸企业被列为2008年省级挂牌督办，目前相关企业正按照环保要求积极落实整改措施。

二是保护饮用水源不受污染。目前，全市辖区县(市)均已划定生活饮用水水源环境保护区。长江安庆段水质，辖区华阳河、武昌湖、皖河、菜子湖、白荡湖和陈瑶湖等六大地表水系的环境质量均能达到Ⅱ-Ⅲ类水质标准，达标率为100%，城区饮用水源水质达标率为100%。

三是积极做好市区饮用水源地整改工作。自2007年被省专项办挂牌督办以来，市委、市政府高度重视，并多次组织各相关部门召开协调会，积极落实整改要求。目前该项整治工作正在依照方案紧张进行中，确保年底前完成整改任务并通过整改验收。

四是加强工业园区环境整治。市环保部门深入开展执法检查，重点清理违规环评、降格审批、不执行“三同时”制度等环境违法行为，成效明显。

五是开展造纸和涉铅行业专项整治。针对我市造纸、涉铅企业规模小、档次低、能耗高、污染严重等问题，全力推进专项整治。2007年，全市35家造纸企业被全部实行停产治理，14家存在典型环境违法行为的造纸企业被列为市级挂牌督办。经过大力整治，目前全市造纸、涉铅企业的环境问题得到显著改善，28家企业补办了环评，16家企业新上治污设施，6家企业因治理无望被政府依法关停。

六是严把化工行业准入关。为了加强对化工等高污染行业的管理，我市从源头抓起，严把行业准入关和“三同时”审查验收关，同时加强对该类行业的监督检查，依法对一批违法化工企业进行立案查处。

2008年环保专项行动省环保局工作方案出台

为落实环保部等八部门《关于继续深入开展整治违法排污企业保障群众健康环保专项行动的通知》和《安徽省人民政府办公厅关于印发2008年全省整治违法排污企业保障群众健康环保专项行动实施方案的通知》精神，细化工作程序，明确职责、提高效率，省环保局制定了《2008年全省环保专项行动省环保局工作方案》。

《工作方案》以加大环境执法力度为手段，以加强环境执法后督察工作为重点，集中整治重污染行业和重点流域、区域环境违法行为，着力解决危害群众健康和影响可持续发展的突出环境问题，促进主要污染物减排工作的顺利实施，确保我省2008环保专项行动有条不紊的开展。

《工作方案》将省环保局在环保专项行动中的工作概括为九个方面：部署全省环保专项行动；全面开展检查、督查工作；组织开展全省后督察和饮用水源地督查工作；开展对全省污水处理厂和垃圾填埋场的督查工作；组织开展对淮河、巢湖流域重点排污企业的暗访检查；配合环保部和省政府领导的督察、考核工作；组织完成环保专项行动各项常规性工作；进行环保专项行动工作总结等。同时，分解出28项各项具体工作，并明确责任单位与完成时限。

省环保局将按照《工作方案》逐条抓好落实，确保环保专项行动取得实效

我省部署2008年环保专项行动后督察工作

根据《2008年全省环保专项行动环保局工作方案》，8月5日，省环保专项行动领导小组办公室副组长、省环境监察局局长黄建树主持召开了2008年第二次环保专项行动领导小组联络员会议，部署2008年全省环保专项行动后督察工作。省发改、经委、监察、司法、建设、水利、工商、安全监管、电力公司等部门派员参加了会议。

会议学习了《安徽省人民政府办公厅关于印发2008年全省整治违法排污企业保障群众健康环保专项行动实施方案的通知》；参会各单位认真讨论了《2008年环保专项行动后督察工作方案》，并就进一步完善工作方案提出了修改意见。

根据《后督察工作方案》，8月15日至25日，省环保专项行动领导小组将组织9个后督察组，由各成员单位一名厅级领导带队，对全省17个市进行后督察，后督察主要内容：一是督察2005年以来国家及省级挂牌督办案件的整改落实情况；2006年以来饮用水水源地保护区专项整治各项措施落实情况，重点检查县以上城镇饮用水水源保护区内违法建设项目取缔关闭措施落实情况及排污口取缔情况；2007年国家和省环保局查处的环境违法案件整改落实情况。二是抽查2005年以来各市挂牌督办案件的整改落实情况；2007年开展的造纸、涉铅、化工行业专项整治各项措施落实情况，重点检查被取缔关闭的造纸、涉铅、化工企业或生产线停电、停水、设备拆除等措施的落实情况;检查超标入河排污口沿线的排污企业。

全省2008年环保专项行动进展情况通报

根据《关于报送2008年全省环保专项行动有关信息的通知》（环专组办〔2008〕10号）要求，省环保专项行动领导小组办公室对17市环保专项行动进展情况进行了调度汇总。至8月25日，合肥、蚌埠等16市已按要求召开了环保专项行动大会。芜湖市计划在第一轮全市大检查后，针对发现的问题召开全市环保专项行动会议。宣城市以市政府文件印发了实施方案，芜湖、安庆等15市的实施方案以市政府办公室文件印发，淮北市的实施方案初步拟定，尚未印发。目前，各市均已明确了2008年环保专项行动信息调度的负责人及联系人，按时完成了7月份的网上信息填报，其中淮南、黄山等12市编发了专项行动简报。

各市2008年环保专项行动全面展开

2008年环保专项行动开展以来，各市高度重视、积极行动，认真开展工作，为整治环境违法企业营造了良好的氛围。

宣城、滁州、淮南、铜陵、巢湖等市市长，亳州市代市长分别在省电视电话会议各分会场出席会议，并发表讲话，要求全面落实、认真组织开展2008年环保专项行动。各市政府高度重视，均成立了以分管副市长为组长的环保专项行动领导小组，宣城市以市政府名义印发了实施方案，其它已印发实施方案各市均以市政府办公室名义印发了实施方案。

各市结合实际，以今年环保专项行动的三大任务为重点，增加了有地方特色的相关工作内容。黄山市提出以生态环境监察试点工作为抓手，全面开展生态保护专项执法工作；铜陵市提出集中开展重点行业专项检查，要求进一步加强对冶炼、电力企业及建材行业的环境监管，进一步加强对化工、印染企业的污染整治；安庆市提出以全面落实环评法为目标，重点开展工业园区环境问题专项整治，在全市范围内开展工业园区环境执法检查，重点清理违规环评、降格审批、不执行“三同时”等环境问题。同时，各市根据需要增加了相关成员单位，加大了工作合力。如铜陵市增加了工业和信息化局、港口局、新闻办、海事处等成员单位，计15个相关部门，对职责分工进行了详细规定。

针对存在的环境违法问题，各市积极展开行动。淮南市谢家集区环境监察人员会同唐山镇政府，在对辖区内污染严重的破碎机、石灰窑等一一摸排的基础上，制作了辖区内现存石渣破碎机、石灰窑分布图，为集中整治奠定了基础。黄山风景区环保办分别会同黄山风景区规划办、温泉管理区和天海管理区对相关单位周边环境状况、宾馆饭店污染防治设施等进行了检查调研，提出了对云谷片、光明顶山庄、天海山庄等的整改意见。休宁县组织水务、工商、公安等部门，对全县河道采砂业进行集中整治，共收缴采砂器械10余件，取缔无证非法采砂户1家，有效遏制了无序开采。该县还在横江、率水流域划出禁采区、限采区，并不再新批采砂公司。

我省规范环境保护“挂牌督办”和环评“限批”管理

近日，省环保局制定了《安徽省环境保护“挂牌督办”和“限批”管理办法（试行）》（以下简称《办法》），并经省政府法制办备案，印发各市执行。

2007年，省环保局印发的《安徽省省级以上“挂牌督办”和“区域限批”督办意见》，对加强环境执法跟踪督办，确保国家和省级“限批”和“挂牌督办”案件整改落实到位起到了积极作用，受到环保部的肯定和赞扬，并要求其他各省学习借鉴。但由于起草时间短、无经验可循等原因，原《安徽省省级以上挂牌督办和区域限批督办意见》经过一年试行，凸现出内容不够完整、操作性不强的缺陷。今年，为进一步规范我省环境保护“挂牌督办”和建设项目环境影响评价“限批”工作，依据《国务院关于落实科学发展观加强环境保护的决定》、国务院《节能减排综合性工作方案》、环保部《关于征求<环境影响评价区域限批管理办法>（试行）（征求意见稿）意见的函》和有关环保法律法规，省环保局认真修订了《安徽省省级以上挂牌督办和区域限批督办意见》，形成了《安徽省环境保护“挂牌督办”和“限批”管理办法（试行）》。

《办法》删除了国家“限批”和“挂牌督办”内容，修订了省级“挂牌督办”条件，增加了“限批”条件、“挂牌督办”和“限批”实施主体、时限要求和法律责任内容，补充和完善了“挂牌督办”和“限批”的督办工作程序，同时规定了适用范围。

《办法》明确了环境违法行为“挂牌督办”和“限批”，是指由省环境保护行政主管部门对违反环境保护法律、法规，严重污染环境、影响群众身体健康的环境违法行为实施的限期整改，实施主体为省环境保护行政主管部门（重大案件可与省监察厅等部门联合挂牌督办）。规定了实施程序，凡省级“挂牌督办”案件须经省环境监察局提出，报省环保局分管领导批准；凡省级环评“限批”应由承办处室、单位提出，经省环保局分管领导审核后报省环境保护行政主管部门办公会研究决定。

《办法》提出了省级“挂牌督办”的10种条件、“区域限批”7种条件和“企业限批”5种条件。对被省环境保护行政主管部门暂停审批建设项目环境影响评价文件的区域和排污单位，要求所在地县级以上人民政府环境保护行政主管部门同步暂停审批该区域和排污单位建设项目环境影响评价文件。

《办法》规定省级“挂牌督办”和“限批”案件的督办措施，遵循省级督办、市县级落实的原则。按照下达《挂牌督办通知书》或《限批通知书》、媒体公开和抄送、制定整改方案、检查和督察、申请试生产、申请验收、整改验收、摘牌或解限、媒体公告的工作程序进行督办。《办法》增加了法律责任的内容，对督办不力、整改迟缓、监管不力等违法违纪行为，分政府、企业、行政人员三个层次进行责任追究。要求对未按期通过验收的企业，依据有关环保法律法规，予以高限处罚。

芜湖市开展环保专项行动第二次执法检查

9月23日至28日，芜湖市环保专项行动领导小组组织三个小组，分别对三县四区的限期整改企业，国控、省控企业，重点污染源，国家、省、市级挂牌督办的企业，饮用水源保护、污水处理厂运行及建设情况、垃圾处理、排污费征收等方面进行环保专项检查，共检查企业、单位74家，出动执法人员近200人次。

在检查中发现，国控省控重点污染源企业污染治理设施基本运行正常，三县污水处理厂都在积极推进，其中芜湖县污水处理厂已正式开工建设，市区城市饮用水保护区内警示牌规范。针对在检查中发现的个别国家、省、市级挂牌督办的企业存在的污染反弹现象，市环保专项领导小组已要求企业立即限期整改；对三县饮用水保护区和垃圾填埋厂存在的问题，给三县下发了通报，要求抓紧整改到位，确保饮用水安全。

我省召开环保专项行动新闻通气会 通报后督察成效

9月8日，省环保专项行动领导小组办公室召开新闻通气会，省安监局、省监察厅派员出席了会议，数十家新闻媒体到会。会上，省环保专项行动领导小组办公室副主任、省环境监察局局长黄建树向媒体通报了今年开展的环保专项行动后督察工作开展情况、前两批省级挂牌督办案件整改落实情况和第三批省级挂牌督办案件的整改要求。

今年以来，我省认真贯彻落实中央领导同志关于加强环境执法后督察工作的重要批示精神，10部门加强部门联动，制定后督察工作程序，建立后督察工作机制，加大后督察工作力度，认真开展以饮用水源地、挂牌督办案件、造纸行业为重点的后督察工作，取得了积极进展。截至目前，省环保专项行动领导小组开展了5次大规模的后督察活动和6次典型案件的后督察工作。全省共出动22038人次，检查饮用水源地600多个次，检查企业9477家次，彻查了3个市400多家企业，分三批共将29家企业（或区域连片污染）列为2008年挂牌督办案件，其中省环保局挂牌督办28家企业，省环保局、省监察厅、省安监局联合挂牌督办1件区域连片环境污染问题。

通过全面开展后督察工作，专项行动取得了阶段性成效。挂牌督办整改成效明显，2005年以来国家挂牌督办的19家环境违法企业和经济技术开发区，全部通过了整改验收，并按照摘牌批复要求进行了完善。2005-2007年间省级挂牌督办的58家企业、连片污染或饮用水源地，目前仅有5家因各种原因尚未验收。同时，今年前两批省级挂牌督办的18个案件，已有10家按时通过了整改验收并摘牌，2家已通过整改验收，2家已批准延期至9月底验收，其它正在积极整改中；饮用水水源保护区各项措施落实较好，后督察结果表明，407个县级以上饮用水水源保护区中406家已落实环保措施，取缔、关闭的排污口、企业，装卸垃圾、油类的码头未发现死灰复燃现象，被责令限期转产和搬迁的17家企业已有16家落实到位，1家正在搬迁。去年未完成取缔的6个排污口中，除省级挂牌督办的安庆市市区饮用水源地排污口正在整治外，其余均整治到位；造纸行业专项整治各项措施落实到位，今年以来加大了检查和后督察力度，再次取缔关闭超标排放造纸企业7家，全省已正常生产的造纸企业能够稳定达标排放，目前仍然有60家造纸企业停产，正在改造和完善污染治理设施；群众关心的突出环境污染问题得到整治，专项行动以来，全省共受理群众举报电话、来信来访等反映的污染问题2500余件，100%进行了办理，98%已得到妥善处理。

根据近期检查结果，省环保局经研究决定，将淮北市惠源环保化工厂、安徽八一化工股份有限公司（生产二部）、熙可食品（安徽）有限公司、砀山欣诚食品有限责任公司、安徽省倍佳福食品有限公司、宿州科技食品有限公司、宿松县松佳丝业有限责任公司、望江县华丰纺织品有限责任公司、淮南市锦志工贸有限责任公司（原名淮南市谢家集区西城造纸厂）、池州市广驰电源有限公司10家企业列为2008年第三批挂牌督办案件，并与省监察厅、省安监局联合对卧龙风景区、八公山国家森林公园建材加工企业连片污染实施挂牌督办。

我省环保部门积极开展环境安全隐患督查专项行动

今年以来，我省各级环保部门积极在本辖区范围内开展环境安全隐患督查专项行动。截至9月30日，全省共组成督查组226个，参加督查人员8675人次，召开各类督查会议263次，督查生产经营单位和场所3595个，查出一般隐患448项，已完成整改412项，整改完成率92%，整改投入资金3897万元。铜陵市结合环境安全工作实际，坚持“预防为主、防治结合”的原则，以“迎奥运、促和谐、保安全”为主题，紧紧抓住饮用水安全保护，加强对冶炼、化工、钢铁等重点行业的环境监管，取得了良好成效。该市环境安全隐患督查专项行动期间，累计出动环境执法人员460余人次，动用车辆90余台次，检查城市（城镇）集中饮用水源地11个次、企业（项目）130多家次、城市污水处理厂9家次，督促相关企业制定《突发环境应急预案》5份，完善应急预案16份，责令2家企业完成初期雨水收集系统，查出并妥善处理了一起危险废物跨省运输案件。阜阳市制定了

特别是在开展全市环保专项行动以来，同志们为强化服务，提高信访的查处和回复率，实行了建筑施工噪声投诉的电话回访制度，要求巡查值班人员每晚在巡查前，对前次值班的前三名群众投诉人进行电话回访，询问其投诉的建筑工地在被查处后的整改情况，如发现问题仍存在，则及时赶至现场再次进行查处。

通过以上三个方面的工作，使今年我市的建筑噪声扰民情况有了较大的转变，这不仅增强了企业和群众的守法意识，也提高了环保执法人员在群众中的位置和形象。

马鞍山市慈湖河上游区域化工企业整治取得阶段性成果

在今年环保专项行动中，马鞍山市将整治慈湖河上游区域污染企业与慈湖河流域生态环境综合整治紧密结合，统一部署，对慈湖河上游地区4家化工企业进行了全面检查清理，实施集中整治，严厉查处、打击环境违法行为。市、区环保局加大对东升、文胜、东海、玉江4家化工企业的日常监管和执法力度，并向该4家化工企业下达了停产整治通知书，责令限期整改。市环保局将东升化工、东海高分子和文胜化工3家企业列入“2008年环保专项行动挂牌督办单位”。针对东升化工企业私自恢复生产，偷排高浓度含砷废水的违法行为，市环保局依法封存了其原料、产品，并将废水外运处理，公安机关依法对企业负责人采取强制措施。目前，该4家化工公司依然处于停产状态，玉江、东海、文胜整改工作已近尾声，待申请环保验收。市环保局聘请专家对东升化工公司造成的污染进行全面分析，提出了消除污染的方案，并责成该公司无条件消除污染；制定了化工企业环保整改验收标准和验收工作方案，对于无法通过验收的企业，将依法予以关停。

蚌埠市自觉接受媒体监督迅速开展专项整治

近日，安徽电视台公共频道曝光了蚌埠市龙子湖区马村新庄东侧排水沟水污染和科力有机硅有限责任公司违法排污的情况以后，市环境监察支队十分重视，并以新闻媒体的监督为契机，迅速召开办公会对该区域专项整治工作进行部署，并责成龙子湖区环境监察大队将此情况向区政府进行汇报，采取以下工作措施：一是龙子湖区环境监察大队在区政府统一指挥下，协调有关部门对科力有机硅有限责任公司实施查封，目前该企业已经被勒令停止生产。二是龙子湖区环境监察大队在曹山街道和解放街道的配合下，对马村新庄东侧排水沟周边环境开展调查摸底，基本摸清了周边生产企业的数量，尽快研究制定具体监管意见。三是区政府责成有关部门对排水沟周边的环境卫生进行一次彻底清理。

池州市环保重拳出击依法处罚多家违法企业

为强化安全责任意识，落实各项安全措施，重点解决一批群众反复投诉的环境信访案件，切实维护广大人民群众合法的环境权益，池州市、县各级环保部门重拳出击，依法对近期环境督察行动中查处的多家环境违法企业进行处罚。

市局督察行动由局领导亲自带队，局相关单位、科室派员参加，涉及贵池区广驰电源公司等6个省部级信访案件和池州市湘安矿业等12家省市级信访案件。这次督察行动结合“整治违法排污企业，保障群众健康环保专项行动”的具体要求，突出重点，加大对污染隐患的排查，对群众反应强烈、污染严重、危害群众健康以及屡查屡犯的典型环境违法企业进行严厉处罚。在此次督察中被查处的违法企业：池州市泰阳颜料公司酸性废水未进入污水处理设施；池州市建宇选炼厂建设项目“三同时”、“环评”等审批手续未办理；池州湘安工贸有限公司“环评”及“三同时”等手续未审批，池州市环保局依据环保相关法律法规责令停止生产，限期补办环评手续并处罚款。

池州市各县环保部门也继续深入开展专项行动整治工作，进一步加大环境执法力度。东至县环保局将东至新达工贸有限公司、东至强大钢质门厂列为2008年度县级挂牌督办企业，并下达了限期整改通知。

池州市环保局要求各级环保部门对被查处的违法企业，要做到服务到位、监管到位、处理到位、整改到位。

合肥市开展南淝河沿岸货场搅拌站环保专项督察行动

2008年10月9日至10日，市环境监察支队根据国家环保专项行动文件精神及省市《整治违法排污企业保障群众健康环保专项行动实施方案》具体要求，分两个督察组同时对南淝河沿岸货场搅拌站扬尘污染进行专项督察，共检查27家单位。其中：1、瑶海区南淝河沿岸共有搅拌站10家，货场5家。此次对10家搅拌站全部进行了检查，6家已报批环境影响报告表，4家未报批，1家“三同时”已验收，执行率分别为60%和10%。抽查4家货场，均未报批环境影响报告表；2、包河区南淝河沿岸共有搅拌站32家，货场4家。此次对9家搅拌站进行了抽查，5家已报批环境影响报告表，4家未报批，9家“三同时”未验收，执行率分别为38%和0；对4家货场全部进行了检查，4家货场均未报批环境影响报告表。

对此次督察中发现的问题，市环保专项行动领导小组办公室责成瑶海区、包河区环保分局对未办理环评及“三同时”验收手续的企业，依法给予处罚，并限期整改，逾期未完成治理任务，责令停产整治，直至报请当地政府依法予以关闭；同时，要求区环保分局全面开展货场搅拌站排污申报工作，并依法、全面、足额征收排污费。

合肥市开展工业园区（聚集区）环保专项督察行动

2008年10月17日至22日，市环境监察支队根据国家环保专项行动文件精神及省市《整治违法排污企业保障群众健康环保专项行动实施方案》具体要求，集中力量对市区工业园区（聚集区）进行环保专项行动督察，共抽查18个工业园区（聚集区）。其中：1、瑶海区共有11个工业园区（聚集区），其中省级工业园区1个。此次共检查了5个工业园区（聚集区），红旗产业园、磨店乡工业集聚区区域环评已审批。瑶海大兴工业集聚区、大店工业集聚区、站北工业集聚区未做区域规划环评；检查10家企业，均不同程度存在未办理环评审批手续、未通过“三同时”验收、未缴纳排污费等违法问题；2、蜀山区共有2个工业园区（聚集区），蜀山经济开发区共有113个建设项目，除1个项目窗口同意暂缓环评外，其余112各项目已落实环评，环评执行率100%，有5家已竣工投产企业未履行“三同时”验收手续。朝阳工业集聚区未办理环评审批手续，现该区已在蜀山区立项，拟整体开发，改建成大学生创业园，目前在办规划土地手续。15家入园企业多数为小型机械加工企业，基本无生产废水外排。其中有2家企业停产，3家企业在园内租赁厂房作为仓库使用，无生产车间。所有入园企业均未办理环评及“三同时”审批手续，多数企业危废及固废未按规定贮存、处置，噪声超标排放；3、包河区共有25个工业园区（聚集区），其中省级工业园区1个。此次共检查了7个工业园区（聚集区），盛大工业区、姚公工业区、沿河工业区、常青油坊岗工业区、淝河大店工业区、席井工业区等六个工业集聚区未做区域规划环评。检查24家企业，均不同程度存在未办理环评审批手续、未通过“三同时”验收、未缴纳排污费等违法问题；4、庐阳区共有5个工业园区（聚集区）：省级工业园区1个，即庐阳工业园区，区域环评已审批，园区管网已建成，废水排入蔡田铺污水处理厂。入园企业102项，环评已审批，环评执行率100％。工业园区（聚集区）4个：杏花工业聚集区无土地、规划、环保审批手续，园区内现有23家企业；大杨工业园无区域规划环评，园区内现有33家企业；杏林工业聚集区无土地、规划、环评审批手续，园区内现有17家企业；海棠工业聚集区有土地证，规划纳入庐阳工业园，无环评审批手续，园区内现有19家企业；此次共抽查上述4个园区10家企业。

对此次督察中发现的问题，市环境监察支队进行了认真梳理、总结，开会研究，形成了市环保专项行动领导小组办公室文件报市局王强副局长审核，并发通知函告区政府和区环保分局，请其认真落实以上违法行为的处理意见。

宿州市切实做好挂牌督办案件的整改工作

按照《宿州市2008年全市整治违法排污企业保障群众健康环保专项行动实施方案》部署，宿州市环保局针对砀山县群众投诉反映沁格木业（砀山）有限公司的环境违法行为，于2008年10月22日下发了《关于加强市级挂牌案件督办的通知》（环函〔2008〕89号），将其列为市级挂牌督办案件，要求砀山县环保局责令该企业立即停产治理，完善污染防治设施，履行环保审批手续，于12月底前完成整改。11月7日该局组织人员对该公司进行现场检查，发现仍有违法生产现象；近期又接到群众反映该公司存在夜间违法生产的投诉。为严厉打击环境违法行为，切实做好挂牌督办案件的整改工作，对该厂采取停电措施并要求砀山县环保局按照“六落实、三到位”的要求，切实履行监督管理职责；责令企业严格按照挂牌督办的整改要求落实到位。对逾期未完成整改的，要严肃追究相关责任人的行政责任。

我省落实科学发展观 狠抓环保专项行动各项工作

5月份以来，在省政府的领导下，在环保部的指导下，全省各级人民政府和有关部门以科学发展观为指导，以污染减排为目标，严格环境执法，强化制度建设，狠抓措施落实，严厉惩治环境违法企业，大力推进饮用水水源地、造纸、城镇污水处理厂和生活垃圾填埋场等重点行业及重点流域排污企业的专项整治，取得了显著成效。截至目前，全省共出动执法人员62455人次，检查企业24440家次；对91家企业（开发区、连片污染）进行了挂牌督办（省级33家、市级46家、县级12家）；对407个饮用水源地保护区、208家造纸企业、545个05年以来各级挂牌督办案件进行了后督察；取缔关闭超标排放造纸企业10家、饮用水源地一二级保护区内排污口及违法建设项目22个；对已建成投运的36家污水处理厂加强了环境监管；对全省39个已建成的垃圾填埋场进行了初步摸底调查和整治；行政拘留1名企业法人代表。其中，省环保专项行动领导小组共检查企业1800余家，彻查了7个市；对420余家环境违法企业下达了环境监察通知，挂牌督办31家企业、1家开发区、1起连片污染，将5个地区列为省级重点整治对象，1个饮用水源地继续挂牌督办；将28家超标排放企业向金融部门进行了通报；编印工作简报19期，4次召开新闻通气会，通报专项行动开展情况和挂牌督办案件。

宣城市环境监察支队等四家单位联合进行城区锅炉专项执法检查

2009年1月9日，宣城市环境监察支队会同市城市管理行政执法局机动巡察大队、市环境监测中心、宣州区环境监察大队联合对城区的锅炉进行专项执法检查。此次专项执法检查行动将持续一周，主要对燃煤锅炉外排二氧化硫、含氧量进行监测，并对锅炉型号、使用燃料、燃烧方法等进行检查。

市区两级环保部门已多次组成联合检查组，从技术上积极支持、配合市城市管理行政执法局（市区锅炉行政处罚权已移交给行政执法局）进行现场执法检查。通过检查发现，有部分业主仍使用含硫份较高、灰份较大的小窑煤。检查组当场责令立即清理堆场剩下的小窑煤，必须烧低硫份、低灰份优质无烟煤。市城市管理行政执法局将根据现场监察情况和监测报告，对有超标排污行为的业主进行行政处罚。

黄山市2008年环保专项行动取得积极成效

2008年，黄山市积极开展环保专项行动，打击环境违法排污企业，保障群众健康。拟制了《黄山市2008年整治违法排污企业保障群众健康专项行动实施方案》，结合实际，确定工作重点，狠抓落实。

全年全市开展专项执法检查8次，出动执法力量2283人次，检查企业847家次，重点检查了饮用水源地，造纸、涉铅、化工（化肥）行业，挂牌督办案件的环保后督察，巩固整治成效。开展城镇污水处理厂、垃圾填埋场和主要污染物项目专项检查，促进污染减排。开展重点流域、重点区域污染企业专项整治，改善环境质量。给各区县政府下达违法问题处理意见函6份，给各区县环保局下达违法问题处理意见函12份，要求区县政府及当地环保局加大监管力度，督促整改落实。对存在环境违法行为的企业下达行政处罚意见16份，全年征收罚没款31.3万元，追缴排污费25.96万元。

2008年共迎接6次省局专项行动执法检查督查和1次省局对我市部分环境违法企业整改落实情况的核查验收，市环保专项行动领导小组召开联席会议3次，上报各种报表28份，上报省局各种专项总结6份，编写专项行动简报19期。

通过环保专项行动，一些违反国家环保法律法规的行为基本得到纠正，群众反复投诉的环境热点问题得到基本解决

巢湖市迅速开展环保专项行动

4月14日上午，在全国整治违法排污企业保障群众健康环保专项行动电视电话会议后，巢湖市立即召开全市电视电话会议，动员和部署全市环保专项行动工作。市长宋国权出席会议，市政府秘书长阚建华主持会议，各县区长、分管负责人、环保专项行动领导组成员单位负责人、国控、省控、市控企业负责人参加了会议，冯克金副市长就贯彻落实这次电视电话会议精神，深入开展全市环保专项行动，提出三点意见：第一是强化认识抓落实，一定要从贯彻落实科学发展观，保障群众身体健康，维护全市环境安全，促进全市经济社会平稳较快发展的高度，充分认识开展环保专项行动的重要性和必要性，一定要从防污染反弹、防“十五小”、“新五小”企业死灰复燃、防“两高一资”建设项目违法建设、防污染事故发生、防流域限批的工作压力出发，深入开展环保专项行动，扎扎实实抓好专项整治。第二是主攻重点抓整治。根据会议要求，结合我市实际，今年全市环保专项行动，重点抓好五个方面的整治：一是开展饮用水源地环境整治，全面彻查饮用水源地存在的环境问题，查清沿河、沿湖、沿江的所有排污口，进一步狠抓水源地保护措施的落实。二是开展重点排污企业环境整治，对全市化工、造纸、选矿、涉铅、涉砷、电镀等重污染企业开展集中整治。三是开展建设项目环境整治，彻底查清全市各类工业园区、工业集中区建设项目环评法执行和“三同时”落实情况，坚决纠正违法建设、“三同时”不落实问题，坚决取缔“十五小”和“新五小”企业，坚决杜绝“两高一资”项目违法建设。四是开展污水处理厂、垃圾填埋场、规模化畜禽养殖场整治，推进污染减排任务的完成。五是开展城市“三产”扰民环境问题整治，围绕锅炉烟尘、餐饮业油烟、建筑施工、文化娱乐业噪音等问题开展整治。第三是加强领导抓到位。开展环保专项行动，加强领导是关键，严明责任是保证。各县区政府主要领导要亲自过问，分管领导要具体狠抓。环保部门要加大环境执法和优质服务的力度，加大监察监测频次，一方面对环境违法行为，一律依法处罚到位，该挂牌的坚决挂牌，该实施处罚的坚决处罚到位，该停产的坚决停产治理到位。另一方面要提高优质服务水平，在服务中加强管理，加快项目审批，及时发出企业违法预警警示，及时纠正企业违法行为，及时为企业提供优质服务。各有关部门要各负其责，各司其职，形成合力，深入推进，确保环保专项行动取得预期效果。

池州市部署2009环保专项行动

4月14日上午，在全国整治违法排污企业保障群众健康环保专项行动电视电话会议后，池州市立即召开全市电视电话会议，动员和部署全市环保专项行动工作。市长张夏林提出几点意见：第一是强化认识抓落实，一定要从贯彻落实科学发展观，保障群众身体健康，维护全市环境安全，促进全市经济社会平稳较快发展的高度，充分认识开展环保专项行动的重要性和必要性，一定要从防污染反弹、防“两高一资”建设项目违法建设、防污染事故发生、防流域限批的工作压力出发，深入开展环保专项行动，扎扎实实抓好专项整治。第二是主攻重点抓整治。根据会议要求，结合我市实际，今年全市环保专项行动，重点抓好几个方面的整治：开展饮用水源地环境整治。全面彻查饮用水源地存在的环境问题，进一步狠抓水源地保护措施的落实；开展重点排污企业环境整治。对全市化工、造纸、选矿、涉铅、涉砷、电镀等重污染企业开展集中整治；彻底查清全市各类工业园区、工业集中区建设项目环

评法执行和“三同时”落实情况，要严把项目准入关，防止低水平重复建设项目入园，防止一些企业采用国家淘汰的工艺、设备，要抓好入园项目的环保治理。对在建项目要重点督促抓好环保“三同时”的落实，对投产项目，要重点加强治污设施运行的监管；开展污水处理厂、垃圾填埋场、规模化畜禽养殖场整治，推进污染减排任务的完成；开展解决群众反复投诉的热点难点环境问题的整治。第三要加强组织领导，切实保障环保专项行动顺利开展。开展环保专项行动，加强领导是关键，严明责任是保证。各地分管领导要具体抓。要加强分工协作，加大力度，形成合力。要充分发挥多部门联合执法优势。

今年的环保专项行动，要围绕确定的重点范围，全面进行清理排查，不留死角。要采取“三个一批”措施，深入进行专项整治，要强制关停一批、要挂牌督办一批、要重点检查一批。

淮北市环保专项行动会议召开

4月23日下午，在全省整治违法排污企业保障群众健康环保专项行动电视电话会议后，淮北市立即召开全市环保专项行动工作会议，动员和部署2009年全市环保专项行动工作。市政府副秘书长沈乐如主持会议，市辖各区分管区长、环保局长、市环保专项行动领导小组各成员单位负责人及市环保系统环境执法人员40多人参加了会议。

方宗泽副市长就贯彻落实全省环保专项行动电视电话会议精神，继续在全市深入开展环保专项行动提出三点要求：一是明确指导思想，进一步提高认识。他在分析当前全市经济环境的大背景下明确指出环境执法监管面临着严峻的形势。他强调指出：全市各级政府、各部门要站在政治的高度，充分认识开展环保专项行动的重要性和紧迫性，全面贯彻落实全国和全省电视电话会议精神，进一步明确指导思想，不断加大环保执法力度，严格防范各地以扩内需保增长为借口的盲目投资，坚持防止新一轮高耗能、高污染、低水平的重复建设，积极防范环境风险，确保污染减排工作的顺利实施，为维护社会稳定，为实现中央和省委、市委确定的促进经济平稳较快增长目标提供环境执法保障。二是落实政府责任，强化全面整治。各区、县政府要把深入开展环保专项行动作为重要工作内容，强化政府牵头、环保部门统一协调、各部门密切配合的工作机制，广泛动员，周密部署，有序推进专项行动工作开展。要综合运用法律、经济、行政等手段，在加强挂牌督办、后督查、项目限批等环境行政执法手段的基础上，市环保专项行动领导小组各成员单位要充分发挥各自职责，落实部门联动。各相关管理部门要进一步加强配合，在金融信贷、进出口监管等方面采取有效措施，不断强化环境执法效果，确保今年环保专项行动取得实效。三是狠抓工作重点，严格环境执法。要按照国家和全省的统一部署，紧紧抓住两项工作重点，并结合我市实际，制定具体工作实施方案，把各项工作进一步量化、细化、实化，确保各项任务圆满完成。

我省积极谋划2009年环保专项行动工作

为继续深入开展整治违法排污企业保障群众健康环保专项行动，年初以来，我省积极准备，总结经验，完善制度，认真开展了各项前期工作。

一是对近年环保专项行动的工作进行了全面总结，为继续做好环保专项行动奠定基础；草拟了我省挂牌督办企业验收办法，进一步规范了挂牌督办企业验收的工作程序。二是召开省环保专项行动10部门联络员会议，研究讨论《2009年全省整治违法排污企业保障群众健康环保专项行动实施方案》（草案），在国家确定的重点基础上，结合我省实际，增加了造纸行业后督察、乡镇集中式供水水源保护区集中整治、涉铅行业专项检查三项重点工作。三是认真组织各级政府及省直有关部门参加国家八部委联合召开的2009年环保专项行动电视电话会议。

4月17日，倪发科副省长主持召开2009年第一次环保专项行动领导小组会议，省环保局、省发展改革委、省经委、省监察厅、省司法厅、省建设厅、省水利厅、省工商局、省安全监管局、省电力公司10部门派员参加了会议。

会上，省环保局王文有副局长代表省环保专项行动领导小组办公室汇报了2008年环保专项行动的开展情况及2009年我省环保专项行动实施方案（送审稿），提出了需要领导小组审定的有关问题和建议。参会各单位认真讨论了实施方案，并就进一步开展2009年全省环保专项行动工作进行了研究。

最后，倪发科副省长肯定了近年来的专项行动解决了一批群众反映强烈的环境问题，遏制了环境违法上升态势；增强了各有关部门、企业及社会各界的环保意识，促进了科学发展观的落实；全面推进了环保工作，环境质量得到逐步改善。在专项行动工作中，创新了环境监管思路，完善了长效管理机制，为经济社会发展提供了环境支撑。要求环保专项行动领导小组办公室根据各部门的意见进一步完善实施方案，成员单位各司其职，加强协作，齐抓共管，坚持联席会议、案件移送和挂牌督办等行之有效的制度，使环保专项行动的各项措施得到落实，重大环境违法案件得到及时查处。

站在政治的高度，淮北市量化细化实化09环保专项行动工作

4月23日下午，在全省整治违法排污企业保障群众健康环保专项行动电视电话会议后，淮北市立即召开全市环保专项行动工作会议，动员和部署2009年全市环保专项行动工作。市政府副秘书长沈乐如主持会议，市辖各区分管

区长、环保局长、市环保专项行动领导小组各成员单位负责人及市环保系统环境执法人员40多人参加了会议。

方宗泽副市长就贯彻落实全省环保专项行动电视电话会议精神，继续在全市深入开展环保专项行动提出三点要求：

一是明确指导思想，进一步提高认识。方副市长在分析当前全市经济环境的大背景下明确指出环境执法监管面临着严峻的形势，强调指出：全市各级政府、各部门要站在政治的高度，充分认识开展环保专项行动的重要性和紧迫性，全面贯彻落实全国和全省电视电话会议精神，进一步明确指导思想，不断加大环保执法力度，严格防范各地以扩内需保增长为借口的盲目投资，坚持防止新一轮高耗能、高污染、低水平的重复建设，积极防范环境风险，确保污染减排工作的顺利实施，为维护社会稳定，为实现中央和省委、市委确定的促进经济平稳较快增长目标提供环境执法保障。

二是落实政府责任，强化全面整治。各区、县政府要把深入开展环保专项行动作为重要工作内容，强化政府牵头、环保部门统一协调、各部门密切配合的工作机制，广泛动员，周密部署，有序推进专项行动工作开展。要综合运用法律、经济、行政等手段，在加强挂牌督办、后督查、项目限批等环境行政执法手段的基础上，市环保专项行动领导小组各成员单位要充分发挥各自职责，落实部门联动。各相关管理部门要进一步加强配合，在金融信贷、进出口监管等方面采取有效措施，不断强化环境执法效果，确保今年环保专项行动取得实效。

三是狠抓工作重点，严格环境执法。要按照国家和全省的统一部署，紧紧抓住两项工作重点，并结合实际，制定具体工作实施方案，把各项工作进一步量化、细化、实化，确保各项任务圆满完成。

淮北市环保专项行动紧抓“六要”

4月14日上午，全国整治违法排污企业保障群众健康环保专项行动电视电话会议召开。淮北市委常委、常务副市长胡海波在淮北分会场收看并提出工作要求。

胡市长最后指出：全市上下要紧紧抓住2009年全国环保专项行动工作重点，并结合实际，严格执法。一要坚决查处饮用水源保护区内的各类排污企业，按要求整治到位，确保饮用水安全；二要督促已建成城镇污水处理厂提高运行率和出水达标率，同时加快推进开发区污水处理厂等在建项目建设进度；三要加快市垃圾焚烧处理厂的建设，同时对现有垃圾填埋场要进行全面整治。四要对“两高一资”行业重污染企业进行全面监督检查，重点查处违反环保“三同时”和超标排污企业以及被关停取缔又“死灰复燃”企业。五要认真开展钢铁、焦化和涉砷行业专项检查，对其违法行为坚决查处。六要进一步加强环境监测和监控能力建设。加大重点排污企业、入河排污口、河流断面及城市污水处理厂的监察频次，发现问题及时解决。督促重点排污企业加快安装在线监测监控装置，严防企业偷排、超排行为的发生。

淮南2009环保专项行动：重任在肩，借势推进

4月23日下午，我省召开了“整治违法排污企业保障群众健康”的环保专项行动电视电话会议，对今年的环保专项行动进行部署。淮南市政府王诚副市长、市环保局刘琦局长出席淮南分会场会议，市直有关单位、县区环保局、市环境执法机构负责人参加会议。

电视电话会议结束后，副市长王诚对淮南市专项行动进行部署。他说，专项行动成果可贺，淮南市环保局得到了国家7部委的表彰。但环保任务依然艰巨，今年要着重做好采石场、畜禽养殖、船舶污染、化工污染的执法力度，确保城市污水处理厂达到效率，加快垃圾填埋场的建设进度。要在今年专项行动中取得实效，一些环境问题就专项行动之势认真加以解决。

紧锣密鼓，宿州市做好09年环保专项行动准备

4月23日下午，全省环保专项行动电视电话会议召开。为贯彻落实环境保护部、发展改革委等八部委关于开展2009年全国整治违法排污企业保障群众健康环保专项行动工作电视电话会议精神，并做好宿州市2009年环保专项行动准备工作，近日，宿州市环境监察支队召开专题会议，传达有关会议精神。

会上总结了前几年开展环保专项行动工作取得的成绩与不足，并根据今年开展专项行动的重点内容，着重提出宿州市本年度开展专项行动的工作重点，要求各科室增强对环境监察人员环保专项行动工作意识，加大环境监察力度，同时要求各县区环保局召开专题会议，做好2009年环保专项行动准备工作，为顺利开展本年度专项行动工作打下坚实基础。

黄山市迅速落实全省环保专项行动电视电话会议精神

4月23日，全省环保专项行动电视电话会议召开。市长助理付晓宇、市环保专项行动领导组成员单位负责人，市纪检委第二纪检组组长以及屯溪区相关部门责任人在我市分会场参加了会议。各区县政府领导及相关部门负责人在区县分会场参加了会议。

会后，黄山市立即召开全市环保专项行动电视电话会议，就全面贯彻落实全省环保专项行动电视电话会议精神提出两点意见：

一是迅速行动，立即组织开展专项行动。要求各区县政府立即成立由政府领导牵头，相关部门参加的专项行动领导小组，制定专项行动实施方案，明确各部门职责，建立和完善环保专项行动相关制度。二是突出重点，确保专项行动取得实效。

巢湖市开展09环保专项行动重“三抓”

4月14日上午，在全国整治违法排污企业保障群众健康环保专项行动电视电话会议后，巢湖市立即召开全市电视电话会议，动员和部署全市环保专项行动工作。市长宋国权出席会议，市政府秘书长阚建华主持会议，各县区长、分管负责人、环保专项行动领导组成员单位负责人、国控、省控、市控企业负责人参加了会议。冯克金副市长就贯彻落实这次电视电话会议精神，深入开展全市环保专项行动，提出三点意见：

第一是强化认识抓落实。一定要从贯彻落实科学发展观，保障群众身体健康，维护全市环境安全，促进全市经济社会平稳较快发展的高度，充分认识开展环保专项行动的重要性和必要性，一定要从防污染反弹、防“十五小”、“新五小”企业死灰复燃、防“两高一资”建设项目违法建设、防污染事故发生、防流域限批的工作压力出发，深入开展环保专项行动，扎扎实实抓好专项整治。

第二是主攻重点抓整治。根据会议要求，结合我市实际，今年全市环保专项行动，重点抓好五个方面的整治：一是开展饮用水源地环境整治，全面彻查饮用水源地存在的环境问题，查清沿河、沿湖、沿江的所有排污口，进一步狠抓水源地保护措施的落实。二是开展重点排污企业环境整治，对全市化工、造纸、选矿、涉铅、涉砷、电镀等重污染企业开展集中整治。三是开展建设项目环境整治，彻底查清全市各类工业园区、工业集中区建设项目环评法执行和“三同时”落实情况，坚决纠正违法建设、“三同时”不落实问题，坚决取缔“十五小”和“新五小”企业，坚决杜绝“两高一资”项目违法建设。四是开展污水处理厂、垃圾填埋场、规模化畜禽养殖场整治，推进污染减排任务的完成。五是开展城市“三产”扰民环境问题整治，围绕锅炉烟尘、餐饮业油烟、建筑施工、文化娱乐业噪音等问题开展整治。

第三是加强领导抓到位。开展环保专项行动，加强领导是关键，严明责任是保证。各县区政府主要领导要亲自过问，分管领导要具体狠抓。环保部门要加大环境执法和优质服务的力度，加大监察监测频次，一方面对环境违法行为，一律依法处罚到位，该挂牌的坚决挂牌，该实施处罚的坚决处罚到位，该停产的坚决停产治理到位。另一方面要提高优质服务水平，在服务中加强管理，加快项目审批，及时发出企业违法预警警示，及时纠正企业违法行为，及时为企业提供优质服务。各有关部门要各负其责，各司其职，形成合力，深入推进，确保环保专项行动取得预期效果。

蚌埠09年环保专项行动：围绕中心“四到位”

近期，为贯彻全国整治违法排污企业保障群众健康环保专项行动电视电话会议精神，蚌埠市政府召开专门会议，就如何做好此项工作进行了认真部署。

在今年的环保专项行动中，市环境监察支队将围绕中心工作，做到思想认识到位、原因分析到位、措施制定到位、效果落实到位。一是高度重视并加强饮用水源保护，实行监察监测联动，提高预警和应对突发事件的能力；二是精心组织力量，认真排查龙子湖、交通路涵超标原因；三是重点加强减排项目监察，尤其是对第三污水处理厂超标问题进行督查，确保稳定达标排放。督促第二污水处理厂按期实现5月底投入试运行。协助怀远县环保局加强对国电蚌埠发电厂脱硫工作的监察；四是加强对重点企业的监管，坚持自查、督察常抓不懈，确保重点企业达标排放；五是严格遏止落后产能的反弹，对一些“十五小”、“新五小”向偏远地区转移的现象，研究新对策，认真加以解决；六是着力解决好群众反复投诉和上级环保部门交办的重点问题，确保完成环保专项行动的各项任务。

安徽掀起“环保风暴” 8宗环境违法案件被挂牌督办

六价铬超标962倍的电镀废水直接排放，凤阳水泥厂的粉尘严重污染蚌埠，农田灌溉用水因工业园区污染无法浇灌……昨日，省环保局向媒体公布了2009年我省环保专项行动第一批省级挂牌督办案件名单和整改要求，根据环保部华东督查中心对我省暗访及省环保局一季度巡查情况，省环保局、省监察厅对包括凤阳县西部建材加工企业群环境污染在内的8起环境违法问题实施挂牌督办。

1、安徽明光工业园

污水由水泵直抽至灌溉渠

【违法事实】

在污水管网、固体废物收集站和危险固体废物管理中心没有建成前，已有47家企业入园，已建成投产23家，园区内工业废水和生活污水均排入涧湾沟；园区污水计划由污水提升泵站抽至明光市城市污水处理厂集中处理，但是环保部门在4月18日夜间检查发现，该泵站集水池内污水由泵直接抽至涧湾沟(灌溉渠)，从泵站集水池内和水泵排口处分别取水样一份，检测COD分别为1960mg/L、1780mg/L，超标几十倍；园区23家建成投产的企业中有7家企业存在明显环境违法行为，9家企业超期试生产，至今未通过环保“三同时”验收，另有1家企业拒绝检查。

【整改要求】

对涧湾沟污水和污泥进行妥善处理，恢复涧湾沟农田灌溉功能；5月10日前完成污水提升泵站和相关管网建设，开发区内所有工业废水经提升泵站进入城市污水处理厂，禁止排入涧湾沟；7月底前完成固体废物收集站和危险固体废物管理中心的建设，规范和完善固废，特别是危险固废的管理；责令未履行环评、“三同时”验收手续、超标排放、未按环评要求建设环保设施、未按环评及“三同时”要求实现工业废水达标排放或零排放等违法企业立即停产整治，并依据相关环保法律法规予以处罚；8月底前整改完成并通过验收

2、凤阳县西部建材加工企业群

蚌埠南部空气被严重污染

【违法事实】

凤阳县西部水泥厂区12座水泥厂环境差，有大量积尘，原料露天堆放，收尘设施破损，收尘效果差，无组织排放严重，大部分在线自动监控设施不能正常运行，且粉尘使得蚌埠南部空气质量严重污染；武店镇152座小石灰窑和石料加工厂全部未办理环保手续，无污染防治设施，未缴纳排污费，严重污染环境。

【整改要求】

责令水泥企业实施清洁生产，彻底清除积尘，杜绝企业超标排放或污染治理设施不正常运行，采取防扬散措施；对区域内未经批准、无证无照的石灰窑、碎石机等依据国家产业政策及相关法律法规予以取缔，对经批准合法生产经营的建材加工企业，应迁至规划的区域；8月底前整改完成并通过验收。

3、桐城新渡小电镀企业群

六价铬超标962倍直排

【违法事实】

桐城市新渡小电镀企业群电镀废水排入桐城市新渡电镀废液处理中心处理，检查时，该中心电镀废液直接排放，厂外池塘废水中一类污染物六价铬高达96.2mg/L（劣V类为0.1），超标962倍。

【整改要求】

桐城市人民政府核查小电镀企业，如属于国家明令关闭取缔的应予以关闭取缔，如不属于取缔范围，责令企业立即停产治理；限9月底前整改完成并通过验收。

4、亳州古井镇白酒企业群

生产废水直排小洪河

【违法事实】

除古井集团污水排放正常外，古井镇大部分白酒酿造企业无污水处理设施，生产废水直排小洪河；有污水处理设施的企业设施停用，废水、污泥直排。

【整改要求】

谯城区人民政府核查古井镇白酒酿造企业，如属于国家明令关闭取缔的企业予以关闭取缔，如不属于取缔范围，责令企业立即停产治理；限9月底前整改完成并通过验收。

5、天长万寿机械有限公司

地埋废水池六价铬超标46.6倍

【违法事实】

检查时该企业污水处理设施停运。废水经处理设施处理后，部分进入地埋废水集液池；废水处理无加药记录，加药量不足；污水设施运行记录不规范。对雨水排口取样监测结果：总铬1.58mg/L，超标0.05倍；六价铬1.46mg/L，超标1.92倍。对地埋废水集液池取样监测结果：总镍2.26mg/L，超标1.26倍；总铬26.8mg/L，超标16.9倍；六价铬23.8mg/L，超标46.6倍。这种超标排放行为对水和土壤会带来永久性污染。

【整改要求】

责令该企业停产治理，重新核定并追缴排污费，依据相关法律法规对该企业处以罚款，限6月底前整改完成并通过验收。

6、安徽雪龙纤维科技股份有限公司

高浓度废水成地下水隐患

【违法事实】

该公司长期不能达标排放；因偷排造成桃园煤矿近1000亩塌陷区内积存大量高浓度废水，给地下水造成重大隐患。

【整改要求】

责令该企业立即停产治理，确保废水稳定达标排放，清理桃园煤矿塌陷区高浓度废水；依据相关法律法规对该企业处以罚款；重新核定并追缴排污费；限6月底前整改完成并通过验收。

7、太和县环宇化工有限公司8.太和县长江金属材料有限公司

人工拆解易铅中毒危险废物露天堆放

【违法事实】

拆解车间未按要求采取机械化拆解系统，工人易铅中毒，未建设废酸液收集系统，未采取防渗措施；除尘设施损坏，不能正常运行；水污染治理设施停运，废水直排；拆解、粗炼产生的危险固废未按要求回收利用，未建设危险废物贮存库，未采取防雨淋、防渗漏措施，未设立危险废物警示标志，露天堆放，部分倾倒在水塘旁和路旁。

【整改要求】

责令该企业立即停产治理，拆解车间按要求建设机械

化拆解系统；建设废酸收集系统、初级雨水收集系统和危险废物贮存库，并采取防雨淋、防渗漏措施，设立危险废物警示标志，禁止露天堆放和随意倾倒；限7月底前整改完成并通过验收。

宣城市召开打击违法排污企业保障群众健康环保专项行动会议

5月4日下午，宣城市召开打击违法排污企业保障群众健康环保专项行动会议，贯彻落实国务院八部门和省政府“整治违法排污企业，保障群众健康环保专项行动”电视电话会议精神，围绕“保增长、保民生、保稳定”的总体要求，研究部署2009年全市环保专项行动工作，进一步维护人民群众的环境权益，推动全市经济社会平稳较快发展。副市长严敏到会并作重要讲话。

会上，宣读了《2009年宣城市打击违法排污企业保障群众健康环保专项行动方案》。明确了今年环保专项行动将继续开展饮用水源保护区专项整治、开展对造纸行业的后督察、开展对涉砷涉铅企业环保专项检查、开展对污水处理厂及垃圾填埋场专项检查、加强城乡环境综合整治、继续开展重点水域专项整治等重点工作任务，提出了具体的工作措施和安排。

最后，副市长严敏作了重要讲话。严敏强调，过去六年的环保专项行动，取得了明显成效，但也要清醒的看到，环境问题依然突出，违法排污企业依然存在，环境违法案件还屡屡发生，我们应从讲政治的高度，重视环保专项行动工作。严敏强调，要抓住关键，突出重点，发挥专项行动的综合效能。一是通过专项行动，促进环境安全；二是通过专项行动，推进污染减排；三是通过专项行动，优化产业结构；四是通过专项行动，解决突出环境问题。严敏要求，要加强领导、明确责任，强化督查、严格执法，落实任务、建立长效机制，确保今年环保专项行动取得实效。

市政府副秘书长唐宗义、市环保专项行动领导组单位成员、各县市区政府分管领导及环保局长参加了会议。

淮南市09年环保专项行动：认识再升华力度再升温执法再升压

为贯彻2009年全国及省整治违法排污企业保障群众健康环保专项行动电视电话会议精神，淮南市人民政府于2009年4月30日上午在淮南市洞山宾馆召开全市污染减排暨环保专项行动工作会议。各县区政府领导、各环保专项行动联席会议成员单位以及部分工业企业负责人参加会议。

会上，淮南市政府副市长王诚做动员讲话，提出环保专项行动是当前解决环保领域热点、难点问题最有效的方法。应对当前形势，各部门要紧密协作，在严格执法的同时将主动服务切入到经济工作全过程中去。做到思想认识再升华，工作力度再升温，环境执法再升压。

市环保局局长刘琦在会上对2009年度市环保专项行动进行了具体部署，要求本市在省环保专项行动的基础上，结合实际增加开展船舶污染整治、规模化畜禽养殖场执法检查以及石料石灰加工企业后督查工作。

巢湖市出台环保专项行动实施方案

近日，巢湖市出台了《全市整治违法排污企业保障群众健康环保专项行动实施方案》，今年将继续加大环境执法力度，着力解决危害群众健康、影响可持续发展的突出环境问题。从5月开始至10月，在全市展开摸底和集中整治，整个专项行动至11月底结束。

一是设定饮用水源保护标志牌。为保护群众饮用水安全，今年将全面彻查集中式饮用水源保护区，查清沿河、沿湖、沿江的所有排污口，进一步狠抓水源地保护措施的落实。划定饮用水源一、二级保护区，设定保护标志牌、制定水源地保护应急预案，加强巢湖蓝藻监测。在检查中，坚决取缔一、二级保护区内的直接排污口、清除违规建设、堆放垃圾、畜禽养殖以及其它环境隐患，确保饮用水安全。

二是整治重点行业企业环境。今年将在重点行业、重点排污企业展开环境整治。具体对全市化工、造纸、选矿、涉铅、涉砷、电镀等重点行业和重点污染企业开展集中整治。切实加强企业环境管理，保证污染治理设施运行正常，排污口建设规范，同时建立健全环境应急设施和应急预案。在检查中发现不达标排放的环境违法企业，要坚决淘汰，确保达标排放或闭路循环利用，保证环境安全。

三是开展建设项目环境整治。全市建设项目和各类工业园区、工业集中区建设项目环评法执行的相关情况，今年将彻底清查。主要是纠正违法建设、取缔“十五小”和“新五小”企业，防止死灰复燃和落后淘汰工艺、设备的转移，同时杜绝“两高一资”项目违法建设。

四是整治“一厂二场”。“一厂二场”为污水处理厂、垃圾填埋场、规模化畜禽养殖场。目前，巢湖市正在实施城北污水处理厂建设和重点乡镇污水处理厂建设前期工作。此次环保专项行动将加强城镇污水处理厂运行管理，特别要加快污水处理厂管网建设。以达到扩大污水收集面，提升进水浓度和污水量，努力提高运行负荷率和减排效率。同时也要加快垃圾填埋场和垃圾渗滤液处理设施建设，严防二次污染。而规模化畜禽养殖场污染治理设施建设，也要做到综合利用，提高效率。对排入市政管网严重超标、影响污水处理厂运行的工业企业，进行集中整治。

五是解决“三产”扰民问题。在检查中为解决“三产”扰民问题，环保执法人员将围绕市区和县城锅炉烟尘、餐饮业油烟、建筑施工、文化娱乐业噪音等污染严重扰民问题开展专项整治。继续实施锅炉煤改气、改用清洁能源，餐饮业安装油烟净化装置，建筑施工、文化娱乐业落实控噪减噪措施，解决“三产”扰民问题。

黄山市环保专项行动领导组2009年第一次会议召开

5月6日，2009年黄山市环保专项行动第一次领导组会议在市政府召开，市环保专项行动领导组11个成员单位参加会议。市环保专项行动领导组办公室通报了环保专项行动工作方案、工作计划和部门职责3个材料（征求意见稿）的基本情况，各成员单位对上述材料进行了讨论发言。为切实做好今年的环保专项行动，市环保专项行动领导组组长、黄林沐副市长提出三点意见：

一要进一步提高思想认识。要从思想认识上高度重视环境保护和生态建设工作，切实履行职责，采取有效工作措施，加大环境执法力度，遏制污染反弹的势头。二要突出执法重点，扎实开展环保专项行动。要紧紧围绕“保增长、保民生、保稳定”这条主线，坚决防止新一轮“两高一资”的建设，积极防范环境风险，着力解决一批危害群众健康和影响可持续发展的突出环境问题。三要加大考核力度，密切部门配合，强化责任追究。各领导组成员单位要加强协作、密切联系、各尽其职、各负其责。加大对环保专项行动的考核力度，进一步强化环保后督查，同时，加大专项行动的宣传力度，强化社会及媒体的舆论监督。会后，市专项行动领导组办公室根据各部门提出的建议对工作方案和部门职责以及工作计划进行修改、完善，并报市政府印发。下一步该市将严格按照环保专项行动工作方案和工作计划开展各项专项执法检查。

合肥市环境监察支队09环保专项行动打响“第一枪”

全省专项行动会议召开之后，合肥市环境监察支队迅速行动，制定出合肥市09年环保专项行动方案。同时，根据省环保局下发的环察函［2009］354号文件精神，结合专项行动的要求，拟定了给各县、区环保（分）局的监察意见函，将省局前期查处的14家企业被查处的违法行为及监察情况分解印发到各管辖的县、区环保（分）局，并提出了具体的整改要求和完成时限，打响了今年环保专项行动的第一枪。

专人全程跟踪，滁州市认真督办省级挂牌督办案件

4月29日，省环保局、省监察厅联合下文，将滁州市明光工业园、凤阳县西部建材加工企业群及天长市万寿机械有限公司3起环境违法问题列为省级挂牌督办案件。

收到文件通知后，滁州市环保局立即会同市监察局向有关县、市政府转发了省局文件，要求各地严格按照省局意见，成立整治机构、制定整改方案、明确责任单位、落实整改措施。同时，市环保局明确专人，对挂牌督办案件督办，确保各项整改要求按时落实到位。有关企业的环境违法信息也将及时报送人民银行，充分运用经济手段打击企业的环境违法行为。目前各项整改工作正在逐步推进之中。

淮北市加强县区调度，落实环保专项行动

5月7日上午，淮北市环保局局长范向东主持召开了县区环保局长环保专项行动调度会，分析本市环保专项行动开展情况，研究针对县区环保现状的行动措施，并部署了今年午季秸秆禁烧工作。

会议要求：县区环保局要根据省、市环保专项行动会议精神，结合地方现状和污染源的情况，制定本单位专项行动工作重点，进入全面开展重点监察阶段。要注重信息沟通，按要求及时上报材料，要加强宣传工作，形成良好的舆论氛围。

会议强调：县区环保局要加强开发区、工业园区的环境管理，定期调度，按照环评和三同时执行率达到100%的高要求开展动态管理；要足额征收排污费，按照收支两条线的原则规范使用；要加大执法力度，对违法排污企业要处罚到位，起到处罚一家，教育一片的作用；要高度重视人民来信来访的处理工作，解决环境难点热点问题。

巢湖市环保专项行动检查初况

近日，巢湖市环境保护局对全市国、省、市控重点企业及部分信访投诉案件进行执法检查，全市共检查企业81家，有31家企业环境违法，环境违法率38.2%。取样监测27家，超标7家，超标率25.9%。其中省局检查22家，有6家企业环境违法，环境违法率27%。

针对检查中出现的问题，市环保局对各县（区）环保局发出环境执法监察处理意见，并抄送各县（区）政府主要负责人，要求各县（区）环保局和市环境监察支队、市环境监测站切实做到：

一要加大环境监管力度。市环境监察支队和各县区环保局要加强企业的日常监管，提高监察监测频率，发现环境违法行为立即予以警示，责令企业限期整改。二要加大环境违法整治力度。各县区环保局要按照市局执法处理监察意见认真研究，落实到位，限期完成整治任务，并按期上报整治结果。三要加大宣传教育力度。要采取多种方式向广大企业宣传环保法律法规，宣传环保专项行动要求，宣传国家和省执法检查力度。要求企业在保增长、促发展的同时切实做好环保工作，自觉遵守环保法律法规。四要加大环境执法力度。要在加强服务中严格执法，对环境违法初犯企业以警示处理为主，对逾期不整改、屡查屡犯企业必须依法严肃处理到位。

淮北市环保专项行动有序转入摸底整治阶段

5月5日，《淮北市人民政府办公室关于印发2009年全市整治违法排污企业保障群众健康环保专项行动工作方案的通知》（淮政办）[2009]15号正式印发全市执行，标志该市2009年全市环保专项行动工作计划方针和工作重点已定，并已从动员部署阶段逐步有序转入摸底和整治阶段。

淮北市2009年环保专项行动工作方案，在紧紧把握全省工作重点和要求的基础上，结合本市实际，增加了对水泥企业进行后督查和对焦化行业开展专项整治等两项工作重点内容，很有针对性，确保本市今年环保专项行动工作抓出特点，抓出成效，为全市经济社会平稳较快发展提供坚实可靠的环保执法保障。

巢湖市09年环保专项行动方案齐备待行

2009年4月，巢湖市制定并印发了《2009年全市整治违法排污企业保障群众健康环保专项行动实施方案》。

该方案以科学发展观为统领，不断加大环境执法力度，着力解决危害群众健康、影响可持续发展的突出问题。其具体工作重点一是深入开展饮用水源保护区环境整治，二是深入开展重点行业、重点排污企业环境整治，三是深入开展建设项目环境整治，四是深入开展污水处理厂、垃圾填埋场、规模化畜禽养殖场整治，五是深入开展城市“三产”污染扰民环境问题整治。全市环保专项行动分三个阶段完成，第一阶段动员部署（4月），第二阶段摸底集中整治（5月-10月），第三阶段总结（11月）。

其具体工作措施，一是加强组织领导，落实政府责任；二是强化部门联动，形成整治合力；三是加强监督指导，严格环境执法；四是创新工作机制，加强公众监督。

此方案指导思想明确，工作重点具体，工作措施得力，相信在上级部门的正确领导下，通过各部门的协同合作、齐抓共管，2009年环保专项行动能够得到一个圆满而又显著的成果。

铜陵市召开09年度环保专项行动领导小组一次会议

5月18日上午，铜陵市政府组织召开市环境保护委员会暨2009年度环保专项行动领导小组第一次全体会议。会议由叶萍副市长主持，市委常委、副市长万以学出席会议并做重要讲话。

市环保局局长沙开业宣读了《铜陵市环境保护会成员单位工作职责》（征求意见稿）、《铜陵市2009年“整治违法排污企业保障群众健康”环保专项行动实施方案》（讨论稿）。

会议明确，今年环保专项行动的指导思想是以邓小平理论和“三个代表”重要思想为指导，以学习实践科学发展观为动力，紧紧围绕“保增长、保民生、保稳定”主线，以保护饮用水源安全、遏制“两高一资”行业污染反弹、推进城乡一体化生态环境建设、加大污染减排工作力度为重点，进一步加大环境执法力度，着力解决危害群众健康、影响可持续发展的突出环境问题，进一步改善本市环境质量，维护社会稳定，为实现全市经济平稳较快发展提供环境执法保障。

会议指出，今年该市环保专项行动工作自4月底开始至11月底结束，分为动员部署、集中检查和整治、总结表彰三个阶段，按照全国、全省环保专项行动电视电话会议精神，严管“两高一资”行业，集中开展钢铁、涉砷、涉铅行业专项检查；巩固饮用水源保护区集中整治成果；着力整治城镇污水处理厂、垃圾填埋场环境违法问题，切实发挥治污设施的减排效益。同时，结合环境保护工作实际，开展化工行业专项检查，加大危险化学品监管。积极推进城乡一体化生态建设，将环境综合治理向农村拓展。推进新桥河截污整治与生态恢复工程，开展黑砂河小流域和扫把沟区域环境综合整治工作。

会上，叶萍副市长客观分析了本市环境保护工作现状，介绍了当前环保工作形势。指出当前要立足于发展，着力逐步解决历史问题，坚持不遗留新生环保问题。在完成“十一五”环保规划及污染减排目标关键性阶段，各级部门要联手互动，充分发挥环境保护委员会的作用，通过深入开展环保专项行动工作，狠抓工作落实，确保各项工作取得实实在在的成果。

市政府汪宜武副秘书长，市委宣传部、市监察局、市发改委及市、县（区）环保局38个单位负责人出席了会议。

阜阳市政府督查县（区）环保专项行动进展状况

5月6日—7日，阜阳市政府对各县市区环保专项行动进展情况开展督查。此次督查由市环保局、市监察局分别带队，市发改委、市建委、市经委、市水务局、市工商局等部门参与，组成的两个督查组，对各县市区、开发区环保专项行动开展等情况进行督查。

通过督查，各县市区政府、开发区能够认真贯彻落实全国、全省和本市环保专项行动工作部署，相继召开环保专项行动专题会议，部署2009年环保专项行动工作任务，结合实际，突出重点，制定了环保专项行动实施方案，成立专项行动领导机构，分解任务，落实责任，开展了督查检查，环保专项行动已全面启动。

各县市区对辖区重点污染企业进行了地毯式排查，以消除环境安全隐患，确保稳定达标排放。对化工、制革、涉铅等企业进行了重点督查。省挂牌督办的太和环宇化工有限公司、太和县长江金属材料有限公司现已全面停产整顿，正在按照省、市、县三级环保部门要求，抓紧整改。

界首华鑫集团正在按照省环保局下发的整改通报积极进行整改。两地涉铅企业按5月3日阜阳市委书记宋卫平专题调研再生铅冶炼环保工作时重要指示精神，认真学习，积极整改。各级政府及相关部门还对城镇污水处理厂、垃圾处理厂存在的环境问题集中进行督查。重点检查已建成污水处理厂管网配套建设、进出水浓度、污泥产生量以及设施运行情况，新建污水处理厂和垃圾处理厂建设进度。

通过督查，督查组基本掌握了各县市区环保专项行动启动及开展等情况，还针对督查中发现的问题，现场及时向各县市区、开发区进行了反馈。督查工作结束后，督查组以书面形式向市政府上报了督查报告，并向各县市区下发了通报，典型问题向有关县、区政府下发了整改函，要求辖区政府高度重视，加强协调，加快进度，限期整改，并将整改结果上报市专项办。

合肥市09年环保专项行动呈燎原之势如火如荼

为进一步贯彻落实国务院《关于落实科学发展观加强环境保护的决定》，确保“十一五”环境保护规划和主要污染物减排目标的实现，根据国家环保部、省和市环保局“2009年整治违法排污企业保障群众健康环保专项行动工作方案”精神，合肥市各县区政府结合实际情况，积极响应，在较短的时间内纷纷出台实施方案，县、区环保（分）局动作迅速围绕环保专项行动积极开展工作，合肥市2009年环保专项行动在全市范围如火如荼地开展。

肥东县的环保专项行动工作走在合肥市前列。该县政府4月26日成立了县环保专项行动领导小组，4月28日下发了实施方案，提出此次环保专项行动的工作目标、工作重点、整治范围和采取的主要工作措施以及整个专项行动的时间安排，要求在辖区内深入开展环保专项行动，推进现代化建设，促使企业合法化经营,加快经济可持续发展；5月初在全县范围内开展 “两高一资”行业企业、钢铁企业、涉砷及涉铅行业企业摸排工作，对饮用水源保护区、造纸行业整治措施落实情况开展了后督察，对城镇污水处理厂、垃圾填埋场存在的环境问题进行认真排查，已于5月25日前全部摸排一遍，并将自查阶段情况书面报市环保专项行动领导小组办公室，较好完成了摸底调查工作。

宣城市2009年开展整治违法排污企业保障群众健康环保专项行动的工作安排

为认真贯彻落实国务院八部门联合召开电视电话会议精神，全面落实环境保护规划，确保2009年主要污染物减排目标的实现。总结前六年环境专项行动取得的成效基础上，宣城市政府决定于2009年4月继续在全市组织开展整治违法排污企业保障群众健康环保专项行动（以下简称环保专项行动）。为积极配合全市环保专项行动，更好地落实《2009年宣城市整治违法排污企业保障群众健康环保专项行动工作方案》，宣城市环保局做以下安排具体组织实施环保专项行动。

一、开展环保专项行动专项检查

2009年环保专项行动检查主要内容：巩固饮用水源保护区集中整治成果，抓好乡镇集中式供水水源地保护区环境整治工作；城区环境综合整治；严管“两高一资”行业，集中开展涉砷涉铅行业专项检查、造纸行业后督查；全市重点污染源检查工作；农村环境专项整治；国、省道沿线可视范围内环境专项整治；开展对城镇污水处理厂、垃圾填埋场专项检查。检查时间安排在4月底-7月底。其中关于饮用水源地的调查在4月-5月进行。城市环境综合整治将在4月-10月进行。各县市区将辖区内《饮用水水源及乡镇集中式供水水源保护区环境调查工作总结》于5月底、《饮用水源地整治阶段性工作总结》、《城区污水处理厂和垃圾填埋场整治阶段性工作总结》、《环保专项行动阶段性工作报告》于8月22日前上报市环保专项行动办公室。

二、开展环保专项行动执法后督查工作

各县市区于5月开展辖区内企业自查并于5月19日上报挂牌企业名单。市环保专项行动领导组将于9月-10月组织环保专项行动成员单位对饮用水源地环境整治情况及挂牌督办企业整改落实情况开展后督查工作，并组织各县市区于10月底对全市环保专项行动后督查反馈意见落实情况进行互查，抽查部分重点企业整改落实情况。

三、开展重点水域排污企业专项整治督查

为确保水环境安全，推进水阳江、南漪湖、青弋江、徽水河、扬水河干流和主要支流流域生态环境保护规划的落实，我局将于8月-9月组织开展重点水域排污企业督查和暗访。各县市区将辖区内《重点水域排污企业整治阶段工作总结》于9月22日前上报市环保专项行动办公室。

四、加强信息报送工作

我局将从4月23日至11月30日每周向省环保专项行动领导组办公室上报一次工作简报，并定期上报其它有关信息。各县市区要每周周一向市环保专项行动领导组办公室报告一次工作进展情况并编发一期工作简报，按要求报送阶段性工作报告，及时报送重点环境污染问题和查处的典型案件。对不报、迟报和瞒报的，市环保专项行动领导组将予以通报批评。各县市区要确定专人负责信息管理和报送工作，并按时通过环境保护部环保专项行动信息管理系统报送环保专项行动有关信息。

五、工作总结

各县市区要于10月20日前将《2009年环保专项行动工作总结》报送市环保专项行动领导组办公室。我局将于11月13日召开环保专项行动成员单位部门联络员会议，认真总结环保专项行动的成效与不足，提出加强长效管理的措施，提交《2009年环保专项行动工作总结》，于11月20日报送向市政府和省环保专项行动领导组上报。我局将于12月中旬组织对各县市区环保专项行动进行考核。

宿州市2009年环保专项行动启动

日前，市政府印发《宿州市2009年整治违法排污企业保障群众健康环保专项行动实施方案》，此举，标志宿州市2009年环保专项行动开始启动。

今年宿州市环保专项行动坚持围绕“保增长、保民生、保稳定”的总体要求，切实解决当前影响可持续发展的突出环境违法问题，保障群众的切身环境权益。这次环保专项行动主要工作重点涉及三个方面。一是巩固2008年环保专项行动成果，继续开展饮用水源保护区、造纸行业后督查和城镇污水处理厂、垃圾填埋场集中整治；二是着力打击“两高一资”行业重污染企业的环境违法行为。开展涉砷涉铅行业专项检查；三是加快污染严重的小流域环境整治，严肃查处入河排污企业违法行为，防止污染事故的发生。主要采取的措施包括：一是落实政府责任，加强组织领导，市环保专项行动领导小组负责统一组织和协调全市环保专项行动。坚持定期协商、联合办案制度和环境违法案件移交、移送、移办制度，共同打击环境违法行为；二是采取综合措施，强化全面整治，在加强挂牌督办、后督查等环境行政执法手段的基础上，环保、经济、工业主管部门加强协作，充分发挥在推进结构调整、淘汰落后工艺设备产能工作中的职能，共同查处违反国家产业政策的行为。监察机关加大责任追究力度，司法、建设、水利、工商、安全监管、电力等部门各司其职，切实运用行政、经济、法律、金融等手段共同强化执法效果；三是加强分类指导，严格环境执法。建立企业环境监督员制度，环保部门监督并指导企业切实解决问题。对屡查屡犯、明知故犯、偷排偷放等环境违法行为，依法从重处罚；四是建立长效机制，加强公众监督。以环保专项行动最近建立健全环境执法的长效机制，建立后督查制度，定期检查和不定期巡查。名茶和暗访相结合，巩固整治成果，防止环境违法企业死灰复燃。充分额里利用各种媒体加大宣传力度，畅通污染投诉渠道，引导群众监督。五是加强信息报告工作，按要求报送重点环境污染问题和查处的典型案件，并做好环境专项行动的信息发布。

这次行动分三个阶段进行，6月上旬动员部署，6月中旬至10月进行摸底和集中整治，6月下旬至11月为督查阶段，11月完成总结

宁国市环保局将突出五大重点开展环保专项行动

根据上级统一部署，结合宁国实际，市政府5月初出台了2009年宁国市环保专项行动工作方案，根据此方案，今年我市将突出五大重点开展环保专项行动，切实解决突出的环境问题。

这五大重点为：一是开展饮用水源区专项整治，重点解决饮用水源保护区内种、养殖带来的污染问题，开展乡镇集中式饮用水源地执法检查，解决乡镇饮用水安全问题。二是继续开展重点水域整治，加强东津河、西津河、中津河专项整治，确保水环境安全，严厉打击超标排放污染物的环境违法企业，对屡查屡犯的企业予以处罚。继续加大对青龙湾水库库区环境综合整治。三是加强城乡环境综合整治。对城区燃煤锅炉进行专项整治，确保废气达标排放，对超标排污影响群众生活的严格依法处罚，确保整改达标排放。扎实开展农村环境综合整治，对农村地区的工业企业和畜禽养殖进行专项检查，为建设新农村提供环境安全保障。加大对省道沿线超标排放污染物企业治理，对破坏生态景观的违法企业依法进行关闭。开展造纸行业和涉铅企业的专项检查。四是开展对污水处理厂、垃圾处理场专项检查。五是加大对排污申报及排污费缴纳的稽查力度，对2009年度排污申报及排污费缴纳情况进行全面清查，了解全市企业排污的真实状况，为进一步规范管理，推进生态市建设打好基础。对拒报或谎报有关污染物申报事项的，逾期拒不缴纳排污费的，将依据环保法律法规予以处罚。

马鞍山市开展饮用水源保护区联合检查

按照今年环保专项行动工作方案要求，本着“各司其责、疏堵结合”的原则，日前，马鞍山市环保局会同农委、水利、渔政等部门，联合开展饮用水源保护区检查，对长江马鞍山段（右岸）进行了实地勘察。同时，拟在采石水厂取水口保护区上游约6公里处修建一避风码头，以彻底解决该取水口保护区内常年自然形成的渔船集散地对饮用水水质构成隐患的历史遗留问题。

马鞍山今年环保专项行动在三个方面取得实效

一是着力解决饮用水源安全隐患问题。开展专项行动以来，出动执法人员120人次，对长江马鞍山段进行了全程检查，对22个断面、排口进行取样监测。通过调查研究，拟在采石水厂取水口保护区上游约6公里处修建一避风码头，以彻底解决该取水口保护区内常年自然形成的渔船集散地对饮用水水质构成隐患的历史遗留问题。

二是解决慈湖河上游化工企业排污问题。开展了慈湖河上游化工企业环保核查，市环保局组织专家对玉江、文

胜、东海3家化工企业生产工艺、产污环节、循环利用及污染物处理情况进行技术核查和验收，如验收不合格，将予以关停。

三是着力解决“两高一资”污染问题。多部门联合开展人头矶地区选矿企业整治工作，现场检查4次，对3家无证无照非法小选矿下达行政处罚事先告知书，责令立即停产。对万能达发电公司林里灰场周边环境进行综合整治，依法断电强拆4家小选矿、小水泥等违法企业。

省司法厅、省环境监察局联合检查芜湖市环保专项行动近况

为深入开展整治违法排污企业，保障群众健康环保专项行动，6月18日至19日，由省司法厅、省环境监察局有关领导带队，对芜湖市开展了环保专项检查。

检查组听取了芜湖市深入开展环保专项行动，保障群众健康环保专项行动的工作汇报：近两个月来，芜湖市认真制定方案，对全市“二高一资”企业进行了拉网式检查，对全市涉砷、涉铅及钢铁行业进行了认真清查，对已关停的小造纸企业进行了复查，目前全市共出动环保执法人员986人次、执法车辆160余台次、检查企业430家次、查处违法企业9家，解决了一批影响群众健康的突出环境问题，推进了产业结构调整和污染减排中心工作，为经济社会持续健康协调发展提供了环境保障。

此外，检查组还对新兴铸管有限公司、芜湖中天印染、中新海森、芜湖县电镀中心等企业，进行了现场检查。

黄山市环保专项行动取得阶段性成效

今年以来，我市出动执法力量566人次，检查企业219家次，对4家存在环境违法行为企业依法进行立案查处。开展的专项执法检查包括：一是开展饮用水源保护区专项整治后督查。我市8个饮用水源一级保护区内无直接排放口、无违法建设项目，二级保护区内工业企业均做到稳定达标排放。我市饮用水水源地水质达标率为100%。二是开展安全生产大检查和环境安全隐患排查，建立健全危险源基础资料库。三是开展医疗废物和医疗废水专项检查。共检查10家县级以上医院、3家私营医院和黄山市医疗废物处置中心，切实消除因医疗废物及废水处置不当造成的环境安全隐患。四是开展涉砷涉铅等排放一类污染物及重点污染企业环保执法检查，共检查涉砷、涉铅等排放一类污染物及部分重点污染企业26家。五是开展非工业类项目摸底调查工作，建立了非工业类项目资料库。六是开展企业“冒黑烟”检查和新安江中心城区段水环境的专项整治工作，确保纪念邓小平同志“黄山谈话”三十周年?第三届黄山国际旅游节暨徽文化节纪念活动期间环境优美。

省环保专项行动督查组督导安庆第一阶段开展状况

6月17日，省环保局副局长王文有、环境监察局副局长魏继伯率环保专项行动督察组一行，来安庆检查指导环保专项行动第一阶段开展情况，副市长项小龙出席情况汇报会。在宜期间，督查组对城区及望江、宿松、太湖等地挂牌企业及怀宁县工业园区环境问题进行专项检查。

今年专项行动中，安庆市环保局对11个工业园区和所有集中式饮用水源地、“两高一资”行业重污染企业以及群从反映强烈的焦点和热点环境问题进行了一次全面的摸底排查，截至目前，已先后检查各类企业600余家，严厉打击了一批违法排污企业，解决了一批群众关心的环境热点问题。

查问题调思路，巢湖市环保专项行动第一阶段反思

巢湖市通过第一阶段专项行动的开展，发现在环境保护方面仍存在一些突出问题不容忽视：

一是部分企业环保意识淡薄、污染治理设施不完善，整改措施力度不够，污染治理设施的经费投入不足，不能稳定达标排放。二是个别企业污染治理设施老化，长期处于带病生产状态。三是目前经济形势造成部分企业生产不正常，企业污染治理设施运行成本加大，存在违法排污现象，加大环保部门监管难度。四是受利益趋使，个别县的偏远地区一些国家明令禁止生产、工艺落后、资源消耗大，污染严重的小炼锌炉再度出现，且采取更隐蔽的方式进行生产，给专项整治工作带来一定困难。

下一步，巢湖市环保部门将按照《环保专项行动实施方案》，按照专项行动阶段要求持续深入开展此项行动，从保发展、保民生、保稳定的高度，以强有力的执法行动来维护人民群众合法环境权益，保障人民群众身体健康，促进本市经济又好又快的发展。

为此，将调整思路，重点做好以下几项工作：一是加强环保后督查工作，加大对各重点排污企业的监管力度，严格执法，严厉查处环境违法行为。二是进一步清理不符合国家产业政策的落后产能，巩固整治成果，防止死灰复燃。三是加大宣传力度，广泛动员社会力量参与专项行动，监督环境违法行为，对严重违法排污企业予以公开曝光，形成社会监督的良好氛围。四是加强部门联动，组织联合执法，按照环保专项行动方案，抓好下一阶段的整治工作。

巢湖市环保专项行动第一阶段情况总览

根据省环保专项行动领导小组2009年专项行动第一阶段集中检查工作方案要求，巢湖市周密安排，积极部署，主要开展了七项检查：

一是全市开展了对“两高一资”行业、钢铁企业、涉砷行业、涉铅行业的专项检查。该市有硫化工企业1家，涉

铅企业5家，均符合产业政策和环境准入条件，并执行“环评”审批手续，通过环保“三同时”竣工验收。

二是开展了全市饮用水源地安全大检查和长江、巢湖流域干流及支流排污口摸排大检查。全市共检查饮用水源地140个，通过现场检查和监测结果，该市饮用水源地水质状况良好，但部分水源地存在没有设立饮用水源地标志牌，没有制定预案，标志牌损坏及字迹模糊等现象。

为此巢湖市环保局对各县（区）人民政府和环境保护局下达了《饮用水源地安全问题环境监察意见》，对存在环境安全隐患的少数饮用水源地要求限期整改，同时加大对饮用水源地的日常环境监察、监测频次，确保饮用水源地安全，整改工作正在进行中。

在检查整治饮用水源地的同时，该市对178公里、长江沿线及两个江心洲(黑沙洲、天然洲)工业企业污水排放口、污水处理厂排污口、市政排污口进行彻查。共检查企业排污口7个，市政排污口65个，分别进行卫星定位、拍照、取样监测，并对安徽江苏省界长江断面、巢湖铜陵市界长江断面进行取样监测。通过对沿江71个排口取样监测分析，该市排入长江水质均能达标排放。

三是对市重点行业、重点排污企业进行了全面的环境监察，共检查企业81家，取样监测27家，对其中违法情节严重的安徽省巢湖市绿生园食品有限公司等5家企业进行了市级挂牌督办，要求在规定时间内对环境违法行为整改到位。

四是集中开展全市建设项目环评及“三同时”验收执行情况专项检查。对各县区工业园区和工业集中区的在建和已建项目进行了清查，共检查建设项目1726个，已建成投产项目1133个，已验收和申请验收的项目1086个，下达限期整改通知47份。

五是加大督查督办力度。市环保专项领导小组高度重视专项行动开展情况，市政府分管副市长冯克金同志、市环保局及相关部门负责同志分别带队对我市污水处理厂、涉铅、造纸等敏感企业进行现场督查督办。同时根据群众举报，要求含山县政府对含山县飞达铸造厂等3家死灰复燃的“小电镀”实施了关闭。

六是深入开展城市“三产”污染扰民环境问题整治。共对全市86家锅炉实施煤改气、改用清洁能源；285家餐饮业安装油烟净化装置；15个文化娱乐业落实控噪减噪措施，基本解决了“三产”扰民问题。

七是各县开展各具特色的专项活动。

为有效解决庐南区域矿产资源开发过程中存在的突出环境问题，该县在去年开展了声势浩大的“庐南环保行”专项行动，集中整治庐南区域不法排污企业的基础上进一步加大对环境违法企业的整治力度，全县共关闭采选矿企业24家，企业上马治污工程累计投入逾3000万元，庐南区域环境质量明显改善。

含山县专项行动领导组采取联合集中执法的形式，对全县8个乡镇工业集中区开展环保专项检查，重点检查项目环评、“三同时”验收，污染治理设施运行，达标排放等各项环保措施落实情况，对存在的环境违法行为进行了依法查处。

力争无迟报漏报催报，安庆市强化环保专项行动信息报送

为进一步落实省、市环保专项行动实施方案的文件精神，及时了解和掌握各县（市）、区2009年整治违法排污企业保障群众健康环保专项行动工作进展情况和动态，安庆市环保局积极落实措施，做好环保专项行动信息报送工作。

一是成立信息调度工作组织。市环保专项行动领导小组办公室设在市环境监察支队，负责全市环保专项行动情况的收集、汇总和统计工作，定期印发“简报”，传达上级指示、指导工作；各县（市）、区环保局相应确定具体负责环保专项行动信息调度的部门、人员，进一步明确工作责任和制度，建立本辖区内信息报送网，加强管理，确保信息报送畅通、及时、准确。

二是规范信息报送的方式。环保专项行动的实施方案、阶段性整治报告、总结报告以正式文件按时报送市环保专项行动领导小组办公室；按要求定期在12369中国环保热线相关系统中填报信息；

三是严格信息报送的内容和时间要求。环保专项行动期间，各县（市）、区每周至少编发1期工作简报，并在有关环保专项行动信息管理系统的各地动态专栏发布。按期填报《环保专项行动进展情况表》等6项工作报表，市环保专项行动领导小组办公室将根据《环保专项行动信息管理系统》中各地报送的信息统一编发简报，通报工作进展情况，确保各类信息报送尽力做到不迟报、不漏报、不催报。

福建省

2008年全省环境监察工作要点

2008年，全省环境监察工作以贯彻落实科学发展观、建设生态文明为指导，按照全省环境保护工作会议要求，认真履行环境执法职责，加大环境现场检查力度，严厉查处环境违法行为，为完成污染减排任务、改善环境质量、保障群众环境权益作出新的贡献。

一、持续深入地开展环保专项行动

按照国家的统一部署，集中力量整治群众反映的突出环境问题，重点整治钢铁、电力、造纸、化工、制药等行业以及城市污水处理厂和垃圾处理场环境问题。综合运用

挂牌督办、区域限批、责任追究、绿色信贷和限、断电等措施，提高整治成效。开展对“十一五”以来环保专项行动挂牌督办和群众反映强烈、领导批办的环境案件的后督察。加大环境违法问题处罚力度，对应罚不罚或该罚轻罚的以及重大环境违法案件，由上级环保部门直接处罚。

二、扎实做好污染减排核查督查

加大重点污染源和减排项目的核查力度，严格按照国家和省政府规定的内容、范围、次数和检查率开展核查，按时上报核查记录和监测报告。组织开展排污许可证执行情况和2007年so2和cod排放不达标企业的执法检查，对无证排污、不按许可证排污的企业，依法处罚。会同物价、建设部门严格执行电力企业脱硫电价同脱硫效率挂钩政策、城市污水处理厂处理动营费同处理效果挂钓政策。

三、切实保障饮用水源安全

继续集中整治威胁饮用水源保护区和重点流域的污染隐患，对饮用水水源一级和二级保护区内排污口取缔和关停情况，“全省水质安全调查行动”中违法问题的查处情况进行回头看，确保各项整治措施落到实处。加强排查和整治威胁农村饮用水源的安全隐患，突出矿产开采、农业畜禽养殖、自然保护区等重点行业、区域的生态环境监察，指导列入全国第二批生态环境监察试点县的试点工作。

四、着力解决关系民生的环境问题

加强环保110值班，保证12369环保投诉热线24小时畅通。建立和完善网上受理投诉的制度。严肃查处群众反映强烈的环境污染和生态破坏案件，对群众多次投诉、屡查屡犯的以及社会影响大的典型环境违法案件，结合环保专项行动予以挂牌督办。加强领导批示和上级部门督办的环境大案要案的查处，对历年中央和环境保护部、省领导批示的重点案件开展后督查。

五、加强防范和处置突发环境事件

认真开展环境安全隐患排查和整治，按照环境保护部部署，开展对重点行业、企业、敏感区域、化工园区、尾矿设施、危险化学品、流域等重点对象的全面排查，督促制定实施环境安全隐患整治方案。建立环境安全隐患监控制度，落实防控措施。修订完善环境应急预案，开展应急演练，加强应急管理的培训，加快应急处置装备和防护设备的配备，提高应急管理水平。严格执行信息报告制度，对较大以上突发环境事件、涉及饮用水源安全的污染事件和影响较大的环境群体事件，必须按规定时限及时上报，对瞒报、迟报、漏报或不如实报告的，追究有关人员行政责任。

六、加快建设重点污染源自动监控系统

进一步加强现场督查，上半年完成所有国控、明年底前完成所有省控重点污染源在线监控设备的安装联网。认真落实自动监控系统运行管理的有关规定，不断完善“日调阅，周分析，月汇总、季通报”制度。严厉查处不正常使用或擅自拆除、闲置自动监控设施的违法行为。积极配合环境监测部门认真开展自动监控设备的比对监测和数据有效性审核。

七、严格稽查促进依法征收排污费

根据《排污费征收工作稽查办法》组织开展稽查，纠正下级环保部门在排污费征收中存在的核定排污量明显失实、未收或少收、未依法处罚等违法违规行为。加大对排污者拒缴、欠缴排污费的催缴和处罚力度，对逾期不缴或不执行处罚决定的，申请人民法院强制执行。积极扩展排污申报面，制定下发畜禽养殖场排污费征收的具体办法，加强对非重点工业污染企业、第三产业等排污申报和核定工作。全面使用排污费征收管理系统软件，建立健全重点排污企业排污申报登记数据库。

八、建立完备的环境执法监督体系

全面推进环境监察标准化建设工作，省环境监察总队、九个设区市和14个县级市争取年内达到国家环境监察标准化建设考核标准要求。充分把握国家“三大体系”建设的机遇，进一步加快各级环境监察机构执法装备的配置，全面提升环境监察执法能力。按照省环保局《环境监察工作年度考核办法》（试行），组织对各设区市环境监察工作的年度考核评比。

2008年闽江流域水环境综合整治工作计划

一、主要目标

闽江流域省控监测断面水质功能区达标率90%以上。其中，闽江沙溪段达85％以上，水汾桥断面水质明显改善，闽江干流南平段达90%以上，富屯溪、建溪和闽江干流福州段分别达95%以上。城市集中式饮用水水源地水质基本达到功能要求，福州市、南平市、三明市集中式饮用水水源地水质达标率达95%以上，各市县集中式饮用水水源地水质达标率达85%以上；各市、县（区）完成COD总量削减目标。

二、重点任务

（一）加快畜禽养殖污染整治

取缔禁建区划定后建设的养殖场和禁建区划定前建设但于2006年底前仍未治理达标的养殖场，防止出现污染反弹。加强先进技术推广，开展示范工程建设，因地制宜推广猪-沼-草（果、菜、鱼）等立体生态种养殖模式，试点推广生物发酵舍“零排放”养殖技术，重点实施南平市、

闽清县、三明市、连城县畜禽养殖业污染整治等5项工程。

（二）加大环保基础设施建设力度

加快推进福州大学城污水处理厂扩建、闽侯县、邵武市、建阳市、建瓯市、泰宁县等6个污水处理厂项目和长乐市、武夷山市等2个污水处理厂管网配套工程，以及其他7项城镇污水处理项目；重点建设光泽县、清流县、将乐县、宁化县等6项垃圾处理工程。所有新建城镇污水处理厂要配套除磷脱氮工艺；在建、已建污水处理厂今年底前要完成除磷脱氮改造。

（三）加强重点水源保护

严格执行饮用水源保护区划定方案，加快集中式饮用水源地污染整治，拆除水源保护区内污染和破坏水源的设施，开展县级饮用水源保护规划编制，规范水源保护区建设，重点实施长乐炎山水源地、三明东牙溪水源地等7个水源保护项目。

（四）加强工业污染防治

加强工业污染整治，依法督促省定清洁生产企业按期完成清洁生产审核，重点实施福州富成味精食品有限公司搬迁整治等43项污染防治和清洁生产项目；加快循环经济、生态工业园区发展，抓好三钢（集团）责任有限公司、德化县和南平炉下镇等循环经济示范试点工作和福州经济技术开发区创建国家生态工业园区工作。

（五）促进生态建设

以保障流域生态功能为目标，推进矿山整顿、水土流失治理、生态林保护和自然保护区、生态功能保护区建设、违规水电站清理整顿，开展小流域污染整治，大力推进农村生活污染治理，积极防治农村土壤污染，改善城乡生态环境，引导和推动一批具有较好社会基础、较强经济实力、良好环境的乡镇、村率先达到环境优美乡镇、生态村标准，重点实施光泽县大坑萤石浮选厂治理等22个项目。

三、工作要求

（一）进一步加强组织领导

认真贯彻实施《闽江、九龙江流域水环境综合整治考核办法》，省流域整治联席会议办公室结合市、县政府环保工作年度考核，今年开始组织对闽江流域综合整治上年度任务完成情况和出界断面水质达标情况进行考核，考核结果将作为当地政府环保实绩考核和省级流域治理补助资金安排依据的重要内容。各级政府要切实履行为当地环境质量负责的责任，按照属地管理的原则和部门职能分工，强化对2007年未完成项目和2008年度整治项目的督促检查。各设区市政府和省直有关部门要在每季度第一个月的10日前报送工作进展情况，由流域整治联席会议办公室汇总上报。

（二）继续加大源头控制力度

组织开展流域面积小于500平方公里的小流域综合规划环境影响评价工作，强化环评对规划的指导作用，防止不合理水能资源开发活动造成生态环境破坏和水环境污染。加强对有关流域的水质监测，设置有代表性的监测断面，加强对特征指标的监控。进一步加强流域工业企业环境风险管理，对福州青口汽车工业园区等开展环境工业园区风险后评估，促进工业园区环境管理水平的进一步提升。

（三）认真落实污染减排措施

严格按照省政府下达的污染物总量削减指标，明确年度削减目标，落实具体削减项目、完成时限和责任部门等。进一步完善减排项目档案，实行项目定期调度制度，实施动态管理，及时掌握项目进展和污染物总量削减情况，确保减排项目按期建成投运。加强源头管理，所有新、扩、改建项目所需污染物排放总量必须从现有企业实施减排的总量中调剂解决。流域所有重点排污单位实行持证排污。对未完成总量减排指标和城市污水处理设施建设严重滞后、不落实收费政策、污水处理厂建成后一年内实际处理水量达不到设计处理能力60%，或已建污水处理设施无故不运行、在线监控设施安装不到位的地方以及未按要求建成污染集中治理设施、未依法开展区域环评的国家级、省级开发区，环保部门将暂缓审批该地区新增水污染物项目。对不按计划完成污水处理厂建设或者管网配套年度任务的市、县（区），省发展改革委、国土资源厅要暂停当地城建项目立项、用地的审批，省里不予安排城建类政府性补助资金。

（四）切实加大资金投入

按照“污染者付费”的原则，督促企业落实污染治理资金。加大饮用水源、生态保护和城市污水管网等环保基础设施的投入，完善流域上下游生态补偿机制和专项资金管理办法，扶持重点项目实施，提高资金效益。各市、县（区）政府根据辖区内流域实际情况设立流域整治专项资金，专款用于流域整治。省环保局、财政厅要积极探讨生态补偿等新措施，在转移支付的增量资金安排上考虑上游地区的主体功能布局和交界断面水质情况。

（五）严格环境执法监管

各级环保部门要认真履行环境保护统一监管职责，各相关部门要认真履行本部门环境保护职责，严肃查处环境违法行为，任何单位和个人不得阻挠、干扰环保正常执法活动。要落实环保行政责任追究制，对违反环保法律法规政策造成重大决策失误，或干扰执法、执法不力造成严重后果的，监察部门要依法追究有关领导和直接责任人的行政责任。

（六）加强环境应急管理工作

各级政府要重视环境安全，保证环境应急管理工作所需的人力、财力、物力等公共资源，完善环境应急预案，配备现场应急环境监测、监察、信息传输仪器设备和通讯设备及防护设备。要建立健全信息沟通和污染事故报告制度，对流域内发生的污染事故，有关单位要按规定及时报告当地政府和上级环保部门，并立即启动应急预案，妥善处理处置。要加强环境安全检查，对存在环境安全隐患的单位要责令限期整改，整改不符合要求的要责令停产整治或搬迁、关闭。

2008年九龙江流域水污染与生态破坏综合整治计划

一、主要目标

九龙江流域省控监测断面（含交接断面）Ⅰ类－Ⅲ类水质比例达89%以上，其中，九龙江北溪龙岩段达83%以上、北溪漳州段（含河口）达89%以上、西溪达95%以上。

二、重点任务

（一） 饮用水源保护工程

以城乡集中式饮用水源保护为重点，加快集中式饮用水源地污染整治，规范水源保护区管理。重点实施龙岩市东肖水库水源地、漳平市自来水厂（大坂三级水库）水源地、厦门市北溪引水左干渠明渠段整治，以及龙岩、漳州市有关县、乡镇集中式饮用水源地污染整治和围网建设等8个项目。

（二）主要污染物减排工程

按照2008年度主要污染物总量减排工作计划，以城镇、工业开发区污水集中处理厂及配套管网建设为重点，并进一步深化工业污染治理，落实完成省政府确定的年度主要污染物减排任务。重点实施漳平市、龙海市、南靖县等城镇污水处理厂建设和芗城区等污水管网建设，潘洛铁矿、漳平金鑫硫酸化工有限公司废水循环利用，以及南海食品有限公司、青岛啤酒（漳州）公司、龙海市榜山三星造纸厂废水治理（改造）等23个项目。

（三）畜禽养殖污染治理工程

进一步落实畜禽养殖业禁建区要求，加快完成禁建区范围养殖场整治工作；因地制宜推广先进实用的畜禽养殖污染治理技术，建设畜禽养殖污染治理示范点；同时，加快猪粪综合利用项目建设，削减畜禽养殖业污染物的排放。重点实施龙岩市、漳州市养殖业洛东式“发酵舍”零排放示范工程、漳州市40家生猪养殖废水治理工程、厦门市无公害畜禽养殖基地建设等8个项目。

（四）垃圾污染治理工程

进一步落实省政府推进垃圾处理产业化的政策，加快垃圾处理处置工程建设步伐，减轻九龙江流域垃圾对河口及近岸海域的污染。重点推进长泰县、华安县、南靖县、龙海市、平和县垃圾处理场，龙岩市、漳州市垃圾焚烧发电厂，以及龙岩市医疗废物集中处置中心建设等8个项目。

（五）生态保护与建设工程

推进水土流失治理、矿山整顿、生态林保护，加强违规水电站清理整顿，开展小流域污染整治，推进城市内河综合治理，恢复与改善城市生态。重点实施龙岩市新罗区苏溪河流域综合治理、漳平市九龙江沿岸植树造林、盛发矿业有限公司尾矿库建设、漳州市浦头港小流域生态治理三期工程、厦门市生态风景园林工程建设和汀溪水库裸露地水土流失综合治理等11个项目。

（六）环境管理能力建设工程

继续推进以水质目标管理为主线、地方政府分级负责的流域水环境管理工作机制，开发九龙江流域水环境管理信息系统；进一步开展入河排污口调查与监测；加强重点污染源在线监测和各级监控中心建设。重点实施漳平市重点企业在线监测，龙岩市、漳州市入河排污口调查与监测，漳州市九龙江流域污染监控系统完善工程，以及九龙江流域水环境管理信息系统（一期）开发等7个项目。

三、工作要求

（一）进一步加强组织领导

有关市、县政府要抓紧制定实施2008年度整治计划，做到早部署、早安排。要按照属地管理的原则和部门职能分工，继续落实责任制，切实强化对2007年未完成项目和2008年度整治项目的督促检查，确保整治工作有序进行、按期完成。各设区市政府和省直有关部门要在每季度次月10日前向闽江、九龙江流域水环境综合整治联席会议办公室（以下简称“流域整治联席办”）报送工作进展情况，由流域整治联席办汇总上报，并每年依照《闽江、九龙江流域水环境综合整治考核办法》实施考核。

（二）进一步落实污染减排

各地要尽快制定下达污染物减排年度实施计划，将任务落实到企业，明确削减目标、具体项目、主要措施、完成时限和相关责任人等，确保按期完成。要严格新、扩、改建项目的管理，完善重点污染源台帐，核实跟踪重点企业的污染物排放情况，及时掌握排污总量削减情况。对未完成污染物减排任务的地方要暂停审批新、扩、改建加重环境污染的项目。

（三）进一步加大资金投入

坚持“污染者付费”的原则，明确投资主体，督促企业业主筹措治理资金，实施治理项目。各级政府要加大饮用水源保护和城市污水管网建设资金投入，省直各部门要安排相应资金，支持流域水环境综合整治，要加强整治专项资金使用监管，确保专款专用，提高资金效益。

（四）进一步强化执法监管

环保部门要负责对环境保护实施统一监管，各相关部门要认真履行本部门环境保护职责，严肃查处环境违法行为。要继续将危及饮用水源地等环境敏感区域环境安全的排污企业、不执行建设项目环境管理规定，以及不依法申领排污许可证和按证排污的企业作为今年查处的重点。加大宣传力度，鼓励公众监督，完善流域上下游“三联合”行动制度。落实环保行政责任追究制，对违反环保法律法规政策造成重大决策失误或干扰执法、执法不力造成严重后果的，监察部门要依法追究有关领导和直接责任人的行政责任。

（五）进一步保障环境安全

要按照“不欠新帐，多还旧帐”的原则，严格落实环境影响评价、环保“三同时”制度。按照省委、省政府为民办实事要求，加强饮用水源地污染整治，采取必要工程和管理措施，保障城乡饮水安全。漳州市要组织完成九龙江北溪漳州市和厦门市引水水源保护区上游龙翔工业区等开发项目的环境风险评价，组织论证，采取对策，切实消除污染事故隐患。各地要开展检查，敦促有关单位、企业制定实施环境应急预案，做到防患于未燃。对存在环境安全隐患的单位要责令整改，整改不符合要求的要责令停产整治或搬迁、关闭。

专项行动

福建省召开全省整治违法排污企业保障群众健康环保专项行动电视电话会议

2009年4月14日上午，继国家八部委联合召开“全国整治违法排污企业保障群众健康环保专项行动”电视电话会议之后，省政府紧接着召开了全省环保专项行动电视电话会议，学习、贯彻周生贤部长的重要讲话精神，苏增添副省长在会上进行了动员部署。

苏副省长要求各级政府要增强责任意识、大局意识，政府主要负责同志要亲自过问，主管负责同志要牵头挂帅，把环保专项行动列入重要议事日程。要完善组织领导机制、部门联动机制、综合执法机制、公众参与机制，确保专项行动顺利开展。在总结前几年环保专项行动的基础上，要进行再部署、再检查、再落实，进一步加大整治力度，严查重处环境违法行为。要求我省今年环保专项行动任务，要围绕“保增长、保民生、保稳定”大局，扎实抓好建设项目清查、城镇污水处理厂和垃圾填埋场集中整治、钢铁、造纸和涉砷污染行业的督查、饮用水源保护、畜禽养殖污染整治、石板材业污染整治、重点案件和重点行业的环境监察等方面具体工作，明确后督查重点、落实整改要求、加大行政监察力度，确保今年专项治理工作取得实效。同时，要充分发挥新闻媒体舆论宣传作用，鼓励公众参与，自觉接受社会监督，在媒体上公布重点环境问题的解决方案和时限，努力维护社会安定稳定，积极服务海西科学发展。

目前，全省各级政府、各有关部门正按照国家和省政府环保专项行动的工作部署，抓紧组织实施。省直九部门已制定并联合报请省政府批转《福建省整治违法排污企业保障群众健康环保专项行动实施方案》，环保专项行动已在全省全面展开。今年我省将继续强化环保专项行动问责制，对各地历年挂牌督办的案件进行督查，凡查处不力，处理要求落实不到位的，将追究有关地方政府、部门领导和相关人员的责任。

苏增添副省长带队调研着力解决敖江流域石板材污染问题

为贯彻落实国家八部委整治违法排污企业保障群众健康环保专项行动，加快推进“六江两溪”重点流域环境综合整治，4月16—17日，苏增添副省长带领省环保局、省农业厅、省国土资源厅、省建设厅、省水利厅、省政府办公厅等部门负责人前往福州、宁德调研敖江流域水环境综合整治工作。福州市副市长时小雨、宁德市长陈家东，副市长周秋琦等陪同调研。

苏增添一行深入连江县丹阳、罗源县水古、古田县鹤塘三地石板材加工集中区，实地了解当地石材企业污染治理整治情况，察看周边水环境水质现状。在听取福州、宁德两市及相关县的汇报后，省环保局马承佳局长与省直相关部门负责人也分别提出了整治意见。最后，苏增添副省长肯定了敖江流域前段整治工作的进展，并重点提出目前仍存在的问题及解决思路。苏增添副省长指出，流域水环境综合整治是整治违法排污企业保障群众健康环保专项行动的一项重要内容，省委、省政府高度重视这项工作。敖江流域水环境已到了非治不可的地步，各级各部门要把思想统一到省政府的决策上来，要把整治的效果作为衡量贯彻落实科学发展观的实际成效上来。

苏增添强调，对当敖江流域水环境及生态环境面临的突出问题，各级政府及各有关部门要深度反思发展经济与保护环境的关系，反思发展的立足点，反思是否加大力度对石板材产业整治问题，强化流域水环境非治不可的意识。要上下联动，堵疏结合，奖惩到位。要将无证无照石材加工企业、干流沿岸1公里范围内石材加工企业、无污染治理设施或未实现零排放的石材加工企业、未进入集中加工区的石材加工企业，石材废料、废渣乱堆放现象及流域内禽畜养殖业、垃圾等列入整治重点，同时严格控制工业污染，采取切实有效的政策措施，停止审批流域内新、扩建的石材开采、石板材加工项目，坚决取缔该范围内所有无证、证照不齐、未达到最小开采规模或加工要求的矿（山）点、石板材加工点，鼓励加工企业进工业园区，引导企业通过对可再生利用的矿渣、尾矿的循环利用，延伸产业链，提升附加值。要强化对石材加工企业的监督管理，加强流域断面监控，对发现的问题制定出全面的整治计划。各级政府和有关部门要迅速行动起来，加强组织领导，合理规划，按科学发展观要求，制定综合整治方案，进一步明确工作目标与发展方向。要强化责任，细化目标，层层分解任务，一级对一级负责，将整治工作纳入年度考核范围，强化跟踪督查。还要加大宣传力度，强化舆论监督，大力宣传敖江流域综合整治的重要性，引导群众投身到综合整治中，努力营造优美的生态环境。

全省环保部门迅速开展病死畜禽乱扔乱弃问题整治巡查行动

近段时间以来，我省一些地方相继发生病死或死因不明畜禽乱扔乱弃水体的现象，威胁群众生活饮用水源安全。根据苏增添副省长的指示要求，全省环保部门迅速开展病死或死因不明畜禽乱扔乱弃问题整治巡查行动。

4月28日省环保局下发《关于切实加强病死或死因不明畜禽乱扔乱弃现象环境监管的紧急通知》，要求全省各地环保部门要切实加强领导，落实责任，制定积极的应对措施，加强对主要流域、重要支流和饮用水源地等重点部位的巡查，确保责任到人、监管到位。全省各地环保部门迅速组织环境执法人员对辖区主要河流是否存在丢弃病死猪的问题进行全面巡查。

4月29-30日，省环保局组织省环境监察总队执法人员，分三组分别对九龙江流域新罗、漳平、华安、芗城、龙文段，闽江流域三明、南平段，及福州福清城头镇、长乐鹤上镇、罗连乡、江口镇等流域河段巡查情况进行督查。督查发现，九龙江漳平段溪仔口电站库区发现2头死猪，当地水利部门立即按照督查组要求组织人员进行清理及填埋；新闻媒体报道的福清内河中发现死猪25头，长乐内河发现死猪23头，当地乡镇政府已组织人员打捞，全部进行无害化填埋，长乐市公安部门已对发现的乱扔乱弃死猪人员进行立案调查。

下阶段，全省各级环保部门按照省政府的部署，继续加强巡查、加强监测，一旦发现流域水质发生变化或存在问题，迅速查清原因，及时报告，并通知当地政府及相关部门进行有效处理，确保人民群众饮水安全。

2009年全省环保专项行动第一次联席会议召开

5月26日，全省环保专项行动领导小组办公室第一次联席会议在省环保局召开。省发改委、经贸委、监察厅、安监局、建设厅、福州电监办等单位联络员出席了会议，省环保专项行动领导小组办公室主任省环保局陈宁副局长主持会议。会议通报了我省2008年环保专项行动的进展情况，研究部署了下一阶段的工作。

会上，省环境监察总队潘家清总队长通报了2008年环保专项行动的进展情况。2008年环保专项行动中，全省各级各有关部门共出动执法人员3.51万人次，检查企业1.19万家，对其中涉嫌违法的238家企业立案调查处理，相关环境违法案件和有关责任人分别被依法严肃处理，严厉打击了各类环境违法行为，有力遏制了污染反弹。省级挂牌督办的14个环境违法问题（企业）除古田县鹤塘镇石板材加工业由于历史原因及石材加工企业点多面广，目前整治尚未完成，其余13个环境违法问题已按照要求整治到位。潘家清总队长还对2009年环保专项行动的工作重点、要求、以及近期主要工作等情况作了通报。

会上，省环保专项行动联席会议成员单位联络员就如何履行部门职责、加强部门协调、形成整体合力，共同做好我省环保专项行动进行了认真地研究，提出了许多很好的意见和建议。

最后，省环保局陈宁副局长就如何开展好今年我省环保专项行动提出了三点意见：一、统一思想认识，高度重视环保专项行动。作为环保专项行动成员单位的省直9个部门要进一步提高对开展整治违法排污企业保障群众健康专项行动重要性和紧迫性认识，严肃查处环境违法行为，切实加强环境保护，维护好、实现好广大人民群众的切身利益，促进经济社会的可持续发展，促进海峡西岸经济区又好又快发展。二、重视部门协作，充分发挥联动机制。各成员单位要充分利用环保专项行动联席会议这一平台，及时沟通，相互联系。在环保专项行动期间，各成员单位要在往年协作的基础上，进一步加强协调配合，相互支持，形成专项行动合力。对于发现的环境违法案件，属于本部门管理权限的要认真查办，涉及其他部门管理权限的要及时移送。同时，要不断创新和完善成员单位联合办案制度。去年我局与省监察厅联合查处了几起环境违法案件，处理了相关责任人，取得了良好的效果。三、加大宣传力度，形成良好的舆论氛围。保护环境，是环保部门义不容辞的职责，同时也需要社会各方的共同参与。要充分利用报纸、电视等多种新闻媒体宣传各地有效开展环保专项行动的典型做法，及时曝光严重环境违法案件。通过环保专项行动，发动社会公众和新闻媒体积极参与，形成整治合力，使环境违法行为无处藏身。

福建省部署重点流域水环境综合整治工作

为加快推进我省重点流域水环境综合整治工作，5月31日，省政府召开重点流域水环境综合整治专题会议，黄小晶省长主持会议，并作了重要讲话。会议通过了省政府《关于加强重点流域水环境综合整治的工作意见》、《关于加强建筑饰面石材行业综合整治工作的意见》、《福建省重点流域水环境综合整治考核办法（暂行）》和《福建省重点流域水环境综合整治资金筹措安排方案》。会议决定成立省重点流域水环境综合整治领导小组，由苏增添副省长亲自担任领导小组组长。同时，明确环保部门是流域整治工作的牵头、协调部门。会议要求全省环保系统都必须勇于履职、勇于承担责任，尽心尽责尽力抓好整治工作的落实。省政府重点流域综合整治专题会议的召开，标志着我省重点流域综合整治工作的全面启动。

6月1日上午，省环保局立即召开会议进行传达部署，各设区市环保局长、分管副局长，以及省局机关各处室、名直属单位副处级以上干部参加了会议。会议决定马承佳局长担任省重点流域水环境综合整治领导小组办公室主任，负责整治工作的总体组织协调、推进落实，其他局领导为副主任，协助抓好整治工作，省环保局水环境监督管理处为牵头承办单位，负责日常事务工作。省环境监察总队在目前督查中心机构尚未成立，人员尚未到位的情况下，调剂人员力量，开展各重点流域整治工作落实情况督查巡查工作。各市、县（区）环保局也必须由一把手亲自抓、负总责，亲自部署整治工作，亲自了解掌握整治工作进展，亲自研究整治中存在的问题和解决的办法措施。

下阶段，全省各级环保部门按照省政府的部署，统一思想认识，研究制定整治方案，迅速展开行动，全力以赴落实，合力推进流域整治工作。

全省环保专项行动各地进展动态

泉州市环保局开展行政区域交叉环境执法。为进一步加大环境执法力度，充分发挥和调动全市环境监察力量，提高全市环境执法人员的执法水平和执法成效，泉州市环保局制定了《关于实行行政区域交叉环境执法方案（试行）》，并于6月2日下发实施。通过行政区域交叉执法，促进两级环保部门和同级环保部门之间的交流与学习、协作与配合。此次行政区域交叉执法由泉州市环保局统一牵头，泉州市环境监察支队具体组织实施，各县（市、区）环保局共同参与组成联合检查组，实行异地交叉执法，主要检查市控以上重点污染源和基本建设重点项目，包括重污染行业、重点流域、重点区域以及对饮用水源存在安全隐患的排污单位，群众反映突出的污染企业，及跨区域污染问题。泉州市环保局将每月的交叉执法和监测情况及整改要求通报各地，督促各县（市、区）环保局对存在的问题依法依规进行处理。

厦门环保局翔安环保分局开展企业环保清查行动，主动上门为企业服务。近日，厦门环保局翔安分局启动了企业环保清查专项行动，集中两个月时间进行走访清查，为企业排忧解难。此次清查行动以第一次全国污染源普查数据和05年建区以来审批的项目为依据，重点是对企业环保审批、验收手续、排污许可证手续及排污口规范化、环保设施建设运行情况进行清查，采取发通知请企业自查、执法人员分组上门清查、企业存在问题汇总与反馈、集中统一补办相关手续的方式，详细摸清了企业执行环境保护法律法规的情况以及存在的困难，现场办公为企业解决难题，指导企业完善污染防治措施，帮助其补办相关手续。分局在行动中始终坚持“以人为本，服务为先”的工作原则，制作各种简化的格式表单和一次性告知材料发放给企业，对企业办理环保相关审批、验收、排污许可证手续采取“一揽子打包”方式集中进行办理，减少环节、缩短时限，减轻企业负担，切实为企业做好服务。这种做法得到辖区企业的普遍欢迎。

全省环保专项行动各地进展动态

华安县加大水环境综合整治力度，巩固水环境整治成效。华安县环保专项行动领导小组精心组织、周密部署，各相关部门、乡镇、开发区紧密配合，采取综合整治措施对九龙江流域（华安段）水环境进行整治，已初见成效。截止目前，全县共出动整治人员2600人次，投入资金440.49万元，出动车辆579台次、其中工程机械车辆206台次。累计关闭拆除禁建区内养殖场990户、共计27168头生猪、拆除养殖场面积139449.09平方米；家园清洁行动累计清理道路1801公里、清理水沟822.35公里，共清理垃圾4365.8吨，其中新建垃圾池7个，改造旱厕63个；出动船舶600多船次打捞近千吨水面漂浮物；无害化处理禽畜尸体1821头。

晋江市环保局对污水排入泉荣远东污水处理厂的工业企业进行清查整治。近期，根据今年晋江市环保专项行动实施方案，晋江市环保局对污水纳入泉荣远东污水处理厂的工业企业进行全面清查整治。一是每日对进入管网企业排污口进行采样监测，跟踪污水排放达标情况；二是聘请监督员，对入网企业进行随机采样监测；三是对检查发现的超标排放企业3家企业予以立案处罚，责令限期整改，并处罚款，罚款金额已达14万元；四是对整个排污管网进行排查，杜绝企业埋设暗管；五是督促可慕制革集控区加快污水处理设施改造建设进度，提高入网污水水质。

武平县政府部门密切协作，加大力度，打击不法排污企业。为整治违法排污企业，保障群众健康，保护生态环境，维护群众环境权益，今年6月，针对群众反映强烈的土法废旧轮胎炼油厂污染问题，武平县政府高度重视，精心部署，快速组织环保、国土、经贸、监察、公安、林业、工商、安监、质监、电力及所属乡镇，开展联合专项行动，连续多日对土法废轮胎炼油厂污染问题开展专项整治，重拳出击，对十方镇、城厢乡、下坝乡、东留乡4乡镇8家土法废旧轮胎炼油厂，实行取缔拆除，彻底摧毁其生产和生活设施，有效打击了违法排污企业，给违法排污企业以强大震慑，在社会上产生强烈反响，群众拍手称快。

全省环保专项行动各地进展动态

漳州市环保局加强对工业园区的日常监管，开展专项执法大检查。根据漳州市委市政府关于加强对工业园区日常监管的指示要求，结合今年环保专项行动的部署，7月份漳州市环保局对工业园区开展执法大检查。7月7日漳州市环境监察支队会同龙海市环保局执法人员对福龙工业园开展执法检查。此次检查，共抽查了福建凯景钢铁开发有限公司、龙海市贝特利香料有限公司等16家企业。检查发现一些企业存在不同程度的环境违法行为：龙海市贝特利香料有限公司等2家企业排污口不规范；福建凯景钢铁开发有限公司等4家企业未落实环保“三同时”擅自投产；福建方明钢铁有限公司私设排污口违法排污；龙海协祥电池有限公司存在环保治理设施老化出现跑冒滴漏现象。针对检查发现的违法行为，环保部门已进行立案查处，并对存在问题的企业下达限期整改通知书。今后，漳州市环保局将继续组织执法人员不定期对各工业园区进行执法检查，确保工业园区企业稳定达标排污。

厦门市环保局同安分局着力规范涉汞行业危险废物处置工作。针对近期在辖区内发现个别企业违法倾倒、处置含汞危险废物的问题，为确保从源头上规范涉汞危险废物的处置工作，厦门市环保局同安分局对辖区内涉汞行业产生危险废物的处置情况进行全面排查,并于6月26日，召开涉汞行业危险废物规范处置工作会议，辖区内12家被重点监控的涉汞危险废物产生单位的负责人参加了会议。同安环保分局用以会代训的形式,向各相关企业讲解了《中华人民共和国固体废物污染环境防治法》、《危险废物转移联单管理办法》、《国家危险废物名录》等法律法规对危险废物的管理和控制要求,并向参训单位颁发了《企业环保培训手册》。会议强调各相关企业单位要强化责任意识,高度重视危险废物管理工作。事关各相关企业的生存与发展问题,切不可掉以轻心。企业作为防治污染的主体,要确实承担起保护环境责任，依法依规做好涉汞危险废物的管理工作，防范事故风险。

2009年省级挂牌督办环境问题名单公布

9月2日,省环保厅公布了2009年省级挂牌督办环境问题名单。这些环境问题是今年全省环保专项行动开展以来，省环保厅多次组织执法人员对全省各地环保专项行动进展情况、历年挂牌督办环境问题整改落实情况以及群众反映强烈的环境污染问题进行专项检查中发现的。经省环保厅研究，决定将下列5个环境问题列为2009年环保专项行动省级挂牌督办环境问题：

1.福建凯景钢铁开发有限公司，年产100万吨新型精品涂镀层板材扩建项目，在污水处理设施尚未建成的情况下，于2009年1月投入试生产，违反了环保“三同时”制度。

2.武平县象洞乡畜禽养殖污染严重，禁养区内养殖场关闭、拆迁工作进展缓慢，造成与广东省交界的象洞河长期为劣Ⅴ类水质。

3.泉州市泉港污水处理厂一期工程设计处理能力1.25万吨/日，已建成近两年，但管网建设严重滞后，目前进水量仅0.6万吨/日，负荷率只有48%，且进水浓度低，污泥活性差，没有实质性减排效果。

4.福安市垃圾无害化处理场未按环评批复要求设置排放口，违反环保“三同时”制度，2003年投入试运行至今，污染治理设施运行不正常，污水超标排放。

5.尤溪县仁源纸厂违反环保“三同时”制度，多次检查发现擅自闲置环保治理设施，私设暗管，生产废水直排。

省环保专项行动领导小组办公室已依法对列入省级挂牌督办的环境问题提出明确的督办要求，包括督办单位、责任单位、完成时限和拟采取的取缔、停产、罚款或限期整改等措施。对逾期未整改到位的，将追究有关失职责任人员行政责任。

福建省环保局关于组织开展电解锰行业专项执法检查和环境整治的通知

闽环保总队〔2009〕30号

各设区的市环保局：

为认真贯彻落实党中央、国务院领导对锰污染问题的重要批示及环境保护部办公厅《关于开展全国电解锰行业专项执法检查和环境整治的通知》（环办〔2009〕66号）要求，我局决定自5月至12月底在全省范围内开展电解锰行业专项执法检查和环境整治专项行动。现将有关事项通知如下：

一、检查对象

全省范围内所有电解锰生产企业。

二、检查内容

根据《电解金属锰企业行业准入条件》（国家发展与改革委员会公告2008年第13号）以及国家相关的法律法规，全面查清电解金属锰企业执行环保法律法规情况及污染物排放情况，对环境违法行为依法查处，并监督企业整改到位。其中重点检查电解金属锰企业以下情况：

1.生产设施及生产工艺满足国家产业政策以及行业准入条件情况；

2.建设项目执行环境影响评价和“三同时”制度情况；

3.污染治理设施运行及污染物排放情况；

4.锰渣及铬渣的堆存处置情况；

5.企业排放口规范化和污染源自动监控系统情况；

6.环境应急预案的制定及应急事故池的建设情况；

7.排污申报登记、排污许可证办理、排污费缴纳情况。

请你们按照《全国电解锰行业环境整治工作要求》（附件一）督促落实。

三、检查、整治形式与时间安排

以各地自查为主，省级将适时组织抽查。

检查整治时间从2009年5月至2009年12月底，分两阶段进行：

1.清查处理阶段（2009年5月至6月底）。各设区市及所辖县（市、区）认真开展电解锰行业专项执法检查自查，并将各地检查进展情况报告及情况汇总表（见附件二）于6月20日前报送省环境监察总队。

2.督促整改阶段（2009年7月至12月）。各地按照环保要求督促电解锰企业进行整改，并将各地检查整治总结报告及整治情况汇总表（见附件二）于12月10前报送省环境监察总队。

我局将于6月下旬及12月中旬分别组织人员对各地检查整治情况进行抽查。

福建省环保局关于开展重点行业企业等三项执法检查的通知

闽环保总队〔2009〕32号

各设区的市环保局：

根据环境保护部《2009年全国环境监察工作要点》（环办〔2009〕41号）总体工作安排，按照环境保护部《关于开展重点行业企业等三项执法检查的通知》（环办函〔2009〕555号）要求，现就我省结合2009年整治违法排污企业保障群众健康环保专项行动，做好重点行业企业、建设项目、造纸行业三项执法检查工作通知如下：

一、检查重点

（一）对“六江两溪”重点流域重污染行业企业及重点排污企业进行执法检查

一是辖区内重点流域重污染行业企业及国控、省控重点排污企业达标排放情况；二是辖区内重点流域是否存在不符合国家产业政策和环保准入要求的违法建设项目；三是生产企业是否存在不正常运行污染治理设施、私设排污管线、超标排污、不按规定安装在线监控设施、排污口设置不规范等环境违法行为。

（二）对2008年7月以来开工建设、投运的建设项目进行执法检查

一是在建项目办理环境影响评价审批手续、落实环境影响评价报告措施和审批意见情况；二是已经投产项目办理环境影响评价审批、试生产、环保“三同时”验收手续情况。

（三）对造纸行业进行执法检查

一是在2007年、2008年环保专项行动造纸行业集中整治的基础上，继续加强造纸企业后督察，重点检查前两年不符合国家产业政策造纸企业的取缔关闭情况；二是现有生产企业执行《制浆造纸工业水污染物排放标准》（GB3544-2008）达标排放情况。

二、查处要求

（一）对环境违法违规问题相对集中、落后生产能力和设备仍未按期彻底淘汰的地区实行区域限批；对未批先建违法开工或投运问题严重的地区实行区域限批；对典型环境违法案件挂牌督办。向社会公布区域限批和挂牌督办名单，明确整改要求和时限。

（二）对未经环保审批违法开工建设、未经环保“三同时”验收违法违规投入运行、长期试运行超标排放的建设项目依法责令其停止建设或使用；对仍存在直排、偷排、擅自停运治污设施的企业，责令其停产整顿；严重影响群众生产生活的，限制其再新上建设项目。

（三）对不具备稳定达标能力的造纸企业要依法限期治理；对1万吨以下废纸造纸企业不能稳定达标排放的报请地方政府予以关闭；对国家明令禁止淘汰的工艺、设备死灰复燃的立即拆除，并移送监察机关追究有关责任人员的行政责任。

三、工作要求

各设区市环保局要结合开展环保专项行动，组织力量对三项执法检查工作进行督查，督促各县（市、区）落实三项执法检查工作，确保检查到位、处理到位、责任追究到位。请于6月15日前结合环保专项行动“两高一资”行业企业、钢铁企业、涉砷行业企业检查阶段性报告一并报送重点流域重污染行业企业及重点排污企业、建设项目检查情况和汇总表（附件1）；9月15前结合饮用水水源保护区整治措施落实情况开展后督察、城镇污水处理厂、垃圾填埋场检查阶段性报告一并报送造纸行业检查情况和汇总表（附件2）。

我局将适时组织对各地三项执法检查工作开展情况进行督查。

江西省

专项行动和工作动态

环保部中央财政主要污染物减排专项资金项目(环境监察执法标准化建设)检查组来我省检查工作

为全面了解中央财政主要污染物减排专项资金项目（环境监察执法标准化建设）实施情况，加强对标准化建设项目的监督管理，确保中央财政资金发挥作用，环保部环境监察局于近期分组对全国各省（直辖市、自治区）进行了检查，华东片检查组一行4人于2009年3月13日至15日对我省省本级、南昌、九江本级及两市所辖县区（南昌县、青云谱区、湖口县、永修县）进行了检查。

此次检查重点为2007年度中央财政主要污染物减排专项资金项目（环境监察执法标准化建设）配套资金的落实情况、项目组织管理情况、项目采购方式、项目内容执行情况及配备车辆、仪器设备使用管理情况等。检查表明：根据财政部财建[2007]261号文件精神，中央财政减排专项资金第二批共为我省60个省、市、（县、区）监察机构安排资金1455万元，我省安排配套资金571万元。39辆环境监察执法车辆全部发放到位。其他取证设备的招标、采购工作由各设区市环保局和财政局按照环保部下发的各项目单位取证设备明细表统一组织，按政府采购相关规定，采取公开招标，竞争性谈判等方式进行，相关政府采购资料报省环保局、省财政厅审核后，由省财政按采购合同将货款直接支付给中标单位。检查的各有关单位都加强了执法车辆、仪器设备的管理。

但检查组也指出我省在落实2007年度中央财政主要污染物减排专项资金项目（环境监察执法标准化建设）上存在的一些问题：一是有的县的仪器设备与国家规定的配备标准不相符。二是有的县在仪器、设备管理上还存在不足，如仪器、设备没有台账，有的甚至连领用记录都不全，容易造成物品遗失。

做好能源资源消耗统计 建设节约型单位

为建立科学、完整、统一的能源资源消耗统计体系，促进各级环保部门加强能源使用管理、提高能源利用效率，根据省厅工作安排，省环境监察局结合本部门工作实际，加强能源资源消耗统计工作，指派专人对口负责省厅的能源资源消耗统计工作。为了贯彻省厅关于建设节约型单位的实施意见，加强我局内部管理，完善节约制度，控制和节约经费支出，降低行政成本，我局制订了《江西省环境监察局关于建设节约型单位的实施意见》（试行），涵盖了“严格落实政府采购制度，加强固定资产管理”、“加强会议管理”、“严格车辆管理，降低燃油、维修费用”、“严格控制差旅费开支”、“加强用电、用水管理，搞好节约用电用水”、“鼓励无纸化办公”、“严格控制接待范围和标准”等几个方面。

江西省环境监察局加强排污费征收和行政处罚工作

今年是落实“十一五”规划关键年，也是贯彻胡锦涛总书记“保增长、保民生、保稳定”的关键年，做好2009年环境监察工作，对于从容应对国际金融危机、保持全省经济既好又快发展、促进社会和谐稳定意义重大。为确保完成省厅下达的各项工作任务，今年2月以来，省环监局采取了一系列措施：

一是调整领导分工。原有的省本级收费和排污费稽查工作分属于两位领导，为提高工作效率，便于工作开展，上述工作从2月份起合并为由一位局长领导分管。

二是调整内设科室。为了加大排污收费和行政处罚这两大中心工作的力度，省环监局对原有内设科室进行了调整，把在线监控的有关工作从监理科分离出来，使监理科能相对集中力量进行行政处罚工作，同时原有的行政处罚委员会办公室由办公室调至监理科。

三是简化工作程序。为了缩短内部办案时限，提高行政处罚工作效率和案件执行到位率，制定了《江西省环境监察局行政处罚简易工作程序》。

四是充实相关人员。根据省厅邓兴明厅长的指示，大力精简行政管理人员，充实业务工作人员，专门成立行政处罚委员会办公室，2名同志专职负责行政处罚工作。

五是加强宣传力度。为及时向省厅及有关部门报告、反映全省环境监察部门工作动态，已下文全省各设区市环境监察支队，要求从3月份起每月编印一期《环境监察每月动态》。

六是做好后勤保障。在做好以上工作的同时，省环监局还要求办公室从办公设备等方面为中心工作做好配合工作，办公室及时为各科室配置了电话、打印机、电脑等设备。

我省完成长江环保执法行动

近日，根据环保部的总体部署和要求，我省完成了为期20天的长江环保执法行动，此次长江环保专项行动主要任务是摸清直接向长江排污的排污口数量和主要污染物排放情况，严肃查处私设排污口、超标排放污染物的环境违法企业，进一步规范排污口设置，加强环境监管，落实污染减排措施，促进污染减排目标如期实现。执法行动分三个阶段进行：动员摸底阶段、集中行动阶段和总结分析阶段。

在此次行动中，全省各级环保部门迅速集中力量，按照统一部署和要求，对流经我省的长江干流及主要支流（赣江、鄱阳湖）沿岸500米范围内排污口进行了彻底排查，对排污企业及污水处理厂、市政排放口的基本情况（主要污染因子、排放量等）进行了统计建档。

据统计，此次执法行动全省共出动执法人员1250余人次，检查各类排口85个；对省内各断面水质进行了监测，统计了各排污口污水排放量等情况，其中长江九江段个断面水质状况良好，出境水质达到国家Ⅱ类标准，赣江监测断面水质也常年保持或优于地表水Ⅲ类水质标准；对所有排口进行了拍照和GPS定位，并对排污口规范化情况进行了检查。

通过开展长江环保执法行动，我省系统全面地掌握了长江干流及主要支流的水质状况，有力地推动了日常执法工作，使长江环保执法行动落到了实处。

省环境保护厅制定高速公路建设期、水泥生产企业、自来水厂及企业自备水厂排污费征收指导意见

为了进一步规范全省排污费征收工作，做到依法、全面、足额、及时征收排污费，保证征收排污费工作的公平、公正、公开，避免各地在征收高速公路建设期、水泥生产企业，城镇自来水厂和企业自备水厂排污费出现明显不平衡的情况，统一全省征收额度，经研究，现对以上三种情况提出指导意见。其中，按照我省实际情况，高速公路建设期排污费最低征收系数应不低于2万元/公里，立窑水泥生产企业排污费最低征收系数应不低于1.2元/吨产品，旋窑水泥生产企业排污费最低征收系数应不低于1元/吨产品。自来水厂排污费最低征收系数应不低于100元/万吨供水。对于实际征费额低于最低征收系数的，我厅将依法进行稽查。

我厅派员参加环保部举办的国控重点污染源自动监控能力建设项业务培训

4月8-10日，根据环境保护部《关于举办国控重点污染源自动监控能力建设项目2009年度第一期业务培训的通知》（环办函〔2009〕289号）精神，我厅派出省环境监察局、省环境信息中心人员参加了环保部举办的国控重点污染源自动监控能力建设项业务培训。培训主要内容：一是讲解了国控重点污染源自动监控能力建设项目检查考核重点、自查及详细内容；二是介绍了环境信息网络建设规范、管理维护规范、环保政务专网要求以及污染源交换机制与信息统计项目进展情况；三是讲解了污染源在线监控（监测）数据采集传输仪技术要求及检测方法；四是讨论了国控重点污染源自动监控能力建设项目污染源监控体系联网运行管理要求；五是参观了环保部污染源监控中心。

在培训总结会上，环保部环境监察局杨子江处长要求，除已联网的湖南、河北、天津、辽宁和内蒙古外，其他省应于9月底前完成省与部监控中心的联网，并保证今年底前完成全部国控企业现场端的联网；推动监测部门做好自动监控数据有效性审核工作，确保数据准确可用；积极探索对自动监控系统运维的考核机制，将检查自动监控系统的运行情况纳入环境监察日常检查的内容；积极配合国家三个核心应用软件的部署，提前做好部署环境的准备工作。

贯彻落实国家、省环保专项行动电视电话会议精神暨全省环境监察一季度工作会议在景德镇召开

4月17日，经邓厅长同意，贯彻落实国家、省环保专项行动电视电话会议精神暨全省环境监察一季度工作会在景德镇市召开，省环保厅副厅长谭今来，省环监局领导班子成员及全体科长，各设区市环保局分管环境监察工作的副局长及环境监察支队支队长，2008年排污费征收额在1000万以上的南昌县、贵溪市、丰城市环保局局长及环境监察大队大队长参加会议。会议的主要目的是贯彻落实国家、省环保专项行动电视电话会议精神，小结一季度全省环境监察工作，研究部署下一步的环境监察工作。

在会上，谭今来副厅长作了重要讲话，要求大家要鼓足干劲，迎难而上，充分利用好排污征费和行政处罚的经济杠杆作用，促进节能减排任务的全面完成。曹永琳同志传达了国家、省环保专项行动电视电话会议和全国环境监察会议精神，徐美生同志通报了今年一季度排污收费进展情况，庄宏义同志通报了全省行政处罚等工作情况，李早红同志通报了在线监控工作有关进展情况，南昌市、上饶市、景德镇市环境监察支队结合各自实际，就如何做好当前的环境监察工作作了典型发言；同时，大家还就如何做好今年的排污费征收工作、按时圆满完成环境监察各项工作任务展开了热烈的讨论。

通过此次会议，大家统一了思想，增强了信心，理顺了工作思路，明确了今后的工作重点和方向。与会人员对贯彻落实国家、省环保专项行动电视电话会议精神，全面完成今年的各项环境监察工作任务充满了信心。

江西省环境监察局加强对全省医疗卫生机构的环境监管

正在全球蔓延的甲型Ｈ１Ｎ１流感疫情来势凶猛，传播速度快，我国党和政府高度重视，广大人民群众非常关注。为防止疾病传播，保护环境，保障人体健康，日前，省环保厅发出通知，要求全省各级环保部门进一步加大对辖区内医疗废物处置设施及医疗卫生机构内部医疗废水处理设施运行情况的监管和监测力度，确保设施正常运转和污染物达标排放。根据通知要求，江西省环境监察局主动出击，在全省各级环保部门的积极配合下，加大对医疗卫生系统的环境监管，对全省医院进行了重点检查，并将对检查中发现的环境问题及时进行处理。

江西省环保专项行动领导小组召开2009年环保专项行动联席会议

5月12日，我省2009年“整治违法排污企业保障群众健康环保专项行动”第一次联席会议在省环保厅召开。省环保厅谭今来副厅长到会做了重要讲话。省环保专项行动领导小组成员单位省环保厅、发改委、工信委、司法厅、监察厅、建设厅、安监局、工商局、电监局派员参加了会议。会议由省环境监察局局长曹永琳主持，研究布置了我省今年环保专项行动具体工作安排，讨论了各成员部门分工协作事项。

谭副厅长的讲话指出，按照国家和省委省政府要求，在新的经济形势下，更要以一系列专项行动为抓手，继续

做好节能减排工作，严防“两高一资”企业盲目上马，严防以牺牲环境为代价的发展形式抬头。各成员单位一定要统一思想，深刻认识，履行职责，共同努力完成我省的污染减排工作目标。

谭副厅长讲话还深入分析了当前严峻的减排形势下开展环保专项行动的重要意义，指出了今年我省环保专项行动的工作特点，提出了做好专项行动工作的几点要求。一是要求各单位要深入贯彻落实“4.14”电视电话会议精神，密切联系，相互配合，共同开展好我省的一系列环保专项行动，建议各相关单位在人员和时间上做好妥善安排，为专项行动的顺利开展提供保障；二是强调环保部门要义不容辞的负起牵头责任，各成员单位要结合自身职能，多提创新型建议，提出好的经验、方法来丰富专项行动内容，共同将专项行动工作更科学、更实际地推向深入。

全省环境监察业务培训班在南昌举办

2009年5月20-21日，全省环境监察业务培训班在南昌举办，各设区市环境监察支队领导及业务骨干、各县（市、区）环境监察大队大队长及业务骨干共近200人参加了培训。省环保厅谭今来副厅长莅临培训班并在开班仪式上作了重要讲话。省环境监察局曹永琳局长对学员提出了要求，徐美生书记作了培训小结并对学员提出的问题进行了解答。省环境监察局几位科长分别就排污费征收程序、主要行业排污量核定、环境执法要点、环境应急报告制度、环境应急处置、垃圾处理场环境监察等方面结合工作心得进行了授课。学员们表示培训内容很切合实际，对今后做好环境监察工作有很大帮助，并希望多举办这样的培训班。

持续开展环保专项行动 切实保障群众环境权益
——省环境监察局开展机关效能活动之二

为全面落实科学发展观，认真贯彻国家有关环保法律法规和政策，遵照国家八部门总体部署，我省从2003年起，连续7年在全省范围内开展了整治违法排污企业保障群众健康环保专项行动，集中整治和严厉打击环境违法行为，清查群众反映强烈、影响人民群众身体健康的违法排污企业，依法处理违法责任人,切实解决突出的重点环境污染问题，维护群众环境权益，遏制污染反弹，切实解决了一批影响群众健康的突出环境污染问题，有力地促进了污染减排工作，推动了经济社会向又好又快发展方向的转变。

重点行业重拳出击　促进产业结构调整

围绕国家宏观调控，对钢铁、水泥、电解铝、铁合金、电石、焦炭、纺织、印染、造纸等重点行业加大了环境违法行为查处力度，关闭、淘汰了落后生产能力企业187家。对重点行业的数千个建设项目，进行了集中清理，重污染行业盲目扩张的势头受到一定遏制。

开展并完成了纺织印染行业、全省污水处理厂、连片污染问题、集中式饮用水源保护区、工业园区环境违法问题及钢铁、水泥、电解铝、涉铅、造纸等重污染行业等多个专项检查工作，各地针对检查中存在的问题都进行了整改。其中：

一、在开展钢铁、水泥、电解铝等重点行业专项检查中，我省共清理检查相关行业企业182家，处罚违法企业68家，其中关闭取缔9家，占清理企业总数4.9%；限期治理50家，占清理总数27.5%；停产治理2家，淘汰落后生产工艺、装备9家。

二、在开展涉铅、造纸等重点行业专项整治中:对涉铅的开采、冶炼、加工和回收企业进行了全面检查清理。

据统计，专项行动期间共对22家涉铅企业进行了现场检查，关停淘汰了一批严重污染环境和落后生产工艺涉铅企业。如省环保厅将德兴308厂、万年鑫银矿业等2家污染长期得不到解决，群众反映强烈的涉铅企业报省政府采取了关停淘汰措施；赣州市对不能稳定达标的于都县江东铅锌加工厂等2家企业下达了限期整改通知；萍乡市对2家生产氧化锌的涉铅企业进行了关停。

三、对造纸及纸制品加工企业进行了全面检查清理。根据省环保厅下发的《关于开展全省造纸行业督查工作的通知》，2007年9月15-25日，从各设区市环保局抽调人员，组成4个督查组，采取听取汇报、核查档案、实地查看等方式开展了全省造纸行业专项督查工作，由有关部门落实关停措施的有年产1.7万吨以下化学制浆企业20家、年产3.4万吨以下稻草制浆造纸企业1家及年产1万吨以下污染物排放不能稳定达标的废纸造纸企业107家，目前已由各级人民政府下达关停决定的有化学制浆企业17家、稻草制浆造纸企业1家、污染物排放不能稳定达标的废纸造纸企业74家。

创新工作机制 联合督办形成合力

我省八部门联合开展环保专项整治行动，认识统一，配合协调，建立了部门分工合作、协调一致抓环保的工作机制，逐步完善联合办案、情况通报、联合检查、案件移送、重点督查等制度，综合监管和执法能力显著提高，开拓了环境联合执法的新局面，形成了多部门齐抓共管，保护环境的工作机制，环境执法监管力度逐年加大，环境执法人员出动和检查企业的次数逐步上升。

在开展环保专项行动以来，全省环保系统共接到群众反映和投诉的33083件污染问题信访件，大部分得到解决，结案率达到94.5%。一些长期得不到解决的环境污染问题得到了根治，如省环保厅将德兴308厂、万年鑫银矿业等2家污染长期得不到解决，群众反映强烈的涉铅企业报省政府采取了关停淘汰措施。全省环境信访投诉量呈下降趋势。

保护好饮用水源 确保民生安全

饮用水源保护区的保护是关系到人民群众切身利益的大事，我省高度重视，省委、省政府主要领导亲自过问，分管副省长具体抓落实，2007年4月23日，省政府召开“江西省生活饮用水地表水源保护区取缔排污口5·31零点行动新闻发布会”，吴新雄省长、洪礼和副省长到会作了重要讲话。省直有关部门及中央、省、市20家新闻媒体记者参加了会议。

2007年5月31日，省政府在南昌八一广场召开生活饮用水地表水源保护区取缔排污口“5·31零点行动”动员大会，省环保厅领导代表省政府与11个设区市政府领导签订“饮用水源二级保护区排污口限期取缔责任状”。吴新雄省长、洪礼和副省长到会讲话。会后，由省环保厅、省发改委、省经贸委、省监察厅、省司法厅、省工商局、省安监局、华中电监局江西监管办、省建设厅、省卫生厅、省水利厅及相关媒体组成11个督查组，分赴全省11个设区市对我省生活饮用水地表水源一级保护区内排污口取缔情况和二级保护区内排污口排查情况进行了专项督查。

对在集中整治专项行动工作中措施得力、成效显著的市、县人民政府予以表扬；对整治不力，行动迟缓，在规定期限内没有按要求整改到位的市、县人民政府予以通报批评，并视情追究有关人员的责任。通过整治，我省已彻底取缔了城市集中式生活饮用水源一级保护区内所有排污口（28个）；截止2007年12月31日，我省29个饮用水源二级保护区内排污口已全部取缔到位，确保了全省饮用水源区的水质安全。

结合江西实际 开展专项整治工作

2009年的环保专项行动，根据全省环保工作会议上吴新雄省长、孙刚副省的讲话精神，结合我省实际工作，从四个方面具体来展开，即“江西省重点地区重点行业重点企业污染排放专项整治”“五河一湖及东江源头周边地区水环境安全专项整治”“城市污水处理厂专项整治”“城市垃圾处理专项整治”。主要工作思路是克服当前世界金融危机带来的不利影响，坚持污染减排“目标不变、要求不变、力度不变”，以科学发展观为指导，将节能减排和生态保护作为坚持“三保一弘扬”的重要内容和重要目标，开展有针对性的专项整治，保护好江西的青山绿水，确保完成减排任务，为江西的经济社会发展作出贡献。

省环监局加强环境监管 促进科学发展
——省环境监察局开展机关效能年活动之三

当前，受国际金融危机的影响，我国经济下行压力加大，扩内需、保增长、调结构已成为党和国家当前的主要任务。随着大规模集中投资建设压力剧增，短期经济发展与环境监管的矛盾也会更加突出。

今年是我省实现两项污染物排放指标同时降低、全面遏制环境质量恶化趋势的关键年，省环境监察局坚持以贯彻落实“绿色生态江西”建设为主线，以改善环境质量、保障群众环境权益为目标，以解决群众反映强烈、影响社会稳定的突出环境问题为重点，以全面加强自身建设为保证，以加强激励和约束为手段，狠抓日常监管，狠抓基础建设，狠抓工作落实，加强环境监管，有力地促进了全省各地科学发展。

坚持依法行政 提高办案实效

环境执法难、守法成本高、违法成本低是我国目前普遍存在的问题。但只要严格执法，铁面无私，心系群众，让违法企业付出高昂代价，对违法排污企业形成高压态势，就一定能让环保法“硬”起来。

为此，省环境监察局着力在破解环境执法难上下工夫，不断加大执法力度，严肃查处各类环境违法行为，严厉打击不法排污企业,保证生态环境安全。针对我省环保工作中仍然存在“重审批、轻监管”和环境执法中存在“有法不依、执法不严”的问题，省环境监察局牵头，从2006年开始在全省掀起了“依法行政、严格执法、规范执法、文明执法”的高潮，极大推动了环境执法工作。

但据了解，我省环境执法偏软仍然存在，部分县、市开展环境执法阻力大、对违法企业的处罚额度过低的问题经常出现。2007年行政处罚立案47起，处罚到位金额199.5多万；2008年处罚55起，到账金额也只有433多万，与周边省份相比差距较大，导致了“违法成本低，守法成本高”的局面无法得到根本改变，对部分污染处理成本高的企业触动不大，起不到警示并促使其整改治理的作用，造成部分污染问题长期得不到彻底解决。

为进一步加大环境执法力度，今年,省环境监察局重点对全省排污的工业企业和厂矿，进行全面彻底的执法检查，并以“下铁的决心、用铁的手腕、凭铁的措施”重拳出击，铁腕整治，对一些明知故犯、阳奉阴违、屡查屡犯的企业依法实施“上限处罚”。截止到2009年5月底，共查处环境违法企业500余家，立案200余起，下达行政处罚数额1300余万元。

与此同时，省环境监察局坚持以“简单直接、方便群众”为原则，通过“设置投诉箱、设立“12369投诉热线”、配置接访员、安排领导接访日”等方式，真正使群众“投有其门、访有其所、诉有其人”。为提高环境信访工作效率，今年起，省环境监察局还派专人负责管理使用省环保厅自主研究的《江西省环境信访管理软件》，实现了“接、转、查、办、复”一键通，2009年1至5月,共受理环境信访件187多件，所有投诉件都按时、按要求指派和分转相关部门和责任人负责处理，做到了事事有回音，件件有落实，切实维护了群众的环境权益，促进了环境质量的提高。

创新监管机制 提升执法水平

据悉,在环境执法过程中，一些重点、难点问题迟迟得不到解决，重要的原因就是“压力在环保，部门不联动，政府不推动”。

针对这一情况，省环境监察局创新环境管理机制，进一步发挥“联合执法”的推动作用，力求在两方面有所突破：一是采用“挂牌督办”。今年将对全省重点环境违法企业实施挂牌督办，通过“公开存在问题、公开责任单位、公开督办部门、公开解决时限”的“四公开”做法，以求起到事半功倍的效果，切实提高环境执法效率；二是通过深化“检查通报”制度。定期在媒体上披露环境违法信息，将重点企业通报银行、证券部门、商务部，重点问题通报当地政府，让违法企业、违法问题暴露在“光天化日之下”，利用全社会的力量使环境违法问题既快又彻底的解决。

与此同时，省环境监察局将逐步完善环境动态监管体系，加快重点污染源在线自动监控系统建设，研究制订《江西省重点污染源在线监控系统管理使用实施细则》，督促全省187个重点污染源在年内完成在线监控设施的安装、联网建设，实现环境监管信息化、自动化，提高环境监管和执法工作的实时性、准确性，提高处理突发环境事件的快速反应能力。

强化能力建设 提升整体素质

能力建设是提升环境执法水平的重要保证。近几年来，省环境监察局坚持以标准化建设为契机，坚持“硬”建设和“软”建设两手同时抓，大力改善和提升环境执法装备现代化水平，加大了人才引进力度，2008年通过公务员统一考试，在全国招聘12名专业人员，使人才建设较快地适应了环境执法发展的需要。

此外，省环境监察局还狠抓环境执法队伍的作风建设和专业技术培训，积极倡导执法行为规范、专业技术过硬、队伍管理严格的新风尚，环境执法队伍整体素质得到提高，依法行政能力明显提升。

同时，成立了以省环保厅厅长为主任，相关处室负责人为成员的行政处罚委员会，提高了处罚委员会的成员级别和成员构成的广泛性，确保环境行政处罚公正、公开；并针对行业特点，制订了《环境执法人员行为规定》、《查处分离制度》、《亮证执法制度》、《廉正卡登记制度》和《责任追究制度》等规章制度，从强化“内部管理、权力制衡及责任追究”三个层面，杜绝“四难”现象和“吃、拿、卡、要”行为，大力倡导“依法行政、文明执法”，坚持以“服务零距离，监管零遗漏，行政零缺陷，群众零投诉”为目标，全面提升了环境执法形象和执法水平。

江西省环保厅制订全省监控中心部署和企业现场端设备安装实施计划

3月12日，针对环保部将于今年5月底对我省国控省控重点污染源自动监控能力建设项目进行考核，6月份来我省现场检查的实际，江西省环保厅下发了《关于全省监控中心部署和企业现场端设备安装计划的通知》（赣环监字〔2009〕24号，以下简称《通知》）。《通知》明确了全省监控中心部署和企业现场端设备安装实施计划。同时要求各设区市环保局根据省厅《关于做好全省重点污染源自动监控系统建设工作有关事项的通知》赣环发〔2008〕20号文件要求，按时、按要求完成监控中心机房及视频会议室的改造和建设、监控中心显示系统环境的配套建设，并按省厅《关于要求限期完成排放口规范化整治和监控站房建设的通知》（赣环监字〔2008〕87号）文件要求督促企业按时完成企业现场端配套设施建设。

谭今来副厅长到九江等市督查污染减排、排污收费及行政处罚等工作

3月5日至12日，省环保厅谭今来副厅长带领省环监局人员先后前往九江市、宜春市、萍乡市、新余市、景德镇市等5个设区市，通过与市环保局班子成员及有关人员进行座谈，走访重点企业等方式对当地污染减排、排污收费及行政处罚等工作进行了督查。

在座谈会上，谭副厅长强调了做好污染减排工作的重要性，剖析了排污收费及行政处罚工作与加强能力建设的关系，分析了各地排污费的增长点，通报了今年排污费稽查工作的安排。通过座谈，提高了五个市环保局领导的认识，增强了完成任务的信心和决心。九江等五个市环保局领导均表示要努力工作，克服困难，坚决完成省厅下达的污染减排、排污收费及行政处罚等各项工作任务。

足额征收排污费 为经济社会发展服务
——省环境监察局开展机关效能年活动之一

加强环境保护是深入贯彻落实科学发展观、促进经济发展方式转变的抓手和突破口。为了更好地适应当前经济结构调整的大好时机，促进我省总量减排的目标实施，省环境监察局以保护人民群众身体健康为出发点，以改善环境质量促进可持续发展为目标，并以开展机关效能年活动为契机， 严格环境管理，加大征收排污费力度，促进企业减排，使我省青山常在，绿水常流。

省领导高度重视排污收费

据了解，环境监管的最主要手段之一是排污费的征收

工作，排污费是环保部门按照国家法律、法规和相关标准的规定，代表国家对排污单位就其产生的环境污染或危害强制征收的费用。排污收费是国家管理环境的重要经济手段和措施,其目的是为了促进排污单位加强经营管理，节约和综合利用资源，防治污染，减少污染物排放，保护和改善环境，并为防治污染，保护环境筹集资金。

省委省政府高度重视环境保护及排污收费工作。省委书记苏荣在省环保厅呈报的2009年工作安排上作出批示时指出，生态环境好是江西的最大优势、最大财富、最大品牌，也可以说是重要的战略资源。保护环境，减少污染物的排放，不仅应成为每一名党员领导干部的责任，而且应逐步成为每一位公民的义务，成为每一个自然人的自觉行动，成为一种社会养成。

在2009年全省环保工作暨污染减排总结表彰会上，省长吴新雄强调，保护好环境是各级政府义不容辞的责任，也是各单位、各企业义不容辞的责任，更是社会道德、职业道德的基本要求。一个负责任的政府，一个有党性、良心、责任心的领导干部，一个对未来负责的企业，必须把保护生态环境作为执政为民的基本职业道德，作为一个真正诚实的企业领导的职业道德。决不能把危害人民生存的环境留给子孙后代。

孙刚副省长也要求各级环保部门：“要加大排污费收缴力度，实行依法、及时、全面、足额征收排污费，尤其对经常超标排放的环境违法企业，要实行‘铁碗’征收排污费。”

企业缴费意识亟待加强

近年来，省环境监察局勇克困难，大力开展排污费征收工作，并编印排污费征收简报，以调度、督促全省各地加强排污收费工作，取得了新的成效。但在开展排污费征收过程中，也发现一些地方和一些企业的缴费意识不强，导致目前排污费征收存在不足的现象。

据了解，目前，排污费征收不足不是个别现象，也不是个别地区存在，带有一定的普遍性。主要原因有:一是部分地区为招商引资需要，把少征排污费当作招商的优惠政策，对招商引资企业、开发园区企业实行挂牌保护，在排污费征收上进行干预，造成当地环保部门不能足额征收排污费，有的甚至不能征收排污费。全省很多县一级的工业园区甚至市级的工业园区环保部门还不能进入环境执法，不能征收排污费。二是对一些排污大户，在征收过程中存在协商征收现象。很多企业缴纳的排污费还不到环保部门核定排污费金额的一半，比如水泥生产企业，全省平均收费才达到应征额的50%。三是部分企业环保法律意识淡薄，不缴、少缴或欠缴排污费现象时有发生。

“导致排污费征收不足的原因主要是由于征收排污费的刚性不够，强制力不够。”省环保厅有关人士表示，如果不依法加大排污收费力度，不逐步扭转企业“守法成本高、违法成本低”的现象，就难以提高企业治理污染的积极性，就难以全面促进污染物减排目标的完成。

强化征收促进污染减排

今年，环境监察局以开展机关效能年活动为契机，制订了系列措施，加大排污费征收力度，并继续开展排污费日常稽查，促进足额、公平、公正征收。

一是制订合理的征收计划保增长。面对国际金融危机带来的挑战，为服务经济大局，省环保厅在制订年度征收计划时，确定了一个基本目标，就是征收排污费的计划要同我省的经济增长速度基本持平。这样即能使排污费增加，又确保了全省经济的发展。

二是加大指导和培训力度保规范。今年初，由省环保厅领导带队，省环境监察局对全省11个设区市逐一进行排污费的收缴工作的具体指导，统一了全省环境监察队伍的思想，增强了全省环境监察人员责任感；同时举办了全省近300多人的环境监察培训班，提高基层环境监察人员的业务素质，规范了执法行为。

三是制订全省排污费征收指导意见保公平。省环保厅研究制定了水泥生产企业、自来水厂、高速公路建设、焦炭生产企业及将制定制砖企业的排污费征收指导意见，规范全省排污费征收工作，做到依法、全面、足额、及时征收排污费，保证征收排污费工作的公平、公正、公开，避免各地在征收以上行业排污费时出现明显不平衡的情况。

四是加大排污费稽查工作力度。省环保厅将对重点地区、重点行业、重点企业开展排污费稽查工作，对欠缴的排污费将责令地方环保部门限期征收，逾期不征收到位的省环保厅将依法直接征收，责令排污者直接将欠缴排污费缴入省国库。

山东省

我省各级环境监察机构采取有效措施做好春节期间环境监察工作

春节期间，为让广大人民群众过一个欢乐、和谐的春节，我省各级环境监察机构采取有效措施，做好春节期间的环境监察工作，确保节假日期间环境安全。

省环境监察总队采取“四项措施”确保春节期间环境安全工作。一是认真执行省局“四个监管办法”，派出2个检查组会同省环境监测中心站继续对全省重点监管企业和城市污水处理厂进行旬查；二是成立总队春节期间环境应急分队，要求分队值班人员严格按照总队环境应急预案要求随时待命，确保通讯联络24小时畅通，车辆、现场取证仪器设备处于临战状态，一旦发生突发环境污染事件，紧急出动，立即赶赴现场； 三是认真落实省局春节期间值班制度，安排专人在西郊办公区进行值班，严格值班岗位责任制；四是放假前对各办公区域的电源、门窗、文件资料、仪器库房等进行全面安全检查，确保办公区安全。济南市环境监理总站对群众反映排气污染严重的超市免费购物班车进行了抽检。春节前，济南市环境监理总站执法人员对7家超市的116辆免费购物班车在停放地进行了尾气排放抽测。从抽检情况来看，绝大部分运营公交车达到了机动车尾气排放标准，仅有2辆班车尾气排放不合格。针对2辆排放不合格的车辆，执法人员当场下达了“限期治理决定书”，责令其在规定时间维修整改，待达到尾气排放合格后，再行上路运营。济南市环保110指挥中心采取三项措施，严防环境污染事件的发生。一是狠抓环境投诉案件查处工作。对每一件环境投诉案件做到件件有着落，事事有回音，查处有程序，处理有结果，事后跟踪了解群众的满意程度，严格控制重复投诉。进一步加大督查力度，及时协调化解矛盾，努力提高工作成效。二是狠抓重点污染源的环境监管工作。从源头抓起，做好对重点污染源的监控。防患未然，坚持做好巡查工作，及时发现和解决问题。同时提高警惕，做好应对突发性环境污染事件的准备。三是狠抓环境现场执法。在环境执法过程中，坚持严格执法、文明执法、科学执法和廉洁执法，树立良好环境执法形象。青岛市环境监察支队组织开展了节前环境安全大检查。此次检查以化工、石油等危险化学品生产、使用、贮存企业为重点，检查了企业的应急预案和防护措施的建设情况。通过检查发现，仍有部分企业存在应急预案不完善，化学品贮存罐区未设置围堰、防火堤等防护设施，未建设应急池，无清净下水收集系统等现象。个别工业园区内危险化学品储存比较分散，不能统一管理，园区厂方设计密集，存在较大的安全隐患。针对上述情况，支队已要求企业限期整改。同时，支队要求各监察大队春节期间要对辖区内所有事故隐患单位进行排查，发现问题及时整改，对较大的隐患要上报支队，以确保群众过上一个安静祥和的节日。潍坊市环境监察支队春节期间集中时间、集中力量，在全市范围内对各级各类化工工业园区和化工行业企业产生的异味污染扰民问题和居民集中区内饮食服务业油烟污染扰民问题开展了一次查处空气异味的专项行动。

济南市排污收费再创新高

2007年，济南市征收排污费8308万元，再创历史新高。他们的主要做法：一是高度重视。济南市环境监理总站领导对排污收费核定工作高度重视，成立了专门的工作领导小组，配备了政治业务素质高、责任心强的人员具体负责该项工作，将这一工作长期紧抓不放。要求早动手、及时核定，并经常深入征收一线，研究对策，保证排污费及时足额征收。二是加强培训。加强业务人员的培训，提高业务素质，为保证数据质量提供了支持。他们多次对全市环境监察系统领导、排污申报业务人员以及排污收费人员进行培训，同时，对规范排污申报与排污收费程序以及数据的真实性上提出了严格要求，出台了排污申报核定考核办法。三是完善申报数据。对排污申报的数据库进行了补充与核实，进一步完善了全市的排污申报数据库。在2006年排污申报核定的基础上加强了与环境统计的协调。前三季度与环境统计确定了129家季报单位，每季度由申报人员与统计人员进行核定与对照，对数据有问题的单位进行反复核对，并根据实际情况进行调整，保证了申报数据与统计数据的真实性、准确性，做到从源头上抓起，从企业申报开始，实现了排污申报、环境统计及排污收费的三统一，从而促进了排污收费的足额征收。四是强化审核。加大排污申报核定数据的审核力度，将县（市）区的申报审核进行了分工，分别进行审核，由对总数据的审核，过渡到对每一个单位的审核。通过加强排污申报核定促进排污收费核定。对排污费核算实行三级审核，严格按排污收费征收程序进行征收，做到了严格执行标准与规定，使排污费征收工作做到了核算有据，依法征收。五是加大检查力度。在总量监测的基础上，加大对工艺与生产状况核实，同时结合物料核算，摸清企业的真实排污量。通过监督检查，掌握企业生产变化情况和动态排污状况，及时核定排污申报与排污收费。对企业申请变更报告，都逐一进行现场核实，并根据实际情况在法定期限内给与答复，做到既严格执法，又足额征收。六是依法催缴。对欠缴排污费的行为依法进行反复催缴与说服教育。对到期仍不缴纳的单位，及时进行行政处罚，逾期申请人民法院强制执行。目前，已对3家热电厂进行了行政处罚和强制执行。

省环保局要求各市严格落实《山东省环境监察工作年度考核办法》（试行）

1月份，省环保局以鲁环发〔2008〕2号文出台了《山东省环境监察工作年度考核办法》（试行）。该《办法》涉及内容多，考核范围广，时间要求紧。针对实际情况，省局对各市如何落实好《山东省环境监察工作年度考核办法》提出三点要求。一是加强学习，提高认识。各市环保局要按照省局下发的《关于印发〈山东环境监察工作年度考核办法〉（试行）的通知》（鲁环发〔2008〕2号）文件要求，做好部署，认真传达学习，提高对环境监察工作年度考核重要性的认识。二是明确内容，分解指标。各市要熟悉评分细则，逐项分解考核内容和考核指标，掌握考核标准。省、市、县实施逐级考核，省环境监察总队具体负责对各市环境监察工作的年度考核。三是落实责任，逐项检查。各市要对照四项内容逐项落实工作责任，对照考核指标逐条自我测评，并认真准备相关档案材料和自测情况报告。各市务必按时向省环保局报送上年度考核自测情况报告，省环境监察总队根据各市环保部门年度自测评分情况与省环保局考评情况进行综合考核评分，并将考评情况在全省环保系统进行通报。

我省各级环境监察机构确定2008年工作思路

山东省环境监察总队按照当前环保工作形势，确定了2008年工作要点。1、严格执行“四个办法”，抓好日常执法。按照《全省重点企业监管办法（试行）》、《全省城市污水处理厂水质监管办法（试行）》要求，加强对1000多家重点监管企业和150多家城市污水处理厂的日常监管，采取随机抽查与临时指定相结合方式，会同省环境监测中心站每旬至少检查各市重点监管企业的3%、各市城市污水处理厂的10%。每旬向局领导和有关处室汇报旬查结果；每月对抽查情况进行汇总，于下月6日前报总量办；每季对检查情况进行汇总，建立健全有关档案，接受总量办的检查。配合省局有关处室审核重点企业和城镇污水处理厂有效监管奖获奖单位的初步名单。配合省局总量办开展总量减排监察系数核算工作。2、认真查处环境信访案件，努力维护群众的合法权益。按照《关于进一步提高领导同志批示和交办事项办理质量和速度的意见》要求，认真、及时、妥善办理领导同志批示和交办事项。按照《关于做好全省环境信访工作的意见》要求，认真做好总局和省局转办的环境信访案件的调查处理工作，把信访所反映的问题作为环境检查和执法的重点，在规定的时限内反馈结果，提交办结报告，并回复信访人。3、做好排污申报与排污收费工作。提高排污申报核定的覆盖面和准确性，所有已进行工商登记的排污企业全部进行排污申报并录入《排污费征收管理系统》。继续深入抓好全省“两项报告制度”的落实。按照《排污费征收使用管理条例》，认真指导全省的排污费征收工作；每季度对总队直接征收的30万千瓦以上火力发电厂进行一次排污申报现场核定，按季度征收二氧化硫排污费，确保依法、及时、足额。全面开展大型电力企业环境监督员制度工作。加强排污费征收稽查，防止征收工作中不良问题的发生。4、强化建设项目环境监管。通过日常监察、“四个办法”、群众举报等多种方式，及时发现未批先建、越权审批的建设项目，依法查处违反环评法和“三同时”制度的行为。5、继续开展环保专项行动，集中解决突出环境问题。按照省政府的统一部署，配合省局每季度开展一次“整治违法排污企业保障群众健康”环保专项行动，通过挂牌督办、行政处罚和责任追究等多种方式加大对突出环境问题集中整治的力度，认真解决各级领导批办的、人民群众反映强烈的环境违法问题；开展后督察，巩固执法成果；按照省局的统一部署，开展环境应急演练，提高环境应急能力。6、积极推进生态环境监察工作。推广第一批“全国生态环境监察试点”工作经验，重点抓好第二批国家级试点，指导各市抓好市级试点，以点带面，推动生态环境监察工作开展。7、提高执法效能，抓好环境监察执法能力建设。加大投入，继续推进环境监察标准化建设工作。加强队伍建设，做好环境监察总队参照公务员法管理的方案报送、人员审核、过渡考试、人员登记等工作。加大岗位培训力度，举办至少2期环境监察培训班，提高环境监察人员的持证上岗率和监察队伍整体素质。加强环境监察稽查，强化内部监督，组织好对市级环境监察工作年度考核。

济南市环境监理总站明确2008年工作重点。1、突出抓好污染减排工作中的各项任务。对11个2007年接转及2008年拟安排的26个工程减排项目，按进度加大现场检查和抽查，及时向上级报告工程进展情况；强化管理减排，重点抓好100家国控、省控和市控重点企业中本级管理企业的污染减排工作，对区县管理的重点企业按照“四个办法”的规定进行抽查；落实好2008年度自动监控工作计划，并强化在线数据的应用；督促各县（市）区上半年完成环境监控分中心建设；强化固废环境管理和监管，市区医疗废物处置率达100%，县级卫生所逐步纳入处置行列；加大机动车排放污染物环境管理，达到城考和创模指标规定的机动车环保定期检测率80%的要求；深化建设项目的监察工作，确保“三同时”合格执行率达到95%以上；积极参与全市环保专项行动和秸秆禁烧现场监察工作，做好环境污染事故防范和应急处置工作，认真解决人民群众反映强烈的环境问题。2、加强排污费征收稽查，进一步做好排污申报核定与排污费征收工作。在做好市管排污单位排污申报核定工作的同时，加强对区县工作的指导和协调。不断完善全市统计、申报与收费三统一的排污申报与排污收费数据库，并利用数据库完成全市年度汇总工作。按照《排污费征收使用管理条例》的要求，全面做好排污费征收工作，加大欠缴单位的催缴力度，依法、全面、足额征收排污费。对市以上审批的市区内的新建项目，已经开工的及时落实排污申报工作与排污收费工作。结合国家局、省局《排污费征收稽查办法》，制定全市稽查实施细则，加大排污费征收稽查力度，进一步规范全市排污收费程序。3、大力推进思想、作风、组织、业务、制度五大建设和党风廉政建设。通过深入开展五大建设，加强反腐倡廉工作，加大环境监察人员业务和法律、法规培训，全面提高人员思想政策水平和业务素质。环境监察机构标准化建设达到国家一级标准。

济南市环保110指挥中心确定了2008年工作重点。一是以党的十七大精神为指导，不断增强贯彻落实科学发展观的自觉性和坚定性。大力加强精神文明建设，继续创建精神文明单位。二是扎实做好12369环保投诉热线接、处警工作，进一步完善、提高监测、转送和督办三个保障机制，不断强化12369环保信息宣传工作，努力提高群众满意度，确保处理率达到100%，回复率达到100%，回访率达到100%，满意率达到90%以上。三是切实加强环境应急工作建设，积极做好环境应急的各项准备，确保及时接警、上报和第一时间到达事故现场，为局应急处置指挥提供坚强有力保障。四是突出抓好思想、组织、作风、业务、制度等“五大建设”，不断提高全员的理论水平和综合能力，努力打造一支政治素质好、业务水平高、奉献精神强的环保监察队伍。

青岛市环境监察支队确定了2008年工作思路。做好奥运环境保障，特别是奥帆赛期间环境空气质量和水质的保障工作，认真做好环境突发事件应急处理的准备和演练；加强重点污染源环境监管专项活动，全面提高环境监管水平，严厉打击环境违法行为，确保全市环境质量得到改善；以指导各区市环境监察大队以打造高素质的环境监察队伍为目标，全力推进行风和队伍建设；以控制污染物排放总量为主线，组织开展排污许可证核发工作，加强环境监管，创新专项行动，不断加强环境监察能力建设；以保证复核和有效运行环境监察QE双体系为依托，持续提高环境执法效能和水平；以强化对各大队的稽查考核为手段，建立争创一流的长效机制；以完善环境应急体系为突破口，建设和完善全市环境安全体系，推动各项工作再上新台阶。

烟台市环境监察支队树立环境监察为污染减排服务、为建设生态城市服务、为环境管理服务的思想，确定了2008年工作重点。1、强化作风建设，建立学习型、纪律型、规范型、效能型、团结型的管理队伍。2、围绕中心工作，打好三大战役。一是环境监察工作要做到四个结合：与污染减排相结合，突出技术核查，在检查的深度上下功夫；与落实“四个办法”和环保专项行动相结合，在限期整改的跟踪督办上下功夫，持续开展每季度一次的环保专项行动；与在线监控工作相结合，研究制定数据异常情况的应对措施，巩固和利用好在线监控这一平台；与环境信访工作相结合，突出解决好群众关心的水源地保护等热点环境问题。二是排污收费工作要实现新突破。继续加强排污申报与核定，确保全面申报、核定准确，力争年度收费800万元。三是环境信访工作要在处结效率和质量上下功夫，以群众是否满意作为衡量尺度。进一步理顺信访处理机制，确定专职科室和专职负责人，从接办、批办、处理、回访、查处、归档等环节，形成规范有序、机制健全的程序化管理模式。

淄博市启动2008年第一次环保专项行动

近日，淄博市启动2008年第一次环保专项行动，行动计划用二个多月的时间对影响该市环境状况的建陶、化工企业及石灰窑、碳酸钙厂排放粉尘、烟尘、化工异味、含酚废水等突出问题进行重点综合整治。

此次专项行动，淄博市政府专门下发了《以粉尘烟尘含酚废水化工异味综合整治为重点开展2008年第一次环保专项行动的通知》，并成立了由分管副市长任组长、市环保、经贸、公安、检察、司法等部门为成员的环保专项行动领导小组。各成员单位以及区县都专门成立了工作小组，明确乡镇政府和街道办事处为第一责任单位，各有关企业为治污主体，环保部门负责统一监管。按照市政府要求，淄博市环保局出台了《淄博市化工行业环境保护管理规范》、《淄博市石灰和轻质碳酸钙行业环境保护管理规范》、《淄博市建筑陶瓷行业环境保护管理规范》等一系列规定，划定了以中心城区及周边12个乡镇为重点整治范围，对265家建陶企业、71家轻质碳酸钙企业、340家化工企业进行重点限期整治，明确了各企业的治理内容、责任和督导单位。同时要求所有陶瓷企业必须进行煤气发生炉两段式和大布袋除尘改造，私自开工生产的，电力部门将一律拉闸停电；对现有的含酚废水实行定车拉送、定线运输、定点处置，发现一起含酚废水私拉乱倒行为，对倾倒点所在乡镇、产生含酚废水的企业所在乡镇实行环保“预否决”，发现两起实行“一票否决”，同时实行“区域限批”；化工企业凡年内被查处化工异味扰民一次的实施“顶格处罚”，二次的实施停产治理，三次的实施“一票否决”；对造成环境污染事故的，将依法追究有关人员行政责任和刑事责任。所有建陶和碳酸钙生产企业改造完成后，必须通过该市环保局验收方可开工生产，对关停取缔企业将逐一建立档案，4月底前，淄博市环保专项行动领导小组将重点检查验收各区县和高新区各重点企业的现场整改情况，对开展专项行动措施不力，未完成整治任务的乡镇政府坚决实施环保“一票否决”，并实施区域限批。

青岛市环境监察支队突出四项工作加强重点污染源监管

青岛市环境监察支队以促进污染减排，确保污染物达标排放为目标，加强对重点污染源监管。1、加大执法力度，进一步提高环境质量。首先，以深入开展环保专项行动集中检查和实施“四个监管办法”检查为契机，加强对全市重点污染源、重点建设项目和重点环境信访问题的现场检查，采取加大监督监测频次、限期治理、挂牌督办等措施，严厉打击各类环境违法行为。加强查处问题整改落实情况的后督查工作力度，加大环境执法力度，促进重点环境问题彻底解决。同时加强对环境执法人员的岗位技能培训，提高执法人员的现场执法水平。其次，进一步加强水污染防治工作，加强对胶州湾，特别是前海一线陆源排污的监督管理力度，坚决杜绝前海排污企业违法超标排污，确保奥运比赛海域水质达标。2、多措并举，加大大气污染防治工作力度。按照《青岛市大气污染防治工作方案》要求，积极协调市政府有关部门做好大气污染的防治工作，组织各分局、五市环保局以削减二氧化硫排放量为重点，加大烟气治理力度，全面推进燃煤锅炉安装脱硫设施工作。加强污染防治设备的运行监管，确保已安装的脱硫设施正常稳定运行。3、加强污染事故的应急工作，严防污染事故的发生。开展污染隐患排查工作，建立污染事故隐患单位监管档案。按照青岛市突发性环境污染事故应急预案的要求，开展环境突发事件的应急演练，提高处置突发环境事件迅速反应和科学处置能力，做好环境突发事件应急准备工作，确保能随时应对突发性环境事件。4、加强隐患排查，认真做好环境信访工作。组织各分局、五市环保局定期对环境信访隐患进行排查，对发现的问题，做到提前预防、超前分析研究，及时化解矛盾，把群众反映的环境污染问题解决在萌芽状态，最大限度地减少和防止环境信访案件的发生，避免越级上访现象。

济南市采取四项措解决公交车辆冒黑烟现象

一是摸清底数。要求各公交营运单位应根据本单位公交车辆情况按时申报公交车数量、车况和车辆牌号等资料，环保部门将建档备案，并随机抽检。二是加快老、旧公交车淘汰步伐。济南市政府已改造天然气燃料公交车64辆，并计划2009年前更新2000辆老、旧公交车，投入运营BRT新型环保公交车400辆，从源头上彻底防范公交车“冒黑烟”现象的发生。三是加大检查、检测工作力度。济南市环境监理总站在做好车辆例行检测的基础上，进一步加大公交车排气污染专项抽检工作力度。第一，将济南市公交总公司、历城公交公司正在营运的全部公交车辆纳入抽检范围，并以营运时间较长、被限期治理、群众举报、路查冒黑烟的公交车辆为重点，抽检数量不低于公交营运单位公交车的85%。第二，针对群众反映排气污染严重的属市公交总公司管理的116辆超市免费购物班车进行了抽检。四是强化处理。对抽检不合格公交车辆，进行限期治理并复测，对在规定时间内复测仍不合格或拒不参加复测的车辆，依法下达《禁止上路决定书》责令禁止上路行驶，并将有关资料移交公安交通管理部门，由公安交通管理部门依法进行处理。对拒不按要求接受抽检或在检测中弄虚作假的，依法进行查处。

滨州市环保局对企业进行环境保护信用等级评定

滨州市环保局按照市政府建设“诚信滨州”的要求，创新环境管理政策，设立了“诚信滨州”环境保护信用等级管理平台，在全市开展环境保护信用等级管理评定活动。

凡纳入该市环境保护信用等级管理范围的排污企业，必须符合三个条件：具有独立法人资格，治污设施已通过环保部门验收，排污口符合规范化整治标准。评定活动坚持四项原则：一是诚实守信原则。以诚信为基础，实事求是，依法办事，公开、公正、公平，杜绝弄虚作假。二是简便易行原则。精简评定内容，简化评定程序，各级环保行政主管部门将日常监督与专项执法检查相结合，将查处的排污企业违法环境行为记录在案，作为评定排污企业环境保护信用等级的依据，每年综合评定一次，并向社会公布。三是属地管理原则。县级环保部门为辖区所有排污企业建立环境保护信用管理档案，档案材料一式三份，分别存放在市、县两级环保部门和排污企业。四是动态管理原则。环境保护信用等级不搞“终身制”，根据企业执行环保法律法规情况和环保部门执法情况每年复查、公布。

近日，滨州市环保局对全市第一批重点企业环境保护信用等级进行了评定，公布了全市80家企业2007年环境保护信用等级，有60家企业被评定为环境保护信用A级企业，17家企业被评定为环境保护信用B级企业，2家企业被评定为环境保护信用C级企业，1家企业被评定为环境保护信用等级D级企业。

济南市环境监理总站采取五项措施抓好环境监管

一是加大监察频次，全面落实“四个办法”。严格执行旬查制度，按照责、权、利“三统一”的原则，明确市、区（县）两级监管责任，加大对重点污染源和城市污水处理厂的抽检、抽测力度，确保实现稳定达标排放。二是深入开展环保专项行动，开展后督察。在继续积极参与全市环保专项行动的同时，开展采暖期、医疗单位、排污申报、固废等专项检查。对挂牌督办等重大环境案件严格进行后督察，督促按期完成整改工作。三是充分发挥自动监控设备的作用。对自动监控数据每天一通报，每周一汇报，对超标单位及时查处。四是实行月通报制度。着手制定济南市重点污染源监管考核办法和济南市以奖代补实施细则，根据现场检查和污染源自动监控情况，做到全市每月一通报，及时通报污染物排放情况和环境监察执行情况。五是完善污染源档案。在去年建立的100家重点污染源档案的基础上，继续完善污染源档案，并增加2008年污染减排项目监察档案，实行动态化管理，为环境应急提供基础档案。

青岛市环境监察支队积极参与全国污染源普查工作

按照青岛市环保局的部署，青岛市环境监察支队积极参与全国污染源普查工作。一是派兼职指导员参加了省局组织的培训班，按照工作特点，就工业污染源普查课程对全市的普查员进行了再培训。二是将污染源普查中学到的知识，运用到环境监察工作中，丰富了现场监察经验。三是借排污系数等材料，规范了环境监察工作程序，增强了排污核定和收费的准确性。

淄博市环境监察支队加大建设项目环境监察力度

今年，淄博市环境监察支队将加大对建设项目的现场监察力度，重点对全市12个省级以上工业集中园区建设项目尤其是新上项目实施全过程现场监察，发现未批先建项目坚决予以关停，同时加大其他新建和已建项目的现场检查，严肃查处各类违反环境影响评价法和“三同时”制度的环境违法行为。

近日，淄博市环境监察支队对正在试生产期间的周村区金堆城钼业光明（山东）股份有限公司钼酸铵建设项目尾气吸收装置风机隔离箱出现故障问题和山东宏信股份有限公司顺酐建设项目应急事故池未建成问题先后下达了现场监察处理单，责令其限期改正；对淄博乾能炉料有限公司球团项目未办理试生产手续擅自投入试生产问题下达了现场监察处理单，责令限期补办试生产手续，如逾期不办坚决予以顶格处罚。

枣庄市环境监察支队开展夜间专项检查活动

为加强全市重点企业水污染物处理设施运行情况监管，保证全市水环境质量。近日，枣庄市环境监察支队先后出动执法人员287人（次），对全市36家重点水污染企业和5个污水处理厂进行了突击夜查。为准确掌握各有关企业的排污状况，夜查过程中，执法人员直接深入到各企业厂区、污水处理厂、排污口、河流断面等重点部位进行现场勘查，详细查看了企业治污设施运行情况、污水排放情况，并现场采集了水样。此次夜查发现，大部分企业的污染处理设施能保持正常运行，但也有个别企业污染处理设施不正常运行，污水超标排放，根据其违法情况，枣庄市环保局依法进行了严厉处罚。

我省各级环境监察机构组织开展学习讨论活动

济南市环保110指挥中心扎实开展解放思想大讨论活动。一是提高认识，增强主动性。该中心党支部认真组织学习了全市解放思想大讨论活动意见，并结合实际，制定了切实可行的实施方案，明确了活动的目的意义、方法步骤、工作要求。通过宣传发动，使干部职工充分认识到了开展这次大讨论活动的重要意义，进一步增强了主动性。二是明确重点，增强针对性。活动中，该中心根据本单位工作特点，联系实际，集中开展大讨论，按照实事求是的原则，认真查找在思想观念、思维方式、工作作风、服务质量、办事效率等方面存在的突出问题，广泛征求干部群众的意见和建议，分类梳理，边查边改，立言立行。三是搞好结合，增强实效性。为确保活动的实效，该中心把学习讨论与加强行风建设、提高服务质量相结合，与实际工作相结合，认真对查摆出的问题进行整改。通过解放思想大讨论活动，要使全市环保110思想、作风、组织、业务、制度建设等方面得到加强，工作效能和服务水平进一步提升，继续严格落实环保110(12369环保举报热线)工作标准，做到处理率、回复率和回访率均达到100%，群众满意率达到90%以上。

青岛市环境监察支队为更好的迎接奥运、服务奥运，将利用一个月的时间开展“迎办绿色奥运，做好环境监察工作”大讨论活动，以更好的精神状态迎战奥运。大讨论活动将本着立足本职岗位、积极参与、开拓创新、各抒己见的原则，以座谈会、科室讨论会、全体成员讨论大会、征求意见、演讲等形式开展，并以支队网络、墙报为平台，展示每一个科室、每一名同志的观点，最终确定支队的工作思路要点，使支队全体人员形成“迎办绿色奥运，做好环境监察工作人人有责”的共识，增强支队的凝聚力与战斗力，以最高的环境监察效能，投身到奥运期间的环境保护工作中。

东营市环境监察支队为进一步提高环境监察执法人员的思想素质和业务素质，打牢2008年的环境监察工作基础，近日，采取集中宣讲、交流讨论等形式学习了环境监察规范化建设规章制度25项、监察支队内部管理制度23项、环境监察工作程序12项，同时还学习了《大气污染防治法》、《水污染防治法》等环境保护工作的相关法律法规，并组织了执法监察交流讨论。通过学习，使全体监察执法人员更加全面地掌握了业务知识，提高了工作能力。

蓬莱市环境监察大队围绕2008年各项环保工作目标，加强环境监察工作。一是抓学习教育。强化环保法律法规和业务知识的学习，制定了详细的学习计划，并建立起严格的学习考核制度，做到学前有计划，学习有笔记，学后有心得，不断提高环境监察人员的政治和业务素质。大力开展“作风建设”活动，用“切实为群众办实事”的宗旨意识教育大家，培养良好的职业操守，进一步激发广大干部职工的工作积极性。二是抓重点内容。围绕治污减排任务，进一步建立健全扎实有效的环境监察工作机制和制度，严肃查处违反“环评法”和“三同时”制度的建设项目，积极防范环境安全隐患，查处群众反映强烈的环境问题，抓好各项工作的具体落实，确保取得实效。

枣庄市环境监察支队确定2008年工作思路

2008年，枣庄市环境监察支队确定了“1234”的工作思路。即围绕一个中心，就是以治污减排为中心；强化两个手段，就是强化排污费的征收、强化行政处罚；拓宽三个领域，就是拓宽建设项目监察、拓宽生态监察、拓宽危废与辐射监察；完善四项工作程序，就是完善排污费征收程序、完善行政处罚程序、完善后督查程序、完善监察支队内部建设制度。

滨州市环保局强化污染源监管实施在线监控数据分析与快速联动责任制

滨州市环保局为强化污染源监管，落实省局“四个办法”，严厉打击超标排污行为，加强了在线监控数据分析与快速联动工作，并出台了《进一步加强在线监控数据分析与快速联动责任制实施意见》。

该《意见》以“在线监控数据的分析、判读→数据报警→快速处置→情况报告→跟踪问效→责任追究”为主要工作程序，把全市60个重点排污企业的监管责任落实到个人。按照属地管理的原则安排县区责任人，实现了市、县两级联网互动。同时实行24小时值班制度，一旦发现数据异常，立即按程序向值班人员发出数据报警信息，接到数据报警后，按照责任分工，执法人员进行查处。《意见》还规定了严格的考核办法，各级监测部门负责数据的判读，及时、准确把报警信息报至责任人员；监察部门负责按要求调查处理；责任组负责督导。市环保局对市监测、市监察、各县区环保分局快速联动实行百分制考核，每月进行统计、公示，考评结果纳入年终以奖代补考核内容。对报警不准确、联动不及时、处理不到位的情况，一项一次扣5分。

滨州市环保局通过加强数据分析与快速联动，形成了横向联手，上下联动，相互配合的立体监管体系，对重点排污企业实现了“无缝隙”监管。

青岛市制定加强重点污染源环境监管 严厉打击环境违法行为专项活动考核细则

为确保青岛市环保局2008年加强重点污染源环境监管严厉打击环境违法行为专项活动取得实效，实现各区市在省市环保专项行动和“四个监管办法”检查中被通报的数量比2007年减少30%，力争超过50%的目标。近日，青岛市环境监察支队根据活动实施方案制定了《关于加强重点污染源环境监管严厉打击环境违法行为专项活动考核细则》。该《细则》主要分环保专项行动和“四个监管办法”两大部分，按照动静态结合、注重现场的原则，考核内容包括方案制定、制度落实、材料报送、现场检查、省市通报、档案材料等方面共11个指标。考核实行百分制，按照各个指标得分有限、扣分上不封顶的原则进行考核计分，考核结果按比例折合后纳入市局“对分局、五市局年度考核”。通过考核，进一步加大环境执法力度，全面提高环境监管水平，为奥帆赛的顺利举办做出贡献。

济南市环境监理总站狠抓新增治污工程减排工作

济南市环境监理总站为确保新增治污工程稳定运行达标，通过强化管理减排、实行自动在线监控和落实长效管理机制，狠抓治污减排工作。一是加大环境执法力度，强化管理减排。加大污水处理厂、中水处理站、脱硫设施等现有治污设施正常运行的检查力度，督促其充分发挥治污作用。对22个2007年接转及2008年拟安排的26个工程减排项目按计划进度进行现场检查和抽查，确保每月都进行巡查。二是对100家国、省、市控重点污染源实行自动在线监控。该市已基本实现了对100家重点污染源24小时在线监控工作，对发现超标数据或数据异常的单位，环境监察人员立即进行调查核实。同时，按照省环保局“四个办法”旬查的有关要求进行现场检查、检测，以检验自动在线监测设备的运行情况。三是落实长效管理机制，以政策激励治污减排。按照国家有关政策和规定，对电力凡是上了脱硫设施稳定运行的，补助电价增加一分五，对不稳定运行的或者不运行的，依法予以处罚。

烟台市环保局开展水污染专项整治活动月

为进一步加强对饮用水源地的保护，认真贯彻刘树琪副市长在夹河水源地污染防治调度会上的指示精神，烟台市环保局决定在芝罘、莱山等“五区”范围内开展一次“市区水污染专项整治活动月”活动。

为确保活动取得实效，烟台市环保局专门下发了实施方案，要求各相关部门结合正在开展的工业污染源调查，对所辖的排放工业废水单位进行全面核查，重点对饮用水源地范围内的工业污染源进行清查；准确掌握企业排污状况及污染防治设施运行情况；结合环保专项行动与贯彻落实“四个办法”，开展水污染专项执法检查；对企业污染防治设施运行及污染物排放进行全面测评，特别是可能影响饮用水源安全的重点企业，要按生产周期进行连续监测，准确掌握其排污量；对不能稳定达标的污染单位进行限期治理或停产关闭；对重点问题实行挂牌督办，强化监管，跟踪落实，务求一次到位，不留隐患；要以这次专项整治活动月为契机，严厉打击各类环境违法行为；充分发挥舆论监督作用，对于检查中发现的环境违法问题，在依法给予处罚的同时通过新闻媒体予以曝光。

省环境监察总队认真落实全省环保工作会议和刘富春局长批示精神

近日，省环境监察总队组织召开全体人员会议，传达学习了“全省环境保护工作会议”精神和刘富春局长对省环境监察总队确定的2008年工作要点做出的“省环境监察总队确定的2008年七项工作要点很好，思路清晰、重点突出，措施具体，只要坚持不懈的这样抓下去，必将取得良好的工作成效” 重要批示。总队全体人员深受鼓舞，一致表示，坚决按照全省环境保护工作会议确定的工作思路和刘局长的批示，抓好各项工作的具体落实，推动环境监察工作深入开展，为治污减排做出新贡献。为贯彻落实好全省环境保护工作会议精神和刘局长批示，总队明确了近期五项重点工作。

一是围绕全省环境保护工作会议确定的目标、任务，对总队7项工作要点进行再完善、再细化，分解到科室，责任到人，使之更具有可操作性，并抓好督办落实。按刘局长的要求，坚持不懈的抓下去，以取得良好的工作成效。二是在“制度落实年”中，下大力气抓好“四个办法”等各项制度的落实，切实抓好对主要污染源和城镇污水处理厂的日常监管，使环境执法工作由事后查处、被动查处、集中查处为主，逐步转变为以事前监管、主动监管、经常性监管为主，用各项工作制度保障环境监察工作紧张有序的向前推进。三是筹备召开全省环境执法工作会议，传达贯彻全省环境保护工作会议精神，总结2007年全省环境执法工作情况，布署2008年的工作。认真总结我省环境执法的亮点和成效，为即将召开的全国环境执法工作会议做准备。四是根据省局党组确定的7个重大环保问题调研题目，结合总队实际，今年要在落实“四个监管办法”、排污费征收和对建设项目监管等方面加强调研，及时发现问题，有针对性地采取对策和措施，以指导全省的环境监察工作。五是按照国家环保总局要求，完成我省环境监察工作的年度考核自测工作，争取在总局对我省的考核中取得好成绩；同时，认真组织好对市级环境监察工作落实情况的年度考核，以推进全省工作再上新台阶！

重庆市、河南省环境监察总队来我省考察交流

近日，重庆市、河南省环境监察总队先后来我省考察污染源自动监控设施和监控中心建设等情况，山东省环境监察总队、信息中心、监控中心等单位负责人与重庆、河南考察组分别进行了座谈。座谈会上双方介绍了污染源自动监控管理方式、监控中心建设、网络构架、维护管理、运行和联网工作、在线监测数据使用等情况，交流了污染源自动监控系统运营管理、制度建设等方面的体会和经验，同时就重点污染源监督检查、建设项目监管等现场执法进行了交流。重庆市、河南省考察组还对我省自动在线监测系统建设和运营比较好的济南、青岛、日照三市进行了实地考察。

济南市强化节能减排 倡导绿色公交出行

一是强化污染防治。结合“绿色奥运”、“绿色全运”，制定济南市公交车污染防治实施方案，通过发放绿色标志、开展无车周、推行快速公交等形式，宣传机动车污染防治政策，防治机动车污染。二是强化责任。协助济南市公交总公司制定节能减排综合性工作方案和节能减排统计监测考核实施方案和办法，把减排目标分解落实到各公交公司、车队，并实行严格的考核问责制。三是强化运营。提高车辆利用效率，降低空驶率。对达不到机动车尾气排放标准和存在冒黑烟的车辆，督促其在限期内进行治理、整改，对经查实冒黑烟的车辆，一律作为故障车处理，待治理达标后方可参加运营。四是强化抽检力度。在不影响公交车正常运营的前提下，联合交警开展专项执法，强化公交车达标排放和杜绝冒黑烟现象。五是强化宣传。在全市公交系统进行大规模的宣传，在每辆公交车的醒目位置都张贴了“节能减排创建绿色公交”、“绿色公交行健康你我他”等宣传标语，倡导司乘人员树立节能减排意识，绿色出行。

德州市采取措施确保四家企业草浆生产线关停

近日，德州市环保局、监察局、发改委、经委、公安局组成联合检查组，对德州市政府《关于关闭泰华浆纸有限公司等4家造纸企业草浆生产线的通知》中要求关停草浆生产线的4家企业进行了检查。

从检查情况看，该市政府要求关停工作取得了阶段性进展。针对进展情况，检查组提出，关停草浆生产线是完成污染减排任务的关键，要确保关停工作按期完成，有关停任务的县下一步要做到以下几点：一是进一步坚定关停草浆生产线的决心，从讲政治、讲大局的高度，采取得力措施推进关停工作。二是实行责任制。凡是有关停任务的县，必须坚决关停企业草浆生产线。对以种种理由为借口，拖延关停工作或顶着不办的行为，要追究当地政府主要负责人及企业法人代表的责任。三是要妥善做好关停草浆生产线企业产品、原料、结构调整工作，使经济损失压缩到最低范围，同时要做好深入细致的思想工作，安置好下岗人员，保持社会稳定。

我省各级环境监察机构切实做好环境信访工作

济南市环保110指挥中心及时处理政务监督热线环境投诉。近日，济南市环保局上线“政务监督热线”，接听到热线电话4个，其中2个属于咨询类，2个投诉问题急需处理。济南市环保110指挥中心接到投诉后，立即派专人进行处理。目前，天桥区一居民反映的山东鲁得贝车灯股份有限公司，一生产车间厂房玻璃破损、排放异味污染问题，经执法人员进行现场调查处理，该公司采取有效措施得到解决。商河县一村民投诉的宇飞食品有限公司外排污水问题，经商河县环保局监测，该单位外排废水中化学需氧量、氨氮均符合《山东省海河流域水污染物污水综合排放标准》二级标准。济南市环保110指挥中心将查处结果回复举报人，举报人对环保110的工作非常满意。

青岛市环境监察支队采取四项措施切实做好环境应急和12369群众信访举报工作。一是开展突发环境事件应急演练。根据辖区内危险化学品等高危行业种类、特点及分布情况，每年组织一次有针对性的环境应急演练，通过演练进一步完善应急预案，提高应急能力。二是完善环境应急值班制度，实行环境应急24小时值班。三是加快环境应急能力基础建设，加大个人防护、快速反应、现场勘查、现场处置等应急能力建设，提高应急处置能力。四是加强12369环保热线建设。加强12369举报中心软、硬件基础建设，进一步提高对举报案件的查处力度，提高案件办理效率。

德州市环境监察支队为切实解决群众关心的环保热点、难点问题，强化措施，加大信访案件查办力度。一是不断完善环境信访制度，通过落实专门人员，保证12369环保信访热线24小时畅通。二是强化环境应急观念，坚持夜间、周末和节假日值班制度，确保发现环境问题快速出动，及时查清并解决问题。三是将信访案件的预防、疏导和查处有机结合起来，加大环境监察力度，严肃查处各类环境违法行为，消除环境隐患。四是严格落实信访案件责任制，切实做到“有诉必接、有接必查、有查必果、有果必复”。

五莲县环境监察大队采取“三结合”做好环境信访工作。一是把环境信访与环境执法紧密结合。该大队把环境信访工作作为环境执法的一项重要工作，以环境执法解决信访问题，以解决信访问题促进环境执法工作，通过环境信访发现并查处了一批群众反映的热点、难点环境问题及环境违法案件。二是把环境信访听证与行政处罚听证相结合。去年，五莲县依法对未经审批建设石材加工项目的石材厂下达执法文书后，部分业户为此多次上访，该大队依法组织召开了听证会，在对方聘请律师直接参与的情况下，以事实为依据，以法律为准绳，依法捍卫了环境执法的严肃性，维护了环保法律法规的尊严，同时让被关停业户实实在在地认识到了自己的违法行为，维护了社会稳定。三是把案件查处与纠纷调处相结合。该大队在处理一起企业烟尘污染对相临居民造成侵害影响的信访案件中，依法对违法企业进行了行政处罚，并向县政府进行汇报，由县政府召集有关部门进行研究，并多次组织召开致害企业方与受侵害居民方的协调会，为受侵害居民获得经济赔偿提供最大限度地帮助，维护了人民群众的合法权益。

烟台、枣庄两市环境监察支队强化环境监察政务信息工作

烟台市环境监察支队加强环境监察政务信息工作，研究制定印发了《烟台市环境监察信息工作制度》（烟环监字〔2008〕3号）。该制度分总则、环境监察信息网络、信息工作人员、信息工作制度、信息工作流程、信息工作考评等章节，对政务信息工作各相关环节作了详细规定。下一步，烟台市环境监察支队对各单位和部门信息工作情况实行每季信息通报制度；每年进行一次考核，其计分纳入年度目标责任制考核及环境监察年度考核，考核结果直接影响评先树优；对年度考核评选出的优秀单位和信息员进行通报表扬，对采写的优秀信息稿件实行物质奖励。

枣庄市环境监察支队高度重视环境监察政务信息工作，将环境监察政务信息工作列为今年的一项重要工作。一是加强组织领导。实行“一把手”负总责，分管领导具体抓，明确重点任务，研究下发了《关于加强环境监察政务信息报送工作的通知》。二是加强信息员队伍建设。建立健全全市环境监察信息工作队伍，要求各区（市）环境监察大队、支队各科室明确专人负责，都确定一名政治素质高、监察业务精、文字能力强的同志为信息员，将环境执法信息及时报道出去。三是规范程序，保证信息质量。要求各单位、部门编发信息程序规范，实行一事一报，重要信息及时报，保证信息稿件质量高。五是严格奖惩制度。将信息工作纳入环境监察年度考核，实行通报制度，与年底评先树优挂钩。

淄博市清除化工异味工作取得新进展

近日，淄博市环境监察支队采取得力措施，加大执法力度，清除中心城区及周边化工企业“化工异味工作取得新进展。

一是加大夜间巡查力度，实施全天24小时巡查值班。专门成立了6个夜间巡查组，每天保证4部夜查车辆出动，从每天下午17:00至次日早8:30划分三大监察网格，重点对张店东部化工区、四宝山南坡、桓台果里工业园的47家化工企业实施夜间巡查；开通了6部值班电话，实施24小时值班，受理“12369” 环保投诉，并与区县形成联动机制。

二是加强基础性工作，确保执法检查活动更规范。有重点地对涉及张店东部化工区及周边12个乡镇144家重点化工企业情况进行了摸底调查，查清企业现有数和排污点位等情况，及时编制了《淄博市化工企业手册》，绘制了企业位置分布示意图，明确了各企业化工异味整治的方法和管理规范，并根据现场监察情况对企业治理进度实施动态监管。

三是加大处罚力度，严肃查处环境违法行为。截至目前，该市环境监察支队已查处化工异味污染19起，罚款121万元，有力地打击了环境违法行为。

四是充分调动社会各界参与环保积极性，配合支持环境监察工作。专门聘请了3名环保化工专家成立了专家组，及时指导现场检查中发现企业存在的问题，对突发环境污染事故处理和企业化工异味治理提供方案；从社会上聘请了20名环保协管员专门负责在各大化工集中区外围和中心城区主要街道进行巡查，及时提供环境违法案件的线索；在重点区域张店东部化工区组织了6家重点化工企业人员

成立了自查自纠巡逻队，负责对该区域夜间的化工异味巡查，发现问题及时汇报。

青岛市环境监察支队采取四项措施保证奥帆赛环境安全

一是组织开展风险源调查，摸清可能影响奥帆赛环境安全的风险源，并提出工作措施和建议。二是联合城市执法局、市政公用局对前海排污单位进行联合检查，对通过雨水管网排污的企业进行了依法处罚并责令整改。三是加大对重点污染源治理力度，对22家不能稳定达标的企业下达限期治理任务；督促加快全市脱硫设施安装进度，确保2008年奥帆赛之前全部完成脱硫设施安装。四是组织开展危险化学品环境安全大检查，对存在隐患的单位进行限期整改。

德州市环境监察支队采取四项措施加大排污费征收力度

德州市环境监察支队采取四项措施，加大排污费征收力度。一是严格执行排污申报审核制度，要求各企业必须及时准确的上报年报表和月报表，污染物排放事项发生重大变化的，必须及时变更申报；环境监察人员必须对各企业报表进行严格审查，发现漏报、瞒报、慌报现象，责令企业重新填报，情节严重的，给予相应处罚。二是加大对各排污企业的监察、监测力度，为排污量的核定提供可靠依据。三是依法按征收排污费，对不按要求缴纳排污费的企业，依法给予强制执行。四是严肃排污费征收纪律，收费人员对各排污企业的排污量及排污费必须如实核算、足额征收。

济南市多措并举确保完成铬渣处置任务

济南市为了确保2008年6月底前完成济南裕兴化工厂剩余14万吨铬渣处置任务，采取了以下措施：一是巩固目前处理能力。加强监管，督促该厂进一步提高铬渣湿法还原生产装置开车率，确保日平均处置量达100吨；协调济钢集团总公司扩大铬渣处置规模，日处置量由目前的400吨提高到600吨以上；稳定肥城石横特钢铬渣湿法还原项目处置量。二是广开门路，扩大铬渣处置渠道。加大协调力度，目前淄博山水、淄博东华水泥、淄博北金集团、淄博马公山水泥厂等企业已开始消耗铬渣。三是形成日统计、周通报制度。每天对各处置单位铬渣处置量进行统计，每周以周报形式对处置量和处置进度进行通报，随时掌握处置情况，有针对性地采取应对措施。

青岛市环境监察支队加强两区建设工作

青岛市环境监察支队按照烟尘控制区和城市环境噪声达标区（简称“两区”）建设规范，加强“两区”建设工作。一是研究了全市“两区”建设工作总体情况，确定了今年重点对已建成的“两区”继续进行规范化建设；二是及时预审各区市上报的建设资料和申请，做到符合要求，格式一致；三是认真指导各区市的“两区”新建工作，计划由分管支队长带队对崂山、黄岛、城阳、即墨、胶南等区市进行现场调研，现场解决存在的问题。 青岛市环境监察支队通过采取以上措施，为全面做好今年的“两区”建设工作打下了坚实的基础。

青岛市境监察支队切实抓好环境监察业务考核工作

青岛市环境监察支队为贯彻落实好国家总局和省局环境监察工作年度考核有关要求，进一步强化措施，落实责任，切实抓好、抓实环境监察业务考核工作。该支队结合工作实际， 制定了《2008年环境监察业务考核办法》，考核内容包括环境监察QE管理体系运行、污染源治理再提高、污染防治设施监察、排污申报登记和排污收费、在线监控、两区建设、建设项目环境监察、排污许可证和有关材料上报等13项考核指标；考核采取日常考核和年终考核相结合的方式进行。

济南市环境监理总站开展生态环境监察专项执法检查

济南市环境监理总站切实履行环境监管职责，组织开展了生态环境监察专项执法检查。一是开展了集中式饮用水源地专项执法检查。对锦绣川水库、卧虎山水库周边的近百家项目进行摸排，及时掌握向水库直排的项目情况，并依法予以处理。二是开展了非污染性建设项目（公路建设）专项执法检查。对国道309、104、省道102路面拓宽改造工程及龙洞地区等十条道路工程进行检查并督促验收。三是开展了风景名胜区专项执法检查。对泉城公园等风景名胜区周边的餐饮业进行检查，对未办理环评的5家酒店进行了立案调查。

蓬莱市环保局倡导绿色购物 拒绝白色污染

近日，蓬莱市环保局发出了“倡导绿色购物 拒绝白色污染”倡议书，并联合利群集团制作了环保购物袋免费发放给广大市民，倡导市民节约资源，保护环境，多使用布袋子、菜篮子，减少、拒绝使用一次性用品的绿色生活方式。

省环境监察总队组织召开建设项目环境监察工作研讨会

为了加强全省建设项目环境监察工作，查处违反“环评法”和“三同时”制度的建设项目，3月21日，省环境监察总队在济南市组织召开了建设项目环境监察工作研讨会，济南、青岛、淄博、潍坊、德州、滨州市的环境监察机构负责人介绍了建设项目环境监察工作进展情况，交流了经验，针对存在的问题，提出了合理化建议和建设性意见。

省环境监察总队认真贯彻落实2008年全国环境执法工作会议精神

近日，省环境监察总队组织召开全体人员会议，传达学习了周生贤部长在全国环境执法工作会议上《适应新形势，迎接新挑战，全面开创环境执法监督工作新局面》的讲话、张力军副部长在2008年全国环境执法工作会议上的报告等会议精神，研究了初步的贯彻意见。会议还就近期几项重点工作做了安排：一是尽快筹备召开全省环境执法工作会议。二是加强环保后督察和专项行动工作。三是组织开展排污费征收稽查工作。四是继续认真落实省局“四个办法”，严格按照重点企业和城市污水处理厂检查工作程序和纪律暂行规定进行检查。

青岛市环保局建设企业环保诚信信息系统

为加强对企业的环境监督，青岛市环保局正在建设青岛市企业环保诚信信息系统，系统主要包括企业的排污收费情况、环保部门现场监察和处罚情况、环境污染事故情况等内容。通过将信息动态录入数据库，可以适时对企业环保工作情况进行动态评价，达到污染源环保信息资源共享、企业环保诚信情况公开的目的。该系统正式运行后，有关信息将定期在网站或媒体上公布，并及时传送到金融机构，这一措施将为环境保护信用好的企业优化外部环境、提高信誉度、增强竞争力，解决“守法成本高、违法成本低”的现象，创造公平有序竞争环境。

济南市召开重点污染源监管会议部署节能减排工作

近日，济南市环境监理总站组织召开了重点污染源工作会议，部署2008年重点污染源监管及污染减排工作。山东黄台电厂等26家企业环保负责人及部分区（县）环保局有关人员共38人参加了会议。会议传达学习了《全省重点企业监管办法》，分析了今年全市重点污染源监管及污染减排工作形势，查找了实际工作中存在的问题，明确了今年全市重点污染源监管及污染减排工作重点及目标。会议要求，各企业环保负责人特别是主要领导一定要高度重视污染减排工作，认真学习新修订的《水污染防治法》，深入理解监督管理、执行标准、处罚办法及额度等法律规定；各企业要切实加强监督管理，增强责任心，确保稳定达标排放，为实现今年减排目标提供保障。

威海市加强省控污染源环境监管工作

为加快污染减排工程进度，全面完成COD和SO2两项指标的减排任务，威海市环保局于近日组织召开了全市省控以上污染源环境管理工作会议，要求各有关单位要进一步提高认识，强化措施，继续加大对省控以上重点污染源和城市污水处理厂的日常环境监管，对重点污染源及污水处理厂达标、在线监控设施安装、重点治理工程进展、排污申报核定及排污收费报表软件数据上报等情况实施环境监察情况通报；并对在线监测数据实施24小时监控，对超标企业依法实施处罚，处罚后仍不能达标排放的，限期治理直至停产整顿。

聊城市环境监察支队采取措施加强廉政建设工作

近日，聊城市环境监察支队认真贯彻落实全市环保系统廉政建设工作会议精神，并结合工作实际，采取措施，加强廉政建设工作。一是成立了环境监察支队廉政建设领导小组，全面负责廉政建设和预防职务犯罪工作。二是制定了聊城市环境监察支队工作人员行为规范和工作制度。三是定期组织学习讨论，集体学习廉政建设的相关文件材料，严格遵守环境监察人员“六不准”，做到警钟长鸣。

日照市代市长赵效为对环境监察工作提出要求

在近日召开的日照市环保工作会议上，代市长赵效为对环境监察工作提出七点要求：一是要深入持久的开展“整顿违法排污企业保障群众健康”环保专项行动，认真解决群众反映强烈、突出的问题，切实维护好人民群众的环境权益。二是要加大执法力度，强化日常监管。严格落实“四个监管办法”，加强对重点污染源的监督；对未批先建、不执行“三同时”的违规项目、工业园区的违法建设项目，依法严厉查处。三是要开展集中式饮用水源地专项执法检查，保障饮用水安全。四是要依法督促重点企业完成废气污染、粉尘污染、综合性污染的治理。五是要加强河流断面水质监管，保障断面水质达标，督促雨污分流、管网建设、污水处理设施建设严格按环保标准和要求施工，监管污水处理厂废水稳定达标排放。六是要进一步建立健全环境信访查处制度，规范环境信访查处程序，保持查处结案率100%，群众满意率达95%以上。七是要善于执法，敢于碰硬，对以身试法者，通报一批、限批一批、报请关停一批、处理一批，确保总量减排任务完成，为环保模范城复查保驾护航。

枣庄市环境监察支队积极探索日常执法有效形式

枣庄市环境监察支队积极探索环境执法有效形式，组织五区一（市）环境执法精干力量，集中开展异地环境监察活动。主要采取事先不打招呼，明查与暗访相结合的方式，对重点企业偷排偷放、超标排污，严重环境违法行为，群众反映强烈环境问题进行了五区一（市）互查。全市共检查污水处理厂7家，重点排污企业29家。根据检查情况，对3家超标排污的企业依法加倍征收了排污费。该支队开展异地环境监察是转变日常执法形式的有益尝试，加强了对重点排污企业的有效监管，提升了环境执法水平，对该市环境监察工作起到了积极地推动作用。

济南市增设烟尘自动监控设备

今年，济南市将对26家国控和省控重点烟气污染源增设43套烟尘自动监控设备。要求所有已安装污染源自动监控设备但未安装烟尘自动监控设备的国控和省控重点烟气污染源，均需增设烟尘自动监控设备，且均应与已安装的污染源自动监控设备相匹配，以确保污染源自动监控系统的统一性和连续性。各单位的自动监控设备的安装、联网工作须在9月30日前完成，济南市环境监理总站联合有关部门负责年底前完成验收工作。

潍坊市环保局建立重点案件后督察工作长效机制

近日，潍坊市环保局按照环保部和省局要求，会同新闻单位组成两个重点案件后督察工作小组，对群众反映强烈、环境污染严重、问题突出的132件重点信访案件进行了现场督查，查处率达到100%，结案率达到98%以上，群众满意率达到95%以上，效果明显。该市以这次后督察为契机，建立了三项重点案件后督察工作长效机制：一是进一步健全和完善长效管理机制，从根本上解决“边查处边反弹”的现象；二是加强对农村地区的环保监管力度，依法取缔“十五”土（小）企业；三是坚持工作重心下移、责任下移，力争把环境信访问题解决在萌芽状态，解决在基层，努力从源头上减少信访问题的发生。

各市环境监察机构采取有效措施加大排污费征收力度

济南市环境监理总站在全市组织开展排污费专项稽查工作，稽查的主要内容：1、是否存在违反国家法律法规的土政策。是否存在地方行政干预，有无地方政府统一征收排污费现象，是否存在定额征收问题。2、环境监察部门是否统一负责排污费征收工作。各单位排污费征收工作是否按照国家规定由环境监察机构统一负责，是否存在多个平级部门同时征收排污费的违规现象。3、排污申报与审核工作。排污申报工作是否做到了全面申报，与污染源普查基础数据是否协调统一。环境监察机构履行排污申报审核职责情况，审核制度是否健全，审核程序是否合法。4、排污费征收工作。各单位是否存在着违反有关规定协议收费、应收未收和不应收而多收的问题。5、票据管理。排污费征收是否全部使用“山东省非税收入征收管理系统”征缴，票据管理是否规范。

青岛市环境监察支队对排污费征收工作，提出五点要求：一是各分局和各市环保局要加强组织领导，将排污申报、核定及排污费征收工作作为一项长期的基础工作来抓，保障工作经费和必要的工作条件，确保排污申报核定和排污费征收工作的顺利开展。二是今年要全面使用《排污费征收管理系统》进行排污申报、核定和收费工作，要在《排污费征收管理系统》平台上，将辖区内的排污企业状况及管理信息全部录入，做到信息完整、准确。每季度由系统导出的排污费征收额和户数应与财务的基本一致，排污费征收额应与排污申报核定数据相吻合。三是要狠抓申报范围和数量，努力增加开征户数，确保全面申报登记。国控重点、省控重点、城市污水处理厂、固体废物专业处置单位等重点污染源申报数据要全面准确。四是要严格执行工作报告制度，加强基础数据审核，提高报表和报告质量。五是要加强排污收费档案整理，确保资料完整，管理规范。

淄博市环境监察支队为确保排污费依法、及时、全面、足额征收，采取有效措施，加大排污费征收力度，按照法定程序对限期内仍未缴纳排污费的9家企业依法申请市法院强制执行，目前对已执行完毕4家企业追缴欠费94万元，其他欠费企业正在执行当中。

临沂市环境监察支队规范排污收费工作。一是要认真做好排污费征收管理系统的使用工作，安排专人负责，统筹考虑，形成合理的人员梯次结构，保证管理软件使用的连续性。二是加大硬件投资，配备专用设备，确保排污费征收单据由排污费征收管理软件统一出具，实现排污申报核定与排污费征收的信息化和正规化。三是加强排污费征收稽查，辖区内有工商登记的排污单位都要纳入申报范围，拒绝申报的，要依法予以处罚。四是强化内部监督，严肃查处弄虚作假、少征、漏征、人情收费、协商收费等问题。五是积极研究排污费征收工作面临的新情况、新问题，充分发挥基层主观能动性，强化基础管理工作，加大督导力度，确保排污费依法、及时、全面、足额征收。

聊城市环境监察支队采取五项措施，加大排污费征收力度。一是强化排污收费培训工作，采取支队领导和科室负责人轮流授课的方式，给业务人员讲解相关法律和排污收费法定程序；同时派业务骨干到县（市、区）环保局授课，传授排污收费工作经验与技能，此举促进了基层环保局的排污收费工作。二是强化现场监督，深入排污企业调查其生产工艺，原材料消耗及排污现状，为排污核定工作提供详尽的污染源排放数据。三是严格依照排污收费的法定程序开展排污收费工作，对拒报、谎报排污申报登记事项，污染防治设施未正常运行的排污单位依法责令其限期改正，并处以罚款。四是采取排污收费专项稽查等方式督促县（市、区）环保局强化排污费征收工作。五是实行分人、分片对排污企业进行跟踪监管，定点、定额对排污费进行征收。

青岛市环境监察支队把握三个坚持做好内部考核

为全面贯彻落实工作目标责任制，建立健全责权利相协调、激励与约束相统一的工作机制，全面提高环境监察工作效能，青岛市环境监察支队把握“三个坚持”做好内部考核：一是坚持公开的考核原则。该支队今年的内部考核以QE体系为依托，量化考核指标，统一考核办法，规范考核程序，公开考核内容、标准和结果。考核结果与年度考核挂钩，通过考核在内部形成奋力争先、勇创一流的竞争机制。二是坚持量化的考核指标。工作目标考核由月、季度和年度工作目标考核三部分组成。实行量化管理，坚持月考核、季考核和年总评的工作机制。月考核分值共500分，公共部分考核占总分值的40%，业务部分考核占60%。公共部分考核包括精神文明建设、党风廉政建设、工作纪律和创新工作四个方面；业务部分考核由月工作计划完成情况和量化指标完成情况两部分组成。三是坚持务实的考核目标。为了加强各科室的协调统一和各项任务落到实处，考核领导小组每月只对各科室进行考核，各科室对具体责任人进行考核，各科室制定本部门的岗位目标考核办法，将支队考核内容变成具体的考核目标进行层层分解，逐条逐项地落实到直接责任人。考核小组每月进行2次抽查，抽查情况每月汇总一次。年终将根据月考核、季度考核和年度考核情况决定年终考核等次。

淄博市环境监察支队提高环保电话投诉办理质量

淄博市环境违法行为有奖举报暂行办法实施以来，针对群众投诉电话量增大、对投诉电话办理质量要求高的问题，淄博市环境监察支队对环保举报接线员和值班应急人员进行了业务强化培训，要求必须做到以下几点：一是要熟悉各环保法律法规、《淄博市环境违法行为有奖举报暂行办法》及其它相关规定明确环境投诉受理范围、有奖举报范围，及时解答群众提出的环境问题。二是接听电话时态度要热情，仔细记录清楚投诉对象的地址、厂名（或法人代表名）、具体的违法行为及投诉人的姓名联系方式，有奖举报的要记清楚投诉密码。三是接线员要及时向支队值班员反映群众投诉的问题，依据值班员的要求向有关区县转办投诉电话。

德州市环境监察支队采取五项措施强化队伍建设

德州市环境监察支队采取五项措施，强化队伍建设，提高依法行政水平。一是加强思想建设。以该市开展的“项项争先、年年进位”活动为契机，积极开展争先创优活动，深入学习“三个代表”、环保业务知识等理论，树立六种观念（即：功德观念、标准观念、责任观念、服务观念、自律观念、精品观念），增强三种能力（即：创造力、凝聚力、战斗力）。二是加强组织建设。积极发挥党员干部的先锋模范带头作用，坚持民主集中制，强化班子凝聚力，形成了“心往一处想、劲往一处使”团结向上的良好氛围。三是加强作风建设。大力倡导廉洁从政、令行禁止、秉公用权的良好氛围。四是加强业务建设。落实环境执法人员驻厂责任制，建立夜查和突击检查制度，严格环境影响评价和“三同时”制度，前移审批关口，从源头上控制污染源的产生。 五是加强制度建设。建立健全各项规章制度，规范执法人员行为，严格执行“六项禁令”。

聊城市环境监察支队开展环保法律法规宣传

聊城市环境监察支队利用“五?一”节假日，到市人民广场开展环保法律法规宣传活动。市民对宣传表示出高度的热情，咨询了有关环保法律法规情况，积极反映了水污染、大气污染等热点难点问题，监察人员将市民反映的信息逐一进行了详细记录，并现场进行释疑。通过这次环保法律法规的宣传，进一步提高了市民的环保意识，达到了很好的宣传效果。

省环境监察总队认真执行“四个办法”严格环境监管

2008年第1季度，省环境监察总队会同省环境监测中心站对全省重点监管企业和城市污水处理厂进行了随机抽查。共出动48人（次）、16车（次）、行程33559公里。检查了17个市167个县（市、区）的420家排污单位，其中重点监管企业280家，占重点监管企业总数的26.7%，超过24%（每旬3%，共8旬）的抽查比例；检查城市污水处理厂140家，占城市污水处理厂的93.3%，超过80%（每旬10%，共8旬）的抽查比例。省环境监察总队共发现73家排污单位存在环境违法问题，占检查总数的17.4%，比2007年4季度下降了19.9个百分点。1、2、3月总队检查发现问题分别占当月检查总数的17.4%、14.9%、17.9%。

济南市环保110严查北绕城高速路两侧可视范围内锅炉烟囱

近日，济南市环保110指挥中心会同槐荫、天桥区环保110对北绕城高速两侧可视范围内锅炉使用情况进行了彻底排查。经查实，槐荫区管辖范围内有烟囱25根（其中砖烟囱12根、铁质烟囱13根），有10台锅炉在用，10台锅炉停止使用，5台锅炉取暖期使用；天桥区管辖范围内有烟囱37根（其中砖烟囱6根、铁质烟囱31根），有17台锅炉在用，13台锅炉停止使用，7台锅炉取暖期使用。检查发现，济南济莲香食品有限公司和济南温馨酒厂锅炉烟囱冒黑烟，污染大气环境，环保110执法人员当场责令其立即整改，并依法进行了立案查处。

青岛市环境监察支队规范重点污染源环境管理工作

为进一步加强对省控重点污染源及城市污水处理厂的环境管理，青岛市环境监察支队结合实际，对全市重点工业污染源进行规范管理。规范内容：一是管理制度上墙。各企业负责绘制污染防治设施工艺流程图、污水排放平面图和操作规程，并挂在污水处理站（厂）或锅炉房和中控室的醒目位置。二是健全运行记录。企业每月将生产状况、污染防治设施运行记录、月用水量、月耗电数（污染防治设施要安装独立电表）、使用药品发票（复印件）、监测报告、化验报告、检修记录和有关管理文件等整理装订成册，以备检查。三是要求污染防治设施故障或停运时及时报告，受理环保部门及时书面回复。四是实施排污口规范化。支队将于6月30日前对规范情况进行督查验收。

淄博市出台环境自动系统建设运营管理意见和考核办法

近日，淄博市环保局出台了《淄博市环境自动系统建设运营管理意见》和《关于对淄博市环境自动系统建设运行相关单位的管理考核办法》。《意见》规定了发现异常、超标数据的工作流程，建立相应的异常数据有效性审核与自报制度、重点乡镇空气污染指数定期公布制度，要求逐步建立环境质量预警制度，重申了在线数据作为执法依据的重要性，部署了下一步构建全面自动监控体系的工作任务。《考核办法》主要对市局各有关单位的职责进行了详细分工，建立了严格的考核奖惩制度，并将考核结果作为评定各单位年度工作的重要内容；对运营公司采取严格的扣分制度，每扣一分相应扣减运营费用1千元至1万元，扣满10分相应扣除市财政运营补助总额的10%，情节严重的撤销运营资格。

《意见》与《办法》的出台，进一步完善了淄博市环境自动监控系统政策管理体系，为加强和规范监控系统的运行管理，充分发挥在线监控的作用提供了依据和保障。

聊城市环境监察支队切实抓好“四个办法”落实

聊城市环境监察支队针对“四个办法”执行中遇到的问题，结合工作实际，采取措施，抓好“四个办法”落实。一是加强日常监管，把重点区域、重点行业、违反建设项目环境影响评价制度和“三同时”制度的环境违法行为作为环境监察整治的重点，采取有效措施，规范执法行为，强化执法手段，切实解决好群众反映强烈的环境污染问题。二是加强对全市已安装水质在线监测仪器重点排污企业的监管力度，促进在线监测仪器的正常运行， 保证数据的真实性及可靠性。三是通过明查暗访、突击检查的方式，对重点排污企业、重点区域流域进行重点监管，加大监察力度，严厉查处各类环境违法行为。

滕州市环境监察大队加强企业治污设施监管工作

滕州市环境监察大队突出“细、实、全”三个方面，加强企业治污设施监管工作。细是指做到细心查看企业治污设施，详细填写现场检查表。切实掌握企业治污设施运转情况。实是指要做到对基层负责与对上级负责一个样，对企业负责与对政府负责一个样。凡涉及企业治污设施的检查，都精心组织，周密安排，具实填报。全是指全面做好企业治污设施的监管工作，不论是大企业还是小企业，老企业还是新建企业，全部纳入监管范围。

省环境监察总队认真组织在党员领导干部中开展“做勤廉表率、促科学发展”教育活动

近日，省局机关党委转发了省直机关纪工委《关于在省直机关党员领导干部中开展“做勤廉表率、促科学发展”教育活动的通知》的通知。省环境监察总队按照通知要求，结合单位实际，制定了教育活动具体实施意见，印发各科室；并专门成立了由丁卫建书记任组长的教育活动领导小组；从今年4月至10月，在党员领导干部中集中开展“做勤廉表率、促科学发展”主题教育活动。整个教育活动，以自我教育、正面教育为主，分学习文件、查摆问题、总结提高三个阶段进行。

《意见》对开展好教育活动作了总体部署：一是认真学习有关文件。深入学习中国特色社会主义理论，深入学习党的十七大精神，学习中纪委十七届二次全会、省纪委九届三次全会和全省纪检监察工作会议精神。学习刘富春局长在全省环保工作会议上的讲话、下一步省纪委将编印《做勤廉表率促科学发展教育读本》，待下发后将作为开展教育活动的主要教材。二是进行正反典型教育。宣传发生在大家身边勤廉兼优的人和事，宣传典型，树立榜样。以省纪委制作的《段义和腐败案件警示录》等典型腐败案件为反面教材，深入开展警示教育。三是解决突出问题。把“做勤廉表率、促科学发展”教育活动作为今年政治教育、理论学习和民主生活会的一项重要内容，联系思想和工作实际，认真查找自己存在的问题，制定措施，认真整改。进一步建立健全各项行之有效的规章制度，用制度来规范和约束党员领导干部的行为。

济南市环境监理总站开展农药化工建设项

目专项检查

济南市环境监理总站在全市范围内对2005至2008年审批的67个农药化工项目开展了“三同时”执行情况专项检查。共查出存在环境违法违规问题的企业12家，占检查项目总数的18%，其中被拒批后继续建设的项目2个；未执行“三同时”的项目5家；未按照规定申请建设项目环境保护竣工验收的项目5家。对检查中发现的违法违规问题，济南市环保局依法对违法企业分别采取停产治理、限期整改、经济处罚等措施进行了处理。对被拒批后继续建设并建成投产，对违法情节特别严重的济南锐铂化工有限公司、济南格林树脂有限公司依法进行了高额处罚，并督办有关县（市）区政府对其实施关停。下一步，济南市环境监理总站将继续对违法项目进行跟踪督查，督促其彻底完成整改工作。

青岛市环境监察支队切实抓好奥帆赛期间环境应急保障工作

青岛市环境监察支队采取多项措施，切实抓好奥帆赛期间环境应急保障工作。一是组织开展了风险源调查评估工作。主要对水环境污染、危险化学品污染事件、放射源与射线装置辐射污染事件、危险废物和废弃危险化学品污染事件四类事件进行了调查评估，对每类事件基本情况、风险承受与控制能力、风险可能性等级、风险后果等级等进行了分析，根据分析评估情况，专家提出了风险控制措施和建议。二是组织召开了奥帆赛期间环境风险保障会。与会专家根据各单位汇报的前海一线排污和燃料油产生的溢油污染以及重点企业存在隐患等问题，提出了针对性的防范措施。三是建立应急信息化管理系统，组织培训。建立了突发环境信息化管理系统，并对全市环境监察系统的监察科长和负责应急工作的人员进行了突发环境事件信息化管理系统培训。四是积极组织参与各类演练。组织全市环境监察人员积极参与了公安部在青岛举行的交通事故引发的危险化学品泄漏的应急演练和青岛市组织的岛城2008反恐演练；与市政公用局、麦岛污水处理厂联合组织了“迎奥运百日”水质环境安全应急演练。

德州市环境监察支队组织举办环境行政执法培训班

为适应新形势下环境执法工作需要，提高环境执法人员整体业务水平。近日，德州市环境监察支队组织举办了环境行政执法培训班，培训班特别邀请了毛应淮教授、河北省环保局孟宪忠主任、德州市中级法院行政庭杨汝冰副厅长为学员授课；全市120余名环境监察人员参加了培训。主要对排污量核定；造纸、电厂化工等重点污染企业的生产工艺、污水设施处理在实际工作中的应用与操作；现场环境监督执法；行政执法的程序、法律文书的制作和执法过程中的注意事项等内容进行了培训讲解。通过培训，增强了环境监察执法人员的法制观念和服务意识，加深了对环保法律、法规的理解，为提高现场执法能力、规范执法行为奠定了基础。

全省环境执法工作会议成功召开

为认真贯彻落实2008年全国环境执法工作会议和全省环境保护工作会议精神，5月16日至17日全省环境执法工作会议在龙口市成功召开。来自全省17市分管环境监察工作的副局长和环境监察支队（环境监理总站、环保110指挥中心）负责人共计50余人参加了会议，张晓东副局长到会并做了题为《强化监管　严格执法　开创环境执法工作新局面》的重要讲话。

张晓东副局长对我省2007年的环境监察工作进行了全面总结，充分肯定了2007年环境监察工作的成绩，总结了做好环境执法工作的成功经验，科学的分析了当前环境监察工作的发展形势，对今年的环境执法工作进行了全面部署，强调了深入开展环保专项行动、严格执行“四个办法”强化日常监察、做好排污申报与排污费征收工作、加强污染防治、认真查处环境信访案件、不断深化生态环境监察工作、进一步提高环境执法和快速反应能力等七项环境执法重点。

会议围绕《全省环境监察机构联动查处制度（征求意见稿）》和“环境监察工作年度工作考核”等进行了座谈讨论。会议还通报了2007年全省各项环境监察工作开展情况，对工作成绩突出的先进单位和个人进行了通报表彰。

省环境监察总队积极开展“迎奥运健身活动月”活动

近日，省环境监察总队按照省局工会工委的有关要求，以开展“迎奥运健身活动月”活动为契机，结合工作实际，制定了《山东省环境监察总队关于开展“迎奥运健身活动月”的实施方案》，自2008年6月1日至6月30日组织开展“迎奥运健身活动月”活动。

一是提高认识，加强组织领导。充分认识开展“迎奥运健身活动月”活动的重要意义，把它作为迎接2008年北京奥运会的重要举措，作为构建和谐社会的一项重要任务，作为开展“全民健身活动”的有效载体抓紧抓好，取得实效。总队专门成立了丁卫建总队长为组长，各科室负责人为成员的“迎奥运健身活动月”领导小组，以确保活动的顺利开展。二是提出了“每天锻炼半小时，健康工作每一天，幸福生活一辈子”的活动口号。三是开展形式多样、内容丰富的文体活动。将于6月中、下旬，利用周末时间，组织全体职工开展一次集体野外登山比赛；以科室为单位进行一次乒乓球比赛；分男、女组进行一次跳绳比赛；哑铃、跑步机、综合健身器单项个人比赛；2千米健步走等活动。

通过开展丰富多彩的文体活动，让大家以实际行动支持北京奥运会，努力营造人人关心奥运、支持奥运、奉献奥运的浓厚氛围；围绕“全民健身，与北京奥运同行”这一主题，使全体职工积极参与到活动中，进一步增强全体职工的身体素质，以充沛的精力和强健体魄，促进各项工作的顺利完成。

济南市环境监理总站对全运会建设项目开展专项检查

截至目前，省、市两级环境保护行政主管部门已经审批了16个涉及十一届全运会的建设项目，其中，有14个建设项目已经投入了建设（5个项目已基本建成）。按照对建设项目实行全过程环境监察的要求，济南市环境监理总站对已开工建设的十一届全运会的建设项目全面进行了现场检查，执法人员在建设工地与建设单位相关人员进行了座谈，现场查看了施工图纸和污染防治设施招投标书，检查了场馆雨污分流措施的落实和各项污染防治设施建设进度情况。同时要求项目建设单位在建设中进一步增强环保意识，在施工管理中积极落实各项环保措施，防止污染和破坏环境，让环保理念贯穿十一届全运会场馆建设的各个方面，确保绿色全运会的顺利召开。

省环境监察总队召开全省环境监察机构负责人会议 迅速贯彻落实《全省环境监察机构联动查处制度》

6月4日上午，省环境监察总队召开全省环境监察机构负责人会议，就贯彻落实省局制定的《全省环境监察机构联动查处制度》进行了安排部署。

丁卫建总队长在讲话中指出，省局领导对开展全省环境监察机构联动查处工作高度重视，刘富春局长亲自安排，并就有关原则问题作出重要指示，张晓东副局长召开专题会，听取对《全省环境监察机构联动查处制度》的修改意见，在广泛征求意见的基础上，经省局党组会讨论通过，于5月30日该《制度》正式印发。通过全省环境监察机构三级联动，对自动监测系统发现的超标排放行为及时进行查处，有利于促进企业和城镇污水处理厂立即进行整改，增强排污单位的环境自律意识，减少环境违法行为的发生，是实现环境监管工作向制度化、经常化、数字化方向转变的必然要求，对于强化环境监管，和谐环保部门与排污单位关系，促使企业步入良性发展轨道具有重要意义。

丁卫建总队长强调，各级环境监察机构要立即行动起来，不折不扣地坚决贯彻执行《全省环境监察机构联动查处制度》，明确专人负责，加强应急值守，对超标排放的企业和城镇污水处理厂，要按照省局《关于对环保突出问题处理应掌握的主要原则》（鲁环发〔2007〕178号）的要求，依法进行严肃处理。

会议还就落实《全省环境监察机构联动查处制度》有关问题作了说明，规范了对查处情况报告报送的途径、方式和时限要求，并推广了青岛市环保局城阳分局环境监测数据超标行政处罚办法，为各级环保部门及时查处超标排放行为提供借鉴。

会议同时就主要污染物总量减排监察系数核定与报送工作进行了安排部署。

各市认真贯彻落实全省环境执法工作会议精神

青岛市环保局组织召开全市环境监察系统工作会议，各区市环保局的分管局长、环境监察科长（大队长）参加了会议。会议传达了全省环境执法工作会议精神，通报了今年以来全市重点污染源限期治理项目完成情况和工程进展情况，重点部署了保障2008奥帆赛空气质量和2008年环境监察业务考核等项工作。会议强调，奥帆赛环境保障工作和重点污染源环境监管工作是今年环境监察工作的首要任务，各环境监察大队要发扬勇于奉献、善打硬仗的优良传统，认真组织执法人员采取加密监察等超常规措施，严格履行职责，为成功举办奥帆赛做好保障。

临沂市环保局组织召开了全市环境监察工作会议。市环保局领导班子全体成员、支队各科室主要负责人、各县区环保局局长、分管环境监察工作的副局长、环境监察大队大队长参加了会议。会议传达了全省环境执法工作会议精神，对2007年度全市环境监察工作先进单位和先进个人进行了表彰，下发了《关于进一步加强环境监察工作的意见》和《全市环境监察工作目标责任考核办法》。会议部署了今年五项重点环境监察工作：一是围绕主要污染物减排工作，继续开展整治违法排污企业保障群众健康环保专项行动；二是严格落实省局“四个办法”，加大对重点流域、城市大气环境、城市污水处理厂、重点企业的的环境监管工作；三是加强农村、农业及生态环境监管工作；四是解决好事关群众切身利益的环境问题；五是要加大排污收费工作力度。

滨州市环境监察支队在全省环境执法会议后，专门召开会议组织全体人员认真学习了全省环境执法工作会议文件，明确环境执法任务。一是严打超标排污行为，持续保持环境监管高压态势。结合工作实际，建立环境执法长效工作机制，制定了《关于进一步加强在线监控数据分析与快速联动责任制的实施意见》，发现异常数据，监察、监测、各县区环保局快速联动，查明原因，坚决打击超标排污行为。二是强力推进治污减排工程。对治污减排项目进行梳理，每旬进行督查，与企业主要负责人对接，实行一企一档、动态管理。三是坚持源头控制，强化建设项目管理。加大对未批先建和“三同时”制度执行不到位项目的查处力度，建立建设项目全过程监督工作机制。四是创新工作机制，细化环境信访工作。按照“初始回音、终结回访”信访工作要求，正确引导群众通过信件、电话、网络来反映问题，维护群众环境权益，案件处结率100%。五是足额征收排污费，以收促治、以收促管。

淄博、枣庄、潍坊、泰安四市环保局结合各自实际，分别组织召开了全市环境执法工作会议，传达了全省环境执法工作会议精神，总结了2007年的工作，部署了节能减排、“四个办法”检查、环保专项行动、排污收费、生态监察、环境信访、联动查处制度等项重点环境监察工作。

全省土小企业集中检查整治情况

按照省局刘富春局长7月6日对省环境监察总队“关于沿胶济铁路线烟尘污染案件调查情况的汇报”所作的重要批示，省环境监察总队组织全省环境监察机构于7月中、下旬对可能死灰复燃的土小企业开展了一次集中检查整治行动，取得了明显的成效。据统计，此次集中检查整治，全省各级环境监察机构共出动人员9014人（次），检查企业8531家，取缔“土小”企业674家。省环境监察总队对淄博、潍坊、滨州3市6个县（市、区）的10件重要环境信访案件和跨界污染的环境问题进行了后督察。

一、加强领导，认真部署

接到刘富春局长的批示后，省环境监察总队立即对全省土小企业集中检查整治工作进行了部署，于7月9日下发了《关于对有关环境问题进行集中整治的通知》（鲁环监察〔2008〕12号），要求全省环境监察机构于7月中旬对辖区内可能死灰复燃的土小企业进行一次全面认真的检查，对偏僻的地方和边界地区进行重点排查，同时加大对环境信访案件的查处力度，严厉打击各类环境违法行为。总队成立了以丁卫建总队长为组长的集中整治领导小组，加强对各市集中整治工作的督查，定期调度工作开展情况；同时，对各类环境信访案件进行了认真梳理，由总队领导带队，进行后督察。各市环境监察机构高度重视这项工作，立即组织人员进行传达学习，成立了以分管副局长或支队长为组长的集中整治领导小组，明确责任，分解任务，逐级落实，迅速行动，确保按时、高效完成检查整治任务。聊城市环保局许泽英局长组织召开局长专题会，研究落实意见和措施，要求各县（市）环保局、各分局认真贯彻落实。潍坊市环境监察支队把集中整治活动列入议事日程，由支队长负总责，三名副支队长按照工作分工，实行分片包干，对辖区内可能死灰复燃的土小企业、重点排污企业、挂牌督办企业、城市污水处理厂和偏僻地方及边界地区进行了“拉网式”检查，确保不留死角。

二、强化措施，注重实效

为确保集中检查整治取得实效，各级环境监察机构结合当地的工作实际，认真制定了检查整治活动方案，以可能死灰复燃的土小企业、偏僻地方和边界地区为重点，对环境信访案件进行一次回头看，加大后督察的力度，实行定人、定车、定点排查。为使“土小”企业不漏网，偏僻地方和边界地区不出现环境保护的死角，各市周密安排，采取了一系列得力措施：淄博市环境监察支队公布了集中整治举报电话，对举报属实的进行奖励，营造了社会关注、群众参与的浓厚氛围。济宁市鱼台县出动宣传车进行广泛宣传发动，张贴《鱼台县环保局致污染严重“土小”企业的一封信》200余份，并开展明查暗访，杜绝了“土小”企业死灰复燃的现象。德州市环境监察支队积极与各乡镇政府及边界地区村委会联系，了解相关情况，严防环境死角的存在。聊城市环保局根据各县（市、区）自查情况进行随机抽查，对存在漏查漏报现象的县（市、区），直接在县（市、区）长环境目标责任书中扣减分数，对弄虚作假、纵容包庇的责任单位和责任人，会同监察部门，严格按照《环境保护违法违纪行为处分暂行规定》进行处理。

三、联合执法，整改到位

针对检查中发现的环境违法问题，各市采取联合执法、案件移交等方式，加大了查处力度，保证了整改措施的到位。菏泽市针对清查辖区内“土小”企业死灰复燃等问题，于今年6月份开展了“整治农村环境突击月”活动，由环保部门牵头，电业、工商、公安和乡镇政府等部门联合执法，全市共出动人员3000人（次），清查企业2777家。执法人员克服种种阻力，采取断电、拆除设备、吊销营业执照等强制措施，对查处的小化工、小炼油、小塑料、小蒜干等19家“土小”企业，依法给予彻底取缔。济宁市出动人员1500人（次），排查企业500多家，对前期生产设备拆除不彻底、断电措施未落实的“土小”企业，按照省政府《关于加强电力需求管理开展节约用电有序用电工作意见的通知》精神，移交当地政府对其采取停电措施，拆除供电设备，彻底清理取缔了10家死灰复燃的“土小”企业。淄博市环境监察支队组织县（市、区）的环保局和相关部门，出动人员542人（次），检查企业152家，对6家环境违法企业行政处罚30万元，取缔铁路沿线烟囱6根，取缔石灰堆放点5处；对存在化工异味的5家企业，投资400多万元增设异味治理设施，实行限期治理。周村区对14家未按时完成限期治理任务的企业实施停产治理，对污染严重的10家耐火材料企业实施强制断水、断电，暂扣营业执照，实行停产整顿。

下一步，全省环境监察机构将深入贯彻落实刘富春局长的批示精神，继续加大环境执法的力度，不断拓展环境执法的范围，重点加强对偏僻的地方和边界地区的监督检查，防止土小企业死灰复燃。

省环境监察总队制定《青岛奥帆赛期间陆源污染防治环境监察应急方案》

为保障2008年北京奥运会青岛奥帆赛、残奥帆赛顺利举行，全面强化环境监察，按照省环保局的要求，省环境监察总队制定并印发了《青岛奥帆赛期间陆源污染防治环境监察应急方案》。

《方案》明确，2008年7月10日至9月30日期间，省环境监察总队成立由总队长任组长、副总队长任副组长、有关人员参加的奥帆赛环境监察应急领导小组，强化奥帆赛期间环境监察组织领导。同时，领导小组下设2支应急分队，由2名副总队长分别担任分队长，结合省环境监测中心站对4市的环境监测日报，组织对超标企业进行重点监察。

《方案》强调，将青岛、日照、烟台、威海4市的118家重点工业企业和24座城镇污水处理厂列为重点监察对象，在奥帆赛期间的“四个办法”旬查中进行重点抽查。结合环境监察联动制度，对非客观原因连续3天以上超标排放的企业和城镇污水处理厂，省环境监察总队及时赶赴现场进行调查。

7月11日，省环境监察总队向青岛、日照、烟台、威海4市环境监察支队转发了该《方案》，同时对奥帆赛期间的环境监察工作提出了以下三点要求：一是高度重视青岛奥帆赛期间的环境监察工作，充分认识做好奥帆赛期间环境监察应急保障工作的极端重要性，成立环境监察应急领导小组和应急分队，强化对环境监察工作的组织领导，并制定环境监察应急方案。二是明确重点，进一步加大奥帆赛期间的环境监察执法力度。采取明查与暗查相结合的方式，加大对重点企业和城镇污水处理厂的检查频次，尤其是加强夜间、节假日的重点抽查。认真执行《全省环境监察机构联动查处制度》，对偷排、超排的企业和城镇污水处理厂，环境监察机构要立即赶赴现场进行调查处理。三是加强应急值守，确保通讯畅通，遇有突发环境事件，能够迅速出动，并按照要求做好有关信息的上报工作。

枣庄市全面开展环保专项行动

按照全国、全省关于开展整治违法排污企业保障群众健康环保专项行动的统一部署，枣庄市全面开展了环保专项行动。

枣庄市环境监察支队采取三项措施对地瓜淀粉加工业户进行清理取缔专项检查。一是强化宣传，充分利用广播、电视、报纸等媒体及通过广泛印发取缔通告等措施加强宣传，切实营造清理取缔地瓜淀粉的浓厚氛围；二是严格执法，把清理取缔小淀粉加工纳入近期的工作重点，本着早发动、早主动的原则，积极开展专项执法检查和清理取缔行动，做到发现一处，取缔一处，对造成严重污染事故的，要依法追究有关责任人和当事人的责任；三是加强督导，对各区（市）清理取缔工作情况进行督导检查。对于整治不力、反弹严重、环境影响较大的区（市），进行通报批评。薛城区集中开展了城区燃煤整治专项检查，针对餐饮店铺、洗浴中心、建筑工地开展燃煤设施检查和清理，全区共出动车辆24台，出动人员120人，取缔1吨以下燃煤锅炉3台。同时对造纸、化工等重点行业及其它违反环保法律法规的工业企业进行了专项检查，全区出动执法人员140人，检查企业24家，立案2家，限期整改2家，处罚2家。台儿庄区坚持四个结合，确保专项行动收到实效。一是将整治工作与信访举报相结合。对群众举报的环境违法问题，认真调查，做到问题查不清不放过，不解决不放过，有关责任人责任不追究不放过；二是将整治工作与日常监察相结合。采取定期检查与突击抽查相结合的形式，利用早巡、夜查或节假日突击检查，发现问题，严肃查处；三是将整治工作与社会监督相结合；四是将整治工作与优化产业结构相结合，做好产业发展规划，重点发展技术含量高、产品附加值高与环境污染小的产业，逐步淘汰现有技术水平低、资源消耗高、环境污染重的产业，建立经济增长与环境建设相互促进、相互和谐的发展模式。

省环保局举办2008年第一期全省环境监察干部培训班

为了进一步加强环境监察队伍建设，提高全省环境监察人员的业务素质，8月24日至28日，省环保局在济南市组织举办了2008年第一期全省环境监察干部岗位培训班。这次培训班特聘请了中国环境管理干部学院毛应淮教授授课。培训重点突出了环境监察、环境应急、工业污染源监察三部分内容。省环境监察总队丁卫建总队长在开班仪式上作了讲话。他指出：加强培训是提高全省环境执法人员业务素质，全面履行环境监察职责的重要手段，是提高持证上岗率的主要途径。持证上岗率是环境监察工作年度考核的重要指标，从2007年度全省环境监察工作预考评情况看，许多市、县（市、区）持证上岗率未达标。要尽快改变我省培训率和持证上岗率较低的现状，就必须在加大培训工作力度上下功夫、求突破。他要求参加培训的人员珍惜这次学习机会，学用结合，深入思考，要带着问题学，勤动脑、多思考，要用学到的理论知识指导好执法实践，要通过学习来解决现场执法中遇到困难和问题。参加这次培训学习的186名环境监察学员，最后经过考试均取得了良好以上的成绩。

我省各级环境监察部门加强国庆节期间环境安全工作

省环境监察总队于9月27日上午，召开全体人员会议部署“国庆”期间环境安全工作。一是严格执行省局“四个监管办法”，派出2个检查组会同省环境监测中心站对全省重点监管企业和城市污水处理厂进行旬查。二是节假日期间总队成立2支环境应急分队，总队长负总责，2名副总队长分别担任应急分队队长。要求分队值班人员严格按照总队环境应急预案要求随时待命，确保通讯联络24小时畅通，车辆、现场取证仪器设备处于临战状态，一旦发生突发环境污染事件，紧急出动，立即赶赴现场； 三是认真落实省局节假日期间值班制度，安排专人在西郊办公区进行值班，严格值班岗位责任制，确保办公区域安全。四是放假前对各办公区域的电源、门窗、文件资料、仪器库房等进行全面安全检查，做到防火、防盗，确保办公区安全。

青岛市环境监察支队部署国庆节期间环境安全生产工作。一是加强领导，落实责任。要求各环境监察大队要高度重视节日期间安全生产和环境监察工作，切实加强环境安全工作的组织领，明确分工、落实责任，严防各类环境污染事故的发生。二是认真排查隐患，加强节日值班工作。要求各环境监察大队认真排查可能引发上访的不安定因素和苗头，特别是对可能引发群众越级上访、集体上访的突出问题，实行领导包案，明确分工，落实责任，最大限度消除社会不稳定因素。在节日期间，实行专人24小时值班，各单位负责人通讯联络必须保持24小时畅通。三是加强环境监管，严格环境执法。各环境监察大队要在国庆节前组织对重点废水、废气和噪声污染源、危险废物处置场和生产、使用危险化学品的企业进行全面检查，尤其要对今年排查发现的事故隐患以及环境信访反映问题集中单位进行一次全面梳理，发现隐患立即责令限期整改。特别要加强对饮用水源地、跨界河流等敏感水域的环境监管工作。要完善环境污染事故应急预案，强化环境污染预警机制，健全环境应急指挥系统，落实应急装备和监测仪器，明确应急处置措施，做到准备充分、措施得力，一旦发生环境污染事故，立即启动环境污染事故应急预案，并按规定及时处理和上报，确保妥善处置突发性环境污染事件。

淄博市环境监察支队国庆节期间继续加大重点排污企业检查力度。一是对建陶企业进行有力监管。重点对淄川区双杨镇、南郊镇；周村去萌水镇、南郊镇；张店区南定镇、沣水镇、湖田镇区域内建陶工业区建陶企业夜间粉尘超标排放现象进行了检查，发现有除尘器不正常运转和停运现象，执法人员立即调查取证，依法进行了处理。二是加大对化工企业网格化巡查力度。以厂界外无化工异味为标准，集中对张店东部化工区、四宝山南坡工业集中区、张店钢铁厂至桓台汇丰石化一带工业集中区进行巡查，严厉查处无组织排放以及偷排、漏排化工异味违法行为。三是做好节日期间“12369”环境投诉电话的受理工作。继续实行24小时环境电话投诉人工接听受理和市、区县联动查处机制，严格分级查处制度和时限，快速转受各类环境电话投诉，并及时回复举报人办结情况。四是确保自动监控系统的稳定运转工作。实行24小时人工值班，加强对重点水和大气污染源在线监控系统的监视工作，发现异常数据立即报告并及时进行现场查处。

聊城经济开发区环境监察大队结合“整治违法排污企业保障群众健康”环保专项行动，组织开展了“十一”节日前事故隐患检查活动。环境监察执法人员对辖区内重点隐患单位逐一进行了排查，对重点污染源和有危险隐患的企业采取重点督查的方式，要求自查自纠，发现污染隐患，立即整改。对饮用水源地周围排污情况进行重点排查，确保饮用水安全。在检查过程中进一步落实了环境应急预案和报告制度，要求各单位发现隐患或突发事件要立即报告，发现问题及时解决，以确保国庆期间环境安全。

省环境监察总队切实抓好全省2008年前三季度排污申报核定和排污费征收数据汇总工作

为切实抓好2008年前三季度全省排污申报核定和排污费征收数据汇总工作，及时把相关数据全部录入《排污费征收管理系统》软件，确保核定数据真实、准确、可靠、可比。近日，省环境监察总队下发了《关于进一步做好2008年前三季度全省排污申报核定与排污费征收数据汇总工作的通知》，对全省排污申报核定和排污费征收数据汇总工作提出了要求。

一是要求各级环境监察机构须统一使用《排污费征收管理系统》4.3版软件，按照省局调整后的征收标准，认真完成2008年前三季度排污申报与核定、排污费征收汇总报表并按时上报省总队。排污费征收额应与排污申报核定数据相吻合，建立起排污费征收额与排污申报核定数据之间逻辑关系相符的数据库系统。二是要求各市环境监察机构负责组织辖区内各县（市、区）认真审核国家重点监控企业排污申报数据库内容，在上一年度《排污费征收管理系统》软件中“国家重点监控企业”填报排污申报数据的基础上，进一步审核国家重点监控企业填报的《排放污染物申报登记统计表（试 行）》内容，对缺项、漏项内容要及时补充、完善。 三是要求各级环境监察机构要利用国家重点监控企业数据校验工具，对国家重点监控企业数据进行认真核对。对2008年度国家重点监控企业录入的化学需氧量、氨氮、二氧化硫、氮氧化物四种污染物排放量的核定数据与2007年度全省污染源普查数据进行比对，发现差值在30%以上的，要做出具体说明。四是为迎接国家淮河流域及南水北调治污2008年度核查工作，要求淮河流域济宁、枣庄、临沂、菏泽、日照（莒县）、淄博(沂源县)、泰安（宁阳县）七市重点做好2008年度排污申报登记、数据录入《软件》工作，并统计流域内国控、省控、市控重点污染源清单和日排废水100吨或日排化学需氧量30公斤或氨氮20公斤以上重点工业企业名单及污染物排放量，对流域内国控、省控、市控重点企业填报的2008年度《排放污染物申报登记统计表》认真审核、核定，建立档案。

济南市环境监察支队集中督察督办 12369环保热线举报案件效果明显

2008年，济南市12369环保举报热线共受理环境违法案件1259件，济南市环境监察支队于近日对12369环保热线举报的56件回访不满意案件进行了集中督察督办，目前，已经办结53件，经再次回访对3件仍不满意的案件，在12369环保举报热线信息上刊登，并反馈责任单位，规定了办结时限。通过对案件集中督察督办显示，举报案件的查处率、反馈率、回访率达100%，群众满意率达到90%以上，效果明显。

山东省环境监察总队落实“四个办法”成效显著

2008年，省环境监察总队认真贯彻落实省局《全省重点企业监管办法》和《全省城镇污水处理厂水质监管办法》，会同省环境监测中心站圆满完成了对全省重点监管企业和城镇污水处理厂的检查任务。全年总队共出动186人（次）、62车（次）、行程13.8万公里，会同省环境监测中心站检查了17个市的1574家（次）排污单位，其中重点监管企业1043家（次），占重点监管企业总数的104.2%，超过93%（每旬3%，共31旬）的抽查比例；城镇污水处理厂531家（次），占城镇污水处理厂总数的354%，超过310%（每旬10%，共31旬）的抽查比例。共发现204家（次）排污单位存在环境问题，占检查排污单位总数的12.96%。

主要做法：一是进一步强化组织领导。继续坚定不移地贯彻落实“四个办法”，由总队长任组长的监管工作领导小组不断强化对“四个办法”工作的组织领导，协调、调度对重点企业和城镇污水处理厂的检查工作。总队领导和处级干部多次带队检查，深入基层了解排污单位和基层环境监察工作的真实状况，帮助协调解决检查过程中遇到的困难与问题。二是进一步规范工作程序。认真按照总队制定的《重点企业和城镇污水处理厂检查工作具体实施方案》、《重点企业和城镇污水处理厂检查工作程序》等规定开展检查，检查中严格执行《对重点企业和城镇污水处理厂检查纪律暂行规定》，事先不通知当地环保部门和被检查单位，保证了检查的随机性和独立性。三是进一步发扬优良作风。总队努力克服了人员少、装备不足和专项工作经费到位不及时等诸多困难，在总队领导的带领下，充分发扬迎难而上、连续作战的优良作风，以积极的态度落实“四个办法”。参加检查的人员夏天顶高温冒酷暑、冬天迎寒风斗严冬，加班加点，废寝忘食，认真完成检查工作任务。2008年度，参加“四个办法”旬查的人员在节假日累计加班560多天（次），有30多人（次）带病坚持工作。《中国环境报》于11月27日在刊登了《1000多家重点企业170多座城镇污水处理厂怎么去管？四个办法实现减排监管制度化》一文，对总队的工作给予了较高的评价。四是进一步遏制了突出环境违法问题。全省各级环保执法部门认真落实“四个办法”，按照省局要求加强监督性人工检查和监测，对本辖区的环境违法问题进行了及时处理和督查，使突出环境问题得到了及时、有效的解决，环境违法行为发生率维持在较低水平。2008年12月份与2007年7月份相比，发现问题的比例降低了39个百分点。全省重点监管企业和城镇污水处理厂的达标排放率也比2007年有较大提高。通过“四个办法”的实施，环境日常监管得到了进一步的强化，企业的自觉守法意识有了明显提高，各类环境违法行为的高发势头得到有效遏制，进而促进了环境保护工作“三化”和“三个转变”，推动了主要污染物总量减排工作，为改善我省的生态环境质量发挥了重要的作用。

省环境监察总队提早部署春节期间环境安全工作

为让人民群众渡过一个欢乐、祥和的春节，省环境监察总队采取有效措施，提早部署春节期间环境安全工作。一是认真贯彻省局安全工作会议精神，建立健全领导干部安全责任制，专门成立了由总队长任组长，副总队长任副组长，有关科室负责人为成员的安全工作领导小组。二是成立总队春节期间环境应急分队，分队值班人员严格按照总队环境应急预案要求随时待命，确保通讯联络24小时畅通，值班车辆、现场取证仪器设备处于临战状态，做到遇有突发环境污染事件，紧急出动，立即赶赴现场，迅速准确处置；三是认真落实省局春节期间值班制度，安排2名同志在西部办公区值班，严格值班岗位责任制，实行24小时值班制度，要求值班人员遇有情况要迅速做出反应，认真做好值班记录，发现紧急情况及时向省局报告，不得迟报、漏报、瞒报，并做好交接班登记。四是加强车辆管理，严格落实车辆管理制度，节假日除值班车辆外，实行车辆封存制度，严禁酒后驾驶车辆、违章驾驶车辆以及驾驶带病车辆上路等交通违法行为。五是放假前对各办公区域的电源、门窗、文件资料、仪器库房等进行全面安全检查，确保办公区安全。

省环境监察总队领导走访慰问老干部和困难职工

在新春佳节来临之际， 1月19日下午，省环境监察总队党支部书记、总队长丁卫建带领班子成员一行3人，对曾经奋斗在环境监察战线上的退休老干部及困难职工一一进行走访慰问，并为他们及家人送去了慰问信和慰问品。每到一户，总队领导都详细询问他们的生活情况和身体状况，并向老干部通报了2008年总队工作情况和2009年工作打算，并真诚希望老同志们一如既往的关心和支持总队，继续为总队的发展出谋划策、提出工作建议。老干部与被走访职工倍感温暖，对组织上的关心表示衷心感谢，并表示一定要继续发扬传统，发挥余热，支持总队工作。

总队党支部坚持以科学发展观为统领，自建队至今，十几年如一日，每逢新春佳节党支部成员都要慰问走访退休老干部和困难职工，真正把科学发展观落到实处。

淄博市环境监察支队开展污染企业检查行动

淄博市环境监察支队围绕市局2009年总体工作思路和计划要求，组织相关区县环保局对重点区域、敏感地带的突出环境问题进行了现场检查。一是先后对涉及中心城区及周边地区的张店良乡、周村梅河、桓台果里和齐鲁石化工业园区企业污染治理情况进行了深入调查。通过全面了解生产和治理情况，进一步摸清水、气、废弃物产生环节、产生量、排放去向以及治理措施、自动监控设施、环保工作制度等情况，对各企业深度治理工作实行一厂一策，提出了治理意见，并绘制了各区域企业示意图。二是对孝妇河、猪龙河、涝淄河、乌河、小清河淄博段水质以及沿河重点企业进行了检查。共检查河流断面56个、城市污水处理厂6个、重点排污企业11个、直排口19个，调查结束后写出了调查报告，对出现超标的河流断面要求相关区县环保局立即采取有效措施进行整改，对超标排污企业依法实施了顶格处罚。三是对群众反映环境问题较多的周村王村镇和淄川龙泉镇企业环境污染状况进行了检查。共调查各类企业101家，基本查清了两乡镇企业污染情况，对存在环境污染问题企业分别提出了处理意见，并要求相关区县局按照辖区管理原则严格环境监管。

滨州市环境监察支队集中整治城区大气污染环境明显好转

为切实改善我市城区空气质量，保障群众身心健康，进入冬季取暖期以来，滨州市环境监察支队以开展“百日净空”整治城区大气污染为重点，将锅炉烟尘治理作为突破口，成立了专项整治责任小组，明确职责，组成三个小组，分早6:00点和下午15:00两个时段，坚持每天不少于两次的巡查制度，在行动中，共出动车辆80多台次，执法人员240人次，城区大气环境明显好转。

主要做法：一是对重点行业，重点区域，重点交通道路，提早走访采集信息，摸清情况，发放《加强城区锅炉烟尘管理通知》76份。二是采用挂图管理方式，将城区采暖锅炉按东、西黄河路，南、北渤海路进行点位标注，做到锅炉分布一目了然，便于灵活管理。三是建立《锅炉烟尘巡查日志》，专人负责填报每天巡查路线、单位、数量、存在问题、采取措施、具体落实人，实行台帐式管理，便于小组之间交接、督察。四是多层次高密度召开锅炉烟尘污染防治和专项整治座谈会，制作了幻灯片，借助多媒体播放烟尘污染录像，令其对号入座，现场观摩、制定措施。五是运用法律手段，对17家存在异常问题单位下达《环境违法行为限期改正通知书》，要求限期内整改达标排放，违者进行经济处罚。六是对重点排污单位重点巡查，采取一对一形式，致函7家单位，与主管领导对接，摆问题促整改，齐抓共管，寓服务于管理中，效果明显。七是借助环保“12369”热线平台，查缺补漏，对群众反映烟尘污染事件，立案后即派执法人员赶赴现场调查处理，并将查处结果及时反馈举报人。

山东省环境监察总队确定2009年度工作要点

近日，省环保局批转了省环境监察总队确定的2009年度工作要点，总队将结合工作实际，切实抓好落实。

一、严格执行“四个办法”和联动查处制度，抓好日常执法

按照《全省重点企业监管办法（试行）》、《全省城市污水处理厂水质监管办法（试行）》要求，加强对1000多家重点监管企业和150多家城市污水处理厂的日常监管，会同省环境监测中心站每旬至少检查各市重点监管企业的3%、各市城市污水处理厂的10%。每旬向局领导和有关处室汇报旬查结果；每月6日前将上月抽查情况报总量办；每季接受总量办的检查。按照《全省环境监察机构联动查处制度》的要求，对非客观原因连续3天以上超标排放的企业和污水处理厂，及时派人赶赴现场进行调查处理。同时，加强信息调度，按月对全省查处超标排放行为的情况进行统计汇总。配合省局有关处室审核重点企业和城镇污水处理厂有效监管奖获奖单位的初步名单。推行企业环境监督员制度，提高企业自觉守法意识和自主环境管理水平。配合省局总量办开展总量减排监察系数核算工作。

二、认真查处环境信访案件，维护好群众的合法权益

按照《关于进一步提高领导同志批示和交办事项办理质量和速度的意见》要求，及时、妥善办理领导同志批示和交办事项。按照《关于做好全省环境信访工作的意见》要求，认真做好环境保护部和省局转办的环境信访案件的调查处理工作，把信访所反映的问题作为环境检查和执法的重点，在规定的时限内反馈结果，提交办结报告，并回复信访人。加大后督察力度，特别是加大对敏感地区、重点信访案件督查落实力度，提高环境信访案件办结率和办理质量。

三、做好排污申报与排污收费工作

深入抓好全省排污申报核定与排污费征收“两项报告制度”的落实，将已进行工商登记的排污企业全部录入《排污费征收管理系统》软件。按季度完成数据审核汇总

和上报工作；切实做好全省30万千瓦以上电力企业二氧化硫排污收费工作，按季度进行现场核定和征收；完成新增30万千瓦以上电力企业的调研和开征排污费工作；组织开展全省排污费征收专项稽查工作，进一步做好全省排污费征收业务指导。

四、强化建设项目环境监察

按照省局《关于加强建设项目执行环评和“三同时”制度情况经常性监督管理的意见》和《山东省建设项目环境监察工作方案(试行)》，对环保部审批的项目全部进行检查，对省局审批的重点监管项目按照30%以上比例进行抽查，对各市直接管理的国家和省级开发区进行巡查；参加全省环评和“三同时”制度执行情况专项执法检查；指导各市开展建设项目环境监察工作。

五、继续开展环保专项行动，集中解决突出环境问题

配合省局有关处室开展“整治违法排污企业保障群众健康”环保专项行动，加大对突出环境问题集中整治的力度，认真解决各级领导批办的、人民群众反映强烈的环境违法问题；开展后督察，巩固执法成果。第二季度，组织开展对边界地区、偏远地区的突出环境问题和“土小”企业集中整治行动，对可能引发污染事故和纠纷的隐患进行排查。

六、积极推进生态环境监察工作

重点抓好第二批国家级试点，指导试点做好验收前的准备工作。指导各市抓好市级试点，以点带面，推动生态环境监察工作开展。结合环保专项行动，开展秸秆禁烧、规模化畜禽养殖等执法检查。

七、抓好环境监察执法能力建设，提高执法效能

加大岗位培训力度，举办至少2期环境监察干部培训班，提高环境监察人员的持证上岗率和监察队伍整体素质。继续开展全省环境监察机构标准化建设，组织落实《2008年中央财政专项资金节能减排环境监察执法标准化建设项目》。第一季度，对各市环境监察工作进行年度考核，向环保部提交全省环境监察工作考核报告。

我省国家级生态环境监察试点工作取得明显成效

自2007年11月原国家环保总局批准我省临沂市、莱芜市、龙口市、临朐县为第二批国家级生态环境监察试点地区以来，各试点地区高度重视，不断强化组织领导，狠抓工作落实，试点工作取得明显成效，为促进治污减排和生态环境改善发挥了积极作用。

一是强化组织领导，落实部门责任。四个试点地区均成立了由分管市长（或县长）任组长、有关部门主要负责人为成员的生态环境监察试点工作领导小组，加强对试点工作的组织领导；同时，认真制定并由政府颁布了《生态环境监察试点工作实施方案》，将试点任务分解落实到各有关部门，初步建立了“环保部门统一监管，相关部门分工负责”的管理机制。龙口市生态环境监察试点领导小组要求各职能部门按照职责分工，将试点工作开展情况每季度向领导小组办公室报告一次，各镇区街政府都指定了一名负责人配合各职能部门参与生态环境监察试点相关工作。

二是搞好建章立制，规范试点工作。四个试点地区根据自身特点，借鉴我省第一批国家级生态环境监察试点的成功经验，制定出台了一系列规章制度：临沂市制定了《生态环境现场检查》、《生态破坏信访》、《试点工作报告》和《交流培训》等有关制度，定期召开会议，通报试点情况，研究解决问题；莱芜市制定了《生态环境监察联席会议制度》和《生态环境监察案件移交制度》等有关制度；龙口市制定印发了《生态环境违法案件移交处理办法》、《建设项目生态环境监察工作规范》、《重点生态区域生态环境监察工作规范》，编制了《生态环境监察现场监察记录表》和《生态环境违法案件移交处理书》等规范文书。

三是加大执法力度，严查生态违法行为。临沂市以小城镇、农村和特殊生态保护区为重点，2008年对郯城、沂南、沂水、苍山、罗庄5县（区）18个乡镇集中式饮用水源地和城镇生活垃圾、生活废水、工矿废物处理情况进行了检查，严肃查处违法排污和侵占河道乱排乱倒违法行为；该市划定了规模化畜禽养殖禁养区，对20余家养殖场进行了拆迁，对盛能集团奶牛场、华盛江泉集团养殖场等170家规模化畜禽养殖场进行了执法检查。莱芜市加大对市备用水源地雪野水库的环境整治力度，采取联合行动，分期、分批强制清理了库内养殖网箱2000余个，库区水质得以明显好转；该市还引进柳树新品种，对莱芜电厂2号灰库等进行生物治理，防治了扬尘，有效改善了周边环境。龙口市以建设项目全过程监察为切入点，通过规范流程、明确职责、强化监管。该市把整顿矿山秩序作为突破口，联合国土资源、公安和安监等部门，组织开展矿山开采生态环境监察专项执法行动，查处了一批违法案件，促进和带动了全市生态环境监察试点工作。临朐县环保局联合工商、供电、国土和公安等部门，县政府跟踪督察，集中取缔辖区内私自上马的12家小炼铁和22家小电镀生产项目，有效保护了当地生态环境。

四是壮大执法队伍，提高执法能力。试点期间，临沂市环境监察支队升格为副县级，同时增加12名编制，执法力量得到加强；该市还将环境监察机构标准化建设经费纳入了同级财政预算，每年从环境保护自身补助资金中提取10%专项用于环境监察标准化建设。莱芜市抓住事业单位机构改革契机，将环境监察人员全部纳入参照公务员管理序列。龙口市每季度对环境执法人员进行两次生态学知识和生态环境法律法规培训，不断提高执法队伍素质，努力提高执法能力。

省环境监察总队建立健全“四个办法”执法档案

省环境监察总队严格执行省局印发的《全省重点企业监管办法（试行）》等 “四个办法”，采取有效措施，加强组织领导，建立健全了“四个办法”执法档案。

主要做法：一是加强组织领导，健全工作体系。省局印发“四个办法”后，总队领导高度重视，成立了由总队长任组长，副总队长任副组长，有关科室负责人为成员的档案工作领导小组，办公室与环境监察科专门配备了2名专职和兼职档案员，具体负责“四个办法”档案的收集、移交、整理、归档工作，并将“四个办法”档案管理工作与现场检查同时部署、同时检查。二是制定了“四个办法”档案管理制度。按照省局制定印发的《全省重点企业监管办法（试行）》中建立健全纸质档案的有关要求，根据工作实际，省环境监察总队制定印发了《关于印发落实“四个监管办法”文件材料归档移交制度（试行）的通知》，该《制度》对全省重点企业和城市污水处理厂检查情况及需归档移交材料、移交时限、移交程序、档案借阅、交接文据、移交清单等内容作了明确规定。三是加强文件材料的前期收集。“四个办法”每旬检查结束，两个检查小组将本组检查情况草拟旬查汇报材料，经总队监管领导小组审定，由环境监察科兼职档案员收集暂存；总队向省局汇报后，在向有关处室移交检查材料时，由移交人填写《山东省环境监察总队落实“四个监管办法”旬查材料移交清单》，经分管领导签字同意，将复印件移交省局有关处室，总队留存原始件；总队每旬对全省重点企业和城市污水处理厂进行检查产生的现场检查记录、调查询问笔录、现场勘验笔录、音像、电子文档等材料，由兼职档案员填写《山东省环境监察总队落实“四个监管办法”旬查材料交接文据》，一式两份，按月移交档案室。四是建立健全档案，规范整理。为使“四个办法”档案资料完整、管理规范，档案室在接收到移交的文件材料后，档案人员根据档案整理要求，按每旬、每组对“四个办法”检查产生的文件材料，及时进行核对、分类、排序、装订、装盒、立档。截止目前，共建立 “四个办法”档案25盒、135件，形成现场执法声像档案及电子文档56盘。“四个办法”现场执法档案的建立，不但丰富了总队环境监察档案资源，而且为今后环境监察现场执法提供了执法依据。

青岛市环境监察支队切实抓好建设项目环境监察工作

青岛市环境监察支队采取有效措施，切实抓好建设项目环境监察工作。一是加强对各环境监察大队的业务指导。组织各大队对辖区内的停缓建、超过6个月未开工以及投产未验收的项目进行清理，对手续齐全但实际并不存在的项目进行了核销，通过清理，全市在建项目由4200个减少到3600个。二是开展建设项目环境监察工作专项检查。主要对各大队人员配置、体系运行以及落实省局《关于加强建设项目执行环评和“三同时”制度情况经常性监督管理的意见》情况进行了专项检查，针对各大队存在的不同问题进行了书面反馈，并帮助其进行整改。三是加强了重点项目稽查与环境监察工作分析、调度。截止目前，该市环境监察支队共稽查重点项目54个，并对违法行为进行了依法处理；同时每月对各环境监察大队的环境监察工作情况进行分析、调度。

日照市采取三项措施加强电镀行业环境监管

一是加强领导，切实提高做好电镀行业环境监管重要性认识。接到省局印发的《关于进一步加强对部分剧毒物质监管的紧急通知》后，专门成立了由分管局长任组长、有关单位为成员的领导小组，并组成六个专项行动执法小组，对全市电镀行业开展了执法检查。结合工作实际，制订下发了《加强对部分剧毒物质进行监察实施方案》，《方案》要求各区县环保局要充分认识小电镀加工业对环境的危害，切实提高忧患意识和责任意识，把电镀行业排查行动作为减少环境安全隐患、遏制污染事故的重要举措，抓紧抓好抓出实效。二是加大环境执法力度，严肃查处违法电镀企业。针对小电镀企业污染反弹情况进行了专项检查，关闭小电镀污染企业3家。根据检查情况，要求各区县环保局对辖区内的电镀企业进行一次全面彻底清查，加大环境执法和处罚力度，对属于“十五小”的和未经审批擅自建设生产的电镀企业，坚决取缔。三是建立环境监察跟踪稽查制度。为进一步加强全市电镀行业的环境监管，排查事故污染隐患，防范环境风险，要求各区县环保局要在规定时间内将辖区内电镀行业排查整治情况及电镀企业名单上报市环境监察支队，市环境监察支队将对电镀行业整治情况进行后督查。

滨州市环境监察支队组织开展农村环保专题调研

近日，滨州市环境监察支队组织人员分赴滨州市辖区的重点乡镇，开展了一次农村环保专题调研。在调研中通过派发调查表、实地勘察及公众访谈，了解掌握了各乡镇的环境质量现状、污染源及治理状况、环境管理能力建设状况等情况，根据调研情况形成了调查报告，提出了加强农村环保工作的思路和措施，制定了有关加强农村环保工作的实施方案。此次调研对进一步开展滨州市农村环境监察工作奠定了基础。

济南市组织召开全市城镇污水处理厂调度会

近日，济南市环保局联合济南市公用事业管理局组织召开了全市城镇污水处理厂运行情况调度分析会，光大水务（济南）有限公司水质一厂等10家城镇污水处理厂主要负责人参加了会议。会议对各城镇污水处理厂的运营情况进行了调度、分析，各城镇污水处理厂在会上分别汇报了本单位运营情况、存在问题及下步工作计划，着重分析了当前运行中不能稳定达标排放的主要原因，探讨了解决这些问题的办法和途径。下一步，济南市环保局将每月组织召开一次城镇污水处理厂现场调度会。

聊城市开展污水排放企业利用渗坑和沟渠输送污水专项执法检查

近日，聊城市在全市范围内组织开展了一次整顿查处污水排放企业利用渗坑、沟渠违法输送存贮污水专项执法检查。市环境监察支队专门组织成立了四个检查小组，对8个县（市、区）和经济开发区污水排放企业进行了全面细致的排查；对市控以上造纸、味精、淀粉、医疗等重点行业水污染物排放量较大的企业进行了重点检查；对重点企业周边居民进行了走访调查，根据群众反映的情况对附近的坑塘、沟渠等进行了现场检查。在检查过程中未发现有污水排放企业利用渗坑、沟渠违法输送存贮污水的环境违法行为。

省环境监察总队党支部与科室负责人签订党风廉政建设责任书

2月20日上午，省环境监察总队组织全体人员召开了签订党风廉政建设责任书大会。会议由党支部书记、学习实践活动领导小组组长丁卫建主持，会议首先宣读了《山东省环境监察总队党风廉政建设责任书》内容，党支部书记、支部成员与科室负责人逐一签订了《山东省环境监察总队党风廉政建设责任书》。

会上，党支部书记丁卫建作了讲话。他指出，为了进一步加强和改进总队党风廉政建设，建立健全教育、制度、监督并重的惩治和预防机制，推动党风廉政建设工作持续、有效、健康发展，根据党风廉政建设的有关规定，结合学习实践科学发展观活动和总队实际情况，经过反复研究、讨论，制定了《党风廉政建设责任书》。签订责任书，寓意深刻、意义重大。他强调，党风廉政责任书承载的内容丰富，希望大家在各项工作中一定严格遵守规定，管好自己并相互监督，发现违法违纪行为和腐败现象应及时反映举报；签订责任书是提高党风廉政建设工作水平的有效形式，通过这种形式促进总队以环境执法为中心的各项工作科学发展。

枣庄市潘强副市长带队夜查重点水污染企业

近日，枣庄市政府潘强副市长带领市环保局环境执法人员冒雨对该市部分重点水污染企业进行了夜间突击检查。检查组先后到市中区、峄城区的重点水污染企业和城市污水处理厂进行了检查，此次重点检查擅自闲置或故意不正常使用污染物处理设施、污染物超标排放等环境违法行为及违法建设生产的“土小”企业，每到一处，潘强副市长都深入到企业治污现场检查企业排污设施运行情况，并对存在的问题提出整改措施。潘强副市长在检查时强调，市环保局已制定了严格的巡查制度，要按规定每旬由环保局一名副局长带队组织环境执法人员对全市重点企业进行夜查，要严格履行职责，对发现的环境违法行为严厉查处；各企业要严格遵守国家环保法律法规，确保污染物达标排放，在发展中承担起应尽的环保责任，使全市环境质量得到持续改善。

淄博市严查重点道路沿线企业违法行为

淄博市环境监察支队于近日组织精干力量对划定的30条重点道路沿线企业展开巡查。截止目前，共对其中的19条重点道路进行了巡查，行程千余公里，查处烟囱冒黑烟等环境违法行为18起，先后对淄博光正铝盐化工有限公司、山东国弘重工机械有限公司、淄博凯盛新型建材有限公司、淄博水立方经贸有限公司等4家烟囱冒黑烟企业进行了立案处罚，罚款15万元。通过巡查，有力打击了重点道路沿线烟囱冒黑烟等环境违法行为。

潍坊市组织开展春季环保专项行动

近日，潍坊市组织开展了以“查处污染隐患，确保饮用水安全”为主题的2009年整治违法排污企业保障群众健康春季环保专项行动集中检查，此次检查由市政府统一组织，市环保局牵头，并成立了由公安局、市政管理局、水利局、市发改委、经贸委、监察局等8部门分管领导为组长的10个专项检查小组，对影响全市水源地水质安全和存在污染隐患的污染源进行现场检查。本次专项行动按全市饮用水源地分布及流域区域，采用暗查方式进行，重点检查饮用水源地排污口、重点污染源、剧毒物质产生及排放企业、污染严重的十五“土”小项目、污水处理厂和主要河流断面等。对专项行动中发现的问题市政府进行通报批评，并在新闻媒体上曝光，情节严重的，将持牌督办。

临沂市开展邳苍分洪道污染综合整治环保专项行动

近期，临沂市环保局组织开展了邳苍分洪道污染综合整治环保执法专项行动，此次行动由临沂市环境监察支队牵头召集柳青河、邳苍分洪道流域的兰山、罗庄、高新区、苍山、郯城5县区环保局分管局长和大队长召开了“邳苍分洪道流域污染综合整治环保执法监察工作会议”，并印发了《临沂市环境保护局邳苍分洪道流域污染综合整治环保执法监察工作方案》，专门成立了工作领导小组，下设4个检查小组，以邳苍分洪道、柳青河等重点流域和金锣科技园、江泉工业园等重点区域开展了为期一个月的集中检查整治活动。截止目前，累计出动执法人员790余人（次），检查村庄180余个，检查企业890余家（次），填写现场监察记录260余份，下达环境监察整改意见书87份，制作现场调查询问笔录12份，徒步210余公里对电厂河、陷泥河、西偏泓等重点河流的35个断面予以检查；查处偷排、超排、直排或治污设施擅自停运的违法企业16家，建设项目未批先建或长期未验收的环保违法问题167个，小造纸、小废塑、小电镀、土石料加工、黑心棉等土小污染项目131个。兰山、罗庄、高新区、郯城、苍山等有关县区根据检查发现的问题进行了综合整治。目前，已拆除各类土小污染项目37个，责令停产土小企业94个，限期治理企业76家，电厂河清淤疏浚工作正在进行，柳青河、邳苍分洪道水质都有了明显改善。

乳山市环境监察大队开展农村饮用水源地专项检查

为加强农村饮用水源地环境安全，乳山市环境监察大队调整工作思路，联合镇政府将各辖区内农村饮用水源地逐一摸底排查，环境监察大队根据调查情况建立起农村饮用水源地档案，并会同当地镇政府对存在污染隐患的农村饮用水源地重点开展了现场执法检查，对检查中发现的问题，研究制定出解决方案。

济南市确定城市环境综合整治扬尘防治措施

为确保第十一届全运会空气质量，切实做好扬尘污染防治工作，济南市环保局在市环境保护行动指挥部领导下成立市扬尘污染防治检查小组，并制定了扬尘污染防治检查工作措施。该《措施》分五个阶段开展扬尘污染防治工作。一是全面启动阶段。各区政府、高新区管委会在2月20日前摸清底数，将辖区内扬尘污染源进行划片包干，责任到人。二是集中整治阶段。在各区、高新开发区每天检查及市直有关单位巡查基础上，市扬尘污染防治检查小组每旬至少组织开展一次检查督察或后督察。三是考评验收阶段。在各区、高新开发区自查的基础上，市扬尘污染防治检查小组根据环境保护行动指挥部的安排具体负责对市区二环路以内、奥体文博片区、长清中心城区（含大学科技园）扬尘污染控制区创建工作进行考核验收，并树立各类扬尘污染防治示范点。四是重点巩固阶段。各区、高新开发区实行24小时不间断检查，全天候监控各类扬尘污染源，检查重点控制时段扬尘污染强化控制措施的落实情况，对虽不在重点控制范围但未达到扬尘控制标准的各类施工工地实施停工措施。五是全面提升阶段。市扬尘污染防治检查小组重点加强对城乡结合部等薄弱区域的检查，提高全市扬尘污染控制水平，完善长效管理措施。

淄博市谢锡锋副局长对在线监控管理工作提出三点要求

近日，淄博市环保局谢锡锋副局长在召开的全市在线监控管理工作会议上，对该市在线监控管理工作提出三点要求：一是要严格按照省局运行率、达标率及常态数据相符率的“三率”标准对企业及运营公司进行考核；二是要进一步建立健全联动等监控配套机制，充分发挥自动监控作用；三是对于企业故意破坏在线监控设施的要严厉处罚，决不姑息。

德州市环境监察支队推行三项制度强化企业监管

一是实行副支队长分片管县制度。进一步明确责任，细化分工，加大了对重点监管企业及污水处理厂的日常监督，实行工作日与节假日错位执法，有力的打击了违法排污企业的偷排偷放行为。二是实行驻厂员制度。该支队实行了重点监管企业派驻驻厂员制度，要求各县（市、区）环保部门要对存在环境问题较多的25家重点监管企业及污水处理厂派驻环境驻厂员，实行近距离不间断的有效监管，及时发现处置违法超标排污行为。三是对重点监管企业实行约谈制度。该支队在严格执法的同时，对违法企业进行处罚、限期整改前，首先依照规定程序约请企业负责人到支队进行告诫、面谈，指出违法事实，提出限期整改意见，面谈后仍无整改的对其进行严厉处罚。通过推行三大制度，该市污水处理厂及重点监管企业达标排放率有了明显提高，河流水质明显改善，有效杜绝了违法行为的发生。

聊城市五项措施确保“四个办法”环境监察扎实有效

一是严格落实“四个办法”检查制度，对辖区内每一处污染源进行全面细致监察，确保无一遗漏；二是对现场填写的《环境监察现场记录》和《环境监察附表三》确保内容详实、准确；三是要在确保全面监察的同时，每月突出一项内容作为本月重点检查项目。对发现的环境违法行为，依法严肃处理，并下达限期整改通知书，督促企业认真整改。次月检查时首先查看企业整改情况；四是要求各县（市、区）对辖区内企业历史遗留的环境违法行为切实负起责任，查清、查实、督促整改到位，市局依法进行后督察；五是市环境监察支队将适时对各县（市、区）“四个办法”现场执法情况进行评比，评比情况与环境监察年度考核挂钩。

菏泽市环境监察支队建立重点企业环境监管台帐制度

为准确掌握全市重点监管企业污染物排放程度、污染处理设施建设运行等情况，菏泽市环境监察支队对重点企业建立监管台帐制度，《监管台帐》主要分五类：一是企业基本情况简介；二是企业环保基础台帐，包括企业建设项目环评文件、排污许可证、环保应急预案等涉及环保的基础档案；三是企业污染物排放及治理台帐，包括企业环保基本情况登记表、企业废水（废气、固废）排放及治理台帐等各类报表；四是企业环保台帐凭证，包括进煤量及煤样监测报告复印件、脱硫剂进货发票复印件、废水处理剂进货发票复印件、停产限产证明等支撑企业治理设施运行与污染物排放的原始凭证。五是企业相关信息台帐，包括企业厂区正门、所有排放口（包括排放口标志牌）、主要治理设施、污染源自动监控设备、数据采集仪、生产工艺和污染治理流程图等六类照片。

青岛市环境监察支队 四项措施加强空气环境质量控制工作

一是迅速组织市区各监测子站周边影响源调查。青岛市环境监察支队在省、市环保局召开第一次空气质量调度会后，拟定了《关于市区环境空气质量监测子站周边点源调查方案》，并迅速组织7分局对子站周边影响源进行了调查，共调查重点工业燃煤锅炉企业50家、企业内部扬尘源47家、工艺废气排放源5家、居民燃煤等低空面源涉及社区居民28 个，相关数据已提供给监测中心站进行源分析。二是加强与监测中心站沟通协作，探讨如何充分发挥监测数据作用来指导监察工作。该市环境监察支队联合市环境监测站召开了专题分析会，讨论研究了如何充分利用监测数据指导加强点源管理的方案，通过对排放源的数据分析，找出不同排放源的影响程度和规律，以更加有针对性地加强对点源的监管。三是着手拟定污染防治设施故障停运报告审核工作程序，规范对企业废气污染防治设施故障停运的报告、审核以及过程监管工作，着力解决部分企业以污染防治设施故障为借口，停运设施造成超标排污的问题。四是进一步加强重点源环境监管。加大对重点源的抽查、稽查频次，对情节恶劣、污染严重的环境违法行为，严格进行处罚。同时将建立企业环境违法行为统计制度，建立企业违法情况数据库，对企业环境违法行为的次数、时间、整改情况等进行记录。

潍坊市环境监察支队首次实行约谈制度

近期，潍坊市环境监察支队负责人按照市局制定出台的《潍坊市环境保护行政执法约谈制度（试行）》要求，对今年以来现场检查发现的2家存在环境违法行为企业的法定代表人（代理人）首次进行了约谈。约谈人指出了企业的环境违法问题，以及环保部门依照环境法规拟作出的处理意见等，被约谈人陈述意见和下步采取的措施等问题；通过约谈，约谈人明确环保部门的意见，对环境违法行为限期整改，最后双方达成一致意见，确定如到期完不成或达不到约谈承诺要求的，将按照程序依法进行行政处罚；约谈过程中，记录人对约谈内容进行详细记录，经认可无误双方签字后，将其纳入环境执法案卷，作为环境行政处罚的依据之一。

淄博市环境监察支队严查建设项目违法行为

淄博市环境监察支队认真贯彻落实《中华人民共和国环境影响评价法》和《建设项目环境保护管理条例》，以“抓源头 控污染”为重点，近期共对沂源县源能热电有限公司2台130吨/小时燃煤供热锅炉建设项目、山东鲁维制药有限公司7000吨/年维生素C建设项目、75吨/小时燃煤蒸汽锅炉建设项目环境影响评价文件未经批准,擅自开工建设违法行为进行了立案处罚，罚款60万。

临沂市以三查为重点开展沭河流域专项执法检查活动

近期，临沂市环保局从各有关县区环保局抽调环境执法人员，组成3个执法检查组，采用“面、线、点”的检查方式，以“三查”（即：查断面、查入河口、查企业）为重点，对汤河、黄白排水沟、鸡龙河、牛腿沟流域开展了为期一周的集中检查整治活动。整个活动期间，累计出动执法人员490余人（次）、检查村庄94余个、检查企业197家（次）、填写现场监察记录116份、下达环境监察整改意见书31份、制作现场调查询问笔录7份、徒步180余公里对各有关河流的72个断面进行了检查；查处偷排、超排、直排或治污设施擅自停运的违法企业22家，取缔小生化、小废塑、土石料加工等土小污染项目26个，成效明显。

聊城市环境监察支队采取四项措施加强政务信息工作

聊城市环境监察支队采取四项措施加强政务信息工作。

一是加强政务信息的组织领导。专门成立了政务信息工作领导小组，并确定专人负责，把政务信息工作纳入年度工作，定期分析信息工作形势，确定报送重点，研究具体措施，抓好任务落实；

二是挖掘深层次的信息。强化深入一线调查研究，通过信息调研来发现、扩充、挖掘和开发深层次的信息；

三是强化精品意识，坚持精编精选，做到内容真实、力求可靠，主题明确、文题相符，逻辑清晰、文章简练；

四是强化信息报送机制，建立“单位领导重视、办公室牵头组织、各科室密切配合”的信息报送工作机制，强化联系与沟通，加强纵向联系和横向沟通。

各市环境监察机构加强排污费征收工作

青岛市环境监察支队对2009年排污申报核定及排污费征收工作进行全面部署。一是依法按程序开展排污申报工作，确保申报登记全面准确。一切排放污染物(废水、废气、噪声、固体废物)的单位或个体工商户都应如实向当地环保部门进行排放污染物申报登记，排污者申报填报报表类型要与企业性质相对应。二是加强排污申报核定，保证排污费足额征收。要严格执行《排污费征收使用管理条例》中排污费征收工作控制程序和山东省物价局、山东省财政厅、山东省环保局联合下发的《关于运用价格政策促进环境保护的意见》（鲁价费发〔150〕号）确定的收费标准，按月或按季根据核定权限对排污者排放污染物的种类、数量进行核定，确定排污者应当缴纳排污费数额，并予以公告。三是要严格执行工作报告制度，加强基础数据审核，提高报表和报告质量。通知还对收费档案的整理、考核制度等做了详细的说明。滨州市环境监察支队重点围绕三个方面全面开展2009年排污申报登记工作。一是结合全市污染源普查工作，进一步扩大排污申报范围。二是将污染治理设施的监督检查、停运审批及排污申报变更与排污费核定建立链接。三是逐步建立处理设施运行监控体系，运用在线监控成果提高对重点排污单位申报数据的核定水平。聊城市环境监察支队于近日组织召开了全市排污申报核定与排污费征收工作会议，会议明确四条意见全面推进2009年排污申报核定与排污费征收工作。一是结合污染源普查企业名单，拓展排污申报核定范围。二是保证国家重点监控企业数据全面准确。三是准确核定、足额征收，以排污费征收促进污染减排工作。四是按照市委、市政府转变工作作风优化发展环境和学习实践科学发展观的要求，进一步把排污申报核定和排污费征收工作抓实抓好。

我省首家银企联合开发碳减排融资项目落户潍坊

日前，潍坊市环保局、潍坊市商业银行、鲁丽集团公司三方联合举行碳减排项目签约仪式，由潍坊市商业银行专项贷款5000万元用于鲁丽集团高炉煤气发电清洁发展机制（CDM）项目，这是目前我省首家实行银企联合开发的碳减排融资项目。近年来，潍坊市从节能减排和可持续发展的需要出发，采取政府引导、科学规划和积极培育方式，大力开展CDM培训咨询、信息发布、项目推介等，不断完善CDM项目储备和市场研发，有力地推动了低碳经济的快速发展。

东营市环境监察支队完善内部机构设置

为适应环保工作新形势、新要求，开创环境执法监督工作新局面，提升环境监察工作新水平，近期，东营市环境监察支队对内设机构、科室人员进行了完善调整优化，将内设机构由原来的3个科室，增加至7个科室（即：办公室、综合科、征收科、监察一科、监察二科、监察三科、应急处置中心），进一步细化了职能分工，明确了职责要求，强化了环境监管。新提拔和任命了1名副支队长、5名科室负责人，充实了业务骨干力量，调动了大家的工作积极性，为今后环境监察队伍的健康发展奠定了坚实的基础。

滨州市提前做好执行小清河与海河流域第三时段排放标准有关工作

2009年7月1日，《山东省小清河流域水污染物综合排放标准》、《山东省海河流域水污染物综合排放标准》（以下简称《标准》）第三时段标准将正式实施。为尽快适应《标准》和省局的具体规定要求，滨州市环保局紧密结合当前全市深入开展的“学习实践科学发展观”和“优化发展环境年活动”，制定出台了《关于提前做好执行小清河、海河流域第三时段排放标准工作的通知》，通知要求：

1、各县区要加大宣传力度，深入广泛宣传新标准新要求，让企业和有关单位享有知情权，引起重视，及早动手早做准备。

2、要开展摸底调查，列出辖区内需限期治理单位名单，制定限期治理计划，务于2009年7月1日起向辖区内直接排放污水单位下达限期治理通知；流域内所有新建项目将按照新标准审批。

3、凡列入限期治理计划的排污单位，要尽快制定并落实限期治理方案，倒排工期，积极采取有效措施，集中人力、财务、物力，确保实现污染物稳定达标排放。

4、各有关单位要加大执法力度，严厉查处各种违反环境保护法律法规的行为，对限期治理计划落实情况进行定期检查，发现问题及时解决，建立定期跟踪调度制度，自第二季度起，各县区限期治理计划落实情况于每季度末报市环保局。

河南省

工作动态

适应环境形势增强污染源自动监控工作的紧迫感和责任感

为进一步加强河南省重点污染源自动监控系统建设工作，河南省环境保护局于2008年1月24日在焦作市组织召开了由各省辖市环保局主管局长、环境监察支队长、监控中心负责人等人员参加的污染源自动监控工作现场会。会李景明副局长做了重要讲话，周文献总队长对全省重点污染源自动监控工作进展情况进行了通报，对下一阶段的工作进行了安排部署，焦作市、漯河市环境保护局做了典型发言。

李景明副局长在讲话中指出：全省重点污染源自动监控系统的建设、联网和正常运行，事关落实科学发展观和污染物总量减排的大局，各级环保部门必须高度重视，进一步提高认识，统一思想，加强领导，适应新形势、新任务、新要求，不断加大自动监控系统的资金投入，加大监控平台建设和升级，加强各方面的组织协调，提高监督管理水平，采取坚决有力措施，确保各项工作任务圆满完成。并对下一步工作提出了明确要求：一是理顺管理体制。明确各级环境监察部门是污染源自动监控系统的管理部门。二是加强自动监控中心建设，提高污染源自动监控系统管理水平。严格按照国家《污染源监控中心建设规范（暂行）》要求，对现有监控平台实行升级达标。三是进一步加大督察力度。对未按时完成自动监控设施建设任务的重点污染源，依据有关法律、法规的规定严厉查处并责令限期安装到位。四是做好自动监控设施验收工作。各相关单位要明确任务，落实责任，严把标定校核、对比监测、联网测试和竣工验收关。五是建立自动监控目标责任制。要将重点污染源自动监控工作纳入各级政府环保工作目标。六是积极推行第三方管理。要认真研究污染源自动监控系统运行管理方法，积极探索和推行新的运行管理机制。

河南省环境监察总队开展涡河、惠济河等重点流域水污染防治专项执法活动

进入2008年以来，我省涡河出境断面氨氮等主要污染物浓度持续升高，引起了国家环保总局的关注，要求我省查明原因，采取措施予以解决，省环境监察总队根据省局领导要求开展了针对涡河、惠济河等流域的水污染专项执法活动。

本次专项执法活动以省、市重点污染源、重点监控河流断面、城市污水处理厂和污染源自动在线监控系统作为监察重点。先后派出5个检查组分别对涉及涡河、惠济河等流域的开封市区、通许县、杞县、开封县；商丘市的睢县、宁陵县、柘城县；周口市的太康县、鹿邑县进行了排查。检查重点排污企业31家，已建成的城市污水处理厂5个，河流断面24个，取水样53个进行监测分析。对存在环境违法行为的8家企业进行了查处，其中对开封晋开集团、柘城伊科皮革有限公司、平煤集团开封东大化工有限公司、柘城李原皮革鞋业加工厂和睢县兆丰纸业存在的环境违法行为进行了现场调查，并移交省局立案处理；河南辅仁药业有限公司、开药集团交由地方环保部门进行处理；违法试生产的通许麦仕达啤酒有限公司已被责令停止试生产。

通过本次专项执法活动，查清了造成涡河出境断面超标的主要原因，并向省局提交了调查报告，提出了处理建议，收到了较好的效果。

省环境监察总队开展对省管电厂脱硫设施运行情况的现场检查工作

为推进二氧化硫减排工作的顺利实施，进一步加大环境监察执法力度，切实解决当前我省电力企业污染减排工作中存在的突出问题，2008年2月25日至3月7日，省环境监察总队会同河南省电力公司、河南省电力试验院共同对全省装机总容量在30万千瓦以上电力企业共计25家电厂的57台机组脱硫设施运行情况进行了一次专项检查。

检查组查看脱硫设施的运行情况。实地检查了脱硫设施运行记录，包括脱硫设施用电情况，在线监测仪器安装位置，旁路挡板门开启度，氧量、烟气流量、二氧化硫进口浓度、二氧化硫出口浓度等主要烟气指标，石灰石用量，石膏产生量、去向等情况，以及其他需要检查的资料，检查组对检查的情况逐一填写了《SO2减排现场核查笔录》、《电力企业脱硫设施运行现场核查情况表》，收集了脱硫设施运行相关的数据，进一步完善了电力企业环境管理档案。

检查发现的主要问题是：目前部分电力企业对脱硫系统、CEMS系统尚未建立、建全运行管理体系；部分CEMS系统未经有资质的单位进行校准；测点前后直管段长度不够、测量方法不准确，资料不完整；CEMS系统保存数据及报表功能不完善、易于人为干预；集中控制设备无法显示旁路挡板开启情况；部分脱硫设施未能连续正常运行等。目前总队正在整理有关资料，随后将向省局作专题报告。

通过检查，省环境监察总队草拟了《河南省火电企业脱硫设施运行环境监察现场核查办法》，待报局批准后下发，以进一步规范全省火电企业脱硫设施运行和进行环境监察现场核查工作，同时为排污费征收核定和节能减排计算提供强有力的依据。

李庆瑞局长要求节假日期间环境监察制度化

清明节是我国传统的节日， 4月4日，刚刚履新的省环保局局长李庆瑞亲自带队，并部署5个检查组奔赴郑州、洛阳、新乡、开封、许昌、漯河、驻马店等7市，对省辖淮河、黄河、海河流域的重点河流水质断面和排污企业进行突击检查。由此拉开了节假日环境监察制度化的序幕。

4月3日晚，李庆瑞局长主持召开会议，安排清明节对重点河流断面和污染源检查事宜，并明确要求此后节假日环境监察要形成制度，要保证我省人民群众能够度过一个愉快、健康、环保的节假日。

李庆瑞局长和李景明、马新春副局长及周文献总队长分别带队，以暗查形式检查了15个河流断面和25家排污单位。不少市、县环保部门的执法人员，能够牺牲休息时间，坚持巡查。所查大部分企业能够守法生产，污染防治设施运行正常。但也有部分企业污染防治设施不正常运行，偷排或超标排放污染物。荥阳市江海啤酒有限公司、

确山县南方纸业有限公司利用无“三防”措施的渗坑存放高浓度生产废水，且废水不经处理直接外排。检查中发现，污染源自动监控设施不正常运行的情况比较普遍。所查排污单位有8家不同程度存在自动监控设施损坏、不正常运行的情况。其中新乡市龙泉造纸厂自动监控设施无数据，新郑市化肥厂自动监控设施出现混乱数据，荥阳沃原化工有限公司长达一周时间的30余个监控数据始终保持1个数值不变。检查中还发现，巩义开普化工集团生产硝基苯-苯胺等危险化学品，地处伊洛河上游3公里，对黄河威胁很大，急需搬迁。开封市东区污水处理厂自去年底建成后一直未能投运，西区污水处理厂长期不能满负荷运行，收水率最高仅为设计规模的50%。这些问题，给当地环境质量的改善带来了负面影响。

4月6日下午，李庆瑞局长在听取各组情况汇报后，要求对检查中发现的环境违法企业要从严、从重、从快予以立案查处；尽快出台自动在线监控设施的管理办法；发函督办有关市政府尽快解决当地突出的环境问题；加强节假日期间环境监管，建立节假日环境监察制度。李庆瑞局长进一步强调，省环保部门要按照科学发展观的要求，以构建和谐社会的理念，努力解决危害人民群众身体健康的环境问题。

履行职责不辱使命全面加强环境监管

4月19日，李庆瑞局长带领省环保局开发处、污控处、监察总队、监测中心站和宣教中心等单位有关人员一行8人利用假日时间，赴周口进行检查和调研。李庆瑞局长在周口市委书记毛超峰、市长徐光陪同下，先后查看了位于界首七渡口沙颍河国控断面自动站、沈丘槐店大闸自动站和贾鲁河入沙颍河的水质状况，检查了河南莲花味精集团污染防治情况和周口市沙南污水处理厂运行情况，并在周口市召开了座谈会。李庆瑞局长在听取了周口市环保工作情况汇报后对周口市的环保工作给予了充分肯定，他指出，我省位于淮河上游，水污染防治任务十分繁重，周口市是河南的东大门，淮河流域10个国控出境断面，周口有4个，郑州、开封、许昌、漯河、平顶山等五市的生活污水和工业废水都通过周口出境，周口市又是欠发达地区，面临的水环境压力很大，责任也很大，为确保我省出境水质的安全付出了很大代价，希望周口市委市政府继续把水污染防治工作放在更加重要的位置，进一步把环保工作纳入社会经济发展的主战场、大舞台，利用环保工作优化产业结构，实现经济发展和环境保护双赢。他特别强调，环保部门要进一步加强环境监管，特别是上游来水和重点排污企业，切实履行“环保卫士”担负的监管职责，发扬“铁面孔、铁手腕、铁心肠”的“三铁”精神，严查环境违法企业，以实际行动完成省委、省政府下达的主要污染物化学需氧量排放总量削减等各项环保目标任务，不辜负党和人民的重托。

根据李庆瑞局长的指示精神，省环境监察总队进行了认真研究，将采取一系列措施，加大执法力度，严格环境监管。一是出台《河南省重点污染源环境监察管理办法》，规范现场执法行为，提高环境监察效能；二是建立节假日现场巡查制度，作出全面部署，使节假日环境监察常态化，不给环境违法企业可乘之机；三是加快污染源自动监控系统建设，充分发挥系统的不间断监控作用，改善监控手段，提高监控水平；四是建立重大环境案件集体审查制度，对上级领导批件查处情况和重点污染源的环境违法行为依法从重从快处罚，严厉打击超标排污行为；五是要求全省环境监察系统认真履行职责，勤奋工作，为节能减排工作做贡献。

环境保护部对我省重点环境违法案件查处工作开展后督察

为认真落实胡锦涛总书记关于对违法企业要加强后续督察工作的重要批示精神，环境保护部组织对环保专项行动开展五年来国家和地方查处的重点环境违法案件进行后督察，这是环境保护部成立后的第一次大规模督察活动。

4月22日至25日，环保部督察组一行4人，在环境监察局熊跃辉副局长的带领下，对2003年以来党中央国务院领导批示、挂牌督办、流域限批的我省重点环境违法案件进行了后督察。督察组先后对濮阳经济开发区、开封西区污水处理厂、开封永大化工有限公司、漯河市舞阳金大地化工有限公司、舞阳县舞光造纸厂、平顶山市海明造纸厂、周口市财鑫集团化工有限公司、郸城县合鑫造纸厂等5市10家企业的查处及整改落实情况进行了督察。督察组对河南省环保局认真贯彻原国家环保总局办公厅环办[2007]104号《关于加强后督察工作的通知》精神，建立后督察制度，加强环境执法，提高环境执法效能做到“四清查”、“三纠正”、“两限批”和“一评估”作法给予了充分肯定。对迅速落实环保部2008年3月31日下发的《关于开展重点案件后督察工作检查的通知》要求，对筛选出的重点案件查处及整改落实情况按照“十查、两督”内容逐一进行核查并予公示的做法给予了高度评价。熊跃辉副局长指出河南省环境执法后督察工作认识到位，工作到位，对环境违法案件查处到位，整改到位，成效显著。

4月初，我局接到环保部《关于开展重点案件后督察工作检查的通知》后，迅速对此次后督察工作的检查做了安排，分六个层次明确了对后督察工作的检查范围。4月10日至14日，我局分六个督察组对全省18个省辖市2003年以来的2件国家领导人批示案件；8起国家挂牌督办、中央办公厅、国务院办公厅督办、流域限批的环境违法案件；31起省挂牌督办和列入“黑名单”的环境违法案件进行了督察。各督察组采取听取情况汇报、查阅相关资料、现场核查等方式对共计41起重点环境违法案件的整改落实情况逐一进行了核查并对个别留有尾巴的案件提出了新的整改要求和完成时限，确保各项查处措施落实到位。

我省妥善应对丹江水污染事故

2008年4月12日17时，省环保局接环保部应急中心电话："4月11日14时40分，陕西省山阳县恒源公司尾矿库排洪斜槽盖板塌陷，部分钒矿尾矿泄露，造成丹江水体污染，污染团正沿丹江向下游移动，要求河南省环保局在豫陕交界处河流断面进行水质监测"。接到事故电话后，省环保局立即派省环境监察总队、省环境监测中心站、南阳市环保局领导和应急人员迅速赶赴淅川县荆紫关镇两省界展开应急监测，并成立了现场应急处置小组。省委书记徐光春、副省长张大卫接报后均作了重要批示，受李庆瑞局长委托，李景明副局长亲赴淅川县荆紫关镇现场协调指挥应急处置工作。淅川县人民政府根据应急处置小组的建议和南阳市人民政府的要求，在电视上滚动播出和在沿江村镇张贴告示，通知沿江居民停止从丹江提取人畜饮水，以免发生人畜中毒和伤亡事件。自12日22时至13日11时，现场应急处置小组在第一时间向环保部应急中心和省环保局报出应急监测数据15批次，为领导决策和上游事故处置提供了科学依据。由于行动迅速，措施得当，上下游密切配合，为事故处置赢得了时间。此次污染事故未对丹江口水库和我省境内丹江水质造成污染。目前，丹江沿岸人民群众生产生活秩序井然，社会稳定。

认真落实局务会精神努力开创环境监察工作新局面

4月29日省环境监察总队召开会议传达省环保局局务会议精神，对学习贯彻落实局务会提出的"环保局工作规范"、2008年度环保工作目标任务、党风廉政建设目标等项工作提出了要求，对"五一"假期的环境应急值班和假期现场环境执法监察工作作了具体安排。周文献总队长要求总队全体干部要振奋精神，敬业工作，有所作为，不辱使命。一是按照局党组要求，严格依法行政，按程序办事，让权力在阳光下运行；二是要象李庆瑞局长那样，深入一线，敬业工作，勇于奉献，从我做起、从小事做起、从细节做起、从点滴做起；三是切实履行职责，做好每项工作，建立健全环境监察执法的规章制度，进一步规范工作程序，按制度办事，按程序办事，切实提高执法监察工作效率；四是树立大局意识，围绕全局中心工作，改进工作作风，对局党组的要求要做到令行禁止。

会议还对"五一"假期的环境应急值班现场执法检查工作作了安排，要求配备的应急处置车辆必须始终处于待发状态；安排三个现场督察组，周文献总队长和陶冶副总队长带队进行现场检查。按照《河南省环境监察总队节假日及双休日现场巡查制度》，安排总队领导轮流进行近期双休日现场环境执法监察。

几位副总队长还分别对"建立个人工作业绩档案"、节假日监督检查、党风廉政责任制等制度的落实情况进行了汇报。

省环境监察总队制定《河南省主要污染物总量减排监察系数考核办法(试行)》

为进一步加大环境监察执法力度，促进企业污染物达标排放，确保实现我省"十一五"主要污染物总量减排目标，省环境监察总队代省局制定了《河南省主要污染物总量减排监察系数考核办法(试行)》（以下简称《办法》）。《办法》对考核内容、要求和办法进行了明确规定。

《办法》中规定的考核内容包括各省辖市治理工程减排项目的建设和运行情况、国控重点污染源污染治理设施的运行情况以及各省辖市减排监察系数的核算情况。考核要求依据属地管理原则，强化对污染减排项目和国控重点污染源的现场监察，每月不少于两次，对污染减排项目和国控重点污染源的现场监测，每季度不少于一次。省环保局对各省辖市开展的环境执法检查和案件办理及季度监察与监测结果，国家环保部环境监察局和华北督查中心对我省的抽检结果作为核定各省辖市减排监察系数的依据。对新建或已建的城市污水处理厂和燃煤电厂脱硫工程的建设和运行情况等，省局均明确了检查和监测率。

《办法》还明确规定了自动在线监测数据有效性判别标准、COD监测数据超标认定，以及城市污水处理厂和排放COD企事业单位污染防治设施和脱硫设施不正常运行的认定范围。

我省生态环境监察试点市、县工作方案已编制完成并颁布实施

为加大生态环境保护执法力度，促进自然、社会与经济可持续发展，根据国家环保部精神，结合我省实际，省总队下发了《关于深入开展生态环境监察试点工作的通知》（豫环文〔2008〕74号），对国家确定的第二批生态环境监察试点单位济源市和信阳市光山县，要求主要开展防止矿产资源无序开采（含采石）、乱砍乱垦林地和破坏植被为主的生态环境保护工作。同时，将小浪底水库生态保护工作纳入济源市生态环境监察工作试点范围。对原有试点单位南阳市、漯河市、洛阳的栾川县、三门峡市卢氏县要求在已开展工作的基础上，根据当地突出的生态环境问题，全面开展生态环境监察工作，制订和出台相应的工作制度和方法，探索生态环境监察工作机制。按照环保部的安排，试点工作将于2009年12月结束。

目前，新增试点济源市和信阳市光山县均成立了由地方政府牵头、相关职能部门共同参加的生态环境监察试点

领导小组，编制完成了试点实施方案，并由当地政府颁布实施。原有试点单位已对生态环境监察试点工作实施方案进行了补充完善。

紧盯水质变化 彻查河流污染

“根据水质监测情况进行跟踪分析，发现异常及时查处，做法很好，要坚持下去，必有成效，同意所提建议，认真抓好落实”。这是张力军副部长在环保部环境监察局转报河南省环境监察总队查处涡河水污染报告上所作的批示。

今年第一季度，我省涡河出境断面氨氮浓度持续升高，引起环境保护部和省局领导的关注，省环境监察总队根据省局要求集中开展了针对涡河、惠济河等流域的水污染专项执法检查。先后派出5个检查组分别对涉及涡河、惠济河等流域的开封市区、通许县、杞县、开封县；商丘市睢县、宁陵县、柘城县；周口市太康县、鹿邑县进行排查，检查重点排污企业31家，已建成的城市污水处理厂5个，河流断面24个，取水样53个进行监测分析。查清了造成涡河出境断面超标的主要原因。省环保局根据调查结果，采取果断措施，分别在小蒋河、小温河、铁底河上设置水质目标考核断面，遏制涡河付桥断面超标问题；致函开封市人民政府，协调相关职能部门，迅速解决因修建水利工程河水改道造成出境断面水质超标问题；并结合河南省环境综合整治工作，加大对重点污染源的深度治理，强化环境监管，进一步规范企业污染治理设施运行管理，使涡河超标局面得到了迅速扭转。近日，省总队认真组织学习张力军副部长的批示精神，要求全体人员密切关注各流域水质变化情况，加大环境执法力度，及时调查处置各流域污染隐患，现场执法人员要继续保持高昂的士气，发扬严谨细致、扎实认真、吃苦耐劳、连续作战的作风，为污染减排和保障奥运环境安全做出积极贡献。

济源、信阳开展生态环境监察工作

济源市开展非煤矿山生态环境监察专项行动。为规范非煤矿山生态环境监察工作，强化矿产资源开发环境保护执法力度，防止矿山开发建设造成新的环境污染和生态破坏，5月份，济源市开展了非煤矿山生态环境监察专项行动。按照环保部《矿山生态环境监察工作规范（试行）》具体要求，济源市环保局联合国土等部门，重点检查非煤矿山有无环保审批手续；污染防治设施运行是否正常；限期治理工程、生态恢复，特别是土地复垦、植被恢复、水土保持的监督等。此次专项行动共检查各类非煤矿山企业47家，下达责令纠正违法行为通知书3份，立案查处1起。

信阳光山县生态环境监察试点工作有序开展。信阳光山县落实“环保部门统一监督管理，相关部门分工负责”的生态环境监察联合执法机制，以“四个结合”为生态环境监察工作切入点，即与平时执法检查相结合，与建设项目监督管理相结合，与排污收费相结合，与其它各项环保工作相结合。目前光山县生态试点环境监察工作正健康有序开展。

省环境监察总队积极组织开展环境安全隐患百日督查专项行动

按照国家环保部关于5月至7月在全国范围内开展环境安全隐患百日督查专项行动的通知要求，为确保我省百日督查专项行动扎实有效开展，省环境监察总队拟定了《河南省2008年环境安全隐患百日督查专项行动方案》（以下简称《方案》）。

《方案》明确了督查的范围：石油化工、冶炼、造纸、焦化、油气贮存库站等重点行业，环境安全管理基础薄弱的重点企业；位于集中饮用水源地、居民区、自然保护区、风景名胜区等环境敏感区域，对人民群众生产生活构成威胁的危险废物堆放场所；集中式污水处理设施建设滞后，环境安全隐患集中的化学工业园区；下游有居民居住，建设不符合要求，存在溃坝、泄漏隐患的矿山尾矿库；危险化学品生产、储存、运输、销售、使用等各环节事故隐患；淮河、黄河、海河等重点流域周边的重点企业；近年来发生较大以上突发环境事件的单位等。

《方案》对专项行动提出了具体要求：一是高度重视，加强领导。二是周密部署，务求实效。三是突出重点，全面深入。四是广泛宣传，形成声势。五是加强综合，搞好反馈。六是认真负责，切实加强隐患排查治理信息报送工作。

省环境监察总队召开全省环境监察支队长会议安排部署政风行风整改工作

8月30日，省总队在郑州召开全省环境监察支队长会议，贯彻全省环保系统民主评议政风行风整改工作会议精神，安排部署全省环境监察机构政风行风整改工作。黄普选副总队长重点传达了李庆瑞局长和马福立书记在全省环保系统民主评议政风行风整改工作会议上的讲话精神，省纪委驻省局监察室郝利军主任结合全国和我省环保系统违法案例，做了民主评议政风行风的工作报告，周文献总队长针对全省环境监察机构政风行风的建设工作进行了安排和部署。

郝利军主任说：这些年来通过我们环境监察工作一线同志们的努力，解决了一大批损害人民群众权益的热点难点问题，从而促进了全省环保系统的政风行风工作，也使我们全省环保系统的政风行风评议的排名，由以前的倒数二、三名上升到去年的第37名。但是，全省环保系统的政风行风评议的形势还非常严峻，一是目前的环境质量与群众的期望值反差较大。群众仍然怀念过去的碧水蓝天；二是环保系统确实还存在“四乱”现象。个别县（市）仍然存在环保人员的吃、拿、卡、要、报、用等现象；三是党风廉政建设形势也非常严峻。专家认为环保系统违法案件呈上升趋势，2006年监察部门把查处环保系统违法案件列为重点，2007年查处厅级干部在全国我省排在第二位。

周文献总队长要求：各支队要切实端正民主评议政风行风工作，并提出以下三个方面的要求：一是要认真分析省纠风办反馈意见。对群众提出的监管不力、乱收费、服务意识差、监察力度不够等问题，要认真加以分析，研究整改措施；二是要逐条查找存在问题的原因。要从思想认识方面、监察队伍作风方面、环境监管责任方面、监察机制和服务措施方面、服务对象的沟通宣传方面查找问题的原因；三是要高度重视政风行风的整改工作。切实加强对整改工作的领导，认真对待群众的意见建议，制定切实可行的政改方案，真正把群众的要求作为我们整改的标准，从思想上高度重视，在整改上狠下功夫，确保整改工作取得实效。

省总队召开全省环境监察支队长座谈会开展解放思想 创新思维 推动环境监察工作再上新台阶大讨论

8月31日，省总队在郑州召开了全省环境监察“新解放、新跨越、新崛起”大讨论活动专题座谈会。十八个省辖市环境监察支队长参加了座谈。马新春副局长到会做了重要讲话。

周文献总队长指出：解放思想，创新工作，破解执法难题，是推动环境监察工作再上新台阶的根本途径。全省环境监察队伍，一是要注重用先进的理论武装头脑。用党的基本理论、现代科学知识和新的环保知识武装头脑。二是要用创新理念破解环境执法难题 。要创新先进管理理念，创新环境监管机制，破解环境执法责任缺失的难题；要拓展环境执法范围，破解环境执法反复查、查反复的难题；要创新执法手段，破解环境执法软的难题。三是要想方设法提高环境执法效率。按照省局提出的“两保一高”的目标（即切实保护生态环境，努力保障发展需求，实现环境容量高效利用），创新机制，提高环境监察执法效能。四是要谋划长远，在提高队伍素质上下功夫。

各省辖市支队长结合本地区实际工作，围绕“解放思想，如何创新工作，破解执法难题”进行了热烈的讨论和交流。大家畅所欲言，对当前工作中存在的问题，提出了破解的思路和建议。一是建议省局研究制定《河南省重点污染源监督性监测管理办法》、《建设项目环境监察管理办法》、《生态项目环境监察管理办法》、《环境执法责任制》等规范性文件，建立起完善的执法监督机制；二是进一步明确执法地位、职能、机构，解决部分省辖市队伍身份与环境执法不相适应的问题；三是要进一步提高环境监察队伍的素质，出台《环境监察人员教育培训管理办法》。

马新春副局长对全省环境监察执法工作给予充分肯定，他代表省环保局对长期战斗在一线的广大环境监察人员在工作中所付出艰辛和为全省环保工作做出贡献表示感谢。他要求全省环境监察机构：一是要充分认识环境监察面临的形势和任务。首先我们是人口大省；其次水资源匮乏，又是排污大省。二是环境监察工作要围绕中心开展工作。要加大执法力度，促进结构减排；围绕工程减排，督促已建成污水处理厂、燃煤电厂脱硫设施、已完成深度治理的企业治污设施，规范运行，发挥减排作用。三是要巩固淮河流域水污染防治的成果。四是加强学习，提高环境监察能力和水平。

关于进一步加强和规范全省环境监察标准化建设达标验收工作的通知

各省辖市环境保护局：

为适应新时期环境监察执法能力建设的需要，加强环境监察标准化建设的分类指导，加快推进环境监察标准化建设，提高环境执法能力与水平，按照原国家环保总局《关于印发〈全国环境监察标准化建设标准〉和〈环境监察标准化建设达标验收暂行办法〉的通知》（环发〔2006〕185号）要求，现就进一步加强和规范全省环境监察标准化建设达标验收管理工作通知如下：

一、基本依据

《全国环境监察标准化建设标准》为环境监察标准化建设的基本依据。

《环境监察标准化建设达标验收计分细则》为环境监察标准化建设达标考核验收的依据，达标验收考核内容包括机构与人员、基本硬件装备、应急装备、基础工作等情况。

二、建设标准

省级环境监察机构应达一级标准，省辖市及县级市环境监察机构至少达二级标准，县区级环境监察机构至少达三级标准。各级环境监察机构可根据实际，申请高于国家规定标准的达标验收。

三、组织领导

环境保护部负责省级环境监察机构标准化建设的达标验收和一级达标单位的审定；省环保局成立河南省环境监察标准化建设委员会，成员由省环保局主管领导和人事、计财等部门、环境监察机构人员组成（名单见附件），负责各省辖市和县级市环境监察机构标准化建设的达标验收和二、三级达标单位的审定；各省辖市环保局可受省环保局委托负责辖区内各县区级环境监察机构标准化建设的达标验收，并将验收结果报省环保局审定。

组织达标验收时可邀请所在地政府、编办、财政等部门人员参加。

四、工作程序

1、申请验收的环境监察机构由所属环境保护局向负责验收的上级环保部门提交申请报告、工作报告(包括工作措施、标准化建设取得的成效和经验、存在问题及下一步工作计划等)以及技术报告(包括预评分表、机构设置和人员编制、业务经费与业务用房情况说明、装备配置统计、基础工作执行情况等)。

2、负责验收的环保部门应进行现场检查，逐项考核、记分，并形成标准化验收意见。

3、省环保局负责验收的一级达标机构名单及验收材料于次年1月份报环境保护部审定，经批准后颁发环境保护部监制的标牌；二级和三级达标机构经省环保局审定批准后颁发省环保局监制的标牌。

五、验收时限

达标单位每两年复检一次，省环保局于次年1月份将本年度复检情况上报环境保护部，并予以通报。已经按原环境监察标准化建设标准通过达标验收的单位，应在两年内达到新标准，并由相应的环保部门负责复检。未进行达标验收的单位，原则上应在2009年年底前按规定标准完成达标验收工作。

六、工作要求

1、各级环保部门要按照有关要求，进一步加强对环境监察标准化建设工作的领导，不断增强队伍素质，改善装备水平，提高执法能力，根据本辖区内各环境监察机构的建设基础和现状，有计划的指导其按级达标。

2、严格纪律，对各级环境监察机构及其工作人员有下列行为之一的，由省环保局进行通报批评，情节严重的或在一年内发现有下列两次或两例以上违反标准化建设要求的，将取消达标单位称号，并收回达标标牌：

（1）执法装备被经常性调用的；

（2）执法装备或仪器设备管理混乱的；

（3）基础工作不能达到标准化建设要求的；

（4）环境监察人员违反环境监察“六不准”的或者违反“环保系统六项禁令”的；

（5）违反标准化建设其他有关规定，屡次指出不改正的；

（6）弄虚作假、蒙蔽标准化验收工作的。

3、对标准化建设工作力度大、进展快、效果好的地区，省环保局将向环境保护部予以推荐，并在安排环境保护专项资金时给予优先考虑。

河南省环境保护局召开2009年全省环境监察工作会议

2月18日至19日，河南省环境保护局在郑州召开2009年全省环境监察工作会议。省环境监察总队周文献总队长主持会议，李庆瑞局长、马新春副局长分别作了重要讲话，郑州、许昌、鹤壁三市做了典型发言，各省辖市及巩义、邓州、永城、项城、中牟、固始县（市）环保局分管环境监察工作的副局长、环境监察部门的主要负责人和省环保局有关处室、直属单位的负责人参加了会议。

李庆瑞局长做了重要讲话，对全省环境监察工作取得的成绩给与充分的肯定。2008年全省主要污染物减排效果明显，环境质量继续得到改善，省局信访工作继2007年度后再次被省委、省政府评为信访先进单位，维护社会稳定工作也取得了优异成绩，全省行风评议工作成绩很大，比2007年度前移了4个位次，突发环境污染事故概率大幅降低，这些成绩的取得都与环境监察工作有着密切的联系，他代表省环保局党组向全省环境监察队伍的同志们，表示亲切的慰问和衷心的感谢！李庆瑞局长指出，在取得成绩的同时，还要看到环境监察工作还存在着环境监管不扎实、体制机制不完善、监察能力不适应、排污收费不到位、应急体系不健全等问题。李庆瑞局长要求同志们要认清形势，明确任务，坚定做好环境监察工作的信心；强化责任，很抓落实，努力开创环境监察工作新局面。一是要加强组织领导。各级环保部门，特别是领导同志，要提高对环境监察工作重要性的认识，切实把环境监察工作列入重要议事日程，进一步强化组织和领导。二是要认真履行职责。环境监察队伍作为环保部门的一支现场执法力量，是环保部门的拳头，是确保环境安全的主力军，责任重大。要进一步完善环境监察制度，把责任明确到主管领导、分管领导和具体负责人，进一步增强责任感。各级环保部门的领导，发生突发环境事件后要非常敏感，反应要快，做到马上批、立即到、赶快报，批复的时候要有具体明确的要求，到现场去处理，迟报、漏报、错报，特别是瞒报要追究责任。三是要健全监管机制。2008年，省局坚持执行了局领导分片定期督导重点环保工作、节假日环境监管、环保后督察等多项环境监管长效机制，推动了各项环保措施的落实，收到了明显成效。我们要求省局能够做到的，市县环保部门也一定能做到，而且应该做到。四是要搞好协调配合。各级环境监察部门要围绕全省环保重点工作，按照职责分工，加大力度，严格执法，推动各项环保目标任务的完成。五是要加快自身建设。各级环境监察部门要借助机构改革的大好机遇，进一步理顺体制、机制。加强环境监察人员的业务培训，加快推进环境监察标准化建设，提高监察队伍的业务素质和执法能力。六是要强化廉政建设。各级环境监察部门要进一步加大政风行风和党风廉政建设力度，推进惩防体系建设，加强对重点岗位、重点环节的监督，防止权力失控、决策失误、行为失范。

马新春副局长以围绕中心工作，强化执法监督，努力推进环境监察工作再上新台阶为主题，回顾了全省2008年环境监察工作取得的成绩和存在的问题；在安排部署2009年环境监察工作时指出：一是要紧紧围绕主要污染物减排任务，加大污染源现场监察力度；二是要加快环境应急体系建设，努力保障环境安全；三是要完善建设项目环境监察机制，督促建设单位严格落实“三同时”制度；四是要继续深入开展环保专项行动，维护群众合法的环境权益；五是要加强排污费征收稽查力度，促进排污费依法全面足额征收；六是要夯实环境监察基础，提高环保执法效能；七是要加强廉政行风建设，树立环境监察队伍良好形象。

在讨论会上，周文献总队长要求与会同志，一是结合本市环保工作实际，制定切实可行的环境监察责任制；二是围绕主要污染物减排目标，抓好重点污染源的现场监察工作；三是保障本辖区环境安全，避免发生重大环境污染事件；四是建立排污收费工作稽查制度,依法足额征收排污费；五是抓住机构改革的机遇，加强环境监察能力建设。

省纪委驻省环保局监察室郝利军主任结合环保系统和我省近年来发生的违规违纪案例，在廉政建设方面为大家上了一堂生动的廉政教育课。与会人员就围绕主要污染物减排任务，如何搞好环境监察工作；围绕加强能力建设，如何加强应急体系建设，保障环境安全；围绕在全省贯彻落实环境监察责任制，如何加大环境监察执法力度，以及几项制度建设进行了深入讨论。

落实科学发展观，制度建设在全省环境监察工作中发挥重要作用

省环境监察总队为深入学习实践科学发展观活动，结合查摆出的问题和实际工作情况，把规范全省的环境监察工作，提高环境执法效能，促进全省环境监察工作规范化、科学化、制度化建设当作一项重要工作来抓。相继出台一系列的制度和办法。

2008年以来，我省从提高环境监察效率和规范环境监察行为出发，组织制定了《河南省重点污染源环境监察管理规定（试行）》、《河南省燃煤电厂脱硫设施运行环境监察现场核查办法（试行）》、《河南省建设项目环境监察管理规定》、《河南省主要污染物总量减排监察系数考核办法（试行）》、《河南省环境保护局突发环境事件应急预案》、《河南省环境监察工作年度考核办法（试行）》等多项环境监察管理制度和办法，这些制度和办法在全省环境监察工作中的作用正在逐步显现。一是规范了全省重点污染源环境监察的频次、程序、内容及现场监察记录，建立了重点污染源档案。二是进一步规范了燃煤电厂脱硫设施运行的管理，用量化指标体系考核燃煤电厂脱硫设施的运行状况，以经济手段促进燃煤电厂进一步加强对脱硫设施运行的管理，省管燃煤电厂核查脱硫效率由2007年底的50%左右上升到2008年底的80%以上，对全省二氧化硫减排发挥了不可替代的作用。三是理顺了建设项目审批部门与环境监察机构的关系，统一规范了建设项目环境监察程序、内容、执法文书及试生产核查，建立了建设项目档案，提高了建设项目“三同时”执行率，减少建设项目“带病投产”。四是实行对全省主要污染物总量减排监察系数考核，为做好全省主要污染物总量减排监察系数核算工作，充分发挥监管减排在总量减排中的作用，促进总量减排项目顺利实施和排污企业达标排放。五是规范了省环境监察总队内部管理工作。省环境监察总队制定并实施的《重大环境违法案件集体审查制度》、《排污核定及排污费征收集体研究工作制度》、《环境监察执法责任制度暂行规定》等内部管理制度，规范了案件办理、排污核定及排污费征收程序，实行科学决策和民主决策，规范了总队环境监察执法行为，明确了执法责任，提高了环境监察效能和执法水平。

华北地区环保督查工作座谈会在河南安阳召开

3月19日，2009年华北地区环保督查工作座谈会在河南安阳召开，环保部华北督查中心主任熊跃辉、副主任王赣江，华北地区六省（市、区）环保厅（局）及污染控制、总量减排、环境监察部门的负责同志参加了座谈会。

华北督查中心是为环保部派出的执法监督机构，监管区域为北京市、天津市、河北省、山西省、内蒙古自治区、河南省。是部直属事业单位。受环保部委托，督查中心在所辖区域内承担以下职责： 1、监督地方对国家环境政策、规划、法规、标准执行情况；2、承办重大环境污染与生态破坏案件的查办工作；3、承办跨省区域、流域、海域重大环境纠纷的协调处理工作；4、参与重特大突发环境事件应急响应与处理的督查工作；5、承办或参与环境执法稽查和排污收费稽查工作；6、承担主要污染物减排核查的技术性工作；7、提出有关区域限批、流域限批、行业限批的建议；8、承担国控污染源日常监督工作；9、承担环境执法后督察工作；10、参与建设项目竣工环境保护验收；11、督查环境功能区、国家级自然保护区（风景名胜区、森林公园）、国家重要生态功能保护区环境执法情况；12、承担或参与跨省区域、流域、海域环境污染与生态破坏案件的来访投诉受理和协调工作；13、承担部交办的其他工作。

2009年的督查工作重点。一是认真做好减排核查工作，推动华北地区污染减排计划的有效实施。主要加强对城镇污水处理厂、燃煤电厂等重点减排工程以及国控污染源等的不定期日常督查，杜绝虚报减排量及设施不正常运行等现象发生。二是积极实施流域污染防治规划督查，推

动海河流域污染防治规划的落实。建立海河流域水污染防治规划机制；开展《海河流域水污染防治规划》执行情况的督查检查。三是加大对国控重点企业的环保督查及环境案件调查力度，更好地服务于执法监察。加强对辖区内企业在线监控设施运行情况的检查；做好环保信访案件的调查督查工作。四是认真开展建设项目“三同时”制度执行情况监管，从源头推动污染减排。对辖区内国家审批的建设项目“三同时”制度执行情况开展检查，对省市级审批的项目进行重点抽查；严格按照环评要求，做好验收工作；规范现场验收，提高环保监管权威。

省环保厅厅长李庆瑞、副厅长马新春、省环境监察总队总队长周文献和安阳市委书记张广智、副市长张胜涛等出席座谈会。我厅还就全省总量减排、环境监察、污染防治等工作开展情况在座谈会上进行了汇报和交流。

全省环境监察支队长会议在平顶山市召开

为传达全国环境执法暨环境应急管理工作会议精神，调整部署全省环境监察工作， 4月11日至12日，省环境监察总队在平顶山市召开了全省环境监察支队长会议。省环保厅马新春副厅长出席了会议并做了重要讲话，各省辖市环境监察支队长和省总队的同志参加了会议，黄普选副总队长主持了会议，并传达了全国环境执法暨环境应急管理工作会议精神，就推行环境监察责任制、加强排污费征收管理、信息及网络管理进行了布置；王晓、陶冶副总队长和范保华调研员分别就年度考核、专项行动、标准化建设、人员培训、队伍建设、开展的“三大战役”、环境应急和12369环境举报等工作进行了布置；焦作市介绍了推行环境监察责任制的经验和做法；周文献总队长做了总结讲话。

马新春副厅长要求大家：一是要认清形势，增强做好环境监察工作的责任感和使命感。面对当前的世界经济危机，结合胡锦涛总书记提出的“保增长、保民生、保稳定”的讲话精神，我们环境监察工作要加大监管力度，严格执行环保法律法规，保护人民群众切身的环境利益，让人民群众呼吸上新鲜的空气、喝上清洁的水，保证社会的稳定。环境监察部门任务重、责任大，需要我们具备很高的素质，在工作中我们要努力学习，具备和掌握从事工作的能力，我们要向书本学习、向他人学习、在实践中学习，熟练掌握环境保护各项标准、法律、法规、政策。二是各地环保部门要关心支持环境监察工作。各地环保部门要高度重视环境监察工作，关心和支持环境监察工作，要给予环境监察部门具备干事创业的条件，从能力建设、队伍建设、资金支持等方面要有一定的保证。三是工作方法和领导艺术。每年的工作哪些是重点，心里要清楚，要把握大局、突出重点。根据中心工作侧重点不同，对于每个时段、每个时期、不同的问题应该清楚哪些是要巩固的、哪些是要创新的、哪些是要突破的。应急工作要做到“五个一”即：第一时间报告、第一时间赶到现场、第一时间开展监测、第一时间发布信息、第一时间开展调查。工作要抓重点，分层次管理，加强督导。

周文献总队长在总结讲话中就如何保证完成今年环境监察重点工作提出三点要求。一是要加强学习，提高认识。要加强政治学习，及时掌控环境监察工作大局；要加强政策学习，既搞好管理又搞好服务；要加强业务知识的学习，做一个又红又专的管理人才；要加强典型经验的学习，提高本市环境监察工作的效率；要准确定位，尽职尽责，确保本区域内环境安全和环境质量得到改善；二是要合理安排，全力推进。要建立和推行环境监察责任制；要组织好“专项行动”和“专项执法活动”；要全力以赴加强机构队伍的建设工作；要加快环境监察机构标准化验收和岗位培训的进度；要集中力量集中时间抓一些大案要案；要认真推行企业环境监督员制度；要加强和规范排污费的征收和稽查工作；要健全环境应急事件响应体制机制；要加快污染源自动监控设施的验收；要加强活动的总结和强化信息的上报工作。三是提高素质，廉洁执法。加强培训工作，提高执法人员的业务能力；加快环境监察机构的硬件和软件建设，提高环境监察人员的执法技能；管好污染源自动监控设施，发挥自动化监控设施的优势，为环境执法规范化提供保障；通过联合执法锻炼提高我们的环境监察执法能力，用好、用活、用足现有政策；加强提高环境监察人员的责任意识；提高环境监察人员突发事件应对能力。

省政府安排部署2009年全省整治违法排污企业保障群众健康环保专项行动工作

4月14日，环境保护部、发展改革委、监察部、司法部、住房城乡建设部、工商总局、安全监管总局、电监会在北京联合召开2009年全国整治违法排污企业保障群众健康环保专项行动电视电话会议。环境保护部周生贤部长代表八部委对今年环保专项行动工作整体安排进行了动员部署，国家有关部委对开展环保专项行动提出了明确意见。

会议结束后，河南省政府随即召开2009年全省整治违法排污企业保障群众健康环保专项行动动员会。宋璇涛副省长在讲话中全面分析了当前环保专项行动面临的机遇和形势，充分肯定我省2008年环保专项行动的做法和成效，明确指出目前存在的问题和不足，并提出2009年环保专项行动的重点和要求。

2009年，我省环保专项行动要突出抓好两个重点：一是巩固2008年环保专项行动成效，继续开展饮用水源保护区后督察和城镇污水处理厂、垃圾填埋场集中整治。加大对饮用水源保护区周边的排查力度，特别要将危险化学品生产企业和排放一类污染物企业列入重点监管名单加强监管，防止对饮用水源造成污染。结合省政府2009年开展的

“污水垃圾处理设施运营管理年”活动，突出抓好污水处理厂污泥处置、脱氮改造，垃圾处理场渗滤液处置，以及污水垃圾处理设施的正常运行，做到“建得成、配得齐、转得开”。二是严厉打击“两高一资”行业重污染企业的环境违法行为，开展钢铁、涉砷涉铬行业专项检查。严肃查处采用国家明令淘汰的落后生产工艺、违反环境影响评价和“三同时”制度、主要污染物超标和超总量排放、固体废物堆放处置不符合要求等环境违法行为。

为了确保环保专项行动取得实效，各级政府、有关部门要精心组织，狠抓落实。一是加强组织领导。省政府已成立了环保专项行动联席办公会议制度，各市、县政府要进一步加强政府主管负责同志牵头、相关部门参加的环保专项行动领导机构建设，完善工作制度，制定实施方案，迅速动员部署，扎实全面推进。二是密切协作配合。各级环保、发展改革、监察、司法、建设、工商、安全监管、电力监管等部门要在政府的统一领导下，坚持定期协商、联合办案和环境违法案件移交、移送、移办等制度，充分发挥部门联动优势，形成政府统一领导、部门联合行动、公众广泛参与的工作格局，推动专项行动顺利开展。三是强化执法监管。各级政府、有关部门要加强联合执法，通过限期治理、挂牌督办、列入“黑名单”等措施，切实解决一批群众关心、社会反映强烈的环境问题。进一步落实监管责任，确保立案查处的案件全部督办到位，否则，严肃追究相关责任人的责任。

加大排查力度 确保环境安全

为认真贯彻落实国务院领导批示精神和环境保护部《关于开展淮河流域环境隐患排查整改的通知》（环办〔2009〕37号）要求，省厅认真组织，迅速行动，并结合我省实际制定下发了《河南省环境保护厅关于印发淮河、长江流域环境隐患排查整改工作实施方案的通知》（豫环文〔2009〕44号），组织开展了环境隐患排查整改活动。

此次环境隐患排查整改活动，我省共出动环境执法人员7567人（次），排查企业2920家，排查出存在环境隐患的企业198家，下达停产治理14家，限期治理96家，取缔关闭60家，立案处罚28家。排查饮用水源地182个，达标率100%。排查河流断面171个，达标率86%。通过本次环境隐患排查，一是摸清了淮河、长江流域环境风险源底数和基本现状，为下步环境监管奠定了基础；二是对一批不符合产业政策和存在环境风险隐患的企业，实施了关闭和整改，确保了环境安全；三是督促化工、涉砷、涉铬等重点企业完善了污染防治设施和环境应急预案，确保不发生重大污染事件；四是加大了对城镇污水处理厂、重点排污企业和饮用水源地的监督（监测）管理，促进了流域水质的稳定，提高了群众饮水安全系数；五是增强了各级环保部门环境安全意识，强化了环境监管。

我省推行国控省控企业环境监督员试点工作成效显著

开展企业环境监督员试点工作，是环境保护部门帮助企业提高环境管理水平，增强企业社会环境责任意识，改善企业环境行为的重要举措。我省共有560家国控、省控重点污染源企业参加试点，自试点工作开展以来，我省共有26人参加了环保部在杭州和天津组织的环境监督员培训。目前，各省辖市环保部门正在按照省环保厅印发的《河南省国控省控重点污染企业环境监督员制度试点工作方案》豫环文〔2008〕478号要求，精心组织，稳步推进，取得了明显成效。

一是领导重视，措施得力。洛阳市环保局局长李明智在市环境监察工作会议上对国控、省控企业开展环境监督员制度试点工作做了重要讲话，洛阳市环境监察支队以洛环监支〔2009〕3号文件将企业环境监督员制度试点工作列入《洛阳市2009年环境监察工作要点》及年度环境监察目标考核细则。周口市环保局召开了企业环保大会，对市、县分管试点工作负责人和试点企业环境监督员进行了培训；二是认识明确，宣传到位。新乡市环保局定期印发试点工作简报，在全市范围内，大力宣传环境监督员试点工作的重要性，不断提高全市环保部门、国控、省控企业对此工作的认识，增强企业自主守法意识，发挥企业做好环境保护工作的主动性；三是树立典型，以点带面。开封、安阳、商丘三市环保局分别制定了环境监督员试点工作计划，指定几家环保管理比较规范、基础较好的企业，作为试点“先行一步”，以此带动全市试点工作的开展；四是加强指导，督促落实。郑州市环保局督促各县（市）、区环保局认真做好试点工作的开展，指导企业建立健全环境管理台帐，完善企业内部环境管理制度，对试点工作中遇到的问题进行指导，有力地推动试点工作开展。

省管电厂脱硫设施运行状况良好脱硫效率不断提高

4月27日至5月10日，省环境监察总队按照《河南省燃煤电厂脱硫设施运行环境监察现场核查办法（试行）》（以下简称《办法》）规定，组织省电力公司、省电力试验研究院有关专家对37家省管燃煤电厂2009年第1季度脱硫设施运行情况进行了核查。

通过检查，可以看到多数省管燃煤电厂领导高度重视脱硫设施的运行管理，普遍建立了脱硫设施运行管理机构，制定了规章制度，指定专人负责，进行定量化考核。制作了脱硫运行管理宣传片，直观反映电厂脱硫设施运行管理情况。以往任意开启旁路挡板门的问题已不复存在，脱硫设施运行相关资料整理和数据保存也比较完整。

在省管37家燃煤电厂的102台机组中，本季度脱硫设施二氧化硫最高削减率94.64%，最低削减率9.98%，平均削减率为80.22%，比去年同期提高10.6百分点。其中，郑州市郑东新区热电厂脱硫设施刚刚建成投运，脱硫效率仅有13.58%，开封京源发电有限公司#2机组处于试生产阶段，运行不稳定（4月12日通过脱硫验收），脱硫效率仅为9.98%，影响了省管37家燃煤电厂的二氧化硫平均削减率。

部分省管燃煤电厂脱硫设施还存在的一些问题：一是自动在线监控数据传输设备品牌杂乱，数据保留不符合规范要求，CEMS系统未经有资质的单位进行校准，连接CEMS前烟气排放直管段长度不足、显示数据不准；二是个别电厂CEMS数据指标使用PPM，而非标干值，标气过期；三是历史数据保存不全，资料提供不及时、不完整等。

针对核查情况和存在的问题，省环境监察总队将按照《办法》规定，加大对省管电厂的核查力度，督促省管电厂改造自动在线传输设备，正确选择测点位置，对CEMS系统定期进行强制检定，提高电厂操作人员对脱硫设施的操控熟练程度，完整保存在线监控数据和有关资料。抓紧对在线自动监控系统进行验收，制定管理办法，委托第三方进行运营。

我省召开整治违法排污企业保障群众健康环保专项行动联席会议安排部署督查工作

5月12日我省召开整治违法排污企业保障群众健康环保专项行动联席会议，讨论通过了《河南省2009年环保专项行动工作安排》。联席会议各成员单位的负责同志参加了会议，省环保专项联席会议办公室主任、环保厅副厅长马新春同志受省政府委托主持了会议，并对下一步如何开展今年环保专项行动和继续加强部门联动工作提出了三点意见：

一是准确把握今年环保专项行动的重点。近年来，我省在环保专项行动中虽然取得了一定的成绩，但从今年以来我省环保部门查处的多起环境违法案件的情况来看，还存在城镇集中式饮用水水源地保护管理工作还不完善、部分污水、垃圾处理厂运营仍不正常、违法排污及重大污染事件时有发生等问题。这些问题在今年的环保专项行动中要认真加以改进和解决。

二是全面开展环保专项行动督查工作。在今年环保专项行动中，对“两高一资”行业、钢铁企业专项整治工作要在6月底前完成排查督导督办工作，并上报相关情况。涉砷涉铬企业专项整治工作，省环保厅已经组织开展了淮河、长江流域包括涉砷涉铬企业在内的环境隐患排查整改工作，实施了“三查、两改、一关闭”措施，对一批环境违法企业进行了查处，对海河、黄河流域的涉砷涉铬企业进行环境隐患排查整改工作，争取在6月底前完成。饮用水源保护区后督察，城市污水处理厂、垃圾填埋场集中整治工作，在9月底前将整治及督查情况上报全国专项行动部际联席会议办公室。

三是继续加强联席会议成员单位的部门联动。今年是我省环保工作的关键年，各成员单位要加强联动，统一协调，加大督导督查力度，加快环境问题的解决，我们计划不同层次的督导检查活动，就是要对专项督查行动中发现的典型环境违法案件、恶意环境违法行为和群众反映强烈的突出环境问题，加大处罚力度，通过采取取缔关闭、限期治理、挂牌督办、列入“黑名单”以及追究相关部门人员责任等措施，从严从重处理到位。

参加会议的各成员单位领导认真讨论了《河南省2009年环保专项行动工作计划》，分别提出了修改意见，大家一致认为，今年的环保专项行动重点突出，任务明确，各成员单位都应该结合本部门工作实际，提出要求，安排部署，同时按照河南省2009年环保专项行动工作计划，积极参与督查督导，使今年我省的环保专项行动突出河南特色，取得实在成效。

河南省2009年整治违法排污企业保障群众健康环保专项行动工作方案

为深入贯彻党的十七大、十七届三中全会、全国环境保护工作会议精神，全面落实省委省政府关于全省经济社会发展、环境保护的重要部署，进一步解决当前影响可持续发展的突出环境问题，保障人民群众环境权益，2009年继续在全省组织开展整治违法排污企业保障群众健康环保专项行动（以下简称“环保专项行动”）。

一、指导思想

以邓小平理论和“三个代表”重要思想为指导，深入贯彻落实科学发展观，进一步加大环境执法力度，着力解决危害群众健康、影响可持续发展的突出环境问题。以保护饮用水源安全、加强污水垃圾处理设施建设和运营管理、遏制“两高一资”行业污染反弹为重点，促进主要污染物减排工作的顺利实施，维护社会稳定，为实现省政府确定的“保持经济平稳较快发展，保持经济社会跨越式发展”目标提供环境执法保障。

二、工作重点及要求

（一）着力打击“两高一资”行业重污染企业的环境违法行为，开展钢铁行业、涉砷涉铬企业专项检查

1、对“两高一资”行业重污染企业进行监督检查。重点查处不符合准入条件，未经审批擅自开工或建成投产的企业；超标排放污染物的企业；拒不执行国家产业政策，使用落后淘汰工艺、设备的企业。严厉打击已被取缔关闭后死灰复燃的企业。

2、认真贯彻执行国家《钢铁行业调整和振兴规划》中控制钢铁产能，加快淘汰落后产能的要求，开展钢铁行业环境污染专项检查。摸清钢铁企业执行建设项目环境保护管理规定及国家产业政策的基本情况。严肃查处违反环境影响评价制度和环境保护“三同时”制度、拒不淘汰列入产业结构调整淘汰类目录的设备、工艺、主要污染物超标和超总量排放的钢铁企业。重点检查炼铁工艺污染治理和烧结工艺脱硫设施及在线监控装置的安装和运行情况。

3、针对近年来砷污染事件高发态势，对涉砷行业（硫化物、磷矿开采、选矿、冶炼，硫化工，磷化工，砷化物生产）企业进行全面检查清理。重点查处没有取得环境影响评价审批文件或安全生产许可证、不符合产业政策和市场准入条件、采用国家明令淘汰的落后生产工艺、没有治理设施或污染物超标排放、含砷废渣堆放处置不符合要求、未按规定进行危险化学品备案登记的企业。

4、针对我省部分地区化工、电镀、皮革企业引发的环境污染问题，对涉铬行业进行清理整顿。重点查处没有取得环境影响评价审批文件或安全生产许可证、不符合产业政策和市场准入条件、采用国家明令淘汰的落后生产工艺、治理设施不完善、污染物超标排放以及选址不合理和铬渣堆放处置存在环境违法违规行为的企业。

（二）巩固2008年环保专项行动成果，持续开展饮用水源保护区后督察和城镇污水处理厂、垃圾填埋场集中整治

1、对2007年和2008年饮用水源保护区集中整治中发现的问题进行跟踪督办。按照《水污染防治法》的规定和省政府办公厅《关于印发河南省城市集中式饮用水源保护区划的通知》及《河南省城市集中式饮用水源地环境保护规划》要求，进一步明确和落实各相关职能部门的责任，对饮用水源保护区实行规范化管理，确保监管到位。建立和完善水污染突发应急机制，切实提高响应与处置突发环境污染事件能力。尽快设立饮用水源保护区边界地理界标和警示标志，并在一级保护区设立围栏，降低饮用水源地环境污染风险。加大对饮用水源保护区周边的排查力度，特别是对危险化学品生产企业和排放国家监控的第一类污染物企业，要列入重点监管名单加强监管，防止对饮用水源造成污染，并建立应急预案和应急处置机构，确保饮用水源不受污染。严防已取缔关停的污染源死灰复燃，对饮用水源保护区内的网箱养殖、餐饮、游船等经营活动坚决予以取缔，确保饮用水源供水水质持续稳定达标。

2、加强对城镇污水处理厂运营管理的监管和指导。按照省政府主要领导对污水处理厂提出的“建得成、配得齐、转得开”的要求，切实加强对当地污水处理厂运行的监管、指导和服务，确保污水处理厂正常规范运营。各级环保部门要尽快对各地城镇生活污水处理厂污泥成分进行检测，提出分类处置指导意见，防止二次污染发生。加强对污水处理厂排放水质的监督监测，加大对违法排污行为的打击力度，对人为造成自动在线监测设施不能正常运行的，依法从重从严处罚。各级建设部门加强对污水处理厂运营情况的监管和指导，对污水处理厂检修停运实施报上一级建设、环保部门审核批准制度。对污水处理设施建成后不能稳定规范运营、擅自停运或处理不达标的，坚决按照有关规定进行处罚或追究行政责任，确保城镇污水处理厂稳定达标运行，充分发挥其应有的污染减排能力。

3、全面整治垃圾填埋场环境违法问题。加大全省垃圾无害化处理基础设施建设和运行管理力度，积极推行并落实垃圾处理收费制度，形成建设和运行的良性循环机制。高度重视垃圾渗滤液的处理、处置，做好垃圾填埋场渗滤液处理设施以及地下水质监测等配套设施的建设，杜绝二次污染。重点整治垃圾填埋场中未进行环境影响评价，已经投入运行但未通过“三同时”验收，对周围环境造成严重污染，群众反映强烈，未经处理仍在直排渗滤液等问题。

三、主要工作措施

（一）落实政府责任，加强组织领导

各省辖市人民政府要将继续深入开展环保专项行动纳入重要议事日程，进一步加强政府主管负责同志牵头、各相关部门参加的环保专项行动领导机构建设，完善工作制度，制定具体实施方案，精心动员部署，扎实推进、落实各项工作。各地要切实加强对基层环保专项行动的指导，按照各阶段工作要求，制定督察工作方案，对基层挂牌督办案件落实及各项工作开展情况，逐级组织多形式的检查，及时发现和纠正存在的问题，指导基层落实各项工作。要进一步加强对环保专项行动的考核，从组织领导、信息报送、阶段进展情况及工作总结等多方面做好对基层环保专项行动的考核，切实保障环保专项行动取得实效。领导小组各成员单位要充分履行各自职责，坚持定期协商、联合办案制度和环境违法案件移交、移送、移办制度，共同打击环境违法行为。

（二）采取综合措施，强化全面整治

环保部门要综合运用法律、经济、行政、技术手段，在加强挂牌督办、后督察等环境行政执法基础上，分阶段对工作重点进行拉网式检查，对各类环境违法行为依法进行行政处罚；发展改革部门要切实发挥在淘汰落后产能方面的职能作用，查处违反国家产业政策的行为，定期向相关部门通报淘汰落后企业名单；监察机关要强化行政监察职能作用，加大责任追究力度；司法行政机关要有序推进环境法制宣传教育、法律服务和法律援助工作；建设部门要加强对城镇污水处理厂和垃圾处理场运营的监管；工商部门要严肃查处“两高一资”行业企业违反注册登记法规的行为；安全监管部门要严肃查处危险化学品生产企业违反安全生产法规的行为，防范生产事故引发环境污染事件；电力监管机构要监督供电行业，对违法企业依法采取有效措施。要进一步加强相关管理部门的配合，在金融信贷、进出口监管等方面采取有效措施，不断强化环境执法效果。

（三）严格环境执法，加强公众监督

各级政府、各有关部门一要加强联合执法，进一步加大对排污企业、建设项目的监督管理和执法检查力度，依法严肃查处各类环境违法行为。二要通过限期治理、挂牌督办、列入“黑名单”等措施，解决一批群众关心，社会反映强烈，久拖不决的环境问题。三要痛下决心，对“两高一资”、钢铁、涉砷涉铬等重污染行业中不符合国家产业政策，没有治污前途的污染企业，尽早采取关闭措施，促进整个行业的产业升级。四要落实责任、确保专项行动取得实效，特别是对专项行动检查出的问题，要确定时限、责任人，条条抓整改，件件抓落实，确保立案查处的案件全部督办到位。对未按期完成的，监察机关要严肃追究相关责任人的责任。要积极组织新闻媒体进行跟踪报道，充分利用各种媒体，加大环保法律法规的宣传力度，畅通“12369”投诉渠道，营造群众参与和监督的良好氛围。

四、时间安排

（一）动员部署阶段（4月）

各省辖市环保专项行动领导小组结合实际情况，确定本地区整治重点，制定具体实施方案，全面完成环保专项行动的动员部署工作。各省辖市环保专项行动实施方案和领导小组名单以及动员部署情况要于5月10日前报送省环保专项行动联席会议办公室。

（二）摸底和集中整治阶段（5月—10月）

各省辖市环保专项行动领导小组组织有关部门对“两高一资”行业、钢铁企业、涉砷涉铬企业开展摸底和集中检查；对饮用水源保护区整治措施落实情况开展后督察，对城镇污水处理厂、垃圾填埋场存在的环境问题进行集中整治，并分别于6月20日和9月20日前报送阶段性报告。

（三）督查阶段（8月—11月）

各省辖市环保专项行动领导小组对辖区内环保专项行动开展情况进行检查。省环保专项行动领导小组将对各市环保专项行动开展情况进行督查。

（四）总结阶段（11月）

各省辖市要对环保专项行动开展情况进行总结，完成《2009年环保专项行动工作总结报告》，上报省环保专项行动联席会议办公室。

认真贯彻李克强副总理重要批示扎实推进河南环保专项行动工作

7月10日，环境保护部、发展改革委、监察部、司法部、住房城乡建设部、工商总局、安监总局、电监会在北京联合召开2008年全国整治违法排污企业保障群众健康环保专项行动电视电话会议。周生贤部长传达了中共中央政治局常委、国务院副总理李克强对整治违法排污企业保障群众健康环保专项行动的重要批示精神，总结了五年专项行动成效，对今后五年和今年环保专项行动工作做了具体部署，并对有关先进集体和个人做出表彰。

河南省各级政府、环境保护、发展改革、监察、司法、建设、工商、安全监管和电力监管等部门5000多人收听收看。全国的电视电话会议结束后，河南省接着召开了全省整治违法排污企业保障群众健康环保专项行动电视电话会议，张大卫副省长作了重要讲话，对过去五年环保专项行动取得的成效给予了充分肯定，对今年专项行动作了部署，提出了具体要求，大会还对全省五年来对专项行动做出突出贡献的先进集体、先进个人进行了表彰。

张大卫副省长指出：五年来，在省政府七部门的精心组织和密切配合下，经过全省上下共同努力，环保专项行动共整治各类环境违法企业7154家。其中，取缔、关闭“十五小”、“新五小”企业和污染严重企业3713家；停产治理、停产整顿和限期治理企业1317家；查处污染防治设施不正常运行、超标排放、未执行环境影响环价和“三同时”制度的环境违法企业2124家；清理纠正各地制定的“企业安静日”等“土政策”278件。不仅解决了一批影响群众健康的突出环境问题，改善了环境质量，而且有力地推动了产业结构调整和经济发展方式的转变，促进了污染减排和环境质量的逐步好转。张大卫副省长要求全省要正视我省环保工作存在的突出问题和面临的严峻挑战。一是少数地方政府领导和企业负责人对科学发展和环境保护重要性的认识不足。二是经济快速发展和工业化、城镇化步伐加快给环境保护带来的压力持续增大。三是产业结构不合理的局面在相当长一段时间内仍将存在。四是少数企业违法排污问题依然存在，部分断面超标仍较严重并时有反复，危险废物、放射性物质、农业面源等污染问题日益突出。

张大卫副省长要求今年的环保专项行动要紧紧围绕国务院部署，结合我省实际，确保作出实效：一是以巩固整治成效为目标集中开展环保专项行动后督察。二是以促进污染减排为目标集中开展对城镇污水处理厂、垃圾填埋场的专项检查。三是以休养生息为目标集中开展对重点水库、重点流域污染企业的整治。四是对农村的面源污染问题进行综合整治。五是加强监测体系建设。六是加大区域和行业规划环评工作的开展。七是防止突发环境污染事件的发生。

张大卫副省长强调，各级政府、各有关部门要认真贯彻落实李克强同志重要批示精神，加强组织领导，搞好协作配合，加大督办力度，强化责任追究，以解决危害群众健康和影响可持续发展的突出环境问题为重点，进一步加大环境执法力度，努力提高环保专项行动工作水平，切实保障群众环境权益。

湖北省

工作动态

十堰纯阳生化科技有限公司环境违法问题受到严肃查处

2008年4月24日至25日，国家环保部后督察组对我省十堰市郧西县十堰纯阳生化科技有限公司进行了后督察，发现该公司存在三个方面较为严重的环境违法行为：一是该企业拒绝环保部门进厂检查长达48分钟，阻碍国家机关工作人员依法执行公务，造成了十分恶劣的社会影响；二是故意不正常使用水污染治理设施，私设暗管，使生产废水未经处理超标排放；三是违反我省和十堰市政府关于黄姜加工企业的有关规定，非法生产，严重污染环境。

针对以上问题，省环保局高度重视，迅速下发了监察通知，并要求十堰市对该公司的问题进行严肃查处，依法追究企业及相关责任人的责任。省局提出处理意见后，十堰市委立即召开了常委会进行专题研究，并提出了相关处理意见：决定终止十堰纯阳生化科技有限公司的科研试验；责令郧西县政府立即对纯阳公司予以关闭；对纯阳公司闲置污水处理设施，高浓度洗酸废水通过暗管向河道直接排放的行为依法予以处罚；依法足额追缴纯阳公司排污费，对欠缴的排污费按规定处以上限罚款；责成相关部门依法追究相关责任人的责任，并依法对其予以处罚；企业关闭后，郧西县政府必须采取有效措施，恢复原有生态环境；取消纯阳生化科技有限公司继续开展黄姜加工清洁生产科技攻关试点；在全市范围内加大对环保法律、法规宣传力度，杜绝类似情况再次发生，增强广大干部职工环保意识；市政府组织专班随即赴郧西县，对纯阳生化科技有限公司关停情况依法进行督办检查。

根据十堰市委、市政府的处理意见， 4月28日下午，郧西县委常委、常务副县长童胜禄亲自带队，组织县法院、公安、经委、环保、工商、质监、供电、供水等单位负责人和执法人员，依法采取了以下主要强制措施：一是供水和供电公司对纯阳公司实施了断水断电；二是法院组织对该公司主要生产设施进行了查封；三是工商、质监部门依法吊销了纯阳公司营业执照和特种设备使用证及其生产许可证；四是郧西县环保局对纯阳公司处以30万元罚款并追缴企业所欠排污费和超标排污费128.33万元；五是公安部门已对纯阳公司阻碍执法事件的当事人进行立案调查；六是县政府政务督查室和监察部门已开展对执行力不到位的相关责任人进行责任调查。

截止5月1日，纯阳生化科技有限公司厂区主要生产设备设施已被拆除和查封，排污暗管已被封堵。公安部门已对纯阳公司法人代表江明实施了行政拘留；郧西县环保局主要领导已被责令停职接受审查，其他相关人员已被通知接受审查。

为认真吸取教训，十堰市政府举一反三，开展了全市环保执法大检查，于4月28日至30日，组成两个检查组，分别由一名副市长带队，对全市环保执法情况进行全面督察，并将根据督察结果提出严格的整改意见，督促各县市将企业排污问题严格按要求整改到位。

燕京啤酒(仙桃)有限公司私设暗管、非法排污受到严肃查处

2008年4月16日，省环保局后督察组对燕京啤酒(仙桃)有限公司进行了执法检查。检查发现，该公司存在不配合环境监察人员依法执行公务、违规不正常使用污水处理设施、糖化及发酵车间生产废水未经处理由暗管超标直排等违法行为。

省环保局后督察组当即责令企业限期整改。

针对燕京啤酒(仙桃)有限公司存在的问题，仙桃市环保局一方面将检查情况迅速上报当地政府，另一方面成立专班，进驻该厂督促企业实施整改。同时对燕京啤酒(仙桃)有限公司违规不正常使用污水处理设施、糖化及发酵车间生产废水未经处理由暗管超标直排等违法行为处以50000元罚款，并追缴其2006以来所欠排污费12.8万元；对燕京啤酒(仙桃)有限公司不配合执法行为，责令该企业调整相关行政人员职务，对环保执法检查，一律无条件放行。

截止目前，燕京啤酒(仙桃)有限公司已封堵切断偷排口，按要求埋设排污管，将全部生产废水经污水处理站处理后排入市政管网。针对检查中不配合执法的问题，该企业已免除不配合执法当事人行政职务，重新调整部分高管人员，同时表示对环保监察执法工作人员检查将无条件放行。

大冶市着力解决农村污染问题专项整治“五小”企业初见成效

近年来，受矿产品产品价格迅猛上涨的影响，小选矿、小洗矿、小冶炼、小红砖、小化工企业污染反弹严重，屡禁不止；乱采滥挖矿产资源，植被破坏严重，给农村生态环境造成了极大的污染和破坏，严重危害了村民的生活环境，给经济和社会的可持续发展带来了不可估量的影响。按照国家整治违法排污企业，保障群众健康环保专项行动的要求，大冶市政府近年来，长期把环保专项整治这项工作作为一项重要工作来抓，通过各部门的联动和努力，目前已初见成效。

2008年以来，大冶市在全市范围内开展“五小”企业整治专项行动，由各乡镇、街办牵头，公安、国土、环保、林业、工商、供电等部门联合，组建650人的整治队伍，配备挖机、铲车等机械，采取停电、供水、停供民爆物品，拆房子、抬机子、毁池子等强制措施，对辖区内的

“五小”企业实施毁灭性的打击。茗山乡、大箕铺镇、陈贵镇、殷祖镇、刘仁八镇、金湖街办的202家“五小”企业被集中整治，共强制性拆除厂房、工棚500余件，推平各类选矿池600多个，摧毁选金池280个，剪断电线6000多米，并彻底销毁大小设备460台套，累计拆除总价值超过5000万元。为巩固“五小”企业集中整治成果实行长效管理，部分乡镇还将“五小”企业的整治所需费用纳入部门预算，加大专项资金的投入；同时组建专业的管理队伍，实行巡查管理，采取集中整治和长效管理的有机结合，严防“五小”企业整治出现死灰复燃。

环保、监察联动，挂牌督办环境违法企业

近年来,我省不断加大环境保护工作力度，努力改善环境质量，虽取得了较大的进展，但目前我省的环境形势依然严峻，一些地方环境违法案件屡查屡犯，人民群众反映强烈的环境违法行为久拖不决，尤其是一些地方对环境保护认识不够，措施不力，有的甚至包庇企业违法建设和生产。所有这些问题都严重阻碍了我省构建和谐社会，落实科学发展观的顺利实施，严重影响了人民群众的切身利益，为此，省环境保护局、省监察厅决定联合对全省典型的环境违法案件和群众反映强烈的突出环境问题实施挂牌督办。

本次公布的11件督办典型案件，有3件是市、县多次挂牌督办限期整改，但长期未完成整改任务；有4件是严重违反环评法，不履行环保“三同时”制度，擅自违法建设；有4件是长期违法排污，对当地的环境造成严重危害，群众反响强烈。

挂牌督办解决典型环境污染问题既是落实科学发展观，确保完成环境保护“十一五”重要指标的举措，也是综合运用法律、经济、技术等手段提高行政效率的需要。

在挂牌督办整治期间环保部门和监察机关将定期或不定期到各地对挂牌督办工作进行督查。

在限期整改结束后，省环保局、省监察厅将严格按照有关法律法规和标准进行检查验收，对不能限期完成整治任务，工作不力或顶着不办的，将依照《环境保护违法违纪行为处分暂行规定》追究政府和有关部门领导及相关责任人员的责任。对造成重大环境污染事件或不积极配合环境整治继续进行违法排污行为的企业责任人，将移送司法机关追究刑事责任。

襄樊市襄阳区开展突发性环境安全事故处置演练

为确保发生环境安全突发事故能够及时、快速、准确的处理，避免事态进一步扩大，襄阳区环保局联合安监局、消防大队等部门于2008年8月6日组织襄阳华星化工有限公司开展了一次甲醇储罐泄漏处置演练，增强了对企业突发性环境安全事故的应急处理能力，锻炼了各部门应对突发事故的反应及处置能力。

8月6日上午，襄阳区华星化工公司模拟甲醇储罐区1号储罐出口阀阀体破裂，大量甲醇泄漏，甲醇操作工立即上报，企业应急抢险负责人决定启动应急救援预案，电话报告了区环保局、区消防大队、区安监局等部门。事故就是命令，区环保局、区消防大队、区安监局等相关单位接报后分别启动应急预案，立即组织技术人员到达事故现场组成救援指挥部开展求援。

救援指挥部根据事故情况将库区50米内设为警戒区，并根据风向标组织人员向上风疏散。同时由消防队员配带防甲醇隔离式面具迅速堵塞1号罐阀门,阻止甲醇外溢,打开高消防水，对泄漏的甲醇进行稀释，做好拦截、围堵，预防泄漏甲醇流到库区外。工艺队组织队员配带防甲醇隔离式面具，将1号罐甲醇倒置2号罐内。倒置过程中出现甲醇溅入操作工眼内导致灼伤和操作工触电事故，救援指挥部立即拨打120，并进行现场抢救。甲醇倒置完毕，并对1号罐阀门进行更换，现场收集工作结束，事故得到遏制。区环境监测站立即对现场的大气环境和水环境质量进行监测，没有发现严重污染,立即报告救援指挥部，宣布解除警戒，恢复正常生产。随后救援指挥部对甲醇贮罐泄漏处置演练进行了总结，区环保局、区消防大队、区安监局等部门，对演练进行了点评，对应急方案进行了充实和完善。

本次演练锻炼了队伍,加强了部门间协作。

专项行动

赵斌同志在全省2008年整治违法排污企业保障群众健康环保专项行动电视电话会议上的讲话

刚才，我们收听收看了全国整治违法排污企业保障群众健康环保专项行动电视电话会议，这次会议精神十分重要，各地、各部门要认真贯彻落实李克强副总理关于开展环保专项行动的重要指示精神，按照全国统一部署，深入开展2008年环保专项行动，确保实现“十一五”污染减排目标。下面，我就贯彻这次会议精神讲几点意见：

一、五年来我省环保专项行动成效显著

开展环保专项行动、集中整治违法排污企业，是减少污染物排放、解决影响群众健康环境问题的重要手段。2003年以来，我省按照党中央、国务院的部署和国家有关部委的要求，持续开展环保专项行动，有力地促进了全省污染减排。五年来，全省各地、各有关部门积极行动，先后在重点行业、“十五小”企业、工业园区、新建项目、集中式饮用水源地等方面，开展了环保专项检查和集中整治，取得了积极成效。一是解决了一批突出的环境问题。五年来，全省共检查企业74022家次，立案查处4972起环

境违法案件，重点挂牌督办943家企业，关闭取缔483家企业；取缔饮用水源一级保护区排污口34个、二级保护区排污口42个，有效遏制了环境违法行为。二是促进了重点行业结构调整。按照国家宏观调控，对钢铁、水泥、电解铝、铁合金等重点行业，加大了环境违法行为查处力度，关闭、淘汰了一批落后生产能力。仅2007年我省就依法关闭了小造纸企业（生产线）171家（条）、小水泥企业（生产线）91家（条）、8个电厂20台60.3万千瓦小火电机组。2007年我省化学需氧量和二氧化硫排放量首次实现双下降，降幅均居全国前列。三是改善了部分区域环境质量。全省地表水环境质量继续保持稳定，部分区域水质明显好转，长江干流荆州观音寺断面水质由Ⅲ类上升为Ⅱ类。全省重点城市集中式饮用水源地水质达标率为100%，全省重点城市环境空气质量平均优良天数百分率为88.2%。四是改善了环境执法监管条件。通过连续五年的专项行动，各级政府对环境保护的认识普遍提高，环境监管的责任意识明显增强，环境执法力度不断加大。不少地方清理了违反环保法律法规的“土政策”，并结合实际出台了新规定。许多地方增加了环保执法能力建设、投入，加强了执法队伍建设。

在充分肯定成绩的同时，我们也应清醒地看到，由于我省环保欠账过多，还有许多突出环境问题和监管薄弱环节。一是少数地方对环保工作重视不够，有的大型污染治理项目未按期投运，有的地方还有干预环保执法问题。二是有的企业屡查屡犯，违法生产、超标排污现象时有发生。有些涉危企业危险化学品和放射源管理不严、“清净下水”收集措施不到位，环境安全隐患突出。三是一些地方环保投入不足，环保基础设施建设滞后，环境执法能力薄弱。有的地方环保人员经费和工作经费得不到保障，日常执法工作受到影响。

环境问题不解决好，不仅会影响经济社会又好又快发展，而且也不能有效保护广大群众的健康安全，落实科学发展观，坚持以人为本就成了一句空话。因此，各地、各部门特别是各级领导干部要高度重视环保专项行动，把它作为提高执政能力、推动环保工作，维护广大群众根本利益的紧迫任务，切实抓紧抓好。

二、今年环保专项行动的主要任务

2008年环保专项行动重点做好以下四个方面工作：

一是集中开展环保专项行动后督察。重点检查2005年以来挂牌督办企业整改情况，重点核查2007年以来群众反复投诉的环境问题整改和查处情况、涉危企业及尾矿库环境安全隐患整改情况，重点督办2006年以来饮用水源保护区内排污口及违法建设项目取缔关闭情况。对逾期未能完成挂牌案件整改总数达10%以上的地方，立即启动新建项目环境影响评价区域限批，并通报批评。对逾期未完成取缔关闭任务的挂牌督办企业，一律由上一级政府及有关部门重新挂牌督办，责令限期完成。

二是集中开展“十个专项治理”，集中整治重污染行业。全面查清城镇污水处理厂、垃圾填埋场建设及其运行和管理情况，并针对检查发现的问题，采取综合措施，限期加以解决。对城镇污水处理厂建成后至今不能正常运行、建成一年以上运行负荷达不到设计能力60%的，要由上一级政府及有关部门挂牌督办，综合整治，限期达标。

三是集中开展重点流域污染企业的专项整治。重点抓好“三江”（长江、汉江、清江）、“两湖”（洪湖、梁子湖）、“两库”（三峡库区、丹江口库区）等重点流域污染企业专项整治工作，严防“水华”和污染事故的发生。对水污染防治设施未建成、未验收或者验收不合格便违规投入生产或者使用的建设项目，必须责令停止生产或使用，直至验收合格。对治理达标无望的企业和落后生产能力，一律关闭取缔。环境污染情节严重的要追究刑事责任。

四是查处一批环境违法案件。近期省专项行动领导小组将实施“五个一批”的整治方案（挂牌督办一批、限期治理一批、停产整顿一批、关停取缔一批、向司法部门移送一批），严厉打击环境违法行为。各地也要结合当地污染状况和污染减排形势，确定“五个一批”环境整治方案，并组织抓好整改。

三、切实组织好2008年环保专项行动

今天的会议结束之后，各地、各部门要立即行动起来，按照会议要求，精心组织，周密部署，扎实推进全省环保专项行动深入开展，确保做到“四个到位”。

（一）责任落实到位

各地要成立以政府领导为组长的环保专项行动领导小组，加强对专项行动的领导，把环保专项行动列入重要议事日程，主要领导要亲自抓，及时掌握工作动态，加强部门协调，研究解决重大问题。各级环保部门要切实承担起牵头部门的职责，加强工作协调，及时沟通和了解情况。各有关部门要按照环保法律法规赋予的职责，认真履职，密切配合，加强协商，联合办案，形成“政府统一领导、部门联合行动、社会广泛参与”的工作格局。

（二）检查督办到位

各地要建立健全严格的督办与考核制度，重点督办基层政府挂牌督办案件的办理情况及城镇污水处理厂、垃圾填埋场、饮用水水源保护区、造纸行业、重点湖泊等集中整治情况，对影响群众饮水安全的违法排污企业和突出环境问题实行跟踪督查、挂牌督办；对于屡查屡犯、长期违法排污的企业，要限期关闭，依法处置。省专项行动领导小组将适时组织督查组，对各地工作完成情况进行督查，并在全省通报督查结果。

（三）案件查处到位

进一步加大对违法排污企业的惩治力度，不仅要在“查”上下功夫，更要在“处”上加大力度，对明知故犯、阳奉阴违、屡查屡犯的企业，一律依法足额追缴排污费，责成停产整顿，给予高限处罚。对涉嫌构成犯罪的，移送司法机关追究法律责任，真正对违法企业起到震慑作用。对专项行动开展不力、环境违法问题突出、主要控制断面不达标以及城市污水处理设施建设严重滞后、无故不运行的地区或行业，实行“区域限批”或“行业限批”，督促这些地方或行业加强环境整治。要将群众反映强烈、污染严重、影响社会稳定的典型环境污染问题作为重点，领导挂帅进行挂牌督办，明确挂牌督办要求和解决时限，落实相关责任，在媒体上进行公示，确保处理到位、整改到位、责任追究到位。

（四）舆论宣传到位

保障群众的知情权，让群众自觉参与监督是加强环保监管的有效办法。各地要制定宣传计划，确定宣传重点，充分利用广播、电视、报纸、互联网等多种传媒手段，加大专项行动和环保法律法规的宣传报道，适时曝光环境违法案件。要大力推行环境信息公开制度，做到环保专项行动“七公开”，即公开环境违法行为查处情况、公开挂牌督办企业整改情况、公开污染减排项目进展与运营情况、公开城镇污水处理厂和生活垃圾处理项目建设与监管情况、公开重点流域污染企业整治情况、公开国控重点污染源环境监管及在线监控系统建设情况、公开饮用水源保护及水污染事故应急处置情况，进一步让社会公众了解实情，引导和动员广大群众积极参与环境监督。

同志们，2008年整治违法排污企业，保障群众健康环保专项行动已经开始。让我们齐心协力，共同奋斗，不辱使命，不负党和人民希望，切实维护我省环境安全，保障群众身体健康，促进我省经济社会又好又快发展！

省环保局关于2008年环保专项整治行动阶段工作及相关信息报送情况的通报

各市、州、直管市、神农架林区环保局：

根据省环保局、省发展改革委等省政府九部门于7月15日联合下发《关于继续深入开展整治违法排污企业保障群众健康环保专项行动的通知》（鄂环发[2008]34号文）的要求，各地应在7月20日前将环保专项行动领导小组名单、实施方案、环保专项行动负责人和具体工作人员名单上报省环保专项行动联席会议办公室（省监察总队），同时在8月20日、9月20日、10月下旬前将环保后督察、重点行业和重点流域等阶段性整治情况报送省环保专项行动联席会议办公室。

目前，从专项行动开展后的有关信息报送情况来看，明显存在着两方面的问题：一是报送不及时；二是所报送的阶段整治工作总结报告质量不高，存在消极、被动和敷衍的现象。少数地区经多次催办，其汇报材料才勉强符合省里汇总上报环保部的要求。现将各地信息报送情况通报如下：

一、环保专项行动领导小组名单、实施方案、环保专项行动负责人和具体工作人员名单未按时上报的部门有：十堰市环保局、随州市环保局、潜江市环保局、天门市环保局。

二、《实施方案》中环保后督察阶段整治情况总结未按时上报的部门有：随州市环保局、鄂州市环保局、潜江市环保局、天门市环保局、神农架林区环保局。

望各地对上述问题要引起高度重视，切实加强对环保专项行动整治工作的领导，加大环保专项行动各类信息包括12369网站数据填报等报送工作的力度，严格保证信息报送工作质量。今后，造纸、城镇污水处理厂、垃圾填埋场等重点行业集中整治以及三峡、丹江口库区等重点流域的综合治理工作的阶段性情况总结，各地须严格按照规定的时间上报。报送电子版材料时，具体工作人员要将本人详细联系方式附后，并及时向省监察总队环保专项行动负责人或联系人致电确认。

联系人：徐日升　　027－87167542

邮　箱：87167122@163.COM

二OO八年八月二十九日

关于2008年环保专项整治行动阶段性工作及相关信息报送情况的通报（二）

各市、州、直管市、神农架林区环保局：

根据省环保局、省发展改革委等省政府九部门于7月15日联合下发《关于继续深入开展整治违法排污企业保障群众健康环保专项行动的通知》（鄂环发[2008]34号）和省环保局于8月29日下发《关于2008年环保专项整治行动阶段工作及相关信息报送情况的通报》（鄂环办[2008]132号）的要求。在集中检查和整治阶段，全省各地要对生活垃圾填埋场、城市污水处理厂等重点行业进行专项执法检查，截止9月28日，大部分地市能按照时限要求上报了阶段性工作报告，并通过国家环保总局设立的12369网站专用电子信息系统填报了各类报表。但仍有少数市存在重视不够、工作开展不力、进展缓慢和不按规定时限上报信息等问题。现将近期信息上报情况通报如下（详见附件）。

关于2008年环保专项整治行动阶段性工作及相关信息报送情况的通报（三）

各市、州、直管市、神农架林区环保局：

根据省环保局、省发展改革委等省政府九部门于7月15日联合下发《关于继续深入开展整治违法排污企业保障群众健康环保专项行动的通知》（鄂环发[2008]34号文）

和省环保局于9月2日下发《关于报送2008年环保专项行动有关信息的通知》（鄂环办[2008]138号）精神，要求各地将开展“梁子湖、洪湖、三峡库区、丹江口库区、长江、汉江及清江”等重点流域污染企业的集中整治和专项执法检查情况于10月20日前上报，将2008年环保专项行动工作总结报告于11月20日前上报。截止11月20日17时，全省多数地区均能按照时限要求上报了重点流域整治情况报告和专项行动工作总结报告，并认真填报了环保总局设立的12369网站专用电子信息系统各类报表。但至今仍有少数地区存在着重视不够、工作开展不力和缓报、未报相关信息等问题。近期信息上报情况通报详见附件。

省环保局关于组织开展2008年环保专项行动检查的通知

各市环保专项行动领导小组办公室：

为进一步推进2008年整治违法排污企业保障群众健康环保专项行动的开展，贯彻落实省人民政府《关于落实科学发展观加强环境保护的决定》和省委、省政府领导指示精神，加强我省环境保护执法工作，省环保专项行动领导小组拟对我省污水处理厂、垃圾填埋场、重点流域和2008年省级挂牌督办企业整治情况及污染源在线监测设施建设情况组织进行交叉抽查和督办。现将有关事项通知如下：

一、检查范围

国家环保专项行动领导小组要求对基层政府城镇污水处理厂、垃圾填埋场、重点流域的集中整治等项工作开展情况，组织多形式的检查，及时发现和纠正存在的问题，指导基层政府落实各项重点工作。根据国家要求，结合我省实际情况，拟对以下企业进行抽查：

1. 存在问题的城市污水处理厂
2. 存在问题的垃圾填埋场
3. 三峡库区和丹江口库区污染企业
4. 未完成污染源在线监测设施建设的国控企业
5. 2008年省级挂牌督办企业

二、检查内容

1.城市污水处理厂建设和地方政府专项整治情况

（1）查清城镇污水处理厂及其配套管网建设的基本情况，包括进出水水质、处理水量、主要污染物去除情况、污泥处置情况和在线监控设施安装运行等情况。建立环境监管档案，完善监管办法，落实监管责任。实施信息报告制度，加强对污水处理厂进出水水量、水质和污泥处置的动态管理。

（2）对县市区城镇污水处理厂建成后至今不能正常运行的，要由上一级政府及有关部门挂牌督办，综合整治，限期解决；对建成一年以上运行负荷达不到设计能力60%，造成污水直排外环境的，要限期整改，并公开通报批评。在整改期间，要暂缓审批该地区建设项目环境影响评价文件。对城镇污水处理厂超标排污的，未对污泥进行无害化处理的，拒报或者谎报排污申报登记及运行情况的，未安装自动监测设备或者按未规定与环保、建设部门联网的，要严格按照《水污染防治法》的规定对其运营单位进行处罚。对于不正常运营污水处理设施，造成污染事故的且后果严重的，要依法追究运营单位和管理部门及相关责任人的行政或刑事责任。

（3）加大城市污水处理厂建设的力度，已建成的污水处理厂必须建成配套工程，在建的污水处理厂必须同步建设收集管网等配套工程；设市城市和三峡库区、丹江口库区及汉江流域的县城在2008年内建成污水处理厂并投入使用；设市城市污水处理率达到60%以上；县城所在地在2008年底前收费标准达到0.8元/吨。

2.垃圾填埋场建设和地方政府专项整治情况

(1)查清已建成生活垃圾填埋场实际运行情况，包括生活垃圾填埋场的填埋量、雨污分流情况、防渗措施、渗滤液处理设施运行情况以及地下水监测情况，重点是渗滤液的产生和排放情况。

(2)对不符合规范要求的生活垃圾填埋场，要责令限期整改；垃圾渗滤液未经处理直接排放、处理不达标的，要依法依规对运营单位进行处罚。加强对已经封场垃圾填埋场的环境监管，确保环境污染治理设施正常运行。

3.重点流域污染企业的专项整治情况

各地应对重点流域2007年以来新、改、扩建的工业项目进行一次全面检查。重点检查排放涉氮、磷污染物和有毒有害物质的建设项目。对水污染防治设施未建成、未经验收或者验收不合格，主体工程即投入生产或者使用的建设项目，必须责令停止生产或者使用，直至验收合格。对不执行停止审批重点流域排放涉氮、磷污染物和有毒有害物质新建工业项目政策的，要依法依规追究责任。（ 重点是“二湖”，即梁子湖、洪湖；“两库”，即三峡库区、丹江口库区以及“三江”，即长江、汉江、清江等重点流域污染企业）

4.污染源在线监测设施建设情况

未建企业（名单见附表二）是否按国家和省的有关规范编制了建设方案，是否与设备供货单位签订了合同，是否已开始现场施工。已开始建设的说明建设阶段，还未开始建设的说明原因及计划完成时间。

5.2008年省级挂牌督办企业是否实行了停产整治，是否完成了整改措施。

三、检查时间

2008年10月29日至11月3日集中进行检查，11月7日总结汇报。

四、检查安排

本次检查采取省环保专项行动领导小组统一组织、荆州、黄冈和咸宁市环保局带队交叉检查的形式进行。根据各地上报情况，本次将对存在问题的污水处理厂和垃圾填埋场、重点流域污染企业、未完成污染源在线监测设施建设的国控企业、2008年省级挂牌督办企业进行抽查。

具体分组情况如下：

第一组：荆州市环保局带队。

组长：荆州市环保局刘翔副局长，成员：荆州市环保局1人，省环境监察总队1人，检查十堰市、襄樊市、随州市。

第二组：咸宁市环保局带队。

组长：咸宁市环保局彭涛副局长，成员：咸宁市环保局1人，省环境监察总队1人，检查宜昌市、黄冈市、孝感市。

第三组：黄冈市环保局带队。

组长：黄冈市环保局江明副局长，成员：黄冈市环保局1人，省环境监察总队1人，检查咸宁市、荆门市、潜江市。

五、有关事项

1.检查方式。采取听汇报、查资料、看现场等方式进行检查，可明查，也可暗访。

2.制定检查计划。各检查组要制定详细的检查计划，进行抽查和核查。

3.检查准备：检查人员检查前带齐取样工具、照相机（摄像机）、执法证、现场检查记录、调查询问笔录等。

4.企业调查：检查人员现场检查时应将检查对象基本情况按照要求填入相关表格，每家企业一份表格。

5.意见反馈：省局检查组应在完成检查后向当地反馈检查结果和提出整改建议。

6.总结报告：检查结束后，各组要对检查情况进行总结，对当地环保专项行动开展的优缺点进行评价，并于检查结束后4日内报省环保专项行动领导小组办公室。同时一并上交检查中收集的当地工作汇报材料，现场检查记录、调查询问笔录、监测报告等证据资料。

请各有关部门遵照执行。

大冶市着力解决农村污染问题专项整治“五小”企业初见成效

近年来，受矿产品价格迅猛上涨的影响，小选矿、小洗矿、小冶炼、小红砖、小化工企业污染反弹严重，屡禁不止；乱采滥挖矿产资源，植被破坏严重，给农村生态环境造成了极大的污染和破坏，严重危害了村民的生活环境，给经济和社会的可持续发展带来了不可估量的影响。按照国家整治违法排污企业，保障群众健康环保专项行动的要求，大冶市政府近年来，长期把环保专项整治这项工作作为一项重要工作来抓，通过各部门的联动和努力，目前已初见成效。

2008年以来，大冶市在全市范围内开展“五小”企业整治专项行动，由各乡镇、街办牵头，公安、国土、环保、林业、工商、供电等部门联合，组建650人的整治队伍，配备挖机、铲车等机械，采取停电、供水、停供民爆物品，拆房子、抬机子、毁池子等强制措施，对辖区内的“五小”企业实施毁灭性的打击。茗山乡、大箕铺镇、陈贵镇、殷祖镇、刘仁八镇、金湖街办的202家“五小”企业被集中整治，共强制性拆除厂房、工棚500余件，推平各类选矿池600多个，摧毁选金池280个，剪断电线6000多米，并彻底销毁大小设备460台套，累计拆除设备折合价值超过5000万元。为巩固“五小”企业集中整治成果实行长效管理，部分乡镇还将“五小”企业的整治所需费用纳入部门预算，加大专项资金的投入；同时组建专业的管理队伍，实行巡查管理，采取集中整治和长效管理的有机结合，严防“五小”企业整治出现死灰复燃。

环保、监察联动，挂牌督办环境违法企业

近年来，我省不断加大环境保护工作力度，努力改善环境质量，虽取得了较大的进展，但目前我省的环境形势依然严峻，一些地方环境违法案件屡查屡犯，人民群众反映强烈的环境违法行为久拖不决，尤其是一些地方对环境保护认识不够，措施不力，有的甚至包庇企业违法建设和生产。所有这些问题都严重阻碍了我省构建和谐社会，落实科学发展观的顺利实施，严重影响了人民群众的切身利益，为此，省环境保护局、省监察厅决定联合对全省典型的环境违法案件和群众反映强烈的突出环境问题实施挂牌督办。

本次公布的11件督办典型案件，有3件是市、县多次挂牌督办限期整改，但长期未完成整改任务；有4件是严重违反环评法，不履行环保“三同时”制度，擅自违法建设；有4件是长期违法排污，对当地的环境造成严重危害，群众反响强烈。

挂牌督办解决典型环境污染问题既是落实科学发展观，确保完成环境保护“十一五”重要指标的举措，也是综合运用法律、经济、技术等手段提高行政效率的需要。

在挂牌督办整治期间环保部门和监察机关将定期或不定期到各地对挂牌督办工作进行督查。

在限期整改结束后，省环保局、省监察厅将严格按照有关法律法规和标准进行检查验收，对不能限期完成整治任务，工作不力或顶着不办的，将依照《环境保护违法违纪行为处分暂行规定》追究政府和有关部门领导及相关责任人员的责任。对造成重大环境污染事件或不积极配合环境整治继续进行违法排污行为的企业责任人，将移送司法机关追究刑事责任。

自觉接受群众监督　省环保局做出7项公开承诺

最近，湖北省环保局公开向全社会做出7项承诺，自觉接受群众监督。

省环保局在承诺中指出，一要实行政务公开操作，推行办事程序时限公开化、准入审查条件公开化、审批办理结果公开化。对事关群众切身利益、群众反映强烈的重大敏感项目，组织召开听证会或座谈会，听取群众意见。二要增强服务意识。对报批材料齐全、符合报批要求的建设项目环境影响报告书、报告表、登记表，分别在45日、20日、5日内完成审批。三要深入开展维护人民群众权益环保专项行动，从严从速依法处理环境违法行为，切实解决群众反映强烈的突出环境问题，有效遏制环境污染反弹。四要确保12369环保热线24小时畅通，受理信访问题件件有着落、事事有回音。五要严格环境执法程序、执法依据、执法要求，规范行政执法行为。六要加强环保队伍管理，推进党风廉政建设。严格执行环保系统“六项禁令”和环境监察人员“六不准”的规定，强化自律意识，开展自查自纠，确保全系统风清气正。七要增强责任意识，端正服务态度。在各项工作中文明服务，对群众热心、耐心、诚心。

省环保局值班举报电话：027-87167105（上班时间）、027-87167100（夜间、双休及节假日）

咸宁市召开县（市）、区长环保重点工作汇报会确保环境目标责任指标完成

9月4日，咸宁市召开了各县（市、区）长、环保局长、地税局长及市直相关部门参加的环保重点工作汇报会，就全市下阶段环境保护工作进行部署。市长任振鹤、副市长王汉桥出席会议并作了重要讲话。

任振鹤指出，今年来，咸宁各县（市、区）加强了环保工作，主要领导亲自抓环保，目标责任紧迫感进一步增强，重点企业管理力度继续加强，全市环保工作取得一定的成绩。同时，全市依然存在总量减排形势不容乐观，城市污水处理厂建设进程缓慢，建设项目“三同时”执行力度不够，排污费征收占比不高等问题，对此，各县(市、区)必须引起高度重视。

任振鹤要求，要突出环境责任指标的落实，进一步强化工作措施。各县（市、区）要紧紧围绕“节能减排”这一目标，突出工程减排、结构减排，着重抓好“三同时”落实工作，在线监控工作和排污费征收工作。各级环保部门和企事业单位要严格执行环境影响评价制度、建设项目“三同时”制度、限期治理和排污许可证制度，确保重点污染企业稳定达标排放，对省环保督查组提出的整改意见企业，必须按要求整改落实到位。

任振鹤强调，要切实加大完成环境责任指标的组织领导。要认真开展环保后督查，深入开展专项整治，切实抓好环保基础性工作，进一步加强环保基础设施的建设，做好环保基础数据的建立工作。同时，要落实环境保护责任制度，严格执行诫勉谈话制、一票否决制度和区域限批制，以严格的制度促进环保工作又好又快地开展。

咸宁市政府实行“三项制度”确保完成全年环保责任指标

为确保全年环保工作任务如期完成，咸宁市政府在全市县（市、区）长环保重点工作汇报会上提出了三项有力的保障措施：

一是实行效能告诫制度。结合提升效能要求，由市环保局、监察局对各县（市、区）环保工作开展情况进行督察，对因领导不重视、工作推而不动、工程进展滞后而被上级单位通报批评或新闻媒体曝光造成不良影响的单位进行效能告诫，并对相关人员进行责任追究。

二是实行环境保护一票否决制度。各县（市、区）政府及市直有关部门出现下列情况之一的，在评选表彰中实行环境保护一票否决，取消当年先进集体和领导干部先进个人评选资格：未完成与市政府签订的环境保护目标责任书确定的工作目标和任务；因领导不力或决策失误发生重大环境污染或生态破坏事故；辖区内发生国家明令关停的重污染企业出现反弹，查处不力，引发严重社会问题；辖区内出现未经批准，擅自建设、投产违反环保法律、法规和国家产业政策、对环境产生重大影响的重污染项目。市环保局要依法依规查处。

三是实行区域限批制度。强化对建设项目污染防治工程与主体工程“三同时”管理，严厉打击未批先建、违反“三同时”制度等环境违法行为。在县（市、区）区域或工业园内，凡违法引进违反国家产业政策的高耗能、重污染项目，出现两起“未批先建”的新开工工业类项目，或出现一起严重违反“三同时”制度项目，或规划环评工作没有阶段性进展的，市环保局要按照程序向市政府报告情况，经市政府审定后对违反规定的县（市、区）和工业园区实行区域限批。

枣阳市环保局七项措施严查环境违法

为了依法严肃查处环境违法行为，加强环境执法监管工作力度，湖北省枣阳市环保局采取七项措施严查环境违法行为。一是加大重点工业污染源的整治力度。迅速对管辖范围内的所有工业污染源和建设项目环境管理情况进行一次拉网式排查，迅速摸清辖区内企业存在的突出环境违法问题。二是加大重点水环境综合整治力度。加强对化工、冶炼等重点排污企业的监管力度。三是加大环境执法监管力度。严格实行污染企业包保责任制和责任追究制，把对每个企业的监管、督察责任落实到具体人，问题不解决、污染不消除、企业不达标，包保人员不撤退。四是加

大环境监测工作力度。把强化监测摆在更加突出的位置，对一些重点排污企业实行加密监测和突击抽查监测，做到采样准确及时、化验准确及时、报告结果准确及时。五是加大对违法排污企业的惩处力度。对严重违法的排污企业，该停产的坚决责令停产，该追究刑事责任的一律移送司法机关，切实解决企业“守法成本高、违法成本低”的问题。六是坚持既查事，又查人。对被国家和省列入挂牌督办的环境违法案件，严肃追究相关人员的环境监管责任。七是不断建立健全环境管理长效机制。进一步建立和完善环保执法后督察制度，定期对重点环境问题整改落实情况，进行不间断的全程跟踪督察，确保整改到位，永不反弹。

湖北省环境安全隐患百日督查成效显著

今年7月以来，湖北省环保局根据国家环境保护部《关于印发2008年环境安全隐患百日督查专项行动方案的通知》精神，迅速召开了全省环境安全隐患百日督察专题会议，并在全省范围统一部署百日安全督查行动，成立了由一把手局长任组长，局党组成员、各分管副局长为副组长，局机关相关处室及局属各单位主要负责人为成员的环境安全隐患百日督查专项行动暨排查治理工作领导小组，负责指导全省环境安全隐患百日督查专项行动和排查治理工作。在此基础上,各市、州、直管市环保局也相继组建了百日督查专项行动领导专班。按照“一把手负总责，分管领导具体负责”、“谁主管，谁负责”的工作要求，周密制定了《湖北省环境安全隐患百日督查专项行动和环境安全隐患排查治理工作实施方案》，紧紧围绕“二湖”(洪湖、梁子湖)、“两库”（漳河、丹江口水库）以及“三江”（汉江、荆江、清江）等重点流域主汛期和北京奥运会期间环境安全，迅速展开拉网式检查。

主要做法：

一是针对夏季暴雨、洪水等自然灾害多发频发的特点，把“二湖”、“两库”、“三江”及饮用水源保护区等作为排查的重点，增加监测频次，密切关注水质情况，充分做好应急监测资料收集工作，严密监控可能产生的水环境污染。同时加大对饮用水源的定期安全检查，做好记录，发现问题及时上报，采取措施妥善加以解决和整改。对涉及水环境安全的企业，认真检查环境应急救援的建立和预案制定情况，以及污染处理设施运行情况，认真排查可能产生隐患的环节，不留死角，严防环境污染事件发生。

二是对化工、造纸等重点行业，以及环境安全管理基础薄弱的企业作为此次专项督查的重点，结合日常环境监管，采取明查暗访等方式,加大现场监管频次和环境执法力度,对企业作业环境等进行跟踪督察和指导。对存在管理不规范的企业下达《环境监察意见通知书》；对应急预案缺乏针对性，不够完善的企业要求限期完善，对应急事故池配置不规范的责令限期整改。

三是加强垃圾处理场的专项整治。对生活垃圾填埋场实际运行情况进行检查，包括生活垃圾填埋场的填埋量、雨污分流情况、防渗措施、渗滤液处理设施运行情况以及地下水监测情况，重点检查了渗滤液的产生和排放情况。对不符合规范要求的生活垃圾填埋场，责令限期整改；对垃圾填埋场没有办理环保审批手续的，不符合规范要求的，垃圾渗滤液未经处理而直排的，依法依规对运营单位进行处罚，问题严重的责令停止使用。加强对已经封场的垃圾填埋场的环境监管，确保了环境污染治理设施正常运行。

四是加大辖区内集中式污水处理设施的环境安全隐患的排查和环境监管力度。如：襄樊市环境监察支队安排专人定期对该市鱼梁洲污水处理厂和观音阁污水处理厂试运行情况进行检查，包括进出水水质、处理水量、主要污染物去除情况、污泥处置情况和在线监控设施安装运行等情况。建立环境监管档案，完善监管办法，落实监管责任，切实加强了对污水处理厂进出水水量、水质的动态管理。

五是强化危险废物及危险化学品处理处置环境监管。荆州等地环保部门将企业处置危险废物和废弃危险化学品纳入环保目标考核“一票否决”。环境监察机构监察人员坚持现场察看企业危险废物和废弃危险化学品贮存场所是否建立专人负责制，是否建立危险废物贮存台账，是否依法处理处置危险废物等，对发现的管理不规范等问题，及时提出整改意见，限期整改落实，有效地预防了环境安全事故的发生。如:荆州市局组成专班对市中心城区沙隆达公司等8家生产、储运危险化学品的企业进行了检查，并针对发现的环境安全隐患等问题，要求金茂化工等企业及时进行整改。

六是扎实开展矿山尾矿库整治检查。我局会同省安监局等相关部门深入到有矿山开采的县（市）、区开展检查督察工作。重点从总体规划、环境风险等方面，对拟建、在建矿山的尾矿设施进行现场检查。重点检查尾矿库安全与环境影响评价以及安全与环保“三同时”执行情况，重点核查尾矿库企业弃库、闭库环境安全管理责任落实情况。对未执行安全与环境影响评价和“三同时”制度的，责令限期补办相关手续，并依法进行处罚；对达不到安全生产条件、污染环境的尾矿库，责令限期整改和治理，经整改和治理仍不合格的，依法予以关闭停用；对非法生产、位于饮用水源一级保护区和自然保护区内的尾矿库依法坚决取缔。从检查情况看，襄樊市谷城县保留了十家矿产企业，产生的尾矿量小，主要用于道路建设或用作建房原料的水泥砖，全部实现了综合利用。保康县加大对矿山生态环境的监管力度，先后督促8家矿山企业进行了治理,共建尾矿库7个,经环保部门验收全部合格后投入使用。

排查期间，我省共出动环境监察人员6980余人次，排查一般环境隐患436处，以磷化等危化行业为重点共检查企业950余家，累计下达限期整改通知书73家，停产整改企业

22家，限产限排27家。化工企业应对突发环境事件的设施基本落实，督促34家企业建成了事故应急设施，正在建设应急池的有30家；新编环境应急预案的有23家；危化罐区不规范已整改的有15家。已实行雨污分流整改的有26家，正在拟订方案的有19家；废水排放不达标或处理措施不到位已进行治理的有54家；渣场不规范，原料堆场不规范已整改的有14家，其中已拟方案的有12家；废气超标排放已停产整改的有19家；加大威胁饮用水源隐患整治，正在拟订搬迁计划的有40多家。同时近一步加大对“两湖”、“两库”以及“三江”等重要流域水质监测，由原来的每月一次增加到每月两次。

通过这次开展安全隐患百日督查工作，有力地促进了我省各生产经营单位环境安全主体责任和监管主体责任的落实，为确保我省“隐患治理年”各项工作部署落实奠定了坚实的基础。

孝感市集中整治城区商业噪声扰民广大市民拍手称好

为加强政风行风建设，深入开展环保专项行动，有效解决孝感城区长期困扰市民商业噪音扰民问题，还市民一个安静的学习、生活环境。9月16日，孝感市环保局会同市公安局、市城市管理执法局三部门出动执法人员近20人，执法车辆5台，对孝感城区长征路、交通路、文化路、城站路等主要路段和北正街沿街商业门店高音喇叭揽客噪声进行了集中整治。现场发放禁噪声整治宣传材料2000余份。当场叫停96个正在使用高音喇叭招揽顾客的经营门店，并说服教育让其承诺今后不使用高噪声音响设备。对不听劝阻、违规安装使用高噪音音响设备扰民的经营门店，执法人员现场进行了拆除暂扣，共拆除产生噪音的音响设备34台套，暂扣音响设备17台套。

这次集中整治行动极大地震慑了违规使用高音喇叭招揽顾客的经营业主。整治后的北正街、城站路恢复了往日的宁静，为人民群众创造了一个安静的生活、工作环境，广大市民无不拍手称好。下一步孝感市环保局还将会同市公安局、城市管理执法局不定期地进行巡回督察，巩固整治效果。

咸宁市政府实行“三项制度”确保完成全年环保责任指标

为确保2008年环保工作任务如期完成，咸宁市实行了“三项制度”，强力推进环保工作。

一是实行效能告诫制度。结合提升效能要求，由市环保局、监察局对各县（市、区）环保工作开展情况进行督察，对因领导不重视、工作推而不动、工程进展滞后而被上级单位通报批评或新闻媒体曝光造成不良影响的单位进行效能告诫，并对相关人员进行责任追究。

二是实行环境保护一票否决制度。各县（市、区）政府及市直有关部门出现下列情况之一的，在评选表彰中实行环境保护一票否决，取消当年先进集体和领导干部先进个人评选资格：未完成与市政府签订的环境保护目标责任书确定的工作目标和任务；因领导不力或决策失误发生重大环境污染或生态破坏事故；辖区内发生国家明令关停的重污染企业出现反弹，查处不力，引发严重社会问题；辖区内出现未经批准，擅自建设、投产违反环保法律、法规和国家产业政策、对环境产生重大影响的重污染项目。市环保局要依法依规查处。

三是实行区域限批制度。强化对建设项目污染防治工程与主体工程“三同时”管理，严厉打击未批先建、违反“三同时”制度等环境违法行为。在县（市、区）区域或工业园内，凡违法引进违反国家产业政策的高耗能、重污染项目，出现两起“未批先建”的新开工工业类项目，或出现一起严重违反“三同时”制度项目，或规划环评工作没有阶段性进展的，市环保局要按照程序向市政府报告情况，经市政府审定后对违反规定的县（市、区）和工业园区实行区域限批。

黄冈市环保专项行动：集中打响饮用水源地保护区歼灭战

为进一步加强黄冈市区饮用水源地保护，切实保障市民身体健康和生命安全，维护社会和谐稳定，自环保专项行动工作开展以来，黄冈市环保局打响城市饮用水源地保护歼灭战。

针对黄冈市区饮用水水源地存在的问题，黄冈市环保局一是开展科学调研，以《要情专报》形式向市委、市政府有关领导提出建议，市委、市政府领导高度重视。并协助政府先后制定了《黄冈市区饮用水水源保护地管理暂行办法》、《黄冈市集中式饮用水水源地整治方案》，发布《关于加强黄冈市区饮用水水源保护的通告》，将饮用水水源保护区的划分范围及保护要求告知市民，使广大市民能自觉遵守保护规定并对违法行为进行监督举报。

二是对饮用水源地开展全面彻底的治理。在市委、市政府的统一领导下，由市环保局牵头负责，相关部门配合，形成齐抓共管集中整治局面。目前，市环保局除了加强饮用水水源保护的日常监管外，还对保护区内一切项目禁止审批，并对饮用水水源保护区内修船点依法进行了清理取缔；市建委对饮用水水源保护区内已倾倒的垃圾及时进行了清运；市交通局、市港航局、黄冈海事处、黄冈长江航道管理处禁止所有在长江清洗船舶、车辆和装贮有毒有害物品容器行为；市水产局对饮用水水源保护区内集约化水产养殖和捕鱼设施进行了取缔；黄州区政府对保护区内放牧、种菜等活动予以禁止，并对保护区内的所有厕所及其违章建筑物进行强制拆除。

三是向市政府争取资金200万元，规范饮用水水源保护区标志的分类、具体内容、设立位置、构造、建设护栏、界桩、警示牌等设施，进一步完善饮用水水源保护区基础建设。现在，各基础设施建设正在紧张建设中。

四是联合市建委、市自来水公司等有关单位对黄冈市应急备用水源的幸福水库和巴河水质、供水能力进行论证，确定备用水源建设方案。

咸宁市举办环境监察人员业务知识竞赛

近期，咸宁市环境监察支队在温泉汉商宾馆，组织举行了全市环境监察系统业务知识竞赛复赛。竞赛的主要内容为环境监察日常工作中应知应会的基础知识和《中华人民共和国环境保护法》等十部法律法规和业务知识。由六个县市区在职环境监察人员组成的六支代表队，通过二个多小时的激烈角逐，赛出团体和个人前三名。嘉鱼县代表队获团体第一名，赤壁市代表队和通城县代表队获团体二、三名。省环境监察调研员孟树国、市环保局周家添局长等有关领导观摩了竞赛。赛后将选拔优秀选手参加全省环境监察知识竞赛决赛。这次竞赛提高了咸宁市环境监察队伍的整体业务素质。

汉川电厂脱硫工程投入运行

2007年，汉川电厂二氧化硫年排放量近2.4万吨，占汉川市二氧化硫年排放总量的90%以上，占孝感市二氧化硫排放总量的50%，是二氧化硫削减重点企业。汉川电厂积极履行环境责任，将节能减排工作列入中长期发展规划及年度计划，环保设施运行纳入生产考核指标，在连续投入资金进行污染治理的情况下，再次投入巨资开展工程脱硫。汉川电厂现有4台发电机组，每台发电机组配套建设一套脱硫设施。脱硫工程总投资2.9亿元，分三年实施脱硫、除尘、脱流。此次投入试运行的1#机组脱硫工程于2007年12月开工建设，脱硫工艺采用世界上先进成熟技术、应用最广泛的石灰石—石膏湿法脱硫工艺。目前，脱硫工程已投入运行。

黄石市全面开展城市垃圾填埋场环保专项行动

黄石市一直把加强生活垃圾等废弃物的管理，统筹规划生活垃圾的堆放、运输和处置工作视为头等大事。根据省环保专项行动联席会议办公室布置的“湖北省2008年环保专项行动工作方案”要求，最近黄石市组织了由市环保局、市建设和管理委员会、市城管综合执法局等相关单位组成的工作小组，对该市的西塞山垃圾填埋场、峰烈山垃圾填埋场、牛角山颈垃圾填埋场（大冶市垃圾填埋场）的运行情况进行了全面检查。

黄石市现有3座垃圾填埋场，全部经过环保审批，设计垃圾填埋量共计391.5万吨，目前已填埋垃圾192万吨，日填埋垃圾量730吨。具体情况为：西塞山垃圾填埋场建于2003年9月，设计垃圾填埋量为169.5万吨、已填埋垃圾30万吨、日填埋垃圾200吨、建有防渗措施和雨污分流系统、渗滤液产生量100吨/日、COD平均浓度为1000mg/L、氨氮平均浓度为300 mg/L、经生化法处理后COD排放浓度为280mg/L、氨氮排放浓度为20 mg/L、渗滤液处理后全部进入城市污水处理厂；峰烈山垃圾填埋场建于1999年9月，设计垃圾填埋量为150万吨、已填埋垃圾120万吨、日填埋垃圾350吨、建有雨污分流系统；牛角山颈垃圾填埋场（大冶市垃圾填埋场）建于2003年9月，设计垃圾填埋量为72万吨、已填埋垃圾42万吨、日填埋垃圾180吨、建有防渗措施、渗滤液产生量30吨/日、COD平均浓度为700mg/L、氨氮平均浓度为500 mg/L、经生化法处理后COD排放浓度为280mg/L、氨氮排放浓度为13 mg/L、渗滤液处理后全部进入城市污水处理厂。

孝感市专项整治小钒厂

五氧化二钒是特种钢行业的基本原料。近年来，随着钢铁行业需求的不断增加和钒价攀升，一些地方小钒厂纷纷建成投产或计划建设，有的地方乡镇政府将小钒厂作为当地的经济增长点。据调查，大悟、安陆、孝昌、应城等县（市）共有10家小钒厂，这些小钒厂都未办理采矿和“环评”许可手续，违法生产。其生产工艺为土法钠化焙烧冶炼，外排的氯气、氯化氢气体以及废水、尾矿渣对周围环境造成严重污染，引发企业与当地村民环境污染纠纷，并发生村民群体上访事件。为彻底解决小钒厂带来的环境污染问题，孝感市环保局紧急下发通知，从今年10月份开始全面整治小钒厂。整治内容包括：

1、一律停止审批新的钒矿开采和钠化焙烧项目，县（市）、乡绝不能以牺牲环境为代价搞招商引资。

2、对已建和在建的小钒厂进行全面排查，凡发现有违规建设的小钒厂，立即报请当地政府下达关闭决定，吊销有关证照，拆除设施、冻结帐号、断电断水，确保11月20日前关停到位。

3、将小钒厂专项整治作为今年孝感市环保专项行动重点内容，纳入当地政府年终环保目标考核内容。

目前，各县(市)、区政府正组织国土资源、环保、工商、公安、电力、安监等部门综合执法，全力关闭小钒厂。

安陆市开展琉璃瓦企业专项治理

安陆市在2008年开展环保专项行动中，严查违法企业促进节能减排工作，重点对全市琉璃瓦企业进行专项治理。该市有琉璃瓦企业30家，61条生产线，是近几年新建的工业项目，分布在八个乡镇办事处，据统计每年耗煤为

7万吨左右，排放二氧化硫900多吨，除少数企业采用含硫量低的煤，利用煤气发生炉生产工艺之外，其它企业未采取任何环保治理措施，排放污染物超过国家标准，造成环境污染。安陆市政府针对琉璃瓦企业的环境污染现状，成立了以市长为组长、分管市长为副组长，各相关部门主要负责人为成员的专项治理工作专班，制定工作方案，明确工作任务。要求全市所有的琉璃瓦企业必须在2008年10月30日以前污染物排放达到国家标准，对达不到排放标准的企业一律关闭。并将企业所在乡镇办事处对环境治理工作完成情况作为政府年终目标考核内容，实行一票否决制。目前琉璃瓦企业在污染治理上采用湿式除尘脱硫法废气治理工艺，在两家企业试点安装调试运行后，经安陆市环境监测站监测，污染物排放达到国家排放标准，其中二氧化硫处理率达到68%。下一步准备全面推广，该治理工程完成后，二氧化硫可减少排放500多吨，该项工作促进确保了安陆市污染减排任务的完成。

鄂州市抓紧建设污水处理厂

加大城市污水处理厂建设力度是全国、全省2008年环保专项行动的重点内容之一，也是鄂州市创建国家环保模范城市、全国卫生城市和完成总量减排任务的迫切要求。目前，鄂州市正在抓紧建设鄂州市城区污水处理厂、葛店开发区污水处理厂和梁子岛污水处理厂。

对污水处理厂的建设市政府高度重视，市长范锐平对建设工作明确要求：1、各相关责任单位的主要领导亲自抓，工作专班具体抓。2、克服困难，倒排工期，加快进度，确保质量。3、市政府督察室、市目标办、市环保局组成督办专班，每周深入现场督办一次，确保三个污水处理厂按时竣工并投入运行。

为进一步推动今年环保专项行动的开展，贯彻落实省政府《关于落实科学发展观加强环境保护的决定》和省委、省政府领导指示精神，加强我省环保执法工作，省环保专项行动领导小组成立专班，确立以城市污水处理厂、垃圾填埋场建设、重点流域污染企业整治与环境问题企业省级挂牌督办等内容为重点，按照鄂环发[2008]52号文的部署，于10月29日至11月5日分组赶赴宜昌、襄樊等9个地市进行了集中抽查和现场督办，历时8天，行程7500余公里，共检查42家企业（其中城市污水处理厂18家、城镇垃圾填埋场12家、省级挂牌督办企业5家、污染源在线监控装置缓建未建企业7家）、3个重点流域（三峡库区、长江、清江）。

通过检查较清楚地掌握了各重点行业项目的运行及建设情况，及时跟踪督察了重点减排工程，切实促进了相关项目的环境管理。从检查情况来看，各地市政府主要领导高度重视，亲自挂帅，严密部署，措施得力，专项治理方案卓有成效，主要体现于如下几方面：

一、城市污水处理厂和城镇垃圾处理场的运行及建设均能连年被纳入当地市政府的节能环保与循环经济年度工作指标，作为年度目标考核的主要内容，严格规定了具体建设目标与时限。在今年的环保专项行动中，各地市政府均已要求所在辖区环保部门将垃圾处理场渗滤液监测工作全面开展。

二、各地对辖区内涉及重点流域的污染企业均下大力开展了集中整治，使得重点流域水体水质均有较明显的改善。

三、省、市挂牌督办企业的环境违法行为基本得到遏制和纠正。一是领导重视，工作机制有特色。各地均成立了领导小组，制定了工作方案，建立了部门联动、挂牌督办、责任追究及目标考核等工作机制；二是部门联动，齐抓共管有合力。各地在今年的环保专项行动中突出部门联动，各部门齐抓共管，查处违法排污行为成效显著；三是加强督办，解决问题有实效。各地均按照全省的统一部署与要求，突出抓好挂牌督办、污水处理厂、垃圾填埋场、重点流域等四个方面工作，不仅解决了一批环境违法问题，还对地方调整产业结构，优化经济发展起到促进作用；四是统筹考虑，综合整治有成果。各地在严查环境违法行为的同时，加大城市基础设施建设，开展环境综合整治，为改善环境质量做出了重要的努力。

十堰解决省级挂牌督办问题取得初步成效

十堰市高度重视挂牌督办案件和问题的查处。目前，省级挂牌督办的郧县榕峰轧钢厂粉尘污染问题已基本解决，整治工作取得了初步成效。

郧县榕峰轧钢厂位于郧县原种场谭家湾村，其前身是郧阳金牛集团钢铁公司轧钢厂，因建厂较早，在技术改造中没有同步建设环保设施，在生产过程中，烟气烟尘长期超标排放，造成了严重的大气环境污染，对周围群众的生产生活造成了严重影响，被列为2008年度省级挂牌督办环境污染问题，要求解决时限为2008年9月30日。为解决郧县榕峰轧钢厂烟气烟尘污染问题，在十堰市局的大力督办下，郧县县政府对省局挂牌督办的郧县榕峰轧钢厂实行了停产治理，停产治理期间郧县榕峰轧钢厂投入1200多万元进行污染治理，2008年5月该厂完成了烟气烟尘治理任务，2008年7月十堰市局对该厂烟气烟尘治理进行了验收，经验收监测显示，郧县榕峰轧钢厂烟气烟（粉）尘捕集率达95%以上，烟（粉）尘排放最高浓度和无组织排放粉尘浓度均符合《工业炉窑大气污染物排放标准》二级标准，实现了达标排放。

十堰市推进专项行动有力维护环境安全

十堰市把加强第三届传统武术节期间环境监管和专项行动有机地结合起来，与监察、安监、公安、交通、卫生等部门加强联络沟通，做到工作协同、部门联动、相互通报事件信息，在做好应急环境监管的基础上，强力地推进环保专项行动，有力维护了当地环境安全。

全市共出动环境监察执法人员708人次与监察、安监等部门联合组织开展了辖区内环境安全隐患排查工作，重点抓好集中饮用水源地、化工企业、居民区等环境敏感区域的隐患排查，消除环境安全隐患。对重点生产企业的危险工段、原料和产品，实行更严格的监管，确保不发生重大污染事故。一是开展挂牌督办案件后督查和开展饮用水源专项整治工作，加大饮用水源保护的力度。对2005年以来的40家挂牌督办企业开展督查整治，督促企业环保污染治理设施正常运行，废水达标排放，杜绝任何偷、漏、直排的现象。对5个县级以上饮用水源保护区和82个乡镇集中式饮用水水源地周边环境开展执法检查，落实水源地周围污染源治理措施，加强对临近饮用水源地的重点排污企业和上游工业企业的日常监管，加大饮用水源保护的执法检查和查处力度，监测站加密饮用水源水质监测频次，随时掌握饮用水源水质情况，防止饮用水源污染，确保饮用水源安全。二是扎实开展专项行动，监察企业402家次，特别加强了对重点排污企业的监控。对重点企业进行环境安全隐患排查工作，督促企业整改，落实环境污染事件应急处理预案，确保治污设施设施正常运行。对辖区内水泥、制革、电镀、制药等重污染行业和容易引发污染事故的企业，进行重点监控，加大监察监测频次，掌握排污动态，确保企业稳定达标排放。三是严格监管城市污水处理厂和城市垃圾处理厂。督促2家污水处理厂和1家垃圾处理厂正常运行，作好运行记录和水质监测工作，实现稳定达标排放，确保环境安全。四是妥善处理信访。以12369投诉举报热线为平台，“全天候” 受理群众环境污染投诉，热情高效办理群众来信来访。

关于开展长江环保执法行动的通知

各有关市、州、直管市环保局：

为落实中央经济工作会议精神，加强重点流域环境监管工作，严肃查处私设排污口和超标排放污染物的环境违法行为，促进污染物减排目标实现，根据环保部的统一部署，我局将在长江干流及汉江干流开展环保执法行动，现将《长江环保执法行动实施方案》印发你们，请高度重视，精心组织，确保执法行动取得实效。

有关文件及表格电子版请到湖北环保网（www.hbepb.gov.cn）下载。

联 系 人：省环境监察总队 余其勇

联系电话：027-87167435、87652665（传真）

附件：

1.长江环保执法行动实施方案

2.长江环保执法行动检查排污口情况统计表

3.长江干流及其主要支流排污口情况明细表

4.长江干流及其主要支流排污口对应工业企业明细表

5.长江环保执法行动查处环境违法企业明细表

二〇〇九年二月十九日

主题词：环保　长江　执法　行动　通知

附件1：
长江环保执法行动实施方案

根据环境保护部关于开展长江环保执法行动的工作要求，结合我省实际，制定本实施方案。

一、工作目的

通过对排污口及其主要污染物排放情况的全面检查，摸清长江、汉江干流湖北段接纳主要污染物的总量，进一步规范直接排入长江、汉江干流的排污口设置，建立企业排污口及污染物排放档案，严肃查处私设排污口、超标排放污染物的环境违法行为，促进污染物减排任务完成。

二、组织领导与职责分工

省环保局设长江环保行动领导小组，局党组书记、局长李兵任组长，副局长邹清平任副组长，环境监察总队、环境监测站、污控处、规财处、总量办、信息中心等单位负责人为成员。

监察总队负责对各地执法行动开展情况进行督查，对督查发现的环境违法问题进行处理，并负责对所有数据收集汇总；监测站负责对各地监测情况进行指导，同时协助监察总队开展督察工作；污控处、规财处、总量办负责提供已掌握的排污口、排污量、污染物浓度等相关资料，并参加督查行动；信息中心负责收集整理排污口定位信息。

三、检查范围和内容

检查范围为长江、汉江干流湖北段，涉及全省除神农架林区、随州市外的15个地市州。

主要工作内容为：

1、检查直接排入检查范围河流的工业企业污水排放口、污水处理厂排放口及市政排污口；

2、监测统计省界断面水质和各排污口污水排放量（吨/日）、COD、氨氮和其他主要特征污染物浓度和排放总量；

3、对排污口进行拍照、定位，检查规范化标识设立情况；

4、统计排入上述排污口的工业企业名称和数量；

5、对私设排污口、超标排污等环境违法企业依法查处。

以上检查需填报表格《长江环保执法行动检查排污口情况统计表》、《长江干流及其主要支流排污口情况明细表》、《长江干流及其主要支流排污口对应工业企业明细表》、《长江环保执法行动查处环境违法企业明细表》。

四、工作措施

1、加强组织领导

开展长江环保执法行动是推进我省环保基础工作，集中打击环境违法行为的一项重要举措，各地环保部门要高度重视，将其作为2009年初的一项重点工作，成立专门领导组织机构，主要负责人要亲自负责，成立专门工作组，细化工作方案，做好部门分工，落实部门责任，确保工作经费。同时，要向政府主要领导报告执法行动的有关情况。

2、突出协调配合

各地应结合现有工作基础，细化职责分工，环境监察、污染防治、环境监测、信息管理等部门要密切配合，各司其职，统筹排污口排查、污染物监测、排污口建档、违法行为查处等工作，使执法行动取得实效。

3、查处环境违法行为

对检查中发现的不规范的排污口，责令相关单位限期整改，规范排污口设置；对工业企业的偷排口要坚决予以取缔；对没有污染治理设施或不正常运行的，要依法严肃查处；对导致区域性环境污染的突出问题，要采取区域限批、挂牌督办等有力措施，并追究有关责任人员的责任。

4、强化督查督办

环保部及省环保局将组织督察组对各地执法行动开展情况进行督查。督查工作与各地执法行动同时开展，采取参与地方行动和重点督查相结合的方法，推动执法行动的深入开展。

5、突出四个“结合”

一要将日常监管与现场检查相结合。各地要进一步分析、整理日常环境监管及监测资料，列出重点，在现场检查时，作为重点检查对象。同时，要结合现场检查，及时补充、更正排污口信息，完善排污口有关数据，做到全面检查，全面掌握情况。二要将环境监察与环境监测相结合。各地在长江行动中要做到环境监察与环境监测工作密切配合，同步开展工作。不仅要对长江干流及汉江干流沿岸各类排污口进行拍照、定位，建立并完善相关数据库，还要对检查的其他重要断面和工业企业、城镇污水处理厂排放口采样监测，分析污染物排放情况，补充数据库资料。对于私设排污口、超标排放的环境违法行为严肃查处。三要将自查与督查相结合。各地要围绕省里制定的实施方案，进一步细化本地行动实施方案，迅速开展自查。同时，我局将组织督查组配合各地执法，开展督查督办。四要将投诉案件与现场查办相结合。各地认真梳理近年来涉及长江干流和汉江干流及12369投诉案件，做为现场查办重点案件，切实解决危害群众健康，影响可持续发展突出环境问题。

五、时间安排

1、动员部署阶段（2月16日-2月20日）

2月20日，我局将组织召开长江环保执法行动视频会议。会后，各地要迅速组成专班，抽调精干人员，配备好照相机、GPS定位仪等监察监测设备仪器及检查表格、调查表格等，全面做好长江环保执法行动的各项准备工作。各地要确定1名执法行动联系人，2月23日前将名单上报我局。

2、集中行动阶段（2月21日-3月1日）

各地环境监察和环境监测等部门对检查范围内存在的排污口进行集中检查，并对环境违法问题进行集中整治。环保部将对组织我省长江环保执法行动开展情况进行督查，省环保局也将组织对各地开展情况进行督查。

3、总结分析阶段（3月2日-3月4日）

各市、州、直管市要认真总结本次行动的成效与不足，分析研究检查数据，提出加强长效管理的措施，提交《长江环保执法行动工作总结》，并附《长江环保执法行动检查排污口情况统计表》、《长江干流及其主要支流排污口情况明细表》、《长江干流及其主要支流排污口对应工业企业明细表》和《长江环保执法行动查处环境违法企业明细表》，于3月4日前报送省环保局。以上工作总结及表格需同时上报电子版。

联 系 人：余其勇

联系方式：027-87167435、87652665（传）

电子邮件：yqy@hbepb.gov.cn

关于印发《2009年湖北省深入开展整治违法排污企业保障群众健康环保专项行动方案》的通知

各市、州、直管市、神农架林区环保专项行动领导小组：

为深入贯彻落实科学发展观，紧紧围绕保增长、保民生、保稳定的总要求，切实解决当前影响可持续发展的突出环境问题，保障人民群众的切身环境权益，根据《环境保护部、发展改革委、监察部、司法部、住房城乡建设部、工商总局、安全监管总局和电监会关于2009年继续在全国组织开展整治违法排污企业保障群众健康环保专项行动的通知》的要求，结合我省实际，经省政府同意，我省今年将继续开展以环保后督察、城镇污水处理厂、垃圾处理场集中整治、“两高一资”行业重污染企业的环境违法行为整治，钢铁行业、涉砷行业专项检查、涉危和尾矿库企业隐患排查等综合治理为重点的环保专项行动。现将

《2009年湖北省整治违法排污企业保障群众健康环保专项行动工作方案》印发给你们，请遵照执行。

2009年湖北省整治违法排污企业保障群众健康环保专项行动工作方案

为深入贯彻落实科学发展观，紧紧围绕保增长、保民生、保稳定的总要求，切实解决当前影响可持续发展的突出环境问题，保障人民群众的切身环境权益，2009年继续在湖北省组织开展整治违法排污企业保障群众健康环保专项行动（以下简称“环保专项行动”）。

一、指导思想

以邓小平理论和“三个代表”重要思想为指导，深入贯彻落实科学发展观，进一步加大环境执法力度，着力解决危害群众健康、影响可持续发展的突出环境问题，以保护饮用水源安全、遏制“两高一资”行业污染反弹为重点，保持主要污染物减排工作的顺利实施，维护社会稳定，为实现中央确定的保持经济平稳较快增长目标提供环境执法保障。

二、工作重点及要求

（一）巩固2008年环保专项行动成效，持续开展饮用水源保护区后督察和城镇污水处理厂、垃圾填埋场集中整治和重点环保案件后督查

1、对2007年和2008年饮用水源保护区集中整治中发现的问题进行跟踪督办。凡是饮用水源保护区划分和调整不到位、县以上城镇饮用水源保护区内各类排污口取缔措施不落实、保护区边界地理界标和警示标志设立不规范、保护区或周边化工企业没有防止事故状态下“清净下水”污染环境有效措施的，一律挂牌督办。

2、督促重点流域城镇污水处理厂加快建设进度、提高运行负荷和出水达标率。对于重点流域规划内污水处理厂，重点整治建成运行三年后处理负荷仍达不到设计能力75%的；不能保证正常稳定达标排放的；污泥外排或弃置造成环境污染的。同时，对排入市政管网严重超标、影响污水处理厂运行的工业企业进行集中整治。进一步规范已投入运行的城镇污水处理厂生产运行台帐建立工作，按日记录进出水水量、水质、污泥产生量与处置情况、主要设备运行状况等，按月记录用电量、运行成本等，于每月5日前向省、市环保局报送上月污水处理厂运行月报表。

3、全面整治垃圾填埋场环境违法问题。重点整治垃圾填埋场中未进行环境影响评价的；已经投入运行但未通过“三同时”验收的；直排渗滤液和渗滤液超标排放对周围环境造成严重污染的问题。

4、对2008年挂牌督办、重点信访案件、领导批示案件的整改落实情况进行后督察，督促企业落实整改要求。

（二）着力打击“两高一资”行业重污染企业的环境违法行为，开展钢铁行业、涉砷行业专项检查

1、对“两高一资”行业重污染企业进行监督检查。重点查处不符合产业政策、环境准入条件、未经审批擅自开工或建成投产的企业；不符合有关环保规定、超标排放污染物的企业；拒不执行国家产业政策，使用国家明令淘汰的落后工艺、设备的企业。严厉打击已被取缔关闭后死灰复燃的企业。

2、认真贯彻国家《钢铁产业调整和振兴规划》中控制钢铁行业产能，加快淘汰落后产能的要求，开展钢铁行业环境污染专项检查。摸清钢铁企业执行建设项目环境保护管理规定及国家产业政策的基本情况。严肃查处违反环境影响评价制度和环境保护“三同时”制度，拒不淘汰列入产业结构调整淘汰类目录的设备和工艺，主要污染物超标和超总量排放的钢铁企业。

3、针对近年来砷污染事件高发态势，对涉砷行业（硫化物、磷矿开采、选矿、冶炼；硫化工；磷化工；砷化物生产）企业进行全面检查清理。重点查处没有取得环境影响评价审批文件或安全生产许可证的；不符合产业政策和环境准入条件，采用国家明令淘汰的落后生产工艺的；没有治理设施，污染物超标排放的；含砷废渣堆放处置不符合法规、标准的；未按规定进行危险化学品登记的企业。

（三）继续开展涉危企业及尾矿库环境安全隐患整治

1、对各类化工企业及其它重污染行业，必须明示污水排放口，其他非法排污口及暗管一律拆除或封堵。污水排放口必须按要求设置在线监测装置。事故状态下有毒有害废气排放要有可行的应急措施。对各类小化工企业进行排查，对违反产业政策的企业要按规定予以关停；未办理环境影响评价手续的企业要责令立即停产整改、补办手续，逾期未完成整改要求的要予以关停。

2、继续对尾矿库企业进行环境安全隐患排查。一是排查应急池、砂泵等尾矿库配套治污防治、应急设施建设情况，排查应急预案的制定管理情况、应急物资储备等重点环节；二是排查尾矿库企业内部管理情况，查企业内部监管记录，是否能保证尾矿库24小时有人值守，建立尾矿库环境安全报告制度；三是排查尾矿库下游及周边环境状况，查是否对周围群众构成环境安全隐患；四是在用尾矿库必须取得环保和安监部门许可，持证运行，关闭环保不达标、不具备安全条件的尾矿库；五是查尾矿库是否执行了“环评”和“三同时”，是否按环评要求落实“三同时”制度；六是把水源保护区范围内的尾矿库作为整治重点，加大检查频次，保证砂泵等配套设施正常运行，确保水环境安全。

三、主要工作措施

（一）落实政府责任，加强组织领导，精心制定方案

各市、州、县政府要继续把深入开展环保专项行动作为重要工作内容，切实加强对专项行动的组织领导，把环保专项行动列入重要议事日程。政府主要领导要亲自抓，精心组织，周密部署，定期听取环保专项行动工作汇报，加强部门协调和工作督查，及时研究解决专项行动中的重大问题。分管领导要具体负责，深入基层、深入一线，靠前指挥，务必把责任和措施落到实处，抓出成效。各级环保部门要充分发挥牵头作用，主动为政府当好参谋，加强部门间的沟通与协调，加大环保执法监管力度。领导小组各成员单位要按照职责分工，认真履职，密切配合，形成合力。要进一步完善定期协商、协调行动、联合办案和环境违法违纪案件移送制度，形成“政府统一领导、部门联合行动、社会广泛参与”的工作格局。

各地要根据本方案的要求，结合本地实际，制定具体的实施方案。在制定方案时，要抓住饮用水源保护区环境污染、工业园区环境违法和钢铁、涉砷等重污染行业的环境整治等重点，并与省委、省政府部署开展的环境保护“专项治理”工作、环保后督查、完成年度总量减排任务有机结合起来，进一步细化工作措施，明确完成时限和责任单位，尽快组织实施。

（二）采取综合措施，强化全面整治

要综合运用法律、经济、行政等手段，在加强挂牌督办、后督察等环境行政执法手段基础上，环保部门要分阶段对照工作重点进行拉网式检查，对各类环境违法行为依法进行行政处罚；发改委和经委等部门要切实发挥在淘汰落后产能工作中的职能作用，查处“两高一资”、钢铁和涉砷企业违反国家产业政策的行为，淘汰一批行业产能过剩、技术落后、污染环境的生产能力，优化产业结构，增强可持续发展能力的企业，并严格项目监管；监察机关要强化行政监察职能作用，加大责任追究力度；司法行政机关要有序推进环境法制宣传教育、法律服务和法律援助工作；建设部门要强化排水许可管理，并加强对城镇污水和垃圾处理运营的监管，集中整治污水超标排入下水道、影响污水厂正常运行的工业企业；工商部门要依法查处“两高一资”行业企业违反登记管理法规的行为；安全监管部门要依法查处危险化学品生产企业违反安全生产法规的行为，督促企业防范生产事故引发环境污染事件；电力监管部门要监督供电企业，严格执行国家制定的节能环保电价政策，对违法企业依法采取停、限电等有效措施。要进一步加强与相关管理部门的配合，在金融信贷、进出口监管等方面采取有效措施，不断强化环境执法效果。

各部门要根据专项行动要求，结合本部门职责，制定实施细则，并督促下级部门切实履行。

（三）加强分类指导，严格环境执法

各级环保部门要强化分类指导的执法意识，对于存在主观恶意的屡查屡犯、明知故犯、偷排偷放等环境违法行为，要依法从重处罚，并移送法院，追究法律责任；单位和产品获得各种先进、优质产品称号的，要按程序取消其资格和称号；对企业法人担任各级人大代表、政协委员的，要向相关单位做出通报。对未按要求开展专项行动、存在问题较大的地区和部门，将予以“区域限批”、“行业限批”和限制资金补助、项目审批的处罚。要规范自由裁量权的行使，坚持教育与惩罚相结合的原则，监督并指导企业切实解决问题。建立企业环境监督员制度，有效发挥企业监督员监督企业环境污染治理设施运行等方面的作用，促进企业守法意识的提高。

（四）建立长效机制，加强公众监督

要以环保专项行动促进建立健全日常环境执法的长效机制，将专项行动检查过的重点行业企业纳入日常重点监管范围。建立后督察制度，将定期检查和不定期巡查相结合，巩固整治成果，防止环境违法企业死灰复燃。规范和完善挂牌督办制度，对专项行动中发现的典型环境违法案件和群众反映强烈的突出环境问题，实行挂牌督办，做到处理到位、整改到位、责任追究到位。要加强城镇污水处理厂进出口水质监管，建立污泥转移联单制度。

各地要制定宣传计划，确定宣传重点，充分利用电台、报纸、互联网等多种传媒手段，加大专项行动和环保法律法规的宣传报道，大力宣传开展环保专项行动的重大意义，宣传省委、省政府的工作部署、工作措施以及治污减排的坚强决心，深入报道全省环境安全形势，揭露重大环境问题，提高全社会的环保意识、健康忧患意识，切实增强广大人民群众保护环境的自觉性和主动性。各地和有关单位要及时公布环保专项行动工作进展，披露违法排污企业名单，曝光一批有影响的环境违法案件，形成集中整治企业违法排污的高压态势。要充分发挥“12369”环保热线作用，畅通投诉渠道，鼓励群众举报环境违法行为，为环保专项行动深入扎实开展营造良好的社会氛围。

四、时间安排

（一）动员部署阶段（5月4日－5月10日）

各地环保专项行动领导小组结合实际情况，确定本地区整治重点，制定具体实施方案，全面完成环保专项行动的动员部署工作。

（二）“两高一资”行业企业、钢铁企业、涉砷行业企业开展集中整治阶段（5月11日—6月15日）

地方各级环保专项行动领导小组组织有关部门对“两高一资”行业企业、钢铁企业、涉砷行业企业开展集中检查，对存在的环境问题进行集中整治，并于6月20日前报送阶段性报告。

（三）饮用水源区、城镇污水处理厂、垃圾填埋场、重点环保案件后督查和集中整治阶段（6月21日—8月15日）

地方各级环保专项行动领导小组组织有关部门对饮用水源保护区整治措施落实情况开展后督察、城镇污水处理厂、垃圾填埋场存在的环境问题进行集中整治，对重点环保案件整改落实情况进行后督查，并于8月30日前报送阶段性报告。

（四）涉危企业及尾矿库环境安全隐患集中整治阶段（8月15日—9月30日）

地方各级环保专项行动领导小组组织有关部门对涉危企业及尾矿库存在的环境问题进行集中整治，并于10月15日前报送阶段性报告。

（五）督查阶段（6月—11月）

省环保专项行动领导小组对各地专项行动工作开展督查。6月底，省发改委、省经委、省监察厅和省环保局对各地“两高一资”行业企业、钢铁企业、涉砷行业企业整治情况进行检查；8月底，省建设厅、省监察厅和省环保局对各地饮用水源区、城镇污水处理厂和垃圾填埋场整治情况、重点环保案件后督查情况进行检查；9月底，省安监局、省监察厅和省环保局对各地涉危企业及尾矿库环境安全隐患集中整治情况进行检查；11月，领导小组各成员单位联合对今年专项行动开展情况进行检查。

国务院八部门将对各省、自治区、直辖市环保专项行动开展情况进行督查。

（六）总结阶段（11月）

各地对环保专项行动开展情况进行总结，完成2009年环保专项行动工作总结报告，并在11月30日前上报。

五、信息报送

1、各地应在5月10日前，上报专项行动领导小组名单和负责人、联络人的联系方式（电话号、手机号、传真号和电子邮箱）。

2、6月20日前、8月30日前、10月15日前各地牵头单位负责上报阶段性工作报告。11月30日前上报专项行动总结报告。

3、每月15日前，各地应上报专项行动工作简报。

4、联系方式：

湖北省环境监察总队 王峻　徐日升

电话：（027）87167435（027）87167542

电子邮箱：huepo@126.com

87167122@163.com

湖北省发改委 伍旭

电话：（027）87820871

传真：（027）87890992

附件2：
2009年湖北省环保专项行动领导小组名单

组　长：

赵　斌　省人民政府副省长

副组长：

邹贤启　省政府副秘书长

陈绪国　省纪委副书记、省监察厅厅长

李　兵　省环保局局长

成　员：

甄建桥　省发展和改革委员会副主任

李祠金　省经济委员会副主任

康明先　省监察厅副厅长

张学峰　省建设厅副厅长

李跃春　省工商行政管理局总经济师

陈文贵　省司法厅副厅长

刘向东　省安全生产监督管理局副局长

葛才胜　国家电力监管委员会华中监管局副局长

邹清平　省环保局副局长

关于开展电解锰行业专项执法检查和环境整治的通知

各市、州、直管市、神农架林区环保局：

根据环保部《关于开展全国电解锰行业专项执法检查和环境整治的通知》（环办[2009]66号）的要求，结合我省生产电解锰行业企业生产区域分布情况，决定对生产电解锰行业企业进行执法检查，现将有关事项通知如下：

一、检查对象

电解锰生产企业

二、检查内容

依据《电解锰金属企业行业准入条件》（国家发展与改革委员会公告2008年第13号）以及国家相关的法律法规，全面查清电解金属企业执法环保法律法规及污染物排放情况，对环境违法行为依法查处，并监督企业整改到位。

1.生产设施及生产工艺满足国家产业政策以及行业准入条件情况；

2.建设项目执法环境影响评价和“三同时”制度情况；

3.污染治理设施运行及污染物排放情况；

4.锰渣及铬渣的堆存处置情况；

5.企业排放口规范化和污染源自动监控系统情况；

6.环境应急预案的制定及应急事故池的建设情况；

7.排污申报登记、排污许可证办理、排污费缴纳情况。

请各单位按照《全国电解锰行业环境整治工作要求》（附件一）督促落实。

三、检查、整治形式与时间安排

以各地自查为主，省级抽查相结合。

检查整治时间从2009年5月开始，至2009年底结束，分两阶段进行：

1.清查处理阶段（2009年5月至6月底）。各地开展电解锰行业专项执法检查，并填报情况汇总表（见附件二）。各地环保部门将清查情况报告及汇总表于2009年6月20日前报送省环境监察总队。

2.督促整改阶段（2007年7月至12月）。各地按照环保要求督促电解锰企业进行整改，及时填报整改情况汇总表（见附二）。各地环保部门将整改情况报告及汇总表于2009年12月8号前报送省环境监察总队。

四、工作措施及要求

1.加强领导，精心组织。各级环保部门要重视此次专项行动，精心组织，落实责任，注重督导。各地环保部门要按照总体工作部署，结合实际，突出重点，制定检查方案，明确具体工作任务和措施，确保工作取得实效。

2.加强监管，促进整改。各级环保部门要认真开展电解锰企业排查和整治工作，依法查处各种环境违法行为，监督企业进行整改，确保按期完成任务。同时要加强对电解锰生产企业的日常监管工作，保证污染治理设施正常运行，污染物稳定达标排放。

3.及时报送情况。各级环保部门要重视信息高度工作，及时报送执法情况。各地环保部门于2009年6月20日和2009年12月8日前分别提交清查情况报告和整改情况报告。

省厅将适时组织对各地执法检查工作开展情况进行督查。

联 系 人：省环境监察总队 闫 强

联系电话：027-87167391、87652665（传真）

电子信箱：qiangyan2@163.com

附件：

1、全国电解锰行业环境整治工作要求

2、2009年电解锰行业专项执法检查和整治情况汇总表

二〇〇九年六月十五日

主题词：环保 电解锰 执法检查 通知

附件一：
全国电解锰行业环境整治工作要求

一、建设项目环境保护审批手续齐全

二、企业污染物达标排放

1.企业生产废水的处理：

（1）含铬废水必须建有稳定达标的处理设施，并且在车间做到达标排放；

（2）冷却水做到闭路循环不外排；

（3）其它生产废水必须做到稳定达标排放。

2.企业生产废渣的处置：

（1）对渣场要进行地下水监测，对造成地下水污染的渣场要停止使用，并采取补救措施消除污染。对确未造成地下水的污染的要覆土、绿化；

（2）位于渣场附近的压滤机严禁用水直接冲洗滤布，经压滤机压滤过后废渣废水含水率不得大于30%；

（3）渣场堆存的锰渣达到设计标高后，应逐步覆土、压实绿化；

（4）为防止雨水径流进入渣场内，避免渗滤液量增加和滑坡，渣场周边要设置导流渠；在渣场下游要设置水质监控井，定期监测地下水质变化情况；

（5）生产车间含铬废水处理后产生的铬渣属于危险废物，应采取防渗防流失措施进行堆存并交有处理资质的厂家进行无害化处置。不得与其他一般废渣一起堆存；

（6）渣坝下游应建有渗滤液收集装置，并把废渣渗滤液引入生产废水处理池或就地处理达标后排放，禁止直接外排。

3.企业生产废气、噪声的处理：

企业生产过程中粉尘、废气、噪声的排放要达到国家规定的排放标准。

三、企业厂区环境综合整治

1.必须采取雨污分流和循环水，污水分流；厂区污水收集和排放系统等各类污水管线设置清晰；生产过程中杜绝跑、冒、滴、漏、现象；

2.锰矿粉不得露天堆存，应采取封闭或防扬散储存措施；

3.生产车产地面要采取防渗、防漏和防腐措施，厂区道路要经过硬化处理。

四、企业排放口和污染源自动监控系统

1.排放口必须规范化，各取水口和排污口安装流量计量装置；

2.安装六价铬、总锰、PH、悬浮物等主要污染物的自动监控装置。

五、环境应急

必须制定环境应急预案，建设应急事故排放池，配备相关应急设施和装备。

六、排污申报及收费

1. 企业必须依法进行排污申报登记，办理排污许可证；

2. 企业必须在2009年年底前依法足额缴纳2008年以来应缴未缴或少缴的排污费。

恩施全面启动环保专项行动

为深入贯彻落实科学发展观，紧紧围绕保增长、保民生、保稳定的总要求，切实解决当前影响可持续发展的突出环境问题，保障人民群众的切身环境权益，根据《2009年湖北省继续深入开展整治违法排污企业保障群众健康环保专项行动方案》（鄂环发[2009]15号文）要求，州迅速成立了由州人民政府副州长刘顺辉任组长，州环保局、州发改委、州经委、州监察局、州司法局、州建委、州工商局、州安监局、州电力总公司主要领导为成员的环保专项行动领导小组，并于2009年5月22日下发了《关于印发<2009年恩施州深入开展整治违法排污企业保障群众健康环保专项行动方案>的通知》。全州各县市也立即行动，印发方案，召开领导小组会议，研究部署专项行动工作。

恩施印发环保专项行动第二阶段工作要点

根据《2009年湖北省继续深入开展整治违法排污企业保障群众健康环保专项行动方案》（鄂环发[2009]15号文）及《关于加强部门协调加大2009年环保专项行动第二阶段整治工作力度的函》（鄂环函[2009]402号文）的要求，州环保专项行动领导小组结合当地实际，确定了州环保专项行动第二阶段工作重点，并于2009年6月4日印发《恩施州环保专项行动第二阶段工作要点》。《要点》明确了州以来凤恒佳工贸有限公司等8家“两高一资”企业和鹤峰吉建磷化有限公司等3家涉砷企业为集中检查重点，严格按照第二阶段要求开展行动。同时，强调各地环保专项行动小组，对集中检查过程中排查出涉及污染隐患的重点排污单位，必须采取相应措施，积极消除隐患，并按照相关法律规定予以行政处罚。

咸宁市关闭19家环境违法造纸企业

咸宁市人民政府《关于落实科学发展观加强环境保护的决定》，着力解决影响经济社会发展、危害人民群众健康的突出环境问题，加快建设资源节约型、环境友好型社会，实现经济社会全面、协调、可持续发展。决定2009年继续以小造纸、小水泥、小炼钢、小炼铁、小酒精、小味精、小印染和城市污水处理为重点，开展环保专项治理工作。

为确保环境整治到位，咸宁市环保专项行动领导小组对这些企业“约法三章”：一是按省公示时限要求，坚决彻底关闭；二是关闭要彻底，不留尾巴，不能死灰复燃；三是监察部门要加大督办力度，对关闭不力，弄虚作假，甚至包庇纵容者，要依法严肃追究。

市政府成立环保专项治理领导小组，市各牵头部门成立工作专班，各县、市、区人民政府也成立了领导小组和工作专班。19家小造纸已彻底关闭。

赤壁市关闭陆水湖沿湖餐馆专项行动有序推进

赤壁市环保局在关闭陆水湖沿湖餐馆专项行动中，多管齐下，有序推进整治工作，成效显著。

一、堵住沿湖餐馆客源，促进餐馆搬迁

一是领导带头，拒绝到沿湖餐馆就餐。积极响应市委领导的号召，号召身边的人不到沿湖餐馆就餐。二是联合执法，堵住公职人员到沿湖餐馆就餐。向市纪委专题报告，建议把禁止行政及事业单位去沿湖餐馆公款宴请作为今年我市作风建设工作方案的重要内容。倡导领导干部带头遵守，不到沿湖餐馆进餐。5月13日，环保局组织监察人员30人与市纪委、市电视台一起对到沿湖餐馆就餐的车辆进行摄像，并向有关部门予以通报。三是广泛倡议，让所有市民共同参与环境综合整治行动，拒绝到沿湖餐馆就餐。活动中印发拒绝去沿湖餐馆进餐的倡议书1500份，制作展板三块，摆放在主要街道及沿湖餐馆旁，宣传政府政策及相关法律、法规和陆水湖水质现状、形成原因及整治任务。同时将倡议书录制磁带，利用陆水湖环境综合整治专车，连续半个月的时间坚持每天中午或下午就餐时，在城区及沿湖餐馆旁用扩音器播放进行宣传。目前，赤壁市博海湾鱼庄、赤壁市山点水鱼馆、陆水活鲜鱼馆、赤壁市野鱼馆、陆水鱼馆、陆水河鱼馆等六家餐馆在立新镇、郡都等地初步找到了重新经营地点，已着手搬迁。

二、严格执法，促使沿湖餐馆自行关闭一批

根据饮用水源保护相关法律法规，已对12家餐馆下达了行政处罚听证告知书，对违法行为依法予以罚款，迫使餐馆业主自行予以关闭。目前，河滨鱼村已经拆除，王菊仙鱼馆、山水缘特色鱼馆已停业。

三、积极服务，督促限期治理一批

在做好关闭餐馆的同时，积极指导建设银行培训中心赤壁校区等四家宾馆制定限期治理方案，加快限期治理。目前，建设银行培训中心赤壁校区、长江水利委员会陆水培训中心、武汉铁路局赤壁教育培训中心三家限期治理单位制定的污水经处理达标后排往湖外的治理方案已经市环保局审定，长江水利委员会陆水培训中心治理工程预计五月底可开工建设；山水缘度假村治理方案没有得到市环保局通过，新的治理方案正在制订中。

孝感市深入开展整治违法排污企业保障群众健康环保专项行动

为学习实践科学发展观，紧紧围绕保增长、保民生、保稳定的总要求，切实解决当前影响可持续发展的突出环境问题，保障人民群众的环境权益，孝感市环保局、发改委、经委、监察局、司法局、建委、工商局、安监局、供电公司联合开展整治违法排污企业保障群众健康环保专项行动。

本次专项行动重点内容是开展以城镇污水处理厂、垃圾处理场集中整治，着力打击“两高一资”行业重污染企业的环境违法行为，开展钢铁行业、涉砷行业专项检查整治，对涉危企业和尾矿库企业隐患进行排查整治，彻底关闭污染严重的小炼钒企业等。

环保专项行动从5月初开始至10月底结束，分动员部署、排查摸底、集中整治、监督检查四个阶段。市政府成立了以分管市长吴方成为组长的环保专项行动领导小组，市环保局、发改委等九部门联合下发了环保专项行动方案，召开了联席会议，明确了各部门分工和职责，并要求各部门紧密配合，实行综合整治，严格环境执法，严肃查处违反国家产业政策“两高一资”、小钢铁和涉砷企业的违法行为，淘汰产能过剩、技术落后、严重污染环境的企业，严厉打击影响饮用水源安全、损害群众利益和影响群众健康的环境违法行为，解决一批群众反应强烈的环境热点难点问题。通过环保专项行动建立健全日常环境执法长效机制，将环保专项行动中查出的重点环境违法案件和存在环境安全隐患的企业实行挂牌督办，落实后督察制度，做到处理到位、整改到位、责任追究到位。

目前，市环保专项行动已进入第二阶段，对“两高一资”行业企业、钢铁企业、涉砷行业企业、小炼钒企业开展调查和集中整治，已依法关停了4家小炼钒企业。

汉川市开展马口地区“小印染”生产企业专项整治

2009年5月20日，按照市环保专项行动工作要求，汉川市政府下发了《关于依法对马口地区“小印染”生产企业（生产线）限期关闭的通知》，正式启动马口地区“小印染”生产企业关闭工作，这是汉川市继2007年关闭造纸企业以来，贯彻落实科学发展观，建设资源节约、环境友好型社会的又一重要举措。

通知要求，此次关闭工作以汉川马口镇政府为责任主体，将合理运用法律、经济和必要的行政手段，依法对马口地区“小印染”生产企业于6月30日前予以关闭。工商、税务、环保、质监、供电等相关部门将按照《省人民政府办公厅印发2008年全省环保专项治理工作方案的通知》（鄂政发[2008年]19号）的工作要求，加强关闭“小印染”企业的监督管理。目前，治理工作正在全面实施中。

黄石市环保专项行动领导小组召开第一次工作联席会

为了贯彻落实全国、全省“关于继续深入开展整治违法企业，保障群众健康环保专项行动”电视电话会议精神，黄石市人民政府迅速成立了黄石市环保专项行动领导小组，于2009年4月15日召开了第一次联席会议。会议由市人民政府副秘书长、市环保专项行动领导小组副组长袁小安同志主持，黄石市政府副市长、市环保专项行动领导小组组长罗光辉同志出席了本次会议，领导小组成员单位市环保局、市发改委、市经委、市监管局、市司法局、市建管委、市工商局、市安监局、市供电公司等九个部门负责人和有关工作人员参加了会议，与会人员认真学习了国家开展2009年整治违法排污企业，保障群众健康环保专项行动的精神实质和指导思想，明确了工作重点及目标要求。会议全面部署了我市今年开展环保专项行动的工作任务，并制定了详细的工作方案。

会上，罗光辉同志指出， 2009年环保专项行动的工作重点：一是巩固2008年环保专项行动成效，持续开展饮用水源保护区后督察和城镇污水处理厂、垃圾填埋场集中整治和重点环保案件后督查。二是着力打击“两高一资”行业重污染企业的环境违法行为，开展钢铁行业、涉砷行业专项检查。三是继续开展涉危企业及尾矿库环境安全隐患整治。

罗光辉同志要求，各有关部门要继续把深入开展环保专项行动作为重要工作内容，切实加强对专项行动的组织领导，把环保专项行动列入重要议事日程。同时，还要求各部门要深入落实科学发展观，要以解决危害群众健康和影响可持续发展的突出问题为重点，要与市委、市政府部署开展的环境保护“专项治理”工作、环保后督查、完成年度总量减排任务有机结合起来，以确保完成主要污染物减排任务为目标，采取更加有力的综合执法手段，全力整治违法排污行为，全面完成制定的目标任务。

黄石市环保系统召开“继续深入开展环保专项行动专题会议”

市环保系统为了更好地贯彻落实“2009年全国、全省深入开展整治违法排污企业，保障群众健康环保专项行动”电视电话会议的精神，在市政府召开环保专项行动联席会后，市环保局于4月25日紧接着召开全市环保系统“继续深入开展环保专项行动专题会议”，大冶市、阳新县、铁山区环保局、城区各分局以及局属所有二级单位主要负责人，局机关中层干部参加会议。为明确各单位、各部门的职责，结合环保专项行动所面临的形势严峻、任务重、范围广的特点，会议要求大冶市、阳新县、铁山区环保局、城区各分局、各二级单位、机关各科室要把这项工作作为今年的重点工作来抓，工作中要做到主动协调、密切配合、齐心协力、共同圆满地完成好各项整治任务。

会上，王增倍局长对市环保系统2009年整治违法排污企业保障群健康环保专项行动工作做了详细安排，明确了各局及相关部门的任务和职责，提出了今年专项整治行动的工作重点是：对2007年和2008年饮用水源保护区集中整治中发现的问题进行跟踪督办；督促重点流域城镇污水处理厂加快建设进度、提高运行负荷和出水达标率；全面整治垃圾填埋场环境违法问题；对2008年挂牌督办、重点信访案件、领导批示案件的整改落实情况进行后督察，督促企业落实整改要求；对“两高一资”行业重污染企业进行监督检查，严厉打击已被取缔关闭后死灰复燃的企业；认真贯彻国家《钢铁产业调整和振兴规划》中控制钢铁行业产能，加快淘汰落后产能的要求，开展钢铁行业环境污染专项检查；针对近年来砷污染事件高发态势，对涉砷行业（硫化物、磷矿开采、选矿、冶炼；硫化工；磷化工；砷化物生产）企业进行全面检查清理；对各类化工企业及其它重污染行业，必须明示污水排放口，其他非法排污口及暗管一律拆除或封堵；继续对尾矿库企业进行环境安全隐患排查。同时，根据国务院《关于加强重点湖泊水环境保护工作的意见》的要求，结合我市实际，将对长江黄石段、磁湖、青山湖、大冶湖、保安湖、网湖、舒婆湖、仙岛湖、富河等重点水域、流域的周边污染企业开展集中整治行动。

王增倍局长强调：态度决定一切，在深入学习科学发展观的同时，相信环保战线同志们会齐心协力，共同拚搏，一定能把这次环保专项行动干得精彩，决不辜负人民群众的所托。

以人为本、情系群众、全面开展重点水域、流域环保执法行动

为贯彻落实好科学发展观，以人为本的方针政策，认真做好整治违法排污企业，保障群众健康环保专项行动。同时，为进一步加强我市重点水域、流域环境监管工作，严肃查处私设排污口和超标排放污染物的环境违法行为，促进污染物减排目标的实现。

4月27日，黄石市环保局成立了局党组书记、局长王增倍任组长，副局长彭玉成任副组长，环境监察支队、环境监测站、污控科、规财科、总量办、环保宣传教育信息中心、大冶市环保局、阳新县环保局、黄石港分局、西塞山分局等单位负责人为成员的黄石市重点水域、流域环保执法行动领导小组。重点对长江（黄石段）、磁湖、青山湖、大冶湖、保安湖、网湖、舒婆湖、仙岛湖、富河等重点水域、流域的周边污染企业开展为期40天的环保执法集中整治行动。

4月28日，市环境监察支队在四楼会议室主持召开了“全市重点水域、流域环保执法行动”工作布置会。会议要求各有关单位必须提高认识、高度重视。主要负责人亲自抓。要合理调配人员，安排相对固定的工作专班落实此项工作。对在执法行动中发现的不规范的排污口，要责令相关单位限期整改；对检查中发现的偷排口要坚决予以取缔；对没有污染治理设施或不正常运行的，要依法严肃查处；对导致区域性环境污染的突出问题，要采取领导包案、挂牌督办等方法落实整改措施，并追究有关责任人员的责任。会议还要求各单位在现场检查工作结束后，按行政区划绘制各水域、流域排污口示意图，按时提交本次环保执法行动的技术总结和工作总结；提出整治违法排污的长效管理措施，安排专班查处到位。

彭局长要求全市各级环境监察人员要切实提高认识，把开展本次执法行动与学习实践科学发展观活动结合起来；要妥善安排，把开展好本次执法行动与做好当前的环境执法工作结合起来；要加强督办落实，全面摸清我市重点水域、流域的纳污状况，为领导决策提供重要的第一手资料。

整治取缔煤矸石锻烧厂 保护集中饮用水源

漳河水库是荆门市中心城区的集中饮用水源，其周边两公里范围被列为生态监察区，自去年底以来其周边东宝区境内4个乡镇共出现了9处煤矸石锻烧厂，露天作坊未办理环保等审批手续，采用简易鼓风、给氧法煅烧煤矸石，产生二氧化硫、破碎粉尘、噪声及水污染，威胁到集中饮用水源的安全。

荆门市委市政府及东宝区政府对集中饮用水源保护十分重视。东宝区政府制定了《整治取缔煤矸石堆烧制渣场专项行动实施方案》，成立了领导小组和由工商、环保局、安监局、煤管、国土、林业等十多个部门和单位及4个相关乡镇组成的工作专班。经检查，9处土法煅烧煤矸石场中7家属无照经营，2家属超范围经营。工商部门对其全部下达了责令停止经营活动通知书，供电部门采取了停电措施。至6月中旬，通过开展专项整治行动，除马河镇集镇1处尚未建成转生产冷压煤矸石砌块砖外，其余8处均已停止经营，其设施设备已全部拆除，依法关闭了8处煤矸石土法煅烧场。

相关部门将进一步加强现场监察，防止煤矸石锻烧厂死灰复燃，保障漳河水库的生态安全。

随州召开2009年整治违法排污企业保障群众健康环保专项行动工作会议

5月23日，全市2009年整治违法排污企业保障群众健康环保专项行动工作会议在市委小礼堂召开。各级政府主管领导和相关部门负责人200多人参加了会议。

会议由市政府秘书长徐存云主持，副市长彭明方代表政府对2009年全市整治违法排污企业保障群众健康环保专项行动工作进行了动员部署。

会议肯定了2008年环保专项行动工作。2008年各级政府和相关部门迅速按照省、市的总体部署，深入开展环保专项行动。全市共出动环境执法人员1953人次，检查企业366家，立案10件，下达行政处罚2起；挂牌督办7家违法排污企业。通过12369环保热线接受群众投诉29件，关闭3家小造纸厂、1家化工厂，8家炼钒企业。完成COD总量削减494吨， SO2总量削减413吨。环保后督察、环境基础设施专项检查、环境质量都取得较大成效。

一是针对往年查处的环境违法案件、饮用水源地环境违法行为，关停的造纸行业落后产能开展后督察，环境保护后督察工作成效显著。2005年以来，全市挂牌督办的29家典型环境违法案件，90%的环境违法问题得到全面整改；集中检查的3个饮用水水源保护区，落实了环保整改措施，三处饮用水水质达标率保持100%；特别是被取缔关闭的8家造纸企业，落实了关闭要求，设备被拆除，不再具备恢复生产的条件，造纸行业集中度得到提高，在工业行业污染减排中贡献值高。

二是环境基础设施专项检查取得实际成效。城镇污水处理厂投入了运营，出水水质达到国家排放标准。出水口安装了在线监控装置，污水处理达到设计能力的80%以上。同时，去年第一次将垃圾填埋场渗滤液问题作为重点，对3座垃圾填埋场进行了全面检查，责令不符合规范要求的生活垃圾填埋场限期整改。

三是环境质量明显改善。2008年，全市空气质量达标天数为341天，达标率为93.4%；地表水9个省控监测断面基本达到功能区控制标准；环境噪声达到功能区控制标准。各项环境质量指标与往年相比都得到明显改善。

会议指出，当前环境执法监管面临的形势相当严峻、承担的任务十分繁重。受国际金融危机的影响，国内经济增速持续下滑，我市一些行业产能过剩，部分企业经营困难，客观上存在停运治污设施、偷排漏排动机，环境执法的难度和压力明显加大。危害群众身体健康的突发环境事件仍呈高发态势。

2009年环保专项行动要以邓小平理论和“三个代表”重要思想为指导，深入贯彻落实科学发展观，紧紧围绕“保增长、保民生、保稳定”这条主线，贯彻落实十七届三中全会和中央纪委第三次全会精神，进一步加大环境执法力度，严格防范以扩内需保增长为借口的盲目投资冲动，坚决防止新一轮高耗能、高污染、低水平重复建设，积极防范环境风险，着力解决一批危害群众健康和影响可持续发展的突出环境问题，为推动经济平稳较快发展提供有力的环境执法保障。重点是：严管“两高一资”行业，集中开展钢铁、涉砷行业专项检查；继续开展涉危化工企业及尾矿库环境安全隐患的整治；巩固饮用水源保护区集中整治成果，持续开展环境保护后督察。着力整治城镇污水处理厂、垃圾填埋场环境违法问题，切实发挥治污设施的减排效益。

要毫不松懈地加强节能减排和生态环保工作。在2009年环保专项行动中，要继续落实政府责任，加强部门联动，加大责任追究，挂牌督办典型环境违法案件，强化环评审批制衡，加强监管制度建设，完善环保专项行动长效机制。

市发改委就切实发挥拉动内需资金作用，加快节能减排重点项目建设，加大结构调整力度，遏制高耗能、高污染项目重复建设，严格建设项目监管，完善环保政策、机制，严厉查处违反国家产业政策的行为；市监察局就强化行政监察职能作用，加强监督检查、严肃查处环境违法案件，加大责任追究力度；市司法局就推进环境法制宣传教育、法律服务和法律援助工作；市建委就确保城镇供水安全，强化排水许可管理，加强对城镇污水和垃圾处理运营的监管；市工商局就查处“两高一资”行业企业违反注册登记法规的行为；市安全监管局就结合开展“安全生产年”和深入开展安全生产“三项行动”活动，查处危险化学品生产企业违反安全生产法规的行为，督促企业防范生产事故引发环境污染事件；市供电公司就严格执行国家制定的环保政策，严格执法，对违法排污企业实施停、限电措施配合环保专项行动提出了具体要求。

蕲春环保局依法查处湖北美凯化工有限公司违法排污行为

蕲春县在整治违法排污企业保障群众健康环保专项行动中，加强对化工企业专项检查，今年3月2日、3月26日、4月4日，蕲春县环保局在对湖北美凯化工有限公司环境监管中，依法对该公司的排污状况进行了执法检查，检查中发现该公司生产过程中含强酸废液未经处理直接对外排放，环境执法人员当即责令该公司立即停止违法行为，限期改正，并依照环保法律法规有关条款，依法对该公司进行了行政处罚。

蕲春鹞鹰岩水库水环境综合整治

为落实省、市2009年整治违法排污企业保障群众健康环保专项行动通知精神，全面实施蕲春“碧水工程”，确保漕河城区饮用水安全，成立县城区饮用水源地保障综合整治领导小组对鹞鹰岩水库水环境进行综合整治， 4月中旬以来，取缔了饮用水源地范围内所有工业企业、餐饮和养殖场，禁止采砂、取土、游泳、洗衣、倾倒垃圾等污染，饮用水源的违法行为。通过对饮用水源地环境综合整治，使鹞鹰岩水库的污染得到彻底治理，以根本上消除污染隐患，达到“水清、岸绿、流动、畅通”的目标，确保人民群众喝上安全水。

当阳环保专项行动动员部署工作稠密

一是市政府成立了"当阳市整治违法排污企业保障群众健康环保专项行动工作领导小组"，副市长张仁贵任组长，政府办副主任付先裕、环保局长汪伟任副组长，成员有环保局副局长李无训、发改局、监察局、司法局、工商局、安全局，电力部门等部门领导组成，领导小组下设办公室，地点设在市环保局，汪伟同志兼任办公室主任，韩煜华任信息联络员。

二是制定了整治违法排污企业保障群众健康环保专项行动实施方案，在方案中明确规定了09年专项行动的工作重点及要求。

三是制定了整治行动的工作措施、时间安排及各相关部门的职责。制定了环保局专项行动宣传工作计划。

四是环保局组织相关科、室、队召开了专门会议部署专项行动的工作。

秭归2009年度"整治违法排污企业保障群众健康环保专项行动"开展有序

秭归县高度重视2009年度整治违法排污企业保障群众健康环保专项行动，早安排、早部署，环保专项行动开展有序。一是结合秭归实际认真制定了今年的工作方案，县人民政府印发了《秭归县2009年整治违法排污保障群众健康环保专项行动具体实施方案》，对今年全县环保专项行动进行统一安排部署，明确了环保专项行动的工作重点和阶段性任务。二是成立了环保领导小组，以副县长为组长，相关部门为成员单位，负责全县环保专项行动的组织、协调、执行和监督工作，明确了各相关部门的职责及建立了工作协调机制。三是明确了信息联络员，确保专项行动信息报送的畅通、及时、准确。四是认真开展了阶段性专项整治工作，对于县域内的"两高一资"行业企业、钢铁企业、涉砷行业企业进行了全面调查和排查，全面摸清了基本情况，秭归县无钢铁企业、涉砷行业企业重点污染企业。

荆门开展杨树港综合整治 保障农业生产用水安全

今年环保专项行动以来，荆门市加大了对重点流域与水体的功能保障整治工作。春耕期间，东宝区牌楼镇革集村杨树港河段因自然径流量小与气温突然升高等原因，导致引河水给鱼塘补水死鱼、农田下秧用水困难现象。市环保局立即会同市农业、水利等环保专项行动相关部门及掇刀区环保局对杨树港流域水体以及沿岸可能产生污染的工业企业进行排查，并对进入该流域的上游三个支流排口和沿岸的主要企业水质进行了监测分析。经过对流域主要污染源日月油脂、格林美、泰山建材、航特工业园、东光工业园、天茂氯丙酰氯厂、美丰化工、垃圾填埋场、编织袋造粒厂等进行拉网式排查与监测，认定造成杨树港流域农业引用水源污染的除自然因素外，重要原因还有美丰化工和编织袋造粒厂两企业污染物超标排放。

为此，掇刀区环保局下达了违法行为限期改正通知书，责令美丰化工停产治理，三天内稳定达标排放；要求编织袋造粒厂十五日内关停搬迁。通过市区两级环保部门的后督查与加强现场监管，美丰化工实现了废水零排放，编织袋造粒厂被关闭，两企业如期完成了限期整改。环保部门还加强了对荆门高新区重点排污企业的监管。加密了对杨树港水体监测频次，每周一测一报。为缓解春耕用水水质性困难，市政府协调湖北漳河工程管理局向杨树港以1立方米/秒补水200多万立方米，解决了该流域今年的春耕用水。市政府督促南城区污水处理厂加快建设进度，尽快投入运行，以长久保障该流域水体功能与农业生产用水安全。

枝江开展重点行业企业和建设项目执法检查

按照环保部办公厅《关于开展重点行业企业等三项执法检查的通知》（环办函〔2009〕555号）要求，枝江市2009年整治违法排污企业保障群众健康环保专项行动的部署与安排， 6月8日开始，在全市范围内开展以重点行业企业和建设项目为重点的专项执法检查。

检查中，将对重点流域重污染行业企业、重点排污企业及2008年7月以来开工建设、投运的建设项目进行执法检查。检查内容涉及：一、辖区内重点流域重污染行业企业及国控、省控重点排污企业达标排放情况；二、辖区内重点流域是否存在不符合国家产业政策和环保准入要求的违法建设项目；三、生产企业是否存在不正常运行污染治理设施、私设排污管线、超标排污、不按规定安装在线监控设施、排污口设置不规范等环境违法行为；四、在建项目办理环境影响评价审批手续、落实环境影响评价报告措施和审批意见情况；五、已经投产项目办理环境影响评价审批、试生产、环保"三同时"验收手续情况。

当阳加大查处取缔非法涉油厂点工作

在专项行动工作中，当阳市环保局根据国家环保部环境监察局环监发[2009]14号文件的精神，对所辖区范围内的非法涉油厂点情况逐一进行了清查督办，对未执行环境影响评价、违反建设项目"三同时"、没有治理污染设施、超标准排污的情况进行了查处，对属于"十五小"企业的土法炼油进行了取缔和关闭。特别是对被[2009]14号文件中2009年部级联席会议挂牌取缔的非法涉油厂点当阳市玉泉办事处"王荣礼炼油厂点"进行了重点打击，联合玉泉办事处、工商管理、国土资源、电力供电等部门对死灰复燃的"十五小"企业王荣礼（现业主张建龙）炼油厂采取了"断水断电、拆除设备、清除原料，责令业主销毁剩余原材料"等强制性措施进行了取缔。现该炼油厂已停产，正在清除原料和设备。

麻城化工企业环保专项整治行动进展顺利

5月5日全市化工行业环保工作督办会召开后，市环保局迅速抽调人员组成工作专班，由分管副局长带队，对全市化工企业落实专项会议精神，进行了现场检查督办。从检查情况看，大部分企业迅速行动，针对自身存在的问题制定了整改措施。

麻城市华瑞化工有限公司投资400多万元的污水处理设施进入进水调试阶段，在线监测设备安装完毕，已向黄冈市环保局申请环保“三同时”验收；湖北海之杰化工有限公司二期工程环评已召开评审会，上报黄冈市环保局审批；黄冈赛康药业有限公司茴三硫原料药项目已向黄冈市环保局申请试生产；湖北天盟化工有限责任公司环评已审批，其污染防治设施正在配套之中；麻城市中鼎精细化工有限公司污染防治设施已配套，已向黄冈市环保局提出验收申请；湖北邦宇药业有限公司正在制订污染防治方案，承诺在规定时间内完成废水验收工作；麻城市凯龙化工有限公司改性铵油炸药生产线项目，5月20日已通过环保验收。其他松脂油林化企业正在积极联系环评单位，按程序报批。下一步，市环保局将进一步加强对全市化工企业的检查和督办，积极提供指导和服务，确保专项行动落到实处，取得实效。

武穴召开整治违法排污企业保障人民群众健康环保专项行动动员会

5月28日，市人民政府副市长王斌参加市整治违法排污企业保障人民群众健康环保专项行动动员会。指出，2009年环保专项行动要紧紧围绕“保增长、保民生、保稳定”这条主线，严格防范以扩大内需保增长为借口的盲目投资。坚决防止高能耗、高污染的项目落户我市。要通过专项行动着力解决一批危害群众健康和影响可持续发展的突出环境问题，重点集中在以下几个方面：一是严管“两高一资”行业，集中开展钢铁、涉砷行业专项检查。二是巩固饮用水水源保护区集中整治成果，持续开展后督察工作。三是着力整治田镇工业粉尘治理、实心粘土砖的关停和城区的噪声的环境违法问题。四是集中解决一批群众反映强烈的环境纠纷问题。

为确保专项行动取得实在的成效。一是要严格落实责任，强化部门联动。进一步完善开展专项行动的领导工作机制，建立考核制度，确保专项行动责任到位、措施到位、工作到位。部门之间要密切配合、定期协商、联合办案，切实形成政府统一领导、部门联合行动、公众广泛参与共同解决环境问题的工作格局。二是要强化责任追究。要将群众反映强烈、影响社会稳定的的突出问题作为重点查处事项、挂牌督办、跟踪督办。对违法行为监督、查处不力，甚至包庇、纵容违法排污的，依法追究有关责任部门负责人的责任。三是要强化执法监督。建立和完善巡查、直查、稽查、后督察和年终考核制度。畅通投诉渠道，对主观恶意排污，严重损害群众身体健康、严重破坏环境的犯罪行为，要依法从重处罚。

市环保局局长李治先、市纪委副书记、监察局长张常斌、市发改局副局长高小胜、市经济局副局长王新军、市建设局纪检组长毛本强、市司法局副局长冯灿年、市安全局副局长项文龙、市工商局副局长张洪国、市供电公司副经理阮飞分别就各自的职责作了表态发言。

黄冈实施碧水行动三年计划和河湖库长制度保护水环境

近年来，随着城市的发展和人口的增多，黄冈市水资源日渐恶化,逐渐丧失其原有功能，为恢复全市水资源的原有地表水的水体功能，保障群众饮用水安全，黄冈市政府制订了实施碧水行动三年计划和河湖库长制度，并纳入今年的目标责任书内容。目标责任书首批列出23个重点水域，要求在三年内整治到位。对全市23个重点水域存在的问题，提出治理措施及实施方案，并成立以黄冈市环保局为首的工作专班进行落实。

主要解决全市范围内的河湖存在的以下问题：

一要解决集中式污水处理厂的建设和运营工作。

目前全市的污水处理厂建设刚刚起步，各县市区要加快城市污水处理厂的建设，抓好营运工作，实现稳定达标排放，确保发挥治污减排作用。

二要解决地表水沿岸企事业单位污染防治。

对于地表水周边的企业事业单位，各县市区环保局要加强督办，对已建成污水处理设施的企业事业单位，要保证其设施正常运行，对未建成污水处理设施的企事业单位，要尽快督促其加快污水处理设施的建设。

三要解决农业面源污染综合治理。

对农村环境中生活垃圾遍地、污水横流现象进行综合治理，对农业种植实施“两清”、“两减”、“两治”示范工程，推行有机种植，减少农业面源污染。

四要解决渔业养殖污染治理。

水产部门要合理确定河内鱼类、珍珠养殖量，禁止河内投饵养殖，实行生态养殖，实现以鱼养水，以鱼治水，防止过度养殖及投饵养殖污染水质及影响生态。

五要抓好生态环境保护。

开展水系生态修复，保护水资源，合理分配水资源。

目前，黄冈市辖区已经带头开始，由市委、市政府主要领导带头抓，刘善桥书记担任长河河长，刘雪荣市长担任遗爱湖湖长。刘善桥书记于6月5日对长河水环境进行了实地考察，就长河水环境综合整治方案进行了研究，并作了重要讲话，要求高度重视长河水环境综合整治工作，采取得力措施狠抓落实，实行目标责任制，确保按期完成。刘雪荣市长也实地察看了遗爱湖的整治情况，并召集相关单位负责人进行专题研究。市人民政府办公室印发了《关于进一步加强遗爱湖环境综合整治的实施方案》，指出了遗爱湖存在的环境问题，提出了进一步整治的具体措施，明确了各相关部门的目标任务。

恩施全面启动环保专项行动

为深入贯彻落实科学发展观，紧紧围绕保增长、保民生、保稳定的总要求，切实解决当前影响可持续发展的突出环境问题，保障人民群众的切身环境权益，根据《2009年湖北省继续深入开展整治违法排污企业保障群众健康环保专项行动方案》（鄂环发[2009]15号文）要求，州迅速成立了由州人民政府副州长刘顺辉任组长，州环保局、州发改委、州经委、州监察局、州司法局、州建委、州工商局、州安监局、州电力总公司主要领导为成员的环保专项行动领导小组，并于2009年5月22日下发了《关于印发<2009年恩施州深入开展整治违法排污企业保障群众健康环保专项行动方案>的通知》。全州各县市也立即行动，印发方案，召开领导小组会议，研究部署专项行动工作。

恩施印发环保专项行动第二阶段工作要点

根据《2009年湖北省继续深入开展整治违法排污企业保障群众健康环保专项行动方案》（鄂环发[2009]15号文）及《关于加强部门协调加大2009年环保专项行动第二阶段整治工作力度的函》（鄂环函[2009]402号文）的要求，州环保专项行动领导小组结合当地实际，确定了州环保专项行动第二阶段工作重点，并于2009年6月4日印发《恩施州环保专项行动第二阶段工作要点》。《要点》明确了州以来凤恒佳工贸有限公司等8家“两高一资”企业和鹤峰吉建磷化有限公司等3家涉砷企业为集中检查重点，严格按照第二阶段要求开展行动。同时，强调各地环保专项行动小组，对集中检查过程中排查出涉及污染隐患的重点排污单位，必须采取相应措施，积极消除隐患，并按照相关法律规定予以行政处罚。

全省各地开展环保专项行动概况

荆州2009年5月底以来，各级环保部门积极与发改委、经委加强合作，形成合力，及时对“两高一资”行业、钢铁和涉砷行业进行整治。

一是政府牵头，质监执法，部门配合，开展用中频炉生产地条钢专项清理工作。二是将荆州市东方印染有限公司和荆州市凤冠毛巾制造有限公司6条生产线予以关闭，淘汰落后产能0.78亿米/年。三是将荆州市三凯建材总厂和松滋市鄂松水泥有限责任公司立窑生产线予以关闭。四是对7个（主要涉及建材和纺织行业）未按规定办理环境影响评价报批手续、擅自开工建设的项目立案查处，责令建设单位立即停止建设，限期补办环境影响评价报批手续。五是对存在环境违法行为的洪湖明达矿业有限公司移交相关部门处理，依法取缔洪湖永胜陶粒厂。

下步计划将松滋市杨家溶水泥有限责任公司、松滋市双七水泥有限责任公司、松滋市荆松水泥有限责任公司和湖北拍马纸业有限公司4条生产线实施关闭，各项准备工作正在有序进行。经查，我市无涉砷企业。

各级部门组织专班，共出动执法人员744人次，检查企业268家，对11家存在环境违法行为的企业立案查处。各部门加大现场巡查频次，多次深入企业宣传国家产业政策和环保法律法规。在严肃查处企业环境违法行为的基础上，积极帮助企业分析原因，制定切实可行的治理和整改方案，确保环保专项行动工作取得实效。

武汉为加强农村集中式饮用水水源保护，改善农村集中式饮用水水质，确保饮用水源地环境安全，2009年市环保局以打击威胁农村集中式饮用水源保护区安全的环境违法行为为重点，开展了全市农村集中式饮用水源地专项整治工作。

2月至6月，洪山区、硚口区、东湖新技术开发区、武汉经济技术开发区及6个远城区环保局，出动执法人员200余人次，对辖区内饮用水源地进行了全面排查。排查重点：各乡镇级以上水厂水源保护区范围内工业污染源分布及污染物排放情况；各水源保护区周边农业面源、网箱养殖、畜禽养殖污染源及其它可能造成污染的点源（如垃圾转运站、垃圾填埋场、油库、码头等）的分布情况；各水源保护区范围内违法建设情况等。

目前，农村有集中式饮用水源地取水口（点）65个，其中存在环境隐患的有27个，主要问题为：饮用水源保护区内存在沙码头、油库、企业排污口及网箱养殖等。

针对排查发现的问题，各区环保局均制定了相应的整治方案，明确整改要求，确定整改时限。整治工作将从7月开始，工作目标：一是针对影响饮用水水源地安全的排污企业及污染源，制定切实可行的整治计划，对关停、搬迁的企业和规模化养殖场要按期完成；二是采取限期治理等措施，确保排污单位在规定期限内做到稳定达标排放；三是对不再适合作为集中式饮用水源地的，进行相应调整；四是严厉打击饮用水水源保护区内的各种环境违法行为，切实维护群众的环境权益。

黄石为全面贯彻落实湖北省《关于2009年深入开展整治违法排污企业保障群众健康环保专项行动方案的通知》(鄂环发[2009]15号)精神，根据《2009年黄石市整治违法排污企业保障群众健康环保专项行动方案》（黄环发[2009]26号）的统一部署。市环保局、市经济委员会和市发展和改革委员会三部门共同对 “两高一资”行业、钢铁行业、涉砷行业开展了全面清查。

6月16日，市环保局、市经济委员会和市发展和改革委员会三部门联合召开了“加强部门协调加大2009年环保专项行动第二阶段整治工作力度工作联席会”，会议传达了省三局（委）鄂环函[2009]402号联合文件精神，迅速成立了由市环保局副局长彭玉成同志为组长，市经济委员会副主任曹和家同志、市发展和改革委员会副主任喻朝阳同志为副组长，各相关人员为成员的联合检查组。当日，联合检查组即对我市“两高一资”、钢铁、涉砷行业开展了全面检查。

经检查统计，自2007年开始重点整治“两高一资”行业以来，2007年关闭小水泥生产企业14家，累计设计生产能力126.7万吨，安置职工1950人，申请省财政厅补助资金1250万元； 2008年关闭小水泥生产企业10家，累计设计生产能力127万吨，安置职工2500余人，申请省财政厅补助资金1110万元；关闭小炼铁、小炼钢企业5家，淘汰容积200立方米以下高炉7座、容积20吨以下的转炉和电炉8座，全年淘汰炼铁能力45万吨、炼钢能力108万吨，安置职工2400余人，申请省财政厅补助资金2370万元。关闭小火电4台，共计3.6万千瓦小火电机组。全部通过了省发改委的验收。

孝感根据《2009年湖北省整治违法排污企业保障群众健康环保专项行动方案》的要求，孝感市环保局成立了环保专项行动后督察工作专班，由局领导带队，从6月22日开始，利用一周时间，集中对各县市区开展环保专项行动工作进展情况进行检查督办。督察组下基层、进厂矿，采取查、看、听、问形式对各县市开展饮用水源保护区后督察和城镇污水处理厂、垃圾处理场集中整治，“两高一资”行业、重污染企业的环境违法行为整治，钢铁行业、涉砷行业专项检查，涉危和尾矿库企业隐患排查，关闭小炼矾企业等情况进行了督察。督察组对各县市开展环保专项行动工作给予了肯定，认为主要领导重视，确实把“专项行动”作为中心工作来抓。各地专项行动有具体实施方案，有分管领导，有工作专班，工作整体推进，取得一定成效。督察组在检查中发现了一些问题，提出了具体处理意见：

1、关于限期关闭汉川市马口镇“小印染”企业。按照汉川市《关于依法对马口地区“小印染”生产企业（生产线）限期关闭的通知》，应在6月30日前一律停止生产，并拆除设备。但督察组到现场督察时，有的企业认识不到位，关闭决心不大，有的企业仍在生产。督察组要求当地乡镇府和汉川环保局加大执法力度，按照市政府要求，6月底必须停止生产，采取断电、拆除设备等措施，确保小印染企业关闭到位。

2、对未履行环评“三同时”制度，医疗废水、医疗废物直接排放的安陆市普爱医院，督察组责令该医院限期履行“三同时”制度并由安陆市环保局实施处罚；对未落实环保“三同时”制度，生产废水超标排放的安陆伟鹏针纺制衣有限公司，责令立即停产治理，落实“三同时”制度通过验收后，方可投入生产。

3、对污染防治设施不到位，未通过环评“三同时”验收，生产废水超标排放，且多次与当地村民发生污染纠纷的大悟鑫诚化工有限公司，责令停产整改。

4、对擅自接电恢复生产的4家小钒厂，督察组检查时，虽都有停止生产，但有的企业供电设施和生产设备未拆除，仍存在死灰复然的可能。督察组要求当地环保部门会同政府有关部门迅速拆除供电设施和生产设备，严防小钒厂死灰复原。对小钒厂的现场原材料、废渣、残液不得外运和随意填埋处置，由环保部门评估后进行妥善处置，防止污染转移。

这次专项行动后督察活动，打击了企业环境违法行为，较好地推动了环保专项行动工作深入开展。

应城近年来畜禽养殖业在我市快速发展，由于此类项目大部分未依法履行环境影响评价手续，且没有采取有效的防治污染措施，在养殖过程中产生的各类废弃物均直接向环境排放，对周边环境造成严重影响。为保障群众饮用水安全，应城环保局成立畜禽养殖业整治工作专班，针对畜禽养殖业污染开展专项治理，向杨河巡检造成大富水饮用水质安全隐患的各畜禽养殖户下达限期治理文书，责令其对各类污染物进行无害化处理，做到污染物零排放，经验收合格后方可继续从事养殖业。在规定的期限内达不到零排放标准的，报请市人民政府批准，责令其拆除或关闭。同时强化环境质量行政首长负责制，由当地政府组织召开整治工作协调会，相关职能部门参加，宣传国家法律法规并对污染物处理提供技术支持，建立畜禽养殖规范管理的长效机制。

荆州2009年6月，荆州市政府组织发改、经济、质监、公安、工商、电力和环保等部门开展了“地条钢”专项整治工作。

按照“政府负责、质监执法、部门配合”的工作原则，市质监局下发《关于禁止收购地条钢坯的通知》和《关于禁止使用中频炉冶炼钢坯的通知》，切实加大宣传教育力度，从严监管。在对中心城区地条钢生产加工企业全面清查的基础上，严厉打击，彻底铲除，不留后患。各部门出动执法人员100余人次，配合荆州区、沙市区政府和荆州开发区管委会对辖区内的“地条钢”生产企业进行清理，现场撤除了2家企业的5台中频炉。并已要求电力部门对地条钢生产企业彻底断电。

石首认真落实《关于在全省开展重点行业企业等三项执法检查的通知》（鄂环办[2009]75号）精神，制定周密方案，成立专项整治小组，迅速出击，在全市范围内开展拉网式清查。在检查中发现个别“地条钢”业主违法生产、非法获利，执法人员积极向业主宣传国家产业政策并采取果断措施，有力遏制了“地条钢”生产和其它违反国家产业政策项目的反弹。

十堰 根据省环保局《关于2009年深入开展整治违法

排污企业保障群众健康环保专项行动方案》统一部署和要求各级领导及成员单位高度重视。紧急动员布署，成立了以副市长彭承志为组长，市环保局长吴成昌等为副组长，市发改委、市经委、市监察局、市建委、市司法局、市工商局、市安监局、市环保局、市供电公司为成员单位的“2009年十堰市环保专项行动领导小组”，同时制订了《2009年十堰市深入开展整治违法排污企业保障群众健康环保专项行为方案》。根据专项行动的统一布署和时间安排，从2009年5月25日-6月22日在全市范围内开展了第二阶段专项行动工作，对“两高一资”行业企业、钢铁企业、涉砷行业；重点行业三项执法检查；电解锰行业等专项执法检查及整治工作。在第二阶段专项行动中，全市共出动执法人员877人次，对247个国控、省控、重点排污企业，进行拉网式检查。并对57家企业存在违反环保法律法规及国家产业政策；未按规定安装在线监控；排污口不规范，偷设排污口等问题企业进行了立案查处或下达限期整改。如十堰市阳森石煤热电有限公司（原市热电厂）等7家重点企业未按规定安装脱硫设施和在线监控装置及不能正常运行，私设排污管等问题依法进行了查处。

神农架林区环保局、发改委、经委等部门按照省环保厅、省发改委、省经委《关于加强部门协调加大2009年环保专项行动第二阶段整治工作力度》的通知精神，确定神农架第二阶段专项行动工作重点是着力打击“两高一资”企业。近期，由林区环保局、发改委、经委组成的专项检查组，到企业进行了专项行动与节能减排工作联合检查，并与企业面对面进行了交谈，认真听取企业2009年生产经营与治污设施运行和节能减排工作情况汇报。目前两家化工企业根据国家产业政策的规定，制定了淘汰落后产能的计划，2009年底前，将淘汰两台燃煤锅炉和两台单产2500吨/年的黄磷电炉，至2010年底前，将全部淘汰落后产能。

神农架第二阶段专项行动与节能减排工作同时进行，制定了《神农架林区2009年环保专项行动暨节能减排执法监督检查表》，将单产能耗、炉渣利用、粉矿利用等9项指标纳入检查内容，专项行动与节能减排二者有机结合，一方面丰富了专项行动检查内容，另一方面，促进了节能减排工作。

全省各地开展环保专项行动概况

黄石六月十五日，根据省环保厅《关于开展电解锰行业专项执法检查和环境整治的通知》(鄂环办[2009]79号)的要求，黄市环保局领导高度重视，立即成立专班，以环境监察支队牵头，督促大冶市、阳新县、铁山区环保局，各城区（开发区）环保分局对辖区内的电解锰行业开展全面清查。全市共累计出动环境监察人员120人次，监察车辆50余台次。

经清查了解，现有1家电解锰生产企业。全称是“阳新连永锰业有限公司”，位于阳新县富池镇马鞍山，该公司2005年9月委托鄂州市环境保护局对电解锰项目进行环境影响评价，11月，该项目的环境影响报告书通过了黄石市环境保护局审批。2007年3月份开始2条生产线相继投入试生产，11月一期工程1万吨电解金属锰项目经黄石市环境保护局验收合格。2008年8月二期工程竣工并投入生产，目前未验收。2009年5月启动第3条生产线。随着第二期生产线的建成，该公司建设了配套的锰渣堆放场所，渣坝下游已建设渗滤液收集装置，并把渗滤液引入生产用水循环使用，渣坝周边建有导流渠，防止雨水流入渣坝内，引起滑坡、溃坝。车间含铬废电解液、电解渣全部流入电解槽、化合槽内循环使用，电解槽已作防渗、防腐处理。生产废水循环使用，未安装在线自动监控装置，生产冷却水闭路循环不外排，生活污水处理设施正常运行、环境事故应急池已建成，但未设立标识，环境应急预案已制定。目前，该企业清洁生产工作方案已通过市环保局审核过关。现正在申请办理排污许可证。

经现场检查发现，该企业目前存在：1、该项目二期工程环保设施未验收；2、渣场下游地下水质监控井已设计未施工。3、硫酸雾吸收装置不能正常运行；4、应急池、收集池标识不明确等问题。

针对该公司存在的问题，黄石市环保局立即责令阳新县环保局对其下达了《环境监察现场监督检查报告单》，要求该公司限期完成：1、二期环保设施立即组织申请验收；2、2009年7月15日前建设渣场地下水质监控井，地下水列入常规监测项目；3、新建废气吸收装置，确保硫酸雾在2009年8月底达标排放。4、规范建设并清楚标识事故应急池、总排污口等设施。

同时，该公司领导郑重承诺，一定坚决按照市、县环保部门的整改要求进行彻底整改，按时、保质保量的完成环境整治任务。

随州为加强饮用水源地保护，确保群众饮水安全，在深入学习实践科学发展观活动中，市环保局高度重视饮用水源保护工作，针对城区饮用水源地涢水王福窑取水口存在的环境风险进行多次调查分析。此次共出动监察人员56人次，对该保护区内违法建筑及其排污口等情况进行了现场调查与统计。根据调查的情况，向市政府上报了《市环保局关于对王福窑饮用水源保护区进行环境综合整治的报告》。并严格按照《水污染防治法》关于水源地保护区的有关规定，加大保护区违章建筑、排污口和违法行为的整改查处力度。对2家企业下达了关闭通知，消除水源地的环境安全隐患。

十堰近期，十堰市开展了“两高一资”行业专项整治工作。一是摸底排查。市环保局对全市工业企业进行了全面摸排，共梳理出“两高一资”行业企业10家，其中，高污染企业2家，高能耗企业6家，资源型污染企业2家。二是结合实际情况，市环保局联合市发改委、市经委共同研究，确定了《十堰市2009年环保专项行动 "两高一资"、钢铁、涉砷行业重点整治企业名单》。三是根据摸排结果，组织人员，对全市10家"两高一资"行业企业进行专项执法检查。对企业项目是否符合准入条件，是否履行环评手续、落实"三同时"措施，是否属淘汰工艺和设备进行检查。

今后，将进一步加大对"两高一资"行业企业的监管力度。一是严格"两高一资"建设项目的审批监管，加强对"三同时"制度执行的督查检查力度，督促在建项目认真落实污染防治措施以及投产企业按时完成环保竣工验收手续。二是建立长效机制，加大对"两高一资"行业企业日常监管力度，加密巡查检查频次，督促企业认真落实整改措施，切实巩固专项整治成效。

鄂州2007年9月1日10时整，随着"轰"的一声巨响，泽林镇桐城村凌龙建材水泥厂主体生产设备立窑被强制爆破拆除，变成一片废墟。

该厂年产能2.2万吨，应在2007年6月30日前关停。但该厂受利益驱使，明停暗产。2007年8月11日上午由鄂州市鄂城区发改委、供电、工商、质监、公安等部门的60多人组成的治理专班，对该厂采取强制停电措施，拆除了该厂的供电设施。为彻底关闭该厂，鄂州市小水泥生产企业专项治理工作领导小组决定对该厂主体设备实施爆破拆除。

立窑实施爆破后，并未影响周边生料车间。按计划，该厂完全拆除后，将在原地发展国家政策许可的第三产业，以帮助企业减少损失，增加村民收入。

2009年上半年，鄂州市继续狠抓小水泥、小炼铁、小炼钢、小印染企业治理，发改委、经委、环保等部门协调配合，关闭水泥厂16家（无生产许可证的15家），拆除机立窑18座、米磨机36台，共计淘汰落后产能94.8万吨；关闭小炼铁、小炼钢16家（无生产许可证的14家），拆除土炼铁炉9台、电炉12台、高炉1座，淘汰落后产能41.8万吨；关停了鄂州市溢达针织有限公司、鄂州市金新棉制品有限公司和鄂州市巾被总厂等3家污染严重、治理无望的小印染企业。

加强环保执法 促进污染减排

安陆市在开展环保专项行动中，结合当地实际，通过严查违法排污企业来促进节能减排工作，重点对全市琉璃瓦企业进行专项治理。

安陆市共有31家琉璃瓦企业，都是近几年新建的工业项目，每年产值2.5亿，利税3000万元，这些企业分布在八个乡镇办事处，大部分位于316国道两侧，每年耗煤为8万吨左右，排放二氧化硫900多吨，除少数企业采用含硫率低的煤或利用煤气发生炉生产工艺之外，其它企业生产过程中产生的废气均未采取环保治理措施，烟囱黑烟滚滚，排放污染物超过国家标准，造成了环境污染。安陆市政府针对琉璃瓦企业的环境污染现状，成立了以市长为组长、分管市长为常务副组长，各相关部门主要负责人为成员的工作专班，制定了工作方案，明确了工作任务。并要求全市所有的琉璃瓦企业，必须在2009年7月31日前，将排放污染物达到国家规定的排放标准，对达不到排放标准的企业一律关闭。企业所在乡镇办事处为专项整治工作责任主体，将环境治理工作完成情况作为年终目标考核内容，实行一票否决制。目前，专项整治工作正在有序进行，在全市31家琉璃瓦企业，61条生产线，33条烟囱当中，烟囱已全部拆除，上环保治理设施已签订合同的40台套（已安装32台）、已安装煤气发生炉12台，对已落实"三同时"制度的的企业，经安陆市环境监测站监测，废气中污染物排放达到国家排放标准，其中二氧化硫处理率达到68%。目前还未签订治理合同的8台。对于未落实"三同时"制度的违法企业，安陆市环保局已下达了行政处罚通知书。该专项治理工程完成后，不仅可以消除烟囱冒黑烟的问题，使企业产生废气达标排放，还使二氧化硫可减少排放600多吨左右。

鄂州市环保局召开油烟、噪声和"煤改气"工作座谈会

油烟、噪声和"煤改气"整治是鄂州市人民政府承诺的为市民办的"十件实事"之一，也是2009年鄂州市环保专项行动的重要内容之一。上半年，由于种种原因，此项工作进展不大。为切实推进整治工作，2009年7月17日上午，市环境监察支队召集32家油烟、噪声和"煤改气"整治单位的负责人（业主），就2009年城区油烟、噪声污染整治和"煤改气"工作进行了座谈。参加会议的有市环保局副局长陈汉玲、市环境监察支队班子成员、各相关大队的大队长以及油烟治理公司和安泰天然气公司的代表。

会上，32家整治单位的负责人就整治工作谈了各自的认识、采取的措施、存在的困难和建议。在听取各单位的情况介绍后，陈汉玲指出，市委、市政府对油烟、噪声污染整治和"煤改气"工作高度重视，将此项工作列入为鄂州市民办的"十件实事"之一。这是对鄂州市民的郑重承诺，是建设适宜人居、适宜创业大城市的需要、也是"四城创建"的需要。各责任单位必须将思想统一到市委、市政府的决策部署上来，采取切实有效的措施落实整改任务。

陈汉玲强调，油烟治理单位必须安装净化装置，不能实施油烟高空排放的应实施低空排放，严禁将油烟排入下水道；油烟净化装置安装后，要定期保养和维护，保证净化效果；目前未通天然气的单位也应拿出方案和预算或采取其它治理措施；针对各单位目前存在的困难和提出的建议，市环保局将与有关职能部门进行沟通，全力为整治单

位服务。

陈汉玲要求，市环境监察支队要将整治工作作为今后工作的重中之重，每周汇报一次工作进展情况；实行领导包干制，支队领导每人负责8个单位的整治工作；对噪声整治已完成的要加强监测、检查和验收；各大队要将联系方式告知整治单位或经营户，全力以赴做好服务，决不允许向整治单位强行推荐治理公司；下一阶段的工作要做到宣传到位、现场取证调查到位、法律程序到位；要积极与领导小组成员单位取得联系，对拒不整改、整改不到位的，通知有关部门采取强制措施，确保整治工作如期完成。

襄樊市各地开展环保专项行动概况

7月初，市环保局联合市监察局组成检查组，对全市饮用水源保护区和典型环境违法案件，集中开展了后督察检查。

检查内容：一是环保专项行动中长期未完成限期整治任务，长期超标排污对当地环境造成危害的典型环境违法案件；二是饮用水源保护区划分和调整不到位、县以上城镇饮用水源保护区内各类排污口取缔措施不落实的；三是严重违反环评法，擅自违法建设或不履行环保“三同时”制度，长期超标排污，群众反映强烈的环境违法案件。

检查水源保护区中发现，各地饮用水水源保护区整治情况开展良好，县城及以上饮用水源地保护区划方案已编制完成，并通过专业机构技术评估，目前已上报省政府待批。全市14个县，在集中式饮用水水源地未发现违法、违规设置排污口现象。

检查25家重点环境违法案件中发现，一部分已基本完成了整治任务，落实了污染整治措施，环境污染问题得到了有效的解决；另部分企业因市场原因处于停产状态；还有11家企业长期未能完成污染整治任务，严重违反环境管理制度，擅自违法建设，长期违法排污，对当地的环境造成严重危害，群众反映强烈。

鉴于这11家企业环境违法问题，襄樊市环保局已报请市政府，将对这11家企业进行挂牌督办，限期解决。

宜城六月以来，宜城市启动乡镇饮用水源地环境调查及评估工作，全面对水源地水质状况进行调查，调查河流型水源地29项，湖库型水源地31项，地下水水源地23项；编制《饮用水源地基础环境调查与评估报告》，建立饮用水源地环境评估体系；对饮用水水源地环境状况的数据进行收集、汇总和分析，建立全市乡镇饮用水水源地环境基础信息库。

老河口七月初，老河口市环保局采取流动巡检或驻厂监察的方式，对本市化工区企业所排废水PH值进行了监督性监测，对部分存在超标排污环境行为的企业予以通报，要求制定整改措施。对存在屡查屡犯、恶意排污的环境违法企业，一经查处，严格按照环保法律法规的规定，予以停产、重罚，并同时报告政府。

南漳对全县“两高一资”行业进行了专项整治，出动执法人员364人次，检查企业182家，重点对辖区内所有国控、省控企业以及钢铁、涉砷、造纸行业、重点排污企业进行了全面检查。通过检查企业环保“三同时”制度落实情况、企业排污情况、环保设施的建设和运行及应急工作等情况，着力打击了“两高一资”行业企业的环境违法行为。

武汉开展环保专项行动紧而有序

如何妥善处置生活垃圾已成为困扰武汉市经济发展和环境质量的重大问题。为破此难题，市人大将垃圾处理设施建设列为2009年人大3号议案，市政府批准了《武汉市环境卫生专项规划（2006-2020）》，市环保局也将整治垃圾填埋场环境违法问题作为2009年环保专项行动的重点工作之一，并在上半年组织各区环保部门对全市垃圾填埋场现状进行了专项执法检查。

检查内容，一是查已建成生活垃圾填埋场实际运行情况；二是查是否存在环境安全隐患，垃圾渗滤液处理排放情况；三是查已封场垃圾填埋场的环境监管情况。

目前，有大型垃圾填埋场6座，仍在运行的有3座，运行的3座分别是：紫霞观简易垃圾填埋场、北洋桥简易垃圾填埋场、陈家冲生活垃圾卫生填埋场。唯有陈家冲生活垃圾卫生填埋场达到标准，另两座垃圾填埋场为简易填埋方式，不同程度存在环境问题。

已关闭垃圾处理场分别是：金口垃圾填埋场（2005年3月封场）、岱山垃圾处理场（2007年10月封场）、二妃山生活垃圾卫生填埋场（2009年3月停止消纳垃圾，其渗滤液继续收集送往汤逊湖污水处理厂处理）。

东湖高新技术开发区6月30日，被列为2009年市级挂牌督办的武汉梦泽表面涂料装饰有限公司被关闭。

武汉梦泽表面涂料装饰有限公司，位于东湖高新技术开发区流芳街，该公司主要从事电柜等物件的表面喷塑，生产工艺为磷化-打磨-喷塑，，在未办理环保审批手续的情况下擅自投产，生产过程中磷化废水超标排放，燃煤锅炉废气扰民。市环保局、市监察局将其列为挂牌督办单位。对此，东湖新技术开发区管委会高度重视，环保局分局在严格执法的同时，有针对性地进行政策、法规宣传，并责令其停止了违法行为。

另对两家使用燃煤锅炉，废气超标排放且造成扰民的单位进行了查处，督促其拆除了燃煤设施，并改用清洁能源，消除了污染。

黄陂近日，《武汉晚报》、《长江日报》相继报道“后湖地区餐饮业污染水环境”问题，引起市领导的高度重视，黄陂区政府成立专班，对后湖水环境污染专项整治。

黄陂区政府组织相关部门负责人，召开了后湖水环境污染整治工作专题会议，成立后湖地区水环境污染整治工作专班。会议要求，全区各部门要统一思想，提高认识。迅速对水悦山庄等8家餐馆进行调查处理。会议强调，要立即制定后湖地区水环境整体保护方案，加快该地区污水管网收集系统和盘龙城污水处理厂建设进度，建立长效管理机制，逐步改善该地区水环境质量。

湖南省

工作动态

2008年湖南省排污申报核定与排污费征收工作会议

2008年9月8—11日，省环保局在邵阳组织召开了2008年全省排污申报核定与排污费征收工作会议。各市（州）环保局监察机构负责人和申报、收费相关工作人员参加了本次会议。

会议总结了2007年度全省排污申报核定与排污费征收工作，表彰了2007年度全省排污申报核定与排污费征收工作先进单位和个人，部署了2008年度排污申报核定与排污费征收工作。会上，先进单位做了典型发言，各市州汇报和交流了申报工作情况。西安长天的专家专门就《排污费征收管理系统》软件使用进行了培训和答疑。

会议要求，要把排污申报和核定作为环保部门一项长期的基础工作来抓，严格按照国家的一系列规范要求，明确专人负责，做到全面申报、准确核定、足额征收，确保国家排污收费的环境经济政策落实到位，促进污染减排和环境质量改善。

关于进一步做好主要污染物总量减排监察系数工作的通知

各市州环保局：

为进一步加强我省主要污染物总量减排监察（以下简称“减排监察”）工作，继续推进主要污染物总量减排监察系数核算工作开展，促进总量减排项目和排污企业污染物处理设施正常运行和稳定达标排放，确保实现“十一五”主要污染物总量减排目标，依据《关于印发主要污染物总量减排监察系数核算办法（试行）的通知》（环发[2007]194号）等有关规定，现就做好主要污染物总量减排监察系数工作有关事项通知如下：

一、减排监察的工作任务

按照环境保护部的要求，总量减排监察工作由省、市、县三级环境监察机构负责，主要任务是按照减排工作的内容要求进行现场检查并报送有关材料。

减排监察工作的主要内容是对纳入减排监察范围的企业或项目的有关污染物处理设施的运行状况进行现场检查，重点检查其是否正常运行。

二、减排监察系数的核算范围

各级环保部门在核算期内实际监测、检查的企业总数，重点指国家重点监控企业和省里列入总量减排核算期内的COD和SO2治理工程减排项目。减排监察工作由省环保局统一组织领导，遵循属地管理原则，市级环保部门负责组织督促落实。各市、县环境监察机构重点负责辖区内国控重点源和减排治理工程项目的监察，其中装机容量30万千瓦以上火电厂的监察工作由省环保局环境监察总队负责。

三、减排监察、监测频次的有关要求

（一）现场监察频次

对国家重点监控企业以及省里列入COD和SO2总量减排治理工程减排项目的污染防治设施现场监察原则上每月不少于一次；一般企业原则上每季度不少于一次。

各级环保部门可根据企业排污、环境敏感程度、企业守法等情况适当调整现场监察频次。

（二）减排监测频次

主要污染物减排监测频次按照《主要污染物总量减排监测办法》（国发〔2007〕36号）和《水污染源在线监测系统运行与考核技术规范（试行）》（HJ/T355-2007）的规定执行。

（三）在线监测数据有效性：

自动在线监测数据必须通过数据有效性校核并与当地环保部

门监控平台联网，国家重点监控企业自动监测设备的监测数据必须与省级环保部门联网，并直接传输上报国务院环境保护主管部门。

自动在线监测数据有效性判别按照《水污染源在线监测系统数据有效性判别技术规范（试行）》（HJ/T356-2007）的规定执行。

四、建立减排监察档案

减排监察现场记录按有关规定进行归档管理，不得擅自修改或遗失，以备检查。

市、县环保部门普遍反映环境保护部制定的减排监察现场记录表格复杂，涉及的减排内容过多，难以理解领会。经研究决定对原表格进行简化、补充和完善，在现场就能完整填写（附表一至六）。

五、现场减排监察工作要求

现场监察由2个以上持证工作人员组成，监察人员必须对现场监察情况进行客观、详实的记录，对发现的问题及时报告。

六、强化环境执法

在减排监察工作中，现场监察发现违法行为的，按照法律规定的程序和管理权限由环境保护行政机关予以行政处罚。

七、各市州环保部门于每月结束后5个工作日将当月监察原始记录汇总

每季度结束后5个工作日内通过中国环保热线“www.12369.gov.cn”网站填报主要污染物总量减排监察系数有关信息；每年6月6日前和12月6日前，向省局报送本辖区半年和年度减排监察系数核算情况报告。

各地在执行过程中发现的问题和建议，请及时反馈给我们。

联系人：周其伟

电　话：0731-5494578（兼传真）

全省造纸企业污染整治督查情况通报

5月20日至27日，省政府组织对全省11个市州（不包括常德、益阳、张家界）造纸企业污染整治第一、二阶段工作情况进行了督查。现将督查情况通报如下：

一、造纸企业污染整治工作情况

（一）加强对整治工作的组织领导

各市州政府能按照省政府有关通知要求，健全工作机制，成立了以分管副市、州长为组长，多部门参加的整治工作领导小组，建立了联席会议制度，召开了专题会议，印发了实施方案。岳阳市把非洞庭湖区造纸企业整治工作纳入了市政府2008年9件实事之一；湘潭市政府多次召开专题会议研究造纸企业污染整治工作。

（二）整治措施落实比较到位

明确整治责任，大部分市州和县市区政府建立了目标责任制，对相关部门进行了任务分解。加大联合执法力度，株洲醴陵市政府多次组织联合行动，该市有22家企业已经拆除设备，73家企业已被工商部门注销营业执照，被电力部门生产断电；湘潭县将法院纳入整治领导小组，对所有停产企业以法院名义加贴封条，对拒不执行停产的企业，法院已对其强制执行，对企业法人代表执行司法拘留。

（三）注重做好服务保障工作

各级地方政府能深入搞好调查研究，明确整治目标和整治意向，岳阳平江县、邵阳新邵县等县市区对每个造纸企业制定了明确的关停、并转和技改意向表，为造纸企业整治理清了思路。注重搞好规划引导，宁乡县政府于2005年开始造纸行业结构调整，对全县18家生产能力万吨以下、环保不达标的造纸企业实行关闭，新建造纸企业工业园，引导具有发展潜力和实力的企业入园。有的地方环保部门主动为企业做好环保技术改造方面的服务指导。

（四）企业积极配合整治工作

大部分造纸企业法人代表能正确把握相关政策和要求，积极配合整治工作，妥善做好停产后的职工安置和思想工作，没有引发大的社会不稳定因素。有的企业法人代表把整治工作作为实现企业产能升级和争取市场的有利契机，积极科学谋求新发展。隆回湘丰特种纸业投资3个多亿发展低污染、高附加值的特种卷烟纸，主体工程与环保设施同时施工；湘潭九华纸业废纸造纸能力达到6万吨，投资400多万元，建设了完善的污水处理设施。

二、存在的主要问题

1、个别地方对整治工作认识有待加强。郴州等市政府的主导作用和部门联动作用发挥不够好，存在环保部门单打独斗的现象。有的地方对存在的问题不重视，整治工作失之于宽，郴州宜章县擅自推迟停产整治时间，督查发现停产企业普遍存在违法生产迹象，督查后在省环保局暗访时发现，该县部分企业又擅自开机违法生产；邵阳武冈市、湘西永顺县停产企业也不同程度地存在违法生产迹象。

2、个别地方整治措施落实还不到位。浏阳市、衡山县、攸县等地方电力相关部门没有切实发挥作用，生活生产用电没有分离，对企业车间没有及时断电，企业有擅自恢复生产迹象；有的地方对确定关闭的企业没有加贴封条和及时拆除设备；有的企业已加贴了封条，下达了关闭通知，但由于缺乏监管，有擅自恢复生产行为。

3、服务保障工作没有及时跟上。有的地方政府和有关部门对造纸企业停产后，指导意向不明确，使企业心存等待和观望心理，整治进度缓慢。有的地方环保部门对企业技改的技术服务和指导不够，部分停产技改企业之前环保设施极为简陋，但停产治理过程中停留于小补小修，处理工艺五花八门，难以达到验收条件，造成投资浪费。

4、部门责任还不明确。有些地方只是在文件和会议上对相关部门职责进行了分工，但实际操作当中存在环保部门单打独斗的现象。有关部门对本地区造纸企业底数不清，没有指导性的调整意见，电力部门没有落实停电措施，监察部门没有对违法行为及时进行追究。

三、下一步工作要求

1、进一步加强对整治工作的组织领导。各级政府要进一步加强组织领导，强化部门联动，通过组织联合执法，对停产、关闭企业落实停电措施，对关闭企业及时注销营业执照，对企业的严重违法行为，除了采取严厉的处罚措施外，及时进行立案调查，对执行政令不坚决、措施不得力，落实责任不到位的地方政府和有关部门责任人要严肃追究责任。

2、加强引导严格把关。相关职能部门要在充分调查论证的基础上，及时制定和出台造纸产业结构调整规划，引导造纸企业通过整改及时实现产能升级和结构优化，要督促技改企业尽快启动环评手续，避免盲目投资。要严把试生产审批关，严格按照审批权限和审批条件，对企业生产能力和生产工艺进行充分论证，对不符合要求的企业坚决不予审批。

3、切实做好服务保障工作。各级政府要及时出台相关配套政策，及时做好下岗职工的生活保障和社会安置工作，帮助有发展潜力、融资困难的企业拓宽融资渠道。各级环保部门要及时做好造纸企业改造的技术服务和指导。

4、建立长效机制防止污染反弹。各级政府要进一步探索和建立长效的监管机制，定期组织开展督促和检查。要建立合理的退出机制，对于技改态度不明确、发展后劲不足，屡查屡犯的企业建议取消其技改资格；要建立举报监督机制，设立有奖举报电话，及时发现和查处环境违法行为。

省环保局和省监察厅联合挂牌督办7个突出环境违法企业

为切实解决影响群众健康、群众普遍关心的环境问题，日前，省环保局和省监察厅联合对7个突出环境违法企业实行挂牌督办。这7家企业分别为：纳爱斯益阳有限公司、衡阳锦轩化工公司、岳阳同联药业有限公司、怀化市辰溪县丹山建材有限公司、桃源县九溪水泥有限公司、桃源县竹园化工厂和长沙矿山研究院国家金属采矿工程技术研究中心采矿设备公司。上述企业因存在污染设施不正常运转、超标排污、或超期试生产、或长期不依法足额缴纳排污费等环境违法行为被分别责令限期完善污染设施、停产整治、限期搬迁和追缴排污费。被挂牌督办的企业须在2008年9月30日前完成整治任务，逾期未完成将依法从严查处，同时追究相关责任部门（单位）责任人的行政责任。

省环保厅、省监察厅联合挂牌督办3个突出环境问题

近日，省环保厅、省监察厅联合下文，对3个突出环境问题实行挂牌督办：一是株洲市造纸企业污染整治滞后问题；二是华菱涟源钢铁有限公司污染问题；三是湘潭陈氏精密化学有限公司超标排放苯胺等废液问题。

通知要求被挂牌督办的地方政府和企业拿出切实可行的解决方案，限期完成整改任务。对没有按要求完成整治的企业，由环保部门依据有关法律法规严肃处理；对相关责任部门（单位）和人员，由监察部门依照《环境保护违法违纪行为处分暂行规定》追究有关责任人的行政责任。省环保厅、省监察厅将对挂牌的突出环境问题联合进行1－2次现场督查。

专项行动

关于继续深入开展整治违法排污企业保障群众健康环保专项行动的通知(湘环发[2008]55号)

各市州环保专项行动领导小组：

为进一步贯彻落实国务院《关于落实科学发展观加强环境保护的决定》，确保我省环境保护“十一五”规划和节能减排综合性工作方案目标任务顺利完成，根据环境保护部等八部门《关于继续深入开展整治违法排污企业保障群众健康环保专项行动的通知》（环发[2008]45号）精神，省环保局、发改委、监察厅、经委、司法厅、建设厅、工商局、安监局和长沙电监办将继续在全省组织开展整治违法排污企业保障群众健康环保专项行动（以下简称“环保专项行动”）。今后五年的环保专项行动，将以解决危害群众健康和影响可持续发展的突出环境问题为重点，以确保完成主要污染物减排任务为目标，采取更加有力的综合执法手段，全力整治违法排污行为，全面提高企业污染物稳定达标排放率，促进主要污染物排放总量持续下降，进一步改善环境质量，切实保障人民群众的环境权益。

2008年环保专项行动，将以巩固整治成效为目标，集中开展环保专项行动后督察；以促进污染减排为目标，集中开展对城镇污水处理厂、垃圾填埋场等重点行业专项检查；以休养生息为目标，集中开展重点流域污染企业的专项整治。现将《2008年湖南省整治违法排污企业保障群众健康环保专项行动工作方案》印发给你们，请遵照执行。

2008年湖南省整治违法排污企业保障群众健康环保专项行动工作方案

2008年是全面贯彻落实党的十七大战略部署的第一年，也是落实“十一五”环境保护规划的关键一年。各市州要在前五年环保专项行动取得成效的基础上，进一步加大环境监管工作力度，严厉查处环境违法行为，坚决整治违法排污，确保“十一五”主要污染物减排目标的实现。

一、指导思想

以党的十七大精神为指导，以加大环境执法力度为手段，集中整治重污染行业和重点流域、区域环境违法行为，着力解决危害群众健康和影响可持续发展的突出环境问题，促进主要污染物减排工作的顺利实施。

二、工作重点及要求

(一)以巩固整治成效为目标，集中开展环保专项行动

后督察。

落实胡锦涛总书记关于加强环境违法案件后续督察工作的指示，对环保专项行动开展以来查处的环境违法案件和突出环境问题整治措施落实情况进行集中检查，检查的重点和要求是：

1、2005年以来，各级政府及其有关部门挂牌督办的典型环境违法案件和突出环境问题整治措施落实情况，重点检查取缔关闭，停产整治、限期治理等行政处罚措施落实情况。确保各地挂牌督办的590个环境违法案件，查处到位、整改到位、责任追究到位。

2、2006年以来饮用水水源保护区专项整治各项措施落实情况。重点检查县以上城镇饮用水源保护区内违法建设项目取缔关闭措施落实情况。长沙、岳阳、湘潭、张家界、株洲、常德等6个国家环境保护重点城市，要以整治影响饮用水源水质的污染问题为重点，开展后督察工作，确保饮用水源水质主要指标100%达标。

3、2007年开展的造纸行业专项整治各项措施落实情况，重点检查被取缔关闭的造纸企业或生产线停电、停水、设备拆除等措施的落实情况。坚决淘汰不能稳定达标排放的环境违法企业，防止死灰复燃和落后淘汰工艺、设备的转移，巩固COD减排成效。

4、各市州环保专项行动领导小组要对本级政府及有关部门督办案件及饮用水源、造纸行业专项整治的措施落实情况逐一进行现场检查。市州环保专项行动领导小组要对辖区内县（市、区）政府环保专项行动领导小组挂牌督办案件及饮用水源、造纸行业专项整治的措施落实情况进行抽查，抽查面不低于60%。

5、对于逾期未落实挂牌督办要求的案件，尤其是未能按要求取缔关闭违法企业的案件，一律由上一级政府及有关部门重新挂牌督办，限期完成，要查清原因分清责任，按照《环境保护违法违纪处分暂行规定》追究当地政府及有关部门相关责任人员的行政责任。对于逾期未能完成挂牌案件总数10%以上的地方，要实行新建项目环境影响评价区域限批，并通报批评。

6、要切实加强对停产整治、限期治理企业的后续督察工作。对于已经完成整治的，要在一年内将其作为重点监管对象，按照对国家重点污染源的监管要求，加大监督性监测和现场巡查频次，确保稳定达标排放。对于未按要求完成限期治理的一律停产整治，对于未按要求完成停产整治的一律提请政府责令关闭。

（二）以促进污染减排为目标，集中开展对城镇污水处理厂、垃圾填埋场等重点行业专项检查。

落实“十一五”污染物减排任务，对城镇生活污水处理厂和垃圾填埋场等重点行业进行全面检查，集中整治环境违法行为。检查的重点和要求是：

1、查清城镇污水处理厂及其配套管网建设的基本情况，包括进出水水质、处理水量、主要污染物去除情况、污泥处置情况和在线监控设施安装运行等情况。建立环境监管档案，完善监管办法，落实监管责任。实施信息报告制度，加强对污水处理厂进出水水量、水质和污泥处置的动态管理。督促地方政府落实污水处理收费政策，多渠道筹措资金，统筹安排建设城镇污水集中处理设施及配套管网，提高收集率和处理率。严厉查处超标排污、直接排污和污泥不按规定处理造成二次污染等行为。

2、对城镇污水处理厂建成后至今不能正常运行的，要由上一级政府及有关部门挂牌督办，综合整治，限期解决；对建成一年以上运行负荷达不到设计能力60%，造成污水直排外环境的，要限期整改，并公开通报批评。在整改期间，要暂缓审批该地区建设项目环境影响评价文件。对城镇污水处理厂超标排污的，未对污泥进行无害化处理的，拒报或者谎报排污申报登记及运行情况的，未安装自动监测设备或者按规定未与环保、建设部门联网的，要严格按照《水污染防治法》的规定对其运营单位进行处罚。对于不正常运营污水处理设施，造成污染事故的且后果严重的，要依法追究运营单位和管理部门及相关责任人的行政或刑事责任。

3、查清已建成生活垃圾填埋场实际运行情况，包括生活垃圾填埋场的填埋量、雨污分流情况、防渗措施、渗滤液处理设施运行情况以及地下水监测情况，重点是渗滤液的产生和排放情况。

4、对不符合规范要求的生活垃圾填埋场，要责令限期整改；垃圾渗滤液未经处理直接排放、处理不达标的，要依法依规对运营单位进行处罚。加强对已经封场垃圾填埋场的环境监管，确保环境污染治理设施正常运行。

各地要紧紧围绕节能减排重点工作，结合自身实际，加大对电力、钢铁行业脱硫设施的监管，着力解决脱硫设施不正常运行问题；加大对化工行业污染治理设施运行的监管，着力解决环境安全隐患整改中存在的问题，防范环境突发事件的发生。

（三）以休养生息为目标，集中开展重点流域污染企业的专项整治。

为落实国务院转发《关于加强重点湖泊水环境保护工作的意见》（国办发〔2008〕4号）要求，对洞庭湖、湘江流域等重点流域相关地区开展集中整治。检查的重点和要求是：

1、对重点湖泊流域、区域2007年以来新、改、扩建的工业项目进行一次全面检查，重点是排放含氮、磷污染物和有毒有害物质的新建工业项目。对水污染防治设施未建成、未经验收或者验收不合格，主体工程即投入生产或者使用的建设项目，必须责令停止生产或者使用，直至验收合格。

2、加大对列入淘汰目录中严重污染水环境的设备、工艺的监管，对违法违规建设不符合国家产业政策的造纸、制革、印染等严重污染水环境的生产项目的，要及时报请所在地的市、县人民政府责令停业、关闭。继续通过化工企业安全生产专项整治，坚决整顿、关闭不符合安全生产条件、污染环境的各类化工企业。

3、严厉打击超标准排放污染物的环境违法企业，对屡查屡犯的企业采取"高限处罚"措施，对长期超标排污的、私设暗管偷排偷放的、污染物直排的、超标排入下水道危及城镇污水处理厂安全运行的、事故状态下"清净下水"收集措施不到位的、存在重大污染隐患的企业，一律停产整治。对治理无望的企业和落后生产能力，一律关闭取缔。对于违法排污造成严重损失、触犯刑法的企业，一律追究刑事责任。

4、严格执行《湘江流域水污染综合整治实施方案》，重点整治化工、冶金、轻工、畜禽养殖业和城市生活废水污染，重点区域是株洲市清水塘、衡阳市水松地区（水口山和松江镇）、湘潭市竹埠港工业区和郴州市有色金属采选区，通过取缔关停一批违法企业、淘汰退出一批落后企业、停产治理一批污染严重企业、限期治理一批重点污染源、搬迁一批布局不合理企业等措施，实现湘江流域水污染整治目标。

5、集中开展苎麻纺织行业污染整治。生产能力在5000吨精干麻/年以下、无污染防治设施、污染物超标排放的苎麻纺织企业一律停产整治。生产能力在5000吨精干麻/年（含5000吨/年）以上，经环保部门确认正在进行生物脱胶替代化学脱胶工艺改造的苎麻纺织企业实行限期整治。责令停产整治和限期整治的苎麻纺织企业须于2008年12月31日前完成整治任务，逾期未完成的责令停业或关闭。洞庭湖区原则上不再审批新建采用化学脱胶的苎麻纺织企业。

三、主要工作措施

1、加强组织领导，加强部门协调。

各市州人民政府要继续按照国务院的要求，将深入开展环保专项行动纳入重要议事日程，进一步加强政府主管负责同志牵头各相关部门参加的环保专项行动领导小组，完善工作制度，制订具体实施方案，广泛动员部署，有序推进，落实各项重点工作。各级环保部门、经济综合管理部门、监察机关、司法机关、建设部门、工商管理部门、安全监管部门和电力监管机构要充分发挥各自的职责，进一步加强部门间的协调配合，坚持定期协商、联合办案制度和环境违法案件移交、移送、移办制度，共同打击环境违法行为。各地可根据实际情况，扩大领导小组成员单位，综合各部门监管职能，合力治理环境污染问题。

2、加强监督指导，加强考核检查。

要切实加强对基层政府开展专项行动的指导，要按照各阶段工作要求，制定督察工作方案，对基层政府挂牌督办案件落实情况及城镇污水处理厂、垃圾填埋场、饮用水源保护区、造纸行业、重点湖泊的集中整治等项工作开展情况逐级组织多形式的检查，及时发现和纠正存在的问题，指导基层政府落实各项重点工作。要进一步加强环保专项行动的考核，从组织领导、信息报送、阶段情况及工作总结等方面加强对基层开展环保专项行动情况进行考核，切实保障环保专项行动取得实效。

3、加强挂牌督办，加强案件管理。

要继续将群众反映强烈、影响社会稳定的重大环境污染问题作为重点查处事项，挂牌督办，落实责任，跟踪督查，做到查处到位、整改到位、责任追究到位。各地要围绕阶段工作重点分期挂牌督办一批社会影响较大和基层政府未能解决的环境违法案件和突出环境问题。省政府九部门将挂牌督办一批跨区域、流域的污染问题和社会普遍关注的环境违法案件。同时，各地要加强挂牌督办案件的管理和后督察工作，建立重点案件管理档案，完善督办制度，公示督办结果。

4、加强综合整治，加强责任追究。

要综合运用法律、经济、行政等手段，加大对环境违法的惩治力度。在加大环境行政执法的同时，不断在产业政策、金融信贷、产品运输、流通和消费等方面采取有效措施，遏制有法不依的行为。同时要不断加大对行政部门环境违法问题的责任追究力度。对违反环境保护法律法规，出现重大决策失误，造成环境严重污染的；对环境违法行为查处不力，甚至包庇、纵容违法排污企业，致使群众反映强烈的问题长期得不到解决的；对不依法行使职权的政府及部门负责人、有关责任人员，要依法依纪追究责任。

5、加强舆论宣传，加强公众监督。

要根据阶段工作重点，结合实际，制定宣传计划，责成专门部门组织实施。要向社会公布环保专项行动进展、违法企业名单、典型环境违法案件查处情况；要积极组织新闻媒体进行跟踪报道，充分利用电视、广播、报纸、互联网等媒体，加大环境保护法律法规的宣传力度，营造群众参与和监督的良好氛围；要进一步加强环境保护信访工作，充分发挥"12369"环保热线作用，畅通投诉渠道，积极鼓励群众广泛参与。

四、工作安排

1、动员部署阶段(6月底-7月)

各市州环保专项行动领导小组要根据本方案要求，结合实际情况，确定本地区整治重点，制定具体实施方案，全面完成专项行动的动员部署工作。各地专项行动领导小组名单和实施方案在7月10日前报送省环保专项行动办公室。

2、集中检查和整治阶段(7月-10月)

各级环保专项行动领导小组组织有关部门对县级以上

地表水饮用水源保护区、污水处理厂及垃圾填埋场、重点流域存在的环境问题进行集中整治，并分别于8月25日、9月25日、10月25日前将阶段整治情况报送省环保专项行动办公室。

省政府九部门将适时对各地专项行动开展情况进行督查。

3、总结阶段(11月)

各市州认真总结专项行动的成效与不足，提出加强长效管理的措施，提交《2008年专项行动工作总结》，于11月25日前报送省环保专项行动办公室。

关于报送2008年整治违法排污企业保障群众健康环保专项行动有关信息的通知

湘环函(2008)273号

各市州环境保护局:

为落实国务院八部门《关于继续深入开展整治违法排污企业保障群众健康环保专项行动的通知》（环发〔2008〕45号）的要求，及时了解和掌握各地2008年整治违法排污企业保障群众健康环保专项行动（以下简称“环保专项行动”）工作进展情况和动态，请组织做好环保专项行动信息报送工作。按照环境保护部的要求，今年的环保专项行动信息报送情况将作为环境监察工作考核的重要内容，请各市州务必高度重视。现将有关事项通知如下:

一、信息调度工作的组织

省环保专项行动办公室负责全省环保专项行动情况的收集、汇总、统计工作，定期编辑“情况专报”，交流工作经验,指导各地开展环保专项行动工作。

各市州要确定具体负责环保专项行动信息调度的部门，明确工作责任和制度，逐级建立本辖区内信息的报送网络，加强管理，确保信息报送的畅通、及时、准确。

二、信息报送的方式

环保专项行动的实施方案、阶段整治报告、总结报告以正式文件报送省环保专项行动办公室。工作简报及各项统计表格通过12369中国环保热线（www.12369.gov.cn）网站的《环保专项行动信息管理系统》报送。

三、信息报送的内容和时间要求

（一）2008年8月8日前，请各地将环保专项行动领导小组名单、环保专项行动实施方案以及信息调度负责人和联系人的电话、传真、移动电话及备用电子邮件地址，报送省环保专项行动办公室。

（二）环保专项行动期间，各地每月至少要编发三期工作简报，及时将专项行动成果报送省环保专项行动办公室、市州人民政府领导同志及环保专项行动领导小组各成员单位，同时,应印发下一级环保专项行动领导小组。

（三）请各地通过《环保专项行动信息管理系统》，按月填报《环保专项行动进展情况表》、《环境违法企业基本情况明细表》、《环保专项行动责任追究情况表》和《12369环保热线投诉受理情况统计表》、《挂牌督办环境问题基本情况表》。请根据该系统的填表说明认真填报，我局将根据《环保专项行动信息管理系统》上各地报送的信息统一编发简报，通报各地环保专项行动进展情况。

（四）请于2008年8月25日前报送环保专项行动后督察情况报告，重点报告县级以上地表水饮用水源保护区专项整治情况，并附《2008年环保专项行动后督察信息汇总表》（附件一）和《造纸行业后督察情况表》（附件二）。

（五）请于2008年9月25日前报送城镇污水处理厂及垃圾填埋场等重点行业专项整治工作阶段性报告，并附《全国城镇污水处理厂环境监管情况表》（附件三）和《全国垃圾填埋场环境监管情况表》（附件四）。

（六）请于2008年10月25日前报送重点流域存在的环境问题专项整治工作阶段性报告。

（七）请于2008年11月25日前报送2008年环保专项行动工作总结报告。

（八）请于2009年1月10日前报送《造纸行业后督察情况表》（附件二）和《全国城镇污水处理厂环境监管情况表》（附件三）全年数据及简要说明。

（九）阶段性报告要按照统一格式撰写，内容应包括基本情况、主要做法和基本成效、存在问题及原因、对策措施及下一步工作打算等四个部分。报告要实事求是，主要观点要有案例支持，主要数据要与报送的数据一致。

四、《环保专项行动信息管理系统》已为各市、县环保部门开通了信息传送的登录账号和相应的管理权限，并提供了专项行动信息的查询、统计、汇总等功能。各地应确定专人管理、专机使用，管理好用户密码，要做好对基层环保部门使用该系统的培训工作，保障信息汇总报送工作任务的顺利完成。

联 系 人：省环境监察总队　粟剑斌

联系电话：0731-5494578

传　　真：0731-5464642

邮　　箱：hunepi@12369.gov.cn

附件：

1.2008年环保专项行动后督察信息汇总表及填报说明

2.2008年环保专项行动造纸行业后督察情况明细表及填报说明

3.2008年环保专项行动城镇污水处理厂环境监管情况

表及填报说明

4.2008年环保专项行动垃圾填埋场环境监管情况表及填报说明

关于2009年深入开展整治违法排污企业保障群众健康环保专项行动的通知

湘环发[2009]44号

各市州环保专项行动领导小组：

根据国家整治违法排污企业保障群众健康环保专项行动今后五年工作安排，省环保局、省发改委、省经委、省监察厅、省司法厅、省建设厅、省工商局、省安监局和长沙电监办决定在全省继续组织开展整治违法排污企业保障群众健康环保专项行动。现将《2009年整治违法排污企业保障群众健康环保专项行动工作方案》印发给你们，请遵照执行。

附件：

2009年整治违法排污企业保障群众健康环保专项行动工作方案

省环保局　省发改委　省经委

省监察厅　省司法厅　省建设厅

省工商局　省安监局　长沙电监办

二〇〇九年五月十四日

抄送：各市州环保局、发改委、经委、监察局、司法局、建设局(建委、规划建设局)、公用事业局、城管局、工商局、安监局、电业局

附件：

2009年整治违法排污企业保障群众健康环保专项行动工作方案

为全面贯彻党的十七大、十七届三中全会、中央纪委第三次全会和中央经济工作会议精神，深入贯彻落实科学发展观，紧紧围绕保增长、保民生、保稳定的总要求，切实解决当前影响可持续发展的突出环境问题，保障人民群众的切身环境权益，2009年继续在全省组织开展整治违法排污企业保障群众健康环保专项行动(以下简称“环保专项行动”)。

一、指导思想

以邓小平理论和“三个代表”重要思想为指导，深入贯彻落实科学发展观，进一步加大环境执法力度，着力解决危害群众健康、影响可持续发展的突出环境问题，以保护饮用水源安全、遏制“两高一资”行业污染反弹为重点，保持主要污染物减排工作的顺利实施，维护社会稳定，为实现中央确定的保持经济平稳较快增长目标提供环境执法保障。

二、工作重点及要求

(一)巩固2008年环保专项行动成效，持续开展饮用水源保护区后督察和城镇污水处理厂、垃圾填埋场集中整治

1、对2007年和2008年饮用水源保护区集中整治中发现的问题进行跟踪督办。凡是饮用水源保护区划分和调整不到位、县以上城镇饮用水源保护区内各类排污口取缔措施不落实、保护区边界地理界标和警示标志设立不规范、保护区或周边化工企业没有防止事故状态下“清净下水”污染环境有效措施的，一律挂牌督办。

2、督促湘江、洞庭湖流域城镇污水处理厂加快建设进度、提高运行负荷和出水达标率。对于湘江、洞庭湖流域规划内污水处理厂，重点整治建成运行三年后处理负荷仍达不到设计能力75%的；不能保证正常稳定达标排放的；污泥外排或弃置造成环境污染的。同时，对排入市政管网严重超标、影响污水处理厂运行的工业企业进行集中整治。

3、全面整治垃圾填埋场环境违法问题。重点整治垃圾填埋场中未进行环境影响评价的；已经投入运行但未通过“三同时”验收的；直排渗滤液和渗滤液超标排放对周围环境造成严重污染的问题。

(二)着力打击“两高一资”行业重污染企业的环境违法行为，开展重点行业专项检查

1、对“两高一资”行业重污染企业进行监督检查。组织开展市州交叉环境执法，重点查处不符合产业政策、准入条件、未经审批擅自开工或建成投产的企业；不符合有关环保规定、超标排放污染物的企业；拒不执行国家产业政策，使用国家明令淘汰的落后工艺、设备的企业。严厉打击已被取缔关闭后死灰复燃的企业。

2、认真贯彻国家《钢铁产业调整和振兴规划》中控制钢铁行业产能，加快淘汰落后产能的要求，开展钢铁行业环境污染专项检查。摸清钢铁企业执行建设项目环境保护管理规定及国家产业政策的基本情况。严肃查处违反环境影响评价制度和环境保护“三同时”制度，拒不淘汰列入产业结构调整淘汰类目录的设备和工艺，主要污染物超标和超总量排放的钢铁企业。

3、集中开展涉砷、涉铅、涉镉行业环境执法检查。针对近年来砷污染事件高发态势，重点对涉砷行业(硫化物、磷矿开采、选矿、冶炼；硫化工；磷化工；砷化物生产)企业进行全面检查清理。重点查处没有取得环境影响评价审批文件或安全生产许可证的；不符合产业政策和环境准入条件，采用国家明令淘汰的落后生产工艺的；没有治理设施，污染物超标排放的；含砷废渣堆放处置不符合法规、标准的；未按规定进行危险化学品登记的企业。

4、巩固全省造纸企业污染整治成果，严防污染反弹。重点对造纸企业整治验收工作滞后的市、县开展后督查，对整治不力、存在突出问题的地区施行区域限批，并追究相关责任人责任。督促检查全省苎麻纺织行业污染整治工作，确保整治到位。

三、主要工作措施

(一)落实政府责任，加强组织领导

各市州人民政府要继续把深入开展环保专项行动作为重要工作内容，强化政府牵头、各部门密切配合的工作机制，广泛动员，周密部署，有序推进各项工作开展。要在组织开展全面排查的基础上，对发现的问题制定全面的整改计划，明确整改重点、目标、时限、责任人，限期完成。要将整改完成情况作为各级政府环保目标责任制的内容进行考核，凡无故不能如期完成的地区，一律取消评先创优资格。领导小组各成员单位要充分发挥各自职责，坚持定期协商、联合办案制度和环境违法案件移交、移送、移办制度，共同打击环境违法行为。

(二)采取综合措施，强化全面整治

要综合运用法律、经济、行政等手段，在加强挂牌督办、后督察等环境行政执法手段基础上，环保部门要分阶段对照工作重点进行拉网式检查，对各类环境违法行为依法进行行政处罚；工业主管部门要切实发挥在淘汰落后产能工作中的职能作用，查处违反国家产业政策的行为；监察机关要强化行政监察职能作用，加大责任追究力度；司法行政机关要有序推进环境法制宣传教育、法律服务和法律援助工作；建设部门要强化排水许可管理，并加强对城镇污水和垃圾处理运营的监管；工商部门要严肃查处“两高一资”行业企业违反注册登记法规的行为；安全监管部门要严肃查处危险化学品生产企业违反安全生产法引发环境污染事件的行为；电力监管部门要监督供电企业，严格执行国家制定的节能环保电价政策，对违法企业依法采取限电、停电、断电等有效措施。要进一步加强与相关管理部门的配合，在金融信贷、进出口监管等方面采取有效措施，不断强化环境执法效果。

(三)加强分类指导，严格环境执法

各级环保部门要强化分类指导的执法意识，对于存在主观恶意的屡查屡犯、明知故犯、偷排偷放等环境违法行为，要依法从重处罚，并移送法院，追究法律责任；要规范自由裁量权的行使，坚持教育与惩罚相结合的原则，监督并指导企业切实解决问题。建立企业环境监督员制度，有效发挥企业监督员监督企业环境污染治理设施运行等方面的作用，促进企业守法意识的提高。

(四)建立长效机制，加强公众监督

要以环保专项行动促进建立健全日常环境执法的长效机制，将专项行动检查过的重点行业企业纳入日常重点监管范围。建立后督察制度，将定期检查和不定期巡查相结合，巩固整治成果，防止环境违法企业死灰复燃。规范和完善挂牌督办制度，对专项行动中发现的典型环境违法案件和群众反映强烈的突出环境问题，实行挂牌督办，做到处理到位、整改到位、责任追究到位。要加强城镇污水处理厂进出口水质监管，建立污泥转移联单制度。要积极组织新闻媒体进行跟踪报道，充分利用各种媒体，加大环保法律法规的宣传力度，畅通“12369”投诉渠道，营造群众参与和监督的良好氛围。

四、时间安排

(一)动员部署阶段(5月)

各市州环保专项行动领导小组结合实际情况，确定本地区整治重点，制定具体实施方案，全面完成环保专项行动的动员部署工作。

(二)摸底和集中整治阶段(5月—9月)

地方各级环保专项行动领导小组组织有关部门对“两高一资”行业企业、涉砷、涉铅、涉镉行业企业开展集中检查，对造纸、苎麻纺织企业和饮用水源保护区整治措施落实情况开展后督察，对城镇污水处理厂、垃圾填埋场存在的环境问题进行集中整治，并分别于6月15日和9月15日前报送阶段性报告。

(三)督查阶段(8月—10月)

各市级环保专项行动领导小组对各地专项行动工作开展督查。省直九部门将对各市州环保专项行动开展情况进行督查。

(四)总结阶段(10月底)

各市州对环保专项行动开展情况进行总结，完成2009年环保专项行动工作总结报告。

关于报送2009年整治违法排污企业保障群众健康环保专项行动有关信息的通知

湘环办[2009]13号

各市州环境保护局：

为落实环保部《关于报送2009年整治违法排污企业保障群众健康环保专项行动有关信息的通知》（环办函〔2009〕438号）的要求，及时了解和掌握各地2009年环保专项行动工作进展情况，请组织做好环保专项行动信息报送工作。现就有关信息报送事宜通知如下：

一、信息调度工作的组织

省环保专项行动办公室负责全省环保专项行动情况的信息收集、汇总、统计工作，定期编辑情况专报，指导各地开展环保专项行动工作。

各市州要确定具体负责环保专项行动信息调度的部门，专人负责环保专项行动信息的调度和报送工作，及时汇总、总结环保专项行动开展情况、取得的成效、好的做法、存在的问题，编发工作简报，交流经验，并逐级建立本辖区内信息的报送网络，加强管理，确保信息报送的畅通、及时、准确。

二、信息报送的方式

环保专项行动的实施方案、阶段性报告、总结报告以正式文件报送省环保专项行动办公室。工作简报及各项表格通过12369中国环保热线（www.12369.gov.cn）网站的《环保专项行动信息管理系统》和邮箱报送。

三、信息报送的内容和时间要求

（一）2009年6月1日前，请各市州将环保专项行动领导小组名单、环保专项行动实施方案以及信息调度负责人和联系人的电话、传真、移动电话及备用电子邮件地址，报送省环保专项行动办公室。

（二）环保专项行动期间，各市州每月至少要编发两期工作简报，及时将专项行动开展情况报送省环保专项行动办公室、各市州人民政府领导同志及环保专项行动领导小组各成员单位。同时，应印发给下一级环保专项行动领导小组。

（三）请各市州继续通过《环保专项行动信息管理系统》，按月填报《环保专项行动进展情况表》、《环境违法企业基本情况明细表》、《环保专项行动责任追究情况表》和《12369环保热线投诉受理情况统计表》、《挂牌督办环境问题基本情况表》（表格延用2008年格式）。

（四）请各市州于2009年6月15日前将开展“两高一资”行业企业、钢铁企业、涉砷行业企业集中检查报告报送我局。报告重点是：各地对“两高一资”行业企业不符合产业政策和违反环境保护法律法规行为的查处情况；钢铁企业相关工艺项目执行建设项目环境管理规定和国家产业政策的情况，对存在环境违法行为企业的查处情况，以及各地对钢铁行业进行整治的措施和计划；涉砷企业执行建设项目环境管理规定、污染物排放、含砷废渣堆放处置及环境应急预案实施情况。报告附《2009年环保专项行动钢铁企业检查情况表》（附件一）和《2009年环保专项行动涉砷企业检查情况表》（附件二）。

（五）请各市州于2009年9月15日前将开展饮用水水源保护区后督察、城镇污水处理厂、垃圾填埋场存在环境问题集中整治情况报告报送我局。报告重点是：饮用水水源保护区环境违法行为查处情况、城镇污水处理厂出水超标整治及污泥规范化处理处置情况、垃圾填埋场渗滤液超标整治情况以及日常督查发现问题的整治情况。报告后附《2009年饮用水水源保护区后督察情况汇总表》（附件三）、《城镇污水处理厂环境监管情况表》（2009年上半年）和《垃圾填埋场环境监管情况表》（表格延用2008年格式）。2010年1月10日前将《城镇污水处理厂环境监管情况表》（2009年全年）及简要说明报送我局。

（六）请各市州于2009年11月15日前将2009年环保专项行动工作总结报告报送我局。报告重点是：总体情况、主要做法及成效、存在问题及原因分析、下一步措施及工作计划。

四、信息报送要求

请各市州按照填表说明认真填报各项报表，各阶段性报告和总结报告要按照统一要求撰写，报告要实事求是，主要观点要有数据及事实例支持，使用的数据要与《环保专项行动信息管理系统》报送的数据一致。我局将在情况专报中通报各地信息报送情况及工作开展情况，并将环保专项行动开展情况作为2009年环境监察工作考核的主要内容。

联 系 人：粟剑斌　张文佳
联系电话：0731-5698121,5698122(传真)
电子邮箱：hunepi@12369.gov.cn

附件：

1.《2009年环保专项行动钢铁企业检查情况表》及填表说明

2.《2009年环保专项行动涉砷企业检查情况表》及填表说明

3.《2009年饮用水源保护区后督察情况汇总表》及填表说明

二〇〇九年五月十五日

广东省

广东省环境保护局广东省监察厅文件

粤环〔2009〕29号

关于通报2008年挂牌督办十大重点区域环境问题和二十家企业整治情况的函

各有关地级以上市人民政府：

2008年，省环保局和省监察厅对广州市西部饮用水源污染整治等十个重点区域环境问题和广州万利达纸制品有限公司等20家企业环境整治进行挂牌督办，一年来，在各级政府的高度重视下，各有关市环保、监察部门加强督查督办，积极落实整改措施，取得了明显成效。目前，已有5个重点区域环境问题和16家挂牌督办企业达到了整治目标。现将有关进展情况通报如下：

一、整改情况

（一）十大重点区域环境问题整改情况

茂名市小东江流域、阳江市岗列那格电镀城、东莞市造纸企业、湛江市水产加工业、潮安县小造纸企业等5个重点区域环境，达到整改目标，决定对其摘牌。

广州市西部饮用水源、淡水河流域重污染行业、清远市清城区大燕河流域重污染行业、独水河流域重污染行业、潮阳区谷饶镇、潮南区两英镇印染企业等5个重点区域经过一年多的整治，取得了一定成效，但仍未完全达到挂牌督办的要求，决定对其继续挂牌督办。

（二）二十家挂牌督办企业整改情况

广州万利达纸制品有限公司、韶关钢铁厂、广东韶能集团股份有限公司珠玑纸业分公司、亚洲创建（河源）木业有限公司、番禺梅山－马利酵母有限公司、大亚湾石油化工区污水处理厂、江门华沣特种玻璃有限责任公司、江门甘蔗化工厂（集团）股份有限公司、江门市新华造纸厂、丽珠集团新北江制药股份有限公司、清远市益丰纺织有限公司、普宁市成发整染有限公司、广东省广垦橡胶集团有限公司茂名分公司等13家企业已完成整治工作；佳翰电子（深圳）有限公司、龙岗坑梓嘉利五金制品电镀厂、连平县隆街炼油厂等3家企业已关停。决定对上述16家企业摘牌。

中国石油化工股份有限公司广州分公司、韶关市坪石发电厂有限公司、江门华尔润玻璃有限责任公司、罗定市金昌白水泥有限公司等4家公司污染治理虽取得一定进展，但目前仍达不到摘牌条件。决定继续对其挂牌督办。

二、主要成效

（一）各级政府充分重视，形成上下联动，督办力度和整治成效显著

2008年挂牌督办任务下达以来，得到了全省各级政府和有关部门高度重视。省环保局针对十大区域环境问题和20家挂牌督办企业由上而下制定了局领导牵头、各部门负责的跟踪督办方案，从省到市、县环保局均落实专人负责，定期检查治理进度，以前所未有的力度狠抓挂牌督办工作，有力的推动了挂牌督办任务的完成。

各地方政府充分重视挂牌督办，加强对挂牌督办组织领导工作。如东莞市政府三年来把造纸行业整治作为全市环境整治工作的重中之重，铁腕推进整治工作。对125家造纸企业采取关闭一批，整治一批，整合一批的整治措施，28家5万吨以下小造纸全部关闭，97家需整改企业中 93家完成整改，共投入整改资金约9.64亿元，其余4家正强制关闭。为配合造纸行业专项整治工作，市政府在中堂镇规划建造造纸环保专业基地，以带动造纸行业全面提升。阳江市针对岗列那格电镀城污染整治，先由市政府拨出专项治理资金78万用于电镀城废水处理设备扩建改造，为了彻底解决电镀城污染，市政府还下达了《关于岗列那格电镀城污染整治及搬迁计划的函》，有力推动了整治工作。江门华沣特种玻璃被挂牌督办以来，全厂上下高度重视污染治理，共投入588万元，选用双碱法脱硫方案对原氨法脱硫装置进行改造，脱硫效率明显提高，烟气二氧化硫排放得到有效控制。广州万利达纸制品有限公司在广州市环保部门督办下，花大力气落实整改措施，先后投入7000万，对脱硫设施与污水处理设施进行改造，并通过了市环保监测机构的验收监测，整治效果显著。

（二）突出重点问题，集中整治，部分区域、流域环境质量得到明显改善

按照省政府“打击违法排污企业，保障群众健康”环保专项行动计划，2008年省环保局联合省监察厅等11个部门多次对督办区域和企业进行重点监督检查，督促有关政府出台有关整治政策，督促企业完善环保治理设施，严厉打击违法排污、偷排漏排、屡查屡犯的企业。通过一年来的挂牌督办，关停和取缔一批污染环境的违法企业，部分重点区域、流域的环境质量得到明显改善。如茂名小东江流域取缔了流域内19家小炼油；将14家小造纸厂和8家小油毡纸厂列入淘汰范围，移交经贸部门处理；清理违法养殖厂，划定禁养区； 流域内的重点污染企业如中石化茂名分公司、广东海印（永业）股份公司分别投入7000万、450万改造完善污水处理设备。2008年1～9月小东江主要污染物浓度明显下降，水质类别由以前的V类、劣V类为主改善为目前的以III类和IV类为主，水质进一步好转，在社会上产生了良好的反响。深圳淡水河流域2008年以来，共关停污染企业177家，淘汰41家污染严重的牛皮制革企业，清理259家违法养殖场，查处环境违法案件806宗，通过实施流域限批、铁腕整治工业污染源，加快污水处理厂及配套管网建设力度，两河流域水质与2007年相比有一定改善。

（三）围绕民生问题，保障环境权益，解决了一批群众关心的热点难点环境问题

通过开展挂牌督办，一些群众反映强烈，环境污染严重的热点难点问题得以解决。如丽珠集团新北江制药股份有限公司，长期以来生产废水不稳定达标排放，群众投诉不断。挂牌督办以来，该公司停止生产最大产污量的主导品种、投资220万对污水处理系统进行技术改造、安装在线监控系统接受环保部门的监控，出资80万将处理后的废水排入市污水处理中心，基本解决了群众投诉的问题。如韶关钢铁厂由于配套的生活废水设施不完善，连续两年被挂牌督办，该厂两年来共投资4500万建成了设计处理规模为10万吨/日的废水处理中心，60%废水经深度处理后回用，基本完成整治任务。

三、存在问题

（一）个别地区地方政府重视程度不够，整治进展缓

慢。如淡水河流域重污染行业问题、清远市清城区大燕河流域行业问题都是连续多年挂牌督办，而至今仍然未能达到治理目标。

（二）部分地区、部分部门协调不够，没有形成整治合力，对挂牌督办企业治理措施不得力。

（三）整治不彻底，存在“死灰复燃”的可能。许多区域环境问题是由于企业规模小、分布散、布局不合理造成，一旦治理工作进行不彻底，就存在“死灰复燃”的可能。

四、下一步工作要求

（一）要高度重视挂牌督办工作

挂牌督办解决典型环境污染问题是落实科学发展观，保障群众环境权益，遏制环境污染，改善环境质量，打击各种破坏环境保护违法违纪行为的有力手段，省政府高度重视。各级政府要切实加强对挂牌督办工作的组织领导，促进挂牌督办工作制度化、长效化，确保取得实效。

（二）实行动态管理

要加强挂牌督办案件的监督管理，做到件件有结果。结合制订今年环保专项行动方案，对群众反映强烈的环境问题和久拖不治的严重污染企业作为挂牌督办重点，并对于尚未能“摘牌”的重点环境问题和企业，列入2009年重点环境问题，继续挂牌督办。各地要继续做好整治和督查工作，将整改措施落实到位，按时完成整改任务，争取尽早“摘牌”。

（三）做好环境执法后督察工作

各地要完善后督察机制，强化责任追究，防止环境违法行为“死灰复燃”。对拒不整改、整改不到位的，严肃追究有关人员责任；对整改不力的，要实行“区域限批”等政策；对已搬迁的企业，要督促其妥善处理搬迁后遗留的环境问题，防止二次污染。

（四）加大公众监督力度

要加大政务公开力度，强化公众监督。各地要充分发挥媒体的监督作用，积极组织有关媒体对重点环境问题的整治情况进行全面通报，定期公布整治工作进展和最终的整治结果，充分保障群众的知情权、监督权和参与权，营造良好的环境执法氛围。

附件：

1．广东省2008年挂牌督办十大重点区域环境问题整治情况表

2．广东省2008年二十家环境污染整治挂牌督办企业整治情况表

省环保局　　　　　　　省监察厅

二〇〇九年四月七日

广东省环境保护局广东省监察厅文件

粤环〔2009〕41号

关于2009年省挂牌督办十大重点环境问题情况的通报

各地级以上市人民政府：

为保障人民群众环保权益，切实解决当前环保工作中突出的重点难点问题，根据环境保护部等八部门《关于2009年深入开展整治违法排污企业保障群众健康环保专项行动的通知》（环发〔2009〕43号）的要求，并结合我省实际，省环保局、省监察厅决定对广州市西部饮用水源污染整治等10个重点环境问题（见附件一）进行联合挂牌督办。现将督办情况予以通报。

各有关政府要高度重视重点环境问题整治工作，加强组织领导，狠抓落实，大力推进重点环境问题的整治。各有关市要抓紧制定污染整治方案和今年度的整治计划，并积极组织实施。除广州市西部水源污染整治、淡水河、独水河重污染行业整治力争本届政府任期内完成整治任务外，其余重点环境问题均要求今年内完成，并将挂牌督办环境问题整治进度每季度书面报告省环保局，省环保局和省监察厅将对各地落实整治工作进行专项检查，作为各市环保责任考核重要内容之一。对因督促不力，失职、渎职导致挂牌督办工作进展缓慢而不能按期完成任务的，将按照《环境保护违法违纪行为处分暂行规定》（2006年监察部、国家环保总局第10号令）追究有关政府、部门及相关人员的责任。

附件：

1．广东省2009年挂牌督办十大重点环境问题

2．东西北地区在建“一县一厂”污水处理项目名单

省环保局　　　　　　　省监察厅

二〇〇九年五月二十日

监察分局召开“转变作风抓落实”主题实践活动动员会

2009年5月15日上午，监察分局召开“转变作风抓落实”主题实践活动动员会。会议由陈文韬副局长主持，刘其汉常务副局长对开展主题实践活动进行了动员和工作部署，局党组成员、监察分局局长周全同志作题为《转变作风抓落实、以点带面上水平》的发言。

周全同志在动员会上指出，通过省局开展的学习实践科学发展观活动，分局广大党员干部的思想更加统一，行动更加自觉，工作作风进一步转变，监管减排、重点污染

源管理、重点环境问题整治、排污申报与核定等各项工作稳步推进，取得了新的成效，得到了局党组的肯定。

周全强调，在省直机关即将开展的“转变作风抓落实”主题实践活动中，分局要继续在转变工作作风上下功夫，形成分局上下全力抓落实的工作氛围，不断提高工作效率。一是提高认识、改变观念。做到“三克服三增强”，即克服经验主义，增强紧迫感；克服自由主义，增强纪律性；克服个人主义，增强集体观念。二是加强学习，提高素质。努力做到：学政治，强思想；学业务，练本领；学做人，增能力。三是突出重点，抓好落实。继续抓好污染减排这一中心工作，以重点污染源、重污染区域、行业和重点环境问题为突破口，坚持减排监管与专项行动相结合、能力建设与队伍建设相结合、在线监控与日常值守相结合、政务公开与公众参与相结合，组织好减排监管、环保专项行动、排污费申报核定及稽查、环境信访与应急管理、综合执法改革等五项重点工作，进一步建立健全重点污染源长效管理机制，完善与加强环境执法监督体系，规范监督执法，强化思想与廉政建设，锤炼过硬作风，为确保污染减排任务完成、环境安全、队伍不出问题奠定坚实的基础。

目前，监察分局已根据《广东省环保局领导班子深入学习实践科学发展观活动整改落实方案》、《广东省环保局“转变作风抓落实”主题实践活动方案》以及《省环保局关于抓好2009年工作落实的意见》的要求，结合2009年广东省环境保护工作要点和国家、省环境监察工作要点，制定并印发了《省环保局环境监察分局“转变作风抓落实”行动计划》，并将各项工作任务及要求进行了细化，明确了完成时限，层层分解，责任到人。下一步，将通过加强政治思想工作和廉政建设、落实领导分工负责制、强化检查督办和培训、考核等措施推进各项工作顺利开展，做到领导带头、党员争先，从我做起、从现在做起，营造深入实际、努力学习、认真工作的氛围，促进环境监察工作上新台阶。

环境监察分局举办“读书.思考.进步”座谈会和爱国教育活动

2009年6月3日上午，环境监察分局35岁以下青年干部聚集一堂，畅谈读书心得、人生体会与工作建议。党组成员、环境监察分局局长周全同志参加会议并勉励分局青年端正态度、不断学习、独立思考，为分局建设和环保事业做出更大贡献。交流、座谈会由环境监察分局副局长陈文韬同志主持，分局15位青年干部参加。

参会青年分别就近期中共广东省环保局机关委员会组织开展的“读书、思考、进步”主题活动畅谈了自己的读书心得及人生、工作感受，并就青年人如何在工作创新、制度创新、团队精神等方面发挥主力军及排头兵作用等话题，进行了热烈的讨论。

周全同志认真听取大家发言，勉励大家一要勤奋好学、独立思考，将理论知识与工作实践紧密结合起来；二要良心做人，用心做事，培养高尚的道德品质和严谨的工作态度；三要自强不息，厚德载物，积极进取，团结一致，勇挑重担。并向分局青年同志提出了殷切希望，希望分局全体青年立足各自岗位，为分局工作的开展出谋划策，多做贡献。

座谈、交流会后，分局青年和妇女同志参观了孙中山故居和纪念馆。

环境监察分局举行军转干部座谈会暨环境应急演练

建军82周年节日前夕，省环保局环境监察分局在佛山市南海区举行军转干部座谈会暨环境应急演练，省环保局党组成员、环境监察分局局长周全同志参加了座谈会。

7月31日，分局组织军转干部在佛山市南海区丹灶镇仙湖举行环境应急演练。演练模拟某水库水面发现油污，分局马上派人进行污染源排查及现状勘察。应急演练历时7个小时，于当天下午4点顺利结束。10多人军转干部和有关人员顶着烈日，进行了三艘橡皮艇的装拆和下水试行，防护服、救生衣、防毒口罩、防护眼镜等应急装备的使用操练，并进行水面污染源排查及现状勘察。

应急演练结束，分局领导与军转干部进行了亲切座谈。12名军转干部回顾了光辉的军旅生涯，畅谈了在分局工作期间的感受与收获。军转干部普遍反映，分局是一个温暖的集体，领导和同事在工作中给予热情的支持、在生活上给予无微不至的关怀。纷纷表示，要把军队的优良作风带到地方工作中来，要把领导和同事的关心爱护化做勤奋工作的动力，虚心学习业务知识，及时转变角色与观念，争取在环境监察执法工作中再立新功。

周全同志充分肯定了分局军转干部的工作，认为军转干部纪律性强、团队精神好、能吃苦、善协调，在大家的努力和影响下，分局的精神面貌变化很大。他希望军转干部一是要加强学习，不断提高综合素质，做到学政治强思想、学业务增本领、学法律长能力、学管理会做事。二是要深入实践，在实践中提高。三是要廉洁自律，依法行政。

目前，分局12名军转干部中，已有4名军转干部走上了领导岗位，多名军转干部成为我省环境监察工作相关领域的专家。

环境监察分局召开廉政形势分析会

按《省环保局2009年纪律教育学习月活动方案》要求，7月28日，环境监察分局组织组长以上人员召开廉政形势分析会，分析分局党风廉政建设和反腐败工作方面存在的问题和党员领导干部在思想作风、学风、工作作风、领导作风、干部生活作风建设方面存在的突出问题，就如何加强党性修养，增强实践科学发展观的自觉性，切实转变机关作风，增强遵纪守法观念和监督意识，进行认真研讨。局党组成员、分局局长周全同志参加会议并对分局廉政建设作了指示。

与会人员分析了各自岗位的廉政形势，汇报了廉政建设情况并提出了建议对策。会议认为，今年上半年，分局坚持业务建设与政治思想工作并重的方针，高度重视党风廉政建设工作，按照“以教育树廉、以纠风促廉、以制度管廉、以监督保廉”的思路，坚决贯彻政风行风建设的“六项禁令”，大力开展效能监察，深化行政审批、干部人事、重大事项决策等制度改革，有效地促进了党风廉政建设工作的向前发展，为全面完成各项工作任务提供了政治保障，实现了环保部“严格执法、规范执法、廉洁执法”的目标和局党组 “确保污染减排任务完成、确保环境安全、确保队伍不出问题”的工作要求。但仍存在着思想认识不够到位、工作作风不够严谨、学习风气不够纯正、监督制度不够完善等问题，廉政建设的形势不容乐观，反腐倡廉任务依然艰巨。下半年，要着重解决党风廉政建设中存在的个别问题，进一步完善各项办事规程与制度，有的放矢地进行教育，力求通过纪律教育和廉政教育学习，弘扬正气、锤炼作风、提高效能，使全局队伍更加团结、氛围更加和谐、工作更加积极、作风更加务实、步调更加一致、纪律更加严明，切实以党风廉政建设推动环境保护工作再上新台阶。

周全同志指出，随着职能与任务的增加，分局廉政建设任务日益加重，形势不容乐观。强调一是要加强学习教育，筑牢思想防线；二是要强化制度建设，构建防范体系；三是提高执行力度，防范腐败风险。要求分局各领导干部要起带头作用，做党员先锋模范的表率，坚决实施问责督办与人员交流、轮岗，构建公开公平氛围，促进分局廉政建设。

茂名环保重拳出击 严打非法小炼油

据了解，茂名市茂南、茂港区内共有小油厂203家，其中无证无照的41家，擅自新改扩的26家。这些污染企业位于偏僻地方，占地面积不大，厂内生产条件恶劣，污水处理设施滞后，臭气熏天，厂区及四周弥漫着浓烈的化工油料气味，严重威胁附近村民的身体健康，对山林和农作物带来严重影响，群众对小油厂意见很大，多次向环保部门举报投诉，要求进行整治。为严厉打击环境违法行为，维护人民群众的切身利益，茂名市于2009年5月起对辖区内小油厂开展专项整治。

茂名市政府及有关部门对此高度重视，市委副书记、监察局局长亲自组织各有关部门领导和工作人员对茂南区和茂港区的专项整治工作进行检查督办。茂名市环保局多次组织局长办公会议和专题会议进行研究，制定了《市辖区小油厂专项整治工作实施方案》。茂南区下发了《中共茂名市茂南区委办公室茂名市茂南区人民政府办公室关于开展全区环境保护专项行动工作的通知》；茂港区制定了《茂名市茂港区环境保护专项整治工作实施方案》和小油厂整治实施方案，在方案中明确了整治的指导思想、整治范围、工作目标和要求，并对各部门和各镇（街道）进行了分工，对整治工作时间作了具体安排。

为充分发动群众，营造良好的舆论氛围，确保行动顺利开展，茂名市公布了举报电话、电子邮箱等举报方式，并通过制作宣传标语、横幅，出动宣传车辆等多种形式，大力宣传本次专项行动，累计出动宣传车38架次，张贴标语800多条，悬挂横幅140多条，形成了有利于整治行动的社会氛围。

6月30日，在茂名市环保局的支持和直接参与下，茂港区组织了大规模的集中取缔行动，出动了环保、公安、安监、法院等执法人员160多人，出动执法车辆49台，铲车2台，对羊角镇李兴年废油加工厂等16家无牌无证小油厂采取了强制取缔措施，共拆除油罐等生产设备23个（台），捣毁敞开式油池25个，全部停止生产用电。截至6月底，茂名市已取缔无牌无证小油厂22家，专项整治行动取得明显成效。

省环保局迅速开展网友集中反映环境问题查处工作

省环保局高度重视网友集中反映环境问题办理工作。6月30日，李清局长在听取李晖副局长参加省委办公厅交办会情况的汇报后，立即批示由局党组成员、环境监察分局局长周全同志组织调查处理。7月1日上午，李清局长主持召开局长办公会议传达落实省委办公厅交办会议精神，研究布置相关办理工作。要求各有关市环保局及处室、直属单位要按照省委、省政府的要求，高度重视网友集中反映的环境问题办理工作，迅速行动，严厉打击环境违法行为，并着重研究长效机制，出台政策性建议及整治方案，切实解决问题，维护群众权益。

按李清局长批示和局长办公会议决定事项，7月7日上午，省环保局党组成员、监察分局局长周全同志召集广州、佛山、河源、中山市环保局和省局有关处室、省环境监测中心的负责同志及有关人员召开了网友集中反映环境问题查处工作会议，具体部署网友集中反映的环境问题办理工作。同一天，省环保局环境监察分局组织广州、中山市环保局执法人员共60多人，分赴增城市新塘镇、中山市黄圃镇对200多家污染企业排污情况进行核查；10日上午，省环保局针对现场核查情况发现的问题，召集广州、增城市环保局召开增城新塘镇重污染行业整治工作协调会，落实下一步的整改工作；广州市环保局召开环境执法会并将增城新塘镇重污染行业整治作为市监察局、环保局挂牌督办的环境重点问题。22日，周全同志亲自带队赴河源市龙川县督办采矿污染整治工作。该矿确实在开采过程中造成严重的水土流失，影响环境及水质，当地环保部门已责令其停产整治。周全同志要求县政府高度重视，按省矿山整顿关闭工作方案的要求，提出对该矿的处理意见，避免造成“老板赚钱、百姓遭殃、政府埋单”的局面。此外，还要督促该矿在停产整治期间要全力进行水土保持工程，减轻对环境的影响。

各市及有关部门行动迅速，网友集中反映环境问题整治工作有序推进。省环保局科技处会同省环境监测中心、监察分局及有关科研单位已着手进行珠三角地区利用污水种菜问题的调查，拟在摸清现状的基础上研究出台政策性建议及整治方案。广州市环保局于7月10日召开环境执法会并将增城市新塘镇重污染行业整治作为监察局、环保局挂牌督办的环境重点问题。中山市黄圃镇政府、增城市政府分别于16日、17日召开了污染整治工作动员会，并制订了具体的整改方案，全面铺开污染整治工作。佛山市环保局会同顺德区环保局对佛山顺德伦教羊额一村染整厂污染整改工作进行了专门督办，要求在7月底前完善污染治理工程。

东莞市环保局采取措施 全面加强环境维稳工作

近期，东莞市环保局认真学习全省环保系统维护稳定暨环境信访工作视频会议精神，分析全市环境维稳总体形势，及时查找环保系统在应急管理机制、信息通报机制、执法监管、应急保障能力等方面存在的不足，针对相关问题，市环保局袁绍东局长对当前工作作出了全面部署，要求重点落实以下五个方面的措施：一是抓住重点环节，消除安全隐患。要确保东江水质安全，从即日起至国庆期间，东江沿岸环保分局必须每天派人巡查东江，发现东江水质异常及时报告。二是做好环境信访，维护群众权益。开展一次“回头看”，及时跟踪掌握投诉人的环境诉求，扎实做好稳定工作。三是加强应急管理，确保环境安全。明确在事件发生1小时内报告镇人民政府及市局，紧急情况下，可以直接报告市政府和市局。四是创新宣传机制，引导社会舆论。五是加强组织领导，强化维稳保障。监察分局局长担任环境维稳机构负责人，全市要形成监察分局、监察大队及基层分局齐抓共管的良好局面。

省环保局环境监察分局督查汕头市潮阳区谷饶镇、潮南区两英镇印染企业污染整治情况

2009年9月8日省环保局环境监察分局副局长陈文韬同志带队对汕头市潮阳区谷饶镇、潮南区两英镇印染企业污染整治情况进行了督查，听取汕头市环保局，汕头市潮阳区、潮南区政府的情况汇报，现场对整治企业进行了抽查，了解掌握潮阳区谷饶镇、潮南区两英镇印染企业污染整治进展情况。

两英镇纳入整治的印染企业共46家，其中保留23家、责令停产23家。保留的23家印染企业，污染治理设施全部建设完毕，设施运行基本正常；谷饶镇列入整治的印染企业共64家，其中保留企业13家、责令关停企业51家。保留13家企业正按要求抓紧进行整治，目前进行限量生产，确保达标排放；关停企业均已停产，基本落实了关停措施。

督查组强调：一要加强组织领导，加大污染整治力度，尽快完成整治任务摘牌。对保留企业，要加快整治进度，每个企业针对存在问题进行整治，确保生产废水、废气达标排放，工业固体废物按规范处置；关停企业要按规定彻底关停，责任落实、措施到位，不能手软，防止死灰复燃。二是对污水处理能力不足的企业继续采取停产整治或限产限排措施，防治偷排漏排行为发生，污染周边环境。按照汕头市环保局计划要求，尽快完成整治摘牌任务。

省环保局对小东江流域重污染行业开展专项督查

为掌握小东江流域重污染行业情况，省局于8月12日～14日，24日～28日会同茂名、湛江市环保局执法人员对小东江沿岸的制革、造纸、小炼油等重污染行业进行了现场检查，共检查企业127家，其中制革45家，造纸10家，小炼油10家，瓷土加工8家，养殖场3个，禽畜屠宰15家，水产加工8家，羽毛（绒）加工7家，其他企业21家。检查中发现主要存在以下问题：一是企业环评、竣工验收、排污许可证等环保手续不全；二是污染治理设施简陋、老化，运行不正常；三是排污口没有规范化设置，未安装流量计；四是排污许可证发放把关不严；五是小炼油企业无牌无证，无任何污染治理设施；六是企业的污水处理污泥均交由无资质的单位填埋，鞣革含铬污泥处理未执行转移联单制度。针对上述问题，省局分别向湛江、茂名两市环保局下发了环境监察通知，责成两市环保局依法对违法企业进行严肃查处，对审批和监管过程中存在的问题组织整改，有效推进了小东江流域环境污染的综合整治工作。

省环保局、省监察厅联合通报我省今年挂督办的十大重点区域环境问题和二十家环境污染企业

近日，广东省环保局、省监察厅通报了2008年省挂牌督办的重点区域环境问题和环境污染企业名单，决定对广州市西部饮用水源污染整治等10个重点区域环境问题（见附件一）和广州万利达纸制品有限公司等20家环境违法企业的环境污染问题（见附件二）进行挂牌督办，要求有关市政府要按照督办要求，加强组织领导、明确任务、落实责任、加强跟踪落实。

在今年挂牌督办的十大重点区域环境问题中，去年挂牌今年继续的有4个，分别为淡水河流域重污染行业污染整治、清远市清城区大燕河流域重污染行业污染整治、阳江市岗列那格电镀城污染整治和东莞市造纸企业污染整治问题；新增6个，分别为广州市西部饮用水源污染整治、独水河流域重污染行业污染整治、茂名小东江流域小炼油、小造纸、养殖业等重污染行业污染整治、潮阳区谷饶镇、潮南区两英镇印染企业污染整治、湛江市水产加工业污染整治、潮安县小造纸企业污染整治问题。

省环保局拉网式后督察污染整治重点案件

4月8～15日，省环保局对2005年以来省查处的108宗案件、国家和省挂牌督办的44宗案件、原国家环保总局交办的84宗信访案件、以及省领导包案的29宗案件，共305个重点案件进行后督察。省环保局派出的5个督察组检查了近百家企业，检查发现，大部分案件整改得力，但仍然存在部分开发区和企业的整改工作不到位。对检查中发现的问题，省环保局已责令限期整改或挂牌督办。

绝大部分企业整治效果显著

本次省检查组抽查的305个重点案件中296个得到了妥善处理，绝大部分企业的整治效果显著。

其中，湛江市的金海糖厂是上世纪50年代投产的老厂，厂房陈旧、设备老化，废水排入一墙之隔的旧县河，对地表水造成一定污染，曾被原国家环保总局挂牌督办。该厂投入600多万元建设污水处理设施，并将80%的中水回用，废水达标排放，旧县河的水质也大为改观，受到群众好评。

江门市的冠华针织厂由于企业环保投入不足、管理不到位，管网老化、跑冒滴漏现象严重，厂内6000多人的生活污水通过暗管直通江心，周边群众投诉时有发生，被省环保局立案查处。过去一年里，环保部门多次派人到该厂进行环保政策宣传和技术指导，帮助企业完善污水处理设施，企业新建成投资1.3亿元建成纳米反渗透膜污水中水回用系统，中水回用率达70%，整治效果明显。

廉江九洲经济开发区生产废水直排九洲江

督察组在湛江市廉江九洲经济开发区调查发现，廉江九洲经济开发区已将顺德-廉江6000亩产业转移园列入计划，但区域环

评至今未完成。园区已开发3000多亩，目前共有118家企业落户，大部分为电饭煲组装企业，废水由18家煲胆表面处理企业产生，大多没有经过环评，2/3企业没有上污水处理设施，其余的也只是简单沉淀处理后排放，经总排口排入廉江河转入九洲江后入海，造成严重的环境污染。廉江市环保局下达了限期整改通知书，要求6月底完成整改，效果不明显。督察组当即责令廉江市对开发区所有企业进行全面排查，摸清环保情况；对园区内违法企业立即进行严厉处罚、停产整改，加快建设污水处理设施；并要求尽快做出区域环评。

炼油小造纸发恶臭

针对群众投诉的茂名市茂港区羊角镇小炼油小造纸污染环境问题，省环保后督察组进行了现场检查。检查中发现，该地区共有油品加工企业10家，再生造纸厂15家，油毡纸厂8家。23家造纸厂，规模多在年产2500吨左右，相当一部分没有经过环保审批。除两家有污染治理设施并能达标排放外，其余均超标排放。8家炼油企业以废油、化工轻油和重油等为原料进行加工，治理设施不完善，恶臭污染严重。省督察组要求茂名市茂港区环保局立即对该地区所有炼油造纸企业进行全面排查，依照环保法律法规对违法企业进行严肃处理。同时，省环保局已将小东江流域小炼油小造纸污染问题列入今年广东省十大重点整治区域之一挂牌督办。

省环保局对肇庆市独水河环境综合整治工作进行督查

为进一步贯彻落实省环保局、省监察厅和肇庆市政府联合召开的独水河环境综合整治现场会精神，省环保局独水河污染综合整治督导小组副组长刘其汉同志于3月13日、4月10日带队对独水河流域的环境综合整治情况进行督查。

督查组认为，肇庆市政府和四会市政府分别下发了《独水河环境综合整治方案》和《关于切实加强独水河环境综合整治的决定》，将11项整治任务分解落实到具体的责任单位和责任人，并认真落实各项措施，积极推进独水河流域的环境综合整治工作，目前独水河流域的环境综合整治工作已取得一定进展，但仍然存在不少问题：一是四会新江镇五马岗工业小区内4家纺织印染企业存在擅自扩大生产规模，实际排水量超出环评批复的问题；二是四会盛源电镀污水处理厂未经环保部门审批擅自新建提炼硫酸铜回收车间；三是四会龙甫电镀工业园内13家电镀企业利用溢流槽偷排电镀废水；四是四会龙甫汇骏电镀定点基地内4家电镀企业未配套建设污水处理厂擅自投产；五是污水处理厂建设进度不理想，污水截流工程未正式启动；六是未合理划分“禁养区”和“限养区”，农村面源污染和畜禽养殖业污染尚未得到有效控制。

针对督查中发现的存在问题，督查组提出如下要求：一是责令四会新江镇五马岗工业小区内印染企业擅自扩产设备停止生产，并对其擅自扩产和超量排放的违法行为进行查处；二是责令四会盛源电镀污水处理厂新建提炼硫酸铜回收车间立即停止生产，并补办相关环保手续；三是责令四会龙甫电镀工业园内13家电镀企业停产治理，未经验

收合格，不得投入生产；四是责令四会龙甫汇骏电镀定点基地内4家电镀企业立即停产，在基地配套污水处理厂投产前不得生产；五是加快环保基础设施建设，确保按期完成整治任务和目标；六是合理划分“禁养区”和“限养区”，优化畜禽养殖业结构布局。

小东江综合整治工作取得初步成效

2007年6月，省环保局针对茂名市小东江茂南区河段水质劣Ⅴ类，不能满足功能区划的要求，水污染物排放总量超过了环境承载能力，给下游水环境构成了较大安全隐患的情况，发出《关于暂停茂名市茂南区部分行业建设项目环保审批的通知》，决定暂停茂名市茂南区范围内的电镀（含有电镀工序的线路板厂）、印染、制革、造纸、大型禽畜养殖等新增水污染物排放总量的建设项目的环保审批。茂名市茂南区政府对此高度重视，区委、区政府主要领导多次主持召开会议，研究部署整改工作，制定实施了《茂名市茂南区环境保护整改方案》和《茂南区整治农业农村环境控制不良水体排放的实施方案》，深入开展各种环保专项行动，全区共出动1092人次，检查企业86家，立案查处16家，限期整改16家，限期治理1家，移送工商处理12家，行政处罚违法排污企业5家。目前，小东江流域的综合整治工作取得初步成效，2007年小东江茂名与吴川交界断面化学需氧量日平均值从2006年的2.187mg/L下降到1.932mg/L，水质有所改善。

梅州市开展城区环境噪声专项整治联合执法行动

今年4月，梅州城区环境噪声专项整治领导小组办公室（以下简称整治办）发出了《关于整治梅州城区营业性文化娱乐场所、兼营KTV酒吧和商业经营场所噪声的通告》，要求：一是无证照经营的文化娱乐场所、兼营KTV酒吧接受处罚并自行完成整改后，向整治办提出验收申请；同时向文化广电新闻出版局提交不再擅自从事娱乐场所经营活动的承诺书；二是整治办组织相关部门对提出申请验收的经营场所进行验收，文化广电新闻出版局根据验收情况和经营者的承诺出具书面意见，并抄送工商部门；三是工商部门根据文化广电新闻出版局的书面意见依法按程序核发经营执照；四是对依法自行转业的，相关部门要给予支持。

5月6、7日晚，整治办组织市工商局、环保局、文化广电新闻出版局、公安局、消防局、市政公用事业管理局及市委宣传部等部门开展梅州城区环境噪声专项整治联合执法检查，重点整治梅州城区无证照经营的文化娱乐场所、兼营KTV酒吧24家和部分超范围经营的酒吧。检查发现，绝大部分无证照经营场所已自行停止营业，但其中4家无证照经营酒吧仍在违法经营，执法人员现场对其违法行为作出停业、暂扣设备等处罚，扣押了点歌器、麦克风等KTV设备共38台（套）。本次环境噪声专项整治联合执法行动取得明显成效。

广东省开展深入查办危害能源资源和生态环境渎职犯罪专项工作

最高人民检查院决定从2008年5月至2009年11月在全国开展深入查办危害能源资源和生态环境渎职犯罪专项工作，并于4月22日召开电视电话会议对专项工作进行布署。会后广东省检察院根据会议精神和总体方案，印发了《广东省检察机关开展深入查办危害能源资源和生态环境渎职犯罪专项工作实施方案》，在全省范围内开展深入查办危害能源资源和生态环境渎职犯罪专项工作。

5月23日，省检察院召集省国土资源厅、建设厅、水利厅、农业厅、环保局、林业局和安监局等7部门，召开了深入查办危害能源资源和生态环境渎职犯罪专项工作座谈会。会上，省院反渎职侵权局肖永副局长首先通报了高检院关于专项工作的总体部署和省检察院的意见，黄黎明局长通报了2005年以来全省检察机关查办危害能源资源和生态环境渎职犯罪情况，2005年至2008年4月，我省检察机关共立案查处危害能源资源和生态环境渎职侵权犯罪390人，占同期立查渎职侵权犯罪案件总数的37.1%，危害环境资源渎职犯罪案件增多是近年的一个不容忽视的趋势。与会的行政执法部门在座谈会上介绍了本系统节约能源资源、保护生态环境相关的行政执法情况，并就如何进一步加强部门之间的沟通联系，形成执法合力，共同惩治和预防危害能源资源和生态环境渎职犯罪提出了许多意见和建议，并表示共同努力做好整治和预防危害能源资源和生态环境渎职犯罪工作，加强与检察机关的联系，密切配合共同预防职务犯罪，形成对危害能源资源和生态环境渎职犯罪的打击合力，使专项工作取得实效。

我省全面启动2008年整治违法排污企业保障群众健康专项行动

6月10日，环境保护部、发改委、监察部、司法部、住房和城乡建设部、工商总局、安监总局、电监会等八部门联合印发了《关于继续深入开展整治违法排污企业保障群众健康环保专项行动的通知》（环发〔2008〕45号），部署开展环保专项行动。

接到通知后，省环保专项行动领导小组成员单位迅速行动，根据国家2008年环保专项行动工作部署和要求，结合我省实际，制定了《2008年广东省整治违法排污企业保障群众健康专项行动工作方案》（粤府办明电〔2008〕252号），并于6月24日由省政府批转各地级以上市人民政府及省直有关部门实施，全面启动

2008年环保专项行动

根据省方案，今年环保专项行动重点抓好三项工作：一是开展环保专项行动后督察，巩固专项行动整治成果；二是开展城镇生活污水处理厂、垃圾填埋场及火力发电厂专项检查，促进污染减排工作；三是开展饮用水源地及重点江、河、湖（库）流域环境污染整治，改善局部环境质量。

环保专项行动领导小组要求各级政府要高度重视环保专项行动，制定具体实施方案，进一步加大环境执法力度，完善部门联合办案、案件移送、挂牌督办、区域/行业限批、以及社会监督等各项工作制度，认真做好动员部署工作；各有关部门要严格履行各自的监管职能，切实加大监管力度，有序推进和落实各项重点工作。同时要加大责任追究力度，对违反环境保护法律法规，出现重大决策失误，造成环境严重污染的；对环境违法行为查处不力，甚至包庇、纵容、充当违法排污企业“保护伞”，致使突出环境问题长期得不到解决的，要依法依纪追究有关地方政府、部门负责人和工作人员的责任。

2008年广东省继续深入开展尾矿库专项整治行动

4月21日，国家安全监管总局、国家发展改革委、国土资源部和环保部联合下发《关于印发全国尾矿库专项整治行动工作2007年工作总结和2008年重点工作安排意见的通知》（安监总管一〔2008〕100号，以下简称《通知》），通报了2007年尾矿库专项整治行动工作情况，并对2008年尾矿库专项整治行动工作进行了部署。《通知》对尾矿库环保专项整治工作提出五点要求：一是从尾矿库项目的环保污染防治措施入手，继续深入开展尾矿库的隐患排查治理工作，遏制重特大环境事故发生；二是严把尾矿库项目环保准入关，从源头遏制污染事故的发生，对违反环评法和“三同时”制度的尾矿库项目，要依法加大处罚力度；三是加强对尾矿库固体废物申报登记及其周边环境日常监测等工作；五是督促尾矿库企业完善尾矿库突发环境事件应急预案，同时要与有关政府、下游村镇建立应急联动机制，并定期组织演练。

省环保局转发了原国家环保总局《关于尾矿库专项整治行动工作开展情况的通报》（粤环函〔2008〕288号），并结合我省实际，对全省2008年尾矿库环保专项整治工作进行了部署：

一是继续开展环境隐患排查。尚未开展隐患排查工作的地区要按照环保部及我省的工作部署，认真开展工作，及时排查并消除隐患，依法关闭取缔非法和严重污染环境的尾矿库。已完成排查工作的地区要将上报的尾矿库数据与当地安监部门进行核对。

二是在去年隐患排查的基础上，加大尾矿库环境隐患整改和治理力度，督促尾矿库企业尽快完成环境安全隐患整改工作，逾期未能完成整治和治理任务的，依法予以关闭停用。

三是完善尾矿库环境监管机制。加强对尾矿库的环境安全日常监管，严把项目审批关，督促企业制定并落实尾矿库突发环境事件应急预案。

四是及时报送有关信息。要求各地环保部门及时登录www.12369.gov.cn尾矿库专项整治行动信息系统上填报有关数据，并于11月10日将尾矿库专项整治行动总结报告报送至省环保局。

广东省开展国控重点污染源在线监控系统建设情况大检查

自今年3月全省国控重点污染源在线监控工作会议召开以来，各级环保部门、国控重点污染源企业认真贯彻落实会议精神，积极采取措施，加快国控重点污染源在线监控系统建设。省环保局于5月20日～30日，对全省国控重点污染源在线监控系统建设情况进行了全面的检查。检查情况如下：截止2008年5月30日，我省国控重点污染源在线监控需安装数总计416套（废水类83套、废气类237套、污水处理厂96套）。目前已安装共计311套（废水类61套、废气类171套、污水处理厂79套），安装率为74.7%。其中，梅州、惠州、汕尾、潮州、揭阳等5个市已完成在线监控点建设。全省已经实现在线监控联网共131家，其中废水类37家、废气类41家、污水处理厂53家，联网率分别为：废水类48%；废气类41%；污水处理厂63%。截至5月30日，仍未完成安装在线监控点的企业有73家共105套设备，其中：湛江12家，东莞、肇庆各9家，中山、江门各7家，佛山5家，茂名4家，广州、汕头、清远、云浮各3家，珠海、韶关、深圳各2家，河源和阳江各1家。

污染源监控中心已基本建成的有深圳、珠海、佛山、汕尾、东莞、中山和云浮等7个市。各地市污染源监控中心（电脑监控平台）能和省信息中心联网的有深圳、汕头、佛山、韶关、东莞和中山等6个市。

省环保局对本次检查的结果进行了通报，并提出如下要求：

一是加强重点污染源在线监控工作的组织领导。各地市环保部门要制定相应工作方案、措施，狠抓落实，确保在线监控建设工作按时完成。对未按时完成国控重点源在线监控工作的地级以上市，当年总量减排工作考核评为不及格，并不受理省级环保专项资金项目申请，环保局主要负责人不能参加当年各种评选先进活动。

二是加大对重点污染源在线监控工作的督办力度。对未按期完成现场监测点建设任务的国控重点污染源企（事）业单位，要依据《中华人民共和国水污染防治法》、《污染源自动监控管理办法》等对其进行处罚，并降低该单位环境保护信用等级，对该单位的新（扩、改）建项目不予审批，报请国家证监会和银监会不予其核准首次公开发行股票、再融资申请和贷款申请。

三是加快视频监控系统的建设和各市污染源监控中心的联网工作。要在今年9月底前与各市污染源监控中心联网，确保12月底与省污染源监控中心联网。对于因监控中心基建影响的市，必须通过建立服务器平台的方法向省信息中心报送监测数据，并确保在2008年9月底前完成。按照属地管理、属地监控的原则，原定由省直接联网的120家企业和粤电集团企业要同时与当地市环保局联网。

国家检查验收组对我省整顿和规范矿产资源开发秩序工作进行检查验收

7月7日～11日，由国家安监总局孙华山副局长为组长，监察部、国土资源部、工商总局、安全监管总局等部门相关人员组成国家检查验收组对我省整顿和规范矿产资源开发秩序工作及“回头看”行动任务完成情况进行了检查验收。检查验收组先后听取了省、市、县各级政府关于整顿规范工作及“回头看”行动任务完成情况的介绍，查阅了相关文件材料，查看了龙门县平陵镇水泥用灰岩矿区、博罗县利山铁矿区等，召开了矿山企业、矿区群众座谈会，听取了有关方面对矿产资源开发管理、整顿规范工作的意见和建议。

检查验收组认为，我省各级人民政府认真贯彻落实国发〔2005〕28号文精神，领导重视，态度坚决，思路清晰，责任落实，措施得力，工作扎实，整顿规范工作及“回头看”行动取得了显著成效，但仍存在一些不容忽视的问题：一是受利益驱动，无证开采、不按照矿产资源开发利用方案生产等违法行为时有发生，个别热点矿区开发秩序存在不稳定因素。二是个别地方整合实施方案执行情况不理想，整合工作进展较为缓慢。三是全省矿山环境治理恢复保障金制度尚未健全。四是个别企业对安全生产有关规定落实不到位，存在安全隐患。

根据检查验收过程中掌握的情况和发现的问题，检查验收组提出以下建议：一是继续保持高压态势，切实巩固整顿规范工作及“回头看”行动成果。二是积极稳妥地推进整合工作，确保今年年底基本完成整合工作任务，同时要督促市、县加快第二轮矿产资源规划的编制，为进一步促进矿山合力布局、提高矿产资源利用水平提供依据。三是切实加强矿山环境治理和生态恢复工作，加快推行矿山环境治理恢复保证金制度，进一步健全矿山环境治理和生态恢复责任机制。四是不断完善矿产资源开发管理长效机制。五是进一步加强安全生产管理工作。

广东省开展饮用水源保护区专项整治工作

根据环境保护部等八部委《关于继续深入开展整治违法排污企业保障群众健康环保专项行动的通知》（环发〔2008〕45号）的要求，我省于今年7月～8月组织各市开展地表水饮用水源保护区专项整治，取得良好成效。今年上半年，全省城市饮用水源水质总达标率为90.9%，与2007年同期相比，上升3.1个百分点；大部分城市饮用水源水质完全达标，广州、深圳的达标率均有所上升。

一、主要做法

一是加强领导，周密部署。我省充分认识到开展地表水饮用水源保护区专项整治的重要性和紧迫性，把检查2006年以来饮用水源保护区专项整治各项措施落实情况，及县级以上饮用水源保护区内违法建设项目取缔关闭措施落实情况，作为今年我省环保专项行动的主要内容和重要任务。

二是结合环保专项行动开展饮用水源保护区专项整治。今年，我省继续把饮用水源保护区专项整治作为环保专项行动的重点内容。对一级保护区内与供水设施和保护水源无关的死灰复燃的建设项目坚决予以关闭，对于二级保护区内新建、扩建向水体排放污染物的建设项目实施停业（产）或关闭；对影响二级保护区水质的环境污染和安全隐患问题进行集中整治，完善饮用水源应急预案和重点排污单位的环境突发事件应急预案；严厉打击在一、二级饮用水源保护区内的违法排污行为；加大对农村饮用水污染的整治力度，清理禁养区畜禽养殖业，清除各种威胁饮用水安全的隐患。

三是重点检查不达标饮用水源地。广州、深圳两市重点加强了饮用水源地的专项检查。广州市加强饮用水源监督管理，采取白天巡查与夜间巡查相结合、岸上巡查与河道检查相结合、拉网式检查与反复式检查相结合、现场执法与现场监测相结合“四个结合”的方式，加强饮用水源巡查监管。深圳市为提高饮用水源达标率，制定了《深圳市饮用水源保护“雨季行动”专项执法检查工作方案》，对检查范围和检查任务进行了明确地分工，通过全面调查、清理垃圾和卫生死角，清理违法养殖和窝棚，查处违法土地开发和毁林开荒等破坏生态环境的行为，开展油污和危险化学品等环境风险源的检查，减少了汛期水库面源污染。

四是加强环保重点城市的饮用水源保护区专项整治。广州市共组织开展了3次全市范围的环境安全隐患排查，重点检查饮用水源范围内及河涌沿岸企业，有效消除了威胁饮用水源的环境安全隐患。深圳市共出动执法人员5400多人次，对深圳水库等26个重点水库流域进行了专项检查，对13个主要水库一级保护区实施封闭隔离管理。珠海市全面清查保护区内有安全隐患的排污企业，大力查处了保护区内的违章建筑、码头、垃圾堆放场、水上娱乐、网箱养殖场等破坏水环境的设施。汕头市多次组织召开协调会议，研究解决难题的对策措施。韶关市加强浈江、武江河沿岸违法排污和破坏生态行为的整治力度，清理关闭流域内的小冶炼、小化工企业，并对遗留废水和残余液进行彻底清理，消除隐患。湛江市重点对漂染、橡胶、制革、电镀等行业进行了突击检查，保障了饮用水源安全。

五是对威胁饮用水源安全的重点环境问题挂牌督办。我省继续把广州市西部饮用水源污染整治、独水河流域重污染行业污染整治等与饮用水源保护有关的环境问题进行挂牌督办，督促落实饮用水源保护区专项整治措施。为此，广州市制订《广州市保护西部饮用水源地环保执法专项行动工作方案》，开展了“西部水源环保执法专项行动”，对其中的78家企业进行挂牌督办，共出动执法人员441人次，检查单位207家，清查违法设置排污口146个，立案查处环境违法案件62宗。肇庆市对独水河流域沿线的35家重点污染企业实施在线监控系统建设，目前监控系统建设进展顺利，部分已完成建设并接入监控平台。

二、取得的成效

通过饮用水源保护区专项整治，我省在经济社会持续快速健康发展的同时，饮用水源和大江大河水质总体保持良好，工农业生产用水和人民生活用水得到有效保障，饮用水源保护取得成效。今年上半年，全省城市饮用水源水质总达标率为90.9%，与2007年同期相比，上升3.1个百分点；大部分城市饮用水源水质完全达标，广州、深圳的达标率均有所上升。

三、存在的问题

通过开展饮用水源专项执法检查，巩固了近几年专项行动取得的成果，我省饮用水源保护工作总体较好，但也存在一些不容忽视的问题：一是饮用水源水质仍未完全达标；二是饮用水源保护区内的违法行为仍然存在；三是产业转移给饮用水源保护带来严峻考验。

四、下一步工作

一是加大对威胁饮用水源安全的违法排污企业的执法力度。针对屡禁不止的环境违法行为，特别是有可能严重威胁饮用水源安全的违法行为，严格按照《排污费征收使用管理条例》和《广东省排污费征收使用管理办法》，对违法超标排污的企业，按照超标倍数加倍征收排污费。

二是加强部门联动，创新执法机制。要进一步完善部门联合执法机制，建立健全环境违法案件移送制度、案件查处情况通报制度、环境执法工作定期协商制度和举报有奖制度，形成合力，提高违法案件查处力度和效率。

三是强化饮用水源水质安全隐患防范。抓好在饮用水源环境安全隐患排查中存在问题的企业和挂牌督办企业的跟踪落实，继续大力推进城镇污水处理厂建设，集中力量打击水环境污染违法行为。

四是严格环保准入。严格项目审批制度，杜绝违法审批、越权审批行为，克服重审批、轻管理的现象，制定重点行业污染物排放标准，提高产业发展的环保准入门槛，对不符合要求的项目，一律不予批准建设。

五是继续加强产业转移环境管理。充分发挥区域环评的作用，通过区域环评优化产业转移园区的布局，严格环保准入，防止重污染企业向欠发达地区、特别是山区转移，确保饮用水源的安全，保护山区及东西两翼的生态环境不受破坏，实现双转移与环境保护的协调发展。

六是进一步健全环境突发性事件预警体系和应急机制。严格执行突发环境事件应急预案，加强环境应急监测监控设备和人员配备，建立环境质量预警预报系统、环境突发事件快速反应系统和应急专家及技术支持系统，加强应急人员的培训和演练，确保环境污染事故发生后能做到有效组织、快速反应、妥善处置。

广东减排形势严峻，加快减排基础设施建设成首要任务

“十一五”以来，广东省污染减排工作取得明显成效。截至今年6月底，全省化学需氧量和二氧化硫累计减排量分别为5.68万吨和11.79万吨，比2005年分别下降5.4%和9.1%。全省共有污水处理厂139座，其中“十一五”以来新建成60座，日处理能力由2005年的634万吨增加到940万吨，火电脱硫机组装机容量达2519万千瓦，均居全国前列。

但广东省污染减排工作仍面临严峻形势。“十一五”时间已经过半，但化学需氧量减排任务只完成了35.7%。2007年年度考核结果显示，全省21个地级以上市中，仅有9个市完成了省下达的减排目标。根据国家新核算办法，2008年上半年全省化学需氧量新增量增加了8057吨。

为确保完成“十一五”污染减排目标，近日，广东省召开全省污染减排工作会议，将加快污染减排基础设施建设确定为今后一段时间污染减排工作的首要任务，省长黄华华代表省政府与各地级以上市政府签订了污水处理设施建设责任书。为此，广东省政府将加大财政支持力度，投资25亿元补助全省污水处理厂建设，于今年年底前动工建设欠发达地区共94座日处理能力317.5万吨的污水处理厂及管网配套工程，确保2009年底前珠三角地区的所有中心镇、粤北山区和东西两翼地区的县级市（县城）全部建成污水处理厂。此外，加快推进脱硫工程建设，今年年底前全省12.5万千瓦以上燃煤及燃油发电机组要全部建成脱硫设施，新改扩建电厂也必须同时运行高效烟气脱硫装置。

为确保污染减排措施落到实处，会议还要求加强考核，强化监督。认真落实《广东省“十一五”主要污染物

总量减排考核办法》，把考核结果作为市政府领导班子和主要领导干部综合考核评价的重要依据，实行问责制和“一票否决”制。对因工作不力没有按期完成任务的，严肃追究有关人员责任。凡未通过减排年度考核的市，要在1个月内向省政府作出书面报告，提出限期整改工作措施。凡是未能完成主要污染物减排工作任务的地方、单位和企业，一律不能参加年度评奖、授予荣誉称号等。广东省环保局还将对未通过考核的市实行区域限批。实行污染减排工作排名制度，由省政府对各地政府和各有关部门的污染减排任务完成情况进行考核，并定期向社会公布考核排名结果。

清远市铁腕整治龙塘镇露天焚烧工业垃圾违法行为

清远市清城区焚烧废旧电线污染问题由来已久，主要集中在龙塘镇。虽经多次整治，但一直没有彻底根治。为保持对露天焚烧工业垃圾违法行为的高压态势，今年7月6日晚，清远市委书记陈家记亲自挂帅，组织市环保局、市公安局、清城区政府等相关职能部门，出动执法人员、武警、公安等300多人，分成四个行动组对龙塘镇民平村等焚烧工业垃圾黑点进行突击清查行动，查处了6处焚烧场共30个焚烧点，当场抓获违法犯罪嫌疑人21名，并于7月11日在龙塘镇文化广场召开了“清城区打击污染环境违法行为公开处理大会”，对焚烧工业垃圾的违法分子进行了公开处理。清城区公安分局对19名违法犯罪嫌疑人实行刑事拘留，起到强烈的震慑作用和社会反响。

7月11日晚，由清城区人民政府牵头，联同市、区、镇三级相关部门组织200多人，对龙塘镇烧线黑点实行地毯式大巡查。经过前期的突击清查和对烧线污染环境犯罪嫌疑人公开处理，环境整治成效非常明显，大巡查行动中没有发现一宗烧线行为。

在加大对违法焚烧工业垃圾打击力度的同时，清城区建立24小时巡查制度、环境保护工作目标管理责任制度等长效整治机制，并注重广泛发动群众，加大宣传力度，引导各村制定环保村规民约，通过树立典型，在各村推广成功的经验做法，将环境整治工作不断深入推进，深入民心，让大家共同监督，共同执行，大胆举报，从而逐渐形成对污染环境违法行为群防群治的管理网络，以巩固取得的成效。

中山市坚决整治大涌镇洗染企业锅炉焚烧工业垃圾问题

中山市大涌镇现有洗染企业20家，共批准设立锅炉70座，实建84座。群众投诉部分洗染企业锅炉焚烧工业垃圾，产生有毒有害烟尘，影响全禄水厂水质及周边群众生产生活。为从根本上解决大涌镇部分洗染企业锅炉焚烧工业垃圾问题，中山市对其进行了一年的专项整治，取得一定成效，但近期又有所反弹，引起了中山市委、市人大、市政府领导的高度重视。在市委、市政府的组织下，市发展和改革局、经贸局、环保局、财政局、科技局、供电局和大涌镇政府将采取强有力的措施，解决洗染企业锅炉焚烧工业垃圾问题：

一是由市环保局牵头，大涌镇政府及市属有关部门配合，组织一次专项执法行动，对大涌镇部分洗染企业、特别是全禄水厂旁的两家企业锅炉焚烧工业垃圾造成烟雾、粉尘污染开展综合整治，市有关职能部门要加强对20家洗染企业锅炉、排放和燃料的监测、监管，全面禁止焚烧工业垃圾，三个月内要明显见效。

二是大涌镇政府加强对企业经营者、企业员工、特别是锅炉工的环保教育，增强企业环保意识，敦促企业守法经营，不再焚烧工业垃圾，保护环境；采取强有力的措施和多种方法加强对企业的监督管理，对于屡禁不止、造成严重污染的企业，要依法查处，决不手软。

三是积极推动热电联产项目的筹建工作，由大涌镇政府牵头组织，市属各有关单位全力支持，争取上级的支持和扶持，通过建设热电联产项目，实现集中供热，拆除企业分散供热锅炉，从根本上解决锅炉焚烧工业垃圾问题。

四是加快大涌镇污水处理设施建设，确保生态环境安全，控制和减少各类生产、经营活动对空气、水质的污染，下决心对污染严重的企业实行产业转移。

江门市再出重拳挂牌督办20家违法企业

为保障环境安全，切实解决人民群众反映强烈的突出环境问题，9月4日，江门市环保局在《江门日报》公布了对蓬江区棠下镇协成服装洗水厂等全市20家环境违法企业的环境污染问题，并对其实行挂牌督办，要求各责任单位要按照督办要求，明确任务，制定整改方案，落实责任和整治措施。督办单位要加强跟踪管理，督促挂牌督办单位认真落实各项整治措施，确保整治到位，切实维护群众环境权益，保障群众健康，促进经济发展和社会和谐稳定。

今年7月27日，江门市建立了“环保红绿灯”重点污染源环保管理制度，对市区上半年受到环保行政处罚的22家企业公开在新闻媒体曝光。通过推出“环保红绿灯”重点污染源环保管理制度，及时向社会公开环境执法信息，增强执法的透明度和公众参与，对受到环境行政处罚的违法企业给予公开曝光，对逾期未完成限期治理任务的企业名单予以公布；同时要求违法排污企业法人向公众作检讨，接受公众的监督，运用法律和舆论手段，提高对违法排污企业的震慑力。与此同时，每年还要对重点污染源企业进行一次环保信用评价，依次以绿牌、黄牌、红牌标示，对获得绿牌的环保诚信企业，市环保局将在多方面给予优惠，对被评为黄牌和红牌的企业，将加大现场监测频次和巡查力度，实施强制性清洁生产审核等措施。对经限期治理或限期整改逾期没有完成治理任务的企业，依法报请当地政府责令停业或关闭。

汕头市潮阳区金浦街道造纸企业污染整治取得初步成效

汕头市潮阳区金浦街道再生造纸企业环境污染信访案件交办汕头市以来，市委市政府高度重视，按照省监察厅、省环保局的指示要求，严厉查处企业违法排污行为，并对金浦街道王厝寮工业区的环境实施综合整治。至今，10家被责令关闭的造纸企业被强制切断三相用电，其中1家企业彻底拆除生产设备，厂房已转租为仓库，其余9家企业也已部分拆除设备或清理生产原料，企业擅自恢复生产的条件基本被消除。5家被责令停产整治的企业已投资285万元将4台手烧燃煤锅炉更换为链条炉并配套麻石水膜除尘设施；投资134万元对5套废水治理设施进行改造，扩大了废水处理规模，完善了处理工艺；投资14万元安装5套在线监控设备并与潮阳区环保局及市环境监察分局联网；企业的排污口进行了规范整治；产生的固体废弃物基本实施规范储存和处置，其中废塑料边角料外运给塑料加工企业做为生产原料，炉渣和造纸污泥由环卫部门统一收运至垃圾填埋场安全填埋；企业还建立了环保设施运转操作规程，制定了污染应急防范制度，并且按要求建立污染治理设施运行情况记录，履行排污申报程序，依法缴纳排污费。经市环境保护监测站监测，5家企业的生产废水和废气排放达到规定的排放标准。另外，潮阳区政府还组织力量对太和坑进行疏浚清淤，使水质得到改善，王厝寮工业区内造纸企业的违法行为也得到有效遏制，新世界中英文学校周围的环境质量明显改善，投诉方代表对案件处理结果深表认可和满意。

省环保局组织开展淡水河和观澜河流域重污染行业核查

省委、省人大、省政府一直以来高度重视两河污染整治工作。省委书记汪洋同志在最近召开的珠三角九市现场会上要求加快两河整治，省人大常委会将两河整治列为2009年重点督办案件。近年来省府先后将两河整治列入珠江综合整治、治污保洁工程和珠三角环保规划重点项目，推动了整治工作的开展； 2007年至2009年，省环保局和监察厅连续三年将淡水河列入十大重点区域环境问题进行挂牌督办。尽管两河整治工作取得了一定成效，但总体上两河整治工作仍落后于经济发展和城镇化步伐，两河水质长期劣于Ⅴ类，对东江水质安全构成威胁。

为全面掌握淡水河和观澜河（以下简称“两河”）流域重污染行业污染源情况，切实推进两河流域污染综合整治工作，确保东江供水水质安全，2009年6月10日至15日，省环保局组织深圳、惠州、东莞3市环保局200多人，分成13个组，对淡水河和观澜河流域重污染行业开展“地毯式”核查。

重点检查两河流域电镀、印染、化工、制革、畜禽养殖等重污染企业建设项目环评审批，污染治理设施运行及环境监管等情况。在一个区域组织如此大型的执法行动，在近年我省环保工作中并不多见，体现了两河流域污染治理的决心。行动中共清查了企业2166家，重污染行业企业共354家，现场检查中对违法排污或者环保手续不完善企业进行了调查取证。从检查情况来看，两河流域在工业污染源整治、建设项目环境管理、环保基础设施建设、养殖业清理等方面取得一定成效，环境执法力度不断加大，打击了一批环境违法企业，但两河流域环境形势仍然严峻，企业违法排污行为仍然突出，环境监管有待加强，部分区域产业布局不合理，产业结构仍需调整。在今后的两河流域治理中，需要进一步严格环保准入，促进产业结构优化调整，逐步完善各项制度，强化环境执法。

广西壮族自治区

工作动态

北海市加强环境监察工作

北海市环保局环境监察支队严格环境执法，认真开展对重点污染源及设施、建设项目、限期治理项目、建筑施工项目的日常巡查，夜间、节假日、双休日的突查、暗查。尤其采取五措施，加强对建筑工地噪声污染进行全面整治：

一是在源头上加强监管。在项目环评审批时，明确项目业主必须执行国家环保法律法规的有关规定，严格控制项目在建设施工时违规产生噪声污染，否则按规定予以处罚。

二是加强管理。会同建委下发《关于禁止夜间施工的通知》，严格按法律规定的时间进行建筑施工。加强对夜间施工噪声扰民的违法行为依法严肃处理，对存在5次以上夜间施工的建设单位吊消建设单位的承建建筑工程项目的资质，不核发担承建工程项目的工程合格。

三是建立健全值班制度。建立监督值班制度，对辖区内施工单位实行严格的监督管理，坚持领导带班，坚持24小时在岗在位，坚持监督投诉电话24小时开通。

四是建立健全查处机制。及时受理居民群众的投诉，接到投诉24小时内进行查处，并将查处结果反馈给投诉人。

五是严格审批超时施工。确实需要在禁止施工时限（夜间10：00—凌晨6：00）内施工的单位，必须到环保部门进行审批，施工时间不能超过夜间12：00，并按照相关规定要求向施工附近居民张贴公告。

此外，还加强了夜间巡查，特别是一些特殊的时间，如两会、中高考、奥运会等国家、自治区、市内的大型的庆典活动期间，接到环境投诉尤其是建筑工地噪声污染投诉时立即组织查处，对查实存在夜间建筑工地噪声污染的行为依法进行处罚。今年以来，该支队共出动查处夜间建筑工地噪声超过500人次，对市三建司等10多家夜间施工单位进行了行政处罚，处罚金额达13.6万元。

据统计，今年截止10月底，该局环境监察支队共受理和办结环境污染投诉近600件。通过加强环境监管，各类企业、业主的环境意识明显增强，偷、漏排现象大大减少，有效制止了环境违法行为，维护了人民群众合法的环境权益，年内，该市未发生大的污染事故，确保了辖区的环境安全。

柳州市环境监察支队查获一起私设暗管排污的环境违法行为

1月16日，柳州市环境监察支队在对柳州市恒兴造纸厂检查时发现，该厂私埋有地下暗管，将未经过处理的生产废水偷排入厂外的香兰河，对周围水体造成严重污染。其行为违反了《中华人民共和国水污染防治法》第七十五条的规定。因其违法排污且性质恶劣，市环境监察支队执法人员责令其立即封堵暗管，并立案调查，将依法实施行政处罚。“恒兴造纸厂偷排事件”给环保部门敲响警钟，柳州市环境监察支队将继续加大执法力度，严厉打击环境违法行为，确保污染防治设施正常运转，实现污染减排目标。

梧州市强化尾矿库整治后督查

根据梧州市政府关于尾矿库安全整治的工作部署，梧州市于本月由市安监局、市环保局、市国土局、市监察局、市发改委、市工商局等部门组成尾矿库安全整治专项督查组对所辖岑溪市、苍梧县、藤县、蒙山县、万秀区开展尾矿库整治工作情况进行了全面督查和抽查。

督查组本次抽查了5个县（市）区列为安全整治、关闭范围的共27个尾矿库。抽查结果表明，各县（市）列为安全整治关闭的所有危库、险库、病库以及尾矿库下游安全影响范围存在城镇居民和学校、集市等重要设施的均停止了尾矿排放，并停产整治。只有个别尾矿库没有进行回采再利用技术论证和办理审批手续擅自进行回采活动。

督查组要求，各级政府要组织安监、环保、国土、公安、工商、供电等有关部门继续开展联合执法，对未经技术论证和办理审批手续，擅自进行尾矿库回采再利用的企业要坚决予以关停和取缔，违规进行生产的，相关部门要坚决处罚。

北海市环保局采取五项措施加强建筑工地环境噪声污染监管

近日，北海市环境保护局针对该市建筑工地夜间施工噪声污染的问题，组织开展了一次拉网式检查，对检查中发现的存在问题，北海环保局采取五项专项措施，加大对建筑工地环境噪声污染的监管力度。

一是从源头上加强监管。在项目环评审批时，加强对施工单位开展环保法律法规的宣传教育，提高环保意识，使业主自觉执行国家环保法律法规的相关规定；

二是加强申报管理。要求建筑施工单位必须在规定的时间内进行环境噪声申报登记，全面掌握建筑工地的基本情况，摸清辖区内建筑工地的规模和数量；

三是建立健全值班制度。坚持24小时在岗在位，做好记录，并且24小时开通监督投诉电话；

四是建立健全查处机制。加大建筑施工工地的环境监察力度，对环境违法行为及时严肃查处并及时向投诉举报者反馈查处结果；

五是严格审批超时施工。要求施工单位合理安排施工作业时间和施工工序，对确实需要在禁止时限施工的单位，严格按照法律法规进行审批，同时指导建筑工地落实隔声降噪措施，减少施工噪声污染。

来宾市环境监察支队开展尾矿库环境安全隐患排查整治工作

3月份以来，来宾市环境监察支队在全市范围内开展尾矿库环境安全隐患排查整治工作。此次排查工作出动执法人员67人次，执法车辆15台次，检查矿山企业共41家。经查，来宾市现有27个尾矿库，其中大部分尾矿库整体情况良好，唯有少数尾矿库存在未办理相关环保手续或未制定相关尾矿库环境安全应急预案现象，对此，来宾市环境监察支队当即要求业主尽快完善相关环评审批手续、制定突发环境事件应急预案。目前来宾市尾矿库未发现存在重大环境安全隐患。

柳州市整治白露村民抽取柳州电厂冷却水养鱼的违法行为

近日，“柳州市柳北区白露村利用电厂冷却水养鱼，养殖废水排入柳江河饮用水源一级保护河段”挂牌督办案件出现反弹现象。有部分村民采取不同方式从电厂冷却水渠抽取冷却水养鱼，养殖废水排入柳江河饮用水源一级保护河段，对饮用水源造成影响。

为此，柳州市环境监察支队积极协助柳北公安分局和柳州电厂于3月中旬组织一次夜间突击检查。共拆除抽水管15根，收缴潜水泵5台，有效制止了该挂牌督办案件的反弹现象，保障柳州市饮用水水源的安全。

北海市环保局妥善处理前卫农场污染问题

最近，北海市环保局根据广西壮族自治区环境监察总队转来群众反映北海市铁山港区前卫农场地下水受污染问题的来信，及时组织本局环境监察人员深入现场调查，全面查清并妥善处理污染问题，化解了厂群纠纷，维护了当地的稳定，受到当地党委、政府和广大群众的好评。

前不久，北海市环保局接到自治区环境监察总队转来群众投诉北海市铁山港区前卫农场地下水受污染的来信，信中反映前卫农场的地下水被污染，疑为企业排污所致。接到投诉后，北海市环保局领导高度重视，局党组立即组织召开局党组成员和有关业务科室负责人参加的专题会议，对投诉信反映的问题进行分析研究，一致认为该污染问题虽然不大，但涉及民生和当地社会稳定问题，尤其是这起污染问题，如处理不当，有可能引发厂群大的矛盾纠纷，甚至影响当地的社会稳定。该局随即成立由局长吴崇华任组长，分管环境监察的副局长曾庆富和局其他领导任副组长，局属有关科室负责人为成员的污染调查领导小组，吴崇华局长和曾庆富副局长迅速率领本局监察和技术人员，及时赶赴现场进行调查。

经全面调查，掌握该农场周围几公里内均没有其它工业企业及可能污染地下水的污染源。在排除该农场周围其它的主要污染源后，初步判断污染源系原国营前卫农场酒精厂生产的酒精废液所致。该厂生产的酒精废液没有经过有效处理，长年储蓄于氧化塘（氧化塘与该农场相距约500米），氧化塘未采取硬底化，可能使酒精废液渗透地下。经北海市环境监测中心站对该酒精厂附近的两口水井采样监测，结果表明，两口水井的PH值和NH—N均超过《地下水环境质量标准》的III类标准，且两口水井的水有异味。据此确定是原国营前卫农场酒精厂生产的酒精废液未经有效处理，长年储蓄于氧化塘，氧化塘没有采取硬底化，致酒精废液渗透地下是造成前卫农场地下水水质污染的主要污染源。

鉴于原国营前卫农场酒精厂造成前卫农场的地下水污染的事实，北海市环保局采取三项措施：一是责令国营前卫农场妥善解决附近群众的饮用水问题；二是将有关情况向市政府和广西区环境监察总队报告，建议市政府明确铁山港区政府负责协调有关部门做好相关工作，稳定群众思想，防止厂群矛盾激化，引发群众上访及闹事等影响当地社会稳定的事件。

目前，北海市环保局积极配合做好有关工作；国营前卫农场已与群众积极协商解决饮用水和相关问题，确保了有关群众的思想稳定工作。

玉林市环保局全面排查污染源和污染隐患企业

为切实加强环境安全监督管理，严防发生环境污染事故，3月以来，玉林市对市内存在污染源和污染隐患企业进行了一次全面排查整治。截止到3月26日，全市共出动检查工作人员68人（次），检查各类排污单位35家，检查城镇集中式水源保护区4处。

此次环境安全隐患整治，将电镀、农药、矿山采选等行业以及饮用水源地作为排查重点。检查组对企业的化工原材料来源、运输、贮存、销售等项目进行了详细的调查登记，并建立了健全的信息机制，专门建立了信息报告制度，对各化工企业明确专人负责信息收集和上报工作，如有发生污染事故，要求在一小时内报到市环保局；对存在安全隐患的单位由市环保局下达整改通知书，要求业主在规定时间内完成整改。

检查还落实了全市7县（市、区）环保部门《突发环境事件应急预案》，对企业的环境管理制度和环境应急预案、应急处理设施运行情况进行全面检查，帮助和指导对环境安全构成威胁的隐患企业制定了整改措施。同时完善了全市环境污染事故应急信息报送和发布制度，制定了企业与县区级环保部门、县区级环保部门与市级环保部门互通信息制度，做到信息互通，资源共享。

检查发现部分企业环保意识不强，环保经费投入不足，缺乏环境污染应急处理能力和应有的环境污染应急装备等问题。检查组分别对存在问题作出了整改意见，要求企业严格按要求落实整改。

柳州市查处沙塘园艺场内土法造纸作坊

4月2日，由柳州市柳北区人民政府组织，联合市公安局柳北分局、市工商局柳北分局、柳北区环保局和市环境监察支队等单位组成联合执法组，查处柳州市沙塘镇沙塘园艺场内的一家土法造纸作坊。经查，该厂现已停止生产，但成品纸与原料仍在厂内堆积，浸泡池积满生产废水。该厂营业执照注册为竹制品加工，与生产事实不符，柳州市工商局已于2008年11月责令其停止土法造纸生产。联合执法组依法取缔该作坊的土法造纸，并要求对厂址进行无害化处置。从根本上解决该造纸作坊的环境污染问题。

来宾市环境监察支队开展危险品及尾矿库环境安全隐患调查

近日，来宾市环境监察支队根据上级部署，配合区总队及来宾市环境保护监测站开展了全市尾矿库及危险化学品的环境安全隐患调查。对来宾冶炼厂、八一机械有限公司、迁江糖厂等三家企业进行了危险化学品检查。并对41家矿山企业进行了检查，该市现有尾矿库共27个，其中市本级1个、武宣县18个、金秀县6个、象州县2个。

经查，该市大部分尾矿库整体情况良好，唯有少数尾矿库存在未办理相关环保手续或未制定相关尾矿库环境安全应急预案或尾矿库超量存放等问题。对此执法人员当即要求业主尽快完善相关环评审批手续、制定突发环境事件应急预案、及时采取有效措施进行整改，避免环境突发事件发生。目前，该市未发现尾矿库存在重大环境安全隐患。

柳州市鼎立废渣回收有限公司被责令整改

柳州市鼎立废渣回收有限公司是一家利用回收有色金属废渣生产硫酸锌的企业，由于市场原因已停产约半年。

最近，柳州市环境监察支队在现场执法检查时，发现该公司存在废渣堆放不符合环境保护要求，雨污分流不完善，沉淀污泥乱堆乱放等问题，在即将到来的雨季存在有废渣流失、污染地下水的重大隐患。近日，市环保局依法对其下达整改通知，责令该公司在一个月内将全部含重金属的废渣和沉淀污泥堆存在符合环境保护标准的废渣场，并完善雨污分流系统，消除环境安全隐患。

来宾市环境监察支队开展危险品及尾矿库环境安全隐患调查

近日，来宾市环境监察支队根据上级部署，配合区总队及来宾市环境保护监测站开展了全市尾矿库及危险化学品的环境安全隐患调查。对来宾冶炼厂、八一机械有限公司、迁江糖厂等三家企业进行了危险化学品检查。并对41家矿山企业进行了检查，该市现有尾矿库共27个，其中市本级1个、武宣县18个、金秀县6个、象州县2个。

经查，该市大部分尾矿库整体情况良好，唯有少数尾矿库存在未办理相关环保手续或未制定相关尾矿库环境安全应急预案或尾矿库超量存放等问题。对此执法人员当即要求业主尽快完善相关环评审批手续、制定突发环境事件应急预案、及时采取有效措施进行整改，避免环境突发事件发生。目前，该市未发现尾矿库存在重大环境安全隐患。

自治区环保局督查组到贺州市检查部分企业整改情况

4月18日至20日，自治区环保局冯振年副局长、监察总队李新平总队长等一行5人到贺州市检查部分企业整改情况，陪同检查的有贺州市人民政府副秘书长雷少华、富川县副县长陈贤文、平桂管理区管委会副主任薛志林和贺州市环保局、富川县环保局主要领导及相关人员。

督察组先后对富川县白沙镇黄板桥民采民选矿点、钟山林氏矿业有限公司、平桂飞碟股份有限公司冶炼厂、贺州市伟达矿业有限公司、贺州市永丰锰业化工有限公司、贺州市祥云矿业有限公司和贺州市旭光化工有限公司等7个企业检查了企业整改落实情况，并认真听取了贺州市环保局整改工作情况汇报。

冯振年副局长认为，该市对钟山林氏矿业有限公司、平桂飞碟股份有限公司冶炼厂等7个企业的整改措施的是有效的，落实措施是到位的。同时，要求该市在今后的工作中要进一步做好环保服务和监管工作，强化环境执法力度。

柳州市查处沙塘园艺场内土法造纸作坊

近日，由柳州市柳北区人民政府组织，联合市公安局柳北分局、市工商局柳北分局、柳北区环保局和市环境监察支队等单位组成联合执法组，查处柳州市沙塘镇沙塘园艺场内的一家土法造纸作坊。

经查，该厂现已停止生产，但成品纸与原料仍在厂内堆积，浸泡池积满生产废水。该厂营业执照注册为竹制品加工，与生产事实不符，柳州市工商局已于2008年11月责令其停止土法造纸生产。联合执法组依法取缔该作坊的土法造纸，并要求对厂址进行无害化处置。从根本上解决该造纸作坊的环境污染问题。

桂林市加强汛期污染隐患排查 防止环境突发事故发生

随着汛期来临，为确保污染处理设施正常运转，防止环境突发事故的发生，桂林市环境监察支队近期进一步加大加强现场监察力度，对可能存在的环境污染隐患进行排查。

在对广西师范大学漓江学院进行“三同时”检查时，桂林市环境监察支队发现：该学院污染处理设施运转正常，但用于收集处理后污水的积水池内有生活垃圾；用于收集处理后污水的污水缓冲塘容量将满，塘内污水极有可能在汛期溢出路面流入附近农民的鱼塘，从而会引发环境污染事故。

针对以上环境污染隐患，环境监察人员现场对漓江学院提出以下三点整改要求：1.加强管理，组织相关人员对积水池内的生活垃圾进行打捞清理；2.做好汛期应急预案准备工作，人员、应急物质、器材要落实到位；3.将用于收集处理后污水的污水缓冲塘内污水抽出，用于浇灌院区内花草树木，腾出缓冲塘容量，消除环境污染隐患，一旦事故发生，要及时报告，并立即启动应急预案。

北海市多部门联合查处非法海蜇加工点

4月22日，北海市环保局根据市领导对整治非法海蜇加工企业的批示精神，牵头联合市工商、质监、卫生等职能部门，在辖区政府的积极配合下，对该市南万、侨港一带的规模较大的海蜇非法加工场进行查处，取得了初步成效。

今年以来，北海市非法加工海蜇呈泛滥趋势，特别是在该市的外沙、南万和侨港一带存在许多规模较大的海蜇非法加工场，这些海蜇非法加工场生产设施简陋，未取得任何生产经营许可证，在生产过程中生产废水未经处理直接排放，伴生恶臭污染损害了周围环境。为取缔非法加工海蜇行为，当日，专项行动小组共出动100多人，车辆30多台，查处4家规模较大的非法海蜇加工点，暂扣生产设备电机11台，海蜇品55箱，并责令业主限期内消除已造成的环境污染和清理已加工的海蜇，通过此次专项行动，有力地打击了非法海蜇品加工行为，使周边的环境质量得到了有效的改善。

北海市环保局依法查处两家违法养猪场

最近，北海市环保局根据群众举报，依法查处了两家非法养猪场，及时排除了一起可能发生的环境污染事件及引发的厂群纠纷。

据群众反映，在位于北海大学园区内的桂林电子科技大学职业技术学院所在地附近，有2家具有一定规模的养猪场，猪粪便和废渣直接外排，对周围环境造成了较大的污染，群众意见大。

该局接报后，局领导高度重视，立即组织监察人员赶赴现场进行调查。经查实，该两家养猪场分别位于北海大学园区内的桂林电子科技大学职业技术学院的西面和北面，自2008年2-3月份建设投入使用，该两家养猪场的其中一家规模较大，存栏猪约1000头，另一家存栏猪约100头。该两家养猪场没有办理环保审批手续及规划、畜牧相关的证照，擅自建设并投入使用，没有污染防治措施，其养殖产生的猪粪便和废渣未经过有效治理，直接排入养猪场附近一口没有硬底化的露天泥塘储存，对周围环境污染尤其是对周边的学校和居民的正常生活造成了很大的影响。

根据该两家养猪场未办理环保审批手续，擅自建设并投入使用，违反了《建筑项目环境保护管理条例》的相关规定，该局对其下达了《环境违法行为限期改正通知书》，责令其限期补办相关手续，并立即清理养猪场及周边的猪粪便和废渣等污染物，保持养猪场的清洁卫生，防止环境污染物。

鉴于该两家养猪场的土地已被桂林电子科技大学职业技术学院征收，为彻底解决该两家养猪场的污染问题，该局建议辖区政府组织水产畜牧、环保、规划、土地等相关部门，对该两家养猪场进行查处，责令限期关闭，避免发生环境污染事故。

桂林市环保局开展对各大医院处污设施现场检查积极防控甲型H1N1流感

近期，桂林市环保局对市区各大医院的污水处理设施和医疗危险废物处置运行情况进行了专项检查，督促各医院在应对甲型H1N1流感工作中进一步做好环境保护工作。

4月29、30日，桂林市环境监察支队分别到桂林市应对甲型H1N1流感防控定点医院桂林市第三人民医院、以及桂林市人民医院和桂林医学院附属医院，在各医院的污水处理站，环境监察人员认真检查了医院的污水处理设施，对污水处理设施进行了曝气测试检查，就如何提高污水处理设施的污水处理效率给予了现场指导。在检查医疗危险废物焚烧炉时，环境监察人员发现目前医院的医疗废物是两天焚烧一次，当即要求院方在当前防控甲型H1N1流感工作的情况下应加强焚烧炉的管理力度，做到医疗废物一进处理车间就焚烧，并按规定做好焚烧灰的固化工作，同时要求医院对负压隔离病房的废气处理系统进行认真检查维护，确保系统正常运行。

通过此次专项检查，进一步提高了桂林市各大医院在防控甲型H1N1流感疫情工作中做好环保工作的意识及预防污染事故的处置能力，排除了污染隐患。

桂林市环保局要求桂林市各医院要从讲政治的角度，结合防控甲型H1N1流感，认真做好各项环保工作，完善环境污染突发事故应急处置预案，确保桂林市人民群众身体健康和生命安全。

据了解，桂林市环保局在防控甲型H1N1流感期间，将采取定期和不定期相结合的检查方式对各医院进行专项检查，以确保医院污染物处理设施的正常运行。

来宾市环保局加强商场噪声污染整治

近日，针对来宾市市民普遍投诉大型鼓风机、中央空调噪音污染问题，来宾市环保局决定对拥有大型鼓风机设备的商场、宾馆进行综合整治。

来宾市环境监察人员对市“中兴购物商场”、“来宾市购物中心”等5家大型的商场、宾馆的大型鼓风机、中央空调等进行现场检查、监测和排查，对存在噪音问题的“中兴购物商场”进行了处理，下达了《限期整改通知书》，要求其在规定期限内加装消音隔护设备，确保鼓风机发出的噪音达标排放，并要求该商场书面上报整改方案。在整改期间，来宾市环境监察人员将不定期监督检查，对于推委、不按时完成的，来宾市环保局将按照有关法律法规进行严肃查处。

南宁市将开展环保行政执法监督检查活动

近日，南宁市环保局向南宁市各县区环保局下发了《关于开展行政执法监督检查活动的通知》，根据该通知精神，南宁市环保局将于5月下旬至6月上旬对各县、区环保局开展行政执法监督检查活动，检查的目的是规范基层环境保护行政执法行为，预防与及时纠正环境违法执法和环境执法不当行为；检查内容为环境行政执法的程序是否合法、执法中认定的违法事实、适用的法律、法规和规章是否准确、执法文书是否规范等；检查工作采取单位自查、南宁市环保局抽查相结合的方式。抽查采取听取汇报和查阅有关执法文书的形式进行。

北海市开展“限塑”专项大检查

为总结北海市执行“限塑令”一周年以来所得的成绩，着重找出在“限塑”政策实施过程中存在的薄弱环节，以便采取有效措施加以完善和强化，进一步加大“限塑”工作监管力度，日前，北海市环保局与市发改、工商、技监、商务、宣传、经济等部门组成联合执法组，在全市范围内开展“限塑”专项大检查。

此次检查内容：一是塑料购物袋生产企业是否严格按照国家标准组织生产，对生产不符合国家质量标准以及违反规定生产超薄塑料购物袋的企业，要予以曝光和查处；二是塑料购物袋销售企业有无经营资格，对提供、销售不符合国家标准塑料购物袋，以及向非法塑料购物袋生产厂家和批发商采购塑料购物袋行为要进行查处；三是商品零售场所是否按规定实行明码标价和有偿提供塑料购物袋，是否违规提供超薄塑料购物袋，有违规行为的要进行查处。

联合执法组分别在超市、车站、集贸市场、小商品交易市场等人员流动密集的场所进行了检查。检查发现，超市和大商场均能执行塑料购物袋有偿使用规定，并提供符合国家标准的塑料购物袋，执行“限塑令”后，塑料购物袋使用量减少50%以上；但集贸市场和流动摊点仍有免费偿提供塑料购物袋和提供超薄塑料购物袋现象；批发市场出售的塑料购物袋有些是不合格产品，采用了不可降解材料制作，存在一定的环境安全隐患。

北海市环保局将根据此次检查情况，研究制定塑料购物袋环境污染防治措施，建立塑料购物袋生产、销售、使用全过程的环境管理体系，依法实施“限塑”,遏制“白色污染”。

玉林市“限塑”专项检查行动全面铺开

近日，玉林市“限塑”专项检查行动全面铺开。玉林市在全市范围内开展为期一个月的限制生产销售使用塑料购物袋专项检查。各县（市、区）发改、经贸、商务、环保、物价、工商、质量技术监督等部门组成联合检查组进行全面检查。

检查组检查的主要内容是：塑料购物袋生产企业是否严格按照塑料购物袋国家标准组织生产，曝光和查处生产不符合国家质量标准以及违反《国务院办公厅关于限制生产销售使用塑料购物袋的通知》规定，生产超薄塑料购物袋的企业；塑料购物袋销售企业有无经营资格，查处提供、销售不符合国家标准塑料购物袋和禁止生产的超薄塑料购物袋行为，以及向非法塑料购物袋生产厂家和批发商采购塑料购物袋行为；商品零售场所执行《商品零售场所塑料购物袋有偿使用管理办法》，是否实行明码标价和有偿提供塑料购物袋情况，是否违规提供超薄塑料购物袋，重点检查超市、集贸市场、小商品交易市场等人员流动密集场所。

北海市环保局迅速查处一家恶臭污染猪场

最近，北海市环保局根据群众举报，迅速查处一家恶臭污染猪场，责令其改正违法排污行为。

近期，有群众反映，在北海市位于南珠大道的传染病医院附近，常常出现严重恶臭污染的现象。该局接报后，局领导十分重视，立即组织监察人员深入对群众反映的区域进行全面的调查。经排查，发现在位于市南珠大道与西南大道交汇处有一家养猪场，面积约150亩，这家猪场隶属北海外贸进出口总公司第三仓库的马栏养猪场，对外称北海绿丰食品有限公司。该仓库始建于20世纪六、七十年代，养猪场库房最早用于出口肉牛中转基地。2005年改建，作为港澳出口肉猪基地，现有肉猪存栏约3000头。

经核查，该猪场没有办理环保审批手续，没有配套完善的污染防治措施， 肉猪养殖过程排放的废水未经有效治理，直排入场内一口约8亩没有硬底化的泥塘。养殖产生的废渣及猪粪便堆存于硬底化的储存场，作为肥料出售。由于养殖排放的废水未经有效处理， 猪粪便及废渣储存中没有防臭措施，产生严重恶臭对周围的环境造成了污染影响。

鉴于该养猪场未办理环保审批手续，擅自建设并投入使用，违反了《建设项目环境保护管理条例》的有关规定，该局对该养猪场下达了《环境违法行为限期改正通知书》，责令其限期补办相关手续，立即清理养猪场的猪粪便和废渣等污染物，保持养猪场的清洁卫生，防止污染环境，影响群众的正常生活。根据该养猪场违反了《建设项目环境保护管理条例》的有关规定的事实，该局拟对其进行立案查处。尤其是考虑到该养猪场生猪存栏量大，对环境污染影响大，且场地处于敏感区，为彻底解决该养猪场污染环境问题，该局建议政府组织水产畜牧、环保、工商、经贸等部门联合执法，对该养猪场进行查处，责令限期关闭，以避免环境污染事故及厂群纠纷的发生。

南宁开展限制生产销售使用塑料购物袋专项检查

国家颁发“限塑令”以来，南宁市限塑工作取得了初步成效，但在政策实施过程中还存在一些薄弱环节。根据自治区的要求，日前，南宁市发改委、环保局、工商局等部门组成检查小组，开展为期一个月的“限塑”专项检查，确保遏制“白色污染”，节约资源，保护环境。

近日，检查小组分别对塑料生产厂家、超市、农贸市场进行限制生产销售使用塑料购物袋专项检查。从检查情况来看，生产厂家、超市都能按国家要求执行，但农贸市场却有待加强监管。

百色市环保局领导到隆林县检查矿山环境安全

2009年6月18日，百色市环保局罗昌祝副局长带领环境执法人员一行4人到隆林县检查矿山环境安全，县政协副主席杨科同志及县环境监察大队执法人员一同检查。本次检查，主要是排查者隘金矿、马雄金矿等两个矿山在汛期期间环境安全隐患，做到心中有底，防范重大污染事件发生。

在检查中，者隘金矿尾矿库完好，已经落实整改措施，加高加固拦渣坝；马雄金矿的1、2工区生产安全设施比较完善，1工区的第一拦渣坝已满，第二拦渣坝已经建成，正准备申请验收。但这两个矿山都存在着擅自在禁采区设立堆淋场的环境违法行为，针对查处出来的环境问题，检查组立即责令相关业主进行整改，同时加强对尾矿库、拦渣坝、截洪沟的管理，消除隐患。针对这次检查出来的问题，县环保局已向县人民政府作专题汇报，建议县人民政府采取措施加大矿山整治力度。

桂林市环保局迅速果断地查处企业突冒“黑烟”事件

2009年6月18日下午，国电永福发电有限公司上空突冒“黑烟”现象，引起桂林市环保局领导的高度重视。根据已掌握的情况，局长唐诚马上进行有关工作布置，该市环境监察支队接到任务以后，联合环境监测中心站迅速采取行动，对突冒“黑烟”问题展开联合调查。

调查表明：“黑烟”现象系该公司电气故障造成。6月18日14时28分国电永福发电有限公司因电气故障，3#机组紧急停运。14时45分锅炉再次点火启动，15时33分机组并网，按机组运行规程和电网调度要求逐步提高机组负荷。事故发生后，脱硫及电除尘操作人员按运行规程立即紧急停运脱硫设施、退出电除尘设备。3#机组再次启动后，17时55分脱硫除尘设施增压风机启动，18时03分脱硫及电除尘投入运行。

随即，桂林市监察支队及时向该局领导报告了全面调查情况，并向该企业提出整改要求：

1、当机组遇到突发事故，紧急停运时，在尽快恢复环保设施运行的同时，应及时向自治区、桂林市、永福县环保局报告。

2、环保设施异动（如试验）应提前向当地环保部门—永福县环保局提出申请报告，在得到批准后，方可实施有关方案；在方案实施过程中，如遇到异常情况，应及时向当地环保部门—永福县环保局报告；在方案实施后，应将实施情况及时向当地环保部门—永福县环保局汇报。

3、提高机组启动效率，缩短机组启动时间，加强对环保设施投入运行的日常维护和管理。

以上整改要求，也为企业今后妥善处理类似事件提供了科学的参考依据。

来宾市开展电解锰行业专项执法检查工作

6月以来，来宾市组织各县（市）环保部门积极开展电解锰生产企业执法检查工作，全面查清电解金属锰企业执行环保法律法规情况及污染物排放情况。

全市共出动执法人员33人次，出动执法车辆11台次，检查电解锰企业数4家，其中，达到环保要求的电解锰企业数3家。经查，全市共4家电解锰企业目前均已办理相关环保手续、排污申报登记及排污许可证等，检查中未发现存在不符合产业政策的电解锰企业，存在环境问题的“广西忻城县宏图锰业有限责任公司”，目前正按环保要求加紧整改。

桂林市环保局加大行政执法力度 严厉打击建筑施工环境违法行为

2009年，桂林市环保局加大对建筑施工工地的巡查，严厉打击建筑施工企业环境违法行为。1-6月，共对33个建筑施工工地在开工前未依法进行排污申报登记和在禁止施工作业时段违法施工的环境违法行为立案调查，已依法作出行政处罚决定31件。

桂林市环保局在查处建筑施工工地环境违法行为中，尤其重点查处在禁止施工时段未经同意擅自进行施工作业的环境违法行为，发现一起，查处一起，确保人民群众有一个安静的生活环境。2009年4月21日接群众举报，大宇饭店旁一建筑施工工地在禁止作业时段施工，施工机械噪声严重扰民。市环境监察支队接到群众举报后及时进行现场调查，环境监察人员在现场调查时发现该建筑公司未办理办理夜间施工申报，并擅自进行夜间机械施工作业，而且虚告已经依法办理夜间施工申报手续，其行为违反了《中华人民共和国环境噪声污染防治法》和《广西壮族自治区环境保护条例》的有关规定。市环保局对该公司的环境违法行为进行严肃查处，依法处以行政罚款壹万元。

百色市环保局检查组到凌云县检查矿山环境安全

近日，百色市环保局罗昌祝副局长带领环境执法人员到凌云县逻楼金矿检查环境安全工作，县环保局领导及有关工作人员一同检查。

检查中，逻楼金矿停止生产且已着手尾矿库闭库及生态修复工作。目前已投入22万元对尾矿库进行加高加固；投入6600元种植桉树进行植被恢复。针对这次检查情况，检查组要求业主加快拦砂坝、排水沟的建设进度和管理力度，确保汛期期间矿山安全。

桂林环境监察部门迅速处理群众投诉 维护群众的环境权益

桂林市环保局“政风行风评议热线”中接到群众投诉原第五塑料厂有许多烟囱，污染周围群众。环境监察支队领导高度重视，立即布置，迅速出动，对群众反映的原第五塑料厂内桂林喷雾器厂、灰桶厂和桂林顺陆胶合板厂烟气污染情况进行了查处。

经调查了解，位于原第五塑料厂内的喷雾器厂为一生产喷雾器的小厂，生产工艺简单。该厂没有锅炉烟囱，没有烟气污染情况。

与桂林喷雾器厂仅一墙之隔的灰桶厂为一生产灰桶的加工作坊。该厂用废旧塑料焚烧沥青产生浓烟，污染环境。监察人员到现场发现情况后，责令负责人员立即浇灭正在燃烧的废旧塑料。后经查实该厂没有办理任何环保手续，环境监察人员下达了限期整改通知书，并要求按规定办理相关环保审批手续。

桂林顺陆胶合板厂已经办理了相关环保审批手续，并已定期监测和申报，锅炉使用正常，达标排放。在查看了该厂生产及排污情况后，环境监察人员要求该厂负责人员重视环保工作，并严格按照环保审批要求开展生产。

梧州市开展燃煤锅炉企业脱硫设施专项检查

为确保实现“十一五”二氧化硫总量减排目标，切实加强对燃煤脱硫设施运行过程的监管，根据环保部和自治区环保局的工作部署，近日，梧州市开展了燃煤锅炉企业脱硫设施的运行和维护工作的专项检查。

检查情况表明，梧州市辖区内已经完成建设的燃煤锅炉脱硫设施有3套，实际在用1套，是梧州神冠蛋白肠衣有限公司于2007年新建35吨/时锅炉配套建设的，于2008年10月安装了烟气自动在线监控设备，正在进行与市污染源自动监控中心的联网建设。同时，市环保监测站拟于近期对其开展比对监测，实行动态管理，积极推进企业治污减排。此外，由于该公司正在进行供热系统的改造，计划用热泵（电加热）技术替代锅炉实现供热。因此，市环保局暂未要求其安装脱硫DCS系统。

南宁市青秀区开展重点流域 重点行业及建设项目环保执法检查

根据《南宁市环保专项行动领导小组办公室关于转发开展重点行业企业等三项执法检查的通知》要求，南宁市青秀区环保局对辖区内邕江沿岸及2008年7月以来的工业建设项目开展环保执法检查。检查核实，青秀区邕江沿岸国控、省控企业只有广西糖业股份有限公司伶俐糖厂，不存在不符合国家产业政策和环保准入要求的违法建设项目。

由于目前非榨季，广西糖业股份有限公司伶俐糖厂现在处于停产设备维修状态，无排污现象。2008年7月以来至2009年6月，青秀区无新开工、投运的工业建设项目。

专项行动

2008年南宁市环保专项行动执行九大任务、挂牌督办六大项目

6月18日，南宁市召开全市环保专项行动领导小组工作会议，部署2008年全市环保专项行动，包括水源地保护、关停污染单位、造纸污染、淀粉生产污染、燃煤锅炉整治、污染设施运行专项检查、环境违法问题专项整治、噪声污染专项整治、污染反弹督察等九大任务。

同时，南宁市将继续对严重违法违规，影响面大，市民长期投诉的环境问题进行挂牌督办，六大项目被列入市级挂牌督办项目，分别是南宁市中良畜牧公司噪声污染、上林蓝山酒精厂高浓度废水、横县金华松香厂在饮用水源区排污、宾阳118家小造纸企业废水排放、武鸣蛟龙酒精能源公司废水超标排放、南宁市鲤湾路22号原广西电影技工学校内多家饮食、娱乐企业噪声、油烟扰民严重。

会议强调，被列为市级挂牌督办的六大污染项目是此次专项行动的重中之重，各责任单位要抓紧抓实，尽快解决好各类污染问题，在9月30日前完成环境综合整治，还市民一个良好的生活环境。

7月10日，在全国整治违法排污企业保障群众健康环保专项行动电视电话会后，自治区人民政府接着召开全区2008年整治违法排污企业保障群众健康环保专项行动电视电话会议。自治区副主席林念修在会上强调，各地各有关部门要深刻领会和认真贯彻全国环保专项行动电视电话会议精神，结合我区具体情况制定切实可行的实施方案，采取强有力的措施，继续开展好今年环保专项行动，切实解决危害人民群众切身利益的突出环境问题。

林念修指出，按照国家统一部署，我区从2003年起，连续5年深入开展整治违法排污企业保障群众健康专项行动，取得了明显成效，解决了一批社会关注、群众关心的重点、难点环境问题，保障了群众的切身利益，促进了全区环境质量改善和产业结构调整，有效遏制了环境违法行为和环境突发事件高发的态势，有力地推进了污染减排工作，对建设资源节约型、环境友好型社会发挥了重要保障作用。但是，必须清醒地看到，我区所面临的环境形势依然十分严峻，环境问题将在一个相当长的时期内继续成为社会热点问题，严肃查处环境违法行为仍将是一项长期而艰巨的任务。

林念修要求，各级政府要以高度的政治责任感，下大力气，深入开展环保专项行动，进一步解决人民群众关注的环境热点难点问题，实实在在为人民群众创造良好的生产、生活环境。一是以巩固整治成效为目标，集中开展环保专项行动后督察工作。确保环保目标落实到位、污染问题切实解决。二是以促进污染减排为目标，集中开展对城镇污水处理厂、垃圾填埋场等重点行业专项检查工作。推进城市污水处理厂稳定达标排放、污泥和垃圾填埋场渗滤液安全处置，严防二次污染。三是加强重污染行业和重点流域、区域环境监管工作，坚决淘汰落后生产能力，促进产业结构调整。

林念修强调，各级政府要加强组织领导，把开展环保专项行动列入政府工作的重要议事日程，继续坚持“一把手”亲自抓，负总责，分管领导具体抓，切实承担起组织领导、统筹规划、协调督导的职责，做到责任到位、投入

到位、措施到位。要强化部门联动，搞好协调配合，共同做好专项整治工作。要强化挂牌督办，落实跟踪督查，坚持严格执法，严肃责任追究，健全管理制度，实行长效管理，确保环保专项行动顺利开展，取得成效。

自治区环保专项行动领导小组成员单位负责人在自治区会场出席了会议，各市、县环保专项行动领导小组成员单位负责人在各市、县分会场参加会议。

北海市部署开展整治违法排污企业　保障群众健康环保专项行动

7月10日上午，全国及全区召开整治违法排污企业保障群众健康环保专项行动电视电话会议，对全国及我区开展整治违法排污企业保障群众健康环保专项行动进行了部署，北海市委、市政府对此高度重视，立即组织全市各有关单位进行学习、贯彻会议精神。随后，莫桦副市长结合全市实际，就开展整治违法排污企业保障群众健康环保专项行动进行全面部署。

会上，莫桦简要回顾2007年全市开展环保专项整治行动的主要成效及存在问题。明确指出今年全市环保专项行动主要有四项任务：一是落实党中央、国务院关于加强环境违法案件后续督察工作的指示,对环保专项行动开展以来查处的环境违法案件和突出环境问题整治措施落实情况进行集中检查;二是以促进污染减排工作为目标，集中对城镇污水处理厂等环保基础设施专项检查;三是依法淘汰落后工艺,开展对重点行业污染企业的集中整治；四是认真开展饮用水源保护区和工业园区环境违法问题整治。

为保障今年全市环保专项整治行动的顺利实施，取得实实在在的效果，莫桦强调必须确保做到五个到位：

一是责任落实要到位。各县区要成立相应的领导组和办公室，明确县市区政府主要领导和分管领导是环保专项整治行动的责任人；要根据全市统一部署，结合实际，细化专项行动工作目标和整治任务，落实到具体单位和负责人，市政府将严格实行专项整治行动督察制度，对各县区和市各有关部门的整治任务完成情况进行督察，对工作不力的要通报批评及督促整改，并追究有关责任人的责任。对有案不查、查处不力、甚至袒护包庇违法行为的，要依法依纪严肃查处。

二是联合执法要到位。　这次环保专项行动涉及到八个职能部门，各部门要加强配合，密切协作，按照各自的职责分工，认真落实政策措施，共同推动专项行动深入开展。经委要对不符合国家产业政策的生产设施、落后生产工艺进行淘汰取缔；监察部门要严肃查处环境违法、违纪行为；工商部门要及时吊销应依法关闭企业的营业执照；安监部门要加强危险化学品的监管，排除环境安全隐患；供电部门要按要求，对淘汰、关停企业实施停电措施；环保部门要加大环境执法力度，做好环境监察、督查和协调工作。各有关部门都要各司其职，各负其责，采取行政、经济、法律手段，严厉打击环境违法行为，保障环保专项行动顺利开展。

三是案件查处要到位。环保部门要坚持原则，依法行政，忠于职守，敢于碰硬，做到严格执法、公正执法、文明执法，切实维护人民群众环境利益。要加大对违法排污企业的查处惩治力度，不仅要在“查”上下功夫，更要在“处”上加大力度，对明知故犯、屡超标排放的企业，一律停产整顿，依法处理。　对专项行动开展不力、环境问题突出的县区，要实行“区域限批”，督促加强环境整治。各县区要将社会影响恶劣、群众反映强烈、环保部门查处阻力较大的环境违法案件作为重点，由县区政府挂牌督办，明确督办要求和解决时限，落实责任单位，做到处理到位、整改到位、责任追究到位，挂牌督办的事项和案件处理结果要及时向社会公布。

四是督促检查要到位。市政府将适时派督查组对各县区落实环境整治情况开展督查，各县区要层层采取督查督办措施，对辖区大的污染源进行全面普查，彻底摸清污染源情况，对重点行业、重点企业督查覆盖率要达到100%。对存在严重环境违法行为且隐瞒不报、弄虚作假、顶着不办的县区和重点企业，市政府将公开曝光、通报批评，严肃追究有关人员的责任。

五是舆论宣传要到位。电视台、电台、报社等新闻媒体，要大力宣传开展环保专项整治行动的重大重义，宣传全市的工作部署、工作措施以及治污减排的坚强决心，深入报道全市环境安全形势，揭露重大环境问题，提高全社会的环保意识、健康忧患意识，切实增强广大人民群众保护环境的自觉性和主动性。

要求环保部门要充分发挥市“12369”环境热线作用，畅通投诉渠道，鼓励群众举报环境违法行为，为环保专项行动深入扎实开展营造有利的社会氛围。

百色市召开电视电话会议贯彻落实全国、全区整治违法排污企业保障群众健康环保专项行动会议工作部署

2008年7月10日上午，继全国、全区整治违法排污企业保障群众健康环保专项行动电视电话会议后，百色市召开电视电话会议贯彻落实全国电视电话会议精神。

百色市人民政府谢泽宇市长就贯彻落实全国、全区会议精神，部署全市环保专项行动工作时要求，百色市各县（区）、各有关部门要深刻领会和认真贯彻这次精神，要求结合实际制定周密方案，采取措施，继续开展好今年的环保专项行动，切实解决危害人民群众切身利益的突出环境问题。

在部署全市环保专项行动工作时强调：一是要认清形势，增强环保专项行动的责任感，全力查处环境违法行

为，切实解决人民群众关注的环境热点难点问题，确保完成今年节能减排目标任务，促进百色经济社会全面、协调、可持续发展；二是突出重点，务求环保专项行动取得实效，以促进污染减排为目标，要按期完成百色污水处理厂建设并如期运营，各县也要加快污水处理厂建设；要加强重污染行业和重点流域、区域环境监管工作，依法淘汰落后产能；三是加强对环保专项行动的组织领导，要将环保专项行动列入政府工作的重要议事日程，各县（区）党政主要领导要定期听取环保专项行动工作进展汇报，严格实行环境质量一把手负责制，做到责任到位、投入到位、措施到位；四是要强化部门联动。坚持部门联席会议制度，及时沟通情况解决环保专项行动中出现的问题，建立环境监管长效机制巩固成果；五是要强化挂牌督办力度。继续将群众反映强烈、影响社会稳定的重大环境污染问题作为重点挂牌督办；六是强化查处力度。要综合运用法律、经济、行政等手段，加大对违法排污企业的惩治力度，发现一件查处一件。对未通过环境影响评价的建设项目，要责令停建或停产，并限期进行环境影响评价；对未执行环保“三同时”制度，没有污染防治设施的排污企业，要责令停产并依法予处罚；对不正常使用污染防治设施且排放污染物超过排放标准的，要责令改正并依法给予以处罚；对长期不能稳定达标排放的企业，要责令限期治理，并对严重污染环境的企业实行限产；对逾期未完成治理任务的，要责令停产或关闭；七是强化长效管理。将环境保护纳入党委、政府重大事项来督查，建立后督察制度，建立污染源自动监控系统，提高环境监控水平，实现对企业监管“无盲点”。加强社会监督，畅通环保举报投诉渠道，及时公开企业环境违法行为信息，形成有效的社会监督机制；八是对有令不行、有禁不止的行为、擅自制定出台违反国家环保法律法规的政策和规定的行为、包庇、纵容甚至合作参与而造成生态破坏和环境污染的行为、对“十五小”、“新五小”企业取缔关停不彻底和对死灰复燃的企业查处不力的行为、长期偷排污染物查处不力的行为、违反建设项目环境保护管理的行为、违法行使行政审批、行政审核、行政处罚职权，贪赃枉法、以权代法、以钱代法的行为、对检举违反环境保护法律、法规行为的人进行打击报复的行为，进行责任追究。九是强化环保执法能力建设，各县（区）要加强环保执法能力建设，增加环保投入、健全环保机构、充分发挥环保队伍在环保专项行动中主力军作用。

谢泽宇强调，通过开展整治违法排污企业保障群众健康环保专项行动，促进全市各项节能减排工作目标的落实，确保节能减排目标按期完成。

贵港市开展2008年度整治违法排污企业环保专项行动

为贯彻落实全国整治违法排污企业保障群众健康环保专项行动电视电话会议精神，贵港市在全市范围内大力开展整治违法排污企业保障群众健康环保专项行动。此次专项行动工作的重点：

一是以巩固整治成效为目标集中，开展环保专项行动后续督察。主要是检查2005年以来，各县、市、区政府及其有关部门挂牌督办的典型环境违法案件和突出环境问题整治措施落实情况，如取缔关闭、停产整治、限期治理等行政处罚措施落实情况；检查2006年以来饮用水水源保护区专项整治各项措施落实情况，如城镇饮用水水源保护区立标志牌情况，位于饮用水源保护区的排污口清理取缔、违法建设项目取缔关闭措施落实情况；检查2007年开展的造纸行业专项整治各项措施落实情况，如被取缔关闭的造纸企业或生产线停电、停水、设备拆除等措施的落实情况等。

二是以促进污染减排为目标集中开展对垃圾填埋场、电力、钢铁、化工等重点行业专项检查。着重查清已建成生活垃圾填埋场实际运行情况，严厉查处垃圾渗滤液超标排放或直排的环境违法行为；对不符合规范要求的生活垃圾填埋场，要责令限期整改；垃圾渗滤液未经过处理直接排放、或处理不达标的，要依法依规对运营单位进行处罚。加强对已经封场垃圾填埋场的环境监管，确保环境污染治理设施正常运行；加大对电力、钢铁行业脱硫设施的监管，着力解决脱硫设施不正常运行问题；加大对化工行业污染治理设施运行的监管，着力解决环境安全隐患整改在中存在的问题，防范环境突发事件的发生。

三是依法淘汰落后工艺，开展对重点行业污染企业的集中整治。主要是对重点流域2007年以来新、改、扩建的排放涉氮、磷污染物和有毒有害物质的工业项目进行一次全面检查。对水污染防治设施未建成、未经验收或者验收不合格，主体工程即投入生产或者使用的建设项目，必须责令停止生产或者使用，直至验收合格。加大对列入淘汰目录中严重污染水环境的设备、工艺的监管，对违法建设不符合国家产业政策的小型造纸、制革、印染、酒精、淀粉等严重污染水环境的生产项目责令停业、关闭。对屡查屡犯的企业采取“高限处罚”措施，对长期超标排污的、私设暗管偷排偷放的、污染物直排的、存在重大污染隐患的企业，一律停产整治。对治理无望的企业和落后生产能力，一律关闭取缔。对于违法排污造成严重损失、触犯刑法的企业，一律追究刑事责任。重点河流流域超标排放水污染物的企业要在2008年8月底前完成治理；对逾期未完成的，实行停产整治或依法关闭。

为保证专项行动的顺利进行，贵港市成立了环保专项行动领导小组，采取上下联动，部门协调，形成执法合力；挂牌督办突出环境问题，切实加大责任追究力度；加强社会监督，充分发挥舆论媒体宣传作用等有力措施以确保专项行动取得实效，切实解决一批突出的环境问题。

防城港市开展环境执法活动

为贯彻落实国家、自治区2008年整治违法排污企业保障群众健康环保专项行动有关指示精神，9月4日至5日，防城港市环保专项领导小组各成员单位组成两个检查组，由该市环保局领导带队，分别到所辖区域对2008年环保专项行动方案落实情况进行了专项检查。

检查组认真听取了当地环保专项行动领导小组的工作汇报，重点对各区、县（市）2005年以来各级政府及其有关部门挂牌督办的典型环境违法案件和突出环境问题整治措施落实情况，2006年以来饮用水源保护区专项整治各项措施落实情况，2007年以来开展的造纸行业专项整治各项措施落实情况和城镇生活污水处理厂建设进展情况进行了检查。

检查发现，各区、县（市）在环保专项行动工作中采取了有力措施，使一些突出的环境问题得到了有效的整治，专项行动取得了阶段性的成果。同时也发现和指出了市城镇生活污水处理厂工程建设进展缓慢、饮用水源地环境保护规划和设牌立志工作滞后等问题。检查过后，检查组与企业法人代表、当地政府领导面对面就检查情况进行了告知、告诫，并责成当地政府和相关部门就存在的问题现场提出解决方案，明确了整改目标、整改时限和责任人员。

陆川县开展清理整顿造纸行业专项行动

为保护生态环境和人民群众的身体健康，淘汰和整治原有污染严重的小纸厂，控制外地小纸厂向陆川县转移，防止污染进一步蔓延，2008年8月29日，陆川县人民政府召开清理整顿造纸行业专项行动工作会议，研究部署清理整顿造纸行业专项行动。会上，陆川县政府常务副县长李岗就如何清理整顿小纸厂工作作具体部署，并提出具体的要求：

一是各乡镇和部门领导要充分意识到当前节能减排的严峻形势，提高对造纸行业整治的重要性和必要性的认识；

二是各乡镇和部门在整治行动中必须把握好“严格控制”和“严格整治”两个原则，即严格控制新上的小纸厂，严格整治原有的再生纸厂；

三是各乡镇要成立专项整治领导小组，落实领导和专人负责，要立即成立工作组并尽快开展工作；

四是在专项行动中要做好“四抓”，即抓宣传、抓苗头、抓整治；

五是部门要加强配合，按“属地管理”和“谁主管谁负责”原则，各乡镇和部门要密切配合，各尽其责；

六是抓好干部职工的思想教育，决不允许有干部职工参与非法造纸企业的股份，干部职工在专项整治工作中一定要廉洁；

七是开展联合整治，组织力量开展联合整治行动，坚决防止周边县市关闭的非法小纸厂向陆川县转移。

梧州市确定6件挂牌督办案件　严厉整治违法排污企业

根据梧州市2008年整治违法排污企业保障群众健康环保专项行动工作部署，梧州市确定了梧州粤海环保发展有限公司第一污水处理厂未按计划运行问题、梧州市城市废弃物处理有限责任公司塘黎冲城市生活垃圾填埋场渗滤液污水处理工程、旺甫镇龙洞村京冲山小炼油企业取缔问题、藤县永丰化工制品有限公司超标排放污染物问题、藤县富华化工有限公司限期搬迁问题、广西三威林产化工有限公司岑溪人造板有限公司超标排放污染物问题为2008年环保专项行动挂牌督办的环境案件。把环保专项行动的任务和目标落实到企业当中，严厉整治违法排污企业，加强企业环保设施建设，着力解决企业治污设施不正常运行问题。对挂牌督办案件进行集中检查和后督察，做到查处到位、整改到位、责任追究到位。

围绕环保专项行动　深入开展后督察工作

今年环保专项行动开展以来，我区各级政府及其有关部门，按照国家统一部署，重点围绕挂牌督办案件、饮水源保护、造纸行业整治三个方面开展后督察工作，取得积极进展。自治区环境监察总队近期对柳州有色金属公司、广西国发林业造纸有限责任公司、广西林业荔浦纸业有限公司、合山市铁合金群、合山祥星制糖有限公司、柳州白莲淀粉厂、来宾冶炼厂以及柳州市、桂林市饮水源保护区等进行了后督察和检查。截止到目前，全区共出动检查人员16711次，检查企业6908家，对检查出有环境违法行为的142家企业进行立案，并已结案41家，在检查旧问题的同时，对新发现的环境违法行为及时进行了处理。

随着环保专项行动的深入开展，我区将按环保专项行动工作方案和国家统一部署，继续深入开展后续督察工作，采取有效措施，彻底解决挂牌督办案件、饮用水源保护区整治、造纸企业整治等工作中存在的问题，做到不留死角、不留后患，让群众满意。

蒙山县开展饮用水源专项整治　保障群众饮水安全

为切实加强饮用水源保护，保障群众饮水安全，近日，蒙山县环保专项行动领导小组对该县集中式饮用水源保护区进行专项检查。这次检查的重点是彻底清查辖区内向饮用水源保护区内排放废水的各类排污企业和建设项目，以及一级保护区内的污水直排口，对固体废弃物存放处置场所、岸边堆积物等污染隐患进行全面清查。

经排查，蒙山县饮用水源保护区茶山水库整个库区附近没有排污企业，没有污水排放口，对库区水质没有造成污染。库区源头长坪乡辖区内目前没有兴办任何排污企业和上马建设排污项目，库区的岸边也没有固体废弃物存放处置的场所，未发现有对水源源头造成污染威胁的污染源。整个库区水源保持清澈洁净，经常年监测，均达到国家地表水二类水质标准。

北海市开展后督察工作成效显著

北海市环保局结合开展环保专项行动，认真抓好后督察工作，通过采取一系列措施，成效显著。

2005年至2007年北海市挂牌督办案件共21件，其中2005年10件、2006年6件、2007年5件。在这次环保专项行动中，该市重点抓好三项工作：

一是对问题较多的挂牌督办企业进行重点督察。通过对挂牌督办的21件案件进行逐一排查，在排查中发现，虽然大部分列挂牌督办的案件已按要求落实整改，但也存在13家企业（案件）尚未整改到位，问题较多的企业，如北海赛普酒业有限公司（现更名为北海三井企业有限公司）存在擅自改变生产原料生产酒精，原有的污染防治设施运行不正常，废水严重超标甚至有偷排，对周边环境造成很大的污染隐患等环境违法行为；又如北海市海盛水产品加工有限责任公司未经环评审批擅自投入生产等环境违法行为。针对排查发现的问题，北海市政府及时组织环保、供电、工商及辖区政府联合行动，对北海市海盛水产品加工有限责任公司进行停止供电、吊销营业执照等强制关停措施，彻底解决了该挂牌督办案件。合浦县政府针对辖区的北海赛普酒业有限公司违法排污的行为也采取了整改措施，对其下达了《关于责令北海三井企业有限公司停止生产及停止排放超标污染物的通知》，责令该公司停止生产并停止排放超标污染物。市政府针对该公司还存在的环境污染隐患，制定停水、停电、拆除生产设备、吊销营业执照等关停方案，最终使该公司彻底丧失生产能力。

二是对饮用水源保护区进行专项整治。目前北海市饮用水源主要是以地下水为主，尚未有经上级部门批准的一、二级的地表饮用水源保护区。2006年经合浦县人民政府批准，确定南流江总江桥闸至洪潮江控制闸河段为该县县城集中式饮用水源特定保护区，出台了相关管理办法，设置了警示牌和制订了污染应急预案。目前，保护区内无工业企业排污口，主要污染源为河段内的10多个网箱养殖场和两岸村民的禽畜放养活动。合浦县政府多次组织水产、水利、环保等部门联合执法，对网箱养殖及禽畜放养进行清理。经开展后督察工作，尚发现3户网箱养殖场，合浦县政府再次组织水利、水产部门对养殖户进行督察，对网箱养殖户下达清除通知，责令养殖户在限期内自行拆除一切网箱养殖设施，确保饮用水源的安全。

三是开展对造纸行业及工业园区进行专项整治。北海市针对排查中发现小造纸关停取缔措施落实不到位，存在环境隐患，尤其是个别小造纸被法院查封后仍在继续生产；市工业园区13家企业存在未经验收擅自投入生产等环境违法行为。北海市政府组织辖区政府和市监察局、环保局、市工业园区管委会等部门进行联合执法，采取限期验收、行政处罚、吊销营业执照等措施，解决2005年至2007年北海市挂牌督办的环境违法行为，较好的完成了后督察工作。据统计，开展这次后督察工作，对排查发现整改未到位的13家企业已督促落实了整改，其中10家未经验收擅自投入生产的违法企业已按要求完成了环保验收，1家企业被责令停止生产并处罚金，1家企业被停止建设；1家企业被吊销营业执照。

梧州市重点行业环境整治有进展

根据梧州市2008年开展整治违法排污企业保障群众健康环保专项行动工作部署，梧州市开展了对本辖区的电力、钢铁、化工等重点行业的专项执法检查，取得了阶段性的成效。

据悉，梧州市辖区内，仅有的两间火电厂已在2007年底关停。钢铁行业经去年整治，有的通过技术改造，淘汰了不符合产业政策的炉型，有的已转产为模具制造企业，至今没有发现地条钢和单独使用中频炉的炼钢企业。目前生产钢铁的企业都安装有废气处理设施，并能正常运行。化工行业主要集中在化学原料制造、松脂深加工、制药业上，主要有梧州联溢化工有限公司、梧州鸳江立德粉有限公司（含广弘有色金属公司）、梧州桂南钛业有限公司、梧州松脂股份有限公司、梧州荒川化学工业公司、梧州制药集团公司、梧州威诺化工有限公司、苍梧县顺风钛白有限公司、梧州日成林产化工有限公司、藤县金茂钛白有限公司、藤县雅照化工有限公司、梧州佳源实业有限公司、藤县永丰化工制品有限公司、藤县富华化工有限公司、蒙山县普生化工厂等15家企业。

检查中，对发现存在环境安全隐患的企业下达限期整改通知并督促进行，并视情况通报市安监局；对排放工艺废气存在不明污染物有企业责令其完善排污申报；对不正常运行处理设施、超标排放废水的企业进行立案调查；对不按规定进行在线监控系统建设的企业下达限期整改通知，要求加快进度，按时完工；对“退城进郊”企业搬迁项目进行跟踪，督促其加强原有设施的监管；对藤县政府下令关停的藤县富华化工有限公司进行现场督查，核实其已于8月17日关停。

灵山县深入开展危险化学品领域安全隐患大排查大整治专项行动

为深刻汲取广西广维化工股份有限公司有机分厂“8.26”爆炸事故及近期其他危险化学品事故的教训，进一步深化危险化学品领域安全隐患排查整治工作，防范和遏制重特大事故发生。灵山县深入开展危险化学品领域安全隐患大排查大整治专项行动。

2008年10月7日至8日，该县专项行动领导小组组织督查组对县内重点镇、重点企业和重大隐患进行综合督查。重点督查事故隐患严重、无证生产经营的危险化学品领域和化工行业从业单位；对未按要求开展“三同时”工作的危险化学品和化工建设项目作出相应的行政处罚。

该专项行动9月份成立了以安监、经济、质监、环保、商务、建设等单位的专项行动领导小组，制定了专项行动方案，明确专项行动大排查大整治的范围主要是生产、经营危险化学品的从业单位及在生产过程中使用危险化学品的化工企业和医药生产企业。

并以此次行动为契机，清理整顿按要求应履行而未履行安全设施“三同时”手续的危险化学品和化工建设项目；查处未经行政许可、不具备生产条件的危险化学品生产经营单位；促使企业进一步落实安全生产主体责任，建立健全事故隐患排查治理工作制度，建立隐患排查治理长效机制。

桂林市专项行动检查组现场检查阳朔县田家河水源净化有限公司

根据桂林市环保专项行动领导小组的部署，市环保专项行动检查小组于2008年9月24日，对阳朔县田家河水源净化有限公司进行了现场检查。

检查组对该公司排放的尾水超标、污水处理池渗漏问题及整改情况进行了全面检查。检查组在现场看到：该公司一期工程的全部快渗池都已全池铺设HDPE膜并砌筑砖砌体压顶；紫外线消毒设备安装完毕；尾水流量、PH值、氨氮、COD在线监测装置安装完毕。该公司按照自治区环保局《关于阳朔县田家河污水处理厂防渗工程改造项目环境影响报告表的批复》的要求，于2008年8月6日开始实施整改，2008年9月10日基本完成了项目的整改，项目投资246万元。调试工作已完成，10月份进行项目环保验收监测。

检查组建议该公司进一步考虑解决HDPE膜暴露部分的老化问题，并要求加快自动在线监测系统与市环保局联网的工作，完善废水处理设施运行记录，尽早通过环保验收。

自治区环保局督查组到大新县检查锰业企业专项整治工作

10月15—16日，自治区环保局督查组在崇左市环保局领导及县环保局领导陪同下，到大新检查锰业企业专项整治工作情况。

检查组先后到县城所在地的桃城和下雷两个镇的铁合金、电解金属锰、锰粉加工等11家锰业企业进行督查，检查组对大新县自6月份以来开展的锰业企业专项整治工作所取得的成绩表示了充分肯定。同时，也指出大新在开展锰业企业专项整治工作存在的不足和问题。检查组要求，大新要认真按照自治区有关整治方案和验收要求进一步加大锰业企业专项整治工作的力度，确保全县锰业企业专项整治工作于今年11月底完成，并顺利通过验收。

苍梧县环保专项行动成效明显

苍梧县贯彻落实自治区整治违法排污企业保障群众健康环保专项行动会议精神，加大污染减排工作力度，深入开展环保专项行动，严厉打击超标准排放污染物的环境违法企业，全县环保专项行动取得明显成效。

为切实解决苍梧县造纸行业环境污染问题，县政府制定了关闭年产5000吨以下的造纸厂的通告。一是落实各镇镇长责任，列为关停行动“第一责任人”，凡逾期未按规定关闭、取缔的，依法追究有关企业业主的法律责任并对各镇人民政府实行问责。二是抽调县环保局、经贸局、工商局等有关部门分管领导及工作人员组成工作组，分三片包镇，深入企业督促检查取缔工作。三是落实各级各部门责任。目前，全县已关闭小纸厂和小土纸作坊77家，并做好被关停业主的思想工作及善后解决的工作，维护了社会稳定。

此外，为了保障群众的合法权益，严厉打击违法排污企业，苍梧县环保专项行动领导小组根据《梧州市2008年整治违法排污企业保障群众健康环保专项行动实施方案》的精神，共出动执法人员136人次，对42家企业进行了排查，发出限期整改或限期改正环境违法行为通知书15份。特别是对没有经过环保审批，也未办理任何证照的苍梧县京南镇太平村思会组炼铜厂和一非法猪油加工点，于2008年9月18日由县政府牵头，京南镇政府、县环保局、县工商局、县电力局等部门联合执法，对其厂房进行取缔，拆除生产设备，切断电源，杜绝了死灰复燃。

百色市环保局开展废弃剧毒化学品处置安全隐患排查整治专项行动

为认真贯彻落实自治区环保局及百色市人民政府关于全市危险化学品领域安全生产隐患排查整治的有关部署，百色市环保局决定自10月21日起至11月30日在全市范围内组织开展废弃剧毒化学品处置的安全隐患排查治理专项行动，并制定《百色市环保局废弃剧毒化学品处置安全隐患排查专项行动工作方案》下发至各县环保局、右江分局。

目标是通过整治，督促废弃剧毒危险化学品处置企业进一步落实安全生产主体责任，消除重大隐患，持续改善安全处置条件，强化安全生产管理工作，提高本质安全水平，推动环保部门环境安全监管责任的落实，全力杜绝因废弃剧毒危险化学品处置问题引发较大以上事故发生。

整治专项行动排查范围包括各类集中式工业园区；化工、冶炼、制糖、造纸、酒精、淀粉、油气贮存库站等重点行业；对人民群众生产生活构成威胁的危险废物堆放场、尾矿库；近年来发生较大以上突发环境事件的单位。

整治专项行动内容有是否制定了《企业环境突发事故应急预案》，是否建立了应急救援队伍，是否储备了必要的应急器材，或与当地大型企业、与地方建立了应急救援合作关系；废弃危险化学品及危险废物贮存场所是否按自治区环保局《关于贯彻实施〈废弃危险化学品污染环境防治办法〉的通知》要求执行；污染治理设施及有可能发生环境污染的工序环节的重要设施、装备的日常管理维护和运行情况，特别是事故状态下废弃危险化学品应急处置及化工企业防止“清净下水”污染的措施落实情况，是否设立了备用储存场所并具备治污处理的能力；岗位操作人员熟练掌握本岗位职责、工艺流程、危险及有害因素、工艺技术指标、操作规程、设备仪表的使用、应急处置方法的情况；严格执行企业巡回检查制度的情况；新建、改建、扩建工程项目的环境安全“三同时”执行情况。

整治专项行动分为隐患排查及重大隐患整改阶段；加强监管阶段进行。

梧州市开展尾矿库专项检查

根据梧州市2008年尾矿库专项整治行动工作部署，市安监局、土地局、发改委、环保局组成联合检查组，于2008年9月17日至10月18日对全市31家尾矿库进行了全面检查。

检查组对各尾矿库存在的问题分别提出了整改意见和整治措施，同时要求：（一）严把环评审批及环保“三同时”验收关，对新建、改建、扩建的尾矿库达不到标准或不按要求建设的，责令其停止建设，并依法加大处罚力度。（二）对不具备环保准入条件的，要坚决依法关闭。（三）对没有办理环保审批手续的，责令停止建设并依法补办环保审批手续。（四）对没有办理用地手续、用地手续不规范、没有制订土地复垦方案的矿库项目，应责令停止建设和使用，补办土地使用手续。（五）对不符合安全许可条件的尾矿库，依法实施暂扣、注销和提请关闭。

柳州市白莲淀粉厂按期关闭

2008年环保专项行动中，柳州市白莲淀粉厂因废水、废气超标排污，被列为自治区环保专项行动挂牌督办案件，经过柳州市政府和市环保局的努力，该厂于2008年10月26日全面停止生产，在自治区规定的整治期限前，完成柳州市白莲淀粉厂的关闭。

柳州白莲淀粉厂位于柳州市南郊的白莲机场旁，原有年产2000吨淀粉生产线和年产12000吨酒精生产线各一条。生产的废水用于农垦新兴农场甘蔗等农作物的农灌。废水和锅炉烟气均未能实现稳定达标排放。2007年柳州市人民政府对该厂废水和废气先后下达限期治理工作任务，要求于2007年9月底完成限期治理工作任务，该单位逾期未完成限期治理工作任务。并断断续续进行酒精生产，其排放的废酒精废水储存在新兴农场的白汶水库中，成为环境污染的重大隐患，而酒精废水厌氧分解时，产生的异味对桂柳高速公路新兴收费站一带造成一定的污染。

柳州市人民政府于2008年5月依法责令柳州白莲淀粉厂关闭。该厂不服柳州市人民政府的行政处罚，向自治区人民政府提出行政复议，自治区人民政府驳回该厂的复议申诉，维持柳州市人民政府的行政处罚决定。但该厂由于职工安置和库存的原材料处置等问题，一直迟迟未能停产。经过市政府、市环保局协调供电、经委等部门共同努力，终于在自治区规定2008年10月底的整治期限前完成该厂的关闭。柳州市唯一一件自治区级挂牌督办案件顺利办结。

南宁市打击环境安全违法行为专项行动取得成效

近期，南宁市环保局在全市范围内开展打击环境安全违法行为专项行动，成立了打击环境安全违法行为专项行动领导小组，将环境安全隐患排查工作列入本部门的重要工作日程，制定并实施《南宁市环境保护局关于集中力量开展打击环境安全违法行为专项行动工作方案》，取得了明显成效。

一是加强尾矿库的日常监察、固体废弃物申报登记及尾矿库外排废水的监督性监测等管理工作。对未办理环保审批手续的尾矿库建设项目，责令其立即停止建设和使用；对已办理环保审批手续的企业项目，做好“三同时”监督检查工作；对不具备环保准入条件的尾矿库企业，依法取缔关闭。

二是对位于居民集中区、饮用水源保护区周边的危险化学品从业单位，特别是剧毒化学品生产、使用、运输、贮存、销售单位的环境安全隐患迅速展开一次拉网式排查。针对发现的问题，提出了限期整改措施，切实做到消除环境安全隐患。

三是组织开展了辐射安全监督检查行动，对辖区涉源单位的合法性、防护措施、安全操作规程、应急预案等进行了一次全面排查。及时督促涉源单位将闲置源送贮，使各项安全管理制度和措施不断地规范化，严防辐射污染事故的发生。

柳州市扎实推进整治违法排污企业保障群众健康环保专项行动

按照《柳州市2008年整治违法排污企业保障群众健康环保专项行动实施方案》要求，柳州市环保局将环保专项行动作为2008年全市环保工作的重点之一，认真抓紧抓好。柳州市环保局负责全市2008年环保专项行动的组织实施，截至10月31日，共出动检查人员2295人次，检查排污单位495家，对全市历年来的挂牌督办案件进行了后督察，通报了挂牌案件未办结的融安县、融水县和三江县。

今年，柳州市环保局将市民关心的柳州白莲淀粉厂异味整治、佳力电工搬迁、柳江造纸厂恶臭治理、柳锌二基地达标整治等作为挂牌督办案件，要求年内全部完成整治工作任务。10月26日，柳州白莲淀粉厂停产关闭，消除了重大环境污染隐患。同时，立案调查了柳州九星电镀厂、柳州市建筑有限责任公司、柳州市污水处理有限责任公司等28个环境违法单位，并依法给予1000－50000元的行政处罚，严厉打击了各种环境违法行为，企业的守法意识明显提高。因专项行动成绩突出，成效显著，环保部、发展改革委、监察部等7部委联合授予柳州市环保局“整治违法排污企业保障群众健康环保专项行动先进集体”荣誉称号。

大新县召开锰业企业环境专项整治工作紧急会议

11月6日，大新县召开锰业企业环境专项整治工作紧急会议，会议传达了10月30日在全州召开的全区涉锰行业环境整治工作会议精神，通报了全县锰业企业环境专项整治工作情况。并分析当前的形势，就下一步全县的整治工作进行了全面部署。会上，县委书记雷永达、县长雷多荣分别作了重要讲话，县四家班子在家领导出席了此次会议，参加会议的有县锰业企业环境专项整治工作领导小组成员单位领导和各锰业企业主要负责人。

县长雷多荣通报了全县锰业企业环境专项整治工作情况，他说今年6月以来，大新县按照上级的统一部署，采取有效措施，强化整治力度，专项整治行动得到了有序开展，取得了一定成效，但是对照自治区的验收要求，还有较大差距。针对验收期限截至11底前这一工作要求，雷县长指出各锰业企业要进一步提高认识，落实责任，加快整改进度；县挂点领导和有关部门要明确目标，加强宣传，强化督查力度，确保取得实效。

县委书记雷永达对我县锰业企业环境专项整治工作存在的问题进行了深入分析，他指出当前我县的专项整治工作时间紧、任务重、压力大。为此，各涉锰企业要深刻领会整治验收要求，做好自检自查，进一步调整整改方案，切实完成整改任务；要加强县领导和单位挂点责任制，严格落实督查责任，督促企业抓好整改工作；各专项整治责任单位要组织开展全面拉网式的大排查，大力惩治违法排污行为，对严重违法排污企业要严格依法办理，该停产的坚决责令停产，该关闭的坚决责令关闭，该处罚的必须处罚，务必使整治工作按时、按质、按量完成，取得新的成效，确保顺利通过自治区、崇左市验收。同时，会议决定从县财政拨出100万元作为这项工作的奖励资金，对出色完成环境整治工作任务的企业给予奖励。

2008年环保专项行动挂牌督办案件整改工作取得实质性

在2007年环保专项行动检查中，被列为自治区级挂牌督办案件的南宁国家级经济技术开发区等19家企业的环境问题，经各级人民政府和有关部门高度重视和支持下，各地进一步加强领导，强化措施，明确责任，狠抓落实，各级环保部门加大督办力度，督促企业严格按照专项行动方案提出的整改要求，采取有效措施，加紧整改。

11月初，自治区环保专项行动领导小组办公室对19家企业进行了检查，目前已有17家完成整改，并通过验收。另有两家正在按预定目标加紧整改，计划年底前完成。

梧州市挂牌督办案件取得成效

根据2008年环保专项行动的工作要求，梧州市将藤县富华化工有限公司、藤县永丰化工有限公司、广西三威林产岑溪人造板有限公司、梧州市垃圾填埋场渗出液、梧州市第一污水处理厂不正常运行、旺甫镇学洞村京山冲炼油厂等6个突出环境问题进行挂牌督办，严厉打击各类违法排污行为，取得了积极进展和成效。

经过整治，藤县富华化工有限公司已于10月31日前关停，公司已解散，烟囱已拆除，厂房及生产设备目前正在拆除中；藤县永丰化工有限公司已完成废气治理，由于目前处于停产阶段，计划12月复产时申请验收；旺甫镇学洞村京山冲炼油厂已拆除设备；广西三威林产岑溪人造板有限公司废水治理设施已经完成并投入使用，目前正在申请验收；梧州市垃圾填埋场渗出液处理工程已完成，渗滤液已没有直接对外排放，从监测数据来看已达到相应排放标准；市第一污水处理厂在6月30日启动以来，对设备调试和管线及泵站建设做了大量工作，9月3日经自治区环保局批准同意投入试运行；为解决菌种不足的问题，污水处理厂专门到广东佛山城市污水处理厂购进50吨污泥，加快菌种培养速度；目前正在加快泵站建设速度，争取早日达到设计能力50%以上的处理量，形成减排能力，发挥减排效能。

百色市深入开展整治违法排污企业保障群众健康环保专项行动取得实效

今年以来，百色市深入开展整治违法排污企业保障群众健康环保专项行动中紧紧围绕控制增量，削减排放指标，以改善环境质量、保障群众健康为目标，以查处违法排污行为为重点，切实组织开展了2008年环保专项行动，坚持从维护人民群众的根本利益出发，部门间密切协作配合，突出重点，严格执法，整个专项行动取得实效。

（一）通过开展环保专项行动后督察工作，饮用水水源保护区的日常监督管理得到进一步加强，下一步我们将依照有关规定坚决杜绝在保护区内设立排污口，严格控制保护区上游的资源开发建设，饮用水一级保护区实行封闭式管理。以保护水源地良好的生态环境，确保群众饮水安全。采取边督察、边宣传、边曝光的形式，营造环境执法的声势，对执法不严、处罚不到位的责令纠正；对违法排污企业的依法依纪追究有关责任人的责任；对屡查屡犯的违法排污企业和群众反复投诉又长期解决不了的污染问题，及时向金融信贷等有关部门进行通报，性质恶劣的移交监察机关追究相关责任人的责任，以确保专项行动后督察工作实效。

（二）完善、落实环境违法案件的移交，移送制度，强化整治力度。 在环境违法案件查处过程中，凡发现属于《淘汰落后生产能力、工艺和产品目录》规定的，及时移交经济主管部门提出意见，报请同级人民政府按照权限责令关闭。二是凡违反《安全生产法》及《危险化学品安全管理条例》的，及时移送安监部门依法处理。三是涉及矿山非法开采造成污染的，移送国土部门依法取缔，从源头上消除污染。

（三）通过开展这次专项行动，防止了部分关停企业死灰复燃的情况发生；围绕节能减排工作，督促燃煤火电厂进行了脱硫设施的建设，关停了田东火电厂老电厂的2台12MW机组和百色东笋火电厂，督促一批企业进行环保项目的建设及改进。中铝广西分公司热电厂1-3＃锅炉除尘系统原采用文丘里麻石水膜除尘，其脱硫效果较差，2004年进行了一期锅炉脱硫除尘技改项目，采用NID循环半干法脱硫及除尘系统，至2006年底三台炉全部技改完成，使脱硫效率由原来的20%左右增加到85～90%，二氧化硫年去除量10338.8吨，减排量为7467.372吨/年，使SO2排放量得到大大削减，而且由于是干式静电除尘，可实现粉煤灰的综合利用，达到了节能减排的目的。

（四）加强舆论宣传，扩大社会参与面。今年我市专项行动的宣传工作在媒体的积极配合下得到全面深入的开展。结合“六·五”世界环境日，进行了各项环保宣传活动，结合绿色学校、绿色酒店、绿色社区评比的开展，在市区内发放内容丰富的环保宣传单，向群众宣传环保法律、法规、政策以及环保专项整治行动工作的重要性和必要性。仅今年的专项行动，我市共出动宣传车25车次，发放环保宣传单30000多份，，发动环资委成员单位及绿色学校、绿色企业制作环保宣传板报32期，并与中国移动通信公司及联通公司联合，利用发送手机短信进行环保短信宣传，宣传面覆盖12个县（区）的移动、联通用户共达10余万人。为我市环保专项整治工作营造良好的社会氛围。

桂林市环保专项行动检查组检查永福县2008年挂牌督办案件督办情况

最近，桂林市环保专项行动检查组对永福县今年的挂牌督办案件整改情况进行了现场检查。经检查，该县堡里富兴草纸厂已按规定停止生产，拆除生产设施，并将原料浸泡池填平；桂林速丰木业有限公司虽然已进行了整改，但由于管理不到位，致使纤维输送管道不通畅，造成生产粉尘还有外排现象，且在试生产一年后还未完成环保验收手续。检查组要求：对已完成的堡里富兴草纸厂关停案件按规定办理结案和摘牌工作，并做好后督察，防止死灰复燃；对尚未完全达到整改要求的桂林速丰木业有限公司，要求县环保局督促企业按时完成污染设施整治工作，按时结案。

此外，对2007年度永福县依法关闭的五家电镀企业中的两家家企业进行了现场检查，其中一家已全部拆除了设备、不再生产，但另一家周光明电镀厂的电镀槽还存在，镀液没妥善处置，镀槽有些破损，存在一定的环境安全隐患，且有想重新生产的迹象。检查组当场要求县环保局对此严厉查处，消除存在的环境安全隐患，不留后患。

桂林市各县积极开展环保专项行动后督察

根据桂林市政府环保专项行动领导小组的部署，桂林市辖12个县、自治县都已制定了各自的专项行动方案并付诸实施，针对各自的情况开展了后督察工作。

阳朔县环保局于2008年6月对阳朔县兴源铅锌矿有限责任公司下达了限期治理通知，要求该公司必须完成尾砂坝的治理任务，在治理完成后，限期前15日向县环保局提交复产申请报告；县环境监察大队每月不定期对阳朔县田家河水源净化有限公司污水处理厂污水处理设施的运行、消毒杀菌、自动监测仪器的使用及记录情况进行检查，县环保局发出书面通知要求该厂按上级环保部门要求安装在线监测设备、修建淤泥处理系统和出水池；同时还开展了群众反映强烈的对西街噪声扰民的专项整治和对高田镇历村农家饭排污设施建设的专项整治，对工业集中区各企业进行环保督查。

龙胜县由环保专项行动领导小组11个成员单位分别派人组成两个检查组，分批对2008年度县挂牌督办的118滑石粉厂、和平民政福利粉厂的督办治理情况进行检查，对三门三大矿山、县泗水黄金矿、县铅锌矿的尾矿库环境安全隐患情况进行检查，对桂龙、合信、大通、宏发等冶炼行业的废气治理装置运行情况进行检查；对县饮用水源地进行全面清查，确保饮用水源水质主要指标达标。目前后督察工作还在进行当中，检查过程中，各企业基本能较好的配合这次检查行动， 118滑石粉厂、和平民政福利粉厂的督办治理情况开展正常，新建、更换了污水沉淀池和除尘布袋。桂龙、合信、大通、宏发等冶炼行业的废气治理装置运行情况正常。检查组对检查中发现的问题也进行了交流，对存在违法排污和安全隐患的企业，提出限期整改要求和建议。

兴安县开展了铁合金行业整治、县级督办案件以及饮用水源保护区的专项整治的环保执法后督察。对2007年挂牌督办的6家铁合金企业于进行了后督察；兴安县三顺纸厂兴安县云峰食品厂被列为县挂牌督办单位，县环保局加强环境监管，督促企业积极筹措资金，两家厂如期基本完成治理任务；通过加大宣传力度、开展清除水面漂浮物和沿河垃圾专项行动以及划定饮用水源保护区、自来水厂及保护区范围，确保饮用水质符合标准。

全州县2005年至2007年挂牌案件8件，其中国家级1件、自治区级2件、市级2件、县级3件。从督查的情况看有8件基本落实了督办整治措施，整改到位，并能依法缴纳排污费。

灵川县为了防止挂牌企业违法行为的反弹，县环境监察人员加强了对挂牌企业桂林古榕食品有限公司、桂林金叶木业有限公司及桂林市桂江冶炼有限公司、桂林华裕冶炼有限公司、灵川县盘龙电化厂三家铁合金企业的后督察，对企业管理负责人提出要加强对污染物处理设施运行管理和设施的技术维护工作，保证达标排放。这几家企业污染物处理设施一直处于良好的运行，没有发现超标排放，县环保监测站对它们进行的监督性监测结果均达标，没有接到群众反映，被取缔的灵川县五威冶炼厂也未发现恢复生产。

永福县为确保饮用水安全，对全县集中式饮用水源进行检查，对西河饮用水源上游的四家“农家乐”饭店作出关停处理，对全县9个乡镇政府所在地及县城饮用水源进行检查，重点排查取水点上游和其周边是否有排污口或污染源，确保饮用水源环境及水质都达到国家标准。永福县对全县造纸、冶炼、制糖、淀粉等重污染行业和2007年以来新、改、扩建的工业项目进行专项检查，将洛清江、西江沿河作重点检查，检查中对县堡里富兴纸制品厂废水偷排的违法行为作出停产关闭的处罚；永福县对2005年以来挂牌督办的环境违法案件和突出环境问题加强后督察工作，检查中被取缔关闭的企业未发现死灰复燃，被停产整治的已按要求进行整治，同时抓好重点污染物减排工程：落实了县城污水处理项目的初步设计单位；加强督促和指导桂林五洲制糖有限公司环保改扩建项目；每月对国电永福发电有限公司进行不定期监察，确保公司脱硫设施的正常运行。

柳州市抓好环保专项行动努力打造绿色GDP

按照环保部和自治区环保局的要求，柳州市将开展整治违法排污企业保障群众健康环保专项行动作为2008年全市环境保护重点工作之一，作为打造柳州“绿色GDB”的重要抓手，认真抓紧抓好。

今年7月，柳州市制定了《柳州市2008年整治违法排污企业保障群众健康环保专项行动实施》，继续在全市组织开展整治违法排污企业保障群众健康环保专项行动，并进一步加强对造纸、冶炼、制糖、酒精、淀粉、建材等高耗能、重污染行业的环境监管工作。柳州市环保局作为具体实施部门，加强对重点河流（柳江）流域的相关地区，集中开展专项检查，对重点流域2007年以来新、扩、改建的工业项目进行全面检查，重点检查排放涉氮、磷污染物和有毒有害物质的建设项目；对长期超标排污的、私设暗管偷排放的、污染物直排的、存在重大污染隐患的企业，一律停产整治；对治理无望的小企业和落后生产能力，一律关闭取缔；对屡查屡犯的企业采取“高限处罚”措施。

截至10月31日，柳州市环保局共出动检查人员2295人次，检查排污单位495家；重点对全市历年来的挂牌督办案件进行了后督察，通报挂牌案件未办结的融安县、融水县和三江县；将市民关心的柳州白莲淀粉厂异味整治、佳力电工搬迁、柳江造纸厂恶臭治理、柳锌二基地达标整治等作为挂牌督办案件，要求年内全部完成整治工作任务。10月26日，柳州白莲淀粉厂停产关闭，消除一个重大环境污染隐患。柳州市环保局立案调查了柳州九星电镀厂、柳州市建筑有限责任公司、柳州市污水处理有限责任公司等28个环境违法单位，并依法给予1000－50000元的行政处罚，严厉打击了各种环境违法行为，企业的守法意识明显提高。

百色市环保局加强对辖区涉锰行业环境问题进行整治工作督办

根据自治区环保局桂环监字[2008]32号《关于对大新、天等、靖西三县涉锰企业环境问题整治工作督办的通知》要求，百色市环保局组织对靖西县大西南锰业有限公司、靖西县鑫源锰业公司、靖西县湘潭电化科技有限公司、靖西县一洲锰业有限公司、靖西县龙共电解金属锰厂、靖西县斯达特锰材料有限公司、靖西县锦华锰业有限公司、靖西县新兴铁合金厂、靖西县三叠福利锰业有限公司等九家涉锰行业的环境问题进行整治督查。督查中发现上述几家企业仍不同程度存在整治工作进展缓慢、整治不到位、管理不到位等一系列问题，特别是大西南锰业有限公司、三叠福利锰业有限公司的整治工作任务较重，责成靖西县环保局对上述涉锰企业，存在的环保整治工作进行督办。

一、要求靖西县环保局将涉锰行业专项整治工作落实专人负责制，并深入企业督促整改进度，对整改严重不到位的企业，提请靖西县人民政府责令一律停产治理。

二、要求靖西县环保局按照《广西涉锰企业污染防治技术要求验收标准》，逐项逐条进行对照检查，对已完成整治符合验收要求的企业，于2008年12月15日前提出验收申请。没有通过验收的，不能恢复生产。

三、将整治工作情况每周五下班前报市环境监察支队。

梁斌局长到德保县检查2008年环保专项行动挂牌督办案件落实情况

近日，自治区环保局梁局长在百色市环保局韦局长、德保县人民政府班副县长及德保县环保局领导班子成员的陪同下到广西德保华宏糖业有限公司检查德保县2008年环保专项行动挂牌督办案件落实情况。

广西德保华宏糖业有限公司在试产期间因环保设施尚未完善而被列为2008年挂牌督办案件。该公司对此高度重视，已追加投资近500万元进一步完善污水生化处理设施及应急池等，目前已基本完成整改要求。

梁局长在了解具体情况后对华宏糖业有限公司在榨季来临前完成各项环保设施整改表示肯定，并要求该公司要确保开榨期间环保设施正常运转，使污染物达标排放。

梧州市加强对关停企业的现场检查　确保专项行动成果

为保证环保专项行动各项任务落到实处，围绕“集中开展环保专项行动后督察”工作目标，市环保局、市监察局、市经委联合组成市环保专项行动重点污染源工作组，对藤县在今年专项行动中关停的藤城镇钛矿开采场、藤县淀粉厂、藤县富华化工有限公司等进行了现场检查。

检查发现，藤城镇钛矿开采场的简易木棚还没有拆除，但场地已无人施工，供电线路已被切断；藤县淀粉厂厂区水池已清空，所有生产设备已拆除，厂房也已荒废；藤县富华化工有限公司废气污染问题列入藤县2008年专项行动重点挂牌督办案件，藤县政府责令其限期搬迁，10月31日该公司被关停，现厂房设备已完全被拆除，公司已解散。检查结果表明，藤县把重点企业治污减排工作真正落到了实处，环保专项行动取得了积极进展和成效。

自治区环保专项行动联合督查组赴崇左百色检查工作

12月23日，由自治区环保局副局长黎敏、自治区监察厅副厅长蒋克昌率领的环保专项行动督查组到天等、大新、靖西县检查环保专项行动开展情况。

督查组此次行动主要目的是分别检查之前挂牌督办企业的整改情况、涉锰企业环境问题的整治情况以及环保部批示的八个环境问题整改情况。

据了解，锰矿的采、选、冶都是重要的污染源，因此发展锰业的同时必须认真抓好环保治污工作。督查组曾在2008年10月赴大新 、天等 、靖西等地对涉锰行业环境整治问题督查，现场抽查出一批企业存在没有建立干式除尘设施、废渣处理没有达到环评要求、存在环境污染隐患等问题。发现问题后督查组立刻责成崇左市、百色市环保局对辖区涉锰行业环境问题整治工作进行全面检查，对于存在严重问题的企业一律要求停产整治。

此次督查组主要到天等中天矿业有限公司、广西天等铁合金有限公司、 大新桂丰制糖有限公司、天等县凯丰锰业有限责任公司、大新县下雷仁爱锰品有限公司、靖西县大西南锰业有限公司、中信大锰矿业有限公司大新分公司、靖西县鑫源锰业有限公司8家企业进行督查。督查组听取了相关企业负责人的整改情况汇报，督查组还到工厂实地进行考察。检查中发现大部分企业增强了环保意识，对于除尘系统、厂区环境管理、废水循环使用系统、料场建设等方面已经开始整改。广西天等县中天矿业有限公司铁合金生产企业已完成干式除尘器基础浇注工程，建设了原料挡雨棚、厂区集雨水沟渠和废渣场水泥硬化工程，厂区容貌大有改观；广西天等县凯丰锰业有限责任公司电解金属锰生产企业整改基本已经到位；大新县下雷仁爱锰品有限公司铁合金生产企业已按要求建好干式除尘器，已建好标准的原料挡雨棚，厂区硬化还在建设中。整改工作初见成效。

在督查各相关企业后，督察组认真听取了在崇左市政府副市长黄统高就2008年环保专项行动联合督察的情况工作汇报。天等、大新、靖西县政府领导参加了会议并对之前治理工作做了详细汇报。听完汇报后自治区环保局副局长黎敏强调，整治工作现已取得了阶段性胜利。但在取得成绩的同时，整治工作仍不能松懈，要抓住时机，一鼓作气。尽快制定出验收方案，对于不达标的企业坚决停产。

自治区监察厅副厅长蒋克昌对之前所做治理工作表示满意，并做出下一步的工作指示。蒋克昌副厅长指出目前各个企业，特别提出之前挂牌督办企业总体整改不错，但是还存在治理工作进展缓慢的问题。下一步工作中应该加快治理进度，对于已经治理好的问题也不能懈怠，要加强巩固，防治反弹。在已经取得成效的基础上要坚持抓好环境保护不放松，坚持环境治理工作不放松，坚持责任落实不放松，坚持抓好环境工作不放松。在国家扩大内需的背景下，治理达标的企业应尽快恢复生产，为广西的经济建设作出贡献。

钦州市环保局继续深入开展整治违法排污企业保障群众健康专项行动

钦州市环保局继续深入开展整治违法排污企业、保障群众健康专项行动。今年环保专项行动工作重点开展环保专项行动后续督察，对城镇污水处理厂、 垃圾处理厂（填埋场）等重点行业专项检查；淘汰落后工艺，开展对重点行业污染企业的集中整治；开展规模化畜禽养殖场专项执法检查。

至10月底止，环保专项行动共出动人员次数690人次（本级298人次，灵山106人次，浦北286人次），检查企业304家次（本级103家次，灵山93家次，浦北108家次）及饮用水水源保护区17个（本级10个，灵山4个，浦北3个）。立案企业数8家，对被立案查处的8家超标排污企业限期治理，其中挂牌督办企业2家。

灵山县人民政府组织力量清理了48家非法生产的小造纸厂、浸竹片厂，严厉打击了非法小造纸厂、浸竹片厂生产蔓延的违法行为。关闭了1家治理不达标。环保专项行动期间共受理环境污染投诉案件113件，受理办结案件数110件，办结率97.3%。

南宁市涉锰行业环境专项整治取得较大成效

根据自治区环保局《关于加强全区涉锰行业环境监管工作的通知》（桂环监字〔2008〕24号）精神，南宁市环保局从2008年7月开始在全市范围内开展涉锰行业环境专项整治工作。各县、城区环保局，各开发区环保分局，市环境监察支队认真按照《南宁市环境保护局开展全市涉锰行业环境专项整治工作方案》的要求，对管辖的涉锰行业企业进行全面排查，在此基础上对不符合环境要求的企业提出了整治要求。

南宁市范围内共有涉锰行业企业55家，其中富锰渣加工企业26家，铁合金企业3家，锰矿开采企业12家，锰粉加工企业14家。目前，除8家企业因停产无法验收后，其余企业均完成了环境整治。全市涉锰行业环境专项整治取得较大成效。

贺州市环保局扎实开展环保专项行动取得显著成效

今年以来，贺州市环保局围绕《广西2008年整治违法排污企业保障群众健康环保专项行动实施方案》，精心部署，加强协作，抓住关键环节和工作重点，扎实开展工作。在2008年专项整治行动中，全市共出动人员共2659人次，车辆618台次，集中整治和查处了各类环境违法行为，切实地维护了人民群众的利益。

一是开展贺江清新整治行动。今年以来，该局认真组织开展了“贺江清新整治行动”，重点对影响贺江水质的各大理石、选矿企业及沿江重点企业进行了整顿。建立健全长效管理的机制，环境执法人员实行全天24小时不定期、不定时检查和抽查相结合，确保厂家的设施运转正常。

二是认真解决处理污染纠纷。及时安排人员对于群众投诉的环境问题进行调查处理，并向上级部门反馈意见，将处理情况反馈给投诉群众。对于一些处理难度大、较为复杂的纠纷案件，该局加强与事发当地政府及工商、农业、水果、渔政等部门的沟通，积极协调处理，促使污染企业进行整改。一年来，共接到各类环境污染投诉案件109件，处理率和结案率达到了100%和98%。

三是做好对挂牌督办案件的检查。组织人员对2003年专项行动开展以来的督办案件的落实情况进行了检查。通过检查，我市的督办案件的落实情况整体较好，基本上得到了落实。

四是做好饮用水源保护区专项整治。从2008年7月初统一部署对市、县两级集中供水水源地进行了全面检查。目前我市市县两级各集中供水水源地水质现状优良，符合集中供水水源地水质要求，各水源地保护范围内均未发现有影响水源安全的重大污染源及污染隐患。

柳州市发挥联动机制环保专项行动显成效

根据2008年全国环保专项行动电视电话会议精神和自治区环保专项行动联席会议的工作布置和要求，柳州市及时制定并下发《柳州市2008年环保专项行动实施方案》，成立以分管副市长为组长的环保专项行动领导小组，市辖六县也先后制定各自的环保专项行动实施方案。

今年的环保专项行动，柳州市加强领导，明确职责分工，加强部门联动，着力形成执法合力，确保各类环境违法案件查处到位、执行到位，有力推动环保专项行动深入开展。环保专项行动中，通过开展环保后督察、饮用水源保护区专项整治、城市污水处理厂和垃圾填埋场专项整治以及重点行业专项整治等工作，共出动检查人员2928人次，检查排污企业631家，立案调查40件，办结32件，处罚30件，罚款金额142万元，挂牌督办15件，办结13件，受理群众投诉1726件，办结1693件，编写专项行动工作简报十一期。

通过对2005年以来挂牌督办案件污染整治落实情况和行政处罚措施落实情况进行后督察，确保了柳州市挂牌督办案件查处到位、整改到位、责任追究到位，依法关闭了柳州白莲淀粉厂（自治区级挂牌督办案件）、鹿寨嘉伟农副产品有限公司和三江铝业有限责任公司，调查处理了柳州机车车辆厂违法排废油污染事件等12件涉及违法排放污水的案件，对柳州市污水治理公司城市污水处理厂污泥堆放场“三防”措施不到位等进行立案处罚。三江县对2000年以来，县委、县政府制定的招商引资政策进行全面清理，全部取消了违反环保法律法规的“土政策”。

通过连续开展环保专项行动，柳州市严厉打击各类环境违法行为，切实解决了一批群众关心的环境热点、难点问题，维护了群众的环境权益，得到了社会各界的广泛好评。因环保专项行动成绩突出，成效显著，柳州市环保局被环保部、发展改革委、监察部等7部委联合授予“整治违法排污企业保障群众健康环保专项行动先进集体”荣誉称号。

柳州市开展土法造纸小作坊专项整治行动

根据国家发改委《产业结构调整指导目录》规定，1.7万吨/年以下的化学制浆造纸生产线应予以淘汰，市环境监察支队在执法调查中发现，位于柳北区长塘镇和沙塘镇一带，仍有一些使用国家明令淘汰工艺的土法造纸小作坊在违法生产，这些小作坊利用石灰浸泡竹子制浆生产粗草纸，没有任何污染防治设施，污水未经处理直接排入环境。有的小作坊就位于柳江河畔，存在重大污染隐患。2009年1月9日，市发改委、经委、工商、环保、供电等部门组成联合执法组，对市区内的土法造纸小作坊进行专项整治，执法组依法对位于长塘镇北岸村的“张伯崇加工厂”、“何建文加工厂”，沙塘农场内的“鑫松竹制品厂”进行了查封。市政府已要求各县（区）立即展开拉网排查，对建设不符合国家产业政策的小造纸、小制革等违法企业，要发现一家取缔一家，坚决打击违法生产污染环境的行为。

广西对督办案件开展后督察 解决了一批突出环境问

广西壮族自治区去年开展了一系列环保专项行动，使一批多年来的环保专项整治成果得到进一步巩固。

去年，广西对全区2005年～2007年间828个挂牌督办环境案件中的763个进行了后督察，巩固了702个全部整治到位挂牌督办案件的整治成效，促进了59个整治不到位、两个未进行整改的挂牌督办案件进一步整改和落实。

在去年的专项行动中，广西对陆川县钛铁矿开采污染农田、环江县铅锌尾矿污染农田等突出环境问题进行了后督察。经过督察，两县的一批被污染农田得到整治和复垦。陆川县经整改后又完成农田复垦42亩，目前共完成农田复垦面积950亩，占被破坏农田的93.87%。环江县已投入资金282.3万元，共完成农田改良治理3682亩，完成任务数的71.2%，没有进行改良治理的正在加紧治理。

南宁国家级经济技术开发区、南南铝业股份有限公司、柳州有色冶炼股份有限公司、桂林市灌阳县和全州县铁合金行业等4个在2007年被列为国家级挂牌督办的案件，在去年的专项行动中全部完成整改工作。

桂林市灌阳县和全州县、南宁市、柳州市等4个地方的14个责任单位中19名行政机关工作人员环境违法、违纪行为全部受到了责任追究。这是近年来广西对环境违法案件查处力度最强、责任追究和行政处罚人员最多的一次。

去年，对社会影响较大、被国家直接督办的钦州市大煌糖业有限公司违法排污污染大寺江事件、南宁市华妙建材有限公司甲醛泄漏事故以及桂林市灌阳县兆鑫锰业有限公司因环境问题引发群体性事件等3个突发环境事件进行了妥善处理，引发突发环境事件的污染隐患已全部消除。

自治区环保局督查组对北海市开展环境违法企业整治工作进行督查

日前，由广西区环境监察总队总队长李新平为组长的自治区督查组一行8人，对北海市开展环境违法企业整治工作进行督查。

督查组首先听取了合浦县环保局开展环境违法企业整治工作的情况汇报，然后深入到合浦常乐恒源酒业有限公司、合浦沙岗淀粉厂和合浦县海洋淀粉有限公司等8家企业进行现场检查，分别对企业的污染防治设施是否运行、污染物排放是否达标及是否存在环境安全隐患等进行了仔细检查，并详细了解了企业办理环保审批手续的情况。

督查组充分肯定了北海市开展环境污染整治工作取得的成效，同时指出，目前个别企业的环境违法行为尚未从根本上杜绝，被依法关闭的个别企业还心存侥幸，违法排污行为仍有发生。李新平总队长强调，自治区环保局对环境违法企业整治工作十分重视，各级环保部门必须认真按照自治区环保局主要领导的批示精神，继续加大力度开展环境违法企业整治工作，确保该项取得实效。

北海市和合浦县两级环保部门负责人均表示，一定要全面贯彻落实自治区环保局主要领导的批示精神，继续加大对环境违法企业的查处力度，特别是对严重危害群众身体健康的环境违法企业将报请政府依法关闭，予以坚决取缔，确保辖区实现经济、社会与环境的协调发展。

桂林市检查铁合金行业挂牌督办案件摘牌工作

根据自治区环保局《关于挂牌督办环境违法案件办理有关问题的通知》要求，桂林市对今年环保专项行动挂牌督办案件的摘牌工作进行了全面部署。近日，桂林市环保专项行动检查组对已经被列为市级挂牌督办案件的灵川、兴安两县的铁合金行业进行了后督查。

现场查看了6家企业的生产现场，对是否符合摘牌条件逐项进行了对照检查，并对存在问题提出了整改意见，要求两县环保局对完成摘牌工作的企业纳入正常环境监督管理。

防城港市环境监察支队环保专项行动成效明显获表彰

自治区环保局、人事厅等九部门日前联合发文，对2003-2007年整治违法排污企业保障群众健康环保专项行动中做出突出贡献的先进单位和先进个人进行了表彰。防城港市环境监察支队和港口区环境监察大队两单位被授予先进单位，郑大雄、李彩德等五位同志被授予先进个人称号。

近年来，防城港市环保系统不断加强作风建设，在连续开展五年环保专项行动中，认真贯彻落实科学发展观，强化环境执法，切实维护群众环境权益。严厉打击一批环境违法企业，有效整治该市辖区内的工业园区和饮用水源保护区，自然保护区、矿山生态环境整顿等专项检查成效显著。辖区内环境违法企业明显减少，“十五小”、“新五小”等列入国家淘汰落后生产能力、工艺、产品目录的企业基本得到遏制，产业结构调整取得实效，解决了一批群众关心的重点环境问题。

梧州市环保局获自治区整治违法排污企业先进单位

近日，在全区环保工作会议上，梧州市环保局被评为自治区整治违法排污企业保障群众健康环保专项行动先进单位，市环保系统梁文桂等9位同志获先进个人称号。

在2008年的整治违法排污企业保障群众健康环保专项行动中，梧州市政府从市环保局和各有关单位抽调90多名人员，组成6个工作小组。围绕巩固环保专项整治成效、促进污染减排、依法淘汰落后工艺等三个目标，严厉打击超标排污的环境违法企业，检查污水处理厂和生活垃圾填埋场的建设和运行情况，对2007年开展的造纸行业专项整治开展现场复查和抽查，开展饮用水源保护区专项整治；对钢铁、化工、矿山开采等重点行业开展专项检查，限期整改存在的环境安全隐患；强化挂牌督办力度，对2005年以来挂牌督办的54个市级、县级重点案件的整治措施落实情况逐一进行后督察，对广西三威林产化工有限公司岑溪人造板有限公司超标排污等6个环境违法案件和突出环境问题下达2008年度挂牌督办通知。全市共出动2109人次，检查企业630家，责令394家排污单位限期改正环境违法行为，对22家违法排污企业进行了行政处罚，有力地打击了违法排污企业的违法行为，维护了群众环境权益，保障社会稳定。

北海市环保局督查组对该市鱼粉加工企业开展整改工作进行督查

3月4日，为进一步落实北海市委、市政府关于开展环境综合整治工作精神，确保鱼粉行业整治工作的顺利开展，北海市环保局鱼粉整治领导小组对该市5家鱼粉加工企业进行了专项督查。

督查组主要对5家鱼粉加工企业的原料车间、生产车间及废水废气处理设施进行了详细检查，在检查中，督查组充分肯定了5家鱼粉企业开展整改工作以来取得的成效，同时指出部分企业仍存在废水不及时清理运走、环保设施管理不到位及原料车间不规范等环境问题，并要求这些企业在规定期限内抓紧对所存在的问题进行整改，确保达到环保的标准和要求。

此外，督查组还组织全市鱼粉加工企业负责人到企业现场参观学习交流，相互借鉴先进的管理经验和技术。通过此次督查，既提高了企业负责人的环保意识，又促进了企业的整改进度；既促进了全市鱼粉加工行业的良性循环，又有效推动了北海市环境保护的可持续发展。

重庆市

重庆市迅速贯彻落实2009年全国整治违法排污企业保障群众健康环保专项行动电视电话会议精神

4月14日，2009年全国整治违法排污企业保障群众健康环保专项行动电视电话会议召开后，市环保局立即部署贯彻落实工作。

一是建立和完善保障机制，上报市政府成立由市政府分管领导为组长，市环保局局长为副组长，相关部门为成员的重庆市整治违法排污企业环保专项行动领导小组，负责统一指挥、协调专项行动，研究解决全市专项行动中的重大问题。二是在环保局设立专项行动领导小组办公室，负责专项行动的日常工作。三是根据电视电话会议精神认真完善已制订的《重庆市2009年整治违法排污企业保障群众健康环保专项行动工作方案》（征求意见稿），在2008年专项工作的基础上进行深化，求新突破，落实责任部门，明确责任人员，保证工作经费，确保专项行动的圆满完成，切实为我市又好又快的发展提供坚实的环境基础。

我市召开环境应急管理暨专项行动工作会议

市环保局党组成员、市环境监察总队总队长唐幸群出席会议，对环境应急管理和专项行动提出要求4月29日，我市召开全市环境应急管理暨专项行动工作会议，贯彻落实2009年全国环境执法及环境应急管理工作会议、2009年全国政治违法排污企业保障群众健康环保专项行动电视电话会和全市应急管理工作会议精神，对进一步全面加强我市环境应急管理工作和深入开展环保专项行动提出要求。

市环保局党组成员、市环境监察总队总队长唐幸群出席会议并讲话。唐幸群强调，全市各级环保部门要认清形势，增强环境应急管理和环保专项行动工作的紧迫性和责任感。要在当前经济压力加大，扩内需、保增长、调结构成为当前党和国家的主要任务的前提下，清醒认识当前环境执法和应急管理工作面临的巨大压力、有利形势，在推进贯彻落实国发3号文件过程中加强环境执法和应急管理工作。

唐幸群要求，要统一思想，形成合力，在深入学习实践科学发展观抓紧抓好环境应急管理和专项行动工作。环境应急管理要居安思危，未雨绸缪，搞好预防；专项行动要持续深入，紧抓不懈，巩固成果，实现环境保护保障环境安全最大化，维护群众环境权益最大化，服务经济发展最大化。

市政府应急办副主任史强到会指导，要求切实提高对环境应急预案的重视程度，加强环境安全预案的演练、修订和完善，不断提高应急处置能力，加强环境安全应急的培训与宣传，加强应急值守和信息报送，确保环境应急各项工作顺利开展。

会上，市环境监察总队副总队长陈刚才总结了2008年环境应急和专项行动工作，提出贯彻落实国家和市政府有关会议精神，全面加强2009年工作的要求。市环境监察总队应急处、市环境监测中心、市辐射环境监督管理站、市固体废物管理中心有关负责人分别对具体工作作了安排。

长寿区、永川区在会上作了交流发言。

全市各区县（自治县）环保局分管环境应急和专项行动工作的负责人、环境监察部门负责人，及市环保局经开区、高新区分局，市环境监察总队有关人员参加了会议。

重庆市尾矿库环境隐患排查整治工作取得积

极成效

根据环保部《关于加强尾矿库环境隐患排查整治工作的通知》要求，结合重庆市政府《关于立即开展矿山安全专项整治工作的紧急通知》精神，市环保局研究制定了我市尾矿库环境安全专项整治工作方案，组织全市环保系统开展专项整治工作，并取得积极成效。

一是通过开展本次尾矿库专项整治工作，基本摸清了我市存在环境安全隐患的尾矿库数量及分布情况，建立了尾矿库数据库，掌握了全市尾矿库的环境安全隐患状况。二是建立尾矿库环境安全整治长效工作机制。执行“三同时”制度，坚持尾矿库与企业同时设计、同时建设、同时投入使用；环境隐患排查工作制度化，针对尾矿库的立项、设计施工、运行安全及环保污染防治等重点环节，经常性开展环境安全隐患的全面排查整改；强化尾矿库日常监管，加大对尾矿库企业的日常监管力度，对合法存在的尾矿库加强管理，对不再具备环境安全条件或严重影响环境安全的尾矿库一律由当地政府依法予以取缔。三是各区县在专项整治工作中建立了各具特色的制度、提出了针对性强的整治方法。四是加强部门联合，形成了管理合力。与重庆市安监局及时沟通信息，通过市安监局了解全市非煤矿山尾矿库基本信息和安全隐患排查情况，并将环保系统掌握的尾矿库环境安全信息和发现的重大隐患通报市安监局，相互配合。

重庆市环保局突出重点进一步推进环境安全“三项行动”

近日，市环保局发出紧急通知要求全市环保系统在开展环境安全百日督查落实专项行动的基础上，把市政府推进安全生产“三项行动”方案中的三个阶段要求与《2009年全市环境应急管理工作实施方案》相结合，同步研究、同步部署、同步推进，促进全年环境安全隐患治理整顿工作常态化。

一是通过制定行动方案，细化工作流程，明确岗位责任，将全年的环境安全管理工作重点放在突发环境事件频发、环境隐患突出、环境安全形势严峻的行业和企业，特别是重要饮用水源保护区、尾矿库、危险化学品、危险废物、放射源等重点区域和行业，确保群众饮用水安全。二是加强联合执法，依法严厉打击非法违法行为、治理违规违章现象，对不符合环保要求的企业和单位，坚决责令停产，或建议政府予以关闭，严禁无证、无照、证照不全企业违法生产，严查依法取缔后死灰复燃的“十五小、新六小”企业，对蓄意瞒报污染事故的要严肃查处，对抗拒环境执法检查的要依法严惩。三是要加大对事故隐患突出行业和单位的检查力度，强化隐患整治，发现重大问题要及时通报，并跟踪督导，确保整治落实到位。严格事故责任追究，按照“四不放过”原则和“依法依规、实事求是、注重实效”的要求，严肃查处事故，依法严惩事故的直接责任者。

全国电解锰行业污染整治工作会议在我市召开

近日，全国电解锰行业污染整治工作会议在我市秀山县召开。环保部环监局、华南环保督查中心、西南环保督查中心、12个相关省市及地市州（区县）环保部门，国际锰业协会、全国锰业技术委员会、中国环境科学研究院和全国64家电解锰生产企业，共120余人参加了会议。会议传达学习了周生贤部长在湘黔渝“锰三角”地区环境综合整治座谈会上的重要讲话精神，安排和部署了全国电解锰行业环境专项整治工作并对整治工作提出了具体要求，现场考察了秀山县武陵锰业的环境综合整治情况，相关专家还对电解锰行业的国际国内形势以及清洁生产技术进行了培训。会议要求要统一认识、同心协力，痛下决心、坚定信心，抓紧抓实、抓出成效，为探索特定行业专项执法和专项整治工作提供新经验，努力实现“以环境保护优化经济增长”的目标，促进社会、经济、环境的可持续发展。

重庆市涪陵区“三个”专项督查保安全

6月8日-6月11日，涪陵区环保局抽调精干人员，组建了环境风险企业隐患检查组、辐射环境安全现场检查组、环境应急监测与预警安全检查组三个专项检查组，在全区范围内集中开展环境安全隐患排查与整治工作。

为确保取得实效，一是加强领导。每个检查组分别由一个业务主管领导亲自带队进行现场排查和整治。二是责任落实。制定出台了《涪陵区环境安全隐患排查与整治工作方案》，明确了各检查组的任务，落实了责任。三是全面排查。各检查组重点对全区40余个重点风险企业和8个辐射源使用单位的建设项目管理、重点风险源的环境安全防范、辐射环境安全、环境应急预案、环境应急监测与预警等方面的执行情况和城区环境空气自动监测站、应急监测设备的安全防护以及饮用水源保护情况进行了拉网式排查。四是加强整改。对在检查中发现的天原化工《环境应急预案》未经专家评审、发始特化工危化品储存无明显标识等10余起违法行为立即予以纠正，并要求存在隐患的单位限期整改，对限期内无法完成整改又不能保证环境安全的危险化学品生产企业，一律要求停产停业整顿，同时加强对危化品和危险源安全管理措施和安全管理人员责任的制定和落实，积极开展环境应急演练，确保环境安全，保障人民群众的健康。

重庆市迅速开展电解锰行业专项执法检查和环境整治工作

近年来，湘黔渝三地交界处锰污染问题引起了党中央和国务院的高度重视，胡锦涛总书记多次作出重要批示。为进一步加大对全国电解锰企业违法行为的查处力度，营造公平的市场竞争秩序，促进产业结构调整和升级，环保部决定在全国范围内开展电解锰行业专项执法检查和环境整治工作。

重庆市环保局迅速行动，下发通知要求相关区县立即开展电解锰专项整治工作。一是提高认识，加强领导。要充分认识锰污染整治的重要性和复杂性，及时向当地政府报告，成立污染整治工作组，明确责任人，切实加强电解锰行业污染整治工作的领导，全面开展环境整治工作，按期完成整治任务。二是制定方案，科学整治。要结合地方实际，制定电解锰行业专项执法检查和环境整治工作方案。积极协助企业聘请电解锰行业专家、环评专家，以环保部《全国电解锰行业环境整治工作要求》为标准，全面查找电解锰企业存在的问题，指导企业科学制定“一厂一策”的污染整治方案，并督促企业按期整治到位。三是按时上报专项执法检查和环境整治信息。

重庆市重点行业企业、建设项目专项执法检查工作圆满结束

根据环保部办公厅《关于开展重点行业企业等三项执法检查的通知》，结合我市2009年整治违法排污企业保障群众健康环保专项行动的实施内容，6月份，我市组织了重点行业企业、建设项目等专项执法检查，取得了良好效果。此次检查，涉及全市所有区县（自治县），共出动执法人员7200余人次，排查重点行业企业912家，其中不达标企业17家，不符合产业政策企业5家，不按规定安装在线监控设施12家，排污口设置不规范22家，未发现私设排污管线企业。检查建设项目2272个，其中未批先建项目7个，未落实“三同时”项目15个。对违反环保法律法规的32家违法企业，依法予以了查处。

中德“流域周边潜在危险源风险检查方法应用研讨会”在渝召开

近日，环保部和德国联邦自然资源与核安全部联合开展的2009年“流域周边潜在危险源风险检查方法应用”合作项目第一期培训师培训班在重庆召开。会议邀请了7名德方专家赴渝授课，环保部、六大环保督查中心以及四个省市共20名代表参加了会议。

此次培训是项目的第一期培训计划，目标是由德方专家就清单法用于对与水体保护相关的设施进行技术安全检测与评估的方法对10名中国检查员培训师进行全方位培训，以便在今年9月第二期中国100名检查员集中培训计划中承担辅导任务。在培训期间，中德双方还在我市西南合成制药厂进行了现场授课。

此次会议对学习和借鉴国际风险源检查方法等先进的环境管理经验、突发性环境事件的应对处置方法和提升环境风险和管理水平供了一个很好的平台，将对深化中德环保领域的合作、促进中德环保交流发挥积极的作用。

重庆市环保局下半年四项措施深入推进健康重庆建设

一是加大总量减排力度。特别是在二氧化硫总量减排方面，要通过加快推进小火电机组、小钢铁企业的关停，加快推进第五批企业环保搬迁等措施，确保完成“十一五”削减目标任务。

二是深入实施环保“四大行动”。重点推进改善环境质量见效快、污染特别严重和影响面广的示范性、控制性工程。建立、完善和保障督查机制、投入机制、奖惩机制，确保各项指标按期完成。确保2012年主城区空气质量满足优良天数达到310天以上，长江出境断面水质达到Ⅱ类水质标准，为建设健康重庆提供良好生态环境质量基础。

三是严格环境监管。既做到环境保护服务好经济发展，同时又强化环境保护，严防借扩大内需之机盲目建设高能耗、高污染项目，推动高耗能、高污染、高耗资行业的结构调整、兼并重组和技术升级，确保库区生态环境安全。

四是完善长效工作机制。通过完善环境保护宏观调控机制，不断提高宏观决策的能力和水平；通过完善环境经济政策，积极推进绿色信贷、绿色保险、绿色证券和绿色采购，增强经济宏观调控能力；通过建立健全环境信用等级评价管理制度，推动企业环境诚信体系建设；通过建立完善环境保护的社会监督机制，积极推动社会公众参与，维护公众的环境权益。

我市召开2009年上半年总量减排监察系数核算工作会

为做好我市2009年上半年总量减排监察系数核算工作，确保总量减排任务的完成，2009年6月24-28日，我市在蓝箭宾馆召开了2009年上半年总量减排监察系数核算工作会议。全市40个区县（自治县）环保局、市环保局经开区和高新区分局分管总量减排监察系数核算工作的负责人及负责监察系数核算的工作人员共计110余人参加了会议。

会议一是传达了环保部总量减排监察系数会议精神；二是针对2009年总量减排监察系数信息系统软件的升级，对软件的录入、统计等使用功能进行了专项培训；三是审核并录入我市2009年上半年监察系数核算数据。目前，根据审核、录入总量减排监察系数信息系统软件资料初步统计，我市2009年上半年涉及COD监测与监察系数核算企业147家，现场监察882次，监测企业137家，监测次数274次。涉及SO2监察系数核算企业75家，现场监察411次。我市上半年总量减排监察系数核算资料的审核和录入工作基

本完成，将于近日得出我市上半年COD监测与监察系数和各核算企业SO2监察系数核算结果。

四川省

专项行动

在2008年四川省整治违法排污企业保障群众健康环保专项行动电视电话会议上的讲话

四川省环境保护局 谷声文

同志们：

刚才文华副省长就贯彻落实全国电视电话会议精神，动员部署我省2008年整治违法排污企业保障群众健康环保专项行动做了重要讲话。这次电视电话会议的内容十分重要，请各地认真贯彻落实。下面，我就贯彻落实全国、全省电视电话会议精神，讲三点意见。

一、继续深入开展环保专项行动

环保专项行动是今后五年我省重要的环境执法工作。按照李克强副总理的批示和国家八部门的统一部署，我省从今年起将继续深入地开展环保专项行动。今天电视电话会议，确定了今后五年全省环保专项行动的总体目标和2008年全省环保专项行动的工作重点，并提出了具体的工作要求。各级环保部门要在政府的坚强领导下，切实履行牵头作用，加强与其他部门沟通和联系，坚持定期协商、联合办案和环境违法案件移交、移送、移办等工作制度，使各部门在环保专项行动中，履行职责，形成合力，共同治理环境污染问题，共同打击环境违法行为。

二、认真抓好环保专项行动重点工作

我省今年环保专项行动，要突出抓好三个方面的工作重点，严格按照国家和省的统一部署和明确要求，狠抓落实，抓出实效。

（一）以巩固整治成效为目标，集中开展环保专项行动后督察。各地要对2005年以来挂牌督办的典型环境违法案件和突出环境问题的整治措施、2006年以来饮用水水源保护区专项整治和2007年开展的造纸行业专项整治的各项措施落实情况进行后督察，巩固COD减排成效。全省要重点检查246个县以上城镇饮用水水源保护区内违法建设项目取缔关闭措施落实情况，成都、自贡、攀枝花、泸州、德阳、绵阳、南充、宜宾8个国家环境保护重点城市，要以整治影响饮用水源水质的污染问题为重点开展后督察工作，确保饮用水源水质主要指标100%达标。

省环保专项行动领导小组将对省政府及有关部门挂牌督办案件及饮用水源、造纸行业专项整治的措施落实情况逐一进行现场检查，并对全省60%市（州）挂牌督办案件及饮用水源、造纸行业专项整治的措施落实情况进行抽查。对于市（州）逾期未落实挂牌督办要求的案件，尤其是未能按要求取缔关闭违法企业的案件，一律由省政府及有关部门重新挂牌督办，限期完成，并查清原因分清责任，按照《环境保护违法违纪处分暂行规定》追究当地政府及有关部门相关责任人员的行政责任。对于逾期未能完成挂牌案件总数10%以上的地方，要实行新建项目环境影响评价区域限批，并通报批评。对于已经完成整治的，要在一年内将其作为重点监管对象，按照对国家重点污染源的监管要求，加大监督性监测和现场巡查频次，确保稳定达标排放。对于未按要求完成限期治理的一律停产整治，对于未按要求完成停产整治的一律提请政府责令关闭。

（二）以促进污染减排为目标，集中开展对城镇污水处理厂、垃圾填埋场等重点行业专项检查。各地要认真查清城镇污水处理厂及其配套管网建设的基本情况和生活垃圾填埋场实际运行情况。加强对全省64座限期治理和45座在建的城镇污水处理厂的监督检查，严厉查处超标排污、直接排污和污泥不按规定处理造成二次污染等行为。逐一查清已建成的52个生活垃圾填埋场实际运行情况，重点是渗滤液的产生和排放情况。同时，各地要紧紧围绕节能减排重点工作，结合自身实际，加大对电力、钢铁行业脱硫设施的监管，着力解决脱硫设施不正常运行问题；加大对化工行业污染治理设施运行的监管，着力解决环境安全隐患整改中存在的问题，积极防范和应对环境突发事件的发生。

对城镇污水处理厂建成后至今不能正常运行的，要由上一级政府及有关部门挂牌督办，综合整治，限期解决；对建成一年以上运行负荷达不到设计能力60%，造成污水直排外环境的，要限期整改，并公开通报批评。在整改期间，要暂缓审批该地区建设项目环境影响评价文件。对城镇污水处理厂超标排污的，未对污泥进行无害化处理的，拒报或者谎报排污申报登记及运行情况的，未安装自动监测设备或者按规定未与环保、建设部门联网的，要严格按照《水污染防治法》的规定对其运营单位进行处罚。对于不正常运营污水处理设施，造成污染事故的且后果严重的，要依法追究运营单位和管理部门及相关责任人的行政或刑事责任。对不符合规范要求的生活垃圾填埋场，要责令限期整改；垃圾渗滤液未经处理直接排放、处理不达标的，要依法依规对运营单位进行处罚。加强对已经封场垃圾填埋场的环境监管，确保环境污染治理设施正常运行。

（三）以防范次生环境污染事件为目标，加强地震重灾区环境监管。加强地震重灾区市（州）、县（市、区）

企业恢复生产和经营的监管，重点检查企业环境安全隐患和风险整改落实情况以及“三报三查”制度落实情况，确保治污设施和在线监控设施正常运行。加强堰塞湖下游危化品、尾矿库的监管，防止发生次生环境污染事件。加强涉及危险化学品企业的安全监督管理，防止因安全事故引发环境污染事件。

对于存在环境风险和隐患的企业，要限期整改到位。企业的治污设施不能够正常运行、污染物排放不能稳定达标、应急预案不完善的，不得同意企业恢复生产。涉及危险化学品的企业恢复生产，须先征求安监部门的意见。对未经批准擅自恢复生产的超标排污的企业，要依法对企业实行限产限排或停产整治，并依法进行处罚；情节严重的要移送司法机关，追究有关责任人员的法律责任。

三、按期完成环保专项行动各阶段工作任务

今年我省环保专项行动，分三个阶段实施。各地要按照国家和省的要求，具体细化各个阶段的工作任务，按期完成环保专项行动各个阶段的工作任务。

（一）从现在开始至7月中旬，为动员部署阶段。各市(州) 环保专项行动领导小组，结合实际情况，确定本地区整治重点，制定具体实施方案，全面完成动员部署工作。请各市（州）于7月19日前将环保专项行动领导小组名单和2008年环保专项行动工作实施方案报送省环保专项行动领导小组办公室。

（二）7月下旬至10月，为集中检查和整治阶段。各市(州)环保专项行动领导小组，组织有关部门有计划地完成集中开展环保专项行动后督察，集中开展对城镇污水处理厂、垃圾填埋场以及电力、钢铁、化工等重点行业专项检查和集中开展地震灾区环境监管工作，分别于8月20日、9月20日和10月20日前将各个阶段整治情况报送省环保专项行动领导小组办公室。

（三）11月，为总结阶段。各市（州）认真总结环保专项行动的成效与不足，提出加强长效管理的措施，于11月20日前向省环保专项行动领导小组办公室报送《2008年环保专项行动工作总结》。省环保专项行动领导小组对各市(州)进行考核，并及时通报考核结果。

四川省迅速启动环保专项行动

根据环境保护部、发展改革委、监察部、司法部、住房城乡建设部、工商总局、安全监督总局和电监会《关于继续深入开展整治违法排污企业保障群众健康环保专项行动的通知》要求，我省立即行动，迅速启动了2008年环保专项行动。7月8日，由省环保局、省发改委、省经委、省监察厅、省司法厅、省建设厅、省工商局、省安监局、成都电监办九部门联合向各市（州）人民政府印发了《关于印发<2008年四川省整治违法排污企业保障群众健康环保专项行动工作方案 >通知》。《通知》进一步明确我省环保专项行动的整治重点，要求各市州人民政府一要加强组织协调；二要强化责任追究；三要加强督查死要加强挂牌督办；五要加强舆论宣传；六要加强考核表彰。

7月10日，全国整治违法排污企业保障群众健康环保专项行动电视电话会议结束后，我省立即召开了全省整治违法排污企业保障群众健康环保专项行动电视电话会议。此次会议共设150个分会场（其中20 个市（州）分会场，130个县（市）分会场），各市（州）、区（县）的政府主要领导和分管领导，以及环保等相关部门的人员共计4700人参加了会议。成都市及阿坝州参加了省级分会场会议。陈文华副省长出席会议并作了重要讲话。省环保局谷声文副局长就贯彻落实全国、全省电视电话会议精神，要求各市州一是巩固整治成效为目标，集中开展环保专项行动后督察；二是以促进污染减排为目标，集中开展对城镇污水处理厂、垃圾填埋场等重点行业专项检查；三是以防范次生环境污染事件为目标，加强地震重灾区环境监管。

四川省环保专项行动有序推进

为确保今年环保专项行动收到良好效果，四川省环保局于2008年7月18日召开了全省环境执法工作会议，精心部署了当前环保专项行动工作。21个市、州环境监察支队的支队长和省环境监察执法总队的全体人员参加了会议。省环保局谷声文副局长参加了会议，并就环保专项行动和奥运期间的环境监管工作做了重要讲话。会议就如何扎实开展环保专项行动，以及如何圆满完成奥运期间的环境监管工作，确保环境安全进行了交流和讨论。

谷声文副局长要求全省环境监察系统认清形势，高度重视；提早介入，周密部署；认真排查，摸清底数；预有准备，积极处置；加强应急职守，严格信息报送，以扎实开展环保专项行动为契机，有效保证奥运期间的环境安全。

四川各地积极行动，制定了环保专项行动实施方案。眉山市政府高度重视，成立了眉山市环保专项行动领导小组，今年新增眉山市城市管理行政执法局为成员单位，扩大了领导小组成员单位范围。市政府牵头组织各部门及时制定了环保专项行动方案，下发了《关于印发〈2008年眉山市整治违法排污企业保障群众健康环保专项行动工作方案〉的通知》（眉府办函[2008]104号）。进一步明确了今年环保专项行动要做好三个方面的集中查处和重点整治：一是集中开展环保专项行动后督察；二是集中开展对饮用水源保护区、城镇污水处理厂、垃圾填埋场以及化工行业专项检查，着力解决环境安全隐患整改中存在的问题，防范环境突发事件的发生；三是集中开展地震灾害后的环境监管工作。《通知》要求环保部门、发改委、经委、监察机关、司法机关、建设部门、城管部门、工商部门、安监部门和电力部门要充分发挥各自的职责，进一步加强部门

间的协调配合，坚持定期召开联系会，建立联合办案制度和环境违法案件移交、移送、移办制度，共同打击环境违法行为，合力治理环境污染问题，以确保今年环保专项行动顺利进行。

南充市加大了对此次环保专项行动的宣传力度，根据各阶段的检查重点，积极协调宣传部门制定了相应的宣传计划。专项行动电视电话会议后，《南充新闻》和《南充日报》都于当日进行了全面的报道，12日《南充晚报》还对该市环保、发改委、经委、监察局、司法局、规划和建设局、工商局、安监局、电业局等九部门联合开展专项行动情况进行了专题报道，做到环保专项行动家喻户晓，人人皆知，进一步扩大了此次环保专项行动影响力，增强了公众参与性。

四川省把环保专项行动和环保后督查有机结合在一起，在全省范围内，专门组织有关人员对群众反映强烈、环境污染严重和挂牌督办的环境违法案件整改情况等进行了一次清查。近日，省环境监察执法总队联合南充市整治不法排污企业环保专项行动办公室组织相关部门，针对南充市出现过“土炼焦”的情况，开展了清查“土炼焦”专项行动，查出了位于高坪区青居镇国光村冯应春等六家“土炼焦”企业。对清查出来的“土炼焦”企业执行断电措施，并拆除了炼焦厂的输配电设施，促使其全面停止生产、取缔关闭。

雅安市环保局成立了以局长、副局长为组长的环保专项行动暗访暗查组，利用晚上和节假日休息时间，深入到各县（区）进行暗查。以陈伟局长为组长的第一暗查组，对汉源县、石棉县的生产企业进行了暗查，对石棉县奥深达铁合金厂布袋除尘器损坏未使用的环境违法行为，当场责令停止此台冶炼炉生产、写出深刻检讨，并对此违法行为进行立案重处。有力地打击了环境违法排污行为，震慑了那些想利用国家公休日的空隙，不正常使用环保设施的偷排者。

凉山州环保局局长吉伍木牛同志在“火把节”期间，放弃休息时间，深入西昌、木里、盐源等县（市）开展了环保检查，着重检查了西昌市垃圾处理厂的垃圾填埋、垃圾渗漏液的处理情况、邛海一万吨和小庙五万吨污水处理厂的设施运行、污染物处理达标排放情况；木里、盐源两县水电开发项目环境保护“三同时”制度的执行情况，和泸沽湖周边宾馆客栈和生态环境保护工作等情况，并针对检查中发现的问题提出了整改要求。此举让企业深刻地体会到了环保专项行动的力度。

四川省全面检查企业水污染源自动监控系统运行状况

针对部分企业存在水污染源自动监控系统数据传输不正常等情况，四川省环保局决定在前期各市、州摸底检查的基础上，对全省已安装水污染源自动监控设施的企业，特别是国控和省控企业系统的运行状况进行全面检查，使监控系统的监管作用得到了充分的利用，为进一步规范对监控系统的管理提供决策依据。

8月12日-15日，省环境监察执法总队分为三个组，分别由总队长张攀俊同志、副总队长陈尧同志、副总队长薛晞同志带队，奔赴内江、南充、达州、成都、遂宁等地进行了一次清查。检查组在听取当地环保局汇报后，冒着大雨，不顾道路泥泞湿滑，对安装了在线监控设施的企业一一进行了现场检查。检查组详细查看了污染治理设施的运行情况，以及自动监控系统的安装、运行情况，一一调阅了前期储存的数据，并询问了设施的运行、数据传输、维护保养、管理以及补助资金到位等情况。检查组要求企业要高度重视水污染源自动监控设施的管理，保证设施的正常运行，并针对检查中发现的问题向企业提出了整改要求。

通过这次检查详细掌握了第一手资料，为进一步规范我省水污染源监控系统的管理打下了坚实的基础。

开展灾后重建环保专项行动防范次生环境污染事件的发生

“5.12’汶川大地震重灾区成都市、德阳市、广元市、绵阳市、阿坝州等环保部门在努力做好灾后重建工作的同时，把环保专项行动和防范灾后次生环境事件相结合，为灾区的环境安全做出了积极的努力。

为消除灾区过渡性安置区周边环境污染隐患，防范次生环境污染事件的发生，德阳市环保局积极开展了灾区过渡性安置区板房建设中的环境保护工作，将辖区内的108处灾区过渡性安置点纳入了监督管理。一是认真履行职责，提前介入安置住房建设工作，积极配合建设部门和各乡镇人民政府做好安置点的规划选址。二是成立专项检查工作小组，加大检查力度，发现问题及时解决。检查中，发现什邡师古镇过渡安置区生活污水经水碾河汇入人民渠内，直接影响德阳市西郊水厂取水点水质安全，什邡市环保局立即发出了《关于责令什邡市师古镇过渡安置房排污去向进行整改的通知》，并及时向上级部门进行了报告，什邡市人民政府立即安排专项改造资金396.00万元，由市建设局具体负责，对师古镇过渡安置房区污水排水系统进行改造，目前该工程已在建设之中。

成都市环保局把灾后重建和环保专项行动两手抓，要求各级环保部门要充分发扬“抗震救灾’和“奥运“精神，以“更高”的标准抓好环保专项行动连续的各项工作,防止灾后次生环境事件的发生；以“更强”的环境执法手段打击和整治违法排污行为，保障群众健康，维护环境质量；以“更快”的动作，做好各部门协同，全面、深入推进环保专项行动各阶段工作。从“五条线”集中开展清查，一是2000年以来“一控双达标”企业整改执行情况；

二是2003年以来限期治理企业整治落实情况；三是对2005年以来各级政府及其有关部门挂牌督办的典型环境违法案件和突出环境问题整治措施落实情况；四是2006年以来饮用水水源保护区专项整治各项措施落实情况；五是2007年开展的造纸行业专项整治各项措施落实情况。截止到8月20日，成都市已对列入挂牌督办的59家企业进行了清理检查，对2006年以来划定的47个饮用水源保护区落实环保措施情况进行了分区分片检查，对94家纸厂进行了督查。

四川省环保专项行动取得阶段性成效

为切实把四川省环保专项行动推向深入，省环保专项行动领导小组按照全国的统一部署，认真贯彻落实全国整治违法排污企业保障群众健康环保专项行动电视电话会议和环保部等八部门《关于继续深入开展年整治违法排污企业保障群众健康环保专项行动的通知》（环发[2008]45号）精神，以节能减排为统揽，以巩固整治成效为目标，以行业专项清理整治为重点，认真开展环保专项行动后督察工作，取得了较好的阶段性成效。全省各地紧紧围绕“挂牌督办案件后督查”、“饮用水源检查”、“造纸行业后督查”三个重点，采取逐一检查，逐一落实的办法，深入现场督查，严格要求，确保后督查工作落到实处，取得了阶段性成效。在近两个月的环保专项行动后督察工作中，全省共出动执法人员15416人次，检查企业6663个，立案查处环境违法案件67件，结案49件，罚款115.58万元。我省对取缔关闭、停产整治、限期治理等行政处罚措施落实情况进行了逐一检查。重点督查了2005年以来各级政府及相关部门挂牌督办典型环境违法案件和突出环境问题1052个，有力推进了挂牌督办案件的办理。目前已有1033个环境违法案件和突出环境问题整治到位，有18个仍在整治之中，一个未整治的问题已责令限期整治。其中国家级挂牌督办的6个案件已全部整改落实到位。攀枝花市对国家和省挂牌督办的攀钢集团钛业有限公司钛白粉厂、川投化工公司黄磷厂、攀枝花兴中钛业有限公司、利文物资经营部、翰通焦化有限责任公司、鼎金焦化有限公司等企业进行反复督察，确保了国家挂牌重点企业整改到位。我省对2006年以来饮用水源保护区专项整治各项措施落实情况进行了认真检查，重点清理了县以上城镇饮用水源保护区内违法建设项目取缔关闭情况。全省共检查了饮用水源保护区481个（包括暂未划定的饮用水源取水点），取缔关闭一、二级保护区内排污口和违法建设项目4个，确保了全省饮用水源保护地环保措施的全面落实和饮用水质的稳定达标。德阳市针对“5·12”地震后存在的环境隐患，狠抓饮用水源检查督察，对全市城市、乡（镇）集中式饮用水源地的水质进行了加密监测，并对保护区内排污情况进行了全面排查，针对什邡市师古镇震后过渡安置房区生活污水影响西郊水厂取水口水质安全的问题，督促什邡市人民政府投资396万元，对过渡安置房区污水排水系统进行了改造。全省对2007年造纸行业专项整治中清理出的461家造纸企业的清理整治情况进行了后督察，重点检查了被取缔关闭的造纸企业断电、断水和生产设备拆除等措施的落实情况，有效防止了违法造纸企业死灰复燃。在排查的454家造纸企业中，56家已被取缔关闭，64家长期停产，334家仍在生产。针对个别企业生产中存在的问题，我省提出了督察要求，明确了整改时限，先后对德阳市巨龙纸业有限公司等4家违法排污企业进行了行政处罚，责令中江县清河纸厂等24家不能稳定达标排放的企业进行停产治理，要求91家企业增加污染治理设施以达到污染减排的目的。眉山市对2003年以来省政府要求关闭的12户制浆造纸厂和5户再生纸厂进行了检查，有效防止了非法造纸企业死灰复燃，进一步规范了造纸行业管理。

察暗访重拳出击
泸州市专项行动取得实效

按照市环保专项行动领导小组办公室统一部署，8月11日起，泸州市环境监察支队兵分三路，深入各区县开展为期20天的环保专项行动集中排查工作，对辖区内重点排污单位进行排查。

此次排查重点包括六个方面的内容：一是建设项目，重点检查建设项目是否存在未批先建和未验收投入使用情况，是否落实“三同时”制度；二是总量减排监察系数的填报情况（是否落实专人，是否按时上报，检查记录是否完整等）；三是近几年来的上级领导批办信访件落实情况的后督查；四是环境风险隐患排查；五是在线监控设备的运行情况；六是各区县排污费稽查后限期补征情况。

此次集中排查点多面广，涉及了电力、化工、造纸、食品、酿酒、建材等行业。检查小组每到一个区县，都深入到生产经营单位，采取明查或夜间暗访的形式，对其生产工艺、治污设施、排污情况、环境风险隐患以及环境风险应急预案和应急设施等情况进行了仔细的排查。从排查的情况来看，主要存在以下问题：一是部分企业的环境风险应急预案不完备；二是部分企业存在一定的环境风险隐患；三是个别企业的治污设施运行不正常；四是个别企业存在超标排放的现象；五是建设项目存在未批先建、未验收投入使用和未执行“三同时”制度的现象。

针对检查的情况，检查组对企业提出了相应的整改要求，对问题较大的企业发出了监察通知书并将立案查处，要求其在规定期限内及时整改存在的问题，杜绝环境风险事故和违法事件的发生，确保环境安全。同时要求县区要跟踪督办，确保整改取得实效。截止目前泸州市环保局已对集中排查中发现涉嫌有超标排放或者偷排行为的泸州市琦星纸业有限公司、四川桂康酒业有限公司等7家排污单位进行立案查处。

眉山市政府集中督查2008年环保民生工程和挂牌督办限期治理项目

眉山市政府高度重视环保专项行动，按照省、市环保专项行动领导小组的部署，8月21日，市政府成立三个督查组，分别由分管副市长、分管副秘书长和市环保局长为组长,市政府督察室、经委、监察局、规划和建设局、畜牧局等相关单位负责人为副组长和成员，对全市2008年列入省政府环保民生工程和挂牌督办限期治理的城市环境基础设施建设项目和17户工业企业、7户规模化畜禽养殖企业的限期治理进行了集中督查。

督查情况表明，眉山市城市污水处理厂运行正常，收集率和处理率均达76％；彭山县污水处理厂进入单机调试；仁寿县污水处理厂土建工程已完工，已铺设1.3公里截污干管，现正抓紧进行BAF生物滤池底板砼浇柱和厂外截污管道铺设；仁寿县杨柳镇生活污水治理工程已编制完可研报告和技术方案，并通过专家评审；青神县污水处理厂已完成场地三通一平和围墙等附属工程，正进行工程招投标等工作。列入省政府挂牌督办限期治理的17户工业企业中，8户进入设备安装，9户进入调试运行；7户畜禽养殖企业中，1户进入土建施工，1户进入设备安装，5户进入调试运行。全市各级加强了对挂牌督办限期治理单位的督查督办，督促业主单位严格按照工程进度倒排工期，对规定时限内未完成阶段治理任务的企业实施停产治理，彻底打消了企业“等一等”、“看一看”的侥幸心里，保证了治理任务如期完成。东坡区对限期治理的7户再生纸企业实施停产治理，企业治理积极性高、进度快，现已全面进入调试运行。

督查组要求，对环保民生工程和挂牌督办限期治理项目，一是严把进度关。对没有按照计划进度进行的挂牌督办限期治理企业，一律停产治理；二是严把质量关。严格按照设计方案施工，确保治理工程不走样，不缩水，对走样和缩水项目一律不予验收；三是严格监管。将2007年限期治理项目列入重点监管范围，提高管理水平，确保稳定达标排放；四是严格落实目标责任。加强目标考核，逗硬奖惩，确保2008年环保民生工程和挂牌督办限期治理项目圆满完成。

攀枝花、凉山迅速开展地震灾区灾后环境隐患排查

2008年8月30日下午16：30分我省凉山州会理县和攀枝花仁和区发生6.1级地震后，凉山州环保局和攀枝花环保局领导高度重视，迅速启动应急预案，立即赴灾区进行震后环境安全隐患排查和对饮用水源进行取样监测，确保震后不发生次生环境事件。

凉山州环保局吉伍木牛局长率州环境监察支队、监测站赶赴灾区。30日晚上22：40分，历经5个多小时、近300多公里的行程，州环保局一行十七人抵达会理县重灾区——黎溪区。当晚就对灾情进行了深入了解和实地踏勘。31日早晨7：30分吉伍木牛局长将州县两级环保局人员分为隐患排查和取样监测两个组，立即对灾区内的高危企业进行隐患排查，对三个集中式饮用水源地水质情况进行24小时跟踪监测，并要求及时通报监测数据 和排查情况。

隐患排查组对黎溪区内的大同铜矿、凉山矿业有限责任公司、天仁矿产品有限公司、南冲铜矿等二十一户企业进行了排查，在排查中发现：因受地震影响，凉山矿业有限责任公司和南冲矿铜矿的尾矿坝子坝出现不同程度受损。凉山矿业尾矿坝共14级子坝，第3、4级子坝上有6处裂痕，3处沉陷，坝下回水站出水口出现跑沙、浑浊现象；南冲矿铜矿尾矿坝共4级子坝，在第3级子坝上有1处裂痕。针对出现的情况，企业已邀请州安监局和设计单位专家现场勘查。排查组要求企业安排专人24小时轮流职守尾矿坝，如遇新情况要及时上报，并尽快制定出整改方案，按照整改方案及时进行整改落实。

截至31日晚12时，取样监测组全天监测数据表明灾区内三个集中式饮用水源地水质无异常，受损尾矿坝未出现险情。

攀枝花市环保局成立了6个专项工作组，加强地震灾区环境安全高危行业隐患排查和监管。排查中发现西区垃圾处理厂档渣坝出现裂纹，渗滤液不能正常进入渗滤液收集池。西区垃圾处理中心每天产生垃圾渗滤液1400 M3—1500M3,两个收集池的容积为3816M3,渗滤液的处理方式为回喷。执法人员连续三天密切监控，9月3日，攀枝花市环保局局长任礴军带领工作者人员再次赴西区垃圾处理厂，检查受灾情况、分析事件原因、提出处理措施。

监测人员对垃圾处理厂的渗水井（27米左右）进行了检查，未发现地下水和渗滤液进入渗水井的情况。初步判断，防渗膜没有因地震开裂，也未导致渗滤液进入地下水，渗滤液不能有效收集可能是渗滤液收集管网破裂或阻塞。市环保局提出了两项处理措施和工作要求：一是立即向其主管部门汇报，请专家对该垃圾处理厂渗滤液不能正常进入收集池的问题进行研究分析，制定方案，彻底整治，同时加强监控，确保垃圾处理厂的渗滤液不污染环境；二是要求西区环保局立即组织对垃圾厂周边可能受影响的水源进行拉网式检查，同时每天对该厂渗滤液收集情况进行监控，做好记录，并及时报告。

目前，该厂已对档渣坝裂纹进行灌浆处理；对渗滤液不能正常进入收集池的问题，采取了用排污泵将表层渗滤液抽入收集池中的临时措施。

四川省深入开展尾矿库专项整治工作

为防止因尾矿库安全事故导致环境事件的发生，四川省各级环保部门深入落实《关于转发环保部办公厅<关于进

一步加强地震灾区尾矿库环境监管的紧急通知>的通知》（川环办发[2008]144号）要求，再次对全省所有尾矿库进行了检查，以消出环境安全隐患，确保人民群众环境安全。

凉山州环保局针对全州大部分县（市）均有尾矿库，经8.30地震后排查发现，会理县凉山矿业、会理县天源公司尾矿库出现不同程度的环境安全隐患等情况，立即向各县（市）下发开展尾矿库专项整治行动工作的紧急通知，要求各县（市）再一次对辖区内的尾矿库进行全面排查，做好尾矿库现状调查表，尽最大努力消除安全隐患。紧急通知要求各县（市）环保局一要对辖区内的尾矿库进一步开展排查工作，摸清底数，掌握家底。有效消除环境安全隐患，防范污染事故的发生。二是对排查出存在有环境安全隐患的尾矿库要立即制定整改方案，明确责任，落实资金，限期整改。三要全面清查辖区内尾矿库的基本情况，并认真、详实地填好《凉山州尾矿库现状调查表》的相关内容。

攀枝花仁和区环保局对辖区内的洗选企业和堆场进行了拉网式排查。经检查，未发现洗选企业的沉淀池和堆场设施有异常情况，各企业自“8.30”地震以来，建立了24小时值班制度，专人巡查，发现异常情况将及时处理并上报相关部门。执法人员要求企业管理人员和操作职工要熟练掌握应急预案，组织全厂职工进行一次应急演练，储备能够满足要求的应急物资，并设立相应标志，坚决杜绝环境污染事故及次生灾害的发生。

双流县“治水治污”推进专项行动取得阶段性双赢

成都市双流县全面开展2008年整治违法排污企业保障群众健康环保专项行动，针对省、市部署的工作目标任务，县委、县政府加强组织领导，提出“污水不下河，垃圾不落地，扬尘不上天”的响亮口号，加强部门协同执法，加强环境建设投入，加强重点区域和流域污染控制，有效地促进了总量减排工作，有力地巩固和深化了连续6年开展的环保专项整治成果。

双流县把今年环保专项行动作为县城乡整体建设工作思路和综合整治的助推器，结合“创省模”目标，以“治水治污”为重点，带动了环保专项行动全面推进，多线延伸，有力地打击了环境违法行为，有效地遏制了工业、行业、城镇生活和农村面源污染。在落实省、市要求中，该县一是全方位抓好环保专项行动后督察，突出问题整治。对全县已纳入监管的803家企业实行分级分类排查，重点解决了国控2家、省控1家、市控60家企业环保问题；规范了62家安装在线监控、30家安装在线监测企业环保行为，确保了数据详实，运行正常；查处环境问题企业67家，立案67件。二是狠抓污水处理工作，促进减排增效。在突出抓工业废水的同时，加大生活污水处理力度，在确保已有3座县级污水处理厂正常运行的基础上，县相继投入7.096亿元资金建成了22座乡镇污水处理站，使生活污水年处理能力达2310.45万吨，每年可削减COD 6931.35吨，氨氮693.135吨。基本涵盖全县25个乡镇、街道，形成城乡一体化污水处理网络，基本达到污水不处理“不下河”。三是着力解决人民群众关心的环境问题，县环保专项行动领导小组要求。对环境投诉必须快查快办办彻底。到目前为止，该县已受理、解决群众环境投诉393起，办结率达100%。双流县在抓好重点整治，解决“治污”突出问题和“治水”安民问题的同时，注重环保宣传和关心人民群众的健康，获得治理与人心“双赢”。

巴中市环保局环境信访工作成效明显

在2008年环保专项行动开展过程中，巴中市环保局结合行政效能建设“三问”将环境信访纳入重点工作来抓，着力改善环境信访工作环境，畅通社会监督渠道，依法查处环境违法行为，提升了环境信访工作水平，树立了文明、良好的环境执法形象。

一是建立健全环保信访工作制度。制定完善了《市环保局来信来访工作制度》和《市环保局领导接待日制度》，规范了信访工作办理流程。做到“四个努力，四个不准”。即：努力强化环境信访无小事观念，努力健全环境信访工作机制，努力加强环境信访队伍建设，努力化解集体和越级上访；不准把矛盾上交，不准袖手旁观，不准督办不力，不准查而无果。建立局领导接待、下访和包案工作制度，做到主要领导对上级部门交办的信访事项亲自批阅、亲自督办、亲自签发上报结果。成立了环境信访领导小组，坚持一把手亲自抓、负总责，分管领导具体抓、常抓不懈的工作机制，把信访工作纳入主要议事日程，及时研究解决信访工作中遇到的重大问题，指导信访工作；局信访工作办公室，对重点信访案件采取即报制、整改跟踪督查制、限时办结制、环境信访回访制等举措实施督办，要求信访办理人员在接诉2小时内到现场核查，5日内向举报人回复办理情况，确保了环境信访案件事事有着落，件件有回音，提高了信访举报投诉的快速反应能力和群众满意度。

二是规范环境信访办理程序。做到：有环保信访办理明确标识、有信访接待场所、有专职信访办理人员，建立规范的信访工作台帐、信访维稳工作领导包案情况登记，实行信访接待、投诉受理首问责任制，严格值班制度，做到接待、投诉受理不缺位、不空岗，接听电话或来信来访有详实记录，出现场必须及时、高效，处理信访、投诉必须事事有结果、有反馈，做到一案一卷。

三是扎实开展环境信访“三无”活动。为确保环境信访工作“三无”活动（即：无越级集体访、无进省访事项和无信访积案）的扎实开展，市环保局突出“三抓”，实现“五个转变”，杜绝“五种现象”。“三抓”即：一要抓源头，着力减少矛盾；二要抓疏导，着力缓解矛盾；三要抓结果，着力解决矛盾。“五个转变”即：一是变等访为“下访”增强工作的主动性；二是变“事后处理”为“事前预防”，强化工作的前瞻性；三是变“堵截”为“疏导”，防止和减少信访问题；四是变“一时息事”为“彻底解决”狠抓问题的解决；五是变“稳控群众”为服务群众，全力维护群众的合法利益。杜绝了等访、事后处理、堵截、一时息事、稳控群众等五种现象。减少了越级访、重复访案件的发生。

据统计，年初至今，市本级共接待群众来信来访40件（其中，环保部督办1件，市府办电话交办1件，市监察局督办2件，市信访局交办2件，环保局长信箱7件，巴中麻辣社区网民投诉8件，群众来信10件，群众来访9件），办结40件，群众12369投诉170件，办结170件，我局就相关环境问题立案查处20余起，责令限期整改100余起，向有关部门移送投诉案件8件。环境来信来访、12369环保投诉热线受理率100%，处理率100%，结案率达100%。做到了件件有处理，事事有答复。收到了良好的社会效果，提高了依法行政水平和办事效率。

四是建立舆论监督机制，畅通环境信访渠道。充分发挥电视、报纸等新闻媒体的舆论监督作用，在市电视台、《巴中日报》等媒体上设立专栏，对环境信访涉及典型违法案件的查处过程和结果公开曝光，跟踪报道。公布“12369”环保投诉平台、建立网络电子邮箱和局长信箱和设置举报箱等畅通信访渠道和公众监督渠道，营造了浓厚的环境信访舆论氛围。

五是严格环境信访查处责任追究。按照国务院《环境信访工作条例》和监察部、环保部《环境保护违法违纪行为处分暂行规定》，对在环境信访工作中，执法不严、执法不公、行政不作为、失职渎职等行为，一经查实，坚决调离执法岗位，问题严重的按有关规定处理。

广元市狠抓环境安全隐患排查 促进环保专项行动有力开展

近日，广元市环保局按照全市环保专项行动第三阶段工作要求，以防范次生环境污染事件为目标，及时向县、区下发《关于排查尾矿库、工业危险废物和危险化学品环境安全隐患确保环境安全的通知》（广环办[2008]191号），安排部署对尾矿库、工业危险废物和危险化学品等进行环境安全隐患排查。一是对辖区内尾矿、矸石、废石、冶炼废渣形成的赤泥库、发电废渣形成的废渣库等工业固体废物堆场、处置设施，彻底地进行摸底调查，检查尾矿库、工业固体废物贮存场的设计贮存量、目前堆存量，尾矿库是否有危险、病库，是否取得安全许可、是否进行了环境影响评价等情况。二是及时督促存在环境安全隐患的企业，进行整改。三是对地震期间涉及危险化学品企业环境安全隐患整治措施的落实情况进行后督察，检查应急围堰、喷淋装置、应急池等是否进行了完善和规范，企业的应急预案是否切实可行。广元市环保局现场督查组针对剑阁县汇丰食品有限公司液氨罐存在液氨泄露的安全隐患，立即告知该县安监局，及时排除了隐患。针对四川兴博木业公司甲醛贮存罐的应急池建设不规范的问题，立即要求企业在完成应急池的建设后方可恢复生产。

德阳市加强专项整治 确保地震灾区环境安全

为确保人民群众生命财产安全，保证地震灾区的环境安全，杜绝发生突发性环境污染事故。德阳市环保局胡坚局长亲自组织实施，分管副局长廖立新带领环境监察执法人员于9月24日至27日冒雨对全市工业企业进行了现场执法检查。对各企业因暴雨带来的环境污染隐患，提出了现场处置意见，督促企业及时进行了整改，消除了因暴雨带来的环境安全隐患。自行动开展以来，专项行动小组共检查企业200多家，提出整改要求的企业28 家。

一、统一思想、明确责任

9月24日，德阳市环保局及时下发了《关于加强环境安全监管工作的通知》，要求各县（市、区）成立以主要领导为组长的节日期间环境安全领导小组，“一把手”负总责，分管领导亲自抓，进一步强化节日前后环境安全的监察。对存在环境安全隐患进行全面梳理和分析，结合今年环保专项行动的要求，按照属地管辖原则把监管工作层层分解落实到每个环节、每个岗位和每个人员。对重点企业进行动态跟踪管理和严密监控，全力做好地震灾区的环境安全工作，确保社会稳定和谐。

二、加强重点，抓好落实

以“广汉砷污染事件”和“云南阳宗海砷污染事件”为警示，对涉及重金属等有毒有害物质的生产使用单位，加大监管力度。一是狠抓了重点污染源监管。对辖区内的重点排污企业以及存在环境安全隐患的企业，特别是饮用水水源地周边企业开展全面摸排和检查，切实掌握企业的生产及排污情况。二是检查和监督企业的设施运行情况，对企业的生产设施、污染治理设施、应急处置设施的具体运行情况进行逐一检查，杜绝了治污设施停运和偷、漏排等环境违法行为的发生。三是检查限期整改、限期治理的企业，对不能稳定达标的企业要求立即停产，切实防范环境污染事故的发生。

三、加强监管、抓好专项整治行动

1．开展硫精砂、锌精砂制酸企业的环境安全专项

整治。

结合硫精砂、锌精砂制酸企业的污染特点，要求企业严把原料关，原料的检验报告要上报当地环保部门备案，严禁使用砷等重金属含量高的原材料，严禁锌精砂制酸企业废水外排。暴雨期间要做好应急措施，严格控制废水闭路循环池水位，应急池腾出容量，确保生产废水不外排，德阳龙蟒磷制品厂由于暴雨，废水循环池已无法正常使用，检查人员要求企业立即停止生产，作好应急准备。通过检查消除了隐患，德阳市23家制酸企业目前处于安全状态。

2.开展黄磷企业的环境安全专项整治。

5．12地震后，德阳市部分黄磷生产企业，设施损坏严重，企业生产负荷严重不足，导致循环废水不能正常消耗，加之历史罕见的暴雨，使绵竹的华丰实业和林辰化工的循环废水池，超过警戒水位，检查人员要求林辰化工封堵一切出厂的排污口，华丰实业要立即加高循环池，决不能让一滴生产废水外流出厂，避免发生污染事故。同时要求黄磷生产企业准备好沙袋和石灰等应急物资，加速清理应急池，确保生产废水不外排。

3．对饮用水源保护区进行检查。

对全市6个县（市、区）和1个规划区共计128个集中式饮用水源地， 35个饮用水源保护区进行了检查，增强了水源保护区负责人的责任感和紧迫感，确保了灾区群众的环境安全。

4.对城市污水处理厂进行检查 。

德阳市建成运行的污水处理厂有3家， 德阳市污水处理厂日设计处理能力为10万吨，由于暴雨，每天有2万吨的溢流。市环境监察支队督促其及时修复受损设施，尽快恢复了全面处理能力。广汉市污水处理厂于2007年投入试运行，设计日处理能力5万吨，暴雨期间日处理量为4.2万吨，处理后水质符合国家规定的排放标准，检查中要求该污水处理厂进一步明确环保责任人，建立环境监管档案，落实了监管责任。什邡污水处理厂日设计处理能力为3万吨，目前该厂正处于调试阶段，通过监测核实，该厂进水COD浓度不到100mg/L,不能满足处理污泥菌种培养，导致该厂污水处理系统不能正常运行，检查要求组织尽快相关部门采取措施，实现正常运行。

四、加强职守、严格落实报告制度

安排专人对辖区内的重点环境风险源进行严密监控。环保执法人员加密巡查。一是保证 “12369”环保投诉热线24小时畅通，认真查处公众信访举报投诉，做到及时接报、及时查处、及时反馈；二是保证信息的随时畅通。保持高度警觉性和敏锐性，一旦发生突发环境事件，必须第一时间上报情况、第一时间赶赴现场、第一时间组织处置、第一时间通报信息，采取周密措施，最大限度地消除环境污染，确保人民群众生命健康和环境安全。

遂宁市推进专项行动
有力维护环境安全

遂宁市把加强奥运期间环境监管和专项行动有机地结合起来，与监察、安监、公安、交通、卫生等部门加强联络沟通，做到工作协同、部门联动、相互通报事件信息，在做好应急环境监管的基础上，强力地推进环保专项行动，有力维护了当地环境安全。

全市共出动环境监察执法人员708人次与监察、安监等部门联合组织开展了辖区内环境安全隐患排查工作，重点抓好集中饮用水源地、化工企业、居民区等环境敏感区域的隐患排查，消除环境安全隐患。对重点生产企业的危险工段、原料和产品，实行更严格的监管，确保不发生重大污染事故。一是开展挂牌督办案件后督查和开展饮用水源专项整治工作，加大饮用水源保护的力度。对2005年以来的40家限期治理项目开展督查整治，督促企业环保污染治理设施正常运行，废水达标排放，杜绝任何偷、漏、直排的现象。对5个县级以上饮用水源保护区和82个乡镇集中式饮用水水源地周边环境开展执法检查，落实水源地周围污染源治理措施，加强对临近饮用水源地的重点排污企业和上游工业企业的日常监管，加大饮用水源保护的执法检查和查处力度，监测站加密饮用水源水质监测频次，随时掌握饮用水源水质情况，防止饮用水源污染，确保饮用水源安全。二是扎实开展专项行动，监察企业272家次，特别加强了对重点排污企业的监控。对重点企业进行环境安全隐患排查工作，督促企业整改，落实环境污染事件应急处理预案，确保治污设施设施正常运行。对辖区内造纸、化工、印染、制革、酿造、制药等重污染行业和容易引发污染事故的企业，进行重点监控，加大监察监测频次，掌握排污动态，确保企业稳定达标排放。三是严格监管城市污水处理厂和城市垃圾处理厂。督促4家污水处理厂和4家垃圾处理厂正常运行，作好运行记录和水质监测工作，实现稳定达标排放，确保环境安全。四是妥善处理信访。以12369投诉举报热线为平台，“全天候” 受理群众环境污染投诉，热情高效办理群众来信来访。

四川省环境监管手段推陈出新
环保专项行动成绩斐然

四川省各级环保部门认真按照环保专项行动领导小组的部署，不断改进工作作风、工作方法，深入开展环保专项行动，创新环境监管手段，环境监管迈出了坚实的一步。全省环保专项行动成绩斐然。

为进一步巩固企业的环保意识，消除巡查“空隙”，防止企业出现节假日及夜间 “达标反弹、超标排放”现象，宜宾市兴文县环保局确立了巡查“不定时、不告知”制度。该县环保部门经常利用节假日和夜间，深入企业生产第一线进行检查，并加大了对未安装自动监控系统企业的巡查频次，对发现问题进行严肃处理，有力地震慑了违法排污企业，确保各项污染物稳定达标排放。

为进一步加强建设项目环境管理工作，广安市武胜县环保局不断完善建设项目环境管理程序，突出“三个新”。一是实现建设项目环境管理制度建设的“新提升”。严格环境准入条件，严查新上项目，有效控制新污染产生。二是确保建设项目环境综合整治的“新突破”。充分发挥乡镇及相关部门的协调配合作用，以综合整治为突破口，认真检查现有污染源环保审批手续及“三同时”执行情况，对不符合环保规定的，坚决依法取缔或处罚。三是建立建设项目环境管理“新机制”。加强部门联动，联合执法，发挥了“治、管、协”三种功能，建立健全了建设项目环境管理长效机制。协调相关部门定期提供新注册单位情况，及时掌握污染源第一手资料，有效防止了新污染源“漏网”现象的发生。

南充市南部县专项行动领导小组借今年全县全力争创“国家级卫生城市”之力，与县文化、工商、公安、新闻媒体等部门通力协作，加强了对噪声扰民、油烟和煤烟污染的整治。该县开展了为期1个月的城区文化娱乐场所综合整治，对县城10家文化娱乐场所声源进行了严格监测，责令噪声超标排放单位限期整改。开展了为期1个月的整治油烟和煤烟的专项行动，清理餐饮和美容美发经营户277家，下达限期整改通知书87份，其中油烟整改书16份，煤烟整改书71份，切实改善了城区环境质量。

四川省精心部署整治违法排污企业保障群众健康环保专项行动

4月14日，国家环保部、发改委、监察部等八部委联合召开了2009年整治违法排污企业保障群众健康环保专项行动电视电话会议。四川省设立了省分会场，21个市、州分会场和164个县(市区)分会场，共计4426人参加了会议。在四川省分会场，省政府副省长陈文华、秘书长何旅章及省环保局、发改委、经委、监察厅、建设厅、工商局、司法厅、安全生产监督管理局和电监会成都电监办的领导参加了电视电话会议。全国会议结束后，省里和各市(州)分别召开了省、市电视电话会议。在全省电视电话会上，陈文华副省长对全省环保专项行动进行了工作部署，要求各地各部门提高认识，进一步增强开展环保专项行动的责任感；突出重点，圆满完成环保专项行动的各项工作任务；加强领导，务求环保专项行动取得实效。

陈文华指出，在当前“保增长、扩内需、调结构”的大背景下，一些地方“两高一资”项目可能借机扩张，一些地方粗放发展、污染回潮的现象有所抬头。一些企业受到金融危机影响，冀望“墙内损失墙外补”，趁机减少污染治理投入，偷排偷放时有发生。各地一定要深入开展整治违法排污企业保障群众健康环保专项行动，查处一批典型环境违法行为，遏制住这种势头的滋长和蔓延。同时，环保专项行动要与四川各地正在开展的城乡环境综合整治结合起来，确保专项行动持续深入不留“盲点”，把环保专项整治行动真正落到实处。

陈文华要求，四川今年的环保专项行动，在巩固2008年环保专项行动成效的同时，持续开展饮用水源保护区后督察和城镇污水处理厂、垃圾填埋场的集中整治。对2007年和2008年饮用水源保护区集中整治中发现的问题进行跟踪督办。凡是饮用水源保护区划分和调整不到位、县以上城镇饮用水源保护区内各类排污口取缔措施不落实、保护区边界地理界标和警示标志设立不规范的，一律挂牌督办。重点整治城镇污水理厂建成运行三年后处理负荷仍达不到设计能力75%，不能保证正常稳定达标排放，污泥达不到无害化处理处置要求，污泥外排造成污染环境等问题。对排入市政管网严重超标、影响污水处理厂运行的工业企业进行集中整治。重点流域城镇污水处理厂要加快建设进度、提高运行负荷和出水达标率。对周围环境造成严重污染，群众反映强烈的垃圾填埋场要重点整治。

陈文华强调，在去年的基础上，今年要着力打击“两高一资”行业重污染企业的环境违法行为，开展钢铁行业、涉砷行业的专项检查，重点查处不符合准入条件，未经审批擅自开工或建成投产的企业；超标排放污染物的企业；拒不执行国家产业政策，使用落后淘汰工艺、设备的企业。严厉打击已被取缔关闭后死灰复燃的企业。同时，开展钢铁行业环境污染专项检查。认真贯彻国家《钢铁行业调整和振兴规划》中控制钢铁产能，加快淘汰落后产能的要求，摸清钢铁企业执行建设项目环境保护管理规定及国家产业政策的基本情况。严肃查处违反环境影响评价制度和环境保护“三同时”制度，拒不淘汰列入产业结构调整淘汰类目录的设备、工艺，炼铁工艺污染治理和烧结工艺脱硫设施及在线监控装置的安装、运行不正常，主要污染物超标和超总量排放的钢铁企业。对涉砷行业企业要进行全面检查清理，针对近年来砷污染事件高发态势，对磷矿开采、选矿、冶炼和硫化工、磷化工、硫化物生产、砷化物生产企业进行全面检查，重点查处没有取得环境影响评价审批文件或安全生产许可证；不符合产业政策和市场准入条件，采用国家明令淘汰的落后生产工艺；没有治理设施，污染物超标排放；含砷废渣堆放处置不符合要求；未按规定进行危险化学品备案登记的企业。

陈文华表示，自2003年以来，四川省通过开展整治违法排污企业保障群众健康环保专项行动，有效遏制了环境违法行为，促进了经济持续健康发展，今年也将一如既往把专项行动抓好，抓出成效。

中共乐山市委常委会议专题研究2009年环保专项行动工作

2009年4月28日上午，中共乐山市委常委会议专门听取了市环保局关于2009年全国、全省整治违法排污企业保障群众健康环保专项行动电视电话会议精神和工作安排布署情况的汇报，专题研究专项行动工作。

市委常委会议强调，各级党委政府要高度重视整治违法排污企业保障群众健康环保专项行动，把搞好环保专项行动作为学习实践科学发展观活动的实际行动，作为顺利实施“保增长、扩内需、调结构”战略的重要手段和进一步改善城乡环境的重要举措，作为实施“民生工程”的重要抓手，为促进我市经济社会可持续发展提供坚实保障，各级各部门一定要抓紧、抓好、抓落实。

市委常委会议确定，成立以黄若建副市长任组长，发改委、经委、司法局、规建局、环保局、安监局、监察局、工商局负责人为成员的乐山市整治违法排污企业保障群众健康环保专项行动领导小组，加强对专项行动工作的领导，制定全市环保专项行动总体方案，对全市专项行动进行总体部署。各县（区、市）也要迅即成立相应的领导小组，及时进行动员部署，结合当地实际制定科学的工作方案，在组织开展全面排查的基础上，对发现的问题制定全面的整改计划，明确整改重点、目标、时限、责任人，确保行动的顺利开展。各县（区、市）要按照国家和省上的统一布署，认真做好以下工作：一是继续深入开展饮用水源保护区整治和后督察；二是加大城市污水处理厂和垃圾处理厂建设和监管力度，确保设施正常运行；三是强化化工企业的环境监管，重点是盐磷化工和涉砷行业企业；四是加强对煤制气企业的环境监管；五是强化造纸企业的环境管理；六是认真抓好金口河区、沙湾区、峨眉山市、夹江县、峨边县五个工业区污染整治。

市委常委会议要求，要加强督查督办，市政府督办室、市专项行动领导小组办公室组织对专项行动开展集中督查，对督查中发现问题突出的、对存在严重环境违法行为隐瞒不报的、对上报整治进展情况缓慢的，要通报批评，责令其说明情况并追究责任，对专项行动和督查中查处的典型案件要通过新闻媒体公开曝光。

四川省结合城乡环境综合治理环保专项行动取得阶段性成果

四川环保局把环保专项行动的开展与城乡综合治理有机结合起来，相互促进、相互补充，以解决城镇生活污水乱排、生活垃圾乱堆为重点，进一步加大环境执法监管力度，切实解决威胁群众健康的突出环境问题。目前，已取得了初步成效。

为督促全省环保专项行动的开展，我局成立了工作组，相继到眉山市、绵阳市、德阳市、泸州市、广元市、凉山州和攀枝花等地，深入到县区、乡镇和重点流域区域，对这些市州环保专项行动的开展情况进行监督检查。要求各级环保部门主动跟进，加强监管，搞好服务，本着对群众负责、对环境负责的态度，强化日常环境监管，履行环境保护部门的环境监管职责。同时，我们对2009年挂牌治理的200家工业企业和60家规模化养殖场的督促检查，确保责任落实、方案落实、措施落实、投入落实、监管落实。

各市州环保部门也认真履行环境监管职责，对辖区内的集中式饮用水源保护区，污水处理厂、垃圾处理厂、挂牌督办工业企业、规模化畜禽养殖场治理、规模以上农家乐污染治理等进行了集中督促检查。巴中共出动检查人员2100余人（次），检查宾馆80家、餐饮店（小吃店）459家、娱乐场所60家、建筑工地35个、洗车场25家、医院10家、医疗诊所234家，依法发出了489份《限期整改决定书》；凉山州共出动658人次，执法车辆63台次投入到城乡环境综合治理工作，检查饮用水源保护区219处，对326家工业企业的环境安全隐患进行了排查，下达限期整改通知书43份；泸州共出动监察人员2300余人次，检查市区娱乐场所138家、建筑施工单位59个、汽车修理厂和花岗石厂131个，下达整改通知书和告知书150余份；成都市六城区展开了禁煤宣传以及加快推行清洁能源改造工作。散发宣传资料8000份，出动人员1000人次、车辆200台次，重点对商铺和店面等经营性燃煤污染行为进行检查和执法查处，处理商家20户，收缴炉具30个，发出整改通知书5份，中心城区积极推进30000余户燃煤居民清洁能源改造和补贴工作。同时开展了以东风渠流域环境治理为重点的饮用水源保护工作，各区县共出动5000余人次，检查企业17家，整修河渠33公里，清掏河道6公里、淤泥20000方，清运河道及两岸垃圾900方；甘孜州则针对问题，对症处理。对问题比较严重的康定县垃圾处理厂，希望康定委县、县政府、县环建局能够引起高度重视，加大资金的投入力度，采取有效的措施及时治理。

我省环保专项行动取得初步成果

自2009年环保专项行动开展以来，我省全力推进环保专项行动工作的开展，先后派出多个工作组，深入眉山、绵阳、德阳、泸州、广元、资阳、乐山、广安、遂宁、南充、内江市和凉山州等地，对各地开展环保专项行动工作进行督查督办。目前，环保专项行动已取得初步成果。

一是强化城乡饮用水源保护。积极对全省5000人以上的城镇饮用水源二级保护区内排污口进行了清理和监管，对县城以上和部分乡镇集中式饮用水源地水质普遍进行了一次监测。认真督促广安市华蓥红岩镇、乐至县劳动镇、南江县沙河镇、剑阁县盐店镇、仪陇县柴井乡、青神县落坡乡等5个乡镇饮用水源地综合治理工程建设。督促成都市环保局将农村地区集中式饮用水水源环境执法检查纳入了常态管理。

二是强化城乡环境污染治理。认真开展全省已建成污水处理厂的设施运行、污水处理率达标排放明查暗访，加强宾馆、餐饮店和城市小区的环保专项检查，强化对城市机动车尾气和危险废弃物的处置监管。在有条件的地区推广了"组保洁、村收集、镇转运、县处置"的城乡垃圾一体化处理模式；对偏远地区采取沼气池等方式就地处理。大力推进农村改厨、改厕、改圈，在成都双流县、广元苍溪县、眉山洪雅县、丹棱县、南充南部县、绵阳江油市等地开展了乡镇和农户生活污水处理示范工程。德阳市对主要交通干线两侧可视范围内的河流、沟渠及排污企事业单位和重点工业企业、灾民集中安置点等进行了重点监管。巴中市重点抓好了城乡结合部的塑料加工、石材加工、木材加工、炼铁厂、炼油厂、食品厂、造纸厂、杀猪场、杀牛场、杀鸡（鸭）场、沙石场、农家乐等168家小型企业的环境治理工作。广安市开展了"水污染物排放企业清理治理专项行动"。达州市对全市环保不达标的146家农家乐加强了现场督察和污染治理，关闭了53家。

三是强化河流湖库污染治理。继续开展对升钟水库、朝阳湖、白龙湖、白丈湖、邛海等重点湖库和小流域的综合治理和监管，取缔了过密度网箱养鱼。

通过治理，全省环境质量有了进一步改善，部分小流域和湖库水质明显好转，升钟水库由治理前的四、五类水质变为三类水质，达到了国家环境质量标准；城乡生活垃圾得到了有效处理。

成都市开展重点行业专项整治措施有力取得阶段性成效

成都市认真抓好全国全省环保专项行动电视电话会议和有关《通知》的贯彻落实，按照四川省对环保专项行动的统一部署，加强组织领导，积极发动各部门联动协助，采取有力措施狠抓落实，顺利完成了重点行业专项整治阶段的工作。全市结合"成都市安全月活动"的开展，重点整治了全市"两高一资"重污染企业和钢铁行业、涉砷行业的环境违法问题。主要做法：

一是明确整治对象，职责分工到位，联合执法规范；二是突出整治重点，全面清理到位，确保安全无患；三是强化制度监管，抓好限期整治，突出行业督办。主要方式是：通过行业进行自查，查环保手续齐不齐，查执行情况严不严，查日常管理紧不紧；通过地属管理单位和相关单位过问，查是否有环境遗留问题和违规历史问题；通过环保执法单位现场检查，发现问题限期整改；通过组织联合检查组验收，提出进一步规范要求。通过第一阶段的整治工作，进一步确定了整治和监管重点对象，加强了制度化环境监管。

此次检查共出动执法人员964人，检查、整治钢铁企业13家；涉砷企业4家。从检查的情况看，企业整治进展较快、效果较好，取得成效明显。目前，对存在问题的个别待整治、验收的企业，已下达限期整改完成的通知，并进一步抓好跟踪问效和落实制度、责任监管。

巴中市集中开展饮用水源保护区整治工作

近日，为切实保障人民群众的饮水安全，巴中市环保专项行动领导小组从成员单位分别抽调1-2名执法人员分赴四县（区），对城镇集中式饮用水水源保护区进行了专项执法检查。

检查组对全市沿河的重点单位、重点区域和重点塘库进行了全面排查。重点对饮用水源水质在Ⅲ类以下的塘库、沿河堆放垃圾的场镇进行了专项检查。一查饮用水源划界立标工作是否落实到位；二查饮用水水源保护区内是否存在影响水质安全的污染源、排污口是否规整立标、治污设施是否正常运转、污水是否达标排放；三查《污染事故应急预案》是否制定和全面落实；四查饮用水源水质超标的原因是否查清、整改措施是否落实到位、场镇生活垃圾是否堆放到饮用水源保护区。

此次专项检查共出动检查人员86人（次）、检查城市集中式饮用水源4个、场镇集中式饮用水源28个（其中：以塘库作为饮用水源的16个）、重点排污企业18家，对检查中发现的12处环境安全隐患及威胁饮水安全的环境问题及时向各县（区）提出整改意见，督促有关乡镇和企业立即采取有效措施及时消除隐患，确保饮水安全。同时，对可能造成水体污染的固体废弃物进行了及时清理。针对检查中发现的环境问题，市环保专项行动领导小组要求各县（区）一是进一步加大城镇集中式饮用水水源保护区的监管力度，增加现场检查频次，切实做好场镇饮用水水源保护区划界立标工作，明确保护范围并制定具体的管理办法；二是加强饮用水水源地保护范围内污染企业、垃圾填埋场所的管理，对达不到环保要求的污染企业依法进行关闭或搬迁。

我省着力打击"两高一资"行业重污染企业成效显著

按照国家八部委《关于2009年深入开展整治违法排污企业保障群众健康环保专项行动的通知》（环发[2009]43号）的统一部署，我省着力打击"两高一资"行业重污染企业的环境违法行为，集中开展了钢铁行业、涉砷行业的专项检查，重点查处了拒不执行国家产业政策，使用落后淘汰工艺、设备，未严格执行"环评"和"三同时"制度，超标排放污染物的企业，取得了明显的效果。

我省高度重视"两高一资"、钢铁、涉砷等重点行业的专项整治工作，省环保局等九部门联合下文将"两高一资"、钢铁、涉砷等重点行业的专项整治工作列入党政"一把手"的目标任务，严格进行考核，明确无故不能如期完成的地方，一律取消评先创优资格。

为切实加强对全省“两高一资”、钢铁、涉砷等重点行业的专项整治的组织实施，省环境监察执法总队结合全省实际，制定了详细的检查方案，抽调全省环境监察人员深入各市州开展交叉检查，及时协调解决工作中出现的问题。在为期两个多月的重点行业专项整治活动中，全省共出动执法人员16641人次，检查企业7284家，其中，钢铁企业52家，涉砷企业66家，立案65个，结案47个，处罚金额56.22万元。

全省各级环保部门采取听取情况介绍、查阅资料、查看现场等方式，对辖区内的重点行业企业（即“两高一资”和钢铁、涉砷、造纸行业）、重点排污企业进行了全面检查，对所有国控、省控企业进行了重点检查。通过检查环保“三同时”制度的落实情况、企业的排污情况、环保设施的建设和运行情况和环境应急工作情况，着力打击“两高一资”行业企业的环境违法行为，督促企业达标排放，提高了企业的守法意识。乐山市结合当地工业企业特点，对辖区内对钢铁、涉砷、造纸行业进行了全面检查，对煤制气企业进行清理整治，对“两高一资”行业中不符合国家产业政策的落后产能实施了淘汰，达到了预期效果。

为确保专项检查效果，我省各级环保部门与发改、工商、监察、安监、电力等部门积极开展联合检查，及时发现存在的问题，尽快协调解决，增强了整治检查效果。遂宁市抽调经委、质监局、工商局、电力公司工作人员组成联合专项行动小组，对历年以来关闭的5家地条钢生产企业进行定期和不定期的检查，有效防止了环境违法企业死灰复燃。

眉山市政府召开2009年全市环境执法工作会

6月26日，眉山市政府召开了2009年全市环境执法工作会，该市六区县政府分管副区县长、环保局长和环境监察执法大队长、全市2009年国控、控重点污染源企业和眉山市污水处理厂、利民垃圾处理场负责人参加了会议。会议传达了2009年四川省环境执法工作会精神，回顾了近年来全市环境执法工作，分析了当前全市环境执法面临的形势和任务，安排部署了全市下一步环境执法工作，全面启动了企业环保诚信承诺制度和环保部门上门服务企业制度，四川省丰华纸业有限公司代表重点污染源企业作了环保诚信承诺，到会的48户企业负责人举行了集体签名仪式，市环保局做了上门服务企业承诺。

会上，市环保局局长江昌淆要求全市环保系统深入贯彻全国和全省环境执法工作会精神，做好五项工作：一是加强风险排查整治和日常检查，确保环境安全;二是强力推行服务企业制度，热情服务企业科学发展;三是强力推进企业环保诚信承诺制度，采用综合措施督促企业诚信守法，抓好监督指导和分类处置；四是抓好环境执法队伍建设，提高整体素质，确保执法人员数量和队伍稳定性，解决执法工作经费问题，加强环境执法能力建设和队伍党风廉政、反腐败教育，打造风清气正的现场执法队伍。五是做好环保专项行动、国控重点污染源企业自动监控、“三个战役”、 依法足额征收排污费、企业环境管理档案和企业环境监督员制度试点等六项工作，作好迎接环保部和省环保局检查的准备。

会上，市政府副市长付康要求全市各级要充分认识当前全市环境执法面临的形势，进一步加强环境执法，着力提高全市环境执法工作力度和水平，在六个方面下功夫：一是要在强化领导上下功夫。各区县政府要为环保部门依法执法壮胆撑腰，为环保部门严格执法、严格监管创造良好的工作环境，要积极支持环保部门对屡查屡犯、严重污染环境、侵犯人民群众环境公益权的的企业实施行政处罚。二是要在依法行政上下功夫。市区县环保部门要自觉做到学法、知法、懂法，坚持依法行政，严格执法，要为党委、政府当好参谋。打击恶意违法排污行为，必须象钢铁一样硬，环保部门要善于说行，也要敢于说不行，市政府对恶意排污的态度历来都是坚决的。三是要联动机制上下功夫。要建立健全纵向联动机制、横向联动机制、广角联动机制和案件移送机制，形成加强环境执法监管，有效打击环境违法行为的合力。四是要在深化治理上下功夫。以造纸行业为重点，集中限期治理一批企业，政府要下达限期治理通知，全市造纸行业要力争大部分企业在9月份之前达到国家新标准。五是要在创新工作理念上下功夫。要继续探索严格执法与热情服务的新思路，新举措，有力促进经济社会与环境保护的和谐统一。六是要在保障群众环境权益上下功夫，牢固树立人本思想理念，始终将保护群众的环境权益放在环保工作的首位。

付康副市长要求全市要进一步强化环境执法队伍和作风建设，一是要加大环境执法能力建设的投入。保障各级环保执法经费，努力实现执法手段、执法地位和执法应急处置水平“三个提高”。二是要提高认识，转变观念。从思想上完成“七个转变”：由环境监察工作的次要工作向主体工作转变；由点源污染监察向面源污染监察的转变；由环保部门孤军执法向与相关部门联合执法的转变；由常规的监察向自动化、信息化方向的转变；由只注重行政处罚向全面的环境监督管理转变；由被动的污染治理向积极的预防转变；由单纯的执法向执法与服务相结合的方面转变。三是要强化环保依法行政。严格执法，做到“三个到位”：对环境违法案件查处到位、对严重违法违纪案件涉及的地方政府和职能部门的责任追究到位、触犯刑律的移交司法部门处理到位。环保部门要挺起腰杆，严格履行职责，对环境违法行为发现一起，查处一起，对故意违法、屡查屡犯的要依法严惩。涉及责任追究的，要坚决向监察机关和司法机关移送。要加强环境执法队伍文明执法建设，在保证

"身正"的同时，还要做到"影子"不能斜。努力培养和造就一支为民、务实、清廉、文明的环保执法队伍。

四川省环境监察执法总队文件

川环监发〔2009〕13号

关于开展水污染源自动监控系统运行及验收情况统计的通知

各市、州环境监察支队：

为推动全省污染源自动监控工作，按照局领导指示，总队将对水及烟气污染源自动监控系统运行及验收情况进行一次调查。请各市、州环境监察支队将辖区内污染源自动监控系统相关情况（截至时间2009年3月31日）填报《污染源自动监控系统运行及验收情况统计表》，于4月30日前将纸质及Excel表格电子版（在四川环保网上下载）上报至省环境监察执法总队。

联系人：朱辉　028-86152996
康　宇：028-86130316
电子邮箱：scepi@12369.gov.cn

附件：
污染源自动监控系统运行及验收情况统计表
二〇〇九年四月八日

贵州省

工作动态

仁怀市开展饮用水源安全大检查

日前，仁怀市开展饮用水源安全大检查。检查组认真排查并消除饮用水源安全隐患，依法拆除饮用水源一级保护区内所有排污口，对二级保护区内已有的企业依法实施限期治理达标或搬迁。

贵州省环境监察总队到玉屏县环保局检查环境监察工作

2008年3月4日，省环境监察总队副总队长翁敬带队对玉屏侗族自治县环保局环境监察工作开展情况进行检查。检查组通过听取工作汇报、现场查阅资料等方式对玉屏县环境监察执法、重点污染源单位建档情况、环境监察政务公开制度、建设项目"三同时"监管、环境违法案件查处及执法文书规范、排污收费和排污申报、信访投诉的处理、环保专项行动等进行抽查。检查组对2007年玉屏县环境监察工作取得的成绩给予肯定，翁敬副总队长认为2007年玉屏县环境监察工作与2006年相比，无论是质还是量上都有了明显进步，对排污企业的环境执法监管水平有较大提高。同时也对县环境监察工作中排污申报、排污收费、申报复核、执法文书的规范等方面存在的问题提出了明确整改要求。

毕节地区环境监察支队、毕节市环境监察大队、毕节市公安局联合执法整顿娱乐场所

2008年3月10日晚，毕节地区环境监察支队、毕节市环境监察大队、毕节市公安局联合对毕节城区极限歌舞厅、极度歌舞厅等娱乐场所进行现场检查，毕节地区监测站配合进行噪声监测，经现场检查和现场监测，噪声扰民较大的主要是极限歌舞厅，并且夜间经营时间较长；极度歌舞厅周围噪声均未超标。对此，地区环境监察支队和毕节市环境监察大队要求极限歌舞厅进行整改，合理安排营业时间，确保噪声不超标扰民。

铜仁环保、公安联手打击"土法炼汞"

2008年3月25日，铜仁地区环保局接群众举报：3月26日将有一车非法废汞触媒由河南运抵铜仁市。接报后，地区环保局韩新光局长立即作出了坚决打击的指示。当日铜仁市环保局、市公安局在谢桥收费站蹲点守候。3月26日凌晨4时左右，一辆牌照为豫A90297的货车驶入铜仁市，环保和公安立即上前进行拦截，并依法进行检查。经查该车装有12吨废汞触媒，仅有一运输合同，无任何相关运输危险化学品和危险废物的手续，货主和车主均在车上，环保、公安部门立即将人和车扣押并带到铜仁市公安局进行询问。货主和车主交待：该货物由铜仁市一刘姓男子向河南省长葛市九洲化工厂一谌姓负责人非法购得，并在当地委托运输。

依据相关法律法规仁市环保局对该批废汞触媒进行了收缴，铜仁市公安局对货主作出了行政拘留十日的处理。同时，环保部门将依法对有关责任单位实施处罚。

省环境监察总队来习水县开展生态环境监察

4月8日—9日，贵州省环境保护局环境监察总队张代坤科长一行来习水县，对习水县中亚热带常绿针叶阔叶林保护区（国家级）的实验区内新建的大鹏、兴合水力发电站执行环保法律法规情况进行生态环境监察。通过检查建设地点是否确实位于实验区、环评审批等手续是否齐全、是否严格执行环保三同时制度后，检查人员发现兴合水电站将弃土弃渣倒在河内，造成污染。据此，总队检查人员要求水电站立即限期将弃土弃渣全部清运至固定安全的堆放场，总队将视其整改情况进行处罚。

加大执法力度 督促企业整改

近期，中铝贵州分公司热电厂的烟囱频繁冒出浓烟，为摸清污染状况，白云区环保局组织执法人员进行现场检查。

经查，中铝贵州分公司热电厂设备由于凝冻期间超负荷运行，使污染治理设施管道阀门出现故障。在凝冻灾害影响较大，灾后重建任务较重的情况下，该厂为降低损失采用了边生产边检修的方法。在检修期间污染治理设施不能正常运行，因而出现烟尘不稳定达标排放现象。

针对中铝贵州分公司此次污染治理设施不正常运行行为及造成的后果，白云区环保局对其下达了整改通知书，责令污染治理设施必须与主体设备同步运行。

中铝贵州分公司认真整改，加快检修步伐，目前，污染治理设施已正常运行。

今后，区环保局将进一步加大对中铝贵州分公司的环境监察力度，督促其按期完成热电厂1-8号燃煤锅炉改造任务，加快在线监测装置的安装使用，为科学有效的管理提供可靠的依据。

毕节地区环保重点案件后督察工作取得明显成效

毕节地区各级各有关部门认真按照胡锦涛总书记关于对环境违法企业要加强后续督察的重要批示和国家环保部环保重点案件后督察工作的要求，认真开展工作，取得了明显的成效。

一是重拳出击，坚决取缔“两土”。为确保“两土”取缔工作落到实处，行署成立了以常务副专员为组长，分管专员为副组长，行署分管副秘书长，环保、发改、经贸、国土、监察、公安、林业、工商、质监局长为成员的毕节地区彻底取缔“两土”领导小组，相关县市人民政府也成立了相应的领导机构。各级党委、政府始终把“两土”取缔作为当前和今后一段时期的重要工作来抓。2007年以来，全区各级政府取缔反弹及转移的“两土”达5181节，有效地扼制了 “两土”转移和反弹的趋势。

二是淘汰落后产能，开展综合执法。为切实做好关停和淘汰落后钢铁生产能力工作，行署每年都要派督查组多次对各县市的小炼铁、改良焦等落后产能的淘汰工作进行督查。按照毕节行署与贵州省人民政府签定的责任书，100立方米以下高炉炼铁产能必须在2007年关停和淘汰，通过认真安排部署，各级各有关部门艰苦努力，2007年全区100立方米以下的93座小炼铁炉已实施吊销营业执照、断电、拆炉、平场工作。对31户改良焦企业实施了吊销营业执照、断电、拆炉、平场工作。经统计，全区2007年共淘汰小炼铁炉产能100.15万吨、焦炭57.5万吨、造纸0.04万吨。今年4月初，针对威宁县个别改良焦企业出现反弹情况的反映，地区经贸局及时组成调查组到威宁县进行调查，并向行署有关领导和行署督查室报告，引起行署领导高度重视，由行署督查室对威宁县下发督办通知，要求对个别企业反弹问题必须态度坚决，立即取缔。威宁县委、政府高度重视，已组织力量予以取缔。

三是切实组织环保专项行动，加大挂牌督办案件执法力度。通过立案查处环境违法企业，有力地推动了环境违法企业的整改和污染治理。2005年以来，毕节地区挂牌督办企业83家。其中：省级4家，地级15家。在行署的统一领导下，地、县市监察、环保、经贸等部门共同协作，认真督办，省、地、县挂牌督办案件绝大多数得到了很好的落实。由于狠抓环境执法，为推动毕节地区项目带动发展战略营造了良好的环境，为毕节的经济增长注入了新的动力。毕节地区煤炭、电力产业快速发展，大型煤化工、机械制造等企业相继进入，经济社会发展呈现出良好发展局面。

四是高度重视环境信访工作，坚持做到有案必查、有查必果，每年调查处理信访投诉达200多件，较好地维护了群众和企业的合法权益。

赤水市加强噪声监管 实现奥运之年平安高考

2008年5月15日晚8时30分，由赤水市环境保护局牵头，文广局、公安局联合对市区内的娱乐业、建筑行业进行了突击检查。

此次共出动6名执法人员，检查建筑工地3处，均未施工；检查娱乐业22家，并发放环保、文广、公安、建设、教育、城管等6部门的联合文件《关于在高、中考期间加强环境噪声污染监督管理的通知》22份，要求严格按照《通知》要求营业，及时制止了两起噪声过大的娱乐场所，业主们表示要积极配合环保部门，为学生共创安静的学习和休息环境，让学生们考出好成绩。

通过检查，进一步规范了娱乐业的经营管理，特别是新开营业主，提高了环境保护意识，为实现奥运之年平安高考作出积极的贡献。

遵义市人大在遵义县开展“遵义环保世纪行”执法检查活动

2008年5月15日，市人大以“蓝天碧水促和谐”为主题，由市人大环资委组织市环保局、经贸局、城管局及市内各新闻媒体，在遵义县开展了“遵义环保世纪行”执法检查活动。检查组由市人大蒋勇副主任带队，重点检查了我县对《中华人民共和国大气污染防治法》、《中华人民共和国水污染防治法》的执行情况。县人大副主任缪洪英、副县长江君莲及相关部门负责同志陪同进行了检查。

市人大执法检查组先后检查了我县污水处理厂、遵义合兴肥业有限责任公司、乌江库区以及龙坪工业园区的冶炼企业。检查组通过现场检查，听取了江君莲副县长代表县政府就《中华人民共和国大气污染防治法》、《中华人民共和国水污染防治法》执行情况所作的工作汇报，对我县“两法”的执行情况有了一个整体认识，认为遵义县就环保工作整体而言，县政府高度重视；通过“环保世纪行活动”，全面进行法律、舆论等监督，一些突出的环境问题得到了解决，如城镇污水治理工作走在了全市前列；在执行《中华人民共和国大气污染防治法》、《中华人民共和国水污染防治法》上下了大力气。在检查中也发现一些问题：如龙坑污水处理厂污水收集系统有待进一步完善，在线监测未与环保系统联网；遵义合兴肥业有限责任公司生产废水酸碱综合不稳定，所排放的废水未达到排放要求；遵义县杰亚铁合金有限责任公司污染治理设施在雪凝灾害中被冻坏后，还未及时修复；遵义县盛翔铁业有限公司由于管道破损，煤气泄漏十分严重。针对发现的问题，检查组指出：由于遵义县工业经济在全市的地位特殊，污染物排放总量在全市也占有突出位置，全县上下一定要深化认识，进一步加大执法力度，把发现的问题整改到位，努力把遵义县建设成为市区生态屏障。副县长江君莲表示，我县将对照检查中发现的问题，按照各位领导、专家提出的要求，认真抓好落实。市人大环资委将在适当时候，组织相关单位对检查出的问题的整改情况开展“回头看”活动。

毕节地区环境保护局严肃查处织金县四季春煤矿等污染河流的环境违法企业

在接到贵州省环保局转来《关于织金县煤矿污染环境问题的函》后，地区环保局党组高度重视，党组书记方星志同志于2008年5月22日亲自带领地区环保局计发科、地区环境监察支队、织金县环保局、县环境监察大队、三塘镇有关领导深入到织金县三塘镇岩硐口片区进行调查处理。为全面调查了解情况，认真检查了每个企业的工业场地、环保设施、环保审批文件资料等，并现场听取了企业的汇报。方星志书记要求地、县环保部门和请当地政府加强对企业环境行为的监督管理，要求向信访投诉者通过电话通报调查处理情况。

织金县三塘镇岩硐口片区内企业主要有六枝工矿集团织金县三塘煤矿、秀华煤矿、四季春煤矿、苦李树煤矿、天莳洗煤厂等企业。这些年来，煤炭企业不断扩能技改、整合，加上对环保工作不够重视，污染治理至今没有达到环保部门提出的要求。这些企业的矿井废水直排、停运水污染治理设施、工业广场淋溶水污染、煤矿运输及道路的二次污染等，严重污染了秀水河，严重破坏了当地的水生态环境。对此，在肯定企业为地方经济发展起了极大作用的同时，地县联合调查组也严正指出，我们绝不能以牺牲环境为代价谋求发展。为保障群众的合法环境权益，切实维护群众利益，调查组向地区环保局党组全面汇报了现场调查情况，决定对上述企业分别作如下处理：

一是要求织金县天莳洗煤厂立即停止擅自进行扩建的违法行为，重新选择合适的厂址按照规定程序报批。二是对擅自停运水污染治理设施、矿井废水直排、未修建工业广场淋溶水收集系统的六枝工矿集团织金县三塘煤矿、秀华煤矿、苦李树煤矿等三家企业，责令其立即限期整改，规范化整治排污口，恢复运行水污染处理设施。三是对擅自停运水污染治理设施、工业广场与河道相接，造成严重河水污染的织金县四季春煤矿，责令其立即停产整改。

黔西南州环保系统举办执法人员培训班

为进一步加强行政执法队伍建设，提高执法人员素质，做好全州环保系统行政执法工作，切实加强依法行政。5月24日、25日，州政府法制办、州环保局在兴义市黔山酒店举办为期两天的全州环保系统执法人员培训。

这次会议针对全州各县（市）、顶效开发区环保局在职正式行政（含参公）执法人员进行行政公共法律知识的培训。主要包括：行政法学基础理论、依法行政知识、行政执法责任制、行政执法实务等。

会上，由州政府法制办聘请了州内行政执法工作经验丰富的律师为培训人员授课。州环保局局长陈荣鑫同志自始至终参加了培训、考试，并对这次行政执法培训工作提出了三点意见：一、充分认识举办这次培训班的重要意义，增强自身学习的使命感和责任感；二、自觉加强学习，不断提高行政执法队伍的整体素质；三、文明执法，努力提高行政执法水平。

毕节地区环境保护局加强中、高考期间噪声污染监督管理

一年一度的中、高考即将来临，为给学生创造良好的学习和休息环境，根据《中华人民共和国环境噪声污染防治法》、[黔招委]（2008）9号《关于全力做好我省2008年平安高考工作的通知》和毕地招委[2008]2号《关于认真贯彻落实〈关于做好我省2008年平安高考工作的通知〉全力的通知》文件精神，地区环境保护局立即以《关于在中、高考期间加强噪声污染监督管理的通知》文件，要求各县（市）环保局、百里杜鹃风景区管委会林业环保局在6月1日至7月10日中、高考期间，积极配合当地招生领导部门，加强与公安、工商等部门的协作，切实加强噪声污染监督管理工作，并采取必要的强制性措施：

1、严格执行《中华人民共和国环境噪声污染防治法》，限制建筑施工噪声，特别是居民集中居住地和学校周围的工、矿企业。

2、餐饮业及营业性文化娱乐场所在22：00时以后停止产生噪声的营业活动。

3、加强露天娱乐场所、集市、室内装修、室内娱乐活动的噪声控制，防止干扰学生的学习和休息。

4、禁止在城市市区使用高音广播喇叭或采用其它发出高噪声的商业经营活动。

毕节地区环境保护局严防地震后次生环境灾害

按照环境保护部《关于防范和应对地震灾害次生环境污染事件的通知》内部明电、黔环通[2008]75号《关于加强污染隐患排查信息报送工作的紧急通知》和《关于启动贵州省突发环境事件应急预案一级响应的紧急通知》的要求，毕节地区环保局立即将通知精神电传各县（市）环保局、百里杜鹃管委会林业环保局，要求迅速成立环境应急指挥部，组织调配精干的环境监察队伍，对辖区内重点污染源、危险源和环境敏感点进行全面排查，重点排查化工企业、污水处理厂、垃圾填埋场、尾矿库等场所的环境安全隐患。严格执行《突发环境事件报告制度》，发现重大环境安全隐患，要立即报告并采取有效措施，决不允许出现因排查不到位或没有及时处置造成严重危害的情况发生。同时，实行工作信息每日报告制度，截止2008年5月31日，全区共派出环境监察人员385人次，对辖区内123家重点企业进行了现场排查，未发现环境灾害隐患。

福泉市环保局加强对青山煤厂的污染治理及整改

福泉市谷汪乡青山煤厂是2007年6月开始建设，2007年9月建成，开始采掘工程煤，该厂已到市环保局进行登记和办理有关“环保”审批手续。2008年3月，该厂因开采过程中产生的生产废水直接排入未经防渗处理的坑塘沉淀，导致煤厂生产废水渗入河道，对下游河流及饮用水源造成污染，我局与煤炭局、安监局、谷汪乡、龙昌镇人民政府联合对污染河流的情况及煤厂开采情况进行了调查处理，下达了环境监察执法通知书，限期于2008年4月15日前作好整改。

经调查核实，该厂于2008年4月15日前已完成4个沉淀池建设和使用，同时对煤厂周围生活垃圾进行了清理，缓解了对下游河流及饮用水源的污染。但由于该厂采煤点及煤洞出口就建在河流及饮用水源上游，该厂建设过程中未执行环保“三同时”制度，主体工程与污染防治设施没有“同时设计、同时施工、同时投入生产使用”，使现在的污染治理难度进一步加大。

针对青山煤厂的污染问题，我局与煤炭局、安监局、龙昌镇、谷汪乡等部门进行了联合调查处理，提出了几点处理建议：一是龙昌镇政府召集相关村组群众协商解决饮水方案，同时做好群众的思想工作；二是市环保局对煤厂的环境违法行为进行立案查处；三是督促煤厂继续治理污染，同时联系有资质有实力的污染治理单位帮助企业拿出治理方案进行治理。

目前工作情况：福泉市龙昌镇已召集涉及饮用水源的枫香树村、长冲村共11个村民组的村干部、组长召开会议，对煤厂的污染问题及饮用水源等问题进行了讨论。市环保局已对煤厂的环境违法行为进行立案查处，责令该厂停产整改。同时煤厂已联系贵州明威环保技术有限公司对该厂的污染进行专门治理，现已拿出污染治理方案报我局审查。在今后工作中我局将督促煤厂做好污染治理工作，确保煤厂生产废水达标排放。

贵州“组合拳”严厉打击环境违法案件

目前，贵州省环保局联合纪检监察、法院、银行、电力监管等部门联动执法，打破打击环境违法行为“单打独斗”的局面，依法叫停了贵阳逸都房地产开发有限公司、安顺宏盛化工公司两起投资近亿元未批先建环保违规项目，目前对贵阳逸都房地产开发有限公司处予行政罚款20万元，申请法院对安顺宏盛化工公司实行强制停工，提请银行监管部门停止对环境违法企业发放贷款，要求电力监管部门停止对其供电，并移交纪检监察查处相关责任人违法行为。截至5月底，贵州省已立案查处22件环境违法案件，处予罚款100多万元，有效遏制了环境违法行为，以“组合拳”彰显了环境执法的权威。

全国人大常委会委托省人大常委会开展《环境影响评价法》执法检查

6月下旬至7月中旬，受全国人大常委会委托，贵州省人大常委会开展《环境影响评价法》执法检查，省人大常委会党组副书记、副主任肖永安、省人大常委会副主任许正维分别带队检查。

检查组先后深入到贵阳市、遵义市、六盘水市、黔东南州等地进行实地考察。执法检查组由省人大常委会副主任许正维担任组长，分成3个检查小组，每个检查小组由省人大常委会常委、省人大环资委委员、全国人大代表、省人大代表组成。

这次执法检查的重点是以检查环境影响能力建设为重点，检查环境影响评价法所规定的各项配套法规制定的情况，环境评价法规定的跟踪监测制度的建立情况及基础数据库共享和评价指标体系建设情况；以乌江、赤水河、清水江流域和工业、能源规划为重点，突出检查对大气和水有重大影响的环境影响评价报告的制定、审批、执行、调整等各个环节，了解规划环境影响评价存在的问题，以水污染防治为重点，突出城市污水处理设施的建设运营，评估项目环境影响评价法的实施效果；对环境影响法实施过程中的争议条款进行调研，对比较突出的问题提出改进建议。

6月24日至26日，许正维带队赴黔东南重点检查清水江流域仰阿莎湖、五菱发电公司、宏福(集团)公司环境影响评价法的实施情况，7月7日至15日，他又带队赴贵阳市、安顺市检查环境影响评价法贯彻执行情况。7月4日，由省人大常委会党组副书记、副主任肖永安，省人大常委会副主任许正维带队检查乌江水电集团索风营电站环境影响评价法的实施情况。7月18日召开执法检查组会议，听取有关部门、单位汇报环境影响评价法贯彻实施情况。

黔南州出重拳严厉打击环境违法行为

自开展环保专项行动以来，黔南州各县（市）积极开展工作，切实解决当前存在的突出环境问题，保障人民群众的环境权益。福泉市环保、经贸、供电、水利、安监等部门组成联合执法组，对三家环境违法排污企业进行严肃查处。一是对福泉市鸿运矿业有限公司氟硅酸钠项目死灰复燃进行查处，并由供电部门当场对该单位实施断电处理，确保专项行动工作落到实处；二是针对高宇化工厂存在多处环境违法行为，联合执法组对其实施了取缔关闭，当场停止该企业的生产供电；三是对贵州方强化工有限公司（原福泉市金信化工有限责任公司）10万吨/硫酸改、扩建项目未完善环评审批手续就擅自开工建设的环境违法行为进行查处，责令该公司停止建设。

通过福泉市人民政府积极组织，各相关职能部门配合，环保专项行动取得了良好的开端，福泉市政府高度重视环保工作，下决心严厉打击环保违法行为，为顺利完成今年的环保专项行动工作奠定了坚实的基础。

毕节市环保局查处土法炼锌

2008年7月28日下午，毕节市环保局接到接到有关有烧锌罐厂迹象，7月29日上午，该局工作人员立即赶赴进行现场，在杨家湾镇政府领导的配合下展开调查。

经现场调查，李明利锌罐厂厂房在周驿小学围墙外50米处，炉槽内存放有部分锌罐，没有生产痕迹。我局责成业主立即捣毁锌罐，清平现场。对该市辖区内，环境监察人员加大巡查力度，凡与有土法炼锌生产有关的工艺，坚决予以查处，决不姑息迁就。目前，该市没有土法炼锌的迹象。

黔南州加大对违法企业的整治力度

8月19日黔南州环境监察支队到惠水县进行检查。发现惠水县七里冲园区内黄磷生产企业磷泥沉淀池未及时清理，废水应急池未空置；川东化工集团贵州惠水企业3台黄磷生产线，至今未办理环保相关手续，且周边无雨污分流措施，1万吨五钠生产线（生产能力达2万吨）1999年10月投入生产，未办理环保相关手续；贵州惠水鑫达磷化工有限公司1万吨/年磷酸生产线在环保设施未验收的情况下，于2005年始建，2006年1月建成投入生产；惠水县天合矿粉厂2000吨/年重质碳酸钙项目2005年建成投入生产，至今未办理环保手续。

根据现场检查情况，黔南州环境监察支队一是对未批先建及“三同时”未验收就投入生产的违法行为进行了立案查处。二是结合环保专项行动工作，将川东化工集团贵州惠水企业的黄磷炉生产周边未进行雨污分流及锅炉废气超标排放等违法行为列入2008年州级挂牌督办内容。三是下达了督办通知书，要求惠水县加大对七里冲园区巡查，特别是要求生产黄磷企业的废水应急池一定要空置，保障其应急功能，确保环境安全。

省环保局主持调处两州跨界汞污染纠纷

2008年9月9日，省环保局副巡视员沈兴鹏、刘晓静博士到丹寨县金汞矿区开展调查工作。参加污染纠纷现场调查的还有黔东南、黔南两州环保局，三都、丹寨两县政府及政府办、信访、环保等领导。通过实地调查了解调查组确认了黔东南州丹寨县金汞矿是造成交梨乡高戎村水体污染的责任主体。通过协调达成了以下几点意见：

一、丹寨县金汞矿生产造成的环境污染直接影响了交梨乡高戎村群众生产和生活水源，且污染时间较长属于跨界污染纠纷。为稳定群众，两州两县做了大量工作。

二、黔东南州环保局，丹寨县县政府要责成丹寨县金汞矿二车间积极采取有效治理措施确保生产达标排放。对历史遗留矿碴的处置，要求丹寨县金汞矿两个月内聘请有资质的单位编制治理方案，争取国家和省环保治理项目资金，从源头上解决污染问题。治理方案要把三都县交梨乡高戎村生产生活作为优先考虑的内容。

三、停止原黔东南州审批的选金生产工艺。凡今后新上项目必须严格执行国家环评审批政策。

四、9月5日在三都县交梨乡高戎村境内发现稻田鱼死亡，关于死亡鱼的赔偿明确两县环保局协调处理，如企业对鱼的死亡原因有异议，请企业提出举证证明材料。

黔南州环保局认真组织对尾矿库进行大检查，防止环境污染事件发生

为了防止矿山尾矿库坍塌造成环境污染，确保人民群众生命财产安全，根据《关于在全省范围内开展环境安全专项大检查行动的通知》（黔环通［2008］149号）文件精神，我局成立了环境安全隐患排查小组，召开专门会议，就环境安全隐患排查行动的开展实施进行了周密部署。10月8日至20日，我局组成两个专项检查组，由分管监察和污控的局分管领导分别带队，相关科室参加，对省局下发名单中的尾矿库进行现场检查。

在全州5县（市）26家企业的28座尾矿库中，按照省环保局要求的8个重点检查内容，我州对各尾矿库进行逐一检查。在检查的28座尾矿库中，有25座已经办理了环保手续、1座正在办理中、2座没有办理。此次专项行动共出动人员150余人次，对尾矿库环境管理、环境安全隐患等各方

面内容进行了现场检查，在全面掌握情况的基础上，对不符合要求的企业，下达了限期整改通知。

此次现场专项检查中没有发现超量贮存、超期服役情况和垮坝险情，各企业基本制定了尾矿库事故应急救助预案，有专职管理人员和基本的管理运行记录。对于此次专项检查，我局已经上报了自查工作总结，并做好准备接受省环保局的抽查。

遵义市环保局强化环境监督检查狠抓重点行业整治

2008年11月3日至7日，遵义市环保局组织市环境监察支队、仁怀市环保局和习水县环保局，对仁怀市茅台镇白酒行业和习水县煤炭行业进行环境污染现场监察，并针对其存在的主要共性问题，提出了整改措施和处理建议意见。

本次联合监察利用“挪威-遵义环保能力建设”合作项目成果，按照新的监察方法开展现场检查，通过全过程监察、讨论、交换意见等方式，全面掌握污染源情况，依法分类处理，促进污染整治，切实保护环境。

联合检查组分为三个小组开展工作，分别对仁怀市白酒企业、习水县煤矿企业进行了现场调查和检查，对检查中发现的企业违法行为进行了立案查处，并依法责令其改正违法行为。另外，检查组还建议仁怀市地方政府针对仁怀市（茅台镇）白酒业成立专门工作机构加强组织领导，专项整治存在的突出问题，规范区域发展行为，确定白酒业发展总量、区域分布以及准入条件等，促使仁怀市茅台镇白酒企业有序发展；建议习水县政府及相关部门加大煤矿企业整合、改扩建工作力度，加大专项执法检查，严厉打击环境违法行为，有序推进煤炭行业健康发展；加强对习水县区域内地表水、地下水环境的监控，全面掌握辖区环境质量状况，深化矿区及影响区环境保护工作。

安顺市环保局严查污染源 保护红枫湖

为推动我市环保系统扎实开展深入学习实践科学发展观活动，进一步提高环境监管能力，增强与企业的交流沟通，加大基层环境执法力度，保护重要饮用水源地红枫湖，日前，市环保局张明局长、黄恺纪副局长带领局法规科、监察支队、减排办相关人员到平坝县就基层环保执法工作、企业在发展过程中如何做好环境保护工作进行调研，并现场检查相关企业。

11月25日，张明局长一行来到贵州新艺机械厂对污染治理设施运行情况进行检查和听取厂方环境保护工作的汇报后，与厂方负责人进行了座谈。张明局长就新艺机械厂处在水环境极其敏感的情况下，如何做到环保和效益的“双赢”提出了如下要求：一是必须加大环保基础设施投入力度，对厂区和家属区排污管网进行改造，做到清污分流；根据实际情况，科学地分区设置小型污水处理设施，提高水资源的重复利用，确保生产生活废水达标排放；并加快对厂区电镀污泥和电解泥的处置进度；二是新艺机械厂地处红枫湖饮用水源二级保护区内，水环境位置极其敏感，要积极组织宣传环保法律法规，进一步提高广大职工的环保意识；三是针对检查中发现的问题，建议召开全厂环境保护工作大会，建立健全环保工作的内部管理机制，做好环境保护工作；四是企业与环保部门加强沟通联系，环保部门在加大监管力度的同时，将会积极为企业发展做好服务。

随后检查组一行对贵州天峰化工有限责任公司磷石膏渣场治理情况进行检查，就企业正处在改制过程中的环境保护工作提出明确要求，要求厂方不仅要解决好环保问题，更要做好社会的稳定和谐。

最后，张明局长一行来到平坝县环保局进行座谈，张明局长、黄恺纪副局长就县局在日常环境监管中存在的问题认真进行分析，针对平坝县地处红枫湖饮用水源地上游，水环境极其敏感的特点，要求平坝县环保局要把学习实践科学发展观活动与目前的各项工作紧密结合，一是高度认识区域的特殊性，县局领导班子要分工明确，责任到人；二是加强环境监察人员业务素质培训，必须对相关环保法律法规及环境监察规范做到应知应会，严格依法行政，提高环境执法能力；三是加强对污染源的环境监测工作，及时掌握企业的排污情况，切实做好红枫湖饮用水源地的保护。

黔南州环境监察支队对独山县挂牌督办和限期治理企业进行监察

2008年12月9日，黔南州环境监察支队对独山县辖区内的挂牌督办企业和限期治理企业进行了检查。经现场检查，发现独山水泥厂、麻尾分厂环保设施已基本完成，待监测申请摘牌。东峰锑矿冶炼废气脱硫设施正在安装，预计年底前全部完成，小河选矿尾矿库已完成挂牌督办内容。

黔南州环境监察支队对福泉市污染源自动在线监控系统的安装及运行情况进行检查

12月10日，黔南州环境监察支队对福泉市污染源自动在线监控系统的安装及运行情况进行检查。

检查组共对福泉市5家企业的10个废气排放口和1个废水排放口自动在线监控设备的安装及运行情况进行了现场检查，5家企业的污染源自动在线监控设备已基本安装完毕，目前正在进行比对监测，预计所有工作可以在年底完成并在明年元月份通过验收。检查组要求企业和建设单位抓紧比对监测和调试工作，争取在2008年底前上传自动监测数据，实现对污染物排放情况的自动在线监控。

检查组在检查中发现瓮福（集团）有限公司的废水在线监控系统不能对废水进行自动监测，检查组要求其尽快修复系统投入运行，并与安装公司签订保运协议，保证监控设施的正常运转。

安顺市12369环保投诉热线系统升级

日前，为保障环保投诉热线12369专线电话畅通，及时发现、及时解决民众关心的环保问题，安顺市环境监察支队特进行12369环保投诉热线系统升级。

2008年12月上旬，安顺市环境监察支队投入近20万元，对环保投诉热线12369专线电话进行系统改造升级，在原来人工接转的基础上增加了自动接转、录音、网上处理等功能。并于12月10日，举办12369热线电话专项培训，召集各县区环境监察人员进行培训，以保障各地环保投诉热线畅通，及时解决相关环境问题，提高工作效率，提高为人民服务的质量，推动安顺市环境保护工作的发展。

毕节地区组织开展生态环境监察执法检查

根据省环境监察总队的统一安排，毕节地区结合实际，加强组织领导、明确目标，认真组织开展了生态环境执法检查工作，重点对已建、新建水力发电项目、规模以上畜禽养殖场、交通建设项目、自然保护区、国家级森林公园、风景名胜区、国家级地质公园等进行生态执法检查。全区共检查水电站43座，省级审批公路15条，小型养殖场30家，砂石场18家，医院26家，煤矿23个。通过此次生态环境执法监察，确保了我区生态环境健康和可持续发展。

全国第六期企业环境监督员制度培训班在贵阳举行

2008年12月1日至5日，由环保部环监局主办，贵州省环境监察总队承办的2008年全国第六期企业环境监督员制度培训班在贵阳举行，来自四川、重庆、云南、广东及贵州五省、市环境监察机构和重点污染源企业的90余名代表参加了培训，环保部环境监察局陈善荣副局长出席了开班仪式并讲话，贵州省环境监察总队田获总队长到会致辞。

企业环境监督员制度是一项新的环境管理制度，其目的是通过建立健全企业环境管理制度台帐，落实企业环境责任，达到增强企业环境“自律”能力，发挥企业在微观环境管理中的主动作用，是对环境执法监督必要的和重要的补充，是实现科学发展观的一项具体措施，是推进污染减排中心工作、适应新时期历史性转变的一项重要举措。此次培训是环境保护部为切实贯彻企业环境监督员制度，推动该项制度的全面深入开展，按照《关于深化企业环境监督员制度试点工作的通知》（环发[2008]89号）的部署，面向西南地区而举办的。我省9个市（州、地）环境监察机构和32家国控重点污染源企业共派出了44名代表参加培训。按照环境保护部的统一部署安排，争取到 2010年我省国控重点污染源企业基本试行企业环境监督员制度。

毕节地区开展两会及春节期间环境安全执法检查

2009年1月10日—2月10日，毕节地区环境监察支队严格按照毕节地委、行署《关于切实做好全省“两会”期间信访工作的通知》精神，组织开展了全区污染源环境安全执法检查。检查期间，全区共出动环境监察人员235人（次），对辖区内67家排污企业进行了环境现场监察。从检查结果来看，各企业污染防治设施运行正常，无违法违规排放污染物，各项管理措施落实到位，没有发生环境污染事故和信访投诉案件以及重复上访和集体上访事件，有效杜绝了各类环境污染事故和信访投诉案件的发生，确保了“两会”、“春节”期间的环境安全。

安顺、六盘水两地环保部门联手成功处置一起环境安全隐患

春节前夕，省环保局接到六盘水市环保局报告，称六枝特区交通局在修建落别乡索考至木厂约7.5KM公路扩建工程时，使用安顺市镇宁县红星钡业公司产生的含钡工业废渣作为铺路填充材料，对落别乡约3至4万立方米，近3800人的饮水安全构成威胁，可能引发环境安全隐患。由于含钡工业废渣属于《国家危险废物名录》中规定的危险废物，其贮存、转运及处置利用均有严格的规定，为防止对当地地表水环境造成污染，引发突发环境事件，局领导对此作出批示，要求安顺市和六盘水市两地环保部门立即进行查处。

安顺市和六盘水市两地环保部门迅速落实省局领导的批示要求，由主要领导亲自带队，立即成立调查组对贵州红星发展股份有限公司和六枝特区交通局等有关责任单位进行调查，责成贵州红星发展股份有限公司对运往六枝特区落别乡的含钡工业废渣全部运回公司专用渣场进行妥善处理，并对存在环境违法行为的有关单位依法进行了查处，同时两地环保部门还派出环境监测人员对可能受影响地区地表水水质和该批工业废渣进行现场采样分析。

在事件查处过程中，两地环保部门密切配合，通力合作，及时采取了果断有效措施，成功处置了这起跨界转运处置危险固体废物而可能引发的环境安全隐患，避免了一起突发环境事件的发生，确保了当地人民群众的饮水安全。

我省大力推动企业环境监督员制度试点工作

近日，省环保局向各市（州、地）环保局和各国控重点污染源单位下发了《关于开展企业环境监督员制度试点

工作的通知》（黔环通[2009]21号），对我省的企业环境监督员制度试点工作进行了统一部署，这标志着我省的企业环境监督员制度试点工作正式拉开帷幕。

企业环境监督员制度是一项新的环境管理制度，推行该项制度的目的旨在切实增强企业社会环境责任感和使命感、规范企业环境管理制度、改善企业环境行为，全面提高企业自主环境管理水平，推动企业主动承担环境保护的社会责任意识。按照环境保护部的要求，到2010年国家重点监控污染企业基本试行企业环境监督员制度，为此，省环保局专门组织制定了《贵州省企业环境监督员制度试点工作实施方案》（以下简称《实施方案》），并组织九个市（州、地）环保部门和部分国控重点污染源企业参加了环保部举办的企业环境监督员制度培训。《实施方案》明确规定，从2009年到2010年，我省将分三批在85家国控重点污染源企业中开展企业环境监督员制度试点工作，确保2010年我省国家重点监控污染企业按环境保护部要求基本试行企业环境监督员制度。

黔南州开展长江（乌江部分）环保执法行动

根据全省长江（乌江部分）环保执法行动会议的要求，黔南州于2月23日召开了专题办公会议研究安排布置相关工作，成立了局分管领导任组长，局办公室、污控科、监察支队、监测站负责人为成员的环保执法行动领导小组，制定了工作方案，并下发局各部门及相关县（市）环保局。2月24日，州环保执法领导小组率有关人员赴瓮安县对乌江支流进行摸底调查，主要是摸清楚乌江支流沿岸500米范围内向乌江支流直接排放废水的工业企业、城镇污水处理厂及市政排污口数量；废水总量及COD、氨氮、总磷、氟化物及工业污染源的特征污染物排放量；出镜及入境水质等基础数据。

通过此次环保执法行动，黔南州将严肃查处超标排放污染物等环境违法行为，促进污染物减排任务完成。

沈先启副局长到思南等地调研指导长江（乌江部分）环保执法行动工作

2009年2月24日至26日，冒着平均气温2℃-4℃的天气，省环保局沈先启副局长带领省环境监察总队和省监测中心站有关同志到乌江中下游地区调研指导长江（乌江部分）环保执法行动工作，先后听取了湄潭、思南、印江、沿河、德江等地环保部门的工作汇报，并深入现场视察了乌江干流水污染物排放情况。沈先启副局长强调，各地环保部门要认清这次环保执法行动的重要意义，高度重视，精心组织，集中力量完成好这项工作任务；要通过对乌江干流500米范围内排污口及其主要污染物排放情况的全面检查，摸清辖区内乌江干流接纳主要污染物的总量，进一步规范直接排入乌江干流的排污口设置，建立、完善企业排污口及污染物排放档案，严肃查处私设排污口、超标排污的环境违法行为，促进我省污染减排任务的顺利完成。

省环境监察总队对黔南州2008年度环境监察工作进行考核

2009年3月18日，由省环境监察总队翁敬副总队长、征管科洪涛科长一行四人组成的考核组对黔南州2008年度环境监察工作进行考核。此次考核采用抽查的方式，对州环境监察支队和瓮安县环境监察大队的环境监察工作进行考核。

在听取了支队和大队的工作汇报后，考核组按照《贵州省环境监察工作年度考核办法》的考核项目逐项进行检查。考核组对黔南州2008年度环境监察工作取得成绩及进步给予了肯定，同时也指出存在的问题，要求黔南州总结经验及教训，在2009年的环境监察工作取得更大的进步，更上一层楼。

黔南加大环境监察力度对违法企业分批进行督办

从3月19日开始，黔南州环境监察部门对辖区内的重点源及重点检查企业进行了督查。此次督查涉及磷化工、水泥、煤炭等重点行业和清水江、乌江、都柳江等重点流域，督查内容包括：一是环保手续是否齐全；二是排污许可证是否办理、排污费是否按时交纳；三是环保设施运行是否正常、停启运报告制度是否执行到位；四是企业是否被投诉、污染纠纷解决是否到位等。

通过此次督查，黔南州环境监察部门将对存在环境违法行为的企业报局法规部门进行立案处罚，同时将对违法企业分批进行挂牌督办。

黔南州环保局“五招”着力抓好2009年环境执法工作

黔南州环保局采取“五招”，着力抓好2009年环境执法工作。一是继续深入开展环保专项行动。对群众反映强烈、污染严重的企业开展集中整治，对污染严重的落后工艺、技术、装备和产品一律淘汰，对超标或超总量控制指标排污的工业企业要求停产整治，对污染较为严重的企业实施挂牌督办。二是加大污染源督查力度。切实做好减排监察系数工作，尽快实施在线监测、远程视频监控，积极推进监督性减排。三是深入整治饮用水源地环境污染问题。将饮用水安全隐患排查与环保专项行动、深入整治饮用水源地环境污染工作、尾矿库整治专项行动结合起来。对饮用水水源一级保护区排污口的取缔情况以及二级保护区内2000年以来新、扩建项目的关停情况进行回头看，防止死灰复燃。要求各县市制订饮用水水源地污染事故应急预案，加强农村饮用水源保护，解决农村饮用水污染问题。四是做好规模化畜禽养殖场污染防治工作。督促规模化畜禽养殖场依法履行“环评”和“三同时”审批手续，遵守禁养区、申报登记等有关规定，对规模化畜禽养殖场污染物不能达标排放的要依法查处，督促整改。五是抓好排污费征收和管理工作。按省局排污费收缴实行电脑出票，实行规范化管理的要求，州局对各县市加强培训和指导，确保排污费足额征收和按时解缴，同时要加强管理，做到专款专用。

省环境监察总队对黔东南州环境监察工作进行检查考评

3月19日至20日，省环境监察总队翁敬副总队长一行3人对黔东南州2008年环境监察工作进行检查考评。考评组首先听取了州支队对2008年的环境监察工作情况汇报，并查阅了有关资料。与此同时，考评组还抽查了凯里市2008年的环境监察工作。考评组在肯定我州2008年环境监察工作的同时，也指出了存在的问题。考查组还对凯里市污水处理厂和凯里经济开发区明洋食品厂进行了调研。

毕节地区环保局组织开展环境执法检查

为贯彻2009年全国整治违法排污企业保障群众健康环保专项行动工作电视电话会议、全省环境监察执法工作会议、行署有关打击非法采煤和煤矿专项清理整治的有关精神，结合毕节地区减排攻坚方案，毕节地区环保局决定从2009年5月6日起，争取用两周时间完成2009年度环境执法检查工作。

该次执法检查分别由三位局党组成员带队，局有关科室及基层单位派员参加，将重点对各县（市、区）建设项目执行环境影响评价和“三同时”制度情况、限期治理项目完成情况、污染治理设施运行情况、污染源持证排污情况、饮用水源地情况、涉砷企业执行环保法律法规情况展开检查。毕节地区环保局要求检查组及各县（市、区）环保局要切实做好以下几个方面工作，确保该次环境执法检查取得实效：一是各县（市、区）环保局要加强领导，精心组织，认真配合检查组做好本次执法检查工作，同时也要结合实际开展辖区内执法检查，严肃查处辖区内的环境违法行为。二是各执法组及各县（市、区）环保局在执法检查过程中要认真做好检查笔录，并请业主核对无误后签名，对在检查中发现的问题要按照有关法律法规规定提出整改要求或处理意见。三是各县（市、区）环保局要做好执法检查的信息报送工作，对辖区内的环境违法案件，要及时将处理情况上报。四是各县（市、区）环保局要认真做好执法检查的总结工作，于2009年12月15日前将综合执法检查报告报地区环保局法规科。

毕节地区环保局四项措施推进2009年信访工作

一是建立健全领导干部接访制度

全区各级环保部门负责人按照当地党委、政府要求，定期接待群众来访。要在接待场所或者媒体上提前公布接访领导干部的姓名、职务、分管工作以及接访的时间、地点、形式。明确信访工作的分管领导和配备一名责任心强、业务熟、了解相关法律、法规、政策的环境信访工作专职人员。对群众反映强烈、涉及人员多、反复上访的，要实行领导干部包案处理，持续跟踪、督促、协调，直至问题解决。

二是强化排查化解

坚持以源头预防和化解为主，采取定期排查、重点排查、全面排查相结合的方式进行排查。坚持信息汇集与分析研判相结合，增强工作的预见性和针对性，牢牢把握工作的主动性。对排查出的问题，坚持“属地管理、分级负责”，“及时、依法、就地”的原则加强化解。对可能引发不稳定事件的矛盾和问题，在积极做好化解工作的同时，要制定预案，密切关注动向，并及时报告当地政府，坚决防止煽动、组织非法聚集。

对涉及人员多、持续时间长、容易升级激化的矛盾纠纷，除由领导干部包案外，要主动向当地政府提出建议，通过行政复议、行政调解、信访听证、人民调解、司法调解等多种方式缓和矛盾、化解纠纷。涉及多个部门职责的，要及时报请当地政府统筹协调。

企业排污扰民，被环保部门责令整改后，到期未能完成整改的，或对受污染损害群众的补（赔）偿承诺不兑现的，在问题未解决之前，其新建项目、环保治理补助资金等审批一律暂缓。

三是做好敏感时期的信访工作

全区各级环保部门要保持警惕，安排好重大活动期间以及敏感时段的值班、应急工作，防止别有用心的人借题发挥，打着维护环境权益的幌子，挑动群众非法聚集。进一步畅通信访渠道，收集敏感信息，分析突发性事件隐患，发现非法聚集、集体进京上访等苗头的必须报告同级联席会议办公室，并抄报上级环保部门。一旦发生群体性事件，要立即启动应对预案，主要负责同志必须及时到达现场，向群众做好解释疏导工作，防止矛盾激化升级。

四是强化责任追究

环保部门领导干部和工作人员处理信访突出问题不及时，或者工作作风简单粗暴，导致矛盾激化，造成严重后果的，依照中央纪委《关于违反信访工作纪律适用中国共产党纪律处分条例若干问题的解释》以及监察部、人力资源部和社会保障部、国家信访局《关于违反信访工作纪律处分暂行规定》，给予党纪政纪处分。对信访量大，尤其是重复访、越级访居高不下的县（市、区），责令限期整改，逾期没有明显改观的，将通报批评，并抄报上级环保部门。

安顺市强力查处“两考”期间噪声污染

一年一度的中考、高考即将到来，为确保“两考”期间考场考点和考生学习环境的安宁，6月3日晚起，安顺市文化、环保、公安三部门开展联合执法行动，严查“两考”期间噪声污染。

据悉，为给高考、中考考试考生保驾护航，安顺市环保部门从5月下旬起就安排部署，组织市本级环境监察力量以及西秀区环境监察大队和开发区环境监察大队力量对辖区内两城区建筑工地、小加工和歌舞厅等单位开展重点检查，发放《关于“两考”期间严格控制噪声污染的通告》，耐心宣传6月1日起正式实施的《贵州省环境保护条例》中关于国家统一组织的考试期间禁止噪声污染的规定。

当晚的查处行动有针对性地检查考场周边及居民居住区等敏感区域经营性娱乐场所8家，其中存在证照不全、噪声超标排放等问题的5家，现场执法人员当即严令停止违法行为，并将根据相关法律法规进行处理。此次多部门联合开展查处“两考”期间噪声污染执法行动，必将强有力提高市民环境保护意识，进一步遏制产生噪声污染行为，在确保“两考”期间莘莘学子安宁环境的同时，对促进市城区噪声污染防治具有重要意义。

毕节地区赤水河上游环境监察执法工作得到省环境监察总队的充分肯定

6月9日—11日，省环境监察总队对毕节地区境内赤水河上游环境监察执法工作进行了督查。

通过听取汇报、查阅资料、现场检查等方式，督查组充分肯定了毕节地区赤水河上游的环境监察执法工作：赤水河上游涉及毕节地区境内三个县市共42个乡镇，在毕节地区环境监察执法人员少、环境监管压力大，赤水河上游污染源点多线长、交通不便等困难条件下，保证了必要的检查频次，建立了规范的管理台账，对违法排污企业进行了跟踪查办，关闭了赤水河上游区内的环境污染大、生态破坏重的硫磺采治企业，对赤水河上游的生态环境保护发挥了积极的作用。同时，针对督查中存在问题督查组要求毕节地区下一步要按照新的《贵州省环境保护管理条例》的有关要求开展赤水河上游环境监察工作，建立、完善生态环境违法案件移交制度，并对移交案件的办理情况进行监督，强化对茅台酒原产地及赤水河上游地区生态建设和环境保护，保障以国酒茅台为重点的名优白酒生产环境安全。

安顺市开展煤炭开采及洗选行业专项整治

日前，经安顺市环保局报请市政府批复，安顺市“整治违法排污企业保障群众健康环保专项行动”之一的煤炭开采及洗选行业专项整治行动正式启动。安顺市环保专项领导小组负责全市煤炭开采及洗选行业专项整治工作部署和专项督察，各县、区人民政府（管委会）环保专项领导小组负责辖区内的煤炭开采及洗选行业专项整治工作。

安顺市煤炭开采行业专项整治行动要求查清辖区内新建、在建、技改整合煤矿的生产规模、生产状况；检查煤矿是否有相关环保审批手续；检查煤矿是否建设有合乎环保要求的污水处理设施，及污水处理设施是否正常运行；是否建设有应急事故池；是否建设有符合环保要求的矸石场；检查周边生态环境恢复情况。

专项整治行动对污染治理设施不完善、超标排放的煤矿开采企业，依法限期治理；对不符合生态规划要求、严重破坏生态环境或威胁群众环境健康安全的企业，依法报请地方政府进行取缔、关闭。同时加大对煤矿开采企业的环境监察力度，严厉查处破坏生态和污染环境的违法行为。对未执行环评制度和环保“三同时”制度的煤矿开采企业，要对其停建停产；对建设项目未经验收或者验收不合格擅自投运、久拖不验、超期试生产等环境违法行为依法予以处罚。行动将结合地方实际，督促煤炭开采企业制定生态修复方案，按照环评批复要求恢复矿山生态环境。

煤炭洗选业专项整治行动主要检查是否有环评文件及环保审批手续、是否使用淘汰落后生产工艺及设备以及污染防治设施建设及运行情况。要求各县、区（管委会）对辖区内违法生产、违反排污的煤炭洗选企业要严格依法进行查处。对证照手续不全或所办证照手续与实际生产情况不符的企业，工商、煤炭、质监等部门要按照各自职责进行严厉查处。对不符合国家产业政策或使用淘汰落后生产工艺设备的企业，经贸部门要会同煤炭行业管理部门，报请当地政府限期整改直至关停。对未按要求建成污染防治设施或污染防治设施未通过环保验收的洗煤企业，环保部门要依法责令停产，限期整改。对污染物排放不能稳定达标的洗煤企业，环保部门要依法进行处罚，并对其限期治理，限期治理期间，要责令企业限产、限排，逾期未完成限期治理任务的，报请政府实施停产或关闭。对擅自闲置或不正常使用污染防治设施、无证排污、超证超标排污、废水未经处理直排、偷排等环境违法行为，环保部门要按法律规定的上限进行处罚。

此次行动于6月初正式启动，至9月下旬结束。

安顺市铁合金等重点行业专项检查行动启动

6月10日起，安顺市全市铁合金企业、涉砷企业、“十五”小企业专项检查行动正式启动，根据安顺市政府审定方案，此项行动6月上旬开始，至9月底结束。

行动将对辖区内铁合金企业执行国家产业政策和环

境保护法律法规的情况进行专项检查。对违反列入产业结构调整淘汰类目录的设备和工艺的铁合金企业责令立即停止生产，对主要污染物超标和超总量排放的铁合金企业责令停止生产，并限期治理。对涉砷行业（硫化物、硫铁矿制酸、磷矿开采、选矿、冶炼；磷化工；砷化物生产）企业进行全面排查清理。对没有取得环境影响评价审批文件或安全生产许可证的、不符合产业政策和环境准入条件、采用国家明令淘汰的落后生产工艺的企业，严禁生产；没有治理设施、污染物超标排放的企业，限期治理；含砷废渣堆放处置不符合法规、标准，未按规定进行危险化学品登记的企业，限期整改。加强对辖区内关停的“十五”小和“新五小”企业进行后督察，检查被取缔关闭的造纸企业、土法炼焦、炼锌等“十五小”和“新五小”各项取缔措施的落实情况，防止落后淘汰工艺、设备的转移，防止“十五小”死灰复燃，真正做到发现一起，取缔一起，巩固减排成效。

六盘水市环保局四项措施进一步规范排污许可证管理

根据2009年6月1日实施的《贵州省环境保护条例》，结合《贵州省污染物排放申报登记及污染物排放许可证管理办法》和《六盘水市排污许可证发放管理规定（暂行）》的有关要求，市环保局对全市排污许可证管理进行了规范。

一是对发放范围进一步明确。全市市属企业，国控、省控重点污染源，水城矿业（集团）有限责任公司下属单位、盘江煤电（集团）有限责任公司下属单位的排污许可证由市环保局发放。其余企业按照属地管理原则由各县、特区、区环保局发放。

二是对发放程序进一步明确。对申请单位需提交的排污申报材料、建设项目环境影响登记表、主要污染物总量控制指标等7个方面的材料进行了明确。

三是要求发证单位应当对发布情况及时予以公告，接受公众监督。

四是对相关法律责任进一步明确。根据《贵州省环境保护条例》，不按照排污许可证的规定排放污染物的，由县级以上人民政府环境保护行政主管部门责令停止排污，限期改正，可以处1万元以上10万元以下罚款；无排污许可证排放污染物的，处5万元以上20万元以下罚款。

黔南州环保局“三要求”切实做好尾矿库环境隐患排查工作

根据省环保厅关于继续开展尾矿库环境隐患排查的工作部署，为继续深化尾矿库专项整治工作，进一步加强尾矿库日常环境监督管理，确保尾矿库环境安全，近日，黔南州环保局下文给各县市环保局，明确提出“三要求”，切实做好尾矿库环境隐患排查工作。

一是高度重视，继续开展尾矿库环境隐患排查。各县市要高度重视，立即部署，继续深化对辖区内尾矿库的环境安全隐患排查工作，及时了解和掌握各地正在使用、停止使用或闭库的各类尾矿库环境安全状况。一是要检查尾矿库是否建在饮用水源地、自然保护区、重要生态功能保护区等禁建区;二是要检查尾矿库下游是否有河道、饮用水源取水口、居民集中区、危险化学品生产及使用企业等环境敏感点;三是检查尾矿库是否在未进行环境影响评价和未按《“三同时”要求建设的问题，以及是否存在没有安装防扬散、防流失、防渗漏的贮存设施和超标排污等违法行为，是否制定尾矿库环境安全应急预案。对建在禁建区内，主要污染物有毒和下游有集中式饮用水源地或敏感点的尾矿库，要列为重大环境安全隐患、通报安监部门并向当地政府建议对其限期整改和挂牌督办，落实责任、资金、期限和应急防范措施。在隐患彻底排除前，不应同意其恢复生产。

二是认真建立尾矿库环境隐患档案和管理台帐。各县市要与安监部门密切配合和信息沟通，在全面开展环境安全隐患排的基础上，对现有的尾矿库进行分类，建立尾矿库环境隐患档案和管理台帐，实行动态管理，督促、指导企业加强隐患整改。建立健全隐患排查治理和重大危险源分级监控制度，加强对隐患登记、整改、销号的全过程管理。各县市要与安监部门交换尾矿库的基木情况等信息，并将尾矿库的环境安全信息和隐患排查情况及时通报安监部门。

三是加强尾矿库日常环境监督管理。要加强尾矿库环境影响评价把关工作。对于整治行动工作要求补办环境影响评估的，要求督促责任单位在时限内完成;对于新、改、扩建项目，建设内容有尾矿库的，环评报告书(表)应设置尾矿库章节。要督促责任单位按环评报告书(表)及批复要求落实尾矿库环保设施的建设，“三同时”验收后方可投入使用。要加强尾矿库的日常环境监督管理，定期对尾矿库环境污染情况进行监测，及时了解尾矿库环境污染状况，同时为可能出现的尾矿库突发事故做好应急准备。

专项行动

我省整治矿产资源开发环境违法行为保障群众健康环保专项行动拉开序幕

为深入贯彻落实《国务院关于落实科学发展观加强环境保护的决定》和省委、省政府《关于坚持科学发展观为指导兼顾“三者”利益建设和谐矿区的意见》决议要求，切实解决当前突出的矿山生态破坏和环境污染问题，保障人民群众的环境权益。2007年12月25日，省环保局决定全面开展为期三个月的整治矿产资源开发环境违法行为保障群众健康环保专项行动。

本次专项行动整治工作任务的重点是我省煤矿、砂石矿、铅锌矿、磷矿、铝土矿、重晶石矿、金矿、锰矿、硫铁矿、矾矿、汞矿以及钼镍矿等矿产资源开发利用企业。各级环保部门将通过加大对禁采区内的矿产资源开发活动、违反环境影响评价和“三同时”制度的矿产资源开发企业及其破坏生态、污染环境和损害群众健康的环境违法行为的查处力度，使我省在矿产资源开发中破坏生态、污染环境及损害群众权益的行为得到有效遏制，生态恢复和环境污染治理逐步走上健康轨道，矿山生态环境质量得以改善。

按照省环保局的统一部署，各地环保部门已经完成了调查摸底工作。

仁怀市开展环境污染事故安全整治专项行动

日前，仁怀市开展环境污染事故安全整治专项行动，彻底排查和消除各类环境污染事故隐患。

负责牵头单位仁怀市环保局专门成立局长为组长、副局长为副组长，科室负责人为成员的环境污染事故安全整治专项行动领导小组，下设三个工作组进行排查。检查小组检查了市人民医院、市中医院、中枢城区社区医院医疗废弃物的收集处置，燃气充装站、氧气充装站残液的收集处置，一中、七中、育人中学、实验中学、酒都高级中学化验室废弃化学品收集处置，建台水泥厂及巨峰水泥厂放射源（料位计）安全使用，徐坤纸业、天鹅纸业液氯安全使用，茅台110千伏变电站、中枢110千伏电磁辐射环境安全。中枢城区饮用水源安全，乡镇集中式饮用水源、重点饮用水源安全，茅台酒厂生产取水安全，各乡镇环保工作开展情况，各乡镇医院医疗废弃物的收集处置，煤矿、酒厂污染治理设施运行情况及各类企业排污情况。

仁怀市对企业环境安全进行“四查”

仁怀市环境安全检查小组深入乡镇、企业进行认真检查，对企业环境安全做到四查。一查污染治理设施运行情况，二查危险废弃物收集处置情况；三查管理制度、应急预案、台帐记录等软件资料，四查污染物排放许可及现场是否有偷排、漏排情况。检查情况要做好记录，对查出的环境违法行为，依法无需限期改正的，直接立案高限处罚；依法需限期改正的，按规定下达环境违法行为限期改正通知书，限期到后及时回查，对逾期拒不改正或整改达不到要求的，立案高限处罚；对需报政府关、停、并、转或限期治理的，及时将相关材料报领导小组办公室，由领导小组办公室整理上报政府；已构成犯罪的，依法移送司法机关处理。

黔南州环保局对“整治矿产资源开发环境违法行为保障群众健康环保专项行动”工作进行督查

按照省、州《整治矿产资源开发环境违法行为保障群众健康环保专项行动工作方案》的要求，黔南州环保局党组副书记、副局长杨波、党组成员、副局长杨胜勇分别带两个检查小组于2月28日至3月7日对各县市开展“整治矿产资源开发环境违法行为保障群众健康环保专项行动”工作的情况进行督查。检查组将听取各县市开展专项行动工作的情况汇报，然后进行抽查，反馈检查意见，督促各县市及有关部门对在矿产资源开发中存在的环境违法问题进行整改。

仁怀市五年环保专项行动见成效

过去五年期间，仁怀市认真贯彻落实《国务院关于落实科学发展观加强环境保护的决定》，全面推进和谐社会建设，在仁怀市委、市政府的正确领导下，在市人大、市政协的监督支持下，在遵义市环境保护局的业务指导下，认真树立和落实科学发展观，按照国务院七部委“整治违法排污企业保障群众健康环保专项行动”要求，理顺体制，规范行政，突出治理，严格执法，精心组织全市环保专项行动，努力改善人居环境质量，为使广大市民喝上干净的水，呼吸新鲜的空气，切实保障人民群众健康，实现天更蓝、水更清作出了积极贡献。

环境宣传见成效

过去五年期间，仁怀市紧紧抓住“整治违法排污企业保障群众健康环保专项行动”有利时机，通过各种宣传渠道，采取各种有效形式，利用各种舆论阵地，广泛深入地开展了环保宣传教育活动。共编制环保法律法规知识读本5000余册，印制环保宣传资料近100000份，制作环保电视专题5期，创建省级绿色学校10间，遵义市级绿色学校21间，仁怀市级23间。通过召开环保座谈会，聘请环保执法监督员，制作环保电视专题片，开辟环保宣传专栏，发表环保电视讲话，进行街头宣传咨询，悬挂环保宣传横幅，组织学生环保实践活动，开展绿色学校创建活动等形式，有力地促进了环保宣传活动的开展，市民环保意识得到明显提高。

环境执法见成效

以专项行动为契机，集中抓好专项整治。根据我市污染源分布情况，结合我市工业布局和污染成因，确定以煤炭、建材、酿酒为重点，以中茅城区为中心，以国酒基地生态保护为重心开展排污监督检查工作，并坚持面上治理与重点整治并重，常规检查与专项检查相结合，集中力量抓好重点区域、重点流域、重点行业和重点问题的环境整治，及时消除了各种污染隐患，有效遏制了污染事故的发生。五年来，共处理各类环境投诉200件，处理结案200

件，处理率100%。

确定整治重点，及时查处环境违法案件。五年来，根据省、遵义市关于开展“整治违法排污企业保障人民群众健康”专项行动工作要求，精心组织仁怀市环保专项行动，专项行动确定了四类整治重点：一是集中整治对水源安全构成威胁的污染和隐患，二是集中整治白酒酿造企业和煤炭企业污染问题，三是集中整治环境违法行为，四是集中整治群众反映强烈的环境重点热点问题。共立案查处环境违法案件160多件，结案160多件，收缴入库罚款50多万元，在结案的环境违法案件中，申请法院强制执行30多件。

污染治理见成效

在专项行动中，始终将污染治理置于工作的重心抓实抓好，一是抓好下达的煤炭企业污染治理的验收工作，我市2005年下达限期治理环保设施的煤炭企业38家，其中10家因资源枯竭煤炭整合、收购等关闭，1家因扩建实施“三同时”正在建设，实际应完成治理任务的煤炭企业27家。截止目前，已建设完成环保治理设施验收合格的煤炭企业27家。二是继续抓好白酒酿造企业的污染治理，在金士酒业治理成功试点的基础上，2006年对有制酒生产车间，污染严重的茅台酒业等19家白酒生产企业下达了限期治理任务，目前，已建设完成污染治理设施并验收合格19家，建设完成待验收7家。三是在排污费中安排专项资金200万元，组织实施了五马等9个乡镇简易垃圾填埋场的建设及2家重点污染源企业的治理，现已竣工验收。今年安排资金108万元，实施坛厂等其余8个乡镇简易垃圾填埋场的建设，已陆续启动。四是推进社区医院环保设施建设，我市中枢8家社区医院严格执行环保“三同时”制度，按环保要求规范环保设施建设， 8家社区医院顺利通过了环保“三同时”验收。

饮用水源保护见成效

饮用水水质直接关系人民群众的生命财产安全，为保证人民群众喝上放心干净的饮用水，我市根据省、遵义市要求，在专项行动中狠抓市民饮用水源安全工作，中枢城区饮用水源保护区已划定并上报省人民政府批准。按照饮用水源保护区工作的有关要求，我市制定了饮用水源保护区管理办法，发布了保护通告，定期开展饮用水源周边环境综合整治，依法取缔了娅石庆饮用水源保护区和流沙岩饮用水源保护区的所有排污口。在专项行动中，我市加大了饮用水源保护核心区内茅坝沟水库等的专项检查，对违法排污和污染饮用水源水质的环境违法行为进行严厉查处，有效遏制了保护区内游泳和放牧等对水源安全构成威胁的行为。现保护区内无任何排污口，无网箱养殖、拉网养鱼等情况。

城市环境基础设施建设见成效

为彻底改变城市脏、乱、差状况，强化环境基础设施建设，我市将专项行动与整脏治乱工作结合起来，狠抓环境基础设施建设工作。“十五”期间我市争取到位污水和垃圾处理厂两个国家国债项目。中枢和茅台污水处理厂总投资7908万元，项目内容包括中枢和茅台污水处理厂及其配套污水处理输送管网57公里，设计处理能力中枢污水处理厂、茅台污水处理厂各为1万吨，中枢污水处理厂已于2007年11月经省环保局验收合格，茅台污水处理厂已完工投入试运行。中枢城区垃圾处理厂投资2971万元，项目建设规模为日处理生活垃圾140吨和渗漏液70吨，总库容123万吨，设计年限17年。该项目经省环保局验收合格投入正式运行。

中国酒都仁怀环境空气自动监测站投入使用。位于茅台城区和仁怀城区的两个空气自动监测站，共投入资金122.5万元。投入使用后能连续自动采集、分析、贮存和传输反映空气质量的二氧化硫等15项环境指标，为仁怀市中茅空气质量预报和环境决策提供了科学依据。目前，自动站全面投入运行。

污染减排见成效

根据遵义市下达给我市“十一五”污染物总量削减指标，到2010年，化学需氧量由2005年的2555吨降为2100吨，净削减455吨，二氧化硫由10505吨降为8300吨，净削减2205吨。我市在环保专项行动中，强化管理减排、治污减排、调整结构减排措施，全面推进减排工作。截止目前，已取缔赤水河沿岸落后页岩砖瓦厂4间，取缔五马河流域分散个体造纸户200余户，关闭煤矿企业10间，完成减排污染治理工程8家，完成沼气池建设12000口。已削减化学需氧量532.85吨，占“十一五”化学需氧量削减量455吨的117%；已削减二氧化硫221.58吨，占“十一五”二氧化硫削减量2205吨的10%。

“过去五年期间，仁怀市通过狠抓环保专项行动，环境保护工作取得了较好成绩，各项环境保护指标基本完成。企业排污申报率100%，违法案件查处率100%。环境质量逐步改善。环境空气质量：全市环境空气质量达到规定的二级标准；水环境质量：地表水赤水河茅台段、盐津河、流沙岩饮用水源达到国家水环境功能区标准；声环境质量：全市区域环境噪声平均等效声级52.0 分贝，道路交通噪声平均等效声级为63.3分贝。声环境质量逐步改善。

过去五年期间，仁怀市连续几年环境保护工作荣获遵义市一等奖、二等奖；环境目标责任制工作2006年、2007年连续两年荣获贵州省一等奖；整治违法排污企业保障人民群众健康环保专项行动荣获国家环保部五年工作先进集体。

毕节地区集中力量解决危害群众健康的突出环境问题

从2003年至2007年，毕节地区致力于让人民喝上干净的水、呼吸清洁的空气、吃上放心的食物，扎实开展“整治违法排污企业保障群众健康”环保专项行动，严厉查处各种环境违法行为，集中力量解决危害群众健康的突出环境问题，加强了对重点区域、流域和重点行业以及环境敏感区域污染源的日常监督管理，全面提升和改善全区生态环境质量，实现了全区空气、水环境和城乡生态环境质量的逐步好转。开展专项行动以来，共查处各种环境违法案件248起，处罚金343.25万元，环境违法活动行为受到有力惩治。在2008年全国整治违法排污企业保障群众健康环保专项行动会议上，毕节地区环境监察支队副支队长张振林，毕节市环保局党组成员、毕节市环境监察大队大队长曾治黔等两名同志由于工作成绩突出，对全区有力推进环保专项行动起到良好的带头作用，被环境保护部、国家发展和改革委员会、监察部、国家工商行政管理总局、司法部、国家安全生产监督管理总局、国家电力监管委员会等国务院七部委表彰为“整治违法排污企业保障群众健康环保专项行动先进个人”。

毕节地区召开全区环保专项行动工作会议

7月28日，毕节地区环保局召开全区环保专项行动工作会议，会议由地区环保局副局长乔震生主持，地区环保局领导班子成员、局属各科室及基层单位负责人，各县（市）环保局局长、百里杜鹃管委会林业环保局长、分管环境监察的副局长、环境监察大队长参加会议，地区监察局应邀列席参加会议。

会上，地区环保专项行动领导小组副组长、地区环保局党组书记方星志同志作了全区环保专项行动的5年工作总结，并就当前有关工作进行了安排部署。

方星志指出，从2003年开展整治违法排污企业保障群众健康环保专项行动以来，在地委、行署的正确领导下，在省环保专项行动领导小组的指导下，通过地区环保专项行动成员部门的协调配合和地、县两级环保部门的共同努力，环保专项行动工作取得了明显的成效。一是着力查处了一批环境违法行为。五年来，地、县两级共出动环境执法人员近20000人（次），现场检查企业5000多家（次），查处环境违法企业790家（次），有力震慑了各种环境违法行为。二是着力解决群众饮水安全。五年来，全区环境执法人员查处了多起影响群众饮水安全的环境违法行为，如对黔西附廓水库集雨区范围内的煤矿进行集中整治、解决了中岭煤矿开采引发的附近群众的饮水困难、制止了黔西林泉镇韦寨村氧气厂生产造成厂墙外群众饮水点受到污染的环境违法行为。三是着力淘汰落后产能、促进污染减排。仅2007年就取缔土法炼锌炉4524节、土法炼焦窑49支、锌罐厂608家。四是严格落实责任追究。在“两土”取缔工作中，一批国家工作人员受到了不同形式的行政处分，有效震慑了环境保护工作的不作为行为。五是环保行动期间，开展了城市环境污染整治，两考期间、加大噪声巡查，对辖区内大型火电厂进行专项检查、确保脱硫设施和烟气在线监控系统的正常运行，开展生态环境监察等工作。

方星志强调，当前全区环境违法行为仍然相当普遍，环境形势依然十分严竣：一是部分职能部门未履行部门职责；二是整治环境违法问题上手段较为单一；三是环境后督察工作还有等加强；四是一些挂牌督办案件督办力度不够；五是一些未批先建环境违法行为依然存在，污染治理设施不能保证长期稳定运行；六是煤矿废水治理点多面广，又处于整合期间，监管难度较大；七是部分煤炭、铅锌、硫晶砂等矿石洗选行业未能做到洗选废水闭路循环，尾矿库存在较大环境安全隐患；八是涉铅锌行业仍然存在较为突出的环境安全隐患；九是基层环境执法人员少、装备差、总体业务素质还需进一步提高，办公条件差，办公经费不足。

方星志要求，今年的环保专项行动，要继续以解决危害群众健康和影响可持续发展的突出问题为重点，着力抓好以下工作：一是要进一步深化开展环保专项行动重要性、艰巨性、紧迫性的再认识，迎难而上，下猛药，用重典，铁腕治污，努力推动工作再上新台阶；二是要突出工作重点，围绕完成污染减排任务，开展对重点行业环境违法问题的集中整治；围绕保障群众环境权益，开展对饮用水水源地环境违法问题的集中整治；以休养生息为目标，集中开展重点流域污染企业的专项整治；三是要做到“五个到位”。即：责任落实到位，执法到位，查处到位，监管、监控到位，舆论宣传到位。希望各县（市）要进一步调整充实专项行动工作领导小组，着力解决好机构、编制、经费、人员、设备等方面存在的问题，实行部门联动，提高环境监管能力。对专项行动开展不力，环境问题突出的县（市）将实行“区域限批”；对社会影响恶劣、群众反映强烈、环保部门查处阻力较大的环境违法案件，将提请政府挂牌督办，及时向社会公布处理结果。

会上，地区环保专项行动领导小组副组长、地区环保局局长徐本贵就2008年环保专项行动工作作出具体安排。

徐本贵指出，2008年环保专项行动的工作重点：一是以巩固整治成效为目标，集中开展环保专项行动后督察；二是以促进污染减排为目标，集中开展对城镇污水处理厂、垃圾填埋场等重点行业专项检查；三是以休养生息为目标，集中开展重点流域污染企业的专项整治。

徐本贵强调，环保专项行动涉及面广，在具体工作中，要切实加强组织领导，加强部门联动，合力打击环境违法行为；要充分利用挂牌督办手段，解决重点、难点环境问题；要加强指导和考核检查，着力整改突出问题；要加大责任追究力度，震慑环境违法行为；要加大舆论宣传和加强公众监督，营造有利于专项行动深入开展的良好社会氛围。

徐本贵要求，为保证今年全区的环保专项行动取得实效，要抓好“四结合”来推动工作开展。即：一是结合环保就是民生，抓好2008年环保专项行动工作；二是结合农村环境综合整治，重点是农村饮用水安全，抓好2008年环保专项行动工作；三是结合污染减排，抓好2008年环保专项行动工作；四是结合2008年北京奥运会、毕节试验区成立二十周年，锁定目标，认真排查，抓好2008年环保专项行动工作。

地区环保局党组成员、副局长乔震生就抓好会议文件精神贯彻落实、如何营造声势做好宣传等方面作全面的会议小结。

赤水市环保局开展“迎奥运”环境安全专项整治行动

为加强奥运期间环境安全管理，扎实推进“整治违法排污企业、保障群众健康”专项行动开展，赤水市环保局于2008年7月20日起开展以放射源、危险废物产生源、重点污染源、饮用水源等为重点的“迎奥运”环境安全督查专项行动。一是对辖区内危险废物产生源、电磁辐射设备及放射源的单位进行了全面清查。该项工作采取事先摸底、单位申报、重点调查的步骤进行。二是加强对重点污染源和生态环境监察检查力度。对辖区内重点污染源单位及“三区”进行了全面检查，进一步强化业主和责任人的环境意识，排除环境安全隐患。三是开展饮用水源环境安全检查专项行动。组织自查、督查，督促整治饮用水安全隐患，加大对群众反映强烈的饮用水执法检查力度，切实保障群众饮水安全。

福泉市环保局切实开展环保专项行动工作

2008年环保专项行动开展以来。福泉市环保局作为全市环保专项行动的牵头部门，在福泉市政府专项行动领导小组的领导下，截止8月15日，通过专项行动关闭取缔污染严重、整治无望的企业5家，下达限期停产整改企业1家。福泉市政府对前一阶段的专项行动工作给予了充分肯定。同时要求，进一步加大专项行动工作力度，一是要统一思想，强化责任，确保专项行动的工作落到实处；二是要摸底排查，提出规划，分类指导，逐步到位，确保专项行动取得实效；三是加强部门协调，发挥部门职能作用，确保专项行动形成长效机制；四是注意防止源头污染，新上建设项目，必须符合环保条件，坚决取缔关闭不符合环保要求的企业，巩固专项行动成果。

福泉局将严格按照专项行动工作方案和此次会议精神，扎实抓好2008年度环保专项行动各项工作，为进一步改善我市环境质量创造条件。

黔南州继续开展挂牌督办后督察

8月4-6日，黔南州环境监察支队对三都、荔波、独山的挂牌督办企业进行了检查，情况如下：

一、三都县

三都瑞江木业有限公司（原三都冠豪木业有限公司）：2006年被列为州级挂牌督办企业。该公司按照督办要求修建了锅炉冲灰水沉淀池和废水处理池。但从2007年10月至今一直处于停产状态。

二、荔波县

1、荔波县兴茂煤矿：2006年被列为州级挂牌督办企业，该矿按督办要求修建了污水处理设施并经过验收。目前正在进行整合及办理相关环保手续。现场检查该矿正在检修污水处理设施。

2、荔波县高荣煤矿：2007年被列为州级挂牌督办企业。目前该矿正在进行整合及办理相关手续，已委托省煤炭设计院编写环境影响评价报告表。现场检查矿坑废水经沉淀池沉淀后，打回坑底进行喷淋，循环使用不外排。

3、荔波县定点屠宰场：2005年被列为州级挂牌督办企业，该屠宰场已按要求修建废水处理池。现场检查运行正常。

4、荔波县佳荣铅锌矿业公司：2007年被列为州级挂牌督办企业。该公司已按要求修建了渗漏液收集池和污水处理设施，污水经处理后循环使用，已经过验收。现场检查因矿源供应不足未生产。

5、荔波铅锌选矿厂：2007年被列为州级挂牌督办企业。该厂已按要求修建了渗漏液收集池和污水处理设施，污水经处理后循环使用，已经过验收。现场检查因矿源供应不足未生产。

三、独山县

1、通润冶金（贵州）有限公司：2004年被列为州级挂牌督办企业，该公司按督办要求修建沉淀池。2005年8月停产至今。

2、东峰集团半坡选矿厂：2005年和2007年被列为州级挂牌督办企业。该厂按照要求对尾渣坝坝体加固，完善尾渣坝配套设施，废水循环使用。

毕节市召开全市环保联席会暨环保专项行动工作会议

2008年8月26日，毕节市人民政府召开全市环保联席会暨环保专项行动工作会议，会议由市人民政府副市陈广臣主持，建设局、水利局、经贸局、城管局、监察局、大新桥办事处等相关部门参加了会议。

首先，市环保局陈万能局汇报了当前环保工作开展的情况及存在的问题，分管局长作了补充，城管局、建设局、水利局等相关部门就有关问题作了发言；陈市长对会议作了总结发言，着重指出：一是各部门对环保工作进一步深化认识；二当前环保工作形势严峻，要引起各部门高度重视；三要加大环保宣传力度；四是要加大环保执法力度；五是要严抓责任落实；各部门要密切配合，明确职责，把环保工作推向一个新的台阶。

遵义县环保局在环保专项行动中严厉查处违法排污企业

在环保专项行动期间，遵义县对乌江镇重点废气污染源排放企业进行了一次夜间突击专项检查，查实遵义县腾鑫公司（遵义腾元铁合金有限责任公司）等3家企业有违法排污行为，执法人员现场要求这些企业改正违法行为，并按照程序立案查处。

遵义县腾鑫公司（遵义腾元铁合金有限责任公司）企业为硅铁生产企业，在正常生产情况下，未向环保部门申请批准擅自停运环保设施；遵义县乌江渡江北铁合金厂该厂为硅铁生产企业，在正常生产情况下，未向环保部门申请批准擅自停运环保设施；遵义县众立化工有限公司乌江黄磷厂该厂为黄磷生产企业，生产正常，4吨锅炉除尘设施运行正常，但未进行脱硫处理，除尘水排入预警池，造成预警池失去预警作用，未经批准擅自建设了3台坩埚并且无任何污染防治设施。因此，在立案查处时要求企业：一是改正违法行为；二是完善环保设施；三是建章立制明确专人对环保设施运行负责；四是对有违法行为的企业给予经济处罚。

黔南州确定2008年州级挂牌督办企业名单

为加大环境执法力度，保障群众健康，切实解决人民群众反映强烈的突出环境问题，根据《贵州省环境违法案件挂牌督办办法》和《黔南州2008年整治违法排污企业保障群众健康环保专项行动工作方案》（黔南环专［2008］4号）文件精神，经州环保局、监察局共同研究，将污染较为严重、社会反映较大的贵州开磷集团剑江化肥有限公司、独山县水泥厂、独山县水泥厂麻尾分厂、独山县东峰锑矿厂小河选矿厂、贵州省贵定酒厂造纸分厂、瓮安磷矿、瓮安县洗马煤矿、瓮安县青菜沟煤矿、瓮安县大洞口煤矿、川东化工集团贵州惠水企业等10户企业列为2008年环保专项行动第一批州级挂牌督办企业，并由州环保局、监察局共同行文下发通知到各县（市）环保专项行动领导小组、环保局、监察局和挂牌督办企业。

通知要求10户被挂牌督办单位，一是要充分认识挂牌督办工作的重要性和紧迫性，制定上报治理方案和工程实施时间表。二是充分认识违法排污的危害性，按照挂牌督办任务和办理时限的要求，认真落实治理资金和治理方案的各项措施，确保挂牌督办任务按时完成。同时，为使挂牌督办工作取得实效，环保、监察等专项行动成员单位将加强部门联动，实行联合办案制度，加大对10户挂牌督办单位的跟踪督查力度。对无故不治理，拖延治理，未按期完成督办任务的企业，将依法予以高限处罚，并追究相关人员的责任。

省环保专项行动领导小组到福泉市检查第二阶段环保专项行动工作

根据《关于开展对城镇污水处理厂、垃圾填埋场等重点行业专项检查的通知》（黔环专〔2008〕18号）文件精神，省环保专项行动领导小组翁敬、何绍军等一行于2008年9月16日到福泉市检查第二阶段环保专项行动工作开展情况。

检查组主要检查了福泉市瓮福（集团）公司、省磷肥厂、川恒公司等企业污染防治设施运行情况、五里坎垃圾填埋场运行情况及主要污染物减排监察系数工作开展情况。现场检查中，检查组针对3家国控重点企业的污染防治设施及自动在线监控系统运行情况提出了整改意见，责令企业必须正常运行污染防治设施和自动在线监控设施。对此，三家企业负责人都表态今后工作中，要加强对这些设施的正常运行和管理，确保企业达标排放。

通过现场检查和听取汇报，检查组对福泉市开展专项行动以来的成绩给予了充分肯定，特别是针对该市磷化工业较发达，主要污染物减排工作任务繁重，磷化工特征污染物排放量大的实际，制定了符合福泉市实际的工作方案，并根据工作方案开展了大量深入的调查工作，为专项行动工作的顺利开展奠定了坚实基础。同时，支持福泉市关闭取缔一批污染严重、整治无望的企业；挂牌督办和限期整治一批污染严重、社会影响较大的违法排污企业。检查过程中，检查组也提出了专项行动工作中做得不到位的一些工作，如还未开展城市污水处理厂建设工作；生活垃圾填埋场只进行简易堆放和填埋，未采取无害化防渗处理措施等。今后工作中福泉市环保局将严格按照检查组的意见和建议认真开展下一步环保专项行动工作，加大环保执法力度，确保2008年环保专项行动的工作取得成效，努力完成福泉市污染物减排工作任务。

毕节市加大环保专项执法监察力度确保环保设施正常运行

2008年9月18日，省环境监察总队、地区环境监察支队、市环境监察大队三级环境监察机构组成联合执法小组对毕节市城镇污水处理厂、垃圾填埋场等重点行业进行专项检查，重点检查毕节市垃圾填场 、毕节市城市污水处理有限公司。

生活垃圾填埋场

主要检查填埋量、雨污分流情况、防渗措施、渗滤液处理处理设施运行情况以及地下水质监测情况。在检查中，垃圾填埋场未对填埋场地下水质进行监测。

城镇污水处理厂

主要检查进出水水质、处理水量、主要污染物去除情况、污泥处置情况和在线监控设施安装运行等情况。经查，污水处理厂进水口在线监控设备没有安装，出水口的在线监控数据还有待核实。

针对存在的问题，省总队李斌副总队长要求：1、垃圾填场要加强对渗滤液、污水池的管理，对存在的问题尽快解决，2、对污水处理厂按要求完善有关措施;在线监控尽快完成有关方案。在这次专项行动检查中，省总队还检查了毕节市环保专项行动工作，对所做的工作进行肯定。

遵义市红花岗区多部门联动打击违法排污专项行动整治见成效

为确保今年专项行动取得实效，遵义市红花岗区环保专项行动小组围绕2008年专项行动实施方案及当前工作重点，针对前阶段梳理出的突出问题，有针对性地进行了集中整治，取得了显著成效。

2008年10月16日，区人民政府组织区监察局、区环保分局、区经贸局、区安监局、区国土分局、区公安分局、城郊供电公司、长征镇、南关镇、新蒲镇、深溪镇等部门，联动对辖区范围内的非法小洗选和土法烧结窑进行了集中整治，全区环保专项行动取得阶段性成果。此次行动共计出动人员115人，车辆24台，取缔非法小洗选24家、土法烧结4张。专项行动小组主要采取了断电等强制措施，并对非法所得进行了收缴。

下一步，红花岗区环保专项行动领导小组将继续加大环境监察和整治惩处力度，标本兼治，注重长效，防止污染反弹，切实解决环境违法问题，确保环保专项整治行动圆满完成。

遵义市环保专项行动领导小组开展全市专项检查

根据遵义市政府2008年277号明传电报工作安排，市环保专项行动领导小组办公室率队分四组对各县、区（市）环保专项行动工作进行检查。此次环保专项行动检查对2005年来挂牌督办企业完成情况、饮用水源保护工作、淘汰落后生产能力及工艺等方面进行了检查。

整体来看，各县、区（市）均按照市环保专项行动领导小组要求成立了保障群众健康整治违法排污环保专项行动领导小组办公室，明确了工作重点，开展了相关工作，取得了较好效果。但部分县、区（市）在各项工作上还存在一定不足。一是部分县、区（市）历届挂牌督办企业未能按时完成挂牌督办整治任务，且部分污染存在反弹现象；二是部分县、区（市）饮用水源保护工作进展缓慢，未完成勘界定桩工作。

市环保专项行动领导小组将针对存在问题督促相关县、区（市）政府加快整治工作进度，确保各项环保专项行动工作全面完成。

贵阳市开展废油回收加工厂专项检查

据 “网易博客”11月13日刊贴称，贵阳市周边地区有10多家“废油回收加工厂”，他们昼夜作业，形成一个环形污染带，正在污染着贵阳甚至其他地区的碧水蓝天后，从12月2日开始，由贵阳市环保局牵头，会同贵阳市安监局、贵阳市质监局、贵阳市工商局及贵阳市园林绿化局联合行动，对贵阳市辖区内各废油回收加工厂开展专项检查和进行集中整治，着力解决危害群众健康环境问题，努力维护群众环境权益。

此次专项检查中将对未办理工商登记、未办理经营许可证、未执行建设项目环境影响评价制度和“三同时”制度的废油回收加工厂进行依法查处，对达不到环保要求的责令限期整改和治理，经整改和治理仍达到要求的，依法按程序予以关停。

毕节地区2008年环保专项行动成效明显群众合法权益得到切实维护

2008年，毕节地区整治违法排污企业保障群众健康环保专项行动以加大环境执法力度为手段，以促进主要污染物减排为目标，全力保障群众合法环境权益为目的，联合监察、经贸、质监、国土、乡企等相关部门开展了多次的联合环境执法。专项行动开展以来，全区共出动环境执法人员2962人次对1043家次企业进行了现场检查，其中：立案查处30家，结案30家，对12家污染企业进行行政处罚，共处罚金42万元，编发环保专项行动简报10期、信息30余条。同时，积极督促企业完成限期治理任务，截止到目前，10家企业完成限期治理任务，2家企业完成验收监测等待验收，10家企业已完成限期治理内容等待验收监测。

黔东南州、市环保局联合对金泉湖饮用水源保护区开展了专项执法检查

根据省环保局检查组提出的要求和黔东南州环保局张镇局长的指示，确保饮用水安全，黔东南州环保局环境监察支队与凯里市环境监察大队于2009年2月19日对金泉湖饮用水源进行了现场执法检查。

通过实地调查，金泉湖饮用水源保护区环境保护工作总体情况良好，饮用水源保护区大坝上以及坝坡上均建

有数百米的防护栏，大坝两侧立有《饮用水源保护管理条例》以及明显的警示牌，大坝的人行道上也立有不准设立摊点，不准车辆通行的警示牌。但在检查中也发现仍存在一些问题。针对存在的问题，州、市环保局采取以下措施：一是建议凯里市加强宣传教育，督促相关部门协调配合，依法严肃查处各种污染和破坏饮用水源地水质的违法行为，抓好环境监管；二是对库区周围的农用耕地采取退耕还林、还草，恢复植被，避免化肥农药污染，确保饮用水源水质安全；三是提请工商部门吊销营业执照，取缔保护区内的饮食服务摊点及饭馆。

“2009年全国整治违法排污企业保障群众健康环保专项行动电视电话会议”在省政府召开

四月十四日，在省政府7号楼电视电话会议室，“2009年全国整治违法排污企业保障群众健康环保专项行动电视电话会议”如期召开。来自省经贸委、发改委、司法厅、公安厅、检察院、监察厅、建设厅、工商局、质监局、安监局、银监局、人民银行贵阳中心支行、市电监办负责人及省环保局郭猛局长等局领导和机关干部近百人参加了会议；省政府副省长孙国强出席了电视电话会议贵州分会场。

在北京主会场，全国整治违法排污企业保障群众健康环保专项行动电视电话会议由环境保护部副部长张力军主持。

会上，环境保护部部长周生贤做了“突出重点，联合行动，继续严厉打击环境违法行为” 的讲话。他强调，这次会议的主要任务是，贯彻落实十七届三中全会和中纪委第三次会议精神，围绕“保增长、保民生、保稳定”部署2009年全国整治违法排污企业保障群众健康环保专项行动工作。

在报告里，周部长首先总结回顾了2008年全国整治违法排污企业保障群众健康环保专项行动取得的成效与不足，提出了2009年专项行动的重点主要体现在三个方面：一、严管“两高一资行业”，集中开展钢铁、涉砷行业专项检查；二、巩固饮用水源保护区集中整治成果，坚持开展环境保护后督察；三、着力整治城镇污水处理厂、垃圾填埋场环境违法问题，切实发挥治污的设施的减排效益。

为了扎实搞好今年的专项行动，周生贤部长提出了以下要求：一、落实地方各级政府责任；二、挂牌督办典型环境违法案件，强化责任追究；三、严格区域、流域、行业限批，强化环评审批制衡；四、完善环保专项行动长效机制，强化监管制度。

国家发改委、监察部、司法部、住房城乡建设部、工商总局、安全监管总局、电监会等部门领导围绕周生贤部长的讲话，结合各自部门的职能提出了相应的工作要求和部署。

毕节地区环境监察支队协助织金局开展查处环境违法企业环保专项行动

根据《2009整治违法排污企业保障群众健康环保专项行动工作》的要求，5月26至27日地区环境监察支队一行协助织金局对辖区内数家煤矿进行现场执法检查。两天共查出企业未上治理设施或擅自闲置治污设施，偷排、漏排等环境违法行为的煤矿3家。对具有上述违法行为的企业将上报地区局研究处理。

为有效地遏制企业环境违法行为，对企业起到较好的振摄、宣传、教育作用，规范企业行为，我局将进一步加大环境监察力度，严厉查处辖区内企业环境违法行为，确保环境保护法律、法规的贯彻落实，保障企业周边居民有一良好的生活环境。

黔南州认真部署环保专项行动各项工作

为全面贯彻落实国家八部委电视电话会议的重要精神，进一步巩固黔南州整治违法排污企业环保专项行动阶段性成果，黔南州召开了由州环保局、州发展改革局、州经贸局、州监察局、州司法局、州建设局、州工商局、州质监局、州安监局、州水利局、州国土局、州乡镇企业局、都匀供电局、黔南日报、黔南电视台、黔南人民广播电台等部门分管负责人参加的环保专项行动成员单位会议，会议由州人民政府副州长蒙院芬主持，州政府副秘书长贾朝军参加会议。会上讨论通过了专项行动工作方案，并成立了环保专项行动领导小组，蒙院芬任组长，贾朝军、杨波任副组长，专项行动日常协调工作由领导小组办公室（设在州环保局）负责，陈祎任办公室主任。我州各县、自治县、市人民政府把继续深入开展环保专项行动作为重要工作内容，形成政府牵头、各部门密切配合的工作机制，精心组织、周密部署、广泛动员，先后成立了专项行动领导小组，制定了工作方案，全面推进专项行动工作开展。

根据省环保专项行动领导小组办公室的要求，6月5日，黔南州环保专项行动领导小组办公室下发《关于2009年整治违法排污企业保障群众健康环保专项行动信息报送有关事项的通知》，明确各阶段专项行动信息、阶段报告报送时间，确保信息报送及时、畅通。

黔南开展环保专项行动第一阶段检查整治工作

按照《黔南州2009年整治违法排污企业保障群众健康环保专项行动工作方案》的要求，州内12县市环保专项行动领导小组结合工作实际，拟定了第一阶段的检查整治方案，重点整治近期群众反映强烈的一些热点、难点问题，对“两高一资”行业企业、钢铁及铁合金企业、涉砷行业企业以及煤矿企业开展集中检查。

各县市将围绕违反环境影响评价制度和“三同时”制度，拒不淘汰列入产业结构调整淘汰类目录的设备和工艺，主要污染物超标和超总量排放等违法行为进行查处。对存在不符合产业政策和环境准入条件，采用国家明令淘汰的落后生产工艺进行洗选加工生产，没有治理设施，污染物超标排放，含砷废渣堆放处置不符合法规、标准的涉砷企业进行查处。同时对煤矿企业进行专项整治，重点查处煤矿未执行环评和“三同时”制度，以及废水处理设施不正常运行和废水超标排放的违法行为。

毕节地区2009年环保专项行动重点整治几个方面

2009年，毕节地区整治违法排污企业保障群众健康环保专项行动以邓小平理论和“三个代表”重要思想为指导，深入贯彻落实科学发展观，进一步加大环境执法力度，着力解决危害群众健康、影响可持续发展的突出环境问题，以饮用水源安全，遏制“两高一资”行业污染反弹为重点，重点开展钢铁行业、涉铅行业、煤炭开采行业专项检查，促进主要污染物减排工作的顺利实施，维护社会稳定，为实现全区经济社会平稳较快增长提供有力的环境执法保障。

云南省

环境执法

云南省2008年九湖流域环境监察方案

为进一步贯彻全国重点湖泊污染防治工作会议、省九湖水污染综合防治领导小组第七次会议、省九湖水污染综合防治领导小组办公室主任会议精神，2008年通过九湖流域环境监察工作，结合“七彩云南环境治理行动”，推进生态环境保护大力推进环境后督察制度，进一步提高九湖流域内排污企业的环保意识，强化九湖流域环境管理，监督企业稳定达标排放，严肃查处环境违法行为，促使流域内各州（市）签订目标责任书中的重点项目得以完成，主要污染物排放总量控制指标得以实现，使九湖流域监管工作有新的突破，巩固和提高九湖流域生态环境质量，确保九湖水污染综合防治“十一五”规划任务的完成。

一、监察对象

（一）九湖流域内21家城市生活污水处理厂。

（二）九湖流域内36家国控省控重点排污企业。

（三）云南省九大高原湖泊流域水污染综合防治目标责任书（2006年-2010年）中2008年应完工的22个工程项目。

二、监察主要内容

（一）九湖流域水污染综合防治目标责任书（2006年-2010年）执行情况考核暂行办法中，点源污染控制部分指标污水“截污率”和“处理率”，即经管网收集进入污水处理设施的生活污水量和城镇经处理的生活污水量情况。

（二）排污企业环保治理设施正常运转及在线监测装置安装情况。

（三）流域内2008年应完工的责任书重点工程项目进度情况。

（四）新建项目“环评”和“三同时”制度执行情况。

（五）环境违法企业限期整改完成情况。

三、监察频次

（一）县（区）级环境监察部门对九湖每月监察不少于1次。其中，宜良县、呈贡县和澄江县环境监察部门对阳宗海每月联合检查1次。对点源污染控制部分指标即经管网收集进入污水处理设施的生活污水量和城镇经处理的生活污水量两项，每月核查1次。

（二）州（市）级环境监察部门对滇池、抚仙湖、洱海每月监察1次，其余六湖每季度监察1次。其中，昆明市、玉溪市环境监察支队对阳宗海每季度联合检查1次。对点源污染控制部分指标即经管网收集进入污水处理设施的生活污水量和城镇经处理的生活污水量两项，每季度核查1次。

（三）省级环境监察部门对滇池、抚仙湖、洱海每季度监察1次，其余六湖每半年监察1次。其中，总队组织昆明、玉溪两市环境监察部门对阳宗海每年联合检查1次。对点源污染控制部分指标即经管网收集进入污水处理设施的生活污水量和城镇经处理的生活污水量两项，每半年核查1次。

四、监察成果

（一）按季填报提交《九大高原湖泊流域环境监察报告》。

（二）按季填报《2008年九大高原湖泊流域城镇经处理的生活污水量和经管网收集进入污水处理设施的生活污水量核查表》。

（三）按季填报《2008年九大高原湖泊流域环境监察情况统计报表》。

（四）按季填报《2008年九大高原湖泊流域环境违法项目查处情况统计表》。

（五）按季填报《2008年九大高原湖泊流域责任书重点项目进展情况表》。

五、上报时间和填表要求

（一）市级环境监察部门要求在每个季度最后一个月20日前，上报本辖区内九湖流域环境监察所有报表和工作小结。

（二）填报点源污染控制部分指标即经管网收集进入污水处理设施的生活污水量和城镇经处理的生活污水量的相关情况，数据资料主要来源于当地州（市）城建、环保部门，经盖章后提供，务求准确。

（三）报表所列各项内容应认真填写清楚、准确，不得有空项，如表中所列内容没有可填写“——”，不能虚报、谎报数据。

（四）如果本辖区内有被查处的国控、省控企业，应填写处罚企业附表，并附处理、处罚决定等法律文书。

（五）上报季度报表和工作小结时，先采取传真和电子邮件方式上报，便于及时汇总，同时通过邮寄上报正式文件。

六、其他事项

（一）严格现场执法和查处通报制度。各级环境监察部门要加大现场检查频次，采取突击、暗访等方式，加大执法力度，及时查处环境违法行为，一律按环保法律、法规规定的处罚上限进行处理。对典型违法企业实行挂牌督办制度，并要在当地媒体上给予通报，严厉打击流域内环境违法行为。

（二）实行问责制度。对湖泊所在地环境监察机构没有发现流域环境违法问题，造成污染事故的，被当地媒体曝光或群众举报的，将追究相关人员责任，并视情况对各州（市）环境监察工作进行稽查。

（三）继续推进滇川合作，完善泸沽湖互检制度。丽江市各级环境监察部门要按照《云南四川两省环境保护协调委员会第三次会议纪要》要求，采取交叉检查、互派观察员的方式，继续做好泸沽湖流域现场环境监察工作。

云南省环境监察总队关于2008年第一季度九大高原湖泊流域环境监察报告

主 题 词：九湖公告

省环保局：

为推进“七彩云南环境治理行动”，加大九湖流域生态环境保护，根据省九湖领导小组第七次会议精神，按照《云南省环保局关于印发2008年九湖流域环境监察方案的通知》要求，总队对滇池、抚仙湖、洱海等“三湖”流域采取每季度监察1次；昆明等五州（市）环境监察部门对“三湖” 采取每月监察1次，其余六湖每季度监察1次；县（区）级环境监察部门对九湖采取每月监察不少于1次的方式，共同开展了2008年第一季度九湖流域环境现场监察工作，现报告如下：

一、 基本情况

本季度，总队、昆明五州（市）及相关县（区）环境监察部门紧紧围绕九湖流域环境监察的重点，采取例行检查、突击检查、暗查等方式，加大对九湖流域内污水处理厂、国控省控企业、2008年应完成责任书重点项目工程进度、新建项目等现场监察力度。现场监察共计873人次，检查污水处理厂21家，国控省控企业36家、责任书重点项目22个、新建项目102个，严肃查处环境违法企业4家（滇池1家、抚仙湖3家），确保了九湖流域环境监察工作的深入开展。总队在督促五州（市）做好九湖监察工作的同时，进一步加大抽查力度，于2月28日至3月7日分三组，共出动环境监察人员50人次，重点对“三湖”流域、阳宗海流域内15个污水处理厂、17家国控省控企业、12个责任书重点项目进行了检查，进一步强化了九湖流域的环境管理。

二、存在问题

（一）总队在对流域内15家污水处理厂进行检查中，发现洱源县污水处理厂未办理环保手续，于2002年3月开工建设，2003年12月建成投产，长期违法运行至今；阳宗海污水处理厂运行记录不属实，弄虚作假，部分污染治理设施未运行等问题。

（二）总队在对流域内17家国控省控企业进行检查中，发现国电阳宗海发电有限公司三期工程3号机组未经批准擅自试生产，并且烟气脱硫设施未同步运行；该公司4号机组未经批准擅自试生产，烟气在线监测系统未与省环保局联网。

（三）在重点检查九湖流域内22个责任书重点项目中，已进行验收1个、调试4个、安装3个、土建5个、设计3个、可研4个、未动2个。其中：处于未动的项目是抚仙湖流域的路居城镇生活垃圾无害化处理工程、星云湖流域的规模化养殖业综合治理示范工程；处于可研的项目是滇池流域的城市污水综合利用研究、抚仙湖流域的海镜城镇生活垃圾无害化处理工程、星云湖流域的有机食品基地、杞麓湖流域的通海县污水处理厂管网配套完善工程；处于设计的项目是滇池流域的玉带河篆塘河整治工程、松花坝水库自动监测站建设、洱海流域的凤仪片区波罗江西岸综合管网。工程进度滞后的主要原因是地方政府及有关责任部门认识不足、重视不够，导致项目前期工作准备不充分、工作滞后，配套资金和工程时限得不到保障。

三、处理建议

（一）洱源县污水处理厂未办理环保手续，建设并投入生产至今，该行为违反了《中华人民共和国环境影响评价法》　第十六条“建设单位应当按照规定组织编制环境影响报告书、环境影响报告表或者填报环境影响登记表（以下统称环境影响评价文件）”以及第二十五条“建设项目的环境影响评价文件未经法律规定的审批部门审查或者审查后未予批准的，该项目审批部门不得批准建设，建设单位不得开工建设”的规定。根据国家环保总局对宁夏自治区环保局《关于执行〈建设项目环境保护管理条例〉处罚规定的复函》（环发[1999]249号）“对未报批建设项目环境影响报告书、环境影响报告表或环境影响登记表，且已建成并投入生产的建设项目，原则上应按照《建设项目环境保护管理条例》第二十八条处理”的解释，依据《建设项目环境保护管理条例》第二十八条“建设项目需要配套建设的环境保护设施未建成、未经验收或者经验收不合格，主体工程正式投入生产或者使用的，由审批该建设项目环境影响报告书、环境影响报告表或环境影响登记表的环境保护行政主管部门责令停止生产或者使用，可以处10万元以下罚款”的规定，建议由大理州环保局给予洱源县污水处理厂10万元罚款，并限期补办相关环保手续。

（二）对阳宗海污水处理厂记录不属实，弄虚作假，擅自闲置部分处理设施及国电阳宗海发电有限公司三期工程3号机组、4号机组试生产的违法问题，现场调查处理建议已专题报省环保局。

（三）针对责任书重点项目存在的问题，建议相关政府部门加大检查和督促力度，加强项目资金监管，协调解决项目中存在的问题，加快推进项目的建设，力保今年内的22个责任书重点项目按期完工，确保九湖水污染综合防治“十一五”规划任务的完成。

以上处理建议仅供省局相关处室处罚时参考。

云南省环境监察总队关于宜良县排水公司阳宗海污水处理厂环境违法问题的调查报告

主 题 词：调查报告

省环保局：

2008年3月6 日，国家环保总局西南督查中心对阳宗海污水处理厂进行了现场检查。根据局领导指示，总队于3月10日对阳宗海污水处理厂进行了现场抽查。现将抽查情况报告如下：

一、基本情况

宜良县排水公司阳宗海污水处理厂工程项目于1999年6月由省计委以云计国区[1999]145号文批准立项，1999年11月云南省环境科学研究所编制完成该项目环境影响报告表，1999年12月省环保局批复同意项目建设，项目按10000 M3 /日设计，分二期建设。2000年12月一期工程按5000 M3/日规模开始建设，采用循环式SBR法污水处理工艺，2004年1月项目竣工投入试运行，2004年11月通过昆明市环保局项目竣工环保验收。目前实际处理量为3200M3 /日。现场检查时，该厂1#进水泵在抽水，粗格栅停运，细格栅在运行，垃圾较多，两个反应池均在进水，尚未曝气，排水口未见排水，污泥脱水机未运行。

二、存在问题

（一）现场监察时发现该厂有弄虚作假行为。宜良县排水公司于2007年12月25日向宜良县环境监察大队上报《关于阳宗海污水处理厂部分设备检修的请示》，称由于“曝气机不锈钢导流罩全部裂开，无法正常运转，公司计划于2007年12月26日至2008年1月30日，对全部导流罩进行大修处理”，该请示得到宜良县环境监察大队批准。经现场查看该厂中控室2008年1月运行记录，除1月3日因白天停电只处理1500M3 外，其余30天处理量均在2700M3到3500M3 之间，30天共处理污水90900M3，共耗电14400KW h。而该厂2月处理污水约87400M3，共耗电25200KW h，与1月份相比出入较大，存在污水处理量记录做假的行为。

（二）该厂未经环保部门批准，擅自闲置污泥脱水机等处理设施。

（三）该厂未安装水质在线监测装置。

三、处理建议

（一）鉴于阳宗海污水处理厂弄虚作假，其行为违反了《中华人民共和国水污染防治法》第二十五条“各级人民政府的环境保护部门和有关的监督管理部门，有权对管辖范围内的排污单位进行现场检查，被检查的单位必须如实反映情况，提供必要的资料”的规定。根据《中华人民共和国水污染防治法》第四十六条第二项“拒绝环境保护部门或者有关的监督管理部门现场检查，或者弄虚作假的；罚款的办法和数额由本法实施细则规定”和《中华人民共和国水污染防治法实施细则》第三十八条第一款第二项“拒绝环境保护部门或者海事、渔政管理机构现场检查，或者弄虚作假的，可以处1万元以下罚款”的规定，由昆明市环保局对宜良县排水公司处以1万元罚款。

（二）阳宗海污水处理厂未经环保部门批准，擅自闲置污泥脱水机等处理设施，其行为已违反《中华人民共和国水污染防治法》第十四条第二款“其水污染物处理设施必须保持正常使用，拆除或者闲置水污染物处理设施的，必须事先报经所在地的县级以上地方人民政府环境保护部门批准”的规定。依照《中华人民共和国水污染防治法》第四十八条“违反本法第十四条第二款规定，排污单位故意不正常使用水污染物处理设施，或者未经环境保护部门批准，擅自拆除、闲置水污染物处理设施，排放污染物超过规定标准的，由县级以上地方人民政府环境保护部门责令恢复正常使用或者限期重新安装使用，并处罚款”的规定，建议由省环境监测中心站对该厂进行突击监测，如水质超标则依据《中华人民共和国水污染防治法实施细则》第四十一条“依照水污染防治法第四十八条规定处以罚款的，可以处10万元以下的罚款”的规定，由省环保局对宜良县排水公司处以10万元罚款，并责令其恢复正常使用污泥脱水机。

（三）根据《云南省环保局关于印发2008年九湖监察方案的通知》（云环发[2008]22号）要求，责成昆明市环保局执行问责制，对宜良县环保局未发现该厂环境违法问题，影响COD监测与监察系数的核算，予以追究相关责任。要求宜良县环保局加强监管，督促阳宗海污水处理厂在2008年12月底前安装在线监测装置，并保证污水处理设施运行正常，确保污染物长期稳定达标排放。

以上处理建议仅供省局相关处室处理时参考。

专项行动

云南省整治违法排污企业保障群众健康环保专项行动

云南省环保专项行动联席会议办公室
2008年7月11日

我省召开电视电话会议启动2008年环保专项行动

2008年7月10日，国家环保部、发展改革委、监察部、司法部、建设部、工商总局、安全监管总局、电监会等八部委联合召开了2008年全国整治违法排污企业保障群众健康环保专项行动电视电话会议。环保部周生贤部长宣读了李克强副总理重要批示，对环保专项行动作了动员部署，并对完成主要污染物减排目标工作顺利实施和开展好今年的环保专项行动提出了具体要求。会上，辽宁、广东等省政府领导作交流发言，国家环保部、发展改革委和监察部作了专题发言。

省政府顾朝曦副省长，省环保局、发展改革委、经委、监察厅、司法厅、建设厅、工商局、安全监管局、昆明电监办等九部门领导，省环保局和新闻媒体等130人参加了全国电视电话会议昆明分会场会议。全省145个州（市）、县（区）均设分会场，各州(市)、县(区)政府和各相关部门4380人参加了全国电视电话会议。国家电视电话会议结束后，我省继续召开了全省环保专项行动电视电话会议，顾朝曦副省长作了动员讲话，就贯彻落实全国电视电话会议精神、结合国家下达我省主要污染物减排任务，全省开展环保专项整治行动做了部署和安排，并就贯彻落实电视电话会议精神提出了四点意见：一是总结经验，发扬成绩，不断巩固环保专项行动新成果；二是查找问题，大力纠正，不断解决专项行动中遇到的新问题；三是抓住机遇，攻坚克难，不断取得环保专项行动新突破；四是解放思想，真抓实干，不断推进环保专项行动新发展。全省十六个州（市）在省环保专项行动电视电话会议后，组织召开了州（市）环保专项行动会议。

顾朝曦副省长强调，全省各级有关部门要积极行动起来，认真贯彻会议精神，切实把我省2008年整治违法排污企业保障群众健康环保专项行动抓出成效。并就开展好这次环保专项行动提出了五点要求：一要加强组织领导，密切分工协作；二要加强监督指导，严格考核检查；三要加强挂牌督办，完善案件管理；四要加强综合整治，落实责任追究；五要加强舆论宣传，接受公众监督。同时明确了我省开展环保专项行动的重点：一是集中开展环保专项行动后督察工作，不断巩固专项整治成效。二是集中开展对城镇污水处理厂、垃圾填埋场、火电厂、钢铁厂和化工厂的专项检查，着力促进污染减排。三是集中开展对滇池、洱海等九湖流域污染企业的综合整治，保证重点湖泊休养生息。

顾朝曦副省长要求，各级政府要继续按照国务院的要求，将深入开展环保专项行动纳入重要议事日程，进一步加强组织领导，完善工作制度，制订具体实施方案，有序推进和落实各项重点工作。各部门要发挥好各自的作用，进一步加强协调配合，坚持定期协商、联合办案和环境违法案件移交、移送、移办等制度。各地可根据实际情况，扩大领导小组成员单位，综合各部门监管职能，合力治理环境污染问题。各级环保部门要按照各阶段的工作要求，采取普查与抽查相结合、定期检查与不定期检查相结合、明查与暗访相结合等多种形式，切实保障环保专项行动取得实效。要运用法律、经济、行政手段，加大环境违法惩治力度，对不依法行使职权的政府及部门负责人、有关人员，要依法依纪追究责任；要积极组织新闻媒体跟踪报道，充分利用电视、广播、报纸、互联网等媒体，加大对环境保护法律法规的宣传力度，建立公众监督机制，营造公众参与和监督的良好氛围；要进一步加强环保信访工作，充分发挥“12369”环保热线作用，畅通投诉渠道。全省各级有关部门要认真按照我省2008年环保专项行动实施方案和专项行动领导小组的要求，采取强有力的措施、强有力的手段落实好专项行动各项任务，切实把2008年环保专项行动抓紧抓好抓出成效！为构建富裕民主文明开放和谐云南贡献力量。

云南及时制定印发《云南省2008年整治违法排污企业保障群众健康环保专项行动实施方案》

为贯彻落实《国务院关于落实科学发展观加强环境保护的决定》，确保我省环境保护“十一五”规划和节能减排工作目标任务顺利完成，根据国家环保部等八部门联合印发的《关于继续深入开展整治违法排污企业保障群众健康环保专项行动的通知》要求，省环保局、发展改革委、经委、监察厅、司法厅、建设厅、工商局、安全监管局、昆明电监办等九部门于7月15日，联合制定并向全省印发了《云南省2008年整治违法排污企业保障群众健康环保专项行动实施方案》（以下简称《实施方案》）。

《实施方案》结合我省开展环保专项行动工作实际，明确环保专项行动后督察、污染减排和重点湖泊流域污染集中整治为我省今年专项行动整治的三项重点任务，将七个事项列为了省级挂牌进行督办。《实施方案》对今年环保专项行动进行了统一部署，一是7月为全省动员阶段。各地要成立环保专项行动领导小组，并将领导小组成员名单和实施方案于7月30日前报送省环保专项行动领导小组办公室；二是8月、9月为集中检查和整治阶段。对县级以上地表水饮用水源地、污水处理厂和垃圾填埋场、滇池和洱海等九湖流域存在的环境问题进行集中整治，并分别于8月15日、9月15日、9月30日前将整治情况报送省环保专项行动领导小组办公室;三是10月为环保专项行动工作总结阶段。各地环保专项行动领导小组于10月30日前向省环保专项行动领导小组办公室报送《2008年环保专项行动工作总结》。

我省于7月7日成立了以和段琪副省长为环保专项行动领导小组组长，省环保局局长王建华、省政府副秘书长叶燎原为副组长，省环保局等九部门领导为成员的专项行动领导小组。领导小组办公室设在省环保局，由省环保局副局长杨志强兼任办公室主任，目前全省上下已布置开展了环保专项行动工作。

云南省环保局对全省环境安全隐患开展百日督查专项行动检查

根据《国务院办公厅关于开展安全生产百日督查专项行动的通知》、环保部办公厅《关于印发2008年环境安全隐患百日督查专项行动方案的通知》以及《云南省人民政府办公厅关于开展安全生产百日督查专项行动的实施意见》的部署和要求，云南省环保局及时印发《云南省2008年环境安全隐患百日督察专项行动方案》。并组织全省积极开展环境安全隐患百日督查专项行动检查工作。截止7月31日，全省共出动环境执法人员17713人次，检查企业2793家、饮用水源地225个、尾矿库1557个。专项行动共排查出环境安全隐患77项，已整改的69项，正在整改的8项。通过整治，依法取缔、关闭企业146家，责令停止生产、限期治理80家，责令限期整改43家，对94家违法排污企业处以罚款348.1万元。全省未发生重、特大环境安全事故，确保了全省环境安全。

主要做法是：第一，提高认识，加强组织领导。按照国务院、环保部和省政府的要求，我局及时成立了以分管副局长为组长、相关处室负责人为成员的百日督查专项行动领导小组，领导小组办公室设在省环境监察总队，办公室主任由总队长兼任，负责组织指导、督促排查治理及督查行动的具体实施。第二，明确重点，科学制定专项行动方案。第三，精心组织，认真开展隐患排查与治理。一是重点关注出国境河流污染问题，突出抓好集中饮用水源地、危险化学品企业、矿山采选企业的隐患排查，严防重特大事故。二是强化源头管理，环保审批进一步明确环境安全要求。三是综合督查与专项督查相结合，加大督察工作力度。四是制定措施，及时整改。针对排查中发现的77项环境安全隐患，涉及州、市、县（区）环保部门在处理处罚的同时，要求企业在规定时间内制定切实可行措施，加以整改，并严格督促落实到位，目前已整改的有69项，正在整改的有8项，有效防止了重特大污染事故的发生。五是组织应急演习，提高环保队伍应急能力。

下步工作打算。云南省环保局针对目前全省存在的问题提出了下一步工作打算。一是继续深入开展环境安全隐患排查工作，建立健全事故应急预防机制。二是积极营造齐抓共管的监管格局。

云南省对环保部暂停玉溪市新增化学需氧量排放审批整改情况进行现场督察

7月7日，国家环保部、发改委、统计局、监察部四部委向社会公布了2007年度各省区市和五大电力集团公司主要污染物总量减排考核结果。由于玉溪市城市污水处理厂建成后两年内实际处理水量低于设计能力的60%，澄江县和江川县污水处理厂不能正常运行，城市污水处理收费政策落实不到位，环保部决定，自公布之日起到玉溪市城市污水处理厂整改完成并经环保部验收通过之前，暂停审批玉溪市新增化学需氧量排放的建设项目。按照省环保局领导要求,7月25-29日，云南省环境监察总队对区域限批涉及的玉溪市供排水有限公司水质净化厂（以下简称“中心城市污水处理厂”）、澄江污水处理厂、江川污水处理厂整改情况进行了现场督察。

环保部《决定》公布后，玉溪市政府高度重视，7月8日，由市长高劲松主持召开市政府第八次常务会议，研究部署了三个城市污水处理厂建设与管理整治工作，成立领导机构，明确责任。7月10日，玉溪市政府下发《玉溪市加强城市污水处理厂建设与管理专项整治方案》，中心城区污水处理厂日处理5万吨二期主体工程要在2008年12月底完成60%的工程量，确保2009年9月前主体工程全面完工并投入试运行；澄江县、江川县城污水处理厂管网配套工程必须在2008年12月底前全面完工；中心城区、江川、澄江3个污水处理厂要严格加强运行管理，严格执行管理运行规程，对不完善的运行设施要抓紧配置到位，确保正常运行、稳定达标；加强对自来水价格形成、污水处理收费机制研究，认真贯彻落实国家城市污水处理收费政策。按照玉溪市政府的整改要求，澄江县政府、江川县政府也相继出台相关的整改方案和措施。目前，中心城市污水处理厂处理设施运行正常，近期污水处理量4.77万吨/日。二期5万吨/日目前已开始桩基工程，预计8月15日完成。澄江县污水处理厂污水处理设施运行正常，近期污水处理量8000吨/日，2008年5月监测结果各污染物均达标排放。澄江县建设局按照市政府文件要求制定了《澄江县县城污水处理厂配套管网工程建设整改方案》，并按照整改方案组织实施建设。目前，龙街镇片区已基本完成DN800钢筋混凝土管500m的埋设工作。江川县供排水公司污水处理厂污水处理设施运行正常，近期污水处理量8000吨/日。江川县人民政府按照市政府文件要求制定了《江川县县城污水处理厂配套管网工程建设整改方案》，并按照整改方案组织实施建设，该厂拟建配套管网工程计划埋设平口水泥管道13.48km。该项目可行性研究报告已报县发改委申请立项，正在开展施工图设计及其它前期工作。目前，大街河上段东西两边从法院至江通二级路1562m（DN1000）平口水泥管工程已开挖基础890多米，埋设DN1000平口水泥管720m。其余片区管网尚未开工建设。

督察组提出了三点工作建议：即：①继续加强对三个区（县）污水处理厂整改工作的督促检查。②督促玉溪市加快工程建设进度，争取早日投入使用。③督促玉溪市建立健全运行保障机制，落实城市污水处理费收费政策，积极筹措资金，维护、改造、更新辖区内城市污水处理厂污水处理设施，确保其稳定达标排放。

科学筹划 抓紧抓实 全力推进环保专项整治工作

全省认真贯彻落实国家“2008年全国整治违法排污企业保障群众健康环保专项行动电视电话会议”精神，积极采取各种措施，深入开展环保专项行动，全力推进整治工作。

一是加强领导，科学筹划环保专项行动。国家“2008年全国整治违法排污企业保障群众健康环保专项行动电视电话会议”结束后，省政府立即召开了“2008年全省整治违法排污企业保障群众健康环保专项行动电视电话会议”，对2008年全省环保专项行动进行了部署。成立了以分管副省长为组长，省环保局、发展改革委、经委、监察厅、司法厅、建设厅、工商局、安全监管局、昆明电监办等九部门领导为成员的环保专项行动领导小组，编制印发了《云南省2008年整治违法排污企业保障群众健康环保专项行动实施方案》。各州、市及时成立了相应机构，并结合本地实际，编制印发了2008年环保专项行动实施方案。

二是严格排查，确保饮用水源水质安全。保山市依据《保山中心城市集中式饮用水源地环境保护规划》，取缔了集中式饮用水源地排污口，在龙陵县集中式饮用水源地设置了界桩、护栏和警示牌；红河州对辖区内30个集中式饮用水源地的排污口进行了全面清理，保证集中式饮用水源地水质基本达到饮用水功能要求；文山州对辖区内36个重点集中式饮用水源地周边污染源进行了排查和整治，有效改善了饮用水源地环境质量；普洱市采取专项检查与突击检查相结合的方式，出动184人次对集中式饮用水源地进行调查摸底，及时发现、处理集中式饮用水源保护区内新建、扩建项目和违法排污企业，排除影响人民群众健康的环境污染和环境安全隐患。

三是突出重点，着力抓好挂牌督办事项落实。省环保局杨志强副局长亲自带队对昆明、玉溪、红河等三个州市17家化工企业进行了专项督查；省环境监察总队派出三组8人对今年6个省级挂牌督办事项进行了现场督查；临沧市重点抓了2006年以来省、市挂牌的31件督办事项；迪庆州出动187人次，重点对香格里拉县的龙潭河、桑那水库，维西县头道河、二道河水源地，德钦县水磨河水源地，开发区老虎箐水源地进行了后督察。

昭通市彝良县依法强制关闭9家非法洗选企业

今年8月份以来，昭通市彝良县认真贯彻落实国家、省、市关于整治违法排污企业保障群众健康环保专项行动有关要求，结合实际情况，成立了由县环保局、发改局、经贸局、监察局、司法局、工商局、安监局、供电公司、国土局、水利局、煤炭工业局、交通局等12个部门组成的环保专项行动领导小组，对重点督查案件、集中式饮用水源地内企业、洛泽河流域企业、工业园区、有危险化学品及放射源的企业单位、垃圾处理场等重点敏感区域进行了集中调查与整治，强力打击环境违法行为，取得了阶段性成果。

该县重点针对辖区内洗（选）煤、化工、冶炼、矿石采选等企业生产管理不规范、无污染治理设施或污染治理设施不正常运行、污染治理不达标及偷排漏排等问题进行了集中整治。其间，共出动环境监察人员100人次，检查企业60家，依法强制关闭了9家非法洗选排污企业，保障了集中式饮用水源安全。

云南文山州为确保汛期、残奥会期间环境安全对辖区采矿企业开展安全隐患排查

为确保汛期、残奥会期间的环境安全，按照2008年环

保专项行动的统一部署，文山州环保专项行动领导小组办公室组织专项督查组，从8月初开始，深入文山县、砚山县、西畴县的部分厂矿企业开展环境安全隐患排查和后督察，现场检查了企业的污染防治设施的建设和使用情况、存在有安全隐患企业的整改情况，对2家违法违规企业进行了处理，对1家积极整改的企业给予了表扬。

一、“文山鸿福”非法选矿，被关闭取缔

文山县鸿福工贸有限公司在文山县喜古小寨村附近有1个采石场，该公司在采石生产中发现石场附近的地表层内有铁矿，在未办理任何手续，未经任何部门批准，未经“环境影响”评价和审批的情况下，擅自于2008年6月在文山县集中式饮用水源保护区上游喜古小寨祭牛坡违法开采洗选铁矿，建有洗选槽6台，利用1个天然凹地做尾矿库，该尾矿库未经任何部门审批，未采取任何环保、安全措施。由于该地区属于典型的喀斯特地貌，存在漏库的环境安全隐患，一旦发生污染事故，将对下游暮底河水库造成影响，危及文山县城的饮用水安全。同时，该公司无序开采，对周边植被破坏非常严重，易造成水土流失，虽暂未对暮底河水库造成污染，但如不及时制止，任其发展，必将带来重大环境安全隐患。为此，根据相关环保法律法规规定，督查组责成文山县环保局对该公司下达了停止建设通知书，要求一个星期内拆除生产设备，逐步恢复生态原貌，在尾矿库周边开挖排洪沟，防止洪水进入凹塘发生环境安全事故。同时，州环保局及时将此情况通报了文山县人民政府，提出了关闭非法选矿点的环境监察建议。现该非法采选矿点生产设备已拆除，文山县人民政府已决定对其实施关闭取缔。

二、“砚山安邦”整改不力，被停产治理

砚山县安邦矿业公司天生桥选厂位于砚山县盘龙乡三合村民委新寨村， 2008年5月5日至24日，国务院金属非金属矿山等重点行业安全生产百日督查专项行动组在我州督查时，查出该公司尾矿库存在重大环境安全隐患，文山州人民政府下发了《文山州人民政府办公室关于对国务院百日安全督察组查出的事故隐患进行督办的通知》（文政办发[2008]85号）要求进行整改，并限期于2008年8月30日整改完毕。督查组在对该选厂的整改情况进行督察时发现，该厂除在尾矿库周边开挖了一条300米长的排洪沟外，其余要求整改的事项基本未动，而且又非法扩建了1个日处理200吨尾矿的浮选车间和1个容量为30万立方米的尾矿库，准备重新利用尾矿进行复选。

根据该厂安全隐患不但未消除反而加重的现状，砚山县人民政府及安监、环保部门，对该厂实施了停产治理，要求必须按照“文政办发[2008]85号”通知的要求完成整改并必须经环保、安监等职能部门验收，否则将对该厂实施关闭。

三、“西畴铎业”积极整改，给予通报表扬

西畴县铎业铜钨选矿厂位于西畴县新马街乡马街村民委丫口田村，以选铜、锌、锡、钨等矿石为主，生产规模100吨/日，技改后于2008年3月正式投入生产。在该县组织开展环保专项行动集中检查中，排查出该厂尾矿库由于防洪设施不完善，存在环境安全隐患。针对存在的问题和县环保局提出的整改要求，该厂高度重视，为彻底排除环境安全隐患，确保下游群众生命财产安全，放弃短期效益，积极主动停产整改，建设和完善各项环保设施。从7月底以来，该厂积极采取有效措施进行排险处置，修建完善了排洪设施，实施清库作业，投资60余万元开挖建设1m×0.8m防洪沟800余米，建拦水坝1座，清除尾矿渣20000立方米。目前尾矿库整改已基本完成，各项整改事项落实较好，该厂积极的整改态度为全县开展环境安全隐患整治工作起到了积极的带头作用，州环保局将该厂的做法通过“环保信息”通报全州予以了肯定和表扬。

文山州委把环保专项行动作为“大接访”的一项重要内容

云南文山州委、州人民政府高度重视环保专项行动，州委书记李培把环保专项行动期间群众的环境投诉作为“大接访”的一项重要内容，于2008年9月3日至4日，带领州委、政府及相关部门的领导对天保硅冶炼厂等企业及周边村寨进行接访、调研，并检查了麻栗坡县部分冶炼企业。针对检查中发现的部分冶炼企业存在的环境违法、违规行为，李培书记指出：“企业要切实履行法定的义务，承担应尽的社会责任，不仅要抓好经济效益，还要注重社会责任；环保部门既要加强对企业的服务，又要加强对企业排污行为的依法监管；政府对不履行法定义务、多次违法排污又屡教不改的企业要坚决实施关闭”。为落实李培书记的指示，陪同调研的州专项行动领导小组副组长、州环保局局长王兴明、麻栗坡县委常委、常务副县长张传德，采取州、县联合、约见座谈的形式，于9月5日邀约麻栗坡县冶炼企业的法人代表召开座谈会，州县环保局局长、分管领导及相关科室、队、站的负责人和县政府相关人员参加了座谈会。会上，通报了2008年环保专项行动的指导思想、工作目标、重点任务和工作要求，宣传了企业应尽的环保法律义务和责任，以州级挂牌督办的麻栗坡县窑上片区违法排污企业整治事项为重点，对麻栗坡县冶炼企业当前存在的环境违法违规问题进行了认真分析，对整改的事项及措施进行了研究，并与企业法人代表达成共识：一是因历史原因遗留下来的手续不全的企业，于12月底前完备相关手续，二是州、县环保部门要履职到位、加强监管，今后凡发现违法排污的企业，依法从严从重处罚。会上，各企业法人代表纷纷表示，这次会议既严肃又宽松、既民主又务实，不仅增强了企业法人代表的环保法律法规意识，而且为企业下一步完善环保手续、落实污染治理提供了具体的指导和服务，亲和了监管部门和企业的关系，使企业感受到了政府及相关部门对企业发展的关心和支持，从而提高了企业守法排污的自觉性，为整治违法排污企业，推进环保专项行动积累了经验。

西双版纳州积极开展环保专项行动集中整治工作

根据《西双版纳州2008年环保专项行动方案》工作部署，结合前一阶段环保专项行动检查情况，西双版纳州于近期加大了针对性的检查工作力度，多部门联合行动抓落实，促整改，坚决依法严肃查处环境违法行为，切实保障人民群众环境权益。

2008年9月18日，由西双版纳州2008年整治违法排污企业保障群众健康环保专项行动领导小组组长杨沙副州长带队，州、景洪市、勐海县环保局及勐海县环保专项行动成员单位参加的检查组对景洪锰合金厂、华兴铁合金有限责任公司、合兴废铁处理厂、曼戈播轮胎炼油厂、勐海雄泰铁合金冶炼有限公司五家排污企业开展现场监察。检查组一行认真听取厂方生产情况和环保工作方面的汇报，仔细查看现场，针对存在的问题，检查组要求：

1、对属国家明令禁止的“十五小”企业：合兴废铁处理厂和曼戈播轮胎炼油厂，由景洪市环保局向市政府提出关停意见，经市政府研究决定，关停两家企业。

2、责令景洪锰合金厂限期整改，规范收集烟尘的堆放场建设，生产冷凝水禁止直排，应回收循环利用。

3、责令州级挂牌督办企业—勐海雄泰铁合金冶炼有限公司限期整改，其必须于2008年9月23号前更换收尘布袋，修复排烟管道，禁止烟气跑、冒、漏现象发生。

另外，州、市、县环保部门将进一步加大对该区域环境监管力度，结合整治违法排污企业保障群众健康环保专项行动工作，建立重点污染企业监管长效机制，提高环境监察频次，州环保局对重点污染企业每季度监察一次，县（市）环保局对重点污染企业每月监察一次，及时发现存在的问题并督促限期整改，确保污染防治措施到位、污染治理设施稳定、正常运转。同时，加强环境监测工作，做到重点污染企业每年进行两次监督性监测，监督企业达标排放。

2008年9月23日，州环保局胡绍云局长带领州、景洪市环境监察人员，对华兴铁合金有限责任公司、合兴废铁处理厂、云南天然橡胶产业股份有限公司景洪制胶厂进行现场监察。

2008年9月22-24日，景洪市委、政府组织环保、建设、工商等部门联合集中查处了一批市民多次投诉反映的环境违法现象，如纳昆康小区餐饮油烟和噪声扰民问题、多个市区建筑工地建筑噪声和粉尘污染问题等等；及时纠正了各种违法行为，维护了景洪市市民应有的环境权益，促进环境质量的不断改善。

2008年9月22-25日，勐腊县环保、国土、安监等环保专项行动成员单位再次联合深入开展对易武镇、瑶区乡区域6家矿山企业尾矿库环境安全隐患排查与整治工作，重点对尾矿库、废石堆放场、拦砂坝等进行专项检查。在检查中发现较为突出的问题有：勐腊县新山矿业开发有限责任公司采矿区部分弃土和路面污泥在雨水冲刷下，流入下游水域及生产废水在回用时顺溢洪沟直接排放，致使下游布龙河水体浑浊。

针对以上情况，执法人员现场下达了相关文书，并做出了限期整改要求。对下步工作，联合检查组要求各矿山采选企业：要加大矿山环境安全的巡查力度，对存在各种环境安全隐患的要做到早发现、早纠正、早解决，各企业必须建立健全环境安全隐患治理和重大危险源监控制度，加强对突发环境事件预警、预防和应急工作。要建立健全环境安全责任体系和环境安全长效机制，有效遏制重大突发环境事件的发生，进而促进区域环境安全形势的持续稳定发展。

另外，勐腊县环保局近期还加强了对国控和挂牌企业督办工作。对2个国控企业：中云勐腊糖业有限责任公司和勐捧糖业有限责任公司，下达了污染减排通知（腊环保发[2008]28号文件），对其污染减排实施方案提出了具体要求，并限期上报县政府和州、县环保局。对州级挂牌督办企业—宝莲华有限责任公司、勐远大展水泥有限责任公司、云胶勐腊分公司，进行污染治理工作督查，对这些企业下达了整改要求，并按要求做好现场监察工作。

红河州开展饮用水源地集中检查回头看

红河州部分县市在第一阶段饮用水源地集中调查基础上，开展对饮用水源地基础环境调查、评估及水环境安全检查回头看，取得实效。

蒙自县组织开展集中式饮用水源地基础环境调查及评估。为切实保障州府蒙自饮用水源环境安全，该县从2008年8月26日至9月12 日组织开展了集中式饮用水源地基础环境调查及评估工作。对水源所在地水环境、环境管理制度执行等情况进行了精心的调查，建立并完善了县集中式饮用水源地基础环境信息数据库，科学地评估饮用水源地基础环境状况，为饮用水源地污染防治管理工作提供理论基础支持。

个旧市组织对饮用水源地基础环境调查及评估。2008年9月，个旧市对辖区内白云-花果山水库、牛坝荒-石门坎水库、兴龙水库等饮用水源地开展基础环境调查工作。目前，调查工作已完成，此次调查工作将为个旧市经济又好又快发展提供全面准确的水源地基础环境信息，切实保障饮用水安全，让全市人民群众喝上放心水。

弥勒县开展对集中式饮用水源环境安全大检查。2008年10月，由县环保局牵头，县水务局、县安监局、县国土局、县建设局等部门组成了3个专项行动检查组，对辖区内的集中式饮用水源地环境安全进行了大检查。检查组制定了县城集中式饮用水源保护区检查表、乡镇饮用水源地检查表、重点流域洗矿企业检查表等，明确了检查重点、内容，共检查了3个县城集中式饮用水源地、15个乡镇饮用水源地。通过检查，对存在的问题一一提出了整改措施，从而消除全县的集中式饮用水源地及主要流域企业的环境安全隐患。

石屏县认真开展对饮用水源地排污口清查。近期，石屏县环保局对饮用水源地高冲水库进行了专项行动执法检查，在检查中发现了水库面山大量人工种植大杨梅和保护区内有正在种植庄稼的耕地，其施用农药、化肥等对水库存在污染隐患，对此，检查人员要求管理所加强管理，做好群众宣传工作，或实施禁耕和禁止使用农药，确保群众饮水安全。

西双版纳州开展环保专项执法检查取得实效

近期，西双版纳州各市、县环保专项行动领导小组组织对辖区内企业开展环保专项检查，取得实效。

州环保局等相关部门组织对景洪市开展专项检查。一是由州环境监察支队与市监察大队联合对景洪市集中饮用水源地开展专项执法检查。检查组重点检查了景洪市自来水厂取水口周边的企业，对检查中发现的环境隐患，及时提出整改意见，并要求被检查单位加强环境管理，严禁污水排入河流影响市取水口水质。二是州环保、安全监管局，工商，消防等部门对景洪市政府下达关闭搬迁的企业进行了现场监督落实，同时要求搬迁的云南沧江机械修造厂氨水站妥善处置剩余的60余吨氨水。三是景洪市政府加大对景洪城烟控区内的专项检查，在电力部门的参与下，对违法企业停止供电，切实维护了景洪市群众的环保权益。

勐海县由县政府牵头各成员单位参加组成的联合检查组，对县辖区内集中式饮用水源地，各类重点污染企业、工业集中区、近年来新建、改建、扩建项目及重点环保信访案件进行全面检查。开展此次环保专项行动是该县历年来参加部门和人数最多的一次联合检查行动，执法检查组以现场检查为主，对危害群众健康的环境违法行为进行了彻底整治，群众反映强烈的信访问题得到了有效解决。此次检查，全县共出动车辆16辆次，参加检查人数150余人次，检查各类排污企业10家，查处环境信访投诉5件，提出整改意见57条，环保专项执法检查取得了实效。

勐腊县认真组织实施环保专项检查工作，到10月中旬，全县共出动环保执法人员360人次，检查了122家企业，提出整改意见48份。检查涉及水泥，制糖等10个行业，通过检查，有效打击了违法排污企业，解决了一批群众关注的环境热点问题。

昭通市开展2008年环保专项行动成效明显

昭通市组织开展2008年环保专项行动工作已基本结束，在按照省环保专项行动领导小组的统一部署，结合实际，明确了本市专项行动工作的重点：一是以巩固整治成效为目标，集中开展2005年以来省市挂牌督办企业后督察工作；二是以促进主要污染物为目标，集中开展对城镇污水处理厂、垃圾填埋场等重点行业的专项检查；三是以休养生息为目标，集中开展重点流域污染企业的专项整治；四是对群众反映强烈，污染严重的企业实施挂牌督办。通过整治，各项工作取得了成效。

据统计，2008年开展环保专项行动工作，全市累计出动检查人员3000余人次，检查企业763家，编发专项行动工作简报38期，各县区专项行动工作简报33期，报送专项行动相关材料126份，报表56份。督察省、市2005年以来挂牌督办企业6家，督察县级挂牌督办企业23家,其中，永善县金沙矿业有限责任公司日处理300吨铅锌原矿选厂，未落实环评要求，已按要求停产；云南侨通包印刷有限公司原用燃煤锅炉已按要求拆除；彝良互援纸业有限责任公司已按要求关停。检查城镇集中式饮用水源地20个；对巧家、威信、大关、镇雄、绥江、水富等6个县垃圾处理场进行全面检查。对污水处理厂实行了每周一次现场检查；对2008年已确定需要开工建设的永善、绥江、水富、威信四县的污水处理厂前期准备工作实施督办。依法取缔了违法企业2家；关停结构减排企业9家；督促8家企业完成工程减排；对5家违法排污企业进行了立案查处累计处罚金额20余万元；对39家未完善环保相关手续的企业下发了限期改正通知，其中，已补办了38家，1家正在办理中；对环保设施不完善的62家企业进行限期整改，其中41家已整改完毕投入运营，正在整改的21家；接待群众各类信访案件103件，其中，已处理结案100件，3件正在办理中，处理率达97%以上。

保山市认真开展环保专项大检查工作

根据《云南省人民政府办公厅关于在全省开展环保大检查的通知》精神，保山市委、市政府及时召开专题会议，成立领导小组。并从10月16日至11月14日，对全市开展环保专项大检查。环保专项大检查主要是对建设项目环境违法问题、尾矿库环境安全隐患问题、集中式饮用水源地环境保护工作落实情况、城市生活污水处理厂及垃圾填埋场的管理和长期违法排污、污染严重、群众反映强烈的违法企业情况等五方面进行检查。

此次环保专项大检查工作对促进保山市提高环保意

识、有效打击环境违法行为，推进节能减排工作，化解环境安全风险等方面产生积极的作用。在检查中发现了存在的五个问题：一是建设项目执行“环评”和“三同时”制度还有差距；二是部分企业尾矿库没有经过资质设计，运行管理不规范，且库容与生产能力不相匹配，少数企业存在偷排现象；三是集中式饮用水水源地保护工作有待深入；四是四个县的城市生活污水处理厂没有开工建设，全市城镇生活污水处理率低；五是一些老工业企业经济效益差、工艺设备落后、污染物排放量大、治理水平低，减排和达标排放难度大。

检查组针对存在的五个问题提出了如下要求：一是进一步提高对环保工作重要性的认识，要把抓好环保工作作为落实科学发展观，构建和谐社会和深入贯彻十七大精神的一项重要内容和基础工作。二是加强对糖厂的执法监督，督促其酒精废醪液有机肥综合利用省级重点减排工程项目按期完工。三是按照保护规划，制定实施方案，解决现存的农业面源对饮用水源构成的安全隐患问题。四是切实加强对尾矿库环境安全监管，落实各项整改措施。五是实施好城镇生活污水集中治理及污染减排工作。六是进一步加大对挂牌督办企业，尤其是整治工程未完成企业的监督力度。 七是进一步加强环境治理力度，严格环境执法，从产业政策、金融信贷等方面采取有效措施，加大对违法企业的查处。

大理州完成2008年环保专项行动挂牌督办事项后督察成效明显

大理州自2003年以来各级政府挂牌督办的典型环境违法案件和突出环境问题共有8家，其中，省级挂牌1家，州级挂牌7家。通过挂牌督办和后督察，各个督办事项已基本落实。

一是云南地矿资源股份有限责任公司北衙分公司尾矿泄漏污染河流事件。2008年4月6日发生尾矿泄漏事故后，西南督查中心、省环保局、州政府相关领导亲临现场进行指挥，要求企业立即停产治理。4月19日，公司已把全部废水转移至4个应急池，6月30日，完成了尾矿库尾渣清运工作。目前，尾矿库防渗漏治理方案已在设计，已修建运渣道路480米，应急池坝20000米，铺设导气管道1000余米，集液井、集水井建设已完成。二是云龙县漕涧西电康亚华电解锌厂渣库污染治理。目前公司对尾矿库清理已基本结束。三是永平县水泄工业片区，破坏生态、违法建设、违法排污整治问题。工业片区内主要有5家企业，现已按要求完成了污染治理设施的整改。四是剑川县三江矿业有限公司和剑川县有色金属有限公司尾渣库问题。公司对原有渣库进行了加高、加固，增大了库容，已完成了对尾矿库清理工作。五是洱源县焦石洞片区选矿企业违法排污整治问题。片区内选矿企业已按要求完成了对污染防治设施整改，污水经处理后回用。六是漾濞县漾濞江小水电站建设，破坏生态，乱倒弃土、弃渣环境整治问题。目前，大部分小水电对破坏的植被大部分已恢复，同时完成了对坝体的加固工作。七是大理娃哈哈食品有限责任公司生产废水超标排放问题。目前，公司污水处理站已建成,日处理量为550吨，于2008年1月投入试运行，生产废水和生活污水经污水处理站处理后，排入大理市污水处理厂。八是鹤庆县北衙工业园区黄金公司破坏生态环境整治问题。2005年以来，公司投资37.9万元，种植12.64万株树苗，绿化面积320亩，破坏的植被已恢复。

云南省环保局关于滇池和洱海流域专项整治情况的报告

全国环保专项行动部际联席会议办公室：

根据环保部等八部门《关于继续深入开展整治违法排污企业保障群众健康环保专项行动的通知》（环发[2008]45号）和省环保局等九部门《关于印发云南省2008年整治违法排污企业保障群众健康环保专项行动实施方案的通知》（云环发[2008]132号，以下简称“实施方案”）要求，我省各级政府及有关部门高度重视，结合实际，认真开展滇池、洱海流域专项整治工作。现报告如下：

一、滇池、洱海流域基本情况

（一）滇池流域

昆明市根据省《2008环保专项行动实施方案》和市委、市政府对“一湖两江”总治理工作要求，市环保局组织了滇池流域五华、盘龙、西山、官渡、呈贡、晋宁四区两县及各管委会环保部门认真排查辖区入湖河道流域的工业企业排污情况，共出动环境执法人员1945人次；检查企业2285家，其中入滇主要河流盘龙江流域有1274家排污单位，滇池沿岸200米范围内的排污单位有809家（盘龙江流域有395家），下达了限期整改通知129家，取缔了32家，责令停产停业9家；入滇河流两岸排污口466个，其中封堵了66个。滇池流域内共有采矿、采石、采砂、取土等285个，其中已关停关闭277个，部分已恢复了植被。

（二）洱海流域

大理州根据《省2008年环保专项行动实施方案》要求，对 “洱海流域”重点排污企业污水处理设施运行情况进行了现场监察，共出动监察人员145人次；检查企业24家，其中，省控国控重点排污企业5家，其它排污企业12家，城市生活污水处理厂3家，垃圾处理场2家，责任书项目2个。24家企业中2家企业超期试运行至今未进行环保竣工验收，3家酒店、饭店未建污水处理设施，环保部门已下达了整改意见，1家污水处理厂处于不饱和运行状态，2家污水处理厂未安装在线监测装置，1个责任书项目至今未落实。

二、采取的措施及取得的成效

（一）加强入湖河流整治，改善河道景观

2008年以来，昆明市全面加速滇池流域水环境综合整治工作，市政府制定了滇池流域36条河道河（段）长责任制。为完成承担的36条河道整治工作任务，把滇池流域所有单位、所有入滇池河流都纳入了环境管理，同时加强了对流域排污单位环境监管力度，规定了该流域排污单位禁止污水排入河道。西山区截止9月，对区内11条出入滇河道进行了整治，共查河道周边企业766家，限期整改47家，责令停产停业9家；呈贡县对境内的3条入滇河道投资8000余万元进行整治，主要采取查源堵口、截污导流、生态治理与工程治理并举等措施对入滇河道沟渠进行整治。大理州对入湖河流加强监管，成立了河道协管员管理制度，对河流治理效果明显。

（二）封堵入河排污口和取缔养殖场

昆明市五华区截止10初，共取缔新运粮河支流西北沙河河道200米范围内的污染企业32家；官渡区辖区内有23条入滇河道，盘龙江官渡段河道排口（东岸）共计67个，已经封堵66个（昆明市第二污水处理厂处理后的一个回补排口除外）；晋宁县对辖区内的8条入滇河道的排污口进行排查，县境内目前无工业污水排进入滇河道，并加强了河道管理；盘龙区对盘龙江和金汁河两岸排污口进行调查,共核查排污口399个,其中盘龙江82个排污口,金汁河317个排口，并对该封堵的排污口进行了封堵，对入滇河道200米范围内的养殖企业和养殖户进行了坚决取缔。

（三）整治流域企业，确保企业污水纳入城市管网

昆明市五华区共查出辖区内河道200米范围内污染源414个，对其中的82家下达了整改；盘龙区对辖区内盘龙江流域污染源检查共计1021家，其中沿岸200米范围内企事业单位共计395家；1021家单位全部纳入了环境管理，所排污水均排入城市污水管网，不直接排入盘龙江。官渡区区域内共有排污单位84家，按照全面持排污许可证排放污染物的规定要求，84家排污单位中，应办理排污许可证的排污单位共计74家，其中，已办理54。大理州加大对流域宾馆饭店、山庄、村落污水排放口的整治力度。为确保“洱海流域”重点排污企业及污水处理设施正常运行，采取集中检查与抽查、日常监督检查、定期与不定期检查等方式，对洱海流域水污染综合防治目标责任书中2008年应完成的工程项目，加强“三同时”监督管理，确保按期完成。加强对 “洱海流域”重点排污企业及污水处理设施运行情况进行监察，通过扎实而卓有成效的检查工作，大理州洱海流域存在的环境问题专项整治工作取得阶段性成绩，促进了洱海流域和洱海源头的重点保护工作。目前洱海水质趋于稳定，局部区域有明显改善。2008年基本达到II类水质标准。

（四）坚决取缔关闭流域面山采石、采砂、取土等矿山企业，减少面源污染

昆明市官渡区共有采石、采砂等矿山企业81家，已注销矿山企业《采矿许可证》81家，《安全生产许可证》67家，《税务许可证》53家。恢复植被62.5亩，种植各类植物20340株；8月26日，昆明市环保组织官渡区、经济技术开发区对滇新锰铁厂整治情况进行了督查，目前滇新锰铁厂已拆除了厕所，铺设了截污管道，污水处理基础工程已基本完工。呈贡县滇池流域禁采范围内的采矿厂共有182个，截止2008年8月30日， 182个采矿厂矿山采矿权已全部收回；晋宁县滇池流域内采石（砂）、采矿企业共22家，截止1月31日已关闭采石（砂）、采矿企业14家，其中采石（砂）5家，砖厂（取土）9家，余下8家企业将于2009年1月31日前关闭。

三、存在的主要问题

（一）流域企业对湖泊污染的认识还不到位。违法排污的企业时有发生。

（二）执法力度还需要加强。有的企业早已超期试生产，但至今还在生产，而未申请环保竣工验收，企业污染治理设施运行不正常的情况时有发生。

（三）部门联合对滇池、洱海流域检查措施还需要加强。

（四）滇池、洱海流域部分企业污染治理设施老化的现象比较严重，存在着污染隐患。

四、下一步工作打算

（一）加大执法力度，严查违法行为，防止和制止危害滇池、洱海及入湖河道水体的行为，对恶意排污行为依法从重处罚。

（二）加强流域周边排污企业污染治理设施的监督管理，确保正常运转，稳定达标排放。

（三）配合相关部门采取最严厉的措施，坚决依法禁止滇池流域面山开山采石、取土挖沙，加快关闭禁采区内的矿山企业。

（四）督促洱源县污水处理厂、庆中科技有限公司污水处理厂安装在线监测系统，规范管理，实现企业稳定达标排放。

（五）加强生活垃圾和生产固废的处理，规范固废堆存，确保“十一五”期间完成滇池、洱海流域主要入湖河道的水环境综合治理，把滇池、洱海水污染综合防治的各项工作落到实处。

陕西省

工作动态

全省尾矿库基本情况公告

根据原国家环保总局办公厅《关于落实尾矿库专项整治行动工作方案的通知》(环办〔2007〕69号)要求，全省各级环保部门迅速在辖区内组织展开了尾矿库专项整治工作，特别是“5.12”地震发生后，积极协同安监等相关部门进一步加大了对尾矿库环境、安全监管及查处力度。据排查，全省共有尾矿库232座，其中，西安9座、宝鸡27座、渭南25座、汉中49座、安康20座、商洛102座。目前，未执行环评“三同时”制度共21座(现9座停用)，占尾矿库总数的9%；超量贮存、超期服役的共14座，占尾矿库总数的6%；未制定环境应急预案的4座(现3座停用)，占尾矿库总数的1.7%，正在制定的共11座；无资质单位设计的尾矿库3座（现停用）。通过排查和今年我省发生的3起尾矿库泄漏事故来看，部分尾矿库仍存在环境安全隐患和问题。为防范尾矿库垮塌引发突发环境事故的发生，确保环境和群众生命财产安全，现将全省尾矿库排查情况予以公告(见附件)，请各级环保部门务必引起高度重视，进一步加大对尾矿库环境隐患的排查治理力度，将尾矿库的日常监管工作责任到人，及时消除隐患，确保尾矿库环境安全。

春季环保大检查

今年3月25日到4月上旬，省环保局组织开展了春季环保大检查，检查组成员由省局机关、监察、监测、地市环保部门和新闻媒体记者组成，分5组对各市（区）2007年省级挂牌督办环境问题整改情况、群众投诉举报的环境污染问题查处整改情况以及2008年减排措施落实情况、饮用水源地一、二级保护区整治情况、建设项目“三同时”执行情况、污染源普查进展情况五个方面重点内容进行了实地检查。大检查参加人员多、涉及面广，多家新闻媒体记者全程跟踪报道，做到了报纸有文章、电视上有声音、企业中有震动、社会上有反响。在各级环保部门配合和支持下，各检查组顺利完成了各项检查任务，达到了预期目的。检查组对全省11个市（区）89个县（市、区）412家企业进行了实地检查，此次春季环保大检查所查出136家环境违法问题，结合西北督查中心通报的11家环境违法问题，共计146家（1家重复），涉及国控省控企业32家，分关停取缔、停产治理、限期整改、高限处罚等几个层次分类要求，已给各市开列清单（见附件）。其中：关停取缔17家、停产治理30家、限期整改54家、采取其他措施45家，同时对50家实施行政罚款。并请示省政府同意，将20个重大环境问题列为省级挂牌督办环境个问题，要求相关市（区）政府督办整改，并作为对政府的考核内容。

省环境监察局秸秆禁烧巡查组节日期间继续开展秸秆禁烧巡查

6月7-9日，省环境监察局秸秆禁烧巡查组放弃节日休息时间，继续对咸阳机场，西宝、西潼高速公路周边的秸秆禁烧情况进行了不间断巡查。巡查发现，咸阳市周边、兴平市、武功县等夏收地未发现秸秆燃烧情况。渭南市临渭区、渭河两岸滩地未发现着火点；华县虽未发现大面积燃烧现象，但存在着火点18处，其中，赤水镇百惠村及其周围9处，瓜坡镇许村及其周围6处（66—67km处有较大面积焚烧过的痕迹），南沙村及其周围3处。巡查组当即约见了渭南市政府秘书长和华县县政府值班县长，通报了巡查情况，提出了整改要求。

6月8日，渭南市政府发出了关于切实做好秸秆禁烧工作的紧急通知，通报了秸秆禁烧工作中存在的问题，对下一步工作进行了安排部署并提出了明确要求；华县政府也于8日晚召开了紧急会议，就秸秆禁烧工作进行了再动员、再部署。6月9日，渭南市环保局沿高速路对华县、华阴、高新区、临渭区秸秆禁烧情况进行了明察暗访，对检查中发现的58处着火点，检查人员进行及时制止并通知了相关市、县区的环保部门，要求迅速扑救。6月10日，市环保局联合农业局再次对高新区、临渭区秸秆禁烧情况进行了督办检查。针对检查中发现的问题，市环保局要求两区：一要把安排部署的任务和目标任务落到实处，强化对村组的监管，盯死看牢，严肃工作纪律和责任追究；二要切实落实包联责任；三要加大奖惩力度，扩大硬茬播种面积，一日不播种，一日不能放松，确保所有夏种面积在播种前不发生大面积焚烧现象，确保化工企业周围不出现着火点。

迎奥运环保大检查

为确保奥运会期间环境安全，推动环保专项行动深入开展，按照今年环保专项行动工作方案安排部署，省环保专项整治行动领导小组办公室从7月下旬至8月初，在全省范围内组织开展了迎奥运环保大检查活动。检查组通过听取汇报、查看资料、明查暗访等，共检查企事业单位321家，发现各类环境问题86起。就检查情况省环保专项整治行动领导小组办公室向省政府进行了专题报告。86起环境问题中：14起重点环境污染问题由省环保专项整治行动领导小组办公室实行省级挂牌督办，函告所在市（区）政府和相关管理部门；2起移交行业企业主管部门；省环保局直接查处6家（含省级挂牌督办3家，移交行业主管部门1家，其他2家）；68起环境问题给各市列出了清单，交由当地环保部门处理。

省环保局检查秋季秸秆禁烧工作

为切实做好今年秋季秸秆禁烧工作，做到早部署、早安安排、早行动，9月27日上午，省环保局唐祚云副巡视员带领省环境监察局、自然处赴渭南市检查秋季秸秆禁烧工作。省环境监察局局长马小现陪同检查。

检查组听取了渭南市环保局及临渭区、华县政府秋季秸秆禁烧工作汇报，实地检查了安排部署情况。

唐祚云副巡视员在听取汇报后指出，渭南市县政府及环保部门高度重视秋季秸秆禁烧工作，市政府转发了省环保局、省农业厅《关于进一步加强秸秆禁烧工作的通知》，市环保局印发了《渭南市环境保护局关于切实做好秸秆禁烧工作的通知》，对秋季禁烧工作提出了具体要求，明确分工，落实责任，做到了早部署，早行动。唐祚云副巡视员强调，焚烧秸秆影响环境质量、影响陕西形象、影响交通安全，各级政府特别是环保部门要把秸秆禁烧工作做为当前一项重要工作来抓，一是切实提高思想认识，充分认识秸秆禁烧工作的重要性及紧迫性；二是进一步加大宣传力度，采取各　种形式教育广大群众自觉遵守秸秆禁烧的相关规定，认识焚烧秸秆是一种环境违法行为，认识秸秆综合利用的社会效益、环境效益及经济效益，做到家喻户晓，人人皆知。三是加强领导，落实责任，县区政府要把秸秆禁烧和综合利用工作任务层层分解落实到村、组、户及田间地头，积极协调环保、公安、农业、农机等相关部门联合执法，采取严格的奖惩措施，加强监督管理，强化责任追究，确保秋季秸秆禁烧工作的顺利完成。

专项行动

今年7月10日省政府组织全省各级政府和有关部门参加了全国电视电话会议，省委常委、副省长洪峰同志出席了省级分会场会议。7月16日经省政府批准，省环保局等八部门联合印发了《陕西省2008年整治违法排污企业保障群众健康环保专项行动工作方案》，设立了以洪峰副省长为组长的省环保专项行动领导小组，对专项行动进行了全面安排部署。截止9月底，全省共出动环境执法检查人员3.46万人次，检查企业1.14万家，立案查处环境违法案件328起，结案284起。全省确定挂牌督办的突出环境污染问题123个，其中省级34个。专项行动期间，全省12369环保举报电话共接到群众投诉举报6346起，立案查处6276起，结案6241起。

2008年3月28日上午由省环保局组织召开了全省装机容量30万千瓦以上火力发电企业座谈会。会议由省环境监察局局长马小现主持，省环境监察局、省环保局减排处、污控处、省环境信息中心和目前全省装机容量30万千瓦以上10家电力企业的领导及主管人员参加。省环保局李孝廉副局长作了重要讲话，李局长强调：一是严格执行减排进度及小火电的关停部署，保证按期完成关停及减排任务；二是严格落实脱硫工程“三同时”制度，保证按时建成，而且要稳定达标运行；三是要认真落实《排污费征收管理条例》，如实申报排污量，及时交纳排污费；四是在线监测设备按省环保局规定的期限及时安装到位；五是对电厂反映的脱硝电价、含硫率大于2%的电价等问题将与有关部门进一步协商论证；六是各电厂要加强与省环保局业务处室的联系，明确有关政策，落实好有关规定，把各项工作抓好抓到位。纪要如下：

首先，省环境监察局对2007年省环保局直接征收的火电厂排污费征收有关情况进行通报：2007年省局直接征收排污费的8家火力发电厂，能够落实国家《排污费征收管理条例》的有关规定，配合环保部门积极开展排污费征收工作，排污费征收总额连年持续增长，2007年首次突破亿元。各电厂领导对排污费征收工作重视，环保专职工作人员认真负责，工作上积极配合，征缴关系比较融洽，还没有发生一例需要通过司法渠道来处理、解决的问题。但仍存在一些不足，个别企业在排污申报中存在着申报不实、不能按时申报、不能及时缴纳等现象，以及个别企业污染治理环保设施在临时停运前，没有按规定履行报告程序等。针对以上问题省环保局要求各电厂要严格依照《排污费征收管理条例》，如实按期申报，按时缴纳排污费，切实纠正征收工作中存在的漏报及缓缴现象。

其次，省环保局减排处通报2007年污染减排情况并对2008年污染减排工作提出了具体要求。一是十大电厂4月底前上报年度减排计划；二是列入“十一五”脱硫计划，要求2009年6月前完工的，所有30万千瓦以上火力发电机组脱硫必须尽快开工建设；三是做好“三同时”，保证脱硫设施正常运行；四是实行季报制度，建立减排档案。

再次，省环保局污染控制处就排污许可证颁发及在线监控装置建设有关情况作出安排。一是要求今年6月份前，30万千瓦以上机组排污许可证发放完毕；二是在线监测装置，今年能完成脱硫工程的，在线监测设备应与脱硫工程同步安装，今年脱硫工程不能建成运行的，5月份底完成在线监测设备安装并与省局联网。省环保局将在5月初对各企业在线监测安装情况进行检查，对未安装的企业将进行通报批评并按相关规定进行处罚。

最后，省环境信息中心就在线监控联网和相关技术规范作了说明。联网通信卡由在线监测设备安装公司携相关设备来省环境信息中心，通过测试合格后领取；加强对在线设备的管理，保证数据的传输及时及完整；技术上有问题及时和信息中心联系。

甘肃省

工作动态

甘肃省环境监察局现场突击检查兰州市永登县电石铁合金企业

2009年5月10日下午，我局对兰州市永登县的电石铁合金企业进行了突击检查，共检查企业9家（其中5家停产、4家在生产），对甘肃亚飞矿产品有限公司、永登县镕凯电厂有限公司、甘肃盛宝冶金有限公司3家污染治理设施不正常运行的企业进行了查处。

现场检查发现，甘肃亚飞矿产品有限公司1台8000KVA硅铁矿热炉、永登镕凯电厂有限公司3台电石炉、甘肃盛宝冶金有限公司1台12500KVA电石炉正在生产，但除尘设施未正常运行，污染物直接排放，并未向市、县环保部门报告；永登镕凯电石有限公司部分变压器循环冷却水直接外排。

我局现场责令3家企业立即停止违法排污行为，对企业违法排污的现场情况进行了拍照，并制作了现场调查笔录。我局拟按有关法规对3家企业进行行政处罚。

检查同时发现，永登县境内的石灰土立窑有死灰复燃的现象。我局及时将电石铁合金企业和石灰土立窑检查情况通知了兰州市环保局，要求兰州市环保局和永登县环保局近期加强现场监管，确保电石铁合金企业污染治理设施正常运行，会同有关部门彻底取缔石灰土立窑。

省环监局组织全省国控重点污染源自动监控项目核心应用软件培训

为尽快在全省部署环境监控中心核心应用软件，进一步提升和增强全省环境监控中心工作人员技术水平和操作能力，全面完成我省污染源自动监控项目建设任务。5月12至15日，省环监局和西安交大长天软件股份有限公司、北京长能科技有限公司，共同在兰州举办了全省国控重点污染源自动监控项目核心应用软件培训班。

省环保局纪检组长杨桦就污染源自动监控项目的重要性和必要性、“12369环保热线”建设情况和培训要求作了重要讲话，要求全省国控重点污染源自动监控能力建设项目务必于2009年5月底之前全部完成，鼓励参加培训的学员认真学习，把学到的知识运用到实际工作中去，使核心应用软件在国控重点污染源自动监控项目中发挥作用，确保污染源自动监控项目在全省污染减排工作中发挥作用。

培训班重点讲授了软件安装部署、省市联网及日常维护、软件操作使用等学习内容，并安排上机实践课程，通过实际操作，使各级环境监控中心工作人员尽快掌握核心应用软件安装部署方法和联网运行程序，确保实现全省环境监控中心稳定联网运行。同时，环监局组织了培训综合考核，并将考核结果反馈各市州环保局。

目前，全省已建成省级环境监控中心1个，市级环境监控中心12个，陇南市环境监控中心正在招标建设，各级环境监控平台运行正常。

甘肃省环保局为地震灾区的环境监察机构配发环境执法监察车辆

2009年6月2日下午，甘肃省环保局、甘肃省财政厅在兰州市举行了甘肃省环境监察执法车辆交车仪式。省环保局党组成员、纪检组长杨桦出席仪式并讲话。

随着我省经济社会的快速发展，环境保护任务日益繁重。为确保完成“十一五”主要污染物减排任务，支持各级环保部门的能力建设，环保部启动了污染物减排指标、监测和考核三大体系建设，在环境监察执法能力方面，环保部和财政部先后下达了2007、2008年中央财政主要污染物减排专项资金，用于环境监察执法标准化建设。2007年为全省36个环境监察机构配置40台环境执法车辆和852台（套）现场取证、监测、办公设备。2008年为省环境监察局和“5.12”地震灾区的陇南市10个环境监察机构、甘南州2个环境监察机构配备了36台环境执法车辆和现场取证、监测、办公设备。

杨组长指出，这次省环保局专门为地震灾区基层环境监察队伍配置执法车辆，是我省加强灾区环境执法监察能力建设、全面提升环境监管水平的一项重要举措，对于全面提升我省环境监察执法水平、解决突出环境问题、促进环境质量改善将发挥重要作用。同时，要求各地珍惜环保部为环境监察执法能力建设提供的难得机遇，切实将环境执法监察车辆应用到环境监察执法第一线，使其在现场污染源检查、污染减排核查和环境应急等方面发挥应有的作用；要进一步加大现场执法力度和频次，严厉打击群众反映强烈和影响可持续发展的突出环境问题，为全省经济社会又好又快发展做出贡献。

专项行动

甘肃省环境保护局文件

甘环监察发〔2008〕4号

关于开展全省环保专项行动先进集体和先进个人表彰的通知

各市州及矿区环保局：

为严肃查处环境违法行为保障群众健康，自2003年以来，各级环保、发展改革等九部门持续开展了整治违法排污企业保障群众健康环保专项行动，解决了一批突出的环境违法问题，关停了一些污染严重的违法排污企业，涌现出了一批先进集体和先进个人。为表彰先进，继续推进环保专项行动工作，省环保专项行动领导小组决定对作出突出成绩的集体和个人进行表彰（具体名额分配见附表1），现将有关事项通知如下：

一、对在环保专项行动工作中领导重视，组织周密，整治力度大，整治效果明显，积极开展环保后督察，建立和逐步完善环保专项行动长效机制的部门进行表彰。

二、对长期从事环保专项行动工作，政治思想好，业务水平高，认真履行职责，敢于执法，作出突出成绩和贡献的环保一线工作人员进行表彰。

三、各地要充分认识这次表彰的重要意义，严格按照分配名额认真审核，严格把关，确保评选质量。本次表彰以各级环保系统一线的集体和个人为主（其它部门表彰名额已另行分配），原则上市州级先进集体和先进个人名额控制在总数的30%左右，县区级先进集体和先进个人名额占总数的70%左右。先进集体由省局根据各地工作情况并征求市州环保局意见后决定，先进个人由各地推荐上报。

先进集体和先进个人审批表电子版可以在省环保局网站（http://www.gsep.gansu.gov.cn）环境监察专栏下载，审批表必须打印后上报，先进事迹栏不够可加续页。先进集体和先进个人名单务必于2008年2月20日前报送省环境监察局，先进集体和先进个人审批表务必于2008年2月25日前分别以传真和电子邮件报送，对未按时上报先进审批表的视为自动放弃。

甘肃省采取三项具体措施贯彻全国环保专项行动电视电话会议精神

2008年7月10日,全国环保专项行动电视电话会议结束之后,甘肃省立即召开了全省整治违法排污企业保障群众健康环保专项行动电视电话会议。

会议由省环保局局长冯杰主持，省长助理夏红民作了重要讲话。省发改委、省经委、省国资委、省监察厅、省司法厅、省建设厅、省工商局、省环保局、省安监局和兰州电监办分管领导及省市环境监察人员在兰州主会场参加了会议。 夏助理对我省五年来环保专项行动开展情况进行了总结,并要求全省各地在2008年环保专项行动中，要坚决贯彻落实李克强副总理的重要指示和全国环保专项行动电视电话会议精神，重点抓好以下三个方面的工作：

一是要全面开展环保后督察。重点检查2005年以来各级领导批示要求查处的重大环境违法案件、环境监察建议书督办案件、挂牌督办的典型环境违法案件，以及2005年以来群众反映强烈6等各种环境违法问题整改落实情况。

二是要重点检查污染减排工程措施运行情况。对污水处理厂及其配套管网至今没有建成或建成后不能正常运行的，要挂牌督办；对污水处理量达不到设计能力60%的，要限期整改，并通报批评；对超标排污的，对污泥未进行无害化处理的，未安装自动监测设备的，要依法进行处罚。对不符合规范要求的生活垃圾填埋场，要责令限期整改；加强对已经封场垃圾填埋场的环境监管，确保环境污染治理设施正常运行。加大对燃煤电厂和有色冶金行业烟气脱硫设施等二氧化硫工程减排措施的监管，对擅自停运污染治理设施的，要依法处罚，确保处理设施正常运行。同时，要全面推进今年重点减排措施项目建设进度，确保按期完成工程建设，尽早发挥减排效果。

三是要继续对重点流域、重点区域和重点行业开展专项检查。要彻底取缔集中式饮用水源地一、二级保护区内的工业、生活污染源直接排污口，严防环境污染问题死灰复燃，保障饮用水源安全;对黄河、石羊河、渭河等重点流域开展环保专项检查,加大对重点流域地区造纸、制革、化工等重点污染行业的专项检查和整治;对2007年开展的造纸、电石铁合金和涉铅行业专项整治各项措施落实情况进行专项检查;加大对环境污染事故隐患的排查，从源头上预防环境污染事故的发生。

2008年甘肃省整治违法排污企业保障群众健康环保专项行动工作方案

2008年是全面贯彻党的十七大战略部署的第一年，也是落实全省“十一五”环境保护规划的关键一年。各市州要在前五年环保专项行动取得成效的基础上，进一步统一思想，提高认识，增强继续开展环保专项行动的责任感和紧迫感，加大环保执法力度，严查和整治各类环境违法行为，确保全省主要污染物减排目标的实现，保障人民群众的环境权益。

一、指导思想

以党的十七大精神为指导，以改善环境质量为目标，以查处危害群众健康和影响可持续发展的突出环境问题为重点，以加大环境执法力度和加强部门联动为手段，集中整治重污染行业和重点流域、区域环境违法行为，促进主要污染物减排工作的顺利实施。

二、工作重点及要求

（一）全面开展环保后督察。

落实胡锦涛总书记关于加强对环境违法案件后续督察工作的重要批示精神，对查处的环境违法案件和突出环境问题整治措施落实情况进行集中检查。检查的重点和要求是：

1、2005年以来国家和省上领导批示要求查处的重大环境违法案件，环境保护部和省环保局环境监察建议书督办案件，国家、省、市级挂牌督办的典型环境违法案件。

2、2005年以来群众反映强烈、领导关注、环境污染严重、问题突出、重复上访、严重影响社会和谐的各种环境违法问题。

3、2007年中办国办环保督查中要求解决的突出环境问题整治落实情况。

重点检查取缔关闭、停产整治、限期治理等行政处罚措施落实情况和行政责任追究情况，确保各地挂牌督办环境违法案件，查处到位、整改到位、责任追究到位。

（二）对城市污水处理厂、垃圾填埋场和脱硫设施等重点减排措施进行专项检查。

以全面落实“十一五”污染物减排任务为目标，对城市污水处理厂、垃圾填埋场和脱硫设施等重点减排措施进行全面检查，集中整治环境违法行为。检查的重点和要求是：

1、查清已建成的城市污水处理厂基本情况，包括处理水量、主要污染物去除情况、污泥处置情况和在线监控设施安装运行等情况。建立环境监管档案，完善监管办法，落实监管责任，实现对污水处理厂出水水量、水质和污泥处置的动态管理，确保污水处理厂正常运行和达标排放。严肃查处擅自停运、超标排污、直接排污和污泥二次污染等环境违法行为。

对污水处理厂及其配套管网没有按要求建成或建成后不能正常运行的，继续列为省级环境问题挂牌督办单位，限期解决；对建成一年后运行负荷率达不到设计能力60%（不含污水实际处理率达到国家要求的城市污水处理厂），造成城市生活污水直接外排的，要限期整改，并公开通报批评；对城市污水处理厂超标排污的，未对污泥进行无害化处理的，拒报或者谎报排污申报登记事项的，未安装自动监测设备或者未与环保部门联网的，要严格按照《水污染防治法》的规定对其运营单位进行处罚。对无正当理由不正常运营污水处理设施，造成污染事故且后果严重的，要依法追究运营单位和管理部门的行政或刑事责任。

2、查清已建成生活垃圾填埋场实际运行情况，包括生活垃圾填埋场的填埋量、雨污分流情况、防渗措施以及地下水监测情况。

对不符合规范要求的生活垃圾填埋场，要责令限期整改；加强对已经封场垃圾填埋场的环境监管，确保环境污染治理设施正常运行。

3、按照《甘肃省人民政府关于印发甘肃省2008年主要污染物总量减排计划的通知》（甘政发[2008]16号）确定的污染减排项目建设进度要求，全面推进重点减排项目建设，确保按期完成工程建设，尽早发挥减排效果。

加大对燃煤电厂和有色冶金行业烟气脱硫设施和烟气综合治理设施的监管，确保处理设施正常运行。

（三）对重点流域、重点区域和重点行业开展专项检查。

检查的重点和要求是：

1、重点检查2006年以来集中式饮用水水源保护区内违法建设项目取缔关闭措施落实情况。

要以整治影响饮用水源水质的污染问题为重点，确保饮用水源水质主要指标100%达标。各地要根据2006年制定的《饮用水源地排污口清理整顿工作方案》，对饮用水源地排污口整治情况进行专项检查，彻底取缔集中式饮用水源地一、二级保护区内的工业、生活污染源直接排污口，严防环境污染问题和隐患企业死灰复燃。

2、重点对黄河、黑河、石羊河、渭河、泾河、马莲河和嘉陵江等重点流域开展专项检查。一是对重点流域地区近年来新、改、扩建的工业项目进行一次全面检查。二是加大对重点流域地区造纸、制革、化工等重点污染行业的专项检查和整治。

对违法建设不符合国家产业政策严重污染环境的生产项目的，要及时报请所在地市、县人民政府责令停业、关闭；对超标排放污染物的企业要在2008年底前完成治理任务，对逾期未完成的，实行停产整治或依法关闭。

3、对2007年开展的造纸、电石铁合金和涉铅行业专项整治各项措施落实情况进行专项检查。

重点检查被取缔关闭的造纸企业或生产线停电、停水、设备拆除等措施的落实情况，坚决淘汰不符合国家产能政策，不能稳定达标排放的环境违法企业，防止死灰复燃和落后淘汰工艺、设备的转移，巩固COD减排成效。进一步加大对电石铁合金行业的现场监管，确保污染治理设施正常运行，污染物达标排放，督促2007年未完成在线监控装置安装的企业在年内全部安装到位。对涉铅的开采、冶炼、加工和回收企业继续开展专项整治，确保各项整治措施的全面落实。

4、加大对环境污染事故隐患的排查，从源头上预防环境污染事故的发生。

要对各类重点污染源及危险化学品污染隐患单位进行排查，加大居民集中区、重点流域及水源地上游危险废物排放企业监管力度，加强污染预防，消除事故隐患；加大对化工行业污染治理设施运行的监管，着力解决环境安全隐患整改中存在的问题，防范环境突发事件的发生，确保环境安全。

三、进度安排

（一）动员部署阶段（7月15日前）

各地环保专项行动领导小组要根据省级方案要求，结合本地实际，确定今年环保专项行动整治工作重点，制定切实可行的工作方案，扎实开展工作动员和部署。务必于7月20日前将环保专项行动领导小组名单和工作方案报送省环保专项行动厅际联席会议办公室。

（二）集中检查和整治阶段（7月-10月）

各地环保专项行动领导小组要组织有关部门对县级以上饮用水水源保护区、污水处理厂及垃圾填埋场、重点行业和重点流域存在的环境问题进行集中整治，并分别于8月底、9月底前将阶段整治情况报送省环保专项行动厅际联席会议办公室。

省环保专项行动领导小组将适时对各地环保专项行动工作开展情况进行督查。

（三）总结阶段（11月）

各地要认真总结环保专项行动的成效与不足，提出加强长效管理的措施，并于11月20日前向省环保专项行动厅际联席会议办公室报送《2008年专项行动工作总结》。

四、主要措施

（一）加强领导，周密部署。

各市（州）人民政府要按照国家和省上的要求，继续将深入开展环保专项行动纳入重要议事日程，成立环保专项行动领导小组，建立联席会议制度，进一步加强组织领导，广泛动员部署，完善工作制度，制订具体实施方案，落实各项重点工作任务。各级环保、发改、经委、国资、监察、司法、建设、工商、安监和电力监管部门要充分发挥各自的职能，进一步加强部门间的协调配合，坚持定期协商、联合办案和环境违法案件移送制度，共同打击环境违法行为，合力整治环境污染问题。

（二）加大督查，严格考核。

各地要切实加强对基层政府开展专项行动的指导，按照各阶段工作要求，制定督查工作方案，对基层政府挂牌督办案件落实情况及城市污水处理厂、垃圾填埋场、饮用水源保护区、重点行业、重点流域和区域的集中整治情况，组织多种形式的检查，及时发现和纠正存在的问题，指导基层政府落实各项重点工作。省级环保专项行动领导小组将进一步加强对各地环保专项行动的督查和考核，重点对组织领导、信息报送、阶段工作开展及总结情况等方面进行考核，切实保障环保专项行动取得实效。

（三）突出重点，挂牌督办。

各地要继续将群众反映强烈、影响社会稳定的重大环境污染问题作为查处重点，挂牌督办，落实责任，跟踪督查，做到查处到位、整改到位、责任追究到位。围绕各阶段工作重点分期挂牌督办一批社会影响较大和基层政府未能解决的环境违法案件和突出环境问题。省环保专项行动厅际联席会议办公室将挂牌督办一批污染严重、社会普遍关注的环境违法案件。同时，各地要加强挂牌督办案件的管理和后督察工作，建立重点案件管理档案，完善督办制度，公示督办结果。

（四）全面检查，集中整治。

各地要严厉打击超标准排放污染物的环境违法企业，对屡查屡犯的企业采取“高限处罚”措施，对长期超标排污的、私设暗管偷排偷放的、污染物直排的、存在重大污染隐患的企业，一律停产整治，对治理无望的企业和落后生产能力，一律关闭取缔。加强对停产整治、限期治理企业的后续督察工作。对已经完成整治的，要在一年内将其作为重点监管对象，按照对国家重点污染源的监管要求，加大监督性监测和现场巡查频次，确保污染物稳定达标排放；对未按要求完成限期治理的一律停产整治，对未按要求完成停产整治的一律提请政府责令关闭。

（五）严格执法，责任追究。

各地要综合运用法律、经济、行政等手段，加大对环境违法行为的惩治力度。在加大环境行政执法的同时，不断在产业政策、金融信贷、产品运输、流通和消费等方面采取有效措施，遏制有法不依的行为。要不断加大对行政部门环境违法问题的责任追究力度。对违反环境保护法律法规，出现重大决策失误，造成环境严重污染的经营业主或企业负责人，要依法追究责任；对情节严重的，要移送有关部门追究民事或刑事责任。对环境违法行为查处不力，甚至包庇、纵容违法排污企业，致使群众反映强烈的问题长期得不到解决的部门负责人或有关人员，要依法依纪追究责任。

（六）广泛宣传，强化监督。

各地要根据阶段工作重点，结合本地工作实际，制定环保专项行动工作宣传计划。要向社会公布环保专项行动进展、违法企业名单、典型环境违法案件查处情况；要积极组织新闻媒体进行跟踪报道，充分利用电视、广播、报纸、互联网等媒体，加大环境保护法律法规的宣传力度，营造群众参与和监督的良好氛围；要进一步加强环境保护信访工作，充分发挥“12369”环保热线作用，畅通投诉渠道，积极鼓励群众广泛参与。

甘肃省环境保护局文件

甘环发[2008]137号

关于报送2008年环保专项行动市州级环境问题挂牌督办单位情况的通知

各市、州环保局：

为进一步促进2008年全省整治违法排污企业保障群众健康环保专项行动工作，加大对群众反映强烈、影响可持续发展的重大环境污染问题的查处力度，省环保专项行动厅际联席会议办公室决定挂牌督办一批环境违法问题比较突出的单位。请各地务必于2008年9月8日前，将今年环保专项行动市（州）级环境问题挂牌督办单位情况表传真件和电子邮件上报省环境监察局。

联系人：曹 兴　　刘 智
联系电话：0931－8413116
传　真：0931-8418401
电子信箱：gsepi@12369.gov.cn

附件：

2008年环保专项行动市（州）级环境问题挂牌督办单位情况表

省环保局纪检组长杨桦带领工作人员深入污染源现场实地调查和督办环境信访案件

为全面推进全省环保系统学习实践活动的广泛开展，着力解决群众反映强烈和影响科学发展的突出环境问题，有效维护群众合法环境权益，把矛盾化解在当地，把问题解决在基层，避免重复上访和越级上访。2008年11月6日，针对群众联名反映的甘肃天虹化工有限公司环境污染问题，省环保局纪检组长杨桦带领省环境监察局和省核与辐射安全局工作人员，对甘肃天虹化工有限公司环境污染问题进行了现场查处。

经现场调查，“512”大地震导致该公司污水处理设施曝气池严重变形，污染治理设施无法正常运行，10月中旬，天水市环保局对该公司已下达了停产通知，并要求限期治理。检查组要求该公司应尽快重新建设污染治理设施，废水达标排放后方可恢复生产；公司要主动与周围居民接触，搭建对话交流平台，通过与居民代表座谈和走访居民，一方面了解企业生产对周围居民环境的影响程度，另一方面告知居民目前企业在污染治理方面所采取的积极措施，赢得周围居民的理解，从源头上化解矛盾纠纷，为企业可持续发展创造良好的外部环境；同时，公司应进一步强化内部日常环境管理，认真查找工作中存在的问题和不足，切实减少企业生产中对周围居民的影响。

检查组要求，天水市环保局要把学习实践科学发展观活动贯穿于具体的环境保护工作中，切实要把“群众利益无小事”作为信访工作的基本准则，坚持从保障人民群众利益出发，严格环保执法，想群众之所想，急群众之所急，针对群众重复投诉的重点问题，积极主动进行调查处理，力争做到“有件必查，查必有果”；并结合日常环境监察执法工作，对污染较重，影响面大，存在严重污染纠纷隐患尤其是可能引发群体性信访事件的案件，建立污染矛盾纠纷台帐，进行跟踪监察，通过加大监督检查频次，及时发现和处理环境问题。有效维护群众合法环境权益，把矛盾化解在当地，把问题解决在基层，避免重复上访和越级上访。

甘肃省环保局践行科学发展观 加强国控重点污染源自动监控能力建设

为认真实施污染减排“三大体系”建设项目，切实提高环境执法与污染减排核查能力，2008年9月，省级国控重点污染源自动监控中心建成并投入运行，但由于没有专门的机构负责运行和维护管理，直接影响省级环境监控中心的正常运行和数据传输工作。自开展学习实践科学发展观活动以来，省环保局进一步重视国控重点污染源自动监控能力建设和运行管理工作，通过自动监控手段督促污染企业加强环境管理和提高污染治理水平，以实际行动推进主要污染物减排工作任务的顺利完成，确保环境安全。

为确保省环境监控中心早日发挥污染减排作用，近来，省环保局党组把落实省环境监控中心机构和工作人员配备，作为学习实践活动的一项具体举措提上了议事日程。2008年11月25日，经局党组研究，批准成立了甘肃省环境监控中心机构。专门负责省环境监控中心的运行和维护管理，协调指导市（州）环境监控网络，审核与判别自动监测数据的有效性，承担环保12369举报投诉电话值班，并及时进行处置等工作。

华亭县深入开展煤尘污染专项整治

据甘肃经济日报人与环境报道，华亭县将煤尘污染专项整治作为整治违法排污企业保障群众健康环保专项行动工作的重点，围绕“抓源头管理、削超高煤头、盖规范篷布、治煤尘污染、保生产安全”的总体思路，从解决影响环境和持续发展的突出问题入手，全面开展煤尘污染专项整治，取得了明显成效。

一是加强组织领导。县上成立了由县委分管领导任组长的煤尘污染专项整治工作领导小组，召开了动员大会，制定印发了《煤尘污染整治实施方案》，与各有关单位签定了《煤尘污染整治责任书》。

二是强化宣传教育。集中开展宣传教育活动2次，悬挂宣传横幅8条，散发宣传资料4000余份，接待咨询群众400余人（次）。

三是加大整治力度。县公安、环保等部门在省道304线安口段、华亭段、上亭段，平华公路策底段建立了检查运煤车辆执勤点，坚持“点上测、线上巡、卡上查”的工作方法，不断强化路面监控力度，严管重罚。公安部门先后查处未加盖篷布的运煤车辆2辆，处罚款1200元；环保部门先后查处运煤车辆源头管理工作落实不到位的煤矿2家，处罚款8000元。

四是加大资金投入。地企双方投资3000多万元，修建了运煤专线。

我省各市州重点解决突出的环境问题

岁末年初，我省各市州进一步加大环境执法力度，用实际行动解决影响可持续发展和群众关心的突出环境问题。

——庆阳市环县对辖区涉油乡镇的井场进行彻底摸底调查。

近来，庆阳市环县环保局组织人员对辖区17个涉油乡镇的332个井场进行了彻底的摸底调查，对发现的污染隐患及时进行了排除。一是全面加强对钻井、试油、修井过程的环保全程管理，对完钻的23个新钻井和12口在钻井进行了现场监督检查，监督油田单位严格落实“三同时”和油田管理“五到位”制度。二是督促油田单位落实了含油物质等危险废物规范处置，辖区内23个井场的含油固废先后拉运到市固废处置场进行规范处理，并督促油田单位依法规范处置钻井岩屑、泥浆。三是加大了环保执法力度，先后下发限期整改通知书15份，行政处罚事先告知书15份，处以罚款8万多元。四是加强环境监管，全面落实“查、纠、防、治”四项关键措施，严厉打击企业偷排和超标排放等违法行为。

——金昌市开展规模化畜禽养殖场专项执法检查。

近日,金昌市对永昌县、金川区的规模化畜禽养殖场开展了专项执法检查。这次规模化畜禽养殖场专项执法检查由市环境监察支队牵头，根据县、区环保局日常检查情况和企业名录，对西宁张氏集团金昌种猪养殖有限公司、金昌南洋兴盛养殖有限公司、金昌市福海生态科技园、永昌东区养猪场等4家规模养殖场进行了重点检查。对未按规定办理环境影响评价审批手续的金昌市福海生态科技园提出了限期整改要求，责令产生恶臭气体对周围的企业和居民造成严重影响的永昌东区养猪场限期关闭，建议业主发展符合环保规定的新项目。

阿克塞县环保局多下现场落实环保专项行动

根据《阿克塞县环保局2008年整治违法排污企业保障群众健康环保专项行动实施方案》，阿克塞县环境监察大队全体人员积极投入到本次“环保专项行动”中来。联系相关企业，转发或下发各类相关文件资料，使企业在政策上领会本次“环保专项行动”的意图。

阿克塞县环保局积极安排人员下现场，催促并协同企业抓紧污染治理，在现场亲自了解情况，对于企业上发现的问题和存在的困难积极予以协调，共同解决，确保尽快实施污染治理，确保环境安全。企业污染治理工作是一项急需落实，却又存在一定难度的工作，所以需要不断的深入现场，一方面可以与治污企业加强沟通，了解其污染治理进展的真实情况；另一方面可以实地的催促企业，加快治理步伐，确保按照预定的进度及时完成该项工作。（芦华民）

环保部环境监察局和省环境监察局联合检查葫芦河流域污染问题

为贯彻落实环保部周生贤部长和省政府石军副省长就葫芦河污染问题的批示精神，针对2009年1月4日《国内动态清样》（第51期）反映的葫芦河污染问题，2009年1月10-12日，我局环境监察人员配合环境保护部环境监察局对葫芦河（甘肃段）流域污染状况开展了全面调查。

检查组对葫芦河天水秦安县、平凉庄浪县和静宁县河段水质及污染源进行了现场调查。由于今年春节较往年早，淀粉加工期已结束，现场检查中没有发现正在生产的淀粉小作坊，但仍能看到晾晒粉条的支架。据庄浪县朱店镇居民介绍，村里居民在自家院落或田地加工淀粉的现象个别还存在，由于政府监管力度加大，淀粉小作坊较往年明显减少。检查组既实地查看河流水质，又现场检查重点排污企业，并对葫芦河天水市和平凉市出境、入境断面水质进行了采样监测。从水质监测结果来看，葫芦河平凉市入境断面COD为157mg/L，出境断面89.8mg/L；天水市入境断面COD为189mg/L，出境断面184 mg/L；氨氮等其它主要污染物也均超标，河流水质为劣Ⅴ类，属重度污染，季节性污染反弹的问题尚未得到根治。

长期以来，马铃薯种植和加工是葫芦河流域农业发展、农民增收的重要产业，葫芦河流域广大群众有生产淀粉、制做粉条的传统，多为家庭小作坊，规模小，生产工艺落后，生产废水一部分用于浇地，一部分直接排入葫芦河。据统计，2006年，秦安县共有小粉坊89户，2007年、2008年分别关闭68户、21户。截止2008年10月底，平凉市静宁、庄浪县共有淀粉加工企业18家、小粉坊32户。由于淀粉加工企业污水处理技术不成熟，废水超标排放。每年9月至次年1月是淀粉加工高峰期，季节性污染较为严重。葫芦河及主要支流水洛河流经的平凉市静宁县、庄浪县和天水市秦安县县城均没有生活污水处理厂，静宁县、庄浪县、秦安县年生活污水排放量分别为：260万吨（占该县废水排放量的83.8%）、208万吨（占该县废水排放量的82.5%）、360万吨（占该县废水排放量的74.6%），共计828万吨生活污水直接排入葫芦河，进一步加重了葫芦河水体污染。淀粉加工废水、县城生活污水和少量的工业污水是造成水体污染的主要原因。

为解决葫芦河污染问题，流域内各级政府和环保部门必须齐抓共管、协调配合，建立流域上、下游联动机制，从源头上治理污染。一是编制《葫芦河水污染防治规划》。要求天水市、平凉市根据葫芦河流域水环境功能区保护、水环境容量和水资源承载条件，联合制定并组织实施《葫芦河水污染防治规划》，使河流污染防治有章可循，切实增强防治工作的针对性和整体性。二是督促流域内三县尽快启动城镇生活污水处理厂项目。目前，秦安县污水处理厂已完成前期工作，静宁县城生活污水处理厂已立项，庄浪县污水处理厂至今仍未立项。建议省政府加大对秦安、静宁、庄浪县城镇生活污水处理厂的资金支持力度，确保生活污水处理厂早日建成和投入正常运行，以解决生活污水污染葫芦河的问题。三是优化马铃薯加工产业。按照“关小扶大，整合提高，规模发展”的原则，创新发展模式，优化产业结构，对马铃薯种植、加工业等进行整合，加快发展薯类全粉、速冻薯条、食品淀粉、工业淀粉等产品，形成规模以上的马铃薯加工产业链，彻底关停小粉坊。四是完善跨流域统一综合治理机制。在现有交流互动的基础上，进一步完善葫芦河跨省、市、县界断面水质联合监测、环境信息互动、现场联合执法、污染防治基础设施共建共享、流域生态补偿等机制。开展河流断面省、市环保部门联合监测。在丰水期至少每季监测一次，在枯水期加密监测频次，保证至少每月监测一次，定期开展省、市监测部门同时抽测，密切关注水质变化，提出切实可行的整治措施。

省各级环保部门加大对燃煤发电企业现场监管力度

为进一步强化对全省燃煤发电企业环境监管，确保顺利完成2009年二氧化硫污染减排任务，针对部分燃煤发电企业不正常运行脱硫设施等行为，2009年1月20日，省环保局发出了《关于进一步加强燃煤发电企业环境监管的通知》，就加强燃煤发电企业污染治理设施运行管理和监管工作提出了管理要求。

《通知》要求，燃煤发电企业要立即对内部环境管理和环保治理设施特别是机组烟气脱硫设施、自动在线监测系统、设施运行台账等开展自查，认真查找存在的问题，提出整改方案和完成整改的时限，按期完成整改任务，确保污染治理设施连续稳定运行和污染物达标排放；严格执行污染治理设施停运申请和报告制度。

各市州环保局要进一步加强对燃煤发电企业的环境监管，立即开展专项大检查。重点检查企业污染治理设施特别是燃煤机组烟气脱硫设施运行情况，对检查中发现的问题提出整改要求和完成时限；严格对污染治理设施停运报告的审批，严肃查处企业擅自停运污染治理设施的行为；完善火电企业环保污染治理设施基本情况、运行情况、现场检查情况等基础档案。

省局将组织对各企业整改情况和各市州检查情况进行督查，对逾期仍不能完成整改任务和发现的环境违法行为将严肃查处，并追究有关人员责任。

甘肃省环保局认真组织
做好防范和应对雨雪冰冻暴风
雪灾害产生污染事件及次生环境问题

为切实做好防范和应对雨雪冰冻和暴风雪灾害产生污染事件及次生环境污染工作，保障环境安全，确保人民群众过一个祥和、安全的新春佳节。2009年1月21日，省环保局下发了《关于做好防范和应对雨雪冰冻暴风雪灾害产生污染事件及次生环境问题的通知》，对全省环保部门积极防范和应对雨雪冰冻和暴风雪灾害产生污染事件及次生环境污染工作进行了安排部署。

一是要求各地充分认识做好防范和应对雨雪冰冻以及暴风雪灾害产生污染事件及次生环境污染应急工作的重要性，加强组织领导，落实工作责任，结合本地区实际，制定雨雪冰冻以及暴风雪灾害产生污染事件及次生环境污染应急预案，做好环境应急物资、车辆、仪器等准备工作，安排环境应急值班，保持24小时通讯联络畅通，一旦发生环境污染事件，要立即按照环境污染事件应急预案程序，第一时间开展环境污染事件应急处置工作。二是要求各市州环保局进一步加强环境安全大检查，重点抓好集中式饮用水源地和居民集中居住区等环境敏感区域的污染隐患排查，对存在环境安全隐患的单位责令限期整改，对问题严重的，进行停产整顿；对企业的危险工段、危险原料、危险产品、危险废物和危险化学品实行严格监管；督促城市污水处理厂和燃煤发电企业加强对重要部位设备的保温处理，严防因冰冻导致的城市污水处理厂主要工艺停运或燃煤发电企业脱硫设施、在线自动监控仪器的不正常运转。三是要求各市州环保局在同级政府统一领导下，加强与安全监管、公安、交通、卫生等有关部门的密切配合，积极协调配合相关部门，共同做好防范和应对雨雪冰冻和暴风雪灾害工作。

我省召开2009年环保专项行动电视电话会议，石军副省长指出——重点解决影响可持续发展的突出问题

4月14日，国务院八部门，环境保护部、发展改革委、监察部、司法部、住房城乡建设部、工商总局、安全监管总局、电监会联合召开电视电话会议。周生贤部长代表国务院八部门对2009年全国整治违法排污企业保障群众健康环保专项行动工作进行了动员部署。会后，我省遂即召开2009年全省环保专项行动电视电话会议。石军副省长对全省环保专项行动做讲话。

石军副省长在会上分析指出，按照温家宝总理提出的“既要把应对这场金融危机作为调整经济结构、转变发展方式的机遇，又要把当成推进环境保护事业的机遇，保持经济增长决不能以牺牲环境为代价”的要求，我省的环保工作应当进一步坚持保护环境与经济增长并重，坚持环境保护与经济发展同步，坚持综合运用法律、经济、技术等手段解决存在的环境问题。在环境保护执法问题上决不允许以发展经济为由放松对环保的要求，决不允许以保证财政收入为由对违法排污企业网开一面，决不允许以就业压力为由对危害群众利益的违法企业置若罔闻，决不允许再走“先污染后治理”的老路。全省环保工作应围绕污染减排，加快重点产业结构调整为主，推动全省经济社会又好又快发展。

石军副省长强调，今年我省环保专项行动的重点是要积极防范环境风险，着力解决危害群众健康、影响可持续发展的突出环境问题，促进污染减排工作顺利实施，为实现我省经济社会平稳较快发展，提供环境执法保障。石军副省长特别强调将突出饮用水源保护区、重点流域和重点行业环境整治，强化污水处理厂、燃煤发电企业脱硫设施等污染减排措施专项检查。

石军副省长提出，今年我省将继续深入开展饮用水源保护区环境整治后督察工作。依法查处饮用水源保护区内违法排污行为，坚决取缔一级保护区内所有与供水设施和水源保护无关的建设项目，坚决取缔二级保护区内所有不符合环保要求的建设项目。严厉打击“两高一资”行业环境违法行为。严肃查处未经审批擅自开工或已经建成投

产的违法“两高一资”项目。坚决取缔不符合国家产业政策、继续使用淘汰落后工艺设备行为。严厉处罚超标排放污染物的违法企业。查清钢铁企业执行建设项目环保管理规定，以及国家产业政策执行情况。加强原料来源、生产工艺、废渣贮存、污染防治全过程监管。

着力整治城镇污水处理厂、垃圾填埋场环境违法问题。加强污水处理厂环境监管，确保污水处理厂正常运行和达标排放。严查擅自停运、超标排污、直接排污和污泥二次污染等环境违法行为。对不符合规范要求的城市生活垃圾填埋场，责令限期整改。

此外，还将强化对燃煤发电企业、重点流域、重点行业、落后产能和农村环境问题的监管。将严肃查处无故停运脱硫设施，偷排污染物和超标排污等违法行为，除罚款、收缴排污费、扣除脱硫电价外，要按规定追究相关人员的责任。对重点流域地区的造纸、制革、化工等重点污染行业进行排查和整治。加大小水泥、小麦芽、小淀粉等落后产能淘汰力度。

石军副省长还强调要环保专项行动联席会议的各单位及各市州政府一定要建立起完善的长效机制，特别是专项行动中形成的环保后督察、挂牌督办、案件移送纳入日常管理，各市州要将群众反映强烈、影响可持续发展的重大环境污染问题作为重点，进行挂牌督办、要严厉打击超标排放行为。对屡查屡犯的企业要高限处罚；对长期超标排污、私设暗管偷排偷放和存在重大环境污染隐患的企业，一律停产整治；对治理污染的企业和落后生产能力，一律关闭取缔，对违反环保法律法规，出现重大决策失误，造成严重环境违法行为查出不力，甚至包庇、纵容企业违法排污，致使群众反映强烈的问题长期得不到解决的部门负责人或有关人员，要追究责任。

此外，会议还将环保专项行动联席会议各部门的责任分工明确。环保部门加强对各类环境违法的统一监管；发展改革和工业信息化主管部门监督淘汰落后生产能力、工艺和产品，强化市场准入的监管；监察部门要依法追究违反环保法律法规的政府及部门的行政责任，对各级政府出台的违法环保法律法规的土政策予以纠正；建设部门要加强城市污水处理厂及其配套管网和垃圾填埋场的建设，运营维护；电力监管部门加强对燃煤电厂发电机组运行情况的监管，保障投运率和脱硫效率；其他各部门要各尽其责，共同抓好转项行动的各项工作。

2009年甘肃省整治违法排污企业保障群众健康环保专项行动工作方案

为全面贯彻党的十七届三中全会、中央纪委第三次全会、中央经济工作和全国整治违法排污企业保障群众健康环保专项行动电视电话会议精神，深入贯彻落实科学发展观，紧紧围绕保增长、保民生、保稳定的总要求，切实解决当前影响可持续发展和群众反映强烈的突出环境问题，保障群众环境权益，2009年继续在全省组织开展整治违法排污企业保障群众健康环保专项行动（以下简称“环保专项行动”）。

一、指导思想

以邓小平理论和“三个代表”重要思想为指导，深入贯彻落实科学发展观，以改善环境质量为目标，进一步加大环境执法力度，着力解决危害群众健康和影响可持续发展的突出环境问题，促进主要污染物减排工作的顺利实施，维护社会稳定，为实现全省经济保持平稳较快增长目标提供环境执法保障。

二、工作重点及要求

（一）深入开展饮用水源保护区环境整治后督察工作

一是切实加强饮用水水源安全风险隐患排查，建立风险源名录，采取有力措施，从源头控制隐患。对全省县级以上集中式饮用水源地现状进行摸底调查，建立水源地保护基础档案；对县级以下工业企业集中的城镇饮用水源地保护情况进行重点调查。二是依法查处饮用水源保护区内违法排污行为，坚决取缔一级保护区内所有与供水设施和水源保护无关的建设项目，坚决取缔二级保护区内所有不符合环保要求的建设项目。三是抓紧抓好交通运输行业污染防治，特别是要强化饮用水源保护区及上游地区油类和危险化学品运载、装卸和储存设施监管。四是着力抓好饮用水源水质监测，准确掌握水质变化状况，及时采取相应措施。五是积极夯实饮用水源保护基础工作，编制完善突发污染事故应急预案，有效防范安全风险。六是健全完善饮用水安全保障报告制度，对发生或可能发生的突发饮用水源污染事件，一经核实要及时上报，坚决杜绝瞒报、漏报和误报行为。

凡是饮用水源保护区划分和调整不到位、县以上城镇饮用水源保护区内各类排污口取缔措施不落实、保护区边界地理界标和警示标志设立不规范、保护区或周边化工企业没有防止事故状态下“清净下水”污染环境有效措施的，一律挂牌督办。

（二）严厉打击“两高一资”行业环境违法行为，扎实开展钢铁、涉砷行业专项检查

一是严肃查处未经审批擅自开工或已经建成投产的违法“两高一资”项目。二是坚决取缔不符合国家产业政策、继续使用淘汰落后工艺设备行为。三是严厉处罚超标排放污染物的违法企业。四是查清钢铁企业执行建设项目环保管理规定，以及国家产业政策执行情况。五是积极开展涉砷冶炼、化工等企业执法检查，有效防止砷污染事件发生。重点查处没有取得环境影响评价审批文件和安全生产许可证的；不符合产业政策和环境准入条件，采用国家明令淘汰的落后生产工艺的；没有治理设施，污染物超标排放的；含砷废渣堆放处置不符合法规、标准的；未按规定进行危险化学品登记的企业。

（三）着力整治城镇污水处理厂、垃圾填埋场环境违法问题

切实加强污水处理厂环境监管，确保污水处理厂正常运行和达标排放。严肃查处擅自停运、超标排污、直接排污和污泥二次污染等环境违法行为。对污水处理厂及其配套管网至今没有建成或建成后不能正常运行的，要挂牌督办，责令限期整改；对污水处理不达标的污水处理厂，要依法征收超标排污费；对未按省政府办公厅《关于分解落实污染减排重点工作任务的通知》要求，没有按时完成污水处理厂整改任务的市州，要按环保目标责任书考核规定实行一票否决。

重点整治垃圾填埋场未进行环境影响评价的，已经投入运行但未通过“三同时”验收的，直排渗滤液和渗滤液超标排放对周围环境造成严重污染的问题。对不符合规范要求的城市生活垃圾填埋场，责令限期整改；加强对已经封场垃圾填埋场的环境监管。

（四）切实加强对燃煤发电企业的监管

各级政府和有关部门要定期对辖区内燃煤电厂进行检查，督促其加强脱硫设施运行、维护和管理，确保脱硫设施正常运行。省级环保、电力监管等部门要采取抽查、巡查以及暗访等形式，进一步加大对燃煤发电企业监管力度。要严肃查处无故停运脱硫设施，长期开启烟道旁路，偷排污染物和超标排污等违法行为，除罚款、收缴排污费、扣除脱硫电价外，要按规定追究相关人员的责任。

（五）抓紧抓好重点流域、重点行业、落后产能和农村环境问题的监管

一是继续加大对黄河、黑河、石羊河、渭河、泾河、葫芦河等重点流域的专项检查，特别要抓好流域地区的造纸、制革、化工等重点污染行业的排查和整治。二是加大小水泥、小麦芽、小淀粉等落后产能淘汰力度。三是切实加强农村环保工作，着力解决存在的突出问题，积极推进新农村建设。四是对已关闭取缔的“十五小”、“新五小”，深入开展后督察，严防死灰复燃。

三、主要措施

（一）强化组织领导

一是各级政府要将环保专项行动作为重要工作内容纳入当地政府的议事日程，切实加强组织领导。二是要健全完善环保专项行动联席会议制度、联合办案制度、环境违法案件移送移办制度和责任追究制度。三是要建立健全政府统一领导，部门齐抓共管，合力整治的工作格局。环保部门要积极做好统一协调工作，切实加强对各类环境违法行为的统一监管，加大现场执法检查力度，及时发现和查处环境违法行为；发展改革和工业主管部门要严格执行国家产业政策，监督淘汰落后生产能力、工艺和产品，强化市场准入的监管；监察部门要依法依纪追究违反环保法律法规的政府及部门的行政责任，对各级政府出台的违反环保法律法规的土政策依法予以纠正；建设部门要加强城市污水处理厂及其配套管网和垃圾填埋场的建设、运行维护，并积极推行市场化运作模式；电力监管部门要加强对燃煤发电机组运行情况的监管，保证投运率和脱硫效率；其他各有关部门要各尽其责，共同抓好专项行动的各项工作。

（二）强化责任追究

各级政府要将群众反映强烈、影响可持续发展的重大环境污染问题作为重点，进行挂牌督办，严厉打击超标排污行为。一是要对屡查屡犯的企业，一律实行高限处罚；二是要对长期超标排污、私设暗管偷排偷放和存在重大环境污染隐患的企业，一律停产整治；三是要对治理无望的企业和落后生产能力，一律关闭取缔。四是要对违反环保法律法规，出现重大决策失误，造成严重环境污染的经营业主或企业负责人，一律依法追究责任。五是对环境违法行为查处不力，甚至包庇、纵容企业违法排污的部门负责人和有关人员，一律严肃追究责任。

（三）强化长效机制

各级政府要认真总结六年专项行动经验，特别要将专项行动中形成的环保后督察、挂牌督办、案件移送、部门联动等制度纳入日常环境管理，建立完善巡查、直查、稽查、后督察和年终考核制度，确保环保专项行动持续扎实有效开展。

（四）强化舆论宣传

各级政府要进一步强化对环保专项行动的宣传，通过新闻媒体深度报道环保专项行动取得的成效，定期向社会公布挂牌督办环境违法案件的查处和整改情况。充分发挥“12369”环保热线作用，畅通投诉渠道，倾听群众呼声。通过宣传和舆论监督，提高干部群众对环保专项行动的认识，形成良好的整治舆论氛围。

四、时间安排

（一）动员部署阶段（4月）

各市州环保专项行动领导小组结合实际情况，确定本地区整治重点，制定环保专项行动工作方案，全面完成环保专项行动的动员部署工作。于5月15日前报送环保专项行动工作方案和动员部署情况。

（二）集中整治阶段（5月—10月）

各级环保专项行动领导小组组织有关部门对重点流域、重点行业开展集中检查，对饮用水源保护区整治措施落实情况开展后督察，对城市污水处理厂、垃圾填埋场、燃煤发电企业存在问题进行集中整治，并分别于6月底和9

月底报送阶段性报告。

（三）督查阶段（8月—11月）

省环保专项行动厅际领导小组将组织有关部门对各市州环保专项行动工作开展情况进行督查。

（四）总结阶段（11月）

各级环保专项行动领导小组对工作开展情况进行总结，完成2009年环保专项行动工作总结报告。

甘肃省环境监察局举办 2009年第一期环境监察业务培训班

3月31日，甘肃省环境监察局采用现场教学方式举办了为期两天的环境监察业务培训班。这是甘肃省环保局为了切实加强对城镇污水处理厂和燃煤电厂脱硫设施的现场监督，提高环境监察现场执法效能适时开展的培训。全省14个市州环境监察支队长、环保局主管总量减排的工作人员和主管火电厂、城镇污水处理厂现场监察业务骨干及各相关火电企业环保专工共计90余人参加了培训。

西北督查中心王一鸥副主任在开班仪式上做了《西北地区主要污染物总量减排现状及形势分析》专题报告，详细分析了西北地区2008年污染减排工作进展情况，提出2009年污染减排工作要紧密结合国家宏观经济形势，采用综合管理手段，大力推进监管减排力度。

培训班采取集中授课、现场实践、分组讨论方式，由环保部西北督查中心专家和省局的业务骨干讲解了火电厂脱硫设施、城镇污水处理厂的监察要点等实践工作中最需要的技能和依法行政与环境执法、主要污染物总量减排、环境监察系数等基础知识；组织学员到兰州市七里河污水处理厂进行现场实地核查，强化教学效果；对拟执行的城镇污水处理厂、燃煤电厂脱硫设施管理办法和环境监察考核方案及近期工作要求进行了充分讨论。

省环保局纪检组长杨桦对这次培训工作给予了高度评价，培训采取的形式方法针对性强，直接解决全省环境执法队伍存在的问题。尽管时间安排特别紧，但学员热情高涨，学习氛围浓厚，培训效果理想。杨组长强调，下一阶段工作的重点是明确监管重点，树立执法权威，履行监管职责，强化监管手段，抓好队伍建设，努力提高执法水平，力争使我省的环境监察工作再上新台阶，圆满完成全省的污染减排任务。

近日，甘肃省环保局制定下发了《甘肃省环境保护局燃煤发电厂脱硫设施运行监督管理办法》和《甘肃省环境保护局城镇污水处理厂运行监督管理办法》（简称“两个办法”），进一步明确了相关职责，细化了燃煤电厂和城镇生活污水处理厂的监管要求。

“两个办法”是根据环境保护部《关于加强燃煤脱硫设施二氧化硫减排核算工作的通知》和《关于加强城镇污水处理厂污染减排核查核算工作的通知》的要求，进一步细化了“省局督查、市（县）局监管、企业负责”的管理机制，“两个办法”更严厉、也更便于地方环境监察部门和企业操作。

“两个办法”的制定将进一步规范环境保护部门对燃煤发电厂和城镇污水处理厂运行监管工作，提高全省燃煤发电厂脱硫设施和城镇生活污水处理厂的运行效果。

甘肃省政府召开会议部署 2009年全省环保专项行动工作

4月14日，全国环保专项行动电视电话会后，省政府接着召开2009年全省环保专项行动会议。副省长石军做出重要讲话，省环保局、发改委、监察厅、建设厅、安监局等相关部门主要领导参加了会议。

石军副省长指出，我省开展环保专项行动六年来，较好地解决了一些影响可持续发展和群众反应强烈的突出环境问题，整个环保工作上了一个大台阶，取得了明显成效，得到了环保部的肯定和广大群众的拥护。但我省是一个以能源原材料工业为主的资源型省份，结构调整和产业升级任务非常艰巨，生态环境相当脆弱，环保历史欠账依然较多。

石军副省长要求，各级政府要将环保专项行动纳入当地党委、政府的重要议事日程，切实加强组织领导。健全完善环保专项行动联席会议制度、联合办案制度、环境违法案件移送移办制度和责任追究制度。要将群众反映强烈、影响可持续发展的重大环境污染问题作为重点，进行挂牌督办，严厉打击超标排污行为。要认真总结六年专项行动经验，特别要将专项行动中形成的环保后督察、挂牌督办、案件移送、部门联动等制度纳入日常环境管理，建立完善巡查、直查、稽查、后督察和年终考核制度，确保环保专项行动持续扎实有效开展。要进一步强化对环保专项行动的宣传，通过新闻媒体深度报道环保专项行动取得的成效，定期向社会公布挂牌督办环境违法案件的查处和整改情况。要充分发挥“12369”环保热线作用，畅通投诉渠道，倾听群众呼声。通过宣传和舆论监督，提高干部群众对环保专项行动的认识，形成良好的整治舆论氛围。

省政府副秘书长负建民就如何落实全国电视电话会议精神和石军副省长重要讲话精神指出，希望各级部门要进一步统一思想，提高认识，强化措施，积极行动，保证环保专项行动扎实有效开展。

省环监局召开2008年度排污申报年审会议

2009年4月21日至23日，省环境监察局召开2008年度排污申报核定及排污费征收工作年审会议。审核会议采取专家组集中审核、各地区交叉审核、审核组综合评议的方式，对全省各市州2008年度排污申报核定、排污费征收工作及国控重点企业污染源数据库进行了年审，并对各市州

2008年度工作情况进行了综合排名。

年审会议是省环境监察局为了使各市州排污申报数据更加“科学规范、客观真实”而采取的有利措施，通过狠抓申报登记审核及污染物核定工作，规范了各市州及县区审核核定工作的标准和要求，督促了各地及时建立排污单位的动态管理档案，全面掌握辖区内污染源状况，摸清各类污染源的性质、数量、强度、分布和动态变化。

通过审核也可以看出，2008年度的排污申报和排污费数据在上报时间、数据质量方面大大好于往年。各市州能够按照国家和省上的要求，进行认真的安排部署，指派专人负责、并把排污申报工作作为环境管理、排污收费的基础工作来抓。申报核定数据逻辑清楚，数据真实可信。全省申报核定报表质量有了显著的提高，污染源数据库更具合理性，为全省环境监察工作奠定了良好的基础。

这次会审，各地区看到了自己的不足，感受到了压力，学习到了先进市州的经验，为进一步推动我省排污申报核定工作及排污费征收工作的规范化起到了积极作用。

关于报送2009年整治违法排污企业保障群众健康环保专项行动有关信息的通知(甘环监察发[2009]19号)

甘肃省环境保护局文件

甘环监察发〔2009〕19号

关于报送2009年整治违法排污企业保障群众健康环保专项行动有关信息的通知

各市州及甘肃矿区环保局：

为及时掌握各地2009年整治违法排污企业保障群众健康环保专项行动（以下简称“环保专项行动”）工作进展情况，根据环保部办公厅《关于报送2009年整治违法排污企业保障群众健康环保专项行动有关信息的通知》（环办函〔2009〕438号）精神，现就做好环保专项行动有关信息报送事宜通知如下：

一、信息调度工作的组织

省环保专项行动领导小组办公室（省环境监察局）负责全省环保专项行动情况的信息收集、汇总、统计，定期编辑“情况专报”，指导各地环保专项行动工作。

各地要确定具体负责环保专项行动信息调度的部门，专人负责环保专项行动信息调度和报送工作，及时汇总、总结环保专项行动开展情况、取得的成效、存在的问题；编发工作简报，加强管理，确保信息报送畅通、及时、准确。

二、信息报送的方式

环保专项行动实施方案、工作简报、阶段性报告、总结报告以正式文件报送省环保专项行动领导小组办公室，各项表格通过12369中国环保热线（www.12369.gov.cn）网站《环保专项行动信息管理系统》报送。

三、信息报送内容和时间要求

（一）2009年5月25日前，请各地将环保专项行动领导小组名单、环保专项行动实施方案及信息调度负责人和联系人的电话、传真、移动电话及备用电子邮件地址，报送省环保专项行动领导小组办公室。

（二）环保专项行动期间，各地每月至少要编发2期工作简报，及时将专项行动开展情况报送省环保专项行动领导小组办公室。

（三）各地要继续通过《环保专项行动信息管理系统》，按月填报《环保专项行动进展情况表》、《环境违法企业基本情况明细表》、《环保专项行动责任追究情况表》和《12369环保热线投诉受理情况统计表》、《挂牌督办环境问题基本情况表》（表格延用2008年格式）。

（四）2009年6月20日前，报送开展“两高一资”行业企业、钢铁企业、涉砷行业企业集中检查报告。报告重点：各地对“两高一资”行业企业不符合产业政策和违反环境保护法律法规行为的查处情况；钢铁企业相关工艺项目执行建设项目环境管理规定和国家产业政策的情况，对存在环境违法行为企业的查处情况，以及各地对钢铁行业进行整治的措施和计划；涉砷企业执行建设项目环境管理规定、污染物排放、含砷废渣堆放处置及环境应急预案实施情况。报告附《2009年环保专项行动钢铁企业检查情况表》（附件一）和《2009年环保专项行动涉砷企业检查情况表》（附件二）。

（五）2009年9月15日前，报送开展饮用水水源保护区后督察、城镇污水处理厂、垃圾填埋场存在环境问题集中整治和燃煤发电企业监管情况报告。报告重点：饮用水水源保护区环境违法行为查处情况、城镇污水处理厂出水超标整治及污泥规范化处理处置情况、燃煤发电企业监管情况、垃圾填埋场渗滤液超标整治情况以及日常督查发现问题的整治情况。报告后附《2009年饮用水水源保护区后督察情况汇总表》（附件三）、《2009年上半年全省城镇污水处理厂环境监管情况表》（附件四）和《2009年上半年全省垃圾填埋场环境监管情况表》（附件五）。2010年1月5日前报送《全省城镇污水处理厂环境监管情况表》（2009年全年）及简要说明。

（六）2009年10月20日前，报送重点流域、重点行业、落后产能和农村环境问题监管情况总结。报告重点：对重点流域、重点行业、落后产能和农村环境问题现场监管及对发现问题的整治情况。

（七）2009年11月20日前，报送2009年环保专项行动工作总结报告。报告重点：总体情况、主要做法及成效、存在问题及原因分析、下一步措施及工作计划。

四、信息报送要求

各地要按照填表说明认真填报各项报表，各阶段性报告和总结报告要按照统一要求撰写，报告要实事求是，所采用数据要与《环保专项行动信息管理系统》报送的数据一致。省环保专项行动领导小组办公室将在“情况专报”中通报各地信息报送情况及工作开展情况，并将环保专项行动开展情况作为2009年环境监察工作考核的主要内容。

联系人：省环境监察局　曹 兴　胡海鹏
联系电话：0931-8413116
传　真：0931-8418401
电子邮箱：gsepi@12369.gov.cn

附件：

1、《2009年环保专项行动钢铁企业检查情况表》及填表说明。

2、《2009年环保专项行动涉砷企业检查情况表》及填表说明。

3、《2009年饮用水源保护区后督察情况汇总表》及填表说明。

4、《全省城镇污水处理厂环境监管情况表》及填表说明。

5、《全省垃圾填埋场环境监管信息情况表》及填表说明。详见甘肃省环保局网站（www.gsep.gansu.gov.cn）公告通知栏目或环保专项行动栏目。

二〇〇九年五月十四日

甘肃省各级环保专项行动联席会议领导小组扎实推进环保专项行动

二季度以来，我省各级环保专项行动联席会议领导小组按照省环保专项行动领导小组的安排部署，充分发挥部门联动优势，调动各方力量，始终把以人为本、构建和谐社会贯穿到环保专项行动中，不断加大环保专项整治力度，严厉打击违法排污行为，确保环境安全。

——张掖市环保局开展造纸企业专项检查

为严厉打击企业环境违法行为，保障群众环境权益，确保主要污染物减排任务全面完成，按照省、市整治违法排污企业保障群众健康环保专项行动的总体部署，5月20日，由甘州区政府组织，市环保局配合，甘州区环保、公安、工商、发改等部门联合行动，对甘州区境内造纸企业开展了专项执法检查。

重点对张掖市明阳纸业有限责任公司等造纸企业执行国家相关产业政策和环保法律法规、污染防治设施运行、排污申报、规范排污等方面的情况进行了突击检查。

目前，各相关部门正按照各自职责，分类清查应淘汰落后生产线的企业、没有治理设施或治理设施不完善的企业、不能稳定达标排放的企业的数量、产能和污染物排放量。

此次检查，对甘州区境内造纸企业违反国家产业政策和环保法律法规行为起到了有力的震慑作用。（张掖市环保局供稿）

——天水市环保局部署辐射环境安全专项检查工作

为确保辐射环境安全，保障人民群众健康，严防辐射污染事故和放射源丢失事件发生，天水市环保局决定在全市开展辐射环境安全专项整治工作，全面排查辐射环境事故隐患和薄弱环节，认真解决存在的突出问题，有效防范和遏制辐射事故的发生。

辐射环境安全管理专项检查工作从5月下旬开始，预计到10月底结束。重点检查内容辐射工作单位的组织管理机构是否建立健全，各项规章制度是否健全并落实到位，是否具有符合标准的安全暂存设施，放射性同位素和射线装置使用场所是否设置电离辐射警告标示并符合规定以及闲置、废弃放射源、放射性废物和报废射线装置是否按照规定处置和暂存等情况。

10月底之前完要成闲置源、废弃源收贮工作，彻底消除事故隐患。逐级签订辐射安全管理责任书，督促涉源单位抓紧办理《辐射安全许可证》，落实安全管理定期报告制度。认真做好国庆60周年前和国庆期间涉源单位放射源的管理，确保全市辐射环境安全。（天水市环保局供稿）

——平凉市政府督查环保专项行动进展情况

5月11日至15日，平凉市政府抽组环保、监察等部门负责人组成两个督查组，对七县（区）环保专项行动进展情况进行了督查。

督查组采取现场看点、座谈汇报等形式，重点督查了限期治理、停产治理企业整治进展情况，集中式饮用水源地保护情况，泾河、汭河、葫芦河等重点流域水污染防治情况，重点排污企业污染治理设施运行和重点区域环境整治情况，建设项目环境违法问题集中整治情况，垃圾“围城、围镇、围村”和“占道、占河、占田”等固体废物污染环境整治情况。

从督查情况看，七县（区）政府高度重视环保工作，环保专项行动进展良好。集中式饮用水源地均设置了明显标志，明确了保护范围，取缔了保护区内的排污口。加强了排污企业环境监管，重点污染治理项目进展顺利。依法关停取缔了葫芦河流域小清洗、小屠宰、小加工等作坊式企业。集中整治了“城区、景区、矿区、工业园区”环境违法行为。开展了环境噪声专项整治活动，遏制了噪声扰民问题。开展了固体废物污染专项整治。督查中也发现有未批先建，污染治理设施运行不正常，限期治理项目进展缓慢，河道垃圾清理不彻底，存在土法烧制木炭等问题，督查组要求有关县（区）要加强监管，对存在的问题进行整改，确保环保专项行动取得实效。（平凉市环保局供稿）

加强环境法治建设，推进依法行政，服务科学发展

甘肃省环境保护厅

（2009年12月30日）

全面推进依法行政，提高依法行政能力，加强执法监督是建设法治政府的重要任务和要求。近年来，按照环保部和省政府的安排部署，我们围绕《国务院全面推进依法行政实施纲要》和省政府《全面推进依法行政五年规划》各项目标任务的贯彻落实，加强组织领导，采取有效措施，突出工作重点，积极推动了环保系统依法行政工作，环境法治和依法行政工作稳步推进，环保行政执法制度进一步完善，环境执法行为不断规范，监督制约机制得到健全，环保系统人员法律素质和依法办事能力和水平逐步提高，有力推动了环保工作的发展。

一、加强组织领导，完善工作机制

国务院《全面推进依法行政实施纲要》是依法行政工作的重要指导文件。为做好《纲要》的实施，加强对依法行政的组织领导，我厅成立了由厅长任组长的依法行政工作领导小组，制定下发了《关于贯彻落实全面推进依法行政实施纲要的意见》，从加强领导、学习宣传、健全制度、规范执法、完善监督机制等五个方面，对全省环保系统落实《纲要》，推进依法行政工作作出安排。邀请省政府法制办领导和有关专家为机关人员作“依法行政纲要和省政府五年规划专题报告”及行政许可法辅导报告，使机关人员对依法行政工作的主要内容和基本要求有了更全面的了解和掌握。

在工作部署上，坚持每年制定政策法制和依法行政工作计划与要点，做到有安排、有检查、有落实。厅领导对依法行政工作高度重视，多次召开会议专题研究，确定年度工作重点，如全系统环境法制培训、第三轮持证执法等重点工作，都及时召开会议进行专题研究。在具体做法上，我们通过两个目标责任书加强依法行政工作的监督和落实，一是省政府环境保护目标责任书，纳入了“依法行政和环保执法责任制执行情况”的考核指标；二是厅机关处室工作目标责任书也纳入依法行政的目标任务，年初签订，年底检查考核。通过两个目标责任书的实施，加强了全省环保系统依法行政和依法治理工作。

二、开展法制培训，提高依法行政能力和水平

按照《纲要》和推进环境保护三个历史性转变、建设完备的环境执法监督体系的总体要求，我们把加强环境法制培训，提高执法能力，作为事关监管能力建设的一件大事来抓。制定了《2005—2009年全省环保系统环境法制培训五年规划》，省厅和市州环保局定期组织举办集中的法制培训班，全方位开展环保执法人员培训，每年完成20%环保执法人员的培训，用五年时间对全省环保执法人员普遍进行一次全面系统的培训。对培训考核合格人员颁发《甘肃省环境保护行政执法人员统一培训合格证》。在法制培训上，具体抓了以下工作：

一是集中举办培训班开展培训。《纲要》颁布以来，2005年10月、2007年7月和2008年5月，我们举办了三期全省环境保护行政执法培训班，按照培训到县的原则，共培训市州和县区领导和环保法制骨干282人。2008年10月，我们还举办了100名市县环保局长参加的行政执法培训班。为做好培训，厅领导召开专题会议进行研究部署，并安排落实专项培训经费，确保了培训工作的顺利进行。培训班就依法行政、污染减排、建设项目管理、清洁生产、农村环境保护、环境执法等重点内容进行讲解，使学员加深了对各项法律法规和基本执法程序的理解与掌握，促进了执法能力的提高。

为指导、规范大规模的环保法制培训，2005年以来，我们在全面搜集整理各类环境法制资料并结合甘肃实际研究编写的基础上，推出了统一的培训教材《环境执法基础知识》、《环境保护行政执法手册》，配发给环保系统每个执法人员。各市州环保局按照要求，组织举办专题培训班，完成或超额完成了年度培训任务。

二是参加国家环保部组织的法制培训班。2004年《纲要》颁布以来，我们组织全省14个市州环保局长和法制科长参加了国家环保部举办的12期全国环境法制岗位培训班。

三是有计划的组织县区环保局长和企业法人、环保处（科）长进行岗位培训，2005年—2008年共组织培训班9期，受训人员296人。

四是组织参加法律法规讲座和专题报告会。近年来，按照省政府办公厅、省政府法制办、省依法治省办公室的要求，我们组织机关人员参加了“贯彻落实依法行政实施纲要专题报告会”，“依法行政与建设法治政府”、“学习物权法专题报告会”等多场法制报告会，提高了公务人员的法律素质和依法行政观念。

五是指导各市州和有关单位法制培训。厅领导和政策法规宣教处的同志深入基层环保部门和企业，帮助指导开展环境法制培训，为各类环境法制培训班授课，《纲要》颁布以来先后为市、县和企业的19个环境法制培训班讲课，促进了基层环境法制水平的提高。

三、积极开展依法行政宣传，提高全社会环境意识和

法治观念

为弘扬法治精神，营造尊重法律、崇尚法律、遵守法律、自觉依法办事的良好社会氛围，我们创新机制，丰富形式，积极开展了依法行政宣传活动。主要做法是：

一是结合“六五”世界环境日、生物多样性纪念日等环保节日，组织开展宣传活动。近年来围绕“生态安全与环境友好型社会”“拒绝白色污染，构建环境友好型新农村”、“绿色奥运与环境友好型社会”、“减少污染—行动起来”等主题，我们会同酒泉、甘南、临夏等市州政府联合开展了“六五”纪念世界环境日大型宣传活动。在宣传活动中，通过组织创建环境友好型社会、污染减排与新农村建设等报告会，环境警示教育图片展和环保法律法规宣传咨询活动，促进了公众环境意识和法治观念的提高。

二是配合有关部门开展宣传活动。按照省依法治省办公室的统一安排，在每年的“12·4全国法制宣传日”活动期间，围绕促进和谐社会建设、弘扬法治精神；推进依法治国、服务科学发展；加强法制宣传教育、服务经济社会发展等主题，我们组织人员参加了大型现场法制宣传咨询活动，现场受理环境问题的投诉，解答群众咨询的问题，广泛宣传依法行政和环境保护法律法规。此外我们还积极组织人员参加了省文明委、省政府妇儿工委组织的“3.15”消费者权益保护、“深化妇女普法教育、促进和谐社会建设”等多项法制宣传咨询活动。

三是积极开展了绿色文明单位创建活动。我们与省精神文明建设指导委员会联合制定了《甘肃省绿色文明单位创建管理办法》，并印发了13个行业的创建标准。在全省范围广泛开展创建“绿色文明”单位的活动，目前全省已有58个单位创建成为省级“绿色文明”单位。

四是办好《甘肃经济日报•人与环境》专刊，搭建依法行政宣传平台。为创新工作机制，我们与甘肃经济日报社合作创办了《甘肃经济日报•人与环境》专刊，作为全省依法行政和环境法制宣传工作的载体和平台，及时报道宣传环保工作动态和依法行政，取得了积极的成效。2005年至今，《人与环境》专刊共出版208期291个版面，刊登各类稿件5400多篇。特别是开设的“环境法制讲座”专栏将讲解法律法规与案例点评结合起来，受到了读者充分肯定。

四、实行行政执法责任制，加强执法监督

（一）全面实行行政执法责任制。按照省政府要求，2006年我们对环保部门行政执法依据进行了全面梳理，共梳理执法依据58项，并经过省政府法制办的审查确认和公告。同时我们还编印了行政执法责任制资料汇编，发放到各处室和直属单位执法人员，及时进行学习。2007年我们又组织机关各处室和直属执法单位对执法责任进行了分解，将执法责任落实到各执法处室、执法单位和执法岗位，明确了执法标准和要求，共分解落实执法责任87项，结合机关目标责任书进行考评。各市州环保局按照要求，全面推行实施了行政执法责任制，健全了行政执法监督制度。

（二）全面完成第三轮持证执法换证工作。2008年上半年，根据省政府的要求，我们开展了第三轮执法换证工作，为保障此项工作的顺利开展，我们制定了全省环保系统第三轮持证执法工作方案，对宣传、学习、培训、考核、审查、换证等各个阶段工作作出详细安排。为厅系统行政执法人员购置配发了行政执法培训教材，组织了综合法律法规专题培训，培训全厅执法人员 92人，配合省政府法制办进行了执法资格考试，完成行政执法证件信息的采集和有关报表资料的填写、汇总和报送，按要求完成三证（行政执法主体资格证、行政执法证、行政执法监督证）换发工作。

（三）完善行政执法监督制度。为加强对执法行为的监督，近年来，我们制定完善了环境保护行政执法责任制度、行政执法错案与过错责任追究办法、规范性文件管理规定、行政处罚工作程序、行政复议工作程序、行政处罚统计、环保系统机关工作人员廉洁从政规定、行政许可过错责任追究办法、行政许可内部监督检查办法等多项制度文件，健全了行政执法监督制度。

（四）做好行政复议。按照《行政复议法》的要求认真开展行政复议工作，充分发挥行政复议化解矛盾、促进社会和谐、促进依法行政的重要作用。2004—2008年，省厅共办理行政复议案件8件。2007年办理行政应诉案件1件，该案经过法院两审，胜诉结案。

五、规范执法行为，推行政务公开

（一）完善行政执法工作制度和办事程序。我厅了修订工作规则和工作制度，制定完善各项工作规则和制度，其中涉及到科学民主决策、依法行政、政务信息等多项制度，对依法行政、严格执法、公正执法、依法管理、规范性文件审查备案等作出了全面规定和要求。根据依法行政的要求，我们还完善了行政决策机制，设立了建设项目环境影响评价专家库，成立了建设项目环境管理审查委员会，在项目环评审批工作中，建立了专家论证、公众参与、集体研究的行政决策工作机制，保障了行政决策的科学和规范。

（二）全面实行政务公开。通过“甘肃环保”门户网站，及时公布环保法律法规和有关政策文件及工作动态，对建设项目环评审批、环保设施验收、污染治理项目及排污收费等企业和公众关注的工作情况在网上进行公示。网站设立了在线办事专栏，对建设项目竣工环保验收、辐射安全等行政许可实行网上申报，方便企事业单位办理相关环境行政事务。根据工作需要，2009年网站再次进行改版，栏目和内容进行调整完善，服务功能进一步增强。

2008年上半年国务院《政府信息公开条例》颁布后，

围绕《条例》规定的四大类主动公开信息和重点内容，按照政府信息公开目录编制规范要求，编制完成了我厅政府环境信息公开指南和目录，将有关政府环境信息进行公开，方便了公民、法人和社会组织对环境信息的查询和获取。

（三）规范行政许可，服务发展。进一步转变职能，深化行政审批制度改革，坚持为优化经济发展服务，在建设项目环境管理中，我们积极帮助企业做好重点项目的方案制定、选址等前期工作，将建设项目环境影响评价报告书（表）审批工作作为限时办结项目，并简化了工作程序。环境影响评价报告书和报告表审批由国家法律规定应在建设单位分别提交报告书、报告表后的60个和30个工作日内完成，缩短至在20个和10个工作日内分别完成环境影响报告书和报告表审批工作。对审批结果，及时通过网站进行公开公示。为便于当事人快捷办理行政审批事务，提高效率，按照省政府办公厅的要求，环保行政许可审批项目，实行省政府政务大厅统一受理。

坚持从加快全省经济社会发展的迫切需要来谋划环保工作，落实环评工作“便民高效、公开透明、接受监督、廉洁自律、公平公正、严格审批、强化验收”的七项承诺，按照“优化发展、促进调整”的工作思路， 2008年协调办理兰渝、天平铁路、庆阳石化、西气东输二线工程、聚银公司TDI等一批事关全省经济社会发展的重大项目，为加快我省经济发展创造了较好条件。

（四）开展整治违法排污企业，保障群众健康环保专项行动。按照国务院有关部门的安排部署，2003年以来，我们会同发改、建设、安监、工商、监察、司法等部门，连续每年开展了整治违法排污企业保障群众健康环保专项行动，集中开展了以饮用水源保护、环境安全隐患排查、造纸、电石铁合金、小淀粉、涉铅企业等重点行业的专项整治，推动了区域突出环境问题的解决，维护了群众的环境权益。督促平凉市取缔了崆峒区峡门乡138座石灰窑，改善了区域环境质量。加大了对全省淀粉、麦芽类加工企业的专项整治，关停淀粉、麦芽类加工企业29家。2008年环保专项行动全省共出动21073人次，对7306家企业进行了现场检查，立案查处环境违法单位168家，环境问题挂牌督办75家，办理环保投诉举报2210件。2009年确定饮用水源保护区环境整治后督察、钢铁、涉砷行业专项检查、城镇污水处理厂、垃圾处理场监管等五个方面的重点，开展专项行动，全省出动人员27873人次，检查企业10032家，立案查处117家，结案108家，办结群众环保投诉2166件。全年未发生重大环境安全及核与辐射环境污染事件，有效确保了全省环境安全。

通过加强法治建设，推进依法行政，推动了以污染减排为中心的环保工作快速发展，促进了重点流域区域环境质量稳定改善。省政府制定下发了《甘肃省人民政府关于进一步加强污染减排工作的通知》，批转了《甘肃省“十一五”主要污染物总量减排规划》、《甘肃省2008年主要污染物减排计划》等相关文件，为我省全面推进“十一五”和年度污染减排工作提供了行动指南。各地不断完善污染减排相关经济政策，继续对高污染、高耗能行业实施差别电价，在火电行业全面执行了脱硫电价，对城市生活污水处理收费价格进行了调整，设立了“省级主要污染物减排专项资金”。实施了全省火电行业污染减排情况月调度统计监管、污染减排情况调度和通报制度，会同相关部门出台了《关于全省火力发电企业脱硫电价有关问题的通知》，加强了对全省已建成脱硫装置火电企业环保设施运行情况的考核和脱硫电价的管理。通过工程减排、结构减排和管理减排等措施，我省连续三年顺利完成了国家下达的污染减排目标任务，截至2008年底，全省化学需氧量和二氧化硫排放量分别比2005年下降6．31%和10．95%。2009年我省二氧化硫排放总量计划控制在51．15万吨以内，化学需氧量排放总量计划控制在16．97万吨以内，经过努力预计可以完成全年减排目标。

黄河甘肃段水质逐年好转，实现了全河段按功能区稳定达标，兰州段水质稳定达到III类水质，白银段水质较往年有所好转。泾河和石羊河水质较上年明显改善，国家考核的黄河、渭河两个出省断面水质连续多年达到考核指标要求。进一步强化了国控二氧化硫区城市大气污染治理工作，全省市州政府所在地城市空气质量总体较往年有所好转。平凉、庆阳、天水、定西、酒泉、武威、张掖、嘉峪关、合作9个城市空气质量达到国家二级标准，达标城市较往年增加了4个，全省有11个城市的空气质量呈逐年好转趋势，白银、张掖二氧化硫年均浓度达到国家二级标准，金昌二氧化硫年均浓度达到国家三级标准。

我们在环保执法和依法行政方面作了积极工作，取得了一定的成效，但也还存在一些不足。在今后工作中，我们将按照省政府和环保部的要求，加大工作力度，提高工作效率和水平，进一步推进全省环保系统的依法行政工作，为推动环保中心工作，促进我省经济社会又好又快发展作出努力。

青海省

工作动态

监督企业污染整治 加快污染减排步伐

为认真落实2008年年底召开全县建材行业污染整治工作会议精神，进一步加快大通县水泥行业污染减排工作步伐，近日，大通县环境监察大队和污染控制科执法人员对县域内四家水泥企业污染整治工作及现有环保设施的运行情况进行现场检查。检查发现大通县水泥有限责任公司对原有除尘设备漏风问题进行了整改，同时新增一台单机收尘设备，现处于调试阶段；青海新型建材工贸有限责任公司对1#、2#熟料窑破碎口的收尘设备进行了整改，目前除尘效果良好，对厂区内原料堆放进行了合理布局。年初该企业又增加了一套除尘设施，现已完成技改，准备投入使用；大通县水泥有限责任公司采用彩钢瓦、彩条布对原料堆放地和熟料库进行封存管理，防止二次扬尘污染。厂区道路硬化施工将在气候转暖后进行；青海水泥股份有限公司1#窑电收尘技改项目正在运行中，预计在四月底竣工。联合储库库顶无组织排放问题已采用彩条布进行处理，原料及混合材堆放污染整改项目正在编制计划中。通过对四家水泥企业污染整治工作进展情况的检查，加强了企业对污染减排工作的重视，在市环境监察支队的指导下，四家企业力争在6月底全部完成整改工作，实现污染物达标排放。

省环保局举行青海世纪奥凯矿冶发展有限公司环境问题行政处罚听证会

1月15日，省环保局应被处罚当事人青海世纪奥凯矿冶发展有限公司的申请，在省环保局举行了环境保护行政处罚听证会。

2008年7月，省环境监察总队执法人员现场检查时，发现青海世纪奥凯矿冶发展有限公司5万吨镍铁冶炼项目在未办理环评审批手续的情况下，擅自开工建设。对此，省环境监察总队要求该企业立即停止建设，并责令该企业于2008年8月1日前补办环保手续。 2008年10月15日，省环境监察总队对该企业再次检查发现，该项目未按要求补办环保审批手续，且仍在建设当中。省环保局依照《中华人民共和国环境评价法》的有关规定，对该企业擅自开工建设，未按规定办理环保审批手续的违法行为，责令停止建设，并处以20万元罚款。根据该公司的申请，省环保局按照法定程序，依法举行了听证会。在事实和证据面前，对违法事实无异议，并提出了减少罚款的请求和理由。近期，省环保局将认真研究，作出处罚决定。

西宁市环境监察支队加大夜间巡查力度确保市区环境质量

为加强企业环境监管力度，保证环保设施正常运转，切实做好污染减排工作， 2月17日夜间，西宁市环境监察支队在局领导的指挥下，安排两个检查组对西宁特殊钢集团公司、青海明胶股份有限公司、张氏集团畜禽制品公司等9家排污企业进行了夜间突击检查。监察人员分别对9家排污企业的环保设施运转情况进行了现场检查。其中有6家企业环保设施运行正常，除青海东胜化工有限公司停产检修外，张氏集团韵家口畜禽制品公司环保设施擅自停运，生产废水未经处理直接排放；西部铁合金有限公司环保设施未按要求停产维修。目前，张氏集团韵家口畜禽制品有限公司由于环保设施擅自停运已经受到行政处罚，鉴于该企业环保设施严重老化，不能正常运转，市局下达了限期治理及排污口规范化要求；责令西部铁合金有限公司立即停止3号、4号矿热炉生产，对环保设施进行整改。通过此次夜间突击检查，强化了企业的环保意识，加大了环境执法力度，进一步提高了西宁市的环境质量。

加大突击检查力度 确保春灌用水安全

为确保农业用水安全，防止春灌期间水污染事故发生，切实做好重大旱情期间环境应急工作。2月28日，省环境监察总队执法人员分两组对西宁市、大通县、甘河工业园区的部分企业进行现场突击检查。主要针对企业环保设施运转是否正常、污染物排放是否达标等情况进行了检查。其中，西宁市第一污水处理厂、第二污水处理厂、青海明胶股份有限公司、大通黎明化工有限公司4家企业生产正常进行，环保制度健全，环保设施运行正常，污染物排放达标。检查过程中发现苏青氯酸盐有限公司车间部分设备老化，存在跑、冒、滴、漏现象；黄河嘉酿啤酒有限公司、西部矿业锌业分公司、西部化肥有限公司环保设施运转不正常。省环境监察总队对以上4家企业提出了整改要求，并要求企业严格执行项目环境影响评价报告书提出的要求和措施，确保环保设施正常运行。通过此次专项突击检查，加强了环境监管工作，加大了环境执法力度，为我省春灌期间农业安全用水提供了保障。

青海省环境监察总队开展假日环境监察打击偷排偷放行为

为强化执法监督，加强企业污染治理设施运行监管，严厉打击偷排偷放等环境违法行为。3月22日，省环境监察总队执法人员对大通、湟源县辖区内的5家水泥企业污染治理设施运行情况进行了突击检查。经查，大部分企业能够按照环保部门要求配套建设了相应的除尘设施。但是，还存在料场未采取防扬散措施、粉尘“跑”、“冒”现象严重，厂区环境“脏、乱、差”对问题；特别是青海江河源水泥有限公司和大通元朔水泥有限公司破碎、烘干、水泥包装等生产工段未配套建设除尘设施，粉尘无组织排放，影响周边大气环境，群众反映强烈。针对存在的问题，省环境监察总队要求企业切实加强管理，制定整改措施，于2009年6月底前完成整改任务，实现粉尘达标排放，改善厂容厂貌。

以监管强化服务 以服务促进监管

为贯彻落实中央“保增长、扩内需、调结构”的方针政策，在加强环境监管的同时主动做好服务。近日，省环保局组织省环境监察总队、省环境宣传教育中心，深入西宁市、海东地区进行调研，并对民和下川口工业集中区、互助县沙塘川工业集中区，西宁经济技术开发区生物科技产业园区和南川工业园区内的15家企业进行了现场检查。在与园区管委会和地方环保部门座谈时，调研组强调三点意见：一是地方环境保护部门要加强指导，妥善处理好把关和服务、当前和长远、效益和质量、宏观和微观的关系，为保增长、调结构、促发展做好服务。二是坚定不移地加强环境保护，正确处理环境保护与经济发展的关系，绝不能以牺牲环境为代价换取经济的一时增长，绝不能以经济下滑为借口动摇可持续发展的决心。三是工业园区的建设要坚持规划先行、科学发展的思路，突出园区特色和行业优势，体现循环经济，加快工业园区环保基础设施建设，严格环保准入，坚决做到不引入淘汰、限制类企业，努力提高入园企业的环评、“三同时”制度执行率。同时，要求当地环保部门要进一步强化服务意识，拓展工作思路，以监管强化服务，以服务促进监管，促进工业园区可持续发展。

针对园区内部分企业存在的环境问题，调研组要求西宁市、海东地区环保部门对未批先建的项目，要限期补办环评审批手续；对“三同时”制度未落实的项目，要督促其制定整改方案,限期完成环保配套设施的建设；对环保设施已建成进入调试阶段的项目，要督促企业抓紧做好调试工作，限期完成环保设施竣工验收工作；对环保设施未建成或不不正常运行的企业，禁止废水不经处理直接外排；对逾期未完成整治任务的企业，要依法严肃查处。

西宁市加大监察力度 打击环境违法排污行为

为加强环境执法监察工作，有效打击环境违法行为，2009年4月22日22：00至凌晨2：00，西宁市环境监察支队在局领导的指挥下，分别对青海中星化工有限公司、青海东胜化工有限公司、西部冶金有限公司、青海际华江源有限公司冶金分公司、兰州茂源医疗垃圾处理中心西宁分公司5家排污企业进行了夜间突击检查。除青海东胜化工有限公司除尘设施运行不正常外，其余4家企业环保设施运行正常，青海中星化工有限公司排污异常。针对青海东胜化工有限公司除尘设施运行不正常和青海中星化工有限公司排污异常的现象，西宁市环境监察支队将进一步核实，并根据相关的法律法规给予该公司相应的处理。通过此次夜间突击检查，强化了企业的环保意识，加强了环境执法力度，确保了污染减排目标和环境监管工作。

西宁市加大环境执法力度推进全市煤烟型污染治理工作

为加大环境执法力度，推进全市煤烟型污染治理工作，4月21日上午，城中区环境监察大队组织专人，将东台小区颐豪物业公司管理的1台3蒸吨燃煤锅炉烟囱强行拆除，拉开了西宁市2009年煤烟型污染治理工作的序幕。今年燃煤型锅炉治理对象多为社会弱势群体采暖锅炉、经营性锅炉、小锅炉，且历史遗留多，治理难度较大。市煤烟尘污染整治领导小组将以西宁创卫为契机，强化工作措施，对污染严重、问题突出的单位予以坚决查处、整治，彻底消除 “冒黑烟”现象。

加强环境监管，做好疫情防控形势下的医疗废物处置工作

当前在一些国家暴发的甲型H1N1流感疫情,已成为全球高度关注的公共卫生事件。我国内地已确疹一例甲型H1N1流感病例。面对复杂严峻的疫情防控形势，从中央到地方都高度重视。环境保护部近日也下发了《关于进一步加大对医疗废物和医疗废水监管力度的紧急通知》。为了做好当前形势下的医疗废物环境管理工作，5月12日,省环境监察总队会同西宁市环境监察支队对西宁地区的省人民医院、青海大学附属医院医疗废物收集、医疗废水处理和兰州茂源医用垃圾处理有限公司西宁分公司医疗废物处置情况进行了全面检查。检查组认为：被检查单位领导高度重视，基本做到医疗废物管理工作制度健全、人员到位、责任到人、值班记录完整，环保设施运行正常。

检查组同时要求被检查单位：一要确保环保设施正常运转，做到废水稳定达标排放；二要严格按程序进行医疗废物处置，在收集、运输、储存、消毒、处置过程中加强监管，确保万无一失；三要加强管理、严格制度、规范操作，对违反环保法律、法规的行为，一经查实，将依法严肃处理。

加强突击检查严厉打击违法排污行为

为了严厉打击企业违法排污行为，保障人民群众健康。 5月6日晚，西宁市环境监察支队和大通县环境监察大队联合对大通县青海水泥股份有限公司等6家重点排污企业进行了夜间突击检查。被检查企业大部分能够认真执行国家环保法律法规和政策，污染治理设施正常运行，但是个别企业仍然存在污染物超标排放等违法排污问题。青海水泥股份有限公司2#回转窑窑尾工况运行不稳定，烟尘超标排放，污染周边环境。大通福通有色金属有限公司在新建电铅车间内，利用中频炉进行废钢熔炼加工，产生的大量烟尘直接外排，环境监察部门立即责令该企业停止生产。同时，要求青海水泥股份有限公司限期停产整治，并根据《大气污染防治法》的有关规定，对青海水泥股份有限公司和大通福通有色金属有限公司分别给予3万元和1万元的罚款。

环境监察总队举办垃圾填埋场现场执法检查学习交流活动

为提高环境监察人员的整体执法水平和业务能力，省环境监察总队于5月26日上午举办了环境监察干部职工学习交流活动，由参加全国垃圾填埋场现场执法检查培训班的隋波同志对总队全体人员进行讲授和交流。通过学习交流，大家较系统地了解了生活垃圾的组成、处置方式、垃圾污染形式和控制方法及现场执法检查的要点。

今后，总队将进一步强化学习，凡参加培训学习的同志要在总队内部进行学习和交流，相互取长补短，并形成一种学习制度，不断提高环境监察人员的综合素质，规范环境执法，促进环境执法，加大现场执法力度，积极完善环境监察队伍建设。

海北州依法整治排污企业初见成效

为强化企业的环保意识，增强地方环保部门的环境执法力度，近日，海北州环保局集中力量对海晏县环境违法企业进行了全面整治，并取得了初步成效。海晏县鑫宇铁合金有限公司累计投资140万元用于除尘设施改造，经现场试运行效果显著；瑞丰铁合金有限公司累计投入110万元对进料口和出铁口的防护措施进行了彻底改造，目前各项整治工作正在加紧进行；青海世纪奥凯矿冶有限责任公司年产5万吨镍铁冶炼项目，由于不符合环评审批程序，现已全面停建，厂区内所有施工机械和人员已于5月4日陆续撤离。

创新工作思路 解决突出问题 海东地区环保局约谈平安应录铝业公司

海东地区在学习实践科学发展观活动中，不断创新工作思路和工作方法，为尽快解决平安应录铝业公司存在的突出环境问题，5月10日，海东环保局会同平安县城建环保局与平安应录公司董事长、总经理和分厂经理等主要负责人就该企业污染防治工作进行了约谈。海东地区环保局局长王海玉向企业负责人讲述了环保法律法规、当前环保形势与环保政策、企业应承担的环保责任，指出了平安应录铝业公司在污染防治工作中存在的突出问题以及给全省环保工作带来的负面影响，最后提出了相关整改要求。平安应录铝业负责人表示该公司存在的环境问题给全省环保工作造成了负面影响，董事长马应录当面做出承诺，尽快召开董事会议，按照地县环保部门的要求，针对公司存在的突出环境问题，制定整改方案、落实人员责任、列出整改时间表，力争6月底前完成。

西宁市加强建筑工地噪声控制，确保高（中）考工作顺利进行

为确保高（中）考工作顺利进行，西宁市环境监察支队加大夜间检查力度。于5月20日晚22点，根据西宁市人民政府《关于高（中）考期间实行噪声限制管制的通告》，西宁市环境监察支队组成2个督查检查组，分别对四区控噪行动值班、查处工作等情况进行了督察，并对辖区内的建筑工地根据日常守法记录和环保“110”指挥中心收到的举报电话，重点进行了检查和查处。经查，四区环保部门均能按照“通告”要求设立环保专用举报电话，实行昼夜值班制，并开展正常的巡查工作。另外重点对13处建筑工地进行巡查，其中，现场警告制止夜间施工作业点7处，重点对八一路132号青海海南黄河建设有限公司住宅项目因多次举报查封叫停；胜利路青海石油管理局西宁办事处开发项目、甘肃建筑工程公司承建的项目，因此前群众多次举报，进行警告并多次提出整改要求，但该公司仍然在夜间12：00左右进行施工作业，拟进行立案查处。经此次夜间突击检查，取得了良好的效果，也拉开了我省高中考期间控噪护考专项行动的序幕。

青海省实现与环保部投诉受理中心12369电话举报系统联网运行

近日，根据环保部《关于开通环境保护部12369环保举报热线电话的通知》要求，经过紧张的安装调试，我省顺利完成了12369环保举报热线信息管理系统与环保部投诉受理中心联网运行，实现网上办理和反馈环保部投诉受理中心交办的环境投诉事项。

010-12369环保举报热线是群众环境投诉的重要渠道，能够充分发挥公众监督作用，提高环保部门行政效能。该系统的运行标志着环保举报热线的各项工作进入新的阶段，我省将抓住契机，进一步提高环境投诉受理工作能力和效率，认真处理好每一件群众投诉，切实保障群众环境权益，为维护社会和谐稳定，改善环境质量发挥更为积极的作用。

专项行动

贯彻落实国家整治违法排污企业保障群众健康环保专项行动电视电话会议精神

2009年4月14日，国家环保部、发改委、监察部、司法部、工商总局等国家八部委联合召开了2009年整治违法排污企业保障群众健康环保专项行动电视电话会议，省政府副秘书长晁海军和省环保厅、发展改革委、经济委员会、监察厅、工商行政管理局、司法厅、安全生产监督管理局等有关负责同志50多人参加了西宁市分会场会议。

会上，国家环境保护部部长周生贤传达了国务院副总理李克强关于开展环保专项行动的重要批示，总结了2003年以来国家整治违法排污企业保障群众健康环保专项行动的成果,并对下一阶段环保专项行动进行了统一部署。

电视电话会议结束后，省政府副秘书长晁海军对我省环保专项行动工作进行部署，指出此次环保专项行动由环保厅牵头部署，相关部门要进一步完善联动工作机制，

加强协调配合。发展改革、经贸、监察、建设、司法、工商、安监等部门要按照各自的职能和分工，切实履行职责，落实好工作任务和各项措施。要求环保专项整治行动领导小组要结合我省实际，制定实施方案，完善措施，周密部署，狠抓落实，确保环保专项整治工作取得实效。

晁海军强调了三点意见：一是以改善环境质量保障群众健康为目标，以解决危害群众健康和影响可持续发展的突出环境问题为重点，集中力量解决好人民群众最关心、最直接、最现实的环境问题，切实维护人民群众的环境权益。二是要紧紧围绕保增长、保稳定、促和谐的大局，积极推进生态立省建设，强力服务全省经济社会健康发展，为推动经济发展方式的转变和结构的调整做出贡献。 三是建立健全节能减排的长效机制，切实抓好节能减排工作。要控制污染物新增量、防止盲目建设高能耗高污染和对生态环境影响大的项目。优化产业结构，提高发展质量，严格执行产业政策和环保标准，采取有效措施，确保节能减排各项目标任务落实到位。

创新环保制度 强化服务指导

——省环保厅就突出环境问题建立约谈制度

为进一步加强环境保护监督管理，维护生态环境安全，创新工作机制，提高行政执法效能，更好地服务于环境管理对象。近日，省环保厅厅长赵浩明就青海金源铝业有限公司挂牌督办案件和华新铁合金有限公司环境污染问题，与黄南州政府主管领导和企业负责人进行了约谈。

青海金源铝业有限公司电解铝项目因未办理环评审批文件、未配套建设烟气净化设施，含氟废气超标排放等问题被环保部列为2008年挂牌督办案件之一，青海省环保厅多次致函黄南州政府责令青海金源铝业有限公司停产整治，但企业在环境整治方面至今仍无实质性进展；华新铁合金有限公司矿热炉集气效果差，无组织排放严重，厂区内原料堆放无防扬散措施，严重污染周边环境。约谈中，省环保厅向黄南州政府和华新铁合金有限公司宣传了环境法律、法规和相关政策，通报了两家企业存在的主要环境问题，告知了相应的法律责任和后果，指导帮助被约谈单位分析原因，提出加强环保工作的建议和要求。通过约谈，黄南州政府和华新铁合金有限公司表示将进一步加强领导、统一认识、明确责任，将环境问题整改落实到位。

“约谈制”是通过采取谈话的方式加强与政府、下级环境保护部门和企业的沟通、理解与相互支持，从而提高环境监督管理效率，节约行政成本。约谈也是一种人性化的管理手段，环保执法部门与政府、企业面对面摆事实、讲道理，对政府和企业来说既是一种警示，更是一种易于接受的环境教育方式。

今后，省环保厅对存在较严重环境违法问题的建设项目或生产经营单位，将继续约请企业所在地政府负责人或企业主要负责人到环保行政机关面谈。

我省整治违法排污企业保障群众健康环保专项行动开展迅速

4月14日，全国清理整治违法排污企业保障群众健康环保专项行动电视电话会议后，我省迅速行动，按照国务院八部门《关于2009年深入开展整治违法排污企业保障群众健康环保专项行动的通知》（环发〔2009〕43号）要求和全国整治违法排污企业保障群众健康环保专项行动电视电话会议精神，认真组织，积极开展辖区内的专项整治行动。大部分州（地、市）下发了“环保专项行动的通知”。并成立了以主管州（市）长为组长，各相关主要负责人为成员的“环保专项行动领导小组”。并结合当地情况制定了专项行动实施方案。方案就整治范围、具体工作措施、整治的时间安排都作了详细布置。全省共出动人员1304人次，检查企业312家。其中，对5家企业责令停产（建）治理，45家企业被限期治理，对不能做到稳定达标排放或环保设施擅自停运的3家企业进行了行政处罚。省环保厅督查组对西宁市、海东地区、海北、海南州水泥、铁合金、化工等46家企业进行了执法检查，下发了青海省环保厅《关于对海东地区部分企业环境监督检查情况的通报》（青环发〔2009〕124号）、《关于对西宁市经济技术开发区生物产业园区南川工业园区部分企业检查情况的通报》（青环发〔2009〕139号）、《关于对湟源县部分企业环境督查情况的通知》（青环发〔2009〕54号），针对部分企业存在的环境问题，责成西宁市、海东地区环保部门依法严肃查处。同时，对辖区内环境污染严重的海南州共和县、海北州海晏县实施了区域限批。对环保部挂牌督办的黄南金源铝业有限公司、张氏集团大通仔猪繁育基地环境违法案件进行了多次后督察，厅领导先后就青海金源铝业有限公司、张氏集团大通仔猪繁育基地挂牌督办案件和华新铁合金有限公司环境污染问题，与黄南州政府主管领导和3家企业负责人进行了约谈。从调度的8个州（地、市）的情况看，5个州（地、市）以环保部门为主组织力量开展现场检查。西宁市及四区三县环保部门共出动459人次，对青海明胶股份有限公司等230家企业进行现场检查。对苏青氯酸盐有限公司等2家企业责令停产整治；对青海水泥有限公司等35家企业进行限期治理。海东地区环保专项领导小组针对水泥、铁合金等行业治理不彻底、无组织排放严重等实际情况，出动执法人员246人次，检查企业23家。其中，对青海航威冶金有限公司等7家企业责令限期治理治理；民和县环保专项行动领导小组依法淘汰了不符合国家产业政策的铁合金矿热炉29台。海南州责令新华铁合金有限公司等2家企业停产治理。海北州责令瑞丰铁全金有限公司等3家企业限期治理；对青海世纪奥凯有限责任公司年产5万吨镍铁项目未批先建行为，依法责令停止。其它各

（州）、县也结合本地实际，对环境违法企业进行了排查。

青海省环保厅对共和县、海晏县实施区域限批

2009年4月16日，青海省环保厅对海南州共和县、海北州海晏县实施了“区域限批”。近期，对两县境内的部分企业进行现场检查时，发现共和县青海共和新华铁合金有限公司、海南州水泥有限责任公司等企业环保设施擅自停运，粉尘超标排放严重。海晏县世纪奥凯矿冶有限责任公司违反建设项目环境保护管理有关规定，未批先建，对环保部门依法停止建设的要求置若罔闻，仍然违法建设；瑞丰铁合金有限公司和鑫宇铁合金有限公司等企业环保设施运行不正常，粉尘超标及无组织排放问题突出。在日常检查时曾多次要求地方环保部门加强环境监管，企业切实采取措施，保证环保设施稳定运行，污染物达标排放，但企业无视环保法律，仍然违法排污，影响恶劣，严重污染周边环境。州、县环境行政主管部门未能切实履行环境监管职能，执法不严，疏于职守。区域环境污染问题长期得不到解决，社会反映强烈。鉴于此，省厅暂停两县基础设施设施以外所有建设项目的环评审批，暂不安排两县环保能力建设项目。

希望全省其他各地环保部门引以为戒，加强对企业的监管力度，确保环保设施正常运行，实现主要污染物全面达标排放。

海南州依法严查典型违法企业

根据《青海省2009年整治违法排污企业保障群众健康环保专项行动方案》要求，海南州环保专项行动领导小组结合本职工作，对州县企业开展环境违法行为摸底排查，重点针对环保设施运行、污染物排放，厂区原料堆放等情况进行了现场检查。检查中发现共和县鑫源铁合金矿业有限责任公司、新华铁合金有限公司和海南州水泥有限公司矿热炉炉口和出铁口封闭不严，烟尘无组织排放严重；除尘设施烟气收集效率不高，除尘布袋更换不及时或破损较严重；料场和废渣堆放不规范，无任何遮盖设施，极易造成二次扬尘污染。针对以上问题，专项行动领导小组下发了停产整顿通知书。要求共和县两家铁合金企业做好炉前封闭工作，提高烟气收集效果，对破损的布袋及时更新，增加清灰频率；原料和废渣要用防雨布覆盖并堆放在规范的场地，杜绝二次扬尘现象；对环保设施和生产设备及时检修，确保设施正常运行；健全各项环保制度，施行责任落实到位。并组织企业相关负责人到西宁、海东等地进行实地考察，借鉴外地铁合金和水泥行业在污染治理方面的好经验、好做法，对查出的问题制定整改方案，有效开展整改落实工作。

青海省环境保护厅举行突发环境事件应急演习

2009年5月22日上午10:30，省环境保护厅联合西宁市环保局、120指挥中心、西宁市消防支队、青海省天泰制钠有限公司等单位举行首次突发环境事件应急演习，目的是为了认真贯彻落实《突发环境事件应对法》和省政府应急领导小组的有关要求，评估和效验《青海省突发环境事件应急预案》的实用性和可操作性，同时也是检验环境应急管理工作在信息传递、应急处置及应急管理等方面存在的不足，是实现多部门合作和三级联动的一次尝试。通过此次联合演习，进一步明确了各职能部门在环境突发事件中的责任，提高了环境保护部门和人员处理突发环境事件应急反应能力，切实做到“第一时间报告”、“第一时间赶赴现场”、“第一时间开展监测”、“第一时间向社会发布信息”、“第一时间组织开展调查”五个“第一”；既锻炼了队伍，又增强了整体保障能力，为今后的救援工作积累了宝贵的经验。从而达到环保队伍快速预警、有效防范、及时处置的应急水平，保障环境安全和人民健康，促进我省经济社会又好又快发展。

演习模拟天泰制钠公司液氯车间生产控制装置发生故障，导致氯气输送管线发生泄漏，企业巡检工发现有人中毒晕倒后，立即启动应急预案实施自救，并向有关部门进行了报告。环保部门接报后迅速赶赴现场展开调查，同时派出应急监测车辆对周边敏感点实施环境应急监测，在120急救中心、消防支队和公安等相关部门的密切配合和企业的共同努力下，周边群众被安全疏散和转移，大气污染得到了有效控制，企业破损管线及时被修复，经现场连续监测，周边大气环境氯气浓度逐步下降并达到背景值，消防废水得到了有效处理，保证了人民群众的生命财产安全，演习取得了圆满成功。

省环保厅、省政府应急办、省安监局、120指挥中心、西宁市消防支队、海东地区环保局、海西州环保局的有关领导莅临现场进行观摩指导，省环保厅相关处室，西宁市环保局、甘河分局、湟中县环保局和天泰制钠有限公司的主要负责人以及亚洲硅业有限公司等化工企业的主要负责人参加了应急演习。

青海省环境保护厅关于报送2009年整治排污企业保障群众健康环保专项行动有关信息的通知

青环发〔2009〕125号

西宁市、海东地区、海西州环境保护局，海南州环保林业局，黄南、海北、玉树州林业环保局、果洛州环保水务局：

为落实国务院八部门《关于2009年深入开展整治违

法排污企业保障群众健康环保专项行动的通知》（环发〔2009〕43号）和我省八厅局委《关于2009年深入开展整治违法排污企业保障群众健康环保专项行动的通知》（青环发〔2009〕53号）要求，全面了解和掌握各地开展整治违法排污企业保障群众健康环保专项行动（以下简称环保专项行动）工作进展情况，及时将全省环保专项行动开展情况汇总上报环保部，根据环保部办公厅《关于报送2009年整治违法排污企业保障群众健康环保专项行动有关信息的通知》（环办函〔2009〕438号）精神，现将有关信息报送事宜通知如下：

一、信息调度工作的组织

省环保专项行动领导小组办公室（省环境监察总队）负责全省环保专项行动信息收集、汇总、统计工作，定期编辑“工作简报”指导各地开展环保专项行动。各地环保部门要高度重视信息报送工作，确定具体负责环保专项行动信息调度的部门、人员，及时汇总、总结环保专项行动开展情况、取得的成效、好的做法、存在的问题，编发工作简报，交流经验，并建立本辖区内信息报送网络，加强管理，确保信息报送的畅通、及时、准确。

二、信息报送的方式

环保专项行动的实施方案、阶段性报告、总结报告以正式文件报送省环保专项行动领导小组办公室。工作简报及各项统计表格通过12369中国环保热（www.12369.gov.cn）网站的《环保专项行动信息管理系统》报送。

三、信息报送的内容和时间要求

（一）环保专项行动期间，各地每月至少编发三期工作简报，及时报送省环保专项行动领导小组办公室、本级人民政府领导同志及环保专项行动领导小组各成员单位。同时印发下一级环保专项行动领导小组。

（二）请各地继续通过《环保专项行动信息管理系统》，按月填报《环保专项行动进展情况表》、《环境违法企业基本情况明细表》、《环保专项行动责任追究情况表》和《12369环保热线投诉受理情况统计表》、《挂牌督办环境问题基本情况表》。表格延用2008年格式。

（三）各地于2009年6月25日前报送开展“两高一资”行业企业、钢铁企业、涉砷行业企业集中检查情况。报告重点是：各地对“两高一资”行业企业不符合产业政策和违反环境保护法律法规行为的查处情况；钢铁企业相关工艺项目执行建设项目环境管理规定和国家产业政策的情况，对存在环境违法行为企业的查处情况，以及各地对钢铁行业进行整治的措施和计划；涉砷企业执行建设项目环境管理规定、污染物排放、含砷废渣堆放处置及环境应急预案实施情况。报告附《2009年环保专项行动钢铁企业检查情况表》（附件一）和《2009年环保专项行动涉砷企业检查情况表》（附件二）。

（四）各地于2009年9月20日前报送开展饮用水水源保护区后督察、城镇污水处理厂、垃圾填埋场集中整治情况。报告重点是：饮用水水源保护区环境违法行为查处情况、城镇污水处理厂出水超标整治及污泥规范化处理处置情况、垃圾填埋场渗滤液超标整治情况以及日常督查发现问题的整治情况。报告附《2009年饮用水水源保护区后督察情况汇总表》（附件三）、《全国城镇污水处理厂环境监管情况表》（2009年上半年）和《全国垃圾填埋场环境监管情况表》（表格延用2008年格式）。2010年1月10日前报送《全国垃圾填埋场环境监管情况表》（2009年全年）及简要说明。

（五）湟水流域地区于2009年10月20日前报送湟水流域环境污染整治情况。报告重点是：大气、水污染整治情况；不符合产业政策要求的铁合金、电石、小石灰窑及小石灰加工企业淘汰情况及群众反复投诉的环境问题。报告附《湟水流域环境污染整治排污口统计表》（附件四）

（六）各地于2009年11月20日前报送2009年环保专项行动工作总结报告。报告重点是：总体情况、主要做法及成效、存在的问题及原因分析、下一步措施及工作计划。

四、信息报送要求

各地按照填表说明认真填报各项报表，各阶段性报告和总结报告要按照要求撰写，报告要实事求是，主要观点要有数据及实例支持，使用的数据要与《环保专项行动信息管理系统》报送的数据一致。省环保专项行动领导小组办公室将在“工作简报”中通报各地信息情况及工作开展情况，并将环保专项行动开展情况作为2009年环保目标责任考核的主要内容。

省环保专项行动领导小组办公室：省环境监察总队监察室

地　址：西宁市南山东路116号
邮　编：810007
电　话：8124326
传　真：8124326
电子邮件：qhepi@12369.gov.cn
联系人：　薛长生　姜 焕

附件：

1、2009年环保专项行动钢铁企业检查情况表及填报说

2、2009年环保专项行动涉砷企业检查情况及及填报说明

3、2009年饮用水源保护区后督察情况汇总表及填报说明

4、湟水流域环境污染整治排污口统计表

二〇〇九年五月二十七日

海东地区民和县依法关停“两高一资”落后产能

为将节能减排工作落到实处，民和县将淘汰落后产能作为污染减排、促进产业转型升级的重要突破口，坚持以“整合做大、关小建大、节能减排、循环利用、产业升级”为目标，积极制定了《关于民和淘汰落后产能工作实施方案》并付诸于实施。民和县委、县政府继4月29日关闭17台生产硅铁的矿热炉和18台80KVA电解铝槽的基础上，于5月25日，再次联合经贸委、城环、工商、人事、公安、电力等有关职能部门工作人员，深入湟川、云峰、宇通、三康、熠辉、四铁、三铁和天利铝业等9家落后产能企业，对6300KVA以下生产硅铁的12台矿热炉和30台80KVA电解铝槽等予以关停。至此，民和县6300KVA以下生产硅铁的29台矿热炉和48台80KVA电解铝槽落后产能全部被淘汰。

省环保专项行动领导小组到海东地区检查指导工作

6月2日，省环保专项行动领导小组办公室主任、环保厅郭臻先副厅长带领省环保厅污控处和省环境监察总队的有关负责同志，对海东地区环保专项行动开展情况进行了检查指导。

检查组首先听取了海东地区环保局关于开展环保专项整治行动工作情况的汇报，郭臻先副厅长对海东地区环保专项行动工作的开展情况给予了肯定，同时对下一步的工作提出了具体要求：一是要按照省环保专项领导小组的要求，认真落实环保专项行动的各项工作，增强环保促进地区经济科学发展的能力，推动企业进行科学发展；二是加强环境监察工作推动地区的环境改善，特别是要增加敏感地区的现场监察频次，集中力量解决突出的环境问题；三是要借“6.5”环保宣传日的有利契机，加大环保宣传力度，营造全民共同参与环保的良好氛围，对态度端正、行动到位的企业应进行正面报道，对有违法违规行为的企业则及时利用媒体予以曝光。

会后，郭臻先副厅长带领导检查组与海东地区环保局的同志一同对乐都县2 家水泥厂和2家铁合金企业进行了现场检查。检查中针对华夏水泥有限公司除尘设施布袋破损造成烟气外泄影响环境和厂区生活垃圾乱堆乱弃影响湟水河周边环境的现象，对泰宁水水泥有限公司烟气跑冒严重和堆料场不符合环保要求的问题以及青海烁华铁合金有限公司、福海碳化硅有限公司除尘设施系统不完善，除尘效率低等问题，责令其立即进行整改，并要求企业在6月底前完成所有整改工作。

检查结束后，郭臻先副厅长代表检查组及时向海东行署和乐都县政府主管领导反馈了意见，并就有关问题进行了沟通。

海东地区集中整治突出环境问题

为确保2009年环保专项行动的顺利进行，海东地区环保专项行动领导小组自5月份以来，在全区范围内开展了重点企业突出环境问题督查督办和环保设施运行大检查活动，严查企业环境违法问题，全面整治工业企业环保工程进展缓慢、设施停运、偷排污染物、环保设施带病运行、内部管理不到位等突出环境问题。主要做法：一是现场督查督办重点企业突出环境问题。5月初由海东环保局主要领导带领执法人员赴互助县，在丹峰磨料磨具有限公司召集汇恒碳化硅有限公司、圣戈班陶瓷原料有限公司及玖新环保公司负责人，现场督办工业废水处理设施进展缓慢问题，针对存在的企业与环保公司配合不到位、沉淀池设计不规范、试运行过程中清淤不及时等突出问题，海东环保局要求企业必须按环保要求限期整改；二是加大夜查力度。5月中旬，海东地区环保局组织环境监察人员对乐都县铁合金企业环保设施运行情况进行了多次夜间突查，经查，5家铁合金企业环保设施均正常运行，个别企业出铁口烟气排放效大，海东环保局要求企业加强内部环境管理，做好环保设施的维护和保养工作，确保设施的正常运行；三是紧急约谈重点企业环境违法问题。针对平安应录铝业有限公司烟气净化设施配套不齐全且长期停用的问题，海东环保局召集平安县城建环保局与平安应录公司董事长、总经理和分厂经理等主要负责人就该企业污染防治工作进行了约谈。企业负责人当面做出承诺，尽快召开董事会议，按照环保部门的要求，针对公司存在的突出环境问题，制定整改方案、落实人员责任、列出整改时间表，力争6月底前完成；四是核查关停企业死灰复燃问题。五月下旬组织人员对乐都有县已关停的乐都有昱成纸业有限公司进行了现场核查。经查，该企业自今年3月经群众举报，被乐都县环保部门查封，至今未恢复生产，处于关停状态。

海东地区通过环保专项行动大检查活动的开展，有力地打击了企业的环境违法行为，维护了全区的环境安全，解决了群众身边的突出环境问题，起到了保增长、保民生、保稳定的作用。

青海省2009年整治违法排污企业保障群众健康环保专项行动工作方案

为贯彻落实《国务院关于落实科学发展观加强环境保护的决定》，切实解决当前经济形势下突出的环境问题，保障人民群众的切身环境权益， 2009年继续在全省组织开展整治违法排污企业保障群众健康环保专项行动（以下简称“环保专项行动”）。

一、指导思想

以邓小平理论和“三个代表”重要思想为指导，深入贯彻落实科学发展观，进一步加大环境执法力度，着力解决危害群众健康、影响可持续发展的突出问题，以保护饮用水源安全、遏制“两高一资”行业污染反弹为重点，促进主要污染物减排工作的顺利实施，维护社会稳定，为实现省委、省政府确定的促进经济平稳较快增长目标提供环境执法保障。

二、工作重点和要求

（一）巩固2008年环保专项行动成效，持续开展饮用水源保护区后督察和城镇污水处理厂、垃圾填埋场集中整治

1、各地对2007年和2008年饮用水源保护区集中整治中发现的问题及时进行跟踪督办。对饮用水源保护区划分和调整不到位、县以上城镇饮用水源保护区内各类排污口取缔措施不落实、保护区边界地理界标和警示标志设立不规范、保护区或周边化工企业没有防止事故状态下“清净下水”污染环境有效措施的，一律挂牌督办。

2、督促城镇污水处理厂加快建设进度、提高污水处理厂运行负荷和出水达标率。对于污水处理厂，重点整治建成运行三年后处理负荷仍达不到设计能力75%的；不能保证稳定达标排放的；污泥达不到无害化处理处置要求的；污泥外排造成环境污染的。同时，对排入市政管网严重超标、影响污水处理厂运行的工业企业进行集中整治。

3、全面整治垃圾填埋场环境违法问题。重点整治垃圾填埋场中未进行环境影响评价的；已经投入运行但未通过“三同时”验收的；直排渗滤液和渗滤液超标排放对周围环境造成严重污染的问题。

（二）着力打击“两高一资”行业重污染企业的环境违法行为，开展钢铁行业、涉砷行业专项检查

1、对“两高一资”行业重污染企业进行监督检查。重点查处不符合产业政策、准入条件、未经审批擅自开工或建成投产的企业；超标排放污染物的企业；拒不执行国家产业政策，使用国家明令淘汰的落后工艺、设备的企业。严厉打击已被取缔关闭后死灰复燃的企业。

2、认真贯彻国家《钢铁产业调整和振兴规划》中控制钢铁行业产能，加快淘汰落后产能的要求，开展钢铁行业环境污染专项检查。摸清钢铁企业执行建设项目环境保护管理规定及国家产业政策的基本情况。严肃查处违反环境影响评价制度和环境保护“三同时”制度；拒不淘汰列入产业结构调整淘汰类目录的设备、工艺的；主要污染物超标和超总量排放的钢铁企业。重点检查炼铁工艺污染治理和烧结工艺脱硫设施及在线监控装置的安装和运行情况。

3、开展对涉砷行业进行全面检查清理。重点查处涉砷行业（硫化物、磷矿开采、选矿；硫化工；砷化物生产）企业没有取得环境影响评价审批文件或安全生产许可证的；不符合产业政策和市场准入条件的，采用国家明令淘汰的落后生产工艺的；没有治理设施，污染物超标排放的；含砷废渣堆放处置不符合要求的；未按规定进行危险化学品备案登记的企业。

（三）开展环保设施运行情况专项检查

各地环保部门要加大现场检查频次，对环保设施运行不正常；擅自停运环保设施的行为，依法进行高限处罚。对屡查屡犯的企业，依法责令停产整顿。对地方环保部门行政不作为、监管不力和环境问题突出的地区，将实施挂牌督办或区域限批。

（四）继续开展湟水流域环境污染整治

1、开展水污染整治。重点整治工业园区及化工、冶炼、食品加工等行业废水排放企业。一是对未按照规划环评落实集中式污水处理设施的工业园区提出明确整治目标和任务，要求限期整改。二是对废水超标排放企业进行限期治理，逾期未完成治理任务的，报请政府关闭或停产。三是排查统计排入湟水河干流及其支流的工业企业排放口、污水处理厂排放口、市政排污口等，并对工业企业废水排放口进行规范化整治，对不符合技术规范要求的，责令限期整改。

2、着力解决大气污染问题。重点整治企业污染治理不彻底、环保设施运行不正常、无组织排放问题严重的。超标排放或擅自停止环保设施的，一律停产整治。淘汰不符合产业政策要求的铁合金、电石、小石灰窑及小石灰加工企业。

3、着力解决群众反复投诉的环境问题。各地环保部门要认真梳理群众关心的突出环境问题，集中整治，逐一解决。特别是群众反映强烈，上访至国家有关部门和省政府的有关案件，主要领导要包干负责，明确解决时限，落实责任，切实加以解决。

三、主要措施

（一）落实政府责任，加强组织领导

各州（地、市）人民政府要继续把深入开展环保专项行动作为重要工作内容，强化政府牵头、各部门密切配合的工作机制，广泛动员，周密部署，有序推进各项工作开展。省政府成立青海省整治违法排污企业保障群众健康环保专项行动领导小组，组织开展全省环保专项行动工作，小组成员如下：

组　长：

马顺清　省人民政府副省长

副组长：

晁海军　省人民政府副秘书长

赵浩明　省环境保护厅厅长

成　员：

陈世平　省发展和改革委员会副主任

宋显珠 省经济委员会副主任
娄海青 省监察厅副厅长
王建荣 省司法厅副厅长
于　杨 省住房和城乡建设厅副厅长
韩有林 省工商行政管理局副局长
才仁普措 省安全生产监督管理局副局长
郭臻先 省环境保护厅副厅长

环保专项行动领导小组办公室设在省环境保护厅，郭臻先同志任办公室主任。州（地、市）政府要成立政府领导及各成员单位主要负责人参加的环保专项行动领导小组，统一组织环保专项行动工作，确保此项工作的高效有序进行。各有关部门要严格履行各自的监管职能，加大监管力度。环保部门要分阶段对照工作重点进行拉网式检查，对各类环境违法行为依法进行行政处罚；经济、工业主管部门要切实发挥在淘汰落后产能工作中的职能作用，查处违反国家产业政策的行为，并定期向相关部门通报淘汰落后企业名单；监察机关要强化行政监察职能作用，加大责任追究力度；司法机关要有序推进环境法制宣传教育、法律服务和法律援助工作；工商部门要严肃查处“两高一资”行业企业违反注册登记法规的行为；安全监管部门要严肃查处危险化学品生产企业违反安全法规的行为，防范生产事故引发环境污染事件；电力监管机构要监督供电企业，对违法企业依法采取有效措施。各部门要继续加强协调配合，不断完善定期协商、联合办案和环境违法案件移交、移送、移办制度，研究环保专项行动的重大问题，督办重大案件，统一组织协调，切实形成政府统一领导、部门联合行动、公众广泛参与、共同解决环境问题的工作格局。

（二）加强综合整治，加大责任追究

要综合运用法律、经济、行政等手段，在加强挂牌督办、后督察等环境行政执法手段基础上，不断在金融信贷、进出口监管等方面采取有效措施，不断放大环境执法效果。要不断加大对行政部门环境违法问题的责任追究力度。对违反环境保护法律法规、出现重大决策失误，造成环境污染的；对环境违法行为查处不力或有案不查，甚至包庇、纵容违法排污企业，致使群众反映强烈的问题得不到解决的，要依法依纪追究责任。

（三）加强分类指导，严格环境执法

各州（地、市）环保部门要强化分类指导的执法意识，对于存在主观恶意的屡查屡犯、明知故犯、偷拍偷放等环境违法行为，要从重处罚，并移交法院，追究法律责任；对其他环境违法行为，要规范自由裁量权的行使，坚持教育与惩罚相结合的原则，指导企业切实解决问题。建立企业环境监督员制度，有效发挥企业监督员监督企业环境、污染治理、设施运行等方面的作用，促进企业守法意识的提高。

（四）建立长效机制，加强公众监督

要以环保专项行动促进建立健全日常环境执法的长效机制，将专项行动检查过的重点行业企业纳入日常重点监管范围。建立后督察制度，将定期检查和不定期巡查相结合，巩固整治成果，防止环境违法企业死灰复燃。规范和完善挂牌督办制度，对专项行动中发现的典型环境违法案件和群众反映强烈的突出环境问题，实行挂牌督办，做到处理到位、整治到位、责任追究到位。要加强城镇污水处理厂进出水质监管，建立污泥转移联单制度。要积极组织新闻媒体进行跟踪报道，充分利用各种媒体，加大环保法律法规的宣传力度，各级环保部门要公布环保投诉热线，畅通渠道，营造群众参与和监督的良好氛围。

四、工作安排

（一）动员部署阶段（4月）

各州（地、市）根据本方案要求，结合实际情况，确定本地区整治重点，制定具体实施方案。各地在5月15日前将环保专项行动领导小组名单和实施方案报送省环保专项行动领导小组办公室。

（二）集中整治阶段（5月—10月）

各地组织有关部门对饮用水源保护区、污水处理厂、垃圾填埋场、“两高一资”行业、环保设施运行情况、湟水流域环境问题进行集中整治。

（三）督查阶段（8月—11月）

省环保专项行动领导小组对各州（地、市）专项行动开展情况进行督查。

（四）总结阶段（11月）

各地认真总结环保专项行动取得的成效和不足，提出加强长效管理的措施和建议，完成《2009年环保专项行动工作总结》。

省环保专项行动领导小组办公室
联系电话：（0971）8124326
联系人：薛长生
电　话：13327669055
传　真：（0971）8124326

青海省环境保护厅转发环保部办公厅关于开展重点待业等三项执法检查的通知

青环发〔2009〕147号

西宁市、海东地区、海西州环保局，海南地区环保林业局，黄南、海北、玉树州环保水务局：

现将环境保护部办公厅《关于开展重点行业企业等三项执法检查的通知》（环办函〔2009〕555号，以下简成

《通知》）转发给你们，请遵照执行，并就有关事宜通知如下：

一、各州、地、市环保部门要按照《通知》要求，结合2009年整治违法排污企业保障群众健康环保专项行动，认真做好辖区内重点行业企业、建设项目、造纸行业三项执法检查工作，于2009年6月25日前在报送环保专项行动“两高一资”行业企业、钢铁企业、涉砷行业企业检查阶段性报告一并报送重点流域重污染行业企业及重点排污企业、建设项目检查情况和汇总表

二、9月20日前请各州、地、市环保部门将饮用水水源保护区整治措施落实后督察情况、城镇污水处理厂、垃圾填埋场检查阶段性报告和造纸行业检查情况及汇总表一并报省环境监察总队。

联 系 人：省环境监察总队　薛长生 姜焕

联系电话：（0971）8124326

电子邮箱：qhepi@12369.gov.cn

省环保专项领导小组到海西地区检查指导工作

6月10日至15日，省环保专项行动领导小组办公室主任、省环保厅郭臻先副厅长带领省环保厅办公室和省环境监察总队有关人员，对海西州环保专项行动开展情况和国控重点污染源环保设施运行情况进行了检查。

检查组对海西州环保专项行动工作的开展情况给予了充分肯定，检查组认为，海西州州委、州政府高度重视环保专项行动工作，及时研究部署，推动了环保专项行动工作的深入开展；环保部门认真履行职责，以“节能减排、控制污染”为抓手，重点对企业的环境管理、污染治理设施运行、污染物排放去向，尾矿库环境安全管理、“三同时”落实情况和主要污染物的排放情况进行了督促检查，确保了环保设施正常运行，污染物实现达标排放。

检查组先后对庆华煤业集团、青海碱业公司、西部矿业锡铁山分公司、青海创新矿业开发有限公司、格尔木炼油厂等13家重点企业进行了现场检查。针对检查中存在的问题，提出三点要求：一是要求海西州环保部门继续加强对企业的指导和服务，督促企业认真履行国家环境保护法律法规和政策规定，切实履行企业的社会责任；二是要进一步加强环境监管工作，对环保措施落实不到位、污染物超标排放的企业要进行限期整改；三是要按照国家和省上的统一部署，深入开展环保专项行动，严格控制“两高一资”项目建设，严厉打击未批先建等环境违法行为，促进区域经济又好又快发展。

黄南州开展矿山生态环保专项检查

为认真落实省政府八厅局《关于2009年深入开展整治违法排污企业保障群众健康环保专项行动的通知》（青环发〔2009〕53号）文件精神，真正把实践科学发展观活动落到实处，保障群众健康，严厉打击环境违法行为，6月3日，黄南州环保专项行动领导小组组织国土、林业环保、监察等相关部门负责人前往同仁县加吾乡和多哇乡对乡镇集体矿山企业和个体采矿者进行检查。检查中发现矿产资源勘探开发企业在无任何相关环评手续的情况下，私自与当地群众接触进行非法开采活动，造成加吾乡和多哇乡境内部分地区生态及景观的破坏，并计划采用氰化堆浸土法选金。对此，州政府召开专题会议，在批评相关部门监管不力，造成生态环境破坏的同时，要求同仁县政府详细调查事件原委，采取果断措施，责令矿山企业停止一切违法行为，拆除所有生产设施，拿出生态恢复治理方案。要求环保部门对拟采用氰化堆浸选金的矿堆进行环境监测，明确矿堆中是否已添加有害物质，防治污染事故的发生，确保周围群众的生产和生活安全。

通过此次突击检查，有效地制止了矿产企业对加吾乡和多哇乡生态环境的破坏，同时也暴露出环境行政主管部门未能切实履行环境监管职能，执法不严，疏于职守等问题。在今后的环保专项行动中，黄南州各级环保部门加强环境监管力度，对违反环境影响评价法、建设项目环境保护管理条例的矿产资源开发项目，以及未落实环境影响评价报告中有关生态保护与污染防治措施要求的矿业企业；群众反映强烈的破坏生态环境、严重危害人民群众身体健康的矿业企业将进行严厉查处，确保人民群众健康生活。

青海省2007年—2009年环境执法综述

青海省始终坚持环保基本国策，以科学发展观统揽全局，紧紧围绕全省环保中心工作和重点任务，不断加大环境执法执行力度，依法整治环境违法行为，切实维护群众环境权益，为促进经济可持续发展和建设和谐社会做出了积极贡献。

加大执法力度，巩固执法成果。持续开展了整治违法排污企业保障群众健康环保专项行动，着力解决了一批影响群众健康和可持续发展的环境问题。三年来，共出动环境执法人员16327人（次），检查企业5002家（次），依法取缔关闭“十五小”和不符合国家产业政策企业132家。其中，2009年依法淘汰了不符合国家产业政策的6300KVA及以下的铁合金矿热炉29台和100KA以下电解槽238台；积极开展春灌期间防止水污染专项检查。三年来，全省共出动执法人员2748多人（次），检查企业538家。开展中高考期间控制噪声专项执法检查。重点对建筑施工工地、歌舞娱乐厅、街头卡拉OK等场所进行检查。全省共出动环境监察执法人员5149人（次），查处各类环境噪声违法案件1068起，查处率达100%，结案率100%;组织开展湟水流域环境

综合整治，重点对环保“三同时”未落实、超标排放等问题进行查处。西宁市按照煤烟型污染治理《实施意见》的要求，制定了2009年整治250台、365蒸吨燃煤锅炉工作目标，现已完成目标任务的90%。认真开展取缔石灰土立窑和非法经销点工作，取缔关闭石灰土立窑11家17口，关闭石灰经销点166处。组织开展湟水河西宁段干流、支流排污口的调查工作，摸清了西宁市湟水河段614个排污口现状。海东地区对湟水河海东段河道砂石场进行了全面整治，叫停了湟水河道内23家采砂洗砂场。湟水流域各州（地、市）、县政府加强了对流域内8个城镇污水处理厂工程建设进度督促、检查、落实，现已完成工程总量的80%建设任务；开展环境安全隐患排查工作，集中时间和力量对辖区内国控重点污染源企业、饮用水源地、尾矿库、医疗尤其是涉及危险化学品生产、贮存、运输、使用的化工企业进行了全面检查，全省共出动环境监察人员2495人次，检查企业507家，对发现存在环境安全隐患的单位责令其立即采取措施进行整改;对问题严重的，依法责令其停产、停业，彻底消除环境安全隐患；开展建设项目和生态环境监察，对铁路、公路、畜禽养殖、矿山资源开发建设项目和水利水电工程项目环境影响评价和“三同时”制度落实情况。会同有关部门开展秸秆禁烧工作，保障民航、铁路和公路的正常运行。加强对饮用水源地保护监察；认真开展环境执法后督察检查，及时解决领导关注、污染严重的突出环境问题和群众反复上访的案件，有效治理环境污染问题。对环保部挂牌督办的黄南金源铝业有限公司、张氏集团大通仔猪繁育基地、化隆永盛碳化硅有限公司环境违法案件进行了多次后督察，并与黄南州政府主管领导和3家企业负责人进行了约谈，从而提高了环境监管和整治效率。同时制定下发了《青海省环境保护厅环境约谈制度》、《青海省环境违法问题省级挂牌督办管理办法》；开展青海湖自行车赛期间环境保护工作，青海省环境保护厅组成督查组对各州、地、市工作开展情况进行了督查，对赛事沿线的企业进行了现场检查，确保环湖赛期间的环境安全。

畅通信访渠道，维护群众权益。不断完善环境信访制度、规范信访程序，制定了《青海省环境保护厅环境信访管理办法》、开通了网上投诉渠道、完成了与国家12369举报中心联网和举报案件网上交办及报送系统的应用。实行主要领导定期集中接访日、带案下访、包案办理等形式与群众面对面解答提出的问题和建议，听取群众意见，取得了良好效果。2007-2009年共受理信访案件3524件，查办率达到100%，真正做到了件件有着落，事事有回音，重信重访率明显下降，群众满意率明显上升。

加大稽查力度，规范排污收费行为。一是做好省级二氧化硫排污费的征收管理工作。按照排污费征收程序，各州地市环保部门认真开展排污申报、审核、核定、计算、公告等工作。二是认真做好全省排污收费工作的督促、检查、指导和管理工作，确保目标任务的完成。三是积极组织开展排污收费稽查工作。重点对西宁市、海东地区、海北州、海西州等地和焦化、建材、煤炭开采等重点行业排污费征缴情况开展了稽查，不断挖掘排污费增长点，保证每年目标任务的完成。为提高全省排污费征收工作效率，规范征收行为，举办了《排污费征收管理系统》软件使用培训班。并为全省46个州（地、市）、县（区）环境监察机构配备了排污费征收管理软件及设备。邀请省外专家,来我省指导交流排污申报登记和排污费征收核定等环境稽查工作。

加快在线监控系统建设，提高科技执法手段。加大环境能力建设，充分发挥在线监控系统应用管理，举办了青海省重点污染源自动监控能力建设项目核心应用软件培训，对已建成的监控中心核心应用软件进行了安装部署和联网联调，实现了国家、省和地（市）级三级联网。截止2009年11月底，省级、西宁市、海西州、海东地区、海北州五个监控中心全部建成并投入运行。全省59家自动监控设备安装企业中，已安装废水自动在线监控设备22家22台套；废气自动监控设备已安装33家54台套。30家视频监控企业已完成26家50套。与环保部门联网的在线监控企业已达30余家，视频监控企业达26家。

强化体系建设，提高应急能力。成功组织完成我省首次环境应急演习，以青海省突发环境应急预案为指导，实现了省、市、县三级环保系统联动，以及消防、120指挥调度中心等多部门协调配合与调度，并对演习取得的成果和应急预案存在的不足进行了及时总结和评估；健全了应急组织领导体系。对原省环保局突发环境事件应急领导小组成员进行了调整，并根据省政府要求，先后完成了《青海省“十一五”期间突发公共事件应急体系建设规划中期评估》和《青海省环境污染事件应急管理平台体系建设规划》的编制工作；开展全省环境应急管理体系的建设。下发了《关于加强青海省环境应急管理工作的通知》，要求黄南州、海北州和果洛州以及尚未编制应急预案的16个县尽快落实环境应急预案的报批工作，完善全省环境应急管理体系建设。目前，除果洛州突发环境应急预案尚待州政府审批外，其他各州地均已完成预案的编制工作；建立了青海省环境应急专家库。根据《青海省突发环境事件应急预案》的要求，经过推荐和筛选，聘请了23名化学、生态学、环境监测、水文与水资源等领域的专家成立了青海省突发环境事件应急专家库，并制定了应急咨询专家组工作办法；开展了污染隐患排查，持续开展对国控、省控重点污染源、化工、冶炼等重点行业的环境安全隐患排查和建档工作。积极为企业服务，帮助企业解决实际问题。为保障群众生命财产安全，邀请环保部环境应急专家对我省两家存在环境安全隐患的企业进行了排查，指导企业进行整改，解决存在的问题；积极和中国人民银行西宁中心支行沟通合作，全面落实绿色信贷政策，进一步加强和持续开展绿色信贷工作，目前已有企业因进入绿色信贷黑名单而受到贷款制约，起到了应有的效果。

案例

案例一：

2007年1月，青海省某县铝业有限公司四期扩改5万吨电解铝项目未依法向审批该项目环评文件的环境保护行政主管部门申请环保竣工验收，同时也未按照项目环评报告书及环评批复意见的要求完成环保设施建设，主体工程即投入生产。同月，青海省环境监察总队对该公司进行现场检查时发现以上违法事实清楚、证据确凿。

经立案调查，青海省环境保护局认定该公司上诉行为违反了《建设项目环境管理条例》第十六条“建设项目需要配套建设的环境保护设施必须与主体工程同时设计、同时施工、同时投产使用”、第二十条第一款“建设项目竣工后，建设单位应当向审批该项目环境影响报告书、环境影响报告表或者环境影响登记表的环境保护行政主管部门，申请该项目需要配套建设的环境保护设施竣工验收”和第二十三条“建设项目需要配套建设的环境保护设施经验收合格，该建设项目方可正式投入生产或者使用”的规定。2007年3月30日，青海省环境保护局根据《建设项目环境管理条例》第二十八条“建设项目需要配套建设的环境保护设施未建成、未经验收或者经验收不合格，主体工程正式投入生产使用的，由审批该项目环境影响评价报告书、环境影响报告表或者环境影响登记表的环境保护行政主管部门责令停止生产或者使用，可以处以10万元以下的罚款”的规定，对该公司作出罚款十万元的行政处罚决定。

案例二：

2006年12月，青海省某铜业有限责任公司在未取得《辐射安全许可证》和省级环境保护行政主管部门批准的情况下，擅自转入并使用13枚Ⅳ类源，1枚Ⅴ类源（按铯-137计），共计14枚放射源，无放射源统一编码，无防护措施和制度。青海省辐射环境管理站执法人员在现场检查时按照《放射性同位素与射线装置安全和防护条例》第五十二条的规定向该公司下达了环境保护违法行为限期改正通知书，责令该公司于2007年1月31日前办理辐射安全许可手续。但该公司未按要求进行改正。2007年2月16日青海省环境保护局对该违法行为进行了立案登记，经调查核实按照法定程序，认为该公司违反了《放射性同位素与射线装置安全和防护条例》第五条“生产、销售、使用放射性同位素和射线装置的地位，应当依照本章规定取得许可证”的规定，鉴于该公司在限期改正期限内未及时办理辐射安全许可手续，根据《放射性同位素与射线装置安全和防护条例》第五十二条“违反本条例规定，生产、销售、使用放射性同位素和射线装置的单位有下列行为之一的，由县级以上人民政府环境保护主管部门责令停止违法行为，限期改正；逾期不改正的，责令停产停业或者由原发证机关吊销许可证；有违法所得的，没收违法所得；违法所得10万元以上的，并处违法所得1倍以上5倍以下的罚款；没有违法所得或者违法所得不足10万元的，并处1万元以上10万元以下的罚款：（一）无许可证从事放射性同位素和射线装置生产、销售、使用活动的；”的规定，对该公司作出罚款五万元的行政处罚决定。

案例三：

2007年12月10日，青海省环境保护局联合相关部门对废氯化汞触媒产生单位进行现场检查时发现，某化工有限责任公司年产生8吨废氯化汞触媒，交河南省某市某化工有限公司回收处置。在废氯化汞触媒跨省转移异地处置过程中，未执行危险废物转移联单制度，未向青海省环境保护局申请办理危险废物跨省转移手续。2008年3月10日，省环境保护局进行了立案登记。经核查，某化工有限责任公司产生的废氯化汞触媒交河南省某市某化工有限公司回收处置有双方协议为证，在跨省转移异地处置过程中，未执行危险废物转移联单制度，也未向省环境保护局申请办理危险废物跨省转移手续，违法事实核查属实。该公司行为违反了《中华人民共和国固体废物污染环境防治法》第五十九条第一款：“转移危险废物的，必须按照国家有关规定填写危险废物转移联单，并向危险废物移出地设区的市级以上地方人民政府环境保护行政主管部门提出申请。移出地设区的市级以上地方人民政府环境保护行政主管部门应当商经接受地设区的市级以上地方人民政府环境保护行政主管部门同意后，方可批准转移该危险废物。未经批准的，不得转移”和《危险废物转移联单管理办法》第四条第一款：“危险废物产生单位在转移危险废物前，须按照国家有关规定报批危险废物转移计划；经批准后，产生单位应当向移出地环境保护行政主管部门申请领取联单” 的规定。2008年6月18日，青海省环境保护局根据《中华人民共和国固体废物污染环境防治法》第七十五规定“违反本法有关危险废物污染环境防治的规定，有下列行为之一的，由县级以上环境保护行政主管部门责令停止违法行为，限期改正，处以罚款：（六）不按照国家规定填写危险废物转移联单或者未经批准擅自转移危险废物；处二万元以上二十万元以下的罚款”的规定，对该化工有限责任公司作出八万元罚款的行政处罚决定。

新疆维吾尔自治区

2008年,我局重点从以下几方面严格行政执法:

一、强化依法行政意识

深入贯彻依法治区的思想，把依法行政作为履行法定职责、推进法制建设的根本性措施来抓，把法制建设列入重要议事日程。结合开展深入学习实践科学发展观活动，进一步强化依法办事、依法查处环境违法行为的思想意识。从局机关到各执法单位均建立了行政执法首长负责制，明确了主管和分管领导的执法责任。成立了局行政复议和处罚案件审议小组，就重大、疑难的行政处罚和行政复议案件进行讨论研究，及时提出解决办法，作出决定。对各执法单位均下发了行政处罚委托书，明确各执法单位的处罚权限、范围和罚款额度。

二、完善制度、加强监督

按照自治区人民政府推行行政执法责任制工作的要求，我局结合政务公开和行风评议等工作，逐步建立完善行政执法责任制。

1、执法文书实行规范化管理

自2007年1月1日起，我区环保系统严格按照国家环保总局颁布的《环境保护档案管理规范》的要求，规范使用环境监察常用文书、环境保护行政处罚文书，执法文书的规范管理折射出案件查办的程序化和法制化。通过自查，执法单位在去年自查的基础上都做了改进，执法文书管理基本合乎规范化的要求。

2、重大行政处罚案件备案制度得以实施

为加强系统内部层级监督，建立健全行政处罚监督制度，规范重大行政处罚行为，及时解决行政执法中存在的的问题，我局制定了《自治区重大环境行政处罚案件备案办法》，要求各地认真做好重大行政处罚案件的备案工作，重大行政处罚案件按月备案，其它行政处罚案件按季备案。自2008年元月伊始，各地行政处罚案件作为基础数据列入了全区环保系统的必报数据之中，我局及时掌握了各执法单位的行政处罚动态信息。目前，我局正探索案件数据报送软件化，使得行政处罚案件备案制度的实施更加便捷、高效。

3、规范性文件制定和审查制度化

为做好规范性文件的审查工作，使规范性文件的制定规范化，要求各处室和委托执法单位在制定对公民、法人或者其他组织具有普遍约束力的文件时，须严格按照《自治区行政机关规范性文件制定程序规定》的要求，做好规范性文件的起草和初步审查工作。同时加强对局发规范性文件的审查，发现规范性文件内容有误的，及时提出纠正建议。在局领导的重视和支持下，我局规范性文件的事先审查制度得以顺利展开，规范性文件的制作质量有了较明显得提高。

4、建立配套制度

各执法单位均根据各自的执法任务和工作特点，制定实施了执法责任、责任追究、效能投诉、限时办结、督办问责、服务承诺、学习培训、行政处罚工作程序、执法公示以及执法人员持证上岗、亮证执法等制度。通过相关制度建设，有效促进行政执法责任制不断完善，推进行政执法工作走向制度化、法制化和规范化。

三、加强执法效能建设

1、审查确认执法资格

结合2008年度行政执法证件的发放，我局对局系统行政执法主体资格和行政执法人员资格进行了重新审查和确认。按照政府办公厅的要求，安排组织了行政执法人员法律知识培训学习和考试。通过换发行政执法证件活动，对局系统执法人员持证情况进行了梳理，纠正了以往证件发放中存在的松懈和无序状态，对行政执法证件进行严格管理。

2、加强培训与学习

在实施行政执法责任制的过程中，针对执法任务重、压力大的情况，局机关和各执法单位都很重视执法人员业务素质的提高，采取走出去、请进来的方式，加大了对环境执法人员业务知识、法律知识和执法能力的培训，使执法队伍建设得到了进一步加强。每年均组织执法人员参加国家环保总局举办的法制岗位培训和监察人员培训，并定期或不定期地组织执法人员集中学习有关法律法规，邀请专家举办法制讲座。通过学习培训，增强了执法人员依法行政的意识，提高了执法人员的法律素质和执法水平。

3、加强执法能力建设

近年来，我局从经费、车辆、设备和人员等方面不断强化执法能力，改善执法条件。在2006年8月政策法规处恢复成立的基础上，在即将开展的机构改革中，政策法规处将适当增加人员，以满足政策法规业务工作量不断增大的需要。

4、注重执法效果

2008年我局对执法工作的重心做了调整，改变了以往只注重行政处罚、不重视执法效果的作法，加强了行政执法后督查工作。采用综合手段，提高执法效能。2008年，我区各级环保部门按照国家环境保护部的总体部署，与人民银行、银监会等金融机构合作，积极落实“绿色信贷”政策，主动与人民银行等金融机构联系，提供企业违法信息，使环境违法企业受到贷款、融资的限制，激励企业守法；进一步加强与其他相关执法部门、司法机关配合与协作，实现“定期会晤、联合执法”，促使企业守法，扭转环境执法以往“治标不治本”的作法，做到标本兼治。建立环境执法后督察制度，解决重点环境问题。梳理2003年以来环保专项行政中挂牌督办的案件和限期治理企业，逐一排查，确定督察重点。与纪检监察、经贸委、工商、银行等部门联合开展后督察工作，对屡查屡犯、恶意违法排污的单位，依法停产治理并追究有关责任人的责任；对无污染治理设施直接排污的单位加大处罚力度；对拒不执行关停决定的单位，依法申请法院强制执行；对拒不执行处罚决定的责任人，会同纪检监察部门，从严追究责任。通过环境执法后督察工作，进一步加大对环境执法案件执行情况的督察督办，做到处理到位、整改到位、责任到位。

农二师天力纸业有限责任公司工业废水超标排放污染环境案

农二师天力纸业有限责任公司的前身是农二师湖光造纸厂，位于库尔勒市塔什店镇境内。早在2000年“一控双达标”时，农二师湖光造纸厂由于资金短缺及其他诸多原因，未进行污染治理，污染防治设施简单，生产废水、废气达不到国家规定的排放标准，被依法关停。2003年6月该厂改制重组，当年年底进入生产调试阶段，主要产品是以废纸为原料辅之商品浆，利用脱墨工艺生产的新闻纸。水污染防治设施运用的仍是原湖光造纸厂的老污水处理系统，部分污水循环使用，剩余生产废水经沉淀后直接排入紫泥泉，对地下水体造成极大危害。对此，群众反映强烈，也是每年人大、政协提案议案的焦点。

违法事实：工业废水超标排放污染地下水

查处情况：2008年，巴州环境监察支队发现该厂水污染防治设施不正常运转，并将污水偷排至紫泥泉。根据《水污染防治法》和《水污染防治法实施细则》的规定，对该厂作出了罚款10000元的行政处罚，并责令其限期改正违法行为。同时通过新闻媒体予以曝光。

案件特点：当地环保局对该企业的违法行为进行行政处罚后，又督促该企业投入大量资金，积极搞污染治理，新建水污染防治设施。目前，新建的水污染防治设施，不仅给该企业带来了经济效益，还带来了环境效益。排出的污染物中，废渣和废水分离。分离出的废渣可生产中密度板，废水可回用，无外排。通过技术改造，形成了经济效益、环境效益和社会效益的和谐局面。

建筑工地噪声扰民案

违法事实：城建局建筑工地未经批准擅自进行夜间施工造成噪声扰民。2008年7月，巴楚县城建局综合住宅楼工地的施工单位，在未经当地环保部门批准的情况下擅自进行夜间施工，其机械振动所产生的噪声对周围居民造成不良影响。附近居民要求环保部门制止建筑工地的违法行为。

查处情况：根据监测报告该工地的东、南、西、北面均超标。个别居民室内噪声高达85分贝。县环保局依法给予施工单位处以5000元罚款，并要求立即停止违法行为。

案件特点：县城建局对处罚决定不服，在没有采取其它法律手段的情况下，对县环保局做出了一项处罚决定，事由是县环保局办公楼未竣工备案便交付使用。在收到县城建局的处罚决定后，县环保局对其所指出的违法事实逐一进行了申辩，此事陷入僵持。为防止矛盾扩大，县环保局主动与城建局领导交换意见。通过讲事实，讲法律，县城建局督促该工地施工单位的项目经理将罚款如期缴纳，并对施工时间进行了调整。

中国环保执法年鉴

LAW ENFORCEMENT YEARBOOK OF
CHINA ENVIROMENT PROTECTION

2008 — 2009

环境统计资料

水资源情况（2000-2007年）

指　标	2000	2001	2004	2005	2006	2007
水资源总量(亿立方米)	27701	26868	24130	28053	25330	25255
#地表水资源量	26562	25933	23126	26982	24358	24242
地下水资源量	8502	8390	7436	8091	7643	7617
地表与地下水资源重复量	7363	7456	6433	7020	6671	6604
降水量(亿立方米)	60092	58122	56876	61010	57840	57763
人均水资源量（立方米/人)	2193.9	2112.5	1856.3	2151.8	1932.1	1916.3

供水和用水情况（2000-2007年）

指　标	2000	2001	2004	2005	2006	2007
供水总量(亿立方米)	5530.7	5567.4	5547.8	5633	5795	5818.7
#地表水	4440.4	4450.7	4504.2	4572.2	4706.7	4723.9
地下水	1069.2	1094.9	1026.4	1038.8	1065.5	1069.1
其他	21.1	21.9	17.2	22	22.7	25.7
地表水源供水所占比重(%)	80.3	79.9	81.2	81.2	81.2	81.2
地下水源供水所占比重(%)	19.3	19.7	18.5	18.4	18.4	18.4
其他水源供水所占比重(%)	0.4	0.4	0.3	0.4	0.4	0.4
用水总量(亿立方米)	5497.6	5567.4	5547.8	5633	5795	5818.7
#农业用水量	3783.5	3825.7	3585.7	3580	3664.4	3599.5
工业用水量	1139.1	1141.8	1228.9	1285.2	1343.8	1403
生活用水量	574.9	599.9	651.2	675.1	693.8	710.4
生态用水量			82	92.7	93	105.7
农业用水所占比重(%)	68.8	68.7	64.6	63.6	63.2	61.9
工业用水所占比重(%)	20.7	20.5	22.2	22.8	23.2	24.1
生活用水所占比重(%)	10.5	10.8	11.7	12	12	12.2
生态用水所占比重(%)			1.5	1.6	1.6	1.8
全国人均用水量(立方米/人)	435.4	437.7	426.8	432.1	442	441.5
万元GDP用水量(立方米/万元)	554	518	391	307	283	254
万元工业增加值用水量(立方米/万元)	285	263	204	166	154	142

废水排放及处理情况（2000-2007年）

指　标	2000	2001	2004	2005	2006	2007
废水排放总量(亿吨)	415.2	432.9	482.4	524.5	536.8	556.8
#工业废水排放总量	194.2	202.6	221.1	243.1	240.2	246.6
#直接排入海的	8.2	8.6	14.1	15.2	13.2	15.7

指　标	2000	2001	2004	2005	2006	2007
生活污水排放总量	220.9	230.2	261.3	281.4	296.6	310.2
化学需氧量排放总量(万吨)	1445	1404.8	1339.2	1414.2	1428.2	1381.8
#工业	704.5	607.5	509.7	554.7	541.5	511.1
生活	740.5	797.3	829.5	859.4	886.7	870.8
氨氮排放量(万吨)		125.2	133	149.8	141.4	132.3
#工业		41.3	42.2	52.5	42.5	34.1
生活		83.9	90.8	97.3	98.9	98.3
工业废水排放达标率(%)	76.9	85.2	90.7	91.2	90.7	91.7
工业废水中化学需氧量去除量(万吨)	819.8	1045.8	1043.9	1088.3	1099.3	1265.4
工业废水中氨氮去除量(万吨)		34.1	46.6	48.3	55.3	51.8
废水治理设施(套)	64453	61226	66252	69231	75830	78210
本年运行费用(亿元)	132.5	195.8	244.6	276.7	388.5	428

废气排放及处理情况（2000-2007年）

指　标	2000	2001	2004	2005	2006	2007
工业废气排放总量(亿标立方米)	138145	160863	237696	268988	330990	388169
#燃料燃烧	81970	93526	139726	155238	181636	209922
生产工艺	56032	67337	97971	113749	149354	178247
二氧化硫排放量（万吨）	1995.1	1947.2	2254.9	2549.4	2588.8	2468.1
#工业	1612.5	1566	1891.4	2168.4	2234.8	2140
生活	382.6	381.2	363.5	381	354	328.1
烟尘排放总量（万吨）	1165.4	1069.9	1095	1182.5	1088.8	986.6
#工业	953.3	852.1	886.5	948.9	864.5	771.1
生活	212.1	217.9	208.5	233.6	224.3	215.5
工业粉尘排放量（万吨）	1092	990.6	904.8	911.2	808.4	698.7
工业二氧化硫去除量(万吨)	575.1	564.7	890.2	1090.4	1439	1942.6
工业烟尘去除量（万吨）	10717.4	12317	18075	20587.1	23564.6	25166.4
工业粉尘去除量（万吨）	4479.6	5321.6	8528.6	6453.9	7279.9	7669.6
废气治理设施（套）	145534	134025	144973	145043	154557	162325
#脱硫设施		17444	21643	22648	24530	24867
本年运行费用（亿元）	93.7	111.1	213.8	267.1	464.4	555

工业固体废物产生及处理情况（2000-2007年）

单位：万吨

指　标	2000	2001	2004	2005	2006	2007
工业固体废物产生量	81608	88840	120030	134449	151541	175632
#危险废物	830	952	995	1162	1084	1079
工业固体废物排放量	3186.2	2893.8	1762	1654.7	1302.1	1196.7
工业固体废物综合利用量	37451	47290	67796	76993	92601	110311
#危险废物	408	442	403	496	566	650
工业固体废物贮存量	28921	30183	26012	27876	22399	24119
#危险废物	275.5	307.1	343.3	337.3	266.8	153.9
工业固体废物处置量	9152	14491	26635	31259	42883	41350
#危险废物	179	229	275	339	289	346
工业固体废弃物综合利用率（%）	45.9	52.1	55.7	56.1	60.2	62.1
“三废”综合利用产品产值（亿元）	310.5	344.6	573.3	755.5	1026.8	1351.3

生态环境保护情况（2000-2007年）

指　标	2000	2001	2004	2005	2006	2007
森林面积(万公顷)	15894.1	15894.1	17490.9	17490.9	17490.9	17490.9
森林覆盖率(%)	16.55	16.55	18.21	18.21	18.21	18.21
活立木蓄积量(亿立方米)	124.9	124.9	136.2	136.2	136.2	136.2
森林蓄积量(亿立方米)	112.7	112.7	124.6	124.6	124.6	124.6
水土流失面积(万平方公里)			356	356	356	356
水土流失治理面积(万公顷)	8096.1	8153.9	9200.5	9465.5	9749.1	9987.1
当年造林面积(万公顷)	511	495	560	365	272	391
全国自然保护区数(个)	1227	1551	2194	2349	2395	2531
#国家级	155	171	226	243	265	303
全国自然保护区面积(万公顷)	9821	12989	14823	14995	15154	15188
全国保护区面积占辖区面积(%)	9.9	12.9	14.8	15	15.2	15.2
全国湿地面积(万公顷)			3848.6	3848.6	3848.6	3848.6
#滨海湿地			594.2	594.2	594.2	594.2
河流湿地			820.7	820.7	820.7	820.7
湖泊湿地			835.2	835.2	835.2	835.2
沼泽湿地			1370	1370	1370	1370
库塘湿地			228.5	228.5	228.5	228.5
全国湿地面积占国土面积(%)			4	4	4	4

注：2007年起，造林总面积中增加无林地和疏林地新封山育林面积。

自然灾害情况（2000-2007年）

指　标	2000	2001	2004	2005	2006	2007
发生地质灾害起数(次)	19653	5793	13555	17751	102804	25364
#滑　坡	13431	3034	9130	9367	88523	15478
崩　塌	2945	583	2593	7654	13160	7722
泥石流	1958	1539	1157	566	417	1215
发生地震灾害次数(次)	10	12	11	13	10	3
#5.0级以上	9	11	9	11	9	2
海洋赤潮发生次数(次)	28	77	96	82	93	82
森林火灾次数(次)	5934	4933	13466	11542	8170	9260
#重　大	60	17	38	16	7	4
特　大	8	3	3	3	5	
森林火灾受灾面积(万公顷)	8.8	4.6	14.2	7.4	40.8	2.9
森林病虫鼠害发生面积(万公顷)	851.9	839	944.8	961	1100.7	1209.7
森林病虫鼠害防治面积(万公顷)	574.2	587.3	639.5	640.7	735.5	801.2
森林病虫鼠害防治率(%)	67	70	68	67	67	66
环境污染与破坏事故次数(次)	2411	1842	1441	1406	842	
水污染	1138	1096	753	693	482	
大气污染	864	576	569	538	232	
海洋污染		6	11	19	10	
固体废物污染	103	39	47	48	45	
噪声与震动危害	266	80	36	63	6	
其　他	40	45	25	45	67	
污染事故直接经济损失(万元)	17808	12272	36366	10515	13471	
污染事故赔款总额(万元)	3144.9	2948.7	3487.2	2373.8	7396.5	
污染事故罚款总额(万元)	537.7	315.2	476.7	708.3	1019.4	

环境污染治理投资情况（2000-2007年）

单位：亿元

指　标	2000	2001	2004	2005	2006	2007
环境污染治理投资总额	1010.3	1106.6	1909.8	2388	2566	3387.3
城市环境基础设施建设投资	515.5	595.7	1141.2	1289.7	1314.9	1467.5
工业污染源治理投资	234.8	174.5	308.1	458.2	483.9	552.4
建设项目“三同时”环保投资	260	336.4	460.5	640.1	767.2	1367.4
环境污染治理投资总额占GDP比重(%)	1.02	1.01	1.19	1.3	1.22	1.36
城市环境基础设施建设投资额	515.5	595.7	1141.2	1289.7	1314.9	1467.5

指　标	2000	2001	2004	2005	2006	2007
燃　气	70.9	75.5	148.3	142.4	155.1	160.1
集中供热	67.8	82	173.4	220.2	223.6	230
排　水	149.3	224.5	352.3	368	331.5	410
园林绿化	143.2	163.2	359.5	411.3	429	525.6
市容环境卫生	84.3	50.6	107.8	147.8	175.8	141.8
工业污染治理项目本年完成投资	234.8	174.5	308.1	458.2	483.9	552.4
治理废水	109.6	72.9	105.6	133.7	151.1	196.1
治理废气	90.9	65.8	142.8	213	233.3	275.3
治理固体废物	11.5	18.7	22.6	27.4	18.3	18.3
治理噪声	1.4	0.6	1.3	3.1	3	1.8
治理其他	21.4	16.5	35.7	81	78.3	60.7
实际执行"三同时"项目环保投资	260	336.4	460.5	640.1	767.2	1367.4
#新　建	145.6	238.2	326.2	467.1	584.9	924.8
扩　建	64.7	52.1	68.8	111.1	91.8	292.3
技　改	39.4	46.5	65.5	61.9	90.5	150.3
当年完成营林投资	151.1	192	398.9	459.3	478.5	621.7
国家投资	110.4	151.7	320.2	352.8	368.4	442.1

城市环境情况（2000-2007年）

指　标	2000	2001	2004	2005	2006	2007
城市个数(个)	663	662	661	661	656	655
城市面积(万平方公里)	87.8	60.8	39.5	41.3	16.7	17.6
城市建设用地面积(万平方公里)	2.2	2.4	3.1		3.2	3.6
城市污水排放量(亿吨)	331.8	328.6	356.5	359.5	362.5	361
城市污水处理率(%)	34.3	36.4	45.7	52	55.7	62.9
城市燃气普及率(%)	45.4	59.7	81.5	82.1	79.1	87.4
建成城市烟尘控制区数(个)	2981	3203	3693	3452	3512	
烟尘控制区面积(万平方公里)	2	2.2	3.7	3.7	4.1	
生活垃圾清运量(万吨)	11819	13470	15509	15577	14841	15215
生活垃圾无害化处理率(%)		58.2	52.1	51.7	52.2	62
人均公园绿地面积(平方米)	3.7	4.6	7.4	7.9	8.3	9
城市公园个数(个)	4455		6427	7077	6908	7913
建成城市环境噪声达标区数(个)	2463	3111	3534	3565	4037	
噪声达标区面积(万平方公里)	1.3	1.5	2.1	2.5	2.9	

注：2006年起住房和城乡建设部《城市建设统计制度》修订，统计范围、口径及部分指标计算方法都有所调整，故不能与2005年直接比较。

农村环境情况（2000—2007年）

指　标	2000	2001	2004	2005	2006	2007
农村改水累计受益人口(万人)	88112	86113	88616	88893	86629	87859
累计受益率(%)	92.4	91	93.8	94.1	91.1	92.1
累计使用卫生厕所户数(万户)	9572	11405	13192	13740	13873	14442
卫生厕所普及率(%)	44.8	46.1	53.1	55.3	55	57
累计使用卫生公厕户数(万户)		852.8	1095.2	1034.1	2126.3	2049
农村沼气池产气量(亿立方米)	25.9	29.8	55.7	72.9	83.6	101.7
太阳能热水器(万平方米)	1107.8	1319.4	2845.9	3205.6	3941	4286.4
太阳灶(台)	332390	388599	577625	685552	865238	1118763

各流域水资源情况(2007年)

单位：亿立方米

流域片	水资源总量	地表水资源量	地下水资源量	地表水与地下水资源重复量	降水量
全　国	25255.2	24242.5	7617.2	6604.5	57763
松花江区	927.7	751.6	389.4	213.3	3604.7
#松花江	602.6	470.1	272.6	140.1	2256.4
辽河区	381.9	313.8	147.4	79.2	1506.9
#辽河	148.4	86	107.6	45.3	809.6
海河区	247.8	101.7	211.9	65.8	1547.6
#海河	214.6	83.2	185.1	53.7	1296.5
黄河区	655.3	542.1	384	270.7	3848.6
淮河区	1365.9	1086.2	484.2	204.6	3227.7
#淮河	1197.8	949.6	410.8	162.6	2722.2
长江区	8807.8	8699.3	2268.1	2159.7	18030
#太湖	176.6	155.4	43.8	22.6	426.9
东南诸河	1799.8	1788.1	465.7	453.9	3257.9
珠江区	3985.9	3973.5	1001.2	988.8	8058.9
#珠江	2840	2836	723.3	719.3	5851.3
西南诸河	5739.1	5739.1	1439	1439	9164.5
西北诸河	1343.9	1247	826.2	729.3	5516.1

资料来源:水利部(以下各表同)。

各流域节水灌溉面积(2007年)

单位：千公顷

流域片	节水灌溉面积合计	喷滴灌	微　灌	低压管灌	渠道防渗	其他工程节水
全　国	23489.5	2876.5	977	5573.9	10058.1	4004

流域片	节水灌溉面积合计	喷滴灌	微 灌	低压管灌	渠道防渗	其他工程节水
松花江区	2465.2	1163	9.6	124.8	74.7	1093.2
辽河区	1006.3	320.2	37.3	429	205.8	14.2
海河区	4105.9	516.7	46	2324	777.8	441.4
黄河区	3126.5	236.7	59.1	1063.3	1547	220.3
淮河区	3549.8	267.1	50.1	967.9	1095.3	1169.5
长江区	3851.4	119.4	29.5	368.1	2864.6	469.8
东南诸河区	1160	43.1	19.3	96.1	901.1	100.5
珠江区	1132.5	16.6	4.3	41.8	696.4	373.5
西南诸河区	197.8	0.9	0.9	5.2	164.8	26.1
西北诸河区	2894	192.9	721	153.8	1730.6	95.7

各流域供水和用水情况(2007年)

单位：亿立方米

流域片	供水总量	地表水	地下水	其 他
全　国	5818.7	4723.9	1069.1	25.7
松花江区	400.7	231	169.7	
#松花江	283.6	177.1	106.5	
辽河区	204.3	88.3	113.6	2.4
#辽河	155.4	60.1	93.4	1.9
海河区	385.1	128.3	251	5.8
#海河	346.8	115.3	225.8	5.7
黄河区	381.1	249.4	129.2	2.5
淮河区	554.4	387.8	164.7	1.9
#淮河	487.1	354	132.2	0.9
长江区	1939.6	1853.4	80.5	5.7
#太湖	390.7	389.1	1.5	
东南诸河	338	327.3	9.6	1.1
珠江区	879.9	832.6	42.8	4.5
#珠江	626.8	601.5	22.1	3.2
西南诸河	108.7	105.4	3.1	0.2
西北诸河	626.8	520.4	104.8	1.6

各流域供水和用水情况(2007年) 续表

单位：亿立方米

流域片	用水总量	农 业	工 业	生 活	生 态
全　国	5818.7	3599.5	1403	710.4	105.7
松花江区	400.7	288.5	78.4	31.5	2.4

流域片	用水总量	农 业	工 业	生 活	生 态
#松花江	283.6	191.7	64.3	25.4	2.2
辽河区	204.3	140.5	29.6	31.2	3.1
#辽河	155.4	112.3	20.1	20.6	2.4
海河区	385.1	269.4	51.9	56.3	7.5
#海河	346.8	243.7	44.3	51.4	7.4
黄河区	381.1	275	61	39.9	5.2
淮河区	554.4	370	99.6	78.4	6.4
#淮河	487.1	329.4	87.7	65.3	4.7
长江区	1939.6	932.7	728.6	245.8	32.4
#太湖	390.7	93.2	233	44	20.5
东南诸河	338	163.9	118.4	47.1	8.7
珠江区	879.9	502.4	210.8	154.6	12.1
#珠江	626.8	323.1	180.5	112.9	10.3
西南诸河	108.7	90.8	7.7	9.9	0.3
西北诸河	626.8	566.4	17	15.8	27.6

各地区水资源情况(2007年)

单位：亿立方米，立方米/人

地 区	水资源总量	地表水资源量	地下水资源量	地表水与地下水资源重复量	降水量	人均水资源量
全 国	25255.2	24242.5	7617.2	6604.5	57763	1916.3
北 京	23.8	7.6	18.8	2.5	83.8	148.2
天 津	11.3	7.5	4.8	1	61.1	103.3
河 北	119.8	39	107.2	26.4	866.2	173.1
山 西	103.4	65.3	86.3	48.2	869.3	305.6
内蒙古	295.9	183	206.9	94	2371.1	1232.2
辽 宁	261.7	231.9	93.4	63.6	941.8	610.8
吉 林	346	301.5	86.3	41.8	1027.9	1269.2
黑龙江	491.8	374.1	232.8	115	1939.5	1286.4
上 海	34.5	28	9.8	3.3	73.7	187.9
江 苏	495.7	395.7	123.3	23.3	1110.1	653.3
浙 江	892.1	876.7	204.1	188.7	1630.5	1777.2
安 徽	712.5	666.1	181.8	135.5	1637.9	1165.3
福 建	1072.9	1071.7	312	310.8	1920.4	3005.7
江 西	1113	1093.9	310.4	291.3	2167.1	2556.5
山 东	387.1	280.2	198	91	1211.2	414.6
河 南	465.2	348.7	203	86.5	1302.9	496.1

地区	水资源总量	地表水资源量	地下水资源量	地表水与地下水资源重复量	降水量	人均水资源量
湖北	1015.1	984.1	282.8	251.9	2199.5	1782.1
湖南	1426.5	1419.3	350.4	343.2	2682.9	2247.1
广东	1581.2	1571.8	406.3	397	2786.2	1686.3
广西	1386.3	1386.3	341.3	341.3	3145.7	2922.4
海南	283.5	280.5	70.5	67.5	577.3	3373.3
重庆	663	663	77.5	77.5	1045.6	2357.6
四川	2299.8	2298.2	584.4	582.8	4446.8	2822.6
贵州	1054.6	1054.6	259.9	259.9	2043.5	2805.2
云南	2255.5	2255.5	794.6	794.6	4955.4	5013.9
西藏	4321.4	4321.4	966.1	966.1	6840.8	152969.2
陕西	377	349.6	136.8	109.3	1436.5	1007.7
甘肃	228.7	219.1	136.9	127.3	1334.4	875.9
青海	661.6	643.7	293.7	275.8	2283.5	12029.5
宁夏	10.4	7.8	23.3	20.7	154.9	171.1
新疆	863.8	816.6	514	466.9	2615.4	4167.8

各地区节水灌溉面积（2007年）

单位：千公顷

地区	合计					
		喷滴灌	微灌	低压管灌	渠道防渗	其他节水
全国	23489.5	2876.5	977	5573.9	10058.1	4004
北京	305.3	94.8	16.1	147.8	45.6	0.9
天津	212.2	5.3	0.8	125.8	80.2	0.1
河北	2492.8	309.7	19.8	1622.8	301.8	238.8
山西	798.6	144.4	28.3	452.3	173	0.5
内蒙古	1816.4	527.8	12.7	675.5	599.1	1.3
辽宁	408	179.8	29.8	94.6	89.9	14
吉林	277.5	213.2	0	40.4	15.6	8.3
黑龙江	1835	675.6	7.1	16.6	50.8	1084.9
上海	147.6	1.7	0.2	101.8	44	
江苏	1524.9	16.7	5.5	65.6	988.7	448.4
浙江	941.5	19.9	14.1	70.6	720.5	116.5
安徽	743.7	72.2	6.6	67.1	172.7	425.1
福建	493.8	24.2	6	69.3	383.8	10.6
江西	237.9	7.2	0.4	2.1	107.2	121

地 区	合 计					
		喷滴灌	微 灌	低压管灌	渠道防渗	其他节水
山 东	2020.1	143.3	43.1	922.3	433.7	477.7
河 南	1402.9	117.7	8.3	588.2	460.1	228.6
湖 北	337.1	11.7	6.2	19	283.5	16.7
湖 南	281.8	19.6	1.3	4.2	234.6	22.2
广 东	170.8	8.8	1.5	8	149.5	2.9
广 西	664.6	4.6	0.1	7.7	345	307.3
海 南	104.4	1.2	0.9	0.5	61.5	40.3
重 庆	122.3	4.3	0.3	16.7	94.6	6.4
四 川	1052.4	41.2	9.1	47.5	907.3	47.4
贵 州	360.5	2.7	7.2	19.3	264.8	66.5
云 南	458.6	5	1.5	37.9	364.6	49.5
西 藏	25.5		…	0.1	25.2	0.3
陕 西	830.8	37.6	13.3	205.1	472.1	102.7
甘 肃	771.2	43.8	23.8	84	540.8	78.8
青 海	67.5	2			64.3	1.2
宁 夏	206.4	6.1	8.7	14.3	159.7	17.7
新 疆	2377.4	134.6	704.3	47	1424	67.6

各地区供水和用水情况（2007年）

单位：亿立方米

地 区	供水总量				用水总量	
		地表水	地下水	其 他		农 业
全 国	5818.67	4723.9	1069.06	25.7	5818.67	3599.51
北 京	34.81	5.67	24.19	4.95	34.81	11.73
天 津	23.37	16.46	6.81	0.1	23.37	13.84
河 北	202.5	38.9	163.08	0.52	202.5	151.59
山 西	58.74	22.51	36.23		58.74	34.32
内蒙古	180.04	91.11	87.95	0.99	180.04	141.77
辽 宁	142.87	73.3	67.17	2.4	142.87	91.67
吉 林	100.78	62.03	38.75		100.78	67.53
黑龙江	291.37	166.74	124.63		291.37	214.75
上 海	120.19	119.79	0.4		120.19	16.21
江 苏	558.34	548.45	9.88		558.34	268.51
浙 江	210.98	204.85	5.65	0.47	210.98	100.22
安 徽	232.05	211.65	19.92	0.48	232.05	120.56

地 区	供水总量				用水总量	
		地表水	地下水	其 他		农 业
福 建	196.28	190.22	5.24	0.82	196.28	100.94
江 西	234.87	224.14	10.73		234.87	151.35
山 东	219.55	115.59	101.98	1.98	219.55	159.71
河 南	209.28	83.44	125.46	0.39	209.28	120.07
湖 北	258.73	249.41	8.43	0.89	258.73	132.65
湖 南	324.26	303.98	19.57	0.71	324.26	193.89
广 东	462.51	440.56	21.22	0.73	462.51	224.84
广 西	310.41	293.89	13.53	2.99	310.41	208.39
海 南	46.69	42.87	3.82		46.69	35.84
重 庆	77.43	75.55	1.85	0.03	77.43	18.75
四 川	213.98	196.7	15.91	1.37	213.98	118.71
贵 州	98.03	91.33	6.21	0.48	98.03	48.72
云 南	150.03	142.65	5.43	1.95	150.03	105.95
西 藏	36.7	34.39	2.31		36.7	33.43
陕 西	81.55	47.29	33.43	0.82	81.55	55.51
甘 肃	122.5	91.89	28.78	1.82	122.5	96.05
青 海	31.11	23.45	7.65	…	31.11	20.47
宁 夏	71	65.94	5.06		71	64.75
新 疆	517.74	449.16	67.78	0.8	517.74	476.77

注:生态用水仅包括城市环境用水和部分河湖、湿地的人工补水。

各地区供水和用水情况（2007年）续表

单位：亿立方米

地 区				用水消耗量	人均用水量(立方米)
	工 业	生 活	生 态		
全 国	1403.04	710.39	105.73	3022.03	441.5
北 京	5.75	14.6	2.72	20.41	216.6
天 津	4.2	4.82	0.51	16.02	213.4
河 北	24.97	23.91	2.03	148.57	292.6
山 西	14.44	9.53	0.45	44.49	173.6
内蒙古	17.45	14.17	6.65	118.49	749.9
辽 宁	24.35	24.32	2.53	91.4	333.5
吉 林	19.52	11.74	1.99	51.88	369.6
黑龙江	57.54	18.61	0.47	149.78	762.1
上 海	81.35	21.6	1.04	27.71	654.5

地 区				用水消耗量	人均用水量(立方米)
	工 业	生 活	生 态		
江 苏	225.25	48.42	16.16	234.35	735.9
浙 江	64.17	33.95	12.64	117.83	420.3
安 徽	83.81	26.08	1.6	116.13	379.5
福 建	72.77	21.15	1.42	69.33	549.9
江 西	58.6	22.9	2.02	121.78	539.5
山 东	24.12	32.51	3.2	144.15	235.1
河 南	51.3	32.74	5.17	122.31	223.2
湖 北	96.62	29.38	0.09	120.08	454.2
湖 南	82.54	44.62	3.21	143.35	510.8
广 东	141.07	90.54	6.06	181.66	493.3
广 西	47.8	48.58	5.63	136.98	654.4
海 南	4.67	6.09	0.09	21.67	555.5
重 庆	40.91	17.33	0.43	33.94	275.3
四 川	58.98	34.43	1.86	102.91	262.6
贵 州	31.79	16.95	0.56	43.52	260.7
云 南	22.33	19.95	1.8	86.84	333.5
西 藏	1.13	2.15		30.26	1299.1
陕 西	11.67	13.55	0.81	48.55	217.9
甘 肃	14.03	9.45	2.97	80.54	469.1
青 海	7.17	3.28	0.19	16.69	565.6
宁 夏	3.52	1.76	0.97	27.85	1169.7
新 疆	9.23	11.29	20.45	352.56	2498.1

流域分区河流水质状况评价结果(按评价河长统计)(2007年)

流域分区	评价河长(千米)	分类河长占评价河长百分比(%)					
		Ⅰ类	Ⅱ类	Ⅲ类	Ⅳ类	Ⅴ类	劣Ⅴ类
全 国	143604	4.1	28.2	27.2	13.5	5.3	21.7
松花江区	13525	0.5	14.1	32.4	27.1	6.6	19.3
#松花江	10909	0.6	12.2	38.5	27	5.8	15.9
辽河区	5482	1.4	23.5	14.7	13.7	5	41.7
#辽河	2538		14.7	10.3	6.7	8.6	59.7
海河区	11856	2.1	13.7	11.8	12.4	2.9	57.1
#海河	9169	1.9	10.2	11.2	8.5	3.4	64.8
黄河区	13493	3	13.1	27.5	15.7	6.9	33.8
淮河区	13962	0.7	12.5	24.6	18.9	9.2	34.1
#淮河	11883		13.7	24	20	10.6	31.7
长江区	39483	3.2	36.2	27.5	12.4	5.9	14.8
#太湖	2511		4.4	9.8	10.6	10.9	64.3

流域分区	评价河长(千米)	分类河长占评价河长百分比(%)					
		Ⅰ类	Ⅱ类	Ⅲ类	Ⅳ类	Ⅴ类	劣Ⅴ类
东南诸河区	4973	4.7	38.2	25.6	11.4	3.5	16.6
珠江区	17860		33.1	36.3	9.7	6.2	14.7
#珠江	13832		30.9	36.3	10.8	7	15
西南诸河区	13323	3.7	41.3	42.6	5.3	2.4	4.7
西北诸河区	9648	31	46.5	10.2	9	0.4	2.9

主要水系干流水质状况评价结果(按监测断面统计)(2007年)

主要水系	监测断面个数(个)	分类水质断面占全部断面百分比(%)					
		Ⅰ类	Ⅱ类	Ⅲ类	Ⅳ类	Ⅴ类	劣Ⅴ类
长　江	103	12.6	48.5	20.4	3.9	7.8	6.8
黄　河	44		20.5	43.2	9.1	4.5	22.7
珠　江	33	9.1	42.4	30.3	15.2		3
松花江	42	2.4	7.1	14.3	52.4	4.8	19
淮　河	86		7	18.6	39.5	9.3	25.6
海　河	62	6.5	12.9	6.5	9.7	11.3	53.1
辽　河	37		32.4	10.8	10.8	5.5	40.5

资料来源：环境保护部。

大型淡水湖泊、水库水质状况（2007年）

主要水系	叶绿素α(毫克/米3)α	高锰酸盐指(毫克/升)	总氮(毫克/升)	总磷(毫克/升)	透明度(米)	水质类别
巢湖西半湖	7	9.35	2.86	0.27	0.32	Worse than Grade Ⅴ
巢湖东半湖	1	2.84	0.65	0.02	0.39	Grade Ⅳ
董铺水库	0.5	2.84	0.65	0.02		Grade Ⅱ
昆明湖	11.8	4.1	1.42	0.05	0.66	Grade Ⅲ
密云水库	38.9	2.21	1	0.01	3.04	Grade Ⅱ
兴凯湖	47.4	2.9	0.39	0.19	0.5	Grade Ⅱ
镜泊湖	100	6.2	0.78	0.05	1.6	Grade Ⅳ
大明湖	26	4	5.88	0.04		Worse than Grade Ⅴ
门楼水库	4	2.5	5.21	0.04		Worse than Grade Ⅴ
洱　海		3.6	0.58	0.03	2.5	Grade Ⅲ
滇池(外海)		9	3.45	0.25	0.3	Grade Ⅴ
滇池(草海)		9	14.4	1.33	0.4	Worse than Grade Ⅴ
松花湖	3.4	3.86	1.1	0.03	0.85	Grade Ⅳ
太　湖	23.1	5.1	2.35	0.07	0.35	Grade Ⅲ
丹江口水库		2	1.34	0.02	2.4	Grade Ⅱ
洞庭湖		3.24	2.04	0.11		Worse than Grade Ⅴ

资料来源：水利部。

各地区废水排放及处理情况（2007年）

单位：万吨

地 区	工业废水排放总量	#直接排入海的	工业废水排放达标量
全 国	2466493	157007	2260719
北 京	9134		8898
天 津	21444	531	21382
河 北	123537	1314	113999
山 西	41140		36297
内蒙古	25021		18437
辽 宁	95197	33134	87969
吉 林	39666		34740
黑龙江	38388		32780
上 海	47570	14739	46492
江 苏	268762	891	261745
浙 江	201211	12683	173220
安 徽	73556		69711
福 建	136408	63517	134052
江 西	71410		67044
山 东	166574	8940	163365
河 南	134344	13	126324
湖 北	91001		85215
湖 南	100113		89934
广 东	246331	16180	211959
广 西	183981	1628	170757
海 南	5960	3349	5640
重 庆	69003		63533
四 川	114687	86	104780
贵 州	12101		8703
云 南	35352		31997
西 藏	856		250
陕 西	48523		46652
甘 肃	15856	3	12838
青 海	7318		3677
宁 夏	21089		14698
新 疆	20960		13629

资料来源：环境保护部(以下各表同)。

各地区废水排放及处理情况（2007年）续表1

地区	工业废水中污染物排放量				
	汞	镉	六价铬	铅	砷
全　国	1.21	39.32	68.996	319.748	187.427
北　京			0.165	0.022	2.41
天　津			0.409	0.026	…
河　北	0.021	…	3.087	1.962	1.731
山　西	0.021	0.018	0.255	0.195	0.186
内蒙古	0.001	0.05	0.409	4.63	0.579
辽　宁	0.001	0.115	1.363	0.965	0.373
吉　林		0.001	0.339	2.051	0.464
黑龙江		0.001	0.206	0.048	0.015
上　海	0.001	0.007	0.526	0.078	0.002
江　苏	0.008	0.109	6.876	7.154	1.292
浙　江	0.01	0.122	12.194	2.735	0.171
安　徽	0.002	0.103	0.367	2.207	4.401
福　建	0.001	0.286	2.133	5.327	0.529
江　西	0.011	3.101	1.958	8.047	10.141
山　东		0.014	1.212	0.14	0.289
河　南	0.052	0.407	4.217	4.168	1.433
湖　北		0.173	3.09	1.409	2.259
湖　南	0.672	16.397	7.561	49.859	70.402
广　东	0.109	1.833	12.223	13.582	2.542
广　西	0.09	5.212	1.541	66.707	33.954
海　南		0.004	0.002	0.015	
重　庆	…	0.004	2.895	2.966	0.021
四　川	0.004	0.166	2.003	1.176	0.818
贵　州	0.007	0.148	0.331	1.752	0.139
云　南	0.006	2.395	0.104	32.039	4.387
西　藏					
陕　西	0.002	0.279	1.218	2.059	3.715
甘　肃	0.183	7.202	1.5	48.964	44.771
青　海		1.163	0.131	58.66	
宁　夏		0.001	0.041	0.012	0.216
新　疆	0.008	0.012	0.645	0.793	0.189

各地区废水排放及处理情况（2007年）续表2

单位：吨

地　区	工业废水中污染物排放量				
	挥发酚	氰化物	化学需氧量	石油类	氨　氮
全　国	2926.3	381.5	5110631.3	16899.8	340824.8
北　京	0.3	0.1	6621.7	59.8	689.7
天　津	2.9	1.5	30749.2	225.9	4115.9
河　北	12.1	14.1	328260.5	1449.2	23636
山　西	292.4	32.3	158950.9	600.3	13866.1
内蒙古	10.4	11	130891.2	199.7	3082.8
辽　宁	74.2	25.6	258195.5	2937.4	10399.7
吉　林	58.7	13.1	165454.9	689.8	3383.9
黑龙江	1886.6	17.2	142646.3	1212	9788
上　海	5.7	5.9	33792.3	405.6	2698.1
江　苏	111.6	15.6	278289.4	1588.5	16831.4
浙　江	14.1	22.1	264278.1	335.3	24306.1
安　徽	21.6	12.3	139931.1	532.5	20019.7
福　建	17.6	7	91084.7	243.7	5882.3
江　西	23.6	20.5	111428	316.2	8404.2
山　东	25.3	7.4	303920.3	595.2	20084.5
河　南	23.6	41	304532.3	754.8	30861.4
湖　北	41.6	23.7	160489.4	1234.3	18558.8
湖　南	74.7	44.7	257188.9	858.3	31368.3
广　东	11.6	10.6	280596.7	366.7	10905.1
广　西	28.2	25.8	607674.7	429.9	25095
海　南	…	…	12905.8	19.3	535.7
重　庆	2	1.3	105238.6	157.2	9777.7
四　川	9	1	282204.3	440.8	17845
贵　州	1.9	2.1	18370.7	43.5	1512.4
云　南	8.4	9	97895.3	145.9	4059.3
西　藏			917.8		11.7
陕　西	15.3	5.3	174228.7	383.4	4999.6
甘　肃	7.9	3.4	50262.3	240.1	8504.2
青　海	0.4		38158.4	80	1479.9
宁　夏	37.5	0.2	108445.7	26.5	3943.9
新　疆	106.9	7.7	167027.4	327.8	4178.3

各地区废水排放及处理情况（2007年）续表3

单位：万吨

地 区	生活污水排放量		
	污水排放量	化学需氧量	氨 氮
全 国	3102001	870.75	98.26
北 京	98682	9.99	1.17
天 津	35484	10.66	1.08
河 北	99377	33.91	3.69
山 西	63454	21.53	3.06
内蒙古	35384	15.68	3.02
辽 宁	125800	36.95	5.83
吉 林	58191	23.45	2.71
黑龙江	70584	34.54	4.12
上 海	179045	26.06	3.13
江 苏	236836	61.31	5.77
浙 江	136890	29.97	2.88
安 徽	101772	31.1	3.47
福 建	90590	29.21	2.4
江 西	69856	35.73	2.87
山 东	167681	41.59	5.66
河 南	162123	38.94	5.46
湖 北	155581	44.09	5.28
湖 南	151960	64.64	6.01
广 东	444556	73.68	10.91
广 西	135827	45.54	3.59
海 南	29199	8.85	0.78
重 庆	65238	14.61	1.51
四 川	138275	48.88	4.18
贵 州	43011	20.86	1.62
云 南	48407	19.21	1.58
西 藏	2479	1.45	0.14
陕 西	50825	17.06	2.08
甘 肃	28479	12.39	1.4
青 海	12630	3.76	0.55
宁 夏	16124	2.87	0.4
新 疆	47658	12.25	1.89

各地区废水排放及处理情况（2007年）续表4

地 区	废水治理设施数（套）	废水治理设施处理能力（万吨/日）	本年运行费用（万元）
全 国	78210	22075.9	4280385
北 京	549	321	46783
天 津	1816	214.2	64189
河 北	4798	2878.3	283455
山 西	2700	645.9	205359
内蒙古	815	300.2	56329
辽 宁	2097	853.4	251792
吉 林	731	228.9	43222
黑龙江	1167	496.9	263509
上 海	2718	619.1	205127
江 苏	5990	1542.5	377977
浙 江	6821	1129.9	317335
安 徽	1687	972.3	118244
福 建	4205	936.7	87565
江 西	1682	459	55609
山 东	4615	1633.9	384897
河 南	3393	1084.1	145228
湖 北	2102	878.8	94014
湖 南	3125	1060.7	89895
广 东	9314	1236.1	424373
广 西	2536	1530.5	95426
海 南	259	31.9	25649
重 庆	1482	174.6	45922
四 川	5205	968.3	203079
贵 州	2038	447.9	51028
云 南	2026	643.6	67483
西 藏	12	0.8	220
陕 西	2362	317.2	89632
甘 肃	818	148.8	43637
青 海	152	74.7	4887
宁 夏	304	80.1	18372
新 疆	691	165.5	120147

各地区废水排放及处理情况（2007年）续表5

单位：吨

地区	工业废水中污染物去除量				
	挥发酚	氰化物	化学需氧量	石油类	氨氮
全国	84222	14789	12653704	315447	518184
北京	689	47	37715	2334	1305
天津	295	…	87596	2045	764
河北	6838	718	548475	7618	26548
山西	9575	1354	128839	2394	19106
内蒙古	2616	1074	395611	562	6349
辽宁	4280	229	401549	9704	15447
吉林	1259	45	236566	3907	2884
黑龙江	1680	109	221510	44707	3997
上海	1444	266	222298	5586	7086
江苏	4588	254	1096249	47271	43591
浙江	212	469	1205541	24043	67391
安徽	25812	6255	392457	26684	72488
福建	142	176	1442162	2220	11308
江西	1799	363	123124	5656	10974
山东	5057	362	1818114	24636	65541
河南	2053	1074	1064792	20743	30191
湖北	2011	131	226921	7511	7490
湖南	797	329	301107	3069	19235
广东	518	689	540947	6049	15930
广西	450	22	689359	620	8479
海南			60533	81	366
重庆	1613	13	96897	755	4060
四川	858	119	540772	1651	10983
贵州	345	455	20509	183	1723
云南	7336	33	267265	19083	22640
西藏					
陕西	731	151	242829	4322	17195
甘肃	114	2	36078	3380	5126
青海			3540	14	345
宁夏	72	1	119679	1916	6132
新疆	1037	45	84670	36705	13509

各行业工业废水排放及处理情况（2007年）

单位：万吨

行　业	汇总工业企业数(个)	工业废水排放总量	#直接排 入海的	工业废水排放达标量
行业总计	106457	2207566	157007	2047110
煤炭开采和洗选业	3610	73040	132	67680
石油和天然气开采业	224	9988	430	9321
黑色金属矿采选业	1077	16032	786	14970
有色金属矿采选业	1604	43374	540	38360
非金属矿采选业	710	8663	93	8129
其他采矿业	103	1339		1121
农副食品加工业	5701	148589	2889	133128
食品制造业	3331	42824	648	37696
饮料制造业	2640	63156	1268	54849
烟草制品业	157	2873		2761
纺织业	7644	225169	11818	204731
纺织服装、鞋、帽制造业	1438	14494	2539	13939
皮革、毛皮、羽毛(绒)及其制品业	1547	23574	372	20059
木材加工及木、竹、藤、棕、草制品业	1360	4825	57	4214
家具制造业	335	1848	11	1726
造纸及纸制品业	5818	424597	7726	382974
印刷业和记录媒介的复制	625	1964	55	1880
文教体育用品制造业	248	929	128	802
石油加工、炼焦及核燃料加工业	1439	73126	27413	71837
化学原料及化学制品制造业	9326	324026	10139	303982

各行业工业废水排放及处理情况（2007年）续表1

单位：万吨

行　业	汇总工业企业数(个)	工业废水排放总量	#直接排 入海的	工业废水排放达标量
医药制造业	2605	42893	335	40399
化学纤维制造业	319	48957	12207	47604
橡胶制品业	975	6435	238	6091
塑料制品业	1434	4148	147	3236
非金属矿物制品业	21402	40265	508	36705
黑色金属冶炼及压延加工业	3678	156862	1085	152605
有色金属冶炼及压延加工业	2408	31807	96	29875
金属制品业	5995	33335	1603	31643
通用设备制造业	3287	12182	130	11412

行　业	汇总工业企业数(个)	工业废水排放总量	#直接排入海的	工业废水排放达标量
专用设备制造业	1280	9439	74	9074
交通运输设备制造业	2419	22048	1756	21052
电气机械及器材制造业	1445	8660	230	8105
通信设备、计算机及其他电子设备制造业	1547	29621	1307	28803
仪器仪表及文化、办公用机械制造业	575	7195	689	6664
工艺品及其他制造业	999	3767	120	3608
废弃资源和废旧材料回收加工业	226	961	25	860
电力、热力的生产和供应业	3373	174796	67207	171209
燃气生产和供应业	89	2837	17	2413
水的生产和供应业	226	15932	1654	15733
其它行业	3238	50997	534	45860

各行业工业废水排放及处理情况（2007年）续表2

单位：吨

行　业	工业废水中污染物排放量				
	汞	镉	六价铬	铅	砷
行业总计	1.21	39.32	68.996	319.748	187.427
煤炭开采和洗选业	0.001	0.33	0.156	0.947	0.475
石油和天然气开采业	0.003		0.135		0.013
黑色金属矿采选业	0.041	0.253	0.323	7.465	0.941
有色金属矿采选业	0.23	18.497	2.023	213.047	85.418
非金属矿采选业	…	0.002	0.134	0.015	0.253
其他采矿业		0.002	0.004	0.78	0.01
农副食品加工业	0.016	0.015	0.167	0.07	0.026
食品制造业			0.002		0.01
饮料制造业		0.001	0.001	0.007	0.014
烟草制品业					
纺织业		0.057	7.365	0.008	…
纺织服装、鞋、帽制造业		…	0.104	…	0.001
皮革、毛皮、羽毛(绒)及其制品业		0.107	7.68	0.002	
木材加工及木、竹、藤、棕、草制品业		0.005	0.524	0.013	
家具制造业			0.011	0.002	
造纸及纸制品业	…	0.018	0.557	0.262	0.563
印刷业和记录媒介的复制			0.097	0.001	
文教体育用品制造业			0.259	…	
石油加工、炼焦及核燃料加工业	0.001	0.325	0.614	1.497	2.311
化学原料及化学制品制造业	0.612	1.612	3.492	12.431	70.631
医药制造业	0.001	…	0.273	0.022	0.12

各行业工业废水排放及处理情况（2007年）续表3

单位：吨

行　业	工业废水中污染物排放量				
	汞	镉	六价铬	铅	砷
化学纤维制造业			0.01		0.05
橡胶制品业		0.008	0.028	0.004	
塑料制品业		…	0.144	0.001	
非金属矿物制品业		0.171	0.11	1.117	0.144
黑色金属冶炼及压延加工业	0.01	1.003	6.354	34.307	1.316
有色金属冶炼及压延加工业	0.217	16.184	5.144	35.253	23.915
金属制品业	0.008	0.279	21.049	2.26	0.539
通用设备制造业		0.011	3.106	0.216	0.103
专用设备制造业	0.004	0.011	1.851	1.446	0.005
交通运输设备制造业		0.014	1.508	0.342	0.01
电气机械及器材制造业	0.058	0.092	0.331	4.495	0.478
通信设备、计算机及其他电子设备制造业	0.01	0.111	3.648	2.798	0.071
仪器仪表及文化、办公用机械制造业		0.191	1.074	0.61	
工艺品及其他制造业		0.006	0.102	0.061	
废弃资源和废旧材料回收加工业			0.005	0.014	
电力、热力的生产和供应业	…		0.001	0.006	
燃气生产和供应业					
水的生产和供应业			0.546	0.246	
其它行业		0.017	0.067	0.003	0.012

各行业工业废水排放及处理情况（2007年）续表4

单位：吨

行　业	工业废水中污染物排放量				
	挥发酚	氰化物	化学需氧量	石油类	氨氮
行业总计	2926.241	381.483	4530738.5	16898.6	306275.2
煤炭开采和洗选业	319.21	1.884	81685.4	246.3	3335.1
石油和天然气开采业	11.408	0.109	21364.1	1096.6	1480.9
	1.145	0.087	10549.8	36	393.2
黑色金属矿采选业	1.145	0.087	10549.8	36	393.2
有色金属矿采选业	30.989	33.623	47512	65.7	969.9
非金属矿采选业	2.837	0.03	9060.4	10.3	176
其他采矿业			1361.3	0.1	91.5
农副食品加工业	9.524	9.462	578404	201.7	21742.7
食品制造业	2.018	0.022	119823.5	1710.9	9859.4
饮料制造业	6.091	0.162	227702.1	44.7	7417.8
烟草制品业	0.057		3907.7	17	142

行　业	工业废水中污染物排放量				
	挥发酚	氰化物	化学需氧量	石油类	氨氮
纺织业	8.213	0.638	344903	250.3	16512.6
纺织服装、鞋、帽制造业	1.105	0.022	18007.6	13.9	880.7
皮革、毛皮、羽毛(绒)及其制品业	0.064	0.014	70862.8	15.2	8183.2
木材加工及木、竹、藤、棕、草制品业	6	0.023	15912.6	13.4	567.6
家具制造业	0.001	…	4425.5	13.6	280.3
造纸及纸制品业	231.896	0.162	1573656.2	161.7	29818.4
印刷业和记录媒介的复制	0.022	0.002	2221.4	12.2	91.7
文教体育用品制造业	0.008	0.129	1227	11.5	54.8
石油加工、炼焦及核燃料加工业	1591.412	52.112	82145.7	3379.6	10414.8
化学原料及化学制品制造业	219.191	166.542	467825.1	2655.2	130042.9

各行业工业废水排放及处理情况（2007年）续表5

单位：吨

行　业	工业废水中污染物排放量				
	挥发酚	氰化物	化学需氧量	石油类	氨氮
医药制造业	38.303	8.737	124459.3	237.7	6966.7
化学纤维制造业	7.607	7.041	98339.5	186.9	3464.3
橡胶制品业	0.11		7194.3	52.7	712.6
塑料制品业	0.05	0.019	11860.5	10.3	525.4
非金属矿物制品业	3.061	1.156	45028.7	217.8	2692.2
黑色金属冶炼及压延加工业	102.384	60.043	133906	3191.2	12935.9
有色金属冶炼及压延加工业	4.2	1.925	31520.4	406.8	4650.2
金属制品业	0.453	24.382	28036.9	179	1084.5
通用设备制造业	0.602	0.159	15898	410.1	1106
专用设备制造业	0.843	0.393	8925.4	291.5	1193.2
交通运输设备制造业	0.927	0.304	26969.8	696.5	1670.6
电气机械及器材制业	2.94	3.95	10608	143.4	520.1
通信设备、计算机及其他电子设备制造业	0.098	1.529	26596.6	100.7	2097.8
仪器仪表及文化、办公用机械制造业	0.498	0.784	6703.5	40.6	381.9
工艺品及其他制造业	0.109	0.352	5420.7	8.2	273.1
废弃资源和废旧材料回收加工业		0.005	2045.1	1.4	38.1
电力、热力的生产和供应业	5.836	1.112	60662.8	570.7	1800.9
燃气生产和供应业	312.923	1.928	15369.8	32.2	3278.6
水的生产和供应业	1.686	1.113	15343.8	12.3	782.9
其它行业	2.421	1.529	173292.3	152.7	17644.9

各行业工业废水排放及处理情况（2007年）续表6

单位：吨

行　业	工业废水中污染物去除量				
	挥发酚	氰化物	化学需氧量	石油类	氨氮
行业总计	84221.8	14788.6	12653613.4	315446.8	518180.4
煤炭开采和洗选业	251.8	1.8	327991.4	418.4	999.4
石油和天然气开采业	203.2	0.2	93159.3	65473.7	2782.7
黑色金属矿采选业	0.5		12394.6	19	20.8
有色金属矿采选业	54.7	484.6	39618.6	193.8	156.1
非金属矿采选业	0.1		7814.9	15.9	37.5
其他采矿业			3226.9	0.2	103.4
农副食品加工业	23.6	2.6	1069053.8	255.2	13469.4
食品制造业	…	0.4	532484.8	46.7	28019.6
饮料制造业	2.1		1085943.6	66.9	10476.5
烟草制品业	…		8766.2	13.2	592.5
纺织业	175	1.4	1172560.9	292.6	23379.2
纺织服装、鞋、帽制造业	2.2	…	47607.8	3.7	1289.6
皮革、毛皮、羽毛(绒)及其制品业	1.9	…	188557.6	65.1	9194.3
木材加工及木、竹、藤、棕、草制品业	1.6		16279.5	11	642.4
家具制造业	…	…	4700	0.5	13.8
造纸及纸制品业	122.2	3	4118534.2	400.8	19982.6
印刷业和记录媒介的复制	0.1	…	6960.2	233.5	368.9
文教体育用品制造业	…	6.9	750.8	6.6	28
石油加工、炼焦及核燃料加工业	17846.1	1921.6	353215.5	155917.2	105580.1
化学原料及化学制品制造业	9009.7	3696.6	1037901.9	28214.1	229894.3

各行业工业废水排放及处理情况（2007年）续表7

单位：吨

行　业	工业废水中污染物去除量				
	挥发酚	氰化物	化学需氧量	石油类	氨氮
医药制造业	2142.4	16.5	535141.2	636.1	11807.5
化学纤维制造业	218.1	67.2	288862.6	2345.6	3888.8
橡胶制品业		…	9616.4	32.6	228.4
塑料制品业	2.2	0.9	7527.1	26.2	281.3
非金属矿物制品业	26.6	0.2	40032.6	363.6	1846.2
黑色金属冶炼及压延加工业	51668.3	7062.1	275702.9	46352.8	24325.7
有色金属冶炼及压延加工业	2.4	124.2	25137.8	882.6	8901
金属制品业	243.9	1043.6	34972.2	6057.5	2639.3
通用设备制造业	1.2	1.7	27993.5	1047.6	330.7
专用设备制造业	…	7	9865.6	150.8	365.8

行　业	工业废水中污染物去除量				
	挥发酚	氰化物	化学需氧量	石油类	氨氮
交通运输设备制造业	0.9	17.5	34345.4	2308.6	633.5
电气机械及器材制业	6.6	11.7	15329	98.9	214.7
通信设备、计算机及其他电子设备制造业	4.3	141.8	61367.9	303.8	1238.6
仪器仪表及文化、办公用机械制造业	10.2	50.2	10405.1	44	357.9
工艺品及其他制造业	0.3	15.6	5079.6	35.5	147.1
废弃资源和废旧材料回收加工业		1.9	2590.1	8.7	138.7
电力、热力的生产和供应业	441		59103.2	664.8	7260.6
燃气生产和供应业	1357.2	71.3	33297.3	188.1	1024.6
水的生产和供应业	229.2	24.3	47723	1328.8	2506.8
其它行业	172.1	11.9	1001998.4	922	3012.4

各行业工业废水排放及处理情况（2007年）续表8

行　业	废水治理设施数(套)	废水治理设施处理能力(万吨/日)	本年运行费用(万元)
行业总计	78189	22065	4279252.3
煤炭开采和洗选业	2972	523	77161.2
石油和天然气开采业	624	390	202425.8
黑色金属矿采选业	1139	340	79011.3
有色金属矿采选业	1908	468	75584.1
非金属矿采选业	521	91	10664.7
其他采矿业	44	4	995.7
农副食品加工业	4040	804	93396.4
食品制造业	3292	187	81103.1
饮料制造业	1799	270	232315.8
烟草制品业	139	11	2930.5
纺织业	6003	870	334835.7
纺织服装、鞋、帽制造业	1025	57	30150.1
皮革、毛皮、羽毛(绒)及其制品业	1105	98	50132.4
木材加工及木、竹、藤、棕、草制品业	578	20	5967.1
家具制造业	112	4	2015.4
造纸及纸制品业	5649	2170	433756.8
印刷业和记录媒介的复制	185	4	3286.5
文教体育用品制造业	101	2	1611.9
石油加工、炼焦及核燃料加工业	2321	310	327907.2
化学原料及化学制品制造业	10000	3774	584806.8

各行业工业废水排放及处理情况（2007年）续表9

行　业	废水治理设施数(套)	废水治理设施处理能力(万吨/日)	本年运行费用(万元)
医药制造业	2232	120	107730.5
化学纤维制造业	366	139	93164.2
橡胶制品业	364	28	6719.3
塑料制品业	482	17	9147.4
非金属矿物制品业	5490	328	52529
黑色金属冶炼及压延加工业	4149	8254	575949.5
有色金属冶炼及压延加工业	2203	369	106765.6
金属制品业	6152	248	204475.2
通用设备制造业	1243	35	16882.8
专用设备制造业	1006	73	13905.1
交通运输设备制造业	1946	65	54406.1
电气机械及器材制造业	925	44	24888.4
通信设备、计算机及其他电子设备制造业	1571	126	141298.3
仪器仪表及文化、办公用机械制造业	582	30	29924.1
工艺品及其他制造业	476	142	4921.7
废弃资源和废旧材料回收加工业	145	3	1558.2
电力、热力的生产和供应业	3169	1360	145570
燃气生产和供应业	70	7	6843.4
水的生产和供应业	125	63	13988.1
其它行业	1936	217	38526.9

主要城市工业废水排放及处理情况（2007年）

单位：万吨

城　市	工业废水排放总量	#直接排入海的	工业废水排放达标量
北　京	9134		8898
天　津	21444	531	21382
石家庄	25734		25276
太　原	3104		2892
呼和浩特	1367		1266
沈　阳	8597		7926
长　春	4223		4015
哈尔滨	3356		2613
上　海	47570	14739	46492
南　京	40327	54	38330
杭　州	75359	1970	55169

城 市	工业废水排放总量	#直接排入海的	工业废水排放达标量
合 肥	5054		4770
福 州	6220	574	5979
南 昌	10475		9883
济 南	5059		4996
郑 州	13013		13013
武 汉	22812		22525
长 沙	4377		3704
广 州	21036	632	20089
南 宁	14306		11873
海 口	557		557
重 庆	69003		63533
成 都	24247		23376
贵 阳	3945		3480
昆 明	4708		4566
拉 萨	670		250
西 安	19069		18352
兰 州	3725		3384
西 宁	4358		3570
银 川	5187		4937
乌鲁木齐	4848		4590

主要城市工业废水排放及处理情况（2007年）续表

单位：吨

城 市	工业废水中化学需氧量排放量	工业废水中氨氮排放量	废水治理设施数(套)	废水治理设施本年运行费用(万元)
北 京	6621.7	689.7	549	46783.2
天 津	30749.2	4115.9	1816	64188.5
石家庄	77527.8	4987.3	559	34719.8
太 原	7273.1	424.2	315	36607.7
呼和浩特	5392.9	190.3	68	7812.4
沈 阳	10700.1	1349.7	434	9478.3
长 春	19148	458	110	5042.8
哈尔滨	16397.9	2536.2	154	13426.8
上 海	33792.3	2698.1	2718	205126.6
南 京	31349.7	1057.3	642	69836.3
杭 州	98664.4	3823.9	1041	77989.3

城　市	工业废水中化学需氧量排放量	工业废水中氨氮排放量	废水治理设施数(套)	废水治理设施本年运行费用(万元)
合　肥	4674.7	715.6	153	6568.2
福　州	6383.5	512.2	391	14978.4
南　昌	18270.5	2614	151	7649.2
济　南	6453.7	580.8	305	25163.9
郑　州	11782.4	438.4	431	16557.9
武　汉	25440.1	1282.8	269	25147.7
长　沙	4800.7	199	276	4210
广　州	45651.8	706.3	652	40397.4
南　宁	73142.6	1862.3	354	12697.9
海　口	326.2	13.8	30	1321.5
重　庆	105238.6	9777.7	1482	45922
成　都	72063	9256.9	1761	28044.6
贵　阳	3765.8	342.2	412	9765.4
昆　明	4577.1	271.1	563	20456.3
拉　萨	592.2	11.5	11	200
西　安	62939.9	1531.5	413	27379.3
兰　州	2112.1	229.1	97	23494.6
西　宁	12308.3	979.6	122	2463.2
银　川	17402.1	1212.1	98	5243.8
乌鲁木齐	8704.5	1596.4	95	18197.3

沿海城市工业废水排放及处理情况（2007年）

单位：万吨

城　市	工业废水排放总量	#直接排入海的	工业废水排放达标量
天　津	21444	531	21382
秦皇岛	5652	602	5126
大　连	34463	31181	33881
上　海	47570	14739	46492
连云港	3402	463	3338
宁　波	17726	7604	15698
温　州	10689	887	9281
福　州	6220	574	5979
厦　门	4314	264	4303
青　岛	9412	2911	9292
烟　台	7704	2466	7681
深　圳	9199	1539	8859
珠　海	6528	185	5463

城市	工业废水排放总量	#直接排入海的	工业废水排放达标量
汕　头	5219	325	4821
湛　江	5898	364	4330
北　海	1932	196	1724
海　口	557		557

沿海城市工业废水排放及处理情况（2007年）续表

单位：吨

城市	工业废水中化学需氧量排放量	工业废水中氨氮排放量	废水治理设施数(套)	废水治理设施本年运行费用(万元)
天　津	30749.2	4115.9	1816	64188.5
秦皇岛	9195.3	402.3	143	3747.3
大　连	13093.6	1074.5	327	12525.9
上　海	33792.3	2698.1	2718	205126.6
连云港	4784.6	403.7	156	7769
宁　波	17311.5	1273.1	779	54427.4
温　州	29176.2	7311.2	988	26401.4
福　州	6383.5	512.2	391	14978.4
厦　门	3829.9	437.4	317	8752.7
青　岛	10435.3	546.5	464	25817.1
烟　台	15471.8	889.1	472	17323.1
深　圳	5989	228.1	1684	63301.2
珠　海	9175.6	397.6	333	15675
汕　头	4652.3	141.6	300	7775.8
湛　江	11908.7	391.4	201	8692.6
北　海	17562.1	674.7	44	1414.6
海　口	326.2	13.8	30	1321.5

全海域海水水质评价结果（2007年）

单位：万平方公里

海区	测站数量(个)	较清洁海域面积	轻度污染海域面积	中度污染海域面积	严重污染海域面积
全　国	639	5.13	4.75	1.68	2.97
渤　海	151	0.73	0.55	0.54	0.61
黄　海	162	0.92	1.24	0.38	0.3
东　海	157	2.24	2.58	0.55	1.69
南　海	169	1.24	0.38	0.21	0.37

资料来源：国家海洋局(下表同)。

全国近岸海域海水水质评价结果(按海域污染程度分)(2007年)

单位：万平方公里

海　区	测站数量(个)	较清洁海域面积	轻度污染海域面积	中度污染海域面积	严重污染海域面积
全　国	483	2.91	3.13	1.59	2.96
渤　海	113	0.47	0.45	0.49	0.6
黄　海	118	0.45	1.24	0.34	0.3
东　海	125	0.76	1.08	0.55	1.69
南　海	127	1.23	0.36	0.21	0.37

全国近岸海域海水水质评价结果(按海水类别分)(2007年)

单位：%

海　区	测点数量(个)	一类海水	二类海水	三类海水	四类海水	超四类海水
全　国	296	26	36.8	11.8	7.1	18.3
渤　海	49	24.5	38.8	14.3	10.2	12.2
黄　海	54	35.2	50	9.3	1.8	3.7
东　海	95	2.1	26.3	15.8	14.7	41.1
南　海	98	44.9	38.8	8.2	1	7.1

资料来源：环境保护部。

全国主要海洋产业增加值（2007年）

海洋产业	增加值(亿元)	增加值比上年增长(按可比价算)(%)
合　计	10461	16.6
海洋渔业	1903.6	4
海洋石油和天然气	768.9	17.3
海滨砂矿	5.3	-24.2
海洋盐业	49.6	17.4
海洋化工	218.1	14.7
海洋生物医药	40	37.8
海洋电力业	5.2	17
海水利用业	4.1	13.5
海洋船舶工业	448.1	17.6
海洋工程建筑	361.9	12.5
海洋交通运输	3413.8	21.1
滨海旅游	3242.3	19.9

资料来源：国家海洋局(以下各表同)。

海洋石油和天然气工业增加值（2005-2007年）

单位：亿元

地区	2005	2006	2007
合　计	528.16	668.86	768.94
天　津	222.39	302.69	352.36
河　北	23.02	36.65	43.83
辽　宁	4.14	6.15	7.76
上　海	2.23	1.77	2.01
山　东	42.36	66.9	59.17
广　东	234.02	254.7	303.81

海洋原油和天然气产量（2005-2006年）

地区	原油(万吨)		天然气(万立方米)	
	2005	2006	2005	2006
合　计	3174.7	3239.9	626921	748618
天　津	1311.3	1479.2	81869	104958
河　北	126	155.8		
辽　宁	19	19	8200	8561
上　海	25.6	21.7	66336	72608
山　东	212	216	16353	13850
广　东	1480.8	1348.2	454163	548641

主要城市气候情况（2007年）

城市	年平均气温(摄氏度)	年极端最高气温(摄氏度)	年极端最低气温(摄氏度)	年平均相对湿度(%)	全年日照时数(小时)	全年降水量(毫米)
北　京	14	37.3	-11.7	54	2351.1	483.9
天　津	13.6	38.5	-10.6	61	2165.4	389.7
石家庄	14.9	39.7	-7.4	59	2167.7	430.4
太　原	11.4	35.8	-13.2	55	2174.6	535.4
呼和浩特	9	35.6	-17.6	47	2647.8	261.2
沈　阳	9	33.9	-23.1	68	2360.9	672.3
长　春	7.7	35.8	-21.7	58	2533.6	534.2
哈尔滨	6.6	35.8	-22.6	58	2359.2	444.1
上　海	18.5	39.6	-1.1	73	1522.2	1254.5
南　京	17.4	38.2	-4.5	70	1680.3	1070.9
杭　州	18.4	39.5	-1.9	71	1472.9	1378.5
合　肥	17.4	37.2	-3.5	79	1814.6	929.7
福　州	21	39.8	3.6	68	1543.8	1109.6

城市	年平均气温(摄氏度)	年极端最高气温(摄氏度)	年极端最低气温(摄氏度)	年平均相对湿度(%)	全年日照时数(小时)	全年降水量(毫米)
南昌	19.2	38.5	0.5	68	2102	1118.5
济南	15	38.5	-7.9	61	1819.8	797.1
郑州	16	39.7	-5	60	1747.2	596.4
武汉	18.6	37.2	-1.5	67	1934.2	1023.2
长沙	18.8	38.8	-0.5	70	1742.2	9364
广州	23.2	37.4	5.7	71	1616	1370.3
南宁	21.7	37.7	0.7	76	1614	1008.1
海口	24.1	37.9	10.7	80	1669.1	1419.3
重庆	19	37.9	3	81	856.2	1439.2
成都	16.8	34.9	-1.6	77	935.6	624.5
贵阳	14.9	31	-1.7	75	1014.8	884.9
昆明	15.6	30	0.7	72	2038.6	932.7
拉萨	9.8	29	-9.8	34	3181	477.3
西安	15.6	39.8	-5.9	58	1893.6	698.5
兰州	11.1	34.3	-11.9	53	2214.1	407.9
西宁	6.1	30.7	-21.8	57	2364.7	523.1
银川	10.4	35	-15.4	52	2529.8	214.7
乌鲁木齐	8.5	37.6	-24	56	2853.4	419.5

资料来源：中国气象局。

主要城市空气质量指标（2007年）

单位：毫克/立方米，天，%

城市	可吸入颗粒物(PM10)	二氧化硫(SO2)	二氧化氮(NO2)	空气质量达到二级以上的天数	空气质量达到二级以上天数占全年比重
北京	0.148	0.047	0.066	246	67.4
天津	0.094	0.062	0.043	320	87.7
石家庄	0.128	0.043	0.035	289	79.2
太原	0.124	0.076	0.027	269	73.7
呼和浩特	0.084	0.066	0.048	331	90.7
沈阳	0.119	0.054	0.036	323	88.5
长春	0.099	0.03	0.038	340	93.2
哈尔滨	0.102	0.048	0.06	308	84.4
上海	0.088	0.055	0.054	328	89.9
南京	0.107	0.058	0.051	312	85.5
杭州	0.107	0.06	0.057	308	84.4
合肥	0.116	0.023	0.026	300	82.2
福州	0.065	0.027	0.055	361	98.9
南昌	0.083	0.054	0.034	348	95.3
济南	0.118	0.056	0.023	311	85.2
郑州	0.105	0.069	0.045	313	85.8

城 市	可吸入颗粒物(PM10)	二氧化硫(SO2)	二氧化氮(NO2)	空气质量达到二级以上的天数	空气质量达到二级以上天数占全年比重
武 汉	0.123	0.061	0.055	276	75.6
长 沙	0.104	0.065	0.041	302	82.7
广 州	0.077	0.051	0.065	333	91.2
南 宁	0.064	0.059	0.048	352	96.4
海 口	0.043	0.009	0.012	365	100
重 庆	0.108	0.065	0.044	289	79.2
成 都	0.111	0.062	0.049	319	87.4
贵 阳	0.085	0.055	0.023	346	94.8
昆 明	0.075	0.068	0.042	365	100
拉 萨	0.057	0.007	0.025	358	98.1
西 安	0.135	0.053	0.043	294	80.5
兰 州	0.129	0.06	0.042	271	74.2
西 宁	0.115	0.028	0.035	296	81.1
银 川	0.092	0.049	0.025	317	86.8
乌鲁木齐	0.136	0.088	0.067	252	69

资料来源：环境保护部(以下各表同)。

各地区废气排放及处理情况（2007年）

地 区	工业废气排放总量(亿标立方米)	燃料燃烧	生产工艺	SO2排放总量(万吨)	生活SO2排放量
全 国	388169	209922	178247	2468.1	328.1
北 京	5146	2205	2941	15.2	6.9
天 津	5506	3507	1998	24.5	2
河 北	48036	25643	22393	149.2	19.8
山 西	21429	12865	8564	138.7	26.8
内蒙古	18200	12657	5542	145.6	17.3
辽 宁	23946	10363	13583	123.4	16.7
吉 林	5730	3886	1844	39.9	6.2
黑龙江	7283	5981	1302	51.5	7.5
上 海	9591	3514	6077	49.8	13.3
江 苏	23585	15408	8177	121.8	5.8
浙 江	17467	11542	5925	79.7	2.2
安 徽	13254	6575	6679	57.2	5.5
福 建	9153	5626	3528	44.6	1.9
江 西	6103	2919	3184	62.1	6.8
山 东	31341	16642	14699	182.2	23.9
河 南	18890	10609	8281	156.4	15.4

地 区	工业废气排放总量(亿标立方米)	燃料燃烧	生产工艺	SO2排放总量(万吨)	生活SO2排放量
湖 北	10373	4314	6059	70.8	10.4
湖 南	8762	4046	4717	90.4	16.5
广 东	16939	11682	5257	120.3	2.7
广 西	12724	6755	5969	97.4	4.8
海 南	1115	846	269	2.6	0.1
重 庆	7617	4275	3342	82.6	14.3
四 川	22970	7495	15475	117.9	15.6
贵 州	10356	3812	6545	137.5	45.4
云 南	8082	3986	4096	53.4	8.8
西 藏	13	13	…	0.2	0.1
陕 西	6469	3683	2786	92.7	8.2
甘 肃	5818	2589	3229	52.3	8.7
青 海	2492	610	1883	13.4	0.9
宁 夏	3981	2123	1858	37	3
新 疆	5797	3752	2045	58	10.7

各地区废气排放及处理情况（2007年）续表1

单位：万吨

地 区	工业 SO2 排放总量	燃料燃烧	生产工艺	工业 SO2 排放达标量	烟尘排放总量	工业	生活
全 国	2140	1800	335	1846.5	986.6	771.1	215.5
北 京	8.3	7.9	0.3	8.3	4.8	2.1	2.8
天 津	22.5	21.5	0.9	22.2	7.4	6.3	1.1
河 北	129.4	106.1	23.4	118.6	62.3	46.4	15.9
山 西	111.8	82.8	28.5	103.8	93.4	72	21.4
内蒙古	128.3	114.1	13.9	107.7	66.4	50.4	16
辽 宁	106.7	90.6	15.7	97.4	71.6	48.7	22.9
吉 林	33.7	29.1	4.5	20.2	38.5	29.1	9.4
黑龙江	44	40.5	3.5	39.5	52.1	42.2	9.9
上 海	36.4	33.9	1.3	33.8	10.6	4	6.6
江 苏	116.1	107.4	8.5	111	36.9	33.9	3
浙 江	77.5	73.2	4.3	74.6	18.2	17.2	1
安 徽	51.7	42	9.7	47.3	28.8	23.7	5.2
福 建	42.7	36.9	5.8	41.8	11.8	8.1	3.6
江 西	55.3	45.7	9.5	50.6	20.2	17.9	2.3
山 东	158.3	140.2	17.9	151.8	46.3	34.2	12.2

地 区	工业 SO2排放总量	燃料燃烧	生产工艺	工业 SO2排放达标量	烟尘排放总量	工业	生活
河 南	141	124.1	16.3	124.3	71.3	63.7	7.6
湖 北	60.3	46.8	13.5	57.4	25	21.3	3.7
湖 南	73.9	51.6	22.2	64.6	44.3	37.3	7
广 东	117.6	104.9	12.5	99.9	29.4	27.3	2.1
广 西	92.6	72.8	19.8	87.9	35.5	34.3	1.2
海 南	2.5	2	0.4	1.6	1	0.9	0.1
重 庆	68.3	57.9	10.3	50	19.8	11.6	8.2
四 川	102.3	78.5	23.4	75	45.9	33	12.9
贵 州	92.1	84.8	7.3	70.5	29.5	19.1	10.4
云 南	44.5	34.6	9.8	34.5	21	15.2	5.7
西 藏	0.1	0.1	…	…	0.1	0.1	…
陕 西	84.6	69.9	14.6	62.8	32.2	25.7	6.5
甘 肃	43.6	24.4	19.2	28.1	13.2	9	4.3
青 海	12.5	8.7	3.8	6.4	7.4	5	2.5
宁 夏	34	32.6	1.3	23.8	12.3	10.7	1.6
新 疆	47.3	34.4	12.7	31.1	29.2	20.8	8.4

各地区废气排放及处理情况（2007年）续表2

单位：万吨

地 区	工业烟尘排放达标量	工业粉尘排放总量	工业粉尘排放达标量	工业SO2去除量	燃料燃烧中去除的	生产工艺中去除的
全 国	680.2	698.7	615.4	1942.6	1037.3	905.3
北 京	2	1.9	1.9	12.5	11.7	0.8
天 津	6.3	0.9	0.9	16.5	15	1.5
河 北	44.8	53.2	50.6	133.5	92.2	41.3
山 西	66.3	59.4	55.9	99.3	78.6	20.6
内蒙古	35.2	20	17.8	94.3	65.2	29.1
辽 宁	44.7	41.3	37.7	86.7	20.2	66.5
吉 林	24.4	10.8	6.5	10.6	4.7	6
黑龙江	38.1	12.9	11	4.1	2.5	1.5
上 海	4	0.8	0.8	9	5.2	3.8
江 苏	33.2	27.1	26.7	149.2	103.8	45.4
浙 江	16.5	20.3	19.5	105.2	69.8	35.4
安 徽	22.8	32.5	31.5	109.2	12.2	97
福 建	7.8	18.7	17.9	25.6	24.6	1

地 区	工业烟尘排放达标量	工业粉尘排放总量	工业粉尘排放达标量	工业SO2去除量	燃料燃烧中去除的	生产工艺中去除的
江 西	16.6	33	30.4	97.6	15.7	81.8
山 东	33.8	30.4	30.2	137.5	113.5	24
河 南	58.1	41.5	37.9	93.2	38.2	55
湖 北	19.6	27.3	25	63.4	14.5	48.9
湖 南	32.5	65.9	53.2	58.4	18.4	40
广 东	24.2	22.9	19.9	115.9	66.2	49.7
广 西	32.4	38.9	37.8	68.6	43.5	25.1
海 南	0.8	1.1	1	1.7	1.5	0.1
重 庆	10.3	18.2	16.5	63.1	56.1	7
四 川	30.7	19.5	18	61	44.6	16.4
贵 州	9.8	14.6	6	64.5	61.3	3.2
云 南	13.2	13.8	11.5	119.1	20.3	98.8
西 藏	…	0.1	…			
陕 西	22.2	29.3	26.7	24.9	11.4	13.4
甘 肃	6.8	9.9	7.3	106.5	17	89.4
青 海	1.9	7.6	1.7	1.1	1.1	
宁 夏	9	6.4	4.7	8	7.1	0.9
新 疆	12.1	18.5	8.8	2.5	0.8	1.7

各地区废气排放及处理情况（2007年）续表3

地 区	工业烟尘去除量(万吨)	工业粉尘去除量(万吨)	废气治理设施(套)	#脱硫设施	本年运行费用(万元)
全 国	25166.4	7669.6	162325	24867	5549659.8
北 京	243.3	141.9	2520	1040	114078.4
天 津	640.4	81.8	2974	1402	91574.2
河 北	1945.9	744.6	12492	2515	426091.6
山 西	1630	272.9	7893	2649	322916.7
内蒙古	1861.4	194.9	3965	355	185780.7
辽 宁	1251.5	423.9	10280	2353	289361
吉 林	784.7	291.4	2970	511	50480.2
黑龙江	847.1	94.6	4110	139	52663.7
上 海	450.9	145.8	3551	438	180337
江 苏	1830.2	299.6	10431	1078	463018.9
浙 江	914.8	578.9	12118	1999	272941.5
安 徽	872.2	243.1	4386	231	104074.8

地 区	工业烟尘去除量(万吨)	工业粉尘去除量(万吨)	废气治理设施(套)	#脱硫设施	本年运行费用(万元)
福 建	480	221.6	6726	350	147146.8
江 西	693	315.5	3164	262	97764.3
山 东	1934.5	493.5	10756	2285	561925.6
河 南	2111.3	573.7	8558	774	257431.5
湖 北	613.7	344	4367	280	198820.1
湖 南	736.9	296.4	4725	684	177955.6
广 东	878	364.7	11966	1224	434046.4
广 西	560.1	232.7	5360	455	119487.7
海 南	66.3	3.8	354	5	18407.7
重 庆	211.3	39	2797	363	127371.2
四 川	741.8	213.2	6148	576	182732.1
贵 州	752.1	262.9	2651	605	119494.1
云 南	509.5	306.3	4701	374	153460.3
西 藏	0.1	…	25		206
陕 西	581.5	216.1	3800	648	72870.5
甘 肃	256.9	89.6	2654	669	165169.9
青 海	63.9	63.5	690	2	32721.1
宁 夏	432.1	42.5	1229	263	52551.3
新 疆	271.2	77.3	3964	338	76778.9

各行业工业废气排放及处理情况（2007年）

行 业	工业废气排放量(亿标 立方米)	燃料燃烧	生产工艺	工业烟尘排放量(万吨)
行业总计	388139	209951.7	178187.3	697.24
煤炭开采和洗选业	2361.2	2156.8	204.4	9.2
石油和天然气开采业	981.4	858.6	122.8	1.03
黑色金属矿采选业	1387.2	886.7	500.5	1.98
有色金属矿采选业	658.8	318.5	340.3	2.62
非金属矿采选业	1085.2	386.7	698.5	3.76
其他采矿业	76.5	14.5	62	0.23
农副食品加工业	3025.2	2607.4	417.8	12.75
食品制造业	1440.9	1309	131.9	5.48
饮料制造业	2191.7	2160.8	30.9	8.1
烟草制品业	480	230.8	249.2	0.62
纺织业	3576	3369.1	207	12.73
纺织服装、鞋、帽制造业	163	147	16	0.48
皮革、毛皮、羽毛(绒)及其制品业	261.2	163.7	97.6	1.1

行业	工业废气排放量(亿标 立方米)	燃料燃烧	生产工艺	工业烟尘排放量(万吨)
木材加工及木、竹、藤、棕、草制品业	2063.4	601	1462.4	3.17
家具制造业	343.7	89.6	254.2	0.51
造纸及纸制品业	6405.3	6100.6	304.7	23.6
印刷业和记录媒介的复制	74.3	27.9	46.4	0.12
文教体育用品制造业	31.8	10.7	21.1	0.05
石油加工、炼焦及核燃料加工业	12187.9	5527.7	6660.2	41.02
化学原料及化学制品制造业	30591.6	12720.3	17871.3	47.85
医药制造业	1139.7	1016.5	123.2	4.87

各行业工业废气排放及处理情况（2007年）续表1

行业	工业废气排放量(亿标立方米)	燃料燃烧	生产工艺	工业烟尘排放量(万吨)
化学纤维制造业	3080.9	1483.5	1597.4	3.53
橡胶制品业	785.4	553.5	231.9	1.65
塑料制品业	1011.8	276.6	735.3	1.96
非金属矿物制品业	67783.7	16186.2	51597.5	109.31
黑色金属冶炼及压延加工业	86921.5	17031.6	69889.9	67.99
有色金属冶炼及压延加工业	18625.7	3546.5	15079.2	15.39
金属制品业	2289.1	625.3	1663.8	2.63
通用设备制造业	1257.3	485.6	771.8	2.86
专用设备制造业	602.1	303.9	298.3	1.25
交通运输设备制造业	3990	1209.1	2780.9	3.44
电气机械及器材制造业	773.3	250.8	522.5	0.79
通信设备、计算机及其他电子设备制造业	2349.7	240.9	2108.8	0.49
仪器仪表及文化、办公用机械制造业	747.1	34.8	712.2	0.07
工艺品及其他制造业	118	26.4	91.6	0.15
废弃资源和废旧材料回收加工业	15.5	9.4	6.2	0.04
电力、热力的生产和供应业	125480.3	125420.3	60	297.39
燃气生产和供应业	362.8	253.6	109.2	1.41
水的生产和供应业	7.4	7.4	…	0.05
其它行业	1411.3	1302.5	108.8	5.61

各行业工业废气排放及处理情况（2007年）续表2

单位：万吨

行　业	工业 SO2排放总量	燃料燃烧	生产工艺	工业粉尘排放量
行业总计	1972.23	1659.08	313.15	635.55
煤炭开采和洗选业	17.53	16.51	1.02	13.91
石油和天然气开采业	3.04	2.46	0.58	0.3
黑色金属矿采选业	5.37	2.93	2.44	3.52
有色金属矿采选业	18.25	2.19	16.05	1.34
非金属矿采选业	6.58	5.31	1.26	7.29
其他采矿业	0.27	0.2	0.08	0.33
农副食品加工业	17.03	16.98	0.05	0.59
食品制造业	11.72	11.53	0.19	0.15
饮料制造业	12.36	12.31	0.06	0.16
烟草制品业	1.36	1.28	0.08	0.11
纺织业	27.59	27.5	0.09	0.15
纺织服装、鞋、帽制造业	1.24	1.24		0.01
皮革、毛皮、羽毛(绒)及其制品业	1.75	1.75	…	0.03
木材加工及木、竹、藤、棕、草制品业	4.24	3.99	0.26	0.93
家具制造业	0.34	0.34	0	2.06
造纸及纸制品业	49.16	48.7	0.46	0.77
印刷业和记录媒介的复制	0.24	0.24	0.01	…
文教体育用品制造业	0.1	0.1	…	0.03
石油加工、炼焦及核燃料加工业	65.44	26.11	39.33	20.83
化学原料及化学制品制造业	111.62	88.47	23.14	13.73

各行业工业废气排放及处理情况（2007年）续表3

单位：万吨

行　业	工业 SO2排放总量	燃料燃烧	生产工艺	工业粉尘排放量
医药制造业	7.82	7.79	0.03	0.07
化学纤维制造业	12.18	12.11	0.07	0.06
橡胶制品业	4.49	4.47	0.02	0.13
塑料制品业	2.48	2.13	0.35	0.03
非金属矿物制品业	182.62	101.5	81.12	445.02
黑色金属冶炼及压延加工业	162.47	61.2	101.27	101.83
有色金属冶炼及压延加工业	68.36	26.89	41.48	10.69
金属制品业	5.19	3.74	1.45	1.3
通用设备制造业	4.02	3.57	0.45	2.17
专用设备制造业	2.5	2.33	0.17	0.28
交通运输设备制造业	4.1	4.01	0.1	3.3

行　业	工业 SO2排放总量	燃料燃烧	生产工艺	工业粉尘排放量
电气机械及器材制造业	1.23	1.23	…	0.05
通信设备、计算机及其他电子设备制造业	1.61	1.25	0.36	0.24
仪器仪表及文化、办公用机械制造业	0.18	0.18	0.01	0.01
工艺品及其他制造业	0.37	0.34	0.03	0.97
废弃资源和废旧材料回收加工业	0.13	0.1	0.02	0.16
电力、热力的生产和供应业	1147.12	1146.9	0.22	1.19
燃气生产和供应业	2.59	1.9	0.69	0.46
水的生产和供应业	0.03	0.03		…
其它行业	7.52	7.31	0.21	1.35

各行业工业废气排放及处理情况（2007年）续表4

单位：万吨

行　业	工业 SO2 排放达标量	工业烟尘排放达标量	工业粉尘排放达标量
行业总计	1723.69	620.22	565.46
煤炭开采和洗选业	15.46	7.83	11.98
石油和天然气开采业	2.4	0.94	0.27
黑色金属矿采选业	4.78	1.78	2.86
有色金属矿采选业	2.14	1.45	0.87
非金属矿采选业	5.33	3.29	5.91
其他采矿业	0.17	0.16	0.32
农副食品加工业	13.73	11.28	0.22
食品制造业	9.53	4.51	0.12
饮料制造业	8.87	5.19	0.07
烟草制品业	1.03	0.57	0.09
纺织业	24.56	12.05	0.08
纺织服装、鞋、帽制造业	1.08	0.46	0.01
皮革、毛皮、羽毛(绒)及其制品业	1.45	0.86	0.03
木材加工及木、竹、藤、棕、草制品业	2.96	2.73	0.83
家具制造业	0.31	0.5	2.06
造纸及纸制品业	43.18	21.23	0.55
印刷业和记录媒介的复制	0.22	0.11	…
文教体育用品制造业	0.07	0.04	0.03
石油加工、炼焦及核燃料加工业	55.04	37.2	18.36
化学原料及化学制品制造业	93.34	42.81	11.32

各行业工业废气排放及处理情况（2007年）续表5

单位：万吨

行　业	工业 SO2排放达标量	工业烟尘排放达标量	工业粉尘排放达标量
医药制造业	6.7	4.39	0.06
化学纤维制造业	11.82	3.49	0.06
橡胶制品业	3.95	1.59	0.12
塑料制品业	2.31	1.9	0.03
非金属矿物制品业	148.9	85.23	397.43
黑色金属冶炼及压延加工业	151.83	63.15	91.9
有色金属冶炼及压延加工业	55.73	14.06	9.27
金属制品业	4.44	2.46	1.24
通用设备制造业	3.33	2.6	1.85
专用设备制造业	2.33	1	0.27
交通运输设备制造业	3.69	3.07	3.27
电气机械及器材制造业	1.04	0.68	0.05
通信设备、计算机及其他电子设备制造业	1.31	0.43	0.24
仪器仪表及文化、办公用机械制造业	0.16	0.06	0.01
工艺品及其他制造业	0.35	0.13	0.93
废弃资源和废旧材料回收加工业	0.1	0.03	0.16
电力、热力的生产和供应业	1031.1	274.5	0.86
燃气生产和供应业	2.5	1.37	0.44
水的生产和供应业	0.03	0.05	…
其它行业	6.47	5.07	1.3

各行业工业废气排放及处理情况（2007年）续表6

行　业	废气治理设施(套)	#脱硫设施	本年运行费用(万元)
行业总计	162308	24867	5548905.8
煤炭开采和洗选业	3965	1044	36753
石油和天然气开采业	457	173	8818.7
黑色金属矿采选业	664	69	14255.8
有色金属矿采选业	711	107	10019.2
非金属矿采选业	610	106	6827.6
其他采矿业	61	8	152.8
农副食品加工业	3737	636	47184.3
食品制造业	2566	547	17444.4
饮料制造业	2183	778	25317.1
烟草制品业	783	87	8791.9
纺织业	7745	2037	57179.5
纺织服装、鞋、帽制造业	621	134	12348.7

行　业	废气治理设施(套)	#脱硫设施	本年运行费用(万元)
皮革、毛皮、羽毛(绒)及其制品业	1153	122	4305.2
木材加工及木、竹、藤、棕、草制品业	1537	164	8253.6
家具制造业	988	34	3208.8
造纸及纸制品业	5531	997	87828.2
印刷业和记录媒介的复制	203	43	1456.8
文教体育用品制造业	179	20	716.7
石油加工、炼焦及核燃料加工业	2121	642	298853.9
化学原料及化学制品制造业	14728	3232	386785.4

各行业工业废气排放及处理情况（2007年）续表7

行　业	废气治理设施(套)	#脱硫设施	本年运行费用(万元)
医药制造业	2868	563	28162.4
化学纤维制造业	690	179	34882.2
橡胶制品业	1281	244	11510.4
塑料制品业	993	155	9860.7
非金属矿物制品业	49165	1933	544010.3
黑色金属冶炼及压延加工业	13540	921	1164468.3
有色金属冶炼及压延加工业	5904	1102	487346.5
金属制品业	3360	314	23107.2
通用设备制造业	2984	616	23140.1
专用设备制造业	1945	336	10666.6
交通运输设备制造业	6317	638	33909.6
电气机械及器材制造业	2306	157	9201.8
通信设备、计算机及其他电子设备制造业	2799	141	73860.1
仪器仪表及文化、办公用机械制造业	839	38	7560.1
工艺品及其他制造业	397	66	988.1
废弃资源和废旧材料回收加工业	94	6	446.4
电力、热力的生产和供应业	12718	5455	1965492.5
燃气生产和供应业	359	119	3162.1
水的生产和供应业	36	15	197.9
其它行业	3170	889	80430.9

主要城市工业废气排放及处理情况（2007年）

单位：吨

城　市	工业二氧化硫排放量	工业烟尘排放量	工业粉尘排放量	工业二氧化硫去除量
北　京	82909	20534	19307	125303
天　津	224775	62714	9435	164662
石家庄	197227	78295	91538	199828
太　原	108090	46309	35968	179406
呼和浩特	98503	18184	7896	135719
沈　阳	92684	70939	8732	28902
长　春	58575	61973	25073	4004
哈尔滨	58232	60088	34368	20559
上　海	364416	40360	8400	90277
南　京	145544	37138	48390	424082
杭　州	118474	30962	33354	87062
合　肥	25014	11412	5318	2136
福　州	104156	8507	2791	35898
南　昌	27085	19067	6313	20479
济　南	75084	20546	30375	106230
郑　州	152785	91870	58856	58508
武　汉	123422	40891	8880	85979
长　沙	49538	33704	102936	7940
广　州	100909	16094	1433	321043
南　宁	60790	36650	12454	22363
海　口	140	318	…	…
重　庆	683060	115872	182329	630659
成　都	119236	38014	19583	23738
贵　阳	119266	19168	19026	294412
昆　明	99308	13298	9228	550195
拉　萨	416	627	776	
西　安	98155	24363	10198	17667
兰　州	67944	14662	12575	9849
西　宁	69417	22158	32013	11442
银　川	15541	5213	2206	14455
乌鲁木齐	123961	45030	9660	7139

主要城市工业废气排放及处理情况（2007年）续表

单位：吨

城 市	工业烟尘去除量	工业粉尘去除量	废气治理设施(套)	#脱硫设施	本年运行费用(万元)
北 京	2433041	1419449	2520	1040	114078.4
天 津	6404307	817578	2974	1402	91574.2
石家庄	2801071	698832	1423	367	29595.6
太 原	2780129	833578	1037	472	82659.8
呼和浩特	6674754	154652	384	58	30143.2
沈 阳	1278506	21297	1755	694	6573
长 春	1537489	852402	741	326	10830.3
哈尔滨	1981848	152270	782	25	13837
上 海	4508610	1458452	3551	438	180337
南 京	2576846	746184	1079	67	64158.2
杭 州	1172204	580272	1456	339	55133.5
合 肥	596458	83591	499	22	5108.5
福 州	1027096	16680	547	13	39480.8
南 昌	494810	339679	342	63	15587.1
济 南	1428616	606312	741	152	99592.9
郑 州	3110869	834180	1697	119	31710
武 汉	2691529	385170	444	28	44054.4
长 沙	58187	191455	356	93	3363.4
广 州	1630305	237717	1438	123	67724.1
南 宁	356608	322820	688	127	9000.1
海 口	64		38		1212.9
重 庆	2112578	390339	2797	363	127371.2
成 都	1255870	285124	1528	90	17834.6
贵 阳	994641	336438	757	216	43313.5
昆 明	1250620	656824	1253	84	59535.4
拉 萨			10		150
西 安	645604	38909	846	209	4068
兰 州	613233	83295	438	17	55962.1
西 宁	522747	363163	374	2	30290.2
银 川	82396	67307	198	82	6943.5
乌鲁木齐	1160373	186660	487	217	10023.7

沿海城市工业废气排放及处理情况（2007年）

单位：吨

城 市	工业二氧化硫排放量	工业烟尘排放量	工业粉尘排放量	工业二氧化硫去除量
天 津	224775	62714	9435.5	164662.2
秦皇岛	54993.3	10177.4	46106.5	28297
大 连	101943.8	19712.1	19194.8	155350.3
上 海	364416.2	40359.9	8399.5	90277
连云港	32607.1	11585.4	820	31137
宁 波	160246.7	20206.1	9706.8	630637.8
温 州	55483.6	7249.4	138.5	56562.6
福 州	104155.6	8507.3	2790.9	35897.7
厦 门	52100.9	4128.3	447.8	26562.8
青 岛	95648.3	21048	4799.8	115232.6
烟 台	91900.8	13829.6	38928.9	141269.9
深 圳	37988.2	3120.6	109	41402.3
珠 海	38172.2	9588.5	2014.3	52065.6
汕 头	34027.4	6617.4	32.1	37086.4
湛 江	47392.9	14957.2	10831.9	12481.6
北 海	41946	11141.6	14796.1	30.1
海 口	139.6	317.8	0.2	…

沿海城市工业废气排放及处理情况（2007年）续表

单位：吨

城 市	工业烟尘去除量	工业粉尘去除量	废气治理设施(套)	#脱硫设施	本年运行费用(万元)
天 津	6404307	817578	2974	1402	91574.2
秦皇岛	928247	454311	2907	174	22341.1
大 连	922906	159230	966	362	23415.4
上 海	4508610	1458452	3551	438	180337
连云港	775731	6243	240	23	11836.4
宁 波	2134369	390287	1231	159	84704.4
温 州	714334	409	945	91	14789.4
福 州	1027096	16680	547	13	39480.8
厦 门	739050	2213	514	45	25054.2
青 岛	347733	329104	832	227	40172.4
烟 台	1868194	60896	851	378	29921
深 圳	611620	707	606	59	17957.4
珠 海	590591	26036	639	43	47982
汕 头	364963	691	448	5	23542.9
湛 江	85312	32541	299	7	13817.1
北 海	365083		41	3	922.9
海 口	64		38		1212.9

各地区工业固体废物产生和排放情况（2007年）

地区	工业固体废物产生量(万吨)	#危险废物	工业固体废物排放量(吨)
全国	175631.6	1079	11967191
北京	1274.8	14.2	887
天津	1399.4	15.4	
河北	18688.3	30.3	389464
山西	13819.1	4.4	4142511
内蒙古	10972.8	32.9	89405
辽宁	14341.8	62	44817
吉林	3112.6	50	13070
黑龙江	4130.1	17.9	310
上海	2165.4	45.4	1514
江苏	7354.2	135	2586
浙江	3613.5	53	14385
安徽	5960.3	5.2	68
福建	4814.9	10.9	27550
江西	7777.3	5.1	82367
山东	11934.7	139.9	659
河南	8850.6	19.5	22193
湖北	4682.7	14.3	79968
湖南	4559.7	45.2	318142
广东	3852.4	93.9	115032
广西	4543.6	37.1	103404
海南	157.9	1.5	1114
重庆	2086.8	8.5	1381292
四川	9653.8	15.4	2045050
贵州	5988.6	46.2	818755
云南	7097.5	16.9	826556
西藏	5.5		39299
陕西	5480	8.1	422577
甘肃	3001.5	11.6	248186
青海	1129.3	75	8174
宁夏	1045.7	0.1	47670
新疆	2136.6	64.3	680188

资料来源：环境保护部(以下各表同)。

各地区工业固体废物综合利用和处置情况（2007年）

单位：万吨

地区	工业固体废物综合利用量	#危险废物	工业固体废物贮存量	综合利用往年贮存量
全国	110311.5	650.4	24119	2159.8
北京	1042.1	6.6	63.3	117.9
天津	1380.3	12.2	0.2	3
河北	11625.9	24.8	2458	305.2
山西	6783.6	4.3	907.1	54.1
内蒙古	6224.6	15.3	3172.1	13.1
辽宁	5710.8	58.8	2673.4	296.5
吉林	2046.4	30.7	1015.3	17.2
黑龙江	2961.6	8.3	612.2	53.2
上海	2040.1	30.9	20.2	…
江苏	7259.3	99.5	166.6	201.1
浙江	3333.7	21.7	101.1	1.1
安徽	4908.5	4.1	418.4	9.4
福建	3401.2	8.5	91	10.6
江西	2830.9	5	847.6	8
山东	11615.2	84	427.1	339.3
河南	6048.4	15.5	727.2	69.3
湖北	3620.3	12.3	769.4	149.8
湖南	3428.3	43.7	830.1	56.9
广东	3378.5	57.7	168	162.2
广西	3152.4	11.3	226.4	44.1
海南	140.7	0.4	17.1	0.3
重庆	1623.4	4.2	192.3	29.3
四川	5047.5	9	2183.6	15.9
贵州	2251.8	14.3	1134.1	18.8
云南	3036.2	4.2	1691.3	17.5
西藏	0.2		1.3	
陕西	2292.2	3.6	711.3	28.4
甘肃	1121.4	8.8	733.3	108
青海	337.4	0.7	794.8	4.5
宁夏	658.2	…	157.7	24.6
新疆	1010.3	50	807.4	0.8

各地区工业固体废物综合利用和处置情况（2007年）续表

地 区	工业固体废物处置量(万吨)	#危险废物	工业固体废物综合利用率(%)	“三废”综合利用产品产值(万元)
全 国	41350	345.6	62.1	13512692
北 京	690.7	7.7	74.8	91802
天 津	21.9	3.2	98.4	110851
河 北	4940.1	5.5	61.2	796651
山 西	5819.6	1.4	48.9	403412
内蒙古	1609.1	9.3	56.7	198533
辽 宁	5266.4	24.8	39	517483
吉 林	73.3	19.3	65.4	220826
黑龙江	616.7	9.7	70.8	175739
上 海	106.4	14.7	94.2	152091
江 苏	131.7	37	96.1	1834836
浙 江	179.1	30.8	92.2	2240598
安 徽	643.4	1.1	82.2	362346
福 建	1332.1	2.4	70.5	205187
江 西	4105.8	0.1	36.4	324863
山 东	232.9	59.3	94.6	1479858
河 南	2145.4	2.3	67.8	517888
湖 北	440.3	4.6	74.9	613942
湖 南	421.4	4.4	74.3	491845
广 东	458.7	35	84.2	497619
广 西	1360.5	25.6	68.7	418234
海 南	0.4	0.1	89	24551
重 庆	162.7	3.8	76.7	165139
四 川	2229.4	1.9	52.2	493074
贵 州	2559.3	25.2	37.5	157128
云 南	2344.6	7.6	42.7	537403
西 藏			4.4	558
陕 西	1472	1	41.6	160527
甘 肃	1456.4	2.8	36.1	167268
青 海	0.8	…	29.8	20431
宁 夏	273.8	0.1	61.5	40857
新 疆	255.1	4.9	47.3	91154

各行业工业固体废物产生和排放情况（2007年）

单位：万吨

行　业	工业固体废物产生量	#危险废物	工业固体废物排放量
行业合计	164238.7	818.92	1075.62
煤炭开采和洗选业	18751.6	1.56	361.75
石油和天然气开采业	184.2	11.16	0.08
黑色金属矿采选业	21571.3	0.01	229.83
有色金属矿采选业	21044.2	78.31	115.44
非金属矿采选业	1571.7	11.34	13.07
其他采矿业	139.7	0.26	0.37
农副食品加工业	1732.4	0.06	5.02
食品制造业	460.6	0.46	2.26
饮料制造业	808.3	0.01	5.52
烟草制品业	47.4	0	0.29
纺织业	660.4	21.03	3.5
纺织服装、鞋、帽制造业	50.8	2.88	0.06
皮革、毛皮、羽毛(绒)及其制品业	62.1	4.06	0.49
木材加工及木、竹、藤、棕、草制品业	160.4	0.01	0.82
家具制造业	21.3	0.1	0.02
造纸及纸制品业	1796.7	9.56	9.63
印刷业和记录媒介的复制	10.3	0.69	0.07
文教体育用品制造业	3.6	0.32	0.03
石油加工、炼焦及核燃料加工业	2407.1	87.47	53.37
化学原料及化学制品制造业	11784.5	254.59	34.32

各行业工业固体废物产生和排放情况（2007年）续表

单位：万吨

行　业	工业固体废物产生量	#危险废物	工业固体废物排放量
医药制造业	316.9	36.33	2.5
化学纤维制造业	354.7	12.41	0.56
橡胶制品业	111.8	0.53	0.29
塑料制品业	74	1.41	0.26
非金属矿物制品业	4164.4	2.64	61.2
黑色金属冶炼及压延加工业	29797.4	46.55	60.47
有色金属冶炼及压延加工业	6308.9	83.1	32.66
金属制品业	402.7	24.76	0.87
通用设备制造业	216.9	7.09	4.43
专用设备制造业	130.2	2.63	1.29
交通运输设备制造业	390.3	10.84	1.16

行　业	工业固体废物产生量	#危险废物	工业固体废物排放量
电气机械及器材制造业	58	7.57	0.39
通信设备、计算机及其他电子设备制造业	121.6	46.52	0.4
仪器仪表及文化、办公用机械制造业	33	17.64	0.01
工艺品及其他制造业	15.7	0.5	0.2
废弃资源和废旧材料回收加工业	21.2	0.09	0.09
电力、热力的生产和供应业	37585.5	21.6	71.66
燃气生产和供应业	133	0.17	0.52
水的生产和供应业	8.3	0.33	…
其它行业	725.4	12.32	0.71

各行业工业固体废物综合利用和处置情况（2007年）

单位：万吨

行　业	工业固体废物综合利用量	#危险废物	工业固体废物处置量	#危险废物
行业合计	102537.2	650.39	32472.4	275.58
煤炭开采和洗选业	12386.2	1.57	5449.1	0.01
石油和天然气开采业	89.9	5.56	90.4	4.93
黑色金属矿采选业	3926.3		7016	0.01
有色金属矿采选业	5553.7	23.1	6391.5	31.86
非金属矿采选业	1066	0.01	155.4	…
其他采矿业	47.2	0.26	21.9	…
农副食品加工业	1677.4	0.01	29.2	0.09
食品制造业	424	2.47	9.9	0.28
饮料制造业	792.2	0.01	9.8	0.27
烟草制品业	41.6	…	5.3	0.01
纺织业	619	16.3	37.9	5.35
纺织服装、鞋、帽制造业	47.9	1.98	2.9	0.91
皮革、毛皮、羽毛(绒)及其制品业	47.8	1.42	12.7	1.79
木材加工及木、竹、藤、棕、草制品业	157.6	0.01	1.9	…
家具制造业	20.9	0.02	0.4	0.07
造纸及纸制品业	1634.1	8.8	116.2	0.89
印刷业和记录媒介的复制	8.7	0.02	1.6	0.67
文教体育用品制造业	3.1	0.23	0.4	0.1
石油加工、炼焦及核燃料加工业	2208.4	70.03	143.7	26.43
化学原料及化学制品制造业	8291	298.59	2102.5	57.49

各行业工业固体废物综合利用和处置情况（2007年）续表1

单位：万吨

行　业	工业固体废物综合利用量	#危险废物	工业固体废物处置量	#危险废物
医药制造业	293	31.19	20.2	5.2
化学纤维制造业	341.4	24.43	15.8	10.14
橡胶制品业	110	0.22	1.5	0.31
塑料制品业	70.3	0.18	3.5	1.22
非金属矿物制品业	4461.4	2.34	142.9	1.44
黑色金属冶炼及压延加工业	24843.5	48.23	2649	8.81
有色金属冶炼及压延加工业	2411.3	42.26	3276.1	34.27
金属制品业	381.6	12.34	19.4	12.37
通用设备制造业	177.1	3.19	34.2	4.16
专用设备制造业	108.1	0.99	18.2	1.77
交通运输设备制造业	342.2	2.06	44.9	8.93
电气机械及器材制造业	48.1	3.34	9.7	4.49
通信设备、计算机及其他电子设备制造业	91.4	26.27	30.4	20.27
仪器仪表及文化、办公用机械制造业	24.1	11.43	8.9	6.22
工艺品及其他制造业	14.9	0.15	0.6	0.39
废弃资源和废旧材料回收加工业	19.6	0.01	1.2	0.1
电力、热力的生产和供应业	29211.8	2.52	4302.6	20.36
燃气生产和供应业	99.2	0.09	6.5	0.08
水的生产和供应业	5.3	…	3	0.33
其它行业	439.8	8.79	285.2	3.57

各行业工业固体废物综合利用和处置情况（2007年）续表2

行　业	工业固体废物综合利用率(%)	“三废”综合利用产品产值(万元)
行业合计	61.6	13512653.6
煤炭开采和洗选业	65	205304.4
石油和天然气开采业	48.8	86735.6
黑色金属矿采选业	18.2	41288.7
有色金属矿采选业	26.4	70606.1
非金属矿采选业	66.6	26272
其他采矿业	33.7	8133.7
农副食品加工业	96.8	441357.3
食品制造业	92.1	168278.7
饮料制造业	98	160463.8
烟草制品业	87.6	3316.2

行　　业	工业固体废物综合利用率(%)	“三废”综合利用产品产值(万元)
纺织业	93.7	241126.1
纺织服装、鞋、帽制造业	94.4	8285.8
皮革、毛皮、羽毛(绒)及其制品业	77	14832.6
木材加工及木、竹、藤、棕、草制品业	98.3	68351.4
家具制造业	98.1	4813.3
造纸及纸制品业	90.8	1593539.6
印刷业和记录媒介的复制	84.2	17913.2
文教体育用品制造业	86.3	1716.3
石油加工、炼焦及核燃料加工业	89.9	831880.9
化学原料及化学制品制造业	69.5	1110478.5

各行业工业固体废物综合利用和处置情况（2007年）续表3

行　　业	工业固体废物综合利用率(%)	“三废”综合利用产品产值(万元)
医药制造业	92.2	94902.1
化学纤维制造业	94.7	105381.3
橡胶制品业	98.4	18022.7
塑料制品业	94.9	134837.6
非金属矿物制品业	95.2	3254996.7
黑色金属冶炼及压延加工业	83.2	2280113.3
有色金属冶炼及压延加工业	37.9	1092180.1
金属制品业	94.7	129657.5
通用设备制造业	81.6	62303.5
专用设备制造业	83.1	35553.8
交通运输设备制造业	87.7	208235.6
电气机械及器材制造业	82.6	69112.2
通信设备、计算机及其他电子设备制造业	73.4	134484.5
仪器仪表及文化、办公用机械制造业	73	42620.7
工艺品及其他制造业	94.5	5078.8
废弃资源和废旧材料回收加工业	92.1	96690.1
电力、热力的生产和供应业	75.8	568076.2
燃气生产和供应业	74.6	8710.9
水的生产和供应业	64.1	31674.1
其它行业	60.6	35327.7

主要城市工业固体废物产生、排放和综合利用情况（2007年）

城市	工业固体废物产生量(万吨)	#危险废物(吨)	工业固体废物综合利用量(万吨)	工业固体废物排放量(吨)	工业固体废物综合利用率(%)
北　京	1274.8	142070	1042.1	887	74.8
天　津	1399.4	154111	1380.3		98.4
石家庄	1236.6	199552	1193.6	1842	95.5
太　原	2642.3	30451	1114.3	453907	42.1
呼和浩特	502.6	1657	163.7	8	32.6
沈　阳	468.8	84022	445.6		91.2
长　春	335.4	12609	333.2		99.4
哈尔滨	1093.2	11266	775.8		71
上　海	2165.4	454289	2040.1	1514	94.2
南　京	1340.1	253002	1296.9		91.2
杭　州	662.5	42501	630.1	2800	95.1
合　肥	238.3	13281	237.2	3	99.5
福　州	269.1	11970	251.9	96	93.6
南　昌	158	1126	143.3	3755	87.6
济　南	1000.1	94433	948		93.8
郑　州	979	3086	594.8		60.8
武　汉	922.5	6580	857.6		88.1
长　沙	107.3	680	102	37337	93
广　州	610.1	214304	592.1	2000	91
南　宁	325	232931	262.1	3264	80.7
海　口	1.4	539	1.3		93
重　庆	2086.8	85005	1623.4	1381292	76.7
成　都	634.3	6825	621.7		97.9
贵　阳	866.6	10015	471.7	4751	53.3
昆　明	1800.8	10326	638.6	418251	35.4
拉　萨	1.5		…	14360	3
西　安	193.2	1588	171	4520	88.5
兰　州	412.4	73834	344.5		81.9
西　宁	203.4	10368	140.7	3542	67.7
银　川	106.4		121.4	8283	96
乌鲁木齐	485.7	26064	267.3	37475	55

沿海城市工业固体废物产生、排放和综合利用情况（2007年）

城市	工业固体废物产生量(万吨)	#危险废物(吨)	工业固体废物综合利用量(万吨)	工业固体废物排放量(吨)	工业固体废物综合利用率(%)
天津	1399.4	154111	1380.3		98.4
秦皇岛	698.5	1375.3	574.6		81.7
大连	366.7	97422.9	339.6	2004	91.1
上海	2165.4	454288.6	2040.1	1514	94.2
连云港	255.6	3233.3	259.6		91.3
宁波	784.5	112927.2	684.1	400	87.2
温州	200.4	188273.9	170.4	6751	85
福州	269.1	11970.1	251.9	96	93.6
厦门	127.6	12436.5	120.2	72	91.3
青岛	698.8	11933.4	723.4	203	98
烟台	1576.8	262015.7	1450.7		92
深圳	122.3	317288.8	98.7	500	80.7
珠海	204.8	46429.3	204.7	2100	97.5
汕头	63.8	6841	63.2	25	99.1
湛江	180.8	1134	166.3	12620	92
北海	103.8	747.1	59.5	1079	57.1
海口	1.4	538.8	1.3		93

各地区森林资源情况

地区	林业用地面积(万公顷)	森林面积(万公顷)	#人工林	森林覆盖率(%)	活立木总蓄积量(万立方米)	森林蓄积量(万立方米)
全国	28492.56	17490.92	5364.99	18.21	1361810	1245584.58
北京	97.29	37.88	27.08	21.26	1176.36	840.7
天津	13.44	9.35	8.99	8.14	234.18	140.35
河北	624.55	328.83	179.48	17.69	8657.98	6509.92
山西	690.94	208.19	99.19	13.29	7309.34	6199.93
内蒙古	4403.61	2050.67	241.29	17.7	128806.7	110153.15
辽宁	634.39	480.53	267.6	32.97	18546.33	17476.57
吉林	805.57	720.12	148.22	38.13	85359.17	81645.51
黑龙江	2026.5	1797.5	172.63	39.54	150153.09	137502.31
上海	2.25	1.89	1.89	3.17	233.63	33.24
江苏	99.88	77.41	74.17	7.54	4073.18	2285.27
浙江	654.79	553.92	255.63	54.41	13846.75	11535.85

地　区	林业用地面积(万公顷)	森林面积(万公顷)	#人工林	森林覆盖率(%)	活立木总蓄积量(万立方米)	森林蓄积量(万立方米)
安　徽	412.32	331.99	185.51	24.03	12667.41	10371.9
福　建	908.07	764.94	356.98	62.96	49671.38	44357.36
江　西	1044.69	931.39	275.25	55.86	37435.19	32505.2
山　东	284.64	204.64	194.4	13.44	5819.42	3201.65
河　南	456.41	270.3	161.11	16.19	13370.51	8404.64
湖　北	766	497.55	145.9	26.77	17518.13	15406.64
湖　南	1171.42	860.79	390.39	40.63	30211.67	26534.46
广　东	1048.14	827	440.83	46.49	29703.35	28365.63
广　西	1366.22	983.83	449.62	41.41	40287.06	36477.26
海　南	194.47	166.66	109.1	48.87	7863.61	7195.16
重　庆	366.84	183.18	62.87	22.25	10580.49	8441.08
四　川	2266.02	1464.34	343.29	30.27	158216.65	149543.36
贵　州	761.83	420.47	183.5	23.83	21022.16	17795.72
云　南	2424.76	1560.03	251.45	40.77	154759.4	139929.16
西　藏	1657.89	1389.61	2.76	11.31	229448.04	226606.41
陕　西	1071.78	670.39	169.21	32.55	33422.35	30775.77
甘　肃	745.55	299.63	67.32	6.66	19542.61	17504.33
青　海	556.28	317.2	4.36	4.4	4101.39	3592.62
宁　夏	115.34	40.36	9.81	6.08	478.39	392.85
新　疆	608.46	484.07	45.9	2.94	31419.68	28039.68

注：1.本表为第六次全国森林资源清查(1999-2003)资料。2.全国总计数包括台湾省和香港、澳门特别行政区数据。

各地区湿地情况

地　区	湿地面积(千公顷)	自然湿地	近岸及海岸	河　流	湖　泊	沼　泽	人工湿地	湿地总面积占国土面积比重(%)
全　国	38485.5	36200.6	5941.7	8207	8351.6	13700.3	2285	4.01
北　京	34.4	5		5			29.4	1.93
天　津	171.8	133.7	58.1	55.1	12.3	8.2	38.1	14.95
河　北	1081.9	1042.3	278.8	319.3	307.2	136.9	39.6	5.82
山　西	499.9	462.2		454.1	8.1		37.7	3.19
内蒙古	4245	4200.8		607.5	495.2	3098.1	44.3	3.66
辽　宁	1219.6	1106.8	738.1	252.2	6.3	110.2	112.9	8.37
吉　林	1203.4	1016.4	5.8	581.4	74.5	354.7	187	6.37
黑龙江	4314.8	4182.8		460.7	401.9	3320.3	132	9.49
上　海	319.7	319.4	305.4	7.2	6.8		0.3	53.68
江　苏	1674.7	1651.1	843.5	203.3	604.2		23.6	16.32

地 区	湿地面积(千公顷)	自然湿地	近岸及海岸	河 流	湖 泊	沼 泽	人工湿地	湿地总面积占国土面积比重(%)
浙 江	802.2	695.9	574.3	118.5	3	0.1	106.3	7.88
安 徽	653.9	590		239.5	350.5		63.9	4.73
福 建	443	421.2	370.6	31.1	19.5		21.8	3.65
江 西	998.8	872.9		314.9	443.2	114.8	125.9	5.99
山 东	1784.1	1681.4	1210.9	301.1	165.5	3.9	102.7	11.72
河 南	624.1	482.2		472.7	2.6	6.9	141.9	3.74
湖 北	927.3	730.5		377.4	294.7	58.4	196.9	4.99
湖 南	1226.9	1047.5		683.1	359.3	5.1	179.5	5.79
广 东	1398.1	1252	1017.8	231.7	1.5	1	146	7.86
广 西	656.1	567.5	348.4	219.1			88.6	2.76
海 南	311.5	256.6	190	38.3	17.3	11	54.9	9.13
重 庆	43.2	31.9		31.6	0.3		11.3	0.52
四 川	961.7	919.5		563.9	13.4	342.3	42.1	1.98
贵 州	79.4	65.9		58	2.3	5.7	13.5	0.45
云 南	235.3	220.3		119.8	96.5	4	15	0.61
西 藏	5232	5231.5		231.1	2538.6	2461.7	0.5	4.26
陕 西	292.9	277.2		252.1	7.3	17.8	15.7	1.42
甘 肃	1258.1	1131.4		565.6	44.3	521.5	126.7	2.8
青 海	4126	4087.7		107.5	1232	2748.1	38.3	5.72
宁 夏	255.6	252.4		104.1	148.3		3.2	3.85
新 疆	1410.2	1264.6		200.2	694.9	369.5	145.5	0.86

注：本表为中国首次湿地调查(1995-2003)资料，不包括台湾省、香港和澳门特别行政区；湿地面积不包括水稻田湿地。

海洋灾害情况（2007年）

灾 种	发生次数(次)	死亡、失踪人数(人)	直接经济损失(亿元)
合 计	163	161	88.37
风暴潮	30	18	87.15
赤 潮	82		0.06
海 浪	50	143	1.16
海 冰	1		
海 啸			

资料来源：国家海洋局。

各地区环境污染治理投资情况（2007年）

单位：亿元

地区	环境污染治理投资总额	城市环境基础设施建设投资	工业污染源治理投资	建设项目“三同时”环保投资	环境污染治理投资占GDP比重(%)
全国	3387.3	1467.5	552.4	1367.4	1.36
北京	185.3	136	8.1	41.2	1.98
天津	59.8	20.1	15.1	24.7	1.18
河北	170.2	87.2	21.5	61.5	1.24
山西	97	32.6	45.7	18.7	1.69
内蒙古	90.5	51.3	16.7	22.5	1.49
辽宁	125.1	79.1	23.7	22.3	1.14
吉林	50.9	31.9	8	11	0.96
黑龙江	58.7	39.3	10.2	9.2	0.83
上海	123	68.3	16.4	38.3	1.01
江苏	318.2	161	53.7	103.5	1.24
浙江	177.4	65.6	21.4	90.4	0.94
安徽	82.4	45.3	11.4	25.6	1.12
福建	78	40.2	13.8	24	0.84
江西	45.5	18.2	8.3	19	0.83
山东	320.8	174	67.3	79.5	1.24
河南	114.4	41.3	33.8	39.3	0.76
湖北	64.3	38.2	18.9	7.3	0.7
湖南	64.6	34.4	13.4	16.7	0.7
广东	153.6	67	46.3	40.3	0.49
广西	65.5	41.7	18.2	5.6	1.1
海南	14.9	9	0.4	5.5	1.22
重庆	63.7	28.3	10	25.4	1.55
四川	102.2	53.2	20.1	28.9	0.97
贵州	22.4	8.1	4.6	9.7	0.82
云南	29.9	5.3	8.6	15.9	0.63
西藏	0.6		…	0.5	0.15
陕西	63.8	29.4	9.7	24.6	1.17
甘肃	38.1	14.5	14.9	8.7	1.41
青海	10.6	4.7	0.8	5.1	1.35
宁夏	33.4	22.4	4.6	6.4	3.76
新疆	35.2	19.7	6.7	8.8	1

资料来源：环境保护部、住房和城乡建设部。

各地区城市环境基础设施建设投资情况（2007年）

单位：亿元

地 区	投资总额	燃气	集中供热	排水	#污水处理	园林绿化	市容环境卫生	#垃圾处理
全 国	1467.5	160.06	230.03	410.01	212.18	525.56	141.84	53.02
北 京	135.98	13.78	43.35	11.01	10.64	25.34	42.48	10.07
天 津	20.08	4.04	5.89	1.2	0.12	8.06	0.89	0.21
河 北	87.23	8.09	25.77	16.72	7.76	31.01	5.64	1.03
山 西	32.58	3.26	19.05	1.49	0.56	6.55	2.23	1.64
内蒙古	51.29	3.14	16.45	4.44	2.62	25.06	2.19	
辽 宁	79.14	5.47	16.51	22.84	7.01	32.39	1.93	0.87
吉 林	31.89	2.69	11.52	9.3	6.95	4.73	3.63	2.92
黑龙江	39.26	2.95	18.7	9.32	4.77	6.62	1.67	0.54
上 海	68.32	15.24		24.87	11.52	24.66	3.54	3.15
江 苏	160.98	15.25	0.53	35.65	29	98.52	11.02	2.97
浙 江	65.62	7.59	3.63	23.58	11.17	26.77	4.04	1.72
安 徽	45.35	6.74	1.13	9.83	4.39	24.91	2.74	1.53
福 建	40.21	5.36		12.68	6.78	17.83	4.34	2.62
江 西	18.21	3.32		4.63	3.23	8.68	1.58	1.24
山 东	173.97	15.68	36.32	56.52	21.97	54.83	10.61	6.89
河 南	41.3	3.41	3.04	11.32	6.14	17.59	5.93	4.47
湖 北	38.19	6.55		14.69	7.67	13.59	3.36	0.52
湖 南	34.45	4.02		14.25	11.56	9.8	6.37	1.37
广 东	66.98	10.27		34.66	26.05	8.51	13.55	3.34
广 西	41.71	3.61		21.16	8.9	14.18	2.75	0.98
海 南	9.03	2.36		4.04		2.09	0.55	0.01
重 庆	28.33	3.22		16.43	6.71	7.04	1.65	0.62
四 川	53.2	4.15		22.09	7.63	23.75	3.22	0.77
贵 州	8.15	0.05		7.6	1.62	0.26	0.23	0.11
云 南	5.32	0.67		1.51	0.12	3	0.14	0.09
西 藏								
陕 西	29.41	2.15	3.63	8.75	1.15	12.12	2.76	2.19
甘 肃	14.48	2.18	3.87	5.07	4.23	2.89	0.47	0.23
青 海	4.71	0.37	0.23	0.58	0.37	2.88	0.66	0.54
宁 夏	22.42	0.92	15.57	1.04	0.4	4.74	0.15	0.13
新 疆	19.73	3.51	4.84	2.72	1.12	7.16	1.5	0.25

资料来源：住房和城乡建设部。

各地区工业污染治理投资来源情况（2007年）

单位：万元

地区	污染治理项目本年投资来源总额	排污费补助	政府其他补助	企业自筹	#银行贷款
全　国	5523909	107991	156564	5259355	382803
北　京	81207	1530	2550	77127	400
天　津	150527	555	3117	146854	627
河　北	215485	21182	12961	181342	23674
山　西	457241	7685	6526	443030	8782
内蒙古	167487	1410	6532	159545	842
辽　宁	237002	4498	4018	228486	3080
吉　林	80308	893	1747	77668	3355
黑龙江	102110	838	6664	94609	1651
上　海	164318	1	16377	147940	788
江　苏	537032	10486	4697	521849	38937
浙　江	213773	7745	6919	199109	10914
安　徽	113853	4065	7875	101913	32365
福　建	138007	1463	1523	135021	1674
江　西	82688	1665	757	80267	38890
山　东	673420	4537	25509	643374	42488
河　南	338132	5950	13722	318460	49972
湖　北	188634	5543	4434	178658	4732
湖　南	133641	2938	1321	129382	15560
广　东	462758	1649	4373	456737	1185
广　西	181940	1011	1629	179301	68655
海　南	3889	35	58	3797	139
重　庆	100070	692	8363	91015	1500
四　川	201033	6999	4595	189439	2314
贵　州	45646	1148	1019	43479	1800
云　南	86423	642	820	84961	17819
西　藏	223	100		123	
陕　西	97045	1224	610	95212	2040
甘　肃	149087	2891	6260	139936	1932
青　海	7913	196	190	7527	
宁　夏	46272	145	970	45157	6591
新　疆	66748	8278	430	58040	100

资料来源：环境保护部(以下各表同)。

各地区工业污染治理投资完成情况（2007年）

单位：万元

地区	污染治理项目本年完成投资	治理废水	治理废气	治理固体废物	治理噪声	治理其他	本年竣工项目数(个)
全国	5523909	1960722	2752642	182532	18279	606838	12547
北京	81207	22008	33946	1151	395	23706	160
天津	150527	37118	67063	1750	117	44478	188
河北	215485	60761	129939	2539	1488	20757	421
山西	457241	148103	265566	12595	856	30121	965
内蒙古	167487	38035	121185	6932	111	1224	143
辽宁	237002	72093	110239	11201	969	42501	230
吉林	80308	46096	29875	432	1874	2031	176
黑龙江	102110	70109	26390	5538	8	65	198
上海	164318	13117	148485	11	1013	1692	203
江苏	537032	152176	346238	12196	576	25847	731
浙江	213773	123772	67700	1942	315	20044	1071
安徽	113853	59004	48303	546	287	5712	261
福建	138007	57745	57147	3240	101	19774	666
江西	82688	24268	56249	1411	151	609	209
山东	673420	289336	300478	25700	1692	56214	1109
河南	338132	123877	184667	7668	821	21099	511
湖北	188634	79258	92666	2004	1411	13294	442
湖南	133641	72608	45672	6676	534	8151	543
广东	462758	68432	191689	11430	1948	186363	1610
广西	181940	61803	101154	16012	1	2971	367
海南	3889	2679	535		10	666	28
重庆	100070	30203	58653	4233	571	6409	260
四川	201033	99757	83307	8368	1580	8020	616
贵州	45646	14503	19881	9141	161	1961	190
云南	86423	21511	51766	7501	284	5361	425
西藏	223	143				80	3
陕西	97045	50088	16138	8779	703	21338	237
甘肃	149087	64990	45919	8250	83	29844	302
青海	7913	1056	6856				21
宁夏	46272	22599	19595	3610		468	138
新疆	66748	33473	25343	1676	219	6038	123

各地区建设项目“三同时”执行情况（2007年）

单位：项，亿元

地 区	当年建成投产项目数	应执行“三同时”项目数	实际执行“三同时”项目数	实际执行“三同时”项目投资总额	新建	扩建	技改
全 国	94805	85147	84217	27154.4	20106.4	4933.7	2114.3
北 京	2567	1994	1865	783.5	683.1	47.2	53.2
天 津	1165	1165	1165	409.4	296	108.9	4.4
河 北	4580	4568	4562	816.2	476.8	218.7	120.7
山 西	875	875	874	252.4	111.7	47.7	93
内蒙古	1093	1093	1093	230.1	127.1	82.6	20.4
辽 宁	5099	5099	5098	837.4	790.5	35.6	11.3
吉 林	1833	1833	1833	308.3	278.3	11.9	18
黑龙江	1713	1713	1713	275.6	216.6	39.8	19.2
上 海	2928	2928	2928	1388.9	1212.6	166.2	10.1
江 苏	13316	12950	12849	1929.7	1254.3	385.9	289.5
浙 江	9295	8100	8001	2059.1	1481.5	201.7	375.8
安 徽	1507	1361	1327	409.6	358.6	10.3	40.7
福 建	5254	5049	5008	744.5	642.6	77.5	24.4
江 西	1401	1381	1282	294.7	285.7	1.8	7.3
山 东	9445	8330	8287	1404.5	1221.3	102.1	81.1
河 南	2900	2637	2637	413.9	343.5	41.8	28.6
湖 北	1768	1730	1706	379.2	335.9	25.9	17.4
湖 南	1932	1857	1836	315.8	281.6	15.3	18.9
广 东	10865	5319	5168	1146.7	688.8	187.8	270.1
广 西	3468	3468	3420	187.4	109.4	68	10.1
海 南	163	163	161	103	96.7	0.8	5.5
重 庆	2318	2318	2318	732.6	630.8	60.1	41.7
四 川	2435	2431	2431	423.3	303.8	55.9	63.6
贵 州	872	872	867	808.5	490.8	311.7	6
云 南	946	942	942	249.8	188.3	35.9	25.7
西 藏			5	15.3	15.3		
陕 西	1797	1797	1791	311	233.6	25.2	52.3
甘 肃	880	805	801	68.4	43.3	10.6	14.5
青 海	358	358	356	92.3	59.5	27.7	5.1
宁 夏	786	768	750	78	56.9	18.9	2.3
新 疆	895	892	820	1309.2	1281.4	16	11.8

各地区建设项目“三同时”执行情况（2007年）续表

单位：万元

地区	实际执行“三同时”项目环保投资总额	新建	扩建	技改
全国	13673890	9248307	2922829	1502755
北京	412094	303165	24872	84056
天津	246643	190017	33219	23407
河北	614660	286759	191284	136617
山西	187330	56723	61686	68922
内蒙古	224681	111621	105603	7458
辽宁	222964	185648	25706	11611
吉林	110255	95367	11884	3004
黑龙江	92481	66930	8904	16647
上海	382794	259958	118117	4720
江苏	1035232	828186	155285	51762
浙江	904368	617812	52947	233609
安徽	256206	196531	5714	53961
福建	239564	199710	32351	7504
江西	190289	132318	1390	56581
山东	794844	637455	64589	92801
河南	392941	331287	33491	28163
湖北	72639	65774	4234	2631
湖南	167491	131674	11715	24102
广东	403262	318814	50722	33726
广西	55511	41295	8610	5607
海南	54582	46367	904	7311
重庆	253722	216419	17302	20000
四川	288530	153621	22702	112207
贵州	97296	79163	10835	7298
云南	159478	91193	30074	38212
西藏	5500	5500		
陕西	246395	177979	24914	43502
甘肃	87091	37298	23660	26133
青海	51458	30726	10136	10596
宁夏	63965	37683	25527	756
新疆	87501	60456	21246	5800

各地区排污费征收情况（2007年）

单位：万元

地区	实际执行“三同时”项目环保投资总额	新建	扩建	技改
全国	13673890	9248307	2922829	1502755
北京	412094	303165	24872	84056
天津	246643	190017	33219	23407
河北	614660	286759	191284	136617
山西	187330	56723	61686	68922
内蒙古	224681	111621	105603	7458
辽宁	222964	185648	25706	11611
吉林	110255	95367	11884	3004
黑龙江	92481	66930	8904	16647
上海	382794	259958	118117	4720
江苏	1035232	828186	155285	51762
浙江	904368	617812	52947	233609
安徽	256206	196531	5714	53961
福建	239564	199710	32351	7504
江西	190289	132318	1390	56581
山东	794844	637455	64589	92801
河南	392941	331287	33491	28163
湖北	72639	65774	4234	2631
湖南	167491	131674	11715	24102
广东	403262	318814	50722	33726
广西	55511	41295	8610	5607
海南	54582	46367	904	7311
重庆	253722	216419	17302	20000
四川	288530	153621	22702	112207
贵州	97296	79163	10835	7298
云南	159478	91193	30074	38212
西藏	5500	5500		
陕西	246395	177979	24914	43502
甘肃	87091	37298	23660	26133
青海	51458	30726	10136	10596
宁夏	63965	37683	25527	756
新疆	87501	60456	21246	5800

各地区城市污水排放和处理情况（2007年）

单位：万立方米

地 区	城市污水排放量(万立方米)	污水处理厂(座)	#二、三级处理	污水处理厂污水处理能力(万立方米/日)	#二、三级处理	污水处理厂污水处理量(万立方米)
全 国	3610118	883	795	7145.5	6301.4	1788737
北 京	129820	20	20	312.9	312.9	90302
天 津	69273	14	14	178.5	178.5	40310
河 北	121902	43	43	359.7	359.7	75178
山 西	62336	24	21	129.4	102.9	34634
内蒙古	40096	21	19	116.2	114.2	21316
辽 宁	228101	35	31	385.6	354.1	102280
吉 林	66270	12	11	140.2	138.9	20948
黑龙江	153784	12	10	138.2	112.2	26264
上 海	225200	34	33	539.7	369.7	164346
江 苏	269487	111	106	618.5	584	171846
浙 江	192773	51	45	434.6	303.6	113593
安 徽	116987	25	21	204.6	173.6	53427
福 建	102825	23	19	207.4	162.9	50556
江 西	63792	11	11	117.8	117.8	19129
山 东	206565	93	85	560.8	505.3	145882
河 南	131511	47	46	371.7	370.7	84554
湖 北	202596	28	24	296.3	252.3	85061
湖 南	154783	26	26	220.4	220.4	32536
广 东	508153	90	76	736.6	642	210619
广 西	115268	9	8	104.5	84.5	17243
海 南	19341	2		38		12153
重 庆	52379	23	13	169.8	129.8	38645
四 川	122790	33	26	231.3	201.3	60220
贵 州	28314	12	11	51.5	48.5	11078
云 南	49791	23	22	110.7	110.2	29537
西 藏	7203					
陕 西	54494	11	11	75	75	21043
甘 肃	40673	15	15	94.2	94.2	17448
青 海	9560	2	2	13.5	13.5	3066
宁 夏	21961	9	9	51	51	10390
新 疆	42090	24	17	136.9	117.7	25133

各地区城市污水排放和处理情况(2007年)续表

单位：万立方米

地区	其他污水处理装置		污水处理总能力(万立方米/日)	污水处理总量(万吨)	污水再生利用量(万吨)	城市污水处理率(%)	#污水处理厂集中处理率
	处理能力(万立方米/日)	处理量(万吨)					
全　国	3191	481110	10337	2269847	158630	62.87	49.55
北　京	40.5	8563	353	98865	49501	76.16	69.56
天　津	14.2	2251	193	42561	807	61.44	58.19
河　北	36.1	5427	396	80605	6314	66.12	61.67
山　西	40.8	4837	170	39471	279	63.32	55.56
内蒙古	10	1518	126	22834	1208	56.95	53.16
辽　宁	74.9	15643	461	117923	3567	51.7	44.84
吉　林	32.1	4653	172	25601	1095	38.63	31.61
黑龙江	255.2	54718	393	80982	915	52.66	17.08
上　海			540	164346		72.98	72.98
江　苏	561.6	55532	1180	227378	43795	84.37	63.77
浙　江	94	21509	529	135102	2936	70.08	58.93
安　徽	254.2	32646	459	86073	2576	73.57	45.67
福　建	122.2	18051	330	68607	59	66.72	49.17
江　西	44.5	5951	162	25080		39.32	29.99
山　东	123.8	20006	685	165888	12017	80.31	70.62
河　南	23.9	5240	396	89794	2444	68.28	64.29
湖　北	209.2	43078	506	128139	15043	63.25	41.99
湖　南	219	39195	439	71731	806	46.34	21.02
广　东	311.3	73793	1048	284412	5685	55.97	41.45
广　西	553.2	39689	658	56932	2	49.39	14.96
海　南	3	710	41	12863		66.51	62.84
重　庆	5.9	316	176	38961	216	74.38	73.78
四　川	35.7	7538	267	67758	109	55.18	49.04
贵　州			52	11078		39.13	39.13
云　南	20.9	3035	132	32572	2794	65.42	59.32
西　藏							
陕　西	29	6873	104	27916	961	51.23	38.62
甘　肃	31.6	4677	126	22125	12	54.4	42.9
青　海			14	3066	10	32.07	32.07
宁　夏	11	2805	62	13195	189	60.08	47.31
新　疆	33.2	2856	170	27989	5290	66.5	59.71

各地区城市园林绿化情况（2007年）

单位：公顷

地 区	绿化覆盖面积	#建成区	园林绿地面积	#建成区	公园绿地面积
全 国	2190798	1251573	1708995	1110330	332654
北 京	46635	46635	44840	44840	11821
天 津					
河 北	65382	53806	50829	44631	12307
山 西	31895	25230	21775	20377	6738
内蒙古	27914	24892	24068	23283	7839
辽 宁	87371	71949	76888	66330	18291
吉 林	35162	32863	28980	27771	8141
黑龙江	218327	43893	220137	38521	11372
上 海	33501	33299	31789	31626	13899
江 苏	241680	116157	180784	104276	29125
浙 江	75090	66917	63303	59521	15379
安 徽	77058	43369	59147	38656	9704
福 建	52476	30317	28841	27473	7833
江 西	33759	31268	31127	28754	6381
山 东	146076	118973	125615	104693	35479
河 南	62765	60966	53158	51456	15493
湖 北	64561	48788	44035	42361	14484
湖 南	47487	39560	39742	35685	8520
广 东	487704	157203	274680	141315	47612
广 西	60623	26135	53319	22026	6944
海 南	50046	8254	48289	7092	2110
重 庆	26978	21229	24185	19300	6479
四 川	62056	45427	55918	41127	12037
贵 州	33255	12085	27193	10626	3071
云 南	20725	17905	16511	15439	4417
西 藏	2118	1923	1983	185	249
陕 西	28237	24600	21524	19854	6199
甘 肃	16766	13354	12598	12028	3537
青 海	3102	3040	3022	2960	851
宁 夏	12897	9800	12067	8891	2116
新 疆	39152	21736	32648	19233	4226

各地区城市园林绿化情况（2007年）续表

单位：公顷

地 区	人均公园绿地面积(平方米)	建成区绿地率(%)	建成区绿化覆盖率(%)	公园个数(个)	公园面积(公顷)
全 国	8.98	31.3	35.29	7913	202244
北 京	8.57	34.78	36.17	258	6390
天 津					
河 北	8.4	30.28	36.5	279	7443
山 西	7.13	26.31	32.58	145	3726
内蒙古	10.63	26.26	28.07	99	6668
辽 宁	9.03	34.59	37.52	270	10287
吉 林	8.27	26.41	31.25	86	3336
黑龙江	8.24	25.25	28.77	188	6526
上 海	7.48	35.71	37.6	146	1675
江 苏	12.59	38.42	42.8	601	11787
浙 江	8.79	32.15	36.15	764	11378
安 徽	8.72	32.17	36.09	190	7001
福 建	8.64	33.53	37	307	5378
江 西	8.73	35.91	39.05	152	3338
山 东	13.33	33.97	38.6	517	16522
河 南	8.92	28.98	34.34	234	8028
湖 北	9.29	32.62	37.57	224	6716
湖 南	7.63	32.09	35.58	159	5545
广 东	9.22	34.6	38.49	2054	42492
广 西	8.56	27.06	32.11	124	5026
海 南	10.12	34.78	40.48	40	1174
重 庆	7.61	28.92	31.81	102	2786
四 川	8.37	30.96	34.2	264	6227
贵 州	5.89	26.85	30.53	49	2866
云 南	7.44	26.69	30.95	281	10176
西 藏	6.9	2.35	24.4	21	417
陕 西	8	30.39	37.65	102	2215
甘 肃	6.83	21.75	24.14	75	2001
青 海	8.47	26.75	27.47	19	464
宁 夏	10.42	30.42	33.53	43	1777
新 疆	8.09	28.34	32.03	120	2879

主要城市道路交通噪声监测情况（2007年）

城市	等效声级dB(A)	城市	等效声级dB(A)	城市	等效声级dB(A)
北京	69.9	温州	69.3	深圳	69.6
天津	67.7	湖州	69.2	珠海	67.7
石家庄	67.3	绍兴	68.1	汕头	67.4
唐山	67.7	合肥	68	湛江	68
秦皇岛	66.9	芜湖	67.1	南宁	69.8
邯郸	67.7	马鞍山	66.5	柳州	67.6
保定	67	福州	68.8	桂林	67.7
太原	67.2	厦门	67.8	北海	66.2
大同	70.9	泉州	68.8	海口	67.6
阳泉	66.5	南昌	69.9	重庆	68.1
长治	67.2	九江	66.1	成都	70.1
临汾	68.2	济南	69.6	自贡	70
呼和浩特	69.4	青岛	68.2	攀枝花	68.6
包头	67	淄博	66.3	泸州	70.3
赤峰	69.3	枣庄	63.8	德阳	68.9
沈阳	69.5	烟台	68.6	绵阳	67.6
大连	68.5	潍坊	65.6	南充	69.9
鞍山	65.2	济宁	67.8	宜宾	66.2
抚顺	69.5	泰安	67.5	贵阳	67.9
本溪	66.1	日照	64.8	遵义	69.9
锦州	66.2	郑州	64.2	昆明	69.4
长春	68	开封	68.3	曲靖	67.8
吉林	69.7	洛阳	66.9	玉溪	69.4
哈尔滨	67.8	平顶山	66.3	拉萨	69
齐齐哈尔	67	安阳	64.6	西安	68
牡丹江	66.4	焦作	63.8	铜川	69.4
上海	71.9	三门峡	67	宝鸡	68.9
南京	68.6	武汉	69.3	咸阳	64.2
无锡	67.8	宜昌	68.8	渭南	63.7
徐州	67.1	荆州	67.8	延安	70.4
常州	66.7	长沙	69.8	兰州	68.5
苏州	68.4	株洲	65.9	金昌	67.4
南通	67.8	湘潭	67.5	西宁	70
连云港	67.1	岳阳	69.1	银川	67.3
扬州	66.3	常德	68.5	石嘴山	66.8
镇江	66.9	张家界	70.6	乌鲁木齐	70.1
杭州	71.3	广州	69.2	克拉玛依	65.8
宁波	68.4	韶关	67		

资料来源：环境保护部(以下各表同)。

主要城市区域环境噪声监测情况（2007年）

城　市	等效声级dB(A)	城　市	等效声级dB(A)	城　市	等效声级dB(A)
北　京	54.1	温　州	58.6	深　圳	56.5
天　津	54.7	湖　州	58.6	珠　海	55
石家庄	50.4	绍　兴	54.8	汕　头	55.4
唐　山	55.2	合　肥	53.8	湛　江	54.9
秦皇岛	50.9	芜　湖	54.2	南　宁	55
邯　郸	53.2	马鞍山	55.4	柳　州	56.4
保　定	52.2	福　州	56.4	桂　林	53.8
太　原	53.4	厦　门	55.8	北　海	57.7
大　同	54.5	泉　州	54.6	海　口	55.5
阳　泉	52.9	南　昌	56.1	重　庆	54.5
长　治	50.9	九　江	53.6	成　都	54.3
临　汾	54.3	济　南	53.2	自　贡	53.9
呼和浩特	54.7	青　岛	53.6	攀枝花	51.6
包　头	54.1	淄　博	52.4	泸　州	54.7
赤　峰	52.7	枣　庄	52.4	德　阳	47.5
沈　阳	54.7	烟　台	54.5	绵　阳	53
大　连	53.1	潍　坊	53.5	南　充	46.2
鞍　山	56.4	济　宁	53.1	宜　宾	51.9
抚　顺	54.4	泰　安	56.7	贵　阳	55.8
本　溪	53.6	日　照	52.6	遵　义	54.7
锦　州	52.7	郑　州	54.6	昆　明	51.9
长　春	56.2	开　封	51.7	曲　靖	52.3
吉　林	54.6	洛　阳	54.8	玉　溪	52.1
哈尔滨	55.9	平顶山	53	拉　萨	46.5
齐齐哈尔	52.2	安　阳	55	西　安	55.5
牡丹江	55.6	焦　作	52.4	铜　川	58.8
上　海	56.8	三门峡	51.8	宝　鸡	54.2
南　京	54.1	武　汉	54.6	咸　阳	54.4
无　锡	55.8	宜　昌	53.7	渭　南	55.6
徐　州	54.3	荆　州	53.4	延　安	59.1
常　州	53.9	长　沙	54.5	兰　州	57.9
苏　州	54.4	株　洲	54.8	金　昌	53.3
南　通	55.5	湘　潭	51.6	西　宁	52.8
连云港	54.2	岳　阳	53.9	银　川	53.8
扬　州	53.9	常　德	51.8	石嘴山	52.9
镇　江	52.5	张家界	56.5	乌鲁木齐	54.7
杭　州	60.1	广　州	55	克拉玛依	53.1
宁　波	53.8	韶　关	54.4		

各地区农村改水、改厕情况（2007年）

单位：万人

地　区	农村改水				
	农村总人口	累计已改水受益人口	自来水		
			厂、站(个)	累计受益人口	占农村总人口比重(%)
全　国	95445.7	87859.1	599878	59850	62.7
北　京	300.5	300.5	3424	298.7	99.4
天　津	376.1	376.1	3436	336.6	89.5
河　北	5333.8	5175.3	39833	4398.3	82.5
山　西	2381.3	2136.9	17476	1838.1	77.2
内蒙古	1473.4	1120.4	5883	484.2	32.9
辽　宁	2273.2	2192.3	7806	1218.2	53.6
吉　林	1534.8	1461.2	10361	855.5	55.7
黑龙江	2181.9	2136.5	13263	1313.7	60.2
上　海	338.2	338.2	84	338.2	100
江　苏	5418.9	5272.3	6499	5272.3	97.3
浙　江	3623.8	3510	29818	3249.3	89.7
安　徽	5250.9	5048.9	15338	1850	35.2
福　建	2681.1	2606.1	14037	2081.1	77.6
江　西	3383	3185.9	15143	1673.3	49.5
山　东	7002.6	6951.9	42726	5793.6	82.7
河　南	7990.2	7789.9	39503	4162	52.1
湖　北	4646.2	4247.5	27258	2573.4	55.4
湖　南	5216.5	4709.7	54136	2935	56.3
广　东	5961.9	5861.5	27023	4621.3	77.5
广　西	4122.1	3360.5	27518	2155.3	52.3
海　南	638.7	602.2	19641	381.4	59.7
重　庆	2570.9	2488.4	52130	1882.6	73.2
四　川	6836.8	6099.2	44605	2892	42.3
贵　州	3284.3	2356.8	35621	1745.5	53.2
云　南	3684.5	2849.6	24393	2116.9	57.5
西　藏					
陕　西	2875.2	2253.3	10803	1058.1	36.8
甘　肃	1996.2	1795.4	5488	935.5	46.9
青　海	357.5	287.8	1573	264.3	73.9
宁　夏	396.5	381.1	352	182.1	45.9
新　疆	1115.7	779.3	3268	779.3	69.9
新疆兵团	199.2	184.7	1439	164.4	82.5

资料来源:卫生部(下表同)。

各地区农村改水、改厕情况（2007年）续表1

单位：万人

地区	农村改水					
	手压机井			雨水收集		
	数量(万台)	累计受益人口	占农村总人口(%)	水窖(个)	累计受益人口	占农村总人口(%)
全国	7265.5	18404.6	19.3	1982334	1537.5	1.6
北京	0.6	1.6	0.6	300	0.1	…
天津	10.7	38.3	10.2	2252	1.3	0.3
河北	230	657.8	12.3	33166	18.5	0.4
山西	44.5	101.5	4.3	40917	29.3	1.2
内蒙古	406.6	531.8	36.1	43404	7.1	0.5
辽宁	239.1	749.9	33	2287	1.4	0.1
吉林	546.6	601.2	39.2			
黑龙江	208.3	763.3	35			
上海						
江苏						
浙江	16.6	89.2	2.5	8263	8.2	0.2
安徽	608.6	2782.8	53	2076	29.6	0.6
福建	172.9	122.2	4.6			
江西	215.1	930	27.5	58	3.7	0.1
山东	554.7	1133.4	16.2	32042	19.7	0.3
河南	750.5	3529.5	44.2	9195	19.4	0.2
湖北	153.4	877.4	18.9	89040	64	1.4
湖南	171.4	887.7	17	4904	1	…
广东	194.8	970.7	16.3	32	1.2	…
广西	159	864.6	21	165427	126.5	3.1
海南	19	143.3	22.4	85	0.2	…
重庆	13.1	120.6	4.7			
四川	1443.3	1649.5	24.1	165799	139.6	2
贵州	898.4	8.8	0.3	117935	166.7	5.1
云南	22.4	98.1	2.7	321393	183.5	5
西藏						
陕西	134	455.1	15.8	65666	219.5	7.6
甘肃	27.8	194.6	9.8	819569	409	20.5
青海	1	11	3.1	2641	7.6	2.1
宁夏	23.3	90.6	22.8	55883	80.6	20.3
新疆						
新疆兵团						

各地区农村可再生能源利用情况（2007年）

地 区	沼气池产气总量(万立方米)	#大中型沼气工程	太阳能热水器(万平方米)	太阳房(万平方米)	太阳灶(台)	生活污水净化沼气池(个)
全 国	1017485.7	29126.8	4286.4	1467.8	1118763	144258
北 京	1280.6	1145.3	56.2	14	2810	4
天 津	611.6	44.6	29.8	0.4	3200	4
河 北	75608.2	804.3	462.9	150.9	6406	75
山 西	13796.8	662.7	377	0.5	316	78
内 蒙	4628.2	435.3	22.9	174.6	14866	
辽 宁	10963.8	201.9	114.7	433.7	1013	1
吉 林	1888.5	180	19.2	227.3	409	2
黑龙江	4289.4	60.9	25.8	187.8	296	
上 海						120
江 苏	11170.9	1348	415	5.2	45	25116
浙 江	8900.5	3651.9	317.7			31085
安 徽	17068.8	1330.8	262.1	0.2		918
福 建	22218.1	4414.3	33.2			1907
江 西	43400.9	1162.4	46.1			1492
山 东	35219.5	2073	647.1	17.1	13826	67
河 南	91788.9	3246.4	174.3	1.4	22	1420
湖 北	63545.5	916.6	125.2	0.3	147	1170
湖 南	84307.9	903.5	79.8		7	1363
广 东	17839.1	2973	3	0.7	14	3677
广 西	125102.4	286.3	23.5			487
海 南	16790.6	1157.3	392.7			3
重 庆	26557	322.8	1.9			16011
四 川	139955.5	1672.7	36.3	0.4	65162	57552
贵 州	66331.8	28.1	286.1			1537
云 南	92069.1	46.1	151.1			152
西 藏	800				5864	
陕 西	19148	2.3	80.4	7.2	4015	11
甘 肃	10580.3	24.5	48.1	186.4	688719	6
青 海	1985.9		2.4	43.1	159260	
宁 夏	4507.5	31.8	18.4	7.5	150604	
新 疆	5130.2	0.2	33.2	9.4	1762	

资料来源：农业部。

东中西部地区水资源情况（2007年）

单位：亿立方米

区 域	地 区	水资源总量	地表水	地下水	地表水与地下水重复量	降水量	人均水资源量
	全 国	25255.2	24242.5	7617.2	6604.5	57763	1916.3
东 部	东部小计	4902	4558.7	1454.7	1111.4	10320.5	1038.7
	北 京	23.8	7.6	18.8	2.5	83.8	148.2
	天 津	11.3	7.5	4.8	1	61.1	103.3
	河 北	119.8	39	107.2	26.4	866.2	173.1
	上 海	34.5	28	9.8	3.3	73.7	187.9
	江 苏	495.7	395.7	123.3	23.3	1110.1	653.3
	浙 江	892.1	876.7	204.1	188.7	1630.5	1777.2
	福 建	1072.9	1071.7	312	310.8	1920.4	3005.7
	山 东	387.1	280.2	198	91	1211.2	414.6
	广 东	1581.2	1571.8	406.3	397	2786.2	1686.3
	海 南	283.5	280.5	70.5	67.5	577.3	3373.3
中 部	中部小计	4835.6	4577.4	1414.7	1156.5	10859.6	1370.9
	山 西	103.4	65.3	86.3	48.2	869.3	305.6
	安 徽	712.5	666.1	181.8	135.5	1637.9	1165.3
	江 西	1113	1093.9	310.4	291.3	2167.1	2556.5
	河 南	465.2	348.7	203	86.5	1302.9	496.1
	湖 北	1015.1	984.1	282.8	251.9	2199.5	1782.1
	湖 南	1426.5	1419.3	350.4	343.2	2682.9	2247.1
西 部	西部小计	14418	14198.8	4335.4	4116.1	32673.7	3979.8
	内蒙古	295.9	183	206.9	94	2371.1	1232.2
	广 西	1386.3	1386.3	341.3	341.3	3145.7	2922.4
	重 庆	663	663	77.5	77.5	1045.6	2357.6
	四 川	2299.8	2298.2	584.4	582.8	4446.8	2822.6
	贵 州	1054.6	1054.6	259.9	259.9	2043.5	2805.2
	云 南	2255.5	2255.5	794.6	794.6	4955.4	5013.9
	西 藏	4321.4	4321.4	966.1	966.1	6840.8	152969.2
	陕 西	377	349.6	136.8	109.3	1436.5	1007.7
	甘 肃	228.7	219.1	136.9	127.3	1334.4	875.9
	青 海	661.6	643.7	293.7	273.8	2283.5	12029.5
	宁 夏	10.4	7.8	23.3	20.7	154.9	171.1
	新 疆	863.8	816.6	514	466.9	2615.4	4167.8
东 北	东北小计	1099.6	907.6	412.5	220.4	3909.2	1014.9
	辽 宁	261.7	231.9	93.4	63.6	941.8	610.8
	吉 林	346	301.5	86.3	41.8	1027.9	1269.2
	黑龙江	491.8	374.1	232.8	115	1939.5	1286.4

资料来源：水利部。

东中西部地区废水排放及处理情况（2007年）

单位：万吨

区域	地区	废水排放总量	工业废水	生活污水	化学需氧量排放量	工业	生活
	全　国	5568494	2466493	3102001	1381.82	511.06	870.75
东　部	东部小计	2745271	1226930	1518340	488.26	163.05	325.21
	北　京	107817	9134	98682	10.65	0.66	9.99
	天　津	56928	21444	35484	13.73	3.07	10.66
	河　北	222914	123537	99377	66.74	32.83	33.91
	上　海	226614	47570	179045	29.44	3.38	26.06
	江　苏	505598	268762	236836	89.14	27.83	61.31
	浙　江	338101	201211	136890	56.4	26.43	29.97
	福　建	226998	136408	90590	38.32	9.11	29.21
	山　东	334255	166574	167681	71.99	30.39	41.59
	广　东	690887	246331	444556	101.73	28.06	73.68
	海　南	35159	5960	29199	10.14	1.29	8.85
中　部	中部小计	1216311	511564	704747	349.29	113.25	236.04
	山　西	104594	41140	63454	37.42	15.9	21.53
	安　徽	175327	73556	101772	45.1	13.99	31.1
	江　西	141267	71410	69856	46.88	11.14	35.73
	河　南	296467	134344	162123	69.39	30.45	38.94
	湖　北	246583	91001	155581	60.14	16.05	44.09
	湖　南	252073	100113	151960	90.36	25.72	64.64
西　部	西部小计	1179085	554747	624338	392.68	178.13	214.55
	内蒙古	60405	25021	35384	28.77	13.09	15.68
	广　西	319808	183981	135827	106.31	60.77	45.54
	重　庆	134240	69003	65238	25.13	10.52	14.61
	四　川	252962	114687	138275	77.1	28.22	48.88
	贵　州	55112	12101	43011	22.7	1.84	20.86
	云　南	83759	35352	48407	29	9.79	19.21
	西　藏	3336	856	2479	1.54	0.09	1.45
	陕　西	99348	48523	50825	34.48	17.42	17.06
	甘　肃	44335	15856	28479	17.41	5.03	12.39
	青　海	19948	7318	12630	7.58	3.82	3.76
	宁　夏	37213	21089	16124	13.71	10.84	2.87
	新　疆	68617	20960	47658	28.95	16.7	12.25
东　北	东北小计	427827	173251	254576	151.58	56.63	94.95
	辽　宁	220997	95197	125800	62.77	25.82	36.95
	吉　林	97858	39666	58191	40	16.55	23.45
	黑龙江	108973	38388	70584	48.8	14.26	34.54

资料来源：环境保护部(以下各表同)。

东中西部地区废水排放及处理情况（2007年）续表

单位：万吨

区 域	地 区	氨氮排放量	工业	生活	工业废水排放达标率(%)
	全　　国	132.34	34.08	98.26	91.7
东 部	东部小计	48.43	10.97	37.47	93
	北　　京	1.24	0.07	1.17	97.4
	天　　津	1.49	0.41	1.08	99.7
	河　　北	6.05	2.36	3.69	92.3
	上　　海	3.4	0.27	3.13	97.7
	江　　苏	7.46	1.68	5.77	97.4
	浙　　江	5.31	2.43	2.88	86.1
	福　　建	2.98	0.59	2.4	98.3
	山　　东	7.67	2.01	5.66	98.1
	广　　东	12	1.09	10.91	86
	海　　南	0.84	0.05	0.78	94.6
中 部	中部小计	38.46	12.31	26.15	92.8
	山　　西	4.45	1.39	3.06	88.2
	安　　徽	5.48	2	3.47	94.8
	江　　西	3.71	0.84	2.87	93.9
	河　　南	8.55	3.09	5.46	94
	湖　　北	7.13	1.86	5.28	93.6
	湖　　南	9.15	3.14	6.01	89.8
西 部	西部小计	30.44	8.45	21.99	88.3
	内 蒙 古	3.33	0.31	3.02	73.7
	广　　西	6.1	2.51	3.59	92.8
	重　　庆	2.49	0.98	1.51	92.1
	四　　川	5.97	1.78	4.18	91.4
	贵　　州	1.77	0.15	1.62	71.9
	云　　南	1.98	0.41	1.58	90.5
	西　　藏	0.15	…	0.14	29.2
	陕　　西	2.58	0.5	2.08	96.1
	甘　　肃	2.25	0.85	1.4	81
	青　　海	0.7	0.15	0.55	50.2
	宁　　夏	0.79	0.39	0.4	69.7
	新　　疆	2.31	0.42	1.89	65
东 北	东北小计	15.01	2.36	12.66	89.7
	辽　　宁	6.87	1.04	5.83	92.4
	吉　　林	3.05	0.34	2.71	87.6
	黑 龙 江	5.1	0.98	4.12	85.4

东中西部地区废气排放情况（2007年）

单位：万吨

区域	地区	工业废气排放总量(亿标立方米)	二氧化硫排放量	工业	生活
	全　　国	388169	2468.1	2140	328.1
东部 Eastern	东部小计	167879	789.8	711.2	78.6
	北　京	5146	15.2	8.3	6.9
	天　津	5506	24.5	22.5	2
	河　北	48036	149.2	129.4	19.8
	上　海	9591	49.8	36.4	13.3
	江　苏	23585	121.8	116.1	5.8
	浙　江	17467	79.7	77.5	2.2
	福　建	9153	44.6	42.7	1.9
	山　东	31341	182.2	158.3	23.9
	广　东	16939	120.3	117.6	2.7
	海　南	1115	2.6	2.5	0.1
中部 Central	中部小计	78813	575.5	494.2	81.3
	山　西	21429	138.7	111.8	26.8
	安　徽	13254	57.2	51.7	5.5
	江　西	6103	62.1	55.3	6.8
	河　南	18890	156.4	141	15.4
	湖　北	10373	70.8	60.3	10.4
	湖　南	8762	90.4	73.9	16.5
西部 Western	西部小计	104519	887.9	750.2	137.8
	内蒙古	18200	145.6	128.3	17.3
	广　西	12724	97.4	92.6	4.8
	重　庆	7617	82.6	68.3	14.3
	四　川	22970	117.9	102.3	15.6
	贵　州	10356	137.5	92.1	45.4
	云　南	8082	53.4	44.5	8.8
	西　藏	13	0.2	0.1	0.1
	陕　西	6469	92.7	84.6	8.2
	甘　肃	5818	52.3	43.6	8.7
	青　海	2492	13.4	12.5	0.9
	宁　夏	3981	37	34	3
	新　疆	5797	58	47.3	10.7
东北 Northeast	东北小计	36959	214.8	184.4	30.4
	辽　宁	23946	123.4	106.7	16.7
	吉　林	5730	39.9	33.7	6.2
	黑龙江	7283	51.5	44	7.5

东中西部地区废气排放情况（2007年）续表

单位：万吨

区域	地区	烟尘排放量	工业	生活	工业粉尘排放量
	全　国	986.63	771.14	215.49	698.74
东部	东部小计	228.82	180.38	48.43	177.45
	北　京	4.85	2.05	2.79	1.93
	天　津	7.38	6.27	1.11	0.94
	河　北	62.31	46.42	15.89	53.21
	上　海	10.6	4.04	6.57	0.84
	江　苏	36.91	33.88	3.03	27.11
	浙　江	18.2	17.18	1.01	20.33
	福　建	11.8	8.15	3.65	18.69
	山　东	46.33	34.18	12.16	30.36
	广　东	29.43	27.29	2.13	22.95
	海　南	1.01	0.92	0.09	1.08
中部	中部小计	283.05	235.93	47.11	259.46
	山　西	93.38	72	21.38	59.38
	安　徽	28.85	23.69	5.16	32.47
	江　西	20.23	17.93	2.31	32.99
	河　南	71.27	63.72	7.55	41.49
	湖　北	25	21.31	3.68	27.26
	湖　南	44.32	37.28	7.04	65.86
西部	西部小计	312.58	234.81	77.78	196.96
	内蒙古	66.41	50.4	16.01	20.04
	广　西	35.52	34.27	1.24	38.9
	重　庆	19.78	11.59	8.19	18.23
	四　川	45.86	32.98	12.88	19.51
	贵　州	29.52	19.11	10.41	14.57
	云　南	20.99	15.24	5.75	13.78
	西　藏	0.1	0.1	…	0.12
	陕　西	32.24	25.69	6.55	29.33
	甘　肃	13.22	8.96	4.26	9.93
	青　海	7.45	4.96	2.49	7.63
	宁　夏	12.33	10.68	1.64	6.38
	新　疆	29.18	20.82	8.36	18.53
东北	东北小计	162.19	120.02	42.17	64.87
	辽　宁	71.64	48.72	22.92	41.26
	吉　林	38.47	29.1	9.37	10.75
	黑龙江	52.07	42.2	9.88	12.86

东中西部地区工业固体废物产生及处理情况（2007年）

单位：万吨

区 域	地 区	工业固体废物产生量	工业固体废物排放量(吨)	工业固体废物综合利用量	工业固体废物处置量	工业固体废物综合利用率(%)
	全 国	175631.6	11967190.6	110311.5	41350	62
东 部	东部小计	55255.6	553190.7	45217	8094	80.2
	北 京	1274.8	887	1042.1	690.7	74.8
	天 津	1399.4		1380.3	21.9	98.4
	河 北	18688.3	389464.1	11625.9	4940.1	61.2
	上 海	2165.4	1514	2040.1	106.4	94.2
	江 苏	7354.2	2585.8	7259.3	131.7	96.1
	浙 江	3613.5	14385.4	3333.7	179.1	92.2
	福 建	4814.9	27549.6	3401.2	1332.1	70.5
	山 东	11934.7	659	11615.2	232.9	94.6
	广 东	3852.4	115031.8	3378.5	458.7	84.2
	海 南	157.9	1114	140.7	0.4	89
中 部	中部小计	45649.7	4645248.1	27620	13575.9	60
	山 西	13819.1	4142510.6	6783.6	5819.6	48.9
	安 徽	5960.3	68	4908.5	643.4	82.2
	江 西	7777.3	82367.2	2830.9	4105.8	36.4
	河 南	8850.6	22192.8	6048.4	2145.4	67.8
	湖 北	4682.7	79968	3620.3	440.3	74.9
	湖 南	4559.7	318141.5	3428.3	421.4	74.3
西 部	西部小计	53141.8	6710554.2	26755.8	13723.8	50.1
	内蒙古	10972.8	89404.5	6224.6	1609.1	56.7
	广 西	4543.6	103403.7	3152.4	1360.5	68.7
	重 庆	2086.8	1381292.3	1623.4	162.7	76.7
	四 川	9653.8	2045049.5	5047.5	2229.4	52.2
	贵 州	5988.6	818754.8	2251.8	2559.3	37.5
	云 南	7097.5	826555.5	3036.2	2344.6	42.7
	西 藏	5.5	39299	0.2		4.4
	陕 西	5480	422577.3	2292.2	1472	41.6
	甘 肃	3001.5	248185.8	1121.4	1456.4	36.1
	青 海	1129.3	8173.5	337.4	0.8	29.8
	宁 夏	1045.7	47670	658.2	273.8	61.5
	新 疆	2136.6	680188.3	1010.3	255.1	47.3
东 北	东北小计	21584.5	58197.6	10718.8	5956.4	48.8
	辽 宁	14341.8	44817.3	5710.8	5266.4	39
	吉 林	3112.6	13070.3	2046.4	73.3	65.4
	黑龙江	4130.1	310	2961.6	616.7	70.8

东中西部地区城市环境情况（2007年）

区域	地区	城市污水排放量(万立方米)	城市污水处理率(%)	城市燃气普及率(%)	生活垃圾无害化处理率(%)
	全　国	3610118	62.9	87.4	62
东部	东部小计	1845339	69.4	93.8	76.2
	北　京	129820	76.2	108.9	95.7
	天　津	69273	61.4	100	93.3
	河　北	121902	66.1	95.3	53.4
	上　海	225200	73	108.8	79.2
	江　苏	269487	84.4	97.4	86.9
	浙　江	192773	70.1	97.8	87.4
	福　建	102825	66.7	97.3	81.6
	山　东	206565	80.3	97.1	80.7
	广　东	508153	56	79	63
	海　南	19341	66.5	65.4	62.1
中部	中部小计	732005	60.1	81	50
	山　西	62336	63.3	79.5	38.1
	安　徽	116987	73.6	83.2	49.1
	江　西	63792	39.3	86.2	70.5
	河　南	131511	68.3	68.9	54.9
	湖　北	202596	63.2	89.7	41.9
	湖　南	154783	46.3	83.3	52.8
西部	西部小计	584619	55.5	79.4	58.8
	内蒙古	40096	56.9	75.6	54
	广　西	115268	49.4	81.5	68.4
	重　庆	52379	74.4	88.4	82.3
	四　川	122790	55.2	78.9	69.9
	贵　州	28314	39.1	62.1	71.2
	云　南	49791	65.4	77.6	80.4
	西　藏	7203		65.1	66.7
	陕　西	54494	51.2	86.2	52.4
	甘　肃	40673	54.4	64.5	26.3
	青　海	9560	32.1	89.4	94.9
	宁　夏	21961	60.1	74.6	52.4
	新　疆	42090	66.5	92.8	28.2
东北	东北小计	448155	50.1	84.7	38
	辽　宁	228101	51.7	92	56.5
	吉　林	66270	38.6	84.1	38.2
	黑龙江	153784	52.7	74.4	23

资料来源：住房和城乡建设部。

东中西部地区农村环境情况（2007年）

区 域	地 区	改水累计受益人口(万人)	累计改水受益率(%)	卫生厕所普及率(%)	无害化卫生厕所普及率(%)
	全 国	87859.1	92.05	56.97	34.81
东 部	东部小计	30994.1	97.85	67.77	46.61
	北 京	300.5	100	66.46	54.09
	天 津	376.1	100	88.64	88.48
	河 北	5175.3	97.03	44.42	21.56
	上 海	338.2	99.99	95.75	95.72
	江 苏	5272.3	97.29	62.24	36.97
	浙 江	3510	96.86	80.6	63.82
	福 建	2606.1	97.2	63.06	62.04
	山 东	6951.9	99.28	73.58	34.88
	广 东	5861.5	98.32	78.26	68.45
	海 南	602.2	94.28	49.98	48.38
中 部	中部小计	27118.8	93.94	60.01	34.67
	山 西	2136.9	89.74	45.32	16.21
	安 徽	5048.9	96.15	51.94	19.1
	江 西	3185.9	94.17	65.97	38.07
	河 南	7789.9	97.49	65.62	50.87
	湖 北	4247.5	91.42	66.26	38.22
	湖 南	4709.7	90.28	58.02	30.11
西 部	西部小计	23956.3	82.86	41.17	26.94
	内 蒙 古	1120.4	76.04	29.53	4.65
	广 西	3360.5	81.52	46.49	45.8
	重 庆	2488.4	96.79	43.51	43.51
	四 川	6099.2	89.21	40.89	31.47
	贵 州	2356.8	71.76	29.95	11.85
	云 南	2849.6	77.34	50.5	23.04
	西 藏				
	陕 西	2253.3	78.37	35.03	25.41
	甘 肃	1795.4	89.94	53.8	12.78
	青 海	287.8	80.49	40.46	7.14
	宁 夏	381.1	96.11	35.97	19.98
	新 疆	779.3	69.85	38.72	9.25
	新疆兵团	184.7	92.73	23.44	21.83
东 北	东北小计	5789.9	96.66	56.78	8.94
	辽 宁	2192.3	96.44	51.07	13.24
	吉 林	1461.2	95.2	64.26	5.04
	黑 龙 江	2136.5	97.92	58.01	6.93

资料来源：卫生部。

“十五”时期主要污染物排放情况

单位：万吨

指　标	2000	2001	2002	2003	2004	2005
二氧化硫排放总量	1995.1	1947.2	1926.6	2158.5	2254.9	2549.4
工　业	1612.5	1566	1562	1791.6	1891.4	2168.4
生　活	382.6	381.2	364.6	366.9	363.5	381
烟尘排放总量	1165.4	1069.8	1012.7	1048.5	1095	1182.5
工　业	953.3	852.1	804.2	846.1	886.5	948.9
生　活	212.1	217.9	208.5	202.5	208.5	233.6
工业粉尘排放总量	1092	990.6	941	1021.3	904.8	911.2
化学需氧量排放总量	1445	1404.8	1366.9	1333.9	1339.2	1414.2
工　业	704.5	607.5	584	511.8	509.7	554.7
生　活	740.5	797.3	782.9	821.1	829.5	859.4
氨氮排放总量		125.2	128.8	129.6	133	149.8
工　业		41.3	42.1	40.4	42.2	52.5
生　活		83.9	86.7	89.2	90.8	97.3
工业固体废物排放总量	3186.2	2893.8	2635.2	1940.9	1762	1654.7

资料来源：环境保护部。

十一五”时期人口、资源和环境指标

指　标	2005	2010	年均增长(%)	属　性
全国总人口(万人)	130756	136000	<8‰	约束性
单位国内生产总值能源消耗降低(%)			[20]	约束性
单位工业增加值用水量降低(%)			[30]	约束性
农业灌溉用水有效利用系数	0.45	0.5	[0.5]	预期性
工业固体废物综合利用率(%)	55.8	60	[4.2]	预期性
耕地保有量(亿公顷)	1.22	1.2	-0.3	约束性
主要污染物排放总量减少(%)			[10]	约束性
森林覆盖率(%)	18.2	20	[1.8]	约束性

注：国内生产总值为2005年价格；带[ ]的为五年累计数；主要污染物指二氧化硫和化学需氧量。

“十一五”主要环境保护指标

指　标	2005	2010	“十一五”增减情况
化学需氧量排放总量(万吨)	1414	1270	-10%
二氧化硫排放总量(万吨)	2549	2295	-10%
地表水国控断面劣V类水质的比例(%)	26.1	< 22	-4.1个百分点
七大水系国控断面好于III类的比例(%)	41.0	> 43	2.0个百分点
重点城市空气质量好于II级标准的天数超过292天的比例(%)	69.4	75	5.6个百分点

2008中国环保状况公报

中华人民共和国环境保护部

根据《中华人民共和国环境保护法》规定，现予公布2008年《中国环境状况公报》。

中华人民共和国环境保护部部长 周生贤

二〇〇九年六月四日

2008年是中国发展进程中很不寻常、很不平凡的一年，也是环境保护史上波澜壮阔、惊心动魄的一年。在党中央、国务院的坚强领导下，各地区、各部门紧紧围绕抗击自然灾害和北京奥运会环境质量保障，全面加强环境监管和环境应急工作，大力推进节能减排，各项环境保护工作都取得了新的进展。环境保护工作既有效应对了经济高增长、财政高收入、企业高效益的发展局面，也经受了增长速度下行、财政收入下滑、企业效益下降带来的严峻挑战，经济与环境逐步协调发展，环境保护历史性转变迈出了坚实的步伐。

一是党中央、国务院对做好新形势下的环境保护工作作出重要部署，将“加强生态环境建设”作为抵御全球金融危机扩内需保增长的十项重要措施之一。十一届全国人大一次会议批准组建环境保护部，强化了统筹协调、宏观调控、监督执法和公共服务等职能，为推进环境保护历史性转变提供了更加有力的组织保障。二是环境影响评价制度在宏观调控中发挥了重要作用。积极应对国际金融危机，及时调整改进环境影响评价审批管理工作，完善审批机制，简化审批程序，认真兑现七项承诺，对符合环境保护准入条件的项目开通“绿色通道”，对“两高一资”（高污染、高能耗、资源性）项目严格把关。三是污染减排取得突破性进展。化学需氧量和二氧化硫排放量比上年分别下降4.42%和5.95%，比2005年分别下降6.61%和8.95%，首次实现了任务完成进度赶上时间进度，为全面完成“十一五”减排目标打下了坚实基础。四是圆满完成特大自然灾害环境应急处置和北京奥运环境质量保障任务。五是流域污染防治工作稳步推进。淮河、海河等七项水污染防治“十一五”规划已经国务院批复实施。组织开展了太湖、巢湖、三峡库区生态安全评价，全面启动了生态安全监测工作，为深化湖泊综合治理奠定了基础。六是农村环境保护工作全面启动。国务院召开全国农村环境保护工作电视电话会议，提出了“以奖促治、以奖代补”等主要政策措施，中央财政首次设立了农村环境保护专项资金。七是环境执法监察力度进一步加大。继续深入开展整治违法排污企业保障群众健康环境保护专项行动，不断加大后督察力度，加强在建核电厂和拟建核电厂项目监管与审评，进一步加强放射源管理，确保了核与辐射环境安全。八是环境法制、政策、科技、宣教和国际合作取得新进展。修订后的《水污染防治法》正式实施，首次发布了《社会生活环境噪声排放标准》。环境经济政策继续完善。环境与灾害监测小卫星成功发射。宣传教育工作丰富多彩，国际环境合作更加务实。九是环境保护能力建设进一步加强。2008年中央环境保护投资达到340亿元，比上年增长百亿元。十是三大基础性战略性工程进展顺利。污染源普查进入总结发布阶段；中国环境宏观战略研究已基本完成；水体污染控制与治理科技重大专项全面启动。

2008年，全国地表水污染依然严重，七大水系水质总体为中度污染，湖泊富营养化问题突出，近岸海域水质总体为轻度污染。城市空气质量总体良好，酸雨分布区域保持稳定。全国城市声环境质量总体较好。

主要污染物总量减排

基本目标

《国民经济和社会发展第十一个五年规划纲要》提出了“十一五”期间单位国内生产总值能耗降低20%左右，主要污染物排放总量减少10%的约束性指标。到2010年，“十一五”污染减排的两项约束性指标化学需氧量和二氧化硫排放量分别比2005年下降10%，即全国化学需氧量由2005年的1414.2万吨减少到1272.8万吨，二氧化硫排放量由2549.4万吨减少到2294.4万吨。

2008年污染减排工作目标主要有：实现新增城市污水处理能力1200万吨/日，形成化学需氧量减排能力60万吨/年；现有的燃煤电厂投运脱硫设施3000万千瓦，完成10台规模1000平方米钢铁烧结机烟气脱硫工程，形成二氧化硫减排能力150万吨/年；加大小火电、炼钢、水泥、炼铁、造纸、酒精、酿造、柠檬酸等行业落后生产能力淘汰力度，实现减排二氧化硫60万吨，减排化学需氧量40万吨。

主要污染物削减情况

2008年，全国化学需氧量排放量1320.7万吨，比上年下降4.42%；二氧化硫排放量2321.2万吨，比上年下降5.95%。与2005年相比，化学需氧量和二氧化硫排放量分别下降6.61%和8.95%，不仅继续保持了双下降的良好态势，而且首次实现了任务完成进度赶上时间进度。

全国城镇污水处理率由上年的62%提高到66%；脱硫机组装机容量达到3.63亿千瓦，装备脱硫设施的火电机组占全部火电机组的比例由上年的48%提高到60%。

主要措施

2008年，国务院召开了节能减排工作领导小组第二次会议，国务院办公厅印发了《2008年节能减排工作安排》。发布了2007年各省、自治区、直辖市和五大电力集团公司主要污染物总量减排考核结果及2008年上半年各省、自治区、直辖市主要污染物排放量指标公报，对问题突出的部分地区和企业分别做出暂停建设项目环境影响评价、责令限期整改或经济处罚决定。

地方各级政府进一步转变观念，变被动减排为主动减排，采取多种责任追究手段，有力地推动了污染减排工作的深入开展。山东、河北等地对未完成年度目标的市县主管领导给予了行政记过或撤职处理，安徽、福建、江西等地对减排工作进展不力的县区实施了区域限批。广东和北京等省市通过财政补贴支持企业淘汰落后产能，上海、宁夏、陕西等地通过以奖代补激励企业减排。

2008年，工程减排、结构减排和监管减排三大措施稳步发挥效益，两项指标呈现较大幅度下降。一是工程减排。全国新增城市污水处理能力1149万吨/日，新增燃煤脱硫机组容量9712万千瓦。此外，还新建成一批废水深度治理工程、钢铁烧结机烟气脱硫设施等。通过工程治理措施，全国新增化学需氧量减排量121万吨，二氧化硫减排量135万吨。二是结构减排。淘汰和停产整顿污染严重的造纸企业1100多家，关闭小火电机组1669万千瓦，淘汰了一批钢铁、有色、水泥、焦炭、化工、印染、酒精等落后产能。通过淘汰关停落后产能，全国新增化学需氧量减排量34万吨，二氧化硫减排量81万吨。三是监管减排。2008年，中央财政继续加大污染减排三大体系建设和环境保护能力建设资金投入力度。各地减排统计监测和执法监管能力进一步加强，省级环境保护部门污染源在线监控系统陆续建成，企业达标排放水平稳步提升。全国燃煤脱硫机组脱硫综合效率由2007年的73.2%提高到78.7%，提高了5.5个百分点。

淡水环境

水环境质量状况

全国地表水污染依然严重。七大水系水质总体为中度污染，浙闽区河流水质为轻度污染，西北诸河水质为优，西南诸河水质良好，湖泊（水库）富营养化问题突出。

河流　长江、黄河、珠江、松花江、淮河、海河和辽河七大水系水质总体与上年持平。200条河流409个断面中，Ⅰ～Ⅲ类、Ⅳ～Ⅴ类和劣Ⅴ类水质的断面比例分别为55.0%、24.2%和20.8%。其中，珠江、长江水质总体良好，松花江为轻度污染，黄河、淮河、辽河为中度污染，海河为重度污染。

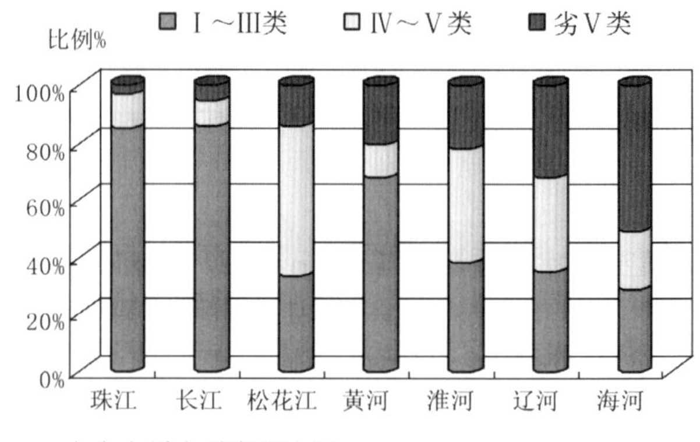

七大水系水质类别比例

长江水系　水质总体良好。104个地表水国控监测断面中，Ⅰ～Ⅲ类、Ⅳ类、Ⅴ类和劣Ⅴ类水质的断面比例分别为85.6%、6.7%、1.9%和5.8%。主要污染指标为氨氮、石油类和五日生化需氧量。

长江干流水质总体为优。与上年相比，水质无明显变化。

长江支流水质总体良好。与上年相比，水质无明显变化。长江十大支流中，岷江、沱江、嘉陵江、乌江、沅江和汉江水质为优；雅砻江、大渡河、湘江和赣江水质良好。但岷江眉山市段、赣江南昌市段为轻度污染，污染指标为氨氮。

省界河段水质良好。20个断面中，Ⅰ～Ⅲ类、Ⅳ类和劣Ⅴ类水质的断面比例分别为85.0%、10.0%和5.0%。与上年相比，水质无明显变化。最严重污染断面是位于滁州皖－苏交界的滁河汊河断面，水质为劣Ⅴ类，主要污染指标是氨氮、高锰酸盐指数和五日生化需氧量。

长江水系水质状况

黄河水系　水质总体为中度污染。44个地表水国控监测断面中，Ⅱ～Ⅲ类、Ⅳ类、Ⅴ类和劣Ⅴ类水质的断面比例分别为68.2%、4.5%、6.8%和20.5%。主要污染指标为氨氮、石油类和五日生化需氧量。

黄河干流水质总体为优。与上年相比，水质无明显变化。黄河干流河南三门峡段为轻度污染，其它河段水质优或良好。

黄河支流水质总体为重度污染。与上年相比，水质无明显变化。除伊河、灞河、洛河和沁河水质优或良好外，其余支流普遍污染严重。渭河西安段和渭南段，湟水河西宁下游段，汾河太原段、临汾段和运城段，涑水河运城段污染严重。

省界河段水质为中度污染。11个断面中，Ⅱ～Ⅲ类、Ⅳ类、Ⅴ类和劣Ⅴ类水质断面比例分别为54.5%、9.1%、9.1%和27.3%。主要污染指标为氨氮、石油类和五日生化需氧量。渭河渭南潼关吊桥断面（陕-豫、晋），汾河运城河津大桥断面（晋-陕、晋），涑水河运城张留庄断面（晋-陕、晋）污染严重。

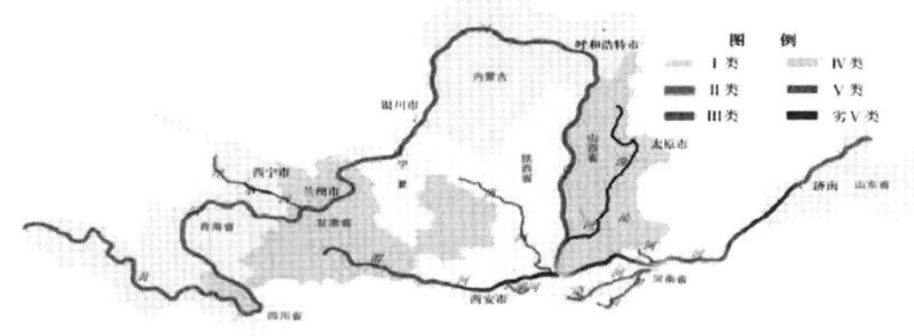

黄河水系水质状况

珠江水系 水质总体良好。33个地表水国控监测断面中，Ⅰ～Ⅲ类、Ⅳ类、Ⅴ类和劣Ⅴ类水质的断面比例分别为84.9%、9.1%、3.0%

和3.0%。主要污染指标为石油类、五日生化需氧量和氨氮。

珠江干流水质总体良好，与上年相比，水质无明显变化。珠江广州段为轻度污染。

珠江支流水质总体为优。与上年相比，水质无明显变化。深圳河为重度污染。

海南岛内河流，万泉河水质优，海甸溪为轻度污染。主要污染指标为石油类。与上年相比，水质无明显变化。

省界河段水质为优。7个断面中，4个为Ⅱ类水质，3个为Ⅲ类水质。与上年相比，水质无明显变化。

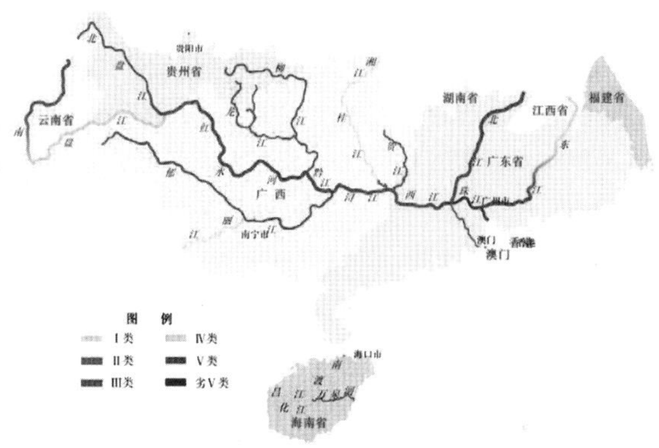

珠江水系水质状况

松花江水系 水质总体为轻度污染。42个地表水国控监测断面中，Ⅰ～Ⅲ类、Ⅳ类、Ⅴ类和劣Ⅴ类水质的断面比例分别为33.3%、45.2%、7.2%和14.3%。主要污染指标为高锰酸盐指数、石油类和五日生化需氧量。

松花江干流水质为轻度污染，与上年相比，水质无明显变化。

松花江支流水质总体为中度污染。与上年相比，水质明显好转。

5个省界断面中，3个断面水质为Ⅲ类，2个断面为Ⅳ类。

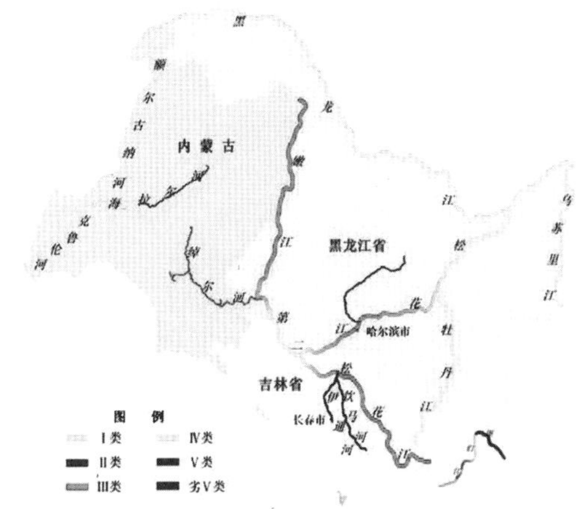

松花江水系水质状况

淮河水系 水质总体为中度污染。86个断面中，Ⅱ～Ⅲ类、Ⅳ类、Ⅴ类和劣Ⅴ类水质断面比例分别为38.4%、33.7%、5.8%和22.1%。主要污染指标为高锰酸盐指数、五日生化需氧量和氨氮。

淮河干流水质为轻度污染，与上年相比，淮河干流水质明显好转。

淮河支流水质为中度污染。与上年相比，水质无明显变化。主要一级支流中，史灌河和潢河水质为优；浉河和西淝河水质良好，洪河、沱河和浍河轻度污染；涡河和颍河为重度污染。沂沭泗河水系总体为中度污染。

省界河段水质为中度污染。33个断面中，Ⅱ～Ⅲ类、Ⅳ类、Ⅴ类和劣Ⅴ类水质断面比例分别为21.2%、42.4%、6.1%和30.3%。主要污染指标为五日生化需氧量、高锰酸盐指数和石油类。与上年相比，水质无明显变化。

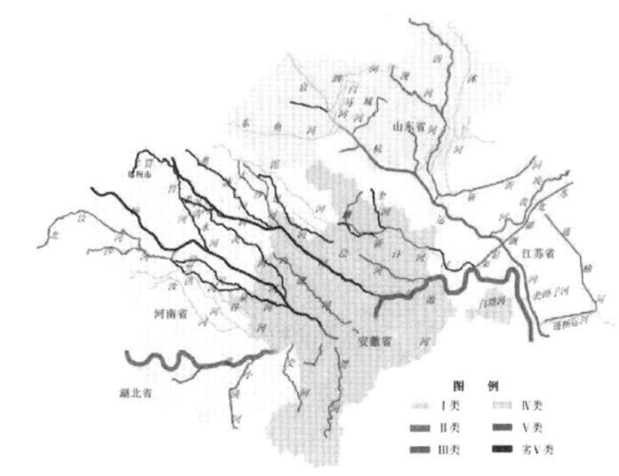

淮河水系水质状况

海河水系 水质总体为重度污染。63个断面中，Ⅰ～Ⅲ类水质断面占28.6%；Ⅳ类水质断面占14.3%、Ⅴ类水质断面占6.3%；劣Ⅴ类水质断面占50.8%。主要污染指标为氨氮、五日生化需氧量和高锰酸盐指数。

海河干流水质总体为重度污染。与上年相比，水质无明显变化。

海河水系其它主要河流水质总体为重度污染。与上年相比，水质无明显变化。滦河水质良好；永定河为轻度污染；北运河、漳卫新河、大沙河、子牙河、马颊河和徒骇河为重度污染。

省界河段水质为重度污染。18个断面中，Ⅱ～Ⅲ类、Ⅳ类、Ⅴ类和劣Ⅴ类水质断面比例分别为38.9%、5.6%、11.1%和44.4%。主要污染指标为氨氮、五日生化需氧量和高锰酸盐指数。与上年相比，水质无明显变化。

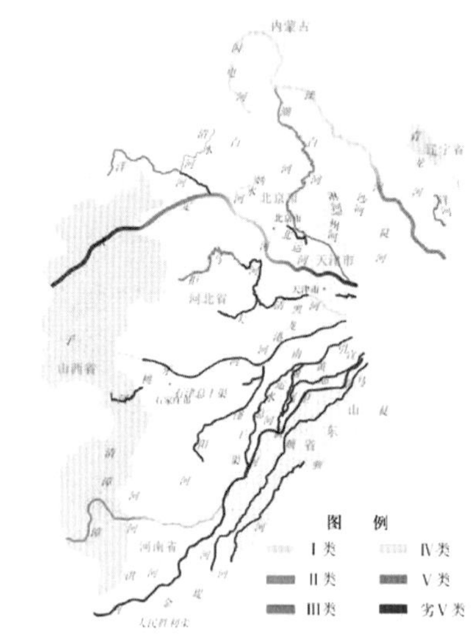

海河水系水质状况

辽河水系 水质总体为中度污染。37个地表水国控监测断面中，Ⅱ～Ⅲ类、Ⅳ类、Ⅴ类和劣Ⅴ类水质的断面比例分别为35.1%、13.5%、18.9%和32.5%。主要污染指标为石油类、高锰酸盐指数和氨氮。

辽河干流水质总体为中度污染。老哈河和东辽河水质良好，西辽河中度污染，辽河重度污染。与上年相比，西辽河水质明显下降，辽河、老哈河和东辽河水质无明显变化。

辽河支流水质总体为重度污染，西拉沐沦河轻度污染，条子河和招苏台河重度污染。与上年相比，水质无明显变化。

大辽河及其支流水质总体为重度污染，与上年相比，水质无明显变化。大凌河总体为中度污染。主要污染指标均为石油类、氨氮和高锰酸盐指数。

3个省界断面中Ⅱ类水质1个、Ⅴ类水质2个。与上年相比，水质无明显变化。

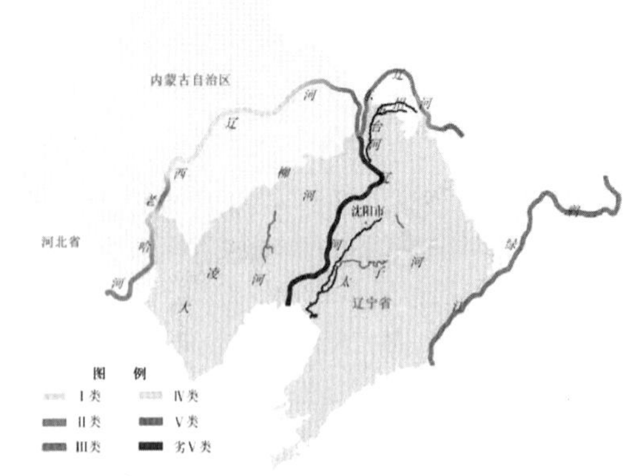

辽河水系水质状况

浙闽区河流 水质总体为轻度污染。32个地表水国控监测断面中，Ⅱ～Ⅲ类、Ⅳ类水质的断面比例分别为71.9%、28.1%。主要污染指标为石油类、氨氮和五日生化需氧量。

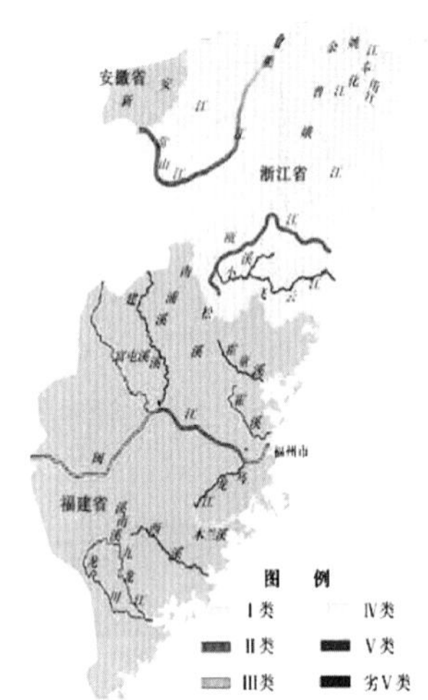

浙闽区河流水质状况

西南诸河 水质总体良好。17个地表水国控监测断面中，Ⅱ～Ⅲ类和劣Ⅴ类水质的断面比例分别为88.2%和11.8%。主要污染指标为铅。

西北诸河 水质总体为优。28个地表水国控监测断面中，Ⅰ～Ⅲ类、Ⅳ类和劣Ⅴ类水质断面比例分别为92.8%、3.6%和3.6%。主要污染指标为石油类、氨氮和五日生化需氧量。

西南诸河水质状况　　西北诸河水质状况

湖泊（水库）

28个国控重点湖（库）中，满足Ⅱ类水质的4个，占14.3%；Ⅲ类的2个，占7.1%；Ⅳ类的6个，占21.4%；Ⅴ类的5个，占17.9%；劣Ⅴ类的11个，占39.3%。主要污染指标为总氮和总磷。在监测营养状态的26个湖（库）中，重度富营养的1个，占3.8%；中度富营养的5个，占19.2%；轻度富营养的6个，占23.0%。

重点湖(库)水质类别

水系＼个数	个数	Ⅰ类	Ⅱ类	Ⅲ类	Ⅳ类	Ⅴ类	劣Ⅴ类
三 湖 *	3					1	2
大型淡水湖	10		2	1	3	1	3
城市内湖	5				1		4
大型水库	10		2	1	2	3	2
总 计	28		4	2	6	5	11
比例（%）		0	14.3	7.1	21.4	17.9	39.3

*：三湖是指太湖、滇池和巢湖

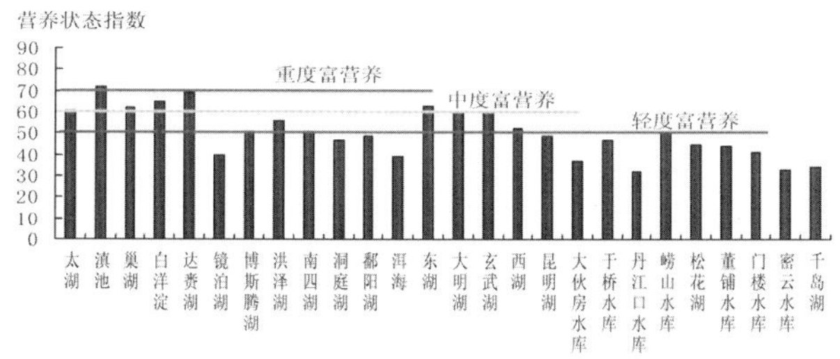

重点湖(库)营养状态指数

太 湖 水质总体为劣Ⅴ类。湖体21个国控监测点位中，Ⅳ类、Ⅴ类和劣Ⅴ类水质的点位比例分别为14.3%、23.8%和61.9%。与上年相比，水质无明显变化。湖体处于中度富营养状态。主要污染指标为总氮和总磷。

太湖环湖河流水质总体为中度污染。与上年相比，水质明显好转。主要污染指标为氨氮、五日生化需氧量和石油类。

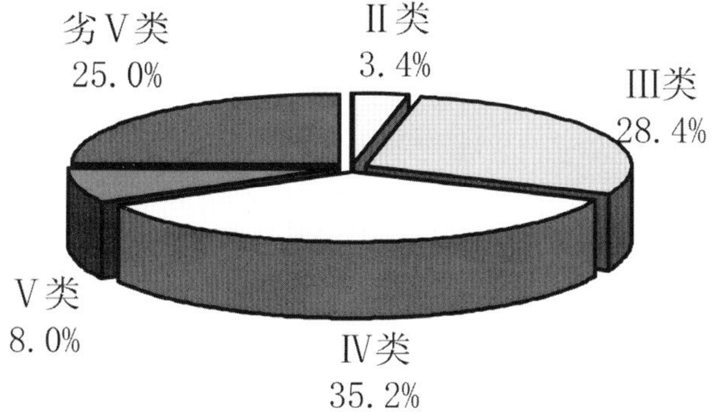

太湖环湖河流水质类别比例

滇 池 水质总体为劣Ⅴ类。草海处于重度富营养状态，外海处于中度富营养状态。主要污染指标为氨氮、总磷和总氮。

滇池环湖河流水质总体为重度污染。8个地表水国控监测断面中，

Ⅰ～Ⅲ类和劣Ⅴ类水质的断面比例分别为37.5%和62.5%。与上年相比，水质有所好转。主要污染指标为氨氮、五日生化需氧量和石油类。

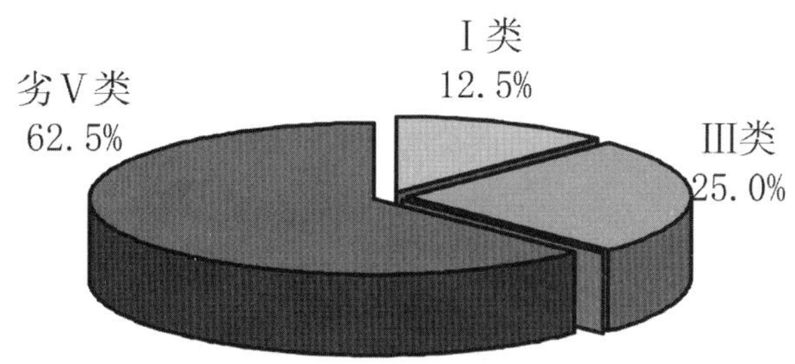

滇池环湖河流水质类别比例

巢 湖 水质总体为Ⅴ类，与上年相比，水质无明显变化。西半湖处于中度富营养状态，东半湖处于轻度富营养状态。主要污染指标为总磷、总氮和石油类。

巢湖环湖河流水质总体为重度污染。12个地表水国控监测断面中（包括两个纳污控制断面），Ⅲ类、Ⅳ类和劣Ⅴ类水质的断面比例分别为16.7%、33.3%和50.0%。主要污染指标为石油类、氨氮和高锰酸盐指数。

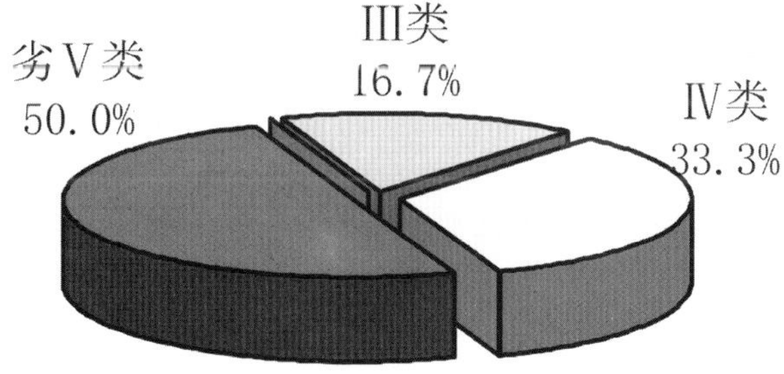

巢湖环湖河流水质类别比例

其它大型淡水湖泊 10个重点国控大型淡水湖泊中，洱海和兴凯湖为Ⅱ类水质，博斯腾湖为Ⅲ类，南四湖、镜泊湖和鄱阳湖为Ⅳ类，洞庭湖为Ⅴ类，达赉湖、洪泽湖和白洋淀为劣Ⅴ类。与上年相比，洱海、兴凯湖、南四湖水质好转；洞庭湖水质变差；其它大型淡水湖水质无明显变化。各湖主要污染指标是总氮和总磷。

洱海、洞庭湖、镜泊湖和鄱阳湖为中营养状态，博斯腾湖、洪泽湖和南四湖为轻度富营养状态，达赉湖和白洋淀为中度富营养状态。

重点大型淡水湖泊水质状况

湖库名称	营养状态指数	营养状态	水质类别		主要污染指标
			2008年	2007年	
达赉湖	68.7	中度富营养	劣Ⅴ	劣Ⅴ	pH、高锰酸盐指数、总磷
白洋淀	65.3	中度富营养	劣Ⅴ	劣Ⅴ	氨氮、总磷、总氮
洪泽湖	55.8	轻度富营养	劣Ⅴ	劣Ⅴ	总氮、总磷
南四湖	50.8	轻度富营养	Ⅳ	Ⅴ	石油类、总磷、总氮
博斯腾湖	50.7	轻度富营养	Ⅲ	Ⅲ	-
鄱阳湖	49.4	中营养	Ⅳ	Ⅳ	石油类、总磷、总氮
洞庭湖	46.6	中营养	Ⅴ	Ⅳ	总磷、总氮
镜泊湖	40.1	中营养	Ⅳ	Ⅳ	高锰酸盐指数
洱海	38.9	中营养	Ⅱ	Ⅲ	-
兴凯湖	-	项目不全未计算	Ⅱ	Ⅳ	-

城市内湖 昆明湖（北京）为Ⅳ类水质，西湖（杭州）、东湖（武汉）、玄武湖（南京）、大明湖（济南）为劣Ⅴ类。与上年相比，昆明湖水质变差，其他城市内湖水质无明显变化。主要污染指标是总氮、总磷。

昆明湖处于中营养状态，玄武湖、西湖和大明湖处于轻度富营养状态，东湖处于中度富营养状态。

城市内湖水质评价结果

湖库名称	营养状态指数	营养状态	水质类别		主要污染指标
			2008年	2007年	
东湖	63.0	中度富营养	劣Ⅴ	劣Ⅴ	总磷、总氮、高锰酸盐指数
玄武湖	59.6	轻度富营养	劣Ⅴ	劣Ⅴ	总氮、总磷
大明湖	59.5	轻度富营养	劣Ⅴ	劣Ⅴ	总氮、BOD5、总磷
西湖	51.8	轻度富营养	劣Ⅴ	劣Ⅴ	总氮、石油类
昆明湖	49.3	中营养	Ⅳ	Ⅲ	总磷、总氮

大型水库 密云水库（北京）和石门水库（陕西）为Ⅱ类水质；董铺水库（安徽）为Ⅲ类；丹江口水库（湖北、河南）和千岛湖（浙江）为Ⅳ类；大伙房水库（辽宁）、于桥水库（天津）和松花湖（吉林）为Ⅴ类；门楼水库（山东）和崂山水库（山东）为劣Ⅴ类。与上年相比，千岛湖和丹江口水库水质有所下降，其它8座大型水库水质无明显变化。主要污染指标为总氮。

9座大型水库均为中营养状态。

大型水库水质评价结果

湖库名称	营养状态指数	营养状态	水质类别		主要污染指标
			2008年	2007年	
崂山水库	49.8	中营养	劣Ⅴ	劣Ⅴ	总氮
于桥水库	46.8	中营养	Ⅴ	Ⅴ	总氮
松花湖	45.3	中营养	Ⅴ	Ⅴ	总氮、总磷
董铺水库	44.2	中营养	Ⅲ	Ⅲ	-
门楼水库	40.5	中营养	劣Ⅴ	劣Ⅴ	总氮
大伙房水库	36.7	中营养	Ⅴ	Ⅴ	总氮
千岛湖	34.1	中营养	Ⅳ	Ⅲ	总氮
密云水库	32.7	中营养	Ⅱ	Ⅱ	-
丹江口水库	31.9	中营养	Ⅳ	Ⅲ	总氮
石门水库	-	项目不全未计算	Ⅱ	Ⅱ	-

重点水利工程

三峡库区 水质为优，库区6个国控断面中，长江晒网坝断面为Ⅰ类水质，其余断面均为Ⅱ类水质。

南水北调东线工程沿线 水质总体为轻度污染。10个监测断面中，Ⅱ～Ⅲ类、Ⅳ～Ⅴ类和劣Ⅴ类水质的断面比例分别为50.0%、40.0%和10.0%。与上年相比，水质有所好转。主要污染指标为高锰酸盐指数、五日生化需氧量和氨氮。

内陆渔业水域环境质量状况

江河重要渔业水域主要受到总磷、非离子氨、高锰酸盐指数和铜的污染。总磷污染以黄河、长江及黑龙江流域部分渔业水域相对较重，非离子氨污染以黄河及珠江流域部分渔业水域相对较重，高锰酸盐指数污染以黑龙江、黄河流域部分渔业水域相对较重，铜污染以黄河及长江流域部分渔业水域相对较重。与上年相比，非离子氨、挥发性酚污染范围略有增加，总磷、高锰酸盐指数、石油类、铜、锌、铅、镉污染范围均有不同程度下降。

湖泊、水库重要渔业水域主要受到总氮、总磷和高锰酸盐指数的污染。

废水和主要污染物排放量

2008年，全国废水排放总量为572.0亿吨，比上年增加2.7%；化学需氧量排放量为1320.7万吨，比上年下降4.4%；氨氮排放量为127.0万吨，比上年下降4.0%。

全国近年废水和主要污染物排放量

项目 / 年度	废水排放量（亿吨）			化学需氧量排放量（万吨）			氨氮排放量（万吨）		
	合计	工业	生活	合计	工业	生活	合计	工业	生活
2006	536.8	240.2	296.6	1428.2	541.5	886.7	141.3	42.5	98.8
2007	556.8	246.6	310.2	1381.8	511.1	870.8	132.3	34.1	98.3
2008	572.0	241.9	330.1	1320.7	457.6	863.1	127.0	29.7	97.3

措施与行动

【重点流域水污染防治】2008年1月，原国家环境保护总局、国家发展和改革委员会联合印发了《三峡库区及其上游水污染防治规划（修订本）》；2008年4月，环境保护部、国家发展和改革委员会、水利部、住房和城乡建设部联合印发了《淮河、海河、辽河、巢湖、滇池、黄河中上游等重点流域水污染防治规划（2006－2010年）》；环境保护部配合国家发展和改革委员会编制了《太湖流域水环境综合整治总体方案》，于2008年5月经国务院批复实施。

2008年4月，环境保护部组织在哈尔滨召开了全国环境保护部际联席会议（松花江流域水污染防治专题会议），9月，在山东济宁召开了重点流域水污染防治工作会议，按照“让江河湖海休养生息”的思路，对重点流域水污染防治工作进行了总结、部署和安排。

按照温家宝总理的批示要求，环境保护部会同地方政府、发展改革委、水利部共同组成领导小组，开展了《全国重点湖泊水库生态安全综合评估与综合治理方案》项目实施的相关工作，组织编制完成了《全国重点湖泊水库生态安全评估与综合治理方案》项目技术方案，建立了湖泊生态安全评价体系，提交了九大湖库生态安全调查评估报告，并通过了验收。

【加强饮用水源地保护工作】开展了城市及县级政府所在地城镇饮用水水源基础环境状况的调查评估，提出了《全国饮用水水源地基础环境调查及评估报告（城镇部分）》初稿；进一步修改完善了《全国城市饮用水水源地环境保护规划》。会同国务院有关部门，对饮用水水源保护区整治措施落实情况进行了后督查。全国共出动环境执法人员35万人次，检查了4661个饮用水水源保护区，取缔、关闭饮用水源保护区内的排污口及违法建设项目845个。印发了《饮用水水源保护区标志技术要求》（HJ/T 433—2008），指导各地对饮用水水源保护区划定、调整、保护等工作进行规范化管理。印发了《2009年及今后一个时期农村环境保护重点工作及任务分工》的通知，全面布置了农村地区的饮用水安全保障、面源污染防治等工作。

【召开洱海保护经验交流会】2008年12月1-2日，环境保护部在云南省大理州召开洱海保护经验交流会，总结和推广了大理州在经济快速发展过程中保护洱海的成功经验和做法，积极探索让江河湖海休养生息的新思路。周生贤部长指出要认真做好湖泊生态安全评估工作，加快湖泊水库水污染防治工作，严防水污染事件。要以阳宗海砷污染事件为鉴，对重点湖泊水库，特别是集中式饮用水水源保护区进行一次全面检查，对威胁湖泊水体安全的污染源要坚决进行处置，消除隐患。要进一步加快实施“三湖”、三峡库区、丹江口库区等重点湖泊水库流域水污染防治规划，抓住当前中央新增投资的有利时机，在保障工程质量的前提下，加大投资力度，加快推进治污项目建设进度。

【水污染防治法修订实施】2008年2月26－28日第十届全国人民代表大会常务委员会第三十二次会议审议通过了第二次修订，并于2008年6月1日实施。

《水污染防治法》2008年修订案确立了三大原则：一是预防为主原则；二是防治结合原则；三是综合治理原则。突出了十个方面的亮点：一是把保障饮用水安全放在首要位置，二是进一步强化了地方政府的环境责任，三是更加明确和严格了环境违法行为的界限，四是进一步强化和拓展了总量控制制度，五是明确了排污许可制度的法律地位，六是从法律上保障了公众参与的权利，七是增设了排污单位的自我监测义务，八是强化了城镇污水处理和农业、农村水污染防治，九是进一步加强了事故应急处置方面的要求，十是提高了违法排污行为的处罚力度。

【全国人大听取水污染防治工作情况的报告】2008年12月25日，受国务院委托，环境保护部周生贤部长向十一届全国人大常委会第六次会议报告全国水污染防治工作进展情况，得到了人大代表的高度评价。

报告称，2008年全国水污染防治工作取得进展，水环境质量总体稳定，《国家环境保护“十一五”规划》稳步实施，饮用水安全保障工作得到加强，重点流域水污染防治工作取得一定进展，城镇污水处理设施建设步伐加快，农村环境保护工作取得积极进展，船舶污染防治得到加强，水污染防治法律法规和政策体系不断完善，水污染防治执法力度不断加大，水污染防治支撑保障水平不断提高。

海洋环境

状况

海水水质

全国近岸海域水质总体为轻度污染。与上年相比，水质略有上升。近海大部分海域为清洁海域；远海海域水质保持良好。

2008年，近岸海域监测面积共281012平方千米，其中一、二类海水面积212270平方千米，三类为31077平方千米，四类、劣四类为37665平方千米。

按照监测点位计算，全国近岸海域水质与上年相比略有上升，一、二类海水比例为70.4%，比上年上升7.6个百分点；三类海水占11.3%，与上年持平；四类和劣四类海水占18.3%，下降7.1个百分点。

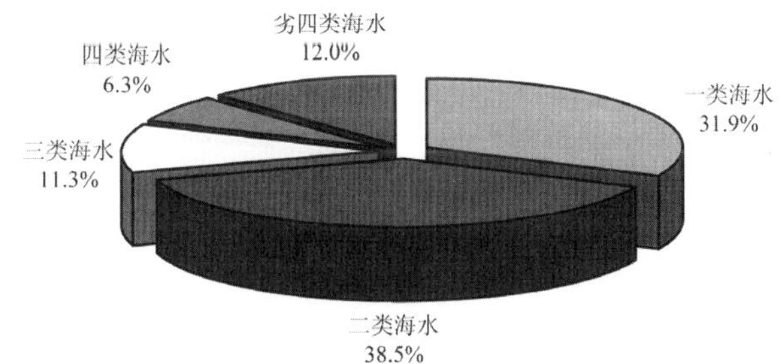

全国近岸海域水质类别

四大海区近岸海域中，黄海、南海近岸海域水质良，渤海水质一般，东海水质差。北部湾海域水质优，黄河口海域水质良，一、二类海水比例在90%以上；辽东湾和胶州湾海域水质差，一、二类海水比例低于60%且劣四类海水比例低于30%；其它海湾水质极差，劣四类海水比例均占了40%以上，其中杭州湾最差，劣四类海水比例高达100%。与上年比较，渤海湾、长江口、珠江口和北部湾一、二类海水比例上升10%以上。

渤海 近岸海域为轻度污染，一、二类海水比例为67.4%，与上年相比，上升4.1个百分点，四类和劣四类海水占12.2%，下降10.2个百分点。主要超标指标为无机氮、pH和铅。

黄海 近岸海域水质为良，一、二类海水比例为92.6%，与上年相比，上升7.4个百分点，四类、劣四类海水占3.8%，下降1.7个百分点。主要超标指标为无机氮和活性磷酸盐。

东海 近岸海域为中度污染，一、二类海水占38.9%，与上年相比，上升10.5个百分点，四类和劣四类海水占43.2%，下降12.6个百分点。主要超标指标为无机氮和活性磷酸盐。

南海 近岸海域水质为良，一、二类海水比例为89.3%，与上年比较，上升5.6个百分点，无四类海水，劣四类海水占5.8%，下降2.3个百分点。主要超标指标为无机氮、活性磷酸盐和pH。

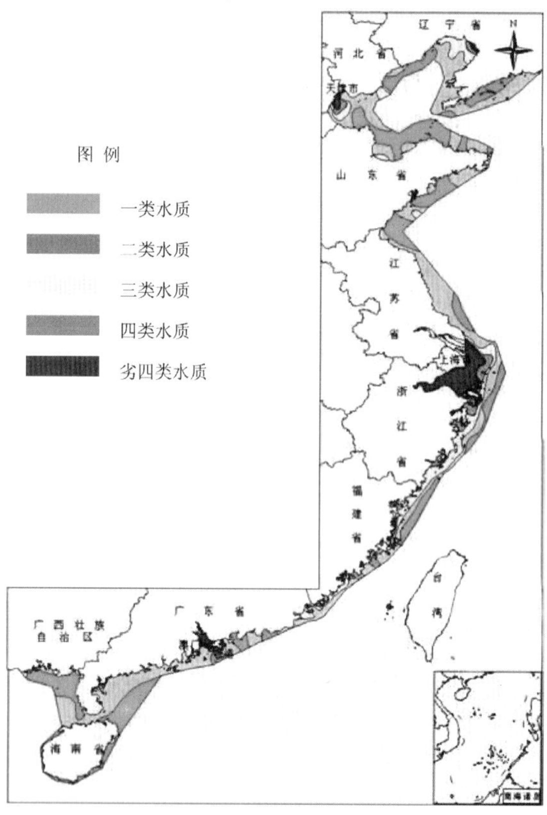

全国近岸海域水质分布示意图

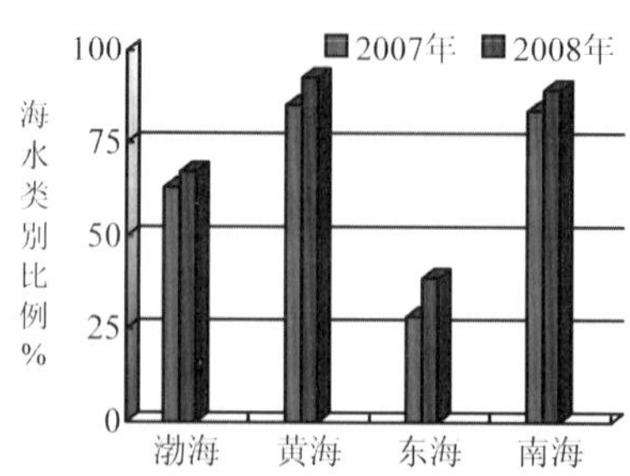

四大海区一、二类海水比例

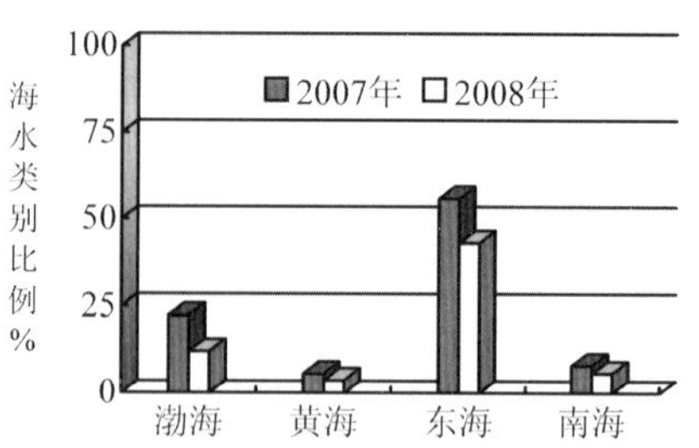

四大海区四类、劣四类海水比例

近岸海域沉积物质量

2008年，中国近岸海域沉积物质量状况总体良好，沉积物污染的综合潜在生态风险低。部分海域沉积物受到铜、镉、石油类和多氯联苯污染。

近岸海域贝类体内污染物残留状况

2008年，中国近岸海域局部环境受到了铅、镉、砷和石油烃的污染。近岸海域部分贝类体内的铅、石油烃、镉、砷和滴滴涕残留水平超第一类海洋生物质量标准。

多年监测的统计结果表明，中国近岸海域贝类体内石油烃的残留水平基本保持不变，部分近岸海域贝类体内铅、滴滴涕、多氯联苯和镉的残留水平呈现下降趋势。

陆源污染物入海状况

入海河流 监测的198条入海河流水质总体较差，污染物入海量大于直排海污染源污染物入海量。东海的河流污染物入海总量远高于其它海区。

入海河流监测断面水质类别

入海海区名称	水质类别（个）						
	I类	II类	III类	IV类	V类	劣V类	合计
渤 海	0	2	4	7	4	32	49
黄 海	0	3	15	12	7	18	55
东 海	0	1	3	4	3	15	26
南 海	0	3	17	10	9	29	68
合 计	0	9	39	33	23	94	198

198个入海河流断面主要污染物排海总量约为：高锰酸盐指数471.0万吨，氨氮83.3万吨，石油类5.16万吨，总磷29.6万吨。

入海河流排入四大海区各项污染物总量

海 区	高锰酸盐指数（万吨）	氨 氮（万吨）	石油类（万吨）	总 磷（万吨）
渤 海	11.8	2.9	0.16	0.3
黄 海	25.1	4.0	0.35	0.6
东 海	311.4	59.3	2.50	17.4
南 海	122.7	17.1	2.15	11.3
合 计	471.0	83.3	5.16	29.6

直排海污染源 526个日排污水量大于100吨的直排海工业污染源、生活污染源、综合排污口的污水排放总量为45.65亿吨，各项污染物排放量分别为：化学需氧量31.29万吨、石油类1864吨、氨氮41531吨、总磷4213吨、汞0.25吨、六价铬0.31吨、铅2.7吨、镉0.16吨。

各类直排海污染源排放情况

污染源类别	废水量(亿吨)	化学需氧量(万吨)	石油类(吨)	氨氮(吨)	总磷(吨)	汞(吨)	六价铬(吨)	铅(吨)	镉(吨)
合 计	45.65	31.29	1864	41531	4213	0.25	0.31	2.7	0.16
工 业	15.41	4.31	154	2210	204	0.008	0.3	0.4	0.07
生 活	7.36	7.85	703	12110	1384	–	–	–	–
综 合	22.88	19.13	1007	27211	2625	0.24	0.006	2.3	0.09

四大海区受纳直排海污染源污染物情况

海区	废水量(亿吨)	化学需氧量(万吨)	氨氮(万吨)	石油类(吨)	总磷(吨)
渤海	1.32	0.77	0.08	166.3	35.2
黄海	8.29	6.33	0.64	215.1	826.0
东海	26.32	13.52	1.80	526.4	1092.2
南海	9.72	10.66	1.63	956.4	2260.1

海洋渔业水域环境状况

海洋重要鱼、虾、贝、藻类的产卵场、索饵场、洄游通道及自然保护区主要受到无机氮、活性磷酸盐和石油类的污染。无机氮污染以东海区、黄渤海区部分渔业水域和珠江口渔业水域相对较重，活性磷酸盐污染以东海区、渤海及南海近岸部分渔业水域相对较重，石油类的污染以东海部分渔业水域相对较重。与上年相比，无机氮、化学需氧量的污染范围有所增加，活性磷酸盐和石油类的污染范围略有下降。

海水重点增养殖区主要受到无机氮和活性磷酸盐的污染。无机氮污染以南海区和东海区部分增养殖水域相对较重，活性磷酸盐污染以东海区部分增养殖水域相对较重。与上年相比，石油类的污染范围明显降低，无机氮、活性磷酸盐、化学需氧量的污染范围有所增加。

海洋渔业水域沉积物中，主要受到镉、汞、铜和石油类的污染。石油类、镉、汞污染以南海区部分渔业水域相对较重，铜污染以东海区和渤海部分渔业水域相对较重。

海洋污染事故

船舶污染事故　沿海发生船舶污染事故136起，累积溢泄量（溢油、含油污水、化学品、油泥等）约155吨，其中涉及10吨以上50吨以下溢泄事故6起，未发生50吨以上溢泄事故，重大污染事故发生率同比显著降低。

赤 潮 2008年，全海域共发生赤潮68次，累计面积13738平方千米，与上年相比，赤潮发生次数减少14次，赤潮累计面积增加2128平方千米。其中，渤海1次，面积30平方千米；黄海12次，累计面积1578平方千米；东海47次，累计面积12070平方千米；南海8次，累计面积60平方千米。其中有毒、有害赤潮生物引发的赤潮11次，累计面积约610平方千米，分别占赤潮发生次数和累计面积的16.2%和4.4%，比上年度分别减少15.0%和12.0%。

2008年，全海域共发生100平方千米以上的赤潮24次，累计面积为12438平方千米，其中面积1000平方千米以上的赤潮3次，累计面积5850平方千米。东海仍为中国赤潮的高发区，其赤潮发生次数和累计面积分别占全海域的69.1%和87.9%。

措施与行动

【中国保护海洋环境免受陆源污染行动计划】　“中国保护海洋环境免受陆源污染国家行动计划”（简称“中国NPA”）是联合国环境署“保护海洋环境免受陆源污染全球行动计划”（简称“GPA”）的重要组成部分之一。2008年，在完成《中国保护海洋环境免受陆源污染国家报告》的基础上，积极推动了“中国NPA”的编制工作。

【海洋规划和立法工作持续推进】　国家出台了首部海洋领域总体规划《国家海洋事业发展规划纲要》，印发了《全国科技兴海规划纲要（2008年－2015年）》、《全国海洋标准化“十一五”发展规划》，公布实施了《海域使用管理违法违纪行为处分规定》。

【国家海洋局深化渤海海洋环境保护工作】　为进一步加强渤海海洋环境保护工作，2008年，国家海洋局根据《中华人民共和国海洋环境保护法》和海洋行政主管部门的职责，组织有关部门和科研院校，编制了《渤海环境立体监测与动态评价规划纲要（2008－2012）》。

【海洋特别保护区建设取得突破】　2008年，各级海洋行政主管部门继续加大海洋保护区的监管力度，稳步推进海洋保护区建设与管理的各项工作，采取有效措施加大红树林、珊瑚礁、海湾、海岛、入海河口和滨海湿地等脆弱海洋生态系统的保护力度。国家海洋行政主管部门批准建立了江苏海州湾海湾生态与自然遗迹国家级海洋特别保护区、浙江渔山列岛国家级海洋特别保护区、山东东营黄河口生态国家级海洋特别保护区、山东东营利津底栖鱼类生态国家级海洋特别保护区和山东东营河口浅海贝类生态国家级海洋特别保护区。

大气环境

状 况

全国城市空气质量总体良好，比上年有所提高，但部分城市污染仍较重；全国酸雨分布区域保持稳定，但酸雨污染仍较重。

空气质量

2008年度，全国有519城市报告了空气质量数据，达到一级标准的城市21个（占4.0%），二级标准的城市378个（占72.8%），三级标准的城市113个（占21.8%），劣于三级标准的城市7个（占1.4%）。全国地级及以上城市的达标比例为71.6%，县级城市的达标比例为85.6%。

地级及以上城市（含地、州、盟首府所在地）空气质量达到国家一级标准的城市占2.2%，二级标准的占69.4%，三级标准的占

26.9%，劣于三级标准的占1.5%。

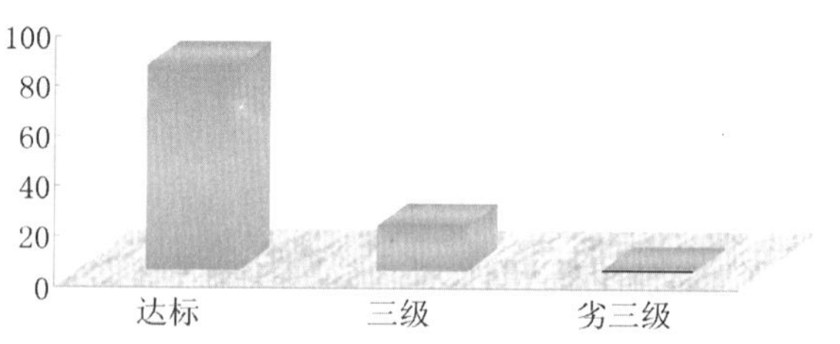

可吸入颗粒物浓度分级城市比例

可吸入颗粒物（PM10）年均浓度达到二级标准及以上的城市占81.5%，劣于三级标准的占0.6%。山东、陕西、新疆、内蒙古、湖北、江苏、甘肃、湖南等8省区参加统计的地级城市中PM10未达到二级标准的比例超过20%。

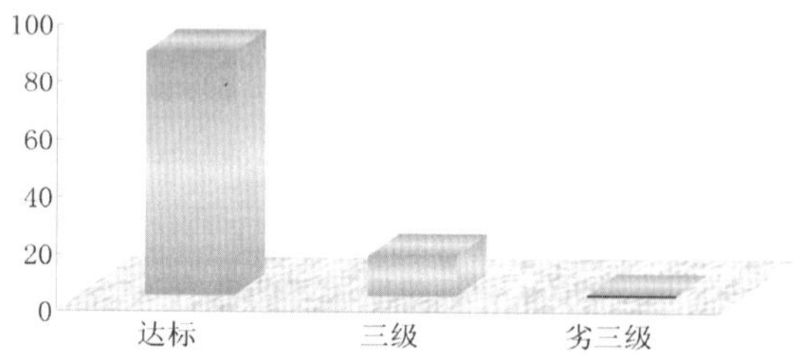

二氧化硫浓度分级城市比例

二氧化硫年均浓度达到二级标准及以上的城市占85.2%，劣于三级标准的占0.6%。贵州、山东、河北、山西、内蒙古、四川、湖南等7省区参加统计的地级城市中二氧化硫未达到二级标准的比例超过20%。

所有地级及以上城市二氧化氮年均浓度均达到二级标准，87.7%的城市达到一级标准。

重点城市 113个环境保护重点城市空气质量有所提高，空气质量达到二级标准的城市占57.5%，三级的占41.6%，劣于三级的占0.9%。与上年相比，达标城市比例上升了13.3个百分点；劣三级城市比例无变化。

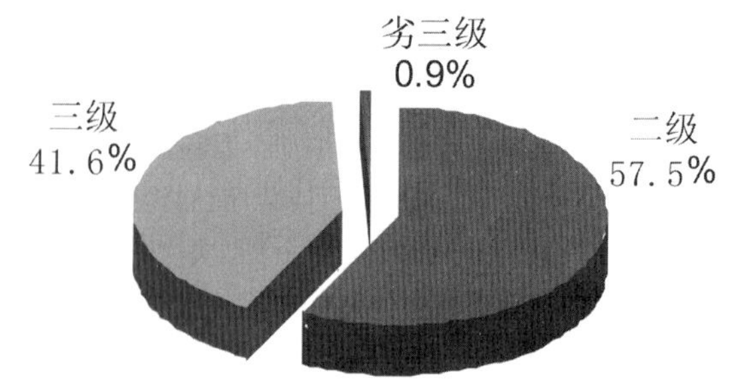

重点城市空气质量级别比例

2008年环境保护重点城市总体平均的二氧化氮浓度与上年相比变化不大，二氧化硫和可吸入颗粒物浓度均有所降低。

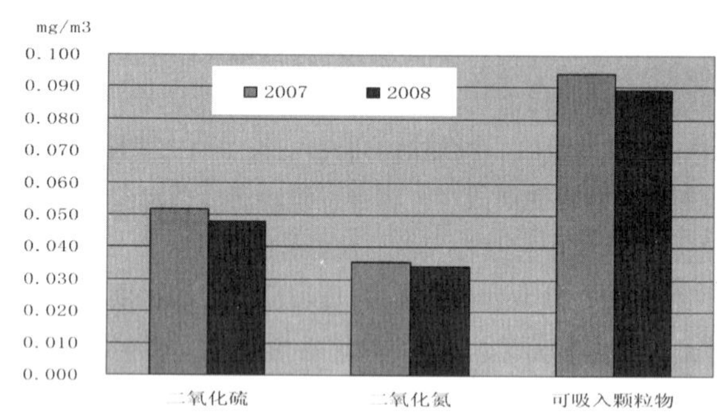

重点城市污染物浓度年际比较

酸雨

酸雨频率 监测的477个城市（县）中，出现酸雨的城市252个，占52.8%；酸雨发生频率在25%以上的城市164个，占34.4%；酸雨发生频率在75%以上的城市55个，占11.5%。

全国酸雨发生频率分段统计

酸雨发生频率（%）	0	0～25%	25%～50%	50%～75%	≥75%
城市数（个）	225	88	57	52	55
所占比例（%）	47.2	18.4	11.9	10.9	11.5

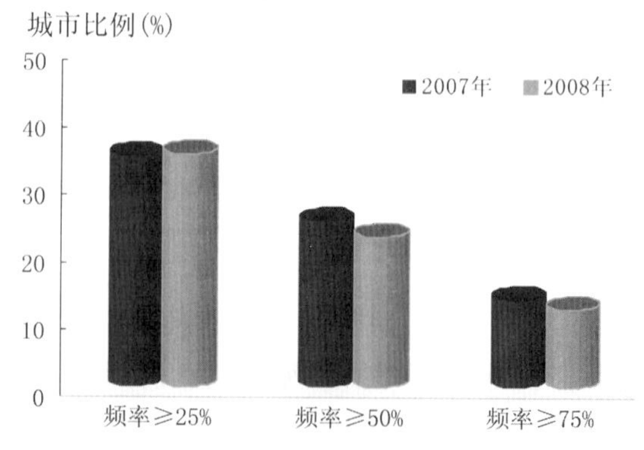

不同酸雨发生频率的城市比例年际比较

降水酸度　与上年相比，发生较重酸雨（降水pH值<5.0）的城市比例降低1.1个百分点，发生重酸雨（降水pH值<4.5）的城市比例基本持平。

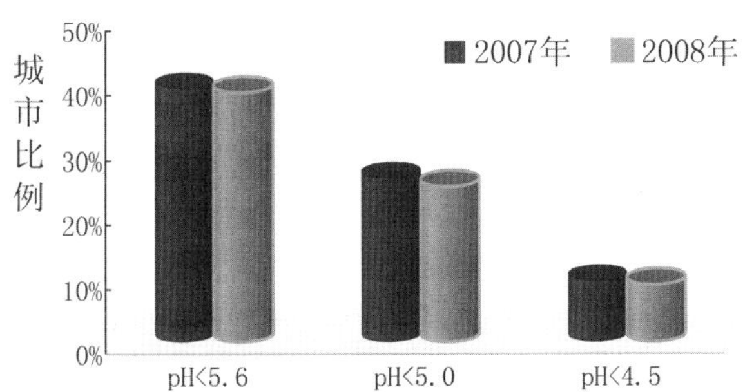

不同降水pH年均值的城市比例年际比较

全国降水pH年均值统计

年均pH值范围	<4.5	4.5～5.0	5.0～5.6	5.6～7.0	≥7.0
城市数（个）	42	73	69	205	88
所占比例（%）	8.8	15.3	14.5	43.0	18.4

酸雨分布　主要集中在长江以南，四川、云南以东的区域，包括浙江、福建、江西、湖南、重庆的大部分地区以及长江、珠江三角洲地区。与上年相比，全国酸雨分布区域保持稳定。

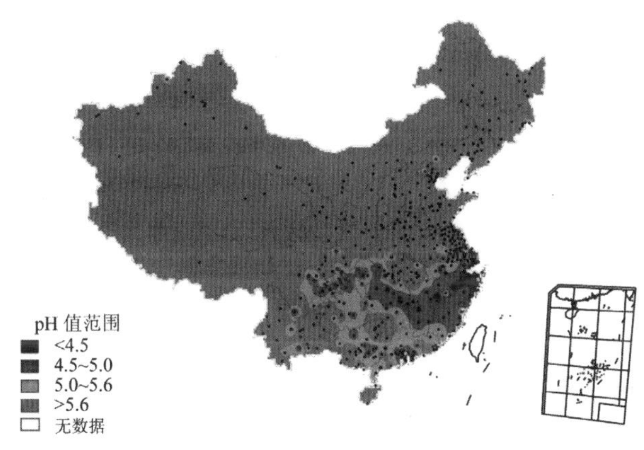

全国降水pH年均值等值线

废气中主要污染物排放量

2008年，二氧化硫排放量为2321.2万吨，烟尘排放量为901.6万吨，工业粉尘排放量为584.9万吨，分别比上年下降5.9%、8.6%、16.3%。

全国近年废气中主要污染物排放量

项目/年度	二氧化硫排放量（万吨）			烟尘排放量（万吨）			工业粉尘排放量(万吨)
	合计	工业	生活	合计	工业	生活	
2006	2588.8	2234.8	354.0	1088.8	864.5	224.3	808.4
2007	2468.1	2140.0	328.1	986.6	771.1	215.5	698.7
2008	2321.2	1991.3	329.9	901.6	670.7	230.9	584.9

措施与行动

【全国机动车尾气排放执行国III标准】　为贯彻《中华人民共和国大气污染防治法》，控制机动车排放污染。2008年7月1日，全国正式实施《轻型汽车污染物排放限值及测量方法（中国III、IV阶段）》（GB18352.3-2005）第三阶段限值（简称“国三标准”）。

【北京市2008年3月1日起执行机动车国IV排放标准】根据北京市“十一五”环境规划和举办奥运会对空气质量的要求，北京市从2008年3月1日起，分两个阶段实施相当于欧IV标准的国IV标准。

声环境

状况

全国71.7%的城市区域声环境质量处于好或较好水平，环境保护重点城市区域声环境质量处于好或较好水平的占75.2%。全国65.3%的城市道路交通声环境质量为好，环境保护重点城市道路交通声环境质量处于好或较好水平的占93.8%。城市各类功能区昼间达标率为86.4%，夜间达标率为74.7%。

区域环境噪声　监测的392个城市中，区域声环境质量好的城市占7.2%，较好的占64.5%，轻度污染的占27.3%，中度污染的占1.0%。与上年相比，全国城市区域声环境质量好的城市上升了1.2个百分点，较好的下降了1.7个百分点，轻度污染的上升了0.9个百分点，中度污染的下降了0.4个百分点。

环境保护重点城市区域环境噪声等效声级范围在45.7～61.1dB(A)之间，区域声环境质量处于好和较好水平的城市占75.2%，轻度污染的占23.9%，中度污染的占0.9%。

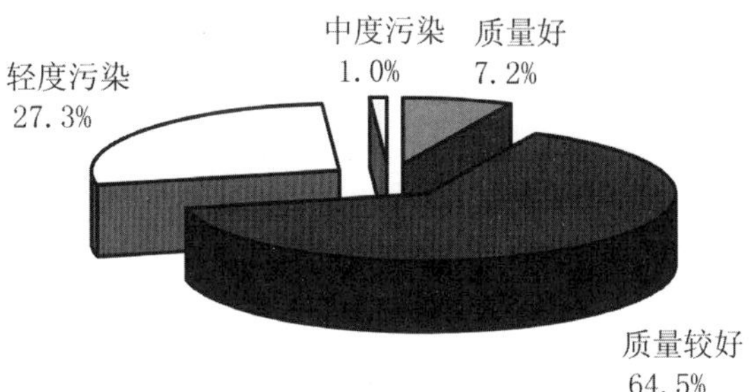

城市区域声环境质量状况

道路交通噪声　监测的384个城市中，65.3%的城市道路交通声环境质量为好，27.1%的城市较好，4.2%的城市为轻度污染，2.9%的城市为中度污染，0.5%的城市为重度污染。与上年相比，全国城市道路交通声环境质量好的城市上升了6.7个百分点，较好的下降了6.7个百分点，轻度污染的下降了1.5个百分点，中度污染的上升了1.8个百分点，重度污染的下降了0.3个百分点。

环境保护重点城市道路交通声环境质量好的城市占57.5%，较好的占36.3%，轻度污染的占4.4%，中度污染的占1.8%。

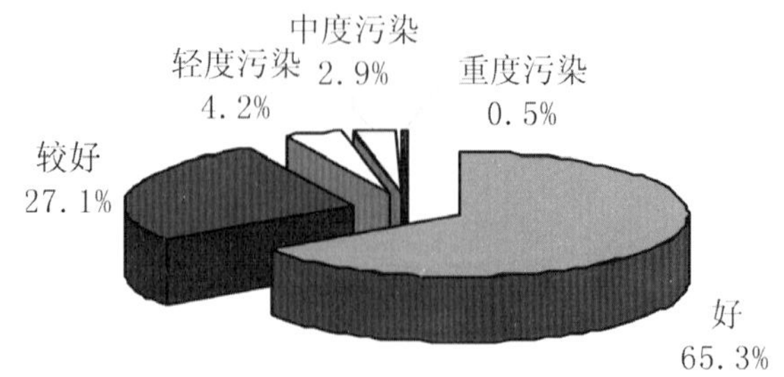

城市道路交通声环境质量状况

城市功能区噪声 开展监测的242个城市中，各类功能区监测点位全年昼间达标6947点次，占昼间监测点次的86.4%；夜间达标6007点次，占夜间监测点次的74.7%。各类功能区昼间达标率高于夜间，3类功能区好于其他类功能区。

城市功能区监测点位达标情况

功能区类别	0类		1类		2类		3类		4类	
	昼	夜	昼	夜	昼	夜	昼	夜	昼	夜
达标点次	107	92	1634	1464	1994	1847	1472	1380	1740	1224
监测点次	199	199	1928	1928	2309	2309	1590	1590	2014	2014
达标率（%）	53.8	46.2	84.8	75.9	86.4	80.0	92.6	86.8	86.4	60.8

措施与行动

【新噪声标准实施】新修订的《声环境质量标准》（GB3096-2008）和《工业企业厂界环境噪声排放标准》（GB 12348-2008）及新制定的《社会生活环境噪声排放标准》（GB 22337-2008）于2008年10月1日实施。新标准主要特点：一是调整了声环境质量标准体系，细化了对声环境质量功能区的要求，完善了铁路附近区域的声环境质量要求；二是将声环境质量标准的适用范围由城市扩大到了乡村地区；三是调整和明确了噪声排放标准的监控要求；四是增设了专用于《噪声污染防治法》规定声源类型的社会噪声排放标准；五是在工业企业和社会噪声排放标准中都首次对低频噪声规定了限值和监测、评价方法。

固体废物

状况

2008年，全国工业固体废物产生量为190127万吨，比上年增加8.3%；排放量为782万吨，比上年减少34.7%；综合利用量（含利用往年贮存量）、贮存量、处置量分别为123482万吨、21883万吨、48291万吨，分别占产生量的64.9%、11.5%、25.4%。危险废物产生量为1357万吨，综合利用量（含利用往年贮存量）、贮存量、处置量分别为819万吨、196万吨、389万吨。

2008年全国工业固体废物产生及处理情况

产生量（万吨）		综合利用量（万吨）		贮存量（万吨）		处置量（万吨）	
合计	危险废物	合计	危险废物	合计	危险废物	合计	危险废物
190127	1357.0	123482	819	21883	196	48291	389

措施与行动

【大中城市固体废物污染防治信息发布情况】 根据《固体废物污染环境防治法》和《大中城市固体废物污染环境防治信息发布导则》（原环境保护总局公告2006年第33号），2008年206个城市发布了固体废物污染防治信息。

【进口废物审批情况】2008年，环境保护部会同商务部、国家发展和改革委员会、海关总署、质检总局发布了《2008年进口废物管理目录》（2008年第11号公告）；会同海关总署、质检总局发布了《关于发布固体废物属性鉴别机构名单及鉴别程序的通知》（环发[2008]18号），明确了进口废物鉴别机构和程序，依法暂停了17家进口固体废物单位的申请，向2868家进口废物加工利用单位签发了10397份固体废物进口许可证。

【废物进口管理国际合作】2008年，环境保护部加强了与有关国家和地区关于控制废物越境转移的国际合作，组织召开了内地-香港废物越境转移控制合作第五次工作会议，与荷兰住房、空间规划及环境部签署了《中荷废物越境转移合作工作协议》，与日本召开了第二次中日固体废物管理司长级对话，参加了欧盟环境法执行和执法网络（IMPEL/TFS）关于执行欧盟废物转运法令的2008年年会，加强了与有关国家之间关于废物越境转移控制的信息交换和联合查证合作，全年交换信息200余件。

【危险废物出口核准情况】2008年3月11日，环境保护部《危险废物出口核准管理办法》（原国家环境保护总局令第47号）正式施行。2008年环境保护部共受理危险废物出口申请24份，其中内地11份，台湾13份。申请出口危险废物共13991.8吨，其中内地6841.8吨，台湾7150吨。进口国主要为比利时、新加坡、日本、德国、法国、韩国。

【铬渣污染治理情况】截至2008年底，全国累计处置铬渣130多万吨。列入《铬渣污染综合整治方案》的19个省（直辖市）中，山东、浙江两省的铬渣已全部处置完毕。河北、山西、内蒙古、湖南、湖北、江苏、重庆、甘肃、陕西、辽宁、云南等省（直辖市、自治区）铬渣处置设施已建成并投入使用。天津、吉林、河南、四川、青海、新疆等省区市的铬渣处置设施尚在建设之中。

辐射环境

状况

2008年，全国辐射环境质量总体良好。环境电离辐射水平基本保持稳定状态，核设施、核设备周围环境电离辐射为正常环境水平；环境电磁辐射水平总体情况较好，除个别大功率发射设施局部环境综合场强略超国家标准外，其它电磁辐射设施、设备周围电磁辐射水平满足国家标准。

环境电离辐射 全国重点城市辐射环境自动站未监测到环境γ贯穿辐射剂量率异常升高，环境γ辐射剂量率、气溶胶和沉降物总放、空气中氚化水活度浓度为环境正常水平；七大江河水系、西南和西北诸河、浙闽区河流、主要湖泊水库各放射性核素活度浓度水平与历年监测结果相比未发生变化，其中天然放射性核素活度浓度与1983－1990年全国环境天然放射性水平调查时的监测值处于同一水平。开展监测的饮用水中总α、总β放射性活度浓度均低于《生活饮用水卫生标准》（GB5749-2006）指导值。近岸海域海水人工放射性核素锶-90和铯-137活度浓度均在《海水水质标准》（GB3097-1997）限值内。土壤中放射性核素含量与历年监测结果相比未发生变化，其中天然放射性核素活度浓度与1983－1990年全国环境天然放射性水平调查时的监测值处于同一水平。

核电厂周围环境电离辐射 浙江秦山核电基地、广东大亚湾/岭澳核电厂和江苏田湾核电厂安全、正常运行，外围辐射环境自动站测得的γ贯穿辐射剂量率年均值分别为102.2nGy/h、123.5nGy/h、101.1nGy/h，处于所在地区的天然本底涨落范围内。浙江秦山核电基地周围关键居民点空气、降水、地表水及部分生物样品中氚活度浓度与核电站运行前本底值相比有所升高；广东大亚湾/岭澳核电厂排放口附近海域海水氚活度浓度高于对照点，部分牡蛎样品可监测到微量的人工放射性核素银-110m；但与历年监测结果相比，没有累积升高的趋势，且其对公众产生的附加剂量贡献很小，远低于国家规定的限值。江苏田湾核电厂各环境介质中放射性核素含量与核电厂运行前本底值处于同一水平。

其它核燃料循环设施周围环境电离辐射水平 中国原子能科学研究院、清华大学核能与新能源技术研究院、山东省地质科学实验研究院、中国核动力研究设计院、陕西省西北核技术研究所等研究设施外围环境γ辐射剂量率，气溶胶和沉降物总放活度浓度，地表水、土壤和生物样品中放射性核素含量为当地环境水平；饮用地下水总α、总β放射性活度浓度均低于《生活饮用水卫生标准》（GB5749-2006）限值。包头核燃料元件厂、中核建中核燃料元件公司、陕西铀浓缩公司、中核四〇四有限公司、西北低中水平放射性固体废物处置场、兰州铀浓缩有限公司、北龙低中水平放射性固体废物处置场等核燃料生产、加工企业外围环境γ辐射剂量率仍为当地环境水平，其余环境介质中也未监测到企业生产、加工、贮存的放射性核素含量异常升高。

铀矿冶及伴生放射性矿周围环境电离辐射 中核北方铀业有限公司本溪铀矿、中核浙江衢州铀业有限责任公司、中核抚州金安铀业有限公司、中核赣州金瑞铀业有限公司、衡阳新华化工冶金总公司、中核金原铀业有限责任公司桂林分公司、南宁新原核工业有限公司七〇一矿、贵州原核工业七六一矿、贵州原核工业二七六厂、新疆中核天山铀业有限公司等铀矿山及水冶设施周围环境空气中氡浓度，气溶胶、地下水和生物样品中放射性核素铀和镭-226含量未见异常；但极少数铀矿山及水冶系统因矿石运输沿途撒落，造成矿区边界和运矿公路周围个别监测点位γ辐射剂量率高于运行前水平；同时受历年排放的废水和尾矿坝渗漏水的影响，部分铀矿山及水冶系统周围环境个别监测点位地表水和底泥放射性核素铀和镭-226活度浓度偏高。白云鄂博矿物资源开发利用活动对当地环境产生了一定程度影响。

电磁辐射设施周围环境辐射水平 环境电磁辐射水平总体情况较好，个别大功率发射设施周围局部环境存在超标现象。移动通信基站天线周围环境敏感点的电磁辐射水平低于《电磁辐射防护规定》（GB8702-88）规定的公众照射导出限值；各输电线和变电站周围环境敏感点工频电场强度均低于居民区工频电场评价标准4kV/m，磁感应强度均低于公众全天候辐射时的工频限值100μT；个别电视（调频）发射塔、中波广播发射台周边环境敏感建筑物部分监测点位环境综合场强超公众照射导出限值。

措施与行动

【强化核与辐射安全监管】 加强运行核电厂安全监管与审评，完成了60余项运行核电厂的重要安全改造审评，强化日常监督和运行经验反馈。加强在建核电厂和拟建核电厂项目监管和审评。组建了两支相对独立的核安全审评队伍，完成了8台机组的初步安全分析报告的技术审评与环境影响报告书的技术审查工作，并办理了建造许可证。2008年4月～7月，各级环境保护部门对全国11728家涉源单位的放射源安全与防护进行了排查，进一步摸清单位底数，提高了涉源单位安全水平。

【加强辐射环境监测】 在国家辐射环境监测网第一批国控点的基础上，增设了11个重点城市辐射环境自动站、10个陆地辐射监测点、38个水体监测点，在4座重要核与辐射设施周围增设了核环境安全预警监测点。首次设置了43个电磁环境质量监测点，并在41个重点电磁辐射设施周围设置了电磁监测站点。

加强核与辐射突发事件应急监测系统建设，积极开展中央财政主要污染物减排专项资金核与辐射监测能力建设项目的前期工作，项目包括1个增强型辐射自动连续监测子站、31个标准型辐射自动监测子站、68个基本型辐射自动连续监测子站、31个省级数据汇总中心、1个全国数据汇总中心以及常规能力建设。

自然生态

状况

自然保护区建设与管理情况 截止2008年底，全国已建立各种类型、不同级别的自然保护区2538个，保护区总面积约14894.3万公顷。其中，国家级自然保护区303个，面积9120.3万公顷，分别占全国自然保护区总数和总面积的11.9%和61.2%。有28处自然保护区加入联合国教科文组织“人与生物圈保护区网络”，有20多处保护区成为世界自然遗产地组成部分。

物种 中国疆域辽阔，地形、气候复杂，南北跨越寒、温、热三带，高原、山地占80%，生态环境多样，孕育了丰富的野生动植物资源。除鱼类外，中国约有脊椎动物2619种，其中哺乳类581种、鸟类1331种、爬行类412种、两栖类295种，大熊猫、朱鹮、金丝猴、华南虎、普氏原羚、黄腹角雉、扬子鳄、瑶山鳄蜥等数百种珍稀濒危野生动物。约有高等植物30000多种，水杉、银杉、百山祖冷杉、香果树等17000多种植物为中国所特有。

湿地生物多样性 中国湿地类型齐全、数量丰富，除苔原湿地外，其余类型均有分布。现有100公顷以上的28类湿地总面积3848万公顷，其中，自然湿地3620万公顷，包括滨海湿地594万公顷，河流湿地821万公顷，湖泊湿地835万公顷，沼泽湿地1370万公顷。中国现存自然湿地仅占国土面积的3.77%。目前中国以自然保护区为主体，湿地公园、湿地保护小区等多种保护管理形式并存的保护管理体系正在逐步形成。截至2008年底，全国已建立湿地自然保护区550多处，国家湿地公园达到38处，共有36块湿地列入《湿地公约》的国际重要湿地名录，全国共有1790多万公顷自然湿地得到有效保护，约占总面积的49%。

中国湿地物种非常丰富。兽类7目12科31种，鸟类12目32科271种，爬行类3目13科122种，两栖类3目11科300种，鱼类有1000多种。湿地高等植物约225科815属2276种，苔藓植物64科139属267种，蕨类植物27科42属70种，裸子植物4科9属20种，被子植物130科625属1919种。湿地植物种密度为0.0056种/平方千米，是中国种密度（0.0028种/平方千米）的2倍。

措施与行动

【发布《全国生态功能区划》】2008年7月，环境保护部和中国科学院联合发布了《全国生态功能区划》（环境保护部2008年第35号公告），划出了216个生态功能区，确定了50个对保障国家生态安全具有重要意义的区域，分析了各类生态功能区的生态问题、生态保护、限制措施。

【印发《全国生态脆弱区保护规划纲要》】2008年9月环境保护部印发了《全国生态脆弱区保护规划纲要》（以下简称《纲要》）。《纲要》明确了生态脆弱区的概念、基本特征，划分出8大生态脆弱区，明确了下一步生态脆弱区的重点建设任务和优先领域。

【自然保护区综合管理】完善国家级自然保护区评审机制，修订《国家级自然保护区建立申报书》和《国家级自然保护区范围和功能区调整申报书》。开展了2008年度评审工作，经国务院批准同意，调整了江西井冈山和河南豫北黄河故道2处国家级自然保护区的范围，发布了19处新建国家级自然保护区范围、面积和功能区划。

环境保护部联合国土资源部、水利部、农业部、国家林业局、中国科学院和国家海洋局等部门对福建、江苏、浙江、安徽、上海、江西、山东七省市的41处国家级自然保护区进行了评估。

环境保护部联合国家发展和改革委员会、国土资源部、水利部、农业部、国家林业局、国家海洋局等部门印发了《关于加强自然保护区调整管理的通知》，要求不得随意调整保护区，地方级保护区调整要报省政府批准。

加强涉及自然保护区开发建设活动的监督管理，开展专项检查，查处了一些保护区违规开发等事件。

【生物多样性保护】 继续开展全国生物物种资源重点调查项目，修改完善“全国生物物种资源重点调查项目调查规范”。开展全国生物多样性评价试点工作，选择生物多样性较丰富的云南、广西和江西三个省（自治区）作为第一批试点，2008年试点扩大到北京、江苏、山东、湖南、青海五省（直辖市）。

2008年，一批濒危野生动物物种得到有效保护，国家重点保护野生动物数量总体呈上升态势。全国圈养大熊猫种群数量已达到268只；朱鹮突破1000只；东北虎野外活动更加频繁，栖息范围有所扩展。朱鹮、麋鹿、野马、扬子鳄等濒危物种放归自然工作稳步推进。针对野生生物保护工程重点物种和极小种群野生植物，开展了一系列拯救保护试点项目，巧家五针松、落叶木莲等极度濒危野生植物的野外生存状况有所改善。

【水产种质资源保护区建设、增殖放流】 2008年12月22日农业部公布了（农业部公告1130号）63个国家级水产种质资源保护区（第二批）。这些保护区分布于长江、黄河、黑龙江、珠江等水系的34条江河、20个湖库，以及渤海、黄海、东海和南海的9个海湾、岛礁、滩涂等水域，扩大了对《国家重点保护经济水生动植物资源名录》物种的保护。新纳入保护的有元江鲤、彭泽鲫等一些特有种。

2008年，全国共计增殖鱼、虾、贝等苗种计197亿尾（粒），投入资金3.11亿元，分别比上年增加17.8%和1.0%，其中近海海域增殖放流经济苗种57亿尾（粒），内陆水域增殖放流经济苗种140亿尾（粒），是历年来放流规模最大、投入资金最多的一年。

【农业野生植物保护】 2008年，农业部重点调查了27个农业野生植物资源状况，调查范围涉及22个省（直辖市、自治区）的363个县（市），调查内容包括物种地理分布及面积、生态环境、种群数量、种类、濒危状况等基本信息，对894个重要分布点进行了GPS定位，抢救收集各类农业野生植物资源1081份(次)，发现了一批重要或珍贵的农业野生植物资源。新建农业野生植物原生境保护点22个。通过鉴定评价，获得了7份优质野生稻资源和8份野生大豆资源，定位、克隆了一批高产、抗逆和养分高效吸收的基因。

【外来入侵物种防治】 2008年，农业部继续在北京、天津、河北、内蒙古、辽宁、浙江、安徽、江西、山东、河南、湖北、湖南、广西、四川、云南等15个省（直辖市、自治区）开展外来入侵物种灭毒除害行动，全年动员各界力量550多万人次，对豚草等14种重大农业外来入侵物种进行了“灭毒除害”大行动，共铲除（灭除）外来入侵生物3200多万亩次，防除效果达到了75%以上。同时，重点对黄顶菊、薇甘菊、福寿螺等22种具有重大危害的农业外来入侵物种进行了全面普查，并建立和完善427种外来入侵物种的信息数据库。

土地与农村环境

土地状况

耕地为1.22亿公顷，园地0.12亿公顷，林地2.36亿公顷，牧草地2.62亿公顷，其他农用地0.25亿公顷，居民点及独立工矿用地0.27亿公顷，交通运输用地0.02亿公顷，水利设施用地0.04亿公顷，其余为未利用地。与上年相比，耕地面积净减少1.93万公顷，其中，建设占用19.16万公顷；灾毁耕地2.48万公顷，生态退耕0.76万公顷，因农业结构调整减少耕地2.49万公顷，以上四项共减少耕地24.89万公顷，同期土地整理复垦开发补充耕地22.96万公顷。

现有水土流失面积356.92万平方千米，占国土总面积的37.2%，其中水力侵蚀面积161.22万平方千米，占国土总面积的16.8%，风力侵蚀195.70万平方千米，占国土总面积的20.4%。

农村环境状况

当前农村环境问题日益突出，形势十分严峻，突出表现为生活污染加剧，面源污染加重，工矿污染凸显，饮水安全存在隐患，呈现出污染从城市向农村转移的态势。

全国农村改水累计受益人口达8.94亿人，其中，自来水6.26亿，占受益人口总数的70.0%；手压机井1.76亿，占受益总人口的19.7%；其他改水形式受益人口0.92亿，占受益总人口的10.3%。已改水受益人口占农村人口93.6%。截止2008年底，当年新增卫生厕所716.9万户，全国累计卫生厕所户数达1.52亿户，卫生厕所普及率为59.7%。

措施与行动

【土壤污染状况调查】2008年1月8日，原国家环境保护总局在北京召开第一次全国土壤污染防治工作会议，要求搞好全国土壤状况调查，强化农用土壤环境监管和综合防治，加强城市建设用地和遗弃污染场地环境监管，拓宽土壤污染防治资金投入渠道，增强土壤污染防治科技支撑能力，建立健全土壤环境保护法律法规和标准体系，加强土壤环境监管体系和能力建设，加大宣传教育力度。2008年6月6日环境保护部印发了《关于加强土壤污染防治工作的意见》，明确了土壤污染防治的指导思想、基本原则和主要目标。指出了土壤污染防治的重点领域是农用土壤和污染场地土壤。要求建立污染土壤风险评估和污染土壤修复制度。按照“谁污染、谁治理”的原则，被污染的土壤或者地下水，由造成污染的单位和个人负责修复和治理。

到2008年底，全国31个省（直辖市、自治区）共采集土壤和农产品等样品78940个，完成了78852个样品的分析测试，获得近300万个有效调查数据，制作图件8575件。

【实施水土流失治理重点工程】全国共实施水土流失防治面积7.3万平方千米，其中综合治理4.7万平方千米，封育保护2.6万平方千米，治理小流域3209条。当年完成水土流失治理面积3.9万平方千米，完成封育保护面积2.05万平方千米，完成小流域治理1829条，完成小流域治理面积1.58万平方千米。全国共改造坡耕地、沟滩地65万公顷，营造水土保持林草493万公顷，在黄土高原地区建设淤地坝1239座。全国水土保持重点工程治理水土流失1.76万平方千米，比上年增加8000平方千米。全国有1200多个县实施了全面封禁，累计实施封育保护面积71万平方千米，其中39万平方千米的生态环境得到初步恢复，依靠生态自我修复能力加快了水土流失防治进程。

【国务院召开全国农村环境保护工作电视电话会议】2008年7月24日，国务院召开全国农村环境保护工作电视电话会议，这是新中国成立以来首次召开的全国农村环境保护会议。中共中央政治局常委、国务院副总理李克强出席并讲话。会议确定农村环境保护的主要目标是:到2010年，农村饮用水水源地水质有所改善，农业面源污染防治取得一定进展，严重的农村环境健康危害得到有效控制。农村生活污水处理率、生活垃圾处理率、畜禽粪便资源化利用率、测土配方施肥技术覆盖率、低毒高效农药使用率均提高10%以上。到2015年，农村人居环境和生态状况明显改善，农村环境监管能力显著提高。

【实施“以奖促治”政策，推进农村环境综合整治】2008年7月24日，国务院召开的第一次全国农村环境保护工作电视电话会议上，提出了“以奖促治、以奖代补”等重要政策措施，中央财政首次设立农村环境保护专项资金，安排农村环境保护专项资金5亿元用于“以奖促治、以奖代补”。

【农村沼气与乡村清洁工程建设】2008年，国家进一步加大投资，提高补助标准，农村户用沼气和养殖场沼气工程建设取得重大进展。全国新建农村户用沼气池502万户。截至2008年底，全国农村户用沼气池总量为3050万户，各类养殖场沼气工程约3.5万处，其中大中型养殖场沼气工程2000多处。农村沼气年产气约120亿立方米，使用沼气相当于替代1850万吨标准煤，年可为农户直接增收节支150亿元。

2008年，农业部进一步加大农村清洁工程建设和实施范围，在湖南、安徽、甘肃、河南、湖南、江西等16省、直辖市及计划单列市开展了农村清洁工程示范建设，共建成农村清洁工程示范村117个。示范村生活污水、生活垃圾、人畜粪便、秸秆、田间废弃物等收集处理率均达到90%以上。截至2008年底，全国累计建成农村清洁工程示范村1000多个。

森林

状况

中国地域广阔，自然气候条件复杂，植物种类繁多，森林资源丰富，森林类型多样，具有明显的地带性分布特征。森林类型由北向南依次为针叶林、针阔混交林、落叶阔叶林、常绿阔叶林、季雨林和雨林。根据第六次全国森林资源清查（1999－2003年）结果，全国森林面积17490.92万公顷，比第五次全国森林资源清查（1994－1998年）增加1596.83万公顷；森林覆盖率18.2%，比第五次全国森林资源清查提高了1.7个百分点；活立木总蓄积136.18亿立方米，森林蓄积124.56亿立方米。人均森林面积0.132公顷，人均森林蓄积9.421立方米。林木年均净生长量4.97亿立方米，年均采伐消耗量3.65亿立方米。

病虫害 发生面积1141.2万公顷，其中，虫害面积846.2万公顷，病害面积115.1万公顷，鼠（兔）害面积150.8万公顷，有害植物面积29.1万公顷。全国林业有害生物防治面积761.1万公顷，为发生面积的66.7%，其中无公害防治611.1万公顷。2008年林业有害生物防治成灾率1.6‰；无公害防治率80.3%；种苗产地检疫率94.0%；测报准确率85.0%。

森林火灾 共发生森林火灾14,144起（其中：森林火警8,458起、一般火灾5,673起、重大火灾13起），火场总面积184,495公顷，受害森林面积52,539.1公顷，伤亡174人（死97人，伤77人），森林火灾次数比前三年同期均值上升 46.5%，受害森林面积减少69.2%，全年无特大森林火灾发生。

措施与行动

【全面推进集体林权制度改革】2008年6月8日，《中共中央 国务院关于全面推进集体林权制度改革的意见》（以下简称《意见》）颁布，标志着集体林权制度改革进入全面推进的新阶段。《意见》确立了改革的指导思想、基本原则，明确了改革的主要任务，提出了完善集体林权制度改革的政策措施。

集体林权制度改革的总体目标是“用5年左右时间，基本完成明晰产权、承包到户的改革任务。提出了完善集体林权制度改革的一系列政策措施，主要包括五个方面的政策：一是完善林木采伐管理机制，二是规范林地、林木流转，三是建立支持集体林业发展的公共财政制度，四是完善林业投融资改革，五是加强林业社会化服务。

【林业重点工程建设】 2008年，林业重点工程完成造林面积343.85万公顷，比上年增长28.2%，占全国总造林面积的64.2%。其中，人工造林188.60万公顷，飞播造林14.67万公顷，无林地和疏林地新封山育林140.58万公顷。

天然林资源保护工程 完成各项公益林建设100.90万公顷，其中：人工造林19.16万公顷，飞播造林6.67万公顷，无林地和疏林地新封山育林75.06万公顷。森林管护面积10364.20万公顷。退耕还林工程 完成造林面积130.73万公顷（含京津风沙源治理工程中的11.70万公顷），其中，退耕地造林1.20万公顷，配套荒山荒地造林93.98万公顷，无林地和疏林地新封山育林35.56万公顷。

京津风沙源治理工程 完成造林面积46.90万公顷，其中，人工造林19.81万公顷，飞播造林6.67万公顷，无林地和疏林地新封山育林20.42万公顷。草地治理面积达到18.07万公顷，小流域治理面积9.27万公顷，治理总面积达到74.24万公顷。建设水利配套设施1.73万处，生态移民人数达到1.03万人，涉及3179户。

三北及长江流域等防护林体系建设工程 完成造林面积76.62万公顷，其中，人工造林62.86万公顷，飞播造林1.33万公顷，无林地和疏林地新封山育林12.42万公顷；另外还完成低产低效防护林改造面积2.31万公顷。

重点地区速生丰产用材林基地建设工程 完成速生丰产用材林造林面积5294公顷，其中，荒山荒地造林面积3975公顷，更新造林面积1319公顷；另外改培面积达到4.18万公顷。

石漠化综合治理工程 2008年，岩溶地区石漠化综合治理规划顺利实施，中央投资4亿元完成林业治理项目治理任务2.61万公顷，占国家下达计划任务的26%。其中，封山育林任务1.82万公顷，占国家下达封山育林计划任务的

25%；人工造林任务0.79万公顷，占国家下达人工造林计划任务的29%。

草 原

状 况

全国草原面积4亿公顷，约占国土面积的41.7%。西藏、内蒙古、新疆、青海、四川、甘肃、宁夏、陕西、贵州、云南、广西、重庆等十二省（直辖市、自治区）草原面积约3.3亿公顷，占全国草原面积的84.4%；辽宁、吉林、黑龙江三省草原面积约0.17亿公顷，占4.3%；其他省市0.45亿公顷，占11.3%。

草原生产力 2008年，全国草原植被总体生长状况与上年接近。全国天然草原鲜草总产量94715.5万吨，折合干草约29626.8万吨，与上年基本持平，载畜能力约23178万个羊单位。

草原灾害 2008年，全国共发生草原火灾251起，受害草原面积9895.9公顷，同比上年减少13.0%。草原鼠害危害面积3675.8万公顷，占草原总面积的9.4%，同比减少5.6%。草原虫害危害面积2700.7万公顷，占草原总面积的6.9%，同比增加53.6%。

措施与行动

【实施草原保护建设重大工程】2008年，国家在内蒙古、四川、甘肃、宁夏、青海、西藏、新疆、云南、贵州和新疆生产建设兵团实施退牧还草工程，投入15亿元，建设草原围栏522.8万公顷，开展石漠化治理2.7万公顷，对严重退化草原实施补播156.9万公顷。在北京、内蒙古、山西、河北实施京津风沙源草地治理工程，投入3.9亿元，治理草原23.6万公顷，建设棚圈121万平方米，配置饲草料加工机械25540台套。

通过项目实施，工程区草原植被盖度、高度和鲜草产量大幅提高，草原生态环境明显改善，基础设施建设得到加强，草原畜牧业生产方式有效转变。

气候与自然灾害

气候状况

2008年，中国主要气候特点是冬寒、春秋暖、夏多雨。年平均气温为1951年以来第7个最暖年，也是连续第12年偏暖，平均年降水量偏多，为近10年来降水最多的年份，但阶段性变化大。总体来看，2008年除年初南方遭遇罕见低温雨雪冰冻灾害，损失特严重外，全国干旱受灾面积偏小，暴雨洪涝损失偏轻，光热条件总体有利于农作物生长发育，气候年景较常年偏好。

降水分布 2008年，中国平均年降水量为651.3毫米，比常年偏多38.4毫米，为近10年来降水最多的年份。年降水量空间分布不均，黄河以南大部地区及华北东部、东北东南部一般在500毫米以上，与常年相比，西北西部和东北部、华北西南部、东北北部、江南东部的部分地区降水量偏少，其中新疆的部分地区、甘肃西部等地较常年偏少20%～50%；内蒙古西部、青海西部、西藏中部、广西中南部、广东西南部等地偏多20%～50%，局部地区偏多50%以上。

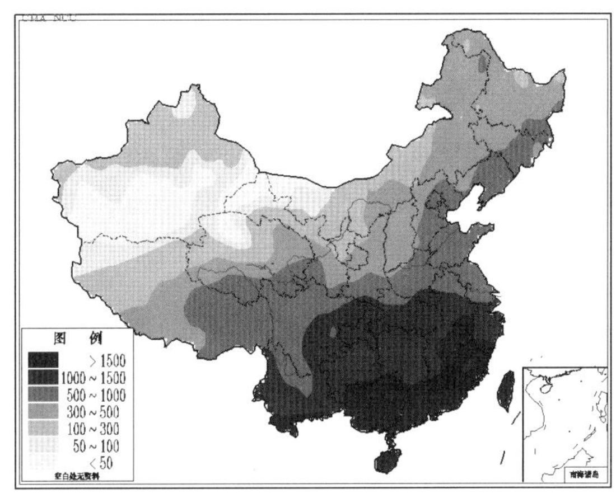

全国年降水量分布（毫米）

气温分布 2008年年平均气温9.6℃，较常年偏高0.7℃，为1951年以来第7个最暖年，也是连续第12年偏高。全国大部地区气温偏高或接近常年，其中东北中北部及内蒙古东部、新疆北部和东部等地偏高1～2℃。除广西较常年偏低，广东、海南接近常年外，其余各省（直辖市、自治区）年平均气温均较常年偏高，其中黑龙江年平均气温达历史次高值。

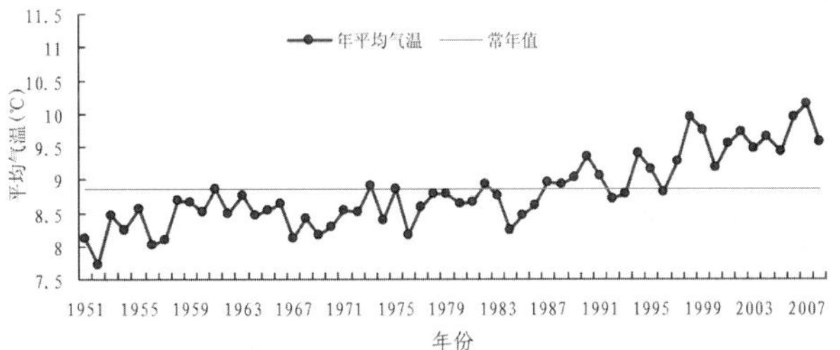

全国年平均气温历年变化（℃）

自然灾害状况

气象灾害 2008年除年初南方遭遇罕见低温雨雪冰冻灾害，损失严重外，全国干旱受灾面积偏小，暴雨洪涝损失偏轻，气候年景较常年偏好。2008年气象灾害直接经济损失3100多亿元，高于1991年以来的平均水平，其中，低温雨雪冰冻灾害损失达1510亿元，接近2008年气象灾害总损失的50%；因灾死亡1700多人，比近10年平均水平明显减少。从全国农作物受灾面积统计来看，低温冷冻和雪灾、干旱是2008年的主要气象灾害，受灾面积分别占总受灾面积的39%和30%；低温冷冻和雪灾比例明显大于2007年。

——低温冻害及雪灾 2008年，因低温冷冻灾害和雪灾共造成农作物受灾面积近1500万公顷，直接经济损失1590多亿元，尤其年初南方遭受低温雨雪冰冻灾害，其经济损失之大、受灾人口之多为近50年来同类灾害之最，也居2008年各种气象灾害损失之首。

1月10日至2月2日，中国大部尤其是南方地区连续四次出现低温雨雪冰冻天气过程，降温幅度大，降雪量异常偏多，持续时间长，影响范围涉及全国近2/3省（直辖市、自治区），全国除华南南部、东北及云南中南部等地以外的大部分地区均出现冰冻天气，给交通运输、电力传输、通讯设施、农业及人民群众生活造成严重影响和损失，农作物受灾面积1100多万公顷，受灾人口达1亿多人，直接经济损失超过1500亿元，并对电力运行造成灾难性影响。

——暴雨洪涝 2008年，初夏珠江流域和湘江上游发生严重洪涝灾害；盛夏，长江中上游和淮河流域出现强降水，局地暴雨成灾；秋季，南方出现1951年以来最强秋雨，部分地区发生秋涝和滑坡、泥石流等地质灾害；9月，四川地震灾区遭受暴雨及滑坡、泥石流袭击。总体而言，2008年中国未发生大范围的严重暴雨洪涝灾害，但局地暴雨洪涝灾害频繁，山洪灾害突出。与近10年灾情相比，暴雨洪涝经济损失偏轻，死亡人数偏少。

——干旱 2008年，东北、华北等地发生严重冬春连旱；西北、华北等地夏季出现了阶段性气象干旱。总体来看，中国除北方部分地区出现阶段性干旱，局地旱情严重外，其余大部地区未出现大范围持续性严重干旱，干旱受灾范围偏小，灾情偏轻。

——沙尘暴 2008年春季，中国北方平均沙尘日数为1.7天，比常年同期（平均5.5天）偏少3.8天，为1961年以来春季沙尘日数第二少的年份，仅多于2005年（1.4天）同期。春季中国北方地区共出现9次沙尘天气过程，较常年同期（2000-2007年平均13.8次）明显偏少：其中1次强沙尘暴，6次沙尘暴，2次扬沙过程。与上年春季相比，沙尘次数明显偏少，强度也偏弱。

——热带气旋与雷击 2008年，有10个热带气旋（中心附近最大风力≥8级）在中国登陆，比常年多3个。台风登陆时间之早、登陆比例之高均破历史记录，并具有登陆强度强（有6个登陆时达到台风以上强度）、登陆时间集中、但影响范围小（主要影响沿海省区，很少深入内陆）等特点。共造成170多人死亡（包括失踪人口），直接经济损失320多亿元，造成的经济损失轻于近10年以来的平均水平，死亡人数也少于近10年以来的平均值。局地强对流天气发生频繁，湖北、甘肃、河北、湖南等省受灾严重，共造成56人死亡，雷击造成的伤亡人数较上年明显偏少。

地震灾害 中国境内共发生5级以上地震99次，其中：8.0级以上地震1次，7.0～7.9级地震1次，6.0～6.9级地震19次，5.0～5.9级地震78次；大陆地区发生87次，海域和台湾地区发生12次。汶川地震序列中8.0级以上地震1次，6.0～6.9级地震8次，5.0～5.9级地震34次，占全年大陆5.0级以上地震发生次数的一半。

中国大陆地区有17次地震成灾事件。其中，汶川8.0级地震是中国30年来遭受的最为严重的地震灾害，是近10年来最为严重的自然灾害，破坏强，烈度达到Ⅺ度，全国各地、南亚、东南亚等地均有震感。四川、甘肃、陕西、重庆、云南、宁夏等地不同程度受灾，涉及244个县（市、区），5176个乡（镇），受灾面积为44.04万平方千米，涉及灾区人口10487.22万人，其中近7万人死亡，37万多人受伤，近2万人失踪，受灾人口3362.37万人，地震造成直接经济损失8523亿元。

其他16次地震灾害事件，共造成56人死亡，1227人受伤，约243.53万人受灾，受灾面积约60841平方千米，直接经济损失71.87亿元。

地质灾害 共发生各类地质灾害2.7万起，造成人员伤亡1598人，其中死亡656人，失踪101人，造成直接经济损失32.7亿元。成功避让地质灾害478起，安全转移2.1万人，避免直接经济损失3.2亿元。

海洋灾害 2008年，共发生风暴潮、海浪、海冰、赤潮及其他海洋灾害134起，未发生海啸灾害。海洋灾害造成直接经济损失206.05亿元，死亡（含失踪）152人。其中，风暴潮灾害25次，直接经济损失192.24亿元，死亡（含失踪）56人；海浪灾害33次，直接经济损失0.55亿元，死亡（含失踪）96人；海冰灾害较常年偏轻，直接经济损失0.02亿元；赤潮灾害68次，直接经济损失0.02亿元；咸潮入侵事件8起。

措施与行动

【加强气象灾害应急处置和多部门联动】 国务院有关部委开展应急联动，共同防御气象灾害。中国气象局与交通、水利、农业等部门合作，充分发挥气象为交通运输、防汛抗旱、农业生产服务的职能和作用，适时提出启动应急预案建议，做好应急状态下的信息汇总、综合协调、处置服务。中国气象局启动应急响应15次，总计应急响应时间达113天，涉及全国15个省。在气象部门和各地政府的积极努力下，有效地减少了低温雨雪冰冻、台风、强降雨、雷电等灾害性天气所带来的人员伤亡和财产损失。

【中华人民共和国防震减灾法修订】 2008年12月27日十一届人大常委会第六次会议审议通过了修订后的《中华人民共和国防震减灾法》。新增加条文45条，修改40余条，充分吸纳了汶川特大地震抗震救灾经验，对防震减灾规划、地震监测预报、地震应急救援、震后恢复重建等内容做了修改和完善。

【地震监测网络与应急指挥技术体系建设】 随着中

国数字地震观测网络项目验收，国家测震台网台站数量由48个增加至150个，区域台网由21个增加到31个，大陆地区90%以上地区平均监测能力由4.5级提高到3.0级，中国大部分地震重点监视防御区、人口密集的主要城市以及东部沿海地区的地震监测能力达到2.0级。网内地震速报时间缩短到12分钟。共建成1套国务院抗震救灾指挥部地震应急指挥技术系统、15个一类区域地震应急指挥技术系统、16个二类区域地震应急指挥技术系统、21套地震现场流动应急指挥技术系统、60个重点城市地震应急决策反应系统和30个区域地震应急物资储备库，初步形成了全国一体化、层次分明和相互协同的中国地震应急指挥技术体系。

注：本公报中涉及的全国性数据，除行政区划、国土面积、地震灾害外，均未包括台湾省、香港和澳门特别行政区。

环境保护部成立

2008年3月15日，为加大环境政策、规划和重大问题的统筹协调力度，十一届全国人大一次会议决定组建环境保护部。环境保护部的主要职责为拟定并组织实施环境保护规划、政策和标准，组织编制环境功能区划，监督管理环境污染防治，协调解决重大环境问题等。在此次国务院机构改革中，环境保护部是唯一从直属机构调整为国务院组成部门的机构，充分体现了党和国家对环境保护的高度重视。组建环境保护部在环境保护事业发展中具有重要意义，对环境保护历史性转变具有重大推动作用。

2008年7月11日，国务院办公厅首批印发了《环境保护部主要职责内设机构和人员编制规定》。新“三定”强化了职能配置，重点是转变职能，取消和下放了有关的行政审批事项，减少了技术性、事务性工作，进一步理顺了部门职责分工，强化了统筹协调、宏观调控、监督执法和公共服务职能；新增了部总工程师、核安全总工程师和污染物排放总量控制司、环境监测司、宣传教育司等3个内设机构，增加人员编制50名，行政能力得到了进一步加强。

三大基础性战略工程进展顺利

污染源普查、中国环境宏观战略研究和“水专项”三大基础性战略性工程进展顺利，指导当前谋划长远的作用初步显现。

2008年污染源普查工作进入了关键的入户调查阶段。各级政府和环保部门共同努力，着力抓好人员培训、入户调查、督促检查、技术核查、审核把关等五个环节，将统一印制的各类普查表、《第一次全国污染源普查手册》、《工业源产排污系数手册》、《生活源产排污系数手册》和《集中式污染治理设施系数手册》直接递送至县级普查机构；培训普查员、普查指导员、数据录入员等50余万名，完成了工业污染源、农业污染源、生活污染源和集中式污染治理设施的入户调查和数据录入工作。

中国环境宏观战略研究已基本完成。提出了“以人为本、科学发展、环境安全、生态文明”的战略思想，以及“预防为主，防治并重；系统管理，综合整治；民生为本，分级推进；政府主导，公众参与”的战略方针，并提出了一系列政策建议，为完善环境管理机制，理清“十二五”环保工作思路，积极建设生态文明提供了支撑。

水专项全面启动。科技部、国家发展和改革委员会和财政部正式批复水专项实施方案。“十一五”（2008－2010）实施计划和2008年度实施计划编制完成，水专项的33个项目、238个课题中，2008年启动21个项目，含105个课题。财政部组织对水专项2008年启动项目进行了评审，审定2008年水专项中央财政支出预算4.80亿元，并拨付了首批启动经费1.44亿元。

四川汶川特大地震环境应急

2008年5月12日四川省汶川县发生8.0级地震。灾情发生后，党中央、国务院高度重视，胡锦涛总书记作了重要批示，国务院成立了以温家宝总理为总指挥的抗震救灾指挥部，并设立有关部门、军队、武警部队和地方党委、政府主要负责人参加的救援组、预报监测组、医疗卫生组、生活安置组、基础设施组、生产恢复组、治安组、宣传组等8个抗震救灾工作组。按照中央的统一部署，环境保护部对重灾区的绝大部分县、乡镇的工矿企业、污水处理厂、垃圾填埋场等环境保护设施的受损情况进行了考察，指导灾区抗震救灾工作，防止各种次生污染发生。

环境保护部在第一时间启动应急预案，积极应对，在保证灾区环境安全方面取得成效。一是制定了关于饮用水源保护及水质监测、医疗废物处置、过渡性安置区生活污水和生活垃圾处理、危险废物和危险化学品清理等37份应急技术指南和规范性文件，为灾区污染防治提供了有力的技术支持。二是及时排查环境安全隐患，及时防控次生环境污染。围绕核与辐射安全和饮用水安全，重点排查化工石化企业、核设施及放射源、化工原料及油库、污水处理厂、垃圾填埋场、尾矿库、饮用水源地等，排查企业10237家，对排查发现的重大环境隐患均及时采取防控措施，未造成重大环境影响。三是开展应急监测工作，掌握灾区环境状况。迅速制定了“地震灾区环境应急监测方案”，抽调21个省市480多名人员，对灾区饮用水源地、地表水、环境空气、污染源、生态进行持续监测。四是着手开展灾后重建的相关工作。针对灾区卫生防疫药剂与消毒剂的大量使用、腐尸渗出物、医疗废物、生活污染物等环境问题越来越突出，环境污染的威胁越来越大，启动了“汶川特大地震灾后环境安全评估与应对措施”项目。

北京奥运会、残奥会环境质量保障

为保证第29届奥运会和第13届残奥会环境质量达到国际奥委会的要求，环境保护部、中国气象局、国家海洋局和北京、天津、河北、山西、内蒙古、山东6省（直辖市、自治区）积极配合兑现了“绿色奥运”的承诺。

一是制定实施奥运空气质量保障措施，确保奥运会期间空气质量良好。制定了《北京奥运会残奥会期间极端不利气象条件下空气污染控制应急措施》，在三个方面进一步采取控制污染措施：再实施一批企业停产或部分停产；进一步限制机动车行驶；施工工地停止作业。

二是开展环境安全隐患排查。会同监察、农业等部门以及地方政府对《第29届奥运会北京空气质量保障措施》中重点项目进展情况逐一督察、督办落实，6省（区、市）共关停企业199家，治理企业和项目683家（个），淘汰181家企业，油气治理项目、机动车改造项目、京津冀47家火电厂烟气在线监测系统联网项目如期完成。

三是加强环境监管，维护奥运期间环境安全。围绕保障北京市饮用水源环境和核安全，组织北京、天津、河北开展了“2008北京奥运反化学恐怖应急演练”和“2008北京奥运期间处置核与辐射恐怖袭击事件应急演练”。

四是启动应急措施，确保空气质量达标。8月7日，北京市出现极端不利气象条件后，京津冀环境保护部门出动五千余人次，对六千余个重点污染源进行了全面排查。北京、天津、河北等省、市采取了紧急防控措施，北京市暂停首钢、燕山石化、北京水泥厂等105家污染企业或生产线；天津市暂停了14家企业的生产和施工，河北省对164家存在问题企业责令停产整治或实施限产、停产措施，紧急关停48家水泥生产企业；内蒙古关停了37家不达标企业；山东对未完成污染治理的6台发电机组实施停运；山西关停了6家重点污染企业。

奥运期间，环境保护部联合地方共检查北京及周边地级以上城市34个，出动人员1.5万余人次，对34个城市的空气质量进行了全面监控，共检查300余个奥保项目，200余个国控重点污染源企业，排查了1万多个污染源。北京市及周边33个监控城市的空气质量均为良以上，没有发生一起重大突发环境事件。

经过多方努力，奥运会和残奥会期间，北京市空气质量优良率为100%，与上年同期相比，二氧化硫、可吸入颗粒物、一氧化碳和氮氧化物4类主要污染物浓度均下降50%左右，实现了奥运会、残奥会环境空气质量良好的目标。

南方雨雪冰冻灾害环境应急

2008年1月10日至2月2日，中国南方地区遭受百年一遇的低温雨雪冰冻天气过程，交通运输、电力传输、通讯设施受到严重损坏。为应对潜在的环境风险，原国家环境保护总局印发了《南方雨雪冰冻灾害环境保护应对技术措施》，指导、督促各级环境保护部门有针对性地排查环境安全隐患，重点排查饮用水源地、居民集中居住区等环境敏感区域和医药、化工等高危企业，督促有关部门，及时移除堆积的施用过融雪剂的积雪。同时加强灾后环境监管工作，仔细核查雨雪冰冻灾害对当地企业污染治理实施、在线监控设备的损害情况，加强监测，严密监控融雪后可能产生的水环境影响，确保了灾区饮用水安全。在此次雨雪冰冻灾害期间，仅发生1起因融雪剂造成的一般性水污染事件，未发生重大以上环境污染事件。

“环境与灾害监测预报小卫星”A、B星成功发射

环境与灾害监测预报小卫星星座是中国为加强环境监测、抗灾减灾而首次发射的专用卫星。该星座由4颗光学卫星和4颗合成孔径雷达卫星组成。具有大范围、全天候、全天时、动态的环境监测能力。2008年9月6日，中国在太原卫星发射中心用长征二号丙SMA遥一火箭，成功将“环境与灾害监测预报小卫星”A、B星（简称环境一号A、B星）送入太空。环境一号A、B星由两颗中分辨率的光学小卫星组成，是星座建设的第一步，为建立“天－空－地”一体化环境保护技术支撑体系奠定了坚实基础；为完善环境污染与生态变化以及灾害监测、预警、评估、应急救助指挥体系提供了良好平台。同时，也将极大地推动中国环境保护领域的国际交流与合作。

开展环境保护专项行动，严厉查处环境违法行为

2008年各级地方党委、政府积极贯彻落实李克强副总理关于环境保护专项行动的重要批示精神，按照国务院八部门的总体部署，深入开展环境保护专项行动。全国共出动执法人员160余万人次，检查企业70多万家次，立案查处1.5万家环境违法企业，挂牌督办案件3500余件，追究责任人100余人。重点对2005年以来全国各级挂牌督办的2.8万件案件、2007年整治的8000多家造纸企业及饮用水源保护区开展了后督察，97%挂牌督办案件的环境违法问题得到全面整改，641家不符合产业政策和超排污总量指标的造纸企业实行关闭，845个一、二级保护区内排污口及违法建设项目被取缔关闭。对已投入运营的1530家城镇污水处理厂和935座垃圾填埋场进行了检查。82.4%的城镇污水处理厂出水能够达到国家或地方排放标准，85.5%的污水处理厂出水口安装了在线监控设施，污水处理厂平均运行负荷率由71.8%提高到76.9%。责令100余家不符合规范要求的生活垃圾填埋场限期整改。同时，各地还不断加大重点流域环境执法力度，全国重点流域水质总体有所改善。通过开展环境保护专项行动，解决了一批影响群众健康的污染问题，促进了污染物减排工作，局部地区环境质量明显改善。

环境经济政策的实施与深化

2008年，国家推动绿色信贷、绿色保险、绿色贸易、绿色税收等一系列环境经济政策的实施和深化，减轻了经济增长的环境代价。

绿色信贷进展较快。环境保护部、人民银行、中国银行业监督管理委员会（简称“银监会”）共同完善了环境保护与金融部门的信息交流机制，人民银行将环境保护部提供的3万多条环境保护信息纳入征信管理系统，银监会将其中1.3万余条环境违法企业信息转发商业银行，商业银行据此对环境违法企业采取限贷、停贷、收回贷款等措施，促进了企业治理污染、保护环境。环境保护部发布绿色信贷行业指南，指导银行、投资机构在项目融资过程中识别环境风险、加强项目环境保护。

绿色保险稳步推进。在环境保护部、中国保险监督管理委员会指导下，全国部分省市开展了环境污染责任保险试点工作。江苏省出台了船舶污染责任保险，湖北、湖南、宁波等省市推出了环境污染责任保险产品。其中，湖南省支付全国首例环境污染责任保险赔偿；武汉市专门安排200万资金作为政府引导资金，为购买保险企业按保费50%补贴；沈阳市在《危险废物污染环境防治条例》中写入环境责任保险条款。

绿色贸易不断深入。2008年，环境保护部发布“高污染、高环境风险”产品名录，含140余种产品，涉及出口金额20多亿美元。财政部、税务总局、商务部根据名录调整了出口退税政策、加工贸易政策，对遏制这些产品出口、减轻环境压力起到了重要作用。许多“双高”产品出口量已经大幅度减少。

绿色税收政策逐步完善。财政部、税务总局、环境保护部联合调研，研究制定开征环境税的方案。国家出台了对减排设备、环境保护设备给予所得税和增值税优惠的政策；完善了对符合环境保护要求综合利用产品的增值税优惠政策，对脱硫副产品、利用医疗垃圾和污泥焚烧发电等给予增值税优惠。

城市市政公用基础设施建设

城市园林绿化 城市建成区绿化覆盖面积1357161公顷，建成区绿化覆盖率由上年的35.3%上升至37.4 %，全国拥有城市公园绿地面积359593公顷，城市人均公园绿地9.69平方米，比上年增加0.71平方米。

市容环境卫生 全国城市生活垃圾清运量15471.6万吨，清扫保洁面积469176万平方米，粪便清运量6832.1万吨。建有生活垃圾无害化处理厂500座，无害化处理能力315283吨/日，无害化处理量10215.5万吨，无害化处理率为66.0%。公厕115337座，市容环卫专用车辆总数76449辆。

强化环境准入，坚持科学审批

为贯彻落实党中央、国务院关于保增长、扩内需、调结构的战略部署，对符合中央政策要求和环境保护准入条件的项目开辟环境影响评价审批“绿色通道”，对“两高一资”项目，严格执行环境准入条件，从源头上控制其过快增长，努力推动经济平稳较快发展。

对涉及民生工程、基础设施、生态环境建设和灾后重建等有利于扩大内需的项目，特别是国家重点项目，开辟绿色通道，推动项目尽快落地，尽快开工、尽快形成实物经济工作量。2008年11月和12月，环境保护部共审议同意批复项目环境影响评价文件180个，涉及项目总投资6102.5亿元。其中，涉及交通、水利等基础设施项目43个，总投资1809.2亿元。

对不符合法律规定的建设项目设置了“防火墙”，坚持“四个不批、三个严格”。“四个不批”，即对于国家明令淘汰、禁止建设、不符合国家产业政策的项目，一律不批；对于环境污染严重，产品质量低劣，高能耗、高物耗、高水耗，污染物不能达标排放的项目，一律不批；对于环境质量不能满足环境功能区要求、没有总量指标的项目，一律不批；对于位于自然保护区核心区、缓冲区内的项目，一律不批。“三个严格”，即严格限制审批涉及饮用水水源保护区、自然保护区、风景名胜区、重要生态功能区等环境敏感区的项目；严格控制高能耗、高污染、高耗资项目建设，坚决杜绝已被淘汰的项目以所谓技术改造、拉动内需等名义重新上马；严格按照总量控制的要求，把污染物排放总量指标作为区域、行业、企业发展的约束条件。2008年，环境保护部对总投资4737亿元的156个“两高一资”项目暂缓审批或不予批复，有力地促进了产业结构调整和落后产能淘汰。

化学品管理

中国是化学品生产、消费和贸易大国。目前已经生产、进口和上市销售的化学物质大约有45000种，每年约有100余种新化学物质申报注册并进入流通领域。2008年共签发有毒化学品进口登记证185份，进口放行通知单3,911份，出口放行通知单4,478份，涉及46种物质，512家国内外企事业单位。从实际核销的数量看，2008年有毒化学品进口核销量为63.42万吨，较上年缩减16.5%；出口核销量9.76万吨，较上年缩减36.1%，进出口数量整体呈下降趋势。2008年环境保护部对7省市11家申请为新化学物质登记提供测试数据的实验室进行了检查和盲样测试考核，公布了检查合格的7家新化学物质生态毒理学测试机构。

履行国际环境公约

《关于消耗臭氧层物质的蒙特利尔议定书》 截止2008年底，《关于消耗臭氧层物质的蒙特利尔议定书》多

边基金执委会已批准中国17个行业整体淘汰计划，已完成3个行业计划，14个正在执行。2008年中国《蒙特利尔议定书》履约工作成果显著，各行业计划稳步推进，全年多边基金共批准中国行业计划资金4807.7万美元，包括新批药用可吸入气雾剂（MDI）行业计划1350万美元和9个含氢氯氟烃淘汰管理计划编制准备项目410万美元。

《生物多样性公约》编制完成了《中国履行〈生物多样性公约〉第四次国家报告》，为评估2010年目标的实施进展提供了重要的保证。环境保护部、国家发展和改革委员会、欧盟和联合国开发计划署在北京共同主办了中国首届“生物多样性与气候变化国际研讨会”，就“制定生物多样性保护应对气候变化国家方案、加强生物多样性保护应对气候变化的科技支撑、加强生物多样性保护应对气候变化的国际合作与交流、推动社会公众广泛参与”等五点建议所达成的共识将成为今后一个阶段指导国内开展生物多样性保护应对气候变化工作的重点。

《关于持久性有机污染物的斯德哥尔摩公约》 2008年，《中国履行关于持久性有机污染物（POPs）的斯德哥尔摩公约国家实施计划》进入了全面执行阶段。组建了协调组专家委员会，研究制定并出台了POPs相关管理政策、技术标准和导则，完成了POPs清单调查工作，积极争取公约赠款资金支持开展了杀虫剂淘汰和替代、多氯联苯管理与处置、二恶英减排、废物及污染场地调查和管理等履约重要工作。在履约成效评估、拟新增受控POPs、遵约机制、资金机制等热点问题上的研究工作取得了实质性进展。POPs信息管理系统建设基本完成，为今后削减控制POPs提供了有效的现代化管理平台。

2008年11月11日，履约办公室在北京召开了中国POPs履约情况国际交流大会。

地方病防治

地方性氟中毒 全国饮水型地方性氟中毒病区县1135个，病区村数12.7万个，病区村人口8739.3万人，饮水引起的氟骨症患病人数140.1万人。基本控制县182个，累计防治受益人口4132.9万人。燃煤污染型地方性氟中毒病区县178个，病区村数4.1万个，户数821.9万户，病区村人口3446.4万人，燃煤导致的氟骨症患病人数184.2万人。累计24个县达到基本控制标准，累计防治受益人口1303.7万人。

地方性砷中毒 饮水型地方性砷中毒病区县41个，病区村数628个，病区村人口数58.7万人，患病数1.7万人。累计饮水型地方性砷中毒改水村数523个，受益人口37.7万人。燃煤污染型地方性砷中毒病区县12个，病区村数1657个，病区户数38.2万户，病区村人口数121.9万，患病人数1.6万人。

大骨节病 大骨节病病区县366个，病区人口1.05亿人，现症病人71.48万人。累计控制（消灭）县数208个。

克山病 2008年底，克山病病区县327个，病区人口1.32亿人，现症患者4.12万人。累计控制（消灭）县数257个。

全国特大、重大环境污染事件

2008年全国突发环境事件总体呈上升趋势，环境保护部直接调度处理的突发环境事件135起，比上年增长22.7%。其中重大环境事件12起（比上年增加4起），较大环境事件31起（比上年减少4起），一般环境事件92起（比上年增加26起），未发生特别重大环境事件。

按照事件起因分类，在135起突发环境事件中，由安全生产事故引发的57起，占总数的42.2%，比上年增加18起；由交通事故引发的25起，占总数的18.5%，比上年减少3起；由企业排污引发的23起，占总数的17.0%，比上年增加9起；由自然灾害引发的次生环境事件17起，占总数的12.6%，比上年增加8起；由其它因素引发的环境事件13起，占总数的9.7%，比上年减少7起。

按照环境污染类型分类，其中水污染事件74起（包括海洋污染事件3起），大气污染事件45起，固体废物污染事件2起，土壤污染事件4起，未造成环境污染的事件10起。

环境宣传教育

2008年环境宣传教育工作深入贯彻落实科学发展观，大力宣传环境保护历史性转变，努力推动全社会逐步树立生态文明观念，新闻宣传工作扎实稳健、环境宣传教育全面推进，为环境保护工作营造了良好的舆论氛围。

新闻宣传引导舆论 2008年，新闻宣传工作紧密围绕环境保护中心工作，积极策划重点报道，正确引导社会舆论，密切跟踪各类舆情，收到了良好的效果。2008年共采集、编发新闻通稿52篇，协调、联系中央主要媒体刊发、播出有关环境保护工作的新闻稿件676篇（次），受理境内媒体有效采访申请94件，境外媒体有效采访申请35件。大力开展了污染减排、重点流域水污染防治、环境经济政策、“六·五”世界环境日等重大举措、重要环境保护政策规划、环境保护热点的新闻宣传，积极主动地组织了人大政协两会、奥运会等重要会议活动的环境保护新闻发布会，尤其是围绕“化学需氧量和二氧化硫排放量实现双下降”，污染防治由被动应对转为主动防控，环境保护历史性转变迈出坚实步伐等内容进行了重点报道。

宣传教育营造气氛 围绕“绿色奥运与环境友好型社会”世界环境日中国主题，举办了全国环境保护知识竞赛等活动。参与协办了“中国对外开放30周年回顾展”，展示对外开放以来环境保护事业伟大历程和辉煌成就。为鼓励环境保护宣传志愿者义务宣传环境保护，引导规范环境保护宣传志愿者有序开展环境宣传教育活动，自2008年起，环境保护部开展环境保护宣传志愿者接访工作。

LAW ENFORCEMENT YEARBOOK OF CHINA ENVIROMENT PROTECTION

2008 — 2009

环保大事记

2008年环保大事记

1月

1月3日，国家环保总局印发《国家酸雨和二氧化硫污染防治“十一五”规划》。

1月4日，第一次全国污染源普查电视电话会议在京召开，国务院副总理、全国污染源普查领导小组组长曾培炎出席会议并讲话，国务院副秘书长张平主持会议，国家环保总局局长周生贤、国家统计局局长谢伏瞻、财政部副部长张少春、江苏省人民政府副省长何权、重庆市副市长余远牧等发言。

同日，国家环保总局决定，批准《环保用微生物菌剂环境安全评价导则》为国家环境保护行业标准。

1月5日，首钢总公司压产400万吨发布会在京举行，首钢总公司北京地区涉钢产业压产400万吨工作正式启动，中共中央政治局委员、北京市市委书记刘淇、国务院副秘书长张平、北京市委副书记、代市长郭金龙，发展改革委副主任张国宝、国家环保总局副局长李干杰等出席了发布会。

1月7日，国家环保总局副局长、国家核安全局局长李干杰在京会见了来访的美国核管制委员会主席戴尔·克莱恩博士一行，双方就进一步加强在核安全领域，特别是在AP1000核反应堆核安全方面的合作进行了工作会谈，并签署了《中美核安全合作议定书》。

1月8日，第一次全国土壤污染防治工作会议在京召开，国家环保总局局长周生贤出席会议并讲话。他指出，要充分认识加强土壤污染防治的重要意义，加大投入力度，切实解决当前突出的土壤环境问题，努力开创土壤污染防治工作的新局面。国家环保总局副局长吴晓青主持了会议并作总结讲话。

1月15日，国家环保总局公布关于执行《车用汽油有害物质控制标准》有关问题的公告。

同日，国家环保总局批准《新化学物质申报类名编制导则》为国家环境保护行业标准。

1月17日，国家环保总局公布《火电厂烟气脱硫工程技术规范 烟气循环流化床法》（HJ/T 178 2005）和《火电厂烟气脱硫工程技术规范 石灰石/石灰-石膏法》（HJ/T 179-2005）等两项国家环境保护标准修改方案。

1月22－23日，全国环保厅局长会议在京召开，国家环保总局局长周生贤出席会议并作工作报告。会议就贯彻党的十七大和中央经济工作会议精神提出了要求，分析了当前我国环保工作面临的形势，明确提出了环保工作的指导思想和总体要求，总结了“十一五”以来环保工作取得的新进展，研究部署了“十一五”后三年特别是2008年的环保工作。环保总局副局长张力军主持会议，党组成员祝光耀，副局长吴晓青、周建、李干杰，纪检组长傅雯娟等出席会议。各省、自治区、直辖市、副省级城市、新疆生产建设兵团环保局（厅）主要负责同志，全军环保绿化委员会办公室及环保总局机关各部门，各直属单位、派出机构主要负责同志出席了会议。

同日，全国环保系统党风廉政建设工作会议在京召开，国家环保总局党组书记、局长周生贤代表总局党风廉政建设领导小组作了工作报告。会议传达了胡锦涛总书记在中纪委十七届二中全会上的重要讲话精神，并对2008年环保系统反腐倡廉建设工作提出了要求。国家环保总局党组成员祝光耀，副局长张力军、吴晓青、周建、李干杰，中纪委驻国家环保总局纪检组组长傅雯娟出席了会议。

1月23日，国家环保总局公布甲胺磷等五种高毒有机磷农药进出口管理相关事宜。

同日，国家环保总局印发《2008年全国环境监测工作计划》。

1月25日，战略环境影响评价参与综合决策座谈会在京召开，国家环保总局战略环境影响评价专家咨询委员会主任、国家环保总局副局长潘岳出席会议并发表讲话。

同日，国家环保总局副局长李干杰在京会见了来访的联合国副秘书长沙祖康，双方就应对气候变化等国际环境问题深入交换了意见。

同日，国家环保总局公布《危险废物出口核准管理办法》，于2008年3月1日起施行。

1月28日，国家环保总局局长周生贤在京会见了来访的俄罗斯自然资源部部长特鲁特涅夫一行，双方就进一步推进中俄跨界水资源的开发和利用交换了意见。

1月29日，国家环保总局迎新春团拜会在京举行，国家环保总局局长周生贤出席并向与会的老同志和全国环保系统离退休老干部致以节日问候。环保总局副局长周建出席了团拜会并讲话。

同日，第二次大湄公河次区域环境部长会议在老挝万象举行，国家环保总局副局长吴晓青率团参加会议并作了发言。

同日，国家环保总局副局长李干杰在京会见了来访的美国财政部执行秘书长泰雅史密斯女士，双方就共同关心的环境问题深入交换了意见。

同日，国家环保总局副局长李干杰在京会见了来访的芬兰贸易与发展部长韦于吕宁一行，双方就共同关心的环境问题及两国在环境领域的合作交换了意见。

1月31日，国家环保总局局长周生贤考察了北京奥运场馆建设运行情况和奥林匹克森林公园大气监测子站，察看了遥感监测尾气情况，并前往北京市朝阳区环保局慰问基层环保干部职工，向全国环保系统广大干部职工及关心支持环保工作的各界人士致以节日问候。中共中央政治局委员、北京市市委书记刘淇、北京市市长郭金龙在考察前会见了周生贤局长一行，双方就落实中共中央政治局研究部署北京奥运会议精神深入交换了意见。国家环保总局副局长周建参加了会谈。

同日，国家环保总局局长周生贤在京会见了来访的德国环境、自然保护和核反应堆安全部部长加布里尔一行，双方就关心的环境问题深入交换了意见。

同日，国家环保总局、国家发展改革委联合印发《三峡库区及其上游水污染防治规划（修订本）》。

2月

2月1日，北京2008年奥运会空气质量保障工作协调小组第四次全体会议在京召开，北京、天津、河北、山西、内蒙古、山东等六省、市、区政府主管领导，国家环保总局、解放军环保局、奥组委、中石油、国家电网等单位负责人参加会议。国家环保总局副局长张力军出席会议并讲话。

同日，国家环保总局印发《关于贯彻落实〈电子废物污染环境防治管理办法〉的通知》，要求各地加强电子废物处置项目的环境管理。

2月2日，国家环保总局发布《非道路移动机械用柴油机排放标准》。

2月4日，国家环保总局副局长李干杰在京会见了联合国开发计划署驻华代表马和励，双方就应对气候变化、污染防治等问题交换了意见。

2月5日，经商国务院有关部门并报国务院同意，国家环保总局同意北京市提前实施第四阶段部分国家机动车大气污染物排放标准。

2月6日，国家环保总局发出《关于加强防范应对雨雪冰冻灾害次生环境污染事故的紧急通知》，要求各地特别是受灾地区环保部门加强春节至“两会”期间环境应急管理工作，防止次生环境污染事故。

2月13日，国家环保总局、商务部、国家发展改革委、海关总署、国家质监总局联合印发《禁止进口固体废物目录》、《限制进口类可用作原料的固体废物目录》和《自动许可进口类可用作原料的固体废物目录》，自2008年3月1日起执行。

2月18日，国家环保总局副局长李干杰访问法国，并与法国核安全局主席拉卡斯特签署《中法核安全合作议定书》及《中法关于AREVA（阿海珐）EPR核电机组核安全合作备忘录》。

2月19日，国家环保总局印发《全国环境保护系统“十一五”对口援藏规划》。

2月20日，联合国环境署第10届特别理事会暨全球环境部长论坛在摩纳哥召开，国家环保总局副局长李干杰率中国政府代表团出席会议并发言。

2月22日，国家环保总局发布《关于加强上市公司环境保护监督管理工作的指导意见》。

2月25日，国家环保总局发布《关于进一步加快实施〈全国危险废物和医疗废物处置设施建设规划〉的通知》，要求各地加快实施进度，确保在建项目尽快建成并稳定运行。

2月26日，国家环保总局发布2008年第一批“高污染、高环境风险”产品名录，共涉及6个行业的141种产品。针对名录中目前还享有出口退税的农药、涂料、电池及有机砷类39种产品，环保总局向财政部、税务总局提出取消其出口退税的建议，同时向商务部、海关等部门提出禁止其加工贸易的建议。

同日，国家环保总局副局长吴晓青在京会见芬兰议会环境委员会主席希顿宁女士，双方就加强环保合作交换了意见。

同日，第一次全国污染源普查全面普查阶段工作会议在昆明市召开，国家环保总局副局长周建出席会议并讲话。

2月27日，引滦入津水质保护工作会议在京召开，国家环保总局副局长张力军出席会议并讲话。

同日，国家环保总局、卫生部联合发布《医疗废物专用包装袋、容器和警示标志标准》为国家环境保护行业标准，自2008年4月1日起实施。

2月28日，胡锦涛主席签署第87号主席令，公布修订后的《中华人民共和国水污染防治法》。该法律已在十届全国人大常委会第三十二次会议上表决通过。

2月28－29日，全国环境监测工作会议在京召开，国家环保总局局长周生贤、副局长吴晓青等出席会议并讲话。各省、自治区、直辖市环保部门负责同志及总局机关和直属单位负责同志参加会议。

2月29日，国家环保总局召开全国环保系统环境信访视频会议，国家环保总局副局长周建出席会议并讲话。

同日，国家环保总局发布《关于表彰2007年度全国环保政务信息工作先进单位和先进个人的通报》。

3月

3月6－7日，2008年生物多样性与气候变化国际研讨会在京召开，环境保护部副部长吴晓青出席会议并讲话。

3月11日，第十一届全国人民代表大会第一次会议记者招待会在京举行，发展改革委副主任解振华、环境保护部副部长张力军出席了记者招待会，并就环境资源和节能减排问题回答了记者提问。

3月14日，环境保护部副部长吴晓青在京会见了美国大自然保护协会副总裁伯格特一行，双方就在保护生物多样性领域加强合作交换了意见。

3月15日，第十一届全国人民大表大会第一次会议第五次全体会议在京举行，表决通过了国务院机构改革方案，组建工业和信息化部、交通运输部、人力资源和社会保障部、环境保护部、住房和城乡建设部等部门。

3月18日，环境保护部副部长李干杰在京会见了德国联盟党议会党团副主席莱歇女士一行，双方就应对气候变化、可再生能源等问题充分交换了意见。

同日，为落实污染减排“三大体系”能力建设工作任务，完善相关配套标准和政策，环境保护部印发《污染源自动监控设施运行管理办法》。

3月19日，环境保护部党组中心组（扩大）学习会在京召开，环境保护部部长周生贤主持并讲话，强调新组建的环境保护部要坚定不移的贯彻中央的决策和部署，全力推进环保工作历史性转变。环境保护部副部长潘岳、张力军、周建、李干杰、纪检组长傅雯娟、党组成员祝光耀出席了会议，环境保护部各部门主要负责同志列席了中心组学习。

3月21日，为推动我国环境科学技术研究工作，环境保护部印发开展2008年度环境保护科学技术奖项目申报工作的通知。

3月23日，环境保护部部长周生贤在京会见了亚洲开发银行行长黑田东彦先生一行，双方就在环境保护领域加强合作交换了意见。

3月24日，2008年全国环境执法工作会议在京召开，环境保护部部长周生贤出席会议并讲话，环境保护部副部长张力军主持会议并对加强全国环境执法工作进行了具体部署，环境保护部各部门及各环境保护督查中心主要负责人，各省、自治区、直辖市环境保护局（厅），计划单列市、副省级城市、新疆建设兵团环境保护局分管领导及环境监察机构主要负责人出席了会议。

3月24－25日，全国核与辐射安全监管工作会议在京召开，环境保护部副部长、国家核安全局局长李干杰出席了会议并讲话。

3月26日，行业环境经济政策工作会议在京召开，环境保护部副部长潘岳、全国政协经济委员会副主任、中国工业经济联合会高级副会长张志刚出席会议并讲话。

3月27日，环境保护部揭牌仪式在京举行，环境保护部部长周生贤揭牌，副部长潘岳主持了揭牌仪式，副部长张力军、吴晓青、周建、李干杰，纪检组长傅雯娟，党组成员祝光耀及机关各部门负责同志和工作人员、各在京直属单位主要负责同志等参加了揭牌仪式。

同日，环境保护部副部长李干杰在京会见了欧盟商会主席伍德克一行，双方就在环境保护领域加强合作交换了意见。

3月28日，为督促城镇污水处理设施和燃煤电厂脱硫设施运行，环境保护部公布截至2007年底全国投运的城镇污水处理设施和燃煤机组脱硫设施名单。

同日，为落实《主要污染物总量减排监察系数核算办法（试行）》，环境保护部印发《关于做好2008年主要污染物总量减排监察系数工作的通知》，要求各地遵照执行。

3月31日，全国环保科技工作会议在苏州召开，环境保护部副部长吴晓青出席了会议。

同日，环境保护部发出通知，自2008年3月28日起启用“中华人民共和国环境保护部”印章、套印印模，原“国家环境保护总局”印章、套印印模停止使用。

同日，环境保护部发出通知，要求各地开展重点案件后督察的检查工作。

4月

4月1日，环境保护部副部长周建在京会见全球环境基金主席兼首席执行官莫尼卡·芭布一行，双方就加强环保合作交换了意见。

同日，环境保护部发出《关于第29届奥运会期间进京机动车实施环保标志管理的通知》，要求在奥运会举办期间对全国进京机动车实施统一环保标志管理，凡没有取得环保合格标志的机动车将禁止进京。

4月2日，温家宝主持召开国务院常务会议，研究部署太湖流域水环境综合治理工作。

同日，环境保护部际联席会议在哈尔滨召开，专题研究松花江流域水污染工作。环境保护部部长周生贤主持会议并讲话。内蒙古、吉林、黑龙江三省（自治区）代表分别介绍了辖区内松花江流域水污染防治工作情况。环境保护部副部长张力军、水利部副部长矫勇和国家发改委、财政部、住房和城乡建设部相关负责人分别发言。

4月3日，环境保护部部长周生贤在京会见美国总统特别代表、财政部长保尔森一行，双方就进一步加强在环境领域的合作交换意见。

同日，环境保护部副部长兼国家核安全局局长李干杰在京会见巴基斯坦核管会主席哈希米一行，双方就进一步加强中巴两国在核安全领域的合作交换了意见。

同日，环境保护部印发《杂环类农药工业水污染物排放标准（GB 21523—2008）》、《重型车用汽油发动机与汽车排气污染物排放限值及测量方法（中国Ⅲ、Ⅳ阶段）（GB 14762—2008）》、《煤层气（煤矿瓦斯）排放标准（暂行）（GB 21522—2008）》、《生活垃圾填埋场污染控制标准（GB 16889—2008）》，自2008年7月1日起实施。

4月9日，环境保护部印发《清洁生产标准制订技术导则》等6项国家环境保护标准，自2008年8月1日起实施。

4月10日，环境保护部副部长吴晓青在京会见澳大利亚气候变化与水资源部部长黄英贤，双方就中澳环保合作问题交换意见。

同日，环境保护部副部长李干杰在京会见香港特区环境局局长邱腾华一行，双方就内地与香港的环境合作交换意见。

4月12日，中国·武汉循环经济论坛在武汉市召开，国家发改委副主任解振华、环境保护部副部长吴晓青等出席会议并发言。

4月14日，环境保护部部长周生贤在京分别会见瑞典环境大臣卡尔格伦、日本环境大臣鸭下一郎一行，就进一步加强环保合作交换意见。

同日，环境保护部印发《关于加强放射性同位素与射线装置辐射安全和防护工作的通知》。

4月15日，中国-瑞典环境技术与可持续发展研讨会在京举行，中国环境保护部副部长吴晓青，瑞典环境大臣卡尔格伦、贸易大臣比约林出席会议并致词，来自中瑞两国政府、企业、科研机构的400余人参加会议。

同日，由中华环保基金会承办的中华环境奖举行新闻发布会，环境保护部副部长周建宣布第五届中华宝钢环境奖申报、评选活动正式开始。

同日，环境保护部印发《关于做好预防和应对突发环境事件准备工作的通知》，要求各级环保部门要迅速采取措施，认真做好预防和应对突发环境事件的各项准备工作。

同日，环境保护部印发《储油库、加油站大气污染治理项目验收检测技术规范》（HJ/T431-2008），自2008年5月1日起实施。印发《环境标志产品技术要求 杀虫气雾剂》等3项国家环境保护标准，自2008年7月1日起实施。

4月18日，为确保太湖、巢湖今年不再发生大面积蓝藻恶臭，环境保护部发布《关于加强太湖巢湖流域环境监测和执法监察工作的紧急通知》。

4月21日，环境保护部召开第一次部务会议，审议并原则通过《环境保护部工作规则（草案）》。环境保护部部长周生贤主持会议并讲话。副部长潘岳、张力军、吴晓青、周建、李干杰，纪检组长傅雯娟，党组成员祝光耀参加会议。

同日，环境保护部部长周生贤在京会见中国环境与发展国际合作委员会副主席布兰德等外方委员。环境保护部党组成员、国合会秘书长祝光耀参加会见。

4月22日，全国政协在北京组织绿色奥运专题调研活动，中央政治局委员、全国政协副主席王刚参加调研。中共中央政治局委员、北京市委书记、北京奥组委主席刘淇陪同调研。环境保护部副部长张力军等参加调研。

同日，“纪念地球日公益晚会暨第三届中国环境大使颁授典礼”在京举行。宋祖英等10人被环境保护部聘为新一届“中国环境大使”。全国政协副主席李金华、环境保护部副部长潘岳等出席典礼。

同日，中国环境与发展国际合作委员会2008年圆桌会议在京开幕，环境保护部副部长李干杰出席会议并作主旨发言。

同日，“2008中华城市生态论坛”在杭州市举行，环境保护部党组成员、中纪委驻部纪检组长傅雯娟出席论坛并发言。

4月24日，第三次中欧环境政策部长对话会在京召开，中国环境保护部长周生贤、欧盟环境委员斯塔夫罗斯·迪马斯出席并发言。

同日，由中国环境保护部和欧盟环境总司在京联合召开中欧环境执政能力研讨会，中国环境保护部长周生贤、欧盟环境委员斯塔夫罗斯·迪马斯出席并发言。

4月25日，中部论坛武汉会议在武汉市召开，中部六省主要领导同志和国家有关部委负责同志出席会议。环境保护部副部长李干杰参加会议。

4月27日，京都峰会暨中国能源战略与环保峰会在京举行，环境保护部副部长张力军出席会议并发言。

4月29日，环境保护部印发《饮用水水源保护区标志技术要求（HJ/T 433—2008）》，自2008年6月1日起实施。

4月30日，环境保护部发布《环境保护部信息公开目录》（第一批）和《环境保护部信息公开指南》。

5月

5月3日，环境保护部决定，命名北京市门头沟区等69个地区为国家级生态示范区。

5月5日，环境保护部副部长吴晓青在京会见了奥地利经济与劳动部副部长约瑟夫·迈尔一行，双方就在环保产业领域开展合作及感兴趣的环境问题交换了意见。

5月6日，环境保护部部长周生贤在日本会见了日本环境大臣鸭下一郎，双方签署了《中华人民共和国环境保护部和日本环境省关于合作实施小城镇分散型污水处理示范项目的备忘录》。

5月9日，中华环保基金会第三届理事会2008年第一次会议在京召开，环境保护部副部长周建出席会议并讲话。

同日，为做好奥运期间北京和协办城市及周边地区环境空气质量监测工作，环境保护部印发《奥运期间北京和协办城市及周边地区环境空气质量预警监测方案》。

5月11日，中共中央组织部三峡库区及其上游水环境管理专题研究班在重庆开班，环境保护部副部长张力军、重庆市副市长谭栖伟、国务院三峡办副主任卢纯出席了开班仪式并讲话，来自三峡库区及其上游鄂、渝、川、黔、滇5省（市）59个县（市）分管环保的副县（市）长参加了培训。

5月12日，四川省汶川县发生8.0级地震，环境保护部部长周生贤立即作出重要批示，要求马上行动，全力以赴做好环境应急工作。环境保护部进入核与辐射事故应急待命状态，各应急小组立即按预案开展工作。

当夜，环境保护部部长周生贤主持召开会议，传达国务院抗震救灾紧急会议精神，研究部署抗震救灾环境应急工作，要求各级环保部门严密监控，确保核与辐射安全万无一失；及时了解化工厂、危险化学品、污水处理厂等环境敏感设施和区域的相关情况，做好应急预案，随时防控可能出现的环境事故。

5月13–31日，环境保护部副部长李干杰率领有关专家赶赴地震灾区，指导抗震救灾环境应急工作，并代表环境保护部及周生贤部长慰问地震灾区的环保系统干部职工。

5月13日，环境保护部下发《关于加强民用核设施和辐照装置抗震应急准备的通知》，要求各营运单位加强民用核设施和辐照装置抗震应急准备。

同日，环境保护部下发《关于防范和应对地震灾害次生环境污染事件的通知》、《抗震救灾期间环境应急监测工作方案》，要求相关地区密切监视饮用水水源地水质，严格防范次生环境灾害。

同日，为落实党的十七大精神，大力推进生态文明建设，环境保护部印发《关于开展生态文明建设试点工作的通知》。

5月14日，环境保护部党组召开会议，党组书记、部长周生贤主持会议，会议传达了党中央、国务院关于抗震救灾工作的部署和要求，进一步研究环境应急工作，环境保护部副部长潘岳、张力军，党组成员、纪检组长傅雯娟，党组成员祝光耀出席了会议。

同日，环境保护部干部职工向地震灾区群众第一批捐款70.61万元通过民政部送往灾区。

同日，国家履行斯德哥尔摩公约工作协调组第三次会议在京召开，环境保护部副部长张力军出席并主持会议。

5月15日，北京奥运会空气质量保障工作协调小组第五次会议在京召开，环境保护部部长周生贤、副部长张力军、北京市市长郭金龙、河北省政府代省长胡春华出席会议并讲话。

同日，为防范地震灾害后可能发生的次生放射性污染事件，确保辐射环境安全，环境保护部印发《关于地震期间进一步加强放射源监管的通知》。

同日，国家核安全局印发《关于加强核设施运行管理工作的通知》。

5月16－22日，环境保护部部长周生贤率领相关司局主要负责同志和有关专家赶赴地震灾区，检查灾后核设施环境安全状况，指导抗震救灾环境应急工作，看望并慰问地震灾区的基层环保干部职工。18日，周生贤部长先后到四川省广元、绵阳、什邡市环保局，慰问基层环保职工，并查看了存在污染隐患的企业，指导部署污染防控工作。21日，周生贤部长赴成都第四污水处理厂察看运行情况，随后前往环境保护部抗震前线指挥部、西南环保督查中心及四川省环保局、成都市环保局、成都市环境监测站、环境保护部四川核与辐射安全监督站慰问四川地震灾区的环保系统干部职工，了解环保系统抗震救灾工作情况，并召开座谈会，全面部署防范次生环境灾害工作。环境保护部副部长李干杰及机关有关部门负责通知陪同。

5月17日，为防范“堰塞湖”对下游环境安全构成威胁，环境保护部印发《关于加强对水库坝下环境隐患排查和治理的紧急通知》。

同日，为贯彻国务院抗震救灾会议精神，确保抗震救灾期间科学防范和有效处置次生环境事件，环境保护部印发《预防和处置四川汶川地震次生环境灾害实施方案》和《四川汶川地震灾区次生环境灾害防治监测方案》。

5月19日，为指导和规范土壤污染状况评价工作，保证全国土壤污染状况调查结论的科学性，环境保护部印发《全国土壤污染状况评价技术规定》。

5月19日－21日，中国山区生态经济与新农村建设高峰论坛在浙江举行，环境保护部党组成员祝光耀出席会议。

5月20日，为加强地震灾区饮用水水源保护，确保灾区饮用水安全，环境保护部制定并印发《地震灾区集中式饮用水水源保护技术指南（暂行）》、《地震灾区饮用水安全保障应急技术方案（暂行）》和《地震灾区地表水环境质量与集中式饮用水水源监测技术指南（暂行）》。

5月20-21日，国家生态工业示范园区建设工作会议在天津召开，中纪委驻环境保护部纪检组长傅雯娟、商务部副部长马秀红、科技部副部长曹健林出席会议，并为苏州工业园区等首批国家生态工业示范园区进行了授牌。

5月21日，为保障灾区人民群众饮用水安全，环境保护部印发《分散式饮用水水源地供水水质安全保障技术指南》。

5月23日，国务院新闻办公室就汶川地震灾害和抗震救灾情况举行第十三次新闻发布会，环境保护部副部长吴晓青指出，目前，地震灾区71个饮用水源地水质符合相关标准，所有核设施均处于安全状态，灾区未发生重大次生环境事件。

同日，为指导灾区依法、有序、快速清理废墟和废物，环境保护部制定并印发《灾后废墟清理及废物管理指南（试行）》。

5月24日，卫生部、环境保护部、住房城乡建设部、水利部、农业部联合下发《关于切实做好地震灾区饮用水安全工作的紧急通知》。

5月26日，环境保护部党组召开中心组学习会议，学习胡锦涛总书记关于抗震救灾的重要讲话，周生贤部长在发言中谈了学习体会，并对抗震救灾环境应急工作进行了总结和部署。潘岳、张力军、周建、傅雯娟、祝光耀及各司办主要负责同志参加会议，中央国家机关第一巡视组石见元同志列席会议。

5月29日，环境保护部抗震救灾情况通报会在京召开，环境保护部部长周生贤发表重要讲话，通报了前一阶段抗震救灾应急工作情况，以及下一阶段环境应急工作安排，强调环保系统广大干部职工要进一步把思想统一到党中央、国务院的决策部署上来，统一到胡锦涛总书记在四川抗震救灾工作会议的讲话精神上来。环境保护部副部长周建主持会议，中纪委驻环境保护部纪检组长傅雯娟出席会议。环境保护部机关全体人员、京外直属单位、派出机构主要负责同志和在京直属单位、派出机构班子成员，机关各离退休支部书记、支委等出席会议。中央国家机关第一巡视组麦青同志列席会议。

同日，为尽快消除地震灾区环境安全隐患，环境保护部印发《关于加大环境安全隐患整改督办力度的紧急通知》。

同日，为加强灾民过渡性安置区建设的环境保护管理工作，环境保护部印发《关于做好地震灾区过渡性安置区建设环境保护管理工作的通知》。

5月30日，为指导地震灾区医疗废物安全处置工作，确保环境安全，环境保护部制定并印发《地震灾区医疗废物安全处置技术指南（暂行）》。

同日，为指导地震灾区过渡性安置区建设，防治污染，保护环境，环境保护部制定并印发《地震灾区过渡性安置区环境保护技术指南（暂行）》。

6月

6月2～4日，环境保护部副部长张力军赴陕西地震灾区察看灾情，指导抗震救灾工作，慰问环保系统干部职工。

6月3日，环境保护部副部长潘岳在京会见世界著名环境学家、美国地球政策研究所所长莱斯特?布朗，双方就环境保护与经济发展模式、能源和粮食安全、气候变化等话题深入交换意见。

同日，为指导地震灾区过渡性安置区生活污水和生活垃圾安全处置，环境保护部发布实施《地震灾区过渡性安置区生活污水处理技术指南（暂行）》和《地震灾区过渡性安置区生活垃圾处理处置技术指南（暂行）》。

6月4日，环境保护部部长周生贤在京会见澳大利亚环境专家罗伯特·维森，双方就水体净化、土壤修复、低碳经济等问题交换了意见。

同日，环境保护部向社会通报了2007年中国环境状况。

6月4～5日，环境保护部副部长吴晓青赴四川省平武县和汶川县察看灾情，指导抗震救灾工作，慰问环保系统干部职工。

6月6日，环境保护部发布《国家危险废物名录》（第一号部令），自2008年8月1日起施行。

同日，环境保护部印发《关于加强地震灾后企业恢复生产（运营）核查监管的通知》。

同日，环境保护部批准《水泥工业除尘工程技术规范》（HJ 434-2008）、《钢铁工业除尘工程技术规范》（HJ 435-2008)为国家环境保护标准，自2008年9月1日起实施。

6月10日，由环境保护部、财政部、联合国环境署、欧盟委员会联合主办的可持续发展消费国际研讨会在京召开，环境保护部副部长吴晓青、财政部部长助理张通等出席开幕式。

同日，环境保护部、国家发改委、监察部等国务院七部委发出《关于表彰整治违法排污企业保障群众健康环保专项行动先进集体和先进个人的决定》，对五年来在专项行动中做出突出贡献的先进集体和先进个人进行表彰。

同日，环境保护部印发《关于加强土壤污染防治工作的意见》。

6月11日，环境保护部发出《关于防范和应对汛期次生环境灾害的通知》。

6月13日，环境保护部批准《建设项目竣工环境保护验收技术规范 港口》（HJ436-2008）为国家环境保护标准，自2008年8月1日起实施。

同日，环境保护部发出《关于进一步加强地震灾区尾矿库环境监管的紧急通知》。

6月15～16日，“重庆对话——城市发展与环保”中德高层论坛在重庆市举行。环境保护部副部长李干杰出席论坛并致辞。

6月17日，环境保护部发出《关于进一步加强地震灾区环境监管工作的通知》。

6月19日，环境保护部印发《关于发布国家环境友好工程项目的通知》，决定评选新建铁路青藏线格尔木至拉萨段工程等10个工程项目为国家环境友好工程项目。

同日，环境保护部印发《关于加强全国污染源普查档案管理工作的通知》。

同日，为做好各地汛期的环境监测工作，环境保护部发出《关于防范强降雨加强环境监测工作的通知》。

6月20日，为促进地震灾区工业企业依法有序恢复生产，环境保护部发布施行《地震灾区工业企业恢复生产环境保护技术指南（暂行）》。

6月20～22日，全国人大常委会副委员长陈至立率领全国人大常委会环境影响评价法执法检查组，赴上海进行执法检查。环境保护部副部长潘岳等陪同检查。

6月23日，为加强固体废物监管能力建设，建立并完善国家级和省级固体废物管理体系，环境保护部印发了《国家级和省级固体废物管理中心建设标准》。

同日，进一步督促各地加强畜禽养殖污染环境监管，保护和改善农村环境，环境保护部发出《关于开展规模化畜禽养殖场专项执法检查的通知》。

6月24日，环境保护部批准《车用压燃式、气体燃料点燃式发动机与汽车车载诊断(OBD)系统技术要求》等3项标准为国家环境保护标准，自2008年7月1日起实施。

同日，环境保护部印发实施国家污染物排放标准《车用压燃式、气体燃料点燃式发动机与汽车排气污染物排放限值及测量方法（中国Ⅲ、Ⅳ、Ⅴ阶段）》（GB 17691-2005）的修改方案。

6月25～26日，中俄总理定期会晤委员会环境保护分委会第三次会议在莫斯科举行，分委会中方主席环境保护部部长周生贤和俄方主席自然资源与生态部部长特鲁特涅夫分别率团出席会议。会后，周生贤部长和特鲁特涅夫部长签署了第三次会议纪要。

6月25日，环境保护部副部长李干杰在京会见美国贸易发展署署长拉瑞·沃瑟一行，双方就加强环保合作交换了意见。

同日，环境保护部印发《制浆造纸工业水污染物排放标准》等11项标准为国家污染物排放标准，自2008年8月1日起实施。

6月26日，由环境保护部和大连市政府主办的2008年中国国际环境保护博览会在大连市举行。环境保护部副部长吴晓青、大连市市长夏德仁等出席开幕式。

同日，环境保护部发布《关于进一步做好长江流域汛期水污染防治工作的通知》。

6月30日，环境保护部部长周生贤在京会见挪威环境与发展大臣索尔海姆一行，双方就关心的环保问题深入交换意见，并签署中挪环境合作谅解备忘录。

同日，北京奥运环境质量保障督查工作动员会在京召开，环境保护部副部长张力军出席会议并讲话。

6月30日，环境保护部公布《地震灾区土壤污染防治指南（试行）》。

7月

7月1日，为进一步发挥清洁生产在污染减排工作中的重要作用，加强重点企业的清洁生产审核工作，环境保护部发布《关于进一步加强重点企业清洁生产审核工作的通知》。

7月2日，全国2008年上半年主要污染物总量减排核查核算视频会在京召开，环境保护部副部长张力军出席，会议传达了国务院节能减排领导小组第二次会议精神，并对上半年总量减排核查核算工作做出安排部署，环境保护部机关有关部门、在京直属单位负责同志、监察部代表、特邀专家在主会场参加会议；各省（区、市）、新疆生产建设兵团环保局（厅）主要负责同志及分管减排工作的负责同志、地方政府节能减排领导小组代表在各地分会场参加了会议。

同日，环境保护部李干杰副部长在京会见了联合国环境署全球环境基金协调司司长福勒女士，双方就在环保领域加强合作深入交换了意见。

同日，环境保护部公布太湖流域执行国家排放标准水污染物特别排放限值的时间，自2008年9月1日起执行；7月3日，公布太湖流域执行国家污染物排放标准水污染物特别排放限值行政区域范围。

7月3日，环境保护部批准《环境标志产品技术要求建筑装饰装修工程》为国家环境保护标准。

7月7日，为有效预防与处置跨省界水污染纠纷，环境保护部发布关于预防与处置跨省界水污染纠纷的指导意见。

7月8日，第二届国家环境友好工程颁奖大会在京举行，环境保护部副部长潘岳出席大会并讲话。工业和信息化部副部长苗圩、交通运输部副部长徐祖远、铁道部副部长卢春房、水利部副部长鄂竟平、国资委副主任黄淑和、全国政协人资环委副主任秦大河、国家电监会副主席史玉波、湖北省副省长赵斌、湖南省副省长刘力伟出席会议并为获奖代表颁奖。以“新建铁路青藏线格尔木至拉萨段工程”为代表的10个工程项目获得了“国家环境友好工程”称号。

同日，由环境保护部和联合国环境署共同举办的“地震灾后重建环境保护国际经验交流会”在京召开，环境保护部副部长周建出席会议并致辞，联合国环境署、环境保护部、美国环保局的有关专家出席会议并开展了专题讨论。

7月10日，2008年全国整治违法排污企业保障群众健康环保专项行动电视电话会议在京召开，经国务院批准，会议由环境保护部、发展改革委、监察部、司法部、住房城乡建设部、工商总局、安监总局、电监会联合举行，总结了5年专项行动成效，对今后5年和今年开展专项行动的工作做了具体部署。中共中央政治局常委、国务院副总理李克强作出重要批示，环境保护部部长周生贤、副部长张力军、发展改革委副秘书长马力强、监察部副部长郝明金、工商总局副局长刘玉亭出席了会议并讲话，安监总局副局长孙华山主持了会议，住房城乡建设部副部长仇保兴、电监会首席会计师卢春泉和司法部的负责同志出席了会议。

同日，环境保护部公布酸雨标准样品等10项国家环境标准样品。

7月11日，环境保护部副部长李干杰会见了前来出席中意环保合作支持四川震后环保工作捐赠仪式的意大利环境、领土与海洋部环境研究与可持续发展司司长克里尼，双方就今后合作交换了意见。

同日，中意环保合作支持四川震后环保工作捐赠仪式在京举行，环境保护部副部长李干杰出席了捐赠仪式，意方捐赠了价值约100万欧元震后急需的环境监察用车及监测设备。

同日，环境保护部发布通知，要求加强国控重点污染源监督性监测。

7月18日，法国威立雅环境集团向中华环保基金会提供400万元支持地震灾区环保系统重建捐赠仪式在京举行，环境保护部副部长周建出席了捐赠仪式。

同日，环境保护部、中国科学院公布《全国生态功能区划》。31日，全国生态功能区划新闻发布会在京召开，环境保护部副部长吴晓青、中国科学院副院长丁仲礼出席了会议。

7月22－23日，2008年全国环保系统人事处长座谈会暨培训班在北京举行，环境保护部部长周生贤接见了会议代表并发表重要讲话。

7月23日，环境保护部决定，表彰全国环保系统抗震救灾先进集体和先进个人。"四川省环境保护局"等30个集体获"全国环保系统抗震救灾先进集体"荣誉称号，王文斌等97位同志获"全国环保系统抗震救灾先进个人"荣誉称号。

7月24日，全国农村环境保护工作电视电话会议在京召开，中共中央政治局常委、国务院副总理李克强出席会议并作重要讲话，确定了我国农村环境保护工作的主要目标，提出了加强农村环保工作的政策措施和要求。会议由国务院副秘书长张勇主持，环境保护部部长周生贤、发展改革委副主任解振华、财政部副部长张少春出席会议并发言，环境保护部副部长吴晓青出席了会议。江苏、浙江、四川省政府负责同志介绍了有关做法和经验。中共中央、全国人大常委会、国务院和全国政协有关部门及解放军总后勤部负责同志在主会场参加了会议。各省、自治区、直辖市和新疆生产建设兵团负责同志，各地（市）和县（区）主要负责同志在分会场参加了会议。

同日，为加强环境影响评价机构及从业人员管理，促进环境影响评价队伍健康发展，环境保护部发布关于加强环境影响评价机构及从业人员管理的通知。

7月28日，环境保护部公布北京奥运会残奥会期间极端不利气象条件下空气污染控制应急措施。

7月30日，环境保护部公布《铁路边界噪声限值及其测量方法》（GB12525-90）修改方案。

8月

8月1日，环境保护部召开奥运环保督察动员视频会议，环境保护部副部长张力军发表动员讲话。北京、天津、河北、山西、内蒙古、山东等六省（区、市）环保局及华东、华南、西北、东北环保督查中心设置分会场，约170人参加会议。

同日，环境保护部命名北京市密云县、延庆县、江苏省太仓市、山东省荣成市、广东省深圳市盐田区为国家生态县（市、区）。

同日，环境保护部、监察部决定对湖南郴州安仁县第一再生胶厂等5起典型环境违法案件联合挂牌督办。

8月5日，北京环境交易所挂牌仪式在京举行，全国政协副主席张梅颖、环境保护部副部长李干杰和北京市副市长吉林为交易所揭牌。

8月7日，环境保护部部长周生贤在京会见联合国环境署执行主任施泰纳一行，双方就进一步加强环境保护领域的合作深入交换意见。

同日，环境保护部发布《关于实施摩托车及轻便摩托车国家第三阶段排放及燃油蒸发标准的公告》。

8月14日，太湖流域主要水污染物排污权有偿使用和交易试点在江苏无锡市启动，财政部副部长张少春、环境保护部副部长张力军和江苏省常务副省长赵克志出席启动仪式。

同日，环境保护部在江苏省泰州市举行国家环保模范城市授牌仪式，环境保护部副部长张力军为泰州市授牌。

8月24日，第29届奥运会在北京胜利闭幕。环境检测数据显示，8月8日至24日，奥运城市空气质量优良率超过99%，北京空气质量优良率为100%，上海8月14日出现一次轻微污染；臭氧仅上海个别时段超标，其它城市均未超标；各城市地表水水质未见异常。

8月25日，环境保护部、商务部和科技部同意上海金桥出口加工区、南京经济技术开发区、天津新技术产业园区华苑产业区、昆明高新技术产业开发区进行国家生态工业示范园区建设。

8月27日，为深入学习宣传贯彻《环境保护部党组工作规则》和《环境保护部工作规则》，进一步促进工作的科学化、规范化、程序化和制度化，环境保护部印发《关于认真学习宣传贯彻环境保护部两个工作规则的通知》。

8月28日，环境保护部授予保定天威英利新能源有限公司等6家单位"国家环境友好企业"称号。

8月29日，环境保护人才队伍建设战略研究第一次领导小组会议在京召开。环境保护部部长、领导小组组长周生贤出席会议并讲话，环境保护部副部长、领导小组副组长周建主持会议。国土资源部、住房和城乡建设部、水利部、农业部、国家林业局和中国气象局等相关部门人事负责人参加会议。

同日，十一届全国人大常委会第四次会议在京闭幕。会议表决通过了《循环经济促进法》，将于2009年1月1日起实行。

9月

9月2日，环境保护部副部长李干杰在京会见了美国商务部助理部长柏大伟先生一行，双方就环保产业市场方面加强合作深入交换了意见。

同日，环境保护部公布《建设项目环境影响评价分类管理名录》，自2008年10月1日起执行。

9月4日，为进一步加强和规范生物质发电项目的环境影响评价管理工作，环境保护部印发《关于进一步加强生物质发电项目环境影响评价管理工作》的通知。

9月5日，环境保护部副部长李干杰在京会见了瑞典政府能源与环境技术合作高级代表马茨?丹宁格先生一行，双方就在环保领域进一步深化合作交换了意见。

9月6日，环境一号卫星A星、B星发射成功，中共中央政治局委员、国务院副总理回良玉致信祝贺，环境保护部副部长、环境卫星工作领导小组组长吴晓青在太原卫星发射中心观看了发射，环境保护部纪检组长傅雯娟带队，环境保护部相关部门负责同志及院士代表等在总装备部北京任务指挥所观看了卫星发射的全过程。

9月8日，环境保护部副部长潘岳在京会见了美国可持续发展及绿色城市市长代表团一行，双方就共同关心的环境问题深入交换了意见。

9月10日，全国重点流域水污染防治工作会议在山东省济宁市召开，环境保护部部长周生贤出席会议并讲话，会议强调，要进一步统一思想，把重点流域水污染防治摆在更加紧迫更加重要的位置，切实落实让不堪重负的江河湖海休养生息政策措施。山东省省委副书记、省长姜大明出席会议并讲话，环境保护部副部长张力军主持了会议，山东省副省长李兆前、省政府秘书长张万青以及国家发展改革委、监察部、财政部、住房与城乡建设部、水利部、农业部、林业局的有关负责同志，环境保护部各司局、相关直属单位负责同志，有关省（区、市）环保局（厅）负责人参加了会议。

9月12日，环境经济政策与珠三角地区可持续发展——绿色中国第十四届论坛在广东省深圳市召开，环境保护部副部长潘岳出席论坛，通报了环境政策取得的阶段性进展，广东省副省长林木声、香港特区政府环境局局长邱腾华、深圳市副市长卓钦锐等出席了论坛并开展了讨论。

9月16日，环境保护部副部长张力军在京会见了联合国环境规划署技术、工业与经济部门可持续消耗和生产部门主任艾若伯先生及陶氏化学公司相关代表，双方就加强环境应急能力建设方面加强合作交换了意见。

9月18日，环境保护部印发关于深化企业环境监督员制度试点工作的通知，要求各地参照执行。

同日，环境保护部要求各地加强城市建设项目环境影响评价监督管理工作。

9月24日，中央纪委、中央组织部中央国家机关第一巡视组向环境保护部领导班子反馈巡视意见通报会在京举行，巡视组组长韩寓群出席了会议，副组长石见元通报了巡视情况，环境保护部部长周生贤代表部领导班子做了表态发言，中纪委、中组部巡视办副主任李新丽和巡视组全体成员，环境保护部党组成员、副部长潘岳、张力军、周建，中纪委驻环境保护部纪检组组长傅雯娟及环境保护部机关各司局和直属单位主要负责同志参加了通报会。

同日，环境保护部副部长周建在京会见了瑞士国家联邦经济事务国务秘书让·丹尼尔格伯先生，双方就环保领域开展合作交换了意见。

9月25日，环境保护部副部长张力军在京会见了德国环境部议会国务秘书克鲁克女士一行，双方就化学品管理、点子废物管理、环保产业及水资源管理方面进一步加强合作交换了意见。

9月26日，环境保护部副部长张力军在京会见了英国商业、企业与管理改革部国务大臣约翰.赫顿，双方就环保领域的合作深入交换了意见。

9月27日，为加强生态脆弱区的保护，环境保护部印发《全国生态脆弱区保护规划纲要》。

同日，环境保护部发布《清洁生产标准　石油炼制业（沥青）》等三项国家环境保护标准。

同日，环境保护部发布《中国环境标志使用管理办法》。

10月

10月6日，“第二届杜邦杯环保摄影展”在北京大学百年讲堂揭幕，环境保护部副部长潘岳出席开幕式。

10月7日，环境保护部副部长张力军在北京会见来访的澳大利亚工党全国主席迈克·兰恩一行，双方就节能减排、清洁能源、应对气候变化等问题交换了意见。

10月8日，环境保护部在京召开深入学习实践科学发展观活动动员大会，环境保护部党组书记、部长、深入学习实践科学发展观活动领导小组组长周生贤作动员讲话。中央学习实践活动第二十一指导检查组组长刘锡荣出席会议并讲话。环境保护部党组成员、副部长、深入学习实践科学发展观活动领导小组副组长潘岳主持会议。中央学习实践活动第二十一指导检查组副组长杨玉学，环境保护部副部长张力军、吴晓青、周建、李干杰，纪检组长傅雯娟出席会议。部机关副处（含）以上干部、全体党员、在京派出机构、直属单位领导班子成员，离退休干部党总支、支部书记；中央学习实践活动第二十一指导检查组成员参加会议。

同日，国家公园建设试点新闻发布会在北京举行，黑龙江汤旺河国家公园成为环境保护部和国家旅游局批准建设的第一个国家公园试点单位。

10月9日，环境保护部副部长周建在北京会见来访的科威特艾姆萨勒公主，双方就加强环保合作交换意见。

同日，环境保护部发布《2007年全国城市环境管理与综合整治年度报告》，公布2007年度全国城市环境综合整治定量考核结果。

同日，第七届东盟－中日韩环境部长会议及首届东亚环境部长会议在越南河内举行，环境保护部副部长李干杰率团参加会议。

10月11日，中华环境保护基金会“安利环保公益基金”启动仪式在北京举行，环境保护部副部长周建出席仪式并讲话。

10月15日，以水与健康为主题的首届“中国环境与健康宣传周”活动在北京启动，环境保护部副部长吴晓青出席并致辞。

同日，为了积极防范和科学处置尾矿库溃坝引发的环境事件，环境保护部发出《关于加强尾矿库环境隐患排查整治工作的通知》。

10月18日，第四届环境与发展中国（国际）论坛在北京举行，原国务委员、全国政协副主席、中华环保联合会主席宋健致开幕词，全国人大常委会副委员长周铁农出席开幕式并讲话。环境保护部部长周生贤出席开幕式并作了题为“让中国人的呼吸更加甜美”的主旨报告。环境保护部副部长周建主持论坛。

10月20日，环境保护部召开北京奥运会残奥会环境质量保障工作总结大会，授予北京市环保局等65个集体“北京奥运会残奥会环境质量保障工作先进集体”，授予郑江等232位同志“北京奥运会残奥会环境质量保障工作先进个人”称号。环境保护部部长周生贤出席会议并讲话，副部长潘岳、张力军、周建出席会议。

同日，为做好不合格奶制品的销毁工作，环境保护部印发《关于加强不合格奶制品销毁环境监管工作的通知》。

10月21日，“2008生态文明暨第五届生态省建设论坛”在安徽省黄山市举行，环境保护部副部长吴晓青出席会议并讲话。安徽副省长倪发科、四川副省长陈文华、陕西副省长洪峰、浙江省政协副主席陈艳华等出席会议。

10月23日，首届中国国际循环经济成果交易博览会在青岛市举行，环境保护部副部长吴晓青等出席开幕式。

10月27日，十一届全国人大常委会第五次会议听取了全国人大常委会副委员长陈至立关于检查《中华人民共和国环境影响评价法》实施情况的报告。

10月28日，环境保护部和国家旅游局主办的全国生态旅游发展工作会议在大连市召开，环境保护部副部长吴晓青等出席会议。

10月31日，环境保护部发出《关于当前经济形势下进一步加强环境保护工作的通知》。

10月31日，为贯彻落实党中央、国务院的部署，深刻认识保持我国经济平稳较快发展的重要性和艰巨性，环境保护部印发《关于当前经济形势下进一步加强环境保护工作的通知》。

11月

11月3日，环境保护部部长周生贤在京会见了来访的芬兰环境部长莱赫托迈基女士一行，双方就在环保领域开展合作交换了意见。

同日，环境保护部公布主要污染物达到国家规定排放标准的柠檬酸生产企业名单。

同日，环境保护部批准天津摩托车质量监督检验所等五单位可以承担新生产摩托车排放污染申报检测工作。

11月4日，环境保护部批准《近岸海域环境监测规范》为国家环境保护标准。

11月10日，环境保护部部长在京会见了来访的荷兰环境大臣克拉玛女士一行，双方就关心的环保问题深入交换了意见，并签署了《中华人民共和国环境保护部与荷兰王国住房、规划和环境部环境合作谅解备忘录》。

11月12日，环境保护部部长周生贤在京会见了加拿大国际发展署署长、中国环境与发展国际合作委员会执行副主席比格斯女士，双方就目前全球金融动荡的时期，共同研究应对环境与经济的问题深入交换了意见。

同日，环境保护部副部长李干杰在京会见了俄罗斯自然资源与生态部副部长顿斯基一行，双方就关心的环保问题交换了意见，并签署了《中华人民共和国环境保护部和俄罗斯联保自然资源与生态部关于建立跨界突发环境事件通报和信息交换机制的备忘录》。

11月12–14日，中国环境与发展国际合作委员会（以下简称国合会）2008年年会在北京召开。国务院总理温家宝13日在中南海紫光阁会见了出席国合会的外方人士，双方就在当前国际金融危机蔓延和加剧、世界经济增长放缓的形势下，中国如何正确处理促进经济平稳较快增长与保护生态环境的关系，实现可持续发展坦诚、深入地交换了意见。环境保护部部长周生贤、副部长李干杰陪同会见。12日，中共中央政治局常委、国务院副总理李克强出席了国合会2008年年会开幕式并讲话，环境保护部部长、国合会执行副主席周生贤发表了题为“推广绿色奥运成果让中国人民拥有更多的蓝天白云”的特别演讲，国合会中外委员、有关国家和国际组织驻华使节代表、国内外专家学者200余人参加了会议。

14日，国合会2008年年会闭幕，环境保护部部长、国合会执行副主席周生贤出席了闭幕式并作总结讲话，环境保护部副部长李干杰出席了闭幕式，国合会执行副主任比格斯主持了闭幕式，国合会秘书长祝光耀介绍了国合会工作安排。

11月13日，环境保护部部长周生贤在京会见了出席中国环境与发展国际合作委员会2008年年会的联合国环境规划署执行主任施泰纳，双方就在环保领域继续保持密切合作交换了意见。

11月13－14日，全国环保系统纪检组长座谈会在江西南昌召开，中央纪委驻环境保护部纪检组组长傅雯娟出席会议并讲话，江西省委常委、纪委书记尚勇到会祝贺，副省长孙刚致辞，各省、自治区、直辖市环保局纪检组长等出席了座谈会。

11月19日，环境保护部要求各地加强城镇污水处理厂污染减排核查核算工作。

11月20日，环境保护部深入学习实践科学发展观活动调研成果交流暨分析检查阶段工作部署大会在京召开，环境保护部党组书记、部长、深入学习实践科学发展观活动领导小组组长周生贤汇报了调研报告，并对分析检查阶段的工作做了部署，副部长潘岳、张力军、吴晓青、周建、李干杰、纪检组长傅雯娟、总工程师万本太分别汇报了各自的调研报告，交流了调研成果。中央学习实践活动第二十一指导检查组有关同志，环境保护部机关全体干部和驻京派出机构、直属单位领导班子成员，部离退休老干部党总支书记参加了会议。

同日，环境保护部印发《2008年中央财政主要污染物减排专项资金环境监测项目建设方案》。

11月21日，环境保护部公布2008年第五批环境污染治理设施运营资质获证单位和变更单位名单。

同日，环境保护部批准《清洁生产标准　煤炭采选业》等5项为国家环境保护标准。

11月27日，环境保护部公布《清洁生产标准　电镀行业》（HJ/T314-2006）修改方案。

12月1～2日，第十次中日韩环境部长会议在韩国济州岛举行。中国环境保护部部长周生贤、韩国环境部部长李万仪、日本环境省大臣齐藤铁夫出席会议，并就一系列全球和区域性环境问题交换了看法。

12月

12月1～2日，环境保护部在云南省大理州召开洱海保护经验交流会，受环境保护部部长周生贤委托，副部长张力军出席会议并讲话。

12月3日，环境保护部部长周生贤在北京会见美国环保局局长约翰逊一行，双方就中美环保合作等问题交换了意见。

12月4日，环境保护部印发《关于当前经济形势下做好环境影响评价审批工作的通知》。

12月5日，环境保护部印发《水体污染控制与治理科技重大专项管理办法（试行）》。

同日，为更好地指导和开展环保“十一五”规划中期评估的相关工作，环境保护部印发《国家环境保护“十一五”规划中期评估技术指南》。

12月6日，环境保护部部长周生贤签发第三号环境保护部令，公布施行《关于修改〈放射性同位素与射线装置安全许可管理办法〉的决定》。

12月9～10日，“东亚和东南亚地区最佳可行技术/最佳环境实践论坛2008年年会”在北京召开，环境保护部副部长李干杰出席论坛并致辞。

12月10日，环境保护部批准《环境保护产品技术要求 柴油车排气后处理装置》为国家环境保护标准，自2009年3月1日起实施。

12月12～13日，全国环境影响评价工作会议在北京召开，环境保护部部长周生贤出席会议并讲话。环境保护部副部长吴晓青、纪检组长傅雯娟出席会议。

12月16日，第五届中华宝钢环境奖颁奖典礼在北京举行，全国人大常委会副委员长周铁农、全国政协副主席罗富和、环境保护部副部长周建等为获奖者颁奖。

12月17日，环境保护部华北环保督查中心在北京举行揭牌仪式，至此中编办批准的六个环保督查中心全部组建。环境保护部副部长张力军出席揭牌仪式。

12月19日，以推进节能减排和两型社会建设为主题的第三届中国国际建设环境友好型社会成果展览会在北京开幕。全国人大常委会副委员长周铁农，全国人大常委会原副委员长顾秀莲，全国政协原副主席、中华环保联合会主席宋健为展览会剪彩，环境保护部部长周生贤出席开幕式并致辞。

12月23日，国家环境咨询委员会与环境保护部科学技术委员会第四次全体会议在北京召开，环境保护部部长、国家环境咨询委员会主任周生贤出席会议并讲话。环境保护部副部长吴晓青、纪检组长傅雯娟，国家环境咨询委员会副主任、中科院院士孙鸿烈出席会议。

同日，全国污染减排工作会议在杭州市召开，环境保护部副部长张力军出席会议并讲话。

12月24日，受国务院委托，环境保护部部长周生贤向十一届全国人大常委会第六次会议作了当前水污染防治工作进展情况的报告。

12月25日，十一届全国人大常委会第六次会议分组审议环境保护部部长周生贤关于当前水污染防治工作进展情况的报告。环境保护部部长周生贤、副部长张力军到会听取审议意见。

同日，环境保护部批准《环境影响评价技术导则 城市轨道交通》为国家环境保护标准，自2009年4月1日起实施。批准《清洁生产标准 葡萄酒制造业》为国家环境保护标准，自2009年3月1日起实施。

同日，为逐步削减含氢氯氟烃的生产和使用，环境保护部印发《关于严格控制新建、改建、扩建含氢氯氟烃生产项目的通知》。

12月26日，环境保护部党组中心组学习暨纪念改革开放30周年环境保护座谈会在北京召开，周生贤部长主持会议并讲话。副部长潘岳、张力军、吴晓青，纪检组长傅雯娟以及从原环境保护局、环境保护总局、环境保护部领导岗位上退下来的老同志参加了会议。

12月30日，中国环境科学研究院成立30周年庆祝大会在北京召开，环境保护部部长周生贤出席大会并讲话，副部长吴晓青出席会议。

同日，环境保护部部长周生贤签发第四号环境保护部令，公布《环境行政复议办法》，自公布之日起施行。

同日，环境保护部印发《环境保护部中央级项目支出预算管理实施细则（试行）》。

12月31日，环境保护部批准《环境影响评价技术导则 大气环境》为国家环境保护标准，自2009年4月1日起实施。

1月

1月5日，中国环境报创刊25周年纪念会在京举行，会上发布了2008年度国内、国际十大环境新闻，环境保护部副部长潘岳出席并讲话，全国人大环资委副主任委员倪岳峰出席了会议。

同日，环境保护部发布通知，征集国家第四阶段机动车排放标准实施方案的意见。

1月8日，环境保护部党组扩大会议暨深入学习实践科学发展观活动领导小组会议在京召开，环境保护部党组书记、部长周生贤主持会议并作重要讲话，党组成员、副部长潘岳、周建，党组成员、纪检组长傅雯娟，副部长吴晓青出席了会议。

1月12日，2009年全国环境保护工作会议在京召开，中共中央政治局常委、国务院副总理李克强对环境保护工作作出重要批示，环境保护部部长周生贤出席会议并发表讲话，强调要坚持以科学发展观为统领，积极探索中国特色环境保护新道路，为促进经济平稳较快发展作出更大贡献。环境保护部副部长潘岳主持了会议，中央学习实践活动第二十一指导检查组组长刘锡荣，环境保护部副部长张力军、吴晓青、周建、李干杰，环境保护部老领导祝光耀、王心芳、王玉庆、曾晓东出席了会议。

1月16日，环境保护部颁布《建设项目环境影响评价文件分级审批规定》。

1月19日，环境保护部决定，公布2008年第六批环境污染治理设施运营资质获证单位和变更单位名单。

2月

2月4日，环境保护部批准《环境标志产品技术要求编制技术导则》等6项标准为国家环境保护标准，自2009年5月1日起实施。

2月9日，环境保护部印发《关于国控重点污染源自动监控能力建设项目检查考核工作的通知》。

2月11日，环境保护科学技术奖励委员会批准防治机动车（船）污染强制标准研究等48个项目获2008年度环境保护科学技术奖。

2月12日，环境保护部副部长吴晓青在北京会见匈牙利环境与水利部国务秘书欧拉赫·洛约什一行，双方就共同关心的环境问题交换了意见。

2月16～17日，全国环境监测工作会议在北京召开，环境保护部部长周生贤出席会议并讲话，环境保护部副部长吴晓青主持会议并做工作报告。国务院有关部门、各省（区、市）环保部门负责同志等出席会议。

2月16日，环境保护部在北京召开长江环保执法行动视频会议，部署在长江干流及其10条主要一级支流开展长江环保执法行动。环境保护部副部长张力军出席会议并讲话。

同日，联合国环境规划署第25届理事会会议暨全球部长级环境论坛在肯尼亚内罗毕召开，中国环境保护部副部长李干杰率中国代表团出席会议并发言。当日下午，李干杰副部长与联合国环境署执行主任施泰纳共同为“北京绿色奥运展览”揭幕。

2月17日，联合国环境规划署第25届理事会会议暨全球部长级环境论坛就“全球危机：迈向绿色经济”主题展开部长级磋商，208个国家的政府部长和国际组织负责人出席论坛。中国环境保护部副部长李干杰出席会议并发言。

2月18日，第一次全国污染源普查（总结发布阶段）工作会议在南京召开，环境保护部副部长张力军出席会议并讲话。

同日，2009年全国环保科技工作会议在北京召开，环境保护部副部长吴晓青出席会议并讲话。国务院有关部门、各省（区、市）环保部门负责同志等出席会议。

同日，环境保护部在银川市召开宁夏环保工作协调会，环境保护部副部长周建与宁夏自治区副主席齐同生签订了《推进环境友好型宁夏建设合作协议》。宁夏自治区主席王正伟、自治区党委副书记于革胜出席会议。

2月19日，水体污染控制与治理科技重大专项实施启动会在北京召开，环境保护部副部长吴晓青、纪检组长傅雯娟，科技部副部长刘燕华、中科院副院长丁仲礼、中国工程院院士钱易及水专项各成员单位代表、各地领导小组代表等600余人出席会议。

同日，五大区域重点产业发展战略环境影响评价项目领导小组第一次会议暨项目启动会在北京召开，这标志着环渤海、海峡西岸、北部湾、成渝和黄河中上游能源化工区等五大区域重点产业发展战略环评工作正式启动。环境保护部副部长、五大区域战略环评领导小组组长吴晓青出席会议并讲话。

同日，环境保护部印发《关于开展〈国家环境保护“十一五”规划〉中期评估的通知》。

2月23～25日，全国污染防治工作现场会在上海召开，环境保护部副部长张力军出席会议并讲话。国务院有关部门、各省（区、市）环保部门负责同志等出席会议。

2月26日，环境保护部深入学习实践科学发展观活动总结大会在北京召开，环境保护部党组书记、部长周生贤出席会议并讲话。中央学习实践活动第二十一指导检查组副组长杨玉学出席总结大会。环境保护部党组成员、副部长潘岳、张力军、周建、李干杰、傅雯娟，党组成员胡保林等出席会议。

3月

3月2日，全国环保系统党风廉政建设工作视频会议在京召开，环境保护部党组书记、部长周生贤出席会议并讲话，纪检组长傅雯娟主持会议，副部长吴晓青、周建、李干杰，党组成员胡保林，总工程师万本太及环境保护部机关全体干部、各在京派出机构、直属单位领导班子成员在主会场出席了会议。

同日，环境保护部副部长周建在京会见了亚洲开发银行执行董事团团长赛皮·苏玛迪拉伽一行，双方就在环境领域加强合作及共同关心的环境问题交换了意见。

同日，环境保护部要求各地加强“全国危险废物和医疗废物处置设施建设规划”项目竣工验收工作。

3月6日，环境保护部批准《工业锅炉及炉窑湿法烟气脱硫工程技术规范》为国家环境保护标准。

3月10日，环境保护部发布甲醇中溴苯溶液标准样品等22项国家环境标准样品。

3月11日，环境保护部印发《规范环境行政处罚自由裁量权若干意见》。

3月13日，环境保护部批准《钢铁工业发展循环经济环境保护导则》、《规划环境影响评价技术导则煤炭工业矿区总体规划》等三项标准为国家环境保护标准。

同日，环境保护部发布2009年第一批环境污染治理设施运营资质获证单位名单。

同日，环境保护部要求各地进一步加强饮用水水源安全保障工作。

3月16日，中国环境宏观战略研究领导小组第二次会议在京召开，中国环境宏观战略研究领导小组组长、中国工程院院长徐匡迪主持会议，领导小组副组长、环境保护部部长周生贤出席会议并讲话，领导小组副组长祝光耀就战略研究进展和“要点汇报”进行了简要说明。

3月17日，2009年中华环保世纪行宣传活动启动仪式在京举行，全国人大常委会副委员长陈至立宣布活动正式启动，并为参加活动的记者颁发了荣誉证书，环境保护部副部长周建出席了启动仪式并讲话。

3月19日，环境保护部副部长吴晓青在京会见了泰国泰华农民银行行长伍万通一行，双方就在环境领域加强合作及共同关心的环境问题交换了意见。

3月20日，环境保护部发布政府信息公开工作2008年度报告。

同日，环境保护部批准《环境信息网络建设规范》等两项标准为国家环境保护标准。

3月23日，全国自然生态和农村环境保护工作会议在京召开，环境保护部副部长李干杰出席会议并讲话，总工程师万本太主持了会议。

同日，环境保护部发布新化学物质登记测试机构名单。

3月24日，第四届东南亚与东亚国家环境与健康高层会议在京召开，环境保护部副部长吴晓青出席会议并致辞，卫生部副部长陈啸宏、联合国环境规划署亚太区主任朴英雨、世界卫生组织西太区代理主席林达米兰出席了会议。

3月25日，环境保护部副部长李干杰在京会见了蒙古国自然环境与旅游部副部长都伦金?伊德沃赫腾一行，双方就关心的环境问题交换了意见。

同日，环境保护部批准《建设项目竣工环境保护验收技术规范水利水电》、《清洁生产标准水泥工业》等四项标准为国家环境保护标准。

3月26日，全国环境执法暨环境应急管理工作会议在京召开，环境保护部副部长张力军出席会议并讲话。

3月27－29日，第五届国际智能、绿色建筑与建筑节能大会暨新技术与产品博览会在京举行，全国人大副委员长、中国科协主席韩启德、住房与城乡建设部部长姜伟新、环境保护部副部长吴晓青等领导出席了大会开幕式。

3月27日，环境保护部与湖北省人民政府共同推进武汉城市圈“两型”社会建设合作协议签字仪式在武汉举行，环境保护部部长周生贤、湖北省委副书记、省长李鸿忠在协议上签字，湖北省委书记罗清泉出席了签字仪式，并与环境保护部部长周生贤共同为湖北资源环境交易所揭牌，湖北省副省长赵斌主持了签字仪式，省委常委、常务副省长李宪生、武汉市市长阮成发出席了仪式。

同日，汶川地震灾区（甘肃省）基层环保干部专题培训班在广东省深圳市开班，环境保护部党组成员、办公厅主任胡保林出席了开班仪式并讲话，50位来自甘肃陇南、甘南等震区一线的环保工作者参加了培训班。

3月30日，环境 号A、B星在轨交付仪式在京举行，环境保护部副部长吴晓青出席了交付仪式并讲话，发展改革委、民政部、财政部、国土资源部、国防科工局等13个部委的领导出席了仪式。

同日，环境保护部印发《2009年全国环境监察工作要点》。

3月31日－4月2日，环境保护部部长周生贤赴上海、浙江调研核与辐射安全监管工作，并召开座谈会，就如何进一步加强核与辐射监管、促进我国核能与技术等健康发展广泛听取意见，环境保护部副部长、国家核安全局局长李干杰陪同。

4月

4月1日，环境保护部副部长周建在京会见了香港特区环境局长邱腾华一行，双方就共同关心的环保问题交换了意见。

4月1～2日，太湖流域水环境综合治理省部际联席会议第二次会议在北京召开，环境保护部副部长张力军出席并讲话。江苏省、浙江省、上海市以及科技部、工业信息化部、财政部、国土资源部、环境保护部、住房城乡建设部、交通运输部、水利部等省部际联席会议成员单位领导参加了会议。

4月7日，环境保护部印发关于表彰派出机构、直属单位2008年度先进集体和先进个人的通报。

4月8日，环境保护部副部长周建在京会见了法国苏伊士环境集团首席执行官舒塞德一行，双方就在环保领域进一步合作深入交换了意见。

同日，环境保护部副部长李干杰在京会见了来访的美国贸易发展署代理署长里欧卡蒂亚·扎克女士一行，双方就在环境领域加强合作及共同关心的环境问题交换了意见。

同日，根据《建设项目环境影响评价资质管理办法》（原国家环境保护总局令第26号）的有关规定，环境保护部印发《关于批准和重新核定环境影响评价资质有关事项(2009年第二批)的公告》。

同日，环境保护部印发《关于环境影响评价工程师职业资格登记管理有关问题的公告》。

4月9日，环境保护部印发《关于印发中央组织部<关于在党政领导班子后备干部集中调整中加强监督认真治理拉票行为的通知>的通知》。

4月10日，全国环境保护部际联席会议暨松花江流域水污染防治专题会议在长春召开，环境保护部部长周生贤出席会议并讲话。环境保护部副部长张力军主持了会议，吉林省委副书记、省长韩长赋出席会议并致辞，水利部副部长胡四一、发展改革委、财政部、国土资源部、住房城乡建设部、农业部等有关部委领导出席会议并发言。

同日，环境保护部批准《清洁生产标准　钢铁行业（铁合金）》为国家环境保护标准，自2009年8月1日起实施。

4月13日，环境保护部印发《关于印发<建设项目环境影响评价岗位证书管理办法>的通知》。

4月14日，环境保护部、发展改革委、监察部、司法部、住房城乡建设部、工商总局、安监总局、电监会等部门在北京联合召开2009年全国整治违法排污企业保障群众健康环保专项行动电视电话会议。环境保护部部长周生贤代表国务院八部门讲话，并强调要进一步加大环境执法监管力度，严厉打击环境违法行为，切实解决一批危害群众健康和影响可持续发展的突出环境问题，为推动经济平稳较快发展提供有力保障。环境保护部副部长张力军主持会议。发展改革委秘书长韩永文、监察部副部长郝明金、司法部副部长张苏军、住房城乡建设部总经济师李秉人、工商总局副局长刘玉亭、安监总局副局长孙华山、电监会副主席王禹民等人出席会议并发言。全国设分会场2000余个，各地政府主管领导和相关部门负责人共7万余人参加了会议。

4月16日，湘黔渝交界“锰三角”地区环境综合整治工作座谈会在湖南省花垣县召开，环境保护部部长周生贤主持会议并讲话。湖南省副省长刘力伟、重庆市副市长凌月明、贵州省副省长辛维光，环境保护部总工程师万本太出席会议。环境保护部有关司局、华南环境保护督查中心、西南环境保护督查中心、中国环境科学研究院，湖南省、贵州省和重庆市环保局及三省（市）有关地区负责同志等参加了会议。

同日，环境保护部印发《关于发布达到国家机动车排放标准的新生产机动车型和发动机型的公告》。

4月17日，环境保护部印发《环境保护部机关行政复议文书处理若干规定》和《环境保护部机关行政复议与行政应诉程序规定》。

4月18日，由环境保护部、湖南省人民政府、中华全国工商业联合会等共同主办的2009资源节约、环境友好国际合作高层论坛在长沙举行，环境保护部部长周生贤出席开幕式，并与湖南省人民政府签署《共同推进长株潭城市群“两型社会”建设合作协议》。全国政协副主席黄孟复、原全国政协副主席王忠禹、湖南省委书记张春贤等出席签字仪式。

4月20～22日，国际原子能机构（IAEA）和中国政府共同主办的面向21世纪核能部长级国际大会在北京召开。国务院副总理张德江、国际原子能机构总干事巴拉迪出席开幕式并致辞。环境保护部副部长李干杰出席大会并做了题为《把握机遇，应对挑战，促进核电健康发展》的专题发言。

4月22日，环境保护部副部长李干杰在京会见了来访的世界资源研究所主席乔纳森·拉什先生一行。双方就在水污染防治、大气污染防治和应对气候变化等领域加强合作交换了意见。

4月23日，为规范放射性药品生产、销售、使用的辐射安全管理，加强放射性药品辐射安全许可证管理，环境保护部印发《关于加强放射性药品辐射安全管理的通知》。

4月24日，环境保护部印发《关于禁止生产、流通、使用和进出口滴滴涕、氯丹、灭蚁灵及六氯苯的公告》。

同日，环境保护部印发《关于进一步加强危险废物管理防范事故风险的紧急通知》。

4月27日，2009年全国规划财务工作会议在北京召开。环境保护部副部长周建出席会议并讲话。国务院办公厅、发展改革委、财政部、审计署、国家开发银行等有关司局负责同志列席了会议。各省、自治区、直辖市环保局（厅），新疆生产建设兵团、计划单列市和省会城市环保局，环境保护部机关、派出机构和直属单位的代表参加了会议。

4月28日，环境保护部发布2009年世界环境日中国主题“减少污染－行动起来”。

同日，环境保护部与财政部联合印发《中央农村环境保护专项资金环境综合整治项目管理暂行办法》。

4月28日至5月6日，环境保护部副部长张力军应新西兰环境与气候变化部邀请率团访问了新西兰，与新西兰环境与气候变化部部长尼克?史密斯、副部长林赛·高及新西兰研究与科技部、贸易与经济发展部等有关部门代表进行了双边会谈，就共同关心的污染防治、环境执法、气候变化等问题交换了意见。

4月30日，环境保护部印发《关于进一步加大对医疗废物和医疗废水监管力度的紧急通知》。

4月26日至5月6日，环境保护部副部长张力军率团赴澳大利亚访问，会见了澳大利亚环境水利遗产和艺术部副部长盖瑞得·厄利、澳大利亚贸易委员会副主任于彼得、澳大利亚国际发展署署长布鲁斯·戴维斯。双方就中澳双方环保合作设计的环境执法、大气和水污染防治、海洋环境保护、环保产业和环境发展合作等问题交换了意见。

5月

5月7日，环境保护部在京召开环保形势报告会。环境保护部党组书记、部长周生贤就进一步提高对环境问题的认识，全力推进环境保护历史性转变，以生态文明为指导积极探索中国特色环保新道路以及在当前金融危机形势下如何做好环境保护工作等问题作了报告。环境保护部副部长张力军、吴晓青、周建、李干杰，纪检组长傅雯娟，党组成员胡保林，总工程师万本太出席了会议。部机关全体干部，在京派出机构、直属单位班子成员和正处级以上干部，京外派出机构、直属单位主要负责同志参加了会议。

同日，环境保护部发布批准建设项目环境影响评价资质等有关事项(2009年第三、四批)。

同日，环境保护部印发《关于加强中央环境保护专项资金项目监管工作的通知》。

同日，为加强环境监测质量管理，推进环境监测质量制度建设，强化环境监测基础能力，提升环境监测技术水平，建设先进的环境监测预警体系，环境保护部印发《关于印发<环境监测质量管理三年行动计划（2009—2011年）>的通知》。

5月8日，环境保护部在京召开学习贯彻国务院第二次廉政工作会议精神大会。环境保护部党组书记、部长周生贤出席大会并讲话，纪检组长傅雯娟主持了会议，副部长潘岳、张力军、吴晓青、周建、李干杰，党组成员胡保林，总工程师万本太出席会议。部机关全体干部，京内外派出机构、直属单位领导班子成员、主要负责同志参加了会议。

5月12日，松花江流域水污染防治工作座谈会在京召开，环境保护部副部长张力军主持会议并讲话，吉林省委常委、副省长马俊清，内蒙古自治区政府副主席刘卓志，黑龙江省政府副秘书长师伟杰分别代表三省（区）介绍了辖区内松花江流域水污染防治工作进展情况。环境保护部有关司局、东北督查中心及吉林、黑龙江、内蒙古环保厅（局）主要负责人参加了会议。

5月14日，为促进国家级自然保护区的管护，环境保护部印发《关于国家级自然保护区管理评估情况的报告》。

同日，为加强水体污染控制与治理科技重大专项（以下简称“水专项”）的组织领导，建立有效的组织管理体系，环境保护部印发《关于抓紧做好“水体污染控制与治理”科技重大专项实施工作的通知》。

5月15日，环境保护部公布达到国家机动车排放标准的新生产机动车型和发动机型。

同日，环境保护部印发《关于深入开展“小金库”专项治理工作的通知》。

5月18日，环境保护部“小金库”专项治理工作布置会议在京召开，环境保护部党组成员、纪检组长傅雯娟出席会议并讲话。

同日，环境保护部印发《关于印发<应对甲型H1N1流感疫情医疗废物管理预案>的通知》。

5月19日，环境保护部副部长李干杰在京会见了全球环境基金总裁兼首席执行官莫尼卡·芭布。双方就在有机污染物、生物多样性及气候变化等领域进一步合作交换了意见。

同日，环境保护部印发《关于开展全国电解锰行业专项执法检查和环境整治的通知》。

5月21日，为贯彻落实党中央及国家反恐怖工作机构关于反恐怖工作的统一部署，有效预防和处置核生化恐怖事件及其衍生突发环境事件，环境保护部印发《关于印发<环境保护部2009年反恐怖应急工作计划>的通知》。

5月22日，环境保护部公布2009年第二批环境污染治理设施运营资质获证单位及变更单位名单。

同日，环境保护部公布环境影响评价工程师职业资格注销登记事项。

同日，为了推进卫星数据在环保系统的应用，充分发挥卫星的社会经济效益，环境保护部印发《关于印发<环境与灾害监测预报小卫星星座（HJ-1）数据产品分发管理办法（暂行）》和《环境与灾害监测预报小卫星星座（HJ-1）数据产品分发说明及流程（暂行）>的通知》。

5月25日，环境保护部党组书记、部长周生贤在京会见了出席“水资源安全：中国与世界”国际学术研讨会的加拿大前总理坎贝尔等外方代表。

同日，环境保护部印发《国家环境保护技术评价与示范管理办法》。

6月

6月1日，为做好新形势下的环境宣传教育工作，由环境保护部、中共中央宣传部、教育部联合下发了《关于做好新形势下环境宣传教育工作的意见》。

同日，环境保护部函复黑龙江省环境保护厅关于焦炭生产企业环境监管及排污收费有关问题。

6月3日，环境保护部部长周生贤在京会见俄罗斯联邦自然资源与生态部部长特鲁特涅夫。

同日，由环境保护部与发展改革委、科技部、工业和信息化部、住房城乡建设部、北京市人民政府联合主办的第十一届中国国际环保展览暨会议在京召开。环境保护部副部长吴晓青主持会议。全国人大常委会副委员长陈昌智宣布开幕，全国政协副主席林文漪为开幕式剪彩，环境保护部部长周生贤致辞。全国人大环境与资源委员会副主任委员汪纪戎、发展改革委副主任解振华、科技部副部长杜占元、工业和信息化部总工程师苏金生、住房城乡建设部纪检组长龙新男、全国政协人口资源环境委员会副主任王玉庆、北京市副市长黄卫、中国环保产业协会会长王心芳、意大利环境领土与海洋部副部长罗伯特·梅尼亚，以及意大利、挪威、瑞典驻华大使等出席了开幕式。

同日，为深入贯彻十七届中央纪委三次全会和国务院第二次廉政会议精神，环境保护部印发《关于加强对环境影响评价审批工作监督检查的意见》。

6月3日～4日，中俄总理定期会晤委员会环境保护合作分委会第四次会议在京召开。环境保护合作分委会中方主席、环境保护部部长周生贤主持会议并致辞，俄方主席自然资源与生态部部长特鲁特涅夫率团出席了会议。双方共同签署了环境保护合作分委会第四次会议纪要。

6月4日，环境保护部副部长周建在京会见了意大利环境领土与海洋部副部长罗伯特·梅尼亚，双方回顾了中意环保合作，听取了履约大楼建设情况，并就加深下一步合作交换了意见。

同日，环境保护部函复上海市环境保护局关于危险废物经营单位擅自从事一般工业废物处理处置活动适用法律问题。

6月5日，国家应对气候变化领导小组暨国务院节能减排工作领导小组会议在京召开。国务院总理、国务院节能减排工作领导小组、国家应对气候变化领导小组组长温家宝主持会议并讲话。环境保护部部长周生贤参加会议。

同日，环境保护部主办的“探索中国特色环境保护新道路-六·五世界环境日特别论坛”在京举行。全国政协副主席厉无畏出席开幕式并致辞，环境保护部部长周生贤发表了《坚持以建设生态文明为指导积极探索中国特色环境保护新道路》的主题演讲。

同日，国务院新闻办召开新闻发布会，环境保护部副部长张力军出席发布会，发布了《2008年中国环境状况公报》，介绍当前的环境形势等有关情况，并回答了记者提问。

同日，环境保护部“010-12369”环保举报热线于2009年“6·5”世界环境日开通，受理各地群众对环境污染问题的举报。

6月6日，环境保护部印发《关于全面落实绿色信贷政策进一步完善信息共享工作的通知》。

6月7日，第二次中日经济高层对话在日本东京召开。环境保护部副部长李干杰出席会议并发言。指出在国际金融危机持续蔓延的背景下，中日两国应积极拓展在节能环保等重点领域的合作，实现互利互赢，为区域及全球可持续发展作出更大的贡献。

6月8日，全球绿色经济峰会在天津滨海新区召开，环境保护部副部长张力军参加会议并致辞。

同日，新疆农村环境保护现场经验交流会在新疆维吾尔自治区召开。环境保护部副部长李干杰参加会议并讲话。

同日，环境保护部总工程师万本太在京会见了美国气候变化副特使乔纳森·潘兴和美国环保局气候变化高级顾问莉萨·翰泽灵。双方就气候变化和双边环保合作等共同关心的问题交换了意见。

6月9日，环境保护部部长周生贤主持召开环境保护部部常务会议，审议并原则通过《2008年各省（区、市）和五大电力集团公司主要污染物总量减排情况考核结果的报告》、部分建设项目环境影响评价、上市或再融资公司的环保核查意见。环境保护部副部长潘岳、张力军、吴晓青、周建，总工程师万本太出席会议。机关有关司局主要负责人列席了会议。

同日，环境保护部总工程师万本太在京会见了参加第十一届中国国际环保展览的美国企业展团一行，双方就共同关心的中美两国环保产业合作等问题交换了意见。

同日，公布了环境保护部审批建设项目竣工环境保护验收调查推荐单位名单（2009年）。

同日，为全面掌握环保系统环境影响评价单位总体情况，为下一步研究制订切实可行的环境影响评价单位体制改革方案打好基础，环境保护部印发《关于开展环保系统环境影响评价单位情况调查的通知》。

6月11日，环境保护部部长周生贤主持召开环境保护部部务会议，审议并原则通过了《水污染源限期治理管理办法（送审稿）》、《国家环境信息与统计能力建设项目管理办法（送审稿）》，讨论《建设项目环境影响评价区域限批管理办法（试行）》（草案）。环境保护部副部长张力军、吴晓青、周建，纪检组长傅雯娟，总工程师万本太、核总工程师陆新元出席会议。机关有关司局主要负责人列席了会议。

同日，环境保护部针对个别地区和企业严重违反国家产业政策、发展规划和环境保护准入条件进行项目建设的行为，暂停审批金沙江中游水电开发项目、华能集团和华电集团（除新能源及污染防治项目外）建设项目、山东省钢铁行业建设项目环境影响评价，以遏制环境违法行为，在保持经济平稳较快增长的同时，促进结构调整和发展方式转变，增强发展的协调性和可持续性。

同日，环境保护部公布调整国家第三阶段摩托车和轻便摩托车排放标准实施方案。

同日，环境保护部公布全国城镇污水处理设施和燃煤电厂脱硫设施。

同日，环境保护部函复关于广东省环境保护厅实施国家环境监测方法标准问题。

6月13日，环境保护部部长周生贤在京会见了韩国环境部部长李万仪。周生贤高度评价中韩环保合作，并就在沙尘暴监测、黄海环境保护、环保产业及东北亚环境保护等领域继续合作交换了意见。

同日，环境保护部部长周生贤在京会见了日本环境省大臣齐藤铁夫，双方签署了进一步深化环境合作、环境宣传与技术领域合作的备忘录。

同日，由中华环保基金会和安利（中国）日用品有限公司共同主办的“环保嘉年华”活动在京启动。环境保护部副部长周建、联合国环境规划署驻华代表张世刚、中华环保基金会秘书长李伟、安利（中国）日用品有限公司总裁黄德荫等出席启动仪式并讲话。

6月13日～14日，第十一次中日韩环境部长会议在京召开。环境保护部部长周生贤、日本环境省大臣齐藤铁夫、韩国环境部部长李万仪分别代表三国环境部门出席会议，就国际金融危机形势下如何做好环保工作等问题深入交换了意见。

6月15日，为推进干部人事工作科学化、民主化、规范化，进一步落实干部群众对人事工作的知情权、参与权、选择权、监督权，环境保护部印发《关于印发〈环境保护部机关人事工作办法（试行）〉、〈环境保护部派出机构人事工作办法（试行）〉、〈环境保护部直属事业单位人事工作办法（试行）〉的通知》。

同日，环境保护部公布达到国家机动车排放标准的新生产机动车型和发动机型。

6月16日，环境保护部部长周生贤在京会见了德国环境、自然保护和核反应堆安全部部长加布里尔一行。双方就在废弃物处理、污水处理、化学品处理等领域进一步开展合作交换了意见。

同日，环境保护部副部长李干杰在京会见了新西兰环境部副国务秘书林赛·高一行。双方就在环保领域进一步开展合作交换了意见。

同日，环境保护部主办的土壤环境安全知识竞赛启动仪式在京举行。环境保护部副部长李干杰出席启动仪式并讲话。

同日，环境保护部函复北京市环保局关于执行《中华人民共和国水污染防治法》第七十五条有关问题。

6月17日，环境保护部批准《环境标志产品技术要求——数字式一体化速印机》为国家环境保护标准，自2009年9月1日起实施。

同日，环境保护部开展电解锰行业专项执法检查和环境整治行动，行动重点围绕7个方面内容展开，做到统一准入门槛、统一整治标准、统一整治进程、严防污染转移，促进电解锰行业健康、有序发展。

6月18日，环境保护部、德国联邦环境自然保护与核安全部、广东省人民政府和德国经济亚太委员会联合举办的“第三届中德环境论坛”在广东佛山开幕，环境保护部副部长吴晓青、德国环境部议会国务秘书米夏埃尔·米勒、广东省副省长林木声出席开幕式并致辞。

同日，为做好国控重点污染源自动监控能力建设项目实施工作，完成国控重点污染源与国家、省、市三级监控中心联网的环境保护重点工作任务，环境保护部印发《关于加强国控重点污染源自动监控能力建设项目联网运行管理的通知》。

同日，环境保护部部长周生贤、副部长张力军来到环境保护部环境投诉受理中心，详细了解12369环保举报热线运行情况。周生贤要求进一步提高环境投诉受理工作的能力和效率，认真处理好每一件群众投诉，切实保障群众环境权益。

6月19日，环境保护部印发《关于开展抗生素药渣等危险废物产生及处置专项检查的通知》。

6月22日，环境保护部批准施行《环境保护部政府信息公开项目资金管理办法》。

6月22日～25日，环境保护部部长周生贤率有关司局负责同志，在江苏省委有关同志的陪同下，先后来到苏中和苏南地区，考察调研江苏境内淮河流域水污染防治工作情况。

6月23日，由中华环保基金会理事长曲格平个人带头捐资并得到社会各界响应资助建设的晒书城小学及图书馆在山东省肥城市桃源镇落成。环境保护部副部长周建出席了落成仪式。

同日，为贯彻《中华人民共和国水污染防治法》，保护环境，保障人体健康，规范污染治理工程建设工作，环境保护部批准《纺织染整工业废水治理工程技术规范》为国家环境保护标准，自2009年9月1日起实施。

同日，环境保护部批准《综合类生态工业园区标准》为国家环境保护标准，该标准代替《综合类生态工业园区标准（试行）》（HJ/T 274-2006），自发布之日起实施。

6月24日，全国环境保护部际联席会议暨淮河流域水污染防治工作专题会议在江苏省扬州市召开。环境保护部副部长张力军主持会议。环境保护部周生贤出席会议并讲话，江苏省委副书记、省长罗志军出席会议并致辞。环境保护部副部长张力军通报了《淮河流域水污染防治规划（2006～2010年）》2008年度实施情况。江苏、安徽、山东、河南四省负责同志分别介绍了辖区内淮河流域水污染防治工作情况。发展改革委、国土资源部、住房城乡建设部、水利部、农业部有关负责人分别作了发言。

6月25日～26日，环境保护部与铁道部在昆明市召开新建铁路云桂线环境影响报告书现场办公联合审查会，环境保护部副部长吴晓青和铁道部副部长陆东福出席会议并讲话。

6月26日，全国环保系统书画展评选工作在京揭晓。共征集书画作品1900多件，评选出各类奖项65名。

同日，环境保护部印发《关于开展2009年全国持久性有机污染物更新调查的通知》。

6月27日，环境保护部印发《关于张力军副部长访问新西兰、澳大利亚的情况报告》。

6月30日，环境保护部印发《关于开展省级持久性有机污染物（POPs）“十二五”污染防治规划编制工作的通知》。

华能玉环电厂

Huaneng yuhuan dianchang

日产水 3 万多吨的海水淡化装置

10 万吨级煤码头

华能玉环电厂全景

华能玉环电厂是我国首次建设的百万千瓦超超临界机组，是华能集团落实科学发展观，践行“三色”公司使命，建设“资源节约型、环境友好型”企业，推进节能减排的重大举措。作为国家“863”计划百万千瓦超超临界发电技术课题研究的依托工程，华能玉环电厂的成功建设使我国电力工业在设计、制造、安装、工程建设管理、调试、运行管理等方面取得了长足的进步，大幅度缩短了与世界先进发电技术的差距，成为国家实施节能减排战略方面一个成功典范，引领我国百万千瓦超超临界机组的规模发展。华能玉环电厂位于浙江省台州市玉环大麦屿开发区，地处浙江省东南沿海瓯江口，乐清湾东岸，玉环半岛西侧，厂址三面环山，一面临海，为典型的港口电厂。总面积约 110 公倾，其中一期用地为 84 公顷，二期用地为 26 公顷。华能玉环电厂为华能国际电力股份有限公司全额投资、开发、建设，装机容量为 4x1000MW。工程于 2004 年 6 月 28 日开工，一期工程 #1 机组于 2006 年 11 月 28 日投产，实现百万千瓦超超临界机组在国内率先投产，#2 机组于 2006 年 12 月 30 日投产，实现了年内“双投”，脱硫同步投产，成功提前建成了中国首座百万千瓦级超超临界燃煤电厂。二期工程连续建设，#3 机组于 2007 年 11 月 11 日投产，#4 机组 11 月 25 日投产，脱硫同步投产，创造了日历年度内四台百万千瓦超超临界机组投产的佳绩。一、二期工程分别于 2007 年 7 月、2008 年 3 月通过了国家环保部（总局）组织的验收。华能玉环电厂 1000MW 超超临界机组设备制造按照“引进技术、联合设计、合作生产”的方式。锅炉是引进日本三菱重工技术由哈尔滨锅炉厂制造的超超临界变压运行直流锅炉，燃烧效率≮93.65%；汽轮机采用上海汽轮机有限公司和德国西门子公司联合设计制造的超超临界、一次中间再热、单轴、四缸四排汽、八级回热抽汽、双背压、凝汽式汽轮机；发电机采用上海汽轮发电机有限公司引进德国西门子技术生产的 三相同步汽轮发电机。华能玉环电厂设计燃用神华集团神木煤，校核煤种采用晋北煤，燃料运输采用铁水联运的方式；采用深取浅排单元制海水循环冷却系统；所有工业水、冷却水、锅炉补给水、消防、冲洗以及饮用水均来自电厂自建的目前国内最大的采用“双膜法”反渗透工艺海水淡化工程。 华能玉环电厂一期两台机组是当今国际上同类机组中参数和效率最高的机组之一，蒸汽参数 26.25Pa/600℃/600℃，效率高达 45.4%，供电煤耗仅为 283.2g/kWh，比 2006 年全国平均供电煤耗 (367g/kWh) 低 83.8g/kWh，SO2、NOx、CO2 和烟尘的排放相应大幅减少，其总体技术水平居国际前列，成为节能减排的示范电厂。华能集团以华能玉环电厂工程为依托的“超超临界燃煤发电技术的研发与应用”课题被评定为 2007 年国家科学技术进步一等奖；2008 年 12 月，荣获建设项目质量最高奖项—国家优质工程金奖；2008 年 7 月 8 日，华能玉环电厂四台百万千瓦超超临界机组工程获得了两年一度评选的全国建设项目环境保护最高奖——“国家环境友好工程”称号，2009 年 6 月华能玉环电厂被浙江省人民政府授予减排优秀工程；2009 年 10 月 29 日华能玉环电厂荣获新中国成立 60 周年“百项经典暨精品工程”荣誉称号。

中国石油化工股份有限公司洛阳分公司

Chinese petroleum chemical industry limited liability company Luoyang subsidiary company

洛阳石化新建正门

厂 区 环 境

中国石油化工股份有限公司洛阳分公司是隶属于中国石油化工集团公司的国有特大型炼油、化工、化纤一体化生产企业，拥有多套生产装置，可生产一百多种产品。

从 1988 年起，洛阳分公司已跻身于全国最大经营规模和最佳经济效益百强之列，2000 年成为河南省首家固定资产和年销售收入“双超”百亿元的特大型国有工业企业，2007 年被河南省政府授予首批营业收入超 300 亿元工业企业。建厂 30 年来，累计加工原料油 6500 多万吨，实现利税 150 多亿元，是我国中部地区特大型石油化工化纤生产基地，为推动中国石化事业的发展、带动地方经济的振兴做出了显著成绩和突出贡献。

在经济发展和生产规模不断扩大的过程中，洛阳分公司的各级领导和广大职工一直高度重视环境保护工作，时刻把环境保护放在各项工作的首位，注重污染防治及生态环境改善，严格污染物排放总量的控制和消减。建厂以来累计环保投资 6.3 亿元，建成了具有 2 个系列的含有深度处理水平的污水处理设施、6 套废气处理设施、其它“三废”综合利用设施 10 余套，实现了生产建设和环境保护的同步发展。

除污染防治设施建设外，企业在日常生产中致力于增强全员环境意识，全面推行清洁生产，实施石油绿色开发，生产环境友好产品。通过严格环保管理，在废物的减量化、资源化、无害化等方面付出大量心血，做到环境行为的持续改进，力争废物排放的最小化，力求把企业对周边环境的影响降低到最低程度，努力创造一个与周边环境和谐共处的工作生活氛围。

1992 年荣获“国家环境保护先进企业”称号，1995 年获“全国绿化先进单位”称号，1999 年元月在中国石化系统首家通过国家环保总局华夏环境管理体系审核中心 IS014001 环境管理体系认证，并于 2000 年首家取得 UKAS 国际证书；2006 年 11 月，顺利通过中石化集团公司第一批清洁生产示范企业验收；2006、2007、2008 连续三年荣获中国石化集团公司“环境保护先进企业”荣誉称号。

浙江省环境工程有限公司

Environmental Engineering Co.,Ltd.Zhejiang

公司办公大楼外景

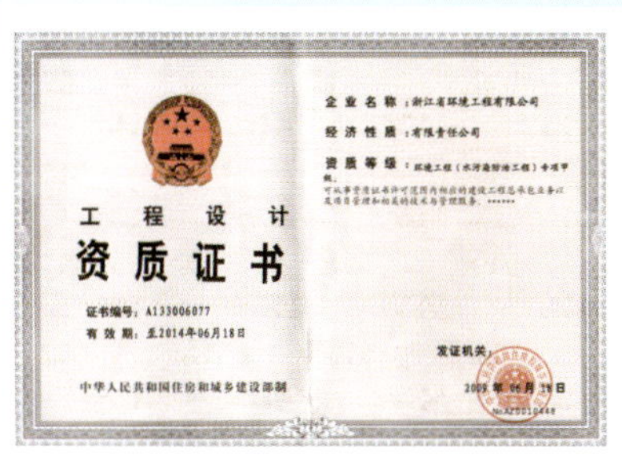
企业名称：浙江省环境工程有限公司
经济性质：有限责任公司
资质等级：环境工程（水污染防治工程）专项甲级。

工程设计
资质证书

证书编号：A133006077
有效期：至2014年06月18日

中华人民共和国住房和城乡建设部制

发证机关：

2009年06月18日

废水专项设计甲级

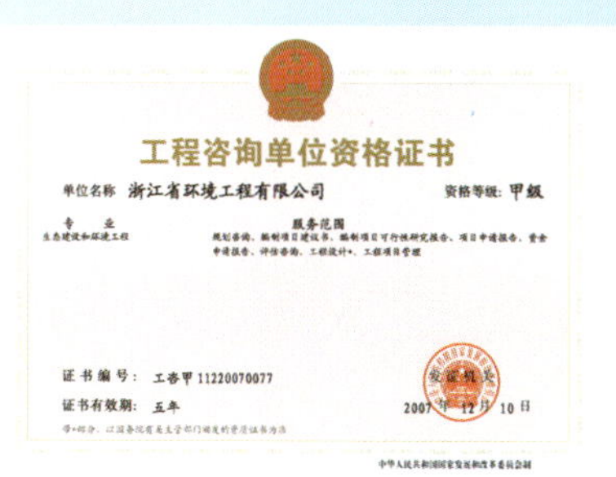
工程咨询单位资格证书

单位名称 浙江省环境工程有限公司 资格等级：甲级

专业 生态建设和环境工程 服务范围

证书编号：工咨甲11220070077
证书有效期：五年

发证机关

2007年12月10日

中华人民共和国国家发展和改革委员会制

工程咨询甲级

浙江省环境工程公司创建于1988年，2006年公司完成改制，更名为浙江省环境工程有限公司（英文缩写：ZJEE），由浙江省环境保护科学设计研究院相对控股。

公司现有员工约130人，拥有专业领军人物、学科带头人等一大批科技精英，其中教授级高级工程师3人、高级工程师18人、工程师28人、一级注册结构师3人、一级注册建筑师2人、注册公用设备（给排水）工程师4人、注册环保工程师4人、注册咨询工程师8人，一级建造师2人和注册环境影响评价师10人。业务区域涉及浙江全省、江苏、安徽、江西、广东、内蒙古、辽宁、山西、河南、湖南、湖北、陕西、新疆、广西、云南、天津等国内省市以及越南广平省等国外市场。业务领域涵盖了环境保护的废水、废气、固废、噪音等工程设计、总承包、BOT运营、可行性研究、技术咨询、环境影响评价等。公司拥有多项专利及环保自主产品，先后完成了浙江升华拜克生物股份污水处理工程、浙江余杭环科污水处理厂BOT工程、宁波日资三菱丽阳化纤有限公司污水处理工程、浙江新安化工集团股份有限公司污水处理工程、宁波万隆酒精有限公司污水处理工程、山西长治金泽生物工程有限公司污水处理工程、天津国韵生物材料有限公司、辽宁营口大浦印染有限公司、越南广平省甘蔗糖厂废水处理工程等一大批有影响的工程项目，创造了骄人的业绩。

公司设计专业齐全，具有较强综合设计能力，拥有工程咨询甲级、环境工程（水污染防治工程）设计专项甲级、环境工程（大气污染防治工程）专项设计乙级、市政公用行业（排水）主导工艺乙级、建设项目环境影响评价资质证书乙级、建筑业企业环保工程专业承包暂叁级、环境污染治理设施运营资质证书、质量管理体系认证证书等资质。业务范围主要涉及设计、规划、咨询、环评和总承包等方面，主要从事工业废水、市政污水、废气、固体废弃物、噪声等工程的规划、工程咨询、工程设计、工程总承包、环境影响评价等业务。

制药废水处理站全貌

EGSB厌氧反应器

电厂脱硫工程

中国石化湖北化肥

Zhong Guo Shi Hua Hu Bei Hua Fei

化肥厂全景

走进中国石化湖北化肥生产区，鸟语花香，树木葱茏，婉如公园一般。企业多年来高度重视环境保护工作，全力打造绿色化工，坚持每年安排专项资金解决污染物处置和“三废”再利用问题。目前，环境保护设施投入已累计达到1.2亿元。

湖北化肥拥有环保设施43台（套），分布在煤气化装置、动力厂等环保重点装置。仅煤气化部分就配套建有硫磺回收及尾气洗涤系统、污水处理站、火炬系统、煤气化除渣系统、磨煤除尘系统及煤气化废水汽提及澄清系统等。进入湖北化肥气化装置，各类噪声污染源都进行了消音处理，噪声较大的空分厂房四周全部采用砖封闭，楼板和门作消声处理，顶层有空间吸声体，厂房内墙四周安装有吸音设备，在两台空气压缩机上还安装有可移动的消声屏。

湖北化肥投资3800万元建设的硫回收装置和尾气洗涤装置中，硫磺回收率达到95%以上。硫磺回收装置产生的尾气经尾气洗涤装置处理后，达到了《大气污染物综合排放标准》中二级标准。2007年底动力厂烟气脱硫系统投用后，为回收尾气中5%的硫化氢废气，他们将硫回收尾气送入动力站烟气脱硫系统，回收制成硫酸铵。2007年6月，又将硫磺回收装置开工升温的燃料由粗煤气改为民用天然气，保证了硫磺回收装置与主装置开车同步进行。

湖北化肥动力厂原有的两台240吨/小时煤锅炉采用三电场静电除尘，除尘系统不能满足日益提高的环保要求。2005年10月，他们新建了一台220吨/小时的锅炉，按以新带老的原则，将原有两台煤锅炉及新建煤锅炉在静电除尘基础上增加了布袋除尘，形成了电袋除尘系统，并新增了一套氨法烟气脱硫系统。三台煤锅炉除尘及脱硫系统全部投用，总投资为6000余万元。经检测，排放烟气中二氧化硫浓度降至200毫克/标方以下，烟尘浓度低于50毫克/标方，低于国家标放标准。

湖北化肥煤锅炉烟气除尘、脱硫系统投用后，除了进一步削减二氧化硫的排放量外，同时还可副产硫酸氨肥料。这些既解决了企业的环保问题，又实现了废弃物的有效利用。

AO污水处理系统

新增烟气脱硫系统

静电布袋除尘系统

烟气回收系统

新疆青松建材化工【集团】股份有限公司

XINJIANG QINGSONG CEMENT [GROUP]CO.,LTD

青松建化：倾力打造资源节约型环境友好型企业

青松建化集团董事长
甘 军

青松建化集团公司总裁
杨万川

地处南疆阿克苏市的兵团农一师青松建材化工集团股份有限公司（以下简称“青松建化”），其前身是上个世纪50年代末第一代兵团创业者在亘古荒原上建立的“五小企业”，当时年产水泥仅3.2万吨。斗转星移，这个历经半世纪风雨沧桑的企业，如今已经由小到大、由弱到强，发展成为主业水泥产能达到730万吨，拥有总资产28亿元,10个分公司、9个控股子公司、7个参股子公司、年创利过亿元的祖国最西部的上市公司，是兵团、师市建材行业大发展的龙头企业，2007年进入全国60家水泥工业结构调整大型企业集团行列，并进入《新财富》全国上市公司成长百强榜，2007年在全国22家水泥上市公司综合排名中名列前二位的企业。

青松建化是以水泥、建材、化工为主体，发电、运输、机械加工等相配套的综合型工业企业，“青松”为新疆著名商标，主营产品青松牌水泥为新疆名牌产品，在南疆占有主导地位。公司能生产各种规格的通用水泥和H级、G级、C级超细油井水泥及大坝水泥，道路水泥等特种水泥。其中H级油井水泥在全国包括青松建化在内仅5家水泥生产企业能够生产，新疆仅青松建化一家，G级油井水泥于2004年2月通过美国石油协会API认证，是中石油塔里木分公司及中石化西北分公司长期战略合作伙伴。

公司成立以来，曾先后被授予全国五一劳动奖章、全国先进基层党组织、全国思想政治工作优秀企业、全国精神文明创建工作先进单位、全国文明单位、全国和谐劳动关系模范企业、全国质量振兴先进企业、全国建材行业先进集体等数十项中央或国家级荣誉称号。

在企业经济效益大幅度提升的同时，他始终坚持科学发展以人为本的经营思想，以建设资源节约型、环境友好型企业为目标，坚持“合理规划、依托技术、确保投入、强化管理”的环境保护管理宗旨，在企业发展的同时,大力倡导并开展环境保护治理工作。

一方面加大对现有污染排放点的治理，继续对现有环保设施、工艺的改造，最大限度地减少污染。在进行环保污染治理的同时,把污染治理同企业工艺技术改造、设备更新结合起来,促进企业实施清洁生产、节能增效,提高资源综合利用率，2000年至今，公司累计投入近7000万元用于环保设备投入及更新改造。目前粉尘、二氧化碳排放指标均符合国家标准。

另一方面，公司作为全国60家水泥工业结构调整重点支持企业，以带动新疆和全国水泥工业结构调整为己任，加快发展环保一流新型干法水泥，加速主业调整产业结构，推进资源综合利用和节能减排，大力发展循环经济，上市后，已投资新建8条新型干法水泥生产线，同时配套建设纯低温余热发电项目，基本实现在占全国国土面积1/10的南疆沿铁路高速公司大城市都有新型干法水泥的结构调整和布局，到2009年底，青松集团水泥总产能将达到730万吨，新型干法水泥产能将达到90%以上，改变人们印象当中水泥企业高污染、高能耗的不良印象，树立了水泥企业环境保护的一面旗帜。

另外，青松集团坚持每年开展绿化、美化工作。目前集团总部厂区绿化面积达40%，驻外子公司厂区绿化面积达到40%以上，厂区主、辅干道路面全部实现了硬化和亮化，使原本在寸草不生的戈壁荒滩建起的企业，如今“林园”已经这个企业所在地的名称标识，青松集团建设资源节约型、环境友好型企业的目标正在逐步变为现实。

“十一五”，青松建化初步完成在全国十分之一的南疆土地上，沿铁路、国道314、315线、间距300～500公里左右的城市完成青松集团新型干法水泥生产线布局，在企业发展的同时，基本实现新疆南疆的水泥工业结构调整。“十二五”，青松建化还将依托新疆独特的资源优势，依托资本运作，做强做大化工，进入矿业、新能源领域，加快实施“水泥为主，化工为辅，矿业能源并驾齐驱”的发展战略新格局，努力打造中国西部最具市场竞争力的上市公司。

国家重点支持水泥工业结构调整大型企业集团
新疆青松集团

2009年12月31日青松集团在阿克苏建成日产3000吨
全疆单线生产规模最大的新型干法水泥公司全景

公司加快产业结构调整升级2007年在和田建成日产
2000吨新型干法水泥生产线

新型工业化大发展和兵团拓建材战略的排头兵

中环联合（北京）认证中心有限公司

Zhong Huan Lian He Ren Zheng Zhong Xin You Xian Gong Si

环境保护部吴晓清副部长在环境标志发展与绿色采购可持续消费国际研讨会发言

中德环境标志互认合作协议签约仪式

环境保护部环境认证中心（中环联合〈北京〉认证中心有限公司，以下简称“认证中心”）隶属环境保护部，是经国家认证认可监督管理委员会认可的国家级综合性认证机构。为社会提供环境标志产品、有机产品认证和环境管理、质量管理、职业健康安全管理、食品安全管理等体系认证及培训工作。2009年又被联合国CDM执行委员会批准为中国首家获得DOE资质的机构。

目前，认证中心拥有一批素质全面、实践经验丰富的审核员和高级审核员队伍。几年来，认证中心在不断地努力并积极探索中国特色环境保护工作的新道路。通过中国环境标志产品认证和环境管理体系认证，大力提倡清洁生产和绿色消费的理念；通过CDM项目的审定，促进中国的节能减排、能效机制建设和能效管理能力建设；通过其他管理体系认证和产品认证，为全社会提供较好的服务。

与此同时，认证中心还积极与世界各国环境标志组织签订了互认协议，与一些国家建立了标准互认程序，为我国企业的海外拓展创造了条件。2009年，在新中国成立60年之际，由中央电视台组织的《新中国成立60周年——推动中国经济影响民众生活的60个品牌》评选活动中，认证中心荣誉获选。

认证中心以搭建双绿桥梁，推广双优产品，创造双赢绩效为宗旨。以关心客户发展、服务环境保护、引导绿色消费、共创和谐社会为理念。为客户提供多元化、全方位的认证服务。

环境标志荣获央视网举办的60年60品牌荣誉称号

CDM项目现场核查

西安泰德实业有限公司

Xi'an Taide Industrial Co.,Ltd

西安泰德实业有限公司是一家集装备制造、房地产开发、物业管理为主业多元化经营的民营企业。公司成立于1998年5月，位于西安市经济技术开发区凤城一路24号，注册资本4500万元。经营范围为压缩机及制冷、空调设备生产、销售及服务、房地产开发、房屋租赁、物业管理、室内外装饰、装修工程及材料等。

公司董事长兼总经理校甲国

公司自成立以来，努力提升管理水平，已于2007年通过了ISO9001-2000国际质量体系认证，并先后荣获"全国质量服务AAA等级企业"、"陕西省质量服务信誉AAA级单位"、"守合同、重信用单位"、"陕西省项目管理协会副会长单位"、"2006年西安房地产最佳户型奖"、"2007年西安房地产最值得期待的楼盘"、"商务领航信息先锋企业奖"、国家科学技术进步奖等荣誉称号及证书。

2007年，泰德实业位于西安经济技术开发区泾渭工业园内汽车空调生产基地顺利投用，占地面积20000平方米，主要建筑有办公楼，生产厂房，综合楼。生产基地厂房宽敞明亮，生产设备先进，种类齐全，自动化程度高，生产能力强，内有性能先进的汽车空调生产线及汽车空调综合性能试验台等十多台检测设备，包括美国进口的四坐标加工中心、小巨人加工中心以及数控铣床、数控车床等多台先进机加设备，目前生产的产品有汽车空调系统、电子油门踏板总成及其它汽车零部件、特种用途压缩机及其它机械类产品，其中汽车空调系统产品有：F2000N汽车暖风机、F2000S手动汽车空调、F2000Z自动汽车空调。这3个产品已经通过了国家汽车空调检测中心检测以及陕重汽技术中心的考核和路试。现已形成单班年产2万套重汽空调系统的能力，是陕重汽主要的重卡空调系统配套企业，也是陕重汽产业集群的骨干成员单位。

2007年，泰德实业在西安经济技术开发区凤城一路成功开发了泰德紫玉公馆房地产项目，总建筑面积7万多平方米，是一个集商务、办公、住宅于一体的高档精品综合小区，在业界留下良好口碑。

泰德实业自成立以来，广纳四方贤才，拥有一支精干、高效的员工队伍。公司现有各类管理人员53人，其中研究生1人，本科学历18人，大专35人，高级职称4人，中初级职称35人。公司长期与西安交通大学等著名高等院校及国家级工程研究中心保持合作关系。

泰德实业秉承"科技先导、面向世界、自主创新、永创一流"的企业精神和"开拓创新、品质卓越、诚信自强、报效社会"的公司宗旨，以极大的热情致力于创造和实现富有活力的企业管理模式，努力致力于发展成为具有高科技含量、高附加值和具有自主知识产权的高端产品制造业及房地产开发的综合型企业。

泰德紫玉公馆高档精品小区

泾渭园基地汽车空调生产线

装备制造生产基地

F2000型恒温全自动汽车空调

西安奥辉纸业有限责任公司

Xi An Ao Hui Zhi Ye You Xian ze Ren Gong Si

西安奥辉纸业有限责任公司成立于2001年8月，是以制浆造纸为主业，集热电联产、环保综合治理为一体的现代化股份制企业。公司注册资本8006万元，总资产2.3亿元，在册员工3100多人，拥有国内先进的ZY-1880型生产线57条，年生产能力5万吨生活用纸，是全国草浆生产生活用纸主要生产企业之一，是全国工商联纸业商会常务理事单位。产品以“纸质柔软、手感细腻”为特点，畅销全国20多个省、市、自治区。2004年率先在陕西造纸业通过了ISO9001：2000国际质量管理体系认证，同年荣获了“西安市著名商标”和“西安市名牌产品”。2006年荣获“陕西省著名商标”，被誉为“中国名优妇女儿童用品采购指定品牌”，被陕西省列为大型企业，被市、区评为优秀企业。

董事长张孝普陪同西安市长等领导检查指导工作

公司坚持科学的发展观，“以树奥辉形象、创陕西最佳”为目标，以建立健全管理体系为前提，以科学管理和目标管理为突破口，以质量占领市场，以诚信经营作保障，不断提升企业的核心竞争力。努力在实施品牌战略上下功夫，使奥辉纸业得到迅速的发展，成为在全国造纸行业颇有影响的现代化企业。企业在发展中得到了上级政府及领导的关心和支持，给了企业很高荣誉。先后被市、区政府授予“优秀企业”和“重点企业”。

奥辉纸业十分重视环境保护工作，根据公司的发展战略，以环保工程为主线，全面启动公司的发展计划，使奥辉纸业走在环保事业的前列。为彻底清除造纸黑液的污染，公司投入环境治理资金7800万元人民币，建成了150吨／日漂白麦草浆碱回收工程和37500m^{3}吨/日中段水处理工程及烟气脱硫处理工程。该三项工程的运行，保证了企业污水和烟气达标排放。

为把公司建设成一个绿色文明、环境友好企业，为员工创造一个安全舒适的生活和工作环境，树立企业良好的形象。按照现代化企业建设标准，分生产区、生活区两部分，建设花园式的企业。厂区前建起了两座六角观赏亭，120米长的休闲长廊，并对厂区进行了全面绿化，建起了娱乐中心，大型舞场、篮球场、图书室、诊疗室，使员工在工作之余，有一个休闲娱乐的地方，使企业生产不断向文明生产、环保生产方向迈进。

休闲生活区

金桥出口加工区

Jin Qiao Chu Kou Jia Gong Qu

金桥出口加工区（下称金桥开发区）是1990年经国家批准成立的国家级经济技术开发区，位于浦东中部，总规划面积27.38平方公里，分为金桥北区和南区两部分。经过18年的开发建设，金桥开发区已从原来的郊区农村快速崛起为上海重要的先进制造业基地和新兴的生产性服务业集聚区，成为展示浦东开发开放成果的重要窗口和上海经济发展重要的增长点，成为按国际规范运作的最成功的国家级经济技术开发区之一。

金桥生产性服务业集聚区一角

截至2008年底，金桥开发区共引进项目912个，累计吸收投资169.6亿美元，其中合同外资64.9亿美元。2008年，金桥开发区实现工业总产值1608.2亿元，约占浦东新区的28.5%、上海市的6.3%；其中高新技术企业产值达813亿元，占比50.6%；新产品产值达778.3亿元，占比48.4%。销售收入达到2267.5亿元；税金总额达到92.1亿元。

金桥开发区以先进制造业为立区之本，坚持高新技术产业为主导，通过龙头项目和重点项目带动产业集聚，形成了电子信息、汽车制造及零部件、现代家电、生物医药与食品加工四大主导产业的先进制造业基地。2008年四大支柱产业实现工业总产值1418.3亿元，占开发区工业总产值的88.2%。目前已有53家“2007年度《财富》世界500强”公司在金桥投资了84个项目，开发区内经认定的高新技术企业近100家。

近年来，金桥开发区依托强大的先进制造业基础，深化推进“二次开发”，加快产业结构调整和升级，生产性服务业发展势头很好。“总部经济、研发设计、商贸营运和服务外包”成为金桥生产性服务业发展四大亮点，集聚了44家总部机构、87家研发机构、25家服务外包企业。2006年7月，“上海金桥生产性服务业集聚区”正式挂牌。2007年7月，金桥被命名为“中国服务外包基地上海示范区”。

金桥开发区生态环境良好，是上海首家、全国第三家ISO14000国家示范区，2008年8月金桥国家生态工业示范园区创建规划获得国家环境保护部、商务部、科技部批准。开发区功能配套完善，还重点规划建设有享誉沪上的适宜外籍人士居住的高品质国际社区——碧云国际社区，社区生活、教育、医疗、体育、休闲、文化等配套完善，居住在碧云国际社区的外籍家庭近2000户，约6000人。

展望未来，金桥开发区又一次站在新的起点上，金桥将按照上海和浦东新一轮发展战略要求，全面推进“二次开发”，成为先进制造和生产性服务二元融合、协调发展的现代产业基地；成为体现国际一流水平，高科技、智力型、生态化的国家级经济技术开发区。

金桥生产性服务业集聚区一期园区

广州珠江电厂

GuangZhou Pearl River Power Plant

广州珠江电厂位于广州市南沙区，地处珠江三角洲经济区几何中心和电力负荷中心，总装机容量为4×300MW，是广州市最大的电力生产企业和省网内主力电厂之一。珠江电厂分两期建设而成，总投资为60.5亿元人民币，一期为广州珠江电力有限公司，1994年1月正式投入商业运行；二期为广州东方电力有限公司，1997年12月正式投入商业运行。珠江电厂先后获得全国一流火力发电厂、全国电力行业质量管理奖、广东省先进集体、广州市安全生产先进单位、广东省环保诚信企业等两百多个荣誉称号。

建厂以来，广州珠江电厂始终坚持“安全第一，预防为主，综合治理”的方针，依靠ISO9000、ISO14000和OHSAS18000的“三标一体化”管理体系，以科学发展观为指导，以安全生产为基础，以经济效益为中心，坚持以人为本，科学管理，积极推行设备状态检修，全面推进生产成本控制管理，大力推广规范精细的管理理念，保持了良好的安全生产记录，取得了辉煌的安全生产业绩。

广州珠江电厂十分重视环保工作，坚持可持续发展方针，加大环保设施的投资建设，加强对环保设施的运行维护，并加大技术改造力度，使珠江电厂的环保设施不断完善。电厂建设之初，在环保设备的选型上，选用的电除尘器技术先进，除尘效率高达99.2%的水平；采用低氮燃烧器、优化燃烧，使得NOx浓度控制在平均300mg/Nm3左右，大大低于同时段建设的同类机组。电厂投产以来，一直选用优质低硫煤炭，平均含硫量0.5%以下；即使在煤炭紧张时期，煤炭的含硫量也仅仅约为0.6%，对环境作出了积极贡献。

为响应广东省“蓝天工程”计划，在环保部门大力支持下，2004年，广州珠江电厂分两期投资兴建烟气脱硫工程，一期脱硫工程于2005年1月正式动工，2006年6月投入运行；二期工程于2006年9月签订安装合同，2007年5月正式投入运行。珠江电厂脱硫设施投运三年来，运行状况良好，多次受到环保部门好评。2009年珠江电厂被广东省环境保护局评为“2006-2008年度广东省环保诚信企业”和“2008年度环保诚信企业”（绿牌标示）。

在广州发展集团“以科学发展观统揽全局，建设面向珠三角大型综合能源供应商”的思想指导下，2008年初，广州珠江电厂又积极着手调研、申报四台机组的脱硝项目。2009年10月19日，珠江电厂脱硝项目正式动工。该项目将采取目前先进的SCR法去除烟气中的氮氧化物，脱氮率达到80%以上，预计到2010年3月，一期两台机组脱硝系统投运，到2010年6月底，二期两台机组脱硝系统投运。

广州珠江电厂将继续坚持可持续发展的方针，做好环保和节能降耗工作，不断促进企业的优化调整和良性循环，实现企业的健康和可持续发展。

河南兴业天成环保有限公司

Henan Xingyetiancheng Environmental Protection Co., Ltd.

河南兴业天成环保有限公司成立于2007年初，注册地郑州市高新技术开发区，办公地郑州市郑东新区CBD商务区，注册资金300万，现有职工21人，主要从事大气污染治理和固体废弃物无害化、资源化的技术研发工作。公司2007年被河南省科技厅授予“高新技术企业”称号，并认定公司研发的循环流化床高效钙基复合脱硫剂为高新技术产品，2008年度又被河南省发展改革委员会授予2008年度“河南省最佳（先进）企业”的荣誉称号。

由该公司研发成功的燃煤电厂“循环流化床锅炉干法强化脱硫技术”已经规模化的应用于电力行业，脱硫后的改性粉煤灰、渣生产粉煤灰低热水泥技术也已应用，该技术脱硫及利废治废的效果受到政府环保部门及有关专家的认可，并深受使用企业好评。公司正在研究的项目“煤粉炉干法强化脱硫及改性灰渣生产低热水泥技术”，工业试验已基本完成，2009年将应用于工业生产。

该公司向国家知识产权局申请专利五项，其中两项已被批复，两项被受理且已回访。公司正在对两项已批复的专利“干状粉煤灰高附加值分离提取设备”和“泡沫铝、铝合金闭球孔微泡剂”进一步研究完善，以求成功的转化为工业生产。

公司与韩国纳米化学（株）公司合作，共同开发应用高温陶瓷过滤器CATCERA系列产品进行脱销、除尘，使脱硫、脱硝、除尘组成一体化技术，可用于火电行业（燃煤，燃油，燃气）、建材行业（水泥，玻璃）、冶金行业（炼钢炼铁，有色金属冶炼）、化工行业等各类工业窑炉烟气脱硫脱硝除尘治理，在大气污染治理方面具有竞争性的性价比。

工 程 业 绩

序号	工程名称	项目所在地	开竣工时间	评定结果
1	豫联集团中孚电厂2×135MW机组脱硫工程	巩义市	2007年5月—2007年11月	已竣工并通过省环保厅组织验收
2	洛阳华润热电有限公司2×55MW机组脱硫工程	偃师市	2008年4月—2008年5月	已竣工并通过省环保厅组织验收
3	信阳平桥电厂1×135MW机组脱硫工程	信阳市	2007年7月—2008年2月	已竣工因故停产，待验收
4	商电铝业鑫源热电厂2×50MW机组脱硫工程	商丘市	2008年8月—2008年12月	已竣工因故待验收
5	永城神火集团电厂1×135MW机组脱硫工程	永城市	2008年8月—2008年12月	已竣工并通过省环保厅验收
6	开曼（陕县）有限公司6×25MW机组脱硫工程	三门峡市陕县	2008年5月—2008年12月	已竣工并通过省环保厅验收
7	义马锦江2×135MW机组脱硫工程	义马市	2008年3月开工，5月份因故停产，2009年6月复工	
8	平煤集团坑口电厂2×60MW机组脱硫工程	平顶山市	2009年5月—2009年7月	已竣工并通过省环保厅验收
9	河南中迈永安电力有限公司2×100MW机组	巩义市	2008年4月—2008年9月	燃煤粉炉干法脱硫工业试验结束
10	东方希望（三门峡）铝业有限公司3×50MW机组	渑池县	2009年7月—2009年10月	设计阶段

地址：河南省郑州市郑东新区商务内环西二街8号楼8A　电话：0371-60909379　网址：http://www.hnxytc.cn
邮编：450000　传真：0371-60909397　E-Mail：hnxytc@126.com

阜矿集团公司

Fu Kuang Ji Tuan Gong Si

阜新集团

阜新矿业集团成立于1949年1月，是共和国最早建立起来的重要能源生产基地之一。全公司现有18个子公司、23个分公司、1个集体企业性质的多种经营总公司以及3个参股企业。目前，全公司共有全民在职职工5.4万人。

在60年的发展历程中，阜矿集团从小到大，现已成为一个以煤为主、多种经营的综合性大型经济实体，累计生产煤炭7亿吨，上缴税费40亿元，为国家的经济建设做出了重要贡献。现全国百强煤炭企业排序列第39位。特别是近年来，阜矿集团在新一届领导班子的带领下，坚持以安全生产为中心，发展煤炭主业，全面进行系统改造，实施精煤战略，科学合理地组织生产，加速产业转型，积极稳妥地开发外埠资源，使各项工作不断迈上了新的台阶，企业的综合实力和整体形象明显增强。

2008年，生产煤炭1213万吨，实现企业总收入74.8亿元，上缴税费7.7亿元。各项经济指标均创历史最高水平，并被授予煤炭行业AAA级信用企业。2009年，虽然受金融危机影响，但预计生产煤炭1350万吨，实现企业总收入75亿元，上缴税费10亿元。同时，在矿井灾害越来越重、安全管理难度不断加大的情况下，通过强化安全管理，持续加大安全投入，使矿井抵御各种灾害的能力明显增强。2007年百万吨死亡率为0.48，2008年为0.37，2008年7月30至今，全公司全公司仅发生了1起死亡1人的事故，创出了阜矿集团历史同期安全生产最好水平。

为实践科学发展观，有效地解决影响和制约企业科学发展的突出矛盾和问题，当前，阜矿集团确立了“安全为天，以人为本，内展外延，发展三大产业，构建四大板块，建成平安、富裕、持续、和谐的新型矿区”的发展思路和目标。确切说，就是要以安全生产为前提，着力打造煤炭、玄武岩连续纤维、页岩油三大支柱产业，并优化现有非煤产业，形成四大经济板块的发展格局，到2012年，达到煤炭产能5000万吨、企业总收入150亿元以上，从而实现阜矿集团的科学发展、持续发展。

金山电厂

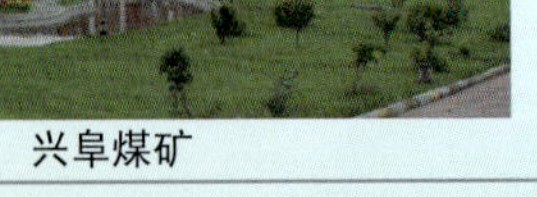

兴阜煤矿

五龙矿

长春市环保局

Changchunshi Huanbaoju

长春市是东北重要的老工业基地，是松花江流域的重点城市之一。多年来，长春市的环境保护工作在市委、市政府的高度重视下，深入贯彻落实科学发展观，不断加大投入，加强环境监管，环境保护取得了较好成绩。市政府环保目标责任制连续多年获得年度总体考评一等奖；2002年，长春市被命名为国家环境保护模范城市，成为全国第三个、东北第一个获得这一殊荣的省会城市；2005年，该市中心城区空气污染治理项目被授予“中国人居住环境范例奖”。长春市环保局被市政府评为“全市行政执法监督先进单位”、“信访工作先进单位”、“上报省办优秀单位”等荣誉。

环境保护部领导到长春市视察环保工作

2008年，长春市紧紧围绕环保中心工作，继续强化环境监督执法和提升环境质量两个关键环节，深化污染防治，严厉打击环境违法行为。深入开展了以保护饮用水源安全、落实松花江休养生息政策、加强农村生态保护、治理排放烟尘超标锅炉、整治饮食服务业油烟和噪声为重点的环保专项行动；环境安全隐患排查和百日督查整治工作取得显著成效；督促重点排污企业完成了污染源自动监控设备安装、调试和联网运行，大力推动了污染源自动监控设施建设；加大建设项目和限期治理项目监察执法力度，积极促进城镇污水集中处理等环保基础设施建设，加快推进了污染减排措施的落实，保障和促进了全市经济社会的又好又快发展，持续改善了环境质量。长春市空气环境优良级天数，连续7年保持340天以上，优良率达93%以上，列东北省会城市首位；全年减排二氧化硫6731吨，减排化学需氧量16712.4吨，均超额完成了省政府下达的指标任务；城区生活污水处理率提高到87%；城区噪声达标区覆盖率增至70%以上；全市工业固体废物综合利用率升至99.4%，生活垃圾无害化处理率达到87.02%；危险废物全部得到有效处置或综合利用；放射源全部处于有效监管范围之内。

长春市环境保护局综合楼

长春市环境监察监控中心

逐步加强的环境应急执法保障

香港中华煤气有限公司

Hong Kong and China Gas Company Limited

港华燃气陈永坚总裁接受由香港特区政府行政长官曾荫权先生颁发的2007香港工商业奖 - 环保成就大奖

香港中华煤气有限公司（下称：中华煤气）于1862年成立，是香港第一家公用事业机构。现时，公司在香港的输气管网超逾3,000公里，覆盖全港85%家庭，为超过160万民用及工商业客户供应煤气。公司的核心业务是生产、输配及销售燃气，销售燃气具，及提供全面优质服务。近年并致力发展多元化环保业务，包括开设易高石油气加气站，及利用堆填区沼气生产煤气。

为配合长远策略性发展，公司一直积极在内地拓展城市管道燃气、供水及排水合资项目，推动新兴能源供应之发展，建立起港华燃气的品牌。更于06年低与实力雄厚的百江燃气签订联盟协议，成为百江燃气最大单一股东。現時，公司在内地业务据点将遍及内地17个省份、60多个城市，总计超過70个项目，为900多万用户提供服务。

中华煤气使命表明了我们对安全及环境的承诺：「为客户供应安全可靠的煤气，并提供亲切、专业和高效率的服务，同时致力保护及改善环境。」

中华煤气致力保护及改善环境，于06年低引进洁净之天然气作为煤气生产原料，令公司于06年10至12月期间之二氧化碳、氧化硫及氮氧化物排放量均见下降。由于生产原料组合之改变，预期二氧化碳、氧化硫及氮氧化物排放量最终可于未来数年间分别减少26%、40%及42%。中华煤气屡获殊荣。

2007年，为了更环保及更有效益地利用过剩沼气，中华煤气与香港新界东北堆填区的管理公司签订了沼气应用项目合约。沼气首先被抽取及净化，然后經過一条19公里长的地下燃气管道输送到中华煤气的煤气生产厂房作燃料之用。

此沼气应用计划为一个世界级的大型绿色能再生和利用项目，可提供一种新的能源，减少在煤气生产过程中使用的化石燃料，同时减低温室气体的排放，有助改善香港的空气质素：

沼气应用项目已在2007年5月投产

项目合约为期25年

中华煤气投资了港币1亿5千万建造19公里长的地下输气管道

每年减少在生产煤气时使用的石脑油最高可达43,000公吨

每年减少二氧化碳的排放量最高可达135,000公吨

集团不但致力提升安全水平，亦支持中央政府于改善环境及能源市场方面之政策。在客户用气量不断上升之际，致力透过旗下之国内城市管道燃气合资公司，为住宅及商业用户引进并推广更洁净之天然气。集团亦于06年在山西省投资以煤层气制造液化天然气之设施，将有助减少温室气体排放量和空气污染物，进一步体现集团对环保之承担。

天然气接收门站

沼氣處理廠

山东德州中联大坝水泥有限公司

Shandong joint dam in Texas Cement Co., Ltd.

德州中联大坝水泥有限公司坐落在鲁、冀两省交界的德州市，京沪、德石铁路与104、105国道贯穿本市，交通四通八达。

德州中联大坝水泥有限是中国建材非全资控股子公司之一，也是其下属核心企业——中国联合水泥集团25家子公司之一，2007年11月，由山东建材行业龙头企业——德州晶华集团有限公司与中国建材集团合作重组成立。德州中联大坝水泥有限公司现拥有资产总值10亿元，职工800多人，两条新型干法水泥生产线，年生产水泥熟料170万吨，优质低碱水泥300万吨。公司是德州市委、市政府与央企成功合作的第一家企业，也是山东省建材行业结构调整龙头企业和资源综合利用示范企业，全国500家最大的建材工业企业之一，全国最大的粉煤灰综合利用企业。

两条新型干法旋窑水泥生产线，成功把粉煤灰综合利用技术扩展到新型干法水泥生产过程，生产线全部采用国际先进的技术装备和生产工艺，实现了从原料进厂到水泥出厂全过程工艺控制，质量达到水泥出口产品标准，拥有自主进出口经营资格。

德州中联大坝水泥公司主导产品为P O42.5(普通42.5硅酸盐水泥)、P S A32.5(32.5矿渣水泥)、P F32.5(32.5粉煤灰水泥)、P C32.5(32.5复合水泥)等“中联”牌系列水泥，全部通过产品质量、ISO9001质量管理体系和ISO14001环境管理体系认证，是国家质量免检产品，保有山东名牌、山东水泥行业十大知名品牌、中国水泥行业十大知名品牌和中国优秀建材产品等荣誉称号。该产品具有优质低碱、绿色环保的鲜明特色，在青银高速、德衡高速、京沪高速、德州粮食储备库、德州广电大厦、德州丁东水库等国家重点工程中得到应用，在现代化建设中发挥了积极的作用，成为鲁西北、冀东南消费者首选品牌。

德州中联大坝水泥有限公司总经理孙勇同志，偕1000余名干部员工，秉承中国建材集团“善用资源、服务建设”的核心理念，依靠中央企业特有的信息优势、融资优势、技术优势、政策优势和行业整合优势，着力塑造“以人为本、快乐工作、和谐发展”企业文化，愿与行业同仁及广大客户携手共谋发展，共同创造辉煌灿烂的明天。

云南润凯淀粉有限公司

Yunnan runkai dianfen youxian gongsi

公司大门全景

污水处理系统

云南润凯淀粉有限公司属所有制企业，是国内大型马铃薯原淀粉制造厂商，是国家重点农副产品加工企业。公司创建于1997年，总部设在昆明世纪金源国际商务中心1幢12楼，制造厂位于：云南省宣威市虹桥，距昆明二百多公里。公司固定资产总投资 7055 万元，从荷兰 HOVEX 公司成套引进自动控制马铃薯食品级原淀粉生产线，年产马铃薯食品级淀粉 3 万吨，年消耗鲜马铃薯 18 万吨，工艺装备目前属国际领先水平。工厂占地面积 120 亩，生产建筑面积 13051 平方米。现有员工 180 名，其中：合同制员工 166 人，季节性临时工 14 人。

公司 2008 年收购鲜马铃薯 84073 吨，生产马铃薯淀粉 14890 吨，销售马铃薯淀粉 13183 吨，实现工业总产值 9069 万元，销售收入 6862 万元，上缴各项税金 383 万元。

公司通过多年从事马铃薯种植、收购、淀粉生产、销售、物流运输等方面的经验，探索和总结出科学有效的运作模式，“润凯”牌马铃薯食品级淀粉已成为国内及亚洲的行业著名品牌。

董事长：李永进

总经理：杜银仓

地　址：云南省宣威市虹桥

网　址：HTTP：//WWW.CRK.COM.CN

电　话：0874-7145066　　传　真：0874-7145099

原料基地

盈信（苍梧）造纸有限公司

YINGXIN (CANGWU) ZAOZHI YOUZIAN GONGSI

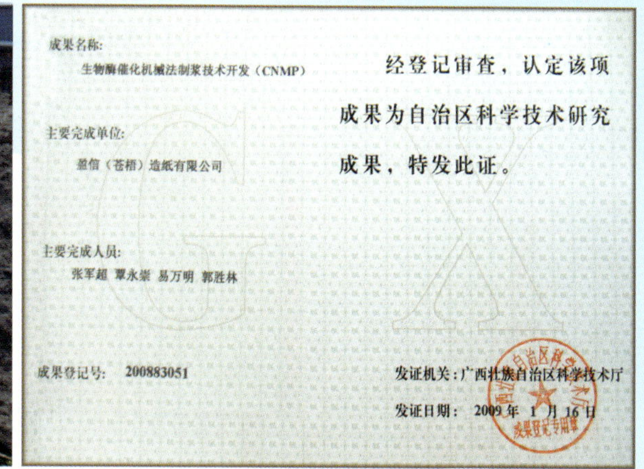

成果名称：

生物酶催化机械法制浆技术开发（CNMP）

主要完成单位：

盈信（苍梧）造纸有限公司

主要完成人员：

张军超 覃永崇 易万明 郭胜林

成果登记号： 200883051

经登记审查，认定该项成果为自治区科学技术研究成果，特发此证。

发证机关：广西壮族自治区科学技术厅

发证日期：2009年1月16日

盈信（苍梧）造纸有限公司是一家属于广西苍梧县招商引资承接东部产业转移的企业，公司位于苍梧县新利工业区、地理位置优越、水陆交通便利，公司创建于 2005 年 11 月，原设计为利用废纸作原料生产纱管纸，年生产能力 2.5 万吨，公司经苍梧县政府、苍梧县环保局、苍梧县工商局批准成立，公司占地 70 亩，公司总资产 2700 万元，固定资产原值 2500 万元，至 2008 年 6 月，固定资产净值 1700 万元，资产负债率 0%，全公司员工 300 人，其中技术、管理人员 15 人，具有中级技术职称的工程管理人员 6 人，公司专业生产 300—800g/ ㎡纱管纸，目前制浆生产能力 3 万吨，二条纸机生产线。2007 年 7 月正式投产后，产品质量优良，价格极具竞争力，产品一直处于供不应求状态，经济效益良好，2008 年销售收入达 6500 万元，年利润 530 万元，税金 283 万元，在各级政府大力支持下，公司规划将生产规模扩大到 5 万吨，预测销售收入将达到 12500 万元，年利润 1100 万元，税金 530 万元，实现公司阶段性的飞跃。

由于原设计为利用废纸作制浆原料的，废纸来源于梧州市及苍梧县内，目前公司年废纸需求量已占上述地区能产生的废纸量的 50%，因此无法满足公司发展对原材料的需求，而且废纸的市场价格呈攀升趋势，为此公司从 2007 年 8 月份起，大力投入一批科技人员和资金，实行产学（华南理工大学）协作，积极开发技术创新，成功研发出一条利用本地丰富的竹类非木材纤维资源作为公司造纸原材料的生产新工艺——生物酶催化机械制浆工艺，实现制浆无蒸煮，不加温，造纸废水全部回收重复循环使用，达到无废水、无废气、无废渣的“三无”排放标准，经广西壮族自治区科学技术情报研究所查新（国内范围）结论为“未见广西区内有以竹子、杂木为原料，采用生物酶催化机械制浆技术规模化生产纱管纸板的报道”，为此盈信（苍梧）造纸有限公司研发 CNMP 制浆工艺生产的技术为广西区内首创，并获得广西壮族自治区科学技术厅颁发的科技进步奖。

英博雪津啤酒有限公司

Yingbo xuejin pijiu youxian gongsi

英博雪津啤酒有限公司

英博雪津啤酒有限公司（前身为莆田啤酒厂、福建雪津啤酒集团公司、福建雪津啤酒有限公司）创建于1986 年。莆田总厂的占地面积 550 多亩，总建筑面积 16 万余平方米。自 2001 年起，雪津企业以每年超 10 万千升的速度发展，2008 年产销量已超过 129 万千升，居全国行业前 7 名，单厂实际年产销量居全国行业前 3 名。由于雪津企业的产品均为“雪津”系列啤酒，单品牌产销量居全国啤酒行业前 5 名，现已成为国家大型一档啤酒生产企业和福建省啤酒行业的龙头企业。

雪津企业通过了 ISO9001：2000 质量管理体系、HACCP 食品安全管理体系、ISO14001：2004 环境管理体系、OHSMS 职业健康安全体系、ISO10012 完善计量检测体系、“C”标志定量包装商品生产企业计量保证体系等认证，并被授予“国家环境友好企业”称号。其主导产品雪津啤酒被评为中国名牌、中国驰名商标，先后获轻工部优质产品、全国啤酒行业优质产品等荣誉，雪津纯生、雪津冰啤等系列产品被国家绿色食品发展中心认定为“A”级绿色食品。

2003 年 5 月，英博雪津（三明）啤酒有限公司全面竣工投产，雪津走出了对外兼并扩张的成功第一步。2006 年 1 月，英博雪津（南昌）啤酒有限公司如期投产，为企业走出福建、挺进华东、中南地区和全国战略性市场迈出了实质性的一步。2006 年元月，雪津与全球最大的啤酒企业英博实现强强联合，有利于更好地与国际接轨，引进先进的技术和管理模式，为企业进一步做强做大，实现可持续发展奠定良好的基础。2007 年 5 月，雪津又成功竞购莆田金匙啤酒有限公司全部资产，成立英博雪津啤酒有限公司二厂，这对进一步巩固福建市场具有深远的战略意义。

2006 年雪津啤酒加入英博啤酒集团后，雪津啤酒在市场营销、品牌管理、企业文化等方面，得到了英博的全力支持，融入了许多国际化的先进生产理念和管理经验，如今雪津已成为英博啤酒集团在中国的明星品牌，销售区域遍及福建、江西、浙江、湖南、湖北、安徽、广东、江苏、上海、北京、天津、重庆、云南、辽宁、内蒙古等省市区及台湾地区。

伊川电力集团总公司

Yichuan Power Group Corporation

董事长戴松灵

省委书记徐光春到集团公司视察

集团办公楼

伊川电力集团总公司成立于1995年，现已发展成为一个煤电铝一体化的大型企业集团、全国500强企业、河南省重点“双百亿”企业。现有1400MW火力发电、年产200万吨原煤、60万吨电解铝及合金铝、35万吨碳素等核心生产能力，在建25万吨连铸连轧（黑兹列特）铝板带箔生产能力，参股氧化铝120万吨、铝深加工30万吨，形成了“煤—电—铝”、“氧化铝—电解铝—铝深加工”、“碳素—电解铝—循环经济”产业链体系。现有资产总额219亿元，固定资产94亿元，2007年完成销售收入133.12亿元，利润26.75亿元，税金10亿元，综合实力位居中国企业500强第352位、河南省第12位。

公司在发展过程中，认真贯彻科学发展观和新型工业化的要求，非常重视节能减排和环境保护工作。投资5亿元在电厂建设了5套烟气脱硫系统，实现了全部发电机组烟气脱硫达标排放；投资1.5亿元引进国际先进技术和设备在电解铝厂建设了7套烟气净化系统，实现了烟尘回收利用和达标排放；投资3.6亿元，建设年产12亿块粉煤灰标砖项目，对铝厂产生的铝灰、铝渣进行回收加工，实现了全部工业废渣的循环利用；投资2000万元在企业周围建设了3000亩生态园林，实现了生态效益、经济效益和社会效益的同步增长。

集团及其下属企业先后通过ISO9001国际质量管理体系认证、ISO14001国际环境管理体系认证、OHSAS18001职业健康安全管理体系认证和ISO/IEC17025国际标准实验室认证，取得了六项科技成果和四项技术专利，获得全国五一劳动奖状、全国创建文明行业工作先进单位、中国一流发电企业、全国质量诚信示范企业、全国外商投资双优企业、河南工业突出贡献企业等荣誉称号。公司主导产品“豫港龙泉”牌重熔用铝锭获得国家免检产品、河南省名牌产品等荣誉称号，在铝行业中享有较高声誉。

年产60万吨宝雨山煤矿

年产20万吨碳素厂

一个系列256台300千安电解槽车间

第三电厂全景

第二电厂全景

阳谷祥光铜业有限公司

Yanggu xiangguang Copper Co., Ltd.

董事长 刘学景

董事长（中）在国家环境友好工程颁奖会上接受奖牌

办 公 楼

阳谷祥光铜业有限公司位于被誉为“江北水城”的山东聊城，是年产 40 万吨阴极铜的铜冶炼企业。

公司于 2005 年 1 月注册成立，占地面积 98 万平方米，是世界上继美国肯尼柯特公司之后，第二座采用闪速熔炼和闪速吹炼（“双闪”）工艺的铜冶炼企业。

公司一期年产 20 万吨阴极铜工程，于 2005 年 9 月开工建设，2007 年 7 月顺利投入生产运营；采用了铜精矿蒸汽干燥—闪速熔炼—闪速吹炼—回转式阳极炉精炼—永久性不锈钢阴极电解—卡尔多炉回收贵金属—烟气动力波净化、两转两吸制酸工艺；冶炼烟气回收制酸，烟气余热回收利用发电，废水经两段中和处理后用于炉渣缓冷，炉渣经缓冷、破碎、球磨、浮选工艺回收炉渣中铜。“双闪”技术工艺的投入使用，使我国铜冶炼技术又上了一个新的台阶，填补了国内铜冶炼工业的一项空白。

公司主要产品有阴极铜、硫酸、金、银、硫酸铜等，已具有年产阴极铜 20 万吨、硫酸 70 万吨、金 10 吨、银 300 吨的能力。

公司按照“德才兼备，唯才是举”的原则，面向全国招聘人才，聚集了国内具备铜冶炼知识和丰富经验的专业人才；目前，员工总人数 1000 余人，其中专业技术人员 358 人，高级职称 62 人，中级职称 117 人，本科及以上学历的人员占公司整个员工 40% 以上。

2007 年 12 月，公司被山东省科学技术厅认定为高新技术企业；2008 年 1 月，被国家发改委列入第一批符合《铜冶炼行业准入条件》的七家企业之一；2008 年 7 月，一期工程以其先进的炼铜技术、成熟可靠的污染治理技术等优势，被环保部评为“国家环境友好工程”；2008 年 12 月，顺利通过质量、职业健康安全、环境管理体系认证。

如今，公司正本着诚信、务实、创新、高效的宗旨，全面贯彻落实科学发展观，大力发展循环经济，全力打造安全、环保、节能、高效的世界一流铜冶炼企业，为地方经济的发展做出积极更大的贡献。

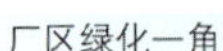
厂区绿化一角

“双闪”炉主厂房

微山县环境保护局

WEISHANXIAN HUANJING BAOHUJU

周生贤部长和微山县环保局局长于恒启合影留念

周生贤部长视察微山县新薛河人工湿地布水工程

周生贤部长和微山县环境保护局局长于恒启在一起

微山县位于山东省南部，地处苏鲁两省三市八个县市区结合部。面积1780平方公里，人口70万。辖15个乡镇(街道)。微山县境内的微山湖面积1266平方公里，是我国北方最大的淡水湖。鱼类78种，鸟类74种，植物87种，素有“日出斗金”之称，被命名为“中国麻鸭之乡”、“中国乌鳢之乡”，微山生态环境优美、旅游资源独具特色。数十万亩荷花，争奇斗艳，蔚为壮观，是闻名遐迩的“中国荷都”，铁道游击队的故乡。

近年来，微山县加大了治污减排的力度，对重点企业实施了“一控双达标”再提高工程，新上治理设施 22 台套，安装水污染在线监测设施 22 台，实现了与全省监测平台的联网；两家燃煤电厂新上 3 套脱硫设施。2007 年全县 COD 削减 399 吨，削减率达到 14.2%；SO2 削减 380 吨，削减率达到 8.6%，实现了 COD 和 SO2 双下降，全面完成了 2007 年度的污染污减排任务，被济宁市政府推选为山东省污染减排先进县。环保执法扎实有效。每年开展整治违法排污保障群众健康环保专项行动，严厉查处取缔“土小”企业，2008 年以来进行现场检查 400 余次，捣毁取缔非法企业10余个，调查处理环境信访案件30余件。严把建设项目审批关。新上项目严格执行环境影响评价制度和总量控制制度，加强对建设项目“三同时”的监督检查，确保“三同时”制度落实到位。顺利完成污染源普查工作。国家级生态示范区和省级生态县建设扎实推进。先后开展了创建“绿色社区”、“绿色学校”和“环境优美乡镇”活动。创建省级环境优美乡镇 4 个，省级绿色学校 3 所，市级绿色学校 2 所，县级绿色学校 11 所，创建市级绿色社区 2 家。全县 26 个国家无公害农产品产地通过认证，芦笋、莲藕、大蒜等 45 个产品获得国家无公害农产品标志证书。无公害农产品基地规模达到 20 万亩；取得水产品养殖基地认证 17 处，无公害水产品认证 35 个。

微山湖是南水北调东线工程的重要通道，京杭大运河穿湖而过，担负重要调蓄、泄洪、航运、养殖等功能，入湖河流 53 条，流域面积 3.17 万平方公里。2005 年省环保局为落实省政府“治、用、保”的治污措施，确定在微山湖建设人工湿地水质净化工程和退耕还湿工程。到目前微山湖新薛河人工湿地 5000 亩水质净化工程已完成。保护恢复湖内湿地面积 8 万亩。2008 年 9 月 9 日，国家环境保护部部长周生贤率领参加全国重点流域水污染防治工作会议的 22 个省环保局（厅）长、国家有关部委的领导对微山湖人工湿地水质净化工程进行了现场考察。周生贤部长在听取了山东省环保局副局长张波对微山湖人工湿地建设的介绍后高兴的说：人工湿地对环境改善发挥着重要作用，微山湖的治污成果让我们受到启发，让我们看到了希望。微山湖治理的经验说明，只要采取市场的、综合的办法，水污染是可以防治的。湿地是地球的肾脏，肾乃先天之本，一定要保护好，要下决心退耕还湿。微山湖用了 8 年的时间，使 COD 下降了 80%，这是个了不起的成绩。只要领导重视，坚持走中国特色的治污道路，坚持科学治理、区域治理、综合性联手治理，就一定能够取得内湖治污的全胜。

微山县为落实周生贤部长的指示精神，进一步加大工作力度，今后一个时期将继续做好各项工作。一是强化治污减排工作。县委、县政府坚持把节能降耗作为落实科学发展观、推进经济战略转型的着力点，在健全体制机制、优化产业结构、强化监督管理等方面做了大量工作，呈现出经济快速发展、能耗持续降低的良好态势。二是加大退耕还湿力度，继续做好人工湿地建设工作。使微山湖生态保护和恢复生机勃勃，确保南水北调水质安全。三是进一步推进国家级生态示范区和生态县建设步伐。经过几年建设，达到国家级生态示范区和省级生态县建设标准，早日跨入先进单位行列。

唐山港集团股份有限公司

Tangshan Port Group Co., Ltd.

唐山港集团股份有限公司董事长 孙文仲

京唐港位于唐山市东南80公里，是孙中山先生在《建国方略》中提出拟建的“北方大港”港址。有包括散杂货、件杂货、多用途、集装箱专用、水泥专用、原盐专用、纯碱专用、煤炭专业化等各种功能、1.5～10万吨级泊位28个；建成各类堆场300多万平方米。1993年实现国际通航以来，京唐港运营生产跨越发展。2001年港口吞吐量突破1000万吨，2006年突破4000万吨。2007年完成货物吞吐量4750万吨，在全国沿海港口排名居第18位。2008年突破了7000万吨，再上一个新台阶。集装箱航线已扩展到东南亚、非洲及欧洲主要港口，散货运输航线通达30多个国家(地区)120多个港口。服务腹地覆盖唐山、河北、北京、天津，并延伸到山西、内蒙、陕西、甘肃、宁夏、新疆等广袤的西北部地区。公司先后获得全国“五一劳动奖状”、全国“模范职工之家”、全国“青年文明号”、全国“最具成长性企业”、全国“电煤运输先进单位”、全国“交通百强企业”等国家级荣誉称号。

公司非常重视环保事业发展，以建设生态型港口为自己的发展目标，港口环境日益改善。公司把煤炭、矿石在储运过程中形成的粉尘污染作为重点治理对象，在管理上投入巨大精力，在设备设施购置、绿化造林等方面投入巨额资金。先后成立了环境治理领导小组、绿色港口模式建设领导小组等机构，保证各个治理项目有条不紊地开展。尤其是最近两年，公司圆满地完成了环保部门下达的治理任务，并获得“环境治理先进单位”的称号。公司先后出资近3000万元，购置了多台除尘降尘设备和大量的防尘材料，并且维修道路、规划堆场，使港区更加整洁规范。目前公司拥有100多台喷淋设施，10台洒水车，5台吸尘车，多台清扫车，另有50万平米的苫盖材料，这些设备设施的投入使用，再配合保洁人员不停的清扫，京唐港区的粉尘污染已经得到彻底治理，基本实现了“港区空中污染、地上无粉尘”的绿色、生态型港口的目标。

山西省燕子山矿

Swallow Hill Mine in Shanxi Province

燕子山矿办公楼

书 记：刘 敬

矿 长：关 伟

燕子山矿位于大秦铁路支端，109 国道南侧，世界著名文化遗产云冈石窟以西 22 千米处，是一座年设计能力 400 万吨的特大型现代化矿井。1988 年 12 月 20 日正式投产，至今已走过了二十个风雨历程，在浩瀚的历史长卷里留下了光辉印迹。近年来，在关伟矿长、刘敬书记的带领下，坚持以科学发展观为指导，不断解放思想、更新观念，以打造新型矿山、建设和谐矿区为目标，在做强、做优、做大企业的道路上迈出坚实步伐。

多年以来，始终坚持人与自然和谐相处、经济与社会协调发展的发展理念，生产建设上，深化安全管理，强化“抓基层、打基础、苦练基本功”三基建设，原煤产量连续五年突破 450 万吨大关；环境建设中，严格按照“改善生活环境、提高生活质量”的工作思路，坚持全体动员、全民动手、高起点定位、高质量建设，构建了以道路绿化为网络，以庭院、居住区绿化为依托，以广场、工业园区、公共绿地建设为亮点的绿化新格局。

截止目前，全矿绿化总面积 361055 平方米，绿地率达 34.2%，绿化覆盖率达到 36.1%，连续多年被集团公司评为“绿化先进单位”，多次荣获大同市“绿化红旗单位”、山西省煤炭系统“绿化先进单位”和“中国煤矿康居建设小康矿”等多项殊荣。

一、机制健全，保障有力，绿化工程引向纵深

长期以来，坚持“一把手负总责、一级促一级、层层抓落实”的工作思路，坚持大环境、全方位综合治理，形成了“党政齐抓、部门监管、各单位负责、全员参与”的管理网络。同时，严格根据绿化进展、人员、场地等实际情况，采取绿化上层次、美化上档次相结合，布局上点、片、面相结合，空间上高、中、低相结合，物种上乔、灌、草相结合的方式，构建了多层次的绿化美化体系，实现了绿化工作与矿井建设同步规划、同步设计、同步施工、同步发展。

二、全员参与，动态养护，绿化美化统筹兼顾

针对偏冷的气候、强烈的风沙、严重的缺水等实际，经过多方考察、研讨，摸索出一整套切实可行的绿化措施。以“种植一片、成活一片、绿化一片，见效一片”为目标，强化管理，确保绿化效果，以此促进员工意识的转变；招聘园林专业人才、选派人员参加绿化培训班，壮大专业绿化队伍；另一方面加大人、财、物的投入，明确责任、落实水源，配置水车、喷药桶、防虫药物等，提高了养护保障能力。

三、以点带面，精雕细琢，造林绿化提升档次

坚持矿容整治与生产建设并重、改善生活环境与实施文明创建同步的指导思想，将绿化工作与企业文化建设、环卫整治、小区治理、矿区建设融合在一起，使绿化工作上升到新的高度，展示了更加旺盛的生机与活力。我们结合矿井实际，开展了拆违建绿、破硬还绿、碴山披绿、见缝插绿，立体增绿活动，努力增加造林绿地面积的同时，建成了怡园、祥园、时代广场等上档次、有品味的精品工程，形成了绿线和绿色图章效应，并在公共场所配置了大量健身娱乐器材，以优美整洁的矿容环境，完善齐全的基础设施，扎实有效的绿化成效，全矿形成了一条文明大道、两座公园、三个广场、四个生活小区、一座商贸城的格局，在建设“资源节约型、环境友好型、生态文明型”矿山的进程中迈出了矫健的步伐。

燕子山矿将继续以发展经济和环境保护并举、经济效益和生态效益兼顾、生产力发展与自然和谐“双赢”为目标，全面推进矿区经济发展与生态环境双重提升，走出生产发展、生活富裕、生态良好的文明发展道路，夺取建设小康矿区新胜利。

燕子山矿怡园

时代广场

四川亚东水泥有限公司

Sichuan Yadong Cement Co., Ltd.

公司大门

#2 生产线一角

厂区绿化

四川亚东水泥公司为台湾远东企业集团所属亚洲股份有限公司于四川省彭州市转投资成立的水泥制造公司。台湾远东企业集团经营范围涵盖石化、化纤、纺织、水泥、百货、海运、陆运、金融、电信、观光饭店、医院、学校等事业，2007 年全集团总资产达 449 亿美元，营业额 145 亿美元，为台湾多元化经营最成功之集团企业之一。

台湾亚洲水泥公司成立于 1957 年，除在台湾设有新竹及花莲二座水泥制造厂外，另在大陆四川、江西、湖北等地亦分别投资设立水泥制造厂，目前年产水泥已逾 1,000 万吨，所生产的“洋房牌”水泥，质量优良，深受广大用户的信赖。

四川亚东水泥公司成立于 2004 年，第一期建厂工程及第二期扩建工程已分别于 2006 年 9 月 28 日及 2008 年 12 月 28 日顺利点火投产，目前年产水泥 400 万吨，项目特点说明如下：

（一）高效率

本项目为一贯化水泥制造厂，全线采用自动化制程控制系统，挑选国内、外最先进水泥生产设备，并利用本公司自有仪控与操作技术组合成为最有效率的水泥生产线，期能在未来达到《高质量、高环保、高效率、低成本》“三高一低”的生产目标。

（二）高环保

1、石灰石矿山采由上而下阶梯式开采，并利用竖井平硐方式，将石灰石运抵山下堆石场，此法不仅可发挥高生产效率，低运输成本，同时可将开采面景观破坏减到最小，而开采后残壁将同步进行植生绿化，使矿山恢复本来青翠面貌。

2、在自动化生产过程中，配置先进的收尘设备（包括电器收尘及袋式收尘），有效减少粉尘排放，使粉尘排放浓度小于 10mg/Nm3，远低于国家规定标准 50mg/Nm3，厂区公园化已见成效，花木扶疏，绿意盎然，堪称世界最先进的水泥厂。

（三）高节能

1、配套建设余热发电系统，以回收旋窑废热作为发电之用，在勿需添加任何额外燃料的情况下，每吨熟料约可回收 32 ~ 36KWH 的电力，不仅减少热能浪费，降低成本，还可降低 CO_2 排放量。

2、大量采用燃煤电厂的脱硫石膏与粉煤灰，化工厂的硫酸渣与磷石膏，炼钢厂的水渣等废弃物，作为水泥生产原料，达成循环经济资源综合利用的目的。

3、全厂冷却水充分循环利用，并采雨污分离系统，污水处理后回收作为绿化用水，大幅度降低水资源的耗用。

（四）高质量

本公司目前所生产的“洋房牌”水泥，包括 PO52.5R、PO42.5R 及 PC32.5R 等水泥产品，质量优良，深受广大用户的信赖，并已通过 ISO-9000 认证。

四川亚东水泥公司一、二期水泥生产线建成投产后，不仅可为大成都地区提供优良的水泥产品，更可为地方贡献可观的税收，为社会提供大量的就业机会，也为公司创造了壮大发展的机会。为配合政府水泥工业发展政策、大成都地区经济发展及 5.12 地震灾后重建水泥之需求，现已再投资人民币 11 亿元继续扩建三期生产线及附属配套之余热发电工程，并已获省发改委批复核准后动工，预计 2010 年 3 月份完工投产，以完成年产 600 万吨水泥之目标。

平煤天成环保工程有限责任公司

Pingmei Tiancheng Environmental Protection Engineering Co., Ltd.

平顶山煤业（集团）天成环保工程有限责任公司是一家获得河南省建设厅“环保工程专业承包”资质认证，具有独立法人资格的环保企业。公司主要从事环保工程的设计、技术咨询、环评、施工、环保设施运营、环保设备制造，主要包括水污染治理工程、锅炉消烟除尘及脱硫脱硝工程、工业项目的噪声、有害气体、粉尘、污水、工业废料的综合处理等。

公司生产车间

污水处理厂

锅炉脱硫脱硝工程

袋式除尘器

公司愿景：广结良缘，巧利万物；在环保领域成为客户最愉悦的合作伙伴。我们效法自然、健行不息、应天而大成，我们坦诚包容、情同手足，共建天成美好和谐家园。

天成环保工程有限责任公司总经理张敦俊携全体员工，时刻准备着为各单位的节能环保减排工作服务，让我们共同为建设美好环境做出更多的贡献，天成公司期待着您的垂询、洽谈、考察与合作！

联系人：彭乃文、梁军　　联系电话：0375-3567309

地址：平顶山建设路东段经济开发区　　传　　真：0375-3567312

上海浦东新区白龙港污水处理厂

Shandong Environmental Protection Technology Co., Ltd. Phase-wu

35kv 总降压站及鼓风机风鸟瞰图

调配井及 40 万顿规模生物反应组团池全景

位于上海浦东新区合庆镇朝阳村的白龙港污水处理厂升级改造及扩建工程是国家建设部环保示范工程，被纳入《上海市国民经济和社会发展第十一个五年规划纲要》及“上海市2006-2008 年第三轮环保行动计划”。工程总投资 22 亿元，建成后可全面缓解黄浦区、卢湾区、徐汇区及浦东新区大部分地区日益突出的污水收集、输送与处理的矛盾。工程分别于 2007 年 4 月、7 月开工建设，2008 年 6 月通水调试?开始运行。项目运行后有效地削减了长江口污染负荷量，对切实保护长江口和杭州湾的水环境与提升上海市整体水环境质量起到了极为重要的作用。

白龙港污水处理厂升级改造及扩建工程具备了以下几大特点：1. 规模大：建成后规模达到 200 万 m3/d，成为亚洲最大污水处理厂；2. 工艺新：设计采用技术新且成熟、运行稳定、经济节能的 A/A/O 脱氮除磷工艺，确保了出水水质达到国家二级排放标准；3. 建设快：从桩基施工到投产运行的整个施工周期仅为 14 个月，体现出了上海的建设速度；4. 配备全：工程设有配水井、调配井、组团式生物反应池、紫外线消毒池、厂区污水泵房等构筑物，并建有鼓风机房、35kV 总降压站、集控楼等；5. 作用大：建成后即完成 2008 年全市 COD 新增减排量 1.31 万 t 的 96%，担当起了完成中央考核上海市节能减排指标的重任，为上海市全面完成 COD 减排工作提供支撑。

白龙港污水处理厂自工程完工以来设施一直满负荷运行，2009 年 1 月 --8 月，白龙港污水处理厂污水处理正常率为 100%，已完成 COD 削减量为 12.07 万 t。五项水质 CODCr 平均出水为 42mg/L（排放标准 100 mg/L），BOD5 平均出水为 10.7mg/L（排放标准 30 mg/L），SS 平均出水为 14mg/L（排放标准 30 mg/L），TP 平均出水为 0.533mg/L（排放标准 3 mg/L），NH3-N 平均出水为 10mg/L（排放标准 25 mg/L），达标率 100%。该工程项目投产后的处理水质大大优于《城市污水处理厂污染物排放标准》（GB18918-2002）国家二级排放标准，在国内同行业中处于领先地位。该项目的投产在上海节能减排中起到了龙头的核心作用，为上海、中国乃至亚洲的环保事业和经济发展翻开崭新的一页，成为改善水环境质量、提升上海国际化大都市形象的重要举措，也是社会健康发展、人与自然和谐统一的集中表现，更是科学发展观在水务领域的完美体现。

鲁洲集团 luzhou Group

荣获“全国发酵行业循环经济示范企业”称号

鲁洲集团国家级技术中心试验设备

鲁洲集团河南公司厂区

引进国际领先的荷兰帕克公司 IC 反映技术的污水处理厂

作为国内淀粉糖行业的主导型企业，玉米深加工生物科技化发展的杰出代表，集团自设立之初就把循环经济理念贯穿到企业发展之中，依靠循环经济走出一条可持续发展的兴企路。

走循环经济之路，就是依托高新技术、延长产业链，做到物尽其用、环境友好，达到提高经济效益的目的。集团经过近二十年探索，与多家科研院所合作，采用先进环保工艺设备，通过对玉米进行深度梯级开发，在淀粉及淀粉糖加工、下游技术方面取得了重大突破，全面实现了从简单农产品粗加工到原料循环利用的转变，按照“节能、降耗、减污、再利用、资源化”的原则，实现了农业、工业及环境资源保护联动发展的模式，产生了显著的经济、环境、社会效益。

实践中，“三废”的无害化和资源化一直是鲁洲集团的重点工程。通过几年的探索和经验积累，集团全面建立了以“三废”资源化为主线，玉米淀粉及淀粉糖加工、热电生产为副线的生态循环链。2006 年，集团以杰出的表现被中国发酵工业协会确定为“全国发酵行业循环经济示范企业”。

未来，集团将进一步运用循环经济理念和高新技术，积极探索产品多元化途径，坚持从源头减废，不断改进工艺技术水平，通过逐步提高玉米深加工副产品综合利用研究及新产品开发技术，开发高附加值新产品，形成完善的开发工艺，优化产业结构，带动相关产业和区域经济同步发展，进一步实现循环经济更广博的内涵。

鲁洲集团沂水分公司糖醇车间

山西铭石煤层气利用股份有限公司

Ming Shi Shanxi coal-bed methane utilization Co., Ltd.

公司全景图

曾庆红在晋城市泽州北路加气站视察

国家环境保护总局副局长祝光耀及山西省环保局等领导在晋城市泽州北路加气站视察

山西铭石煤层气利用股份有限公司（以下简称铭石公司）成立于2003年8月，是山西晋城煤业集团绝对控股的子公司，主要负责煤层气市场开发和推广应用，拥有管道、CNG（压缩煤层气）、LNG（液化煤层气）多种输送能力，年输送煤层气能力10亿方以上。在应用方面，民用、汽车和工业三大领域都有丰富的经验和成熟的模式。公司市场覆盖山西、河南、上海、江苏、广东多个省份，能够独立建设加气站和煤层气输送专用管道，具备城市煤层气整体供应方案制定及实施运营能力，建成并管理着全国第一条煤层气长输管道，在晋豫两省形成了一个完善的煤层气运营网络，使这一区域的人民享受到清洁高效的煤层气带来的种种益处。

民用领域：2003 年铭石公司在山西省晋城市古书院矿建成我国第一座压缩煤层气减压站，为广大职工家属提供清洁的能源，开创了晋城市煤层气市场应用的先河，经过几年不懈的努力我公司于今年11月正式开始向晋城市全面供气，为晋城市提前37天达到环保二级以上天数提供了重要支持。

工业领域：铭石公司为攻克设备及技术难关，投入了大量技术力量，经多次研究尝试，成功的为晋城市最大玻璃出口企业——九州玻璃厂、河南新乡多米奇食品公司提供了高效、高热值替代能源，此后又相继为河南济源中原特钢厂、河南神火铝材有限公司、河北新奥能源贸易有限公司等企业提供燃气，煤层气在工业领域的应用有效地减少了城市污染和工业污染，降低了能源消耗成本。

车用领域：发展清洁燃气汽车是解决尾气污染，改善城市大气环境的有效途径。2005 年铭石公司建成了晋城市第一座汽车加气站，并针对车辆改换燃料铭石公司进行了深入的研发和实践，今天晋城市所有租车都已改装成使用煤层气为燃料的 CNG 汽车，在公交车和重型柴油车的燃料更换方面也取得了良好的效果，大大降低了燃料费用和尾气排放。铭石公司“清洁能源运输网”的实施计划为晋城市最大的物流运输公司运盛公司在能源上提供帮助，从而使运盛公司的业务在同行业中处于主导地位。为晋城市“碧水蓝天”环保工程做出了巨大的贡献。

由于铭石公司在煤层气行业的重要贡献，先后被接纳为中国城市燃气协会团体会员；国际非开挖技术协会、中国非开挖技术协会单位会员；山西省燃气协会会员，取得了多项荣誉。

目前，铭石公司已在煤层气的规模化开发、产业化发展方面跻身晋城市乃至全国前列。公司在学习国际先进经验和国内成功范例的基础上，与中国科学院理化研究所等科研单位合作，对LNG即液化煤层气项目进行了广泛和深入的研发。

到 2012 年，铭石公司要实现投入运营一条跨省长输管线，市场覆盖山西、河南等省份的部分主要城市，建成三个煤层气应用全覆盖城市。

铭石公司经过多年的发展，有了一定的市场和管理基础，已经度过了企业初创期，在晋煤集团和全体员工的共同努力下，在各界朋友的大力支持下，在国家对煤层气产业大力扶持的政策背景下，必将迎来快速发展的大好时期，成为我国煤层气产业规模化、商业化运营的主导企业和重要力量。

晋煤集团西气东送管道工程奠基

正在加气的出租车

中央二台记者到公司煤层气储配站采访

四川省会理县昆鹏铜业有限责任公司

Huili County, Sichuan Province, Kun Peng Copper Co., Ltd.

四川省会理县昆鹏铜业有限责任公司（以下简称昆鹏铜业）是由凉山矿业股份有限公司（占90%）和四川省拉拉铜矿（占 10%）共同出资成立的以铜冶炼生产为主的大型国有有色冶炼企业。是四川省境内以铜冶炼为主的最大的有色金属公司，公司成立于 2007 年 9 月，注册资金 3.5 亿元，主要经营阳极铜、工业硫酸的生产和销售。

昆鹏铜业年产 10 万 t 阳极铜工程总投资约 10 亿元，采用世界先进的艾萨炉富氧顶吹熔炼工艺。该工艺从澳大利亚引进，具有备料简单，熔炼强度大，生产效率高，过程容易控制及对原料适应性强，占地面积小等特点。由于采用富氧顶吹熔炼，烟气含二氧化硫浓度高，硫酸生产条件好，易于经济回收原料中的硫，有利于环境保护；湿精矿圆盘制粒入炉，对烟尘捕集效果好，烟尘率低，因此本项目环境保护设计从源头即对污染物的产生和排放采取了有效的污染控制和防治措施，按照国家最新环保政策和节能减排原则，采取严格的措施，烟气经过双转双吸制酸加尾气吸收达到 SO_2 排放标准浓度 224.5mg/m^3，全厂硫的捕集率达到 99%，还设有大容量的环保通风设施以收集无组织排放烟气。污水全部回用，不外排。固体废物全部综合利用。该工程符合国家产业政策和清洁生产要求，并于 2008 年 5 月拿到了国家环保总局批准的环评手续，与此同时我公司做好了一系列项目建设和运行管理的工作，严格遵循国家“三同时”制度，即对环境有影响的一切建设项目皆与主体工程“同时设计、同时施工、同时投产”。按计划主体工程将在 2009 年 10 月建成。

“一个项目，将兴起一座城市；一个产业，将带动一方发展。”昆鹏铜业年产 10 万 t 阳极铜工程建成后将达到生产 32 万吨工业硫酸、10 万吨阳极铜的生产能力，年创工业产值将达到 30 亿元以上，进一步推进国家西部大开发的战略目标，带动少数民族地区的经济发展，同时为社会 1000 余人提供就业机会，带来当地群众物质和文化生活水平的提高，推进各项事业的发展。

蒙牛乳业
MENGNIU RUYE

成立于 1999 年初的内蒙古蒙牛乳业（集团）股份有限公司（简称蒙牛乳业集团），总部设在中国乳都核心区——呼和浩特市和林格尔县盛乐经济园区，拥有总资产超过 80 亿元，职工近 3 万人，乳制品年生产能力达 500 万吨。

到目前为止，包括和林基地在内，蒙牛乳业集团已在全国 15 个省市区建立生产基地 20 多个，拥有液态奶、酸奶、冰淇淋、奶品、奶酪五大系列 200 多个品项，产品以其优良的品质荣获“中国驰名商标”和消费者综合满意度第一等荣誉称号，产品覆盖国内市场，并出口到美国、加拿大、蒙古、东南亚及港澳等国家和地区。

本着“致力于人类健康的牛奶制造服务商”的企业定位，蒙牛乳业集团在短短九年中，创造出了举世瞩目的“蒙牛速度”和“蒙牛奇迹”。从创业初“零”的开始，至 2007 年底，主营业务收入达到 213 亿元，年均递增 121%；利润超过 10 亿元，年均递增 159%；税收超过 10 亿元，年均递增 138%。主要产品的市场占有率超过 35%；UHT 牛奶销量全球第一，液体奶、冰淇淋和酸奶销量居全国第一；乳制品出口量、出口的国家和地区居全国第一。

近年来，作为全国乳业的领军企业，蒙牛乳业集团积极推进节能减排工作，大力实施绿色生产，为全国乳品企业树立了榜样。几年来蒙牛乳业集团累计投入环保资金超过 4 亿元，全部生产性污水处理均达到了国家综合排放一级标准，年总处理污水量达 1500 多万吨，年消减化学需氧量约 3.8 万多吨。经过处理后的中水用于工业园区或工厂周边的绿化灌溉，实现了工业用水的循环利用。

为了解决大型牧场——澳亚国际牧场每天产生的大量牛粪、牛尿及冲洗液对周边环境的污染，蒙牛乳业集团经过多次考察论证，投资近 5000 万元建设完成了装机容量为 1.36 兆瓦的大型沼气发电项目。该项目采用沼气厌氧发酵方式，利用牧场粪便污水生产沼气，然后用沼气发电，沼液和料渣回田，实现牧场粪便污水的无害化处理和零排放，并形成奶牛养殖、生物发电、污水回收利用和牧草种植的良性循环经济体系。

该项目建成后不仅有效地解决了奶牛养殖对环境的污染问题，而且带来了可观的经济效益。除了能够处理每天产生的 800 吨粪便污水外，还可日产沼气 12000m3，日发电量 30000kWh，每年生产有机肥 35 万吨。目前，该项目运行平稳，所发电能已进入国家电网，所生产有机肥全部用于牧场牧草的种植及发展有机农业，经过处理的污水达标后也全部用于灌溉牧草。此外，由于该沼气发电项目属清洁生产，已有不少外国企业盯上了该项目的减排指标，希望付费购买。2007 年，该项目还被“首届中国小康论坛”评为“十大推荐环保项目”。

现在，这种循环经济模式在为蒙牛乳业供奶的山东汶上、安徽马鞍山、河北张家口以及四川眉山的几个大型牧场中也得到了推行。与此同时，蒙牛乳业集团已经与一些投资商协商，计划未来几年内在全国兴建 20 多个万头奶牛大型牧场，所有牧场都将沼气发电作为配套项目，一并规划，同时建设。届时，蒙牛乳业集团倡导的这一引入循环经济理念的奶牛养殖模式必将对全国的养殖业产生更为直接、有效的引导与示范作用。

中国生物技术集团公司长春生物制品研究所

China National Biotec Group Changchun Institute of Biological Products

长春生物制品研究所是一个赋有悠久历史和雄厚技术的国有大型医药生物技术企业，也是中国生物制品重要的生产基地和研究中心。它始建于1946年，坐落在吉林省长春市，占地面积约30.6万平方米，现有总资产6.5亿元，员工1297人。多年来，长春生物制品研究所积极致力于我国生物制品事业的发展，为我国卫生防疫、疾病防治工作做出了卓越的贡献。同时，立足地方，积极发挥产业优势，推进改革与发展，努力扩大生物制药产业化规模并提高产业效益，为振兴东北老工业基地，建立吉林生物医药产业基地起到了龙头作用。

长春生物制品研究所拥有雄厚的无形资产，有各类生产批准文号 136 种，在生物制品行业中具有独特的产品结构优势。长春生物制品研究所是中国第一个干扰素、第一个乙肝基因工程疫苗、第一个重组人白细胞介素 -2 的生产企业。生产的冻干甲肝疫苗为自行研制具有独立知识产权的生物高科技产品，获国家科技进步二等奖；乙肝基因工程疫苗曾两次获国家级新产品奖，并获国家科技进步一等奖。

产品种类包括疫苗、类毒素、抗毒素、免疫血清、血液制品、细胞因子、单克隆抗体、免疫学诊断试剂等诸多类型。在全国 29 个省市自治区建立了营销网络，部分产品出口到韩国、印度、巴基斯坦、越南等国家，每年出口创汇额达 100 万美元以上。

近年来，长春生物制品研究所领导班子将企业节能减排工作纳入企业发展战略规划，推进结构调整，淘汰落后生产能力；依靠技术进步，不断降低能耗和减少排放；加强节能减排管理，提升节能减排工作水平；提高产品和服务质量，为社会节能减排做出了突出贡献。

长春生物制品研究所的节能减排工作主要有以下几个方面：

一、降低能耗，减少排放

长春生物制品研究所的领导和各部门同志积极想办法，广挖潜力降低能耗。2007 年度长春生物制品研究所的广大职工通过调整生产方式、治理跑冒漏等措施，减少了水的使用量的同时减少了废水的排放，年节省水 25 万吨。

长春生物制品研究所的设备使用和管理部门根据所内的生产情况调整用电设备和变压器的使用，对使用效率低，限制的设备进行了关停并转。措施实施后，月节电 5 万千瓦时，间接减少了煤炭的使用量，减少了污染物的排放。

二、关闭不必要的锅炉减少煤炭的使用量，降低污染物排放

2006 年－2007 年，相关部门组织人员对长春生物制品研究所的锅炉进行了彻底摸底排查，摸清了全所锅炉的功能、效率、完好情况以及其所承担的任务。拿出了一套针对锅炉和供暖供气的整改方案，经过讨论决定对部份锅炉实行关停，此举大大减少了二氧化碳、二氧化硫，氮氧化物及烟尘等污染物的排放量，每年减少了近万吨标煤的消耗。

三、坚持绿化，净化环境

树木、绿草是环境净化的加工厂。长春生物制品研究所多年来一直坚持绿化工程，所厂区已经形成了绿草青青，绿树成荫的良好的局部生态环境，为改造环境，造福环境起到了应有的积极作用。

四、坚持治理，实现 100%达标排放

长春生物制品研究所坚持做到生产产生的废物全部处理达标后排放。我所生产中每天要产生近千吨的生产废水，对于这些废水我所投资几百万元建设了污水处理装置，经处理后的污水全部达到了国家排放标准。为了保证污水处理装置的正常运行，我所每年都投入数十万元进行维护和运转，保证的设备的正常运转，实现了污水处理的 100%达标排放。

对于锅炉的烟尘排放，我所完全采用符合环保要求的除尘，脱硫设备，同时加强管理和设备的维护，保证设备的正常运转做到100%处理后排放。

长春生物制品研究所以高度的社会责任感和坚持不懈的实际行动推动着中国环保事业的不断向前发展。

为了二十一世纪人类的健康和生命的昌盛，我们将与世界同仁一道携手共进，共创辉煌。

鲁抗医药股份有限公司

Lukang Pharmaceutical Co., Ltd.

鲁抗制剂大楼

鲁抗公司大门

随着国家对环保要求的日益严格，国内部分制药企业因环保不达标纷纷被通报或停限产，拥有 42 年发展历史的鲁抗医药股份有限公司则高扬绿色企业的大旗，凭借多年的环保投入和守法运行赢得了良好的社会信誉和经济效益，企业驶入科学发展，持续发展的快车道。

发展绿色企业是鲁抗医药多年来始终秉承的发展理念。新一届鲁抗领导班子更是把环境保护放在关系企业生死存亡的高度来对待，积极贯彻落实科学发展观，严格执行国家和地方各级政府的环境保护政策和法规，在生产优质、安全、高效药品，为人类健康事业服务的同时，重视生态环境保护，追求环境效益，担负起企业的社会责任。

自上世纪八十年代中期至今，鲁抗医药累计环保投入超过 2.4 亿元，目前，每年的环保运行费用在 2000 万元以上，高投入治污收到明显的环境绩效，鲁抗医药以高度的社会责任心，以实际行动诠释了自己多年坚持的在生产药品治病救人的同时，决不污染环境危害人类健康，发展“生态医药”的理念，受到行业和全社会的尊重。

把环保问题与企业发展战略结合起来，把功夫下在内部，扎扎实实做好清洁生产及三废治理工作，确保达标排放，在生产优质药品治病救人的同时，加大环境保护力度，营造碧水蓝天。

该公司领导在重视“三废”治理的同时，高标准、高起点的提出了“实施清洁生产，坚持可持续发展战略”的要求。他们在全公司范围内大力推行“清洁生产”活动，倡导员工精细操作，杜绝野蛮操作。为减轻生产过程中排出的污水对 CASS 污水处理系统造成的压力，实现废物循环再利用，该企业的生产车间、环保车间通过采用废液套用、中水回用等，对于回收的有用物质重新利用到生产中，达到了既环保、又节能的目的。

人是生产力中最活跃的因素。鲁抗医药对环保的高投入、严要求培养造就了一批高素质的环保技术人员，为企业的环境治理提供持续不断的推动力。该企业每年有针对性的从高等院校环境管理专业招聘大学生，充实到环保专业技术人员队伍中。目前，鲁抗有两个环保车间，从事环保工作的管理技术人员有 30 多人，另外还有一批熟练的操作人员，构建起一支环保专业人才梯队。

鲁抗医药全资子公司——中和物业公司，则以环保物业管理为龙头，不断做大做强，使环保产业成为鲁抗的又一个亮点。07 年 5 月份，中和物业公司获得了国家环保总局颁发的《环境污染治理设施运营资质证书》，标志着鲁抗中和物业公司具备了进入污水处理设施市场规范运作的资格，这也是济宁市首家获得该证书的企业，充分证明了鲁抗环保技术队伍的实力。

污染治理无止境！鲁抗医药在新一届领导班子的带领下，将一如既往地坚持“严要求、控源头、新技术、全方位”的原则做好治污减排工作，使经济效益、环境效益相互促进、共同提高，为把鲁抗建成“诚信、守法、有社会责任、可持续发展”的国内知名企业夯实基础。

鲁抗千吨项目

昌黎县淀粉有限公司

Changlixian dianfen youxian gongsi

污水治理车间

公司大门

昌黎县淀粉有限公司是以玉米为主要原料的粮食加工企业，河北省百强民营企业。公司始建于1995年5月，公司现有总资产2.8亿元，占地面积460亩，员工1500人。拥有淀粉、口服葡萄糖、味精、热电等生产车间及塑料加工、编织袋加工等附属企业。

公司机构配制合理，采取科学的管理方法，生产经营实现了安全、优质、高效、低耗的良性循环。公司“真缘”牌玉米淀粉被评为河北省著名商标”，主导产品味精荣获“河北省优质产品”，省市两级守合同重信用企业，被农业部授予“全国乡镇企业创名牌重点企业”。

十几年来，公司在各级党委政府的正确领导下，积极响应省委、省政府建设“生态河北”的号召，把循环经济的理念贯穿到企业发展中，在玉米生加工方面形成了原料循环利用、产品梯次开发的循环经济模式，做到了“污染物排放最小化、废物资源化和无害化”实现了低投入、高利用和无排放，以最小的成本获得了最大的经济效益和环境效益，逐步向资源节约型、环境友好型企业发展。

公司先后投资4000多万元，用于污染治理工程的建设及升级改造工作。废水处理工艺采用的是国内外较为先进的厌氧+好氧两级生化处理工艺，处理后各项指标均达到《污水综合排放标准》（GB8978-1996）中的一级排放标准。并按要求安装了污水在线监测系统，而且已经与省、市、县环保部门联网。此套污水处理工艺技术在满足污水达标排放的同时每天可产沼气7000方以上，沼气作为一种洁净的再生能源，具有较高的热值，我公司用于沼气发电，每天发电10000度以上，全年可创造效益150万元，实现了由单纯的投入型向效益型治污的重大转变。

为了减少SO2排放，公司于2004年淘汰了原有锅炉系统，采用了兼具节能与环保特点的循环流化床锅炉，实现了热电联产，现有装机容量9MW，烟气处理设施采用了先进的静电除尘器以及炉内喷钙+循环流化床半干法二级脱硫工艺，处理后锅炉废气满足《火电厂大气污染物排放标准》（GB13223-2003）中第3时段标准。并按要求安装了污水在线监测系统，而且已经与省、市、县环保部门联网。

虽然我们在环保及发展循环经济方面取得了一定的成绩，但追求永无止境。今后我们将以“发展循环经济，打造生态企业”为奋斗目标，遵循生态经济的发展规律，进一步加大科技创新的力度，努力创造一个资源节约型、环境友好型企业，为社会和谐发展做出更大贡献。

乐斯化学有限公司

Chlorpyrifos Chemical Co., Ltd.

公司总部

乐斯化学工厂

生化处理池

乐斯化学有限公司位于浙江省乐清市，创建于 1989 年，总投资 2 亿多元，是一家以生产中高档酸性染料系列与高效低毒农药产品的精细化工企业，是浙江省首批诚信示范企业之一、浙江省第一批清洁生产审核验收合格企业、温州市清洁审核工作“示范单位”，企业已通过 ISO9001 质量体系和 ISO14001 环境管理体系认证。

公司产品远销亚、欧、美等几十个国家和地区，并和多家国际知名公司建立了良好的合作关系。其中农药的品种和规模不断扩大，代替高毒甲胺磷的高效低毒农药氯胺磷填补了甲胺磷淘汰后的空缺，咪鲜胺、炔螨特、胺磺灵等原药畅销国内外。

如今新产品二甲戊乐灵、苯嗪草酮农药原药已投入生产，随着规模的不断扩大、新建的占地面积 400 亩的连云港乐斯化学有限公司已竣工，将于 2009 年第一季度投产，新厂房的建成解决了制约生产发展、规模扩大的难题。

公司在注重生产效益的同时，更注重社会效益、环境效益，从源头控制污染，生产过程中减污和治污采用先进的废水处理工艺，废气处理技术取得理想的效果。治理污染求生存，保护环境求发展，严格执行环保法律法规是公司的理念，实施清洁生产做好资源的回收利用，搞好节能减排工作，履行环保职责，树立社会责任感，为保护环境尽一份义务是我们的倡议。走环境可持续发展之路是我公司一贯倡导的环境方针。

连云港乐斯

帕克环保技术（上海）有限公司

Parker Environmental Technology (Shanghai) Co., Ltd.

帕克公司是一家国际性的环保公司，总部设在荷兰。公司采用厌氧和好氧相结合的生物处理工艺，其技术在工业废水 BOD 去除、工业废水和市政污水脱氮、废气和烟气脱硫、重金属脱除等领域具有世界领先地位，满足了企业对污水处理厂在节省占地面积，降低运行成本等方面提出的更高的要求。同时，为清洁生产工艺中水的循环利用，乃至零排放提供一个持久有效的净化保障。

帕克公司拥有许多世界领先的环保专利技术，其中包括：

• 碳污染（COD）治理技术之：

– BIOPAQ® UASB 上流式厌氧污泥床；

– BIOPAQ IC® 内循环厌氧反应器；

– CIRCOX® 气提式好氧反应器；

• 硫污染治理技术之：

– THIOPAQ® Scruber 生物脱除 H_2S 工艺；

– THIOPAQ® Metals 生物脱除重金属工艺；

– THIOPAQ® BioDeSOx 生物脱除 SOx 工艺；

• 氮污染治理技术之：

– ANAMMOX® 生物短程脱氮工艺；

– DENI-CIRCOX，ATSF-ASTRASAND 硝化反硝化脱氮工艺；

• 固液分离技术之：

– ASTRASAND® 活性沙滤系统；

– ASTRASEPERATOR® 斜板沉淀器；

为更好地服务中国市场，1997 年 7 月，作为荷兰帕克的独资子公司，帕克环保技术（上海）有限公司在上海浦东成立。至今，帕克（上海）已在国内参与建设了 200 多项污水和废气处理工程。

帕克公司在中国的主要业务有：

工艺设计：选择和设计工艺流程及为客户解决问题。

工程设计：与国内的设计院合作进行初步设计和详细设计。

承包项目：与国内的工程公司或设计院联合承揽交钥匙工程。

加工制造：专有设备的制造。

运行服务：进行工艺诊断和运行管理优化的专业咨询。

现场中试：进行工艺方案的选择和工艺参数的确定。

拥有先进的技术，丰富的实践经验和各类专业人才，使得帕克能作为工业企业的合作伙伴，帮助工业企业与生态环境和谐相处，实现可持续发展。

地　址：上海市南汇区康桥工业园

秀浦路 3999 弄 35、36 号楼

邮政编码：201319

电　话：+ 86-21-3825 6088

传　真：+ 86-21-3825 6066

E-mail: m&s@paques.com.cn

中文网址：http://www.paques.com.cn

荷兰网址：http://www.paques.nl

昆山钞票纸厂

Kunshan banknote paper

昆山钞票纸厂位于江苏省昆山市国家级经济技术开发区，职工近千人，拥有4条具有20世纪90年代国际先进水平和1条具有当今国际先进水平的钞票纸生产线，系中国印钞造币总公司所属钞票纸生产企业。昆山钞票纸厂主营钞票纸系列产品的研制、开发、生产以及质量检测和真伪鉴别，兼营防伪证券纸、艺术水印纸、高级印刷纸、防伪印制产品等的研制、开发、生产销售和咨询服务等。

“保护蓝天碧水，共创美好家园”。地处江南水乡的昆山钞票纸厂，把“坚持以科研改善工艺，预防、控制环境污染；积极以低耗减少排放，合理、高效利用资源；自觉以法规保护环境，和谐、协调持续发展”作为企业环境管理方针，积极导入先进的ISO14001和ISO9001、OHSAS18001现代化管理手段提升企业管理水平，通过对照创建指标要求，加强环保法律法规的学习，强化职工环保意识，优化提升ISO14001环境管理体系，实施清洁生产及中性纸抄造工艺，添加、改进环保设施，从软件硬件两方面推动环境保护工作。

经过努力，企业2002－2007年连续五年获得昆山市企业环境行为“绿色等级”光荣称号，成为昆山市创建全国首批“生态示范城市”试点企业；于2003年9月通过了苏州市经委、环保局组织的对该厂清洁生产的审核认证；于2003年11月通过了江苏省环保厅的审核，于2004年5月通过了国家环保总局的审核，成为全国首批、印制行业第一家“国家环境友好企业”；由于节能减排工作突出，被评为“2007年度昆山市环境保护工作先进企业”，取得了良好的经济效益和社会效益。

四川省安县银河建化集团有限公司

The Milk Way of An county of Sichuan Province builds and melts group Co., Ltd.

四川省安县银河建化集团有限公司地处四川省绵阳市安县睢水镇，毗邻风景秀丽的白水湖，距绵阳65公里、成都110公里。经过10余年的快速发展，现已形成拥有全资、控股、参股公司九个，总资产10.6亿元的科技型、环保型、生态型集团化企业。

银河公司董事长、总经理：李先荣

公司是四川省唯一一家铬盐化工生产企业，生产能力居全国首位。年产“安剑”牌重铬酸钠、铬酸酐、铬鞣剂等铬盐系列无机化工产品20万吨；VK3、吡啶甲酸铬、草酸铬、烟酸铬等铬盐精细化工产品2000吨；硫酸20万吨；“女娲”牌水泥160万吨；铬铁矿、硫铁矿、煤炭、水泥矿等矿产资源开采能力360万吨；机械加工制造能力6000吨。

公司铬盐化工产品销售网络覆盖全国20多个省、市、自治区，出口欧美、亚洲、大洋洲等19个国家和地区，主要用于电镀、鞣革、印染、医药、特殊金属、饲料添加剂、颜料、木材防腐、陶瓷、涂料等行业；水泥产品大量用于民用建筑以及地铁、高等级公路、水电站等国家大型重点工程建设。“安剑”牌重铬酸钠、铬酸酐和“女娲”牌水泥被授予“四川省名牌产品”，“安剑”牌商标获四川省著名商标。

公司坚持走产、学、研相结合的道路，逐步构筑起现代企业创新体系。拥有一个国家级高技术产业化示范项目和一个省级企业技术中心，设有研究开发室、中试基地和产业化推广机构。同时，公司在全国铬盐行业中率先通过ISO14001国际环境管理体系和OHSAS18001职业健康安全管理体系认证，还先后荣获“四川省发展循环经济试点企业”、“四川省建设创新型试点企业”、“四川省科普示范企业”、“四川省清洁生产试点企业”、“四川省文明单位”、“绵阳市节水示范企业”等称号。

公司愿与国内外客商精诚合作，与钟爱“安剑”、“女娲”产品的广大用户一起，携手前进，共创美好未来。

公司全景

河南同力水泥股份有限公司

HENAN TONGLI SHUINI GUFEN YOUXIAN GONGSI

董事长 蔡志端

总经理 张浩云

河南同力水泥股份有限公司（简称“同力水泥”）肩负着河南省水泥产业结构调整的重任，坚持走新型工业化发展道路。目前，公司控股及托管水泥企业已形成年产熟料 800 万吨、水泥 1000 万吨的生产规模。先进的自动化生产系统和庞大的市场营销网络，使“同力”水泥市场前景广阔。

在投资集团的运作下，公司通过资产置换的方式，使同力水泥成为河南省唯一一家水泥上市公司，股票简称“同力水泥”。

在信息化建设方面，同力水泥 ERP 信息化系统 2008 年年底前要全部投入运行，做到从形式到内容的高度统一，能够实现资金流、物资流、业务流和信息流的同步管理及远程视频会议的召开。在技术进步方面，2007 年底，公司成立了“河南同力水泥股份有限公司技术中心”，日前已被省发改委等部门认定为省级技术中心。公司仍将致力于实现产、学、研相结合，待条件成熟后，将“河南同力水泥股份有限公司技术中心”由省级技术中心发展为国家级技术中心或成立水泥行业博士后流动站。

在投资集团的号召下，同力水泥板块全面开展了标准化、精细化管理活动。结合标准化管理活动的开展，在全国第一次科学大会召开 30 周年之际，同力水泥又开展了技术创新活动，建立了技术创新项目库，如通过变频节能技术改造，将使熟料电耗下降 3kwh/t。

同力水泥依托先进的生产力和规模生产基地建设，充分发挥人力、财力和管理上的优势，各水泥企业实现了统一的管理模式、工作流程，岗位职责及岗位操作。积极开展对标管理，促进各控股、托管水泥企业生产水平不断提高，经营形势喜人，盈利能力逐步提高，受到了各级领导的高度评价。今后，同力水泥仍将秉承“人、企业、城市、自然”和谐发展的理念，逐步确立在省内水泥市场的主导地位，以水泥、商品混凝土为发展主业，进一步加大资源整合力度，节约并合理利用资源和能源，加强环境保护，为促进河南水泥工业的可持续发展做出积极努力！

西藏玉龙铜业股份有限公司

Xi Zang Yu Long Tong Ye Gu Fen You Xian Gong Si

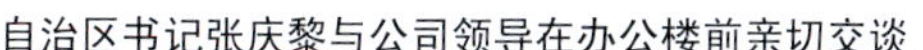

自治区书记张庆黎与公司领导在办公楼前亲切交谈

第一批阴极铜下线

一期一步庆典

西藏玉龙铜业股份有限公司，由西部矿业股份有限公司、紫金矿业集团股份有限公司、西藏自治区地质矿产勘查开发局第六地质大队、西藏自治区昌都国有资产经营管理公司、西藏矿业开发总公司等五家企业发起设立，于2005年5月28日在西藏昌都成立，公司法定代表人吕秉财。公司主营铜矿及其共伴生金属的探矿、采矿、选矿、冶炼、加工及销售。

2007年8月9日，经公司股东会研究决定增资扩股6亿元人民币，增资扩股完成后，注册资金将增至12.25亿元人民币。公司的股权结构变更为：西部矿业股份有限公司为58%；紫金矿业为22%；西藏自治区地勘局第六地质大队为10%；西藏自治区昌都国有资产管理公司为8%；西藏自治区矿业开发总公司为2%。

玉龙铜矿位于西藏昌都地区江达县青泥洞乡境内，海拔5000米左右,是一个特大型斑岩矽卡岩铜矿床。铜资源含量达650万吨，矿体埋藏浅，资源量大，品位较高，赋存条件较好，适合露天开采。公司确定的开发原则是“全面规划、分步实施、滚动发展”。一期3万吨电铜／年；二期10万吨电铜／年；其中，一期一步1万吨氧化矿处理系统于2008年10月17日竣工投产并实现第一批阴极铜下线，完成投资15亿元，其中建设投资10亿元。

公司在建设的同时本着“在保护中开发，在开发中保护”的原则，做好环保工作，在一期工程中，环保投资占总投资的20%。

全体员工秉持“坚韧奉献、精诚仁爱、科学立业、追求至善”的企业精神，牢固树立安全意识、环保意识和质量意识，继续抓好工艺开发和工程管理，努力把玉龙铜业股份有限公司建设成“资源节约型、环境友好型、社会和谐型、发展科学型、效益优长型”的现代化企业。

采矿区全景

广州越秀水泥集团有限公司

Guangzhou Yuexiu Cement Holdings Ltd.

广州市越堡水泥有限公司

广州市珠江水泥有限公司

广州越秀水泥集团有限公司是投资及经营管理水泥、商品混凝土的大型企业集团，旗下拥有广州市越堡水泥有限公司、广州市珠江水泥有限公司、花都水泥有限公司等 3 家水泥生产企业，水泥年生产能力达 550 多万吨。生产的“金羊牌”、“粤秀牌”和“粤花牌”水泥获质量监督免检产品和省、市名牌产品称号，并被国家行业协会组织认定为绿色建筑材料产品，广泛应用于地铁、高速路、大型桥梁、核电站等国家重点建设工程，远销港、澳与东南亚地区，在国内外享有良好的品牌信誉。

越秀水泥集团在广州及香港投资和经营的 5 家商品混凝土搅拌站，能生产各种等级的商品混凝土，年产能力达 200 万立方米，可满足不同建设工程的需要。

越秀水泥集团奉行“质量第一、用户至上”的宗旨，建立了完善的销售网络，集团化的经营能为用户提供优质的产品和满意的服务。2001 年至 2004 年，越秀水泥集团连续四年荣列中国最大 1000 家企业集团之列，2004 年入选中国建材二十强企业集团，2005 年荣膺中国建材百强、水泥产量五十强，并被评为“广东省诚信示范企业”，2006 年，被列入国家重点支持水泥工业结构调整大型企业（集团），并被评为“最具影响力中国水泥企业”。

地　　址：广州市白云区江高镇神山珠水二路 168 号珠水生活区

联系电话：（Tel）：020-26261044

传　　真：（Fax）：020-86062462

越秀水泥集团产品品种：P. II 型硅酸盐水泥、P. O 普通硅酸盐水泥、P. C 型复合硅酸盐水泥

广州市越堡水泥有限公司

地址：广州市花都区马溪工业区

电话：（020）36867133

传真：（020）36869557

粤秀牌

广州市珠江水泥有限公司

地址：广州市白云区神山镇珠水二路 168 号

电话：（020）86607700

传真：（020）86607915

山东博汇纸业股份有限公司

Shan Dong Bo Hui Zhi Ye Gu Fen You Xian Gong Si

山东博汇纸业股份有限公司成立于1994年，是一家集纸张的研发、生产、销售于一体的大型股份制企业，公司于2004年6月向社会公开发行7000万股A股股票成功在上海证券交易所发行上市。现有注册资本50457.6万元，员工4971人，主导产品为文化纸、白卡纸、箱板纸、石膏护面纸、造纸木浆的生产销售。截至2008年12月份，公司拥有总资产44亿元，实现销售收入33亿元，实现净利润1.98亿元，综合经济效益居全国同行业第五位。

博汇集团总裁、博汇纸业董事长杨延良先生

公司产品先后荣获“国家免检产品”、“山东省名牌”、“山东省著名商标”、“中国知名品牌”。公司拥有山东省科学技术厅认定的“山东博汇造纸化工工程技术研究中心”，先后被评为“山东省造纸行业水污染防治优秀企业”、“节约能源先进企业”、“重合同守信用企业”等荣誉称号。

公司认定发展循环经济是解决污染问题的有效途径。将废水处理回用与各生产工艺紧密联系起来，力求实现废水无公害化处理和废水资源化利用。十年来，公司先后投资6.6亿元建设了草浆黑液碱回收工程、中段水处理工程及厌氧处理设施和白水回收装置，生产中的白水全部回收利用，外排废水经处理后全部实现了达标排放。

先进的年产30万吨白卡纸生产线

速生林外景

厌氧废水处理设施

废水处理设施1

废水处理设施2

安徽红四方股份有限公司

Hung Co., Ltd. in Anhui Quartet

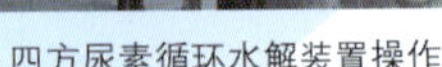
四方尿素循环水解装置操作

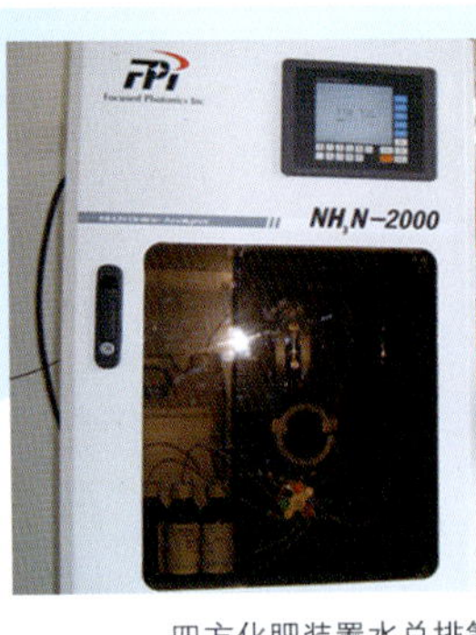

四方化肥装置水总排氨氮在线监测

氯碱制氧机副氧帮助供热煤燃烧节能减排

安徽红四方股份有限公司是2008年6月13日经合肥市委、市政府批准，在吸收合并安徽氯碱化工集团有限责任公司、合肥四方化工集团有限责任公司、安徽海丰精细化工股份有限公司优质资产的基础上组建的。新股份公司将由中盐安徽盐化总公司控股，作为合肥化工企业改革、发展、搬迁主体，标志着合肥化工企业拉开了全面整合序幕。

公司现有员工9000多人，年销售收入30亿元，利税2亿元。公司技术力量雄厚，拥有全国首家农化服务中心和省级企业技术中心。

公司主要产品有：合成氨、碳铵、尿素、复合肥、纯碱、氯化铵、三聚氰胺、烧碱、液氯、盐酸、杀虫双、草甘膦、双甘膦、保险粉、聚氯乙烯糊树脂（MSP-3）、聚氯乙烯树脂（PVC）、三氯化铁等。其中复合肥、烧碱为国家免检产品，产品畅销全国各地，远销欧美及亚洲市场。

合肥化工新区建设项目总投资100亿元。到2015年项目建成投产后，建实现年销售收入200亿元，利税15亿元。公司将建成为煤、盐化工一体化、产品精细化的循环经济型企业，成为安徽省化工企业航母。

公司在生产壮大发展的同时，对“三废”实行了全面治理。全体员工已形成“不是企业消灭污染，就是污染消灭企业”的共识。治理污染，保护环境是企业的“效益工程”和“生命工程”。企业在环境保护治理中投入了大量资金，完成了“造气废水闭路循环工程”、“总下水预处理工程”、“合成氨装置节能技术改造项目”、“氮肥生产废水零排放项目”等多项环保治理项目。目前公司废水总排口、锅炉烟气排放口均安装了在线装置，实现24小时连续监控，监测数据无线传输至省、市环保局，实现废水、废气达标排放；企业固废合理综合利用，充分体现出循环经济的理念。

公司历来重视推广清洁生产、节能减排工作。其中，2001年3月竣工投产的尿素装置，设计能力为13.2万吨/年，采用意大利斯那姆公司设计的世界先进的工艺——氨汽提工艺。尿素生产产生的工艺冷凝液处理技术——解吸深度水解技术是当今世界废水处理先进的技术之一。尿素在生产过程中产生的工艺冷凝液含NH35%、CO22%、尿素0.9%，通过此技术，首先采用低压蒸汽解吸出工艺冷凝液中的NH3和CO2，然后用3.5Mpa的高压汽水解其中的尿素，经解吸深度水解处理后的工艺冷凝液中NH3-N、尿素含量在10PPm以下，回收后的氨返回系统中循环利用，处理后的水解水送热电用作锅炉给水。实现尿素废水零排放、尿素装置所有废水回收利用，每年可回收NH31000吨、废水10万吨左右，年实现综合经济效益约180万元，同时可节约大量的污染治理费用，具有很好的经济效益和社会效益。从生产源头彻底灭污。

氯碱热电静电除尘装置

氯碱污水处理装置

企业聚氯乙烯糊树脂生产装置废水回收项目重点介绍

PVC糊树脂属高分子聚合物，颗粒内残留的氯乙烯单体，对动物和人有致癌作用；聚氯乙烯糊树脂生产装置产生的高分子聚合物废水，悬浮颗粒含固量大，同时污水中的CODcr含量均超过国家排放标准，污水中固相颗粒度直接排入公司污水处理厂，给污水处理厂正常运行带来了很多困难。在大力提倡循环经济、清洁生产、资源综合利用的今天，公司决定实施糊树脂生产废水回收项目，回收PVC糊树脂悬浮颗粒，减轻高分子聚合物对巢湖流域的水资源污染。

企业于2007年投资800万元新建PVC糊树脂生产废水回收装置，回收PVC糊树脂混和物，处理后废水满足乙炔发生器工艺用水要求，可全部回用。工艺采用收集、絮凝、沉淀、压滤、回收等流程，工艺技术可靠，工艺流程成熟、合理。

项目实施以来，每年可回收糊树脂混合物804.3吨。减排废水59.4万吨，削减COD126.72吨，削减SS200.64吨，杜绝企业该生产装置高分子聚合物对巢湖流域的水资源污染，有利于改善巢湖流域的水资源质量，保证了公司污水处理站的正常运行，实现了糊树脂生产废水零排放。

湖南骏泰浆纸有限责任公司

Hu Nan Jun Tai Jiang Zhi You Xian Ze Ren Gong Si

湖南骏泰浆纸有限责任公司成立于2006年6月，注册资本8亿元，位于湖南省怀化市工业园内，占地面积约2000亩，是泰格林纸集团为建设怀化年产40万吨漂白硫酸盐木浆林纸一体化项目专门成立的全资子公司。公司拥有一条年产40万吨漂白硫酸盐木浆生产线和一条长约10公里的铁路专用线，并配套建设14万公顷原料林基地，项目总投资约43.5亿元，其中浆厂投资约31亿元。

骏泰浆纸公司是国家发改委、国家林业部重点扶持的全国林纸一体化示范项目，是湖南省“十一五”加速推进新型工业化、实现“富民强省”目标的“十大标志性工程”。本项目主体设备全部从安德里茨公司引进，是迄今为止世界上工艺技术、装备水平、自控程度、环保设施最先进的现代化浆厂之一。项目的高效建设、成功投产及良好运行，使骏泰浆纸清洁生产跨入了世界先进行列。

骏泰清洁生产管理基本做法

1、遵循“源头削减、全程监控、三级处理、达标排放、综合利用”的处置原则。

2、构建“安全第一、环保优先、效益最大”的运行模式。

3、推行“标准从严、流程从简、刚性考核”的绩效办法。

4、坚持“标本兼治、超前思维、博采众长、自主创新”的发展理念。

骏泰公司秉承“艰苦创业，求真务实”的集团治企纲领，坚持“安全第一，环保优先”的生产原则，遵循“循环经济，绿色制造”的环保理念，在创造经济价值的同时，勇于承担社会责任。

公司已将2009 年确定为我们的“技改年”、“管理年”，将通过一系列技改措施进一步提高环保水平，降低资源消耗，为促进怀化新型工业化建设、促进新农村建设和农民增收，为打造民族工业旗舰而不懈努力。

曲靖市宣威宇恒水泥有限公司

Qujingshi xuanweiyuheng shuini youxian gongsi

董事长　宁国昌

曲靖市宣威宇恒水泥有限公司创建于 2003 年 4 月 19 日，属曲靖市重点骨干企业，注册资本 4722.5 万元，拥有资产 3.8 亿元；现有员工 547 人，其中，大专以上学历 106 人，中高级技术人员 137 人。公司拥有国内最先进的新型干法旋转窑水泥生产线，生产过程全部由 DCS 西门子计算机集散控制系统监控，全自动工业分析。注册商标为“共创”牌，主要产品有：普通硅酸盐水泥 52.5 级、42.5 级和复合硅酸盐水泥 32.5 级，生产规模为年产水泥 200 万吨。2008 年销售水泥 139 万吨，实现销售收入 32187 万元，创利润总额 5327.5 万元，实现税收 4396 万元，现已成为滇东北民营企业利税大户，在 2008 年云南省水泥企业集团排名、混合排名中排名第一。

公司项目在建设和运行中按照“三同时”要求，投入资金进行收烟尘系统建设、余热发电项目建设、技术项目改造等等，加强污染防治，提高资源利用率，确保各类污染物排放低于核定标准。在环境保护上主要采取的措施有：

（一）按“清污分流、雨污分流、一水多用”的原则改造、建设厂区的排水管网。生产冷却水循环使用，生活污水经处理后回用于厂区绿化，做到生产、生活废水零排放。

（二）在日常生产中加强对生产设备和污染治理设施的管理和维护，优化工艺设计并加强管理。在窑头窑尾设置烟气在线监测系统，生产线各窑口、烟囱装设收尘器，使用收尘袋，物料输送、转运全部实现封闭式输送系统，生产线全线收尘率达 99.98%，年烟尘排放量远低于国家排污标准。在粉尘无组织排放治理上，加强生产技改，从生产工艺、防堵设备跑、冒、滴、漏等方面入手，不断加强技术改进、改造措施。

（三）产生噪声的设备采取有效减振、隔声消声等降噪措施并尽可能远离厂界，生产线设计采取不同的消音隔声措施，对空气动力性噪声，主要在风机进出口加装消声器；对机械动力性噪声，在噪声传播区域种植绿化带、修筑隔离墙，减弱噪声强度。

（四）按“资源化、减量化、无害化”处理处置原则，落实各类固体废物的收集、处置措施。除尘器收集的粉尘全部回收利用，废弃的镁铬耐火砖堆置于专门的堆棚，统一回收处理。2008 年共消耗周边工矿企业各种废渣 53.2 万吨，资源综合利用比例达 34%以上；另外，在科技创新和节能降耗方面，建立低温余热电站，年发电量可达 4000 余万千瓦时，每年节约标煤 16160 吨，减轻了对环境的污染，降低了企业能源消耗。

（五）成立“劳动安全与环境保障部”负责劳动安全监管与环保监测，落实事故防范措施和应急预案，防止污染事故发生。同时成立清洁生产领导小组，切实推进公司的清洁生产，提高资源利用效率，减少和避免污染物的产生，保护和改善环境，保障职工健康，使企业污染防治从末端治理向生产全过程控制转变。

公司全景

杭湖嘉绍边界环境联合执法硕果累累

HANGHU JIASHAO BIANJIE HUANJING LIHE ZHIFA SUOGUOLEILEI

杭湖嘉绍边界环境联合执法启动大会现场

杭湖嘉绍边界环境联合执法启动大会执行支队授旗仪式

杭湖嘉绍边界环境联合执法启动大会上杭州市环保局何荣坤局长接受新闻媒体采访

为共同解决边界相邻地区、环境敏感区的环境污染问题，实现环境共建共保共享，构建绿色生态屏障，共同打击环境违法行为，打造“生活品质之城”，杭州、湖州、嘉兴、绍兴四市环保局深入贯彻落实浙江省委、省政府构建杭州都市经济圈的战略决策和杭州市委、市政府《关于构建杭州都市经济圈的实施意见》的有关要求，大力推进杭州都市经济圈环境保护的合作与发展，四地环境监察部门突破行政区域界限，相互支持、共同合作，积极开展联合执法，探索建立了统一协调、相互协作、快速高效的联合执法新机制，取得了丰硕成果。

2008 年是杭湖嘉绍边界环境联合执法的启动之年，3 月 25 日，杭湖嘉绍边界环境联合执法启动仪式在杭州隆重举行。杭州市环境监察支队作为 2008 杭湖嘉绍边界环境联合执法执行支队，联合湖州、嘉兴、绍兴支队开展了一系列边界执法工作：四地组建了边界执法机构 -- 杭湖嘉绍边界环境联合执法小组；建立了边界联合执法新体制，出台了《杭湖嘉绍边界环境联合执法工作制度》等一系列工作制度；开展了《跨界环境污染纠纷处理机制研究》课题调研，对如何进一步深化边界联合执法新机制进行了深入研究；组织召开了萧（山）绍（兴）边界重点排污企业环保工作会议，倡导企业强化社会责任意识，自愿接受两地环保部门的共同监督，开创了边界环境执法新模式；2008 年，杭湖嘉绍边界环境联合执法小组开展边界环境联合执法 8 次，先后成功处置了萧绍边界白洋川环境污染纠纷问题，余杭、德清边界生活垃圾污染问题、杭州车辆在德清倾倒污泥事件等一系列边界污染纠纷。

杭湖嘉绍边界环境联合执法行动自启动以来，受到国内多家新闻媒体的广泛关注，四地环保部门通过积极借助新闻媒体的力量对联合执法作进行全方位宣传，立体式造势，营造了“电视有其影、报纸有其文、电台有其声”的良好氛围。截至目前，已有中国环境报、浙江日报、杭州日报等各类媒体播发相关稿件近 20 篇（条）。

边界环境重点排污企业环保会议现场

边界环境联合执法工作会议现场

余（杭）德（清）边境生活垃圾联合执法现场

萧（山）绍（兴）边境联合执法受到新闻媒体广泛关注

固安工业园区

GuAn Industrial Park

园区简介

固安工业园区位于天安门正南50公里，地处大北京核心位置，周边交通网密集，具备国际上最具魅力1小时工业区的交通条件。园区确立了"电子信息产业"、"汽车零部件产业"、"民生用品产业"三大产业方向。

固安工业园区认真落实科学发展观，坚持建设绿色园区理念，努力把园区建设成"公园城市、休闲街区、儿童优先、产业聚集"的开发区城市，实现人与自然的和谐发展。以科学的产业规划和良好的产业发展为基础，园区整合构建了数条产业链，推动企业、产品、园区和产业等各个层面的循环，把环境绩效改善和经济发展有机结合，打造绿色产业基地。因为始终如一的坚持，固安荣膺多项环保大奖。

固安——会呼吸的工业园区——面对大北京经济圈腾飞，面对区域经济发展给予的投资机会，已迅速走在"京津冀都市圈"的最前沿，成为最环保和最具投资价值的区域之一。

长远目标

环境领先是固安工业园区的执着追求。"会呼吸的工业园区"，不仅是口号，更是理想。

固安工业园区先后聘请了欧美8个国家的20多位规划大师，对园区的生态规划做了精心布局。以"公园城市、休闲街区、儿童优先、产业聚集"十六字方针为指引，推动环境、经济和社会协调发展，园区将努力发展成为一个产业发达，公司云集，居住环境优美和谐的梦想之城。

环保措施

固安工业园区坚持走可持续发展道路，打造绿色制造基地。从协调、可持续发展的角度出发，无论是招商引资，还是园区建设，园区始终强调和关注的重点就是：项目必须符合园区在产业、环保等方面的规划，必须能够从整体、长远角度带动园区的科学发展。

把环保作为企业"进园"的硬指标，园区加强政策激励和约束，注重每一个项目的生态、环保性论证，积极发展无污染、高科技、高附加值的环境友好型项目，淘汰高耗、高污能染的项目。

环保荣誉

2008年3月25日，在"2008第二届绿色制造年会"上，固安工业园区凭借科学的绿色规划理念和完善的环保建设举措，一举夺得了"2008中电绿环奖——绿色制造最佳基地"的荣誉称号。

2008年6月12日，河北固安工业园区在"中国城市建设与环境提升大会暨颁奖盛典"上，再次脱颖而出，一举获得"中国最具投资价值十大环保园区"的荣誉称号。

成都华西化工科技股份有限公司

Chengdu Huaxi Chemical Technology Co., Ltd.

攀钢废酸再生装置 PICT4268

大连石化 200000 制氢 2 装置 27

我公司向用户提供以下技术和装置：

▲ 离子液循环吸收法脱除和回收烟气中 SO_2 的技术。SO_2 脱除率不小于 99%，副产 SO_2 浓度不小于 99%；脱硫后烟气中 SO_2 含量不大于 50mg/m3；粉尘含量不大于 30mg/m3；可将脱除的 SO_2 生产硫磺或硫酸；另外，离子液可循环使用。

▲ 废盐酸再生回收技术与装置：采用喷雾焙烧法可从酸洗废液中回收得到浓度为 18% -20%的盐酸，以及纯度 99.3%以上的优质三氧化二铁粉；

▲ 变压吸附（简称 PSA）法提纯 H_2: 可从变换气、合成驰放气、甲醇尾气、煤气、催化干气、精炼气、膜分离气、重整氢、焦炉煤气、水煤气等含氢气体中分离提纯氢气。纯度可达 99.999%，规模 20-200000Nm3/h；

▲ 轻烃（如天然气、LNG、LPG、炼厂干气、石脑油等）水蒸气转化制取氢气；

▲ 变压吸附分离提纯 CO：从水煤气、半水煤气、转炉气、高炉气、黄磷尾气、铜洗气等各种含 CO 气体中分离提纯 CO；

▲PSA 法空气分离提纯 O_2: 采用本公司自行研发生产的新一代制氧分子筛，吸附量大，选择性好，氧收率高；制氧电耗小于等于 0.36kWh/m3O2; 装置单机最大产量可达 15000 Nm3/h，纯度可达 95%；

▲ PSA 法脱除变换气中的 CO_2；

▲ 从石灰窑气、烟道气中用 MDEA 脱除 CO_2;

▲ 各种湿法、干法脱硫技术；

▲ 高性能程控阀门与液压驱动系统，动作寿命大于 100 万次；

▲ 高中低压甲醇合成催化剂、低压变换催化剂、甲醇裂解催化剂、转化催化剂、脱硫剂、吸附剂、制氢催化剂、加氢催化剂；

▲ 低温冷风切削加工技术。

地　址：成都市马家花园路 2 号通锦大厦 10 楼　邮　编：610031

电　话：028-87701001　87684682　传　真：028-87684683

http://www.hxhg.com.cn　E-mail: 87701001@163.com

何建宗教授

Hejianzong jiaoshou

何建宗在北极巴芬海采集浮游生物样本

香港公开大学环境学教授、环境学与应用科学（生物及化学）课程主任，南中国海赤潮学会主席，中国环境科学学会理事、绿色力量会长（第二届中华环境奖得主）、中国极地博物馆基金会副主席、第 13 届国际有害藻华（赤潮）学术研讨会筹委会主席、2004 年两岸四地环境论坛组委会主席、2004 年跨境环境管理国际学术研讨会组委会主席。现任香港特别行政区环境咨询委员会委员、环境影响评估小组副主席、城市规划委员会委员、食水水质咨询委员会委员、红潮专家咨询委员会委员、浸会大学谘议会委员、香港公开大学校董（教务会议代表）等公职。义务社会工作包括：香港培正中学校监、浸信会永隆中学（第一届绿色中学全香港总冠军）前校监及现任校董、浸信会天虹小学（第一届绿色小学全香港总冠军）前校监及现任校董、澳门培正中学前校监等。何教授曾任职香港政府环境保护主任，1992 年转职香港公开大学。研究和专业范围广泛，包括：赤潮生态及防治、海洋及河流水质、环境法、环境评价、环境教育、生态神学、极地环境等；发表论文 200 余篇，着书及电子媒体书 22 本，专题及政府部门报告十多个，遥距教育课程 7 套。

曾获奖项：美国 American Biographical Institute (ABI) 颁 Distinguished Leadership Award for Outstanding Contribution to Contemporary Society 奖 (1997)，英国剑桥的 International Biographical Center 颁 The 20th Century Award for Achievement 奖 (1997)；ABI 颁金锁匙（研究成就）奖 (1998)；城市环境及城市生态杂志颁“优秀论文奖”(2000)；两获香港公开大学颁发“校长杰出成就奖”(1997&2001)。2001 年获选入”香港千禧 Who’s Who 名人录”。

極地研究方面，何建宗教授曾五赴北極，兩赴南極，就高謹度環境和生態進行了多次精密研究，論文多次發表於國際學術期刊和國際學術會議論文集。

何教授于 2004 年获香港特区政府颁授「铜紫荆星」勋章，以表扬他在环境保护和环境研究的卓越成就。

重点领域的工作进展及取得成果概要：对水质富营养化的生态演革、赤潮的海洋生态动力、爆发机制、氮：磷：硅比 (N : P : Si ratios) 与赤潮爆发频度的关连性、赤潮预防和预警、有害藻华 (HAB-harmful algal blooms) 的全球（特是南、北极海）分布等进行了大量研究工作；对改善水资源环境、舒减赤潮灾害、减少相关经济损失、预防海岸区生态遽变等作出了重要贡献。

何建宗领导的研究组对赤潮进行采样分析

2001 年在香港发生的一次赤潮

广西鱼峰水泥股份有限公司

Guangxi Yu Feng Cement stock company ltd.

公司全景

广西鱼峰水泥股份有限公司始建于一九五八年，位于广西壮族自治区柳州市郊太阳村镇，东临柳江河，南靠黔桂铁路，水陆交通便利.

公司专业从事水泥及商品熟料的生产和销售，工艺生产设备先进，现有日产熟料3500吨、2500吨、2000吨和2800吨四条新型干法旋窑生产线，年水泥生产能力达450万吨。生产的“鱼峰”牌系列水泥产品有硅酸盐水泥，普通硅酸盐水泥，复合硅酸盐水泥等通用水泥；中热硅酸盐水泥，低热矿渣硅酸盐水泥，道路硅酸盐水泥，矿渣硅酸盐水泥，抗硫酸盐水泥等特种水泥。

鱼峰人本着“一流品质，顾客满意”的质量宗旨精心打造鱼峰品牌。自生产到现在，水泥出厂合格率和富于强度一直保持100%，是广西名牌产品、中国名牌产品，获国家首批产品质量免检证书，澳门政府工程准入产品认证书。公司质量管理体系通过ISO9001认证，环境管理体系通过ISO14001认证。

公司生产线安装100多套高效除尘设备，污染物排放浓度符合GB 4915-2004《水泥工业大气污染物排放标准》中的各项排放指标要求。多年来，公司积极开发资源综合利用项目，自2005年以来，每年大约消耗工业废渣30万吨。

广西鱼峰水泥股份有限公司本着“争创一流，开拓八方”的企业宗旨,以发展高精尖产品为本，铸塑中国水泥行业具有国际竞争力的先锋。

预热塔　物料输送带　生产线远景

贵州盘南煤炭开发有限责任公司

GUIZHOU PANNAN MEITAN KAIFA YOUXIAN ZEREN GONGSI

主场地全景

公司大门

主场地办公楼

贵州盘南煤炭开发有限责任公司响水矿井位于盘县南部响水镇、大山镇及忠义乡境内，是西电东送重点工程——盘南电厂的主供煤矿，由贵州盘江煤电（集团）有限公司牵头控股，兖矿贵州能化有限公司和贵州西电电力股份有限责任公司参股投资组建。以煤炭开采、洗选和销售为主，井田内煤层地质条件和水文条件简单，平硐水平瓦斯含量低，适于机械化开采，属高产高效型矿井。矿井主要生产动力煤供应盘南电厂，部分洗精煤通过铁路可进入两广、两湖、四川和云南等市场。矿井设计能力 400 万吨 / 年，其中河西采区 100 万吨，播土采区 300 万吨。矿井于 2004 年 1 月开工建设，河西采区 2007 年 3 月通过验收，投入生产，预计 2009 年 9 月矿井全面投产。

河西采区建有处理能力为 12000m3/d 的矿井水污水处理站与处理能力为 500m3/d 的生活污水处理站，处理后的矿井水经回用水池回用到井下，复用率达 83.49%。播土采区配套污水处理设施建设有主场地污水处理站，矿井水设计处理能力为 24000m3/d，生活污水处理能力为 500m3/d，处理后的水质达到国家《污水综合排放标准》（GB8978-1996）一级标准。

生活采暖锅炉采用旋风式除尘器，除尘效率达 85% 以上。对于厂界噪声，每个噪声点都有防噪、降噪或隔音处理设施。

固体废弃物的堆放，设有马场沟排矸场、选煤厂后山排矸场、庙田排矸场和播土排矸场，总面积达 3.7 平方公里，并修建有排水涵洞、泄洪沟等防洪措施。

河西轨道平硐

河西采区全景

天津石化

Tianjing shihua

亚洲最大、吊装能力达1600吨的履带式吊车正在进行吊装作业

俯瞰乙烯工程施工现场

2007 年 9 月 17 日中石化集团公司总经理、党组书记苏树林到项目现场视察

天津石化 100 万吨 / 年乙烯及配套项目（以下简称项目）位于天津市大港石化规划区，是由中石化投资建设的目前国内最大的乙烯炼化一体化项目，项目主要包括 100 万吨乙烯、1000 万吨炼油、热电工程和区外工程四大部分，共 166 个工程主项。工程总占地面积 297 公顷，项目主体建设投资 268 亿元，加上配套工程，达到 340 亿元。工程建设总体目标是：2009 年全面建成投产。

项目规划和建设过程中，高度重视环境友好和可持续发展，并加大环保投入，采取有力措施，建设“绿色”工程。项目环保总投入超过 20 亿元，采用国内外先进的清洁生产工艺和设备，不但使新建装置实现达标排放，而且通过实施“以新带老”项目，使二氧化硫、烟尘和固体可吸入颗粒物等污染物的排放量在现有程度上均有不同幅度的削减，

为节约淡水资源，项目新增 1600 万吨 / 年工业用水全部由海水淡化解决，不增加天津石化现有新鲜水用量指标。同时，项目注重水资源回收利用，按照清清分流，清污分流，污污分流的原则设置排水系统，水资源的重复利用率将达到 97% 以上；通过焚烧和作为燃料气回收利用，大大减少了烃类的绝对排放量。乙烯工程废气总污染物通过治理消减了 95%，炼油工程产生的气体全部进行脱硫处理。项目产生的固体废料主要进行分类治理，分别进行综合利用、回收处理、填埋、焚烧；热电工程按照热电联产的建设模式，以自产石油焦为燃料，建设 3 台 420t/h 超高压 CFB 循环流化床锅炉和 2 台 100MW 高温高压抽汽凝汽式汽轮发电机组，即利用了高硫焦又降低了企业用热、用电成本。

通过对环保工作的高度重视和有效投入，项目建成后，天津石化整体环保水平都将进一步提升，各种污染指标进一步得到改善。建成后的大乙烯项目不仅是具有一流竞争能力的工程，更是一个节约型、生态型、环境友好型工程，必将实现企业与周边社会和自然环境的协调统一发展。

2006 年 6 月 26 日项目开工奠基全景

优艺国际环保科技（北京）有限公司

UE Envirotech (Beijing) Co., Ltd

优艺国际环保科技（北京）有限公司是新加坡联合工程集团投资的国际性环保公司。新加坡联合工程集团公司成立于 1912 年，系新加坡久负盛名的上市公司，业务遍及全球，具有雄厚的环保工程投资、建设、运营管理和资本投资能力，是新加坡华侨银行集团成员。

新加坡联合工程集团

优艺公司拥有雄厚的国际资本实力、富有经验的运营管理团队和国际一流水准的医疗废物处理技术。公司自成立以来一直致力于为中国各省、市提供医疗废物处置服务，包括建设、运营医疗废物集中处置设施。目前，优艺公司已为国内十四家城市提供服务，是国内最大的环保公司之一。

聊城医疗废物集中处置中心

优艺公司目前可以提供热解气化、高温蒸煮、干粉化学消毒等三种医疗废物处置设备。这三种设备均采用国外先进技术，国内加工制造，能有效地对医疗废物进行无害化处置，并符合中国国家环境保护部的规范及要求。

DC 干化学处理机

PI 热解气化炉

AC 高温蒸汽灭菌器

秭归三金硅业有限公司

ZIGUI SANJIN SILICON., LTD

公司法人代表：宋文诏

公司厂貌

秭归三金硅业有限公司是专业生产工业硅的冶金企业，位于三峡库首的秭归沙镇溪工业园区，水、陆交通十分便利。公司始建于 1988 年，于 2000 年 10 月企业改制重组新建的。现占地面积 47.2 亩，在职员工 460 人，注册资本 1200 万元，总资产 7810 万元。年生产能力 1.2 万吨，是湖北省最大的工业硅生产企业之一，是国家发改委批准符合铁合金生产条件准入的企业。

公司始终坚持“高科技、高质量、创一流名牌”的发展战略，严格执行 ISO9001 国际质量体系管理模式。以优化产业结构为基础、技术创新为动力、资本运营为杠杆，快速成长，迅猛发展，率先在秭归打造出工矿产品口创汇，主导产品为：工业硅（又名金属硅、结晶硅），远销欧美、日本、韩国、东南亚等国家和地区，被评为“湖北省名牌产品”，“三金”硅商标被评为“湖北省著名商标”，在国际、国内享有较好的声誉，公司拥有自营出口经营权。

公司把环境保护与企业发展放在同等重要的位置，以打造绿色环保型企业为基点，引进挪威埃肯集团铁合金粉尘过滤技术——布袋除尘器干法除尘，建成了具有国际先进水平的烟气净化与回收系统，对电炉烟气、水、渣、噪声都采用了综合处理，并每年可回收硅微粉 2000 多吨。企业年实现产值过亿元，实现利税近千万元，经济效益连年递增，实现了跨越式增长，迈上了新的台阶。公司多年来被誉为“国家 AAA 级企业”、“中国百佳企业”、“中国优秀创新企业”、“国家准入生产企业”、“省、市守合同重信用企业”等称号。

面对飞速变化的市场环境，公司积极进行调整转型和变革，正在实现由“产品导向”到“市场导向”的转变，制定了清晰的中长期发展战略。未来五年，传承和弘扬“更高、更快、更强”的奥林匹克精神，以“追求卓越、再创辉煌”为自己的信念，锲而不舍地在同行业中“打造华中硅都”、“争创第一”。